GESCHICHTE
DES
WESTENS

索·恩
历史图书馆

008

Heinrich August Winkler
Geschichte des Westens: Von den Anfängen in der Antike bis zum 20. Jahrhundert
Vol.1: © Verlag C.H.Beck oHG, München 2012
The translation of this work was supported by a grant from the Goethe-Institut which is funded by the German Ministry of Foreign Affairs.
封面图片：《自由引导人民》（欧仁·德拉克罗瓦，现藏于卢浮宫）；《攻占巴士底狱》（创作者不详，现藏于法国历史博物馆）。
GOETHE
INSTITUT

Heinrich August Winkler

# 西方通史

从古代源头到 20 世纪　上

Von den Anfängen in der Antike bis zum 20. Jahrhundert

[德] 海因里希·奥古斯特·温克勒 / 著　丁娜 / 译

社会科学文献出版社
SOCIAL SCIENCES ACADEMIC PRESS (CHINA)

索·恩
THORN BIRD
忘掉地平线
Beyond
the horizon

## 历史图书馆丛书序

自然科学和人工智能技术的进步与哲学社会科学的发展水乳交融，共同深刻地改变着我们的思考和行动方式。碎片化阅读和深度阅读是始终共存又相得益彰的两种学习形态。在大众传媒极大地便利了实时资讯传播，提供了琳琅满目的个性化趣味的同时，我们也需要主动应对多元化的刺激，习得深度处理、记忆信息的技能，构建自身完整的知识体系。这正是我们坚守深度阅读的阵地，推出历史图书馆丛书的初衷。

阅读权威、经典的好书有助于我们认识世界、认识自我，对思考人类命运和当下现实大有裨益。因此，收录进历史图书馆丛书的优秀作品主要以重大历史事件为研究对象，它们往往对一个国家或地区，乃至对全球产生了深远的影响，同时反映了一个较长历史时段的发展趋势。这些著作是研究者经年累月在一个领域深耕的成果，梳理了某个事件、领域或学科的脉络，是全景式、集大成的学术著作。它们涉及世界史、国别/区域史、考古研究、海外中国研究、文化史等，在研究和写作上各具魅力，在知识和观点上相互映照，未来也将接受学术发展与社会发展的不断考验。而除了历史事件，人对历史进程的走向也起着关键作用，个体因素往往是我们看待历史发展不可忽视的一点，因此重要历史人物将被收录在索·恩即将推出的人物档案馆丛书中。

尤其在21世纪的今天，人类社会面临着全球性的疾病、战乱、环境恶化、资源限制等挑战。仍如狄更斯所说，“这是一个最好的时代，这是一个最坏的时代”，索·恩历史图书馆丛书愿与读者共读历史，共思当下，在日新月异的信息洪流中形成更审慎和周全的判断，既敏锐捕获新知，又不迷失于信息，透过不同视角看到更广大的时代图景。

社会科学文献出版社

索·恩编辑部

## 本书获誉

2016年莱比锡欧洲图书奖

温克勒是一位伟大的叙事者，凭借丰富的专业知识和自信的写作风格，他送读者踏上阅读过往历史之旅，通过阅读读者经历了兴奋、震撼和沉思，过去的许多问题和社会现实如今仍旧存在。……温克勒成功创作了这样一部巨著，掩卷沉思，我们希望能够从历史中吸取教训。

——威廉·冯·施特恩堡（Wilhelm von Sternburg），《法兰克福评论报》，文学评论专栏，2009年12月8日

温克勒提供了一本高质量，甚至是极高质量的书。他最大的优点是文体流畅，其对政治的介绍与分析无懈可击，并令人信服。尽管他避免使用性格描绘或娱乐八卦等手段，但他的书从不无聊或费解，有许多令人难忘的格言……温克勒非常熟悉古往今来最好的德国、法国、英国和美国的文学作品。谁若寻找可靠、全面和可读的介绍近代西方政治历史的书籍，此书都是不二之选。

——蒂姆·布兰宁（Tim Blanning），《法兰克福汇报》，2009年10月22日

关于欧洲和西方的书籍往往很无聊，部分原因是它们往往政治性太强，而且每一页都令人觉得这些论断和历史似曾相识。但海因里希·奥古斯特·温克勒的《西方通史》幸亏并非如此。……因为作者尤其具备两种品质：他会叙述，而且总能抓住重点。

——《世界报》，2009 年 10 月 14 日

温克勒描绘、整理并评价西方发展的主线。……经他归纳，西方及其根基全部汇聚为一幅西方的图像。温克勒的叙述知识渊博、令人钦佩。他的《西方通史》第一卷结束于 1914 年，叙事生动而清晰。……该书首次对庞杂的欧洲历史溯本追源，剖析出西方思想的形成轨迹，然后凭借渊博的学识从中逐渐勾勒出西方的鲜明特点。这是一项非凡的，具有一定考古学分量的工作，为此对作者怎样称赞都不为过。

——柯特·阿申布雷纳（Cord Aschenbrenner），《新苏黎世报》，2009 年法兰克福书展文学副刊，2009 年 10 月 12 日

一项巨大的工作成就，还不仅仅如此：现在它已经成为标杆作品。

——《世界报》，文学世界，2009 年 10 月 10 日

这位柏林历史学家以《西方通史》成功地完成了一部同时代人难以企及的杰作。

——于尔根·奥斯特哈默（Jürgen Osterhammel），《莱茵水星报》，2009 年 10 月 1 日

今年秋天在德语历史书市场上发生的大事，因为这里迄今尚不存在这类西方世界的历史。……德国人文科学经常被指责是不入流的，满足于坐井观天。海因里希·奥古斯特·温克勒

的作品彻底颠覆了这种看法，它是最高水准的跨国史籍。在视角的广度、材料的透析度和历史判断的清晰度诸方面它都是独一无二的。

——福尔克尔·乌尔里希（Volker Ullrich），《每日导报》，2009年9月22日

这本多达1200多页的巨著读起来很棒，海因里希·奥古斯特·温克勒的《西方通史》令人爱不释手。读此书不必害怕漏过什么，或是得跳过过于复杂的章节，因为没有这样的章节。温克勒无需用晦暗的风格来遮盖复杂的情况，即使史实庞杂，他也掌握了明确表达复杂情况的艺术。

——沃尔夫冈·舒勒（Wolfgang Schuller），《世界报》，2009年9月19日

……一部首屈一指的大师级巨著……艰巨的工作已然得到了回报：温克勒的“西方”将会发挥自己的作用。

——埃克哈特·耶瑟（Eckhard Jesse），《新苏黎世报》，2012年5月18日

这本书的特别之处和它与众不同的吸引力在于它对历史的呈现方式：各种不同的叙事，在叙事的长河中嵌入众所周知或鲜为人知的纷繁事件。

——勒内·阿圭尕（René Aguigah），《文学》，2010年1/2月

……一种智力和审美的愉悦……

——乌韦·施托尔茨曼（Uwe Stolzmann），德国文化电台，2009年12月10日

献给 Dörte

# 目　录

## 上

下

## 前　言 13

目前，还没有一部总括性的西方史面世。一些手册和手册类的著作给我们描述了欧洲和美国的历史，但并没有把它们放在一起加以阐述。老西方和新西方之间不仅关系紧密，而且其共同性也十分巨大，因此，缺少这样一部跨大西洋的历史著作令人颇感惊讶。

2000年，我出版了一部两卷本的德国19世纪和20世纪历史著作，书名是《通往西方的漫长之路》（*Der lange Weg nach Westen*）。这部书讲述的是一个文化上属于西方并参与了对西方之塑造的国家所历经的种种困难，即接受西方的政治文化，以及像以美国、英国和法国为首的西方民主国家一样，从启蒙运动中抽绎出相类似的政治结论。

我的脑海中不由得又出现了一些后续所要回答的问题：难道盎格鲁—撒克逊和法兰西所代表的西方不是也必须经过漫漫长路，才得以创造并实现了（尽管不是尽善尽美的）西方文明规范工程——1776年和1789年的思想吗？除了德国之外，欧洲其他国家通往西方之路不是也同样漫长曲折吗？若如此，我们不是需要做进一步的探讨研究，以弄清究竟是什么从内部维系着多重分裂的西方吗？

20世纪80年代末90年代初的历史巨变后，许多人都提出了这样一个问题：在大西洋联盟的冷战对手——社会主义阵营的东欧不复存在之后，“西方”的概念今后还具有什么样的意义。十二年后，当2001年9月11日恐怖袭击事件发生在纽约和华盛顿时，人们几乎普遍意识到，这次袭击事件不仅是针对美国，而且是针对整个西方。但是，美国对“9·11”的反 14
应方式在欧洲却引起了人们对是否还能够将自己的价值体系称为值得引以为豪的价值共同体的怀疑。然而无论“西方”再怎么自问，它确实存在：大部分非西方世界将其感受为一个统一体，特别是那些把它作为仇恨对象的人。

引起本书进行探讨的各种问题，不仅是我此前研究工作的延续，而且也是最新的历史过程本身使然。在前期的研究工作之外，我之所以能够开始《西方通史》的写作计划，要感谢三个基金会和我母校的支持。我曾于 1991 年至 2007 年执教的柏林洪堡大学，在我 2007 年 3 月退休后为我提供了一间带有必要技术设备的房间。为此我要感谢洪堡大学校长——双博士克里斯托夫·马克席斯（Dr. Dr. h. c. Christoph Markschies）教授，以及当时文学院 I 院的院长和历史研究所的执行所长米夏埃尔·博格尔特博士（Dr. Michael Borgolte）、教授。

罗伯特·博世（Robert Bosch）基金会、汉斯·林吉尔（Hans Ringier）基金会以及埃贝林和格尔德·布塞留斯—时代周刊基金会（die ZEIT-Stiftung Ebelin und Gerd Bucerius）提供赞助，让我在两年的时间内能够借重两名大学生助手和我的长期合作者莫妮卡·罗斯托伊彻（Monika Roßteuscher）硕士。这三家基金会和洪堡大学还将把赞助期延长两年，这样我希望能够把以 1914 年为“终点”和“消失点”的历史卷册继续写下去，一直写到当代。对这一支持我极为感谢。

这本书还要感谢我的诸多学生，他们分别出过力和参与过共同思考，他们是安格拉·阿布迈尔（Angela Abmeier）女士、弗兰齐斯卡·库舍尔（Franziska Kuschel）女士、安娜·玛丽亚·莱姆克（Anna Maria Lemcke）女士、玛丽亚·舒尔茨（Maria Schultz）女士、安德烈亚斯·施蒂恩（Andreas Stirn）先生和拉埃尔·玛丽·弗格尔（Rahel Marie Vogel）女士。格蕾琴·克莱因（Gretchen Klein）女士极为认真地把我的手稿转换成可打印稿。最后一章的部分内容由莫妮卡·罗斯托伊彻女士全神贯注地录入为电子版。C. H. 贝克出版社的总编辑德特勒夫·费尔肯（Detlef Felken）博士是书稿既彻底又有批判精神的读者。他的员工雅娜·勒施（Janna Rösch） 15
女士一丝不苟地协助我耐心审读校样。同样功不可没的还有塔贝阿·施皮斯（Tabea Spieß）女士（校对）和亚历山大·戈勒（Alexander Goller）先生（制作索引）。从第一章到最后一章的所有内容我都与太太进行了讨论，如果没有这种具有启发性和解惑性的对话，我无法落笔成书。凡此一切，本人一并表示感谢。本书若有谬误，文责由作者自负。

柏林　2009 年 5 月

海因里希·奥古斯特·温克勒

## 导 论 17

不仅书籍，概念也有自己的命运。“西方”这一概念在被用于政治或文化领域时亦是如此：在不同时代其含义不同。

古希腊需要通过公元前5世纪上半叶与波斯人的战争经验，才能逐渐明白希腊人和“野蛮人”、“西方”（dysmaí或hespéra）和“东方”（anatolé）之间的文化与政治差异何在。在基督教的欧洲，“西方”指的是使用拉丁语的西方教会（Westkirche）流行的区域，而不是讲希腊语的部分，那里是拜占庭欧洲。“西方”作为一个跨大西洋的整体概念，1890年之前几乎无此提法。欧洲和北美在文化和政治方面逐渐平等，才令该概念于世纪之交时首先在盎格鲁—撒克逊文化圈内上升为一个口号。当时这一概念还必须与另一个经常被使用的概念“白种人”进行竞争，与后者相比，它有狭义和广义两层含义：狭义的“西方”概念不包括被认为落后的东欧、俄国和巴尔干地区，广义的“西方”则关注是否属于“西方文明”，与种族无关。[1]

对于德国这个“西方国家”的引领潮流的知识分子——其中包括1918年发表了《一个不关心政治者的观察》（*Betrachtungen eines Unpolitischen*）的托马斯·曼（Thomas Mann）——而言，“西方”这一概念在第一次世界大战中成了带有消极色彩的战斗口号。[2]以法国、英国以及1917年参战的美利坚合众国为首的西方所代表的，是被这些知识分子所拒绝的东西，即民主的多数统治（demokratische Mehrheitsherrschaft）和臆
想的纯粹物质文明。相反，从德国精神捍卫者的角度看，德国 18
所代表的是一种内在性文化的更崇高的价值，亦即一种能够以一个强大国家的实力为基础的文化。“1914年的德国思想”与“1789年的西方思想”针锋相对：在许多人的头脑中这种对立

并未因 1918 年的战败而消失。当德意志帝国在 1945 年再次战败后，德国的西部才发生了一个新的变化，哲学家于尔根·哈贝马斯（Jürgen Habermas）于 1986 年在围绕着纳粹对犹太人空前绝后的大屠杀的“史学家之争”中，将这一变化视为德国第二次战后时期最了不起的智识成就：“联邦德国对西方政治文化的无条件开放”。[3]

冷战时期，“西方”成了北大西洋公约组织的代名词：北美两个民主大国美国和加拿大，加上大西洋另一边最初 10 个、后来 14 个国家，自 1955 年起也包括德意志联邦共和国在内。并非所有北大西洋公约组织的成员国都是始终如一的民主国家。葡萄牙直到 1974 年一直是右翼的专制独裁国家，希腊和土耳其一度由军政府直接或间接统治。尽管有这种政体差异，面对来自苏联和华约组织国家的威胁，北大西洋公约组织始终将自己视为捍卫人权和公民权利的联盟，亦即不仅仅是军事同盟，同时也是价值观的共同体。

在苏联解体之后，“西方”这一概念的意义再次发生了变化。直到 20 世纪中期几乎无人可以想见，波兰、捷克斯洛伐克（以及合并在这个国家中的一些地区）或匈牙利可以被划归“东欧”国家；“中欧”，或更确切地说“中东欧”，过去是，现在依然是其正确的称谓。所谓“东欧”则专门用来指称直至乌拉尔山脉的俄罗斯、白俄罗斯和乌克兰。从历史上看，中欧的东部、波罗的海国家和乌克兰的西部皆属于“西方”，亦即属于欧洲大陆上的同一片地区，直到宗教改革前，其共同的神权中心都长久位于罗马，因而有别于信仰东正教的东欧和东南
19 欧。这正是作为我们讨论重点的历史上的西方。

“欧洲不（仅仅）是西方，西方超出了欧洲的范围。但是，欧洲也不局限于西方。”奥地利历史学家格拉尔德·施托尔芝（Gerald Stourzh）简明扼要地勾勒了欧洲与西方之间的关系。[4]

欧洲之外的西方，则毫无争议地包括美国、加拿大、澳大利亚和新西兰，即完全或主要使用英语的民主国家，而且还包括 1948 年建国的以色列。欧洲的情况更为复杂。到底是什么原因导致不是整个欧洲都属于西方，这个问题必须追溯到教会分裂成东西两派之前的历史时期。这不只是一个具有历史意义的问题，因为它涉及许许多多曾经将欧洲联系在一起的文化影响，这些影响中的诸多成分至今仍在发生着作用。

在这些共同影响中，作用最为巨大者乃是来自基督教的宗教影响。在欧洲世俗化和非基督教化的渐进过程中，这样一种看法并不是完全无可争议的。旗帜鲜明的世俗主义者甚至可能觉得这是企图对世俗化表示质疑，并且是要阻止其发展。实际上，恰恰是这种特殊的、世界历史中绝无仅有的西方世俗化的过程，应该促使我们去探究这一历史发展的宗教条件。

倘若我们不先述及基督教的犹太教传统，就无法有意义地谈论欧洲和西方的基督教传统。犹太教传统的核心之一是一神教，其源头可上溯到公元前 14 世纪的埃及。如果我们想知道西方是如何成为今日之西方的，我们就必须从一神论的产生入手。以此为出发点，继续探索基督教所特有的、对神权和世俗秩序的区分，在这种区分中已经埋下了世界的世俗化和人的解放的种子。这种区分的典型例子是耶稣的名言：“该撒的物当归给该撒，神的物当归给神。①”[5]

从发出这一呼吁到 11 世纪末 12 世纪初主教叙任权之争
（Investiturstreit）中神权与世俗权力开始分离，经过了一千 20
多年。回顾历史，神权和世俗权力的分离可以被视为三权分立的雏形，正是鉴于这种分离，各种力量才能得到释放、充分

① 见《新约·马太福音》22：21。本书《圣经》引文之汉译皆采用和合本。又译：“恺撒的归恺撒，上帝的归上帝。”（如无特别说明，本书脚注均为译者注。）

发展和进一步分化。第一次国家权力的分权制始自1215年的英国《大宪章》。第二次分权分离了王侯和其他等级的权力，后者的权力随后由贵族、神职人员和城市有产阶层行使。中世纪的这两次分权仅限于西方教会流行的区域内；在东正教（Ostkirche）盛行的范围内缺乏教宗与皇帝或国王之间的二元性，在那里神权的地位低于王权，王侯与其他社会等级的权力没有得到分离。与西方不同，那里未能发展出领主与封建贵族之间的相互信任，没有自由市和有自我意识的城市资产阶级，从而也缺乏个人自由和团体自由的传统。

西方的历史并非一部不间断地迈向更多自由的进步史。16世纪的宗教改革一方面通过将个人的良心提升为最高道德法庭赢得了大量的自由，另一方面，它又以路德新教和英国国教的形式提高了强制性的权威。鉴于已经取得的神权与王权的初步分离和人文主义者所致力的宗教宽容，这可以说是一种倒退。在圣公会流行的英格兰，对自由的限制引起了反抗——加尔文教派的新教抗议。抗议演变成了一场民主运动，这场强大的运动在大西洋的另一边，亦即英国王室的美洲殖民地，最终导致新西方——美国得以奋起进行一场反对母国的革命。

在老西方，英国毫无疑问曾经一直是欧洲大国中最自由的国家。在英国，中世纪王侯和其他等级间的分权得到了进一
21 步发展，这种新的三权分立（立法、行政和司法）在孟德斯鸠发表于1748年的《论法的精神》（*Geist der Gesetze*）中得到了经典表述。与不可剥夺的人权、法治和代议制民主观念一样，三权分立亦属于我们所称的西方文明规范工程（das normative Projekt des Westens）或西方共同价值观（die westliche Wertegemeinschaft）的核心内容。

这项工程不单纯是启蒙运动时代的新创造，相反，如同启蒙运动本身一样，它深深植根在西方的历史之中，一直可以上

溯到中世纪和古希腊罗马时代。同时，西方的这一工程也不单单是欧洲所完成的工作，而是跨大西洋合作的成果：以 1776 年 6 月 12 日的《弗吉尼亚权利法案》（Virginia Declaration of Rights）为发端的第一批人权宣言在英国位于北美的殖民地获得通过和宣布。它们极大地影响了法国国民议会于 1789 年 8 月 26 日公布的《人权与公民权宣言》（Erklärung der Menschen-und Bürgerrechte）。18 世纪末大西洋两岸的两次革命（1776 年的美国革命和 1789 年的法国革命）后，西方文明规范工程就从根本上奠定了自己的基础。此后，西方不仅拥有了可供自我衡量的一种尺度，而且它也必须让世人以此来对其行为进行衡量。

时间又过了两个世纪，整个西方才对这一规范工程表示认同。19 世纪和 20 世纪的绝大部分历史，都充满了围绕接受还是拒绝 1776 年和 1789 年思想的斗争。其间发生了许多西方国家出于民族主义精神起而反对美国和法国革命理念的抗争，而这种民族主义在许多方面本身就是西方近代史的一种现象，其中最激进者——德国的民族主义在纳粹主义的鼓噪中达到了登峰造极的地步。一些中东欧国家只是在 1989~1990 年后，才重新获得了西方意义上的发展机会。因此西方的西方化是一个过程，其显著特点是它的非同时性。

18 世纪末之后，西方发展过程中另一个同样突出和重要的特点是：文明规范工程和政治实践之间的矛盾。在早期的人权宣言和 1776 年 7 月 4 日美国《独立宣言》的作者中不乏奴
隶主。倘若奴隶制的反对者坚持废除奴隶制，那么，北美 13 22
个殖民地寻求脱离其母国英国的努力就将因此而失败。但是，这项建国诺言是一个具有革命性的承诺：如果《独立宣言》承认所有人生而自由并享有不可剥夺的天赋人权，那么，奴隶制无疑就成了一桩丑闻，为废奴和禁止奴隶买卖而战就成为历史

和文明规范的必然。这场漫长而曲折的斗争表明，文明规范工程的力量最终比政治实践更为强大：西方在面对非西方世界时尽管每每表现得玩世不恭，但它毕竟具有进行自我批评、纠正自己的政治实践和不断完善其文明规范工程的能力。

美国的非洲裔黑奴不是唯一被剥夺不可剥夺的权利的群体，北美和澳大利亚的原住民被逼到了几乎亡族灭种的边缘。然而，白种人中的部分人群也同样遭到了长期的歧视。在经过了漫长的时代之后，妇女才获得了完全的平等地位，工人的公民权利和有尊严的生活同样也常常是暴力抗争后的结果。妇女和工人这两个群体在争取自己的权利时，皆可以援引 1776 年和 1789 年的承诺作为自己斗争的依据：这些革命的思想被铸成了反抗严酷现实的战斗武器。

西方文明规范工程的形成，其实现过程的非同时性，它与实践之间的矛盾——这些关键词构成了本书叙述的主线。本书的目标不是成为一部涵盖古今的“总体史”（histoire totale），而是一部问题史和话语史（Problem-und Diskursgeschichte）：这是一种把欧洲和北美历史中的主要问题以及对这些问题的反思放在大西洋或西方的语境中进行探讨的尝试。在非西方国家中，着墨最多的是俄国：沙皇帝国和后来的苏联既影响了西方，也受到了西方的影响。在帝国主义时代，西方列强越是将世界的其他地方正式或非正式地置于自己的统治之下，地球上
23 的这些地方也就越发必然地进入本书讨论的视野。但这并未让本书成为一部“全球史”（Globalgeschichte），充其量不过是为此做出一份贡献而已。

当 1920 年马克斯·韦伯为其著名的宗教社会学论文集撰写序言时，他不仅剖析了一些只存在于西方的特定文化现象，而且将其视为典型的西方所具有的文化特征：以经验为基础的科学，理性和谐的音乐，西方法律严格的程式化，各行各业的

专门家，现代资本主义的贪婪攫取欲，家庭和企业分离，复式簿记，西方的市民阶层，自由劳动的组织和理性社会主义的出现，等等。这些特征的共同点就是西方所特有的理性，它体现在一种实用理性，即经济上合理的生活方式中。[6]

韦伯的分析触及了现代化进程的某些特定方面，西方所有以工业化和官僚主义为特征的社会都曾经历或有些仍在经历这一进程。但值得注意的是，他没有论及西方在文明规范和政治实践方面的成就：既未谈到人权和公民权，也没述及三权分立、主权在民或代议制民主。按照韦伯的观点，这些文化现象显然并非西方的典型特征。这是一种非常德国化的观点，而且在当时就已经不符合时代精神了。如今，我们应当有更加充分的理由，把规范标准的制定、自我批判的政治文化的形成和多元化的公民社会的产生作为西方史的核心问题加以阐述。本书正是本着这一宗旨，因而没有对韦伯所列举的一些文化现象予以突出的强调。既然选择了问题史和话语史作为目标，那么本书就需要设立一个自己的重点，非重点的细枝末节便多少可以说是被广泛地摒弃掉了。

本卷的历史讲到第一次世界大战爆发为止。这场战争是迄至当时为止民族对立最可怕的一次冲突，比起对各国社会所带来的革命，它对国际关系中的国家体系造成了更多革命性的后果。经过这场血腥厮杀，老欧洲的西方作为整体元气大伤，美
国所代表的新西方却增强了实力。自 1917 年起，整个西方受 24
到了一个因这场战争才得以诞生的国家——苏联的挑战。1933 年后，纳粹德国成了其最强有力的对手。由于德国对许多国家发动了侵略战争，东西方被迫联合起来反对德国及其盟友意大利和日本。当“轴心国”在第二次世界大战中失败后，同床异梦的东西联盟也分崩离析。东西方冲突拉开了大幕，在随后的 45 年中，这场冲突给欧洲和世界均打上了深深的烙印。

至于西方自 1914 年到 1989~1991 年冷战结束以及其后的历史，只能留待后续各卷来加以阐述了。苏联解体后，有些观察家认为，西方的理念在全球盛行只是时间早晚的问题。西方的某些创举，从资本主义、工业化、主权民族国家的组织形式到整个法律制度和民主的多数决原则，已经被许多非西方社会所采纳，并且没有迹象表明，这种西化过程，或者更确切地说是部分的西方化过程，将会停止发展。然而西方早已停止主宰世界，它所代表的只是诸多的生活方式和政治文化中的一种，并且如果人们对那些认为自己只属于“西方”的国家做一个统计，便会发现它们在世界民族之林中只占少数。

就传播其价值观而言，西方所能做的最好的事情就是自己遵守这些准则，批判地对待自己的历史，这是因为，在很长的历史时期里西方的所作所为违背了自己的理念。毕竟人们可以以史为鉴。这里，最重要的一个思想认识是：人权、三权分立和法治皆是服务于人的历史成就，没有了它们，任何群体或迟或早都将陷入严重的危机。当然，这种认识不可强加于人。归根结底，包括德国在内的一些西方国家也是历时弥久，才认识到这点并开始将其铭记于心的。

# 注 释

1 David Gress, From Plato to NATO. The Idea of the West and its Opponents, New York 1998; Michael Hochgeschwender, Was ist der Westen? Zur Ideengeschichte eines politischen Konstrukts, in: Historisch-politische Mitteilungen. Archiv für Christlich-Demokratische Politik, Köln 11 (2004), S. 1–30; Alistair Bonnett, The Idea of the West. Culture, Politics and History, Basingstoke 2004, S. 14 ff.; Thomas C. Patterson, Inventing Western Civilization, New York 1997; Jürgen Osterhammel, Die Verwandlung der Welt. Eine Geschichte des 19. Jahrhunderts, München 2009, S. 143 f.

2 Thomas Mann, Betrachtungen eines Unpolitischen (1918), in: Gesammelte Werke in dreizehn Bänden, Frankfurt 1990, Bd. 12, S. 1–589.

3 Jürgen Habermas, Eine Art Schadensabwicklung, in: «Historikerstreit». Die Dokumentation der Kontroverse um die Einzigartigkeit der nationalsozialistischen Judenvernichtung, München 1987, S. 62–76 (75).

4 Gerald Stourzh, Statt eines Vorworts: Europa, aber wo liegt es?, in: ders. (Hg.), Annäherung an eine europäische Geschichtsschreibung, Wien 2002, S. XI.

5 Matthäus 22, 21; Markus 12, 17; Lukas 20,25.

6 Max Weber, Gesammelte Aufsätze zur Religionssoziologie, 3 Bde. ($1920^1$), Tübingen $1988^9$, Bd. 1, S. 1–16.

# 第一章

## 西方之形成：世界一部分的特征

## 一神教作为文化革命：西方之东方起源

起初是一种信仰：相信只有一个上帝。对“西方”的产生而言，一神教并非唯一的条件，但没有它是无法解释西方的。西方的一神教起源于东方。它是一场文化革命的产物，这次革命发生在公元前 14 世纪埃及国王阿蒙霍特普四世（Amenophis IV.[①]）治下。阿蒙霍特普是纳芙蒂蒂（Nofretete）的丈夫，他把太阳神阿吞尊为唯一的神，称自己埃赫那吞（Echnaton），意思大概是“阿吞的仆人”。

埃及的一神教只是一个小插曲。它被埃赫那吞的对手，主要是有影响力的阿蒙神（Gott Amun）祭司们镇压下去，并从记忆中清除掉，即心理学意义上的“驱散”。尽管如此，它在世界史上留下了影响，体现在摩西的宗教里。摩西作为历史人物是否真实存在过，如果存在过，他是个温文尔雅的埃及人，还是埃赫那吞的以色列随从，对此学界争论不休，就像学者们对《圣经》中有关以色列人在埃及人那里被囚禁，和他们出埃及前往应许之地的记载各持己见一样。毫无疑问的只有：犹太的一神教是埃及阿吞教（Aton-Religion）的变形。因此，寻求西方的起源把我们引向了东方，如果我们想解释西方的形成，我们还必须多次将目光转向东方。[1]

在埃及，人们试图通过相信一个神来代替多神教信仰，这 26
完全是一种严格意义上的政治神学：一神教应该服务于巩固多民族帝国，即充当稳固统治的手段。“政治神学”的概念因德国国家法学家卡尔·施米特（Carl Schmitt）而家喻户晓。“所有现代国家学说的简要概念都是世俗化了的神学概念”，这是他 1922 年出版的《政治神学》（*Politische Theologie*）的

① 此为其名字的希腊化拼写法。

核心论点。作者指出了万能的上帝是如何转变成专制主义时代的万能立法者的，他发现对法学来说，法理中的非常状态类似于神学中的奇迹。施米特认为，现代法治国家的理念是随着自然神论发展起来的，自然神论是一种开明的宗教观，认为上帝创造了世界，但此后却不再对它产生影响，它否认任何形式的神的启示。正如自然神论从世界上驱逐了奇迹——因为它打破了自然规律——启蒙运动的国家学说也反对主权者对有效法律秩序的直接干预。反之，19 世纪的反革命保守派作家都是坚定的有神论者就并非出于偶然了，也就是说他们信仰个人心目中超凡的上帝，这位上帝决定着世事的走向。他们需要这种信念，因为通过与上帝的类比，能够为君王的个人主权找到意识形态上的支持。[2]

乍一看，埃及学学者扬·阿斯曼（Jan Assmann）的论点与卡尔·施米特的似乎完全相反："神学中所有的简要概念——也许我们可以谦虚一点说，一些核心概念——都是神学化了的政治概念。"正如施米特想要证明核心神学概念世俗化的过程，阿斯曼在其专著《统治与救赎：古埃及、以色列和欧洲的政治神学》（*Herrschaft und Heil. Politische Theologie in Altägypten, Israel und Europa*）中想揭示核心政治概念是如何被神学化的。原本属于政治范畴的模式和概念发生了意义转变，对他而言这方面最极端的例子就是和《旧约》相关的圣约神学。"在这里，国民协议和忠诚宣誓义务这类政治模式成为
27 一种神学的基础，该神学以明确的政治形式展现了上帝之爱的主题，并完全以激进的方式把政治秩序这一话题神学化了。这种对政治的'神学化'同样把当时的世界彻底革命化了，就像近代神学的世俗化那样。"[3]

事实上，施米特已经暗示过，世俗化和神学化犹如一枚硬币的两面，或者换一种说法，它们是彼此相关的辩证进程：

“某个特定时代对世界所获的形而上图像，与其一目了然的政治组织形式的结构是一致的。”[4] 而阿斯曼则强调，他的视角并非要索性推翻施米特的论点，而是扩展该论点，为其补充来龙去脉。此前的历史始于埃及并在以色列继续下去：犹太一神教对于阿斯曼而言是“开始具有反思性的，并对其他宗教提出质疑的真正的敬神形式”。[5]

与对埃及人一样，一神论对古代以色列人来说同样是一种政治神学。信仰一个上帝，相信自己是上帝的选民，这帮助他们即使在帝国瓦解、国家分裂、受迫害、遭驱逐和受到异族统治的时代，也能众志成城。西格蒙德·弗洛伊德视生活在埃及的摩西为犹太民族的缔造者，他认为反犹太主义的根源就是摩西的所谓以色列人为上帝选民的说法：“我敢断言，其他民族对那个民族——自认为是圣父的长子和其最宠爱的孩子的犹太人——的嫉妒至今也没有消失，就好像他们相信了犹太人的这种说法似的。”[6]

弗洛伊德笔下的摩西集民族和宗教缔造者于一身，并因而成为一位文化革命者。他首先为犹太民族中的一部分人“提供了更高层次上的、精神化了的对上帝的想象：一位独一无二、掌控整个世界的神灵，它既仁慈又全能，并厌恶一切繁文缛节及巫术。这位上帝为人们规定的最高生活目标就是生活在真实和正义中”。摩西从埃赫那吞那里继承的不可制作圣像的禁令意味着，“感性知觉须让位于抽象想象，即精神战胜肉体，严格来说是一种带有心理必然后果的禁欲”。“上帝的非物质化”引起“智力能力的超常增长”，并形成一种禁欲的道德宗教。 28
“这种宗教并非意味着要求彻底禁欲，它满足于对性自由进行限制。但上帝是完全脱离性行为的，并被提升为道德完美的典范。道德规范却是对性欲的限制。”[7]

一神教是文化的进步，甚至是文化革命——有些作者反对这种命题。阿斯曼认为，埃赫那吞的一神教作为另一种宗教已经为“摩西区分”，即真假间的区分，埋下了伏笔，因此也为自己招致了来自“被排除在外者的仇恨”。“从那时起世上就有了这种仇恨，这种仇恨只能通过追本溯源才能得到克服。”[8] 一神教是一种带有仇恨的“反宗教”，认为神和世界本为一体的古代埃及宇宙神论则具有“兼容的基础和跨文化的可译性”：阿斯曼所使用的释意可以上溯到斯宾诺莎（Spinoza）和一些启蒙运动时期的作者。[9] 难道一神教是世界历史误入歧途的源头？

不容忍其他神祇（他们只能是偶像），反对任何形式的偶像崇拜，这成为犹太一神教在历史上能够风行起来的条件。摩西的上帝是对世界创造者问题以及人们与这位创造者关系问题的神学答案，这样的问题是多神教的神话无法理性解决的。犹太一神教确实在合理化、文明化和知性化方面有了长足进步。

由于摩西的上帝是《十诫》以及《圣经》中所记述的摩西所立的所有其他规矩的作者，从而也是全部法规的订立者，上帝的选民的福祉就被解释为以色列人遵从了上帝的旨意。如果他们违背了主的意志犯了罪，甚或去拜偶像，他们就打破了与上帝所立之约，就必须受到上帝的制裁。公元前最严酷的制裁是尼布甲尼撒二世（Nebukadnezar II.）在前 597 年和前 587 年对耶路撒冷的占领和破坏，以及接下来犹太人被放逐到巴比
29 伦，以色列亡国。对过去罪孽的惩罚对犹太一神教而言与另一件事同等重要，即弥赛亚（Messias）的出现将会带来救赎的预言性承诺。对唯一的神——以色列人的上帝的信仰被铭记于心，因为恐惧和希望共同被证明为以色列民族道德生存的保障。

民族并不等同于国家。亡国使得人们对上帝与其选民之间的特殊盟约的想象越来越具有治外法权的特色。由此产生了希腊犹太教的传统，这一传统不再期盼能够拯救以色列民

族的弥赛亚，而是寄希望于一位世界救赎者，这就为历史确立了目标和终点。自约翰·古斯塔夫·德罗伊森（Johann Gustav Droysen）始，我们所谓的“希腊化时代”（Hellenismus）是指自亚历山大大帝统治时期到罗马帝国取代了罗马共和国这段时间，即从公元前 4 世纪的最后三分之一至公元前后的交替期。此前希腊城邦曾奋起抵抗被认为野蛮与专制的波斯帝国，公元前 5 世纪在雅典和斯巴达以及他们的盟友之间爆发了伯罗奔尼撒战争，在斯巴达获胜 66 年后，马其顿国王腓力二世（Philipp II.，亚历山大大帝的父亲）最终于公元前 338 年确立了对希腊城邦的霸权统治。波斯帝国战败后，亚历山大之大帝国的版图从印度河（Indus）经小亚细亚延伸到利比亚，从黑海延伸到红海，在其创始人于公元前 323 年逝世后，帝国解体为所谓的后继王国。通过这些后继王国，希腊文化在整个地中海东部传播。随着屋大维（Oktavian），即未来的皇帝奥古斯都于公元前 30 年征服后继王国中的最后一个——埃及托勒密王朝，希腊化世界全部并入罗马帝国，该帝国至此终于成为一个世界帝国。[10]

经过漫长的发展期，希腊化文化面临着“从神话到逻各斯”的转变——希腊启蒙。其不朽成果之一是，认识到伦理中的“不成文法”（nomoi ágraphoi），而这种伦理的地位高于一切成文法。[11] 索福克勒斯（Sophokles）笔下的安提戈涅（Antigone）——俄狄浦斯（Ödipus）的女儿——正是按照这种不成文法行事的，这类律法代表着神圣的世界秩序。她的叔 30
叔底比斯国王克瑞翁（Kreon）明确禁止埋葬其兄波吕尼刻斯（Polyneikes）的遗体，她故意违规为其兄收尸，从而最终也走向死亡。在一场悲剧性冲突中，当个人的良知与共同体的法律发生矛盾时，前者拥有优先权：这是一次自然法的转折。后来，使徒保罗抗议当时犹太人流于表面的律法信仰，可被视作上述转折的回声。

## 早期基督教：宗教的熔炉

新教神学家鲁道夫·布尔特曼（Rudolf Bultmann），新约圣经释经学中“非神话化”的创始人，称早期基督教为一种“合一现象”，即除犹太教和古希腊遗产外，希腊化文化也以多种形式潜入其中。在斯多葛学派的表述中希腊化文化早已不再多神，神与自然毋宁说是一体，人类是这一整体中的一部分。用布尔特曼的话来说：“人试图理性地理解世界和自己，从而赢得自身的安全；他按照希腊传统将世界理解为一个整体，一种内在的神圣力量和一种理性的神圣法律统治着它。他确信，只要他把世界法则当作自己的本质法则来理解和肯定，懂得让自己融入宇宙，知道自己在宇宙中的位置，那他就是安全的。”[12]

希腊化文化的另一鲜明特点就是灵智，它对早期基督教产生了影响并借其留存下来。与斯多葛学派的神不同，诺斯替主义（Gnosis）的神是超验的，即超世界的；他是相对于黑暗的光，相对于谎言的真相，相对于低下的崇高。对于具体的人生而言，诺斯替主义的神之重要性只在于，他帮助人摒弃非本质的、经验的自我，找到本质的自我。“解放只能作为拯救出现，”布尔特曼写道，“作为一种把人从他自身这座监狱中解放出来的拯救。”诺斯替的人类形成一个整体，但它是一个纯粹精神的、被神秘感知的整体，是非此世的。诺斯替教徒是激进的个人主义者；他既不需要牧区的别的教徒，亦不需要崇拜。冥想和陶醉是允许他提前得到救赎的手段。[13]

此外对早期基督教产生过影响的还有：希腊化文化对命运的相信，东方对宇宙神——太阳神的崇拜，以及那些近东神秘宗教——它们让来自不同社会或文化背景的人产生属于同一精神共同体的感觉。早期的基督教社区，“非犹太裔基督徒”比

“犹太基督徒”还要多，是宗教的熔炉。早期基督教从犹太教继承了对一个上帝的信仰，他的旨意通过摩西和先知们启示给众人；但它与犹太教中所有那些违背耶稣所宣之道，即仁爱的福音，以及那些仅仅属于外部律法领域的东西划清了界限。从神秘宗教中基督教接受了社区的神秘性和一些礼拜形式；从古希腊那里则学会了区分人与神的律法、柏拉图对内在人和外在人的区别以及他的神性理智逻各斯学说；自斯多葛学派处接纳了人类是一个整体、成熟的自然法学说和身体是灵魂的监狱的理念；从基督教之前的诺斯替主义学来了沉浸于自我、坚定不移地区分神与世界、光明和黑暗的隐喻以及对救赎的信心，后者也以其他形式存在于犹太教中。相信通过弥赛亚人类可以得到救赎，意味着给历史设定一个目标：一种线性和末世的看问题角度，借此基督徒和他们之前的犹太人一样，彻底告别了希腊人认为历史永恒轮回呈周期性的思维。相反，基督教对上帝的三位一体的想象完全来自希腊化古代晚期的影响。三位一体（还不是新约，而是早期教会）的教义，即作为天地万物创造者的圣父、获得人身的圣子和对基督徒社团具有凝聚力的圣灵，此中均有新柏拉图主义有关太一观点的影子——精神与灵魂是神圣的流溢，也不乏诺斯替主义所发展出来的神、意志 32
与精神不可分割的理念。为了不让三位一体沦为三神论，而是能保持对一位上帝的信仰，这需要高度的辩证思维。倘若未经这些古老传统的思辨训练，教会的神父们很难成就如此辩证的神学。

尽管如此，基督教却并非仅仅是其他宗教与哲学思想流派的“杂糅”。其最关键的新意在于相信罪恶能够被宽恕，不是通过想要得到救赎的善意或善行，而是仅仅出于上帝的恩典。为了替世人赎罪，上帝的儿子——救世主牺牲在十字架上，他以此举承诺信徒在肉体死亡后可获永生：这是基督教福音的核心内容，也是其早期成功的原因。因为没有任何其他宗教或世界观——如果我们遵循弗洛伊德的说法——能够像基督教这样来回应被强化了的内疚，这种负疚感是从亚当和夏娃那里继承来的原罪意识，此后罪孽又不断增加，越来越迫切地呼唤着救赎。

弗洛伊德试图用“被抑制的对上帝的敌视”来解释犹太人的负疚感。“这个民族情况不妙，寄予在上帝身上的希望难以实现，坚信自己是上帝选民这一最令人喜爱的错觉并非易事。如果不想放弃这种幸福，那么因自己的罪而产生的负疚感正是受欢迎的对神之责任的免除。”耶稣出现的时候，这种负疚感早已不再局限于犹太人身上了。“这种无人知晓原因的沉闷不适和大难临头感，已经攫住地中海区域的所有民族。”在犹太人大数的扫罗（Saulus aus Tarsus）——作为罗马公民他称自己为保罗（Paulus）——身上，弗洛伊德看到了那些最先在精神上实现突破者：“自从我们中的一员为了替我们赎罪牺牲了他的性命后，我们就从所有的罪中被拯救出来……原罪与通过牺牲的救赎是保罗所创立的新宗教的基石。”[14]

基督教所传递的信息对那些“受苦受难者”最具吸引力，
33 这些人也是基督教的布道对象。通过相信救世主、人与人之间情同手足的友爱和对未来的天国之正义的希冀，团结在一起的他们面对尘世的迫害和压迫能从道德上维护自己。对于那些置身“底层”和“没有翻身机会的人”来说，每个人都是神按照自己的形象创造的，在神面前人人——并非只有被选中的某一民族的成员——平等的想法能够令人产生一种自我意识，并释放内在力量。这也适用于奴隶，他们是罗马帝国社会的最底层和所有统治的社会基础。平等的思想蕴含着革命潜力。它没有要求推翻现存秩序，但它从根本上处处挑战了其合理性：据说是复活了的耶稣给了使徒们指示，到世界各地去向所有民族传布福音，这可以被解释为世界范围内的传教使命。[15]

对基督教的文化革命意义，任何人都没有黑格尔分析得透彻。1820年代到1830年代初，他在柏林大学的历史哲学讲座中曾总结道："因此，上帝的'绝对的观念'，在它的真理中，从基督教达到了意识。同时，人类也从'圣子'这个肯定的观念中，发现他自己真实的本性已经获得了理解。人类，当作为自己看待时，是有限的，但是当他在自己本身中，却是上帝的形象和无限的源泉。他是他自己本身的目的——他自己有一种无限的价值、一种永恒的使命。因此，他建筑他的家在一个超感官世界里——在一种无限的内在性里，这种内在性的取得，乃是由于脱离了单纯的自然生存和意志，并且是用他的劳动打破了他内在的生存和意志。这是宗教的自我意识。"①

由此所产生的条件，即人类有"绝对的自我意识"，按照黑格尔的观点这些条件在基督教中尚未具体化，"而只是最初的抽象原则，这些原则是经过基督教宗教而为世俗王国获得的。第一，在基督教之下，不容许有奴隶制度；因为人类作为人类，依照他普遍的本质，可以在上帝中看见；每一个人都是上帝神宠和神圣意志的对象：上帝将使一切人都获得拯救。无 34
任何例外，本来人生而为人就已具有无限价值，而正是这种无限价值抵消了出生地和祖国所带来的所有特殊性"。

第二个影响了世界的基督教原则，黑格尔认为是人的内在性与偶然性的关系。"人类本有自由精神的根基，其他的一切都因此而生发。这一神圣精神所该居留和在场的地方，就是精神内在性的基地，这是将对所有偶然性进行抉择的地方。……希腊的自由是幸运和天才的自由，但它仍受到奴隶和神谕的制

① 黑格尔：《历史哲学》，王造时译，上海书店出版社，2001，第330页。下两段译文也参考了此版本，因其转译自英译本，此处根据德文进行了少许改动。

约；现在出现了因信神所得到的绝对自由原则。人类如今不再生活在依赖关系中，而是处于爱的关系中，他知道自己是有神性的。鉴于特殊目的，现在人类有自我决定权并知道自己是一切有限生存的主宰。……人类绝对有权进行决断。”[16]

令人惊讶的是黑格尔并未提出第三个原则，尽管它应该是西方形成的基础：区分上帝与皇帝的势力范围。根据《马太福音》和《马可福音》的记载，有一天法利赛人的追随者和罗马帝国封臣希律·安提帕斯（Herodes Antipas）的下属给耶稣提了一个刁钻古怪的问题：作为诚诚实实传上帝之道的老实人，他认为是否该给皇帝纳税。如果他回答说不该，就会被解释为煽动造反；要是说该，则会被认为是对（极为不受欢迎的）罗马异族统治的支持。无论他如何回答，都是一种政治站队，是一种敌友关系的抉择。因为耶稣不想给出这种非此即彼的答案，他决定做出辩证的答复。他让人拿一枚上税的银币给他看，看到上面铸着皇帝提庇留（Tiberius）的像。然后他回答道：“这样，该撒的物当归给该撒，神的物当归给神。”[17]

上帝与恺撒（该撒）的并置并非要制造同等距离，也不是说二者是平级的。上帝的绝对主导地位对回答问题者来说是毋庸置疑的。但其答辩却包含着对任何形式的神权政治或神职人
35 员的统治的拒绝。突出神权与皇权之间的差异意味着对后者权力的限制和确认：限制是因为后者没有处置宗教事务的权力，确认是因为世俗权力有其自主性。这还不是神权与王权的分离，这种分离是一千多年以后才完成的。但是对上述陷阱式问题的回答却宣布了一个原则，根据其逻辑神权与王权的分离就是顺理成章的了。

至于什么是上帝和皇帝应得的，那句话也可以解释成完全不同的意思，起初它也是被解释成别的意思了。早期基督教期望着复活者的再临、死人的复活和最后的审判。末世论——相信世界

末日就要来临——的期望自有其逻辑：尘世的秩序无所谓，只要良心允许，就由尘世的统治者去操办好了。用布尔特曼的话来说："原始基督教对尘世的安排没有计划，对改革政治与社会状况亦无建议。面对国家主管部门每个人都该尽其义务；但人们对公民生活并不承担责任，是的，因为信徒是天国的'公民'。……蒙召于主获得自由的奴仆，他不该认为自己在社会学意义上也必须是自由的；'各人蒙召的时候是什么身份，仍要在神面前守住这身份'（《哥林多前书》7：17~24）。"[18]

## 一个上帝，一个皇帝

早期的基督徒对国家冷漠，这并不意味着国家对他们的状况也无动于衷。他们的数量在罗马帝国越是不断增加，国家越是怀疑他们。他们不仅拒绝崇拜所有已知的其他神明，而且总是秘密聚会，让人觉得他们在进行危险的谋反。起初他们仍算是犹太教的一个教派，但他们不遵从犹太教礼仪的程度令人怀疑他们到底是否相信一个上帝。这样他们就比犹太人更适合扮演替罪羊的角色，如果正好有这种需求的话。当公元 64 年数日大火令罗马城满目疮痍时，皇帝尼禄有纵火的嫌疑，但他却控告基督徒为纵火犯。正如古罗马历史学家塔西佗所述，虽然没有确凿证据证明他们就是纵火犯，但人们指控“基督徒痛恨人类”，大量基督徒以最残酷的方式遭到公开杀害，许多人被活活烧死。[19]



对基督徒的迫害，特别是在皇帝德西乌斯（Decius，约 250 年）和戴克里先（Diokletian，自 303 年起）治下的系统迫害，首先有一个目标：巩固帝国的统一。自 3 世纪下半叶起，帝国从四面八方受到了威胁，其中最大的威胁来自北方的日耳曼部落。但压迫并未能促进帝国的凝聚力，而是让基督徒们更加团结。君士坦丁大帝（306~337 年在位）从中吸取了教训，做出了一项影响了世界史进程的决定：他在 312 年皈依基督教，把基督教变成帝国的支柱。基督教是一种要求服从权威的宗教，因为这是神所命的（《罗马人书》13：1），国家希望能够从中获益。只信仰一个上帝，难道这不刚好适合一个皇帝（这个皇帝正准备把分成四部分的罗马帝国在自己的统治下再次统一起来）吗？

犹太哲学家亚历山大里亚的斐洛（Philon aus Alexandria）——希腊化时期与耶稣同时代的人物——就已经谈到“神

的王国”。他影响了凯撒利亚（Caesarea）主教尤西比乌斯（Eusebius）的想法，认为一神教和君主制是相辅相成的。当君士坦丁于324年击败东部罗马帝国皇帝李锡尼后，尤西比乌斯——其第一位传记作者——视此举为不仅恢复了君主制，而且同时也为神的王国提供了保障。这样奥古斯都创建罗马帝国时所开创的可能性，就被第一位基督教皇帝变为现实。[20]皇帝本人也鼓励这种历史观，维吉尔（Vergil）的第四首牧歌其实大约创作于基督诞生前40年，325年君士坦丁在尼西亚（Nicaea）宗教会议的一次演讲中，按基督教精神对该牧歌重新进行了阐释：那个处女所生的男孩只能是基督，他肩负着使命，在世上创立一个新的、得到救赎的、和平的黄金时代，来取代蛇所代表的恶势力的统治。[21]

保卢斯·奥罗修斯（Paulus Orosius），来自加利西亚的 37
长老和圣奥古斯丁曾经的助手，在5世纪初则走得更远：耶稣诞生在奥古斯都统治的罗马帝国的和平时期这一事实，使罗马帝国的历史在神的救恩史中占有了突出地位。皇帝奥古斯都下令在所有省份进行纳税评估的同一年，“上帝屈尊现身为人。那时基督诞生了，并于出生后立即登记进罗马公民的名单”。因此奥罗修斯毫不怀疑，“我们的主耶稣基督让这座因他的意志人口不断增加和受到保护的城市（罗马——作者注）再创辉煌。他最想在到来时属于这座城市，通过户籍登记他无论如何能被称作罗马帝国公民”。[22]

在奥罗修斯对历史的解释中，君士坦丁的国家教会找到了自己的“政治神学”。罗马帝国因其救恩史上的缘由变成了基督教帝国。统一了世界并保障了世界和平的罗马帝国，从基督教的观点来看，正在为基督降生后即将开始的未来国度做准备。但当奥罗修斯于418年前后撰写《反对异教徒的历史七书》（*Sieben Geschichtsbücher wider die Heiden*）时，罗马帝国已经最终分裂：自 395 年起一位西罗马帝国皇帝在罗马实施统治，一位东罗马帝国皇帝则在当时拜占庭的首都君士坦丁堡执政——这座城是君士坦丁新创建的。

古代世界能够基督教化，是因为此前基督教向古代世界敞开了大门。391 年皇帝狄奥多西（Theodosius）通过禁止所有异教崇拜将基督教提升为罗马帝国国教，那时，这一源自东方的宗教已经通过吸收希腊和拉丁文化遗产大为西方化了。然而基督教从古希腊、罗马继承的不仅仅是教育教养，随着基督教信仰的传播弄巧成拙的事也常有发生。在民间的、由教会刻意推动的对圣者的崇拜中，古老的多神教继续以温和的形式流传；在对据说能创造奇迹的殉道者圣髑的祭拜中，异教的仪式仍被遵循。英国历史学家爱德华·吉本（Edward Gibbon）在
38 其 18 世纪末出版的经典作品《罗马帝国衰亡史》中，对基督教的胜利这柄双刃剑曾言简意赅地写道：“君士坦丁推行的宗教在不到一个世纪的时间内完全征服了罗马帝国，但获胜者却逐渐败在了被他们征服的敌人的诡计下。”[23]

当 476 年日耳曼雇佣军在他们的首领奥多亚克（Odoaker）带领下，废黜了最后一位西罗马帝国皇帝罗慕路斯·奥古斯都路斯（Romulus Augustulus）后，就只剩下在君士坦丁堡的一位罗马帝国皇帝了——他保证了罗马帝国的继续存在。在帝国西部实施统治的日耳曼国王们并不挑战他的霸主地位，即使是他们中最强大的东哥特国王狄奥多里克大帝（Theoderich der Große，493~526 年在位）亦然，狄奥多里克在战胜了奥多亚克后统治了整个意大利。在狄奥多里克死后，查士丁尼（Justinian，527~565 年在位）皇帝再次统一了帝国的大部分区域，虽然这种局面未能维持多久——568 年伦巴第人（Langobarden）开始征服意大利。但即使在帝国西部逐渐式微的日子里，东罗马帝国仍旧是罗马帝国，而且是最强

大的国家。

拜占庭的政治统治是伴随着其文化霸权进行的。比利时历史学家亨利·皮雷纳（Henri Pirenne）的《穆罕默德和查理大帝》（*Mohammed und Karl der Große*）一书（在其死后于1936年出版）称5~8世纪的拜占庭帝国为一个“东方帝国”，并提到了“东方化过程”，此过程自戴克里先以来（公元300年前后）就没有停止过。“显然西方的拜占庭化……是早晚的事，语言上的区别（希腊语和拉丁语之间——作者注）也不会改变这种趋势。一种文化对比另一种文化拥有太大优越性。只要地中海继续作为联系东方与西方的最强大纽带——它实际上一直是——东方对西方的优势就不可避免。地中海，拜占庭继续控制着的这片海域，将其影响输送到各地。”[24]

文化方面，“东方化”包括波斯、叙利亚和埃及造型艺术传播的影响，这种影响远远超出了地中海范围。“东方”还意味着早期寺院制度，它发源于4世纪的埃及。如果把“东方化”和“拜占庭化”等同起来，那也存在着一种教会的东方 39
化。在君士坦丁堡，皇帝的地位远远高于大牧首。神职人员的最高代表并无政治意义，而仅仅是教会内部的角色。相反，皇帝作为君士坦丁的合法继承人，认为自己在宗教事务方面也拥有最高权威。虽然这不是后来西方语言中所谓的“政教合一”，却创立了一种不对称的权力关系：神权低于王权。[25]

就连西方教会也露出了这方面的端倪。罗马帝国西部地域上的日耳曼王国，即皈依了基督教的东哥特人（Ostgoten）、西哥特人（Westgoten）、汪达尔人（Vandalen）和勃艮第人（Burgunder），本是政教分离的基督教国家，但他们从体制上接受了罗马帝国的秩序。这也适用于法兰克的墨洛温王朝（fränkische Merowinger），其国王克洛维（Chlodwig）在498年前后，大约是他战胜驻扎在高卢的最后一位罗马总督西亚格里乌斯（Syagrius）12年后，接受基督教洗礼。“国王本人是个纯粹的俗士，”皮雷纳写道，“没有任何宗教仪式会有助于他的权势，教会受制于他。尽管主教们从理论上说是从神职人员中提拔起来的，但现实中他们往往是国王直接任命的。这里古代传统也与国家教会相遇。与东方的主教们一样，法兰克的主教们也与其统治者携手合作。”[26]

然而，西方教会与东方教会仍有根本区别。公元426年，北非主教希波的奥古斯丁完成了其著作《上帝之城》（*De Civitate Dei*）。他对上帝之国和地上帝国的区分，不仅拒绝了早期罗马的神授王权，而且反对任何在基督教隐喻中令其复活的企图。与君士坦丁国家教会所划的界限一清二楚。[27]划界更为明显的是教宗杰拉斯一世（Gelasius I.），他在东哥特国王狄奥多里克统治初年登上了彼得的圣座。494年他在一封写给东罗马帝国皇帝阿纳斯塔修斯一世（Anastasios）的信中表述道：“是的，伟大的皇帝，统领世界的有两种权力，即主教
40 声誉之神圣力量和世俗统治权。其中教士的负担更重，因为他们在为统治者引领人们的同时，自己也在经受着考验，要在上帝面前交上自己的答卷。”这段话可谓开了中世纪双剑理论之先河。[28]

只要罗马在君士坦丁堡皇帝的控制之下，罗马的主教就也依附于他；教宗们只在选举获得皇帝认可后才举行授职典礼。有的教宗不过就是皇帝手中的工具，也有的教宗赢得很高的道德威望。拜占庭时期教宗中最重要的当推格里高利一世（Gregor der Große，590~604年在位），他称颂皇帝福卡斯（Phokas）为人间唯一的统治者，而帝国西部的国王不过是奴隶的主子。[29]格里高利这也是在间接论述自己的位置，这在西方与东方是不同的：有许多国王，但只有一个皇帝，而且只有一个教宗。

凡是教宗的优先权不仅是一个原则，而是确实如此的地

方，他在西方都代表着基督教界的统一。他是教会的领导，在民族大迁徙的风暴中教会成为体现连续性的支柱。主教们督导被摧毁的城市的重建，以便它们继续作为教会和世俗统治以及贸易的中心。教会保存着古代的知识遗产，使它们适应时代的需要并对其进行推广。当拉丁语不再是口头使用的语言时，教会以简化的拉丁文形式让它成为西方学界的通用语言。民族大迁徙在整个西方（而且仅仅在那里）导致了文化水准的降低。古代遗产的肤浅化，就像自教宗格里高利以来的教会有意为之的，是保护这一遗产所付出的代价，从而也构成其日后具有复兴可能的条件。[30]

## 两位皇帝，一位教宗

西方与古代的关系是一种被打破连续性的关系：很多东西是与古希腊和古罗马文化有关联的，但大多数继续起作用的均发生了变化。西方语言的多样性尤其明确地证明了这一点：拉丁语在“罗曼语族地区”，即后来所谓罗曼语族国家，让位给了不同的
41 民族语言，它们都来源于拉丁语，但与拉丁语之间以及相互之间仍有很大区别。经过革新的拉丁语成为宗教和学者的语言，其最主要的推动力来自原罗马帝国西北部——盎格鲁—撒克逊不列颠岛——的基督教传教士。[31]

相反，东罗马帝国与古希腊的关系却保持着完整的连续性。“通用希腊语”（koiné）是从阿提卡希腊方言（der Attische Dialekt）发展起来的、希腊化时代通用的希腊书面语和口语，它一直是东罗马帝国的官方语言。这是拜占庭帝国得以避免像“西方”或“欧洲”那样与传统断裂的主要原因。法国哲学史家雷米·布拉格（Rémi Brague）是如此描述东西方差别的：“欧洲与其他文化圈的区别在于如何对待那些所谓陌生的东西……拜占庭的文化精英在任何情况下都不会承认与希腊变得有了隔膜。欧洲不像拜占庭，因此它无法借助一种语言的连续性，毫无争议地成为伟大文学古典遗产的继承人，从而产生一种文化优越感……欧洲必须意识到，它从一个源头借贷了东西，却永无偿还的希望；他既无法企及，也永远不能超越这个源头……面对这一源头，欧洲文化因此有一种疏离和自卑感，这引发对起源的渴望——一种怀旧。”[32]

根据布拉格的中心论点，正是这种感觉把欧洲人变成了“罗马人”，这样他就把“欧洲”和“西方”画上了等号。[33]当然，分隔西方与东方的并不仅仅是它们与源头的关系各异。一个新兴的一神教宗教在此扮演了重要角色，犹太教和基督教之

后的第三种宗教：由先知穆罕默德——一位来自麦加的阿拉伯商人——在公元7世纪初创立的伊斯兰教。

皮雷纳认为，伊斯兰教从阿拉伯半岛到东方的阿富汗和西方
的西班牙的传播，是古代统一的地中海区域在7世纪和8世纪被
长期打破的决定性原因。西方在法兰克帝国的加洛林王朝引领下 42
进行了重组，从此开始了一个新时代：基督教的中世纪。“就在日耳曼人拿不出任何东西来抗衡罗马帝国的基督教时，阿拉伯人却为一种新的信仰而热血沸腾。……他们的世界宗教同时是一种民族信仰，他们是真主的仆人。……伊斯兰教打破了由地中海区域所决定的统一，这是日耳曼人入侵时所没能做到的。……与古代传统的断裂是由意料之外的伊斯兰教的快速挺进引起的。其结果是：地中海区域的统一格局被摧毁，东方最终与西方分道扬镳。”[34]

皮雷纳的许多解释是有争议的。一种反对这位比利时历史学家的核心经济论点的意见认为，不是伊斯兰教令地中海贸易陷入瘫痪，而是拜占庭，因为后者决心把地中海的货物贸易控制在自己手中。皮雷纳一方面过度强调了西罗马帝国与法兰克王国信仰基督教的墨洛温国王们的统治之间在体制方面的连续性，另一方面，他又戏剧化了墨洛温王朝统治者与其加洛林宫相（karolingischer Hausmeier）之间的权力交替。7世纪末加洛林宫相实际上已经大权在握；8世纪中期，即732年宫相查理·马特（Karl Martell）于图尔（Tours）和普瓦捷（Poitiers）战胜阿拉伯人约20年后，加洛林王朝正式掌握了法兰克帝国的统治权。在皮雷纳的论点——查理大帝帝国是伊斯兰教导致欧洲均衡被打破的最终结果——中，民族大迁徙的重要性以及墨洛温王朝统治崩溃的内在原因都没有受到应有的重视。[35]

从古代到中世纪的过渡实际上是一个漫长的过程，历时三个多世纪。与其说是伊斯兰教直接造成了地中海海上贸易的崩

溃，不如说这只是间接原因。查理大帝帝国的形成，除了穆罕默德的出现，自然还有其他缘故。尽管如此，一切似乎都印证了皮雷纳的双重论点：没有伊斯兰教的扩张，就无法解释拜占庭东方和具有罗马帝国特征的西方之间的最后决裂，而没有这一决裂则又无法理解教宗和法兰克王国间的历史性条约。

43 教宗需要军事援助，以抵抗伦巴第人对罗马的威胁；君士坦丁堡的皇帝忙着对付伊斯兰教的挺进，而且与西方教会因后者坚决反对圣像崇拜而在神学方面争论不休，所以不能或不愿提供援助。但加洛林王朝的首位法兰克国王，查理·马特的儿子丕平（Pippin）在 751 年由教宗匝加利亚（Zacharias）加冕，尽管其王位是篡权而得。三年后，丕平同意与伦巴第人开战。为了巩固这一联盟，教宗斯德望二世（Stephan II.）分别赐给他和他的两个儿子罗马保护者称号，此称号到帝国总督区拉文纳（Ravenna）于 751 年被取消以前一直由皇帝的总督拥有。754 年获胜的丕平把曾属于伦巴第的地盘（包括罗马和拉文纳）捐献给教宗：它就是新的“圣彼得的遗产”，未来的教宗国。

丕平的儿子查理完成了其父之未竟事业。774 年他在帕维亚（Pavia）让伦巴第国王德西德里乌斯（Desiderius）遭到了毁灭性打击，他自己取得了伦巴第国王称号。在随后的几年查理四处征战，对手包括萨克森人（Sachsen）和巴伐利亚人（Bayern），斯拉夫维莱蒂部落（slawische Wilzen）和由亚洲入侵的阿瓦尔人（Awaren），以及西班牙北部的阿拉伯人。公元 800 年的圣诞日，教宗利奥三世（Leo III.）不顾教会内部的强烈反对，在罗马人的一片欢呼声中加冕查理为皇帝。

现在又有两位皇帝了，确切地说：一位皇帝和一位女皇。因为在君士坦丁堡，797~802 年坐在皇位上的是一个女人——伊琳娜（Irene），这是让东罗马帝国的政体在西方大为贬值的主要原因。新的西部皇帝的称号仅仅是作为教会的保护人而存在，至于其世俗权力全有赖于法兰克和伦巴第国王的头衔。面对其统治范围外的英格兰、丹麦或阿斯图里亚斯（Asturien）君王，他没有宗主权。皇帝的头衔是一种礼节上的尊严，西方基督教的精神领袖教宗对其合法性负责。

教宗自然是故意把查理宣布为罗马皇帝的，他以此表
明，他不是把法兰克和伦巴第人的国王看作西罗马帝国一部 44
分的首脑或是法兰克帝国皇帝，而是把他看作未分裂的罗马帝国皇帝的接班人。用德国历史学家西奥多·希弗（Theodor Schieffer）的话说，利奥三世此举旨在克服“过去几十年国家法方面的半昏暗局面，完成脱离拜占庭的政治解放”。君士坦丁堡回应来自罗马的挑战的对策是，不承认新的、从其角度看是非法的皇帝。直到 812 年夏天，查理才达到了他一向所追求的目标：让东罗马帝国皇帝承认自己的合法性。这样拜占庭就承认了，用希弗的话说，“一个与自己平起平坐的西方帝国、一个独立自主的西方，并重新与罗马恢复了教会间关系”。[36] 作为交换条件，查理放弃了其头衔中与罗马有关的内容（Imperator Romanorum，即“罗马皇帝”），而是把这个头衔让给了拜占庭皇帝们。

尽管对查理来说教宗为其加冕这种宗教仪式十分重要，但这还远远不意味着他把帝国教会当成平等的合作伙伴，他只把它看作进行统治时除贵族外最重要的支柱。修道院是（且不仅仅是）加洛林国家教会体制中举足轻重的经济因素，它们对欧洲农民群体的出现起了至关重要的作用。通过对各类罪过进行惩罚，它们基本上起着我们今天称为“社会纪律”的作用。修道院更是文化教育推广的首选机构，它们在法兰克社会中传播所谓“加洛林文艺复兴”（karolingische Renaissance）的改革思想，其中盎格鲁—撒克逊神学家和诗人阿尔昆（Alkuin）发挥了重要作用，他供职于查理在亚琛的宫廷学校。改革内容

包括：创造加洛林小写字体，改进拉丁文，甚至开始关注民族语言，重新发掘基督教以及古代经典的文化遗产。自 10 世纪末开始，还包括学习亚里士多德逻辑（aristotelische Logik）以及罗马晚期哲学家波爱修斯（Boëthius）的相关注释：西方的理性思维和生活方式能够得到普遍接受，这种基本训练的贡献是怎么高度评价都不为过的。[37]

对教会在从古代向中世纪过渡阶段的文化功绩，那位向来
45 对教会称不上友好的作者吉本却热情称赞："维吉尔、西塞罗和李维……的不朽作品构成一座独一无二的桥梁，跨越奥古斯都与克洛维和查理大帝的统治时期。回顾一段更美好的时代，激发了人类的模仿欲，科学的余烬在秘密地闷烧下去，为的是在西方更为成熟的时刻去发热与发光。"[38]

假如查理的继任者是像他一样出色的统治者，那么世俗和宗教权力之间的关系在西方的发展就可能会完全不同，即可能会发展成类似于拜占庭的情况。然而即使出现这种情况，也完全不可能出现法兰克帝国保持统一，欧洲得以避免德法矛盾的局面。即使有相关意愿，更为强势的国王和皇帝也无力阻止不同民族国家的形成。如果我们有足够的历史依据，认为民族多样性是欧洲的一个重要特征，那么查理大帝的王国仍算不上是个欧洲帝国，而是一个欧洲形成之前的构成物。[39]

查理的孙子们已经几乎无意保持王国的统一了。843 年皇帝洛泰尔一世（Lothar I.）与其两个弟弟日耳曼人路易（Ludwig der Deutsche）以及秃头查理（Karl der Kahle）把帝国一分为三。洛泰尔得到的领土从弗里西亚（Friesland），经洛林（Lothringen）和普罗旺斯（Provence）到罗马以南[①]；日耳曼人路易分到东法兰克王国，秃头查理则分到西法

---

① 即中法兰克王国。

兰克王国。870 年中法兰克王国东部（洛林），880 年该国的其余部分也归了东法兰克王国，即后来德意志人的帝国。出身法兰克帝国贵族的末代皇帝于 924 年被谋杀后，西方有近四十年没有皇帝。当 962 年 2 月 2 日奥托一世“大帝”（Otto I.）——出身于萨克森的鲁道夫家族（das sächsische Hause der Liudolfinger）——在罗马接受教宗若望十二世（Johann XII.）加冕时，只有一个论据可以用于证明他与查理大帝之皇权的连续性：东法兰克人在 919 年奥托之父亨利一世被推选为东法兰克国王时起过决定性作用。

正如公元 800 年的查理大帝，162 年后奥托也向教宗伸出了援手。教宗感到教宗国受到了邻国统治者扩张政策的威胁，这位统治者是奥托所承认的意大利国王贝伦加尔二世 46
（Berengar II.）。奥托与查理一样，确认了教宗在教宗国内拥有世俗统治权。作为回报他获得了皇帝头衔，这是他梦寐以求的。作为皇帝他是基督教教会的保护者，鉴于这项任务，皇帝比其他国王享有更高“尊严”。然而不仅在礼节方面，而且从拓疆扩土的角度看，奥托也是西方统治者中独占鳌头者。德意志人帝国的历史从他开始。

## 帝国传承：帝国的神话

中世纪的帝国不是新建的，而是老的罗马帝国：这是帝国传承理论的核心论点，即罗马帝国经希腊人传给法兰克人。这一理论最早出现在10世纪中叶，11世纪末得到广泛认可。[40]弗赖辛的奥托（Otto von Freising）主教，霍亨斯陶芬王朝皇帝（Stauferkaiser）红胡子腓特烈一世（Friedrich Barbarossa）的叔叔和顾问，在12世纪中叶谈到962年奥托大帝的加冕时称其为权力的回归：罗马人的帝国在经过法兰克人和伦巴第人之手后，又还给了德意志人。或者像其他人所描述的，还给了法兰克人，他们在某种程度上曾失去这个帝国，现在又失而复得。[41]

“帝国传承”的理论是政治神学，从而也是历史政治的一个经典范例。中世纪的神学家和历史学家如此重视连续性——罗马帝国与中世纪帝国的同一性——的证据，是有其原因的，这种原因可以上溯到早期基督教时代。早期的基督徒，包括使徒保罗，曾希望能亲身经历“基督再临”——基督再次降临人世。当这种期望未能实现时，需要解释“基督再临的延迟”。在《帖撒罗尼迦后书》第二章中（根据较新的神学研究中多数人的意见，这段文字并非出自使徒保罗），有以下极为重要的解释尝试：在基督再临之前，必有抵挡主的统治公开出现。也就是抵挡主的“大罪人，沉沦之子”，“阴险恶毒者”，他自称是神，其实是敌基督（Antichrist）的。虽然他那不法的隐意已经发动，可是还没有“显露”，因为有一个拦阻的势力：“拦阻者”（Katechon）。[42]

根据约翰的启示——其作者是一位犹太基督教的巡回先知（不是耶稣的门徒福音传道者约翰）——敌基督是一个暴君。按照中世纪神父哲罗姆（Hieronymus）开创的解读方式，敌基督是犹太人和异教徒的首领。其统治标志着一切世俗历史的终结，但这必须以“拦阻者”的消失为前提。954年，修士阿德索（Adso）——后来的蒙捷昂代尔（Montier-en-Der）修道院院长——写出了《有关敌基督的小册子》（*Libellus de Antichristo*），在此书中他认为扮演“拦阻者”角色的是从未完全灭亡，而且由法兰克国王们所继承的罗马帝国。[43]

罗马帝国是第四个世界帝国，在它之前有巴比伦、米底亚一波斯和马其顿世界帝国。从空间上看，这些世界帝国的交替意味着世界事件的舞台发生了从东向西的位移，从日出之处到日落之处。阿德索还没有做出这种论断，但12世纪中叶弗赖辛的奥托主教已然如是说。后者在其著作《双城史》（*Chronica sive historia de duabus civitatibus*）中把“帝国传承”学说与四大世界帝国学说联系起来，后者的渊源可上溯到《圣经》中先知但以理（Daniel）为巴比伦王尼布甲尼撒二世释梦。只要最西边的最后一个世界帝国存在，敌基督就不会出现，历史也不会终结：这就是帝国神话的神学核心，这个神话在德意志引起的回响比在其他任何地方都要强烈和持久。[44]

### 基督教化与十字军东征

教宗和教会的影响力要大大超过皇帝与帝国的权力。大约 1000 年时冰岛和斯堪的纳维亚的大部分均已基督教化。伊比利亚半岛北部掌握在信仰基督教的统治者手中，而大部分领土仍属于科尔多瓦（Córdoba）穆斯林后倭马亚王朝哈里发（Omaijaden-Kalifat）管辖区。中欧东部构成帝国一部分的波希米亚（Böhmen）和摩拉维亚（Mähren）、克罗地亚（Kroatien）、波兰和匈牙利均已改信西方基督教。



而在东南欧，拜占庭帝国雄踞一方，保加利亚王国（das Bulgarische Reich）也受其控制，它在 9 世纪时或曾试图与西方教会联系，但 1018 年最终被拜占庭帝国征服。此外，在由斯堪的纳维亚人的后代瓦良格人（Waräger）统治的基辅罗斯，俄罗斯土地上最早出现的大面积统治区域，拜占庭势力也占了上风。在基辅大公弗拉基米尔（Wladimir）受洗后，以及他和拜占庭公主安娜于 988/989 年结婚后，正在形成的俄罗斯教会就听命于君士坦丁堡大牧首或是由他所任命的希腊都主教。然而，1051 年弗拉基米尔的儿子雅罗斯拉夫（Jaroslaw）就已经首次（没有遵从拜占庭的旨意）任命了一位斯拉夫僧侣为基辅的大主教。

1000 年前后，易北河以东大部分地区定居着的西斯拉夫部落和波罗的海沿岸及芬兰的各民族仍是异教徒。波罗的海区域的基督教化历时几个世纪才完成，而且是靠军事手段强制推行的，其中条顿骑士团（Deutsche Ritterorden）在古普鲁士人或普鲁士人居住的地界，即后来的东普鲁士，尤其以强硬出名。基督教的“以剑传教”和西方扩张行动结束于 1387 年，这一年立陶宛大公雅盖沃（Jagiello）皈依天主教。大约一个世纪之后，血腥的“收复失地运动”（Reconquista）在西班牙和葡萄牙大功告成：1492 年初，格拉纳达（Granada）——摩尔人在西班牙的最后一块土地落入基督徒之手。

11 世纪末，西方教会在地中海东部也开始与伊斯兰教展开进攻性对抗。1095 年 11 月 27 日，教宗乌尔班二世（Urban II.）在克莱芒宗教会议（Synode von Clermont）上呼吁解放圣地巴勒斯坦。十字军——一支庞大的、七拼八凑的国际队伍——东征的最初受害者自然不是穆斯林，而是其他“异教徒”，即生活在莱茵河沿岸城市，包括沃尔姆斯（Worms）、美因茨（Mainz）和科隆（Köln）的数千名犹太人。到达目的地后，十字军士兵于 1099 年 7 月 15 日对被占领的耶路撒冷进行了血腥屠城。所 49
有穆斯林均遭杀戮。生活在那里的犹太人的命运同样可悲：他们逃进去避难的主教堂被焚烧，没有一个人能逃脱火海。这就是第一次十字军东征的结局，其直接的政治结果是建立起耶路撒冷的基督教王国——这是一个具有法国特色的采邑制国家——以及另外三个十字军国家。[45]

“十字军东征是教宗的战争，”奥地利历史学家米夏埃尔·米特罗尔（Michael Mitterauer）写道，“使十字军东征成为圣战的不是因为对圣地的争夺，而是因为教宗的呼吁，他的呼吁——按照他的理解——宣布的是上帝的旨意。没有教宗就不会有十字军东征。只有教宗能呼吁进行圣战，只有他能向西方基督教最边远的区域派遣鼓动圣战的布道家，以敦促骑士们进行讨伐宣誓……尤其是只有教宗有权承诺与十字军东征有关的恩典，正是这些在宗教意义上使十字军东征具有了特殊性。只有在武装朝圣和宗教救赎的承诺相结合时，西方的十字军东征运动才会取得如此巨大的成功。”[46]

赦免已犯罪行——教宗向十字军东征参加者许下的诺言，也并没什么新东西：11 世纪，在先前与西班牙、意大利南部和西西里岛的撒拉森人（Sarazenen）抗争时就有过。赦罪是一种西方专有的现象：拜占庭皇帝绝不可能说服君士坦丁堡的大牧首，通过宗教救赎的承诺去提高人们参加反对穆斯林战争的积极性，所以也没有拜占庭发起的讨伐战。

对于解放圣地的十字军，教宗不得不依靠起初不愿意参与的意大利海上共和国（italienische Seerepubliken），首先是比萨（Pisa）和热那亚（Genua），后来也包括威尼斯。只有它们能利用其舰队进行跨地中海的运输，确保为新成立的十字军国家——特别是耶路撒冷王国——提供给养。与海上共和国如出一辙，近东新建立的基督教国家也追求自己的利益。1105 年十字
50 军转而征战拜占庭，其结果是，历史上西方与东方教会于 1054 年发生的最终分裂被政治化，后果惨烈。这一切大概都要算在安条克公爵博希蒙德一世（Bohemund I. von Antiochien）的头上。

1202~1204 年所进行的第四次十字军东征，主要目的是夺回 1187 年由苏丹萨拉丁（Sultan Saladin）征服的耶路撒冷。在威尼斯海上共和国的煽动下，最后一次十字军违背教宗的意愿，把讨伐目标转向了君士坦丁堡。1204 年，曾经的东罗马帝国首都落入了十字军骑士之手，他们一连三天大肆劫掠，强奸与谋杀案件数不胜数。十字军随后建立的拉丁帝国，再未能覆盖整个拜占庭帝国的疆土。1269 年希腊人经过激战再次占领君士坦丁堡，但东罗马帝国再也未赢得昔日的权势。1453 年君士坦丁堡被信奉伊斯兰教的土耳其人征服。拜占庭帝国不复存在，君士坦丁堡成为奥斯曼帝国的首都。[47]

十字军东征，原本是基督教对伊斯兰教旷日持久的攻击之反击，却没有给西方基督教带来任何持久的收益。1228/1229 年他们曾短期内再次占领耶路撒冷，但 1244 年该城最终落入穆斯林之手，1291 年连十字军在圣地的最后据点阿卡（Akkon）也失守了。教宗们在历次十字军东征中扮演着西方

基督教领袖的角色，这么大一个项目的失败首先就是他们的失败，这种失败对其政治权威造成了长期损害。

十字军东征过程中，激进反对拜占庭的转折反过来削弱了整个基督教的地位。基督教内斗的政治赢家是一个伊斯兰帝国：奥斯曼帝国。它在君士坦丁堡陷落前就开始了对巴尔干半岛的征服。1453 年后希腊学者，包括米斯特拉斯（Mistras）哲学学派代表人物柏拉图主义哲学家卜列东（Plethon）的学生，大批移民意大利，他们在那里为文艺复兴做出了重要贡献。莫斯科——正在形成的大俄罗斯帝国的首都——成为东正教的新中心，此后它自诩为“第三罗马”，即拜占庭的古老罗马帝国的继承人。莫斯科作为“第三罗马”的神话让俄国获得 51
一种救恩史使命，以前只有神圣罗马帝国宣称过有这种使命。俄国以这种神话符号发展成西方的对立面：沙皇帝国认为自己有义务去纠正西方已经发生，并不断继续发生的对正统信仰的背离。[48]

在西方，十字军东征的精神，即反对“不信基督”的穆罕默德的追随者和东正教的“分裂者”，继续存在于十字军打击各种基督教异端的征战中。其中最血腥的当数 13 世纪前 30 年反对法国南部阿尔比派（Albigenser）的斗争。阿尔比派是纯洁派（Katharer）的一部分，后者曾受到保加利亚的波格米勒（Bogumilen）教派影响；和他们一样，阿尔比派认为宇宙万物的生成是上帝与魔鬼之间相互作用的结果。他们拒绝天主教的圣礼和仪式，如安魂弥撒和赎罪券，不相信炼狱，也不相信通过上帝的恩典和教会代祷死后灵魂可以得到净化。鉴于中世纪中期的情况，英国历史学家罗伯特·I. 穆尔（Robert I. Moore）谈及，在反对偏离教会教条的斗争中形成了“迫害社会”：这样一种社会的主要特征是排斥异教徒和其他少数派，直至对他们进行物理消灭。受害者中有男同性恋者、麻风病人，以及一再在劫难逃的犹太人。[49]

基督徒的“圣战”对伊斯兰教的影响也是深刻的。穆斯林统治者短时间内对基督徒所持的宽容态度——特别是在伊比利亚半岛——在12世纪后期转变为宗教上的不容忍。这是伴随着对致力于古希腊研究的学者们的迫害开始的：出生在科尔多瓦的伟大哲学家阿威罗伊（Averroes）[即伊本·鲁世德（Ibn Ruschd）]被放逐到摩洛哥。“在东西方互相影响与融合的漫长过程中——我们的文明正是在此过程中成长壮大的——十字军东征是一个悲剧性和破坏性插曲，”史蒂芬·朗西曼（Steven Runciman）在其《十字军史》（*Geschichte der Kreuzzüge*）中写道，“如此多的勇气与这么少的荣誉，如此多的投入与这么少的理解！残酷和贪婪玷污了崇高的理想，
52 盲目的狭隘和自以为是让进取精神、锲而不舍以及忍耐力蒙上了阴影；圣战本身不再仅仅是以上帝的名义实施的长期不宽容行为，而是违背圣灵的罪过。”[50]

## 神权与王权之争：教宗革命及其后果

十字军东征是一场历史性巨变的一部分，这场巨变堪称“革命”。在一本2000年出版的书中，罗伯特·I.穆尔在书名中使用了“欧洲的第一场革命”这个概念。[51]他没有意识到自己是在秉承一个传统，这种传统可以上溯到通史学家尤金·罗森斯托克-胡絮（Eugen Rosenstock-Huessy）。1931年后者出版了一本有关欧洲革命的书。[52]他认为11世纪的“教宗革命”开创了欧洲革命之先河。教宗革命者是格里高利七世（Gregor VII.），1075年他提出了这次革命的宣言——《教宗敕令》（Dictatus Papae）。格里高利关于教宗可以废黜皇帝的断言，彻底颠覆了皇帝们的习惯做法，他们曾不止一次任命和废黜过教宗。当教宗还提出只有他有权罢免或调任主教时，这不仅是对皇帝的宣战，也是对法兰西和英格兰国王的宣战。主教们一方面是宗教显贵，另一方面也是皇帝与国王的高官。若是教宗的意志得以贯彻，在所有这三个国家中——神圣罗马帝国、法兰西和英格兰——当时的政治体制都得崩溃。

没有哪次革命事先没有过改革的努力，中世纪的情况也不例外。教宗革命之前也出现了教会的革新运动，其起点是法国克吕尼的本笃会修道院（Benediktinerkloster Cluny）。这些克吕尼修士想让教会摆脱封建领主和贵族派系的影响。他们反对买卖教会圣职以及不遵守（禁止神父结婚的）独身主义的行为。他们是一种超国家的、广大群众所追求的和平运动的中坚力量，虽无望彻底放弃暴力手段，却致力于对其进行限制。

成功最初是有限的，这在暴力甚至是无政府状态广为流行的10世纪和11世纪并不奇怪。但克吕尼修士们对和平运动的长期影响是不可低估的。用罗森斯托克-胡絮的学生、美国法学史家哈罗德·J.伯尔曼（Harold J. Berman）的话来说：“人们知道以群组方式一起发誓致力于和平，这在 11 世纪和其后于以下方面发挥过重要作用：创建城市，建立城市中的行会，以及由公爵、国王和皇帝以所谓的公爵和约、国王和约与‘世界和平’（pax terrae）的形式颁布法律。”[53]

克吕尼修道院创建于 910 年，从一开始就直属教宗领导。一百年后在整个西方有一千多所修道院，各院院长都要遵从克吕尼修道院院长的指示并受其监督。这所修道院的修士因而构成不容忽视的权势因素。要消除罗马教会高层的种种弊病，他们需要皇帝的帮助，他们也得到了这种帮助。为了让罗马教宗脱离对罗马城市贵族的腐败式依赖，从而增强自己的权力，皇帝海因里希三世（Heinrich III.）于 1049 年任命利奥九世（Leo IX.）为教宗，这位教宗来自阿尔萨斯的埃吉桑伯爵家族（elsässisches Haus der Grafen von Egisheim），是位坚定的克吕尼修士。他是诸多锐意推行改革的教宗中的第一人。

教会的革新还包括不容忍一切东正教与罗马天主教的差异。从教宗的角度出发，其中一种偏离就是教士结婚；另一种则是 325 年尼西亚宗教会议所宣布的教条，即圣灵只源自圣父一人，而不是像天主教根据奥古斯丁的学说所认为的，圣灵也出自其子耶稣基督。在捍卫东正教的立场方面，君士坦丁堡的牧首迈克尔一世克鲁拉留斯（Michael I. Kerullarios）和利奥九世及其继任者维克托二世（Viktor II.）的态度一样强硬。双方的毫不让步导致了 1054 年的分裂：当教宗把将牧首革出教门的绝罚书贴上圣索菲亚大教堂的祭坛后，罗马教宗的特使一行同样被希腊教会会议予以绝罚。双方的相互制裁被理解为
54 对另一教会的全盘否定。后来试图克服分裂的努力均未得到君士坦丁堡牧首的首肯，该分裂被证明是持久性的。[54]

海因里希三世，法兰克－萨利安（Fränkisch-Salisch）王朝的第二位皇帝，支持利奥九世和维克托二世，因为他认为

致力于改革的教宗可以成为巩固皇权的同盟者。1056 年亨利逝世，第二年维克托也去世了，他是出身德意志的教宗中第二个和最后一个锐意改革者。在来自勃艮第的教宗尼古拉二世（Nikolaus II.）在位期间，实施改革的罗马教廷开始摆脱皇权制约并趋于激进。1059 年的《选举教宗条例》保证了枢机主教们在选举教宗时的决定性作用；模糊的保留条款对皇帝权利的保护已流于形式；由世俗统治者来任命圣职的做法首次彻底遭到禁止。这一条例不仅限制了罗马贵族的权力，而且也限制了西方最高世俗统治者的权力。1056 年以后，担任德意志国王的是海因里希三世的儿子，年仅 8 岁的海因里希四世（Heinrich IV.）。6 年后他被宣布成年并获得统治权。在海因里希四世（1056~1106 年在位）和其对手教宗格里高利七世（1073~1085 年在位）统治期开始了主教叙任权之争，冲突的核心不外乎神权与世俗权力之间的关系。克吕尼派改革者们为教会的自由进行了战斗；格里高利七世不仅想保证“教会自由”，还要确立神权在世俗权力面前的优势地位，即皇帝与国王要听命于教宗。1075 年的《教宗敕令》最终让改革转变为革命。一场权力斗争爆发了，有一点从一开始就毫无疑问：这场斗争的结果决定着欧洲的未来。[55]

教宗与世俗统治者争议的焦点是禁止“俗权授职”，此禁令于 1075 年在罗马四旬期主教会议（Fastensynode）上再次以更为激烈的形式被宣布。执行此禁令意味着在德意志和神圣罗马帝国的意大利部分，自奥托大帝以来，以由皇帝任命的主教（他们又是帝国直接统治中的大权在握者）为依托的固有治理方式被彻底废除了。1076 年冲突升级。海因里希四世在有多数德意志主教参加的沃尔姆斯帝国会议（Reichssynode in Worms）上废黜了教宗；随后教宗则废黜了海因里希四世，解 55
除其臣民对他的效忠誓约并把他革出了教门。

对海因里希四世而言最大的危险在于，教宗和德意志反对他的王侯们——以巴伐利亚、施瓦本（Schwaben）和克恩滕（Kärnten）的公爵为首——结为联盟。为了防止这种局面出现，海因里希决定前往意大利并满足教宗的最重要的要求：在亚平宁山脉北坡的卡诺萨（Canossa）城堡（为防范军事攻击，格里高利撤入这座城堡），这位国王在1077年1月进行了忏悔。直到他保证在与德意志王侯们发生纠纷时听从教宗的裁决，才得到赦免。后来成为谚语的“前往卡诺萨”之举固然让海因里希在政治上化险为夷，但他为此付出了高昂的代价：在教宗面前服了软。西方的国王们经过涂油礼便被奉为神圣，被视为能创造奇迹。[56]在卡诺萨，他们之中地位最高的那位承认了教宗为神圣救赎的中间人，而且自己要服从他。这是一道深刻的历史分水岭。王权的神圣性从而受到质疑；但是，教宗能否强迫世俗统治者们承认其要求，即他作为基督在尘世的代理人拥有高于王侯们的权威，仍是一个悬而未决的问题。

反对德意志国王的诸侯们听到卡诺萨的消息后，就另立施瓦本公爵鲁道夫（Rudolf）为国王，经过多年的斗争，海因里希四世打败了他们。在一次德意志和意大利主教占多数的宗教会议上，海因里希四世成功地废黜了教宗格里高利七世，让克雷芒三世（Clemens III.）当选为教宗①。1084年复活节克雷芒三世在罗马的圣彼得教堂加冕海因里希四世为皇帝。但基本的权力之争，即主教叙任权之争，仍然没有得到解决；不仅在神圣罗马帝国境内，而且在法兰西和英格兰亦然。直到海因里希四世的儿子海因里希五世（Heinrich V.，1106~1125年在位）和教宗嘉礼二世（Calixtus II.，1119~1124年在位）时期，才于1122年以《沃尔姆斯宗教协定》（Wormser

① 他亦被称为伪教宗或对立教宗。

Konkordat）的形式达成历史性妥协：神权和世俗权力的关系在新的基础上得到界定，主教叙任权之争结束。

缔结和约，或更确切地说，沃尔姆斯的停战协定的前期准 56
备工作是法兰西和英格兰授职权之争的调解过程，那里的情况不像德意志那么充满戏剧性。在这两个西欧王国中，人们区分了主教职位的宗教和世俗元素，这种区分是由沙特尔的主教伊沃（Bischof Ivo von Chartres）在其他神学家和主教座堂教士团成员的先期工作基础上，于11世纪和12世纪之交提出的。所有主教的职权都属于神职权限，其象征是权戒和牧杖；由国王或其他非神职人员赋予的财产和职务则属于世俗权限，其象征为权杖。一位主教若是按教会法选出的，根据伊沃的观点，教会不应抱怨他从国王那里得到了俗世的认可（concessio），而是应在不适用教会规定（dispensatio）的意义上予以接受。[57] 1098年在任命法国桑斯总主教（Erzbischofs von Sens），以及9年后在调解英格兰的授职权之争时都依据了这一原则。

《沃尔姆斯宗教协定》以法兰西和英格兰模式为榜样。海因里希五世放弃授予权戒和牧杖的主教叙任权；他承认主教的自由选举，但选举应在国王或其代理人在场的情况下进行，这样世俗统治者对选举结果就有了可观影响力。在德意志，国王授予主教世俗权力应该在主教任职的教会典礼之前进行，在1034年归属神圣罗马帝国的勃艮第和帝国的意大利部分，则在典礼之后的六个月之内进行。这一差别的重要结果是：德意志国王失去了对帝国非德意志部分主教叙任权的控制，而在德意志部分他的这部分权力仍然在握。[58]

人们不能说《沃尔姆斯宗教协定》就代表着德意志王权的失败，若要下此判断，也只能是在严格限定的范围内。如果用格里高利所追求的目标来衡量，主教叙任权之争的结果也不能说是教宗取得了胜利。在法兰西和英格兰，朝着民族国家的

国教发展的趋势并未中断。皇权受到削弱，从中获得最大利益
57 的是德意志的世俗诸侯以及帝国的意大利城市。通过主教叙任权之争，罗马教廷从依赖德意志王权中解放出来，实现了“教会的自由”。就教宗革命的防守目标而言，它是成功的；然而要想让世俗权力屈从于教会权力，主教叙任权之争的中断还远远不意味着此进攻性目标的实现。十字军东征是教宗攻势的外在体现。与伊斯兰教的斗争倘若能够取得持久的胜利，便会增强罗马教宗的政治实力。基督徒“圣战”的失利恰恰起了相反作用。

如果双方中的任何一方从持续了近50年的主教叙任权之争中作为赢家胜出，那么欧洲的历史都会有另外一种进程。若是教宗获得全胜，那只能出现神权政体局面；若是王权得胜，则会发展出拜占庭式或其他形式的国家教会。但冲突终止的这种历史性妥协释放了各种力量，它们持久地塑造了欧洲与西方。政教分离导致两种不同的法律体系形成，而二者又都是在罗马法的基础上发展起来的：1140年前后汇编于《格拉提安教会集》（Decretum Gratiani）中的教会法，或曰教规；以及更为直接的、新的世俗法，此法是以皇帝查士丁尼下令编纂的《民法大全》（Corpus Juris）为基础的，这部法典在1080年前后重新被发现，中世纪晚期它在欧洲，确切地说是欧洲的西部到处得到应用。

若无11世纪末脱离神学而形成的法学，就不可能先后出现教会法和世俗法的系统化。而离开法律的系统化，就没有现代国家：在这种关系中教宗革命也开了一系列创新之先河。“罗马教宗的革命催生了西方现代国家的产生，而吊诡的是，这种国家的第一个例子竟然是教会本身，”哈罗德·J. 伯尔曼写道，“格里高利七世之后……教会有了现代国家的大部分标志。它把自己看作一种独立的、等级化的公权力。其首领——教宗拥

有立法权……教会还借助等级制管理体系来执法，这样教宗通
过其代理人就像一个现代君主那样进行统治。此外，教会还拥 58
有对教会法的解释权，并借助各级教会法庭来贯彻教会法，其最高一级法庭即罗马教宗的教廷。因此，教会行使着一个现代国家的立法、行政和司法权。此外，它坚守一套理性的法学体系——教会法。”[59]

也就是说，教会在给国王们做演示，面对搞分裂的势力，如何才能击退对手，确立自己的权威。西西里王国的诺曼王朝和诺曼公爵所征服的英格兰打造出最早的机构，这些机构可以被称为现代管理和司法权的雏形。一个现代国家最重要的特征是世俗性，这种特性不仅教会没有，甚至中世纪中期的世俗权力也没有。世俗统治者虽然因教宗革命而失去了他们在教会中的地位，但没有教会人士参与的世俗政治仍是不可想象的。而与此同时，教会仍在行使世俗权力：或直接在教会统治中，或间接通过对世俗统治的影响。再引述伯尔曼一段话：“教会已经具备了教宗国的矛盾性质：它是一种宗教共同体，这种共同体也与时俱进，其宪法形式是一个现代国家的宪法形式。矛盾的是，世俗国家却不具备教会功能，这样一个世俗的国家结构中，全体臣民构成一个宗教共同体，臣服于一种特殊的宗教势力。”[60]

法学来源于神学，它反过来又影响着神学。经院哲学的特定思维方式，“注释学”中对文章的解释以及法律渊源中对真实或臆想的矛盾所进行的逻辑解析，也就是“区分”（Distinktion），可能是源自法理学的，然后被转用到神学和哲学论著中。“在欧洲的思维科学化进程中，法学起着首要作用，”奥托·格哈德·厄克斯勒（Otto Gerhard Oexle）如是说，“毫无疑问，人们可以称它为古老欧洲的‘主导科学’。”[61]

作为科学化动力不容忽视的还有阿维森纳（Avicenna）和

阿威罗伊等波斯和阿拉伯学者所引介的，在西班牙和西西里岛
59 被重新发现的大部分希腊哲学，其中包括亚里士多德的大多数作品，此前他的作品只有拉丁语的《逻辑学》（*Logik*）节选本流传于世。此后不久又有了古代哲学家作品的阿拉伯和犹太文评注本的翻译。希腊医生、数学家和自然科学家的经典作品也通过同一方式（经过犹太和伊斯兰思想家）被重新发现。参与希腊文本（包括亚里士多德和柏拉图的作品）的翻译工作的，也有许多会多种语言的学者，有生活在西西里诺曼人王国的，还有意大利人和德意志人，他们曾前往君士坦丁堡进行过学术访问。[62]

精神视野的扩大是伴随着一种新型知识分子的产生和教育事业的彻底革新同步完成的。从前，较高等的教育，首先是逻辑、语法和修辞训练由修道院负责，11世纪起主要由教会学校教授，其中沙特尔的教会学校最著名。1200年前后出现了一种全新的学者学校形式：综合大学。在博洛尼亚（Bologna），其雏形是一所法学院，由法学家伊尔内留斯（Irnerius）创建于11世纪末。不久后，由几所现有的学者学校合并诞生了欧洲第二古老的大学——巴黎大学。在博洛尼亚，大学生们是创办大学的主力军，在巴黎，老师们则是大学的实际创始人。13世纪初牛津、剑桥和蒙彼利埃（Montpellier）大学相继创建，接着是萨拉曼卡（Salamanca）、那不勒斯、图卢兹（Toulouse）和里斯本大学。神圣罗马帝国境内阿尔卑斯山以北的第一所大学是建于1348年的布拉格大学。

学者们和老师们的联盟，无论是各自还是共同，都是以加洛林时期的“宣誓联盟”（conjuratio，或曰同谋）的形式进行的，这种形式我们在中世纪市民城市形成时也会遇到。“共同盟誓在宣誓者当中创造了一种平等，”厄克斯勒写道，“所以每种‘同谋’都在一定程度上带有‘革命’的特性，也因为宣誓者相

互盟誓就创立起一个自治的法律与和平范围，即一个相互保护和
帮助的圈子，它与任何当局及现有机构无关，属章程法，也就
是实在法范围。这种由学生或老师与学生在共识基础上宣誓创 60
建的法人实体，在13世纪上半叶被称为‘学术自由’（Libertas
scolastica）或‘学校自由’（Libertas scolarium）。此概念不是
指‘教学自由’，而是差不多等于‘合作自主权’。”[63]

中世纪的大学教授“自由七艺”作为“基础课程”：语法、修辞、逻辑、算术、几何、音乐、天文。三种在“高级学院”讲授的课程是神学、法学和医学。“大学教授和学生们”（universitas magistrorum et scolarium）相会在“综合大学”（universitas litterarum）中。合作自主权，以及所有学科集中在同一所大学中，这二者成为西方大学的历史特色。在拜占庭和伊斯兰帝国虽然也有学者学校，但这些学校没有以契约方式商定的师生间的自主互动，而且所设学科也不如西方大学的丰富。学科间以及师生间的频繁交流让大学成为充满知识活力的场所，这种活力全面打造了精神生活。

还有国家和母语极为不同的欧洲人之间的交流。大学生们按“民族”组成各自的同乡会。中世纪大学的民族概念当然与现代的不同：在巴黎，1222年艺术学院的学生们分别来自法兰西岛、意大利、西班牙和葡萄牙，也有来自希腊和小亚细亚的，他们都被算作法兰西民族；属于皮卡第民族（Pikardische Nation）的包括来自法国东北部、尼德兰直至马斯河（Maas）的大学生们；属于诺曼民族的大学生们来自鲁昂（Rouen）教区；属于盎格鲁日耳曼民族的则是来自英格兰、苏格兰、德意志，还有来自匈牙利、斯拉夫和斯堪的纳维亚国家的学生。语言沟通毫无问题，因为所有师生都会拉丁文。中世纪末期，大学的民族多样性有所削弱：巴黎成为法国君主的都城，对正在形成的民族国家而言这很典型；在德意志

诸侯们创办的大学中就读的多数也是各诸侯国的子民。[64]

61 合理化、科学化、职业化：神权和王权的分离是西方 11 世纪以来一切进步的先决条件之一。虽然它距离现代的分权（立法、行政和司法三权分立）仍有漫长的路要走，但是如果没有解决主教叙任权之争时所商定的最初的权力分离，后来的不同政治领域间的权力分离则是无法想象的。中世纪离世俗化距离尚远，只有当教宗与皇帝或国王的统治范围泾渭分明，各自的权力以契约方式得到界定后，世俗化才成为可能。基督教的西方经过一千多年的实践结果才划出神权与王权的界限，即实践那位宗教创始人的话："这样，该撒的物当归给该撒，神的物当归给神。"[65] 西方一直坚持的神权与世俗权力之间的二元论，从一开始就已经是多元的：有了这种前提，矛盾才能展开并影响发展过程。

## "城市的空气使人自由"：市民阶层的出现

11 世纪的教宗革命能够发生，是由于存在一定的社会条件。法国历史学家马克·布洛赫（Marc Bloch）在其 1939 年发表的作品《封建社会》（*Die Feudalgesellschaft*）里述及这些条件中最重要的："异族入侵的结束把国王和诸侯们的权力从一项工作中解放出来，此前他们为抵御入侵投入了很多力量。同时随着入侵的结束，人口出现了空前增长，这从 11 世纪中叶土地开垦热潮中即可看出。较高的人口密度不仅使维持秩序变得容易，而且也有利于城市、手工业和商品交换的复苏。"[66]

11 世纪初的城市复苏与亨利·皮雷纳所提到的"贸易的 62
复兴"紧密相连。城市生活中那些经受住民族大迁徙风暴的东西，在 8 世纪时因阿拉伯人入侵以及随之而来的地中海贸易的实质性崩溃，在欧洲大部分地区已然不复存在。例外的有意大利南部和威尼托（Venetien）地区，后者倚仗的是与拜占庭的关系。"8 世纪末起，西部欧洲又沦落回纯农业状态，"皮雷纳写道，"尽管城市仍旧存在，但是工匠和商人从中消失了，与他们一起消失的是所有从古罗马时期流传下来的城市生活。"[67]

贸易的复苏始自威尼斯和斯堪的纳维亚，这导致了渐进的再城市化。商人居留于一座城市的先决条件是，那里形成了城市的核心，形式通常近似于古代晚期的"公民共同体"（civitas）。市民（burgenses）往往喜欢聚集在主教府所在地周围，以古老的要塞为中心，最初的市民不外乎商人和手工匠人。面对周围的封建领地，他们模仿的榜样是在封建领主土地所有制中享有"豁免权"的主教，但是他们只有通过与城市统治者主教的斗争才能获得这种权利。

豁免权的法律制度把中世纪和古代联结起来。在古希腊和古罗马，豁免权意味着某人暂时或永久被免除徭役，或其财产免于缴税。古代晚期皇帝的领地被授予豁免权，是因为它们不在城市的税收征管和现收现付体系内，因此要避免对其进行双重征税。313 年皇帝君士坦丁授予教会（如同授予所有封建领主那样）豁免权，不用缴纳特殊赋税，但须上缴地产税。[68] 加洛林王朝末期教会豁免权范围扩大，奥托王朝时期则更甚。教会不受普通法约束；神职人员像贵族一样形成一个特殊等级，他们享有特权，即许多不折不扣的优先权。

看似颇具革命性的同盟者（conjurationes）的目标是：像贵族和教会那样得到自己的法律地位。商人和工匠各自结盟，为的
63 是摆脱对他们所居住地区的拥有豁免权的封建领主的依赖。形成作为自主法人团体的市民社区，是产生市民阶层的前提条件，这一阶层有意识地与贵族和农村居民划清界限。中世纪的市民城市仅仅是诸多特色鲜明的合作豁免共同体之一（如前所述，大学是另一个）。但在形成阶级方面，城市的作用超过任何其他机构。

“城市的空气使人自由”：这句（直到19世纪才被发明出来的）话适用于所有人，只要他们在城墙围绕的城市内生活时间达到“一年零一天”①。如果没有这种自由权，已经生活在城市的商人和工匠也不可能与来自不自由的农村的新住户融合构成市民社区。在西方并非到处都像德意志一样，市民阶层与贵族在空间上彼此格格不入；例如意大利的贵族在城市中也能保持自己的社会领先地位。然而毕竟有些结构上的相似性，让西方中世纪的城市有别于其他城市类型（古代、东欧或东方的城市）。正是这一点，才形成了一种历史上的独特现象：“市民阶层”（Bürgertum）产生于此，且只产生于此。

对这些特征没有人比马克斯·韦伯分析得更透彻。他认为

① “经年旷日，城市的空气使人自由。”（Stadt Luft macht frei nach Jahr und Tag.）“Jahr und Tag”直译为“年和日”，是中世纪的法律术语，指根据传统财产法所规定的期限，即一年期限加上依法提出索赔或反对意见所需的时间。中世纪时，新的城镇建成后，越来越多人脱离封建领主的束缚遁于城市的喧嚣中，领主无法找到他们。许多地方形成习惯法：农奴在城市待满“一年零一日”后就不能再被封建领主召回，可在城市开始新生活。此惯用语现多用于泛指一段较长的时间。——编者注

最重要的是“城市的社团性质和相对于农民的市民概念”。从经济或政治—行政意义上来说，并非每座“城市”——根据韦伯的观点——都是一个“社区”。只有中世纪的“城市形成了一个自主和独立（自治——作者注）的社区，尽管程度不同；其机构适度的社会化，是一个积极的‘区域性机构’，市政官员完全或部分地（成为）这个机构的器官”。而且只有在这里，在西方中世纪的城市中，“从一开始市民就享有公民权，这种法律地位在他们作为个人与第三方交往时依然适用”。[69]

通过按照德意志法，特别是在吕贝克（Lübeck）、马格德堡（Magdeburg）和库尔姆（Kulm）等地创建的城市，西方城市向东发展并以高密度覆盖以下区域：从利沃尼亚的里加（das livländische Riga，由宝剑骑士团创建），到乌克兰和波兰边境附近的伦贝格（Lemberg）①。至第聂伯河（Dnjepr）一段城
市密度较小，该河以东的城市就屈指可数了。中世纪的市民城 64
市受到世俗诸侯的支持，后者清楚知道这也有益于自己的利益：城市经济越繁荣，诸侯的收益越多，前提自然是城市不能太强大。在王权和神权或是德意志国王和德意志诸侯间发生矛盾冲突时，城市也能成为重要盟友。从叙任权斗争中获得最多好处的当数北意大利的城市。在德意志，渔翁得利的则是诸侯，那些未能成为帝国直辖市的城市，从长远看都为此付出了代价。

中世纪市民城市的出现并非教宗革命的结果。这两种“革命”成为可能的先决条件是，奥托大帝于955年在奥格斯堡（Augsburg）附近打败马扎尔人，外部入侵的危险得到解除；西方内部的和解取得显著进步。叙任权之争的历史性妥协令市民阶层获益，这是显而易见的：教宗或国王任何一方赢了，市民自由的发展空间都将大为缩小，只有教会和世俗权力处于动态平衡对市民阶层的发展才更为有利。

① 即今乌克兰利沃夫市。

## 封建制度和早期民族国家的形成：二元精神

城市里的市民阶层在中世纪的封建社会中并非异物。尽管其以“同盟者”形式出现带有革命特征，该阶层却力求适应一个以农业和等级制为主导环境的社会结构，反过来此环境亦在适应城市：即使是在不享受城市法所规定权利的农村社区，也就是村庄，那里也有很多参与权和自决权，以至于城市社区和农村社区之间的分界线开始变得模糊。[70]

市民阶层的崛起并不是一个线性的过程，而且市民亦非中世
65 纪社会中理性的唯一载体。欧洲封建制度本身在其形成和鼎盛期是完全理性的，或更精准地说，就当时对统治的各种挑战而言，它是一种有目的的理性现象。德国历史学家奥托·欣策（Otto Hintze）于 1929 年区分了封建制度的三种功能：“1. 军事：通过挑选划分出一个训练有素、对统治者忠诚的职业武士阶层，与该阶层签署私人契约，让其享有优越地位。2. 经济与社会：构建封建领主制农业经济，以此方式为享有特权的武士阶层提供不事生产的年金收入。3. 在局部地区内为这种武士贵族提供主子地位，让他们拥有举足轻重的影响力，或是允许他们组织独断专行的国家级团体，这种团体倾向于采取非常松散的结构，人格号召力超过机构的号召力，倾向于家产制并与教会的等级制有着非常密切的关系。”[71]

争议颇多的是，在某些特定时期，封建制度是否也曾存在于其他社会。欣策本人认为，日本这个国家在 12 世纪到 17 世纪初这段时间最接近西方的封建主义形态：那里在军事、经济—社会和政治上都构建起了充分的封建制度，当然与西方相比，那里的附庸对领主的依附更甚。至于阿拉伯帝国和奥斯曼帝国，作者则不愿称其为封建制度。因为这些地方虽然有发达的领薪俸制度，但缺乏法兰克封建制度中那种典型的自由与高

贵的附庸。按照欣策的观点，俄国离充分形成典型的“封建制度”也还差得远，即政治方面不合格。政治方面的封建制度被降解的程度与服务型贵族（Dienstadel）① 的增长呈反比。“时间越长，封建主义在这里越成为专制的工具。”[72]

封建制度的“军事”、“经济—社会”和“政治”三方面的内在联系是显而易见的。中世纪的封建制起源于加洛林王朝的军事组织法。英国历史学家罗伯特·巴特利特（Robert Bartlett）认为，在这一狭窄的“核心欧洲”地带，打仗有三
个主要特点：第一是重骑兵的优势地位；第二是弓箭手的重要 66
性日益增加，特别是射弩手；第三是一种特殊防御工事——贵族城堡的出现，这导致不得不发展新的围城技术。[73]

1066 年诺曼征服之后，以上特点也适用于英格兰。自那时起，最重要的欧洲内部的分界线，按照巴特利特的观点，“根据所有迹象穿过那些区域之间，即 1100 年前后已经拥有重骑兵和城堡的地区，以及没有出现它们的地方”。[74] 换句话说：扩大了的“核心欧洲”包括法兰西、德意志民族的神圣罗马帝国和英格兰。1100 年前后属于“边缘欧洲”的则是那些既无重骑兵、弓箭手，亦无城堡的地方，即威尔士西部、苏格兰和爱尔兰，北方的斯堪的纳维亚，东部的斯拉夫国家、波罗的海国家和匈牙利，南方受拜占庭帝国和伊斯兰教影响的地方。

重骑兵、弓箭手和城堡主都是采邑主的附庸。为了能履行其军事职能，还必须有其他人，即依附农，这些依附农除了经营自己的份地，还得耕种其贵族领主的采邑地。其结果是，我们引用米特罗尔的话，产生了“分为两部分的庄园体制，其中交错着以农田为基础的经济形式和封建自给经济……采邑制在其得以施行的欧洲部分，不仅制约着王侯与贵族之间的关系，它

① 指因在宫廷中服侍君主而被授予贵族头衔者。

还影响着庄园中庄园主和农奴的关系。……采邑制所同时连接的作为物权的‘采邑’和作为对人的附庸的因素，这是加洛林王朝发展中的一个特点，它是受该王朝军队改革之框架条件制约的……采邑制的推广和重骑兵的发展是和谐并进的”。[75]

采邑制和重骑兵的发展并未突破一条边界：受拜占庭影响的东南欧和东欧。对东罗马帝国而言，中世纪早期引进的“军区制”一直起着决定性作用：该防御体系起初建立在雇佣兵基础上，后来发展为农兵。与西方不同，在官僚统治的拜占庭没
67 有出现“封建化”。[76] 俄国的情况一样。西方和东方教会之分界也是两边各异的社会秩序的界河。

西方类型的封建制有两个重要的核心因素看起来是史无前例的：第一是领主与附庸的相互关系，第二是封建社会和等级制的结合。关于领主与附庸的关系，布洛赫认为其特征是“在不平等义务基础上的相互依存”。“附庸契约所结合的两个人，顾名思义不是关系平等的。在这方面没有什么比古老的诺曼法中的一个条款能更鲜明地揭示这一点：杀死附庸的领主和杀死领主的附庸，都要受罚处死，但只有以下犯上的罪行毫无疑问更为邪恶，所以才被处以可耻的绞刑。无论双方提出的要求看上去是多么不相称，它们还是构成了一个不可分割的互补整体；附庸服从的先决条件是领主认真履行他所承诺的义务。”[77]

领主与附庸之间的契约通过宣誓——庄严地相互承诺义务而生效，其中综合了高卢罗马的效忠宣誓（commendatio）、源自日耳曼扈从制的效忠宣誓以及教会对誓言的神圣化。9世纪以后，国王与其重臣间也进行这类对双方起约束作用的宣誓。与国王加冕誓言相对的是其最重要附庸的集体宣誓。若是国王不信守誓言，其重臣对他有集体抵制权。

“早在9世纪，加洛林王朝就形成了那些对王侯进行控制的最基本的元素，后来这些元素就构成王侯与各等级二元论的

基础，”米特罗尔写道，“封建制的人事关系是相互义务的框架条件。”咨询和帮助（consilium et auxilium）——9世纪就已经出现的“公式”——简洁表明，除了服兵役，附庸还有 68
义务为封建领主提供咨询，同样，领主也有义务听取他们的意见。[78]

早在1931年，奥托·欣策就曾指出那个“引人注意的事实”：“只有在信仰基督教的西方，代议制宪法才站得住脚，在这里还相当普遍，在世界的其他地方则不然。”他在法兰克王国的宫廷集会（其中有的扩大为真正的帝国会议）中，看到一种世俗传统和一种教会传统在继续起作用：一方面是“古老的三月原野阅兵式，它是古代日耳曼村落集会的变种”；另一方面是“教会的各国高级神职人员大会和宗教会议”。“所以我们在此遇到的是一个机构，它有两个历史源头：日耳曼传统和教会章程。人们可以认为，教会的高级神职人员大会作为榜样对这种代议制集会具有权威性影响力，这主要体现在后者机构的固定和法人代表的构成方面。”[79]

“repraesentatio”这一概念古罗马已有。神父德尔图良（Tertullian，公元200年前后）曾用它来概括早期高级神职人员大会的特点（“整个基督教的聚会”），虽然那时还不是“代表”的意思，而仅仅是指“集会”或“聚会”。近现代“代表”的意思出现于中世纪后期的法律、宗教和政治文献中。哲学家和神学家库萨的尼古拉（Nikolaus von Kues）——他去世时是布里克森（Brixen①）的主教——在其1433年提交的《论天主教的和谐》（*Concordantia catholica*）一文中，将德意志民族神圣罗马帝国的帝国议会视为世俗的高级官员大会。[80]

在德尔图良和尼古拉的时代之间发生了11世纪的“教宗革

① 即意大利语的布雷萨诺内（Bressanone）。

命”。正如我们所看到的，教会作为稳定的机构为世俗统治者的机构稳定提供了榜样。国家的内部建设一直与欧洲的国家体系同步发展，后者的形成进一步促进了前者的完善。那些想与其同类进行权力角逐的统治者，需要国内有权势与影响力者的持续支持。而那些被招揽的重量级人物则可以提出他们的相关要求，即对其权利的正式承认，从而使其发言权得以制度化。

69 有一件对后世产生了极为深远影响的事发生在1215年6月15日：在英格兰泰晤士河畔的兰尼米德（Runnymede）草坪上，“无地王”约翰，因前一年在布汶（Bouvines）战役中败给法国人而政治上受到削弱，签署了《大宪章》（Magna Charta Libertatum），被迫承认起义贵族们的权利，从而使自己的权力受到束缚。此后国王得遵守此宪章，没有由王室封臣组成（代表整个国家）的专门委员会的批准，他无权征税；非经同级贵族依法审判或国家法律允许，任何自由民不受拘捕或剥夺财产的处罚。

《大宪章》的签订并不意味着国王和其附庸之间权力之争的结束。但一百年后，毫无疑问的是，低级贵族——“绅士”和城市市民从上述冲突中获益最多。议会（此术语可上溯到13世纪中期）为受到认可的国家代表机构。15世纪中叶起分为上下两院，下议院代表郡和基层地方政府，上议院为贵族院，当时下议院的权力就已经超过上议院。

欣策把等级制描写为双极稳定系统。“其中一个稳定因素是国王的宫廷，各等级都与其有联系，依附于其权力；另一个稳定因素是宫廷之外的国家，各等级都有区域自治，他们彼此有合作式联系……法国和德意志诸侯国中一般而言统治者的因素占上风，英格兰、斯堪的纳维亚和东部（此处指曾经的波希米亚、波兰和匈牙利——作者注）合作的成分更多。一半倾向于专制，另一半则钟情议会制。”按照欣策的观点，两院制流行的地方（如英格兰）更容易发展出议会制；相反，像法国那种三院制（高级神职人员、高级贵族和“第三等级”分别有各自的代表）则会有利于专制体制的出现。[81]

此论点是有争议的，因为它显然过于模式化。然而更重要 70
的是欣策总结的作为西方共同特征的代议制的核心：世俗权力的分权，国家与统治者的二元论的形成。这一过程的先决条件是宣誓结盟，此前我们在中世纪的早期城市和大学创建章节已经了解了这种形式。盟誓的传统让贵族和城市市民更容易上升为王冠的平衡力量，用合作的原则来对付统治的原则。[82]

根据欣策的判断，是“二元精神催生了西方的等级秩序”。[83]世俗与教会权力的分离就已经是二元精神的体现了；在世俗和教会范围内，所有将行政的权力与咨询、监督、立法之权分开的做法都是二元的；领主与农奴并存和相互依存的农业经济也是二元的。如果说西方有一个突出的特点，那非它莫属——世界内的二元精神，它本身就孕育着自由。

在欧洲，各等级代表是伴随着民族国家的形成而出现的，其目标是把王侯和各等级对领土的不同管辖权最大限度地合并起来。在西欧和北欧，国家构建意味着：成立在一位君主治下的由不同等级组成的民族国家，这些等级代表着他所统治的区域。如英格兰王国和法兰西王国，此两国在百年战争（1339~1453年）中曾激烈争夺对如今法国西部地区的统治权。战争结束后，除了加来（Calais），英格兰丧失了对整个大陆部分的主权。卡斯蒂利亚（Kastilien）和阿拉贡（Aragon）两个王国在1479年的合并，无疑对西班牙民族国家的形成起了巨大的推动作用。葡萄牙和苏格兰王国亦可算作中世纪开始创建的民族国家。

中世纪后期的王国均不是族裔同质的结构，它们几乎都含
有说外语的区域，这些地区是被征服的。英格兰国王自13世 71

纪末统治着威尔士，法国国王则统治着布列塔尼（Bretagne）、说普罗旺斯语的朗格多克（Languedoc）、生活在比利牛斯山脉以北的加泰罗尼亚人（Katalanen）和巴斯克人（Basken）；西班牙卡斯蒂利亚和阿拉贡的“天主教国王”统治着说加泰罗尼亚语和说巴斯克语的省份。在北欧，丹麦、挪威和瑞典于1397~1523年（有中断地）统一在卡尔马联盟（Kalmare Union）中，直到1814年，挪威的王冠都由丹麦国王佩戴。

致力于语言统一，推行对所有人具有约束力的标准语言，这种策略在中世纪还是陌生的。“民族”这一概念，在民族国家形成的过程中逐渐发生了变化。如果说以前在大学里，在高级神职人员会议上，以及在西欧商业城市的外商组织中，使用这个词只是在进行分组时的一个实用手段，那么15世纪时它已上升为从政治角度对世界分类的一种普遍方式。

凡是君主政体下形成的民族，那里的民族概念都与国家有关。这种情况主要出现在西欧。相反在中欧东部，中世纪后期有两个王国——波兰—立陶宛［1386~1569年它们组成一个共主邦联（Personalunion）①，此后合并为波立联邦（Realunion）］和匈牙利，它们都是由不同种族组成的多民族帝国，其中，那些不属于各主体民族的少数族群只能通过其成员共同的语言来自我定义，并通过保持自己的语言和文化特色发展成民族。

神圣罗马帝国与之情况不同，然而在有些地方还是有类似之处。1157年在霍亨斯陶芬皇帝腓特烈一世（Friedrich I.）的宫廷中先是使用了“Sacrum Imperium”（神圣帝国）一词，补充定语“德意志民族”是15世纪末才添加的。它原本的意思不是把罗马帝国和德意志民族等同起来，而仅仅是一种限

① 又译为“君合国”。

定：意思是指“德意志国土”作为帝国的一部分，当然也是帝国的核心，有别于帝国的意大利部分以及说法语的勃艮第——后者自 1034 年起属于神圣罗马帝国。德意志人和意大利人一样，因不具备任何形式的行政管理上的统一，他们的民族认同感不是通过一个国家，而是仅仅通过共同的语言构建的。这并不妨碍德意志人为神圣罗马帝国感到自豪，只要该帝国当时的 72
状态有值得自豪的地方。

在中世纪，两种不同的民族概念就已经开始形成：一个是西欧的国家—政治概念，另一个是德意志人和意大利人以及中欧东部流行的语言—文化概念。北欧的情况不那么明朗。卡尔马联盟结束后，在丹麦和瑞典人们既可以从语言上，也可以从国家层面对民族进行界定。相反，挪威和冰岛被丹麦统治了数百年，民族认同只能基于语言。芬兰的情况也大同小异，它先是瑞典王国的一部分，1721 年以后部分地，1809 年起更是整个被沙皇俄国吞并。[84]

“从历史上看，存在许多民族正是欧洲的欧洲特点。”德国历史学家赫尔曼·亨佩尔（Hermann Heimpel）曾如是说。[85]也许上述表达应该少些绝对性：存在许多民族，这是欧洲的本质特征之一。无论如何定义，以语言—文化或是国家—政治标准为主，民族的多样性属于欧洲中世纪遗产的组成部分。这是多元化的表现，它阻止所有对世界霸权的追求。适用于二元论的原则，也全部适用于多元化：它本身蕴藏过并蕴藏着自由的元素。

## 未能实现的世界霸权：帝国的危机与衰落

12世纪中叶，称霸世界的苗头来自神圣罗马帝国的宫廷，起初只是腓特烈一世皇帝（“红胡子”）文书处发出的“意识形态”方面的要求。在霍亨斯陶芬王朝的宣传家们眼中，其他欧洲国王不过是些小国王（reguli）。当时的“大诗人”（Archipoeta）[①]是皇帝的帝国文书莱纳德·冯·达瑟尔（Rainald von Dassel）圈子中的人，他甚至梦想着德意志统治世界；而《敌基督的游戏》（*Spiels vom Antichrist*）的不知名作者也在做着同一个梦，该手抄本于1160年出现在泰根湖（Tegernsee）修道院。作者让德意志人肩负起救恩的历史使命：他们构成上帝子民的核心，因此他们被号召作为最后奋起反抗者，去抵抗祖国的敌人——敌基督。



红胡子腓特烈一世统治时，称霸世界的想法还只是政治口号。他的儿子海因里希六世（1190~1197年在位）却开始实施霍亨斯陶芬王朝的世界政治。他通过联姻获得的对西西里的统治权，最终通过军事手段得到巩固。他让人在英格兰国王狮心王理查（Richard Löwenherz）第三次十字军东征的返程路上抓捕了他，并强迫他依附于神圣罗马帝国。海因里希六世还获得了对亚美尼亚、突尼斯和特里波利斯（Tripolis）的宗主权，以及霍亨斯陶芬王朝对拜占庭的继承权，他肯定认真思考过征服东罗马帝国。在尝试让法国依附帝国时他未能成功。但是很多迹象表明，唯一令他未能向西部扩张，实现其目标的是他的暴卒——他仅仅统治了七年。其最雄心勃勃的目标是建立一个世袭的霍亨斯陶芬帝国，以取代传统的由选帝侯们选皇帝的做法。

中世纪的德意志帝国没有再出现比海因里希六世更强势

① 一位12世纪未留下真名的重要拉丁语诗人。

的统治者。他的儿子，腓特烈二世（Friedrich II.），经过了漫长的时间间隔（其间发生了类似内战的纠纷）才于1215年在亚琛（Aachen）登上德意志国王王位并于五年后在罗马被加冕为皇帝，但他与其说是德意志的统治者，不如说是西西里的统治者[①]。法兰西和英格兰国王不能容忍他或他的继任者作为统治者在级别上高于自己。对于德意志王国而言，腓特烈二世统治期最重要的事情莫过于他放弃行使国王主权，如关税和制币权。在1220年的《神圣诸侯契约》（Confoederatio cum principibus ecclesiasticis）中他将上述权力让给了主教和世俗诸侯，1232年颁布的《有利于诸侯的条例》（Statutum in favorem principum）则特别限制了城市和市民的自由，后者曾通过自由的“城市空气”摆脱封建领主的调遣。[86]

“超越民族的帝国政体被低于民族的属地主义销蚀掉了。”历史学家路德维希·迪西奥（Ludwig Dehio）言简意赅地总结道。实际上诸侯是中世纪盛期帝国危机的赢家。早在主教叙任权之争时，他们作为教宗的临时同盟者，就曾通过反对德意志 74
国王获得过渔翁之利。1220年和1232年的契约与条例更是有助于他们在德意志土地上发展领土。但此过程在更早之前，即12世纪时就已开始，且与其说是通过国王授权，不如说是通过拓展居民点和加大统治密度进行的。不仅在西部、南部和北部古老的德意志领土上是这样，而且在易北河以东的新领土上亦然——新领土是通过征服、向斯拉夫人传教和东向移民运动“德意志化”的。国家的形成在德意志不是在帝国层面进行的，而是在较低的诸侯国层面实现的。这一事实给德国的历史进程打上了烙印，它在德意志联邦共和国的联邦体制——一种垂直的权力分割——中迄今继续发挥着影响。

① 他在西西里的巴勒莫长大，一生中只到过德意志几次。

1949 年的波恩《基本法》（Grundgesetz）有一个久远的蓝本：皇帝查理四世（Karl IV.，1346~1378 年在位）于 1356 颁布的《黄金诏书》（Goldene Bulle）。它后来成为神圣罗马帝国的宪法。《黄金诏书》首次有约束力地规定德意志国王要由选帝侯来选出。（当时有七个选帝侯，即科隆、美因茨和特里尔的总主教，波希米亚国王，萨克森公爵，莱茵兰—普法尔茨伯爵和勃兰登堡藩侯。）他们的世袭领地被宣布为不可分割，实行长子继承制。选帝侯们构成王国的第一等级，1489 年后他们构成帝国议会的第一院（选侯院），接下来是诸侯院，包括诸侯、帝国伯爵和主教，然后是帝国城市院。帝国法律必须有以上三院和皇帝［或罗马之王（der römische König）[①]］的同意，才能生效。这些原则同样适用于世俗领地层面：基本决定需要领主和其领地内享有特权之等级的代表们一致同意，后者主要由神职人员、骑士和城市代表组成。[87]

在帝国的意大利部分，不是诸侯和享有特权的等级在促进国家的形成，而是意大利北部的大城市：城市共和国米兰、威尼斯、热那亚、佛罗伦萨和锡耶纳（Siena）在经济实力和政治影响力方面不仅超过德意志最重要的帝国直辖市，而
75 且也超过大多数德意志诸侯的领地。瑞士那些结盟的城市和村镇也是共和政体的，13~15 世纪从中发展出瑞士宣誓同盟（Eidgenossenschaft der Schweizer）。中世纪时封建秩序就有自己的平衡力：虽然谈不上现代形式的民主，但回溯起来却可以说是其雏形，几百年后它们在西方就会到处取代由诸侯和享有特权之等级塑造的社会。

① 拉丁文为 Rex Romanorum，德文为 Römisch-deutscher König，为近代史研究中的一个术语，是对神圣罗马帝国统治者从当选为德意志国王到加冕为神圣罗马帝国皇帝期间的称谓。

## 个体对抗机构：早期基督教开始自我世俗化

中世纪的欧洲虽然具有民族多样性，却没有因此而失去其整体性。至少西部以罗马为中心的信仰天主教的欧洲情况如此，共同的信仰把这部分欧洲凝聚在一起。朝圣这种高度跨国界的经验进一步巩固了这一信仰：在罗马和耶路撒冷之外，11世纪末，地处西班牙西北边远地区、靠近大西洋海岸的加利西亚圣地亚哥—德孔波斯特拉（Santiago de Compostela）成为欧洲最重要的朝圣地。根据传说，使徒长雅各伯（Jacobus des Älteren）的遗骨埋葬在那里。到过圣地亚哥的朝圣者，允许佩戴雅各伯海扇贝。

在前往圣地亚哥的朝圣路上出现了寺院、教堂、小圣堂和旅舍，其中大部分建筑，特别是在法国和西班牙，至今仍能令人忆起这场群众运动，其参与者多是并不富裕的普通教徒。对这种活动给予了积极支持的首先是锐意改革的克吕尼修士们。四条朝圣大道中的两条始自克吕尼派的修道院：勃艮第的韦兹莱（Vézelay）和法国南部阿尔勒附近的圣吉尔（St. Gilles）隐修院。通过朝圣者，罗马式风格的建筑也越过欧洲核心的旧大陆国家传到英格兰、威尔士、爱尔兰和苏格兰，传向斯堪的纳维亚、波兰和匈牙利。这样就出现了第一个共同的欧洲艺术时代，不过此处的“欧洲”也局限于西部疆界内。和这个罗马式艺术（Romanik）时代一样，在随后到来的哥特式艺术（Gotik）时代，艺术风靡和塑造了欧洲，但仅限于西部欧洲。[88]

和存在共同的艺术时代一样，欧洲在思想史上亦有共同的
时代。第一个在中世纪西方思想史上形成定式经验的是经院哲 76
学（Scholastik）。其最重要的特征是神学和哲学之间的连接，
它并非从一开始就存在于基督教中，而是从9世纪开始才建立
起来，并且仅仅在西部或拉丁基督教中。

哲学和神学的接近导致的后果，就是德国哲学家奥斯瓦尔德·施韦默尔（Oswald Schwemmer）所谓的“基督教精神之自我世俗化”。这种现象的最早代言人之一是图尔的贝伦加尔（Berengar von Tours，约1000~1088年）。他努力在他的论文《论圣餐：反驳朗法兰克》（*De sacra coena adversus Lanfrancum*）中用辩证法的手段证明，圣餐的面包并非变成基督的真身，而只是象征性地代表他。实际的变化——“变质”（Transsubstantion），发生在信徒的灵魂中。施韦默尔在神学与哲学之间的这种论争前奏中看到“前卫的去神话化尝试”，此外他还看到“思维的系统发言，这种思维想脱离权威并相信自己能认知真相”。

虽然罗马公会议（Konzil von Rom）在1050年将这种解释宣判为异端，而且贝伦加尔不得不于1079年签字，确认自己相信面包和酒转变成了基督的肉与血，但他从前写过的已是白纸黑字：对基督教信息的理性的、去神话化解读的思想已经诞生，公会议的决议不再能把它从世界上清除。表达了这种思想的是一个单独的人，一个个体，他用自己的洞察力挑战权威机构——教会。个性对抗机构：这个西方基本主题的历史可以追溯到遥远的中世纪。

在图尔的贝伦加尔和方济各会创始人阿西西的弗朗西斯（Franz von Assisi，1182~1226年）之间，施韦默尔也看到了相似之处。作为追随基督的清贫福音传播者，弗朗西斯同样是与教会权威对着干。“其闻所未闻之处是双重的：一个个人反对包罗万象的秩序，在这种秩序中并通过这种秩序他才有了自己的精神存在，并因此赢得了其个人的个性。恰恰是这个个人表达
77 了一种信念，该信念针对每一个个人的洞察力，有这种洞察力的个人是符合教会所宣布的传统的。这意味着：每个单独的个人可以自为地得到这种信念，同时援引教会所宣布的传统，并反对

具体的传承形式。个人洞察力的基础正是经由传统奠定的，而这种洞察力反对的就是传统。这就开启了修正与转变的传统，而且基本上囊括了任何类型的修正和转变，只要它们能够把修正与转变的理由与传统本身挂上钩。”[89]

两代人之后，经院哲学家皮埃尔·阿伯拉尔（Petrus Abaelard，1079~1142 年）的影响力要大大超过图尔的贝伦加尔。在其最著名的著作《是与否》（*Sic et non*）中，他将怀疑提升为认知的原则。阿伯拉尔怀疑一切，无论是三位一体，还是基督徒和犹太人的偏见，也包括他自己的生活经历。“任何对真理与谬误的区别都离不开辩证法，因为它为任何哲学提供了出发点。”他在《辩证法》（*Dialektik*）一书中如是说。对他来说，辩证法是“学科中的学科：它教的是如何教和怎么学；理性在辩证法中展示自身，并让人知道何谓理性以及理性想干什么。它了解知识”。

正如约翰内斯·弗里德（Johannes Fried）所述，阿伯拉尔的神学基础是对“理性的神化”。“上帝理性地安排了世界，并让他所创造的巅峰——人类拥有了理性；所以人可以理性地把上帝识别为‘物性’、‘世界灵魂’和‘至善’。西塞罗、柏拉图、所罗门和保罗，异教徒、犹太人和基督徒中的智者，在阿伯拉尔的神学中他们都联合起来对唯一的上帝进行了哲学认知。”

作为一个名副其实的道德哲学家，阿伯拉尔提出了如下假说：犯罪分子的企图（而不是其罪行的后果）在道德上是必须考量的，它也构成有罪的本质。用理性的尺度来衡量，人是可以自主使用其自由意志（liberum arbitrium）的；罪不单纯是这种行为本身，对这种恶行的共识才使其成为罪。因此，倘若犹太人出于善意把耶稣钉死在十字架上，那他们就不是罪人和谋杀基督的凶手。用弗里德的话来说：“自由的，受自己的洞

78 察力所左右的意志成为打造自己生活的基础，人们要对自己的意志活动负责，但这种意志活动原则上是可以纠正的。因为这种‘自由意志’对任何人——奴仆、女佣——都是不可剥夺的，所以它是迈向建立人类生而自由理念的关键性一步，是西方文化不可混淆的标志，哪怕这些标志在阿伯拉尔的时代还远远没有形成。”[90]

## 教派大分裂之征兆：教会统一的终结

12 世纪初为调解主教叙任权之争所做出的一些安排，并不意味着教会与世俗权力任何一方放弃了进一步尝试——让对方承认自己的宗主权。1302 年教宗卜尼法斯八世（Bonifaz VIII.）重申教廷的立场，即罗马教宗的地位高于所有领主。在针对法兰西国王美男子腓力四世（1285~1314 年在位）的诏书《一圣教谕》（Unam Sanctam）中写着：教宗手中有两把剑，一把教会之剑，一把俗世权力之剑，两把剑都在教会的掌控之下。区别仅在于教会之剑由教会自己使用，世俗权力手中的剑是在替教会使用。

教宗的挑战受到了处在形成期的新兴民族国家法兰西和英格兰的最坚决回击。这两个国家严格限制了教宗对教会财产的税收，并进一步推动其“自己”教会的国有化。法兰西国王们甚至间或成功地让基督教首领成为实施法国政治的工具。1309~1377 年，在“教会的巴比伦之囚”时期，教宗们居住在阿维尼翁［Avignon，那里直到 1347 年还是那不勒斯国王的正式封地，后来教宗克雷芒六世（Clemens VI.）把它买了下来］；枢机主教团中的法国主教占多数。[91]

神圣罗马帝国不能走国家教会之路，因为这条路会损害帝国的普遍权利，它会让各方诸侯付诸行动，在各自的领土上开始建立区域性教会，成为“自己诸侯国的教宗”。针对教宗们的俗世权力要求，以及他们越来越依赖于法兰西的局面，德意志皇帝的宣传帮手写出了纲领性宣言作为回应。但丁（Dante），作为皇帝卢森堡的亨利七世（Heinrichs VII., 1308~1313 年在位）身边的政治作家，在其写于 1310 年前后的政论文《帝制论》（*Monarchia*）中认为帝国的任务是保障世界和平，而且对他而言帝国仍旧是罗马帝国。世俗君主不是教会任命的，他们在人权中享有自己的权利；皇权是直接神授的，帝国的历史比教会悠久。[92]

意大利政治思想家帕多瓦的马西利乌斯（Marsilius von Padua）和英格兰方济各会修士及经院哲学家奥卡姆的威廉（Wilhelm von Ockham）也进行了类似论证。作为巴伐利亚的路德维希①皇帝（Ludwig der Bayer，1314~1347年在位）的政治盟友，他们二位提出了一个与教廷的“帝国传承”论相反的具有民主色彩的学说，此学说可以看作后来的主权在民思想的萌芽：公元800年罗马帝国从希腊人传给德国人，这并非像教宗英诺森三世（Innozenz III.）在1202年的诏书中再次断言的，是罗马教宗的绝对权力的体现，而是发生在罗马人民意愿的基础上。然而但丁、马西利乌斯和奥卡姆的威廉作为公关人员写到纸上的东西，只是纯粹的假说：中世纪后期的帝国已是强弩之末，根本无法在政治层面实现其普遍权利要求。[93]

相反，卓有成效的当数13世纪末和14世纪德意志神秘主义者——从埃克哈特大师（Meister Eckhart）经海因里希·苏索（Heinrich Suso）到约翰内斯·陶勒（Johannes Tauler）——对教会世俗化所给出的答案：转向内心。在出版于1929年，当年拥有很多读者的《神圣帝国》（*Sacrum Imperium*）一书中，天主教德国哲学家阿洛伊斯·登普夫（Alois Dempf）把出现在德意志的深化和激活虔诚的斗争，解释为法兰西和英格兰“政治改革”的对应物，并称其为德国神秘主义对世界历史产生的副作用，它把没有神职人员参与的虔诚变成了一场影响深远的运动。[94]至少现在回溯起来应该说，神秘主义为马丁·路德的宗教改革铺平了道路，而这位年轻的改革者知道该与哪些传统建立传承关系。

① 又译路易。

比德意志神秘主义要激进得多，并具有更多政治色彩的是各种宗教运动，它们与约翰·威克里夫（John
Wyclif，约 1330~1384 年）和扬·胡斯（Jan Hus，约 80
1370~1415 年）的名字密不可分。威克里夫是位布道家，牛津大学教授，他和此前图尔的贝伦加尔一样否认了化质论（Transsubstantionslehre），根据该学说圣餐面包和酒变成了基督的肉与血。他质疑罗马教宗，像一个半世纪之后的路德一样反对圣者崇拜、贩卖赎罪券、朝圣、教会敛财、修道制度、禁止神父结婚以及所有非直接源于《圣经》的宗教教义和实践。在路德之前他就开始了把《圣经》翻译成民族语言的工作，并宣布信徒皆祭司。加尔文（Calvin）与他的观点在其中一点上相近，即能否得到救赎仅仅是个神圣宿命的问题。

威克里夫最初在宫廷、市民阶层和托钵修会都获得了支持。1377 年罗马教宗格里高利十一世（Gregor XI.）对他进行了多次谴责，三年后牛津学者委员会（Oxforder Gelehrtenkommission）拒绝了他的圣餐理论。威克里夫对自己的立场进行了捍卫，但无法阻止其对手在 1381 年不公正地指控他煽动农民起义。1382 年伦敦宗教会议将其 24 种论点定性为异端邪说或谬误。威克里夫死于 1384 年，但在其追随者罗拉德派（Lollarden）——尽管长期受到迫害——中，他对教会的批评继续在英国的许多城镇里发挥着影响，在乡村的某些地方其影响甚至延续到 16 世纪。

他的影响在欧洲大陆的一部分地区更为深远。经由波希米亚的大学生和贵族，其思想被捷克布道人扬·胡斯接受，自 1403 年以来后者一直在布拉格大学的德意志教师们面前替威克里夫的大部分学说进行辩护。当选大学校长后，胡斯上升为波希米亚宗教改革运动的领袖。当他没有应教廷的召唤前往罗马为自己辩护，他被革除教籍。但胡斯根本不想承认有形教会的合法性，只要该教会不按照福音书的精神宣讲上帝的法律，并照此生活。因为相信了对其人身自由的承诺，1414 年他在国王西吉斯蒙德（Sigismund，1410 年起任神圣罗马帝国皇帝）的敦促下前往康斯坦茨参加公会议。在那里胡斯拒绝撤销自己的学说，并坚持别人应该对其学说进行驳斥。1415 年他被公会议宣判为异端并处以火刑。

81 对其追随者而言，扬·胡斯的殉难变成了推动力，现在确实要为根本性的教会改革而奋斗了。他们的标志是俗人圣杯，即信徒权利的表达——在圣餐时不光是祭司，也允许教徒领圣酒。当波希米亚国王瓦茨拉夫（Wenzel[①]）屈从于他弟弟西吉斯蒙德（德意志国王和后来的神圣罗马帝国皇帝）以及教宗的压力，免去胡斯派布道人和顾问们的职务时，这场运动就增添了越来越多的革命特征。

大规模朝圣活动，尤其是前往塔博尔（Tabor）山，引起了类似内战的动乱。1419 年 8 月，国王西吉斯蒙德（瓦茨拉夫死后他也成为波希米亚王位竞争者）呼吁对胡斯派进行十字军征讨。在扬·杰士卡（Jan Žižka）率领下，农民军让十字军遭到惨重失败。1426/1427 年胡斯派在多次征战中摧毁了邻近德意志的地盘——奥地利、巴伐利亚、弗兰肯（Franken）和西里西亚（Schlesien）地区，还包括劳齐茨（Lausitz）和勃兰登堡。直到 1433 年胡斯派中的温和派——圣杯派（Calixtiner）或饼酒同领派（Utraquisten），其最重要的要求就是俗人和神职人员共领圣餐——才成功地缔结了与教会妥协的《布拉格协约》（Prager Kompaktaten），其中包括对俗人圣杯的宽容。较为激进的塔博尔派在第二年遭到了毁灭性打击。

① 此为其名字的德文拼法，也称文策尔一世，捷克语拼法为 Václav。

胡斯运动将宗教、社会和捷克民族的愿望凝成一股革命力量：为信仰而抗争的农民战士挑战的是教会的等级制和德意志人，后者大部分是城市中的富人和贵族地主。胡斯战争让波希米亚的罗马教会元气大伤。德意志人被赶回说德语的地界。农民们却不得不接受以下现实：他们不是战争的赢家，赢家是他们的贵族主子，后者获得了大部分教会和修道院的财产，并对其进行了世俗化。[95]

倘若罗马教宗的权力更强大些的话，那他肯定就能阻止与温和的胡斯派妥协。西方的教派大分裂——1378~1417 年那段时间有两位，最高潮时甚至有三位教宗声称自己是圣彼得的正统继承人——在签订《布拉格协约》时虽然早已被克服，但 82
教宗的宗教和世俗权力因教廷的分裂持续减弱。教会大分裂的赢家是教会中的大公会议派，这一派从根本上说是要让教宗服从大公会议的判决；这也是康斯坦茨公会议的结果之一。1433 年底与圣杯派的和解，皇帝西吉斯蒙德是在巴塞尔公会议（Konzils von Basel，1431~1449 年）的帮助下才做到的。

然而从长远来看，更重要的是教宗势力的削弱推动了法兰西和英格兰的国家教会的进程。1438 年法兰西国王查理七世（Karl VII.）颁布《布尔日国事诏书》（Pragmatische Sanktion von Bourges），宣称宗教会议的权力高于罗马教宗，限制了教宗在发生教会争议时的仲裁权，削减给教宗的岁贡到此前的五分之一，任命神职人员要通过教士会与修士会选举。查理之子路易十一世（Ludwig XI.）于 1472 年与教宗西克斯图斯四世（Sixtus IV.）签署协定，法国国王有权任命自己信任的人担任最重要的教会职务。如此，在法国的教会向国家教会发展的路上，王权又成功地迈出了意义深远的一步；国家“高卢主义”（Gallikanismus）战胜了教会的普世主义（Universalismus）。

金雀花王朝（Plantagenet）的英格兰国王，与法兰西瓦卢瓦王朝（Valois）不同，愿意与教宗合作。英格兰的主教们也是为世俗君主服务超过为教会首领服务。自从教宗们移居阿维尼翁后，他们的威信就江河日下了。用英国历史学家乔治·麦考莱·特里维廉（George Macaulay Trevelyan）的话来说："在百年战争（1339~1453 年——作者注）的前半段，教宗与民族敌人的联系促使英格兰的民族感情反对罗马教宗，以及一切与他有关的东西。接下来的大分裂和多个教会互相竞争的局面肯定不会增加人们对教廷的尊重。"[96] 同时普通信徒的自我意识大大增强，尤其是城市市民阶层。这两种发展为英格兰国家教会的模式奠定了基础。1534 年，英国国教在亨利八世（Heinrich VIII.）治下以更为决绝的方式与罗马教廷划清了界限，相比上个世纪法国的高卢主义有过之而无不及。

中世纪后期的世俗统治者都是教会青出于蓝而胜于蓝的好学生，他们的权力扩张同时意味着教宗权力的缩小。编纂法典，进行目的明确的、理性的责任分工，开展有效的治理：在所有这些方面教宗国都为世俗诸侯做出了榜样。倘若没有此前教会法的系统化，中世纪末对罗马法的接受则是不可想象的。王侯们需要对教会法和罗马法了如指掌的法律工作者，以便能把世俗与教会的势力范围划分清楚。掌握罗马法的一般法律原则是必要的，舍此无法限制与克服传统的封建特权。王侯们需要训练有素的法官和官员，这样在面对其领地上的大鳄们时，才能做到令行禁止。新的行政管理部门的职位往往不再由贵族，而是由市民阶层出身的人担任。涉及国家重要部门的人事任命时，专业能力开始变得比贵族出身更为重要。因此，当公务员逐步成为市民阶层晋升的方式。

英格兰的发展在许多方面不同于欧陆国家，英吉利海峡西侧并未全面接受罗马法。只有枢密院领导的王家法院自 16 世纪末试图引进罗马民法；相反，普通法院继续使用传统的英美普通法系（Common Law）判例法，17 世纪这种判例法在司法管辖区各部门得到贯彻。当西欧大陆的新兴民族国家——法国、西班牙和葡萄牙——的权力逐步集中在国王手中时，英国议会继续保留了其经书面确认的参与管理权。英格兰国王创建民族国家不是通过与教会结盟，而是与议会携手。

特里维廉以极为简明的方式总结了这一区别：“在法国和
西班牙，中世纪的宗教得到保持，但中世纪的议会却衰亡了， 84
而且引进罗马皇帝的法律为王侯们的绝对权力提供了基础。在英国则正相反：中世纪的宗教消亡了，但议会、地方普通法和王权之符合宪法的性质留存下来。英格兰和欧洲大陆，特别是和拉丁欧洲之间的区别，在诺曼征服（1066年——作者注）后本已所剩无几，经过海峡两岸的这种对立发展再次鲜明起来。曾经你中有我、我中有你的英格兰和法兰西文化，现在不仅泾渭分明，而且简直相互排斥起来。”[97]

在欧洲大陆的民族国家或领土国家中，当公务员的影响在牺牲了等级和城市代表机构利益的前提下不断扩大时，英格兰传统的郡县和城市的自治机构却得以保留。与支薪法官相对的是乡下的无偿荣誉法官。在15世纪约克（York）和兰开斯特（Lancaster）家族间所进行的“玫瑰战争”中，备受煎熬并因这场武装冲突而变穷的士绅，失去了他们昔日在地方行政机构和枢密院中的影响力；而市民出身的官员则赢得了相当大一部分权力。士绅和市民阶层之间的界线是流动的：一方面，乡村贵族中只有长子有财产和爵位继承权，而其他儿子则成为平民；另一方面，市民阶层成员在英格兰比欧洲大陆更容易嫁娶贵族或由国王授予贵族头衔。

与欧洲大陆一样，中世纪末期武士贵族形式的“军事封建主义”亦失去了其作用，在英格兰雇佣军也越来越多。但与欧陆不同的是，在英格兰取代军事封建主义的不是专制君主，因为作为王冠平衡力的各级议会太强势。英国历史学家约翰·罗伯特·西利（John Robert Seeley）说过：“一个国家的内部自由程度总是和它所承受的压力程度呈反比。”[98] 如果在英格兰内部要比在
85 欧陆大多数国家发展得更自由一些，那么一个原因要归功于其岛国的地理位置，这给予它相对而言较大的外部安全。

14~15世纪时，在英格兰对到那时为止的农奴的解放，比在欧洲大陆进行得更坚定和更全面：这一方面是前面提到过的1381年起义的结果，另一方面是因为庄园主们认识到其自身利益，尤其是对“围栏”牧场的经营管理，交给有私产的自由农民（自耕农）和佃户打理，要比交给农奴效果更好。

当1485年都铎王朝（Tudors）的首位国王亨利七世（Henry VII.）即位时，农奴制的废除已大体完成。在中世纪晚期的法国也已经有了自由农民，虽然未能遍及全国。美男子腓力甚至解放了整个朗格多克地区的农奴。自14世纪中叶起，却出现了另一种形式的依附关系：贫困农民无权自由迁徙，即使他们有人身自由，也必须向庄园主上缴沉重的地租。[99]

德意志的情况各处不同。在易北河以西贵族庄园主统治的区域，中世纪盛期农民大多通过付钱得以免除必须承担的庄园徭役、手工和运输夫役以及群组徭役。相反，在易北河以东的德意志殖民地，普遍存在着大型农业工场，它们是从庄园田产联盟发展起来的新型农场。贵族地主容克同时兼任村长、税务官和有审判权的领主，自15世纪起他们通过征用农民土地扩展自己的统治，把自由农民的地位压回到世代依附的状态，形成一种新型的农奴制。这种发展的高潮出现于三十年战争后。第二次农奴制让易北河以东的农村社会“更为东化”，变得与东欧更相似。农场领主制（Gutsherrschaft）和庄园制（Grundherrschaft）之间的差别标志着一条分界线，它让德意志成为一个具有两种不同社会形态的国家：西部更具市民和农村特色，东部主要打着大农业和封建的烙印。[100]

西方社会历史的最重要内部分界不仅区分了德意志的西部
与东部，而且也把西部中欧与东部中欧分隔开来。该界线基本 86
上与公元800年前后加洛林帝国的东部边界相吻合，它起始于易北河下游，然后循萨勒河（Saale）和德语—捷克语区域抵达莱塔河（Leitha）——这条河在维也纳东南流入多瑙河。第二次农奴制自15世纪后期起只散布于此界线以东地区。此界线以西城市市民阶层的发展要大大强于东部，乡村贵族的状况至少在数量上完全相反：在易北河—莱塔河以东人们能遇到的贵族要远远多于西边。在西欧和西部中欧贵族只占人口的1%，在东部中欧该比例要高得多：波兰的贵族占人口的4%~5%。中世纪末，在法国差不多每10个居民中就有1个自由公民，而在匈牙利每45~50个居民中才有1个自由公民。[101]

此社会历史的分界线与西部和东部中欧的显著政治差异并行不悖。“在西部，国家征服了社会，在东部，社会被‘国有化’。”匈牙利历史学家苏斯·耶诺（Jenö Szücs）评判道。这里的“东部”主要指俄国。在这方面东部中欧构成一个过渡区：“西方基本结构元素之根的纤维——当然这里根的纤维要单薄许多——在中世纪就使西欧东部地区具有一种奇特的矛盾性……‘西方’结构随处可见，只是出现了一定程度的变形。”[102]

过渡区的贵族完全有理由在一个强势的国家那里寻求庇护：只有国家权力才能有效推行农奴不得离土迁徙的政策。这种兴趣可以解释中欧东部国家，从勃兰登堡—普鲁士到匈牙利，在政治发展中的某些“东部”特色。苏斯特别同意英国历史学家佩里·安德森（Perry Anderson）的结论：专制主义国家在西部是对农奴制消失的一种补偿，在东部它则是强化农奴制的一种机构。[103]

这两种情况中，国家的强势起初都是与封建主义的危机，
87 同时也是农业的危机相关联的：15世纪，低粮价使得许多自耕农沦为依附于庄园主、无自由迁徙权的新一批农奴，他们负债累累，有些只能逃往城市。大片区域满目荒芜。当农民和乡绅在农业危机中举步维艰时，城市市民阶层的财富和影响力却与日俱增。特别是在那些位于长途贸易交通要道的城市，那里的市民日子过得更是蒸蒸日上，在德语区国家包括下列城市：科隆、美因茨、美因河畔的法兰克福、纽伦堡、乌尔姆（Ulm）、拉文斯堡（Ravensburg）、奥格斯堡和巴塞尔。拉文斯堡是高地德意志最大的商人协会——大拉文斯堡商业协会的所在地，奥格斯堡则是跨国运作的商号富格尔（Fugger）和韦尔瑟

（Welser）家族所在地。此外一些靠海的商业城市也富甲天下，在德语区首推汉堡、不来梅和吕贝克，它们是德国汉萨同盟的三名成员。该同盟于1356年在吕贝克正式成立，实际上它的历史还要悠久得多，是一些商贸城市的联盟，起源于12世纪的商人同业公会。

13~16世纪，汉萨同盟在北海，以及尤其是在波罗的海地区是一种权力要素，短时期内它还曾是一个超级经济体。属于这一同盟的有莱茵河流域、威斯特法伦、德意志中部和东部的众多的城市，包括科隆、明斯特（Münster）、马格德堡、但泽（Danzig）和柯尼斯堡（Königsberg）；自15世纪初起哥得兰岛（Gotland）的丹麦属威斯比（Wisby）和利沃尼亚的里加（位于条顿骑士团领土的部分）也属于该同盟；同盟在伦敦、布鲁日（Brügge）和诺夫哥罗德（Nowgorod）均设有办事机构。一些南德意志城市，首先是奥格斯堡，后来在15世纪末通过所谓的早期资本主义的兴起，获得了很大政治影响力。大多数富裕的南德意志城市均为“自由市”，它们或早或晚都成了神圣罗马帝国的直辖市。但中世纪晚期在其他城市，资本也在聚集，这令各路诸侯采取周期性行动。用历史学家卡尔·博斯尔（Karl Bosl）的话说：“邦君们都试图让城市上升的纳税能力为己所用，好弥补由农业危机导致的农业赋税降低而引起的预算赤字。”[104]

对于狭义上的东欧来说，上述情况完全没有出现。这里城
市未见繁荣，15世纪后半叶甚至出现相反的状况：地方自治的传 88
统受到打压，这种传统是在中世纪的基辅帝国以“市民”大会的形式发展起来的。蒙古人的统治是罗斯之地中世纪晚期历史的基本事实，罗斯人称金帐汗国的统治者为鞑靼人，从13世纪中叶到15世纪末鞑靼人对那里的大部分地区行使宗主权。这段时间还保持着与西方的文化和经济交流的，除了独立的贸易共

和国大诺夫哥罗德（Groß-Nowgorod）——德意志的汉萨同盟在这里设有其最东边的办事机构彼得霍夫（Peterhof）——就剩下如今属于白俄罗斯和乌克兰的一些地区，这些地区是立陶宛大公国于13世纪从蒙古人手中夺过来的。近两个半世纪做金帐汗国属国的经历，对罗斯之地意味着一段文化和社会的衰退时期，这造成了不可小觑的长期后果。人们可以名正言顺地提出以下论点，即这片土地此后再也未能从这一挫折中完全恢复过来。

14世纪莫斯科大公国在反抗蒙古人的统治中脱颖而出，成为中坚力量。领头的是留里克（Rurikiden）王朝的统治者，他们是瓦良格人，曾领导过被蒙古人摧毁的基辅罗斯。1480年莫斯科大公国已经变得如此强大，以至于它能不诉诸武力就摆脱金帐汗国的统治。然而摆脱鞑靼宗主权并没有导致此地的西化，而是在莫斯科大公伊凡三世（Iwan III.，1462~1505年在位）治下建立了中央集权的专制国家。伊凡三世于1478年征服诺夫哥罗德并在1492年下令关闭了彼得霍夫。令人畏惧的伊凡四世，即伊凡雷帝（Iwan IV. Grosny，1533~1584年），自1547年起称“沙皇”（Zar）。拥有土地的俄国贵族并不构成制约沙皇专制的力量，而是成为其最重要的支持者。多数人口为农奴，他们受到国家和贵族的共同压迫。

就曾经的基辅罗斯疆土而言，西方的影响只能在信奉东正教的莫斯科大公国西部地区施展，这片地区曾属于立陶宛大
89 公国，在立陶宛大公国与波兰于1569年成立两国联邦后，则属于波兰王国。1595/1596年，通过教会的《布列斯特盟约》（Unionsakte von Brest），整个波兰的东正教承认了教宗的首要地位，得到保留的是东正教的礼拜仪式和其特有的等级制度。当然，此联盟只在乌克兰西部长期得以贯彻，如今那里大多数信徒仍旧属于希腊礼天主教会。波兰从未真正能让信仰东

正教的乌克兰东部改弦易辙。[105]

只有在波兰—立陶宛两国联邦的东部，东部与西部之间的边界走向才有争议：在其他地方的基本原则是西部信仰天主教，东部信奉东正教；然而在东南欧洲有一条比分隔天主教与东正教基督徒更为尖锐的分界线，即分隔基督教西方和奥斯曼帝国的界线。作为对西方的威胁，土耳其人——大约自 1300 年起首先是奥斯曼王朝（Dynastie der Osmanen）——取代了蒙古人。虽然蒙古人于 1241 年在利格尼茨（Liegnitz）战胜了德意志—波兰联军，但当他们的大可汗死于遥远的喀喇昆仑后，他们却突然出人意料地撤离中欧。早在 1453 年征服君士坦丁堡之前，信奉伊斯兰教的土耳其人即已开始占领巴尔干半岛。色萨利（Thessalien）自 1393 年起、保加利亚自 1396 年起属于土耳其人，1446~1483 年他们又先后征服了阿尔巴尼亚、塞尔维亚、波斯尼亚和黑塞哥维那，1411 年瓦拉几亚①公国（Walachei）、1504 年摩尔达维亚公国（Moldau）先后成为奥斯曼帝国的附属国。14 世纪中期起，受到土耳其人威胁的还有匈牙利。随着拜占庭帝国的灭亡，奥斯曼帝国企图统治整个欧洲。

一个伊斯兰超级大国的长驱直入，使得基督教和欧洲产生了整体意识。君士坦丁堡被征服一年后的 1454 年，意大利人文主义者埃内亚·西尔维奥·皮科洛米尼（Enea Silvio Piccolomini），后来的庇护二世（Pius II.），作为神圣罗马帝国皇帝腓特烈三世（Friedrich III.，1440~1493 年在位）的钦差大臣在法兰克福的帝国议会上以皇帝的名义呼吁对异教徒土耳其人宣战。他称君士坦丁堡的陷落为基督教世界许多世纪以
来遭受的最大耻辱。“当然，我们过去在亚洲和非洲，也就是在陌 90

① 又译瓦拉奇。

生的大陆，均吃过败仗；但现在是在欧洲，在我们的国家，在我们自己家中，在我们的家乡，在这里别人打败了我们，把我们打翻在地……不朽战歌中的佼佼者当数摩西和德摩斯梯尼（Demosthenes），还有罗马人中的贺拉斯（Horaz）以及德意志的查理和奥托号召与敌人决战的檄文。他们从来没有接受过如此令人发指的不公正，也没有忍受过这种来自不共戴天的异教徒的羞辱，我们这个时代的基督徒教区必须忍受的遭遇是前所未见的。”[106]

十年后，胡斯派和饼酒同领派的温和领袖——波杰布拉德的伊日（Georg von Podiebrad，1458~1471 年任波希米亚国王），以来自土耳其人的威胁为契机，建议成立一个基督徒各国联盟，其成员国承诺只以和平方式解决彼此的纠纷，在适当情况下可通过一个欧洲法院的仲裁。若某成员国无端遭到袭击，其他成员国家有义务对其提供财政支援。在与土耳其人开战的情况下，人们对基督徒联盟以外的基督徒的期待是：他们“在如此圣洁、虔诚和重要的行动中会心甘情愿地伸出援手。这种时刻拒绝为抵抗土耳其人提供援助者，毋庸置疑地被证明是渎神推手，同时成为基督十字架的敌人”。[107]

这样的呼吁并没有什么直接的结果。统一的基督教西方再怎么被祈唤，充其量也不过被视为现实政治的准绳。西方的民族国家越来越仅仅依据“国家理性”（Ragione di Stato）来出牌，其统治者是按照佛罗伦萨人尼科洛·马基雅维利（Niccolò Machiavelli）的理论来行事的。基于国家理性，一位基督徒统治者甚至可以与一位苏丹结盟，去对付其他基督教国家。当“法国最基督教化的国王”弗朗索瓦一世（Franz I.）1523 年这么做时，那时属于匈牙利的贝尔格莱德已经在土耳其人手中两年了。1526 年奥斯曼帝国的军队征服和蹂躏了匈牙利。1529 年他们第一次围困维也纳，虽然时间短暂而且未能攻下。

弗朗索瓦一世和苏莱曼大帝（Suleiman I.der Prächtige）之间的联盟旨在对付奥地利的统治者，自 1438 年起神圣罗马
帝国的皇帝亦由此家族的统治者担任，1519 年轮到马克西米 91
利安皇帝（Maximilian）的孙子查理五世（Karl V.），此前他已任西班牙国王。查理五世的帝国，事实上确实像那句著名的话所说，是个日不落帝国，因为它从多瑙河经伊比利亚半岛一直延伸到新征服的中美洲和南美洲殖民地。几十年前衰弱而无行动能力的神圣罗马帝国，看来正有望成长为世界帝国。为了消除这种危险，从法国的视角来看可以使用任何手段，包括与不信基督教的土耳其人结盟。[108]

土耳其的统治加深了东南欧洲——粗略地说是巴尔干地区——与欧洲其他部分长期存在的鸿沟。东南欧受拜占庭文化影响的国家没有参与那两个对中世纪西方而言根本性的进程，即教会和世俗权力以及诸侯和其他等级权力的分离。虽然在奥斯曼帝国统治下，巴尔干地区的东正教徒大多得以保持自己的信仰，然而异族统治却也进一步封存了他们其他有别于西方的特点。巴尔干半岛也没有参加西方 16~18 世纪共同经历的自由解放运动。就像蒙古人对罗斯的统治，土耳其人对东南欧洲更为长久的统治使西欧和东欧之间的分界线更加分明，这种区别是基督教世界分裂为罗马天主教和东正教引起的。[109]

虽然只是间接的，但美洲的发现与土耳其人的推进有关系。自 15 世纪中叶起，奥斯曼帝国不断扩张其在东地中海的权力地位，这严重妨碍了西方与印度及包括中国在内的所有东方国家的货物贸易（正是通过蒙古人的入侵西方才意识到中国的存在）。因此在西地中海的航海国家——西班牙和葡萄牙，本就存在的寻找一条通往印度的海路的兴趣更为浓厚了。经济动机之外，技术革新，如早就由中国人发明的指南针被阿拉伯

92 人带到欧洲，令从前不可能的水路和陆路远征得以进行。另一项对欧洲扩张——或者也可以说是西方的全球化——至少同样重要的军事技术革命是：在中国（自 12 世纪下半叶起广为人知的）火药“发明”的基础上生产的枪支和火炮。据称，这种枪支与火炮由方济各会修士贝特霍尔德·施瓦茨（Berthold Schwarz）首创于 14 世纪。

15 世纪在非洲西海岸的第一轮地理发现归功于葡萄牙人，特别是王子航海家亨利（Heinrich der Seefahrer, 1394~1460 年），他是国王若昂一世（Johanns I.）的儿子。1444 年佛得角（Cap Verde）、1482 年刚果河入海口（Kongomündung）首次被发现。1487 年另一位葡萄牙人巴尔托洛梅乌·迪亚士（Bartolomeu Dias）首次到达并绕过好望角。1492 年 10 月 12 日，热那亚航海家克里斯托弗·哥伦布——他服务于西班牙卡斯蒂利亚王朝的伊莎贝拉女王（Königin Isabella von Kastilien）——在寻找通往印度的西路航线过程中到达了加勒比海岛屿瓜尼哈尼（Guanihani），或称圣萨尔瓦多（San Salvador）；这片大陆于 1507 年被命名为亚美利加洲［源于意大利航海家亚美利哥·韦斯普奇（Amerigo Vespucci）的名字，他在 1497~1504 年先后受西班牙和葡萄牙委托，探索了中美洲和南美洲的沿海地区］。[110]

通往印度的东路航线是葡萄牙人瓦斯科·达伽马开辟的：1498 年 5 月 20 日他经好望角抵达印度西南海岸的卡利卡特（Calicut）。1519~1521 年葡萄牙航海家斐迪南·麦哲伦（Fernão de Magalhães）穿越了以他的名字命名的位于南美洲大陆南端和火地群岛（Feuerland）之间的麦哲伦海峡，最后来到菲律宾，1521 年他死于和当地土著的战斗中；第一次环球航行由他的继任者胡安·塞巴斯蒂安·埃尔卡诺（Juan Sebastián Elcano）完成，他经摩鹿加群岛（Molukken）和帝汶岛（Timor）把麦哲伦的船“维多利亚”号（Victoria）带回欧洲。1519 年西班牙开始征服墨西哥的阿兹特克帝国（Aztekenreich），1531 年弗朗西斯科·皮萨罗（Francisco Pizarro）占领了秘鲁高原的印加帝国（Inkareich）。同年葡萄牙开始向巴西系统移民。西班牙和葡萄牙在新世界的势力范围是依据 1494 年 7 月的《托尔德西里亚斯条约》（Vertrag von Tordesillas）划分的，该条约是在教宗亚历山大六世（Alexanders VI.）仲裁基础上签订的：以佛得角群岛以西 370 英里为界线，线西新发现的土地归西班牙，线东属葡萄牙。

15~16 世纪的地理大发现彻底改变了欧洲在世界上的地 93
位。“中世纪，除短时期外，与亚洲的联系一直是通过伊斯兰国家进行的，”德国历史学家约瑟夫·恩格尔（Josef Engel）评论道，“随着地理大发现，伊斯兰世界在世界历史进程中就失去了其作为亚洲和欧洲中介者的作用。此后其世界史角色就剩下了作为欧洲的对比物，它处于东西方之间的世界地位被打破。伊斯兰世界不得不将其领导权交给到那时为止一直处于世界发展之边缘地位的西方，西方在突破其到那时为止的空间局限性的同时，在精神层面也从闭塞中解放出来，欧洲在经历了内部和外部的变化之后发展成世界的文化和政治权力中心。”[111]

## 欧洲大变革（二）：文艺复兴和人文主义

15 世纪的地理大发现是一个特定的西方现象。只有西方在漫长的发展过程中形成了锲而不舍的探索氛围，正是这种氛围在狭义和广义上为驶往新大陆提供了可能性。只有西方形成了基督徒的自我启蒙传统，尽管教会对此进行了不遗余力的反对，还是未能斩草除根。只有西方先是通过神权与王权的分离，然后是通过诸侯与其他等级权力的分离，奠定了我们所称的多元化和公民社会的基础。只有西方实现了理性化的长足发展，因为罗马法得到接受和使用。只有西方出现了城市市民阶层，从中涌现了大批雄才大略的商人和企业家。只有西方实现了个人主义精神的发展，舍此所有其他的进步都无从谈起。

人文主义和文艺复兴的时代始于 14 世纪中叶的意大利，是在中世纪盛期的科学艺术成就和科学认知以及争鸣文化的基础上产生的。意大利成为古希腊罗马文化“复兴”（Rinascimento）的“第一现场”并非偶然，这场运动的共同特点是，其代表人物在古代经典的文学、造型艺术和建筑中看到了值得模仿的榜样，这些古典的成就拥有绝对优势，是当时难以企及的。薄伽丘和彼得拉克，波提切利和拉斐尔，列奥纳多·达·芬奇，米开朗琪罗和帕拉迪奥：所有这些人在创造他们的作品时都是为了致敬给他们启发的希腊和罗马先贤，并且在创造中追求个人心目中的完美。



“L’uomo universale”——全才之人：根据雅各布·布克哈特（Jacob Burckhardt）的判断，只有在文艺复兴时期的意大利，这种理想才能成为现实。“拥有百科全书般知识的人在整个中世纪的各个国家都有，因为这些知识还没有彼此太过隔绝；直到 12 世纪还出现过通才艺术家，因为建筑所面临的问题还相对简单与类似，在雕塑和绘画领域首先需要表达的还是形式。相反，在文艺复兴时期的意大利我们会遇到个别艺术家，他们同时在各个领域有新建树并创造了独一无二的完美作品，且具有极高的人格魅力。”[112]

文艺复兴早期的据点是意大利北部城市。这里在罗马法的基础上形成了一种现代国家性，这类国家以前只存在于霍亨斯陶芬王朝皇帝腓特烈二世（Friedrich II.）的南意大利—西西里王国。在博洛尼亚大学或1321年成立的佛罗伦萨大学受过训练、拥有专业素养的一支公务员队伍，试图从严格的财政主义立场出发去管理公共财政，其中包括系统收集统计数据。意大利北部的商人和经营者采用复式簿记法，如今一些术语如贴现率、贴水、贴现、转账账户和证券抵押贷款、总额和净额都会令人想起，文艺复兴时期的意大利是两种事情的摇篮，即现代银行制度，以及后来被称为“资本主义”的经济体制在工业时代到来前的一种早期形式。

在文艺复兴时期的城市共和国，较老式的、由选举出的执政官组成的集体领导的政府早已过时。统治权集中在少数有影响力的家族手中。经过支持和反对霍亨斯陶芬皇帝的势力，即“皇帝党”（Ghibellinen，也称吉伯林派）和“教 95
宗党”（Guelfen，也称归尔甫派）之间的争斗，以及意大利城市贵族和工匠之间的持续内部冲突，13世纪形成长老会议制度，往往选一位外来的人做“执政官”（Podestà）或“人民领袖”（Capitano del popolo），其任期是有限制的。一些新主子懂得如何把有限期的官职变成终身制的，而且还能在自己家族内传承。借助雇佣兵首领的帮助，他们打压其他城市共和国以扩大自己共和国的权力。弗朗切斯科·斯福尔扎（Francesco Sforza）就是这样一位雇佣兵队长，1450年他当上了米兰公爵（Herzog von Mailand），成为前任统治者维斯孔蒂（Visconti）[①]的继承人。

威尼斯的发展走的是另一条路。这里保留了寡头贵族的统治和由其选出的权力机构——“大议会”（Consiglio Maggiore），自 12 世纪末大议会就是豪门贵族的代表机构，由它选出终身制的总督（Dogen）并对他进行集体控制。14 世纪初，十人委员会取代了大议会。1381 年在基奥贾（Chioggia）战争中击败对手热那亚后，威尼斯上升为海上超级大国。15 世纪，在部分牺牲米兰利益的前提下，它获得了北意大利东部的统治权：从奇维达莱（Cividale）经帕多瓦（Padua）、维琴察（Vicenza）、维罗纳（Verona）直至布雷西亚（Brescia）和贝加莫（Bergamo）；在和匈牙利的战争中，它又得到了伊斯特拉（Istrien）半岛和达尔马提亚海岸（Dalmatinische Küste）。面对奥斯曼帝国和欧洲比较重要的国家，威尼斯尽量打外交这张牌：这是它保持和增加影响力的方法。“威尼斯共和国”是第一个凭借广泛的公使网发展出较高的治国艺术的国家。正如路德维希·迪西奥在其著作《均势或霸权》（*Gleichgewicht oder Hegemonie*）中所述，威尼斯是意大利国家体系中（除作为大陆国家的米兰、佛罗伦萨、那不勒斯王国和教宗国外）的“岛国”。“如果说意大利体系作为整体是欧洲的先驱，那么威尼斯则尤其是英国的先行者。”[113]

另一个城市共和国——佛罗伦萨的崛起，总是被内部争斗所打断，其中包括 1378 年呢绒行业梳毛工的起义，事情关系到“小人物”，也就是“瘦人”（popolo minuto）[②]参与行会，
96 进而参加对城市的政治领导问题。“小人物”失败后，建立起

① 1447 年米兰公爵菲利波·马里亚·维斯孔蒂（Filippo Maria Visconti，1392~1447 年）去世，没有男性继承人，米兰宣布成立共和国。在连年的饥荒和动乱后，1450 年米兰议会决定任命弗朗切斯科为米兰公爵。

② 又译下层市民或小人。

所谓“肥人”（Popolo Grasso）政权，在包括银行家和商人的较高的行会中这些人说了算，贵族有时完全被排除在政治权力之外。14 世纪和 15 世纪初，佛罗伦萨在托斯卡纳（Toskana）地区逐渐夺得霸主地位；沃尔泰拉（Volterra）、比萨和里窝那（Livorno）也都臣服于佛罗伦萨。

1400 年后，美第奇家族获得决定性影响力。他们的统治带有君主性质，却保留了共和国形式。在银行家科西莫·德·美第奇（Cosimo de Medici，1389~1464 年，他并未正式担任国家官方职务）时代，创建了美第奇家族图书馆和柏拉图学院，1453 年土耳其人攻陷君士坦丁堡后，一些希腊学者背井离乡来到柏拉图学院从事教学工作。在科西莫的孙子“伟大的”洛伦佐（Lorenzoil Magnifico，1449~1492 年）治下，阿尔诺河（Arno）畔的这座城市全然成为意大利文化的灿烂中心。但佛罗伦萨和“五巨头”里的另外四者［也就是威尼斯、米兰、教宗国和那不勒斯王国，后者 15 世纪中叶被阿拉贡国王阿方索五世（Alfons V. von Aragon）征服］一样，也未能获得整个意大利的霸主地位。意大利的国家体系一直处于不稳定的平衡中：西班牙、法国和哈布斯堡家族都利用此状态来扩大其在意大利的影响力。

反对意大利在政治上的软弱和体制上的四分五裂的爱国者中，就有佛罗伦萨的法学家尼科洛·马基雅维利（1469~1527 年）。1498 年，狂热劝人忏悔的布道者季罗拉莫·萨佛纳罗拉教士（Fra Girolamo Savonarola），一位多明我会修士（Dominikanermönch），在法国势力支持下推翻美第奇政权，建立起一个神权政治和民主混合的共和国四年后，马基雅维利在其故乡城市被委以要职，担任了佛罗伦萨共和国第二国务厅秘书长，主管战争和内政事务。1512 年美第奇家族卷土重来后，他失去了这一职务。次年，他无辜地以参与阴谋的罪名被捕并受刑。出狱后，他在被迫得来的宁静庄园生活中开始写作，1513 年 7~12 月他在圣卡西亚诺（San Casciano）附近的圣安德里亚（Sant' Andrea）写出了让他举世闻名的著作《君主论》（*Il principe*）。马基雅维利眼中理想的王公典范是
97 一位雇佣兵首领切萨雷·波吉亚（Cesare Borgia），利奥波德·冯·兰克（Leopold von Ranke）曾称其为“犯罪艺术大师”：他当过枢机主教，在法国人的帮助下取得了罗马涅大公（Herzog der Romagna）称号。其父亲和保护人教宗亚历山大六世（Alexander VI.）去世带来的直接后果是，1503 年他惨遭失败，而此前他一直在致力于创建一个中部意大利的大王国。[114]

“在现实生活和理想生活之间有着巨大的差异，谁只注重后者，而忽视前者，那其生存就失去了根基，会毁于一旦。”这是马基雅维利的一个基本见解，由此他引申出一个寓意深远的结论：“一个一心向善的人，在如此众多的恶人包围下必然难逃灭亡的下场。因此一个想捍卫自己地位的统治者，必须培养自己不当善人的能力，并且要审时度势决定该不该出手。”

马基雅维利认为有两种斗争方法：运用法律和运用武力。“第一种方法是人类特有的，第二种方法属于野兽。因为前者往往达不到目的，所以必须诉诸后者。因此君主必须懂得既要有兽性，也要有人性。”统治者必须兼有这两种秉性——人性和兽性，或更精确地说，狮性和狼性。“狮子无法防止自己落入圈套，狐狸则不能抵御豺狼。因此，君主必须是一只狐狸以便嗅出哪里有圈套，同时他又必须是一头狮子，才能吓退豺狼。只想当狮子的，对自己的生意缺乏深刻理解。如果遵守诺言会对自己不利，或者迫使自己做出承诺的理由不复存在时，聪明的统治者能够而且可以出尔反尔。如果人们全都是善良的，这项建议就是个坏建议；可是因为他们是恶劣的，你也

就没有理由说话算数。”

马基雅维利心目中的君主必须显得温和、诚实、正直和虔
诚，同时他也应该这样行事：“但他也必须坚韧不拔，危急关 98
头能够以完全相反的面目出现。人们必须理解，一个统治者，尤其是一位新上任的君主，不能为了一个好名声而谨小慎微；相反，为了巩固自己的统治地位，他常常不得不背信弃义、冷酷无情、不讲人道和冒犯宗教。因此他必须意志坚强，随时顺应命运的风向和情况的变化，只要可能就不背离良善之道，但在危急关头，也要下得了毒手。”

马基雅维利衡量君主行动的标准是国家的安泰：这是他以自己阅读罗马共和国历史的方式想要证明的一种论点。“人要保卫自己的祖国，其方法不是遗臭万年就是流芳百世。任何形式的卫国都是好的和正确的。”在另一本主要著作《论李维》（*Discorsi sopra la prima deca di Tito Livio*）（即他对李维前十卷《罗马史》的评注，体现了他对政治和治国的基本观点）中他如此写道：“在关系祖国的生死存亡时，人们无须考虑对与错，温和或残忍，可贵还是可耻。相反人们应摒除一切顾忌，只可采取能够挽救他们生命和自由的措施。”[115]

马基雅维利的“祖国”从来都不限于佛罗伦萨共和国，而一直是意大利，自从1494年法国瓦卢瓦王朝国王查理八世（Karl VIII.）入侵意大利，意大利就越来越有沦为外国霸权势力手中的棋子的危险。在马基雅维利写作《君主论》那一年，那不勒斯从西班牙属变成法属，米兰自1500年起被法国军队占领。在切萨雷·波吉亚身上马基雅维利看到了一位君主，他能有助于祖国的独立和统一，所以他在《君主论》中对这位君主做出了积极评价。对好的君主而言，需要（Necessità）就是一种他必须识别和掌控的挑战；要想抓住机会，他需要好运气（fortuna）和坚毅的性格（Virtù）。手段的选择要根据目的之

需要；能取得成功的就是正确的，否则就是错误的。这些座右
99 铭并非马基雅维利的发明，他只是描述了一向决定着君主思维和行动的法则，他为这些法则辩护，因为对他来说这些法则看上去是合乎逻辑的。从这些法则中就总结出“国家理性”。这个术语马基雅维利还没有使用，但1523年，在其有生之年，另一位伟大的佛罗伦萨历史学家和政治家弗朗切斯科·圭恰迪尼（Francesco Guicciardini）就创造了这一概念，他是马基雅维利的朋友，他们时常通信。[116]

马基雅维利的著作标志着与中世纪思维方式的彻底决裂，还不止于此，甚至是与基督教传统的总决裂。作为一神论的基督教所提出的普遍道德戒律要求普遍有效性，国家也得服从。马基雅维利一再援引的多神教的古希腊罗马，既没有这种彼世的束缚，也没有政治与道德之间以及公共与私人美德之间的基本对立。城邦与共和国就体现着最高价值，在与竞争对手的战斗中要彰显这些价值。意识到国家理性会与道德和法律存在冲突，正如弗里德里希·迈内克（Friedrich Meinecke）在其出版于1924年的著作《近代史中的国家理性观念》（*Die Idee der Staatsräson in der neueren Geschichte*）中所述，是一笔“影响巨大的遗产”，它是“基督教和日耳曼中世纪遗留给现代西方的……古代的罪恶仍然是一种天真的罪恶，它还没有被横在天堂与地狱之间的鸿沟所惊吓和困扰，这条鸿沟是基督教挖出的。这种教条式的基督教二元对立的世界观留下了深远影响，就连基督教变得不再那么教条主义的时代都无法完全摆脱其影响，它也让国家理性的问题平添了一种沉重的悲剧色彩，这种悲剧性在古代是不存在的。”

在此背景下，人们才能清楚认识到马基雅维利学说的革命性转折，哪怕这只是为一种古老得多的做法提供了理论。在此我们再次引用迈内克的话：“有本质区别的是，人们只是在政

治实践中确实跨越了道德律，还是从此可以并且越来越多地以一种无法避免的‘必要性’为这种行为进行辩护。在第一种情况下，道德律在其绝对神圣性方面作为一种超验‘必要性’完 100
好无损。但现在这种超验‘必要性’被一种经验‘必要性’所打破，恶成功地为自己争得与善平等的位置，它现在也貌似一种财富，至少貌似为保持某种财富而不可缺少的手段……现代文化的全部内在冲突就这么开始了：令文化感到痛苦的超验和经验、绝对和相对的价值标准的二元论。现代国家现在看来可以遵循其最深处的生命冲动，摆脱束缚它的所有精神桎梏，作为世俗的自主权力完成合理机构所能创造的奇迹了。这类在中世纪不可想象的奇迹，现在经过这么多世纪的交替应该在不断登峰造极。”[117]

尽管马基雅维利对政治的激进世俗性理解和他始终不渝地追求国家的世俗化非常“现代”，但他却并未成为民主的先行者。虽然他本人认为共和国比独裁好，并告诫理想的君主不要拿人民的支持去冒险，但他并不认为须固守一种执政形式。对他来说，决定性的不变取舍标准是国家的安泰，这比是共和国还是独裁的区别更重要。在《君主论》结尾处他呼吁美第奇家族在意大利夺取政权，从异族人手中解放这个国家：此呼吁与他在其他主要政治论文中的爱国段落互相呼应。爱国主义对他来说是如此神圣，以至于只要对“祖国”有益，为了达到目的可以不择手段。鉴于马基雅维利不是要唤起民众，而是要激励君主（《君主论》是献给洛伦佐的，那位“伟大的”洛伦佐的孙子，1516~1519 年佛罗伦萨最显赫的贵族），所以称该书作者是一位现代民族主义者是不恰当的。但是，把他看作将国家与民族提升到准宗教高度的一个开路先锋，则是说得过去的。两个半世纪后，卢梭用“公民宗教”（Religion Civile）概念使其具有了理论形式，并在 1789 年的法国大革命中首次得到实际贯彻。

马基雅维利与基督教传统的决裂，并未阻止教宗克雷芒七世（Clemens VII.），前枢机主教朱利奥·德·美第
101 奇（Giulio de Medici），于1531年为《君主论》、《论李维》和一本他本人委托马基雅维利撰写的《佛罗伦萨史》（*Geschichte von Florenz*）出具“出版许可”。[1557年，教宗保罗四世（Paul IV.）才将《君主论》列入禁书表。] 15世纪末和16世纪初的大多数教宗，特别是出自波吉亚与美第奇家族的，代表的是世俗化了的教会。他们在追逐权力和为此不择手段方面与意大利世俗统治者相比毫不逊色，所以在《君主论》一书中他们几乎不能说他们的施政形象受到了歪曲。

同时，文艺复兴时期的教宗们，特别是西克斯图斯四世和尤利乌斯二世（Julius II.），都是建筑、雕塑和绘画作品的扶助者。布拉曼特（Bramante）设计了圣彼得大教堂大殿的初稿，拉斐尔和米开朗琪罗受教宗委托创作出他们的杰作。1500年后的最初几十年，他们在罗马尽其所能地超越了文艺复兴文化中心佛罗伦萨的辉煌。教宗大兴土木的辉煌自然有其不利的一面：富丽堂皇的圣彼得大教堂当然得由众信徒买单，由于教会的什一税和“彼得便士”不够开销，必须开辟新财源。其中最重要的就是臭名昭著的“赎罪券”，一个为所犯罪行后悔者的捐款能换来赦免原罪的效果。这么做让教会失去了很多它还保有的道德权威：这种损失远远超过了它通过世俗化所赢得的一切。

文艺复兴不仅是意大利的，而且在1500年前后也是欧洲的一个艺术时期。但是没有任何其他地方，知识分子和艺术家们迈向新时代的步伐受到了如此广泛的社会支持，这种支持来自那些富有的、互相竞争的意大利北部和中部的城市共和国，那里的贵族和市民阶层精英具有很强的自我意识，那里思维的

世俗化也比其他任何地方更彻底。用雅各布·布克哈特的话来
说："这些新潮人物是意大利当时教化的承载者，他们像中世
纪的西方人一样一出生就有了宗教信仰，但其强大的个人主义
使他们在信仰中如在其他方面一样完全主观。在探索外部和精
神世界过程中所遇到的形形色色的刺激，让他们总的来说主要
是世俗的。相反，在欧洲其他地方宗教很长时间内仍是一种客 102
观存在，在生活中自私和感官享受与祈祷和忏悔直接交替出
现；后者还没有像在意大利那样拥有精神上的竞争者，即便有
也是非常微不足道的。"[118]

中欧和西欧还没进入文艺复兴时期，即在15世纪，人文主义就已经先一步从意大利传播到了那里。由皮科·德拉·米兰多拉（Pico della Mirandola）、马尔西利奥·费奇诺（Marsilio Ficino）、约翰内斯·罗伊希林（Johannes Reuchlin）、康拉德·赛尔蒂斯（Konrad Celtis）、鹿特丹的伊拉斯谟（Erasmus von Rotterdam）和托马斯·莫尔（Thomas Morus）等学者发起的，追寻古希腊和罗马文学遗产的活动涉及所有科学。这让人们发奋学习古老的语言——希腊语、拉丁语，还有希伯来语，翻译和评注古代伟大作家的作品。神学家们更偏爱建立起系统的亚里士多德；人文主义者则提升了诗意的柏拉图的地位。为了净化被神职人员弄得十分烦琐的拉丁文，人们又以西塞罗那样的古典散文为基础。出于爱国，人文主义者在史书中寻求对自己民族历史的深刻了解，其中1455年对塔西佗的《日耳曼尼亚志》（*Germania*）的发现在德意志发挥了重要作用。他们谴责教宗的奢侈并赞美古罗马共和国的美德，他们以鲜活科学的名义反对各大学中所教授的僵硬的经院哲学，他们反对任何形式的精神压迫和迷信。但人文主义者并没有想到要与基督教决裂，他们中的大多数只想按照福音的精神复兴基督教，基督教也是在福音精神的基础上创建起来的。

古代文化遗产的复兴不仅为人文学科指出了新的方向，在自然科学方面，秉承老普林尼（Plinius）的理性传统，对自然现象的描述成功地成为大学的教学内容。要想最终克服对天空和大地的形而上学推测，并进一步获得决定宇宙物理法则的知识，这是完全必要的。这方面的决定性突破被称作“哥白尼革命”，是由来自托伦（Thorn）的神父尼古拉·哥白尼（Nikolaus Kopernikus，其名字的德文写法为Koppernigk，波兰文写法为Kopernik）完成的。他曾先后在克拉科夫（Krakau）、
103 博洛尼亚、罗马和帕多瓦学习人文和数学，后毕业于医学和法律专业。但他最大的兴趣一直是天文学。他这方面的研究成果在其1543年去世那年出版，题为《天体运行论》（*De revolutionibus orbium caelestium*）。他提出日心说理论，认为地球和其他行星均围绕太阳运行，从而推翻了教会所代表的由托勒密（Ptolemäus）在公元2世纪创立的认为地球是宇宙中心的地心说。

难以想象还能有比人文主义者哥白尼对传统世界观的颠覆更激进的。随着对世界观的颠覆，教会对人类的定位也陷入了危机：对天主教来说，上帝按照自己的样子所塑造的人类是其创造的顶峰，是神所关注的中心点；世界历史围绕着人类而展开，从犹太教和基督教的视角出发，这一历史就是即将来临的救赎的历史。如果一位天文学家把地球从宇宙的中心放逐，那他也就把人类从神圣秩序的中心挤到了边缘，是的，无论他意识到没有，他都从根本上质疑了这一神圣秩序。教会已无法追究哥白尼为所谓的异端邪说所该负的责任，然而其他在这条路上——让科学彻底脱离神学——继续前行的自然科学家和哲学家却必须为此付出代价：焦尔达诺·布鲁诺（Giordano Bruno）认为宇宙是无限的，他为哥白尼辩护，经过七年监禁，他最终于1600年在罗马的鲜花广场被烧死；伽利略·伽利莱（Galileo Galilei）也

是哥白尼派，虽然他刻意疏远了哥白尼学说，但1633年他仍被判终身监禁，先是在监狱服刑，后被软禁于他在佛罗伦萨附近的乡居。1642年去世时，他的著作和哥白尼、布鲁诺以及约翰内斯·开普勒（Johannes Kepler）的作品一样早已被列为禁书，其中，开普勒在1618~1622年发表过《哥白尼天文学概要》（*Grundriß der Kopernikanischen Astronomie*）。

人文主义者的思想能够在欧洲得到如此迅速的传播，完全仰赖活字印刷术的发明。该技术于1440年由约翰内斯·根斯弗莱施（Johannes Gensfleisch）在美因茨发明，他后来改名古登堡（Gutenberg）。（他不知道朝鲜已在一个世纪前有了类似发明。）印刷术可以无限制地复制作品，以前读者阅读的作 104
品只有少量抄本，大多由僧侣抄录。印刷术为大学的教学和科研，以至整个教育体系提供了全新的基础：人只要识字，就能学习和掌握所有以其母语印刷和出版的知识。

所印的东西不仅限于书籍，如《圣经》、古代和中世纪的伟大作品以及同时代的小说，还包括传单和论战檄文。活字印刷加速了知识的传播，拓展了思想交换的疆域。人文主义者是第一批利用这一技术的，宗教改革者紧随其后。活字印刷是一种持续改变了西方的进步，它开启了一个全新的时代。[119]

## 排犹和焚烧女巫：中世纪晚期之社会矛盾

然而，进步并非那个时代的唯一标签。相反，在地理大发现开始的中世纪末，充满了各种鲜明的矛盾。就在意大利文艺复兴胜利进军的末期，在欧洲大部分地区，尤其是在德意志神圣罗马帝国和法国，发生了对犹太人的残酷迫害。对犹太人的整体谴责并不新鲜：他们是杀害耶稣的凶手，他们拒绝相信耶稣基督是弥赛亚，他们通过放高利贷剥削信奉基督教的债务人，而按照教会法基督徒是不许吃利息的。中世纪末又出现了新的谴责：犹太人向井中投毒，他们亵渎圣体并谋杀基督徒做人祭。

1348~1350 年鼠疫流行期间，对犹太人的旧恨新仇无论在规模上还是残酷性方面都达到了前所未有的程度。“黑死病”，腺鼠疫或肺鼠疫，是由意大利水手从东方带进欧洲的。然而，不久后仇恨犹太人的基督徒就散布一种广为流传的说法——犹太人才是瘟疫的真正元凶，是他们往公共水井中投了毒。发生在 1350 年的对少数族群的迫害不能说是自发的，虽然这些行为大多是由城市下层贫民施行的，但到处都有富裕的市民阶层饶有兴趣地出面组织，他们希望自己的犹太债权人能够死掉或是至少把后者的财产据为己有。

暴力举动的始作俑者知道自己有一个强大的盟友——皇帝，按照法律他本该是犹太人的保护者，他们是他的“纳税奴仆”。罗马之王和后来的皇帝查理四世，在 1349 年 4 月，也就是在“袭击犹太人”八个月之前，把准备要杀掉的有钱的犹太人的房屋许给了帝国自由城市纽伦堡的贵族和城市新贵们。类似赏赐查理也给了其他帝国城市，包括法兰克福，还有勃兰登堡的藩侯路德维希（Ludwig）。“袭击犹太人”，这意味着打死或活活烧死，这样的事发生在巴塞尔、弗赖堡

（Freiburg）、斯特拉斯堡（Straßburg）、科隆和许多其他城市。

摆脱债务或仅仅是贪婪这样的经济动机，在14世纪中期出现的对少数族群的迫害中起过重要作用，但还不足以解释为什么会出现这种事情。1348~1350年的排犹现象恰逢社会巨变期，在许多德意志城市中手工业行会与城市商人新贵间展开了权力斗争。“旧的思想和价值观陷入动摇，经济形势通过负债往往变得格外危急，境况不稳，社会状况越来越扑朔迷离，”捷克历史学家弗朗齐歇克·克劳斯（František Graus）写道，“在普遍缺乏安全感和传统价值观开始丢失的情况下，人们寻找那个承担一切罪恶的‘罪魁祸首’就是完全可以理解的了，从前如此，数百年后仍将如此。有谁比犹太人更合适扮演避雷针角色、作为一切罪行的替罪羊呢？更何况迫害他们的同时还能劫掠财物、中饱私囊呢？通常对犹太人的妖魔化容易让人相信，犹太人这群撒旦正在阴谋制造惨案；一旦正常的社会阀门快要失灵，操纵‘民众的愤怒’就势在必行了……”[120]

克劳斯视1350年前后对犹太人的迫害为一个历史性的转 106
折点。“虽然此前和此后一些对少数族群的迫害没有留下长期后果，1348~1350年对犹太人的谋杀却形成了那个真正的转折点。虽然在大多数城市，‘袭击犹太人’之后不久犹太人又返回了这些城市，但这一波迫害让犹太人的地位在中世纪晚期和近代早期发生了决定性变化。几乎所有的城市都驱逐了他们，他们被排斥到中等规模的货币市场以外（此前他们已不参与大宗金融交易了），他们只能进行小额信贷或进行不值钱的货物交易。”[121]逃脱了这场灾难的犹太人此后一般都去了波兰，波兰国王卡齐米日三世大帝（Kasimir III. der Große，1333~1370年在位）欢迎他们去那里，把他们看作可以抗衡城市中德意志市民阶层的力量，并正式招揽他们。他们从德意志带往东欧的是受了中古高地德语影响的意第绪语。[122]

排犹现象在中世纪末的欧洲几乎到处可见，15 世纪初甚至出现在犹太人的新家乡——波兰，那里居住着很多从德语国家移民来的犹太人。1290 年犹太人被驱逐出英格兰，1394 年他们被赶出法国，1492 年西班牙也不让他们容身了。在联合王国卡斯蒂利亚和阿拉贡，驱逐不过是一系列特别残酷的迫害行为的最终结局。犹太人在西班牙的鼎盛时期为 13 世纪，那时收复失地运动把安达卢西亚（Andalusien）大部地区从伊斯兰统治下解放出来。14 世纪中期在纳瓦拉（Navarra）也发生了鼠疫期间对犹太人的迫害。强迫犹太人受洗改信基督教的行为从 14 世纪末开始出现，这也是犹太人当时唯一幸免于难的机会。

15 世纪初，西班牙一半以上的犹太人属于“改宗者”或“新信徒”。一个流行的骂人词“马拉诺”（marranos，意为猪猡）反映了广泛存在的猜疑，即被迫改信基督教的人只是表面改变了信仰，他们在内心深处依然是犹太人。经过新老基督徒之间的激烈斗争，西班牙很多城市发布敕令禁止改宗者担任公职。

为了甄别真假基督徒，教会和国家联手的专门机构——宗教裁判所（Inquisition）成立了。1483 年起该机构仅隶属于
107 王室，为找出“真相”往往进行严刑拷打，有时甚至把“罪人”送上柴堆活活烧死。继续存在的犹太社区被认为该对新基督徒的犹太化倾向负责。1483 年新成立的异端审理理事会（Consejo de la Suprema y General Inquisición）裁决把犹太人驱逐出安达卢西亚。九年后，“天主教国王”卡斯蒂利亚的伊莎贝拉和阿拉贡的斐迪南（Ferdinand von Aragon）于 1492 年下诏书，把所有犹太人驱逐出他们的王国。那一年基督徒征服了伊比利亚半岛最后一个被伊斯兰人统治的地方——

格拉纳达王国，也是在那一年哥伦布发现了美洲。

据估计西班牙犹太人的总数达 20 万，其中约 5 万人受洗改信基督教。和其他改宗者一样，他们无权从事地位较高的职业，被承认是真正的西班牙人的只有那些能证明其血缘纯正的基督徒。直到 1865 年，公共服务行业的从业人员才无须提供这种证明。大约有 5 万没有改信基督教的犹太人试图乘帆船前往北非，再从那里去奥斯曼帝国，其中只有一部分人如愿以偿。差不多有 10 万人移居葡萄牙，致使当地居民中犹太人的比例上升到约五分之一。居留许可在葡萄牙很昂贵，没有足够资金的人则被卖为奴隶。

1496 年葡萄牙国王曼努埃尔一世（Emanuel I.）在与卡斯蒂利亚王国方面缔结的婚约中①承诺，把西班牙和葡萄牙的所有犹太人驱逐出境。这位君主确实成功地让很多人改信了基督教，犹太人的孩子被强行施洗并送到基督徒家庭中寄养，剩下的一直坚定信仰犹太教、断食断水都不改初衷的犹太人则被卖为奴隶。内心往往对犹太信仰忠贞不渝的葡萄牙"马拉诺"在经过 16 世纪前三分之一时期所发生的新老基督徒之间的血腥战斗后，被允许移民。其中许多人迁移到奥斯曼帝国的一个重要的商业中心萨洛尼卡（Saloniki）②，在那里他们得以回归犹太教。

在西班牙国王腓力二世（Philipp II.，1556~1598 年在位）
于 1580 年兼任葡萄牙国王之后，宗教裁判所的势力更加强大， 108
出逃的葡萄牙和西班牙的"马拉诺"人数迅速上升。他们逃往新教国家，首选是尼德兰，在那里他们不是作为天主教徒，而是作为犹太人本身得到容忍。除了来自伊比利亚半岛的塞法迪（Sephardim）犹太人，很快又有很多来自中欧的犹太人到荷兰定居，后者被称为阿什肯纳兹（Aschkenasim）犹太人。但欧洲

① 他娶国王的女儿伊莎贝拉公主为妻。

② 又译塞萨洛尼基（Thessaloniki），是希腊第二大城市。

犹太教的文化先锋是那些来自西班牙和葡萄牙的移民，他们在阿姆斯特丹和其他尼德兰城市有机会回归他们父辈的信仰。[123]

中世纪末的排犹行为并非孤立现象。自14世纪中叶起猎巫审判（Hexenprozesse）越来越多，1400~1750年在整个欧洲共有大约5万人为此丧生，其中大部分是妇女，对施巫术者的世俗惩罚方式是在火刑柱上烧死。巫师，尤其是女巫，据说是与魔鬼私通的人，她们受罪恶欲望的驱使专门勾引那些承诺要保持贞洁的男人。此外会治病或是会接生的单身女性，也就是那些与科学医学竞争的人，也常常被怀疑施行巫术。

男人也会因施巫术而遭到迫害，在欧洲范围内的西方因此而被处死者中有20%~30%为男性。尤其在男性中，是施巫术还是搞异端，往往是难以划分的，比如位于法国和瑞士汝拉（Jura）地区的瓦勒度派（Waldenser）凡人修士们的追随者。法国的民族英雄圣女贞德（Jeanne d'Arc），在英国人的操控下，也被宗教法庭控告为行巫术和散布异端邪说，并于1431年5月31日被烧死在鲁昂。通常只要行为离经叛道、引人注目，也包括精神失常，都会引发巫师审判。

猎巫审判几乎是一种纯粹“西方的”现象：在希腊和俄国东正教环境里只有相当个别的巫师审判案。妇女成为首要的
109 受害者是出于一种根深蒂固的偏见。“自古以来人们就认为女性有施魔法的倾向，”美国历史学家H.C.埃里克·米德福特（H.C. Erik Midelfort）写道，“她们是古典以及中世纪文学中‘典型’的吸血女妖式人物。《圣经》中也提到魔女们。妇女因其精神和体力上的弱点，被亚里士多德和其他哲学家认为是不完整的男人。在中世纪基督教神父和领军的神学家们的著作中，妇女往往被描述为特别容易轻信、迷信、恶毒和妒忌成性。此外，她们还被认为是受身体欲望驱使者，很容易受到比她们强的人（如男性和鬼神）的诱惑。西方文化，还不仅仅限

于西方文化，对女性的这种评估，为打造一种重男轻女的社会秩序起了重要作用。”[124]

在15~16世纪的转折期，危机情绪随处可见，人们惧怕末日将至。这种精神氛围很适合寻找替罪羊，可以让他们对所有困难和损失负责。中世纪繁荣期的女学者如神秘主义者希尔德加德·冯·宾根（Hildegard von Bingen，1098~1179年）和海洛薇兹（Heloise，1101~1164年，经院哲学家皮埃尔·阿伯拉尔的学生和情人），若是生活在中世纪后期意大利以外的地方，那她们恐怕也难找到像她们活着时的那种个人发展机会。凡文艺复兴没有发生的地方，在15世纪除了科学和技术的进步，确实出现了很多退步。罗伯特·I. 穆尔的“迫害社会”（verfolgende Gesellschaft）一词，用来形容中世纪末期要比形容12~13世纪更为贴切。[125]

然而总会有矫正措施，它们出现在欧洲第一次革命过程中，并保证了一种动态的均势。神权与王权之间的权重分布已经不同于主教叙任权争议之初了：王权在西欧正在形成的民族国家中把神权挤到了第二位，却未能取代教会的超国家权力。封建贵族损
失了许多其原有的功能，尤其是在军事方面，他们必须接受新出 110
现的，主要是市民阶层的权力精英——官吏。社会等级制构成与诸侯力量抗衡的势力，并在一定程度上保证了政治上的分权。

中世纪晚期的社会是一个矛盾制度化了的社会。基督教教义为其提供了一个共同的规范性基础，也就是一把尺子，可以用来衡量任何一种尘世的现实。这同样适用于教宗的统治，在1500年前后的文艺复兴高潮期，教宗统治的世俗程度和权力意识均达到了前所未有的境地。这就引起反对力量的登场，这种反对力量向教宗统治举起一面镜子——教会的信仰追求。教会的信仰追求与教会统治的俗世现实之间的矛盾引起了一场新的革命，它将从根本上改变西方：宗教改革。

## 注 释

1 Jan Assmann, Herrschaft und Heil. Politische Theologie in Altägypten, Israel und Europa, München 2000; ders., Politische Theologie zwischen Ägypten und Israel, München 2006[3]; Eckart Otto, Mose. Geschichte und Legende, München 2006, S. 101 ff.; Rudolf Smend, Die Methoden der Moseforschung, in: ders., Zur ältesten Geschichte Israels (Gesammelte Studien, Bd. 2), München 1987, S. 45–115; Friedrich Wilhelm Graf, Moses Vermächtnis. Über göttliche und menschliche Gesetze, München 2006[3]; Gottfried Schramm, Fünf Wegscheiden der Weltgeschichte. Ein Vergleich, Göttingen 2004, S. 50 ff.

2 Carl Schmitt, Politische Theologie. Vier Kapitel zur Lehre von der Souveränität, München 1934[2], S. 49.

3 Assmann, Herrschaft (Anm. 1), S. 29 f.

4 Schmitt, Politische Theologie (Anm. 2), S. 59 f.

5 Jan Assmann, Moses der Ägypter. Entzifferung einer Gedächtnisspur, Frankfurt 2000[4].

6 Sigmund Freud, Der Mann Moses und die monotheistische Religion, in: ders., Gesammelte Werke. Chronologisch geordnet. Bd. 16: Werke aus den Jahren 1932–1939, Frankfurt 1981[6], S. 101–246 (197 f.).

7 Ebd., S. 151, 220 ff., 226.

8 Assmann, Moses (Anm. 5), S. 242; ders., Die Mosaische Unterscheidung. Der Preis des Monotheismus, München 2003 (mit Beiträgen anderer Autoren zu Assmanns Thesen).

9 Ebd., S. 26.

10 Johann Gustav Droysen, Geschichte des Hellenismus (1833–44), 3 Bde., München 1980.

11 Wilhelm Nestle, Vom Mythos zum Logos, Stuttgart 1940[2]; Rudolf Hirzel, *ΑΓΡΑΦΟΣ ΝΟΜΟΣ*. XX. Band der Abhandlungen der philologisch-historischen Classe der Königl. Sächsischen Gesellschaft der Wissenschaften, No. I, Leipzig 1900.

12 Rudolf Bultmann, Das Urchristentum im Rahmen der antiken Religionen, Zürich 1949[1], S. 147.

13 Ebd., S. 182 (Zitat; Hervorhebungen im Original), 185 f.; Christoph Markschies, Das antike Christentum. Frömmigkeit, Lebensformen, Institutionen, München 2006, S. 11 ff.

14 Freud, Mann Moses (Anm. 6), S. 243–245.

15 Matthäus 28,19–20; Markus 16, 14; Lukas 24,46–47.

16 Georg Wilhelm Friedrich Hegel, Vorlesungen über die Philosophie der Geschichte. Sämtliche Werke, Bd. 11, Stuttgart 1949[3], S. 427 f. (Hervorhebung im Original).

17 Matthäus 22, 15–22; Markus 12, 13–17; ferner Lukas 20, 22–26.

18 Bultmann, Urchristentum (Anm. 12), S. 225.

19 Tacitus, Annalen, 15. Buch, 44. Kapitel.

20 Erik Peterson, Der Monotheismus als politisches Problem. Ein Beitrag zur Geschichte der politischen Theologie im Imperium Romanum, Leipzig 1935, S. 31 ff., 78 ff., 88 ff.; Karl Löwith, Weltgeschichte und Heilsgeschehen. Die theologischen Voraussetzungen der Geschichtsphilosophie, Stuttgart 1953³, S. 160 ff.

21 P. Vergilius Maro, Bucolica. Hirtengedichte. Studienausgabe. Lateinisch/Deutsch. Übersetzung, Anmerkungen, interpretierender Kommentar und Nachwort von Michael von Albrecht, Stuttgart 2001, S. 36–41, 126–140; Des Kaisers Konstantin Rede, die er geschrieben hat an die Versammlung der Heiligen, in: Des Eusebius Pamphili Bischofs von Cäsarea ausgewählten Schriften (Bibliothek der Kirchenväter), München 1913, S. 191–272 (249–263).

22 Pauli Orosi Historiarum adversum Paganos Libri VII, ed. C. Zangemeister, Leipzig 1889, S. 231 f. (VI, 22); deutsche Übersetzung: Adolf Lippold, Paulus Orosius. Die antike Weltgeschichte in christlicher Sicht, München 1985/86, Bd. 2, S. 133 f.

23 Edward Gibbon, Verfall und Untergang des römischen Imperiums. Bis zum Ende des Reiches im Westen (engl. Orig.: London 1776 ff.), München 2003, Bd. 4, S. 186.

24 Henri Pirenne, Mohammed und Karl der Große. Untergang der Antike am Mittelmeer und Aufstieg des germanischen Mittelalters. Mit einem Nachwort von Dan Diner (frz. Orig.: Paris 1937), Neuausgabe Frankfurt 1985, S. 57.

25 Deno J. Geanakoplos, Church and State in the Byzantine Empire: A Reconsideration of the Problem of Caesaropapism, in: ders., Byzantine East and Latin West: Two Worlds of Christendom in Middle Ages and Renaissance, Oxford 1966, S. 55–83; Peter Schreiner, Byzanz (Oldenbourg Grundriß der Geschichte, Bd. 22), München 1994², S. 68 ff.

26 Pirenne, Mohammed (Anm. 24), S. 48.

27 Augustinus, Vom Gottesstaat. Eingeleitet und übertragen von Wilhelm Timme, 2 Bde., Zürich 1955.

28 Otto Mazal u. Theodor Schieffer, Das Imperium und die germanischen Völkerzüge, in: Europa im Wandel von der Antike zum Mittelalter, hg. v. Theodor Schieder (= Handbuch der europäischen Geschichte, hg. v. Theodor Schieder, Bd. 1), Stuttgart 1976, S. 164–212 (210).

29 Pirenne, Mohammed (Anm. 24), S. 103.

30 Ebd., S. 76, 85 ff.

31 Ebd., S. 198 ff.

32 Rémi Brague, Europa. Eine exzentrische Identität (frz. Orig.: Paris 1992), Frankfurt 1993, S. 86, 91 f.

33 Ebd., S. 92.

34 Pirenne, Mohammed (Anm. 24), S. 109, 118 f., 204.

35 Dan Diner, Ideologie, Historiographie und Gesellschaft. Zur Diskussion der Pirenne-Thesen in der Geschichtswissenschaft. Ein Nachtrag, ebd., S. 207–237.

36 Theodor Schieffer, Das Karolingerreich, in: Handbuch (Anm. 28), Bd. 1,

S. 527–632 (581, 583; Hervorhebung im Original).

37 Egon Boshof, Reich/Reichsidee. I: Alte Kirche und Mittelalter, in: Theologische Realenzyklopädie, Bd. XXVIII, Berlin 1997, S. 442–450 (444); Richard William Southern, Geistes- und Sozialgeschichte des Mittelalters. Das Abendland im 11. und 12. Jahrhundert (engl. Orig.: London 1952), Stuttgart 1980[2], S. 156 ff.

38 Gibbon, Verfall (Anm. 23), Bd. 5, S. 218.

39 Robert S. Lopez, Naissance de l'Europe, Paris 1962, S. 98 ff.; Jacques Le Goff, Die Geburt Europas im Mittelalter (frz. Orig.: Paris 2003), München 2004, S. 51 ff.

40 Werner Goez, Translatio Imperii. Ein Beitrag zur Geschichte des Geschichtsdenkens und der politischen Theorie im Mittelalter und der frühen Neuzeit, Tübingen 1958, S. 73 ff.

41 Otto Bischof von Freising, Chronik oder die Geschichte der zwei Staaten. Übersetzt von Adolf Schmidt. Hg. von Walther Lammers, lateinisch u. deutsch, Darmstadt 1990, S. 464.

42 Udo Schnelle, Einleitung in das Neue Testament, Göttingen 2002[4], S. 363ff.; Wolfgang Trilling, Untersuchungen zum zweiten Thessalonicherbrief, Leipzig 1972.

43 Ebd., S. 586 ff.; Horst Dieter Rauh, Das Bild des Antichrist im Mittelalter: Von Tyconius zum Deutschen Symbolismus, Münster 1979[2], S. 55 ff.; P. A. van den Baar, Die kirchliche Lehre der Translatio Imperii Romani bis zur Mitte des 13. Jahrhunderts, Rom 1956, S. 27 f. (Adso).

44 Ebd., S. 62 ff. (Otto von Freising); Goez, Translatio (Anm. 40), S. 117 ff. Daniels Traumdeutung: Daniel 2.

45 Steven Runciman, Geschichte der Kreuzzüge (engl. Orig.: Cambridge 1950–54), München 1995[2], S. 266 ff.; Michael Borgolte, Christen, Juden, Muselmanen. Die Erben der Antike und der Aufstieg des Abendlandes 300 bis 1400 n. Chr., München 2006, S. 88 ff.

46 Michael Mitterauer, Warum Europa? Mittelalterliche Grundlagen eines Sonderwegs, München 2003, S. 202 f.

47 Runciman, Geschichte (Anm. 45), S. 883 ff.

48 Hildegard Schaeder, Moskau das dritte Rom. Studien zur Geschichte der politischen Theorien in der slawischen Welt (1929[1]), Darmstadt 1957; Peter J. S. Duncan, Russian Messianism. Third Rome, Revolution, Communism and After, London 2000.

49 Robert I. Moore, The Formation of a Persecuting Society. Power and Deviance in Western Europe, c. 950–1250, Oxford 1987; ders., The Origins of European Dissent, Oxford 1977[1].

50 Runciman, Geschichte (Anm. 45), S. 1261 f.

51 Robert I. Moore, Die erste europäische Revolution. Gesellschaft und Kultur im Hochmittelalter (engl. Orig.: Oxford 2000), München 2001.

52 Eugen Rosenstock-Huessy, Die europäischen Revolutionen und der Charakter der Nationen (1. Aufl. unter dem Titel: Die europäischen Revolutionen.

Volkscharaktere und Staatenbildung, Jena 1931), Stuttgart 1961³, S. 131 ff.

53 Harold J. Berman, Recht und Revolution. Die Bildung der westlichen Rechtstradition (amerik. Orig.: Cambridge, Mass. 1983), Frankfurt 1991¹, S. 155; Karl Leyser, Am Vorabend der ersten europäischen Revolution. Das 11. Jahrhundert als Umbruchszeit, München 1994; Paolo Prodi, Eine Geschichte der Gerechtigkeit. Vom Recht Gottes zum modernen Rechtsstaat (ital. Orig.: Bologna 2000), München 2003, S. 48 ff.

54 Michael Borgolte, Europa entdeckt seine Vielfalt 1050–1250, Stuttgart 2002, S. 72 f.; Joachim Ehlers, Das westliche Europa, München 2004, S. 225 ff.

55 Gerd Tellenbach, Libertas. Kirche und Weltordnung im Zeitalter des Investiturstreits, Stuttgart 1936, S. 16 ff.

56 Ernst Kantorowicz, Die zwei Körper des Königs. Eine Studie zur politischen Theologie des Mittelalters (amerik. Orig.: Princeton, N. J. 1957), München 1990; Marc Bloch, Die wundertätigen Könige (frz. Orig.: Paris 1924), München 1998.

57 Hartmut Hoffmann, Ivo von Chartres und die Lösung des Investiturproblems, in: Deutsches Archiv für Erforschung des Mittelalters 15 (1959), S. 393–440; Rolf Sprandel, Ivo von Chartres und seine Stellung in der Kirchengeschichte, Stuttgart 1962, S. 52 ff., 138 ff.

58 Karl Jordan, Investiturstreit und frühe Stauferzeit (1056–1197), in: Bruno Gebhardt, Handbuch der deutschen Geschichte, Bd. 1: Frühzeit und Mittelalter, hg. v. Herbert Grundmann, 8. Aufl., Stuttgart 1954, S. 243–340 (279); Ehlers, Europa (Anm. 54), S. 273 ff.

59 Berman, Recht (Anm. 53), S. 190 f.

60 Ebd., S. 191–193; Prodi, Geschichte (Anm. 53), S. 52 ff.

61 Otto Gerhard Oexle, Alteuropäische Voraussetzungen des Bildungsbürgertums – Universitäten, Gelehrte und Studierte, in: Werner Conze und Jürgen Kocka (Hg.), Bildungsbürgertum im 19. Jahrhundert, Teil I: Bildungssystem und Professionalisierung in internationalen Vergleichen, Stuttgart 1985, S. 27–78 (70); Southern, Geistes- und Sozialgeschichte (Anm. 37), S. 151 ff.

62 Borgolte, Europa (Anm. 54), S. 288 ff.

63 Oexle, Voraussetzungen (Anm. 61), S. 33 (Hervorhebung im Original).

64 Ebd., S. 52 f.; Borgolte, Europa (Anm. 54), S. 308 f.

65 Vgl. Anm. 17.

66 Marc Bloch, Die Feudalgesellschaft (frz. Orig.: Paris 1939), Berlin 1982, S. 503 f.

67 Henri Pirenne, Sozial- und Wirtschaftsgeschichte Europas im Mittelalter (frz. Orig. als Bd. 7 der Histoire du Moyen Âge: Paris 1933), Bern o. J. (1946), S. 10, 19, 43.

68 Alfred Hübner, Immunitas, in: Reallexikon für Antike und Christentum, Bd. XVII, Stuttgart 1996, Sp. 1092–1121.

69 Max Weber. Wirtschaft und Gesellschaft. Grundriß der verstehenden Soziologie. Studienausgabe, hg. von Johannes Winckelmann, 2. Halbbd., Köln 1956, S. 934 f., 950 (Hervorhebung im Original).

70 Wolfgang Reinhard, Geschichte der Staatsgewalt. Eine vergleichende Verfassungsgeschichte Europas von den Anfängen bis zur Gegenwart, München 1999, S. 239 ff.

71 Otto Hintze, Wesen und Verbreitung des Feudalismus (1939), in: ders., Staat und Verfassung. Gesammelte Abhandlungen zur allgemeinen Verfassungsgeschichte (Gesammelte Abhandlungen, Bd. 1), Göttingen 1970, S. 84–119 (94 f.).

72 Ebd., S. 106 ff. (110 f.).

73 Robert Bartlett, Die Geburt Europas aus dem Geist der Gewalt. Eroberung, Kolonisierung und kultureller Wandel von 950 bis 1350 (engl. Orig.: London 1993), München 1996, S. 79 ff.

74 Ebd., S. 91.

75 Mitterauer, Warum Europa (Anm. 46), S. 41, 108, 121 f.

76 Ebd., S. 133 f.

77 Bloch, Feudalgesellschaft (Anm. 66), S. 277 (Hervorhebung im Original).

78 Mitterauer, Warum Europa (Anm. 46), S. 137; Paolo Prodi, Das Sakrament Herrschaft. Der politische Eid in der Verfassungsgeschichte des Okzidents (ital. Orig.: 1992), München 1997; ders., Der Eid in der europäischen Verfassungsgeschichte, München 1992.

79 Otto Hintze, Weltgeschichtliche Bedingungen der Repräsentativverfassung (1931), in: ders., Staat (Anm. 71), S. 140–185 (143, 153 f.).

80 Ebd., S. 145; Hasso Hofmann, Repräsentation. Studien zur Wort- und Begriffsgeschichte von der Antike bis ins 19. Jahrhundert, Berlin 1998[3], S. 58 ff., 286 ff.; Heinz Rausch, Repräsentation. Wort, Begriff, Kategorie, Prozeß, Theorie, in: Karl Bosl (Hg.), Der moderne Parlamentarismus u. seine Grundlagen in der ständischen Repräsentation, Berlin 1977, S. 69–98 (bes. 79 f.; kritisch zu Hintzes Interpretation des Zitats von Tertullian). Zu Nikolaus von Kues: Nicholas of Cusa, The Catholic Concordance (lat. Orig.: 1432/33). Ed. and translated by Paul E. Sigismund, Cambridge 1991, S. 283 f. (III. cap. XXV, Nr. 469–472).

81 Otto Hintze, Typologie der ständischen Verfassungen des Abendlandes (1930), in: ders., Staat (Anm. 71), S. 120–139 (123).

82 Ders., Weltgeschichtliche Bedingungen (Anm. 79), S. 176.

83 Ebd., S. 169.

84 Eugen Lemberg, Nationalismus, 2 Bde., Reinbek 1964, Bd. I: Psychologie und Geschichte, S. 86 ff.; Bd. II: Soziologie und politische Pädagogik, S. 29 ff.; Hans Kohn, Die Idee des Nationalismus. Ursprung und Geschichte bis zur Französischen Revolution (amerik. Orig.: New York 1944), Frankfurt 1962; Joachim Ehlers (Hg.), Ansätze und Diskontinuität deutscher Nationsbildung im Mittelalter, Sigmaringen 1989.

85 Hermann Heimpel, Entwurf einer deutschen Geschichte, in: ders., Der Mensch in seiner Gegenwart. Acht historische Essays, Göttingen 1957[2], S. 162–195 (173).

86 Heinrich August Winkler, Der lange Weg nach Westen. Bd. 1: Deutsche

Geschichte vom Ende des Alten Reiches bis zum Untergang der Weimarer Republik, München 2005[6], S. 7 ff.

87 Ludwig Dehio, Gleichgewicht oder Hegemonie. Betrachtungen über ein Grundproblem der neueren Staatengeschichte, Krefeld 1948[1], S. 184; Geoffrey Barraclough, Die mittelalterlichen Grundlagen des modernen Deutschland (engl. Orig.: Oxford 1946[1]), Weimar 1955, S. 195 ff.; Hartmut Boockmann, Stauferzeit und spätes Mittelalter. Deutschland 1125–1517, Berlin 1987, S. 165 ff.

88 Paolo Caucci von Saucken, Pilgerziele der Christenheit. Jerusalem – Rom – Santiago de Compostela (ital. Orig.: Mailand 1999), Stuttgart 1999; Ferdinand Seibt, Die Begründung Europas. Ein Zwischenbericht über die letzten tausend Jahre, Frankfurt 2002, S. 108 ff.; Rolf Toman (Hg.), Die Kunst der Romanik. Architektur, Skulptur, Malerei, Köln 1996.

89 Oswald Schwemmer, Ethos und Lebensform. Der blinde Fleck im zweiten Christentum, in: Richard Schröder (Hg.), Was hat uns das Christentum gebracht? Versuch einer Bilanz nach zwei Jahrtausenden, Münster 2003, S. 51–71 (53, 55 f.).

90 Johannes Fried, Das Mittelalter. Geschichte und Kultur, München 2008, S. 225–227 (hier auch die Zitate von Abaelard).

91 Rosenstock-Huessy, Revolutionen (Anm. 52), S. 196 ff.

92 Dante Alighieri, Monarchia. Lateinisch-deutsch. Studienausgabe. Einleitung, Übersetzung und Kommentar von Ruedi Imbach und Christoph Flüeler, Stuttgart 1989, S. 72 f., 196 f., 218 ff.

93 Marsilius von Padua, Der Verteidiger des Friedens (Defensor Pacis). Auf Grund der Übersetzung von Walter Kunzmann bearbeitet u. eingeleitet von Horst Kusch (lateinisch und deutsch), Berlin 1958, Teil 2, S. 1078–1085; Wilhelm von Ockham, Texte zur politischen Theorie. Exzerpte aus dem Dialogus. Lateinisch/Deutsch. Ausgewählt, übersetzt u. hg. v. Jürgen Miethke, Stuttgart 1995, S. 226–309.

94 Alois Dempf, Sacrum Imperium. Geschichts- und Staatsphilosophie des Mittelalters und der politischen Renaissance, München 1929, S. 544.

95 Zusammenfassend Le Goff, Geburt (Anm. 39), S. 233 ff.

96 George Macaulay Trevelyan, Geschichte Englands, 2 Bde. 1. Band: Bis zum Jahre 1603 (engl. Orig.: London 1926), München 1949[4], S. 276.

97 Ebd., S. 300.

98 John Robert Seeley, Introduction to Political Science. Two Series of Lectures (1896[1]), London 1923, S. 131.

99 Herbert Helbig, Landesausbau und Siedlungsbewegungen, in: Handbuch (Anm. 28), Bd. 2: Europa im Hoch- und Spätmittelalter, hg. v. Ferdinand Seibt, Stuttgart 1987, S. 199–268 (219 ff.); Robert Folz, Frankreich von der Mitte des 11. bis zum Ende des 15. Jahrhunderts, ebd., S. 682–777 (710 ff.); Jerome Blum, The End of the Old Order in Rural Europe, Princeton, N. J. 1978, S. 29 ff.

100 Karl Bosl, Staat, Gesellschaft, Wirtschaft im deutschen Mittelalter, in: Geb-

hardt (Hg.), Handbuch (Anm. 58), Bd. 1, S. 585–684 (663 ff.).

101 Jenö Szücs, Die drei historischen Regionen Europas (ungar. Orig.: Budapest 1983), Frankfurt 1990, S. 13 ff. (die Zahlen: 51, 53).

102 Ebd., S. 49, 51.

103 Ebd., S. 60, 62; Perry Anderson, Die Entstehung des absolutistischen Staates (engl. Orig.: London 1974), Frankfurt 1979, S. 237.

104 Bosl, Staat (Anm. 100), S. 664.

105 Klaus Zernack, Polen und Rußland. Zwei Wege in der europäischen Geschichte, Berlin 1994, S. 118 ff., 162 f.; Oskar Halecki, Europa. Grenzen und Gliederung seiner Geschichte (engl. Orig.: London 1950), Darmstadt 1957, S. 77 ff.

106 Hagen Schulze u. Ina Ulrike Paul (Hg.), Europäische Geschichte. Quellen und Materialien, München 1994, S. 324 f.

107 Ebd., S. 326–332 (331).

108 Dehio, Gleichgewicht (Anm. 87), S. 21 ff.; Almut Höfert, Den Feind beschreiben. «Türkengefahr» und europäisches Wissen über das Osmanische Reich, 1450–1600, Frankfurt 2003, S. 51 ff.

109 Holm Sundhaussen, Europa balcanica. Der Balkan als historischer Raum Europas, in: Geschichte und Gesellschaft 25 (1999), S. 626–653.

110 Die großen Entdeckungen. Dokumente zur Geschichte der europäischen Expansion. Hg. v. Eberhard Schmitt, Bd. 2: Die großen Entdeckungen, München 1984, S. 50 ff., 126 ff.; Wolfgang Reinhard, Geschichte der europäischen Expansion, 4 Bde., Bd. 1: Die Alte Welt bis 1818, Stuttgart 1983, S. 28 ff.; Jürgen Osterhammel und Niels P. Petersson, Geschichte der Globalisierung. Dimensionen, Prozesse, Epochen, München 2006[3], S. 27 ff.

111 Josef Engel, Von der spätmittelalterlichen respublica christiana zum Mächte-Europa der Neuzeit, in: ders. (Hg.), Die Entstehung des neuzeitlichen Europa (Handbuch [Anm. 28], Bd. 3), Stuttgart 1971, S. 1–443 (80); Horst Bredekamp, Das Mittelalter als Epoche der Individualität, in: Berlin-Brandenburgische Akademie der Wissenschaften. Berichte und Abhandlungen, Bd. 8, Berlin 2000, S. 185–240; Aaron J. Gurjewitsch, Das Individuum im europäischen Mittelalter (russ. Orig.: Moskau 1994), München 1994.

112 Jacob Burckhardt, Die Kultur der Renaissance in Italien. Ein Versuch (1860[1]), Jacob-Burckhardt-Gesamtausgabe, 5. Bd., Berlin 1930, S. 99; William McNeill, The Rise of the West. A History of the Human Community, Chicago 1991[2], S. 538 ff.; Hans-Heinrich Nolte, Weltgeschichte. Imperien, Religionen und Systeme. 15.-19. Jahrhundert, Wien 2005, S. 113 ff.; Reinhard Bendix, Könige oder Volk. Machtausübung und Herrschaftsmandat (amerik. Orig.: Berkeley 1978), 2 Bde., Frankfurt 1980, Bd. 2, S. 11 ff.; Immanuel Wallerstein, Das moderne Weltsystem. Kapitalistische Landwirtschaft und die Entstehung der modernen Weltwirtschaft im 16. Jahrhundert (amerik. Orig.: New York 1974), Frankfurt 1986, S. 25 ff.

113 Dehio, Gleichgewicht (Anm. 87), S. 25.

114 Leopold von Ranke, Die römischen Päpste in den letzten vier Jahrhunderten

(1834–36), Köln o. J., S. 26.

115 Niccolò Machiavelli, Il principe, Rom 1950, S. 66 (Kap. XV, 1), 73–75 (Kap. XVIII, 1–4); deutsch weitgehend nach: Machiavelli, Der Fürst («Il principe»). Übersetzt u. hg. v. Rudolf Zorn, Stuttgart 1955, S. 69 f., 73 f.; ders., Discorsi sopra la prima deca di Tito Livio seguiti dalle Considerazioni intorno ai Discorsi del Machiavelli di Francesco Guicciardini. A cura di Corrado Vivanti, Turin 2000, S. 233 (3. Buch, Kap. 4); deutsch nach: Machiavelli, Gedanken über Politik und Staatsführung. Übersetzt u. hg. v. Rudolf Zorn, Stuttgart 1954[3], S. 212.

116 Werner Conze u. a., Staat und Souveränität, in: Geschichtliche Grundbegriffe. Historisches Lexikon zur politisch-sozialen Sprache in Deutschland. Hg. von Otto Brunner, Werner Conze, Reinhart Koselleck, Bd. 6, Stuttgart 1990, S. 1–154 (12 ff.).

117 Friedrich Meinecke, Die Idee der Staatsräson in der neueren Geschichte (1924[1]), München 1957, S. 33 f., 46 f.; Herfried Münkler, Machiavelli. Die Begründung des politischen Denkens der Neuzeit aus der Krise der Republik, Frankfurt 1982[1]; J. G. A. Pocock, The Machiavellian Moment: Florentine Political Thought and the Atlantic Republican Tradition, Princeton 1975; David Armitage, Empire and Liberty: A Republican Dilemma, in: Martin van Gelderen and Quentin Skinner (eds.), Republicanism. A Shared European Heritage, 2 vols., Vol. II: The Values of Republicanism in Early Modern Europe, Cambridge 2002, S. 29–46.

118 Burckhardt, Kultur (Anm. 112), S. 357 (Hervorhebungen im Original).

119 Heinz Schilling, Die neue Zeit. Vom Christenheitseuropa zum Europa der Staaten. 1250 bis 1750, Berlin 1999, S. 27 ff., 345 ff.; Engel, von der spätmittelalterlichen respublica (Anm. 111), S. 50 ff., 191 ff.; Karl Löwith, Weltgeschichte und Heilsgeschehen. Die theologischen Voraussetzungen der Geschichtsphilosophie, Stuttgart 1953[3], S. 11 ff., 168 ff.; Harvey J. Graff, The Legacies of Literacy. Continuities and Contradictions in Western Culture and Society, Bloomington 1987, S. 132 ff.

120 František Graus, Judenpogrome im 14. Jahrhundert: Der Schwarze Tod, in: Bernd Martin u. Ernst Schulin (Hg.), Die Juden als Minderheit in der Geschichte, München 1981[1], S. 68–84 (82); Borgolte, Christen (Anm. 45), S. 95 ff.; Johannes Heil, «Gottesfeinde» – «Menschenfeinde». Die Vorstellung von jüdischer Weltverschwörung (13. bis 16. Jahrhundert), Essen 2006.

121 Graus, Judenpogrome (Anm. 120), S. 81 (Hervorhebungen im Original).

122 Heiko Haumann, Geschichte der Ostjuden, München 1990, S. 17 ff.

123 Ernst Schulin, Die spanischen und portugiesischen Juden im 15. und 16. Jahrhundert. Eine Minderheit zwischen Integrationszwang und Verdrängung, in: Martin u. Schulin (Hg.), Juden (Anm. 120), S. 85–109; Fernand Braudel, Das Mittelmeer und die mediterrane Welt in der Epoche Philipps II. (frz. Orig.: Paris 1979[4]), Bd. 2, Frankfurt 1998, S. 610 ff.

124 H. C. Erik Midelfort, Geschichte der abendländischen Hexenverfolgung, in:

Wider alle Hexerei und Teufelswerk. Die europäische Hexenverfolgung und ihre Auswirkungen auf Südwestdeutschland. Hg. v. Sönke Lorenz u. Jürgen Michael Schmidt, Ostfildern 2004, S. 105–118 (108); Gerd Schwerhoff, Die Inquisition. Ketzerverfolgung in Mittelalter und Neuzeit, München 2004; Claudia Honegger (Hg.), Die Hexen der Neuzeit. Studien zur Sozialgeschichte eines kulturellen Deutungsmusters, Frankfurt 1978.

125 Moore, Formation (Anm. 49).

# 第二章

## 老西方和新西方：从维滕贝格到华盛顿

## 路德宗和加尔文主义：新国家宗教

根据其发源地，宗教改革是一场发生在德意志土地上的革命；按照其在世界历史上的影响，它则是一场盎格鲁—撒克逊范围的革命。只要是涉及教会革新的神学基础，所有其他改革者均唯马丁·路德马首是瞻。相反，对社会和国家的发展而言，加尔文派的作用要比路德派重要得多。资本主义和民主在很大程度上是与那位日内瓦改革者的思想影响密不可分的。反之，在关注经济活动的动态大变动和统治者要顺应民意方面，路德派则缺乏任何关注元素。在政治和社会层面，路德是一个保守的革命者。

人与上帝的关系最终皆取决于个人的信仰，而不是依赖于其他人，这是一种革命性的想法。借此，路德大幅提升了个人良知和宗教自由的价值，这与天主教的威权要求毫不相容，并导致他与天主教的决裂。新教会——基督教新教要确保他们的牧师以正确的方式传教，以此坚定教区成员的信仰，并帮助他们在日常生活中遵守教规。信仰新教的领主必须支持教会，因为只有他拥有必要的权力去捍卫新信仰，打击敌人和惩罚蔑视 112
它的人。路德的一些神学同道比他本人更明确地强调，随着捍卫信仰的义务，信仰新教的领主们的权利也在生成。倘若信奉天主教的皇帝敢于打压正确教义之宣讲，这些信仰新教的领主就该奋起反抗自己的“顶头上司”。

从政治上看，正如尤金·罗森斯托克-胡絮在其论述欧洲革命的书中所指出的，德意志的宗教改革是一场诸侯革命。自中世纪末起，德意志的领主们就渴望成为“自己领土上的教宗”；通过维滕贝格（Wittenberg）所发生的宗教改革，他们实现了自己的愿望。路德的领主——选帝侯约翰（Kurfürst Johann）成为萨克森选侯国（Kurfürstentum Sachsen）路德新教的领军人物，其他改信新教的领主也担此重任。这对路德来说根本不是原则或意志的问题，王侯们是尘世的大主教（Summus episcopus）①，他们除了审时度势，别无选择。

每位德意志王侯都成了“教宗”，借此他获得了拥有主权的基础，罗森斯托克－胡絮评判道。[1] 这引起的后果已经持续了数世纪之久。“毕竟不是路德，而是当权者为我们建立了学校并让人给我们授课。去这类学校上学的人，不是应该去理解当权者的思想，而是去理解路德的思想，当权者作为一方大主教保持着高高在上的地位。17、18 和 19 世纪之德意志公众，无论他们是贵族、市民还是农民，都处于‘上司’的统治之下，也达不到‘上司’的视野水平。因此，世界上肯定没有第二个国家像我们这里一样，存在两个如此不同的视野层面。上面王侯和政治家在为其作为当权者的权利与自由而战；生活在下面的市民和农民在学习纯粹教义，以他们作为臣民的有限理解力去服从当权者……路德和其领主之间的这种自愿的劳动分工已经为日后普通德意志人的‘非政治性’埋下了伏笔。”[2]

路德违其所愿促成的事，是一种以法律形式强制的教会制
113 度（Zwangskirchentum），正如新教神学家和宗教哲学家恩斯特·特勒尔奇（Ernst Troeltsch）所明确指出的，在这种教会制度中人这种次要的东西变成了主要的：“领主们建立的统一神学形成一种统一的教条，赋予象征性的书籍以强制效力。他们创造了教会—国家联手的主管部门，在神学家们的参与下接手了行政和教会法庭的工作。他们将基督教信仰和道德秩序纳入世俗法，并赋予教会的惩罚与措施以民事法律后果。理论上是基督在统治，在教区里是《圣经》，而事实上是领主们和

① 直译作“最高主教”，或称“邦国主教”（Landesbischof）。宗教改革过程中，德意志邦国逐渐发展出“邦国教会”（Landeskirche）制度，由世俗掌权者实际担任教会首领，行使主教职权。——编者注

神学家们在统治。”[3]

作为曾经的奥斯定会修士（Augustinermönch），按照该派传统，路德这位改革家也像那位神父一样严格区分尘世和天国。然而，实际上路德却让世俗权力和神权、王位和祭坛如此紧密地联系在一起，以至于特勒尔奇在20世纪初能够称德意志的路德新教赋予国家“一定的半神性”。“这不是说路德宗发展出了新的国家理念，甚至是创造了一个新的国家；但事实上路德宗为正准备向中央集权方向发展的领土国家在以下各方面提供了最有利的条件：排斥任何宗教自主性，神化当权者，提倡忠诚忍耐。它为主权专制铺平了道路，让封建领主能容易地发展自己拥有特权的农庄和不断增加农奴对自己的依附，促进家长制和等级制信念。”[4]

德意志通过宗教改革变得更为东部化，弗兰茨·柏克瑙
（Franz Borkenau）——德国一位博学多才的流亡知识分子——
在其写于1944年的文章《路德：东与西》（*Luther: Ost und*
*West*）中如此判断道。他的判断理由是：路德的称义学说只
针对信仰的内心体验和救赎，相较于罗马天主教，这更接近于
东正教的主张。无论这种断言能否得到神学上的证实，确定无疑的
是，路德的内在性中有一种使他脱离西部，转向东部的契机。路德
远离政治地对国家虔信，让他对1525年的德意志农民战争持激烈
反对态度。他反对进行社会革命的“幻想家”，如托马斯·闵采尔
（Thomas Müntzer），反对所有与当权者对着干的再洗礼派 114
（Täufertum），他坚定不移地依靠王侯们，这一切看上去也就
自有其内在逻辑性了。[5]

路德宗“最东部化”的特征肯定莫过于领主对教会的统治权：在信奉路德宗的德意志领土上，邦国主教的职位由领主出任，这让西方中世纪的一个本质特征，即“王国权力”或“帝国权力”与“神权”的分离，与天主教国家的教会传统如法国

的高卢主义相比，在很大程度上消失了。路德宗的领主对教会的统治权是一种清楚的政教合一，从机构设置上看要比拜占庭或俄国的情况更加清楚。因为在拜占庭和莫斯科，教会都有自己的教会领袖，尽管他们的地位明显低于世俗统治者皇帝或沙皇。

“精神上的解放在路德新教中是用世俗中的受奴役换取的。”柏克瑙用这句话概括了马丁·路德宗教改革的矛盾遗产。文化和政治这两个方面必须联系在一起来考量：“德意志灵魂在不用考虑实际的层面展翅翱翔，在那些要为每一项尘世的成就进行辩解的地方（如在加尔文派中——作者注），实际考虑是须臾不可忘的。德意志音乐、德意志形而上学是不会出现在加尔文派占主导地位的文化内的。当然，这种对实用性的超越也隐含着一种可怕的危险……政治是精神与物质、道德规范与利己主义、个人主义与责任关系的联合王国，路德宗的态度忽略了政治的核心。我们成了在政治上总是失败的民族，在实践中总是在同样错误的两极间来回摇摆，时而是遁世的老好人，时而是残暴至极的权力狂，对此路德宗也要负一定责任。”[6]

只要是王公贵族统治时期，路德的国家教会就一直存在于德意志，直到君主制于 1918 年 11 月被推翻。北欧宗教改革是自上而下被引进的，与德国相比，那里带有路德宗印记的领主对教会的统治权证明自己更具生命力。在瑞典，新教国家教会于 2000 年 1 月才刚刚获得自主权；在丹麦和挪威，教会仍
115 然是一个国家机构，君主是其首领。但路德教会和君主专制政体的联盟在斯堪的纳维亚不如在德意志领主国家稳固。瑞典在 18 世纪初变为君主立宪制；在丹麦，其国王在 1380/1381 年到 1814 年也兼任挪威国王，贵族在 18 世纪末又赢回了其政治影响力，虽然历时不长。路德派国家教会适应着改变了的权力关系：与在德意志不同，19、20 世纪路德派国家教会没有积

极反对立宪、自由和民主的努力。

“英格兰国教”圣公会也是新教国家教会，它先后受到路德派神学家和苏黎世宗教改革者乌尔里希·茨温利（Ulrich Zwingli）以及约翰·加尔文（Johann Calvin）学说的影响。英格兰国教的出现与信仰无关，其与天主教的分裂更应该说是起因于国王亨利八世（1509~1547年在位）的愿望：解除与阿拉贡的凯瑟琳（Katharina von Aragon）的婚姻——这只有靠教宗才能做到，并缔结另一门婚姻［与安妮·博林（Anne Boleyn）］。由于克雷芒七世没有满足他的要求，亨利八世于1534年通过《至尊法案》（Supremacy Act）与罗马教廷决裂。为对此表示抗议，大法官——伟大的人文主义者托马斯·莫尔辞职，并拒绝宣誓承认国王为英格兰教会的最高首领，1535年亨利八世以叛国罪判处他死刑并对其施以斩刑。

脱离罗马天主教在民众中找到了许多赞同者，至于那些像国王本人一样从没收教会财产中受益匪浅的大小贵族，更是拍手称快。自16世纪中叶起，新的圣公会在各种礼拜仪式方面更接近加尔文派和茨温利派，而不是路德宗：1552年出版的第二版《公祷书》（*Common Prayer Book*）中还看得出这种影响，如今的社区仍旧使用它一起进行祈祷。而在礼拜的外在形式和其他宗教仪式方面，英格兰圣公会则严格遵循着天主教传统，以致令虔诚的加尔文派信徒难以接受。自16世纪末，从他们这些人当中产生了反对新的国家教会的最坚决的战士。

特勒尔奇称原始加尔文主义为“路德宗的分支”，并同时 116
认为，“让宗教改革能够遍布西方，并进一步推广到新大陆”是该教派的功劳，因此加尔文主义“今天（1912年——作者注）”必须“被视作新教实际上的主要势力”。加尔文在称义与成圣说（Rechtfertigungs-und Heiligungslehre）方面坚定站在路德宗神学的立场上，与维滕贝格的宗教改革者之间的主要差异只存在于对上帝的概念（Gottesgedanken）方面，当然，此差异也导致了他们在伦理和宗教之基本态度方面，以及面对社会任务的设计时的不同立场。[7]

加尔文主义与路德宗的首要区别，就在于日内瓦的宗教改革者所提出的预定论（Prädestinationsgedanke）。对加尔文而言，上帝拥有绝对至高无上的意志；他的恩典不能通过想当然的善功而获得；其本质决定了，他会自愿救赎某个人，尽管此人毫无功绩；而对其他人他则会根据他们的罪让其毁灭。被他选中得救赎的个人有责任荣耀和歌颂上帝的行为。世界的成圣（Heiligung）是在个人的奋斗和工作中完成的。上帝的选择是永不失落的，它让人信仰坚定。巩固信仰的坚定是教区的任务，作为拯救和成圣的机构，教区关注着教义的纯洁并监督其遵守状况。[8]

世界成圣需要内心禁欲，这是加尔文伦理的核心理念，因此最危险的恶习莫过于懒惰。全体基督教社会，即基督教整体的一项任务就是克服恶习、促进美德，在这方面教会和世俗政府必须通力合作。尽管人与人之间的关系是不平等的，但因为他们都有原罪，都以同样方式承诺服从上帝，所以在上帝面前他们是平等的。而且，正如所有的人在上帝面前都是平等的一样，也必须有对所有人一视同仁的法制。虽然这不是在呼吁建立一个民主共同体，而且虽然这种社会草案有一切父系和独裁的特征，它却为自由发展的可能性做出了贡献。用特勒尔奇的话说：“这里一种保守的民主是可行的，相反，在信奉路德
117 教和天主教的区域，民主从一开始就被挤进好斗和革命的位置。”[9]

对马克斯·韦伯发表于1905年的经典论点，即在加尔文伦理和“资本主义精神”之间存在着内在联系，一直有不少争议。没错，在宗教改革前，在一直保持天主教信仰的区域，在

意大利北部和佛兰德（Flandern）地区，都出现过拥有资本主义外在形式的企业。但凡是自16世纪中叶坚定不移地进行了反宗教改革（Gegenreformation）[①]的地方，这些资本主义萌芽在很大程度上都被扼杀在摇篮里。也不是加尔文主义本身就轻而易举地催生了新的经济伦理。这种效应首先发生在那些地方就不是偶然的，即信仰新教的信徒不是在那里受到特别大的政治压力，就是他们刚刚逃离这种压力。例如英格兰的不信国教者和被驱逐出法国的胡格诺教徒让这一点有目共睹。[10]

但在加尔文主义“精神”和资本主义“精神”之间确实有一种类似亲和力的东西。经济活动的可计算性和合理性，追求越来越多的利润，不断寻找新的销售市场：这一切都能与加尔文有关个人业绩和自我证明的想法，也就是韦伯所谓的“内在苦修”很好地结合起来。路德宗就缺乏这样一种动态驱动。在信奉路德宗的地区，经济活动的主导思想不是个人的胆识和收入的稳定增长，而是满足一种惯常的、符合身份的需要，以及一个公平的价格。在这方面路德宗信徒和天主教信徒的追求相去不远，而与加尔文派信徒的追求则相去甚远。[11]

在近代早期，哪些地区信奉天主教、路德新教或是加尔文宗，这通常不是当地居民可以自由抉择的。“教随国定”（Cuius regio, eius religio），《奥格斯堡和约》（Augsburger Religionsfriede）后来在1555年总结出的这一原则，是所有统治者所追求的。在德意志民族神圣罗马帝国（Heiliges Römisches Reich Deutscher Nation）内，《奥格斯堡和约》以帝国法形式承认了路德宗，却没有承认追随加尔文和茨温利的改革派信徒。不是个人，而是诸侯有权在老信仰和新信仰之间进 118
行抉择。信仰不同者仅仅有权离开所居住的土地。大规模的诸

① 又称天主教改革或公教改革，是天主教会为回应宗教改革的冲击而实行的革新运动。

侯混战和内战——根据当时情况若开打就会是欧洲范围的战争——就这样再次得以避免。新教德意志得益于1555年和约，在半个多世纪的时间内躲过了始自特伦托会议（Konzil von Trient，1545~1563年）的天主教反宗教改革运动所面临的后果。

1562年法国爆发了宗教战争和内战，这种战争正是神圣罗马帝国七年前得以避免的。胡格诺战争（Hugenottenkriege）结束于1598年，几年前从胡格诺派改信了天主教的亨利四世（Heinrich IV.），波旁王朝的第一位国王，颁布了《南特敕令》（Edikt von Nantes），保障了源自加尔文宗的胡格诺派教徒有限的宗教自由。1685年路易十四世（Ludwig XIV.）解除了《南特敕令》，其后果是成千上万的胡格诺教徒离开法国，前往宗教方面比较宽容的国家寻求庇护。这类国家包括英格兰、瑞士和尼德兰，后者于16世纪最后三分之一时间段内在奥兰治亲王威廉（Wilhelms von Oranien）的领导下，摆脱了西班牙哈布斯堡家族（spanische Habsburger）对北部“七省”（Sieben Provinzen）的统治，并通过《威斯特伐利亚和约》（Westfälischer Frieden）退出德意志民族神圣罗马帝国，赢得国家独立，上升为大陆欧洲加尔文主义的大本营。

从胡格诺派教徒的移民中获得最大经济和政治利益的是信仰路德新教的勃兰登堡。自1415/1417年以来，该地区的首领是出自霍亨索伦家族的选帝侯，1539年在约阿希姆二世（Joachim II.）治下接受了路德宗信仰；1613年选帝侯约翰·西吉斯蒙德（Johann Sigismund）改信改革派的加尔文宗，而他的臣民仍旧是路德宗信徒。上面信奉加尔文主义和下面信仰路德新教——在历史研究中，这一世界史上独一无二的格局自然总是被提及，以解释勃兰登堡－普鲁士在德国历史中的特殊
119 作用。所以奥托·欣策在1931年提到在加尔文主义和现代国

家理性间存在着“亲和力”，这自然是在接续马克斯·韦伯有关加尔文主义和资本主义间关系的研究。1613年选帝侯约翰·西吉斯蒙德从路德宗改信改革派加尔文宗，这被欣策解释为一座“桥梁”，“欧洲的国家理性经由这座桥梁进入勃兰登堡”并站住了脚。[12]

在欣策发表上述观点10年后，经济学家阿尔弗雷德·穆勒-阿马克（Alfred Müller-Armack）提出更进一步的，但似乎完全可信的论点：当加尔文主义惯常在纯加尔文主义环境中发挥了自由化作用时，在勃兰登堡-普鲁士通过信仰路德新教的下层和具有苦修倾向的上层共同作用，却产生了“经由上面规定的国家纪律而形成的特别强大的路德派国家思想”，这给霍亨索伦政权的国家管理和经济政策打上了一种特殊的“普鲁士国家风格”烙印。“当信奉路德新教的国家有了信仰加尔文主义的首领时，出现了一个特定的新国家结构，它既不是加尔文主义的，也不是路德宗的。鉴于上面的加尔文主义和下面的路德宗都证明了它们有相互同化的能力，就生发出一种无与伦比的全新东西。”[13]

## 三十年战争与欧洲和平

在路德于1517年10月31日公布其《九十五条论纲》(95 Thesen)，从而开启宗教改革运动一百年后，欧洲始终有大部分地区没有或几乎没有被新教运动所波及。这种状况尤其出现在大陆的南部：伊比利亚和亚平宁半岛国家仍旧信仰罗马天主教；奥斯曼帝国治下的巴尔干国家要么继续信奉东正教，要么有很小一部分改信了伊斯兰教。未受到宗教改革任何影响的还有沙皇俄国，那里是东正教的最大堡垒。在波兰王国，反宗教改革几乎彻底扼杀了那里曾短暂出现的十分强大的路德派和加尔文派新教运动。这后果深远，让波兰间或与欧洲其他没能成功推行反宗教改革的地方形成了鲜明的对照。16世纪末，再天主教化（Rekatholisierung）卓有成效的地方还包括哈布斯堡皇朝统治的德意志主要领地，在不属于其统治的其他德意志诸侯国中则首推巴伐利亚。在法国，天主教在宗教战争中虽然取得了霸主地位，但无法与反宗教改革在西班牙、波兰或奥地利大公国所取得的胜利媲美，其原因在于“高卢”国家教会的传统为来自罗马的影响设置了狭窄的范围。经过极端残酷的抗争，爱尔兰在亨利八世治下臣服于英格兰的统治，得以幸存的居民却仍旧深信天主教。



17世纪初信仰路德新教的国家有：众多德意志领土国家（Territorialstaaten）和帝国自由城市（Reichsstädte）；包括冰岛在内的丹麦—挪威联合王国；瑞典王国，当时芬兰和爱沙尼亚也属于它；在条顿骑士团领地上产生的世俗库尔兰公国（Herzogtum Kurland），它自1561年创建以来就是一块波兰封地；曾经的骑士团国普鲁士（Ordensstaat Preußen），自骑士团大团长勃兰登堡–安斯巴赫的阿尔布雷希特（Albrecht von Brandenburg-Ansbach）于1525年改信路德宗后，这块地方就构成了世俗的普鲁士公国（Herzogtum Preußen），直到1657年为止它的主权属于波兰。信仰改革派加尔文宗的是帝国西部的一些领土国家，首先是普法尔茨选侯国（Kurpfalz），荷兰联省共和国（Republik der Vereinigten Niederlande），1600年前后，后者是欧洲加尔文派首屈一指的大本营，此外还有瑞士联邦的一部分和日内瓦城市共和国（Stadtrepublik Genf）。再加上苏格兰王国（Königreich Schottland），1603年在斯图亚特王朝（Haus Stuart）治下它与英格兰组成共主邦联。约自1570年起，在英格兰本土，圣公会必须抵制来自严格的加尔文主义的清教徒的批判，这些人站出来反对新的国家教会中的天主教化的元素，他们要求进行坚持不懈的彻底改革，就像苏格兰加尔文派追随者在约翰·诺克斯（John Knox）领导下在1560年前后所进行的改革，当时这种改革受到大多数贵族的支持。

在德意志民族神圣罗马帝国非哈布斯堡皇朝统治的部分，不同等级中有信仰天主教、路德新教和加尔文宗的，各教派间谁占上风的问题不甚明了。历史上的匈牙利，不仅政治上被一分为三，即分为自1526年起由哈布斯堡皇朝统治的北部和西部匈牙利（含斯洛伐克和克罗地亚）、土耳其统治的布达（das türkische Paschalik Ofen[①]）、特兰西瓦尼亚公国（Fürstentum Siebenbürgen[②]），而且在宗教方面教徒们也分别信仰互相竞争的天主教、路德宗和加尔文宗。而在波希米亚和摩拉维亚，也并存着多种互相敌对的宗教信仰：天主教 121
徒；被称为圣杯派或饼酒同领派的温和胡斯派教徒，他们自己内部亦有分歧；同样从胡斯运动中产生的波希米亚兄弟会（Böhmische Brüder），他们在1467年脱离了罗马天主教，并

① Ofen, Aquincum, Budin 分别为该地的德文、拉丁文和土耳其文名称。

② 按德语发音常译为锡本布尔根，此处按拉丁语 Transsilvania 译出。

于1575年经《波希米亚问题妥协书》（Confessio Bohemica）与路德派合并。波希米亚王国（Königreich Böhmen）和摩拉维亚侯国（Markgrafschaft Mähren）一样，都是神圣罗马帝国的一部分，1526年起由哈布斯堡皇朝统治。[14]

三十年战争于1618年爆发在波希米亚，它从来就不仅仅是宗教战争和内战，而总是诸多国家和国家联盟间的战争。这场大厮杀起源于信仰团体间的权利之争，这绝非偶然。战争的直接起因是马蒂亚斯，出身于哈布斯堡家族的神圣罗马帝国皇帝（Matthias, 1612~1619年在位）。当他正准备取消他的哥哥和前任皇帝鲁道夫二世（Rudolf II.，1576~1612年在位）颁布的宗教自由权时引起了武装暴动，该权利是1609年后者给予主要信仰基督教新教的波希米亚各等级的。短时间内波希米亚革命就变成了一场首先是在德意志土地上进行的欧洲战争，这一方面是因为教派分歧具有跨国性质。波希米亚冲突双方，即天主教和基督教新教，在波希米亚以外的地方都有自己的同盟军。对另一教派长期被压抑的仇恨转变为公开的战争，这种危险在任何地方都比不上在多教派的德意志民族神圣罗马帝国境内大。

而且信仰问题在当时是最能打动人的：教派间的矛盾对立比社会和民族差异更适合唤起人们的激情和团结感，因此天主教徒和基督教新教徒之间的对立暂时让路德派与加尔文派之间的矛盾退居次要地位，几乎到了被人遗忘的程度。然而适用于信徒的事，却远远不意味着也适用于政治家。在这场大混战的后半期，即1635~1648年，信仰天主教的法国与信仰路德新教的瑞典并肩反对信仰天主教的哈布斯堡皇朝，神圣
122 罗马帝国和西班牙的统治者均出自该家族，他们也行使对西班牙属尼德兰，即后来的比利时的统治权。对法国政务有决定权的枢机主教黎塞留（Kardinal Richelieu）坚决奉行国家

理性的方针，这种国家理性要求阻止哈布斯堡家族在欧洲称霸，并且要帮助自己的国家取得霸主地位。黎塞留信奉新教的盟友，瑞典王国内阁首相奥克森谢纳（Oxenstierna）也是遵循同样的国家理性来行事的。他致力于瑞典吞并西波美拉尼亚（Vorpommern），根本不考虑他最重要的新教盟友，勃兰登堡大选帝侯腓特烈·威廉一世（Kurfürst Friedrich Wilhelm I., 1640~1688 年在位）对同一地区提出的主权要求。

数百年来，三十年战争一直作为最大的民族灾难留存在德国人的记忆中。持续了三十年之久的烧杀劫掠让帝国的大部分地区好几十年后才逐渐恢复过来，有的地方甚至再也未能恢复。农民生活贫困不堪；在易北河以东，那些自由的农民在多数情况下又沦为庄园主的农奴。众多的曾经富足的城市在经过这场浩劫后，很长一段时间根本就谈不上有崛起的市民阶层。这场战争的赢家是各地领主，权贵，政府赞助的商人、企业家和银行家，军人和公务员，一句话，就是正在兴起的专制主义的支柱。战争暴行、大规模的死亡和一穷二白让活下来的人更加转向内心：这为后来 17/18 世纪，在信仰基督教新教的德意志土地上重新出现的虔诚主义（Pietismus）铺平了道路。

战争给出的最重要的教训就是，让人们认识到宗教宽容不可或缺。只有一个强大的国家能强制推行这种容忍性，这样的国家愿意在一定程度上使宗教世俗化，在宗教事务中一般采取中立立场。王侯专制也是信仰问题绝对化的后果。臣民们所赢得的内心自由，是他们用更多屈从世俗权威换取的。从此后者实施统治的最可靠的支持就是一种深层的、创伤性恐惧，人们肯定可以称之为三十年战争留给德国的持久后果：害怕所有习
惯秩序的崩溃，害怕外国兵匪带来的混乱，惧怕同室操戈和内 123
战，惧怕世界末日降临。

《威斯特伐利亚和约》首先由西班牙王室和“代表大会”

（Generalstaaten），也就是尼德兰联省共和国，于1648年在明斯特签订，然后由皇帝斐迪南（Ferdinand）和瑞典女王克里斯蒂娜（Christine）在奥斯纳布吕克（Osnabrück），最后由皇帝和法国的年轻国王路易十四世在明斯特签字。此《和约》使帝国恢复了1555年《奥格斯堡和约》的和平局面，并将容忍度扩大到加尔文改革派，从此后者成为德意志民族神圣罗马帝国境内与天主教和路德新教平起平坐的第三教派。总的来说，新教从《威斯特伐利亚和约》中得到的好处明显超过天主教。为确立教派界限和宗教信仰，1624年被指定为“分水岭”：在此之后若领主改变宗教信仰，臣民不必随之改变信仰。在哈布斯堡皇朝的世袭领地，皇帝不受此条款束缚。

通过和平条约，帝国政治体（Reichsstände）[①]对帝国所有事务都拥有了共决权，并对领地上的世俗和宗教事务享有充分主权，此外他们还有与外国列强结盟的权力，前提是这些盟约不可反对皇帝和帝国。为了防止某个教派一家独大，在处理宗教问题时帝国议会（Reichstag）——自1663年起在雷根斯堡（Regensburg）永久召开的特使大会（Gesandtenkongreß）——中的新教和天主教帝国政治体分别在新教徒议事团（Corpus evangelicorum）和天主教徒议事团（Corpus catholicorum）内进行磋商。只有在“分组讨论表决”（itio in partes）后达成一致的情况下才能做出决定。

《威斯特伐利亚和约》让神圣罗马帝国继续失去其政治影响力。因为它帮助保障了德意志的现状，而维持帝国现状是为了欧洲大国与较小的帝国政治体的利益。但这个古老而笨重的构成物作为欧洲的权力因素，已经不是法国或英国、瑞典或西班牙的对手了。法国和瑞典是三十年战争中的政治赢家：瑞典

① 特指神圣罗马帝国中在帝国议会拥有席位和投票权的成员。

接管了帝国封地不来梅公国（Herzogtum Bremen，不包括不 124
来梅市）、费尔登教区（Bistum Verden）、西波美拉尼亚和维斯马（Wismar），从而成为帝国政治体；法国得到了原属奥地利的阿尔萨斯（Elsaß）的主权，并以这种方式持续削弱了哈布斯堡家族在德意志土地上的地位。北部荷兰和瑞士联邦最终脱离了帝国联盟。因此19世纪的德国民族主义很容易给德国人的国耻感再添上一笔，这种国耻感植根于有关17世纪德意志源灾难的集体记忆：这种耻辱来自外国强权，尤其是来自一个征服欲十足的法国。

德意志同时代人还没有这么强烈的耻辱感。对他们来说重要的是，此前从未经历过的残酷战争历时三十年之后终于结束了。庆祝和平的首先是新教徒，他们也有这样做的理由：他们的信仰得到了坚持，天主教的反宗教改革受到遏制。对德意志人而言，在外交政治方面一切也可能还会更糟：瑞典在南部波罗的海沿岸拓展自己的地盘，但国王古斯塔夫·阿道夫（Gustav Adolf，1611~1632年在位）延续古代哥特人传统建立一个欧洲大帝国的梦想并未能实现；法国在欧洲国家体系中虽然拥有一定的霸权地位，但尚未获得毫无争议的霸主地位。1648年之后，法国和西班牙继续打仗，直到十一年后，数十年的角逐才以缔结《比利牛斯条约》（Pyrenäenfriede）而结束。法国在北方［为此付出代价的是西属尼德兰（Spanische Niederlande）］和南方（比利牛斯山前地带）均获得显著的领土收益。自从1588年西班牙无敌舰队在英吉利海峡战败，西班牙作为海上强权就开始走下坡路。1659年的和平虽然没有剥夺西班牙的强国地位，却促进了它的衰落。[15]

三十年战争并没有结束于一个强权或一个教派的屈从，而是进行了全面的妥协。《威斯特伐利亚和约》创造了“帝国境内”各帝国政治体之间以及它们与帝国的平衡，另外它也是一

个国与国之间的国际条约。对神圣罗马帝国来说，1648 年的
125 和约从此构成其最重要的法律基础；和约保障了帝国的存在和它的内部秩序，而这种秩序又被宣告为欧洲和平的保证。一种大赦在帝国内部起着和解的作用——永远的遗忘和宽恕，包括放弃为过去的不公正要求赔偿。欧洲和平应该建立在国家平等的原则上。这样法律就被赋予了一个在各国都前所未有的角色：它应该为权力之间的关系规定一种必须遵守的最低限度的秩序。过去几十年国与国之间兵戎相见，现在它们终于吃一堑长一智，愿意建立充满信任的睦邻友好关系。[16]

《威斯特伐利亚和约》并不意味着现代国际法的开端，但却是向国际法得以执行迈出的重要的第一步。国际法这一新学科的创始人是西班牙的后期经院哲学家们，领军人物是多明我会修士（Dominikaner）弗朗西斯科·德维多利亚（Francisco de Vitoria，约 1483~1546 年）。1539 年他第一个从罗马法的“制度”术语“万民法”（Jus Gentium）中推导出“国家间法”（jus inter gentes）（而不是素来的约束个人之间关系的法律），其定义为：“自然理性在所有国家之间建立的法，就叫做万国法。”[17]

在明斯特和奥斯纳布吕克签订的和约的条文从此构成欧洲公法的最重要基础。[18]它是基于国家主权而制定的，但此概念并非 1648 年和约所创造的，其历史更为悠久：法国法学家让·博丹（Jean Bodin，约 1529~1596 年）于 1576 年在其著作《国家六论》（*Six livres de la République*）中首创了这一概念，他的定义是：“国家固有的、无时间限制的绝对权力。”该权力由一位享有主权的君王行使，“除了上帝之外，他无须向任何人解释自己的行为”。[19]

从主权原则引申出不干涉原则：没有任何国家有权干涉另一个国家的内政，如援引令人难以忍受的、对其臣民的宗教或

政治压迫。但“威斯特伐利亚体系”知道完全可以有例外：一
种情况是如果干预是为了维持国家间的平衡，那就是合法的； 126
另一种情况是，《威斯特伐利亚和约》的各签约国有义务帮助某个帝国政治体，如果它因另一个帝国政治体的违约行为遭到损害，而且这种损害在三年之内未能通过友好协商或法院判决得到解决。[20]

对三十年战争的主战场神圣罗马帝国来说，主权国家的概念根本不适用，那里的情况与君主制的民族国家法国、瑞典、西班牙或英格兰不同。神圣罗马帝国谈不上是主权国家，原因如下：若无《威斯特伐利亚和约》两个保证国法国和瑞典的同意，它无法对大的领土国家采取任何有效行动，也就是说它没有实权；而较大的领土国家，尤其是奥地利、巴伐利亚、萨克森和正在崛起的勃兰登堡有实权，但 1648 年的和平条约又不允许它们起来反对皇帝和帝国。此外至少从理论上讲，它们会受到《威斯特伐利亚和约》的干预威胁。如此说来，它们还没有迈出或至少没有彻底迈出从“自由”到“主权”这一步。

由于在明斯特和奥斯纳布吕克签订的和约既是帝国宪法，又是欧洲和平的基础，它在法律上就具有两面性：它是德意志的国家法文件，同时又是欧洲的国际法文件。欧洲西部和北部的主权国家愿意看到中欧的这种未定状态，因为这在一定程度上保证了欧洲的平衡。若是有一个强大的国家取代神圣罗马帝国，这种均势就会被打破。1648 年这样一种发展还是超乎想象的，只要《威斯特伐利亚和约》被普遍承认为帝国宪法，也不会出现这种发展趋势。

## 对国家的反思：从人文主义到霍布斯

发生在 16 和 17 世纪的欧洲宗教“自残”，适宜于用来探寻冲突的起源，将信仰的分裂放置于历史的繁杂背景中来审
127 视。难道宗教改革确实像黑格尔在其 1830 年前后的讲座“历史哲学”中所认为的，是“光照万物的太阳”，通过该事件“主观精神得到了实在的自由”，并且“基督徒的自由”变为“现实”了吗？难道路德的杰作“树起了一面新的、最后的旗帜，各民族人民聚集在这面自由精神的旗帜下，这种精神是自在的，又是实在的，而且只有在实在中它才是自在的”？当这位哲学家用“人是通过自身注定，要自由地存在”这句话概括宗教改革的主要内容，他说得对吗？[21]

1843/1844 年马克思在《黑格尔法哲学批判》一书的导言中则得出一种截然不同的结论：“路德战胜了信神的奴役制，只是因为他用信仰的奴役制代替了它。他破除了对权威的信仰，却恢复了信仰的权威。他把僧侣变成了俗人，但又把俗人变成了僧侣。他把人从外在宗教解放出来，但又把宗教变成了人的内在世界。他把肉体从锁链中解放出来，但又给人的心灵套上了锁链。”① 从这种充满矛盾的半解放状态得出的结论是：“在德国，只有同时从对中世纪的部分胜利解放出来，才能从中世纪得到解放。”②[22]

1888 年尼采在《敌基督》(*Antichrist*)一书中更尖锐地拒绝了黑格尔的说法：“德国人使欧洲失去了最后的伟大文化果实，这种文化果实对欧洲人来说本是可以获得的——文艺复兴……切萨雷·波吉亚当教宗……干吧，若是他当教宗就会出

① 马克思：《黑格尔法哲学批判导言》，载《马克思恩格斯全集》(第一卷)，北京：人民出版社，1956，第 461 页。

② 同上书，第 467 页。

现如今我要求的唯一胜利：这样基督教就会被取消！结果发生了什么事？一位德国僧侣——路德前往罗马。这位僧侣体内蕴藏着一位不幸牧师所能有的全部复仇本能，他在罗马愤怒反对文艺复兴……文艺复兴——一件没有意义的事，一场伟大的徒劳！”[23]

相较于文艺复兴和人文主义，宗教改革确实在某些方面让人有一种倒退回中世纪的感觉。不宽容和迷信、反巫和排犹，这些都与意大利文艺复兴时期和欧洲人文主义的人类形象水火不容。变成狂热的信仰热忱，与从弗兰切斯科·彼特拉克到鹿特丹的伊拉斯谟等人文主义者试图传达给读者的一切格格 128 不入。意大利文艺复兴时期的政治思维与基督教流传下来的道德观念日益脱钩；这集中体现在前面已经提到的马基雅维利构想的国家理性中，它脱离了伦理束缚，纯粹以世俗的古代榜样为准。

宗教改革与反宗教改革不仅深化了信仰，也令宗教变得更不宽容，在这方面有教养的基督徒比“普通百姓”好不了多少。被认为是女巫的妇女，无论是在反宗教改革占上风的地方，还是在路德派和加尔文派教区内，都受到残酷迫害。当犹太人出乎马丁·路德的意料，不愿皈依基督教新教时，他就成为犹太人的敌人。路德仇恨中世纪的“基督杀手”，这种仇恨也通过他持续下来。虽然有些宗教改革者坚持人文主义，反对诬蔑和迫害犹太人，就像斯特拉斯堡的沃尔夫冈·卡皮托（Wolfgang Capito）和纽伦堡的安德烈亚斯·奥西安德（Andreas Osiander），但定下基调的不是他们，而是路德。如果说加尔文和茨温利认为路德在反犹方面有什么可指摘的话，那就是他的粗暴语言，而不是反犹这件事本身。[24]

14、15 和 16 世纪的人文主义者们的思想，只有那些能够阅读拉丁文的人才有可能接触到；至于在维护古老语言和研习古希腊和古罗马作者的作品方面，人文主义在整个西方的识文断字者身上都留下影响。但人文主义并未能唤起人民大众的响应，哪怕其代表如塞巴斯蒂安·布兰特（Sebastian Brant，约 1458~1521 年）和乌尔里希·冯·胡腾（Ulrich von Hutten，1488~1523 年）用老百姓的语言，也就是德语来写作。在宗教改革者那里情况完全相反：他们的消息即使是文盲也在听，有些人如德意志中部和南部的农民甚至理解错了他们的本意，以为他们是在号召民众反抗其统治者。

德语区的人文主义者中乌尔里希·冯·胡腾是最积极参与路德的宗教改革的。约翰内斯·罗伊希林（1455~1522 年）拒绝宗教改革，但这并未能使他避免 1520 年被宣判为异端的命
129 运。16 世纪最著名的人文主义者鹿特丹的伊拉斯谟（1466 或 1469~1536 年）则一直尽可能避免明确表态，是支持还是反对路德，直到 1524 年被逼无奈，才站出来公开反驳路德对自由意志的否认，从而站在了天主教一方。

“这段时间伊拉斯谟的动摇，是拒绝还是赞同路德，并未给他带来羞辱，”其传记作者荷兰历史学家约翰·赫伊津哈（Johan Huizinga）评价道，“这是他整个人格方面的悲剧性欠缺：从不想或从不能得出任何最终结论。”[25] 这不仅仅是伊拉斯谟，而且也是人文主义的欠缺，只要他把自己看作宗教党派之间的第三种力量：他太犹豫不决，也太精英，因而无法面对宗教运动来证明自己，宗教运动给良心高于知识的地位，这种运动要人完全投身进去，并致力于赢得整个基督教社会。在教派相争的时代，也就是从《奥格斯堡和约》到《威斯特伐利亚和约》不到一百年间，虽然还有人文主义者，但这段时间已经不是人文主义的时代了。

把 16 世纪的人文主义者们凝聚在一起的，在很大程度上是一种面对经院哲学家的优越感，他们认为后者的学识已经僵

化和过时。然而正是在16世纪，西班牙的经院哲学经历了一次迟到的繁荣。前面提到的现代国际法的创始人，多明我会修士弗朗西斯科·德维多利亚是最早一批仗义执言者之一，他们抗议西班牙征服者压迫、虐待和大规模屠杀殖民地原住民。德维多利亚提出的方案，不仅仅是听上去具有人道主义精神，它确实受到了人文主义的启发。

野蛮人并非明显不正义到令人无法查明他们的正义性，当然他们也没有正义到能够让人毫不怀疑其正义性——1539年德维多利亚在最早的《有关最近发现的南美印第安人和西班牙人对野蛮人开战的权利之系列讲座》（*Vorlesungen über die kürzlich entdeckten Inder und das Recht der Spanier zum Kriege gegen die Barbaren*）中如此字斟句酌地表述道。他写下这些句子时，已是埃尔南·科尔特斯（Hernán Cortés）征服墨西哥阿兹特克帝国18年和弗朗西斯科·皮萨罗征服秘 130
鲁高原上的印加帝国6年以后。皇帝对德维多利亚来说并非整个地球的统治者，而且教宗对那些野蛮人和其他无信仰者既无世俗统治权，亦无神权。“西班牙人是野蛮人的邻居，就像路加福音中撒玛利亚人的比喻所讲的那样。因此，他们有义务爱邻舍如同爱自己。”[26]

德维多利亚在第二次讲座中从根本上论述了正义和非正义战争的问题，对此问题西塞罗、奥古斯丁、塞维利亚的伊西多禄（Isidor von Sevilla）、托马斯·阿奎那（Thomas von Aquin）均进行过讨论。无论是宗教差异，还是帝国的开疆拓土，抑或是为了自己扬名以及某位诸侯的其他什么利益，这些都不是进行正义战争的理由。唯一能作为进行正义战争理由的是遭受了不公正，而且还不是任何一种不公正，得是特别严重的不公正，必须符合相称原则（juxta mensuram delicti）。只有当一场战争是正义的，才允许为保卫公共福祉采取一切手段。

德维多利亚不排除一种可能性，即参战双方都认为自己进行的是正义战争：如果真正的正义在一方，但另一方出于无法克服的无知，也就是说真诚地认为自己进行的战争同样是正义的，那么也可以说存在这样的战争——此理论离“正当敌人”（justus hostis）的提法就不远了。“正当敌人”是另一位西班牙后期经院哲学家巴尔塔萨·阿亚拉（Balthasar Ayala，1548~1582 年）于 1582 年提出的，6 年后在牛津执教的意大利裔法学家阿尔贝里科·真提利（Alberico Gentili，1552~1608 年）又进一步发展了该理论。[27]

德维多利亚认为对美洲的殖民征服是合法的，只要移民到那里的西班牙人没有给当地的野蛮人带去不公。西班牙人允许与当地土著进行交易，他们向那里输入当地没有的商品，并带走那里丰富的黄金和白银。只有当那里的土著拒绝尽地主之谊
131 并阻止西班牙人做生意时，若是所有其他手段都不管用，为了自身的安全，西班牙人才可占领那里的土地并征服当地土著。这同样适用于当地土著或是他们的首领强行阻止布道的情况。相反，倘若当地土著不相信基督教福音，或是违反了自然法则，西班牙人则不能使用武力。这样一来，在特定条件下对南美印第安人的诉诸战争权就得到了肯定；战时法则遵循一定规则，南美印第安人也有权利要求遵守这些规则。[28]

德维多利亚在其讲座中总结为法律原则的东西，在很大程度上基于一位多明我会修士——“印第安人使徒”和后来的恰帕斯主教巴托洛梅·德·拉斯·卡萨斯（Bartolomé de Las Casas，1474~1566 年）的个人经验，这些经验是他自 1502 年起在中美洲和南美洲获得的。通过拉斯·卡萨斯的描述和德维多利亚以此导出的法律理论，西班牙征服者对当地印第安人施暴的现实并非完全没有改变：1542 年拉斯·卡萨斯带着

“新法律”返回墨西哥，这些新法律旨在保护当地印第安人，并让对他们的传教具有更为人道的色彩。

然而实施“新法”的实际效果却微乎其微。对此就连那场著名的争论也毫无帮助：1550 年拉斯·卡萨斯最终告老还乡后，曾当着皇帝查理五世的面在巴利亚多利德（Valladolid）附近与他最凶猛的对手——御用法学家和宫廷史学家胡安·希内斯·德·塞普尔韦达（Juan Ginés de Sepúlveda，1490~1573 年）展开过该如何对待印第安人的辩论。此外拉斯·卡萨斯的人道是在牺牲第三方利益的条件下完成的。为了结束对印第安人的奴役，1517 年他就已经向西班牙王室请求许可从非洲引进黑奴，认为黑人在体力上更堪重负：这是一个重大决定，从此开始了历时几百年的跨大西洋的奴隶贸易。[29]

与德维多利亚一样，神学家弗朗西斯科·苏亚雷斯（Francisco Suarez，1548~1617 年）——来自新成立的耶稣会并因而属于反宗教改革阵营——也是从一种包括全人类的法律共同体的人文主义理念出发。如果说西班牙后期经院哲学的两位最重要的代表中，年长的一位所追求的世界共同体被理解为基督教传教工作的完成，亦即“基督共和体”（res publica Christiana）之形成，那 132
么年轻的这位在其 1613 年出版的代表作《论法以及上帝作为立法者》（*De legibus ac Deo legislatore*）中的世界国家共同体的概念则是从自然法则中引申出来的。人类虽然被分为不同的民族和王国，但在一定程度上仍旧构成一个整体，不仅在物种上，而且在政治和道德上亦然。“这是出于互助互爱的自然戒律，这应该延伸到每个人，包括外国人，无论他们属于哪个民族。虽然任何独立的城市共和国、共和国和王国都是一个由其成员组成的完美的共同体，但这些国家中的任何一个国家，只要它是由人类组成的，都是一个总的共同体的成员……所以需要一种法律秩序，用以调控相互间的理解与合作。”[30]

西班牙后期经院哲学家们，具体地说就是德维多利亚的国际法理论，是一种意识形态，即一方面为教宗的传教委托寻找正当理由，另一方面同时也为西班牙在海外的殖民征服寻找正当理由，这是显而易见的。用卡尔·施米特的话来说："这样教宗的传教委托——尽管是间接的，即通过设计一种正义战争的方式——才让孔基斯塔（Conquista）[①] 获得实际上的法律依据。然而这么看，德维多利亚的论据还完全没有脱离基督共和体的国际法空间秩序……卡斯蒂利亚王朝对美洲的殖民征服在其第一阶段，即以德维多利亚论据为基础的阶段，还完全符合基督教中世纪国际法基础上的空间秩序。这种殖民征服甚至是中世纪国际法的巅峰期，然而同时又标志着其终结。"[31]

后一种论点是一个完全可以争辩的论题。弗朗西斯科·德维多利亚和 17 世纪最著名的国际法专家胡果·格劳秀斯（Hugo Grotius，1583~1645 年）的观点并无天壤之别。这位荷兰人发表于 1635 年的主要著作《战争与和平法》（*De jure belli ac pacis libri tres*），就是以西班牙后期经院哲学为基础的。这既适用于"诉诸战争权"，也适用于"战时法"。与德维多利亚一样，格劳秀斯也不承认主子有权决定奴隶的生与死。他否认基督教国家仅因为其他民族不愿接受基督教信仰而
133 有权对他们发动战争。开战只能是出于必要，恐惧邻国的实力则不足以作为开战理由。在战争中要避免任何不必要的屠杀，并要时刻牢记那个更高的目标：和平。[32]

为了证实自己的观点，格劳秀斯比德维多利亚更卖力地引用古希腊罗马和基督教作家，而且他这么做的程度让他的作品拥有很强的编纂特征，有时甚至足以令人质疑作者的原创性。他那引经据典的有关战争与和平法的三本书很难被视作现代国

---

① 西班牙在美洲的殖民地。

际法的突破性著作，此殊荣当属弗朗西斯科·德维多利亚。

西班牙后期经院哲学的第一位经典学者不仅仅是西班牙和宗教统治利益的思想理论家，他遵循的是带有基督教烙印的准则，但这些准则不该仅适用于基督徒。当他与塞普尔韦达截然相反，确认印第安人是人，而不是猴子时，他就朝着构筑不可剥夺的人权的普遍理论迈出了一大步。[33] 苏亚雷斯和格劳秀斯继承了他的传统。虽然德维多利亚反对虐待印第安人的人道主义宣言，在征服者和异端审判官的时代还只是对错误实践的一种理论上的矫正，但他提出的要求却是面向未来的方案。“Non enim homini homo lupus est, ut ait Ovidius, sed homo”（人并非如奥维德所说是狼，而是人）：如果这句话真的适用于所有人，不管其宗教或肤色，那么德维多利亚的这一断言就是一句充满革命性的话。[34]

以完全不同的方式体现“现代”的是让·博丹，他是一位信仰天主教，但一再让人怀疑有异端倾向的法学家。他 1576 年出版的《国家六论》是对法国宗教战争经验的一种回答。1572 年 8 月 24 日数以千计的胡格诺派信徒在圣巴托洛缪之夜（Bartholomäusnacht）被屠杀，这使对他们的血腥迫害达到了高潮。只有一个强大的君主可以让国家免于内战：这是博丹的核心观点。强大要求有主权，一位诸侯只有在既不必遵守其前任，也不必囿于自己所制定的法律前提下，才拥有这样的主权。 134
“Majestas est summa in cives ac subditos legibusque soluta potestas”（主权是最高的，面对公民和臣子不受法律制约的权力）：1586 年该书的拉丁文版写出了这句名言。博丹不是此纲领——统治者不受法律束缚——的发明者：短语“不受法律束缚”（Princeps legibus solutus est）的短语源自罗马法学家多米提乌斯·乌尔比安（Domitius Ulpianus，约 170~223 年），并被收入《民法大全》（*Corpus Juris Civilis*）的学说汇纂。[35]

博丹的论点一再被解释为专制统治的精髓，它听起来也完全如此，但实际上它不是。君王不受其束缚的法律是那些成文法。如果它们不再是公正的法律，君王可以背离它们。君王和其他主权统治者的绝对权力没有延伸到上帝的律法和自然法领域，这些法律是必然遵守的。甚至在成文实在法中“不受法律束缚”也不是无条件的。君王也得遵守自己与臣属签订的契约：如果一位统治者不明智地发誓遵守某条法律，那么他也得说话算数，除非发誓的原因已经不存在。统治者不可借助自然法任意强行向臣民征税，也不能剥夺他们的财产。[36]君主也要遵守各自的继承法（博丹毫不掩饰他坚信选举国王和让女性登基是灾难）。[37]篡夺王位的暴君是非法的，反抗乃至处死这样的暴君是被允许的。[38]

对自己阻止内战和宗教战争的人文关怀，博丹在《国家六论》第4卷第7章中展开了论述。他写到，在保护君王方面什么样的城堡也不如他与人民的友谊来得坚固，并建议不要公开与情绪激动的人民作对。他认为公开进行的宗教争议会威胁到每个国家的生存。“一个宗教一旦在普遍共识的基础上得到了承认，就不应允许再对它进行争论。因为什么东西一旦陷入争
135 论，那它也会遭到质疑。因此，怀疑人人都必须坚信的东西，没有什么比这更亵渎的了。没有任何东西是如此明亮、清晰和真实，以至于它不会因争议而失去光泽并导致动摇。这尤其适用于一类事物，也就是那些不是靠证据与头脑，而是仅仅靠信仰来决定的事物。如果说哲学家和数学家尚不允许对其科学的原理进行争议，那为什么要允许对人们已经接受和赞成的信仰进行争论呢。”[39]

博丹并不想压制宗教信念，而是要防止它们成为公共论争，继而成为政治论争的对象。他援引东方和非洲的国王与诸侯、西班牙和俄国统治者以及许多德意志城市（1555年《奥

格斯堡和约》后）在这方面的相关禁令。鄙视宗教会让任何一个国家灭亡，因为宗教是权力最重要的基础。博丹同时告诫君王，不要想着使用武力让人民改变宗教信仰。“你越是违背一个人的意志，强迫他做某事，他就越会奋力反抗。”[40]

为了宽容而镇压：必须对私人和公共领域进行严格的区分，这样才不会在这一要求中看到不可调和的矛盾。宗教战争令法国濒临政治和财政上的崩溃；全国大部分地区陷入无政府状态，博丹认为，无政府状态比任何最恶劣的暴政还要糟糕。[41]这样的大疾需要最猛的药，在他看来，只有享有主权的君主的绝对权力才能对付这种局面。其臣民必须服从他，他的权力是神授的，前提条件是，君王的旨意“不与上帝的律法直接冲突，所有君主都要听从上帝的律法”。[42]改革者所要求的个人宗教自由，博丹希望由主权国家来保障。但为了保有这种自由，信徒们必须接受的条件是，凡是在一个国家里受到承认的宗教超过一种，他们就要私下保守自己的信仰，而不是公开去为它做宣传。个人自由的增长所需付出的代价就是更大的政治强制。

在16世纪的最后25年，当博丹的《国家六论》问世时， 136
欧洲西部的绝对君主统治还远远没有确立。参与统治的有相关等级和许多区域性及地方性权力，对这些势力欧洲西部与北部正在形成的民族国家的国王和德意志领土国家的诸侯都得予以顾及。然而中世纪后期君权有了长足的进步，特别是在“垄断、正当地使用物理强制”方面，马克斯·韦伯认为这是现代国家的主要特征。[43]诸侯国正在建构韦伯所描述的经营机构，借助一支在法律方面训练有素的行政管理队伍来贯彻其指示并建立秩序，必要时也会诉诸武力。

然而上述发展却还没有在任何地方完成。信仰分裂增强了国家教会的发展趋势；宗教战争给了诸侯一个额外机会，作为安全和秩序的保证而受到承认。由于博丹认为这个发展过程是必要的，所以他敦促国王和他的官员们，与所有反对权力国有化的有影响的势力决裂。这样他就站在新生事物一方，反对传统。他在思想上赶在了一种发展的前面，在他的有生之年这种发展最终能否取胜还不确定。在此意义上他的主权统治方案是“现代的”。

博丹的主要著作的写作离不开法国内战留给他的印象，那么托马斯·霍布斯（Thomas Hobbes，1588~1679年）写于四分之三个世纪后的著作则源自对英国内战的印象。这位乡村牧师的儿子于1640年革命公开爆发前不久自愿流亡巴黎，以躲避清教徒对国王查理一世（Karls I.，1625~1649年在位）追随者的迫害。他的《利维坦》（*Leviathan*）英文版1651年在伦敦出版，那是在他返回英国前几个月，查理一世被处决三年之后（拉丁文版出版于1668年）；此书的第二部分包含其在巴黎发表过的《论公民》（*De Cive*）一文的修订稿。

137 美名和恶名并存的《利维坦》还有一个副标题——《或教会国家和市民国家的实质、形式和权力》（*The Matter, Form, and Power of a Commonwealth. Ecclesiastical and Civil*），这正是作者要论述的。关于《利维坦》的名字，霍布斯也许受到博丹1581年《迪莫诺马尼》（*Demonomanie*）一书的启发。在《圣经·约伯记》中利维坦是条巨大的海鳄，那里对它的描写要比对贝西摩斯（Behemoth）的更为详细和可怕，后者也是一种大怪物，但却是生活在陆地上的善良动物。《约伯记》第41章称它无所惧怕：“从它口中发出烧着的火把，与飞迸的火星……它一起来，勇士都惊恐，心里慌乱，便都昏迷……在地上没有像它造的那样，无所惧怕。”[①][44]

① 《旧约·约伯记》41：19~33。

对博丹来说利维坦就是恶魔，地球上无人能抗拒它的权力。对霍布斯而言，它则是“会死的上帝，在不朽的上帝的眷顾下我们的和平与保护全要归功于利维坦”。伟大的利维坦诞生的时刻，就是人们决定彼此签订契约，把所有的权力托付给一个会死的上帝或主权，以此来避免倒退回一种自然状态，即一切人对一切人的战争（bellum omnium contra omnes）。[45]

人性决定了生活会被竞争、不信任和野心所左右；人的存在在自然状态下是孤独、贫穷、粗暴又短命的；人对人是狼［可以上溯到古罗马喜剧作家普劳图斯（Plautus），而且被弗朗西斯科·德维多利亚引用过的名言“人对人是狼”（homo homini lupus），不是出现在《利维坦》一书中，而是在《论公民》一书题写给德文郡伯爵威廉（Graf William of Devonshire）的献词中］。让人追求和平的，是其对死亡的恐惧，是其对那些能令生活更舒适的东西的渴求，以及能获得这样的东西的希望。

在自然状态下不存在合法与不合法的区分，也没有产权。产权的出现是以有一个能保护它的国家为前提的，这个国家强迫人们遵守其法律。霍布斯认为国家的本质就是：“它是一个人，大量的个人通过相互间的契约授权它代替他们采取行动，
目的是，由它（这个“人”，即国家——作者注）按照它所认 138
为合乎目的之方式，为保卫和平与共同防卫去使用大家的力量和辅助工具。”[46]

创造了主权者信约的是国家的成立；此信约只约束臣民们的彼此关系，但不约束拥有至高无上权力的主权者。因此，主权者也不可能违约，任何他的臣民都不可以通过声称他违约而不服从他。主权者的法律无须被证明具有哲学上的合理性。这些法律身后有最高权力的权威，这就够了。“教条当然可以是合理的，但制定法律的是权威，而不是真理。”[47]

臣民们不允许面对法律凭自己的良心去行事。霍布斯明确拒绝一个公民违背良心做出的任何事都是错误的学说。因为这样臣民就得妄自扮演法官的角色去决定善恶。在自然状态下的人可以做到这一点，但不是在公民社会。对于生活在一个国家中的人来说，法律就是公众的良心："Aliter tamen se res habet in iis, qui legibus civilibus sese submiserunt: ubi non privata sed publica lex unicuique civi pro conscientia habenda est."拉丁文本中是这么写的，意思是："在人们必须遵守民事法律的地方情况不同：那里需要考虑的不是私人良心，而是必须把公法当作每个公民的良心来遵守。"否则，因个人良心的多样性国家就会四分五裂，每个人都只有在认为最高权力是对的时，才会服从它。[48]

顺理成章，霍布斯摒弃任何形式的分权。主权分离意味着它的解体，分隔开的权力互相摧毁。这也适用于神权和世俗权力的分离。"神权"和"王权"的荒谬分离导致的是，每个公民都处于一仆二主的境况，每一方都声称自己拥有至高无上的权力。"这两种权力一旦对立起来，国家就必然处于巨大危险之中，会陷入内战或解体。"为了排除这种风险，按照霍布斯
139 的观点，任何国家都必须独揽宗教和世俗权力。"而且，由于教义的审查是大祭司的任务，所以凡是没有过特殊启示经验的人都得相信大祭司这个人，这意味着他成了公民的主权者。"[49]

博丹所要求的，主权人必须遵守的自然法，在霍布斯这里只剩下唯一一条，即统治者须保障人的生命权。由于所有不能保证人的生命权的合同都是无效的，所以拒绝服从的权利的范围很狭窄。这仅限于，主权者命令被依法定罪的臣民"自杀、自伤或自残，受到攻击不反抗，或是要他们放弃食物、空气、药品或其他生活必需品"。另外，任何人没有义务自首或自我指控。在某些情况下，臣民也可以拒绝完成危险或有辱人格的

任务，前提条件是，国家的目的不会因此而受阻。霍布斯甚至愿意承认拒服兵役的权利，前提是自己不愿意上战场杀敌的臣民能找到合适的代替者。其余情况则适用以下格言："至于其他的自由，凡是法律没有禁止的，就是允许的。"[50]

此条款为臣民的内心，特别是宗教信念留下了余地。对所有人均有约束力的信条只有一个："《圣经》中对得救的唯一需要是：相信耶稣是基督。基督的名字指的是那位国王，即上帝在《旧约》中经由先知之口保证要送到此世来的，好让他替上帝永远统治犹太人和其他信仰上帝的民族，让这些人重获因亚当的罪而失去的永生。"[51]

对霍布斯来说，从耶稣是基督这一基本教义可以得出所有其他的信仰教义。相信这一信条的基督徒就符合了被接纳进天国的必要条件。世俗统治者，同时也是宗教统治者，在信仰方面因此也不能要求比这个更多的信仰声明。他同样也无法阻 140
止，这种声明只是口头上说说而已，也就是说仅限于外表行为，而不是真心信仰。"虽然他作为公民主权者可以颁布符合其教义的法律，但他无法强迫人们的信仰……而被命令的，那是法律，遵从法律的行为系外部行为，没有内心的同意，这样的行为是主权者的行为，而不是臣民的行为，在这种情况下后者只是没有自主性的工具，因为神命令他们服从。"[52]

卡尔·施米特在 1938 年，"第三帝国"的第六年，指责他一向钦佩的霍布斯前后不一致。为内心、私人思维与信仰自由所保留的变成了"死亡的种子"，"它从内部摧毁了强大的利维坦，并杀死了并非不朽的神"。为了支持对《利维坦》效应史（Wirkungsgeschichte）的这种解释，施米特举出斯宾诺莎那本受到霍布斯很大影响的《神学政治论》（*Tractatus theologico-politicus*，1670），在该书中这位哲学家承认国家有权决定外在宗教仪式，但内在的信念与虔诚却是属于个人范围的东西，在坚持公共和平和主权权利的前提条件下，他宣布了思想、感情和言论自由的原则。[53]

其实斯宾诺莎（1632~1677年）代表的观点是：没人能够将其自然权利或能力——自由得出结论与自由对一切进行判断，转让给其他人或被迫进行这种转让。“国家的目的不在于把有理性的人变成动物或是自动装置，而是要做到让他们的精神和身体可以安然发展，让他们自己自由地使用他们的理智，让他们不充满愤怒、仇恨和狡诈地互相争斗，或是彼此敌视。国家的目的就是自由。”[54]

对于1938年的卡尔·施米特来说，以上要求让他把斯宾诺莎称为“第一位自由主义犹太人”，斯宾诺莎在霍布斯对内心信仰和外在行为的区别中立即看到了“现代自由主义的伟大突破口”，“以此为起点，整个由霍布斯建立起来并所认为的
141 外在与内心、公共和私人的关系被彻底倒转”。[55]

托马斯·霍布斯被认为前后不一致的地方是其著作中受西方人文传统影响最深的地方：“利维坦”不能左右整个人，因为只有外在的人为了它的利益隐退了，而不是内在的人。因此在个人自由领域就有自然法方面的剩余内容得到保留，其中包括生命权、个人信仰的权利，以及在一定有利于国家的限制下的私人财产权。然而在“利维坦”国家中却没有各等级、各伯爵领地和各城市法人间的自由，因为至高无上的权力只能将它们视作敌对权力，它们的存在本身就会构成解体和内战的起因。正是由于这个原因，不能允许教会权力和世俗权力的分离，也就是说不能有独立的教会。这是激进的英国国教思维方式，背离了欧洲到那时为止所出现的一切多元论。

从《利维坦》中顺理成章地得出的另一个同样激进的必然性结论是：凡是没有最高权力的地方，人们处在自然状态。由于在国家之上不存在至高无上的权力，国家之间也处于自

然状态，不存在有约束力的国际法。自然法之有效性，自然法在国际法后期经院理论家那里起到过的核心作用，在霍布斯这儿完全被忽视了，国家制定的法律的效力则得到大幅延伸，以至人们可以视《利维坦》的作者为现代法律实证主义（Rechtspositivismus）的先锋。与此同时，他还可以被当之无愧地称为决断论（Dezisionismus）之父："利维坦"有权决定何为是、何为非，什么是规范、什么是例外。在地球上它无须在任何人面前为自己辩解。[56]

在政治实践中，霍布斯每每站在他认为能最坚决地防止内战的政治势力一边。这种势力在他逃往巴黎前的1640年，是团结在斯图亚特王朝查理一世身旁的王党人，在他返回英格兰后的1651年，则先是奥利弗·克伦威尔领导下的独立派政权（1653~1658年克伦威尔担任护国公）；1660年后，则是查理 142
一世的儿子查理二世（1660~1685年在位）领导下的复辟了的君主国。霍布斯一方面为私有财产和竞争意识、另一方面为无条件的国家权威所进行的辩解，与资产阶级化了的贵族——绅士的观点最为一致。他在《利维坦》第四部分中犀利拒绝天主教，认为那就是"黑暗王国"，可谓道出了英格兰人中多数新教徒的心声。

1673年的《宗教考察法》（Test Act）[①]禁止所有天主教徒和不信奉国教者担任公职，这是按照霍布斯的方针在捍卫圣公会的国家教会。1679年，在霍布斯以91岁高龄去世的同一年，议会通过了《人身保护令》（Habeas-Corpus-Akte），保障公民不会被任意逮捕，从而极大地扩大了他们的个人自由权。如果英格兰当时有位"巨兽利维坦"掌握着最高权力，它想必会阻止此法令的通过。[57]

---

① 又译为《宣誓法》。

## 从清教徒革命到光荣革命

英格兰最接近绝对君主制的时期是斯图亚特王朝的最初两位国王执政的时候。詹姆斯一世（James I., 1603~1625 年在位）是玛丽·斯图亚特（Mary Stuart）的信仰新教的儿子，1567 年其母作为苏格兰女王因其天主教信仰不得不退位，20 年后她经英格兰女王伊丽莎白一世（Elisabeth I., 1558~1603 年在位）的同意被处决。詹姆斯一世是第一个同时兼任苏格兰国王的英格兰国王。作为坚信"君权神授"学说的代表，他试图通过削弱议会来扩张王室的特权，上下两院则通过传统的"弹劾"手段进行反抗：下议院控告国王的官吏贪腐，上议院则开庭审判这些贪官污吏。

在詹姆斯的继任者，其子查理一世（Charles I., 1625~1649 年在位）治下，国王与议会和臣民间的冲突更为尖锐。其中大部分责任要由坎特伯雷总主教威廉·劳德（William Laud）担负，在其任上英格兰圣公会不仅在外部形式上，而且在神学内容方面再次非常接近天主教。对批评英格兰国教的清教徒的压迫增加，致使许多人移民英格兰王室在北美的新殖民地，1620 年"五月花"号（May flower）把第一批不信奉国教者载往美洲，他们被称作"朝圣先辈"（Pilgerväter）。下议院反对国王的政治攻势，于 1628 年提交了《权利请愿书》（Petition of Right）：请愿书宣布国家发行的强制公债和任意拘捕为非法。此后不久当下议院准备控告国王的亲信顾问白金汉公爵（Herzog von Buckingham）时，查理先发制人，抢在"弹劾"之前解散了下议院。1628 年 8 月白金汉公爵遭到暗杀，此后国王——自继位以来——第三次决定下议院休会。没有议会的时间持续了 11 年之久。



一段时间内，绝对君主的国王统治仿佛能够在英格兰确立。但是，当查理 1637 年准备让苏格兰奉行严格加尔文主义的教会在礼拜仪式上向英格兰圣公会靠拢时，苏格兰贵族和大多数居民纷纷起来反抗来自伦敦的无理要求。苏格兰的加尔文宗是长老式的：没有等级制，只有民主选出的教区会。反对宫廷的专制发展趋势同时出于宗教和政治动机：这两个领域是无法彻底区分开的。

当查理下决心以武力镇压苏格兰人的起义，即 1638 年的“国民誓约”（National Covenant）时，征战的融资问题很快就出现了。听从其最有影响力的顾问斯特拉福德伯爵（Earl of Strafford）的建议，1640 年 4 月国王自 1629 年以来再次召开议会。因为下议院在约翰 · 皮姆（John Pym）和约翰 · 汉普登（John Hampden）的领导下，要求先恢复人民代表机构的权利，然后才考虑批准发行公债，国王仅仅在三周后就重新解散了（顾名思义的）“短期议会”（Short Parliament）。然而王室的财务需求在随后的日子里如此之高，以至于 1640 年 11 月查理不得不再次召开议会。尽管有多次中断，这次议会一直 144
持续到 1660 年，从而赢得了“长期议会”（Long Parliament）的名称。

在“长期议会”里除了伦敦的资产阶级，说了算的还有那些地主豪绅，他们不属于宫廷侍臣，但在各郡却有威望和影响力。“长期议会”中有三分之二的成员也曾参加过“短期议会”。其中大多数，即所谓的“圆颅党人”得到的最大支持来自活跃于外贸领域的商界，伦敦、伯明翰和曼彻斯特的资产阶级，一般来说商贸特别发达的英格兰东部、中部和东南部地区，这些地方的居民和下议院的大多数议员一样都有清教徒思想倾向。王党少数派则信仰圣公会。被称为“骑士党”的他们，依靠的是大贵族和保守并亲近宫廷的乡绅，他们的据点在北部和西部农村以及主教驻扎的城市。“骑士党”是后来托利党（Tories）的前身，“圆颅党”中则产生了“辉格党人”（Whigs），即后来的自由党。

在其活动的最初几个月，“长期议会”就已经让国王遭受了重创。斯特拉福德伯爵被指控犯有叛国罪，并被判处死刑，当国王因伦敦街头的骚乱现象在死刑判决书上签字后，1641 年 5 月该判决被执行。查理同时还必须向下议院保证，今后不会再违背下议院的意愿解散议会。

1641 年 7 月，下议院解散了“星室法庭”（Sternkammer）——都铎王朝创建的皇家法院，“宗教事务高等法院”（Court of High Commission）——一家由国王指定的教会法院，以及其他皇家特别法庭。同年 11 月下议院以微弱多数通过了《大抗议书》（Grand Remonstrance），它实际上是对民众发出的呼召。议会议员们在抗议书中要求国王只能任命议会所信任的人为顾问。下议院自己承诺按照清教教会的精神对教会进行彻底改革。分裂的英格兰暂时无法抵抗 1641 年 11 月发生在爱尔兰
145 的天主教教徒起义，该起义几乎与《大抗议书》的通过同时发生，海岛北部阿尔斯特（Ulster）的新教徒难以逃脱被杀戮的命运。

1642 年初内战公开爆发，“清教徒革命”——这一常用的术语虽然有些过于笼统，但本质上却是贴切的——揭开序幕：国王的军队与议会的军队两军对垒，后者得到了苏格兰人的支持。1646 年奥利弗·克伦威尔——下议院成员和独立派领袖——成为议会军队的首领和清教徒教派中最有实力者。与苏格兰合作，克伦威尔的“铁骑军”于 1644 年 7 月在马斯顿荒原（Marston Moor）战役重创王党军；两年后，王党军的最后据点牛津陷落。

至此大（或“第一次”）内战结束。但不久之后即可看到，议会多数派和军队、清教徒革命中的温和与激进势力之间的利

益并不相同。当1646年10月下议院出于与苏格兰人联盟的目的，宣布信仰长老教会时，它与独立派人士，以及更为激进、主张民权和民主的平等派（他们是伦敦民众和普通士兵的代言人）的权力之争就在所难免了。一场短期（“第二次”）内战结束于1648年8月，议会军队在普雷斯顿（Preston）战胜苏格兰人。1648年12月下议院少数派在军队的支持下把长老会派议员驱逐出下院。“残缺议会”（Rumpfparlament）公诉查理一世，指控他为暴君和挑起内战。因上议院拒绝审判国王，下议院成立了自己的特殊法庭。该法庭判处查理一世死刑，1649年1月30日他被斩首。2月上议院被取消，宣布成立共和国——英格兰、苏格兰和爱尔兰联邦（Commonwealth of England, Scotland and Ireland）。

英格兰的共和政体仅持续了11年，即自1649年至1660年。但这段插曲却发生了一些具有长期后果的事件。1649/1650年奥利弗·克伦威尔先是对爱尔兰的天主教徒进行了血腥远征，其中包括对平民的大屠杀，然后他采取了措施，这些措施应该一劳永逸地令以后反对英格兰和新教的起义成为不可
能。大多数爱尔兰地主被迁移到康诺特（Connaught）香农 146
（Shannon）以西的地区，他们以前所拥有的土地被分给来自英格兰的新教贵族和议会军队的退役士兵，后者因此成为自由农。天主教神父遭到迫害，大批爱尔兰士兵被驱逐到海外。本地农民必须缴纳高额地租；只有在岛的北部阿尔斯特主要为新教徒和英格兰人居住的地方，他们才受到一定的保护。对移居、驱逐和迫害的后果之一，英国历史学家乔治·麦考莱·特里维廉在其1926年出版的《英格兰史》中指出：“在克伦威尔所留下和很长时间没有改变的爱尔兰，神职人员是人民的唯一领导者，因为英格兰人已经把当地的贵族彻底消灭了。从那时起，神父在欧洲任何地方的影响都比不上在爱尔兰的。”

镇压完爱尔兰天主教徒后，克伦威尔 1650 年又成功地对信奉长老会的苏格兰进行了讨伐（也称第三次内战），苏格兰于 1650 年承认查理一世的儿子——查理二世为英格兰和苏格兰的合法国王。在苏格兰，没收地主的土地和剥夺当地主流教会的权力均有利于巩固英格兰的统治。执政的独立派人士却并不满足于以前的占有状态得到保障，而是采取一种不惜使用军事手段的进攻型的外贸政策。1651 年的《航海法案》（Navigationsakte）禁止外国船舶向英格兰输入货物，主要针对目标是信仰新教的荷兰，这导致次年与尼德兰联省共和国的（第一次）海战。这次海战结束于 1654 年，荷兰不得不承认《航海法案》以及由此产生的英格兰的海上霸权。

此时，在伦敦已不再由残缺议会和由它组建的国务会议发号施令。克伦威尔于 1653 年 4 月通过军事政变解散了残缺议会，在他眼中该议会已蜕变为伦敦市的一个单纯的执行机构；然后他任命了一个“圣徒议会”。但这 140 位成员很快就彼此吵翻，并证明他们在政治上的无能，12 月圣徒议会又遭解散。
147 这次克伦威尔亲自担任英格兰、苏格兰和爱尔兰的“护国公”（Lord Protector），事实上成为终身独裁者，拥有至高无上的权力。1654 年 9 月基于新的选举产生了议会，该议会马上反抗军方势力，克伦威尔于次年初又一次解散了议会。

内政方面，护国公竭力推行宗教宽容，然而由于对“罗马天主教”，也就是天主教徒和教宗的普遍仇恨，其政策只获得部分成功。外交上克伦威尔遵循被他推翻的前任政府的扩张政策，却为其寻找一种宗教上的、强调反对天主教的理由，借此提高英格兰在新教国家中的地位。通过 1655 年开始并持续了三年的与西班牙的海战，克伦威尔试图为英格兰创造与美洲西班牙殖民地完全自由的贸易环境。对牙买加的征服，在护国公雄心勃勃的帝国庞大计划中可以说仅仅是小试牛刀。1658 年与西班牙的战争结束，同年克伦威尔逝世。回归宪制，这个他长期以来一直努力的目标，当时还看不出有望实现。

1659 年 5 月，护国公去世八个月后，青年军官重新召集了残缺议会。议会不能违背民意继续执掌大权，此时民心已经从清教再次转向君主制。1660 年初，上议院重新恢复，新的下议院被选出，由其中温和的圆颅党和骑士党说了算。议会请查理二世（1660~1685 年在位）从荷兰流亡地回来继承斯图亚特王朝的王位。这样，在查理一世被处决十一年后，复辟时期开始了。[58]

复辟并非意味着回到清教徒革命前的状况。1660 年 4 月，查理二世在荷兰就颁布了《布雷达宣言》(Deklaration von Breda)，向下议院和民众保证，调解宗教和财产纠纷，也包括惩罚 1649 年谋杀国王的凶手，将由国会负责。皇家法庭如星室法庭和宗教事务高等法院没有被恢复。只有少数清教徒革命的领导者，即那些直接对处决查理一世负有责任者，最终不 148
得不走上了断头台。大多数克伦威尔的追随者因 1660 年通过的大赦法——《大赦令》(Act of Indemnity and Oblivion)，得到赦免。

然而，查理二世在《布雷达宣言》中承诺的宗教宽容，却成了一纸空文。1661 年选出的历时 18 年的“骑士议会”，把英格兰国教变成了议会教会，所有公职人员都必须公开承认信仰该教。在乡下牧师成了地主的帮手。天主教徒和所有其他非国教教徒都是享受较少权利的臣民。这种教会政策完全符合 1645 年被处死的威廉·劳德的观点，当然有一个重要区别：坎特伯雷总主教让国王查理一世成为法定的教会秩序的载体，而不是议会。如此，正如德国历史学家库尔特·克卢克森(Kurt Kluxen)所明确指出的，圣公会在复辟时期就成为“一家独大、享有特权的大教派”。

有一个权力因素没有参加反天主教的共识：国王。查理二世同情罗马教会，当然他是1680年在弥留之际才履行所有仪式加入天主教的。他的弟弟詹姆斯在1660年代末已经在查理二世的同意下迈出了这一步。1670年，查理在与法国国王路易十四世签订共同针对荷兰的《多佛秘密条约》（Geheimvertrag von Dover）时，国王对天主教的同情也起了作用。查理甚至向路易承诺，国内政治情况一允许，他就改信天主教。与荷兰的战争（查理治下的第二次和总排序的第三次）始于1672年。两年后由于缺乏军事上的成就，下议院通过《威斯敏斯特特别和约》（Sonderfriede von Westminster），强迫英军撤军。

然而，查理一直保持着与法国国王的秘密联系，并让后者支付津贴，因为他答应，如果下议院要求发行国债的条件是与法国开战，他就解散下议院。随着反对“最具基督教精神的国王”（Allerchristlichster König）[①]路易十四世的呼
149 声越来越高，查理最终不得不改弦易辙。他同意自己的侄女玛丽（Mary）——他弟弟约克公爵詹姆斯（英格兰王位的可能继承人）的女儿——与联省共和国执政奥兰治的威廉三世（Wilhelm III. von Oranien）联姻。1677年底查理的重臣托马斯·奥斯本爵士（Sir Thomas Osborne）——后来的丹比伯爵（Earl of Danby）——促成了这桩姻缘。不久之后英格兰与荷兰结盟。该契约的缔结是因为认识到，英格兰不该让莱茵河入海口落入大陆最强势力之手，所以尼德兰联省共和国的独立必须被理解为英格兰之最切身的利益。

丹比被认为是“托利党”的创始人。这个原本用来形容爱尔兰天主教拦路贼的绰号后来被用于保守派，直到1679年他们在下议院中都是多数。少数派是“辉格党人”。以前苏格兰

① 即 Rex Christianissimus，也有译作“最基督教的国王”“最虔诚的基督教国王”等，是自15世纪起法国国王使用的头衔。——编者注

长老会的狂热分子曾被人这么叫过，现在这个绰号则指以第一代沙夫茨伯里伯爵安东尼·阿什利－库珀（Anthony Ashley-Cooper, 1. Earl of Shaftesbury）为首的自由主义者先驱。自由党是查理二世亲法政策的尖锐批评者，也是其批评所引起的愤怒的受益者。

1670 年代末，大多数英格兰公众相信，国王的弟弟约克公爵詹姆斯和他虔信天主教的妻子——如果不是国王本人的话——借助法国的帮助正在准备对英格兰实行再天主教化。查理的机要秘书爱德华·科尔曼（Edward Coleman）与路易十四世的告解神父之间的通信被披露后，这种怀疑得到证实。沙夫茨伯里和辉格党人马上要求剥夺詹姆斯的王位继承权。尽管保守派占多数，“骑士议会”决定弹劾丹比，后来公布的一封信证明，他应国王的要求答应向法国提供英方援助，如果法国支付津贴的话。查理回答挑战的方式是解散下议院。1679 年 2 月重新选举后辉格党成为明显的赢家。新下议院最重要的立法杰作是同年通过的《人身保护法修正案》（Habeas Corpus Amendment Act），从此有效防止了任意逮捕。

辉格党占优势的三年，是英格兰天主教徒受到严重迫害的时期。激进主义令大部分乡绅再次投入国王的怀抱。1681 年 150
查理解散了第三次辉格党人议会，直到他去世的 1685 年，其统治下都没有议会，可以说在一定程度上是专制统治。沙夫茨伯里成为世袭君主制的反对者，他逃往荷兰并于 1683 年死在那里。他的两位同道威廉·罗素勋爵（Lord William Russell）和阿尔杰农·西德尼（Algernon Sidney），公开声明有反抗的权利并准备采取相应行动，他们因反叛罪受审并被判处绞刑。1679 年在国王的建议下离开英格兰的詹姆斯于 1682 年从流亡地返回。从 1681 年起，长达四年之久，英格兰的命运掌握在宫廷、英国圣公会中更严格的一派——高教会

（High Church）和王党保守党手中。

查理二世的继任者，他的弟弟詹姆斯二世登基后不久，于 1685 年 2 月开始推行系统恢复天主教的政策。几乎同时，1685 年 10 月法国国王路易十四世宣布撤销《南特赦令》——1598 年亨利四世曾以该诏书为胡格诺派教徒提供了宗教宽容的保障。人们普遍担心，英格兰的新教徒会遭遇与其法国教友类似的命运。这从根本上动摇了詹姆斯的统治基础。一部分圣公会主教拒绝服从他，英国国教与不信奉英国国教者之间的矛盾失去了其重要性。一向为王室特权而战的权威保守党人，因坚定反对自上而下的反宗教改革，反而接近了反专制的辉格党的立场。教宗主义和专制主义或多或少地被反对詹姆斯的人视作一回事，当然是事出有因的。

1688 年 6 月 10 日詹姆斯二世有了男性继承人，因此反对派的希望有可能落空，即信奉天主教的斯图亚特国王迟早会传位给他的新教女儿玛丽，其夫尼德兰执政奥兰治亲王威廉是查理一世的外孙和詹姆斯二世的外甥。七位辉格党和托利党的领军人物，其中包括保守派丹比伯爵，开始采取解放性的革命行动。他们呼吁奥兰治的威廉，路易十四世的最强劲对手，出
151 面干预。无论是出于荷兰的还是新教的利益，威廉亲王都没有理由拒绝此召唤。1688 年 11 月，威廉率领着由许多路德宗士兵组成的新教国家舰队在英格兰登陆。詹姆斯二世认为军事抵抗毫无意义并逃往法国。一个由威廉召集的“临时议会”于 1689 年 1 月用自己的绝对权力宣布自身为正规议会，詹姆斯二世逊位，玛丽和威廉共为国家元首，威廉同时兼任尼德兰执政。

不久后即被称为“光荣革命”（Glorious Revolution）的 1688/1689 年的权力更迭，至此尚未结束。1689 年 2 月 13 日，议会在两位君主的同意下通过了《权利宣言》（Declaration of

Rights），也常常被称作《权利法案》（Bill of Rights）。此后未经议会同意，国王无权废除法律，无权豁免臣属遵守法律的义务，无权征税，无权在和平时期设立常备军。今后只有普通法院，而不再有皇家特别法庭。臣民的权利得到保障，可以不受阻碍地向国王递交请愿书，并不会因此而招来害处。过高的罚款以及残酷和不寻常的惩罚遭到禁止。宣言保证议会选举和议会演讲的自由，议会可经常召开。1694 年又通过了《三年法案》（Triennial Act），国王必须每三年举行新的议会大选。

像克伦威尔与斯图亚特王朝詹姆斯一世和查理一世治下那种没有议会的统治，不该再出现，而且 1689 年后也确实没有再出现过。《权利法案》的通过并不意味着英格兰已经成为议会君主制，但标志着英格兰已形成一种立宪君主制：国王任命政府；政府由议会协商产生，它与君主一样受到法律法规的约束。

在英格兰的光荣革命中还谈不上各教派的平等。凡是拒绝以圣公会仪式领圣餐的天主教徒和新教徒，根据 1673 年通过的《宗教考察法》都不得担任国家和城镇公职。天主教徒不许被选入下议院，非国教的基督教新教徒在 1727 年后才可入选
下议院。1689 年的《宽容法案》（Toleration Act）毕竟保障 152
了非国教教徒在一些地方举行宗教仪式的自由，这些地方由英格兰圣公会主教确定。

1603 年起存在的英格兰和苏格兰共主邦联，于 1707 年合并为大不列颠王国，这样苏格兰的长老教会就获得了国家教会的地位，如此一来当地的英国圣公会教徒就转化为那里的非国教教徒了。自己必须是英国圣公会教徒的国王，正式成为两个教会（圣公会和长老会）的主教，实际上自清教徒革命始下议院就充当了“最高主教”（Summus episcopus）的角色。英国圣公会本身已经议会化了，其政治倾向取决于是辉格党还是

托利党的议员占多数。国王不能再违背人民代表的意愿任命主教，但这并没有令国家教会和新教的原始要求——个人良心自由——之间的矛盾得到解决。自由教会的成员，特别是天主教徒有充分的理由感觉受到了歧视。在大不列颠王国的北美殖民地，这种疏离感在很大程度上导致了最终脱离母国的革命。[59]

光荣革命是一场保守的革命：1688/1689 年，古老优良法权，即《大宪章》和普通法系的捍卫者战胜了具有专制意识的革新者，后者想让人承认王冠有优先于议会的权力。在这场历时近一个世纪的巨大冲突中，双方都代表着自己一派在政治上的意识形态：王党强调“君权神授”；坚定不移的议会党代表——清教徒们——则把《旧约》中上帝的选民以色列的思想运用到英国人民身上，即应该通过自己选出的代表——下议院——去影响和引导国王。光荣革命在狭义的英格兰范围内基本上没有流血，因为托利党在关键时刻把神授权力的思想从作为人的国王身上分离开，此后这种权力只与他的职位有关，而辉格党在
153 解决逃亡的国王的继承人问题时，尽量不背离世袭原则，力争基本保存君主制的动态连续性。

光荣革命是一场“和平革命”，这场革命之前的历史全然谈不上和平，此后的历史在爱尔兰和苏格兰展开时又充满了血腥味。它是清教徒革命的后续革命，同时也是清教徒革命和斯图亚特王朝复辟间的一种平衡。得到实现的已经不是清教徒的原始要求，而是温和派的辉格党人与温和派的托利党人所能达成的一种历史性妥协。辉格党和托利党在议会中的矛盾，仅仅是 1642 年导致内战的双方针锋相对立场的比较温和的表露。任何处于弱势的一派——1688 年时是托利党——都享受作为议会反对派的合法权益，正是这种对少数派的保护阻止了冲突以新的革命方式爆发。

光荣革命后又过了大约 30 年，议会制度才可以说在英国

站住了脚：在这样一个体系中，由人民代表中的大多数人来决定谁来治理国家，议会因此实际是主权者。自 1707 年起国王对议会决议不再能行使否决权。在英国汉诺威王室首位国王乔治一世（1714~1727 年在位）治下，辉格党的罗伯特·沃波尔爵士（Sir Robert Walpole）作为下议院多数派领袖于 1721 年接手了政府事务，他是地主乡绅的经典代表，也是大不列颠的第一位正式首相。他能够在此位置上一干 21 年，并不是因为他特别能言善辩，而是因为他用金钱贿赂了议员们，借此总能在议会中获得多数票。“腐败执政”（government by corruption）的模式完全切合沃波尔政府的统治现实。议会制度的建立并不意味着实现了较高政治道德的突破。

17 世纪的英国革命被弗里德里希·恩格斯称为欧洲资产阶级反对封建主义的“三大决战”中的第二场决战。（根据恩格斯的说法，第一次决战是德意志宗教改革，第三次是法国 1789 年革命。）事实上，参加英国革命的拥有土地的乡绅贵族 154
的比例要超过城市资产阶级，所以尤金·罗森斯托克－胡絮提出的“英国贵族革命”的概念从社会史角度看显得不无道理。乡绅代表不仅在辉格党人中说了算，在托利党中亦然。因此人们不能说只有英国贵族起了一种革命作用。

此外，在欧洲没有任何国家像英国那样，下级贵族和中产阶级之间的过渡那么难界定。其结果是：有些英国历史学家在两个不同的议会党派中看到的是同一类土地所有者。尽管有这种必要的限制，仍旧可以说，长远来看从“英国议会革命”（再引用一个罗森斯托克－胡絮的术语）专制势力的失败中获得最大益处的是富裕的资产阶级。1688/1689 年的事件拓展了英国社会动态力量的政治发展空间，一个世纪后这些力量成为另一次大变动的载体：工业革命。它不仅仅在英国彻底改变了经济和社会状况。[60]

### 专制主义及其局限性

在英国，自由的传统战胜了几位国王进行专制统治的努力，这在欧洲成为罕见的例外。这首先在英国本土成为对 17 和 18 世纪历史的一种颇受欢迎的解读方式，特别以所谓的“历史的辉格解释”的捍卫者为代表，其中就包括乔治·麦考莱·特里维廉。这种解释方式长期以来一直有争议。1992 年，英国历史学家尼古拉斯·亨肖尔（Nicholas Henshall）在其著作《专制主义的神话》（*The Myth of Absolutism*）中对此进行了最激烈的反驳。专制主义，按照他的论点，是 19 世纪时才被事后制造出来的神话；不仅在英国，而且在法国和勃兰登堡－普鲁士，从来就没有过专制的领主统治。由他引发的辩论虽然没有导致

155 “专制主义”这一概念被取消，但这给予那些长期以来就警告不要把“专制”统治的主张与现实混为一谈，不要低估那些反对建立王侯垄断权的势力的顽强性的历史学家，以强有力的支持。[61]

事实上，西方现代早期没有哪位统治者是乌尔比安（Ulpianus）意义上的“不受法律限制的”（legibus solutus）。王侯必须尊重其臣民的基本权利，如生命和财产权。根据英国法学家和政治家约翰·福蒂斯丘（John Fortescue，约 1385~1479 年）提出的“政治与国王共治政体”（dominium politicum et regale），国王拥有两种权力：一种是他与议会分享的，一种是他独自行使的。至于第一种权力，他是“君临国会”（rex in parliamento 或 King in parliament）；只有在其第二种权力方面，即君主制特权上他才是“绝对的”。此观点描述的应该是英国的现实。然而欧洲这块大岛屿并没有形成一种例外：凡是各等级的代表能够证明自己实力的地方，“专制”王侯们都得和他们分享一部分自己的权力。[62]

按照历史学家赫尔穆特·G. 柯尼希斯贝格尔（Helmut G.

Koenigsberger）的方法，可以把18世纪初的西方欧洲从立宪史的角度分为三组。第一组包括英格兰、苏格兰、尼德兰和波兰，这些国家的议会或者已经淘汰了君主制，或者至少保证了议会对王室的优势。第二组中议会的成功显然要逊色得多，而领主们的地位则更强势。柯尼希斯贝格尔把匈牙利和一些德意志诸侯，包括符滕堡（Württemberg）、东弗里西亚（Ostfriesland）和两个梅克伦堡公国[1]归入此类。第三组则由一些国家和省份组成，其统治者撤销了各等级的代表，或者干脆不召集他们开会，又或是限制其职权于不太重要的任务。

1700年前后，西班牙和葡萄牙、那不勒斯、皮埃蒙特（Piemont）和撒丁岛（Sardinien）的等级制议会完全消失，难逃同样下场的还有法国的三级会议，西属尼德兰（后来的比利时）和德意志的几个诸侯国的等级会议。凡是议会作为机构幸存下来的地方，它们的权力都受到不同程度的剥夺。被剥夺得最彻底的是在波希米亚，得以保留最多权力的是在西西里岛。处于这两者之间的有朗格多克、布列塔尼、勃艮第和几个 156
德意志帝国政治体（Reichsstände）。在巴伐利亚，帝国政治体不再召开全体会议，但其常设委员会仍旧开碰头会。加泰罗尼亚的“议员代表”情况类似，这些代表是从该享有特权地区的等级会议中推选出来的，1640年他们成为反君主起义的中坚力量。1714年加泰罗尼亚的议会政治机构才被解除。

德意志民族神圣罗马帝国的帝国议会无法归入以上三组的任何一组，它越来越成为一个独立的帝国政治体的代表机构。在瑞典，追求专制统治的君主与代表大贵族的枢密院以及代表其他等级的帝国议会之间进行了激烈角逐。国王卡尔十二世（Karl XII.，1697~1718年在位）去世后，瑞典开始了“自由

① 即梅克伦堡－什未林（Mecklenburg-Schwerin）和梅克伦堡－施特雷利茨（Mecklenburg-Strelitz）。

时代”：权力被各等级接手，王国在半个世纪的时间内是立宪制的。[63]

在有的国家向专制方向发展的倾向更强，在有的国家这种倾向较弱，这种差别并非偶然。一个国家若是接受了罗马法，会有助于当政诸侯借助经过专门培训的官员在整个领土内扩展其统治。不同教派间发生的类似内战的相互对抗，也是促进君主集权的因素。相同的效果亦可来自强烈的地域特色、疆土的四分五裂和（真实存在或主观感受到的）来自强大邻国的威胁。相反，如果一个国家已经拥有强大的中央机构，宗教矛盾不（再）需要用暴力去解决，在一定程度上能有比较安全的边境，罗马法也未能成功地排挤人民的权利，那么议会就有很好的机会，去对抗君权或重新赢得暂时失去的影响力。

君主能够推行集权的国家是法国、西班牙和勃兰登堡-普鲁士。但是，即使君主能够剥夺整个国家或历史上核心领地的各等级代表的权力，区域性的各等级代表的权力往往仍能获得保留。
157 各地区的多样性和等级制显示了一种韧性，它证明认为专制主义的纲领在西方任何地方都没能充分实现的观点是有道理的。

在欧洲君主制国家中，没有一个国家像英国（除了下面还要探讨的特殊情况波兰）有这么好的先决条件去拒绝统治者的专制要求：在这个国家，议会作为“普通法”的捍卫者在中世纪就已经上升为整个国家的强大代表，它不允许自己长时间被踢出局；地方自治的传统成为官僚主义扩张的抗衡力量；最重要的军事力量是舰队而不是常备军，没有议会的同意，国王根本不许建立常备军。如此看来，17 和 18 世纪的英格兰还是构成了一个例外：当各地诸侯借助军队和官吏的力量成为决定性权力要素时，英国先是发展成君主立宪制，后又成为议会君主制国家，其中国王的权力仅仅限于“君临国会”。此后英国再也没有背离过这种国家形式。[64]

## 1648 年后的霸权与均势

均势的权力关系或“权力平衡”：英格兰在内政方面所遵循的座右铭，也是其外交政策的准绳。任何时候，只要欧洲大陆的某一势力快要占上风了，英格兰必定出手。大不列颠格外不能容忍别的势力挑战它的海上霸权。

均势理论 18 世纪初才上升为对外政策的原则，但其赖以形成的经验却要悠久得多。第一个敢于与英格兰的国家利益分庭抗礼的是西班牙。1571 年在科林斯海湾（Golf von Korinth）勒班陀（Lepanto）海战中，西班牙—威尼斯—教宗国联合舰队打败了土耳其舰队，确立了西班牙对西地中海的控制权（奥斯曼帝国的霸权仅限于这片海域的东部）。1580 年，西班牙与葡萄牙组成共主邦联后，伊比利亚王国似乎迎来了其权力的巅峰期。西班牙和葡萄牙征服的殖民地，首先是中美洲和南美洲的大部分地区，至少在名义上属于身在马德里的国王。

西班牙控制整个大西洋的目标，此时已明显遭到弗朗西斯·德雷克（Francis Drake）和沃尔特·雷利（Walter Raleigh）等海盗的挑衅，这些人背后有伊丽莎白女王撑腰。针对西班牙的“领海”（mare clausum）学说，即海洋作为自己统治的组成部分，英格兰（后来经胡果·格劳秀斯进一步发展）提出“公海”（mare liberum）原则，即海洋自由。西班牙的腓力二世（Philipp II.，1556~1598 年在位），皇帝查理五世之子，更是感受到尼德兰起义时英格兰以提供军事援助所进行的挑战。

西班牙国王随后决定入侵英格兰，却一败涂地。西班牙无敌舰队于 1588 年 7 月底 8 月初在英吉利海峡与英格兰舰队交手后损失惨重，虽未能分出胜负，却让无敌舰队终止了这次行动。在返程中西班牙人遇到严重风暴，大部分船只被摧毁。西班牙再也没能从无敌舰队沉没的打击中恢复过来。这件事好似神意裁判，从此西班牙的世界霸权开始没落。英格兰作为海上霸权依然太弱，无法将北大西洋立刻置于自己的控制下。但一向是自己最强大的对手的式微，为英格兰提供了新的和意义深远的可能性，令其在欧洲和海外的影响力得以增加。

“就在西班牙衰落时，其对手却纷纷崛起，在欧陆是法国，在海上是其他海上霸权。”路德维希·迪西奥在其 1948 年出版的著作《均势或霸权》中指出。[65] 17 世纪英格兰的扩张主要在北美的东海岸，并在印度，即在马德拉斯、孟买和加尔各答等地营建据点。尼德兰人于 1612 年建立新阿姆斯特丹，即后
159 来的纽约；他们还在南美的东海岸、好望角、南印度和马来群岛站住了脚。荷兰所获得的殖民地大部分以前曾是葡萄牙的殖民地。征服殖民地往往通过私人商贸公司，其中最重要的当数 1602 年成立的尼德兰东印度公司，位于伦敦的英国东印度公司（East India Company）比它早创立两年。

在西班牙人和葡萄牙人的地理大发现时代，让异教徒皈依基督教还曾是他们使自己的扩张合法化的一个重要理由。到两个信奉新教的海上强国英国和荷兰进行扩张时，情况就完全两样了。它们揭开了欧洲殖民历史的新篇章。用约瑟夫·恩格尔的话说：“在追求最大利润和与此不可避免地联系在一起的使用最强暴力的观点下，欧洲以外的世界成为不受限制地行使完全理性的权力的试验场所，只有显而易见的追逐利润和权力的核心原则是其权衡一切的标尺。欧洲殖民历史的时代，即对世界上非欧洲部分的有意和肆无忌惮的剥削时代开始了。”[66]

法国也借助商贸公司推行海外殖民政策，但与英格兰和尼德兰不同，这些公司直接受国家支配。这符合法国专制主义特别严格遵守的同时代的重商主义，根据这种理论，国家的财政

需要只能通过国家对经济的集权式扶助、税收和控制才能被满足。在北美，法国的国营贸易公司在密西西比河两侧的辽阔土地上运作，1682 年为了对路易十四世表示敬意，这块地方被称作路易斯安那。法国在加拿大的殖民地则早在 1663 年就被正式命名为“新法兰西”。与另一个在北美东部进行扩张的欧洲殖民势力——英格兰的冲突在所难免。

英格兰对法国在欧陆追求霸主地位一事同样不能掉以轻心。法国是 1648 年《威斯特伐利亚和约》的最大受益者。11 年后，在《比利牛斯条约》中法国得以扩大其疆土，得到原属西班牙的比利牛斯山脉以东的山前地带和佛兰德以及阿图瓦（Artois）的部分地区，后者此前曾属于西属尼德兰。接下来 160
路易十四世自 1667 年起先后与西班牙、西属尼德兰和荷兰开战，“兼并”了阿尔萨斯和洛林地区，1681 年征服斯特拉斯堡，并于 1688~1697 年对普法尔茨（Pfalz）进行了征伐。英格兰加入对付法国的欧洲大联盟，与尼德兰携手于 1692 年在拉乌格（La Hogue）海战中打败法国。

当路易十四世把他的孙子——安茹的腓力（Philipp von Anjou）作为腓力五世（Philipp V.）扶上空缺的西班牙王位时，1701 年结成了一个更大的反法联盟。[腓力是已故的西班牙国王卡洛斯二世（Karl II.）的侄孙。] 于是，一场为期 12 年的血腥博弈——西班牙王位继承战争开始了。英格兰、奥地利、勃兰登堡和其他帝国政治体、尼德兰、萨伏依（Savoyen）以及自 1640 年起再次独立的葡萄牙共同抵抗法国的扩张政策。

1713/1714 年签订的《乌得勒支和约》、《拉施塔特和约》与《巴登和约》的结果，是一种历史性的妥协：腓力五世虽然被承认为西班牙国王，但西班牙和法国的王位永远不能同时由一位君主继承。奥地利得到了大部分西班牙附属地，即米兰、曼图亚（Mantua）、撒丁岛、那不勒斯和最重要的西属尼德兰。西西里岛先是分给了萨伏依公国，然后在1720年通过交换给了奥地利，作为补偿萨伏依得到撒丁岛。英格兰成为大赢家，它能够阻止德意志与西班牙哈布斯堡皇朝的合并，从西班牙手中得到直布罗陀（Gibraltar）和梅诺卡（Menorca），并拿走了法国在加拿大的一部分领土，包括纽芬兰（Neufundland）。西班牙从此退出欧洲霸权圈。法国尽管仍然是一个强国，却失去了路易十四世统治时期所获得的霸主地位。

根据迪西奥的评判，西班牙王位继承战争意味着英格兰的双重成功：在欧洲它实现了普遍的均势政策，在海外它获得了自己的优势。实际上，海外的扩张和欧洲的国家体系是相辅相成的：英国在欧洲的强国地位是基于其海上力量和不断增长的海外属地。

161 但仅靠殖民地还不足以保障一个国家的强国地位。西班牙和葡萄牙仍然拥有殖民地，但它们从中并未能获取更多的政治利益。它们的殖民地主要成为在那里定居的、来自欧洲的社会上层的致富手段。相反，英国则通过活跃的海外贸易来增进国家的富足，1713年与西班牙签订的条约，使英国商人获得了在30年内每年从非洲向西班牙美洲殖民地输送黑奴的垄断权。使用奴隶的最重要的行业是甘蔗种植业，主要分布在巴西和西印度群岛，其中包括1655年后的英属牙买加。在食糖贸易上领先的国家是英国。另一个信仰新教的海上强国尼德兰的海外贸易也生机勃勃，和所有的欧洲殖民国家一样，奴隶贸易和奴隶劳动在这里也成为财富增长的重要基础。但尼德兰毕竟太小了，无法在欧洲大陆长期与英国扮演同等重要的角色。

如果说西班牙王位继承战争后欧洲接近了相对均势的状态，那也是在另一个大国的没落下实现的，这个大国只有一部分领土属于欧洲：奥斯曼帝国。1683 年 9 月，土耳其人对维也纳为期两个月的围困结束了，哈布斯堡帝国军队和波兰约翰·索别斯基（Johann Sobieski）国王率领的盟军在卡伦贝格（Kahlenberg）打败了对手。对于奥斯曼帝国而言，在维也纳附近的溃败即是其被逐渐赶出欧洲的开始。经过激烈战斗，土耳其人在 1699 年不得不在《卡尔洛维茨和约》(Friede von Karlowitz）上签字，将其统治下的匈牙利包括锡本布尔根[①]，以及克罗地亚和斯洛文尼亚割让给哈布斯堡皇朝。自 1687 年底的普莱斯堡（Preßburg）帝国议会后，哈布斯堡家族的约瑟夫大公（Erzherzog Joseph）也担任匈牙利国王（该职位可由男性子嗣继承）。

这样，奥地利再次获得了欧洲强国的地位，这种地位它在查理五世皇帝（1519~1556 年在位）治下曾经得到过，但由于哈布斯堡皇朝的统治随后分为德意志和西班牙两支，它又失去了该地位。匈牙利王国［1718 年巴纳特（Banat）也划入其版图］在哈布斯堡帝国内一直能够拥有其等级宪法，从而保持其独立性。为此它在 1713 年同意了《国事诏书》(Pragmatische 162
Sanktion)，即由皇帝查理六世（Karl VI.，1711~1740 年在位）颁布的继承法。该诏书强调了其国家的不可分割性，并试图保障女性的继位权。此后该继承法就成为 1690 年以来所存在的奥匈政合国（Realunion）的法律基础。查理努力想让其他强权对此规定做出有约束力的认可，这决定了其整个统治期的奥地利政治局面。1731 年为获得英国的认可保证，他付出了高昂的代价：放弃了奥地利在东印度的贸易权。

当奥地利在 1700 年已经成为欧洲强权时，另一个帝国政治体也朝同一目标迈出了重要一步。勃兰登堡在大选帝侯腓特

① 即特兰西瓦尼亚。

烈·威廉一世（Friedrich Wilhelm I.，1640~1688 年在位）治下，通过 1657 年的《魏劳条约》（Vertrag von Wehlau）让波兰承认了其在普鲁士公国（实际上是有限）的主权，此前普鲁士是一个骑士团国家，1618 年由勃兰登堡选帝侯家族继承。该条约签订三年后，大选帝侯在《奥利瓦条约》（Friede von Oliva）中让这一权利再次得到确认，他则明确承认波兰对“普鲁士王国”（Königliches Preußen），即后来的西普鲁士的所有权。1675 年腓特烈·威廉在费尔贝林（Fehrbellin）战胜进犯勃兰登堡侯爵领地的瑞典人，接着占领了瑞典的波美拉尼亚（Pommern），然而四年后迫于法国的压力他只得把这块地方又还给了瑞典。1701 年 1 月 18 日，他的儿子勃兰登堡选帝侯腓特烈三世（Friedrich III. von Brandenburg）在柯尼斯堡加冕为“在普鲁士的国王”（König in Preußen），成为腓特烈一世（Friedrich I.，1701~1713 年在位）。此头衔表明的事实是，他只对到那时为止的普鲁士公国拥有统治权，而不是对波兰的普鲁士王国。

腓特烈能够从神圣罗马帝国皇帝利奥波德一世（Leopold I.，1658~1705 年在位）那里获得新国王称号，有赖于他许诺派勃兰登堡辅助部队参加西班牙王位继承战争。他拥有国王称号和主权的地区，并不是神圣罗马帝国的领土。霍亨斯陶芬王朝的腓特烈二世（Friedrich II.，1194~1250 年）1226 年在《里米尼金玺诏书》（Goldene Bulle von Rimini）中授予条顿骑士团大团长——赫尔曼·冯·萨尔扎（Hermann von Salza）
163 相当于诸侯的地位，却没有封他为侯。对国王腓特烈一世和他之后的霍亨索伦家族的国王们重要的是，他们在其领土的一部分，即不属于神圣罗马帝国的那部分，拥有主权。这使他们有别于“一般”诸侯——《威斯特伐利亚和约》不承认那些一般诸侯的主权，这样他们就跻身最强大的诸侯之列。哈布斯堡皇朝能够成为强权统治者，也是靠对不属于德意志民族神圣罗马帝国的那些区域的统治。[67]

对于唯一受到勃兰登堡重创的强权国家瑞典来说，大选帝侯在费尔贝林的胜利不过是一种挫折。在卡尔十二世（Karl XII.，1697~1718 年在位）——维特尔斯巴赫（Wittelsbach）家族茨魏布吕肯（Zweibrücker）一支 1654 年以来执政的第三位也是最后一位国王——治下，瑞典再次试图重组欧洲的权力关系。引发历时二十多年的大北方战争（Nordischer Krieg，1697~1721 年）的是与丹麦的冲突，瑞典支持荷尔斯泰因公国（Herzogtum Holstein），它是丹麦的封地，但正在追求自己的主权。支持丹麦的则有奥古斯特二世（August II.，“强力王”），1694 年起他是萨克森选帝侯，1697 年兼任波兰国王；以及俄国沙皇彼得大帝（1682~1725 年在位）。这两位都想扩大自己在波罗的海的势力。

卡尔暂时把奥古斯特赶下了波兰王位，并让他的候选人斯坦尼斯瓦夫·莱什琴斯基（Stanislaus Leszczynski）当选国王。但是，俄国人却被证明是难以对付的。1709 年 6 月在波尔塔瓦（Poltawa）战败后卡尔逃往土耳其，第二年他成功怂恿土耳其对俄国开战。此时俄国人已经从瑞典统治下夺取了爱沙尼亚和利沃尼亚，并把表面上仍旧是波兰封地的库尔兰置于自己的势力范围内。在对土耳其人的战争失败后，彼得于 1713/1714 年转而征服芬兰，接着又急忙去支援其盟友［1713 年《乌得勒支和约》后普鲁士国王腓特烈·威廉一世和汉诺威选帝侯乔治（Kurfürst Georg von Hannover）都属于其盟友］对抗瑞典在德意志北部的领地。而卡尔十二世 1714 年从奥斯 164
曼帝国返回后，于 1718 年死于对丹麦的战争中，开战的一个原因是他质疑丹麦对挪威的统治权。

1719~1721 年的和平条约标志着瑞典不再是强权国家。

1714 年起与英格兰构成共主邦联的汉诺威，得到了瑞典的领地——威悉河和易北河入海口的不来梅公国和费尔登教区，普鲁士（此名称现在指整个由霍亨索伦家族统治的国家）则接手了东波美拉尼亚。丹麦继续享有对荷尔斯泰因的宗主权。与波兰休战后，瑞典不得不承认奥古斯特对波兰的统治权，当然，他这个国王现在只能靠彼得大帝的恩典而存在。俄罗斯帝国是大北方战争的赢家，它得到了利沃尼亚和爱沙尼亚，这两个国家得以保留其特殊的法律地位；此外它还获得了厄塞尔岛（Ösel[①]），英格尔曼兰（Ingermanland）和东卡累利阿（Karelien）及维堡（Wiborg）。相反，芬兰则重归瑞典，后者得到 200 万帝国塔勒，以补偿其现在割让波罗的海沿岸领土给俄国。

俄国的向西扩张不仅限于芬兰湾和波罗的海国家。17 世纪中叶，沙皇帝国夺回了被波兰王国占据的大片土地。（波兰向东扩张的高峰是 1610 年向莫斯科的挺进以及对克里姆林宫的占领，两年后占领才告结束。）俄国的反击首先涉及乌克兰，1667 年后者被瓜分：东部第聂伯河（Dnjepr）以东归俄国，以西部分，除了基辅，仍归波兰。

在 1648 年至 1667 年那些“血流成河的战争”中，领土和人口的流失、战争的毁坏、鼠疫和一再出现的饥荒不可避免地逐步导致了波兰的内部瘫痪。波兰—立陶宛联邦于卢布林（Lublin）成立三年后，立陶宛的雅盖洛王朝（Jagiellonen）于 1572 年覆灭，波兰王国——尽管听上去很自相矛盾——自此成了一个拥有由选举产生的君主的贵族共和国：该共同体自己选择的名称为“Res publica”或“Rzeczpospolita”（共和国）。其众议院色姆（Sejm）自 17 世纪末一直严格遵守“自

① 此为该岛德文名称，其爱沙尼亚语名称为萨雷马（Saaremaa）。

由否决权”（liberum veto）原则，即任何决定必须一致通过，以至于只要有一位议员反对，就可阻止决定通过。波兰贵族国 165
民的权利包括，国王（无论是确实还是被认定）违反宪法时，他们有权组织武装联盟。当左邻右舍的大国到处形成专制的军事独裁时，波兰的国家权力却渐渐解体，这必然导致东部中欧出现危险的权力真空地带。

自从大北方战争以来，波兰实际上沦为俄国的受保护国。而其踌躇满志的西边邻居丝毫没有觉得有什么不妥：彼得大帝的波兰政策可以得到普鲁士的理解与支持。在1720年签订的《波茨坦协定》（Potsdamer Traktat）中，“士兵王”腓特烈·威廉一世（1713~1740年在位）保证，与沙皇一起担保波兰宪法的继续存在，包括“自由否决权”，防止“共和国”进行有效改革。这样，两个强权国家共同对付波兰（这个国家正聚集力量进行自我革新）就有了一个契约基础。

俄国在彼得大帝治下向西扩张，这仅仅意味着沙皇帝国极为有限的西化。彼得是一位革新者：从西方最发达的社会，首先是他年轻时去过的尼德兰和英国，他接受了技术技能和有用的知识。为了明确展示他向西方开放的意志，1712年他强行把首都从莫斯科迁往圣彼得堡，后者是在芬兰湾的涅瓦三角洲（Newadelta）沼泽地新建立起来的城市。他鼓励并支持外贸、制造业、钢铁工业和采矿、运输业、科学和艺术的发展。他请来专家——他们主要来自德意志和新波罗的海省份的德意志—波罗的海上层阶级——以便提高军方和管理部门的工作效率。他不仅保留了爱沙尼亚和库尔兰的骑士及城市自治机构，还尝试在原本俄罗斯的土地上构建类似机构。

但是，就是在这里也能清楚地看出彼得大帝自上而下的改革的局限。他让新的首都和其他城市的富裕居民推选地方官， 166
并让这些人立刻成为官吏和臣民的首领。他不能容忍舆论的多样性、个人的主动性和直言不讳的批评。在西方，即使专制统治者渴望集中掌握所有的权力，上述三方面的自由也还是能得到保障的。

在俄国，当然仍旧缺乏西方后来称为“多元化”的社会基础。不存在西欧意义上的等级，最后一次咨询性缙绅会议（Sobor，国民代表会议）于1653年召开。有自我意识的城市中产阶级在俄国未能发展起来。1649年颁布的《国民会议法典》（Reichsgesetzbuch）严重限制了城市臣民的行动自由，同一律法还规定农民以农奴制的形式被束缚在其领主的领地上。在彼得统治时期帝国各地的农民一再反抗不断上涨的赋税和义务兵役，这些反抗均被沙皇采取铁腕手段镇压下去了。由于锐意改革的沙皇用新创建的宗教委员会取代了一直以来的牧首，东正教比以前更依赖国家；1653年牧首尼孔（Nikon）强力推动一系列礼仪改革时，遭到旧礼仪派的反对，1667年这些人被开除出东正教教会，但他们可以通过捐款方式被允许继续留在教会内。

彼得让贵族以一种类似于公务员的方式依赖于沙皇政府，曾经有影响力的波雅尔（Bojaren）贵族等级被他废除。所以俄国社会的独裁特点在彼得大帝治下没有削弱，而是更为强化了。那段时间在技术、科学和文化方面俄国向西方开放了，却没有发生全盘西化。俄国沙皇制度与同一时间在西方阻挠和试图克服专制统治的一切努力保持着泾渭分明的界限。

俄国的领土扩张在西北吞并的是瑞典领土，在西方则是波兰的领土。从彼得大帝时代自称俄罗斯帝国的这个国家，在南
167 方向黑海挺进，导致了几场与奥斯曼帝国的战争。在欧洲几乎没有发现的情况下，俄国继续其在西伯利亚的向东拓展：这一发展在16世纪中叶伊凡雷帝治下就已开始。1679年俄国获得

堪察加半岛，1689 年与中国签订一份边界条约①，1741 年发现阿拉斯加南部海岸。从空间上看，俄国越来越向东拓展：这也促使沙皇帝国反对全盘西化。

尽管如此，俄国在彼得大帝治下还是成为欧洲的一个超级大国，同时也是欧洲国家体系中的固定组成部分：这是大北方战争的持久影响之一。几乎同时，在西班牙王位继承战中北美第一次成为欧洲列强争霸的砝码。法国在 1713 年的《乌得勒支和约》中能够保持其在欧洲的占有状态，只是因为它有能力在加拿大领土上满足英国的相关要求。在欧洲政治中，18 世纪初北美仍扮演着被动角色，而俄国已经是一个非常活跃的因素了。西班牙王位继承战争和大北方战争不仅改变了“老”欧洲强权国家之间的均势，也令欧洲政治舞台向欧洲以外进行了外延——向西和向东。

权力的均势，就像 18 世纪前 20 年两次大规模战争后所出现的，是不稳固的，因而也不可能持久。局势最动荡的当数波兰。1733 年 9 月“强力王”奥古斯特去世后，斯坦尼斯瓦夫·莱什琴斯基第二次当选为波兰国王（他第一次当选是 1704 年在卡尔十二世的帮助下；五年后，卡尔十二世在波尔塔瓦战败，斯坦尼斯瓦夫逃离波兰，奥古斯特得以重登波兰王位）。

然而，斯坦尼斯瓦夫第二次当国王的时间比第一次还要短。在奥地利支持下，俄国在 8 月进军波兰，于 1733 年 10 月初强迫选萨克森选帝侯奥古斯特三世为波兰国王。接着斯坦尼斯瓦夫·莱什琴斯基的女婿——法国国王路易十五世（Ludwig XV., 1715~1774 年在位）——向奥地利与俄国宣战。在 1733~1735 年的波兰王位继承战（Polnischer Erbfolgekrieg）中，俄国作为主要赢家胜出，奥古斯特三世被承认为波兰国 168

① 即《尼布楚条约》。

王。作为补偿，斯坦尼斯瓦夫·莱什琴斯基得到了洛林，他去世后这块地方应归属法国。同样作为补偿，洛林公爵弗朗茨·斯蒂芬（Franz Stephan），皇帝查理六世的女儿玛丽亚·特蕾莎（Maria Theresia）的丈夫，获得了托斯卡纳大公国的候补资格，因那里的统治家族美第奇1737年无后而终。[68]

1740年，欧洲有三位君主驾崩。一位是俄国的女皇安娜·伊凡诺芙娜（1730~1740年在位），她是彼得大帝的侄女；经过为期一年的激烈宫斗后，彼得大帝的女儿伊丽莎白（1741~1762年在位）发动政变登上皇位。在普鲁士，腓特烈二世（Friedrich II.，1740~1786年在位），史称腓特烈大帝，继承了其父“士兵王”腓特烈·威廉一世的王位。在奥地利，根据1713年的《国事诏书》，查理六世的王位由其女儿玛丽亚·特蕾莎（1740~1780年在位）继承。

奥地利在查理六世治下的最后几年无可避免地遭受了一些严重挫折。作为波兰王位继承战争的后果，它于1735年失去其在意大利所拥有的那不勒斯和西西里岛，之后这块地方作为两西西里王国归属西班牙的波旁王朝。1739年哈布斯堡皇朝不得不将塞尔维亚北部和贝尔格莱德归还给奥斯曼帝国，这些地方是“高贵骑士”——萨伏依的欧根亲王（Prinz Eugen von Savoyen）1717年才从土耳其人手中夺来的。维也纳王位更替时，两位务实的邻居巴伐利亚选帝侯卡尔·阿尔布雷希特（Kurfürst Karl Albrecht von Bayern）和萨克森选帝侯奥古斯特三世（Kurfürst August III. von Sachsen）质疑《国事诏书》的合法性。但不是他们，而是普鲁士的年轻国王腓特烈二世公开向哈布斯堡皇朝开战：他突袭了奥地利的西里西亚。除了追求个人荣誉，腓特烈还有一个纯粹的强权政治动机：他想不惜一切代价，避免这个富庶区域在奥地利王位继承战中落入萨克森之手，同时他也决心让普鲁士最终获得欧洲的强权地位。

1740~1742 年的第一次西里西亚战争（Erster Schlesischer Krieg）开启了一场角逐，直到 126 年后的克尼格雷茨（Königgrätz）战役才决出了胜负：奥地利和普鲁士之间的对立，发展成了一场争夺德意志霸权的斗争。但奥地利与德意志的竞争只是冲突的一方面，这场冲突始于 1740 年，并暂时结束于 1763 169
年的《巴黎和约》和《胡贝图斯堡和约》（Friedensschlüsse von Paris und Hubertusburg）。另一方面英国和法国之间的竞争则主要围绕着这两个强权国家在北美的海外利益，以及在印度的利益。在殖民地的对抗引起在欧洲大陆的利益联盟，这种联盟把哈布斯堡和霍亨索伦家族间的矛盾欧洲化了：此后维也纳和柏林之间的关系变化直接涉及与其他大国的关系。

第一次西里西亚战争扩展为奥地利王位继承战是一次军事同盟的结果，该同盟是普鲁士的腓特烈二世在打赢西里西亚战争的最初几场战役后与法国缔结的。不久后，巴伐利亚和萨克森也加入了反对奥地利的战争。在法国支持下，1742 年 1 月巴伐利亚选帝侯卡尔·阿尔布雷希特在美因河畔的法兰克福被九名成员组成的选举团一致推选为德意志民族神圣罗马帝国皇帝，即查理七世（Karl VII.）。一个月前，当法国和巴伐利亚的军队攻克布拉格后，他就让人加冕自己为波希米亚国王。1742 年 2 月 11 日，也是在法兰克福，其胞弟科隆总主教克莱门斯·奥古斯特（Clemens August）为他加冕。1438 年以来，这是第一次又有一位皇帝不是出自哈布斯堡家族。

1742 年 6 月，经过英国斡旋，腓特烈通过一项特别和约从奥地利手中得到几乎整个西里西亚。第二次西里西亚战争始于 1744 年腓特烈与法国续签军事盟约，它也是对奥地利战胜法国与其盟友萨克森的回击。虽然英国与奥地利结盟，奥地利部队仍在多次战役中被普鲁士人击败。1745 年 12 月，奥地利在德累斯顿与普鲁士签订和约。腓特烈保留对西里西亚的拥有权，但承认玛丽亚·特蕾莎的丈夫弗朗茨·斯蒂芬为神圣罗马帝国皇帝。弗朗茨一世（1745~1765 年在位）接替了死于 1745 年的维特尔斯巴赫家族的查理七世。

普鲁士对西里西亚的占有还远远没有成为定局，在北美和印度英法两国对殖民地的争夺战愈演愈烈。奥地利首相考尼
170 茨伯爵（Graf Kaunitz）寻求与法国结盟，以便迫使普鲁士归还西里西亚。腓特烈不相信波旁王朝和哈布斯堡皇朝之间可以互相理解，1756 年 1 月，他与英国缔结了《威斯敏斯特条约》（Westminster-Konvention）。该条约应让他免去对俄国的后顾之忧——1746 年俄奥签订了一个为期 25 年的《防御同盟条约》（Verteidigungsbündnis）。英国希望借助《威斯敏斯特条约》保障汉诺威选侯国（Kurfürstentum Hannover，自 1714 年起与英国结成共主邦联）不受法国的攻击。1756 年英法两个强权国家在北美的关系日益紧张，战争一触即发。

腓特烈以为他与英国的联盟将会和他与法国的联盟并存，事实证明这不过是幻想。《威斯敏斯特条约》签订后，法国和奥地利之间的联盟接踵而至：逆转联盟（renversement des alliances）[①]。这在欧洲可是开天辟地头一遭。英国对巴黎和维也纳之间协议的回答是 1756 年 5 月对法宣战。对于预料之中的法国人、奥地利人和俄国人的进攻，1757 年 8 月腓特烈先下手为强占领了萨克森选侯国。七年战争（Siebenjähriger Krieg，1756~1763 年）就此揭开序幕，这场战争同时也是第三次西里西亚战争，从普鲁士角度看完全是一场预防性战争。[69]

历史学家弗里茨·瓦格纳（Fritz Wagner）称这场 1756 年在欧洲和海外爆发的双重战争为“欧洲历史上第一次具有真正全球性政治风格的战争”。战争结束后仍然还有普鲁士王国，它还

---

① 又称“外交革命”。

拥有西里西亚，从而能够保持自己在欧洲的强权地位，令很多同时代人都觉得几乎是个奇迹，因为对手联盟过于强大，瑞典和大多数神圣罗马帝国诸侯都加入了反对普鲁士的联盟。腓特烈二世本人甚至也谈到“勃兰登堡王室的奇迹”，因为俄国和奥地利人错过了良机，在他 1759 年 8 月遭遇库勒斯道夫（Kunersdorf）战役惨败时没有猛追穷寇，给了他喘息的机会。[70]

1762 年 1 月俄国女皇伊丽莎白病逝后，战争发生了决定性转折。女皇的外甥和继承人彼得三世（Peter III.）是腓特烈的崇拜者，同年 5 月他在圣彼得堡与普鲁士签订《和平友好 171
条约》，接下来瑞典也同意停战。1762 年 11 月法国和英国协商同意终止这场战争。1763 年年初奥地利和萨克森也同意与普鲁士握手言和，2 月 15 日签订了《胡贝图斯堡和约》。为了保住西里西亚，普鲁士只需把其侵占的萨克森归还给萨克森选帝侯。

海外战争的赢家是英国。为了英国的利益，在 1763 年 2 月 10 日签订的《巴黎和约》中法国不得不放弃其对北美大陆和一些它所征服的加勒比海岛屿的主权，它还将路易斯安那的部分地区割让给了西班牙。在印度它只保留了几个港口如本地治里（Pondichéry）和马埃（Mahé）；早在 1757 年英国人就在克莱武勋爵（Lord Clive）率领下征服了昌德那戈尔（Chandernagor），以及与法国结盟的孟加拉和加尔各答。加尔各答是英国于 1690 年创建的，在孟加拉发财的克莱武于 1756 年再次为他的国家攻陷了加尔各答。当老威廉·皮特（William Pitt der Ältere），1756~1761 年的英国外交大臣和后来的首相，评价英国在七年战争中的巨大成就时说出那句名言——“加拿大是在德国被征服的”，这几乎毫无夸张。伦敦政府年复一年在下议院批准下给予普鲁士慷慨的补贴，这些钱被证明没有白花。普鲁士的腓特烈大帝牵制住法国军队，这为英国在海外取胜做出了重要贡献。七年战争的一个重要结果是普鲁士证明了自己是个强国；另外一个结果也同样具有重大的世界史意义：英国作为领先的殖民国家稳固并拓展了自己的权利。[71]

通过参加七年战争，俄国进一步融入欧洲列强体系。当沙皇彼得三世自愿退出征战后，俄国放弃了从这场战争中直接获益；被占领五年之久的东普鲁士被归还给普鲁士王国。然而彼得的统治只持续了半年，他的妻子——史称大帝的叶卡捷琳娜二世［Katharina II.，1762~1796年在位，她是一位安哈尔特-采尔布斯特公主（Prinzessin von Anhalt-Zerbst），其父是一
172 位普鲁士将军］——让禁卫军在1762年1月推翻了彼得的统治（并纵容了随后对他的杀害）。

皇位易主并未改变俄国亲普鲁士的新政策，1764年叶卡捷琳娜续签了与普鲁士的《同盟条约》。在条约中腓特烈同意女皇的强力干预，即让斯坦尼斯瓦夫二世奥古斯特·波尼亚托夫斯基（Stanislaus II. August Poniatowski，女皇的恋人之一）担任波兰国王，同时还认可了女皇的另外两个有关波兰的要求：保护宗教上的异见者，这指的是东正教和新教教徒，以及维持现有宪法。第二点意味着否决早该进行的改革，就连波尼亚托夫斯基也认为改革势在必行，这令女皇十分不快。为了能完全控制波兰，女皇的使节列普宁侯爵（Fürst Repnin）促成了拉多姆联盟（Konföderation von Radom），1767/1768年在华沙召开的联盟帝国议会证明，联盟是确立俄国成为波兰保护国的可靠的合作伙伴。

一些波兰有权有势的大贵族却不愿屈服，他们组织了巴尔联盟（Konföderationvon Bar）。在波兰开始内战时反俄派得到了奥斯曼帝国的支持，后者于1768年对俄国宣战；有时反俄派还得到奥地利的支持，为了防止俄国向巴尔干地区扩张势力，1771年奥地利甚至与奥斯曼帝国签署了一项《援助协定》

（Subsidienbündnis）。

这种格局促使俄国和普鲁士的合作更加密切，这两个大国协商瓜分波兰，尽管玛丽亚·特蕾莎起初还犹疑不决，最终奥地利也参与了瓜分。根据 1772 年的协议，波兰东部的大部分地区——主要是非波兰人居住的地方（即拉脱维亚、立陶宛、白俄罗斯和乌克兰人聚居地）划归俄国。普鲁士得到了西普鲁士（起初还不包括但泽和托伦），以及瓦尔米亚教区（Bistum Ermland），此外还有库默尔兰（Kulmerland）和内策区（Netzedistrict），后者为霍亨索伦国家在勃兰登堡和东普鲁士之间架起了一座陆桥。奥地利则占据了加利西亚（Galizien）的大部分地区，三年后又侵占了布科维纳（Bukowina）。

通过 1772 年的瓜分——史称第一次瓜分波兰，波兰失去
了其三分之一领土和约一半的人口。三个欧洲大国联手掠夺他 173
国领土，其任意性堪称史无前例，超过了专制国家到那时为止
打着各自国家理性的幌子对其他国家及其臣民所要求的一切。

然而，1772 年只不过是肢解波兰的开始。外国强权对国家的肢解给了爱国的改革者推动力，让他们认真对待国家与社会的重建。军队进行了重组，教育系统得到彻底调整，来自西欧和北美的较新的有关国家理论的文献被接受。

1791 年 5 月 3 日“大议会”（Große Reichstag）通过了《政府法案》（Regierungsform，即《五三宪法》）：这是一部宪法，它废除了“自由否决权”和联邦制，宣告主权归整个国家，以及立法、行政和司法三权分立。今后波兰应是萨克森选帝侯韦廷家族（Haus der Wettiner）领导下的世袭君主制国家。天主教教会保留其国教地位，禁止改变宗教信仰，但对其他宗教信仰持宽容态度。贵族仍是享有特权的等级，但城市市民阶级在议会中获得代表席位，而且市民可以担任国家公职。贵族庄园的农民受到法律保护，只要他们和领主之间存

在自愿协议。农奴制未被废止。尽管有这种前现代的遗留物，这份《政府法案》仍是欧洲的第一部成文宪法，按照时间计算，它比1791年9月3日通过的《法国宪法》（*Constitution Française*）刚好早了四个月。

令西欧钦佩的东西，却被俄罗斯帝国视为挑衅。俄国的反应一如既往，即诉诸武力，并且借助了一个受圣彼得堡控制的塔戈维查联盟（Konföderation von Targowitz）的力量——该联盟是由保守的老式大贵族构成的。普鲁士这次仍旧参与其中，1793年1月这两个大国决定第二次瓜分波兰。沙皇帝国将其领土继续向西推进；普鲁士则兼并了但泽、托伦、格涅兹诺（Gnesen[①]）、波森（Posen）和卡利什（Kalisch），这一大片地方主要居住的是说波兰语的居民。奥地利没有参加对波兰的第二次瓜分。

174 欧洲的自由势力义愤填膺，但无力回天。为了避免流血，国王斯坦尼斯瓦夫二世转而加入塔戈维查联盟一方，从而让吞并获得承认。塔德乌什·柯斯丘什科（Tadeusz Kościuszko）率军反抗，他在英国北美殖民地的独立战争中有过卓越的表现。他领导的反抗在八个月后才被镇压下去，这些自由斗士失败后，1795年波兰遭到第三次瓜分。这次奥地利的参与甚至还要早于普鲁士。俄国继续吞并波兰东部多个区域直至尼曼河（Njemen）和西布格河（Bug），奥地利得到了加利西亚以西地区包括克拉科夫，外加桑多梅日（Sandomir）和卢布林，普鲁士获得大面积土地，从梅梅尔（Memel）一直到西布格河，包括华沙和比亚韦斯托克（Bialystok）。1795年对波兰的瓜分不是最后一次，但此后独立的波兰就不复存在：这种亡国的局面一直持续到第一次世界大战结束。[72]

---

① 此为其德语名称，波兰语名称Gniezno。

一个欧洲曾经的大共同体的解体，对瓜分它的三个大国亦产生了深远影响。俄国的国界向西移动了很多，但这并未让它更为西化，而是变得更加专制和高压。奥地利越来越成为一个多民族帝国，这使得它同时脱离了神圣罗马帝国，并与其他德意志诸侯国渐行渐远。普鲁士的崛起与波兰的衰亡有着千丝万缕的联系。

普鲁士未能长期占有 1795 年所吞并的波兰疆土，历史证明这是好事：霍亨索伦王朝作为“德意志强权”的程度要远远高于哈布斯堡皇朝，所以 19 世纪它有权领导民族统一并最终如愿以偿。参与瓜分波兰的三个大国的共同利益是：不再让一个独立的波兰出现。这决定了它们在欧洲列强体系中的角色，直到它们在第一次世界大战中战败，是的，对俄国和德国而言，甚至影响到它们此后的角色。

1791 年 5 月 3 日的波兰宪法之父们从中汲取精神养分的文本，并非全部都是新作。其中最重要的大约一百年前就问世了：约翰·洛克（John Locke）的《政府论（下篇）》（*Second Treatise of Government*）于 1689/1690 年在伦敦出版，这是其《政府论》（*Two Treatises of Government*）一书的第二部分。在第一部分中，作者详细剖析了当时已被广泛遗忘的保王党论战檄文——罗伯特·菲尔默爵士（Sir Robert Filmer）的《先祖论或论国王之自然权》（*Patriarcha or the Natural Power of Kings*）。在第二部分中，洛克依照副标题探讨了国家权力的原状、延伸与目的（“The True Original, the Extent, and the End of Civil-Government”）。正是这第二篇专论，主要得益于 1691 年就已经翻译成法语的一个两篇全译本，在欧洲和英国的北美殖民地受到了格外关注，它对西方的政治思想所产生的持续性影响几乎没有第二本著作可以与它相提并论。

约翰·洛克（1632~1704 年）学过古代语言，在克伦威尔统治时期在牛津大学著名的基督教会学院（Christ Church College）学习哲学、自然科学和医学。自 1662 年起，即查理二世复辟时期，他在基督教会学院教授修辞学和哲学。对他影响最大的是哲学家勒内·笛卡儿（René Descartes，1596~1650 年）和其 1641 年出版的《第一哲学沉思集》（*Meditationes de prima philosophia*）。1666 年洛克结识了辉格党领军人物安东尼·阿什利·库珀，即后来的第一代沙夫茨伯里伯爵，1667 年后者雇用他为自己的医生、秘书和政治顾问。洛克因此搬入伯爵在伦敦的府邸，在接下来的十年中还担任了多个政府部门的职务。1682 年沙夫茨伯里伯爵密谋反对查理二世的事情败露，出逃荷兰，次年洛克同样流亡到荷兰的鹿特丹。在那里他主要完成了其哲学代表作——1690 年发表的《人类理解论》（*Essay Concerning Human Understanding*）。根据国王的命令，1684 年在不在场的情况下他被开除了牛津大学的教职。直到 1689 年初光荣革命之后 176
他才返回英国。

直到 20 世纪中叶，《政府论（下篇）》被认为是为 1688/1689 年英国革命辩护的著作。实际上，正如彼得·莱斯利特（Peter Laslett）在 1952~1956 年的考证所清楚证明的，该文主要撰写于约十年前的 1679/1680 年，也就是在写作（答辩罗伯特·菲尔默爵士著作的）《政府论（上篇）》之前。《政府论（下篇）》包含着光荣革命的计划，但是这场政治大变动的发起者们当时对这一计划尚不清楚。洛克的论文当时和现在阅读起来都好像是对托马斯·霍布斯的《利维坦》的一种回答。但《政府论（下篇）》的作者并未在任何一处援引 1651 年出版的那部名作，不是因为他不知道那部著作，而是出于谨慎。尽管洛克拒绝国家必须拥有绝对权力的学说，但在论证方法上，即论证政治科学的哲学和人类学依据上，《政府论（下篇）》与《利维坦》的观点相去并不十分遥远，要比因循守旧的菲尔默的《先祖论》近很多，后者试图直接从《旧约》中为诸侯权力寻找理由。许多人认为霍布斯是无神论者，仅因为这一点洛克就得注意，绝不能让人把他和霍布斯联系起来。[73]

与霍布斯一样，洛克也认为国家的形成是对不如意的自然状态的一种回答。但比较年轻的作者所描述的这种状态要比更为年长的那位作者的描述少了许多阴暗，因此二者对人的形象的描绘也相去甚远。人面对人时不再是狼；他可以拥有理智，能判别对错；他拥有财产。当他使用暴力捍卫自己的权利时，他这样做不是为了复仇，而是为了补偿自己所遭受的不公正待遇。只要还没有尘世的法官存在，他就会求助上苍作为法官来处理自己的事情，靠一种不成文法——自然法。但这种办法不能有效地提供财产保护，正是出于这个原因许多个人结成了一种共同
177 体或一个国家。这样他们就组建了“一个单一的政治体（one Body Politick），其中多数人有采取行动的权利，并且还可让其他成员一起承担义务”。

“政治体”这个概念不是洛克新创造的。詹姆斯一世时的英国哲学家和政治家弗朗西斯·培根（Francis Bacon，1561~1626年）和托马斯·霍布斯就已经使用过它。但他们也不是这一比喻的发明者，1250年前后博韦的文森特（Vincenz von Beauvais）类比基督徒将教会描述为“基督奥体”（corpus Christi mysticum），首次谈到“共和国的奥体”（corpus rei publicae mysticum）；而且在柏拉图和亚里士多德那里就已经有了关于国家和身体的比喻。[74]

与霍布斯的观点不同，洛克认为随着国家的产生人的自然权利并未失效；相反正如我们将会看到的，它们仍保有意义，在某些情况下，它们还包括一种权利，即反抗国家的权力。自然状态下的自然法对所有人具有约束力。“为自然法辩护的理智教导所有人——如果他们想征求建议的话，鉴于大家都是平等和独立的，任何人不得危害他人的生活、健康、自由或财产。所有人都是唯一的造物主创造的，他们是按照独一无二、至高的主的命令和委托降临世上的。他们是他的财产，因为他们是他的作品，由他创造，他们所能存在的时间全凭他的喜欢，而不是凭他们自己喜欢。”[75]

洛克多次提到上帝并一再援引《圣经》，但这并未使他免遭后来的作者的指责，其中包括列奥·施特劳斯（Leo Strauss），他们认为他掩盖了自己的真实意图：他实际上是享乐主义的代表，其对自然法的解释完全追求的是个人幸

福，只是出于策略原因他才引用了传统的自然法专家理查德·胡克（1554~1600 年）的许多话，用胡克的《教会政治体法则》（*Laws of Ecclesiastical Polity*）为自己进行再保险。很多迹象表明这种论点并非捕风捉影。洛克的自然法学说有较大波动和许多矛盾，追求幸福对他来说确实是人类除自保外的一种最高价值。洛克不愿承认背离了传统的基督教对自然法的观念：在他看来，即使是上帝也必须快乐生活。 178

与洛克相比，德意志国家法教师塞缪尔·普芬多夫（Samuel Pufendorf，1632~1694 年）在研究霍布斯对自然法的“现实”修正，以及对自然法理论的发展方面做出了更多贡献（洛克曾深入研究普芬多夫的著作）。德国政治学家瓦尔特·奥伊希纳（Walter Euchner）曾谈到“新享乐主义挖空了传统的自然法”，这是一种继承了古代哲学家伊壁鸠鲁衣钵的思想倾向，除了法国物理学家和哲学家皮埃尔·伽桑狄（Pierre Gassendi，1592~1655 年），洛克也可被归于此派。奥伊希纳补充道：“洛克的自然法学说特别适合用来研究从封建的、亚里士多德—经院哲学思维向开明的、理性主义的资产阶级思维过渡的问题。”当然，正如施特劳斯不无道理地指出的，在《政府论（下篇）》中，反正“与其说是哲学家洛克，不如说是英国人洛克在发表意见，而且他不是把哲学家，而是把英国人当作自己的读者对象”。[76]

如果洛克把国家创建学说引回到为财产寻求保护的愿望上去，他的论据似乎纯粹唯物，几乎是“马克思主义”的，即他充当了有产阶级的利益的代言人。但首先，他理解的“财产”要远远超过单纯的物质财富，而是生命、自由和财产。其次，不仅是大宗财产，而且每件微小的财产都要受到共同体给予的保护。[77]

国家的创建是一种行为，通过它共同体本身得以构成，但同时行为者——为了权威能正常运转——退出行为，他通过“原始契约”（original compact），也就是以契约和信托方式，将权力进行了转让。创建国家同时意味着选择国家的形式。洛克按照自古以来常见的划分方式将国家形式划分为民主、寡头和君主制，后者又可以采取世袭或选举方式。洛克认为有一种国家形式与公民社会无法相容：君主专制。这种政体迫使人们继续生活在自然状态，保留了其所有不便。[78]

洛克认为混合政体［“政府的混合形式”（mixed form of government）］是完全可行的，它综合了不同政体的多种元
179 素。在此，他秉承了一种可敬的传统，该传统可以上溯到柏拉图和亚里士多德，但尤其可以上溯到希腊历史学家波里比乌斯（Polybios，约前 200~ 前 120 年）。洛克没有引用后者的话，但在 17 和 18 世纪，后者的著作被广泛阅读。波里比乌斯视罗马共和国为一种理想的政体模式，它混合了君主制、贵族制与民主制各自的优势，正是这种混合让罗马得以避免其中任何一种国家形式的独大，从而也避免了“各政体的轮番登场”。波里比乌斯把“各政体的轮番登场”理解为一种自然发展中必经的过程：先从君主制走向暴政，然后从那里发展到寡头政治，经过民主走向众愚政治，这是一种脱缰野马式的群众暴政，最后又会回归新一轮专制。[79]

在波里比乌斯推崇的混合政体中，各机构的平衡带来整个国家的平衡。这样这位古代历史学家就开了“制衡”（checks and balances）学说的先河，洛克虽然没有谈到这一点，但其理论却是建立在这一基础上的。洛克的混合政体是英国式的。立法机构创建在三个不同的主管部门的相互作用基础上：一位世袭的君主，他是常务最高行政权力的载体，因此有权召集或解散另外两个主管部门；世袭贵族大会，在英国为上议院；人民选出的（有固定期限的）议员大会，即下议院。[80]这里君

主、贵族和民主的诸因素也在共同起作用，以便各自都能扬长避短。

这样一种经过规定的“联合体”（Commonwealth）的目标不外乎“创建法律法规，以维护和保护社会全体成员的财产，为此要节制和限制社会各部分或成员的权力及统治”，而正是为了这一目标人们才选择了立法机构并赋予它权力。[81]

洛克认为在宪制政体中，立法机关是所能存在的最高权力。
一切其他权力都在立法权力之下，但立法权力所拥有的也只是一 180
种派生的、通过契约由人民赋予的权力。这是一种“为了特定目的行事的信托”权力。

立法机关必须遵守所公示的普通法；它不可以追寻民生以外的任何其他终极目标；没有人民或其代表众议员们的同意，它不能提高对人民财产的税收；禁止它把立法权委托给任何其他人。一旦立法机关的行为损害共同体利益（公共财产），从而违反自然法，它将失去人民的信任。还不止于此：这种行为让政府解体，令共同体得以甚至是必须重新亲自动手捍卫自己的权利。[82]

只要一个立法机关遵守自然法，也就是说不是任意胡为，人民就不再有权力亲自行动：这是洛克持有的，前后一致的代表性政府体制的逻辑。与立法机关职责有别的是行政机关，它负责法律的执行。然而这并不是它的唯一任务，它还必须抉择有关结盟和战争的事情，因此承担着对外代表国家利益的责任：洛克为这种能力引进了联盟权（föderative Gewalt）的概念。洛克不同意给司法机构以独立权力的地位。但他认为必须承认法官、他们的公正以及权威，能根据适用的法律裁定所有纠纷。存在这种“尘世法官”（irdischer Richter），按照洛克的观点，是区分公民社会与自然状态的分界线：这种信念把他和约翰·弥尔顿（John Milton，1608~1674 年），著名的清教徒史诗《失乐园》（*Paradise Lost*）的作者联系到一起。弥尔顿也写过许多受到广泛阅读的政治和国家理论性论文。[83]

分权在洛克那儿并不意味着权力的互相隔绝，至少在立法
181 与行政权力的关系上不是这样。行政权力的最高承载者同时也是立法权的组成部分。（“君临国会”的示范意义在此是不言自明的。）最高行政权的持有人受立法机关的约束，只要他实施法律。[84]作为拥有联盟权的人，他不受立法监督。这同样适用于“特权”：这个领域是没有任何法律防范措施的，一旦发生突发事件需要立即采取行动，甚至是采取表面上有违法律的行动，或是统治者根据传统而拥有的赦免权。[85]

洛克认为，行政权力的最高承载者抵制甚至消除立法机关的影响的风险，要大于立法机关滥用手中权力的风险。触犯法律的统治者无权要求他人服从。因为“臣民的忠诚不外乎服从法律”。如果立法机关受到阻碍，无法完成自己的任务，就必须以武力排除障碍。“在所有局面下，无论出现什么情况，对付暴力的最好办法就是以暴制暴。非法使用暴力总是让使用暴力者成为战争中的侵略者，他面临的危险将是，被别人以其人之道还治其人之身。”[86]

国内的战争状态——内战，意味着再度陷入自然状态，没有尘世法官。尽管人民不可能是自己的法官，“可人们根据先于和高于一切实在法的法则，保有一项属于全人类的最终抉择权，当他们在尘世有冤无处申的时候，因为他们有正当理由，他们就会有求助上苍的欲望”。当然这不该发生在统治者触犯了较小的法律时。相反，如果“罪大恶极，大多数人都不仅感觉到这种罪恶，而且忍无可忍，相信是该彻底解决这些现象的时候了”，那它就是进行正义反抗的一种先决条件。[87]

洛克在《政府论（下篇）》中谈到政府解体的段落时对此有更详尽的表述。并非公共事务中的每个小失误都会导致革

命。“对政府的大过错，许多错误的、令人不快的法律条文，以及因人性的弱点造成的疏忽性失误，人民都会容忍，不会叛 182
乱和发牢骚。然而如果发生一连串的滥用职权、欺诈和阴谋诡计，一切都不可避免地让人民明白和确切感受到身处何种桎梏之中，看清楚事态在向何处发展，人民起义就毫不奇怪了，它要把统治权交到能实现那些目标的人手中，当初正是为了实现那些目标才创建了政府……”人民的反抗反对的不是人，而是一种权威，这种权威以暴力践踏了法律，并以暴力为这种践踏辩护。因此，真正的叛乱者是那些引发没有权威的暴力、让人民遭受战争状态的人。[88]

明智的诸侯不会陷入被其人民通过叛乱或革命推翻的险境。他们不会存心要把一个君主制的国家变成毫无法度的暴政国家。但人性的弱点总是难以避免，这种弱点表现为攫取一切权力的意愿，把立法权和行政权掌握在自己一个人手中，而且自己不受法律约束。“在秩序井然的政体中，要照顾到所有人的利益，因此立法权要掌握在多个人手中，这些人自己也要遵守他们在合乎规范的大会上制定的法律。这形成一种新的强大压力，让他们确保法律符合公共的利益。”[89]

约翰·洛克有很多先驱。正如波里比乌斯就已经为混合政体的优势站出来辩护，人类共同生存建立在契约基础上的想法亦可上溯到古代：人们可以在公元前5世纪的智者普罗泰戈拉（Protagoras），后来在伊壁鸠鲁和罗马的西塞罗以及乌尔比安那里找到它。从罗马法中产生的程序原则“Quod omnes tangit, ab omnibus tractari et approbari debet”（与大家有关的事，必须由全体讨论通过），在中世纪繁荣期，特别是在后期受到神学家、哲学家和法学家的援引，目的是替国王的统治提供一种有关契约的起源。

至于与契约学说密不可分的反抗暴政的权利，洛克也是 183

在秉承可追溯到古希腊的传统。基督教中世纪时就有神学家，包括洛克的同胞索尔兹伯里的约翰（Johann von Salisbury，1115/1120~1180 年），即后来的沙特尔主教（Bischof von Chartres）在其《论政府原理》（*Policraticus*）中，宗教改革后又有 16 世纪的加尔文派“反君权运动者”泰奥多尔·贝扎（Theodor Beza）、弗朗索瓦·哈特曼（François Hotman）和《人民有权反对暴君的辩白》（*Vindiciae contra Tyrannos*）一书的匿名作者斯特凡努斯·尤尼乌斯·布鲁图（Stephanus Junius Brutus），为反抗甚至杀死暴君辩护。然而反君权运动者认为反抗暴君的权利不在个人手中，而是仅限于各等级的代表，如果各等级代表缺失，基层的市政当局则获得此权利。这样他们一方面与路德派神学家，如 1550 年《马格德堡告白》（*Magdeburger Bekenntnis*）的作者们建立起传承关系，后者也给予了基层的新教主管部门如市政当局（而不仅仅是新教诸侯）抵抗信仰天主教的皇帝的权利，另一方面加尔文反君权运动者比其路德派前辈迈出了更为重要的一步，他们承认基层的主管部门不仅有权反抗宗教压迫，而且有权就上级主管部门的任何形式的暴政进行自卫。[90]

加尔文派德意志法学家约翰内斯·阿尔色修斯（Johannes Althusius，1563~1638 年）先是在黑森的赫尔博恩（Herborn）当教授，后在东弗里西亚的埃姆登市（Emden）任法律顾问。他是让·博丹君权理论最尖锐的批评者之一，与法国反君权运动者的立场相近。与后来洛克的观点相似，他认为王权是建立在授权协议（contractus mandati）基础上的，由此这位德意志国家法学者得出以下结论：民权稳于并大于王权，国王是为了王国而存在的，而不是相反。[91] 在其 1603 年出版的《政治方法论》（*Politica methodice digesta*）一书中，阿尔色修斯提出统治者要由（当选或世袭的）“督政官”（Ephoren）来监督。这些人的责任是看守“最高执政”，所以他们的权力高于国王，如果后者发展成暴君，就废黜他。进行抵抗的权利在阿尔色修斯这里与在反君权运动者那里一样，不是属于个人的，而是属于等级的。与他们不同，洛克不但认为立法机构有权反抗行政机构，而且认为个人也拥有相应权利，反对非法施暴的所有其他 184
人，在一定情况下也包括议会中的多数。[92]

鉴于人性的弱点，阿尔色修斯认为“单纯”的政体形式特别脆弱，因为它容易蜕变。因此他和洛克一样主张建立君主、贵族和民主混合的政体。[93]他的“政治”中还没有包括成熟的分权学说，但有一种在洛克那里所找不到的东西：这位德意志反专制主义者十分强调城市、省和帝国政治体——面对中央权力时——的各种权利，从而为联邦分权自治和辅助性原则普遍适用的理论奠定了基础，据此只有在较低的统一体没有足够的力量来合理履行其责任时，较高的统一体才被允许接手这些责任。“最高执政者……的权力仅限于共同体或王国成员们明确授予他的那些权力。没有转交给他的权力，仍……属于人民或整个共同体”：对阿尔色修斯来说，这一准则几乎可以说是神圣罗马帝国的“基本法”。[94]

洛克的“基本法”概念，最早大概可上溯到贝扎的“基本法律”（lois fondamentales），以“所有政体的第一和基本的实证法”形式出现。它是有关建立立法机构的法律，而洛克又提出与此法相对并高于此法的另一个基本法：“第一和基本的自然法”。后者本身必须凌驾于立法机构，即旨在“维持社会的存在和（只要能与公共利益相一致）每个在社会中的个人的生存”。[95]

洛克的国家符合“法治帝国，而不是人治”的原则，该原则是詹姆斯·哈林顿（James Harrington，1611~1677年）——霍布斯的早期和尖锐的批评者同时也是克伦威尔治下共和思维的主要代表——在其1656年出版的《大洋国》

（*Commonwealth of Oceana*）一书中创立的，他援引了亚里士多德和罗马历史学家李维的话。[96]“没有法律，也就没有自由。”洛克在《政府论（下篇）》中如是说。[97]洛克认为立法机构是国家主权的受托人（这种观点与阿尔色修斯认为“督政
185 官”地位高于“最高执政者”的理念是密切相关的）。两位作者的出发点均是：创建国家靠的是人民公开或默许的支持。

但说这两位作者有“主权在民”的思想显然是一种夸张。客观事实是，在洛克生活的时代（以及此后很长一段时间）英格兰下议院所代表的只是极少数男性富有市民和贵族，只有他们拥有选举权。此外选区的划分也是非常不平等的：城市选区有许多选民，农村选区的选民则极为稀少，后者被称为“腐败选区”（rotten boroughs）。阿尔色修斯的“督政官”只有一部分是选举产生的，多数属于官方的各个审察委员会。

虽然对洛克来说所有的人都是生而平等的，但他告诫读者不要误以为他谈到的是所有意义上的平等。“年龄或能力可以给予一些人公正的优先权。优秀的天赋和功绩能够让另一些人超出平均水平。出身、亲缘关系或善行则会让这个人或那个人有义务向那些人表示敬重，那些人是他们出于天性、感恩或其他原因应该敬重的。尽管如此，这些在司法判决和一个人对其他人的统治方面并不违背人人平等的精神。”洛克的平等用他自己的话来说，就是“每个人都有天生自由、不屈服于任何其他人的意愿或权威的平等权利”。[98]

奴隶们对洛克来说不是拥有某些权利的人；他们不属于公民社会，而是仍处于自然状态。洛克本人从奴隶贸易中大大受益：他和他的赞助人沙夫茨伯里伯爵一样，拥有皇家非洲公司（Royal Africa Company）的股份，这家公司一直做贩卖黑奴的生意。[99]从洛克的所有人生而平等到不可剥夺的人权仍有漫长的路要走。然而，洛克的《政府论（下篇）》仍旧是一种历

史性的突破。其三权分立的学说对全能国家卫道士的挑战，以及在为建立自由的共同体开路上超过了他之前的任何思想家。

洛克 1704 年在英格兰去世时，这样一种共同体甚至在大 186
不列颠也没有站稳脚跟。一瞥之下，事情似乎显得有些自相矛盾：议会制的政府体制在出自汉诺威王朝的最初两位国王乔治一世（Georg I.，1714~1727 年在位）和乔治二世（Georg II.，1727~1760 年在位）治下粗具规模，这却被具有批判精神的观察者们视为对古老的英格兰自由传统的严重威胁。事实上，英国历史上的第一位“议会”首相罗伯特·沃波尔爵士，在其 1721~1742 年的整个执政期一直不择手段地任人唯亲并直接向议员们行贿，以便让自己的辉格党人继续掌权，而使托利党长期沦为反对党。

沃波尔体制最尖锐的批评者是亨利·圣约翰·博林布鲁克子爵（Henry St. John Viscount Bolingbroke，1678~1751 年），他作为保守党人于 1704~1714 年在安妮女王（Königin Anna，詹姆斯二世的女儿，1702~1714 年在位）治下担任过政府要职。在被国王乔治一世解职后，为了免遭议会弹劾，他于 1715 年流亡法国。威胁着他的下议院公诉一方面是由于他在西班牙王位继承战中所扮演的有争议角色，另一方面也因为他与詹姆斯党人的关系，那是些追随斯图亚特王朝“老僭王”——詹姆斯三世（詹姆斯二世的儿子）的人。1715 年詹姆斯三世在苏格兰发动起义，旨在恢复斯图亚特王朝的统治，这场起义同样遭到了英国军队的血腥镇压，就像 15 年前他父亲在爱尔兰企图颠覆光荣革命的结果而被镇压一样，而且 31 年后，他的儿子查尔斯·爱德华（Charles Edward），别称“英俊王子查理”和“小僭王”，再次在苏格兰领导的、詹姆斯党人的最后一次进攻行动也难逃失败下场。

博林布鲁克在移居外国期间曾短暂担任王位觊觎者的秘

书，这给了辉格党人理由，依据《剥夺公民权法令》（Act of Attainder）给予他一项议会处罚，使这位保守的政治家失去了公民权和他的财富。在得到减判两年但还没有撤销剥夺公民权处罚的情况下，他于1725回到了英国。同年对他的议会处罚决定得到部分解除，但他仍然被排除在上议院之外（因其子爵身份他也无法进入下议院）。他认为自己长期遭到议会排斥
187 是因为沃波尔对他的个人反感。但博林布鲁克的另一类型的政治活动并未遭到禁止：新闻出版工作。这位杰出的演讲家和多种哲学、历史著作的作者知道如何利用这种机会。[100]

1733年10月，他在自己参与出版的杂志《工匠》（*The Craftsman*）中刊出以书信形式撰写的19篇论文中的第一篇，1735年初这些文章以《政党论》（*A Dissertation upon Parties*）为标题结集成书。这些文章的目的是创造一个平台，让反对沃波尔的自由派和保守派人士能够一起抨击“腐败的政府”。博林布鲁克认为，辉格党和托利党之间的对立在历史上已成往事。在光荣革命中，两党的温和派均放弃了原来的立场，因为这些立场已经不再适合改变了的现状；而目前的政府却长期和广泛地违背着“老辉格党人”一向坚守的价值观。因此，现在应该用接地气的“农民党”（Country Party）去反对执政的“宫廷党”（Court Party），前者由所有决心捍卫自由与宪法的力量组成。

根据英国宪法的性质，博林布鲁克认为，只有自由本身处于迫在眉睫的危险中时人们才有权反抗。出于战术原因，他先是好像在谈论一种遥远的、抽象而非现实的可能性。然而细心的读者可以毫无疑问地看出，作者认为因为本届政府，也就是沃波尔内阁，英国的宪法受到了威胁。[101]

博林布鲁克认为宪法和政府之间的差别极为重要。“如果我们想恰当和准确地表述的话，我们所说的宪法是法律、机构

和习惯的总和，它们派生于一些专门规定好的基本原则，其特
定目的是公共的利益；共同体决定要根据这些普遍适用的规
则体系去管理。如果我们在此要同样准确地表述的话，我们所
说的政府就是一种特殊的方式，最高权力机构和其下属机构如
何为公共事务效力。”或者简明扼要地说：“宪法是规则，我们 188
的王侯在任何时候都应根据它来进行治理；反之，政府作为规
则，是他们实际上在具体情况下可以倚仗的。”

一个好的政府坚守国家的基本规则，一个坏的政府不这样做。如果一个政府的统治不按法规，或是公然违反法规，那它就是残暴的政府。议会是自由的真正守护者，正是出于这个原因，全体不列颠人民才委托他们来代表自己。如果他们的行为违背使命，那就意味着对人民的奴役。“通过议会的腐败和国王或其大臣对议会两院的绝对影响，我们陷入了原来的状态，我们组建议会的目的本来是想要脱离那种状态。那么我们确实是被唯一一个人的意志所统治。”这将意味着英国宪法成了一纸空文。

博林布鲁克确信，英国宪法被从内部掏空的过程已经发展到晚期了。热爱自由的朋友们早就知道，权力的平衡，即国王、上议院和下议院之间权力的平衡，是维护宪法不可或缺的前提条件。这种平衡不仅被议员们的系统腐败，同时也因1716年引进的为时七年的议会任期（当时的理由是来自詹姆斯党的威胁，所以没有坚持1694年规定的三年议会任期）所动摇。正如博林布鲁克所强调的，议会的正派和经常选举以及下议院频繁开会，这些都属于英国体制的本质。[102]

保障自由的机构如果继续受到侵蚀，英国可能遭受和曾经的罗马共和国一样的命运，该共和国因普遍的腐败被专制君主的统治所取代。因此英国宪法处于极度危险之中。“如果我们不失去我们的宪法，我们就不会失去我们的自由，我们只有一种可能会失去我们的宪法，那就是我们成为破坏它的帮凶。”

189 这个宪法既是人民和统治者之间，也是全民族与其议会代表间经谈判缔结的契约，这种契约是有条件的。

根据博林布鲁克的观点，英国宪法的长处在于它选择的是一种混合政体。“君权、贵族和民主权力混合于一个体系之内，这三部分权力（国王、上议院和下议院——作者注）相互制约达到一种平衡，这种混合政体就是它这么长时间未受损伤的原因，而且一旦受损，它可以返回到其原始原则或是得到更新，甚至通过频繁和有益的革命”获得改善。起决定性作用的始终是人民代表的位置。“议会对人民发挥好的效用，因为它们让人民保持安静。而且人民对议会的影响也是有益的，因为议会一旦试图越界，人民会让它们待在一定范围内。”

然而，人民亦不该高估自己。如果说移交给王侯的权力过多，对人民意味着危险，那么留给自己的权力太多，对人民来说同样是危险的。“君主专制是暴政，但绝对民主则是集暴政和无政府主义于一身。”英国宪法是这种洞见的体现。“我国宪法的民主权力没有强大到足以超越贵族和君主的权力，但它足以用自己的力量去对抗和制衡其他任何一种权力，这样就不必非得利用它们各自的好胜心去挑拨王室与上议院的关系，坐收渔翁之利。”[103]

光荣革命，如果人们循着博林布鲁克的观点，有一种令人感到自相矛盾的作用：1688 年之前，王室的特权在运作过程中要比此后更为公开和高调；现在则较为隐蔽和低调，但其有效性和危险度却超过了以往任何时候。王室能够增加其间接权力，因为它通过下议院同意的年度拨款，除了“王室费”这
190 项国王的固定预算外，还能在宫廷的扩建和一般的职位分配与安插方面有很大的回旋余地。下议院为王室弄钱，国王和政府利用这些钱在下议院“收买”多数票。在上议院可通过传统的

Peerschub[①]手段——一次任命多位忠诚的贵族议员——来获得所希冀的多数票。国王和内阁可以通过任命、晋升和添加法官来影响司法机关。

博林布鲁克没有详细剖析腐败的恶性循环，但在他刊登于《工匠》杂志的最后一封信中已经表述得足够清楚：王室行贿权力并从中受益，人民愿意被收买，这种现象必须停止，因为它会“破坏我们的宪法，从而颠覆我们的自由”。议会两院对王室的依赖与推翻宪法秩序或完全取消两院制的议会并无二致。与以往任何时候的最高特权相比，即哪怕这种统治手段落入那些英国式宪法和政府的敌人之手，也不如现在腐败的危险致命。结论是：动员宪法的朋友（立宪派）去反对宪法的敌人（反立宪派），动员农民党反对宫廷党。否则，宪法将成为一纸空文。一旦宪法仅剩下一副空壳，情况将会比现在更糟。[104]

《政党论》一书的作者不是无党派的观察家。作为托利党前代言人，他用刊登于《工匠》的文章来回应对其从前的委托人——保守贵族之政治权利的系统剥夺，这种剥夺是由王室、自由派绅士和城市市民阶级联手完成的。他所挞伐的一些做法，即使是托利党执政肯定也是会使用的。但这并不妨碍博林布鲁克的批评令人信服。议会制度的合理性在于，在辉格党之后现在托利党（或者说是其中最进步的人士）也在努力，在人民中寻求赢得更为广泛的支持（如果不能得到全体人民的支持，那么至少是得到那些有选举权的少数人的支持）。

博林布鲁克捍卫议会反对派的权利和尊严，从而为议会理 191
论系统增添了一个元素，该元素在洛克为多数统治辩护的文论中尚不存在。“每个政府都是一个行为体系。”博林布鲁克在其写于1736年的文章《论爱国主义精神》（*On the Spirit of*

① 也作Pairsschub。

*Patriotism*）中写道，这是一篇受新斯多葛主义哲学流派很大影响的论文，“反对党因此也应该是一个行为体系，它是相对于政府，但不依附于它的体系。”他发现了以权利作为反对的主要武器，具体到英国它叫作：普通法（Common Law），即大不列颠王国的“基本法”，这些基本法构成英国的宪法。如果说，此前主要是那些被称作“辉格党”——甚至被称作激进派——的作者在为法治国家而斗争，那么自从博林布鲁克以来——而且也要归功于他——法治国家的思想也越来越深刻地影响了保守派理论家们的思维。

辉格党和托利党之间的对立并未由此而从世界上消失：博林布鲁克这类保守党人没有发展成建立在自然法基础上的有占有欲的个人主义的卫道士（以洛克为代表）；他们仍旧支持历史形成的政治自由的理念。凭借其对法制的明确承诺，托利党巩固了那个基本共识，两党今后在意见分歧和利益冲突的较量中总能以此为基准点。[105]

博林布鲁克对自己在1730年代的新闻出版工作的实际效果自然并不满意。无论是刊登在杂志上的系列文章，还是有关爱国主义精神的论文，均未达到他和他的朋友们所追求的目的：排除沃波尔的体系。但他们仍旧看到了一个按照他们的意图改变政治局势的机会：与威尔士亲王弗雷德里克（Frederick）合作，他是国王乔治二世的儿子和可能继承人，他不仅被说成是乐于接受改革思想，而且他确实如此。

弗雷德里克［他在汉诺威称弗里德里希·路德维希（Friedrich Ludwig）］本是博林布鲁克最著名的政治著作，写于1738年的论文《一位爱国国王的构想》（*The Idea of a*
192 *Patriot King*）的实际读者对象。按照作者的观点，一位爱国的国王必定完全彻底地以发扬英国的自由传统为己任。一言以蔽之：为了保证人民的自由，必须对王权进行必要的限制。自由对整体就像健康对每个个人一样重要。所有统治的最后和真正目的只能是人民的福祉。博林布鲁克在此不过是翻译了一位他所喜爱的罗马作家的话。西塞罗的伦理思想受斯多葛学派影响很深，所有识文断字的人都知道他的这句名言：“人民的福祉是最高的法则。”[106]

遵循这条格言行事，对一位爱国国王来说不是什么难事。因为君主制优于其他政府形式的最重要原因，按照博林布鲁克的观点不言而喻：“如果君主制提供了基础，通过贵族和民主因素或是二者的混合，让君主制统治趋于温和会更容易和方便；反之，想用君主制元素去缓和贵族或民主统治却并非易事。”如同在其早期著作中，博林布鲁克在这里仍旧认为英国的混合政体是所有政府形式中最明智的，可以确保“理性”和“激情”的必要平衡。在他看来，混合政体最好地符合了一项基本的人类学经验，即对人性的堕落的认识，正是这种认识让人们组建了受政府领导的社会，借此他们可以比以前更有效地使自己免受侵犯。[107]

但英国权力关系的平衡总是受到来自两方面的威胁：来自内部的党争（派系斗争）和来自外部的国家或国家联盟。它们决心破坏人类伟大共同体的和平。英国无法容忍这种状态。由于其位置、气候和土壤条件，以及其民族性格和政体性质，英国恰恰注定要成为商业和海上霸权。海洋是其疆界，船舰是其堡垒，舰队是其保护商业和贸易的唯一手段。

英国是一个岛国，所以它的政策必然要有别于欧陆强权国 193
家。英国自然需要陆军，但数量仅限于一个“好政府”用于自卫所必需的。英国不能出于它不那么感兴趣或不那么重要的原因而把其全部力量分散于陆地。“它必须持之以恒地提高大自然赋予它的力量，即追求海上霸权。它必须聚集自己的力量，以迎接重大挑战，这种挑战可能触及其切身利益或名誉，也可能事关欧洲普遍强权体系的格局。英国只有这样做，才能在发生纠纷时扮演仲裁者角色，守护自由和维护那种均势，对这种均势人们说得多，理解得少。”[108]

内部和外部“均势”间的内在联系从未被剖析得如此清楚。博林布鲁克在《政党论》中将议会称作内部自由的守护者；在《一位爱国国王的构想》中他指派给英国一项任务，即对外也要成为自由的卫士。正如内部和平要靠权力平衡来保障，欧洲的和平也依赖于均势。英国的任务就是要保持这种均势。因此，一个“爱国国王”是一位遵从这类有历史缘由的洞见的君主。

博林布鲁克寄予厚望的英国王储，已经不再有机会留心其指导者的建议了：弗雷德里克于 1751 年去世，比其父早逝世九年，博林布鲁克也于同年离世。1745 年沃波尔辞职，因为他已无法获得下议院的多数票。接下来的几届内阁中既有辉格党人，也有托利党人。“腐败政府”的体系在沃波尔之后的时代仍旧存在，把国家分成大小极为不同的选区的做法也保留了下来：这是对代议制原则的臭名昭著的破坏。许多“腐败选区”只有寥寥无几的选民，它们也几乎总是“提名选区”（nomination boroughs）：那里没有竞选，没有真正的选择，
194 而是由当地名流之中最强势者任命议员。

弗雷德里克的儿子国王乔治三世（Georg III.，1760~1820 年在位）统治了很长时间，却没有与一个政党建立稳固关系，这在一定程度上是在遵循博林布鲁克的原则——克服“派系之争”。但是，汉诺威王朝的第三位不列颠君主有自己的治国规矩，不是为了肃清政治腐败，而是要为自己创造恩庇垄断权。只有在美国独立战争中战败后，英国才重新回归议会制执政方式。1783 年，国王不顾下议院辉格党多数派的反对，任命锐意进取的保守党领袖、广受欢迎的小威廉·皮特

（William Pitt den Jüngeren）为首相。1784 年保守党赢得了下议院选举，使得皮特的位置几乎难以撼动，国王和下议院的力量对比发生了有利于后者的转变。

舆论对皮特的支持如此强劲，令他能够实施一项（目标有限的）内政改革方案：腐败至少得到控制，但“腐败选区”仍被保留，正是这类选区让许多托利党和辉格党议员得以当选。与辉格党人相比，老皮特的二儿子小皮特领导的托利党更接近博林布鲁克对农民党的设想。议会制现在已经站住了脚，下议院与公共领域的联系比以往任何时候都更为紧密。[109]

博林布鲁克《一位爱国国王的构想》出版十年后，1748 年孟德斯鸠的《论法的精神》在巴黎问世，这部著作为三权分立学说奠定了新的基础。作者夏尔·德·塞孔达·孟德斯鸠男爵于 1689 年出生在波尔多附近的拉布雷德城堡（La Brède），他在波尔多和巴黎学习了法学，1721 年因（匿名发表的）《波斯人信札》（*Lettres Persanes*）首次引人注目，该书用讽刺手法揭露了法兰西当时公共领域的状况。1728 年他入选法兰西科学院（Académie française）。六年后他发表了对罗马人之兴衰的观察 [《论罗马盛衰的原因》（*Considerations sur les causes de la grandeur des Romains et de leur decadence*）]。他的主要著作《论法的精神》建立在对历史、法律和哲学的广泛研究之
上。1729~1731 年，一次在英国为期近两年的逗留——这段时间 195
他也深入研究了洛克的著作——对《论法的精神》一书同样产生了影响，这不仅体现在以“英格兰政体”为小标题的著名的第十一章第六节，即孟德斯鸠三权分立学说常被引用的权威段落，而且贯穿其全部作品。

与洛克、博林布鲁克一样，孟德斯鸠也对古代经典了如指掌，熟悉古代的哲学家、历史学家和诗人。亚里士多德认为有节制的中庸之道是最好的政治，并认为中规中矩的生活是最

好的生活。孟德斯鸠援引亚里士多德，要求立法者掌握中庸精神；良好的政治和道德始终位于两极之间。亚里士多德把国家政体分为三类：君主制、贵族制和民主制（后者是民主与寡头政治的混合形式或是一种代议制民主）。孟德斯鸠所划分的三种政府形式是共和、君主和专制。奇怪的是，他进一步把共和制政府再次分为两种完全不同的从属形式，并分别予以论述：民主制和贵族制。贵族制的本质对应的是投票表决来抉择，相反民主制的本质则是通过抽签来决定，这种程序不会冒犯任何人，使每个公民都有希望能为祖国服务。[110]

孟德斯鸠给每类政府分派了一项固有的原则：民主的是德性，贵族的是适度，君主的是荣誉，专制的是恐惧。如果一种政体能为自己创造制衡力量，从而能够阻止自己堕落，那它就是走在正道上。因此，君主制的法律应保证一定程度的减速（une certaine lenteur），从而避免统治者的意愿得到太快的实施。此外，君主制还需要对其有依赖性的中间力量（puissances intermédiaires dépendantes），例如各等级，它们自己也对不要让人民占上风感兴趣。[111]

孟德斯鸠看到民主主要受到两种威胁。如果失去了平等精神，那其原则德性就会沉沦；但是一旦平等的思想被过分强
196 调，人人都想与自己选出的政府平起平坐，德性必会荡然无存。“民主政体应该避免两种极端，即不平等的精神和极端的平等精神。前者会使民主政体走向贵族政治或一人独裁政体；后者会使民主政体走向独裁专制主义，一如这种独裁专制主义会以征服告终。……好的与坏的民主体制的区别就在于：在前者中每个人仅仅作为公民获得平等，而在后者中人们还在官吏、元老、法官、父亲、丈夫和主人等各种身份上也都是平等的。品德的自然位置就在自由的近旁，但它与过分自由和与奴役之间的距离却是同样遥远。”[112]

孟德斯鸠认为共和体制只能在小区域内存在。一个大的共和国地大物博，因此很少会考虑适度性，相反，公共利益会被成千上万需要顾及的理由和各种特权所牺牲。但小的共和国也处于危险之中：外国霸权渴望扩大自己的领土，往往对它们虎视眈眈。

规避这样的危险只有一个办法：组建国家联盟。在孟德斯鸠眼中，属于这种国家联盟的有尼德兰联省共和国和瑞士联邦，同时还有德意志民族神圣罗马帝国，他将后者的特点概括为“德意志人的共和联邦”。帝国由自由城市和较小的诸侯国组成，即由拥有对立精神的成员组成：“君主的精神追求的是战争与征服，共和国的精神则是和平与适度。”该帝国作为国家联盟仍然存在是因为，其首脑“在一定程度上既是官吏，同时也是该联盟的君主”。神圣罗马帝国的政体因而不如尼德兰和瑞士的完善，后两者的成员遵从共同的共和精神。[113]

自由精神离不开法律。根据孟德斯鸠的观点，自由不外乎一种权利，即做一切法律所允许的事情的权利。德性亦依赖界限。要想让人不能滥用权力，必须规定事情的秩序，这种秩序通过权力来限制权力。波兰未能认识到这一点，其众议院中的“自由否决权”就是这方面的一个例子，如果法律的目的是每个个人的独立性，那么其后果就是对所有人的压迫。 197

然而世界上至少有一个国家，其政体的直接目的是自由：英国。弄清楚了英国人的自由是建立在什么原则之上的，那么英国的自由就必然显而易见了。“要在政体中发现政治自由并不困难。倘若人们能够在自由存在的地方见到它，为什么还要继续寻找它呢？”《论法的精神》的作者用这段话引领其读者进入相关章节①，而正是这一章令他享誉世界。[114]

---

① 即第十一章第六节“英格兰政体”。

孟德斯鸠在“英格兰政体”开篇处提出一个论点，并立刻对它重新进行了修订。他首先认为，每个国家都有三种权力，即立法权、对有关国际法事务的执行权和对民法有关事务的执行权。曾被洛克称为联盟权的、关乎战争与和平的第二种权力，作者接下来在这一章并未进一步探讨。但是他把最后提到的，对民法有关事务的执行权分为两部分，一个是负责实际遵守法律的行政权，另一个是负责诉讼与判决的司法权。法语的原始概念分别为“Puissance législative”（立法权）、“Puissance exécutrice”（行政权）和“Puissance de juger”（司法权）。

对于自由举足轻重的是：司法部门要独立于立法和行政机构。尽管如此，孟德斯鸠对司法权的重要性评估不是很高。法官应在特定的时间从民众中选出，他们不专属于某个职业，法院的任期根据实际需求来确定。此后司法权就变得“无影无踪”了，或是像在同一章另一处所表述的，从某种意义上说“等同于没有”。

立法权是严格代表性的；并不存在对议员们的强制委任，也就是说选民们没有给他们有约束力的委托，同样也很少有由人民直接进行的立法，因为这在大国是不可能的，在小国也会
198 引起诸多纠纷。两院制议会体系，即把立法机构分为一个由世袭贵族组成的上议院，和一个由选举产生的代表平民的下议院，其合理之处在于，每个国家都有一些人出身显赫、腰缠万贯或是荣誉非凡。“如果将他们与广大民众混在一起，并让他们像所有其他人一样只有投一票的权利，那么共同的自由对他们就意味着束缚。”在税收问题上，贵族代表组成的上议院只有反对权；代表平民的下议院不可总是开会，也不应自行召集会议或自行休会。然而，如果国王在较长时间内不召开议会，自由也就不再存在了。假若下议院不能每年决定预算，自由亦

将不复存在。

与立法权不同，行政权贵在雷厉风行，因此它应该掌握在一个人——君主手中。立法机构虽然无权阻止行政机构处理行政事务，但它必须能够检查其所制定的法律的实施情况。立法机构无权对行政官员进行审判，这是司法部门的权力。如果是贵族触犯了法律，则不必将他们交给普通法院审理，而是交给立法机构中由贵族组成的上议院去处理，上议院在这种情况下发挥法院的作用。

行政机构参与了立法，但不是通过决定权，而是只能通过反对权。正如立法两院有机会通过否决权互相遏制一样，立法权和行政权也彼此制约。孟德斯鸠说，这是英国政府之政体的基本结构，《论法的精神》一书第十一章第六节介绍的就是这种结构。

英国人的自由有其历史，这个历史有其渊源。“如果人们阅读塔西佗论述日耳曼人习俗的出色著作，就会发现，英国人
的政治统治原则是从日耳曼人那里继承的，该美好体系是在森 199
林里发明出来的。”博林布鲁克也对自己国家的自由历史有类似解释：他认为是自由的撒克逊人——“frilingi”首先把人民集会和议会制带到英格兰的，他们强化了这些制度，甚至连征服者威廉在1066年搞诺曼征服时都无法再取消这些制度了。只有当英国的立法机构有朝一日比执行机构更加腐败时，英国的自由才会沉沦；孟德斯鸠这么认为，他这也是在遵循博林布鲁克的判断。[115]

18世纪中叶，英国政体的现实与孟德斯鸠描述的已有所不同。政府早就既依赖于国王，也依赖于下议院的多数席位。至于第三股势力大法官（Lord Chancellor），作为上议院的议长他是立法机构的成员，作为内阁和枢密院（英国君主的咨询机构）成员他是执法机构成员。此外还有执法机构和立法机构

（后者为间接）对司法部门所拥有的非正式的影响可能性：虽然法官们原则上若“在任职期表现良好”，就不可撤职，但他们能否升职和薪酬有否改善，则取决于君主和政府。[116]

在孟德斯鸠所生活的时代，权力之间的界限在英国有很大的可渗透性，以致无从谈起严格的权力分离（或至少不能像《论法的精神》一书作者所描述的那样）。至于司法机构的情况，这种渗透性与洛克、博林布鲁克或孟德斯鸠所描写的法治南辕北辙。同样，沃波尔政府时通行对国会议员的“收买”，对此孟德斯鸠并未明确提及。相反，执行权对立法权（具体地说就是下议院）的依赖是一种历史的进步，它是17世纪末和18世纪初英国政体史的显著特点。当孟德斯鸠描绘出一幅画面，其中上下两院以及立法和执法机构平等地相互影响和遏制时，他错误判断了英国议会君主制的特殊性和其在向议会民主
200 方向发展过程中的各种可能性。孟德斯鸠比他之前的其他人认识得更清楚的是那种建立一个法律与法制国家基础上的三权分立的性质：区分立法、行政和司法权的不同职责范围。

尽管对腐败有诸多诟病，孟德斯鸠介绍了自己所钦佩的英国的自由政体，并把它作为榜样推荐给自己的国家。但这并非他撰写《论法的精神》的唯一目的，他的计划更加雄心勃勃：他既不想提交一个理想国的乌托邦，就像16世纪初的托马斯·莫尔和17世纪初的托马索·康帕内拉（Tommaso Campanella）所写过的；也不想以霍布斯的《利维坦》方式为专制统治辩护，去描绘一种所谓的现实国家之蓝图。孟德斯鸠的目标是提出一种有历史依据的政治学说，这离不开以下两点：首先要对其他人观察与研究以前时代和外国文化的结论抱有知性好奇心；其次要有能力总结这些发现，并从系统的角度对它们进行整理。如果在这一领域还有谁可以作为他的榜样的话，那就是《君主论》和《论李维》的作者马基雅维利：一位

政治理论家，同时也是一位历史学家。

对历史经验的科学梳理在孟德斯鸠这里获得一种如此显著的地位，所以历史学家弗里德里希·迈内克于1936年在其著作《历史主义的形成》（*Die Entstehung des Historismus*）中，就完全有理由将他称作具体的历史思维——历史主义——的开创者之一。[117]而人们把他视作政治学和社会学的开山鼻祖之一，他同样当之无愧。其比较国家政体形式的学说是政治统治的类型学，他试图为政治现象找到更深层次的原因，并将它们归纳进更大的历史、地理、社会和宗教背景中，则是一种新型的社会科学构思。

孟德斯鸠从理性的自然法则出发，这些自然法则的存在早于一切成文法，但它们的适应力足够满足不同条件的需要。他认为，“让我们设想一位造物主并引导我们皈依他的法则，按照意义而不是时间顺序来考量，是一切自然法则中的首要法则”。与霍布斯不同，孟德斯鸠不认为自然状态的人根据意志 201
想相互征服，而是认为他们满怀和平的愿望。从时间顺序看，和平是自然法则中的第一定律。

人们一开始生活在社会中就自我规定的成文法，是以一种古希腊罗马斯多葛学派意义上的原初规范为基础的：“就总体而言，法是人类的理性，因为它支配着地球上的所有民族；每个民族的国家法和公民法都不过是人类理性的具体应用范例。这些法律应该量身定做，仅仅适用于特定的民族，倘若它们也适用于另一民族，那便是一个极大的巧合。它们必须与现有的或有待建立的政体的性质与原则相吻合。……此外它们还必须符合国家的自然条件：气候是冷、热或温和宜人，土壤的性质，其位置和面积，不同族群的生活方式（务农、狩猎或是放牧）。它们必须符合某种自由度，这种自由度与政体、居民的宗教、他们的嗜好、财富、人口、他们的贸易以及生活习俗都要能相安无事。最终法律条款之间也有内在的关系：其出现的原因，立法者的意图和它们所要规范的事务的秩序。人们必须从所有这些出发点考虑它们……它们共同构建起法的精神。”[118]

与一般的统治理论相比，孟德斯鸠更感兴趣的是统治所采用的特殊外在形式。但他在考察具体情况时并没有忘记，一种政体的特点只有通过与其他政体的比较、通过对一种政体性质的清楚认识才能得出。对研究政体史来说，收集相关的观察结果是一种手段，而不是目的。研究目的是认识到能够产生自由政体的各种条件。由此可见，孟德斯鸠与受其钦佩的马基雅维利还是有很大区别的：《君主论》论述的是统治者所应遵从的准则，依靠这些准则才能获得、保持和提升权力；《论法的精神》探寻的是什么样的政治秩序适合在意政治自由的人类，以
202 及又有哪些因素有利于或不利于这种政治秩序的形成。

在孟德斯鸠的答案中凝聚着无数古代和现代学者的认识，当然也有他自己的独到见解。极端的气候有利于专制，温带气候则有助温和的统治。亚洲那种一望无垠的空间能让残暴的独裁者登上舞台，去追求大一统的天下；相反欧洲这种小格局的地方为许多中小国家的出现提供了基础。岛国人民要比生活在大陆上的民族更加热爱自由，这主要是因为岛屿通常不会太大，被暴君和外国征服者奴役的危险相对要小。[119]各民族普遍非常重视他们的习俗；如果强令他们改变习俗，就会让他们陷入不幸。因此，孟德斯鸠得出的结论是：不应该从外部去改变异族的风俗习惯，而是要等待他们自己来改变他们的习俗。“被奴役民族的习惯是构成其受奴役状态的组成部分，一个自由民族的习惯是构成其自由状态的组成部分……一个自由的民族能够拥有解放者，一个被压迫的民族只能得到一个新的压迫者。”[120]

大型商贸活动不适合君主制，而适合共和体制（按孟德斯鸠的分类，即贵族制或民主制）。“贸易精神唤起人们一定的

严格守信感……在共和体制的国家里，人们对自己的财富有更高的安全感，这促进了他们的创业精神，因为人们对从事贸易赚钱感到安全，所以敢于投资以获取更多回报。”这尤其适用于进行大规模海上贸易的国家，特别是英国。“其他国家总是为了政治利益而牺牲经济利益，英国则总是为了其经济利益而牺牲政治利益。英国也是世界上最懂得同时从三件大事上获益的国家：宗教、商贸和自由。”[121]

具体到英国，其宗教是基督教新教，孟德斯鸠认为它比天主教更适合于共和体制（此处的概念是按照他所选择的含义），天主教则更适合君主制。[122] 如果人们把基督教作为整体与伊 203
斯兰教进行比较，新教徒和天主教徒之间的差异则失去意义。温和的政府与基督教更好相处，相反专制政府则与伊斯兰教一拍即合。“神奇的是：看起来只追求彼世幸福的基督教，却为我们在尘世的生活带来了幸福……如果宗教是由征服者强迫给予的，那对人类不啻一种灾难。伊斯兰教总是仅用剑来说话，它是靠摧毁的精神建立起来的，也在用同样的毁灭精神影响着人们。”

孟德斯鸠认为，尽管埃塞俄比亚这个国家国土辽阔、气候恶劣，但正是基督教让该国避免了独裁统治，并且把埃塞俄比亚的①习俗和法律传入非洲内陆。福音所教导的温和，从根本上改变了国家间关系的性质：“一方面是希腊与罗马的国王们、军事统帅们不断遭到谋杀的场景历历在目；另一方面是同一批军事统帅们对不同国家与城市的烧杀劫掠，人们还可以进一步

---

① 本书作者所引用《论法的精神》德译本在此处译作“埃塞俄比亚的”，查得法文版为：“C’est la religion chrétienne qui，malgré la grandeur de l’empire et le vice de climat, a empêché le despotisme de s’établir en Ethiopie, et a porté au milieu de l’Afrique les mœurs de l’Europe et ses lois.”（Montesquieu, Charles de Secondat, baron de. De l’esprit des lois. Tome Quatrieme. Paris：Garnier，1973.）即应译作“把欧洲的习俗和法律传入非洲内陆。”——编者注

想到蹂躏了亚洲的帖木儿和成吉思汗。基督教施惠于我们的就显而易见了：在行政管辖方面我们有政治法，在战争方面我们有国际法，对此人类怎么感激都不为过。国际法使我们做到，胜利者为被征服的民族保留下一些最重要的东西：生命、自由、法律、财产，只要被征服者自己不糊涂，他们的宗教也总是得到保护的。”[123]

基督教的统治者和军事统帅们一再失去理智，违反其宗教的最高戒律，对此孟德斯鸠并未提及。他援引的是原始宗教——福音，基督教的统治者和军事统帅们必须按那里的尺度让人衡量自己。此外他的观点是对的：不同时谈到基督教福音的接受史，就既无法撰写个人权利的历史，也无法编纂国际法的历史。最初是耶稣区分了什么是该撒的，什么是神的。孟德斯鸠
204 “翻译”了基督教这一基本思想：“必须用人类制定的法律来约束的东西，人们不该靠神的戒律来制约；相反，必须靠神的戒律来制约的东西，则不该通过人类制定的法律去约束。”

对孟德斯鸠而言，古老的、可以追溯到赫拉克利特（Heraklit），受到基督教自然法学说发展而来的区别——神之戒律与人类法律之区别——是绝对根本的：“人类所制定的法律的本质在于，这些法律受制于所出现的偶然事件，要根据人的意志的改变对这些条文进行修订；与此相反，宗教法的本质在于其永恒性。人类法律涉及的是善，宗教法律则是至善。善可以更换自己的对象，因为有各种善；至善则只有一种，因此无法改变……宗教的最大力量基于信仰，人类法律的最大威慑力则建立在恐惧之上。一种宗教可以是古老的，时间越悠久的东西，我们往往越笃信，因为我们头脑中没有可以反驳它的其他理念。反之，人类制定的法律赢得有效性靠的是其新颖性，这种新颖性体现着立法者特殊的、当下的追求。”[124]

《论法的精神》出版后，面对耶稣会士们的攻击，孟德斯

鸠不得不进行自卫，他们指责他否认或是怀疑基督教的真理。作为该书作者，他坚决否认了这一点（尽管如此，《论法的精神》还是未能逃脱遭禁的命运，天主教会于1751年把此书收入《禁书目录》）。孟德斯鸠作为在天主教奥拉托利会寄宿学校长大的人，和一位加尔文派军官的女婿，其内心世界事实上与基督教有距离。他与霍布斯、洛克和博林布鲁克一样，是一位自由思想家。其可变化的自然法理念与亚里士多德和斯多葛派哲学，而不是与托马斯·阿奎那和其他经院哲学家的神学有更多的共同之处。[125]

如果说孟德斯鸠把文明化的影响归功于基督教，这还不是试图在政治方面获得双重保险，而是他对独一无二的西方历史进行反思的结果。西方所存在的自由的深刻原因在于，耶稣亲自划分了神和该撒的不同势力范围，以及——尽管后来出现了 205
种种倒退——中世纪盛期神权与世俗权力的分离。18世纪中叶，指出政治自由的宗教渊源在法国早已不再是自然而然的事。但对于孟德斯鸠来说，这种内在联系却是显而易见的：他能有这种尖锐的历史洞察力，也有赖于其逗留英国的经验。

孟德斯鸠逝世于1755年，同年另一位作者让-雅克·卢梭（Jean-Jacques Rousseau）提交了一篇广受重视的政治论文《论人类不平等的起源和基础》。卢梭于1712年作为一个钟表匠的儿子诞生在日内瓦。1728年，他在都灵从加尔文归正宗改信天主教，1754年在日内瓦他又恢复了原来的信仰。他是自由思想家、哲学自学成才者、作家和作曲家。他一生中多次居住在巴黎，在那里为1745年出版的法国启蒙运动的伟大汇编《百科全书》（*Enzyklopädie*）撰写文章。他与洗衣女工黛莱丝·莱维塞尔（Thérèse Levasseur）同居，一共生了五个孩子，这些孩子一个接一个地被他送进了一家育婴堂。这种做法与卢梭的教育理论完全背道而驰：在其1762年

5月问世的叙事体教育论著《爱弥儿或论教育》（*Émile ou De l'éducation*）中，他以教育体制改革者的形象在公众中亮相。这本书是在其成功的书信体小说《新爱洛伊斯》（*Julie ou La Nouvelle Héloïse*）出版一年后，以及其最主要的著作《社会契约论》（*Contrat social*）发表一个月后付梓的。

《论人类不平等的起源和基础》是卢梭为第戎科学院有奖征文投的稿，这家科学院在五年前的1750年曾为其《论艺术和科学》（*Discours sur les sciences et les arts*）一文颁了奖。这第二篇未能获奖的论文的基本观点是：在自然状态中不存在或至少没有明显的不平等。不平等是在向进行金属加工和农业耕种过渡的时期才产生的。农业耕种带来的后果是土地的分配，这需要一种新的有别于自然法的权利：所有权。土地的分割与劳动的分工是齐头并进的。

206 随着劳动分工开始了一个过程，它被卢梭以最阴暗的色彩描绘出来。从此人们为了自身的利益，只能以假象示人。存在和现象脱了节。从这种区别中衍生出追求排场、尔虞我诈和所有与此有关的邪恶。曾经自由和独立的人因新的需要而依赖其他人，一方面他变成其他人的奴隶，另一方面他也变成了他们的主人。有钱人依赖第三方的服务，穷人则需要其帮助。“一方面是竞争和对抗，另一方面是利益的冲突，这些都与一个秘密愿望有关，即牺牲他人来保全自己的优势：所有这些邪恶都是财产以及与此相伴的日益加剧的不平等引起的。”

为了追求更多的财富，就产生了统治与奴役、暴力和掠夺。强者的权利与刚刚获得第一块土地的人的权利之间就陷入了一种无休止的纷争，其后果则是一种永久的内战。这最不符合富人的利益，因此正是富人呼吁自己的邻居团结起来，以保护弱者免受压迫，给强者套上缰绳，用这种方式保障所有人都能占有属于他的东西：“与其相互开战，不如把我们的力量结成一种最高权力，这个权力根据明智的法律来治理我们，这种法律保护和捍卫共同体的所有成员，共同对敌，使我们保持永久的和睦。”

令卢梭感到遗憾的是，容易受骗的愚钝大众轻易就相信了这类呼吁。其结果是：人们本以为会保障自己的自由，却让人给自己戴上了枷锁。“这就是社会和法律的起源，它们给弱者新的束缚，给富人新的力量；它们无可挽回地破坏了天赋的自由，永远确立了财产权和不平等；为了少数雄心勃勃者的利益，让人类陷入劳作、奴役与苦难之中。”[126]

一个政治体（corps politique）的建立，对卢梭来说就是
人民及其所选出的首领之间的真正契约。通过该契约，双方有 207
义务遵守为此所制定的法律，这些法律构成维系共同体的纽带。所有个人意志借此统一成一种共同意志。对最高权力所做出的协议构成根本法，它对所有国民，包括首领，均有约束力。最高权力可以做宪法允许的一切事情，但无权修改宪法。

执行“共同意志”的各国政府，最初均是被选举的机构。但随着时间的推移，国家首领懂得把他们的职位变成世袭的，也就是说仅保留给他们的家人。这么做，政府就违约让自己成了国家的所有者；此后统治者便把其同胞视为奴隶。从卢梭的观点看，这个过程是不可避免的：“因为使社会机构成为必要的那些缺点，也同样令对这些机构的滥用成为无法避免的。”如果不是这样，人民和领导之间就既不需要法律，亦不需要政府，从而也令基本契约成为多余。

根据卢梭的观点，创建保护财产的权利和法律是历史上渐进的不平等发展的第一个时期。第二个时期是建立一个合法的，通过与人民缔结基本契约受到约束的政府。第三个时期非法的暴政代替了合法政府。第一个时期对应的是区别富人与穷人的等级，第二个时期是区别强者与弱者，第三个时期则是区

别主人与奴隶。“这是不平等的最后阶段和所有其他形式的不平等都会导向的目标——它将一直持续，直到新的革命要么彻底解散政府，要么令政府接近合法的秩序。”

在不平等的最后阶段，独裁将普遍被剥夺权利的状态变成了一种新形式的平等，成为封闭一个圆圈的终点。“这里所有的人又都平等了，这是因为他们都等于零，对臣民来说，除了君主的意志没有其他的法律……这里一切都遵照弱肉强食的法则进
208 行，因此又进入一种新的自然状态，但它已有别于我们由之开始的那种自然状态。因为后者是纯洁的自然状态，前者则是极端腐败的结果……独裁统治已经把国民协议架空到如此程度，以至于暴君只在他是较强的一方时才能进行统治。一旦被推翻，他即使抱怨别人使用武力也没用……只有动用武力他才能继续掌权，只有通过武力才能推翻他。一切进程都无法逃脱自然秩序。”

自然状态（état naturel）下的人与公民身份（état civil）的人之间有着天壤之别。“原始意义上的人正在逐渐消失。对有头脑的人来说，社会只不过是一群失去淳朴本性的人与充满矫揉造作的各种激情的人之集合体。他们是新关系的产物，已经失去了在自然界的根基……野蛮人（homme sauvage）和文明人（homme policé）的内心感受与意愿倾向如此不同，使得一方认为是最大幸福的东西，反而会让另一方陷入绝望。自然状态下的人生活在安宁和自由之中，他只想生活和享受闲暇……相反，社会中的公民（citoyen）终日操劳、流汗、奔波，不间断地从事更为辛苦的差事，直到毙命。为了生存，他们竭尽全力，或是为了不朽，舍弃生命。他谄媚自己所憎恨的达官贵人和自己所鄙视的富豪……他竭尽所能去为这些人服务，自豪地夸耀自己的谦卑和施主的大方。他得意于自己的奴隶地位，甚至说起那些无幸分享这种奴隶生活的人时还流露出一种

蔑视。”

卢梭把人类社会的历史描述为逐步退化的过程：野蛮人还过着真正的生活，有自己权利的全面生活；文明人的生活是一种人为和依赖他人的生活。“有荣誉、无道德，有理性、无智慧，有乐趣、无幸福”：这就是文明社会存在的特征。不平等与人的能力同比增长，但它之所以能增长，是因为财产享受法律和政府的保护。

容易得出的政治结论似乎应该是，要求取消私有财产。卢 209
梭并未这样做。他也没有说，他认为恢复自然状态是可行的。（在仔细阅读这篇论文后人们只能得出相反的结论。）按照卢梭的观点，当下社会道德已深深沦陷，面对这样的当下，他举起了一面理想化的（为了同样的目的由他设想的）过去之镜，并间接呼吁读者，以此批评为尺度去衡量现存关系。[127]

《论人类不平等的起源和基础》一书的作者被算作法国1789年大革命的开路先锋，这并不是没有道理的。但他对当代的批评不是要针对封建主义残余，而是要反对处于上升期的资产阶级。德国政治学家伊林·费切尔（Iring Fetscher）因此将这位革命思想家划入“保守派”。[128]实际上，对自然状态的理想化描绘（这样的自然状态从未存在）确实是一种向后看的、字面意义上的反动乌托邦：卢梭让劳动分工变成了原罪，是它导致了完美的人类被逐出伊甸园。

他对所谓的衰变过程的分期及其开始的阐述，是臆测和随意的。他构建了一个阶段，那时虽然已经有了法律，却还没有能使之得到贯彻的权力。一切人反对一切人的战争在卢梭看来，并不像霍布斯认为的那样是原初的自然状态的一个特征，而是离开自然状态的标志。与之矛盾的是其论断：自然状态在国家关系中继续存在，并一再以血腥的民族战争形式爆发。在卢梭的其他著作中也不乏一个小业主大量存在的社会的理想图景，在这种社会中既无个人财富的过度积累，亦无一无所有的阶层，这种社会模式的传统可以上溯到亚里士多德的《政治学》（*Politik*）。18世纪下半叶，无论是这种社会理想，还是卢梭崇尚的自给自足的经济目标，都早就变得陈旧过时了。

但卢梭著作的革命性影响丝毫没有减弱。通过他，对失去
210 原始生活的乐园的引证成为一种武器，被用来鞭挞特权阶级和专制主义的腐败。从他所草绘的人类历史中萌生出一个宏大的愿景：希望能有另外一个更好的社会，一种新的更好的人。对现有的状态进行“白板”化的意愿自然是在统治者不愿聆听进行彻底革新的呼声的地方更强大。在法国和许多其他欧洲专制国家的情况就是如此，但英国社会的状况就不一样。那里的自由权是得到书面确认的，没有哪个国家像英国这样，个人自由和私有财产之间的密切联系如此深入人们的普遍意识。卢梭的论点——自由是一件自然的礼物，通过建立和进一步发展国家，人们逐步被剥夺了这件礼物——与英国的经验完全不符。因此，号召与现有状态彻底决裂（像卢梭在这部别称的作品“二论”中所提倡的），在英国能扎根沃土的前景很渺茫。[129]

比卢梭1755年的“二论”更受关注的是其七年之后的著作《社会契约论》，直到今天它与作者的名字都密不可分。该书开篇就是一句振聋发聩的雄辩名言：“人生而自由，但却无往不在枷锁之中。”席勒在《信仰的话》［*Worte des Glaubens*，1798年发表于《缪斯年鉴》（*Musenalmanach*）杂志］中，对这句话略做了修改：“人生而自由，他是自由人，哪怕他生在缧绁中。”[130]

人生而自由的思想可上溯到斯多葛学派。这种思想明文见于罗马法的《盖尤斯法学阶梯》（*Institutiones Gai*）中，这使得1433年前后德国神学家和哲学家库萨的尼古拉在他的《论天主教的和谐》一书中就得出结论：这就要求，一个共同

统治者的所有真正合法的权力必须建立在其他人的选择和同意之上。[131]

“放弃自己的自由，就是放弃自己做人的资格，就是放弃自己的人权，甚至是放弃自己的义务。”《社会契约论》中如是 211
说。“这样一种放弃是不符合人的本性的；剥夺自己意志的一切自由，也就意味着取消自己行为的任何道德性。”这将是一项无效与自相矛盾的契约，如果约定一方面拥有绝对的权威，而另一方面则要无限服从的话。人民与诸侯间的不平等条约，卢梭（与格劳秀斯、霍布斯和普芬道夫相反）论证说，将是建立在奴役基础上的权利，它将是一种荒谬的举动：“奴役和权利这两个词是相互矛盾、水火不相容的。”[132]

如同在“二论”中一样，在《社会契约论》里卢梭也是从这一假设出发，即所有国家权力均源自与人民签订的契约。与1755年“二论”有别的是，决定建立国家不再是不断增长的不平等与不自由过程的开端。“通过社会契约人失去的是其自然的自由，和一种能获得一切他所贪恋的东西的无限权利。他得到的是公民自由与他对所拥有的一切的所有权。”

此外还有：获得公民状态也包括道德的自由，借此人才真正成为自己的主人。“因为只有嗜欲的冲动便是奴隶状态，而服从自定的法律才是自由。”如此基本契约破坏的就不是自然的平等。相反，在大自然可能造成人们身体上不平等的地方，基本契约用道德和法律上的平等取而代之。它的作用是：人们有可能在力量和天资方面不平等，通过契约和法律则人人平等。[133]

社会契约解决了一个看似无法解决的问题。它是联合的形式，“这种形式用整体的力量捍卫和保护每一个人的人身和财产安全，每个人通过与所有人的结合，他只服从自己，仍像以前一样自由”。一旦社会契约遭到那些人——那些他转让给

他们自己权力者——哪怕是最轻微的践踏，每个个人就会重新
212 获得其自然权利。他又恢复了自己的自然权利，却失去了建立
在契约基础上的自由，为了此自由他曾经放弃了自己的天然
自由。

在社会契约中对天然自由的放弃被卢梭描写为“每个成员将其一切权利全部转让给整个共同体”。由于所有人的起始位置都是相同的，就没有人有兴趣在这一点上去为难其他人。由于转让是毫无保留的，所以联合体就是完美的。没有哪位成员还会再有什么要求了。他没有保留任何权利，因为每人都是向全体奉献出自己，他就并没有向任何人奉献出自己。据此社会契约的本质可以描述为：“我们每个人都以其自身及其全部力量共同置于公共意志的最高准绳之下，而且我们在共同体中接纳每一个成员作为整体之不可分割的一部分。”

此结合行为产生了“一个道德的和集体的共同体，以代替每个缔约者个人；共同体由许多成员组成，数目等于大会的全部票数，这些成员正是通过组建共同体行为获得了他们的统一性、他们的公共大我、他们的生活与意志。这个公众人格，以前称为城邦，现在叫共和国或政治体；当它被动时，其成员就称它为国家；当它主动时，就称它为主权者；把它与其同类进行比较时，则称它为政权。至于其成员，作为整体他们的名字叫人民，作为参与主权权威的个人他们自称公民，作为国家法律的服从者，则叫作臣民”。[134]

当那些因社会契约而获得权力者受到此契约的约束时，对人民共同体来说，它也就是国家权力和主权者的承载者，没有任何形式的根本法律是可以约束它的，哪怕是社会契约本身。“由于主权者只能由组成主权者的各个个人所构成，所以主权
者就没有，也不可能有与他们利益相反的利益。因此，主权权
213 力就无须对臣民提供保证，因为共同体不可能想要损害其全

体成员……主权者仅由于是主权者，便永远都是他所应该是的那样。”

面对主权者臣民们的处境则不同：“每个个人作为人可以有个别意志，这种个别意志会与他作为公民所具有的公共意志（volonté générale）相违背或不同。他的个人利益告诉他的话可以完全不同于公共利益会告诉他的……为了让社会契约不成为一纸空文，它就隐含着那样一种协定，只有该协定才授权给他人，凡拒不服从公共意志者，整体（tout le corps）就要强迫他服从公共意志，这恰好就是，人们要迫使他自由。”[135]

卢梭认为公共意志一般都是正确的，它追求的是总体福祉。根据他的观察，人民完全可能判断失误，因为它虽然总是愿意幸福，但并非总能识别出幸福。在这种情况下，发声的仅是众意（volonté de tous），而不是公共意志。公共意志只着眼于公共的利益，而众意则着眼于私人利益，所以它无非是一系列个别意志的总和而已。

根据卢梭的观点，人们虽然不能对人民行贿，但可以误导。试图进行这类误导的始作俑者可以是国家中的部分社会成员。他们一旦得逞，占优势的意见便是一种个别意见。为了共同利益，因此最好是没有派系存在。但如果有了派系的话，那就应该增殖它们的数目并保持它们的平等地位，以此防止一方独大。作为没有派系之争的共同体，卢梭——普鲁塔克（Plutarch）的希腊罗马人物《比较列传》（*Parallelbiographien*）[①]的热心读者——提到的值得称赞的例子是传奇立法者莱库古（Lykurg）治下的斯巴达；能巧妙控制派系的共同体则有梭伦（Solon）治下的雅典和努玛·庞皮里乌斯（Numa Pompilius）与塞尔维乌斯·图利乌斯（Servius

① 又译为《希腊罗马英雄传》。

Tullius）等传奇国王们治理下的罗马。[136]

像英国那样的权力分割遭到了卢梭的拒绝。国家权力是不可转让和不可分割的。立法和行政权力的分立意味着对社会
214 机体的肢解。《社会契约论》并未提及司法独立，但一位立法者对共同体来说却并不是可有可无的。“通过社会契约我们给予政治体以存在和生命，现在要通过法律赋予它驱动力和意志了。”

每个法治国家就是一个共和国，无论其政府采取何种政体。法律是公民联合的条件，遵守法律的人民也必须是立法者。但是，尽管人民总是企盼幸福，但它自己并非总能看清何为幸福。“公共意志永远是正确的，但引导它的判断并非总是开明的。人们必须向它（公共意志——作者注）指明对象，展示对象的真相，有时还必须让它看到对象会呈现的假象；必须为它指出一条它所寻找的正确道路，保护它不受个别意志的诱惑……作为个人人们看得到幸福，却又拒绝它；公众希冀幸福，却看不到它在哪里。两者同样需要引导。因此必须强迫前者学会让自己的意志服从理性，让后者必须学会认识到自己想要什么。”

能把共同体中的判断力和意志统一起来的，是公共智慧（lumières publiques），借助于它共同体各部分才能顺利合作，最后形成整体的最高权力。因为这是必要的，所以必须有一位立法者，“一个国家中的非凡人物”，他既不管理国家，也不是主权者，他不组建宪法机构，他也不参与对人的统治，因此亦不对人发号施令。卢梭再次援引远古时代的例子：“莱库古为他的祖国（斯巴达——作者注）制定法律时，他是先逊位再着手进行的。大多数希腊城邦的习惯是委托外邦人来制定他们的法律。”

立法者是——人们肯定必须如此诠释卢梭——公共智慧。

他接手的任务实际上只有神才能胜任。“敢于为一国人民创制者（instituer un peuple），必须觉得自己有把握能够改变人性，并能把每个自身都是一个完整而孤立的整体的个人转化为一个更大的整体的一部分，这个个人就以一定的方式从整体里 215
获得自己的生命与存在。他必须相信自己能够改变人的体质，使之强壮；能够以作为整体一部分的有道德的存在来代替我们从自然界所获得的生理上的、独立的存在。总之，立法者必须抽掉人类本身固有的力量，以便赋予人类其本身以外的力量，后一种力量是只有借助于他人的帮助才能运用的力量。”

这种改变越成功，制度（institution）就越安全与完美。“如果每个公民若不靠其余所有的人，就等于零，就会一事无成，倘若通过整体所获得的力量等于或优于自然力量的总和，那么立法就达到了它可能达到的最高完美程度。”

严格地讲，卢梭的几乎是超自然的立法者自然并未“给予”法律任何东西。他只是撰写了法律：立法权在民，人民不能放弃这种不可转让的权利。因为新生的人民（peuple naissant）还没有形成公共观念，这本是建立国家必不可少的，所以立法者必须求助于上天，把自己来自崇高理性（raison sublime）的决定说成是神明的晓谕。为了让民众信服，立法者需要超凡的人格魅力。“只有立法者的伟大的灵魂，才是足以证明自己使命的真正奇迹。”[137] 卢梭从未在任何地方说过，政治上成熟了的人民可以不要“立法者”。

与立法权不同，行政权不可能在民，即不可能在主权者手中。行政机构的活动范围只限于个别行动，这些个别行动不属于法律和主权的领域。所以政府无非就是主权者的工具。卢梭将其描述为臣民与主权者之间的一个“中间体”（corps intermédiare），以便二者之间相互联系。臣民是要服从法律的个人，主权者是制定法律的人民。中间体负责执行法律并维

216 持公民以及政治的自由。所有中间体的成员，无论他们自己是国王还是行政官，他们都是主权者的简单官吏，就像政府作为一个整体只是一个委员会一样，它是在执行主权者的委托。主权者可在任何时候限制、改变或收回这种委托。

政府在主权者与国家之间进行调停。政府从主权者那里接受它向人民所发布的一切命令。国家是由于其自身而构成的，但政府则只能通过主权者的委托而组成。“王侯的统治意志就不外乎，或应该不外乎公共意志或法律。”一旦王侯发展出一种比主权者的意志更为活跃有力的个别意志，并且为此使用他手中的公共权力，那就有了两个主权者，一个是法律上的，一个是事实上的。这时，社会的统一便会立即被打破，而政治体也会即刻解体。得到正确理解的卢梭意义上的政府，“只有一种假借或附属的生命，但这并不妨碍它以或多或少的生气与敏捷性去行动，从而为自己或多或少所享有的健康体魄而高兴”。[138]

在三大经典的政府形式（君主制、贵族制和民主制）中，卢梭对贵族制（更精确地说是其三个种类之一）的评价最高。他区分了三种贵族制：自然的、选举的和世袭的。他认为第一种只适用于纯朴的民族，第三种是一切政体中最坏的一种。相反第二种，即真正意义上的贵族制，是最好的：“最好而又最自然的秩序就是，让最明智的人来治理群众，只要能确定，他们掌权是为了群众的利益，而不是为了他们自身的利益。”[139]

另外两种政体形式遭到了作者的拒绝。君主制仅适合大国。但是，如果大国本身就难以治理的话，那想由一个人来治理好就是难上加难了。[140] 在卢梭理解的民主制国家中，行政权与立法权实际上是结合在一起的，以致立法者也是执法者。
217 这将导致一种风险，即人民共同体把自己的注意力从普遍的观点转移到个别的对象上去。作者认为，只有在非常小的、民风淳朴、社会差异不大的国家，民主制才有可能实现。但即使在这样的国家里，他也认为这种政府体制比其他体制更容易受到内战和内乱的威胁。“若是有一种神明的人民，他们便可以用民主制来治理它。但如此完美的政府不适合人类。”[141]

卢梭最坚决反对的是英国的代议制政府形式，他称这种政府形式是介于主权权威和专制统治之间的一种中间物，是封建体系的遗留物。最初他并没有说出具体国名，只是说那里的公民宁愿掏钱，而不愿本人亲自为国效力，打仗时他们可以出钱雇兵，自己则待在家里，他们推选议员，而不是自己去参加议会。然而国家权力毕竟是由公共意志所构成的，而公共意志是不能被代表的。“因此人民议员就不是，也不可能是人民的代表，他们只是受委托的办事员而已，他们不能做出最终裁决。凡是不曾由人民亲自批准的法律，都是无效的；那根本就不是法律。英国人民自以为是自由的，它大错特错了。英国公民只有在选举国会议员期间才是自由的，议员一经选出，他们就是奴隶，毫无价值。他们在短暂的自由时刻里使用自由的那种方式，决定了他们失去自由也是咎由自取。”[142]

政治自由对卢梭意味着差不多就是洞察人民的多数之决定的正确性。要求一致同意的只有一个契约：社会契约。除了这个唯一和原始的契约，多数人的声音总是对所有人具有约束力。“公民投票批准所有法律，即使是那些违背他的意愿所通过的……国家全体成员的恒常意志是公共意志，通过它他们成为公民并得到自由。在人民大会集会讨论一项法律的出台时，严格地说，人们询问的不是公民是接受还是拒绝这项法律草案，而是它是否符合公共意志，而这个公共意志也就是他们自己的意志。每个人都用自己的那一票给出了一种意见，经过点票公共意志就体现出来了。如果与我的意见相左的观点获胜，那不过是证明我自己弄错了，我认为是公共意志的并不是公共 218
意志。倘若我的个别意志获胜了，那我其实是做了另一桩并非我原来所想要做的事，因此我也不是自由的。”[143]

卢梭坚信，没有什么比基督教的统治要求更威胁公共意志的贯彻执行了。与最原始的基督教福音背道而驰，教宗创建了一个完全此世的帝国，这个帝国成为最专制的。神权与世俗权力的并存令立法陷入无休止的冲突，这让任何良好的国家秩序在信仰基督教的国家中都成为不可能。即使英国或俄国的统治者自立为教会的领袖，他们也只是教会的当权者，而不是教会的立法者，不是教会的主人，而只是其管理者。

接下来卢梭对另一位国家理论家给予了值得注意的夸赞，尽管他在《社会契约论》一书中以及其他场合反驳过这位理论家：“在所有的基督教作家中，哲学家霍布斯是唯一能看出这种弊病以及其补救方法的，他曾敢于提议把鹰的双头①再次合并，把一切引回到政治的统一，舍此无论是国家还是政府都永远不能很好地组织起来。然而他必须看到，基督教的权势欲与他的体系是互不相容的，而神父的利益永远要比国家的利益更重要。使霍布斯遭人憎恶的，与其说是其政治理论中这可怕和错误的东西，不如说是其中的正确与真实的东西。”

按照卢梭的观点，罗马教会是一种神父的宗教，它给人以两套立法、两个首领、两个祖国，即让人分别屈服于神权和世俗权力。相反，真正的、建立在福音基础上的基督教与国家并无特殊关系，它是完全违反社会精神的：“一个由真正的基督徒组成的社会将不再是一个人类社会……基督徒的祖国是不属于这个世界的。当然，他们尽自己的职责，但他们是以一种带着深深的冷漠和不在乎努力的成败与否的态度在尽责任……如果国家繁荣，他几乎不敢分享公共的幸福，他怕自己会为国家
219 的荣誉而骄傲。如果国家衰微，他也要祝福上帝之手在惩罚自

① 鹰是古罗马政权的徽标，此处的两个头指政权与教权。

己的人民……人们在这一苦难的深渊中究竟是自由的还是被奴役的，这又有什么区别呢？根本的目的是要上天堂，而听天由命只不过是升天堂的另一种手段而已。”

卢梭对基督教进行了更为尖锐的基本批判：“基督教只宣扬奴役和依赖。它的精神是太有利于暴君制了，所以暴君们总是利用它。真正的基督徒天生就是为了做奴隶的……”因为福音不是民族宗教，所以在基督徒之间不可能有任何神圣的战争。十字军的士兵不是基督徒，他们是神职人员的士兵，因此是教宗国的公民，他们是在为其精神祖国——教会而战。在罗马帝国的异教皇帝统领下，基督教的兵士虽然勇敢，但那是因为与异教军队之间存在着一种荣誉竞争。“自从皇帝成为基督徒后，这种竞争就不复存在了，当十字架驱逐了鹰旗之后，罗马的所有尚武精神也就消失殆尽了。”

按照卢梭的观念，基督教与国家是两股道上跑的车，他的结论是：公众利益所需要的宗教基础不是基督徒式的。虽然社会契约赋予了主权者统治臣民的权利，但这不能超越公共利益的界限。“臣民们需要告知主权者的意见，仅限于那些与共同体有重要关系的意见。此外，每个人便可有他自己所喜欢的意见，这些意见主权者是无权过问的。但对国家重要的是，每个公民都应该有一个宗教，宗教会使他热爱自己的责任。”

因此，要有一篇“纯属公民信仰的宣言”。“该宣言的条款由主权者规定，这些条款并非作为严格的宗教教条，而是作为社会性的感情（sentiments de sociabilité），没有这一点人既不可能是个好公民，也不可能是个忠实的臣民。它虽然不能强迫任何人信仰它，但是可以把不信仰它的人驱逐出境；这种人不是作为不敬神者被驱逐，而是作为不能与人和睦相处、不 220
能真诚地热爱法律与正义、在关键时刻不能为尽义务而牺牲自己生命的人。如果一个人，在公开承认这些教条后，其行为却与此相悖，那就应该把他处死；因为他犯了最大的罪行，他在法律面前说了谎。”

由此卢梭得出另外一个结论：“公民宗教的教条应该简单，数量要少，表达清楚，无须解释与说明。全能的、全知的、仁慈的、至高而又圣明的神明之存在，未来的生活，正直者的幸福，对恶人的惩罚以及社会契约与法律的神圣性，这些都是正面的教条。至于负面的教条，那我仅将其限定为唯一的一条：不宽容。它属于我们已经排斥过的宗教崇拜的范畴。”

卢梭坚信，神学的不宽容与公民的不宽容是分不开的。“人不可能和他认为是要堕落的人和平共处……现在既然不再有，而且也不可能再有排他性的国家宗教，我们必须宽容一切能够宽容其他宗教的宗教，只要它们的教条不违背公民的义务。但谁要是敢说‘教会之外无救赎’，就必须把他从国家中驱逐出去，除非国家就是教会，君主就是大祭司。这种教条只有在神权政府下才是好的，而在任何其他形式的政府下都会带来毒害。”[144]

有关公民宗教的篇章，即第四卷也就是最后一卷的倒数第二章，不光是《社会契约论》中篇幅最长的，而且也是全书的精髓。此前从来没有哪个政治作家像卢梭这样，用自由作为尺度对政治秩序进行过如此极端的衡量。他认为人民的自由是不可转让的。因此统治者不可以声称，人民通过一份服从契约把权力转让给他，并为此放弃了自己的自由。只有人民才是唯一的主权人，而不是行使国家权力的主管机关。卢梭提出的是现代民主的基本原则，尽管他本人对民主持有不同的理念，他认为统治者和被统治者的身份认同以及这种政体充其量只能在小国实现。

221 在对待人之自由的自然权力方面，卢梭的态度要比他以前的所有国家理论家都更加坚定。但是，这同一位充满激情地要求政治自由的作家，通过他对社会契约的解释又从根本上质疑这种自由。个人为了整体利益不仅要避让，而且要正式放弃自身。大多数永远是正确的，谁是少数，谁就是错误的。什么是公共利益，最终也不是多数说了算，而是理智说了算。卢梭的公共利益概念是预定的：最佳共同福祉所要求的，不是不同利益经过辩论后得出的，而是先天就固定存在的。从逻辑上讲，卢梭的民意也是一种假设，而不是经验值。[145] 神秘的立法者，理性的声音，这些都带有开明独裁者的特征，其政权则有一种仁慈的教育独裁特色。

卢梭的自由观是既反个人主义，也反多元化。从在《爱弥儿》中所宣告的座右铭——人性善——出发，卢梭根本不提出那个问题：一个好的政治秩序是否需要采取机构性预防措施，以免权力的集中与滥用。[146] 他反对三权分立，洛克、博林布鲁克和孟德斯鸠这几位对人性比卢梭悲观，从而也比他现实的人想用分权为对策来遏制上述风险。他不去思考，由人民直接立法在日内瓦这种小的城市共和国还可以想象，但在幅员辽阔的大国是否还行得通。卢梭对所有的历史经验都不买账，在这方面他与孟德斯鸠正好相反：如果《论法的精神》的作者是历史主义的先驱，那么人们可以说《社会契约论》的作者是乌托邦式反历史主义的奠基人。

卢梭相信可以塑造出一种新人，对他来说这种新人实际上就是原本性善的人之精制升级版。为此目的，不仅需要一个准神圣的立法者，还需要一种新的“公民”宗教。卢梭的公民宗教（religion
civile）应是一种道德学说。这种道德不外乎“个人意志与公共意 222
志的持续一致”，而通往道德的最有效的手段就是爱国主义，它必须强大到——如有必要——能为“圣战”提供正当化理由。[147] 这是现代民族主义的政治信仰，卢梭是它的第一位提倡人：这是一种意识形态，它要求对国家的绝对忠诚，所有与它竞争的其他忠诚要求都被宣布为非法。

卢梭在构想其公民宗教时援引了霍布斯，这本身是合乎逻辑的。《利维坦》的作者向神权与世俗权力的分离宣战，因为他在其中看到了对共同体政治统一的一种生存威胁。卢梭持相同观点。建立在“社会契约”上的国家尽管把自由写在了自己的旗帜上，然而它限制个人的方式——让他们等于零，证明它就是新的“利维坦”。

如果卢梭在背后说英国的代议制政府形式脱胎于封建体系，他说得有一定道理。“代议制体系的历史渊源是等级制，这是它永远无法完全否认的。”德国法学家和政治学家恩斯特·弗兰克尔（Ernst Fraenkel）曾指出。[148] 具体到英国，这种连续性尤为突出。但并非只有代议制体系起源于中世纪。被卢梭十分憎恨的神权与世俗权力的分离——这是西方自由传统的前提条件之一——亦是如此。古老性与自由性不必一定是矛盾的，反之现代性并不意味着开明自由。卢梭在现代民主的思想史中占有重要地位，但与此同时他也属于那种思想家：他们为一种特别现代的、表面上看得到群众支持的、具有国民投票合法性的专政形式在思想上开了绿灯——这种专政要求人全身心地服从自己，其目标是塑造一种新人。[149]

卢梭把《社会契约论》交给阿姆斯特丹的一位出版商出版，只有不多几本流入法国。几周后，1762 年 5 月在那里问世的《爱弥儿》引起了更多关注，以及天主教的愤怒。这种愤怒
223 主要针对在他们看来最危险的部分——卢梭论教育：“一个萨瓦省牧师的自白”，其中作者赞扬了一种自然的，由感觉所决定的宗教，一种回归到其“泛神论”核心的基督教。[150] 巴黎总主教克里斯托弗·德·波蒙（Christophe de Beaumont）立即让人从布道坛上宣布，这本书破坏了基督教的基础并包含亵渎上帝的错误论断。在巴黎的议会中教会达到了目的，最高法院决定没

收《爱弥儿》一书并进行焚毁。卢梭被控告，法院下令逮捕他。

卢梭只好逃离法国。他无法返回家乡，尽管他在《社会契约论》的扉页上自称为“日内瓦公民”，并在一个注释中表达了自己对热爱自由与祖国的加尔文的敬重。信仰加尔文派新教的日内瓦城市共和国政府对《爱弥儿》的评价与巴黎总主教并无不同，对该书以及《社会契约论》进行了查禁和焚烧，并对作者发出了通缉令。位于瑞士汝拉（Jura）的普鲁士飞地新堡（Neuenburg）——法语名称为纳沙泰尔（Neuchâtel）——为卢梭提供了庇护。在那里他可以免受当局的宗教迫害：腓特烈大帝指示那里的总督收留这位著名作家，并为他提供资金。

蒙捷（Môtiers）——卢梭落脚的地方——信仰加尔文派新教的神职人员和当地居民不如其波茨坦的遥远统治者宽容。当 1765 年秋群情激奋的农民准备冲击他的住所时，卢梭决定再次逃跑。经过许多中转站（其中包括巴黎，在那里他依然受到通缉）他逃到英国：他接受了苏格兰哲学家大卫·休谟（David Hume，1711~1776 年）的邀请，这位当时正在巴黎逗留，卢梭就于 1766 年初与他一起前往英国。

流亡英国持续了一年零四个月。卢梭的偏执性精神病症状越来越严重，与休谟闹翻后于 1767 年 5 月回到法国，在那里他先后在几个贵族家庭找到隐匿处。自 1770 年起，他又不受当局干扰地生活在巴黎。如果健康和心情允许，他就试图完成《忏悔录》（*Confessions*）。1772 年波兰遭到第一次瓜
分，卢梭发表了他最后一篇政论文章《关于波兰政府的思考》 224
（*Betrachtungen über die Verfassung Polens*）。他建议缩小疆土，在适当情况下通过其邻国实现疆土的缩小，以为人们所迫切渴望的波兰联邦制改革提供必要条件。[151]1778 年 5 月卢梭与黛莱丝·莱维塞尔一起（他在 1768 年与她结婚）离开法国首都，接受一位贵族赞助人的邀请前往其位于巴黎北部的埃

尔芒翁维尔（Ermenonville）庄园。最后拜访他的人中有一位法律系学生——马克西米连·德·罗伯斯庇尔（Maximilien de Robespierre）。[152]

卢梭逝世于1778年7月2日。他思想的影响却没有就此停止。他虽然从未像人们所广泛认为的那样，提出过“回归自然”的口号，却对崇尚自然起过决定性的推动作用。他是一个充满战斗精神的理性维护者，同时又崇尚感情……这意味着，后世之人既可以把他看作启蒙运动的先锋，也可以把他看作浪漫主义的先驱。

卢梭用自由和平等的尺度衡量当下，它们在现实中从未必须证明自己的适用性，但也可能正因为如此才令很多读者着迷。他不光在不同的时期，而且有时也在同一部著作中代表彼此矛盾的观点。最显著的例子就是：他一方面坚持主权在民的公民投票原则，另一方面又形而上学地提高立法者的权威，后者有其超然于宪法之外的地位，在这一点上他类似于一位开明的专制君主。

在《论人类不平等的起源和基础》一书献给日内瓦执政者的献词中，出于对人民的不信任，卢梭言明，立法倡议权不该交付给公民，而是只能留给当局。在《社会契约论》中，政府得到的授权只是临时的，拥有主权的人民可以随时撤销委托。在《爱弥儿》中他预言了“危机状态与革命的世纪”（l'état de crise et du siècle des révolutions）。鉴于伟大君主国的衰落，他认为这种发展趋势是不可避免的，同时他又明确表示革命思想令他恐惧。[153]卢梭是一个充满矛盾的人，因此在他
225 死后民主主义者以及左派和右派的民主主义的反对者都能够援引他并误解他。

卢梭理论中完全缺乏的是英国同时代政治哲学的“常识”。1766年帮他逃往英国的大卫·休谟，在1741年（《社

会契约论》发表20多年前）的政论文章中曾为“影响力”（influences）的合法性辩护，也包括王室的影响力，因为它可以稍微平衡下议院的霸权地位：“我们可以满怀愤恨地称其为‘腐败’或‘依赖’，但在一定程度上和在一些方面，它与我们的宪制的全部特性密不可分，对保持我们的混合政体也是不可或缺的。”[154] 他将“派系”区分为出于利益、出于原则和出于情感的，并认为前者“最合理和最情有可原”。[155] 对自己提出的问题——为什么多数人居然轻易地为少数人所治理——休谟回答道：“力量”（force）在被统治者一边，这里指的是人多势众的力量，而统治者，不管他们是专制还是自由国家的领头人，他们能依靠的只有“公众信念”（opinion），即政府完全是建基于民意之上的。[156]

休谟在此仅简单描绘的，是对卢梭的“公共意志”“个别意志”和“众意”学说的一个预期回应。什么是公共利益一开始并不确定，而是经过一个劳动分工的社会中不同的甚至是对立的利益的自由讨论才得出的。把个别意志引进社会力量的角逐不仅是正当的，而且是政治意志形成的基础。统治者若想继续执政，就必须以这种或那种方式尊重民意。由此得出的结论对休谟来说是不言自明的：哲学家也可能左右舆论，但如果他们声称自己的声音即是理智的化身，那则是妄自尊大。[157]

休谟的政治论文比卢梭的作品更好地探讨了自由的主题。对源于自然权利的公共利益的想象是一回事，对公共利益的代 226
表是另一回事。休谟的政治思想与洛克、博林布鲁克和孟德斯鸠的相去不远。而在卢梭看来，只有一个水平相当的先行者：霍布斯。从三权分立学说方面现在已经达到的认识水平来看，卢梭的看法是一种理智方面的倒退。

## 对现状的批判：启蒙运动及其局限

1755年不仅是孟德斯鸠去世和卢梭发表《论人类不平等的起源和基础》之年，1755年被载入史册还因为这一年的11月1日，天主教的万圣节，葡萄牙、西班牙和摩洛哥的大部分地区发生了大地震和海啸。在“里斯本地震”和接下来发生在11月18日以及12月9日和26日的余震中，估计受难人数总共达到23.5万人。它震撼的不仅是直接受海啸、地震和火灾影响的灾区，而且可以说是震撼了整个欧洲和西方世界。[158]

如此众多之人的不幸引起许多人怀疑神意，这是一种消极的神意论，被解释为对上帝公正的反证。同时代哲学家中可谓最著名的启蒙运动思想家的伏尔泰（1694~1778年），在他的诗《里斯本灾难哀歌》(*Gedicht über die Katastrophe von Lissabon*)中反对莱布尼茨的观点，后者认为我们生活的现存世界是上帝所能创造的最好世界；他也不同意亚历山大·蒲柏(Alexander Pope)所说的“一切都好”。“你们说，一切都好，一切必不可少。/难道地狱之口没有吞噬里斯本，世界会变得更糟？”伏尔泰向那些乐观的决定论者这样发问。“一个完美的上苍不会制造灾难。/灾难亦不会来自别的什么地方……幸亏有一位上帝来安慰我们，/他愿以自己的牺牲来救赎我们。/他的来访却让人世依然如故。”[159]

卢梭以书信的形式反驳了这位哲学家。伏尔泰呼吁不幸的人继续忍受痛苦，并解释这么做的理由：上帝虽然能够阻止痛苦，但他不想这么做。相反，卢梭认为除了死亡，大多数灾难都是人祸。“让我们继续您的里斯本话题，例如您应该承认，在那里建造了两万栋六七层高楼房的可不是大自然。倘若这座大城市中人口分布得更均匀，而且他们住在更轻便的建筑中的话，损失就会小得多，也许根本不会发生。那样的话，每个人都能在第一次地震时逃脱，第二天人们会在二十英里以外的地方看到这些居民，他们会同往常一样欢乐，就好像什么也没发生似的。”[160]

伊曼努尔·康德（Immanuel Kant，1724~1804 年）的论据与此相似：“不难猜到，如果人们在一块充满易燃材料的地基上盖房，整幢辉煌的大楼早晚会毁于一旦；但是，人们必须为天意的安排而忐忑不安吗？做出以下判断，岂不是更好：地面上有时会发生地震，这是必不可免的；但我们没有必要在地面上建造华丽的住宅。秘鲁人居住的房屋墙很矮，其余部分是由芦苇构成的。人类必须学会适应自然，但人类却想让自然适应自己。”

在《论 1755 年底发生在大部分地区之地震的原因及地震中奇异事件之描述》（*Geschichte und Naturbeschreibung der merkwürdigen Vorfälle des Erdbebens, welches an dem Ende des 1755sten Jahres einen großen Teil der Erdeerschüttert hat*）一文中，这位柯尼斯堡的哲学家在下结论时更像一个神学家。“当人类想猜测上帝统治世界的具体意图时，他是两眼一抹黑的。至于实施，即我们应该如何根据神意的目的来走神意给我们指明的路径，仅仅在这方面我们是明明白白的。人生来不是为了在这个虚荣的舞台上建造永恒的棚屋。因为他的一生有高贵得多的目标，为了与此相适应，那些被我们认为是最宏大与最重要的事情都会毁于一旦，好让我们知道这个世界的易变性。这是要让我们记住，地上的财富无法令我们追求幸福的欲望得到满足！”为了证实他所说的，康德完全可以引用《新约·希伯来书》中的一句话：“我们在这里 228
本没有常存的城，乃是寻求那将来的城。[①]”[161]

---

① 《新约·希伯来书》13：14。

启蒙运动倡导者康德并不反对基督教，而只是反对对基督教的不开明诠释。在他看来人们完全可以要求一位神职人员，在辅导其教义问答的学生和在教区布道时按照他所就职的教会之信条来讲道。然而作为一位神学家，他有充分的自由，甚至是使命，在经过深思熟虑之后把那些信条的错误之处，以及他对构建更好的宗教与教会体制的建议传达给公众。神职人员作为学者与任何其他人有相同的自由，在一切事情上公开运用自己的理性。这种自由是所有自由中最无害的，同时它又是启蒙所需要的全部。

“启蒙运动就是人类脱离自己所加于自己的不成熟状态，”康德那篇著名的文章《何谓启蒙？》（*Was ist Aufklärung?*）就是这样开篇的，那篇文章是他1784年回答《柏林月刊》（*Berlinische Monatsschrift*）所提问题之作，“不成熟状态就是不经别人的引导，就对运用自己的理智无能为力。当其原因不在于缺乏理智，而在于不经别人的引导就缺乏勇气与决心去加以运用时，那么这种不成熟状态就是自己所加于自己的了。Sapere aude! 要有勇气运用你自己的理智！这就是启蒙运动的口号。……然而，这一启蒙运动除自由外并不需要任何别的东西，而且还确乎是一切可以称为自由的东西之中最无害的东西，那就是在一切事情上都有公开运用自己理性的自由。”

当康德在18世纪的倒数第二个十年中这么写时，启蒙运动本身已经成为历史，从而成为启蒙的话题。对自己提出的问题——我们目前是不是生活在一个启蒙过的时代，他的回答还是相当谨慎的：“并不是，但确实是在一个启蒙运动的时代。”虽然在宗教方面，离一种不需别人引导就能够确切地而又很好地使用自己理智的状态还差得很远，“但是，现在疆界已经对他们开放了，他们可以自由地向此方向努力，而且普遍启蒙的障碍，或者说对摆脱自己所加给自己的不成熟状态的障碍也逐

渐减少了，这方面的迹象很明显。如此看来，这个时代乃是启 229
蒙的时代，或者说乃是腓特烈的世纪”。（是什么让他称赞普鲁士国王，我们将会进一步关注。）[162]

启蒙运动是一场欧洲范围内的运动，它始自17世纪下半叶的英国。洛克理所当然地被视为其最早的代表之一。他的经验主义，即所有的认知来自感官的体验，是英格兰和苏格兰启蒙运动的最重要特征。博林布鲁克和休谟也遵循这一理论。他们三人都是自由思想家和自然神论者：他们视上帝为创建世界的第一推动力，而不是通过话语与奇迹启示人类的世界统治者。

法国启蒙运动的特点是理性主义：一种思维方式，即认为理性是一切知识的源泉。秉承勒内·笛卡儿（1596~1650年）和皮埃尔·培尔（Pierre Bayle，1647~1706年）的传统，反圣职者的自然神论者如伏尔泰和卢梭，泛神论者如狄德罗和达朗贝尔（此二人均为第一套系统性地对当代知识进行汇编的大型作品，即自1751年起陆续面世的《百科全书》的出版人），唯物主义无神论者如拉美特利（La Mettrie）、爱尔维修（Helvétius）以及（出生于普法尔茨的）霍尔巴赫男爵（Baron von Holbach）都崇尚理性。

德国的启蒙运动不像英国的那么相信经验，也不如法国的那么批判宗教，而且也不像英法的启蒙运动那么具有政治色彩。哲学家克里斯蒂安·托马西乌斯（Christian Thomasius）、克里斯蒂安·沃尔夫（Christian Wolff）、康德与诗人、历史学家和评论家戈特霍尔德·埃夫莱姆·莱辛（Gotthold Ephraim Lessing）看法一致，认为就算没有教会正统，真正的信仰（Religiosität）也是可能存在的。康德克服了经验主义和理性主义的认识论局限性，他转向了理性的自我认知。但他在一点上一直是个非常“德意志”的作家：思想的自由对他来说并不意味着有权利反抗国家权力。[163]

在这方面康德并没有超越塞缪尔·普芬道夫太多，大约一百年前，后者就曾向臣民建议，即使一个国家做出最严重的不公正举动，出逃寻求救赎也比拔剑与统治者抗争强，统治者
230 再严厉，他仍旧继续扮演着国父的角色。康德所推崇的国家，应该帮助人民获得自己的权利，直至建立代议制体系。但这也意味着：创造这种状态是国家的事，而不是人民的事。要自上而下的改革，不要自下而上的革命：这条路才是理性在政治上必须实现的。按照康德的看法，普鲁士的腓特烈大帝至少已经开始致力于此了。[164]

比启蒙运动在各国的不同表现形式更为重要的是其共同点。启蒙运动的核心概念是批判。批判精神意味着，把一切现存的东西押上理性的审判庭，理性对流传下来的东西要用可能更好的标准来衡量。理性认为进步是可能的，并且因为它是可能的，所以也是必要的。进步的最高目标是人类的福祉。进步要求与其所有对立面进行斗争：偏见、迷信、狂热、不宽容和教条主义。进步只能在以下条件下得以实现：公开、自由和宽容。这些条件在任何地方都尚未得到充分的保障。相反，在西方的许多国家都存在着一种强度或多或少不同的反启蒙运动，它在有的国家更具天主教色彩，而在另一些国家则更具新教特色。所以启蒙运动只能把自己理解为一个项目：为在全世界实现理性而战。

启蒙运动得以胜利展开的先决条件包括那种确定性，即信仰基督教的欧洲不再受到来自伊斯兰教的生存威胁。这种确定性是在 1683 年以后才被人们广泛认可的，那一年神圣罗马帝国的军队与波兰盟友一起在维也纳近郊打败了奥斯曼帝国的围城部队。由于信仰基督教者不再处于危险之中，欧洲就无须再对基督教进行定义。要想对其下定义也比较困难，因为基督教已

然分裂，各教派之间的斗争已经令许多欧洲国家陷入了最严重的内外冲突。超越了民族与宗教差异，启蒙运动使大家产生了一种新的归属感：遵守戒律的义务，在此基础上所有有理性的人可以彼此沟通。

近代早期的西方不再像中世纪那么统一：教会的分裂和
民族国家的崛起使欧洲更加多样化。不止一位政治家曾为基督 231
教的欧洲设计过新的、在均势思想基础上的联邦政体方案，如1632年法国国王亨利四世的首席大臣叙利公爵（Herzog von Sully）的方案，1693年英国贵格会威廉·佩恩（William Penn，宾夕法尼亚州的创始人）的方案，以及1713年法国开明的圣-皮埃尔神父（Abbé de Saint-Pierre）提交的方案，但它们对各国掌权者的政策没有产生任何实际影响。尽管如此，仍然有很多东西把古老的西方维系在一起。这些东西包括共同的法律传统和共同的国际法——欧洲公法（Jus Publicum Europaeum）。西方的社会秩序和政治体制各国不同，在许多方面却仍有共性：原因是欧洲人拥有一些共同的特征，这让他们容易互相学习。

跨越国界的相互学习对伟大的自然科学家和天文学家来说是理所当然的事，这些人包括哥白尼、伽利略、第谷·布拉赫（Tycho Brahe）、开普勒和牛顿，他们的学说颠覆了欧洲人的世界观。这同样适用于领军的医生和神学家、哲学家和博物学家如焦尔达诺·布鲁诺、笛卡儿和莱布尼茨。致力于思想进步和反对思想进步的阵线打破了民族的界限，进步在打破史上流传下来的对正确秩序的观念的同时，也使现有秩序本身陷入危险。如果说要给进步的敌人排个队的话，那么启蒙思想家肯定会把天主教排在第一位，但紧随其后的就是正统的路德宗和不开明的统治者以及他们的官吏。

此外，且不论其所有民族与区域特色，西方在艺术和教育领域依然保持为一个文化区。只有在这里，15 世纪以来透视法在造型艺术中以及复音音乐在音乐中才占了上风：这类艺术进步的形式要求以精神自由为先决条件，所以它们在拜占庭东正教背景下的欧洲东部和东南部就未能得到发展。文艺复兴、巴洛克、洛可可和古典主义，这些都是欧洲西方所共同经历的艺术时代，就像曾经的罗马式和哥特式艺术风格那样。伟大的
232 音乐家、画家和雕塑家创造的都是欧洲艺术，而不是民族艺术。虽然作家们用不同的语言写作，但感谢知识阶层的外语知识和无数的翻译，伟大的文学作品迅速成为欧洲人的共同精神财富，如但丁的《神曲》、莎士比亚的戏剧和十四行诗以及塞万提斯的《堂吉诃德》。另外在西方范围内，仍旧存在的起着维系和约束作用的教育基础是《圣经》和古希腊罗马的遗产。

在整个 18 世纪的西方，启蒙思想家们的著作也属于共同政治教育的内容，特别是英国和法国的国家理论家们的作品。洛克的《政府论》上下篇英文版发表于 1689/1690 年，1691 年法文版问世，这样欧洲的知识分子均可读到此书。1718 年和 1773 年又分别出了德文版和西班牙文版，二者均译自法文版。1748 年发表的孟德斯鸠的《论法的精神》在三年后有了英译本。1753 年该书有了第一个德文译本，书名为《Montesquiou（原文如此！——作者注）[①] 先生论法的著作》，1777 年意大利文译本问世。卢梭的法文版《社会契约论》发表一年后，于 1763 年有了德文译本。同一年还出版了第一个英译本。1767 年或 1768 年又有了葡萄牙文版，1793 年、1795 年和 1799 年荷兰文、丹麦文和西班牙文版先后问世。波兰文版则被证明出版于 1839 年。但在作者们还健在的年代，伏尔泰、孟德斯鸠和卢梭的名字在波兰语中就已为人熟知，它们分别被翻译

① 孟德斯鸠的名字在法文中的正确拼法为 Montesquieu。

为“Wolter”、“Monteskiusz”和“Russo”。1764年（先是匿名发表的）米兰侯爵切萨雷·贝卡里亚（Cesare Beccaria）的书《论犯罪与刑罚》（*Dei delitti e delle pene*）也在欧洲，甚至是跨越大西洋产生了影响，作者激烈反对酷刑和死刑，1786年在大公爵利奥波德一世（Großherzog Leopold I.）颁布的新托斯卡纳刑法中，作者有关刑法和刑事执行过程的人性化思想得到了体现。[165]

开明的公众对现有状态进行讨论和批评，这不仅仅局限于某个国家：它是出现在欧洲和西方的现象。而且它还不仅仅发生在城市市民阶层：许多贵族和各个教派的神职人员，还有一部分识文断字并对政治问题感兴趣的“老百姓”都参与其中。18 233
世纪有读写能力者在人口中占比大幅上升：在法国，该数字在1680年代大约为29%，一百年后就涨至47%。18世纪中叶，英格兰60%的人口、苏格兰65%的人口都识字，但和法国一样城乡差距显著。类似的比例出现在奥地利属尼德兰，即如今的比利时，1750年前后有61%的人口识字。在中欧的德语区国家，有阅读能力的人口从1700年前后的10%上升到1800年前后的25%。欧洲在这方面的最高数据来自瑞典：18世纪中叶，那里的八成男性和占比相当的女性都能读会写。[166]

欧洲国家内部和彼此间的交流在启蒙时代日趋频繁。尤其是中央集权的民族国家法国、英国和西班牙目标明确地推动公路建设，从而加快了交通与信息的流动，让各类印刷品（包括报纸和杂志）得到了更快的传播。图书和期刊所使用的语言不再是拉丁语，而几乎全部是各国的民族语言：在德意志，拉丁语出版物从1600年的71%下降到1800年的4%；在法国相应的份额从1600年前后的35%下跌至1700年前后的不到10%。作为有教养的欧洲人的“通用语”，法语在18世纪渐渐取代了拉丁语的地位。[167]

倘若18世纪识字人口百分比没有大幅提升，交通和通讯没有持续得到改善，启蒙运动就不会蔓延得如此之快，也难以取得这么大的成效。一些组织如共济会（Freimaurerei），还有成立于1776年的规模较小但更激进的光明会（Geheimbund der Illuminaten）都利用了这些客观条件，其成员感到有义务为世界公民的理想而奋斗，他们以超越民族界限的启蒙运动旗手的姿态出现。然而另一个让公开进行的批评获得巨大反响的
234 原因是：批评所针对的现状无所不在。需要批评的是所有违背启蒙思想家之进步、正义和理性观念的东西：对囚犯的严刑逼供，国家或教会审查机构对不受欢迎的意见的压制，法官的依赖性和官员的顺从，基于贵族出身或王侯意志的个人或整个群组的特权，对臣民个人成就的漠视，以及在法律面前的不平等。

在开明的公众中，大家对一些特别恶劣的弊端如贩卖士兵（Soldatenhandel，即佣兵交易）、猎巫和宗教裁判所达成了共识。18世纪下半叶专制的统治者，包括德意志袖珍领主们如黑森-卡塞尔的方伯弗里德里希二世（Landgraf Friedrich II. von Hessen-Kassel），还把男性居民当作士兵卖给外国君主，具体地说是卖给汉诺威选帝侯和大不列颠国王乔治三世，后者用这些人去镇压北美殖民地的反叛者。虽然对女巫的审判已成强弩之末，但它们仍未彻底销声匿迹。在18世纪的最后25年还有三名女巫分别在以下各地被法院处以火刑：1775年在帝国自由城市肯普滕（Kempten），1782年在瑞士的格拉鲁斯（Glarus）州和1793年在波兹南。宗教裁判所也失去了其重要性，但在西班牙、意大利的部分地区和教宗国该机构一直存在到19世纪。

启蒙运动者在对犹太人的态度上产生了分歧。有些人，如孟德斯鸠和狄德罗以宽容的名义不同意歧视犹太人。其他人，包括伏尔泰，视犹太人的宗教为黑暗时代的残余

物，比基督教更落后和更不宽容，出于这一原因他们认为犹太人并无要求宽容的权利。在其 1783 年出版的《耶路撒冷或论宗教权力与犹太教》（*Jerusalem oder über religiöse Macht und Judentum*）一书中，犹太启蒙运动——哈斯卡拉（Haskala）最伟大的哲学家摩西·门德尔松（Moses Mendelssohn）指责大多数“信奉基督教”的启蒙运动者对历史造成的文化差异态度褊狭，他这么说是有道理的。对所有人有约束性的只有人类理性可以理解的“永恒真理”（ewige Wahrheiten），而不是犹太人、基督徒和其他宗教的“历史真理”（Geschichtswahrheiten）。因此，按照门德尔松的信念，要求犹太人皈依基督教，或是引进一种哲学上所谓成熟的“同 235
一宗教”是不合理的，甚至是无耻的。“信仰联合不是宽容，而是真正宽容的对立面。”

值得注意的是，横跨大西洋的奴隶贸易在启蒙运动的许多经典作家那里很少受到抨击，18 世纪下半叶这种贸易达到了顶峰，所有欧洲殖民列强都使用奴隶。对此进行批评和反对的有孟德斯鸠、卢梭和苏格兰道德哲学家与经济学家亚当·斯密。但奴隶贸易和奴隶制“只”涉及非洲黑人，即使不是所有启蒙运动者，但他们中的大多数人认为非洲黑人是处于较低发展阶段的人种，所以从文化角度看是远远低于白人的种族。[168]

启蒙运动者以促进人类福祉为己任，此中涉及的“人类”最初只是人类整体中相对小的一部分。开明的批评针对的是让人们蒙受苦难的状况，按照启蒙运动者的意见，基于人类文化的发展，他们有权获得更好的生存条件。批评越来越针对作为整体的旧制度，而不是仅仅针对“老一套”中的某些特定的显现形式。抵御这种批评只有一个办法：统治者不能压制这种批评。反之，他们必须承认这种批评基本上是正确的，他们要努力通过大刀阔斧的改革，让导致批评的状况不复存在。

## 开明专制：要求和效果

18世纪下半叶，许多统治者试图把开明的想法付于行动，其中最著名的有：普鲁士国王腓特烈二世（1740~1786年在位），约瑟夫二世皇帝（1765~1790年在位）作为哈布斯堡家族的奥地利君主，他的弟弟利奥波德作为托斯卡纳大公（1765~1792年在位），西班牙国王查理三世（1759~1788年在位）和瑞典国王古斯塔夫三世（1771~1792年在位）。在一些国家中，对“开明专制”时期的回忆不是与某位君主之名联系在一起，而是和主政的大臣之名联系在一起。在丹麦是1770~1772年主政的约翰·弗里德里希·施特林泽（Johann Friedrich Struensee），在葡萄牙则是1750年至1777年主政的庞巴尔侯爵塞巴斯蒂安·何塞·德·卡瓦略（Sebastian José de Carvalho, Marquis von Pombal）。



开明专制不能在专制体制已被克服的地方发展，如英国；或在它从未被施行的地方，如荷兰。在那些头戴王冠的国家，元首虽然接触了开明思想，但受社会条件限制无法实行开明政治的国家，也谈不上有什么开明专制阶段。女皇叶卡捷琳娜二世（1762~1796年在位）治下的俄国就属于后一种情况。女皇虽然阅读过孟德斯鸠的《论法的精神》，并与伏尔泰、狄德罗和达朗贝尔有书信来往或私交，但她令所有人失望，因她并未能像所期待的那样按照启蒙运动的精神去改造沙皇帝国。至于西方的新思想被俄国有知识的社会上层接受，那并不是通过女皇介绍的。

最终，在启蒙运动的发源地之一法国也没有形成开明专制的时代。这里除宫廷社会外，已经发展出一个开明的、以市民阶层为主的社会，其发达程度令“自上而下的启蒙”为时已晚。开明专制是那些相对落后之国家的统治者的一种尝试，他们想赶上那些捷足先登的国家。若无本社会的一定支持，这样的改革努力是没有机会实现其目标的。

开明君主仍自称“君权神授”，但他们为其统治权辩解的理由往往是纯世俗的，即他们要为公共利益服务。至少在原则上，他们视君主的职位高于其个人地位，他们区分国家财产与私人财产，并开始区分国家与社会（Staat und Gesellschaft）。他们收集现行法律，并对它们进行系统化和改革，以便它们对统治者和被统治者都更加透明。他们推进社会的现代化，向一切反对这一目标的力量开战，其中包括各等级的代表机构，如果它们还存在的话；在天主教国家，还包括耶稣会士，有时也包括天主教会本身。

庞巴尔侯爵是反对耶稣会态度最坚决的，他视耶稣会为世俗统治的危险竞争者，是一个国中之国。葡萄牙率先驱逐了耶 237
稣会士，并没收了他们的财产（既包括在葡萄牙本土，也包括在其殖民地）。1762 年法国、1767 年西班牙也先后采取了以上措施。尽管如此，西班牙一直是天主教反启蒙运动的重要据点。六年后，教宗克雷芒十四世（Clemens XIV.，1769~1774 年在位）于 1773 年正式解散了耶稣会；普鲁士和俄国并未理睬这一措施，1814 年罗马教廷又允许耶稣会继续开展活动。

对开明君主和大臣来说，如果他们把大贵族变成自己的敌人，那是危险的。瑞典的古斯塔夫三世，腓特烈大帝的一个外甥，于 1772 年的一次政变中压制了主导国会的贵族，给予了农民更多的权利。1789 年 2 月国王进行了第二次政变，他让激烈反对自己的贵族失去了在最高法院的主导地位，取消了各等级提交法律草案的权利，保证自己对帝国各行政职位的支配权，允许出售王室土地给农民，而且农民可以作为平民产权所有人购买（骑士封地以外的）贵族土地。与其他开明专制国家相比，这些都是对贵族权利的激进侵犯。为此古斯塔夫付出了性命：1792 年，他在斯德哥尔摩歌剧院举行的一场化装舞会上被一个狂热的贵族反对派成员刺杀。

在斯堪的纳维亚邻国丹麦，国王克里斯蒂安七世（Christian VII.，1766~1808 年在位）精神和性格上的弱点，导致国君大权旁落到首席大臣手中。1770 年国王的御医和王后的情人，来自萨勒河畔哈雷（Halle an der Saale）的约翰·弗里德里希·施特林泽担任了此职，他是腓特烈大帝的崇拜者。他迅速实施的改革包括实行彻底的新闻自由，取消进口关税，减少无自由迁徙权的农奴的工作义务，以及引进德语为通用的官方语言。

最后一项极为不得人心的改革措施对贵族反对派而言来得正是时候。1772 年施特林泽被一群贵族以政变方式推翻，由于
238 与王后的私情他被判处死刑并遭到斩首；王后被永远驱逐出丹麦。在施特林泽的继任者治下，丹麦语恢复了其唯一官方语言的地位；不是出生在丹麦的德国人不得担任公职，1770 年至 1772 年引进的改革措施大部分被取消。直到 1784 年 4 月，一些锐意改革的贵族发动政变，改革进程才得到重启，这次进行了精心准备，制定了长远规划。1788 年农奴无权自由迁徙的规定被废除，这是克服封建制、促进丹麦农业现代化的决定性一步。[169]

古斯塔夫三世和施特林泽的偶像腓特烈大帝则没有推行过可以被称为“反封建”的政策。相反，如果说他的祖先，从大选帝侯开始，削减了容克地主们的权力，那么在其治下则出现了再封建化的过程。容克地主阶级得到了方方面面的特权：平民不允许再购买骑士封地，经济不景气的地主庄园可得到国家提供的贷款。

在腓特烈二世治下，贵族大地主在政治上也重新赢得了他们在各层面的影响。德国历史学家奥托·比施（Otto Büsch）言简意赅地描述了地主权力的上升：“容克地主牢牢掌握土地

所有权和军官职位，这同时保障了他们在国家中的权力。对农民的统治，作为地主的容克之地方治理权，作为县长的容克对县的管理权，通过‘地区’（指地区贷款机构——作者注）对政府的影响，这些都是政治上的砝码。它们让容克有资格在军事系统中成为中流砥柱……容克的服务是国家保证其统治的条件，而这种保证也成为容克履行其职责的条件。容克使用国家统治手段，正如国家使用容克为统治工具。旧普鲁士军事体制是一种带有政治基本特征的综合性政治体系。”[170]

普鲁士社会的军事化主要是因为国家在空间上极度涣散，而且在军事上非常容易遭受打击。应对这种挑战的是纪律和服从精神，是它们让普鲁士的崛起成为可能。这是一种单方面的反应，它还需要修正和补充：普鲁士德行的内在化。这能够发 239
生，主要是虔信派的工作成果。

敬虔运动（Frömmigkeitsbewegung）之根可以追溯到三十年战争。呼吁教会的革新要从内心开始，这是虔信派教徒对正统路德教僵化的回应，他们反对任何类型的外在的教条信仰。在勃兰登堡－普鲁士，这种与正统路德教的距离在虔信派教徒和信仰加尔文宗的统治者之间架起了一座桥梁。起了类似作用的还有普鲁士虔信派教徒的以下突出兴趣：实际改善学校与大学状况以及提升社会下层民众的生活条件。“沉默的大多数”与国王的关系从来没有像他们和“士兵王”腓特烈·威廉一世（1713~1740 年在位）这么近过。虔诚的家国情怀在其统治期之后继续存在：一种爱国主义，其中对君主的忠诚和热爱被上升为一种臣民的宗教式义务。[171]

在宗教问题上极为宽容、本人不信教的自由思想者腓特烈二世也能够依靠这种无形的统治基础。但他在位期间，普鲁士已经发展出一种新的、纯世俗形式的爱国主义。1761 年，七年战争的第五个年头，出生在帝国自由市乌尔姆但自愿选择当普鲁士人的启蒙运动者托马斯·阿普特（Thomas Abbt），在其文章《论为国捐躯》（*Vom Tode für das Vaterland*）中第一次称普鲁士人为一个“民族”。在回答何谓祖国的问题时，他认为那不一定非得是他作为自然人出生的地方，也可以是公民自由选择的地方：“但如果我出生的地方或我自由选择的地方把我与一个国家结合在一起，我服从其有益的法律，前提是为了整个国家的利益这些法律不会剥夺我的自由，那我就会称这个国家是我的祖国。”[172]

“有益的法律”和城市共和国公民所能进行的政治参与不太一样，与之相比要有限得多。后者是一种专门发展出来的共和政体的爱国主义，经过认证的参政权是其基础。在近代早期的德意志诸侯国中，出现过政治体自称“爱国者”的状况，因为他们就是爱国者，在必要情况下，它们会为祖国的利益而反
240 对君主。[173] 阿普特想让普鲁士国王的所有臣民知道自己的爱国主义义务，包括准备为国捐躯，因为国家的法律只有在共同利益需要时才会限制他们的自由，正是从这一点上才能证明那是明君制定的法律。

腓特烈二世治下的普鲁士确实有向法治国家发展的迹象。1740 年执政伊始这位国王就废除了刑讯；他禁止残酷的惩罚，如溺死杀婴的母亲，禁止公开悔罪，并对死刑进行了限制。[174] 在其统治下法律制度的统一有了长足进步：行政机关进行判决受到限制；新的诉讼法——《腓特烈法典》（Codex Fridericianus）缩短了审理程序，并使审判过程更为透明。立法工作的集大成之作是 1791 年（腓特烈大帝去世五年后）完成的《普鲁士普通邦法》（*Allgemeines Landrecht für die Preußischen Staaten*）。这部由一批谙熟罗马法的高素质法学家联合完成的作品，正如莱因哈特·科塞勒克（Reinhart Koselleck）所指出的，具有两面性。“在理论设计方面，其

目标遥遥领先于现存状态，而在实施过程中现状则被一堆规定所认可，它们阻碍甚至是违反计划中所要达到的法律状况。《普鲁士普通邦法》是遗留下来的现状与未来目标之间的妥协物。”[175]

早在 1856 年，法国政治思想家亚历克西·德·托克维尔在其《旧制度与大革命》一书的附录中对《普鲁士普通邦法》就有过类似评价：“在这个非常现代化的头颅下，出现了一段十分古旧的躯体（un corps tout gothique）；腓特烈大帝切除了这一躯体上可能会阻碍他运用自己之权力的部分，结果整个形成了一个怪物，它看起来就像两个不同生物的连体。”[176]

在腓特烈二世统治的普鲁士，阻碍全面实现法治的是军队的重要地位以及与之密切相连的贵族特权，还有君主对法律、审判和公正的理解。在其 1752 年的政治遗嘱中腓特烈二世承认了一项原则：“在法院中应该由法律来说话，统治者必须保 241
持沉默。”然而在实践中，他并非总能遵守这一座右铭。

那个被载入法制史的水磨坊案例发生在诺伊马尔克（Neumark）的波莫尔齐希（Pommerzig）。一个名叫克里斯蒂安·阿诺德（Christian Arnold）的磨坊主拒绝向贵族地主，一位伯爵，支付佃租。他在法院提出的理由是，县长格斯多夫（Gersdorff）修建的鲤鱼池塘截住了他水磨坊的用水，令其磨坊无法正常运转。主管法院驳回了磨坊主的赔偿请求，下令他交出磨坊并安排拍卖该磨坊。阿诺德则求助于国王，国王于 1779 年 8 月派出了调查委员会，但没有得出明确结果。当科斯琴（Küstrin）政府维持原判后，腓特烈出面干涉。他此时认为判决对磨坊主不公正。9 月底，国王指示科斯琴的司法部门立即处理阿诺德的上诉。

在新一轮官司中磨坊主再次败诉，他再次求助于国王。国王让柏林高等法院介入，1779 年 12 月该法院做出不利于阿诺德的判决。国王迅速做出反应：他传唤参与办案的三位法官到波茨坦，开除了两名高官——科斯琴政府首脑和齐黎绍（Züllichau）县的县长，并让人逮捕了法官。他不顾主管大臣和刑庭的反对，于1780年1月1日下令补偿磨坊主并对柏林的法官予以一年监禁（后来被赦免）。

法院的行为被腓特烈视作正义扭曲的判例，地位低下的子民受到不公正的待遇，史书中的大多数意见则认为事实并非如此。他希望未来能永远确保，“任何人无论尊卑、贫富，诉讼都能迅速得到办理，每一位臣民，无论声望地位如何，均能得到彻底、中立的公正”。国王认为自己是公正的，并让自己成
242 为他所理解的公正的执行人。司法独立的必要性让位给伸张正义的愿望，在国王认为法院未能伸张正义的地方，他会帮助正义获胜。[177]

没有任何一位其他君主像腓特烈这样，被众多的同时代人认为至少在努力成为国家的第一公仆，而且能容忍如此公开的批评。他与伏尔泰的短暂友谊证明了他与启蒙运动的关系。这是一场由普鲁士国王发动的自上而下的启蒙运动。但正因如此，他的作为完全符合他那个时代的最伟大的哲学家伊曼努尔·康德的设想，即启蒙运动该如何在政治上得以实现。进步不应该与国家对抗，而是经由国家来实现：这不仅仅是在腓特烈治下把霍亨索伦邦国带上革新之路的那些普鲁士官场精英的格言，也是普鲁士疆界之外德意志市民阶层和受过教育的各等级德意志人此后遵循的座右铭。

约瑟夫二世（Joseph II.）自1765起担任德意志民族神圣罗马帝国皇帝。1780年其母玛丽亚·特蕾莎逝世后，他成为哈布斯堡君主国独揽朝政的国君。在自上而下推行改革的意愿方面，他丝毫不比普鲁士国王逊色，在许多方面甚至比腓特烈更为坚定不移：1781/1782年约瑟夫在奥地利和波希米亚废除

了世袭领地内的农奴人身依附关系；1777 年普鲁士邦国只在其能掌控的领地着手取消农民的各类徭役，这成为 1808 年普遍解放农民的前奏。（普鲁士境内王室领地的农奴制当然已在“士兵王”腓特烈治下于 1718~1723 年得到废除。）

约瑟夫解散了众多修道院，对天主教神职人员的培养进行了国有化，并把学校教育彻底交由国家掌管。通过 1781~1789 年颁布的《宽容令》（*Toleranzedikte*），非天主教徒得到全部公民权利并有权进行私人宗教活动（这当然不包括各种邪教成员）。犹太人通过 1780 年代的《宽容令》亦可享受（有限的）宗教和贸易自由。约瑟夫此举满足了克里斯蒂安·威廉·多姆（Christian 243
Wilhelm Dohm）1781 年在其令人觉得具有革命色彩的著作《论犹太人公民地位之改善》（*Von der bürgerlichen Verbesserung der Juden*）中所提出的要求，这位作者是开明的普鲁士官员和哲学家摩西·门德尔松的朋友。哈布斯堡君主国的统治者在这方面与普鲁士的腓特烈二世完全不同：后者像伏尔泰一样，视犹太人为所有邪教中最危险的一派，坚持对他们的宗教和社会歧视。

当约瑟夫宣布在其统治的所有地方德语为官方和商业用语时，他是想向一个中央集权国家的理想画面看齐。这首先引起了匈牙利人的不满，那里迄今为止在法律、管理和议会开会时使用的语言是拉丁语。另外在奥地利属尼德兰，即后来的比利时，人们也反对维也纳皇帝的语言政策。阻力如此之大，以至约瑟夫最后不得不取消了这项语言改革。就是这样也未能阻止比利时于 1790 年宣布独立。

在其他领域，尤其是在狭义的“约瑟夫主义”（Josephinismus）教会政策中，这位开明君主也对其多民族帝国的臣民提出了过高的要求。与腓特烈大帝不同，约瑟夫二世无法指望来自广泛的拥有国家爱国主义精神的阶层的支持，在整个奥地利其统治的可靠支柱只有官吏和军队。这位皇帝和国王自己是一名虔诚的天主教徒，却把罗马教会挑战到如此程度，令后者不再能为哈布斯堡皇朝的统治保驾护航。在约瑟夫统治的后期贵族们同样与他离心离德。

急躁、缺乏移情能力、过分依赖自己的意志力：正是约瑟夫的这些性格特点导致了其开明专制在很多方面的失败。他的弟弟和继任者利奥波德二世（Leopold II.，1790~1792 年在位），此前的托斯卡纳大公，只能通过取消约瑟夫的部分改革才把哈布斯堡君主国多少安抚下来。他迎合各等级，并明确允诺匈牙利人拥有自主权。改革措施中得以保留的有《宽容令》、
244 削减修道院数量和废除农奴制。因此，约瑟夫二世的改革所带来的变化对奥地利产生了深远影响。[178]

若是把启蒙运动的要求琢磨到底，那开明专制本身就是自相矛盾，或迟早会出现这种矛盾的。对于英国的启蒙运动者——从洛克到休谟——来说，不可想象的是称一个对个人进行管束，并且不能够不断从社会重新得到统治委托的政权为“开明”。德国启蒙运动者的方案在政治诉求上比较温和：虽然康德希望建立代议制的政府体系，但他不想把建立该体系的任务交给人民，而是托付给统治者。法语区两位最著名的启蒙运动者的主要作品出版于 18 世纪下半叶，他们虽然在理论上为革命铺了路（其中卢梭比伏尔泰更为果断），却同时认为革命是一场不幸，他们本人不愿意经历（也未能经历）。是否会有一场革命来化解危机，这不由启蒙运动的思想家说了算。这首先由政治权力在握的人来抉择，他们能够运用手中的权力，要么促进革命，要么阻碍革命。

## 危机中的专制：法国走向革命之路

如果说18世纪下半叶是开明专制国家进行内部改革的时代，那么法国自1750年起则陷入了日益严重的社会和政治危机。国债在路易十四世统治末期已经是天文数字。法国积极参与了奥地利王位继承战争、七年战争，最后自1776年起又卷入了英国北美殖民地的独立战争，这令国家债务持续增长。为了挽救国家财政，法国的税收制度必须进行彻底改革。有效的改革首先要求一件事：让贵族承担适当税负。按照传统，贵族对大多数税项享有豁免权。为了避免丧失税收优惠，各地议会，由贵族掌权的法院，特别是巴黎市议会负隅顽抗，其手段既破釜沉舟又别出心裁。他们让这种斗争带上反对专制和为自由而战的色彩，有时甚至迷惑了较大部分的市民阶层，给他们留下深刻的印象。



1774年，20岁的路易十六世（Ludwig XVI.）登上了波旁王朝的宝座：这是一位正直，但意志薄弱，而且思想上不是特别能接受新事物的统治者。他执政伊始就做出了一个致命的错误决定：他恢复了1771年被其祖父路易十五世（1715~1774年在位）解散的议会的旧有权利。这么一来，新任财政大臣安·罗伯特·杜尔哥（Anne Robert Turgot）实际上就无法实行其贸易自由和税收公平的财政方案了。

杜尔哥是一位坚定的启蒙运动者和重农学派（Physiokrat）代表人物：他寄希望于各种经济力量的自由发展，但他像所有的重农学派人物一样认为农业才是经济部门中最具生产力的。在政治上他憧憬国王与人民结成反封建的同盟，事实上要想消除或至少减少贵族在财政上的特权，这样一种结盟确实必不可少。正因如此，杜尔哥遭到了巴黎市议会的全面抵抗。当王后玛丽·安托瓦内特（Marie Antoinette，玛丽亚·特蕾莎的女儿）、国王的兄弟们以及宫廷贵族与神职人员联手反对他时，他的职位就不保了。任职仅仅两年后，杜尔哥就于1776年5月被君主解职。

次年，路易再次任命一位改革者为财政大臣：日内瓦的银行家雅克·内克尔（Jacques Necker），一位公开承认自己为加尔文派信徒的人。他为法国参加北美战争（他个人认为这是一个严重的错误）筹款不是靠提高税收，而是通过国家贷款，从而令国债越积越高。为了打破议会的垄断势力，内克尔首先在四个省份引进了起咨询作用的显贵会议。1781年他以《致国王财政报告书》的形式在法国历史上首次公布了国家预算，
246 当然他提高了收入数字并压低了支出数字，从而粉饰了实际赤字状况。预算的公布引起了宫廷的震怒，要求在全法国召开显贵会议令议会更加反对内克尔。上任四年后，1781年他的（第一任）财政大臣任期因国王的解雇而终结。

内克尔认为显贵会议会有益于推行更强劲的改革政策，结果被证明是错误的。在财政大臣卡洛讷（Calonne）的催促下，1787年2月路易召集从全国各地选出的显贵前来凡尔赛宫开会。因为这里有话语权的也是贵族，所以让两个享有特权的等级——僧侣和贵族放弃其免税优惠的提议未能获得多数支持。

在卡洛讷的继任者布里安（Brienne）任期内，政府与议会之间的冲突愈演愈烈。1788年5月，国王通过御临法院（lit de justice）强迫对六份涉及司法改革的诏书进行注册登记（enregistrement），想借此使其获得合法性并剥夺议会的权利。由于路易凭借其特权侵犯了议会一项最重要的权利——注册皇家命令，议会的反应异常强烈。议会阻碍司法改革的方法是国王和大臣们没有勇气去做的：它呼吁人民起来反抗，在一些地方确实出现了所谓反对君主独断专行的起义，即使面对国王士兵们的攻击人们也毫不退缩。

1788 年 8 月，国王和政府被迫满足公众舆论，决定在 1789 年 5 月 1 日召开全法三级会议（États généraux）。上一次的三级会议是 1614 年在国王路易十三世（Ludwigs XIII.）治下举行的。它标志着危机的深度，175 年后一位“专制”统治者不得不求助于这么“封建”的代表机构。公共舆论受到 1788 年 8 月获得承认的广泛新闻自由的鼓励，对三级会议的看法当然有别于国王，即三级会议提供了一种可能性，让人们能够听到法国的声音。要想成功地做到这一点必须满足以下条件：首先第三等级，即无特权的社会阶层，所拥有的选票至少
要和神职人员与贵族的选票相加一样多；其次会议投票不能按 247
等级统计，必须按人头计算。

政治危机的另一个迹象是 1788 年 8 月 26 日对雅克·内克尔的重新任命。法国正处于破产的边缘，前一年发了洪水，收成不好，所以引起普遍通货膨胀，特别是谷物，连带导致面包价格上涨。主要受害者是城市下层阶级、小农和短工，他们合起来占据人口的绝大多数。内克尔希望通过政治让步来缓和日益增长的不满：他同意第三等级就三级会议代表人数构成和投票模式所提出的要求。

在内克尔倡议下，第二次显贵会议于 1788 年 11 月和 12 月召开，这次会议立场顽固并拒绝了财政大臣的建议。虽然他最后总算说服国王同意了一个要求，把第三等级代表的人数加倍，从而使享有特权和不享有特权者在数量上达到平衡，但国王不接受第三等级的另一个要求——按人头进行表决。很明显，如果各等级不是作为整体来投票，而是无论他们隶属哪一等级都以单个代表身份投票和计数的话，许多贵族和低级神职人员会与第三等级的代表们一致投票，帮助他们获得多数。

在三级会议召开第一次会议前，进行了一场不受当局阻碍的竞选。所有年满 25 岁并登记进行投票的男性公民，都可以

参加第三等级多级选举中的初级选举。选民们到处向选举人[①]递交写有他们愿望和投诉的陈情书（cahiers de doléances）。在进行撰写时许多律师出面帮助，他们在代表中也占有很大份额。在享有特权的等级的选举大会中，低级神职人员和小贵族也经常能够胜出。贵族妇女也被允许参加投票。

248 然而选举宣传鼓动的日子并非在各处都是和平进行的。1789 年春在法国的大部分地区出现了饥荒。许多地方的城市和乡村的下层阶级起来闹事，特别激烈的动乱发生在巴黎、普罗旺斯和皮卡第。对物质匮乏的愤怒一再导致抢劫运粮车、粮仓和面包房。法国历史学家把三级会议召开前的数月称作“prérévolution”——革命前。

1789 年 5 月 5 日国王路易十六世在凡尔赛宫宣布三级会议的制宪会议开幕。出席会议的一共有 1165 名议员，其中几乎一半属于第三等级，第一和第二等级的议员各占四分之一。第一等级——神职人员的多数代表是普通神父，他们倾向支持第三等级的要求。第二等级——贵族代表中至少有三分之一同情无特权阶层。属于第三等级的代表中也有神职人员和贵族，其中包括神父埃马纽埃尔·约瑟夫·西哀士（Emmanuel Joseph Sieyès），他是纲领性文献《第三等级是什么？》的作者；以及米拉波伯爵奥诺雷·加百列·德里克蒂（Honoré Gabriel de Riqueti, Graf von Mirabeau），他是大会中最能打动人心的演说家。

由于无论是国王还是内克尔都没有对表决方式的问题，即在三级会议中到底应该按等级还是按人头计票，发表意见，这就为事情无意中走向革命埋下了伏笔：6 月 17 日，西哀士神父在一次只有第三等级和很多神父参加的会议上提议，大会应

① 间接选举时，选民选出可直接选举议员的选举人。

该把自己宣布为国民议会（Assemblée nationale），因为它已经代表了 96% 的法国人。

该提案以压倒性多数获得通过。6 月 19 日，神职人员以微弱多数同意参加国民议会。6 月 20 日，“革命的”代表们在网球厅聚会宣誓：不制定和通过宪法，决不解散。

当国王于 6 月 23 日在“皇家会议”（Séance royale），即三级会议的一次集体会议上一方面以模糊的形式承诺改革，另一方面又安排三个等级分别开会时，大会拒绝服从他。米拉波即兴冲着国王的总司仪宣布，如果他受命驱逐议员们，那他必 249
须获得使用武力的命令，“因为只有刺刀的强力才能把我们从席位上赶走”。

四天后，国王于 6 月 27 日做出了让步：他要求第一和第二等级的代表们参加国民议会。但是，没有人能够确保路易十六世真的准备把法国的领导权交给第三等级。1789 年 7 月 11 日他解雇了内克尔和其他同情改革的大臣，取代他们的是反对第三等级要求的人。同时大批部队被调往凡尔赛宫。权力的问题再次前途难卜：法国处在其历史的戏剧性转折关头。[179]

倘若路易十六世本人能及时地站到改革运动一边，以人民的名义向享有特权的等级宣战，那么危机尖锐化导致革命的结局或许还可避免。杜尔哥曾徒劳地试图让国王循着这种发展轨迹行事。这么做自然会意味着法国专制主义的自掘坟墓。因为法国社会已经太开明，而法国的君主制已不够专制，因此不可能在较长时期维持开明专制统治。

1715 年路易十四世去世后，对王室专制的厌恶如此强烈，以至于享有特权的等级不难帮助其最主要的代表机构——议会和各省扩大自己的影响力。议会对国王敕令予以登记注册使其生效的权利，君主虽然可以通过“御临法院”来规避——这一方法路易十六世曾两次使用（1776 年 3 月在杜尔哥催促下以及 1788 年 5 月经布里安安排），但两次的结果都证明议会的力量更强大：第一次议会让杜尔哥的继任者取消了大部分他们反对过的措施，第二次他们直接作梗让政府的改革无法生效。
250 路易十六世没有足够的力量与贵族和教会对抗。因此，公众舆论越来越觉得他是特权阶层的国王，代表的是社会微弱多数的利益。

第一与第二等级的特权已经过时，这只好怪僧侣和贵族自己，因为没有任何理由可以替这些特权做辩解。天主教的宗教垄断地位要感谢法国的君主制，自从路易十四世在 1685 年撤销了《南特敕令》后，基督教新教受到了极其严厉的镇压。即使在 18 世纪中叶，参加秘密礼拜的新教徒若被警方发现，还要受罚在橹船上做苦役或遭监禁。直到 1763 年对新教徒的迫害才逐渐停止，这一年伏尔泰发表了《论宽容》：他激烈抗议处决新教商人让·卡拉斯（Jean Calas）。前一年此人成为图卢兹高等法院误判的牺牲品。

即使在自己内部，法国教会也极为不宽容。天主教内部的主要反对派有伊普尔（Ypern）主教科尼利厄斯·詹森（Cornelius Jansen，1585~1638 年）的追随者，这位主教在其有关奥古斯丁的著作中像路德，某种意义上也像加尔文一样认为上帝的恩典起着决定性作用，因此被认为是新教的党羽。对教宗克雷芒十一世（Papst Clemens XI.）于 1713 年在《克雷芒通谕》（Unigenitus）中对詹森派教义的广泛谴责，除了启蒙哲学家们，议会也起来反对，因为议会在此看到了一个影响公众舆论的机会。对詹森主义（Jansenismus）的压制也使得在下层教士中传播开一种反对的潮流，反对主教和保护主教的宫廷，而且反对矛头越来越多地指向了教宗和教廷。

从外部看，天主教会的力量在路易十六世时代仍旧令人印象深刻：它拥有按法国平均水平计算约十分之一的领土，因此堪称无人可及的最大地主；它一如既往地以什一税形式大方抽取农民和农业工人上缴的教会税。同时它却拒绝按照其收入与财产承担一部分公共负担。许多主教的生活方式与世俗大领主同样奢华，他们有充足钱财过这种生活，很少住在他们的教区，而是生活在 251
凡尔赛，在那里成为宫廷的组成部分。

按照高卢主义国教精神，弗朗索瓦一世与教宗利奥十世签有政教协定，自 1516 年以来法国国王对该国的所有主教和许多修道院院长的职位独享任命权。路易十六世的继任者利用此权利，安排贵族们的年轻儿子们担任这些职位，借此培养自己的亲信。无意间法国教会的世俗性或世俗化就引发了另一结果：主教和修道院院长们在物质上的特权化让高级与低级神职人员间产生疏离，也令大部分人口与教会和宗教离心离德。[180]

法国贵族在专制主义的全盛期已经失去了其所有功能，这些功能曾是他们享有特权的缘由。佩剑贵族（noblesse d'épée）的任务早就由常备军接手；国王路易十四世的高级官员不是出身于古老的大贵族家庭，而是平民或“穿袍贵族”（noblesse de robe），也就是从平民晋升为贵族者或他们的后代。然后在路易十六世治下，发生了一种近乎示范性的“再封建化”：他的大臣们，除了内克尔是唯一的例外，全部来自佩剑贵族圈子。

法国贵族首先是宫廷贵族。富有的贵族把他们拥有的土地交给佃户打理。在这一点上他们与拥有土地的德国贵族不同。在普鲁士和易北河以东其他地区，也就是实行农场领主制的地方，贵族们大多还亲自经营他们的土地；在西部，即实行庄园制的地区，贵族通常把他们的所有农田租赁给农民。因此，在法国贵族和农民之间的疏离要远远超过在德意志。[181]

与英国贵族的主要区别在于，在法国平民和贵族之间没有平滑的过渡。在英国，贵族的称号只能由长子继承，其他的儿

子则是平民；在法国，一位贵族的所有儿子均可继承其贵族头
252 衔。平民晋身贵族的事在英国每天都在上演，在16和17世纪的法国，跻身“穿袍贵族”的行列要通过购买贵族头衔或是担任国家或地区要职，而这类职务同样大多是通过买官得到的。18世纪末，这种类型的贵族受到了严格限制：1780年代老贵族们实现了其要求，即出缺的文武官职的竞聘者们要能证明自己的四代贵族出身。

法国贵族自视清高，不齿于在贸易、商业和工业界进行经济活动。从事平民职业会导致失去贵族特权，除非所从事的是海外和殖民贸易、开矿或冶金业，然而这些行当是罕见的例外。贵族的经济基础仍然是拥有土地，他们的直接收入来自向农民租赁庄园土地，农民则以货币或自然形式交租。法国大约五分之一的土地，而且往往是特别肥沃的土地，掌握在贵族手中。一些传统上由贵族把持的公职也能产生丰厚的利润。贵族特权中最厉害的是对大多数税收享有豁免权，其中包括“人头税”（taille），以及一些消费税，如酒税。

像贵族的物质特权一样拥有挑衅性的是他们能够享受的精神奖掖。他们有权携带武器，在教堂可以坐在荣誉席位上，在所有公共场所相对于第三等级他们都拥有优先权。贵族一向有自己的贵族法院，他们不必出现在那些审理寻常百姓案件的法官面前。托克维尔称法国贵族为完全与百姓隔离的种姓，“表面看虽然是军队的首领……但实际上只是一群没有士兵的军官”。贵族们所享受的特权和威望实际上与他们为社会所做出的贡献完全不相符。正是这种矛盾，让法国的公共舆论在旧政权的末期奋起反对“封建制”，这种反抗方式在欧洲范围内是绝无仅有的。

253 第三等级确实有充分的理由对他们受到的歧视感到愤怒，但并非该等级中所有人的愤怒程度都相同。资产阶级，该等级

中的少数但最强大的部分，一直受到此前专制统治者，特别是路易十四世系统而全面的示好。他们从重商主义——扶助外贸、出版和制造业——所得到的好处超过任何其他社会群体，对此他们也以缴纳高额税收的方式给国家带来了好处。在经济收益上工业和商业大资产阶级早已超过了贵族，他们自己也已享有许多特权。很多富有的资产者成为地主，尤其是那些获得贵族证书者，他们的生活方式往往是领主式的。作为靠股息生活者，他们完全靠其资本和农庄的收益生存。

因此第三等级中反对旧制度的急先锋就不是自身多有分裂的拥有财产的资产阶级。反封建、反专制的反对派是由知识分子和自由学术职业者领导的，具体来说就是律师和公证人。此外还有背叛了本等级的神父。他们均成为整个第三等级的代言人，从而也代表着手工业者和小商人、工人、农民和短工。

农民中对土地所有者有人身依赖的农奴是少数，他们必须承担物权性负担。靠自己或租赁的土地生存的大农户也是少数。数量要大很多的是土地稀少的小佃农和无土地的短工。首先是他们必须承担增加了的负荷，这些负荷是贵族领主或其资产阶级承租人在1780年代加到他们身上的。用法律手段维权是毫无希望的，因为贵族地主也拥有其庄园所在地的审判权。

随着经济状况不断恶化以及地主和承租人施加的压力不断
增加，农民们的愤怒也与日俱增。1780年代法国人中的85%
还生活在乡下。1789年春天，农民们的怨气只在灾情特别严 254
重的一些地区得到了暴力释放。然而，如果大多数农民起来反
抗现有状况，特权阶级的优势就难以维系了。[182]

企业家和工人，城市公民和农民完全会有不同的利益。他们的共同点是，与神职人员和贵族相反，他们不属于拥有特权的等级。尖锐分析出他们的这种共性，并且搁置利益分歧，对1789年市民抗议的代表来说是重要的。在三级会议召开前以

经典形式做到这一点的是西哀士神父。在其战斗檄文《第三等级是什么？》中，他简明扼要地就此问题进行了三问三答："第三等级是什么？是一切。迄今为止，第三等级在政治秩序中的地位是什么？什么也不是，第三等级要求什么？要求取得某种地位。"

西哀士称第三等级为整个国家，认为该等级的利益就是法国的利益。他的理由是：只有第三等级从事有益的工作，而特权等级是社会的寄生虫。他们是国家的负担，而非其组成部分。西哀士从他为三级会议所做的分析中推导出一系列要求，它们正是他与米拉波在 1789 年 6 月提出并进行贯彻的。这都是一些最低要求，显而易见第三等级作为占人口大多数的等级不能仅仅满足于这些要求。西哀士神父的战斗檄文是一份革命纲领，它只能通过革命来实现。而就在 1789 年 6 月 17 日那天，当第三等级的代表们应西哀士的请求决定宣布会议为《国民议会》时，革命已经开始。[183]

## 经济变革：英国工业革命

一场与发生在法国完全不同的变革于同一时间在英国完成：工业革命。关于这一概念，人们所能想到的最简练的定义于1820年代出现在法国，它出自瑞士经济历史学家汉斯约格·西根塔勒（Hansjörg Siegenthaler）："'工业革命'可以被理解为工业部门内那些技术和组织上的变化，它们在一个国家内对向'现代经济增长'的过渡起过举足轻重的影响。"英国工业革命的开始通常被认为发生在1760~1785年，其结束则在1830年前后。1760年代至1770年代，英国人发明了三种棉纺纱机，其中包括理查德·阿克莱特（Richard Arkwright）的水力纺纱机，这导致纺织厂的建立，此前通行的家庭作坊开始被取代。阿克莱特的第一家工厂于1771年出现在德文郡的克罗姆福德（Cromford in Devonshire）。1786年接着发展出机械织布机形式的纺纱机。[184]



阿克莱特发明的一个直接结果是出现了第一批机械制造厂，不久这些工厂即可生产蒸汽机。蒸汽机在各个领域大显身手始自1769年詹姆斯·瓦特（James Watt）对一种现有模型的改进。新的发明被用于采矿、冶铁和纺织工业。1804年英国建造了第一台蒸汽机车，1825年斯托克顿（Stockton）与达灵顿（Darlington）之间的第一条蒸汽火车线通车。四年后，曼彻斯特和利物浦之间的铁路运输开始运营。

工业革命并非突发进程，它有一个很长的前史，这也解释了为什么英国成为这一经济和社会深刻变化的发祥地。工业革命之前就有过几次其他"革命"：由于卫生条件的改善和农村结婚年龄的降低，人口出现了剧增；农业产量显著增加的同时"自耕农"受到排挤，这是通过"圈地"造成的，即把以前的公有地或租赁给农民的土地圈划起来供以资本主义方

式经营的畜牧业使用，这也是技术创新和更合理的耕作方法造成的结果；国外贸易尤其是海外贸易大规模扩张；公路和
256 运河的建设让交通运输得到显著改善；还有所谓“勤劳革命”（industrious revolution），即荷兰历史学家扬·德·弗里斯（Jan de Vries）所说的一场勤劳致富的革命，自17世纪中期以来，它在西北欧和北美新教占主导地位的社会使得城乡的财政管理和经济活动以更富有成效的形式展开。

由于农业和商业革命，英国拥有了投资工业企业所必要的资金。与法国不同，英国大多数贵族不反对工业发展；许多贵族反而参与工业化的融资并从中受益。英国也有能干的手工匠人，从中涌现了许多发明者和早期的工业企业家。在“原工业化时期”的分发加工包销体系中，尤其是在纺织和金属制品业，有着训练有素的家庭佣工，在手工业和制造厂则存在合格的专业人才。因人口增长以及农业革命，也还存在着大量人力储备，他们在农业和传统的城市商业中找不到有利可图的工作。他们以及移民而来的爱尔兰人当中，有大批人应募成为非熟练工人，即早期工业无产者。[185]

除物质条件外，英国工业革命的精神框架也是18世纪末欧洲几乎任何其他地方都不存在的。自从1688年光荣革命以来，“法治”在这个岛国已经站住了脚，私有财产也从而得到了保障。国家并不与社会对立，而是代表它，确切地说是代表其中的有产者部分。在学校和大学里科学和技术好奇心得以自由发展：这是发明创造蓬勃发展的一个基本前提。批评是能带来改变的，这让批评者在论证时尽量具体，并考虑到可能出现的结果。英国，更准确地说是英格兰—苏格兰思维方式不像法国的那么抽象，也比德国的少些推断。它是注重实践、务实、经验的。这给人文、社会和自然科学打上了烙印。

257 竞争精神和对幸福的追求属于英国文化。当苏格兰哲学家

和经济学家亚当·斯密1776年——《美国独立宣言》公布之年——出版其《国民财富的性质和原因的研究》一书时，这种精神氛围已然存在。其学说认为，放手让个人追求经济利益其实是对国民经济整体利益的最佳促进方式。这种理论对英国社会来说不像对其他一些国家那么富有革命性，那些国家——也包括教会——普遍仍把追求私人利润看作道德上不体面的事，政府则把对经济的重商主义调控视为国家理性的需要。

斯密所要求的工商业自由在英格兰和苏格兰比在欧洲其他任何地方都在更大程度上得到了实现；但对他所要求的各国之间的自由贸易，人们却无法这么说。作者的洞见——各国最好不去生产那些它们从别处可以更便宜地买到的东西——只不过是将进步的社会分工应合乎目的性的学说转用于世界经济而已。这一认识即使在工业革命的发源地也还需要更多时间才能得到执行：保护“土地贵族”利益的谷物税，经过激烈的内政斗争才于1846年被取消。斯密坚决拒绝殖民地贸易垄断及殖民地本身，一开始这种态度也没得到多少支持：英国的国际地位得以建立的基础是，直到工业革命结束，纯粹的经济自由主义学说并未得到坚定不移的贯彻。由于斯密1790年去世，他没能活着看到其废奴主张的实现。他对该主张给出的理由是：奴隶劳动与自由人的劳动相比，对社会来说总会越来越昂贵。[186]

英国工业革命的精神框架最终也包括宗教，或者更准确地说宗教社会学因素。前面已经提到过马克斯·韦伯的论点，即加尔文伦理与“资本主义精神”之间有亲和力。该理论的核心认为，严格的加尔文派信徒倾向于把经济成就看作上帝选出自己的证明，正是基于这一点他们练习着“内在苦修”，舍此不 258
能有成功的事业。这种信念尤其在那些加尔文派群组中格外坚定，即那些无缘上大学和担任公职者，也就是受到国家歧视的人：不信国教者或异己者。从他们之中产生的企业家，在自由教会教区中可以找到他们从国家和社会那里所得不到的支持和认可。在此意义上，韦伯的理论确实部分地解释了18世纪最后三分之一时间段英国所发生的经济变革，同时也解释了此前出现的“勤劳革命”。[187]

1960年，美国的经济史学家沃尔特·W.罗斯托（Walt W. Rostow）在其著作《经济成长的阶段》中用飞机的“起飞”比喻工业生产方式的突破。根据罗斯托的观点，“起飞”阶段生产性投资从占国民总收入的5%（或更少）增长至10%（或更多）。[188]

投资的爆炸性增加，经济增长从平缓到陡升的直接变化，在英国并未出现于罗斯托所提及的1783~1802年。较新的研究强调了工业革命发祥地的悠久前史和从农业社会向工业社会的漫长过渡。工业部门和国民经济作为整体，其增长速度要比罗斯托设想的慢得多。但英国人口却呈戏剧性增长：1750~1800年大约增长50%，此后每50年人口翻番。同样高的增长率也出现在欧陆国家，在那些19世纪实现工业化的欧陆国家此增长率甚至更高。[189]

工业化的时代是一个普遍贫困的时代，人的劳动力受到肆无忌惮的剥削：其可怕程度正如恩格斯1845年在其著作《英国工人阶级状况》（*Die Lage der arbeitenden Klasse in England*）中所描述的。[190] 矿山和工厂若不广泛使用童工，无数工人家庭的悲惨生活就难以维系。但倘若没有工业劳动的机会，那苦难还
259 要大得多。工业化没有导致贫困不断发展，而是让无产阶级的社会地位得到提高。工人家庭的实际收入在所有西方工业社会经过较长时间的发展均呈现上升趋势。工会作为工人利益的代表为此做出了决定性贡献。英国经济学家托马斯·罗伯特·马尔萨斯（Thomas Robert Malthus）1789年的预测——认为食物的增长

总会落后于人口的增长，以及大约 60 年后马克思提出的预言——工人的工资随着资本主义的发展会降到生存最低限度以下，都没有得到验证。[191]

在世界历史中大概只有一场社会变革在变化的深度与广度上可以与工业革命相比，那就是一万多年前从狩猎文化向农耕社会的转型，它发生在石器时代末期，即新石器时代。[192] 英国因其工业化走在了欧洲其他国家前面，但技术、经济和社会的变化在欧洲大陆出现只是一个时间问题。英国的政治体制被证明有足够弹性，能够应对工业革命及其后果。海峡对面的专制君主和等级社会面对这样的革命则力不从心。如果他们想迎接新时代的挑战，就必须从根本上做出改变：在 18 世纪后期，这种变革不难预测。

## 政治变革：美国革命

生活在大西洋另一边的汉诺威王朝的臣民们对英国的繁荣也做出了贡献。1620 年乘“五月花”号大帆船漂洋过海，在马萨诸塞湾创建新普利茅斯（New Plymouth）殖民地的“朝圣先辈”并非北美的第一批英国移民。13 年前在弗吉尼亚的詹姆斯敦（Jamestown）就已经出现了第一个英国在北美大陆的永久殖民地。本来这批前辈移民也想在詹姆斯敦上岸，最后却到达了更北边的地方。随着“五月花”号的航行，一些新的情况出现了：受够了英国国教的过分要求与限制的人移民“新英格兰”（Neu-England），想在那里按照他们的设想过虔诚的生活。



北美的英国殖民地从一开始就与西班牙和葡萄牙在中美洲和南美洲殖民地的性质截然不同。那些替他们的国家征服了拉丁美洲的征服者，大多出身家道中落的乡村贵族，他们受国家委托并与天主教紧密合作，后者以向当地原住民传教和办教育为己任。这类远征得到欧洲富有的商人和银行家的资助，其中包括德意志的富格尔和韦尔泽家族。作为贸易据点，城市先是建在海岸附近，稍后也建立在内陆，以便为进一步的军事征服和永久的殖民渗透提供支持。这些地方产生的经济利益主要来自对当地金银矿藏的无耻掠夺，以及根据气候条件所种植的农作物，主要是甘蔗和小麦。在矿山和种植园工作的先是第一批成为奴隶的印第安原住民，后来则是越来越多的来自非洲的黑奴。只是在现在阿根廷和乌拉圭共和国的地界内发生了持续的“欧洲化”，即来自欧洲的移民成为人口的绝大多数。在西班牙属拉丁美洲的其他地区，与印第安人及白人和印第安人的混血儿相比，白人始终是少数。除了加勒比海地区，撒哈拉以南非洲奴隶和他们的后代大部分生活在被葡萄牙人征服的巴西。

与西班牙国王不同，英国国王很少采取措施促进跨越大西洋的移民。在北美定居的英国人都是自愿前往的。招募定居者的工作由商业公司进行，这些公司各自的权利由王家特许状规定。其中一家为1629年成立的马萨诸塞湾公司（Company for 261
Massachusetts Bay），其最重要的特权是在其有效范围内可以组建政府。同年，一群富有的英国清教徒接手了这家公司，连带其所拥有的地产和特许状。创始成员们选举律师约翰·温斯罗普（John Winthrop）为该公司的第一位总督，并把公司所在地从英国迁往北美。他们在北美的第一个定居点是塞勒姆（Salem）。一年后，即1630年他们创建了波士顿和马萨诸塞的其他城市，这些城市用于接收随后从英国流入的清教徒教友。

清教徒前辈移民都属激进的公理宗（Kongregationalisten）或是分离主义者（Separatisten），他们脱离了英国圣公会，从1608年至1620年曾流亡荷兰莱顿（Leyden）。温斯罗普和他率领的定居者都是清教徒，移民前他们曾为英国国教的改革抗争过。除了新教改革宗，在17世纪上半叶由于宗教原因离开英国的还有许多天主教徒。只要他们前往北美，其首选地是1634年创立的马里兰（Maryland）。这片地区以前属于弗吉尼亚，1649年由殖民地人民代表通过了《马里兰宽容法案》（Maryland Toleration Act），第二代巴尔的摩男爵塞西尔·卡尔弗特（Sir Cecil Calvert）为该地区争取到宗教信仰自由的权利，这在当时大多数英国在北美的殖民地还是可望而不可即的。自从不成功的伦敦（弗吉尼亚）公司［London（Virginia）Company］于1625年解散，弗吉尼亚就成为王室殖民地，在清教徒革命时期，1640年以后来这里定居的主要是奥利弗·克伦威尔的英国圣公会对手。

1664年英国征服了荷兰位于新英格兰和弗吉尼亚之间的

殖民地，即新阿姆斯特丹（也就是后来的纽约）和新泽西。将近 20 年后，1681 年在查理二世治下，英国政府允许贵格会的威廉·佩恩创建以他的名字命名的宾夕法尼亚。这块地方不仅成为佩恩来自英格兰的受迫害的教友们的避难所，而且也为来自德意志、瑞典、荷兰、法国、爱尔兰和苏格兰的基督教许多不同教派信徒提供了落脚之地。威廉·佩恩创立的特拉华（Delaware）与从前的荷兰殖民地纽约和新泽西也表现出类似特征。

262 马萨诸塞的创始人是严格的清教徒和公理会信徒，他们在信仰问题和生活方式上不承认任何外来权威，因而也不买国家教会圣公会的账。这并不妨碍他们反过来对异见人士施以政治压力，这种压力带有国家教会甚至是政教合一的特点。谁不愿向这种压力低头，只要有可能，就会移居到邻近的罗德岛（Rhode Island），1663 年这块地方从王室获得了自己的特许状。

罗德岛是由罗杰·威廉姆斯（Roger Williams）创建的，1631 年他作为年轻的无党派者来到马萨诸塞，被塞勒姆教区选为他们的神职人员。由于他赞成严格的政教分离，不仅要求保障所有教派基督徒的宗教自由和政治平等，而且要求对犹太人、土耳其人、异教徒和基督教的对手也要这样做，1635 年法院决定将他驱逐出马萨诸塞。此后他和一些追随者去了印第安部落纳拉甘西特人（Narraganset）的地盘，他和他们保有良好的关系。

他从纳拉甘西特人手中购买的地方成为所有受迫害者的避难所，它就是罗德岛后来的首府普罗维登斯（Providence）。根据创始成员 1641 年做出的一项决定，新共同体的政府形式是“民主或民选政府”，任何时候都要有良心自由（liberty of conscience），议会只对公民事务（only in civil things）负责，而无权处理宗教问题。以此协议为基础，小小的罗德岛成为政治和宗教宽容的摇篮，无论它是否刻意追求，它都提供了与马萨诸塞清教徒（多为公理会信徒）施政模式相反的模式。

威廉姆斯曾短时间加入浸礼会（Baptisten），该教派与16世纪的再洗礼派运动不仅在成人受洗的原则方面，而且在热爱自由、平等和正义方面也存在着内在联系。浸礼会信徒坚定遵循与印第安人和平地互相理解的原则，在这方面他们与贵格会相似，而后者的神学渊源同样植根于再洗礼派运动。贵格会中最著名的威廉·佩恩，像罗德岛的罗杰·威廉姆斯一样，从 263
印第安人手中购买土地，并与他们签订契约性协议。对贵格会来说“平和”不仅仅是一种信仰告白，还是他们的生活方式。

清教徒和公理会信徒中有些人试图——尽管罕有成效——让印第安人皈依基督教并使其文明化。大多数人则视“红肤色人”①为野人，必须与之进行无情战斗，甚至消灭他们。不同于拉丁美洲，在受英国和法国影响很深的北美洲鲜有欧洲人与印第安人通婚的。清教徒的强硬立场表现在方方面面：17世纪的北美印第安战争（Indianerkriege）标志着一种发展的开始，北美洲的原住民除一小部分外，都成了这种发展的牺牲品。中美洲和南美洲的征服者对当地的原住民虽然也很残酷——他们屠杀了很多人或者让奴隶们在劳动中毙命——但对印第安人的斩尽杀绝并没有在整个拉丁美洲发生。而在北美洲，三个多世纪里所发生的事却近似种族灭绝。

英国的殖民地，即后来的美利坚合众国，包括经济和社会结构非常不同的领土。在新英格兰发展起来的贸易、商业和农业方式是那些来自欧洲，特别是来自英国的移民所熟悉的。在纽约、新泽西、宾夕法尼亚和特拉华情况类似。船具、木材和

① 美洲原住民曾被误认为是红种人，因为他们的皮肤经常是红色的，后来才知道这是欧洲人对美洲原住民赭面（面部涂红颜料）习俗的误解。

食物是最主要的商品，它们销往英国和其西印度殖民地，并促进了后者的繁荣。

南部殖民地弗吉尼亚、马里兰、北卡罗来纳和南卡罗来纳，再加上1754年的王室殖民地佐治亚，情况则相反，那些地方完全以农业为主。最重要的经济行业是弗吉尼亚和马里兰的烟草种植业，南卡罗来纳和其他南方殖民地的水稻，以及1750年起越来越广泛的靛蓝植物的种植。从17世纪末起，劳动力几乎完全是来自非洲的黑奴，殖民地的母国则负责劳动力的供应：在1713年结束了西班牙王位继承战的乌得勒支和平
264 谈判中，英国通过与西班牙签订《关于黑奴贸易的协定》垄断了从非洲向西班牙在美洲的殖民地供应黑奴的经营权。西印度群岛和北美殖民地的种植园主是英国这项有利可图的对外贸易的受益者，贵格会对此提出的抗议毫无效果。

北方殖民地的公民社会与南方殖民地的奴隶社会对峙：毫无疑问，面对远在伦敦的议会和政府时，这种对立令任何维护共同利益的尝试寸步难行。而双方在一些“封建”残余上没有那么大分歧，如遗产产权，财产之不可分割性，以及由此产生的只有长子才拥有的继承权，或是小佃户与大地主的紧密关系，这让人隐约回忆起无迁徙权的农奴。这些东西从旧大陆欧洲“进口”到早期北美英国殖民地，在当中的某些地方，特别是在南方殖民地和纽约，它们在合法性和适应性上面临着巨大的压力，这些压力尤其来自那些崇尚平均主义的新英格兰清教徒。越往西部人口密度越低，随之产生的高度地理和社会流动性在欧洲是无类似先例的。

封建结构在这种条件下难以维系，以特权为基石的等级社会也无法构建。在英国的北美殖民地，地产和财富的分配从一开始就是不平等的，而且随着时间推移其程度还在深化。但是在这里社会地位的改善要比其他任何地方都容易，这种经验塑

造了普遍意识。个人状况被认为是可以改善的，因此嫉妒和仇恨那些比自己状况好的人与其说是常规，不如说是例外。[193]

对幸福的追求是每一个人的权利，也是他成功的保证，这属于早期移民的共同基本信念之一。特别是他们之中的清教徒乐此不疲，夸赞阿美利加是上帝赐予他们的应许之地，是让他们来征服的。正如上帝曾经把他的首选民族犹太人引出了受奴役的埃及，前往应许之地迦南（Kanaan），现在他带领自己新选出的子民清教徒离开欧洲，来到阿美利加。欧洲及其困境已 265
经留在他们身后，他们面临的是阿美利加的挑战：这是上帝与新英格兰的清教徒缔结新“契约”的结果，让他们脚下有坚固的土地以缔结尘世的“契约”——社会契约，即他们在建立殖民地时彼此签订的契约。1620 年 11 月 11 日在“五月花”号上立的约是这类“契约”中的第一份。

这种理念的经典表达出现在约翰·温斯罗普的一次布道中。马萨诸塞湾公司的首任总督 1630 年在乘坐“阿拉贝拉”号帆船从英国前往美洲时，曾把教友们前往美洲解释为救恩史的组成部分，从而给予高度评价。他敦促其听众要意识到，不久他们就会像一座“山巅之城”，受到众人的瞩目。这位未被授圣职的布道者提到的画面出自山上宝训。根据《马太福音》的记述，耶稣在山上讲完天国八福后向聚集的人们宣告说：“你们是世上的光。城造在山上，是不能隐藏的。”①

17 世纪清教徒的布道人一再宣称，宗教改革只有在当代的新英格兰才能达到高潮。在一本得到广泛阅读的书［《锡安山救世主的神迹》（*Wonder Working Providence of Zions's Saviour*）］中，严格的加尔文派神学家爱德华·约翰逊（Edward Johnson）在 1650 年称新英格兰是“上帝将在

① 《新约·马太福音》5：14。

那里创造新天地、新教会和新共同体的地方”。一个多世纪后，康涅狄格州纽黑文市（New Haven）耶鲁学院院长、公理会牧师以斯拉·斯泰尔斯（Ezra Stiles）于1783年在一次公共竞选祈祷中称自己的国家为“上帝的美洲以色列”（God's American Israel）。

美国作为新耶路撒冷，美国人作为被上帝选出的民族，其使命是把世界从邪恶中解救出来；清教徒精神认为自己的民族所肩负的使命，16~17世纪英国的新教神学家们都已经说过和写过，可起范本作用。那时，人们也间或会信誓旦旦地宣称英国民族是被“选出的民族”，把英国与以色列民族进行比较。
266 这种救恩史的光彩在克伦威尔治下达到了巅峰。但在大多数相关的著作中，英国负有神圣使命的断言是伴随着自我怀疑和自我指责的，而美国的宗教代言人所传达的信息中则见不到丝毫的自疑与自责。从整体上看，清教所导致的政治神学化在英国只是一个插曲。在美国这种政治神学化对塑造民族意识的影响极大，至今仍体现在世俗化了的“美国例外论”中。[194]

美国在世界历史上独一无二的使命意识从一开始就和自由思想密不可分。因此，美国的政治神学与德意志和俄国的救恩史之自我定位截然不同。神圣罗马帝国赋予自己的神圣使命是：作为最后一个世界帝国抵抗敌基督的统治，从而使世界避免沉沦。把世界从各种形式的残暴统治下解放出来不是德意志使命的组成部分。1453年在君士坦丁堡被土耳其人征服后，当莫斯科大公称其帝国为“第三罗马帝国”时，他是在对西方及其自由理念发起挑战：其所缔造的神话认为，西方偏离了正统信仰，要由俄国东正教来救赎世界，回归正确信仰。[195]

在美利坚合众国，自由和宗教之间有着密切联系，这一点没有人比法国政治家、作家和历史学家亚历克西·德·托克维尔分析得更为尖锐与令人印象深刻。1830年法国七月革命后不久，他与他的朋友古斯塔夫·德·博蒙（Gustave de Beaumont）一起，作为年轻人在美国四处旅行。在其经典著作《论美国的民主》（*De la Démocratie en Amérique*）中——前两卷出版于 1835 年——他称盎格鲁美洲文明的本质源自两种完全不同的元素，它们在别的地方经常水火不容，在美国却相互渗透，而且奇迹般地融合："我指的是宗教精神和自由精神。"[196]

这位自由派法国贵族所描述的美国，与欧洲特别是法国形成了鲜明对照。"在美国是宗教导致启蒙；是遵守神的戒律 267
引导人们走向自由……宗教视公民自由为人类可能性的高尚表达，把政治领域看作造物主留给理智努力去施展的场所。它在自己的氛围内自由而强大，对保留给自己的地盘满意，它知道，若是只靠自己的力量去统治和不靠所有外援地控制人心，其帝国就更为坚不可摧。自由视宗教为其战斗与胜利的伙伴，是其童年的摇篮，其权利的神圣源头。它把宗教看作道德的守护者，道德是法律的保证，是自己存在的抵押。"[197]

美国和欧洲之间的另一个区别，托克维尔认为是共同体的形成方式。"在大多数欧洲国家，政治存在开始于社会的较高阶层，然后逐渐、总是不完全地向社会体的不同部分发展。相反人们可以说，在美国乡镇是在县之前，县则在州之前，而州又是在联盟之前形成的。"[198]

托克维尔深信，美国的自由与平等的较深层次的原因是，美国居民从未被任何特权彼此分隔开过："他们从来不知道下属和主子之间的交互关系，因为他们彼此既不恐惧，亦不怨恨，他们也无须请求一位最高权力者去具体调解他们的事情。美国人的命运是独一无二的：他们从英国贵族那里接受了个人权利的思想和对地方自由的热爱，而且他们能够令二者并存，因为他们没有必须与之斗争的贵族。"[199]

在托克维尔之后约120年，美国历史学家路易斯·哈茨（Louis Hartz）认为美国在19和20世纪走上了一条与欧洲完全不同的发展道路，其决定性原因正是缺少封建传统。因为
268 与贵族及其特权有着泾渭分明的区隔，在法国，而且不仅仅在那里，形成了市民意识，其特征包括把自己的利益与非特权社会的利益等同对待，视第三等级为社会下层当仁不让的代言人。而对此提出最强烈抗议的是19世纪工人的代言人，他们决心自己捍卫自身利益，起来进行反对资产阶级的斗争，为此目的他们使用了产生于封建时代的形式——各种团结一致的联合会。在美国因为没有拥有特权的贵族，所以没有发展出欧洲那样的有等级意识的资产阶级，因此也没有有阶级意识的无产阶级。没有封建主义，就没有社会主义，是哈茨的结论："独一无二地缺乏封建传统的美国，也独一无二地缺乏社会主义传统，这并非偶然。整个西方到处隐藏着的社会主义根源可以在封建精神中找到。旧制度激发了卢梭的灵感，而此二者又共同激发了马克思的灵感。"[200]

几乎不存在封建传统和由国家授予特权的上层阶级，相较于欧洲，人的社会地位几乎有着无限上升的可能性，热忱的信仰与对自由的热情相结合：有太多的因素共同作用，才能解释美国为何首先走上了现代民主之路。其中最重要的因素之一也许就是托克维尔强调过的从地方逐级向上的自治思想的有机发展。殖民地设立的契约，即特许状中几乎到处都能够保障早期移民作为殖民地的自由公民参加立法活动的权利。在起初没有获得这种保障的纽约和佐治亚，不久之后移民们也有了自己的代表机构。1640年前后在八个殖民地中已经有了选举产生的大会议，面对贸易公司、王家总督或是领主（比如在马里兰和宾夕法尼亚），这种大会议代表着开拓者们的利益。自17世纪末起这些大会议的自我理解，如德国史学家威利·保罗·亚

当斯（Willi Paul Adams）所写，“越来越像是下议院的分支机构，而且尽可能模仿下议院的仪式”。[201]

早期殖民地的“代议制政府”的运作方式意味着由各县 269
的选民选出众议院。“选举人”和候选人是根据财产状况（拥有一定规模的土地或税收贡献）被选出的。在大多数新英格兰殖民地除了人民代表还有一种被选出的上议院，这是一个负责向总督提供咨询的专门委员会，选举条件同上；同样的条件还适用于康涅狄格和罗德岛选民对总督的选举。从英国学来的论据证明以财产作为标准具有合理性，它主张唯有财产能让人自由，而且财产把所有者与集体的命运联系在一起；只有在多数财产所有者同意的情况下才能对财产征税。为了避免受委托人滥用手中的权力，他们的任职期很短（众议院按规则每年重新选出）。选民们有权给当选者下指示，这项权利运用起来如此灵活，以至于代表们在自由地进行抉择方面几乎不受限制。[202]

当然，此时还谈不上自治权利的持续延伸。斯图亚特王室的最后两位国王，查理二世和詹姆斯二世，视移民们不断提升的自我意识为对英国利益的威胁。他们对此采取了相应措施：1684年马萨诸塞的特许状被宣布无效，新英格兰的其他殖民地也遭到了国王的压制，人民代表机构被解散。

清教徒和公理会移民抵制英王室对他们权利的剥夺，而且1688年光荣革命后在下议院的支持下也取得了部分成功。然而王室能够在此后把各殖民地总督的任命权牢牢抓住，这始自马萨诸塞1691年的新特许状。此外，在大多数殖民地，王室还有权任命总督顾问委员会成员。自18世纪初起，殖民地的立法要经过王室秘密咨询机构枢密院的同意，不过此规定在实践中未能获得重大意义。伦敦政府也无法阻止总督的权力不断转移到各殖民地所选出的大陆会议手中。18世纪中叶，对殖 270
民地影响重大的决定大部分是在各殖民地首府做出的，而不是在伦敦。

七年战争成为对英关系的转折点。此前英法双方就已在美洲土地上发生过多起武装冲突。1756~1763 年这场巨大搏斗的结果恰恰意味着，法国不得不把从密西西比河下游到加拿大的广大区域割让给英国。英国移民们大多数没有参与这些征战，而且他们在物质上为其母国提供的支持也是十分有限的。战争结束时他们却看到了机会，让他们所移居的领土的“边界”越过阿勒格尼山脉（Alleghenies）继续向西推进，直至密西西比河。

伦敦政府根本没有想要促进这类扩张。相反，它首次认真努力设立一个有效的督察机构来负责在北美所拥有的殖民地。与此相关的政策还包括谨慎小心地与使用法语的魁北克（Quebec）居民打交道，以及与印第安人讲和，同时立即宣布把位于阿勒格尼、佛罗里达、密西西比和魁北克之间的全部土地给予他们。此外新的殖民政策需要新的财政政策：不仅母国，而且殖民地也要承担上升了的费用，这些费用与新添加的区域的管理有关。

新税种，如 1764 年的糖税和 1765 年向所有印刷品征收的印花税，引起了移民们的抗议：同意征收这些税种的议会中并没有他们的代表。未经纳税人同意不得征税的原则，是英国下议院经过与国王们的长期艰苦卓绝的斗争所取得的成就。自 1760 年代中期起，“无代表不纳税”（No taxation without representation）就成为战斗口号，英国移民们在北大西洋西侧高喊着这一口号反对伦敦的下议院和政府。

271 移民们的反抗如此强烈，以至于英国再次做出让步。印花税于 1776 年被取消，糖税得到削减。然而第二年财政大臣查尔斯·汤森（Charles Townshend）就在下议院通过一系列法案，引进了新的税种，提高了本已存在的税种的税额，并授权殖民地法院，可借助搜查住宅令强制遵守上述法案。作为对策，殖民地开始抵制英国货物。在发生了对海关工作人员的暴力攻击后，军队进驻了反抗最为强烈的波士顿，这令局面进一步白热化：在1770年3月的一次军民冲突中数位波士顿市民被打死。抗议运动称其为“波士顿大屠杀”。

此后不到四年，马萨诸塞首府再次成为暴力行动的发生地，这次事件被载入史册。1770年春的流血事件后，下议院取消了《汤森法案》，但根据原则却保留了一项税——茶税。1773年议院给予行将破产的东印度公司与英国殖民地进行茶叶贸易的垄断权。为了结束对“合法”茶叶的抵制并杜绝茶叶走私，该公司向北美殖民地出售茶叶的价格明显低于黑市价格。在除波士顿外的其他港口城市，移民们都让东印度公司的如意算盘落了空，但该公司在波士顿的态度仍旧强硬，这导致了著名的“波士顿倾茶事件”：1773年12月16日伪装成印第安人的移民们冲上东印度公司的货轮，并把300多箱茶叶倾倒入海。

该革命性行动背后有一批激进的“爱国者”，他们致力于让殖民地获得彻底独立，领头的是律师和政治家塞缪尔·亚当斯（Samuel Adams）和富商约翰·汉考克（John Hancock）。他们也得到了一部分波士顿商人的支持。诺斯勋爵（Lord North）领导的伦敦政府意识到事态的严重性，并做出了强硬的回应。波士顿港直到被捣毁的货物得到赔偿前遭到封锁，马萨诸塞的自治权受到极大限制，另一项法律规定地方当局有义务为英国士兵提供住宿地。对北美移民们同样具有挑衅性的是 272
《魁北克法案》（Quebec Act）。该法案保证居住在从前法国省份之居民（他们几乎都是天主教徒）的宗教自由并保留他们的法律制度和机构。此外从这时起整个俄亥俄以北的区域被划归成英国殖民地，尽管不止一个北美殖民地对这块地区提出了领土要求。

对“不可容忍的法案”（Intolerable Acts）的愤怒导致弗吉尼亚的人民代表机构提议召开所有殖民地代表的碰头会，以对当前局势进行磋商。1774 年 9 月 5 日来自 12 个殖民地的 55 位代表举行了（第一届）大陆会议，这次会议一直开到 10 月底，然后休会到 1775 年 5 月。马萨诸塞、新罕布什尔（New Hampshire）、罗德岛、纽约、新泽西、宾夕法尼亚、特拉华、马里兰、弗吉尼亚、北卡罗来纳和南卡罗来纳各殖民地至少有一名代表参加会议，只有佐治亚没有派人参加。

大陆会议上的舆论领袖是那些“爱国者”。然而为了避免吓退那些态度较温和的代表，他们必须相当努力地克制自己，因此独立的目标尚不能公开提出。相反，第一步是让殖民地摆脱新的“强制法案”（Coercive Acts）。大陆会议做出了相应决定，通过了《权利和冤情声明》（Declaration of Rights and Grievances），该声明是向英国人民和英属各殖民地发出的，同时还向英王乔治三世递交了一份请愿书。代表们在请愿书中综述了一直以来人们所反对的母国对殖民地的各种牵制与束缚，他们请求国王保护殖民地的权利，制止政府与议会的一意孤行。最后他们还建立了一个“协会”，专门负责重新监控和抵制英国货。接下来的数月中，“协会”的地方委员会发展成一个革命性的网络：他们鼓动独立，向尚犹疑不决的老百姓施加巨大压力，并常常以极为暴力的手段迫害拒绝与英国决裂的“忠臣”。此外他们还建立了兵工厂并组建反抗殖民国家所需要的军队。

273 英国军队与武装起来的移民——民兵之间的最初冲突于 1775 年 4 月 19 日发生在马萨诸塞的列克星敦（Lexington）和康科德（Concord）。这两处的战斗揭开了北美独立战争的序幕：这场持续了六年多的冲突令世界发生了持久改变。当第二次大陆会议——正如前一年 10 月所决定的——于 5 月在费城召开时，已经不再是要提出抗议和进行宣传，而是殖民地要证明自己的军事实力。现有的民兵组成了共同的军队，它听命于一位有经验的军官——弗吉尼亚种植园主乔治·华盛顿。同时与会代表强调了他们对国王乔治三世的忠诚，再次请求他在政府和议会面前保护移民们的权利。代表们认为不是国王，而仅仅是其大臣行事不公。“王者无错”（The King can do no wrong）是一种假定，但传统将这种假定神化了。

向国王所发出的呼吁，即所谓《橄榄枝请愿书》旨在通过谈判来解决冲突。甚至来自马萨诸塞的代表们，其中包括塞缪尔·亚当斯的堂弟律师约翰·亚当斯（John Adams）——他们二人都是北美独立战争最坚定的开路先锋——也同意请愿决定，因为当时无论在代表们中间还是美洲的公共舆论，赞成彻底与英国决裂者均构不成大多数。因此革命的马萨诸塞殖民地议会的提案未能获得通过，该提案想让大陆会议建议所有殖民地迅速组建新的、重视英国政体基本原则的地方政府。

约翰·亚当斯和他的政治友人们暗地里希望国王拒绝谈判请求。这恰恰如愿以偿：1775 年 8 月 23 日乔治三世宣布，整个美洲殖民地处于暴乱状态。（此前下议院在 1775 年 2 月仅认为马萨诸塞处于叛逆状态。）不久国王开始请求欧陆君主们派雇佣兵协助英国镇压叛乱。六位德意志邦君愿助一臂之力，大约有 3 万名德意志士兵被运往大西洋彼岸，其中的大多数，即 1.7 万 274
名士兵是黑森 - 卡塞尔方伯弗里德里希二世的子民。如果说移民们还需要一个证明，即乔治三世不是在美洲拥有众多读者的博林布鲁克所描绘的“爱国国王”，而是一个暴君，那么在英国王室的美洲殖民地使用德意志雇佣兵便提供了这一证明。[203]

国王向愿意谈判的美洲移民们迎面抛来的强硬拒绝让激进派的力量猛增。1776 年 1 月，两年前才从英国来到美洲的记者托马斯·潘恩（Thomas Paine，此时还是匿名）发表了一篇政治宣言《常识》（*Common Sense*），三个月之内其印数就达到了 12 万册，从而成为 18 世纪最成功的战斗檄文。此前殖民地代言人还援引英国政体中的自由权利和公共机构为论据，潘恩则称组建自己的政府的权利是一种天赋权利。在英国政体中除了有共和色彩的下议院，潘恩还看出两种古老的专制统治的残留物，其中君主专制在上议院成员中改头换面地继续着。君主制一向就是政府体制中的教宗制。一个政府体制越接近共和制，它就越不需要一位国王。[204]

潘恩所传达的信息是通过宣布独立与英国分道扬镳：“英国属于欧洲，北美属于它自己。”相信一块大陆可以长期被一个岛屿统治是荒谬的，和解的念头已被证明是行不通的。作者坚信，北美只有一种政治前途：成为独立的共和国。君主制天生好战，共和国则崇尚和平：“欧洲的共和国（我们可以说）一向和睦相处。”为了证明这一点，潘恩举出尼德兰和瑞士之间的相互关系。正如在君主专制的国家国王就是法律一样，在
275 北美法律就是国王，不能允许有另一位国王的存在。潘恩所说的法律，不是人所制定的，而是更高一层的法规：是神或自然法赋予人的自治权。[205]

以前从来没有一位英国或北美作家，像潘恩在《常识》一书中离洛克这么远，而离卢梭这么近。这位主张美国独立的先行者感兴趣的不是如何通过三权分立来驯服权力。他关注的仅仅是国王的权力如何转移到人民手中，用民权来代替君权。为了实现与英国的革命决裂，需要像潘恩这样突出“暴政”与“共和”的尖锐对立。对于自由秩序的建立而言，光靠其激进主义是不够的。一旦获得独立，必须学习英国宪政的历史经验，特别是 17 世纪的，而且要让古代和现代的经典政治思想家的见解获得新的意义。美国革命之父们了解这些遗产，这让

他们中的大多数人得以避免抽象清谈以及为自己的雄辩陶醉的危险。

除了热情的赞同，《常识》一书也遭到了反驳，但反响仍以赞扬为主。从1776年初起愿意与英国决裂的呼声明显高涨，这包括媒体、公众、在许多殖民地取代了以前的人民代表机构的地方议会和大陆会议。1775年9月起，佐治亚的代表也出席了大陆会议，所以它现在名正言顺地代表着所有13个殖民地发声。1776年5月10日，大陆会议建议所有尚未通过新宪法的殖民地，尽快颁布新宪法并组建新的地方政府，也就是说与殖民秩序决裂。

六周后，1776年6月12日弗吉尼亚议会通过了《弗吉尼亚权利宣言》。这是史上的第一个人权宣言。这份基本权利宣言的第1条是这么确认的："所有人都是生来同样自由与独
立的，并享有某些天赋权利，这种权利即享受生活与自由的权 276
利，包括获取与拥有财产、追求和享有幸福与安全的手段。在建立政治共同体时，不得以任何借口剥夺或撤销其后裔的这种权利。"

在第2条中接着宣布了人权原则："所有的权力都属于人民，因而也来自人民；所有官员都是人民的受托人和仆人，无论何时都应服从他们。"其他14条内容则保证了立法、行政和司法权的分立，禁止未经议会同意取消法律或阻止其执行，防止非法拘禁，保障选举自由、新闻自由和宗教自由，其中新闻自由被视为捍卫自由的伟大堡垒之一。

弗吉尼亚不仅率先发表了不可剥夺的人权宣言，而且在大陆会议上它也为《独立宣言》的问世做出了决定性贡献。1776年6月7日，来自弗吉尼亚的代表遵照其议会的指令，提出申请，宣布联合殖民地成为自由和独立的国家，解除它们对英国王室的效忠誓言，彻底取消任何与英国有关的行政联系，努力

获得其他国家的支持，并建立一个联盟，以便把各殖民地更紧密地联结在一起。

当时，大陆会议对立即宣布独立一直存有很大顾虑。阻力首先来自马里兰、宾夕法尼亚和特拉华，在这些地方巴尔的摩和佩恩家族的“势力”仍拥有很大的影响力。纽约、新泽西和南卡罗来纳情况大同小异。然而时间帮了主张快速、彻底与母国决裂者的忙，这尤其是军事形势使然。尽管移民军队在1776年3月从英国人手中夺取了波士顿，但未能攻取魁北克
277 和加拿大，纽约危在旦夕。来自欧洲的雇佣军随时可能到达，因此争取英国宿敌的支持就更为重要了，具体地说就是法国、尼德兰和西班牙。但这种援助只有在殖民地正式脱离英国后才有希望获得。

1776年7月2日，英国人与德意志雇佣兵一起在纽约附近的斯塔滕岛（Staten Island）登陆的前一天，大陆会议做出了抉择。除了纽约，当时所有其他殖民地均接受了弗吉尼亚的申请。在此前一天，纽约的代表就已经宣布，他们自己和他们的选民同意申请，但仍须确保其地方议会的批准。7月9日他们得到了批准，因此对13个殖民地的共同意志不再可能存在丝毫怀疑。

6月11日会议责成一个五人小组起草《独立宣言》。这个小组包括来自弗吉尼亚的年轻律师和种植园主托马斯·杰斐逊、马萨诸塞的约翰·亚当斯和宾夕法尼亚的本杰明·富兰克林。宣言由杰斐逊执笔，修改后的草稿上呈大陆会议，会议又对文本进行了彻底修改和显著删减。代表们删除了宣言草稿中一段谴责乔治三世奴役非洲黑人和进行奴隶贸易，但根本未提及要取消奴隶制的话。

如果不删掉这一段，南卡罗来纳和佐治亚很难同意独立：这两个地方反对任何对奴隶贸易的限制。若是反对奴隶制，所

有蓄奴的殖民地，也包括弗吉尼亚都会反对独立（托马斯·杰斐逊和乔治·华盛顿本人都是奴隶主，然而后者在其遗嘱中总算规定了解放他的奴隶们）。即使是坚定反对奴隶制的约翰·亚当斯和本杰明·富兰克林也不愿看到《独立宣言》因这一不可调和的矛盾而功亏一篑。南部各州美其名曰“特殊制度”的奴隶制，直到 1861~1865 年的南北战争一直是美国的沉重负担，其长期影响持续至今。

1776 年 7 月 4 日，大陆会议宣布《独立宣言》是“美利 278
坚合众国十三个州一致通过的独立宣言”。它在开篇就坦承根据弗吉尼亚的权利宣言的精神，人权不可剥夺。“我们认为这些真理是不言而喻的：人人生而平等，造物者赋予他们某些不可剥夺的权利，其中包括生命权、自由权和追求幸福的权利；为了保障这些权利，人类才在他们之间建立政府，而政府之正当权力，是经被治理者的同意而产生的；当任何形式的政府对这些目标具破坏作用时，人民便有权利改变或废除它，以建立一个新的政府；其赖以奠基的原则，其组织权力的方式，务使人民认为唯有这样才最可能获得他们的安全和幸福。”

慷慨陈词后给出了美国这么做的理由，从中人们可以看出，杰斐逊对洛克的《政府论（下篇）》了如指掌，从而知道从何时起反抗是合法的，甚至是必要的：智慧肯定要求我们，成立多年的政府，是不应当由于轻微和短暂的原因而予以变更的。以往的所有经验说明，任何苦难，只要是尚能忍受，人类都宁愿容忍，而无意为了本身的权益便废除他们久已习惯的政府。“但是，当追逐同一目标的一连串滥用职权和强取豪夺发生，证明政府企图把人民置于专制统治之下时，那么人民就有权利，也有义务推翻这个政府，并为他们未来的安全建立新的保障。”

《独立宣言》中对乔治三世提出的控诉，有些地方令人忆起英国宪政史上的一些经典文献，如 1215 年的《大宪章》、1628 年的《权利请愿书》以及 1689 年的《权利宣言》。现任国君的统治期充满了接连不断的伤天害理和强取豪夺，这些暴
279 行的唯一目标就是在殖民地建立专制的暴政。英国国王禁止他的总督们批准必要的法律；他阻碍殖民地立法机构的工作并解散它们，如果它们对他侵犯人民的权利进行抵制的话；他在解散各殖民地议会之后，又长期拒绝另选新议会；他拒绝批准建立司法权力的法律，借以阻挠司法工作的推行，并把法官完全置于他个人意志的支配之下；他未经人民代表机构同意，就在殖民地土地上维持常备军，并力图使军队独立于民政之外，并凌驾于民政之上。

英国国王伙同其他人剥夺殖民地权利的目的包括，切断殖民地同世界各地的贸易；未经他们同意便向他们强行征税；取消他们的"特许状"，废除他们最宝贵的法律，并且从根本上改变他们的政府形式，以保障大不列颠国王对殖民地拥有无限权力。"他宣布我们已不属他保护之列，并对我们作战，从而放弃了在这里的统治权。他在我们的海域大肆掠夺，蹂躏我们沿海地区，焚烧我们的城镇，残害我们人民的生命。他此时正在运送大批外国佣兵来完成屠杀、破坏和肆虐的老勾当，这种勾当早就开始，其残酷卑劣甚至在最野蛮的时代都难以找到先例。他完全不配作为一个文明国家的元首。"

鉴于一切以谦卑的形式所表达的改善请愿，所得到的回答只是新的不公，而且所有向英国弟兄们的呼吁都被充耳不闻，因此，"我们"实在不得不宣布和他们脱离，并且以对待世界上其他民族一样的态度对待他们：战即为敌，和则为友。"因此我们这些在大陆会议上集会的美利坚合众国的代表，以各殖民地善良人民的名义，并经他们授权，向世界正义的最高裁判者申诉，说明我们的严正意向，同时郑重宣布：我们这些联合

起来的殖民地现在是，而且按公理也应该是，独立自由的国
家；我们对英国王室效忠的全部义务，我们与大不列颠王国之 280
间的一切政治联系全部断绝，而且必须断绝。作为一个独立自由的国家，我们完全有权宣战、缔和、结盟、通商和采取独立国家有权采取的一切行动。我们坚定地信赖神明上帝的保佑，同时以我们的生命、财产和神圣的名誉彼此宣誓来支持这一宣言。”

《独立宣言》的论据有着深远的历史和自然法根源：一方面它与17世纪捍卫议会权利的伟大英国历史文献一样，援引了传统的权利，指出这些权利遭到了英国国王作为大权在握者的系统侵犯；另一方面它为所有人的天赋和不可剥夺的权利起誓。1776年7月4日的《独立宣言》的意义远远超过了1679年为保护英国臣民而通过的《人身保护令》。出于“对人类意见的得体尊重”，美利坚合众国的开国元勋们为民请命，与实施暴虐统治的英国彻底决裂，希冀所有热爱自由的人能够过上不受任何压迫的自治生活。光是脱离殖民地的母国就让这一行动拥有了所有革命特征。但呼吁普遍人权以及从中衍生的民权原则还有另一层革命意义：它们构成对人类的承诺，美国人的独立战争从而成为史上第一次现代革命。

《独立宣言》把人权概括成一句话。但是这一句话中却浓缩了数千年的经验和认知，而且它把“不言自明的真理”变为改变世界的纲领。人文底蕴丰厚、受欧洲启蒙思想影响的杰斐逊，与约翰·亚当斯和本杰明·富兰克林以及其他签署
了1776年7月4日《独立宣言》的人一样，从斯多葛派与西 281
塞罗以来的自然法传统，以及哈林顿、洛克和孟德斯鸠等近代思想家的思想财富中汲取养分，也包括美国本身所获得的见识，认识到宗教和政治宽容的必要性。杰斐逊能够借鉴其家乡1776年6月12日通过的《弗吉尼亚权利宣言》中对人权所做

的更为详尽的阐述，而该宣言后来也成为美国其他创始成员们制宪的蓝本：还在 1776 年，宾夕法尼亚、马里兰和北卡罗来纳，到 1783 年马萨诸塞、新罕布什尔先后制定了宪法。[206]

谁若想撰写第一批人权宣言的前史，定不可忽略其他人的贡献：比如西班牙晚期经院哲学家弗朗西斯科・德维多利亚和弗朗西斯科・苏亚雷斯。他们在 16 世纪和 17 世纪初就认为美洲的印第安人有权受到人的待遇。因为这两位作者都是天主教徒，所以他们在英国的北美殖民地没有获得追随者。人权方面的开路先锋也包括德意志哲学家和国家法教师，他们当中当然只有一个人——塞缪尔・普芬道夫在大西洋彼岸的马萨诸塞引起了一定反响。但是，政治思想史对以下问题却找不到答案：为什么人之不可剥夺的权利首先在北美殖民地的土地上被写进了宪法，从而上升为受法律保护的最高合法权益？

这方面的学界辩论始于 1895 年，那一年奥地利国家法学家格奥尔格・耶利内克（Georg Jellinek）发表了其论著《人权和公民权宣言》(*Die Erklärung der Menschen und Bürgerrechte*)，一举成名，这一著作一版再版，并被译成多种语言。作者在书中强调北美把宗教自由理解为人权起源于英国清教徒。他列举公理会的开山鼻祖罗伯特・布朗（Robert Browne），布朗从 16 世纪末起提出了教区教会的原则来与英国圣公会抗衡。对布朗及其追随者来说，教区是信徒们的共同体，他们通过与神订立契约有义务服从基督，教区生活的所有问题都要共同协商，根据多数人的意见来决定。布朗拒绝教区之上的教会。

282 在英国受到迫害，公理会于流亡荷兰期间在莱顿进一步发展，它是独立派存在的最早形式。如前所述，从生活在莱顿的这部分清教徒中产生了朝圣先辈，1620 年他们乘“五月花”号抵达马萨诸塞。另一批公理派信徒——平等派，于 1647 年

10月在克伦威尔军队的全军协商会议上提出了作为宪法草案的《人民公约》（Agreement of the People），他们在公约中把宗教信仰的自由视为与生俱来的权利，任何人，包括下议院对此都毫无支配权，且所有未来的国家代表都必须承认这种权利。

在耶利内克描绘的从英国16和17世纪激进的清教徒运动到美国1776年人权宣言以及其后的传承轨迹上，罗德岛创始人罗杰·威廉姆斯扮演着重要角色。他在其殖民地实行了平等派所要求的严格的政教分离，舍此无法设想信仰不同的移民们能够和睦相处。其他殖民地或早或晚也认识到，严格的政教分离是个人自由和政治自由的保证。耶利内克得出以下结论：“用法律确定个人不可剥夺的、与生俱来的神圣权利的想法，不是政治性的，而是有着宗教渊源。人们一直以为它是革命的成果（指1789年革命——作者注），其实它是宗教改革及其斗争的果实。”

恩斯特·特勒尔奇在其1911年出版的《新教对现代世界之产生的意义》（*Die Bedeutung des Protestantismus für die Entstehung der modernen Welt*）一书中大体同意耶利内克的观点，但他比后者更为强调，“人权之父”实际上不是新教教会本身，而是被它痛恨并驱逐到新世界的宗派和“唯灵主义”（Spiritualismus）——这是美国虔信派的表现形式。“北美的再洗礼派和贵格会是英国革命中伟大宗教运动的产物，源自独立派。此独立派自身深受再洗礼派的渗透与影响，这种影响来自古老英国再洗礼派的传统，经由再洗礼派在欧洲大陆的避难所尼德兰以及到达美国的逃亡者，反过来又影响着英国。 283
这里，神秘的唯灵派同样发挥出瓦解教会和追求良心自由的效果。这里，宗教改革的这些继子女才终于经历了其载入世界史的时刻。”

美国独立之父们许多都不是有坚定信仰的基督徒——像清

教徒们所想象的那样。他们可能相信有一位赏罚分明的神，或至少有更高一级的存在，但早已不是所有人都信的神性基督了。他们中的大多数人都是启蒙精神意义上的各种各样的自然神论者，还有不少人如乔治·华盛顿和本杰明·富兰克林是共济会会员。杰斐逊终身都是（英国国教）新教圣公会正式成员，但他私下认为三位一体是让人的理智感受所无法接受的。具有虔诚宗教信仰的罗杰·威廉姆斯和威廉·佩恩是信仰自由的先驱，他们为以新教为主的信仰多元化奠定了基础。多元化是普遍人权的理念首先能够在美国得到贯彻的先决条件之一。但启蒙精神也起到帮助作用，很难想象若没有它的参与，《弗吉尼亚权利宣言》和美国《独立宣言》这种举世闻名的文献能够问世。

此外，《弗吉尼亚权利宣言》中所确保的宗教自由，在独立战争时期其他地方的大多数宪法中没有如此纯粹的表述形式。在马里兰、南卡罗来纳和佐治亚，政府被授予权力，用税收来扶助基督教。很多地区的宪法规定，出任公职要符合一定的宗教前提。在新罕布什尔、康涅狄格、新泽西、佐治亚、南卡罗来纳和北卡罗来纳担任公职者必须是新教徒，在马里兰和特拉华必须是基督徒。在宾夕法尼亚和南卡罗来纳信仰一位神以及相信天堂和地狱的存在，是出任公职的前提条件。在康涅狄格、新罕布什尔和马萨诸塞，起主导作用的公理派信徒的这种特权直到1818~1833年才消失。如此看来，人权宣言并非罗杰·威廉姆斯逝世后的胜利，而仅仅是启蒙运动的部分胜
284 利。宗教自由并不像格奥尔格·耶利内克假想的那样是人权的胚细胞。

无论个别州采取什么措施想阻止“政教分离”，在联邦层面这种明显的分离是不可避免的，舍此13个信仰各不相同的州无法结成联盟。此外，这种分界也是历史上自由教会和英国

国教圣公会之间对立的合乎内部逻辑的发展结果。大多数宗教团体不想与国家权力有任何牵连，始于1730年代的大觉醒运动更是增强了这种趋势，独立自主地证明自己的力量。在第一次“大觉醒”运动（Great Awakening）的影响下，老加尔文派寄希望于神的恩典的预定论想法逐渐让位给新加尔文信念，即罪孽深重者的转变才能铺平通往完善与救赎之路。“大觉醒”提高了信奉者之信仰的价值，降低了作为一门学科的神学的地位；它导致了宗教团体和教派数量的猛增，这种发展不利于较大教派，但对发源于英国、由约翰·卫斯理（John Wesley）和查尔斯·卫斯理（Charles Wesley）兄弟创建的卫理公会最有益。但激进的唯灵主义也是一种偏执的反智主义（Anti-Intellektualismus）。

托克维尔1830/1831年在安德鲁·杰克逊（Andrew Jackson）任总统期间造访美国时，第二次“大觉醒”已于1820年代席卷过美国大地。根据这位法国自由主义者的观察，宗教在美国导致了醒悟，从历史上看他这么说是有根有据的。但他当时也同样有理由说，有宗教信仰的美国在很大程度上对启蒙运动及其结果持拒绝态度。宗教精神和自由精神并没有分离，但“被唤醒的”美国人对自由的理解不同于他们受启蒙运动影响的同胞。[207]

1776年7月4日的《独立宣言》并没有创建新的法律秩序。通过《独立宣言》的大陆会议是13个创始州的唯一共同机构，它有57位成员。但投票时每个州只有一票，无论其居 285
民人数多寡。不召开全体会议时，由一个“委员会”行使“执行”权，该委员会由每个州派一位代表组成。当至少有九位成员同意时，决定即告有效。构成这一规则的法律依据是1777年11月通过的《邦联条例》（Articles of Confederation），该条例在所有州认可后于1781年3月1日才生效。州保留自辖权，只有它们能征收各种税（包括关税），只有它们能拥有警力和军队。大陆会议虽然可以向各州索要资金，要求它们派兵以及建议它们收取关税，但它无权强迫这些创始成员州。在成立初期，十三州联盟还不是一个牢固的联邦国家，而是一个松散的邦联。

《独立宣言》的发表还远远没有意味着独立战争的胜利。1776 年 9 月英国占领纽约，一年后征服费城。但三周之后，美国于 1777 年 10 月 17 日在萨拉托加（Saratoga）附近哈德逊河（Hudson River）上游河谷赢得对殖民国家的最大胜利。这场战役成为战争的转折点。自 1776 年 5 月就已经提供财政支持的法国，于 1778 年 2 月正式开始站在美国一边，与其签订了友好和贸易协定。1778 年 6 月 17 日，英国最古老的对手法国站在美国一边参战。1779 年 6 月西班牙对英国宣战。与巴黎不同的是，马德里并未明确承认美国的独立，这为密西西比河以西领域的控制权之争埋下了伏笔。与美国有密切贸易关系的荷兰，在政治上也支持美国，英国认为这是一种挑衅，以致它于 1780 年对荷兰宣战。

华盛顿领导的军队和罗尚博（Rochambeau）将军指挥的法国远征军于 1781 年 10 月在约克镇（Yorktown）给英国人以致命打击后，战争的结局已毫无悬念。1782 年 2 月底，下议院反对继续作战；3 月鼎力支持君主强硬政策的诺斯勋爵从
286 首相位置上退了下来，乔治三世的个人统治亦从而告终：此后再也没有哪位英国国王尝试过独揽大权。自 1784 年下议院选举后，执政的获胜党的领袖决定大政方针就比以前更为明确地成为一条准则。

1782 年 4 月，诺斯勋爵辞职三周后，在法国首都开始了英美的和平谈判。1782 年 11 月，和平条约草签，1783 年 9 月英国与美国、法国及西班牙的和平条约在巴黎凡尔赛宫签订。

在和平条约中，英国承认其在北美的前殖民地为自由、自主和独立的国家，它们得到直至离新奥尔良（New Orleans）不远的密西西比河的领土，这里1762~1803年曾受西班牙统治。美国北部边境的划分大约和今天一样：横跨大湖直到新苏格兰①西海岸的芬迪湾（Fundy Bay）。美国则要归还被剥夺财产并遭驱逐的反对独立者的财产，或补偿他们所遭受的损失。这涉及多少反对独立者，具体数字不是很确定，估计移民中至少有10万人在战争期间离开了起义的殖民地；他们中的多数人去了加拿大，其他人返回英国或前往英属西印度群岛。这些人只有很小一部分返回了美国。

前殖民地面对共同敌人时，大陆会议总能作为联盟的集体意志的代表发声，而且被认可为其代表。和平条约缔结后13州和大陆会议的意见却很难统一：特别是英国写入和约的有利于反对独立者的条款更是引起了激烈抗议。那些欠反对独立者钱，或是从剥夺他们的财产中获益的人，反对尽私人契约所规定的义务和对遭受不公正待遇者进行补偿。

1783年以后越来越清楚的是，松散的邦联因缺乏自己的 287
财政，根本无法有效地对外代表美利坚合众国的共同利益。美国军队已在和平条约签订之前的1783年6月解散了。此外州与州之间也发生了冲突：有些州就边界走向发生了争执，或是就阿勒格尼山脉以西地域提出了互不相让的领土要求；其他州则想把阿勒格尼山与密西西比河之间新获得的领土直接归整个联盟所有；北部和西部的很多地区渴望独立；较大的州通过高额关税阻碍较小州的贸易。新的共同体刚刚成立就存在着重新分崩离析的危险。[208]

1786年9月五个州的代表在马里兰州首府安纳波利斯

① 又译新斯科舍。

（Annapolis）聚会，准备就弗吉尼亚州和马里兰州有关波托马克河（Potomac）航运的分歧进行磋商。年轻律师亚历山大·汉密尔顿（独立战争中华盛顿的副官和现在纽约的代表之一）借此机会建议召开由各州代表出席的大会，以便根据实际需要修订《邦联条例》。这一想法得到了该会议和来自弗吉尼亚州人民代表的支持，但最初没有得到大陆会议的认可。当弗吉尼亚州任命乔治·华盛顿为代表之一时，大陆会议就改变了态度。在随后的几个月里，除了罗德岛，其他各州均选举出参加制宪会议的代表。1787 年 5 月 25 日，大会在费城召开并一致推选乔治·华盛顿为总统。

作为感觉最敏锐和最了解情况者，来自弗吉尼亚主张彻底革新、在历史和哲学方面具有很高学养的詹姆斯·麦迪逊（James Madison）从一开始就引人注目。他起了决定性作用，让制宪会议不满足于仅对《邦联条例》进行局部修改和补偿——就像“新泽西方案”（New-Jersey-Plan）所设想的——而是根据“弗吉尼亚方案”（Virginia-Plan）着手让邦联转型为一个联邦制国家。

288 要想实现这一目标尚有重大障碍需要克服。较小的州在国家层面希望在影响力方面与较大的州平起平坐，也就是要求实现各州无论大小均拥有相同人数的代表。相反，较大的州则寻求建立一种立法机构，其中的代表由各州根据其人口多寡选派。阻止双方闹翻的妥协结果是国会由两院构成：每两年选举一次的众议院是按比例组成的，各州所占议席与各州人口数量对应；相反，各州在参议院的代表人数均为两人，他们由国家立法机构选举产生，任期六年，每两年改选其中三分之一的席位。

这方面争议得最激烈的问题是，人口数字应如何确定。南部蓄奴的各州坚持认为，奴隶虽然没有选举权，但统计人口时要被考虑进去。禁止奴隶制是不可能的，否则受此政策影响的各州就会脱离联邦。北部各州则强烈反对由白人议员来间接代表黑奴。对此最后也达成了妥协：在席位分配时五名奴隶约等于三名白人。不缴税的印第安人在计算人口时不予考虑。

尽管在南方也有废奴主义者，但他们无法禁止奴隶贸易。南卡罗来纳州和佐治亚州反对废奴的态度十分强硬，最终全国代表大会做出决定，保持奴隶制现状 20 年——至 1808 年。联邦仅有权收取进口关税，每个奴隶不得超过 10 美元。

立法权由两院行使，与此相对，行政权却集中在一个人手中：美利坚合众国总统。其产生通过有选举权的人口间接投票，再通过选举人团直接推选。如总统认为必要且对国家有益，他会酌情向国会提交国情咨文并提出建议性措施以供咨 289
询。但他并不对国会负责。这里所遵循的三权分立理念更符合孟德斯鸠对英国政体的设想，而不是 18 世纪英国政体的现实。不同于英国的是：执行权不在议会多数派领袖手中，而是从原则上不受其控制。在众议院和参议院通过法律提案后，总统有否决权。但如果提出该法案的议院以三分之二多数票要求废除总统的否决，并得到另一议院同样多数的赞同，总统否决即告无效。

总统是美国军队和舰队以及各州民兵的总司令。若得到参议院三分之二在场参议员的同意，总统可任命大使、公使和领事、最高法院的成员以及较高级别的官员。在参议院建议和同意下，总统有权与外国势力缔约，前提是三分之二在场参议员一致同意。参议院也是立宪机构，如果众议院对总统提起公诉——“弹劾”时，要由它进行裁决。在这种情况下，参议院会议不是像往常那样由美国副总统主持，而是由最高法院的首席大法官主持，最高法院是第三种权力——司法权的最高机关。

国会立法的权限在宪法草案中包括：关税及其他税种的统

一征收，与国外、各州之间以及和印第安部落所进行的贸易，宣战权和军队与舰队的建立，同样还有货币权和美国的国家借贷。凡是联邦不管的事情均由各州负责。各州宪法对选举各自
290 人民代表之选举权的规定，其方式方法一般也适用于美国众议院的选举，所以有不同形式的选举权。禁止各州与外国势力或其他州缔约、结伙或结盟。只有在受到实际攻击，或是因直接威胁无法拖延的情况下，一个州才可以卷入战争。

宪法力排联邦与各州间在立法方面可能会产生的竞争关系，而且区分了二者的不同责任范围，令它们在各自职责范围内能够独立开展工作。这一基本抉择导致“双重主权”理论，这种理论想为各州保留最大限度的行动空间。事实上，联邦不仅有对外代表美利坚合众国的唯一代表权，拥有对此进行控制的必要手段，而且得益于总统对各州民兵的最高指挥权，亦可确保在内部贯彻合众国的利益。此外还有宪法第一条第 8 款的概括性规定：它承认国会有权颁布一切为行使其权能所必要和适当的法律。最高法院 1819 年借此推出了“默示权力”（implied powers）理论，用于为建立宪法中没有明确规定的联邦银行辩护。美利坚合众国的主权受宪法限制，但联邦与各州之间的主权不可分割。

1787 年 9 月 17 日，制宪会议召开四个月后，45 名与会代表中的 42 人在与会各州的一致同意下在宪法上签了字。若想让宪法生效，该文件仍需要联盟 13 个成员州中至少 9 个州的批准，而这个过程又持续了 9 个月才完成。马萨诸塞的争执尤为激烈，那里不久前曾发生令人震撼的农场主暴力抗议。1788 年 2 月 6 日，该州议会在波士顿以 187 对 168 票的微弱多数批准了宪法。

上述对宪法的赞同是通过向支持者的以下承诺获得的，即
291 以“修正案”的方式在宪法中补充基本人权的内容。（制宪会

议未写及此部分内容，是因为它认为联邦宪法和大多数州的宪法对此已经做了足够阐述，而且认为《独立宣言》中言及的不可剥夺的人权的有效性亦是“不言自明”的。）因为其他各州与马萨诸塞州立场一致，《权利法案》在1791年得以生效：宪法的前十条补充条款，其中包括对宗教、言论、出版和集会自由的保障，强化了“一事不再理”（ne bis in idem）原则。根据该原则，任何人不必因同一犯罪行为受到两次司法审判。它还规定，没有正当法律程序不得剥夺任何人的生命、自由和财产。当然，这些基本权利是很久以后，即南北战争之后通过1868年对宪法的第十四次修正，才成为对各州立法机构有约束性的准则。对宪法的接受而言，第十次修正也非常重要：宪法没有赋予联邦的权利，或者并未由宪法禁止授予各州的权利，由各州及其人民自主保留。[209]

宪政的拥护者的思维模式是要建立一个强大的美国，它在世界上要起主导作用。为此目的他们寻求强大的联邦权力，并称自己为联邦派（Federalists）。他们管反对者叫反联邦派（Anti-Federalists），后者想阻止的正是联邦权力过大，因为他们在任何形式的中央集权中都看到了专制的苗头。在费城召开的制宪会议上联邦派最终赢得了绝大多数代表的支持。在各州的人民代表机构以及广泛的公共领域中，主张权力分散、建立以各州为主的秩序的反联邦派仍旧有着强劲的后盾。

纽约州的情况也是如此，那里的联邦派使出浑身解数，以确保宪法能够在州议会中获得批准。他们对影响公众舆论最重要的贡献是《联邦党人文集》（*Federalist Papers*）：1787年10月至1788年8月在纽约三份报纸上发表的85篇文章。这些文章署名“普布利乌斯”，暗指普布利乌斯·瓦列里乌斯· 292
波普利科拉（Publius Valerius Publicola），按照普鲁塔克的说法他作为立法者拯救了罗马共和国。这个笔名背后的作者分别是亚历山大·汉密尔顿、詹姆斯·麦迪逊和纽约律师约翰·杰伊（John Jay），后者多年来一直参与大陆会议，是在巴黎参加美国与英国和平谈判的代表之一，并于1789年9月被任命为美国第一位首席大法官。

文集作者们主要担心党派之争会令共同体在政治上陷入瘫痪，甚至可能被毁。他们认为，这类斗争的最常见的原因是财产分配的不公。在他们看来，国家越小，该共同体被党争毁掉的危险越大。在历史上有这方面的突出例子。汉密尔顿在《联邦党人文集》第九篇中写道，“阅读希腊和意大利这样的小共和国的历史时，人们无法不对那里发生的无休止的混乱感到恐惧和厌恶，革命层出不穷，小国在这种动乱中不断地摇摆于极端暴政和无政府主义之间”。

在《联邦党人文集》第十篇中，麦迪逊努力提出证据，试图说明一个大的共和国更可能平衡不可避免的利益和信念冲突，并打破和控制党派暴力。较大的共和国拥有更多能够突破狭隘的党派利益和区域性偏见的人。“一个教派可能变成联邦某一部分的政治派别；但是散布在联邦四面八方的各种教派，必然会保护全国议会不受来自那里的任何威胁。对扩大纸币发行量、取消债务、平均分配财产，或任何其他不适当的虚假或恶意目的的渴望，比较容易在某一个州，而不太容易在整个联邦蔓延，同理，我们更常见到诸如此类的问题在一个地
293 区或一个行政区，而不是在整个州蔓延。因此我们发现，在联邦的拓展和合理结构中，共和政体能够医治政府最易发生的弊病。”[210]

但是，最终的确还有一个表面上的问题，即孟德斯鸠——这位被《联邦党人文集》经常引用的权威——曾明确指出共和国只适用于小块区域。然而这位写下《论法的精神》的作者也承认，共和国可以组成国家联盟，其宪法仍是共和制的。（孟

德斯鸠为此举出的例子是瑞士和荷兰。）美利坚合众国也是这类共和国的联盟，或更确切地说，通过宪法的生效这些共和国才组成国家联盟。[211]

一个大共和国比一个小共和国更需要一个代议制政府。《联邦党人文集》的作者坚决反对由人民直接掌权的民主。“共和国”对他们而言正是被如此理解的“民主”的相反概念，它意味着经由人民以选举方式获得合法性的代议制体系。麦迪逊在文集第四篇中用一个尖锐的定义解释了民主和共和国之间的“真正区别”：“区别在于，在民主政体中人民自己聚集在一起并行使政府职责，而在共和国中是人民的代表们聚集在一起并进行管理。因此，民主必然会限制在较窄的范围内，相反一个共和国则可以延伸到一个大的区域。”[212]

汉密尔顿、麦迪逊和杰伊的出发点是，代表们一般要比选举他们的人更开明。“一个由哲学家组成的民族，就如同柏拉图所渴望的让哲学家来当国王，是不切实际的。”麦迪逊，但也可能是汉密尔顿在《联邦党人文集》第四十九篇中如此写道。过度释放的公众激情会破坏公共治安，这种危险是一个十分值得严肃对待的反对理由，不要把宪法问题过于经常地交给整体社会去抉择。

文集第六十三篇中提到（该篇大概也出自麦迪逊的手笔），虽然大多数希腊的纯粹民主政体已经知道代议制原则，但其在 294
那里有着与美国完全不同的含义。古代的民主制和美国政府体系的真正区别是“美国政府中完全排除了作为集体身份存在的人民，而不是古代政治制度中完全排除了人民代表行使政府权力”。[213]

正如麦迪逊在另一处，即在文集第十四篇所指出的，人民代表的伟大原则不是要感谢古代文明，而是要感谢现代欧洲。但在整个欧洲却找不到“这样一个政府，它既民主，同时完全建立在代议制原则基础上。如果说欧洲有发现代议制这种重要政治机制的功劳，通过其作用集中起最大政治体的意志，并把它的力量引向任何公益目标，那么美国就有权声称自己有另一种功劳，即它把这项发现变成了纯粹与广泛的共和政体的基础”。[214]

坚定不移地贯彻代议制的民主原则，用于对付群众的喜怒无常，这不是唯一的也不是充分的保证。汉密尔顿、麦迪逊和杰伊看到的危险是：尤其有一种权力会试图把一切权力集中在自己手中。这不是行政，也不是司法权（这两个部门在他们看来特别倾向于权力的积累），而是立法权。用麦迪逊在《联邦党人文集》第四十八篇的话来说：“由于立法部门有各种机会接近人民的钱袋，在某些政体中它有完全的裁量自由，但所有政体中都对在政府其他部门任职者的薪金报酬有决定性影响，从而导致其他部门对它产生依赖，为立法部门对其他部门的侵犯提供了方便。”美国共和国的缔造者虽然睿智，却没有认识到这一问题。“他们似乎永远没有料到来自立法篡夺方面的危
295 险，因为所有权力集中在同一些人手中，必然会造成像在行政威胁下那样的暴政。”

为了证明这种观点的正确性，麦迪逊援引了托马斯·杰斐逊，后者在宪法辩论期间作为大使驻留法国国王路易十六世的宫廷。1785 年他在《弗吉尼亚笔记》（*Notes on the State of Virginia*）中写道，一切权力独揽恰恰是独裁的定义。“即使权力由多人行使，而非一人，也无法改变独裁的性质。对此有怀疑者，可以看看威尼斯共和国的情况。哪怕独裁者是我们亲自选举的，对我们也毫无帮助。建立在选举基础上的专制不是我们为之奋斗的政府形式，我们想要的政府不仅应该建立在自由原则上，而且政府的权力机构要以一种方式彼此分立、互相制衡，只要一方跨越了法律为其规定的界限，就会受到其他各

方的有效监控和限制。”

国家权力（Macht）过度集中于其中一种权力（Gewalt）的风险光靠权力的机械分离是不够的，实际上在英国也不存在这种分离。更为必要的是，所有权力都拥有宪法所赋予的手段，互相制约，当一种权力做出冒犯之举时予以回击。预防性防御措施，就像麦迪逊在《联邦党人文集》第五十一篇中所说，必须与可能受到的攻击相称。“必须确保，用野心来对抗野心。每个人的个人利益必须与其职务的法定权利相联系。”

麦迪逊从人类学角度解释这一要求的必要性。“这可能反映了人性的缺陷，但为了防止政府权力的滥用，这种策略又应该是必要的。人们需要一个政府这一事实，不是作为人性缺陷 296
的最明确的表现又能是什么呢？如果人人都是天使，就不需要任何政府了。倘若是天使统治人，则没有必要从外部或内部控制政府了。在规划一个人统治人的政府时，最大的困难在于：首先必须使政府能控制被统治者，然后必须迫使政府进行自控。毫无疑问，依赖人民是对政府的最重要控制。但经验教导人类，必须有辅助性预防措施。”

对美国宪法重要的东西几乎都是从上述见解中引申出来的。由于在一个共和制共同体中，立法机构必然占据主导地位，因此必须采取措施预防权力滥用的风险，立法权被置于两院手中。行政权在握者如果对立法机构的决定拥有绝对否决权，那其权力就过大；通过延期否决权则避免了这种危险。联邦制体系，联邦政府和各个州之间的权力划分也可以阻止行政权力的集中。这种形式的分权意味着，联邦与各州一方面互相监督，另一方面分别自我控制。

按照麦迪逊的观点，宪法不仅要保护社会不受统治者的压迫，而且要保护社会中的一部分人不遭受另一部分人的不公正行为。《联邦党人文集》第五十一篇的作者虽然没有直接提到卢梭的名字，但他所写的是对《社会契约论》作者对共同意志和公共利益之推测性与权威性设想的一种回答："不同社会阶层必然有着不同的利益。如果多数人由一种共同利益联合起来，少数人的权利就得不到保障。只有两种方法可以防止这种弊病：其一是在社会中形成一种不依赖多数，即不受社会本身束缚的意志；其二是把各种不同类型的公民吸纳进社会，从而
297 让多数人的不公正联合即使不是办不到，也成为极不可能的。"

第一种方法在一切具有世袭或自封权力的政府中是很普遍的。第二种方法是联邦制联合共和国（föderative Republik der Vereinigten Staaten）的方法。"一方面这里的所有权威来自和依赖社会，另一方面社会本身又分为许多部分、利益集团和公民阶层，以至于个人或少数人的权利很少遭到由于多数人的利益结合而形成的威胁……在一个自由的政治秩序中，保障民权一定要和保障宗教权利一样……公正是政府的目的。它也是公民社会的目的。"[215]

麦迪逊在《联邦党人文集》第五十一篇没有涉及的部门，汉密尔顿在第七十八篇予以论述：司法部门。作者赞同孟德斯鸠的观点，即司法机关与立法和行政部门相比要弱很多，他同时也引用了这位法国国家学思想家的论断，即如果司法权不能从立法和行政权中分离出来，则无自由可言。在限权宪法（limited Constitution）情况下，法院的完全独立性特别重要，为保证这一点，法官的任命系终身制（当然其先决条件是沿用英国之"任职期间行为良好"的要求，这最好翻译成"无可指责的生活方式"）。"我所理解的限权宪法是指，在特定、具体列举的情况下对立法机关的全权进行限制，例如立法机关不得制定剥夺公民权利的法案（驱逐出境法——作者注），不得制定有追溯力的法案（ex-post-facto laws）等。这种类型的限制在实践中只能通过法庭来执行，法院必须有职责宣布所

有违反宪法明文规定的立法为无效。若无这样的规定，对某些特定权利或特权的保留意见将形同虚设。”

汉密尔顿宣告的原则是“复审”，即司法审查原则，该原 298
则在宪法中并未得到明确表述，在实践中自 1803 年起通过最高法院的一个判决案例［“马伯里诉麦迪逊案”（Marbury v. Madison）］才得到贯彻执行。汉密尔顿承认，他提出的法院有权宣布立法机关做出的违反宪法的立法无效，引起了一些混乱。但他坚持“复审”的必要性：“解释法律是法院分内和恰当的工作。一部宪法其实是一种基本法，法官们也必须如此看待宪法。因此他们有责任弄清其含义，就像了解立法机关颁布的任何一项非常专门的法律一样。如果两者之间有不可调和的矛盾，则当然应该以拥有更高约束性和有效性者为准，或者换句话说：宪法应优先于法律，人民的意愿优先于其代表们的意图。”

汉密尔顿绝非想用这一结论怂恿司法权优于立法权。司法审查权仅仅意味着，“人民的力量优于二者，而且，如果立法机关在法律中所表达的意愿与宪法中所表达的人民的意愿相矛盾，法官更应该根据后者而不是前者去裁决。他们在进行判决时更应遵循基本法，而不是根据非基本法”。（最高）法官是宪法的守卫者，从而也是人民的受托人：这是汉密尔顿对“司法审查”的核心辩护。[216]

在《联邦党人文集》第十四篇中麦迪逊提出一个反问：“在美国人民对以前和其他国家的意见加以适当考虑的同时，却不让对根深蒂固的习惯或名人的崇拜压倒自己健全判断力（their own good sense）的灵感，压倒对自己处境的认识和自
己的经验教训，这难道不正是他们的伟大之处吗？”麦迪逊认 299
为美国革命者的历史功勋在于，他们迈出了前无古人的决定性步伐。“如果他们没有创造一种史无前例的政治秩序，那美国

人民至今还是误入歧途的议会的悲惨牺牲品。或者，它至少必须忍受一种政府形式下的重负，这类政府形式摧毁了人类其余部分的自由。这是美国的幸运，我们相信，也是整个人类的幸运，他们追求新的和更好的航向。他们完成了一场人类社会中无可比拟的革命。他们在地球上创建了没有先例的政治秩序。”

在《联邦党人文集》第八十五篇，即该系列的最后一篇中，汉密尔顿援引大卫·休谟，警告不要在宪法通过之前就去尝试修改它：“一个大国或一个大的共同体，无论是君主制还是共和制，要想在一般法律基础上令其保持平衡，那是一项如此艰巨的任务，以至于任何人间才子，尽管博学多能，也无法仅凭理性和信念去完成它。此项工作必须集中多人的判断力；以经验为先导；靠时间来完善它；初次尝试与试验时难以避免的错误，须在实践中感到不便时加以改正。”[217]

《联邦党人文集》的作者不仅仅谈到利益，他们也代表着利益：这种利益是富裕阶层的利益，正如参加制宪会议的大多数成员的出身所示，其中除了商人、企业家、银行家和地主，还包括许多自由职业者。帮助广大人口获得更多的影响力，从麦迪逊、汉密尔顿和杰伊的角度来看，意味着让富人出血扶助穷人，面对债权人加强债务人的地位。这样做不仅不符合这些联邦党人的意愿，而且他们最主要的目的之一在于，阻止这样一种从总体上削弱美国国民经济的发展。

300 然而他们所捍卫的原则中，没有一项会通过被证实与某些利益相一致而失去其力量。联邦党人要求或捍卫的东西，并不是像 20 世纪初的一些“进步历史学家”所责备的，目的是进行一种保守的反革命，逆转美国本来在民主精神引导下的 1776 年革命的结果。相反，那更是一种经过深思熟虑和早就该进行的尝试，让独立战争中诞生的共同体获得运转正常、彼此制约的机构，使联盟对内对外都具有行动力，而又不背弃人民主权的原则。

但是，在一点上人们完全可以责备《联邦党人文集》的作者思维方式片面。为了防止立法部门一家独大，宪法之父们想出了种种措施。因此权力平衡不会受到众议院、政府或整个国会的威胁。威胁来自总统，他手中有最多可能性，在紧急情况下他能以独裁的方式滥用权力，不声不响地改变宪法。来自行政机关的危险不仅被联邦党人的代言人低估了，而且被他们错误判断了。[218]

《联邦党人文集》作者提出的很多东西均基于对政治经典的深入研究，从柏拉图和亚里士多德，经西塞罗到胡果·格劳秀斯、洛克和孟德斯鸠。他们熟悉希腊历史学家普鲁塔克和波里比乌斯的作品，后者才是真正的混合政体理论之父。他们对威廉·布莱克斯通（William Blackstone）的《英国法释义》（*Commentaries on the Laws of England*）同样了如指掌，该书 1765 年在伦敦问世，1771 年在费城出版。最后，他们还熟知苏格兰从道德哲学家大卫·休谟到亚当·斯密的相关理论，即个人与社会劳动分工互补的好处。

“制衡”——控制与平衡的概念大概出自约翰·亚当斯，后来的美国第二任总统，1787 年 1 月他在三卷本的《为美国宪法辩护，反驳杜尔哥的非难》（*Defence of the Constitutions* 301
*of Government of the United States of America against the Attack of M. Turgot*）前言中首次使用了该词。（“贵族法院在一定程度上是采纳了共和政府的控制与平衡的做法。”）几年后，1792 年 1 月 23 日，詹姆斯·麦迪逊在为《国民公报》（*National Gazette*）所写的一篇文章中称政治家的最高艺术就是，把自然地存在于任何政治社会中的不同利益与党派变成“互相控制和平衡”的关系。实际上，当布莱克斯通说英国政府在施政方法上“最真实突出的特点”就在于“让各部门相互

牵制”时，他说的是同一件事。[219]

美国政体曾是波里比乌斯、洛克和布莱克斯通意义上的混合政体。总统是一种共和式的“爱国者国王”（Patriot King），他体现着君主因素；参议院体现着贵族因素，众议院则体现着民主因素。但美国联合体的开国元勋们却并不视古老政体为自己的楷模，广受好评的雅典民主在历史学养丰厚的联邦党人眼中恰恰是令人害怕的负面例子。

所以约翰·亚当斯，作为非常了解希腊政体史的行家，在1797年称雅典在公元前404年至前403年“三十僭主”的残酷统治是纯粹的公民大会政体的必然后果。1788年6月21日，汉密尔顿在批准宪法的纽约州议会上解释说，古老的民主政体不具备一个好政府的任何特征。它们“根据其特征是暴政，根据其形式是畸形。民众一旦聚集在一起，在辩论场地所呈现的则是一片混乱，无法进行任何协商，却能发动任何暴行”。在《联邦党人文集》第五十五篇中，麦迪逊认为，在所有参加者众多的民众集会中，无论参加者是哪类人，激情总能夺下理智手中的权杖。“哪怕每位雅典公民都是一个苏格拉底，雅典人的集会总还是暴民的集会。”[220]

同时代的英国对美利坚合众国的开国元勋们来说，作为典范要比古希腊的水准高很多，但主要是在权力的“制衡”方
302 面。“代议制政府”在美国也和在大不列颠全然不同。在18世纪的英国，议会的实权在上升；下议院代表人民的资格却还没有站稳脚跟，因为有选举权的人数还不够多，而且选区大小差别很大。

虽然美国的选举法把妇女、黑奴和印第安原住民排除在政治参与之外，但在其他方面比英国的限制要少。历史学家威利·保罗·亚当斯得出的结论是：至少四分之一、最多一半的成年白人男性人口，由于最低财产限制条款在个别州无权选举州议

会议员（联邦众议院的选举状况应该与此相差不多）。

因此，美利坚合众国有一定理由可以声称，它们那里的一切权力来自人民，故而主权在民。尽管如此，开国元勋们并没有想在“政府”与“人民”之间画等号。与《联邦党人文集》传递的信息完全一致，威利·保罗·亚当斯写道：“他们更赞同宪政体制，即通过把行政权移交给所选出的代表和保护基本权利，从而做到政府不搞专制，民权不靠众人意志的直接实施。”[221]

无论《联邦党人文集》在影响代表们的意见形成上起了什么作用，纽约州议会最终在1788年7月以30票赞成、27票反对的微弱多数接受了宪法。倘若联邦派没能妥协同意他们起初坚决拒绝的基本权利条款，应允为人权法案的通过出力，投票是不可能取得积极结果的。在其他几个州，除了上述提到过的马萨诸塞州，宾夕法尼亚州、弗吉尼亚州和新罕布什尔州的批准过程同样艰辛，最终联邦派在这些地方也取得了胜利。在新罕布什尔州，这一抉择发生在1788年6月21日。新英格兰是第九个批准宪法的，这样宪法生效所需要的批准州的最低数字就达到了。最后两个州虽然犹豫了很长时间，还是批准了宪 303
法，它们是北卡罗来纳州（1789年11月）和罗得岛州（1790年春季）。

1788年9月制宪会议再次开会，为第一次全国层面的选举，即总统、众议院和参议院的选举进行组织准备工作。选举于1789年的最初几个月举行。2月4日，选举团一致推选为美国独立做出最大贡献的人——乔治·华盛顿作为美利坚合众国的第一任总统。众议院和参议院分别于4月1日和4月6日组成。4月30日华盛顿宣誓就职总统。纽约被制宪会议确定为临时首都。1790年决定在波托马克河畔建立新的首都。当最高政府机构于1800年迁到那里时，该城已经根据第一任总统的名字被命名为华盛顿。1797 年第二届任期结束后华盛顿离开了总统职位，他于 1799 年 12 月 14 日逝世。

只有一小部分美国人参加了宪法辩论。宪法生效后，它很快得到普遍认可，从而使序言开头部分自豪的宣言“We, the People of the United States, ... do ordain and establish this *Constitution* for the United States of America”（我们合众国人民……特为美利坚合众国制定本宪法）逐渐在选举权受到限制的情况下尽可能地接近了现实。制宪会议的杰作使松散的邦联转变为稳固的联邦国家，并缔造了一个新的国家——“第一个新国家”（The First New Nation），社会学家西摩·马丁·李普塞特（Seymour Martin Lipset）1963 年正是以此给他一本论述美国的书命名。[222]

就像约翰·F. 肯尼迪总统逝后，1964 年出版的一本书的书名所概括的，这个国家是“移民之国”。移民们从欧洲横跨北大西洋来到这里，后来世界其他地方的人也来到此地，为的是在一个自由的国家作为自由公民，一句话就是成为美国人，
304 开始新的生活，这种新生活看起来拥有无限可能性。另一个可以体现美利坚合众国特征的概念是“联邦制国家”。历史学家迪特·朗格维舍（Dieter Langewiesche）在提出这个概念时说的是德国的情况。但它也适用于美利坚合众国，因为联邦国家是由各州构建成的，而且这些州在合众国中继续发挥着举足轻重的作用。

国家的创建并不意味着国家形成的结束。但此过程有一个目标：美国想成为与欧洲古老国家不同的国家，即如其国歌中所唱的成为“自由国家”，对所有人开放，只要其认同《独立宣言》中所公示的价值，并认可应该保护这些价值的机构。开国元勋们激情满怀地表达了这种重新开始的意识，他们在国徽中化用了维吉尔《牧歌·其四》的诗句，在基督教早期它就被

理解为异教徒对耶稣降临的预言：“novus ordo saeclorum”，其最贴切的翻译是“新纪元”。[223]

在华盛顿及其后任约翰·亚当斯的任期中（后者1797~1801年任总统），联邦党人（如今共和党人的前辈）在政府中说了算。共和党人是少数派，他们后来发展出了今日的民主党。①与联邦党人不同，共和党人主张扩大民权，也就是施行更多民主，他们要争取的是“小人物”，即农民、手工业者和工人。

托马斯·杰斐逊在结束驻法大使的工作后，1789~1793年担任华盛顿政府的国务卿，此后一直到1801年任美利坚合众国副总统。与联邦党人的观念相比，他更接近共和党人的观念。1796年他已经是共和党人的总统候选人，仅以微弱票数之差败给了联邦党人约翰·亚当斯。当联邦党人在亚当斯总统任职期内越来越不得人心时，对《独立宣言》的主要作者和共和党人的同情看涨。写作了《联邦党人文集》中大多数文章的詹姆斯·麦迪逊早就成了他们的领军人物。1790年，作为对他认为极其反社会的财政部长亚历山大·汉密尔顿的债务清偿 305
政策的抗议，他与联邦党人分道扬镳，转向了共和党人。

1800年的国会选举共和党人胜出。根据宪法上考虑不周的规定，选举团的僵持导致必须由上一届众议院来选举总统。

---

① 联邦党（Federalist Party）是美国立国之初最早的政党，成立于1789年，主张增强联邦政府的权力，支持工商业发展，创立国家银行，采取积极的财政政策，在国际事务上倾向于与英国和解而疏远大革命时期的法国，代表人物为亚历山大·汉密尔顿、约翰·亚当斯、约翰·杰伊等。共和党（Republican Party）成立于1792年，也称民主共和党（Democratic-Republican Party）、杰斐逊派（Jeffersonian Republicans）、反联邦党（Anti-Federlists），代表州的权力，主张形成自下而上的共和政体，重视农业，支持法国大革命，代表人物为托马斯·杰斐逊、詹姆斯·麦迪逊等。联邦党的重要思想由1854年成立的共和党继承；而民主共和党中，1820年代支持安德鲁·杰克逊的阵营发展为民主党（1828年成立）。——编者注

在第36轮表决中，杰斐逊战胜了联邦党候选人，此前的副总统阿伦·伯尔（Aaron Burr）。约翰·亚当斯和亚历山大·汉密尔顿领导的党从此在政治上开始走下坡路。对联邦党人来说值得欣慰的是：他们的许多思想，其中包括建立强大的联邦权力，此时在共和党人那里也获得了共识。

杰斐逊开创了一个新纪元：从此“民主”不再等同于暴民统治，而是美利坚合众国比欧洲君主制优越的政体形式。“杰斐逊式民主”丝毫没有改变“代议制政府”和“制衡”的原则。然而认识到代议制民主自身与民主理念并无矛盾，而且是唯一有效的民主形式，这成为美国自我理解的核心因素。1816年杰斐逊在卸任总统职务七年后能够断言：美国人“从宪法上和信念上都是民主主义者”。他的说法没有遭到任何人的质疑。[224]

新的、积极的民主理念未能触及的是奴隶制这件丑事。虽然北方各州，其中也包括1803年加入合众国的俄亥俄州，自1804年起禁止蓄奴，1816年以及1818年先后加入合众国的印第安纳州和伊利诺伊州情况亦然，但在那些奴隶劳动构成经济生活中最重要基础的地方，奴隶制仍被允许：南方各州，1776~1819年又有另外五个州加入进来，它们是肯塔基州、田纳西州、路易斯安那州、密西西比州和亚拉巴马州。至于奴隶贸易，当1807年由南卡罗来纳和佐治亚争得的对它的宪法保护期结束时，它于1808年1月1日起遭到禁止（美利坚合众国比英国早几周）。但是1787~1807年这二十
306 年内，从非洲来到北美的奴隶人数要比以往任何时候都多，1807年以后取道墨西哥非法入境来到美国的黑奴仍旧很多。[225]

1819年12月托马斯·杰斐逊，这个在弗吉尼亚自己的种植园拥有约200名奴隶的人，写信给他的前任约翰·亚当斯谈及后者提出的奴隶问题。起因是围绕着该不该允许以前由联邦管辖的密苏里领地（Missouri-Territorium）蓄奴而展开的激烈公开辩论，如果允许，南方各州的地位势必更强。杰斐逊认

为，一旦国会有权在各州内部调控各州的居民状况，那么下一步就该宣布所有居民都应该是自由的。“难道我们……接下来应进行第二次伯罗奔尼撒战争，以一决雌雄吗？此问题仍有待观察，但我希望不必由您或我来抉择。”[226]

杰斐逊和亚当斯都读过修昔底德描写公元前431~前404年雅典人与斯巴达人所进行的伯罗奔尼撒战争的历史著作。因为害怕爆发美国内战，所以北方各州继续容忍一种局面，该局面与美国宪法前十条有关不可剥夺的人权和基本权利的补充条款大相径庭。

因此密苏里争论也以妥协而结束：1821年密苏里作为蓄奴州被吸收进合众国，出于平衡考虑，1820年美国最东部地区的缅因州（此前属于马萨诸塞州，长期要求独立）作为非蓄奴州也加入了合众国。这样一来就形成了11个非蓄奴州与11个蓄奴州对峙的棘手局面。此外国会在北部规定了一条界线，在1803年从法国人手中获得的巨大的路易斯安那领地的该界线以外的其余部分不允许蓄奴。亚当斯和杰斐逊（第二任和第三任总统）还经历了这一妥协，他们均逝世于一个具有象征意义的日子：1826年7月4日，美国《独立宣言》发表50周年。35年后爆发了杰斐逊所担心的美国内战。[227]

对西方民主的历史而言，独立战争后最初50年在美国土 307
地上所发生的事情要比同期欧洲所发生的事情更重要。虽然听上去有些自相矛盾，第一次现代革命同时是一场保守的革命。美利坚合众国的开国元勋们首先要保留的是扎根于英国自由传统中的古老权利，这是他们要使用的。用法学和政治学家恩斯特·弗兰克尔（Ernst Fraenkel，一位在希特勒时期被迫流亡的德国犹太人）的话来说：“只有深受古老议会传统熏陶与打造的政治精英才能喊出‘无代表、不纳税’的战斗口号，组织一场革命并将其胜利进行到底。美国的革命并不是一场反对英国宪法权利原则的革命，而是抗议对这种权利的损害……人们并非毫无道理地将美国革命称作‘第三次英国革命’（清教徒革命和光荣革命之后的革命——作者注）。”[228]

在另一层意义上美国革命也是保守的。当詹姆斯·麦迪逊在《联邦党人文集》第五十一篇中用人性缺陷来论证政府之必要时，他说出的不是一种崭新的，而是一种非常古老的想法。亚里士多德在其《政治学》中已然揭示，从本性上说人就是一种需要共同体，因而需要组建国家的生物。塞内卡在保护人性弱点中看到违反法律之不可避免性。对普芬多夫而言，在他之前霍布斯已经说过类似的话，“在自然状态中人类的特性是柔弱，解救人类脱离此自然状态之路的，是通过早期家长式的父权组建公民社会或国家”。鉴于人类天性的缺陷，纯粹的国家形式与混合政体相比更容易发生各种蜕变，这类进一步的思索我们同样不是在麦迪逊那里才见到，阿尔色修斯和洛克早已经论述过。[229]

开国元勋们脑海中的人类形象不仅仅来自对经典哲学家著作和国家法与政论理论的广泛阅读，它亦有其宗教方面的根
308 源。《独立宣言》中提到的不可剥夺的人权，是人类的创造者赋予他们的，这远远超过庆典时刻开国元勋们不吐不快的信条，对此信条开明的自然神论者和虔信的基督徒都容易理解和接受。提及上帝（1787 年宪法中没有提到上帝）反映了，人们对人权的神学前史有了进一步认识。每个人都有人格尊严的思想来自犹太—基督教的一神论信仰，上帝按照自己的模样创造了人。法律面前人人平等的告白，历史上是以相信在上帝面前人人平等为前提的。自由思想能够发展，仅仅是因为西方有政教分离的传统，正是从该传统中生发出在英国和美国反抗英国（和任何其他）国教的运动。

西方这种基本的政教分离最终是基于耶稣亲自为二者划清

了界限：该撒的物当归给该撒，神的物当归给神。当他对彼拉多（Pilatus）宣称，他的国不在此世，那么他就提高了人类对此世所负的责任。[230] 反对混淆“此世”与“彼世”，反对抹杀人的法律与神的戒律的区别，考虑到其长期影响，这其实是赞同人类的解放和世界的世俗化。《人权宣言》是世俗的文献，但其背景是神学的。这类宣言所宣告的价值是经过世俗化的基督教价值。

基督教中对美国脱离欧洲获得解放贡献最大的，当是广义上的新教改革宗。英国法学与历史学家詹姆斯·布莱斯（James Bryce）1888 年在其《美国联邦》（*American Commonwealth*）一书中未提其名地引用过一位作者，这位作者声称，美国宪法是建立在加尔文神学与霍布斯哲学基础上的。布莱斯自己则判断说，1787 年的宪法持续受到了清教徒对人性看法的影响。宪法是“那些人的作品，他们相信原罪，并决心不为坏人留下方便之门，这扇门是他们——宪法之父或 309
许能够关闭的。宪法的目的并非一定要通过保障一个好的政府来追求什么伟大的共同目标；而是要防止邪恶，这种邪恶不光会来自一个坏政府，而且会来自任何政府，只要它强大到足以对已经存在的共同体和公民个人造成威胁”。[231]

美国神学家莱因霍尔德·尼布尔（Reinhold Niebuhr）在其 1952 年出版的著作《美国历史的讽刺》（*The Irony of American History*）中得出过类似判断：“尽管有许多对人性的幻想在美国文化中留下了印迹，但我们的政治设施中对权力的利己滥用却采取了很多预防措施，我们的加尔文派前辈们坚持要这么做……特别值得注意的是：塑造了我们早期生活的两大宗教—道德传统——新英格兰的加尔文主义和弗吉尼亚的自然神论——对我们国家之特征的意义和我们的使命得出了极为相似的结论。加尔文主义者虽然对人性态度过于悲观，而且对人生可预见之秩序的想象过于机械，但在评价美国实验的意义时，他们对美国的使命以及美国道德的评价与自然神论者的观点惊人的接近。无论我们这个国家对其精神遗产更多地从马萨诸塞州还是从弗吉尼亚州的角度来解释，我们的存在都始于这一意识：我们是上帝‘选择出’的国度，为的是让人类有一个新的开端。”[232]

在美利坚合众国建国初期，使命感与谦逊、传教主义与现实主义是并行不悖的。在理想情况下，它们互相补充和校正，就像各种机构在“制衡”原则下所做的或应该做的那样。无论是更多地受到宗教还是哲学的影响，开国元勋们完全秉承洛克的传统，把政府看作人民的受托人，国家则是一种“依靠”。对他们来说，有益于共同利益的是一种多元的、经由多种利益
310 打磨的社会构成的意志，而不是像卢梭那样，仅仅设定一种社会必须服从的、由权力定义的共同意志。在由人制定的法律之上，开国元勋们知道有一种更高的无形的戒律，即神权或自然权利。当他们完全按照英国 17 世纪的传统谈到“法治”（rule of law）时，这种更高的法则与流传下来的“普通法”及其全部证据法和诉讼法一样，是包括在内的，立法机构也受其制约。[233]

《独立宣言》、各州宪法和经过修订的《联邦宪法》所包含的人权宣言是这个新建立的国家给自己设立的标准：从非洲来的奴隶和印第安人原住民也可以援引不可剥夺的人权，虽然他们还享受不到这些权利。宪法秩序从而为修正特殊的规定和对宪法的狭隘解释提供了一种规范，而在 1787/1788 年，正是这些特殊规定及狭隘解释保障了宪法能够获得接受。在严格条件下——国会两院均以三分之二多数票通过而且得到四分之三州的同意——宪法是可以修订的。如有必要，宪法要修订以适应新的挑战。存在修宪的可能性，而且它也得到了应用，这就是 1787 年的宪法至今仍然有效的原因之一。

## 法国革命前夜的欧洲

经过启蒙运动洗礼的欧洲，怀着巨大的同情格外关注北美移民的独立战争。一些有军事斗争经验的自由之友甚至亲赴殖民地给予支援，为移民们战胜母国做出了必要贡献：如法国的拉法耶特侯爵（Marquis de Lafayette）、波兰的塔德乌什·柯斯丘什科（Tadeusz Kosciuszko）和华盛顿的“教官”弗里德里希·冯·施托伊本（Friedrich von Steuben），他曾先后在普鲁士和巴登担任军官。但欧洲国家的政府与公众舆论更为关注的不是美国的独立战争，而是同期发生在“旧大陆”的危机性大动荡。[234]

一些这类发展与大西洋彼岸的解放战争有着直接的联系。 311
自从彼得大帝时期在波罗的海成为海上霸权后，俄国在叶卡捷琳娜二世治下在黑海也发展成为霸权。作为海上强权，沙皇俄国在美国独立战争中感觉受到了来自英国、西班牙和法国的挑衅。1780 年 2 月叶卡捷琳娜宣布实行“武装的海上中立”（Bewaffnete Seeneutralität），作为中立国丹麦与瑞典首先响应，荷兰、普鲁士和奥地利紧随其后，甚至连与英国结盟的葡萄牙也加入其中。

借此，俄国成为保护中立国自由贸易这一广泛运动的排头兵，同时谱写了一段国际法，特别是海战法历史的新篇章：根据公约，中立船舶应被允许不受阻碍地在各港口间以及沿交战国海岸航行，船上来自敌对国的货物，除直接军用物资外，根据“自由船，自由货”的原则可免受扣押。此外只有在保证切实高效执行的情况下，封锁才允许实施。在海事法庭的判决中必须直接使用这些原则。交战国若不遵守这些规定就是对签约国之中立的冒犯，这会引发同盟事态。

英国看到自己被“武装中立”宣言大大掣肘，此后在战争持续期间对中立国船只的态度比以前更为谨慎。只有对一个国家它做出了强硬反应：1780 年 11 月尼德兰加入“北方联盟”（Bündnis des Nordens）后，英格兰在紧接着的月份里对荷兰宣战。此前尼德兰联省共和国就明确支持美国革命，随后英国才对其宣战。也是由于这个原因，荷兰未能获得俄国、丹麦和瑞典的支持，这三个国家当时已加入武装中立同盟。

持续四年之久的英荷战争以荷兰的失败告终，新成立的“爱国者党”（Patriotenpartei）让世袭执政奥兰治的威廉五世（Wilhelm V. von Oranien）对此负责。当广泛不满发展成推
312 翻他的运动时，这位执政于 1787 年请求他妻子的哥哥、普鲁士国王腓特烈·威廉二世提供帮助。普鲁士军队很快打败“爱国者”。这场内战的失败者包括法国，因为它支持了起义者，赢家包括坚决支持威廉五世的英国。

同年，即普鲁士对尼德兰进行干预的 1787 年，奥斯曼帝国对俄国宣战，奥地利作为沙皇俄国的盟友随后加入战争。为了不让俄国染指地中海，英格兰则站在土耳其人一边，同时为了牵制奥地利，英国与普鲁士结盟，后者于 1790 年初又与土耳其和波兰结盟。同时，俄国和瑞典之间的战争于 1790 年 8 月结束，战前的状态得到确认。俄土战争最重要的结果是，俄国能够得到克里米亚的所有权，这是 1792 年 1 月缔结的《雅西和约》（Friede von Jassy）规定的。当时欧洲正呆若木鸡地注视着革命巴黎所发生的事件。

美国独立战争在欧洲任何国家都不如在法国影响深远。表面上看战争以波旁王朝君主制的胜利而告终：对手英国不光在北美失去了很大一部分殖民地，而且在欧洲也几乎处于完全孤立的境地。但从两方面看，法国旧制度的成功都是一种得不偿失的胜利。首先，在海外的军事和政治行动透支了法国的财政资源，这是导致内部危机加剧的首要原因。其次，借助法国

的帮助在美国得到贯彻的思想具有传染性作用。年轻的美国懂得为其目标做宣传。本杰明·富兰克林是合众国派往凡尔赛宫廷的第一位大使，他作为自然科学家、思想家和政治家在欧洲享有非凡声誉。1785年托马斯·杰斐逊成为他的继任者，一年前他就曾作为特命全权大使前往法国。这两位美国人一到巴黎，就成为庞大关系网的中心，他们所做的一切都是为了一个目的，让1776年的理念在大西洋东岸亦能获得突破。

美国独立战争的输家令人惊讶地很快就从1783年的打击 313
中恢复过来：英国1788年就通过与普鲁士和尼德兰联省共和国缔约打破了外交上的孤立处境，与后者的缔约是前一年联手镇压“爱国者”起义的结果。1776年美国宣布独立令英国损失惨重，但这绝不意味着大不列颠作为殖民大国的终结。1787年前后，英国开始向澳大利亚移民，起初仅把那里当作流放刑事犯的殖民地，1790年代起那里也接收自由移民，首先是绵羊和牛的饲养者。

在加拿大，英国证明它是能够从在后来宣布独立的美国犯下的错误中吸取教训的：法国和英国的移民，后者中不少是从以前的北美殖民地移居过来的反对独立者，在1791年获得了很高的政治自治权。加拿大的稳定帮助英国人遏制了美利坚合众国向北扩张的雄心壮志，并在1812~1814年的所谓“第二次独立战争”中让美国濒临失败的边缘。最终的结果是缔结了《根特和约》（Friedensvertrag von Gent），确认维持此前美国和加拿大之间的边界原状。

英国统治向印度的扩张可以说是同样意义深远。若说1783年第一英帝国一没落，几乎毫无间隙地揭开了第二英帝国的篇章，这显然有些夸张。因为在美国独立战争之前很久，东印度公司就开始将其影响延伸到印度次大陆，同样英国政府也着手对该公司的活动进行政治监督：这是一个过程，它结束于 1784 年的《东印度公司法》（East India Bill）。印度这个因素，在北美十三块殖民地脱离英国后，对大不列颠作为超级大国的自信与威望比以前重要了许多。1794 年，英国人从荷兰人手中接管了锡兰（Ceylon），1799 年南印度王国迈索尔（Mysore）成为英国的属国，1803 年英国征服了莫卧儿帝国首都德里，到 1819 年实现了英国对整个印度的霸权。对南亚
314 这片地区的统治，是大不列颠在 19 世纪比其他任何国家都更有资格自称为世界强国的先决条件之一。

另一个先决条件是工业革命。1760 年以来工业革命的胜利进行，为英国社会上层很快克服 1783 年失败带来的阴影做出了重要贡献。大不列颠是世界首屈一指的经济强国：到 18 世纪末这已毫无疑义。与法国在政治方面的竞争自然仍在继续，只是 1789 年后这种竞争有了其他特点。只要凡尔赛宫坐着一位“专制”国王，英国就很容易在欧洲成为自由的堡垒。相反，如果法国以人权和民权先锋战士的姿态登上历史舞台，其对英国形成的挑战要大大超过年轻的美利坚合众国对英国的挑战。[235]

# 注 释

1 Eugen Rosenstock-Huessy, Die europäischen Revolutionen und der Charakter der Nationen (1931[1]), Stuttgart 1961[3], S. 90.

2 Ebd., S. 235 (Hervorhebung im Original).

3 Ernst Troeltsch, Die Soziallehren der christlichen Kirchen und Gruppen, Tübingen 1912 (ND 1994), Bd. 2, S. 518.

4 Ebd., S. 519, 599 f.

5 Franz Borkenau, Luther: Ost oder West, in: ders., Drei Abhandlungen zur deutschen Geschichte, Frankfurt 1947 (engl. Orig.: 1944), S. 45–75.

6 Ebd., S. 74; Ronald G. Asch, *No bishop no king* oder *Cuius regio eius religio*. Die Deutung und Legitimation des fürstlichen Kirchenregiments und ihre Implikationen für die Genese des «Absolutismus» in England und im protestantischen Deutschland, in: ders. u. Heinz Duchhardt (Hg.), Der Absolutismus – ein Mythos? Strukturwandel monarchischer Herrschaft, Köln 1996, S. 79–123.

7 Troeltsch, Soziallehren (Anm. 3), S. 605, 609; Asch, *No bishop* (Anm. 6), S. 79 ff.; Rosenstock-Huessy, Revolutionen (Anm. 1), S. 269 ff.

8 Troeltsch, Soziallehren (Anm. 3), S. 615 ff.

9 Ebd., 643 ff. (Zitat: 671); Heiko A. Oberman, Zwei Reformationen. Luther und Calvin – Alte und Neue Welt (amerik. Orig.: New Haven, Conn. 2003), Berlin 2003.

10 Max Weber, Die protestantische Ethik und der Geist des Kapitalismus, in: Archiv für Sozialwissenschaft und Sozialpolitik 20 (1905), S. 1–54; 21 (1905), S. 1–110; Herbert Lüthy, Nochmals: «Calvinismus und Kapitalismus». Über die Irrwege einer sozialhistorischen Diskussion (1961), in: Rudolf Braun u. a. (Hg.), Gesellschaft in der industriellen Revolution, Köln 1973, S. 18–36; Hartmut Lehmann, Asketischer Protestantismus: Die Weber-These nach zwei Generationen, in: Wolfgang Schluchter (Hg.), Max Webers Sicht des okzidentalen Christentums, Frankfurt 1988, S. 529–553.

11 Alfred Müller-Armack, Genealogie der Wirtschaftsstile. Die geistesgeschichtlichen Ursprünge der Staats- und Wirtschaftsformen bis zum Ausgang des 18. Jahrhunderts, Stuttgart 1941.

12 Axel Gotthard, Der Augsburger Religionsfrieden, Münster 2004; Otto Hintze, Kalvinismus und Staatsräson in Brandenburg zu Beginn des 17. Jahrhunderts, in: ders., Geist und Epochen der preußischen Geschichte. Gesammelte Abhandlungen. Hg. v. Fritz Hartung, Leipzig 1943, S. 289–346 (289, 345).

13 Müller-Armack, Genealogie (Anm. 11), S. 147.

14 Josef Engel, Von der spätmittelalterlichen respublica christiana zum Mächte-Europa der Neuzeit, in: ders. (Hg.), Die Entstehung des neuzeitlichen Europa (Handbuch der europäischen Geschichte, hg. v. Theodor Schieder, Bd. 3), Stuttgart 1971, S. 1–443 (bes. 105 ff.); Heinz Schilling, Die

neue Zeit. Vom Christenheitseuropa zum Europa der Staaten. 1250 bis 1750 (Siedler Geschichte Europas), Berlin 1999, bes. S. 88 ff., 456 ff.; Diarmaid MacCulloch, Die Reformation 1490–1700 (engl. Orig.: London 2003), München 2008.

15 Gerhard Schoermann, Der Dreißigjährige Krieg 1618–1648 (Gebhardt, Handbuch der deutschen Geschichte, 10. Aufl., Bd. 10), Stuttgart 2001; Johannes Burkhardt, Der Dreißigjährige Krieg, Frankfurt 1992, bes. S. 128 ff.; ders., Vollendung und Neuorientierung des frühmodernen Reiches 1648–1763 (Gebhardt, Handbuch der deutschen Geschichte, 10. Aufl., Bd. 11), Stuttgart 2006, S. 25 ff.

16 Reinhard Steiger, Der Westfälische Frieden – Grundgesetz für Europa, in: Heinz Duchhardt (Hg.), Der Westfälische Frieden. Diplomatie – politische Zäsur – kulturelles Umfeld – Rezeptionsgeschichte, München 1998, S. 33–80.

17 Franciscus de Vitoria, De Indis recenter inventis et de jure belli Hispanorum in barbaros relectiones. Vorlesungen über die kürzlich entdeckten Inder und das Recht der Spanier zum Krieg gegen die Barbaren 1539. Lateinischer Text nebst deutscher Übersetzung, hg. v. Walter Schätzel (Klassiker des Völkerrechts in modernen deutschen Übersetzungen, Bd. 2), Tübingen 1952, S. 92 (De Indis, III, 2); Jörg Fisch, Die europäische Expansion und das Völkerrecht. Die Auseinandersetzungen um den Status der überseeischen Gebiete vom 15. Jahrhundert bis zur Gegenwart, Stuttgart 1984, S. 209 ff.

18 Carl Schmitt, Der Nomos der Erde im Völkerrecht des Jus Publicum Europaeum ($1950^1$), Berlin $1997^4$, S. 111 ff.; Wilhelm G. Grewe, Epochen der Völkerrechtsgeschichte, Baden-Baden $1988^2$, S. 323 ff.

19 Jean Bodin, Sechs Bücher über den Staat, 2 Bde. Übersetzt u. mit Anmerkungen versehen v. Bernd Wimmer. Eingeleitet u. hg. v. P. C. Mayer-Tasch, Bd. I–III, München 1981, hier S. 205, 207 (I, 8); Bd. IV–VI, München 1986.

20 Grewe, Epochen (Anm. 18), S. 388 ff.

21 Georg Wilhelm Friedrich Hegel, Vorlesungen über die Philosophie der Geschichte (Sämtliche Werke, Bd. 11), Stuttgart $1949^3$, 519, 524.

22 Karl Marx, Zur Kritik der Hegelschen Rechtsphilosophie. Einleitung, in: Karl Marx/Friedrich Engels, Werke [= MEW], Berlin 1959 ff., Bd. 1, S. 386, 391.

23 Friedrich Nietzsche, Der Antichrist, in: ders., Werke (Krit. Gesamtausgabe, hg. v. Giorgio Colli u. Mazzino Montinari), 6. Abt., Bd. 3, Berlin 1969, S. 248 f.

24 Heiko A. Oberman, Wurzeln des Antisemitismus. Christenangst und Judenplage im Zeitalter von Humanismus und Reformation, Berlin $1983^2$; Joshua Trachtenberg, The Devil and the Jews. The Medieval Conception of the Jew and its Relation to Modern Antisemitism, New Haven 1943; Klaus Deppermann, Judenhaß und Judenfreundschaft im frühen Protestantismus, in: Bernd Martin u. Ernst Schulin (Hg.), Die Juden als Minderheit in der Geschichte, München $1981^1$, S. 110–130.

25 Johan Huizinga, Europäischer Humanismus: Erasmus (niederl. Orig.: Haarlem 1924), Hamburg 1958², S. 131.
26 Vitoria, De Indis (Anm. 17), S. 26 f. (ebd., I, 3); 50 (ebd., II, 1), 64 (ebd., II, 6), 94 f. (ebd., III, 2). Das Gleichnis vom barmherzigen Samariter: Lukas 10, 29–37; das Gebot der Nächstenliebe: Matthäus 22, 39.
27 Vitoria, De Indis (Anm. 17), S. 138 ff. (De Jure Belli, 10–13), 132 f. (ebd., 15), 146 f. (ebd., 32); Grewe, Epochen (Anm. 18), S. 144 ff., 245, 245 ff. (zur Geschichte der Lehren vom gerechten Krieg sowie zu Ayala und Gentili); Schmitt, Nomos (Anm. 18), S. 123 ff.
28 Vitoria, De Indis (Anm. 17), S. 69 ff. (De Indis II, 7–16), 92 ff. (ebd., III, 1–18).
29 Walther L. Bernecker, Spanische Geschichte. Von der Reconquista bis heute, Darmstadt 2002, S. 22 ff.; Jürgen Osterhammel, Sklaverei und die Zivilisation des Westens, München 2000, S. 26 ff.; Grewe, Epochen (Anm. 18), S. 273 ff.
30 Francisco Suarez, Auszüge aus «De Legibus», 2. Buch, in: ders., Ausgewählte Texte zum Völkerrecht. Latein. Text nebst deutscher Übersetzung, hg. v. Josef de Vries, S. J. (Klassiker des Völkerrechts, Bd. 4), Tübingen 1965, S. 28–79 (66 f.); Grewe, Epochen (Anm. 18), S. 176 ff.
31 Schmitt, Nomos (Anm. 18), S. 81.
32 Hugo Grotius, De Jure Belli ac Pacis Libri tres. Drei Bücher vom Rechte des Krieges und des Friedens (Orig.: Paris 1635). Neuer deutscher Text u. Einleitung von Walter Schätzel (Klassiker des Völkerrechts, Bd. 1), Tübingen 1950, S. 189 (1. Buch, 5. Kap., XXVIII), 362 f. (2. Buch, 8. Kap., XLVIII), 401 (3. Buch, 24. Kap., VII), 516 (3. Buch, 11. Kap., XIX), 597 (3. Buch, 25. Kap., I).
33 Das Zitat aus einem Brief bei Schmitt, Nomos (Anm. 18), S. 76.
34 Vitoria, De Indis (Anm. 17), S. 96 f. (De Indis, III, 3). – Das Wort «homo homini lupus» geht auf den römischen Komödiendichter Plautus, Asinaria 495, zurück: Lupus est homo homini, quom qualis sit, non novit (Der Mensch ist dem Menschen ein Wolf, kein Mensch, wenn er nicht weiß, welcher Art dieser ist). Vgl. Geflügelte Worte. Der klassische Zitatenschatz, gesammelt u. erläutert v. Georg Büchmann. Neu bearb. v. Winfried Hofmann, Berlin 1993³⁹, S. 357 f.
35 Bodin, Staat (Anm. 19), Bd. I–III, S. 590 (Anm.). Das Zitat von Ulpianus: Digesten 1313.
36 Bodin, Staat (Anm. 19), Bd. I–III, S. 214 ff. (I, 8).
37 Ebd., Bd. IV–VI, S. 425 ff. (VI, 5).
38 Ebd., Bd. I–III, S. 361 ff. (II, 5).
39 Ebd., Bd. IV–VI, S. 135 ff. (IV, 7); (Zitat: 150 f.).
40 Ebd., S. 151 f.
41 Ebd., S. 153.
42 Ebd., Bd. I–III, III S. 231 (I, 8).
43 Max Weber, Wirtschaft und Gesellschaft. Grundriß der verstehenden Sozio-

logie. Studienausgabe, hg. v. Johannes Winckelmann, 1. Halbbd., Köln 1956, S. 39.

44 Thomas Hobbes, Leviathan oder Gott. Form und Gewalt eines kirchlichen und bürgerlichen Staates (engl. Orig.: London 1651). Hg. u. eingeleitet von Iring Fetscher. Übersetzt von Walter Euchner, Frankfurt 1994[6], S. XL ff. (Einleitung); Carl Schmitt, Der Leviathan in der Staatslehre des Thomas Hobbes. Sinn und Fehlschlag eines politischen Symbols (1938[1]), Stuttgart 1952, S. 9 ff.; Quentin Skinner, Freiheit und Pflicht. Thomas Hobbes' politische Theorie, Frankfurt 2008; ders., Visions of Politics. Vol. 3: Hobbes and Civil Science, Cambridge 2002; ders., Hobbes and Republican Liberty, Cambridge 2008; ders., Reason and Rhetoric in the Philosophy of Thomas Hobbes, Cambridge 1996; Horst Bredekamp, Thomas Hobbes. Der Leviathan. Das Urbild des modernen Staates und seine Gegenbilder. 1651–2001, Berlin 2003, S. 9 ff. – Die Zitate aus dem 41. Kapitel des Buches Hiob nach: Die Bibel oder die ganze Heilige Schrift des Alten und Neuen Testaments nach der deutschen Übersetzung Dr. Martin Luthers (Stuttgarter Jubiläumsbibel), Stuttgart 1951, S. 670 f.

45 Hobbes, Leviathan (Anm. 44), S. 134 (2. Teil, Kap. XVII); 96 (1. Teil, Kap. XIII). Die Formel vom «bellum omnium contra omnes» in der lateinischen Ausgabe: Thomae Hobbes Malmesburgiensis Opera philosophica quae latine scripsit. Omnia in unum corpus nunc primum collecta studio et labore Gulielmi Molesworth, Vol. III: Leviathan sive de materia, forma, et potestate civitatis ecclesiasticae et civilis, London 1841 (ND: Aalen 1966), S. 100 (De Homine, Cap. XIII).

46 Hobbes, Leviathan (Anm. 44), S. 96–98 (1. Teil, Kap. XIII), 110 (1. Teil, Kap. XV), 134 f. (2. Teil, Kap. XVII). Zum «homo homini lupus»: Peter Cornelius Mayer-Tasch, Zum Verständnis des Werkes, in: Thomas Hobbes, Leviathan oder Wesen, Form und Gewalt des kirchlichen und bürgerlichen Staates [I. u. II. Teil]. In der Übersetzung von Dorothee Tidow, Reinbek 1965, S. 289–301 (293). Zu Plautus vgl. Anm. 34.

47 Hobbes, Leviathan (Anm. 44), S. 137 (2. Teil, Kap. XVIII), 212 (2. Teil, Kap. XXVI). Zur «summa potestas»: ders., Opera III (Anm. 45), S. 132 ff. (De Civitate, Cap. XVIII) u. passim; das Zitat: ebd., S. 202 (Cap. XXVI).

48 Hobbes, Leviathan (Anm. 44), S. 246 f. (2. Teil, Kap. XXIX); ders., Opera III (Anm. 45), S. 232 (De Civitate, Cap. XXIX).

49 Hobbes, Leviathan (Anm. 44), S. 248, 251 (2. Teil, Kap. XXIX; hier das erste Zitat), 448 (3. Teil, Kap. XLIII; hier das zweite Zitat).

50 Ebd., S. 168 f. (2. Teil, Kap. XXI).

51 Ebd., S. 450 (3. Teil, Kap. XLIII; Hervorhebungen im Original).

52 Ebd., S. 381, 431 f. (3. Teil, Kap. XLIV).

53 Schmitt, Leviathan (Anm. 44), S. 86 ff.

54 Baruch de Spinoza, Theologisch-politischer Traktat [Tractatus theologico-politicus]. Auf der Grundlage der Übersetzung v. Carl Gebhardt neu bearb., eingel. u. hg. v. Günter Gawlick (Sämtliche Werke, Bd. 3), Hamburg 1994, S. 235 ff. (19. Kap.), 299 ff. (20. Kap.; die Zitate: 299, 301).

55 Schmitt, Leviathan (Anm. 44), S. 86.

56 Leo Strauss, The Political Philosophy of Hobbes. Its Basis and its Genesis, Chicago 1963; Roman Schnur, Individualismus und Absolutismus. Zur politischen Theorie von Hobbes, Berlin 1963; Grewe, Epochen (Anm. 18), S. 408 ff.

57 Crawford Brough Macpherson, Die politische Theorie des Besitzindividualismus. Von Hobbes bis Locke (engl. Orig.: Oxford 1962), Frankfurt 1967; Keith Thomas, The Social Origins of Hobbes' Political Thought, in: Hobbes Studies, ed. K. C. Brown, Oxford 1965, S. 185–236; Iring Fetscher, Einleitung, in: Hobbes, Leviathan (Anm. 44), S. XLIVff.

58 George Macaulay Trevelyan, Geschichte Englands, 2 Bde., Bd. 2: Von 1603 bis 1918 (engl. Orig.: London 1926), München 1949[4], S. 423 ff. (479); Michael J. Braddick, State Formation in Early Modern England, c. 1550–1700, Cambridge 2000; Ernst Schulin, England und Schottland vom Ende des Hundertjährigen Krieges bis zum Protektorat Cromwells (1455–1660), in: Engel (Hg.), Entstehung (Anm. 14), S. 904–960 (941 ff.); Kaspar von Greyerz, England im Jahrhundert der Revolutionen: 1603–1714, Stuttgart 1994, S. 148 ff.; Christopher Hill, The Century of Revolution 1603 to 1714, London 1964[5]; Michael Walzer, The Revolution of the Saints. A Study in the Origins of Radical Politics, London 1966, bes. S. 300 ff.; Johann Sommerville, Oliver Cromwell and English Political Thought, in: John Morrill (ed.), Oliver Cromwell and the English Revolution, London 1990, S. 234–258; David Armitage, The Ideological Origins of the British Empire, Cambridge 2000; ders., The Cromwellian Protectorate and the Languages of Empire, in: The Historical Journal 35 (1992), S. 531–555; Glenn Burgess, The Divine Right of Kings Reconsidered, in: The English Historical Review 425 (1992), S. 837–861; Gerhard A. Ritter, Divine Right und Prärogative der englischen Könige 1603–1640, in: ders., Parlament und Demokratie in Großbritannien. Studien zur Entwicklung und Struktur des politischen Systems, Göttingen 1972, S. 11–58; Wilfried Nippel, Mischverfassungstheorie und Verfassungsrealität in Antike und früher Neuzeit, Stuttgart 1980, S. 213 ff.; Michael Maurer, Kleine Geschichte Irlands, Stuttgart 1998, S. 111 ff.

59 Kurt Kluxen, Großbritannien von 1660 bis 1783, in: Fritz Wagner (Hg.), Europa im Zeitalter des Absolutismus und der Aufklärung (Handbuch [Anm. 14]), Bd. 4, Stuttgart 1968, S. 308–377 (310); Hill, Century (Anm. 58), S. 102 ff.; Trevelyan, Geschichte (Anm. 58), S. 504 ff.; Greyerz, England (Anm. 58), S. 219 ff.; R. H. Tawney, Religion und Frühkapitalismus. Eine historische Studie (engl. Orig.: London 1922), Bern 1946, S. 144 ff.; J. C. D. Clark, English Society 1660–1832, Cambridge 2000[2], S. 43 ff.; Nippel, Mischverfassungstheorie (Anm. 58), S. 283 ff.; Hans-Christof Kraus, Englische Verfassung und politisches Denken im Ancien Régime 1689 bis 1789, München 2006, S. 41 ff.

60 Friedrich Engels, Einleitung [zur englischen Ausgabe (1892) «Die Entwicklung des Sozialismus von der Utopie zur Wissenschaft»], in: MEW (Anm. 22), Bd. 19, Berlin 1962, S. 524–544 (533 f.); Rosenstock-Huessy,

Revolutionen (Anm. 1), S. 264 ff. (264, 274); Ronald G. Asch, *An Elect Nation?* Protestantismus, nationales Selbstbewußtsein und nationale Feindbilder in England und Irland von zirka 1560 bis 1660, in Alois Mosser (Hg.), «Gottes auserwählte Völker». Erwählungsvorstellungen und kollektive Selbstfindung in der Geschichte, Frankfurt 2001, S. 117–142; Clark, Society (Anm. 59), bes. S. 232 ff.; Tim Harris, Revolution. The Great Crisis of the British Monarchy 1685–1720, London 2006, S. 239 ff.; Edward Vallance, The Glorious Revolution. 1688: Britain's Fight for Liberty, London 2006.

61 Herbert Butterfield, The Whig Interpretation of History (1931[1]), Harmondsworth 1973; Richard A. Cosgrove, Reflections on the Whig Interpretation of History, in: Journal of Early Modern History 4 (2000), S. 147–167; Nicholas Henshall, The Myth of Absolutism. Change and Continuity in Early Modern European Monarchy, London 1993; ders., Early Modern Absolutism 1550–1700: Political Reality or Propaganda?, in: Asch/Duchhardt (Hg.), Absolutismus (Anm. 6), S. 25–53; Ronald G. Asch u. Heinz Duchhardt, Einleitung: Die Geburt des «Absolutismus» im 17. Jahrhundert: Epochenwende der europäischen Geschichte oder optische Täuschung?, ebd., S. 3–24; Ernst Hinrichs, Abschied vom Absolutismus? Eine Antwort auf Nicholas Henshall, ebd., S. 353–371; Nippel, Mischverfassungstheorie (Anm. 58), S. 169 (zu Fortescue).

62 Henshall, Early Modern Absolutism (Anm. 61), S. 26 f.; David L. Smith, The Idea of the Rule of Law in England and France in the Seventeenth Century, in: Asch/Duchhardt (Hg.), Absolutismus (Anm. 6), S. 167–184 (171); Helmut G. Koenigsberger, Dominium regale or dominium politicum et regale? Monarchies and Parliaments in Early Modern Europe, in: Karl Bosl (Hg.), Der moderne Parlamentarismus und seine Grundlagen in der ständischen Repräsentation, Berlin 1977, S. 43–68.

63 Ebd., S. 45 ff.

64 Dietrich Gerhard, Regionalismus und ständisches Wesen als ein Grundthema europäischer Geschichte (1952), in: ders., Alte und neue Welt in vergleichender Geschichtsbetrachtung, Göttingen 1962, S. 13–39; ders. (Hg.), Ständische Vertretungen in Europa im 17. und 18. Jahrhundert, Göttingen 1969; Georg Schmidt/Martin van Gelderen/Christopher Snigula (Hg.), Kollektive Freiheitsvorstellungen im frühneuzeitlichen Europa (1400–1850), Frankfurt 2006; Ludwig Dehio, Gleichgewicht oder Hegemonie. Betrachtungen über ein Grundproblem der neueren Staatengeschichte, Krefeld 1948, S. 59 ff.; Fernand Braudel, Das Mittelmeer und die mediterrane Welt in der Epoche Philipps II. (frz. Orig.: Paris 1949), Bd. 3, Frankfurt 1990, S. 257 ff. (zur Seeschlacht von Lepanto).

65 Dehio, Gleichgewicht (Anm. 64), S. 61.

66 Engel, Von der spätmittelalterlichen respublica (Anm. 14), S. 306.

67 Dehio, Gleichgewicht (Anm. 64), S. 96; Christopher Clark, Preußen. Aufstieg und Niedergang 1600–1947 (engl. Orig.: London 2006), München 2007, S. 93 ff.

68 Norman Davies, Im Herzen Europas. Geschichte Polens (engl. Orig.: Oxford 1984[1]), München 1999, S. 268 ff.; Klaus Zernack, Polen und Rußland. Zwei Wege in der europäischen Geschichte, Berlin 1994, S. 232 ff.; Hans Roos, Polen von 1668 bis 1795, in: Wagner (Hg.), Europa (Anm. 59), S. 692–752; Reinhard Wittram, Rußland von 1689 bis 1796, ebd., S. 477–510; James H. Billington, The Icon and the Axe. An Interpretive History of Russian Culture, New York 1970[2], S. 163 ff.; Erich Donnert, Autokratie, Absolutismus und Aufgeklärter Absolutismus in Rußland, in: Helmut Reinalter u. Harm Klueting (Hg.), Der aufgeklärte Absolutismus im europäischen Vergleich, Wien 2002, S. 181–206.

69 Johannes Kunisch, Friedrich der Große. Der König und seine Zeit, München 2004, S. 159 ff.; Clark, Preußen (Anm. 67), S. 220 ff.

70 Fritz Wagner, Europa im Zeitalter des Absolutismus und der Aufklärung. Die Einheit der Epoche, in: ders. (Hg.), Europa (Anm. 59), S. 1–163 (47); Kunisch, Friedrich (Anm. 69), S. 409 ff. («Mirakel des Hauses Brandenburg»).

71 Wagner, Europa (Anm. 70), S. 48 (Pitt); Paul W. Schroeder, The Transformation of European Politics 1763–1858, Oxford 1993, S. 3 ff.

72 Wittram, Rußland (Anm. 68), S. 499 ff.; Billington, Icon (Anm. 68), S. 207 ff.; Zernack, Polen (Anm. 68), S. 276 ff.; Roos, Polen (Anm. 68), S. 739 ff.; Davies, Im Herzen (Anm. 68), S. 277 ff.; Michael G. Müller, Die Teilungen Polens 1772–1793–1795, München 1984.

73 Peter Laslett, The English Revolution and Locke's «Two Treatises of Government», in: Cambridge Historical Journal 12 (1956), S. 40–55; ders., Introduction, in: John Locke, Two Treatises of Government. A Critical Edition with an Introduction and Apparatus Criticus by Peter Laslett (1960[1]), Cambridge 1965, S. 15–135; Peter Cornelius Mayer-Tasch, Zum Verständnis des Werks. John Locke – Der Weg zur Freiheit, in: John Locke, Über die Regierung (The Second Treatise of Government). In der Übersetzung von Dorothee Tidow mit einem Essay «John Locke – Der Weg zur Freiheit», einem biographischen Grundriß und einer Bibliographie, hg. v. Peter Cornelius Mayer-Tasch, Reinbek 1966, S. 197–237. Die deutschen Locke-Zitate im folgenden nach dieser Ausgabe.

74 Locke, Regierung (Anm. 73), S. 78 (Second Treatise VIII, 95). Zur Begriffsgeschichte von «body polytick»: Kurt Kluxen, Das Problem der politischen Opposition. Entwicklung und Wesen der englischen Zweiparteienpolitik im 18. Jahrhundert, Freiburg 1956, S. 25 f.; Gerhard Dohrn-van Rossum/Ernst-Wolfgang Böckenförde, Organ, Organismus, Organisation, politischer Körper, in: Geschichtliche Grundbegriffe. Historisches Lexikon zur politisch-sozialen Sprache in Deutschland. Hg. v. Otto Brunner, Werner Conze, Reinhart Koselleck, Bd. 4, Stuttgart 1978, S. 519–622.

75 Locke, Regierung (Anm. 73), S. 10 f. (Second Treatise II, 6).

76 Leo Strauss, Naturrecht und Geschichte (amerik. Orig.: Chicago 1953), Stuttgart 1956, S. 170 f., 210 ff. (230); Hans Medick, Naturzustand und Naturgeschichte der bürgerlichen Gesellschaft. Die Ursprünge der bürger-

lichen Sozialtheorie als Geschichtsphilosophie und Sozialwissenschaft bei Samuel Pufendorf, John Locke und Adam Smith, Göttingen 1981[2], S. 64 ff.; Richard H. Cox, Locke on War and Peace, Oxford 1960; Walter Euchner, Naturrecht und Politik bei John Locke, Frankfurt 1979[2], S. 13 (zu Lockes Vorstellung von Gottes Zwang, glücklich zu sein: 95 ff., bes. 101); Karl-Heinz Ilting, Naturrecht, in: Geschichtliche Grundbegriffe (Anm. 74), Bd. 4, S. 245–313 (zu Hobbes u. Pufendorf: 278 ff.). Von Samuel (von) Pufendorf u. a.: De jure naturae et gentium libri VIII, Lund 1672; dt. Ausgabe: Acht Bücher vom Natur- und Völcker-Rechte, Frankfurt 1711, ND: Hildesheim 1998; ders., De officio hominis et civis juxta legem naturalem. Libri II, Lund 1673; dt. Ausgabe: Über die Pflicht des Menschen und des Bürgers nach dem Gesetz der Natur. Hg. u. übersetzt v. Klaus Luig, Frankfurt 1994.

77 Locke, Regierung (Anm. 73), S. 100 (Second Treatise IX, 123).

78 Ebd., S. 104 (Second Treatise X, 132), 72 ff. (Second Treatise VII, 90–97).

79 Ebd., S. 104 (Second Treatise X, 132); Polybios, Geschichte. Gesamtausgabe in zwei Bänden. Eingel. u. übertragen von Hans Drexler, München 1978[2], S. 525 ff. (6. Buch); Nippel, Mischverfassungstheorie (Anm. 58), S. 142 ff.; Heinrich Ryffel, *ΜΕΤΑΒΟΛΗ ΠΟΛΙΤΕΙΩΝ*. Der Wandel der Staatsverfassungen. Untersuchungen zu einem Problem der griechischen Staatstheorie, Bern 1949; Alois Riklin, Machtteilung. Geschichte der Mischverfassung, Darmstadt 2006, S. 73 ff.

80 Locke, Regierung (Anm. 73), S. 168 (Second Treatise XIX, 213).

81 Ebd., S. 172 (Second Treatise XIX, 222). Zum Begriff «Commonwealth»: 104 (Second Treatise X, 133).

82 Ebd., S. 166 ff. (Second Treatise XI–XIII, 134–149); Zitate zur Steuererhebung: 115 (Second Treatise XI, 142), zur treuhänderischen Gewalt der Legislative: 119, (Second Treatise XIII, 149).

83 Ebd., S. 116 ff. (Second Treatise XII, 143–148). Zur Rolle der Justiz: 101 (Second Treatise IX, 125). Zu Milton: Kluxen, Problem (Anm. 74), S. 23 ff.

84 Locke, Regierung (Anm. 73), S. 173 (Second Treatise XIX, 222).

85 Ebd., S. 128 ff. (Second Treatise XIV, 159–168).

86 Ebd., S. 120, 123 f. (Second Treatise XIII, 151, 155).

87 Ebd., S. 133 f. (Second Treatise XIV, 168).

88 Ebd., S. 175 ff. (Second Treatise XIX, 225–227).

89 Ebd., S. 116 (Second Treatise XII, 143). Zur Tyrannei: 157 (Second Treatise XVIII, 199–210).

90 John of Salisbury, Policraticus. On the Frivolities of Courtiers and the Footprints of Philosophers (vollendet: 1159). Edited and translated by Cary J. Nederman, Cambridge 1990, S. 25 ff. (III, ch. 15), 201 ff. (VIII, ch. 18); Beza, Brutus, Hotman. Calvinistische Monarchomachen. Übersetzt v. Hans Klingenhöfer. Hg. u. eingel. v. Jürgen Dennert, Köln 1968; Winfried Schulze, Zwingli, lutherisches Widerstandsdenken und monarchomachischer Widerstand, in: Peter Blickle, Andreas Lindt u. Alfred Schindler (Hg.), Zwingli und Europa. Referate und Protokoll des Internationalen Kongresses

aus Anlaß des 500. Geburtstages von Huldrych Zwingli vom 26. bis 30. März 1984, Zürich 1985, S. 199–216 (starke Betonung des lutherischen Einflusses auf die Monarchomachen). Zur Vertragslehre: Wolfgang Kersting/Jörg Fisch, Vertrag, Gesellschaftsvertrag, Herrschaftsvertrag, in: Geschichtliche Grundbegriffe (Anm. 74), Bd. 6, Stuttgart 1990, S. 901–954 (Zitat: 907); Hermann Vahle, Calvinismus und Demokratie im Spiegel der Forschung, in: Archiv für Reformationsgeschichte 66 (1975), S. 182–213.

91 Johannes Althusius, Politik. Übersetzt von Heinrich Jansen. In Auswahl hg., überarbeitet u. eingeleitet v. Dieter Wyduckel, Berlin 2003, S. 192 ff. (Kap. XIX, §§ 6, 15–21), 215 ff. (Kap. XX, §§ 20 f.), 384 ff. (Kap. XXXVIII, §§ 29 ff.); Hasso Hofmann, Repräsentation in der Staatslehre der frühen Neuzeit. Zur Frage des Repräsentativprinzips in der «Politik» des Johannes Althusius, in: ders., Recht – Politik – Verfassung. Studien zur Geschichte der politischen Philosophie, Frankfurt 1986, S. 1–30 (mit weiterer Lit.).

92 Althusius, Politik (Anm. 91), S. 164 ff. (Kap. XVIII, §§ 26 f., 42 f., 84–88, 104), 384 ff. (Kap. XXXVIII, §§ 46–49); Locke, Regierung (Anm. 73), S. 180 (Second Treatise XIX, 232).

93 Althusius, Politik (Anm. 91), S. 142 ff. (Kap. XIX, §§ 15–18, 23, 29).

94 Ebd., S. 192 ff. (Kap. XIX, §§ 6–9, 49; Zitat: 197, § 8).

95 Locke, Regierung (Anm. 73), S. 106 (Second Treatise XI, 134). Zum Begriff «lois fondamentales» bei Beza: Dieter Wyduckel, Einleitung, in: Althusius, Politik (Anm. 91), S. XXIII.

96 James Harrington, The Commonwealth of Oceana and A System of Politics. Ed. by J. G. A. Pocock, Cambridge 1992, S. 8.

97 Locke, Regierung (Anm. 73), S. 48 (Second Treatise VI, 57).

98 Ebd., S. 46 (Second Treatise VI, 54).

99 David Brian Davis, The Problem of Slavery in Western Culture, Ithaca 1966[1], S. 118 ff.; William Uzgalis, «the same tyrannical principal»: Locke's legacy on slavery, in: Tommy L. Lott (ed.), Subjugation and Bondage. Critical Essays on Slavery and Social Philosophy, Lanham 1998, S. 49–77.

100 Harry Thomas Dickinson, Bolingbroke, London 1970; Isaac Kramnick, Bolingbroke and his Cercle. The Politics of Nostalgia in the Age of Walpole, Cambridge, Mass. 1968, S. 88 ff. (10. u. 11. Brief).

101 Henry St. John Bolingbroke, A Dissertation upon Politics, in: ders., Political Writings. Ed. by David Armitage, Cambridge 1997, S. 1–192 f., Zitat: 85 f. (9. Brief).

102 Ebd., S. 88 ff. (10. u. 11. Brief).

103 Ebd., S. 111 ff. (12. u. 13. Brief), 163 (17. Brief).

104 Ebd., S. 169 ff. (18. u. 19. Brief).

105 Ders., On the Spirit of Patriotism, ebd., S. 193–216 (215); Kluxen, Problem (Anm. 74), S. 103 ff.

106 Henry St. John Bolingbroke, The Idea of a Patriot King, in: ders., Writings (Anm. 101), S. 217–294 (244). Das Zitat Ciceros aus: De legibus 3, 3, 8 in: M. Tullius Cicero, Über die Gesetze (De legibus). Übersetzt, erläutert u. mit

einem Essay «Zum Verständnis des Werkes» hg. v. Elmar Bader u. Leopold Wittmann, Reinbek 1969, S. 72.

107 Bolingbroke, Idea (Anm. 106), S. 230 f., 271.

108 Ebd., S. 274, 277 f. Zum Verhältnis von «reason» und «passion» bei Bolingbroke: Kluxen, Problem (Anm. 74), S. 126 ff.

109 Trevelyan, Geschichte (Anm. 58), Bd. 2, S. 630 ff.; Kluxen, Großbritannien (Anm. 59), S. 363 ff.; Keith Feeling, A History of the Tory Party, 1640–1714, Oxford 1924; ders., The Second Tory Party, 1714–1832, London 1959[3]; Gerhard A. Ritter, Das britische Parlament im 18. Jahrhundert, in: ders., Parlament (Anm. 58), S. 69–121.

110 Montesquieu, De l'esprit des lois, in: ders., Œuvres complètes, vol. II, Paris 1951, S. 865 (Livre XXIX, ch. 1), Bd. 1, S. 11 (Livre I, ch. 2); deutsche Übersetzung im folgenden meist nach: ders., Vom Geist der Gesetze, 2 Bde. Übersetzt u. hg. v. Ernst Forsthoff, Tübingen 1992[2]; Aristoteles, Politik u. Staat der Athener. Neu übertragen u. eingel. v. Olof Gigon, Zürich 1955, S. 184 (IV. Buch: 1295 a27), 179 f. (1293 b7–b36).

111 Montesquieu, Esprit (Anm. 110), S. 288–290 (Livre V, ch. 9, 10).

112 Ebd., S. 349–352 (Livre VIII, ch. 2, 3).

113 Ebd., S. 362 f., 369–372 (Livre VIII, ch. 16; Livre IX, ch. 1, 2).

114 Ebd., S. 315 f. (Livre XI, ch. 3–5).

115 Ebd, S. 396–407 (Livre XI, ch. 6); Bolingbroke, Dissertation (Anm. 101), S. 152 ff. (16. Brief); Robert Shackleton, Montesquieu, Bolingbroke, and the Separation of Powers, in: French Studies 3 (1949), S. 25–38. Montesquieu zitierte aus der «Germania» (De origine et situ Germanorum) des Tacitus (Cap. XI, par. 1) folgenden Satz: «De minoribus rebus principes consultant, de majoribus omnes; ita tamen ut ea quoque quorum penes plebem arbitrium est apud principes pertractentur.» (Über die kleineren Angelegenheiten beraten die Fürsten, über die größeren alle; dies jedoch so, daß auch das, worüber beim Volk sich ein Wille herausgebildet hat, bei den Fürsten berücksichtigt wird.)

116 Kluxen, Großbritannien (Anm. 59), S. 326 ff. (329); Riklin, Machtteilung (Anm. 79), S. 269 ff.

117 Friedrich Meinecke, Die Entstehung des Historismus, München 1946[2], S. 118 ff.; J. G. A. Pocock, The Machiavellian Moment: Florentine Political Thought and the Atlantic Republican Tradition, Princeton 1975.

118 Montesquieu, Esprit (Anm. 110), S. 232–238 (Livre I, ch. 1–3; Hervorhebungen im Original).

119 Ebd., S. 474 ff. (Livre XIV), 523 ff. (Livre XVII).

120 Ebd., S. 534 (Livre XVIII, ch. 5), 564 f. (Livre XIX, ch. 14), 574–583 (XIX, ch. 27).

121 Ebd., S. 585–590 (Livre XX, ch. 2–7).

122 Ebd., S. 718 f. (Livre XXIV, ch. 5).

123 Ebd., S. 716–718 (Livre XXIV, ch. 3, 4).

124 Ebd., S. 750 f. (Livre XXVI, ch. 2). Zu Heraklit: Hermann Diels u. Walther

Kranz (Hg.), Die Fragmente der Vorsokratiker, Zürich 1966[12], Bd. 1, S. 176. Zur Geschichte der Unterscheidung zwischen göttlichen und menschlichen Gesetzen: Ilting, Naturrecht (Anm. 76), S. 245 ff.

125 Ernst Forsthoff, Zur Einführung, in: Montesquieu, Esprit (Anm. 110), Bd. I, S. V–LVI (X); Strauss, Naturrecht (Anm. 76), S. 168 ff.; Ilting, Naturrecht (Anm. 76), S. 245 ff.; Norman Hampson, Will and Circumstance. Montesquieu, Rousseau and the French Revolution, London 1963, S. 3 ff. Montesquieus Verteidigung gegen kirchliche Angriffe: ders., Défense de l'esprit des lois, in: ders., Œuvres (Anm. 110), Vol. II, S. 1121–1171 (bes. 1121–1141).

126 Jean-Jacques Rousseau, Discours sur l'origine et les fondaments de l'inégalité parmi les hommes, in: ders., Œuvres complètes, Bd. III, Paris 1964, S. 131–223, hier: 176–178. Zweisprachige Ausgabe: ders., Diskurs über die Ungleichheit. Discours sur l'inégalité. Kritische Ausgabe des integralen Textes. Mit sämtlichen Fragmenten und ergänzenden Materialien nach den Originalangaben und den Handschriften neu ediert, übersetzt und kommentiert v. Heinrich Meier, Paderborn 1997[4].

127 Rousseau, Discours (Anm. 126), S. 184–194.

128 Iring Fetscher, Rousseaus politische Philosophie. Zur Geschichte des demokratischen Freiheitsbegriffs, Neuwied 1960, S. XVff.; Hampson, Will (Anm. 125), S. 26 ff.

129 Rousseau, Discours (Anm. 126), S. 78 f., 84; Jean Starobinski, Rousseau. Eine Welt von Widerständen (frz. Orig.: Paris 1958[1]), München 1988; Reinhart Koselleck, Kritik und Krise. Eine Studie zur Pathogenese der bürgerlichen Welt (1959[1]), Frankfurt 1973[2], S. 132 ff.

130 Jean-Jacques Rousseau, Du contrat social ou Principes du droit politique, in: ders., Œuvres (Anm. 126), Bd. III, S. 347–470, S. 351 (I,1). Die deutsche Übersetzung im folgenden meist nach: ders., Vom Gesellschaftsvertrag oder Grundsätze des Staatsrechts. In Zusammenarbeit mit Eva Pretzcker neu übersetzt u. hg. v. Hans Brockard, Stuttgart 1994[3]. Das Zitat von Schiller: Die Worte des Glaubens (1798), in: Schillers Werke. Nationalausgabe, Bd. 1: Gedichte in der Reihenfolge ihres Erscheinens 1776–1799, Weimar 1943, S. 379.

131 Nicholas of Cusa, The Catholic Concordance (lat. Orig.: 1432/33). Ed. and translated by Paul E. Sigismund, Cambridge 1991, S. 98 (II, cap. XIV, Nr. 127). Zur Vorgeschichte des Gedankens von der natürlichen Freiheit des Menschen: ebd., S. XII (Introduction).

132 Rousseau, Contrat (Anm. 130), S. 355–358 (I, 4; Hervorhebungen im Original).

133 Ebd., S. 364 f. (I, 8), 367 (I, 9).

134 Ebd., S. 360–362 (I, 6; Hervorhebungen im Original).

135 Ebd., S. 363 f. (I, 7).

136 Ebd., S. 371 f. (II, 3).

137 Ebd., S. 378–384 (II, 6, 7).

138 Ebd., S. 395–400 (III, 1).

139 Ebd., S. 407 (III, 5).
140 Ebd., S. 410 (III, 5).
141 Ebd., S. 404–406 (III, 4).
142 Ebd., S. 428–430 (III, 14, 15).
143 Ebd., S. 440 f. (IV, 2).
144 Ebd., S. 462–469 (IV, 8; Hervorhebung im Original). Der Satz «Es gibt kein Heil außerhalb der Kirche» (Extra ecclesiam nulla salus) geht auf die Kirchenväter Origines (185–254) und Cyprian (um 200–258) zurück. Heilsnotwendigkeit der Kirche, in: Lexikon für Theologie und Kirche, Bd. 4, Freiburg 1995, Sp. 1346–1348.
145 Ernst Fraenkel, Parlament und öffentliche Meinung (1958[1]), in: ders., Deutschland und die westlichen Demokratien, Stuttgart 1964, S. 110–130.
146 Jean-Jacques Rousseau, Émile ou Sur l'éducation, in: ders., Œuvres (Anm. 126), Bd. IV, Paris 1969, S. 239–877 (525); deutsche Übersetzung: Emil oder über die Erziehung. Vollständige Ausgabe in neuer deutscher Fassung besorgt von Ludwig Schmidts, Paderborn 1971.
147 Ders., Discours sur l'économie politique, ebd., Bd. III, S. 239–278 (254). Zur «religion civile» und zum «heiligen Krieg»: ders., Contrat (Anm. 130), S. 462–469 (IV, 8).
148 Ernst Fraenkel, Die repräsentative und die plebiszitäre Komponente im demokratischen Verfassungsstaat (1958[1]), in: ders., Deutschland (Anm. 145), S. 71–109 (S. 71).
149 Jacob L. Talmon, Die Ursprünge der totalitären Demokratie (engl. Orig.: London 1952), Köln 1961, S. 34 ff.; Guglielmo Ferrero, Macht (frz. Orig.: New York 1942), Bern 1944, S. 100 ff.; Carl Schmitt(-Dorotić), Die Diktatur. Von den Anfängen des modernen Souveränitätsgedankens bis zum proletarischen Klassenkampf, München 1921[1], S. 116 ff.
150 Rousseau, Émile (Anm. 146), S. 565–635.
151 Ders., Considérations sur le Gouvernement de Pologne et sur sa réformation projetée en avril 1772, in: ders., Œuvres (Anm. 126), Bd. III, S. 951–1041 (970 f.).
152 Hans Brockard, Nachwort, in: Gesellschaftsvertrag (Anm. 130), S. 177–228 (bes. 194 ff.).
153 Rousseau, Discours (Anm. 126), S. 111–121 (114 f.); ders., Émile (Anm. 146), S. 468 f.; Koselleck, Kritik (Anm. 129), S. 132 ff. (zur Krisen- und Revolutionsprognose wie zur Revolutionsfurcht bei Rousseau).
154 David Hume, Of the independency of Parliament, in: ders., Political Essays. Ed. by Knud Haakonssen, Cambridge 1994, S. 24–27 (26). Übersetzung hier und im folgenden nach: ders., Politische und ökonomische Essays. Übersetzt v. Susanne Fischer. Mit einer Einleitung hg. v. Udo Bermbach, Teilbd. 1, Hamburg 1988.
155 Ders., Of parties in general, in: ders., Political Essays (Anm. 154), S. 33–39 (36).
156 Ders., On the first principles of government, ebd., S. 16–19 (16).

157 Ernst Fraenkel, Demokratie und öffentliche Meinung (1963[1]), in: ders., Deutschland (Anm. 145), S. 131–154.

158 Christiane Eifert, Das Erdbeben von Lissabon 1755. Zur Historizität einer Naturkatastrophe, in: Historische Zeitschrift 274 (2002), S. 633–664 (Opferzahlen: 644); Erhard Oeser, Das Erdbeben von Lissabon im Spiegel der zeitgenössischen Philosophie, in: F. Eybl u. a. (Hg.), Elementare Gewalt. Kulturelle Bewältigung. Aspekte der Naturkatastrophe im 18. Jahrhundert. Jahrbuch der Österreichischen Gesellschaft zur Erforschung des achtzehnten Jahrhunderts, Bd. 14/15, Wien 2000, S. 185–196; Florian Dombois, Die versprochene Apokalypse. Kulturwissenschaftliche Notizen zum Erdbeben von Lissabon, ebd., S. 197–216.

159 Voltaire, Gedicht über die Katastrophe von Lissabon [1756], in: Wolfgang Breidert (Hg.), Die Erschütterung der vollkommenen Welt. Die Wirkung des Erdbebens von Lissabon im Spiegel europäischer Zeitgenossen, Darmstadt 1994, S. 58–76.

160 Jean-Jacques Rousseau, Brief über die Vorsehung (an Voltaire vom 18. 8. 1756), ebd., S. 79–96 (80 f.).

161 Immanuel Kant, Geschichte und Naturbeschreibung der merkwürdigen Vorfälle des Erdbebens, welches an dem Ende des 1755sten Jahres einen großen Teil der Erde erschüttert hat [1756], ebd., S. 108–136 (131, 135). Das Zitat aus dem Hebräerbrief: 13, 14.

162 Immanuel Kant, Was ist Aufklärung?, in: Kant's gesammelte Schriften (Akademie-Ausgabe), Berlin 1900 ff., Bd. 8, S. 35–42 (35 f., 40; Hervorhebungen im Original).

163 Paul Hazard, Die Krise des europäischen Geistes 1680–1715 (frz. Orig.: Paris 1935), Hamburg 1939; ders., Die Herrschaft der Vernunft. Das europäische Denken im 18. Jahrhundert (frz. Orig.: Paris 1946), Hamburg 1949; Roy Porter, Enlightenment: Britain and the Creation of the Modern World, London 2000; Ernst Cassirer, Die Philosophie der Aufklärung, Tübingen 1932; Horst Stuke, Aufklärung, in: Geschichtliche Grundbegriffe (Anm. 74), Bd. 1, Stuttgart 1972, S. 243–342; Leonard Krieger, The German Idea of Freedom. History of a Political Tradition, Boston 1957; Hans Blumenberg, Die Legitimität der Neuzeit, Frankfurt 1988[2], S. 261 ff.

164 Immanuel Kant, Die Metaphysik der Sitten/Rechtslehre, in: ders., Schriften (Anm. 162), Bd. 6, S. 338–342 (§§ 51 u. 52); Pufendorf, Pflicht (Anm. 76), S. 176 f. (Kap. 9, § 4).

165 Locke, Two Treatises (Anm. 73), S. 136–145; Montesquieu: A Bibliography. Compiled by David C. Cabeen, New York 1947; Des Herrn von Montesquiou Werk von den Gesetzen. Übersetzt von Abraham Gotthelf Kästner, Frankfurt 1753; Heinz Mohnhaupt, Deutsche Übersetzungen von Montesquieus «De l'esprit des lois», in: Paul-Ludwig Weinacht (Hg.), Montesquieu. 250 Jahre «Geist der Gesetze». Beiträge aus Politischer Wissenschaft, Jurisprudenz und Romanistik, Baden-Baden 1999, S. 135–151; Jean Sénelier, Bibliographie générale des œuvres de J.-J. Rousseau, Paris 1950, S. 92–108;

Roos, Polen (Anm. 68), S. 748 f.; Cesare Beccaria, Von den Verbrechen und den Strafen (ital. Orig.: Livorno 1764), Berlin 2005; Bernard Bailyn, Atlantic History. Concept and Contours, Cambridge, Mass. 2005, S. 57 ff. (zur amerikanischen Rezeption der europäischen Aufklärung). Zu den Europaprojekten des 17. und 18. Jahrhunderts: Kurt von Raumer, Ewiger Friede. Friedensrufe und Friedenspläne seit der Renaissance, München 1953; Rolf Helmut Foerster (Hg.), Die Idee Europa 1300–1946. Quellen zur Geschichte der politischen Einigung, München 1963.

166 T. C. W. Blanning, Das Alte Europa 1660–1789. Kultur der Macht und Macht der Kultur (engl. Orig.: Oxford 2002), Darmstadt 2006, S. 112–119 (114); Harvey J. Graff, The Legacies of Literacy. Continuities and Contradictions in Western Culture and Society, Bloomington 1987, S. 173 ff.

167 Blanning, Europa (Anm. 166), S. 135–142 (141).

168 Moses Mendelssohn, Jerusalem oder über religiöse Macht und Judentum. Nach den Erstausgaben neu ediert von David Martyn, Bielefeld 2001, S. 86 ff., 122 ff. (Zitat: 133); Wagner, Europa (Anm. 70), S. 118 ff.; Brian P. Levack, Hexenjagd. Die Geschichte der Hexenverfolgungen in Europa (engl. Orig.: London 1987), München 1987; Sönke Lorenz u. Dieter R. Bauer (Hg.), Das Ende der Hexenverfolgung, Stuttgart 1995; Gerd Schwerhoff, Die Inquisition. Ketzerverfolgung in Mittelalter und Neuzeit, München 2004; Jochen Meissner, Ulrich Mücke, Klaus Weber, Schwarzes Amerika. Eine Geschichte der Sklaverei, München 2008; Herbert S. Klein, The Atlantic Slave Trade, Cambridge 1999; James A. Rawley, The Transatlantic Slave Trade. A History, New York 1981; Albert Wirz, Sklaverei und kapitalistisches Weltsystem, Frankfurt 1984; James Walvin, Black Ivory. Slavery in the British Empire, Oxford 2001[2]; Manfred Henningsen, Die europäische Schrumpfung der Menschheit. Die Aufklärung und die Entstehung des transatlantischen Rassismus, in: Aram Mattioli u. a. (Hg.), Intoleranz im Zeitalter der Revolutionen. Europa 1770–1848, Zürich 2004, S. 125–144; Hans-Jürgen Lüsebrink (Hg.), Das Europa der Aufklärung und die außereuropäische koloniale Welt, Göttingen 2006; Anthony Pagden, Lords of all the World. Ideologies of Empire in Spain, Britain and France c. 1500–c. 1800, New Haven 1995, S. 178 ff.; Mordechai Breuer u. Michael Graetz, Deutsch-jüdische Geschichte in der Neuzeit, Bd. I: Tradition und Aufklärung 1600–1780, München 1996, S. 141 ff. Zu Voltaire: ders., Traité sur la tolérance à l'occasion de la mort de Jean Calas. Œuvres complètes de Voltaire, vol. 56 C, Oxford 2000, S. 129–343 (chap. XVIII: 236–238). Zu den letzten Hexenprozessen: Art. Hexen, in: Lexikon für Theologie und Kirche, Bd. 5, Freiburg 1996, S. 79 f.

169 Karl Otmar von Aretin, Einleitung, in: ders. (Hg.), Der Aufgeklärte Absolutismus, Köln 1967, S. 11–51; Hans-Otto Kleinmann, Der Aufgeklärte Absolutismus in Spanien, in: Reinalter/Klueting (Hg.), Absolutismus (Anm. 68), S. 133–128; René Hanke, Pombal und die Jesuiten, ebd., S. 129–156; Jörg-Peter Findeisen, Der aufgeklärte Absolutismus in Schweden und Dänemark,

ebd., S. 157–180; Erich Donnert, Autokratie, Absolutismus und Aufgeklärter Absolutismus in Rußland, ebd., S. 181–206; Jan Klußmann (Hg.), Leibeigenschaft. Bäuerliche Unfreiheit in der frühen Neuzeit, Köln 2003.

170 Otto Büsch, Militärsystem und Sozialleben im alten Preußen 1713–1807. Die Anfänge der sozialen Militarisierung der preußisch-deutschen Gesellschaft, Berlin 1952, S. 164 f.; Hans Rosenberg, Bureaucracy, Aristocracy and Autocracy. The Prussian Experience 1660–1815, Cambridge, Mass. 1958.

171 Carl Hinrichs, Preußentum und Pietismus. Der Pietismus in Brandenburg-Preußen als religiös-soziale Reformbewegung, Göttingen 1971; Hartmut Lehmann, Pietism and Nationalism: The Relationship between Protestant Revivalism and National Renewal in Nineteenth-Century Germany, in: Church History 51 (1982), S. 39–53; Richard L. Gawthrop, Pietism and the Making of Eighteenth-Century Prussia, Cambridge 1993; Gerhard Kaiser, Pietismus und Patriotismus im literarischen Deutschland. Ein Beitrag zum Problem der Säkularisation, Wiesbaden 1961.

172 Thomas Abbt, Vom Tode für das Vaterland, in: ders., Vermischte Werke, ND Hildesheim 1978, Bd. 1, S. 17.

173 Robert von Friedeburg, The Making of Patriots: Love of Fatherland and Negotiating Monarchy in Seventeenth-Century Germany, in: The Journal of Modern History 77 (2005), S. 881–916.

174 Kunisch, Friedrich (Anm. 69), S. 291.

175 Reinhart Koselleck, Preußen zwischen Reform und Revolution. Allgemeines Landrecht, Verwaltung und soziale Bewegung von 1791 bis 1848, Stuttgart 1967, S. 24 f.

176 Alexis de Tocqueville, L'Ancien Régime et la Révolution, in: ders., Œuvres complètes, Paris 1952, Bd. II, 1, S. 269; deutsch nach: ders., Das Zeitalter der Gleichheit. Eine Auswahl aus dem Gesamtwerk. Hg. v. Siegfried Landshut, Stuttgart 1954, S. 232.

177 Kunisch, Friedrich (Anm. 69), S. 291 ff. (Zitate: 291, 296); Gerhard Ritter, Friedrich der Große. Ein historisches Profil, Heidelberg 1954, S. 191 f.

178 Christian Konrad Wilhelm von Dohm, Über die bürgerliche Verbesserung der Juden (Berlin 1781), ND Hildesheim 1973; Derek Beales, Joseph II. und der Josephinismus, in: Reinalter/Klueting (Hg.), Absolutismus (Anm. 68), S. 35–54; Matthias Rettenwander, Nachwirkungen des Josephinismus, ebd., S. 303–330; Jean Bérenger, Die Geschichte des Habsburgerreiches 1273–1918 (frz. Orig.: Paris 1990), Wien 1995, S. 522 ff.; Gerhard Oestreich, Das Reich – Habsburgische Monarchie – Brandenburg – Preußen, in: Wagner (Hg.), Europa (Anm. 59), S. 379–475 (462 ff.); Breuer/Graetz, Geschichte (Anm. 168), Bd. I, S. 317 ff.

179 Hippolyte Taine, Die Entstehung des modernen Frankreich. Revolution u. Kaiserreich (frz. Orig.: Paris 1871–1893), Frankfurt 1954, S. 9 ff.; François Furet u. Denis Richet, Die Französische Revolution (frz. Orig.: 2 Bde., Paris 1965/66), Frankfurt 1968; Eberhard Weis, Frankreich von 1661 bis 1789, in: Wagner (Hg.), Europa (Anm. 59), S. 166–307 (241 ff.); Eberhard

Schmitt, Einführung in die Geschichte der Französischen Revolution, München 1976[1]; Ernst Schulin, Die Französische Revolution, München 1988, S. 52 ff. (Sieyès, Mirabeau: 61–64).

180 Weis, Frankreich (Anm. 179), S. 210 ff., 271 ff.

181 Voltaire, Traité (Anm. 168); Eberhard Weis, Ergebnisse eines Vergleichs der grundherrschaftlichen Strukturen Deutschlands und Frankreichs vom Hochmittelalter bis zum Ausgang des 18. Jahrhunderts, in: ders., Deutschland und Frankreich um 1800. Aufklärung – Revolution – Reform, München 1990, S. 67–81; Michael Burleigh, Earthly Powers. Religion and Politics from the French Revolution to the Great War, London 2005, S. 28 ff.

182 Weis, Frankreich (Anm. 179), S. 271 ff.; Taine, Entstehung (Anm. 179), S. 43 ff.; Schulin, Revolution (Anm. 179), S. 67 ff. Das Zitat von Tocqueville: ders., L'Ancien Régime (Anm. 176), S. 244; deutsche Ausgabe: ders., Der alte Staat und die Revolution, München 1978, S. 200.

183 Emmanuel Joseph Sieyès, Qu'est ce que le tiers état?, Paris 1789; hier zit. nach der deutschen Ausgabe: Abhandlung über die Privilegien. Was ist der dritte Stand? Hg. v. Rolf Hellmut Foerster, Frankfurt 1968, S. 55–143 (55).

184 Hansjörg Siegenthaler, Industrielle Revolution, in: Handwörterbuch der Wirtschaftswissenschaft. Ungekürzte Studienausgabe, Bd. 4, Stuttgart 1988, S. 142–159 (144); Sidney Pollard, Großbritannien, die Industrielle Revolution und ihre welthistorische Bedeutung, in: Wolf D. Gruner/Bernd-Jürgen Wendt (Hg.), Großbritannien in Geschichte und Gegenwart, Hamburg 1994, S. 115–135; Joel Mokry (ed.), The British Industrial Revolution. The Economic Perspective, Oxford 1999[2].

185 Phyllis Deane, The First Industrial Revolution, Cambridge 1965[1]; T. S. Ashton, The Industrial Revolution 1760–1830, Oxford 1968[2]; David S. Landes, Der entfesselte Prometheus. Technologischer Wandel und industrielle Entwicklung in Westeuropa von 1750 bis zur Gegenwart (engl. Orig.: London 1969), Köln 1973; Ulrich Wengenroth, Igel und Füchse – Zu neueren Verständigungsproblemen über die Industrielle Revolution, in: Volker Benad-Wagenhoff (Hg.), Industrialisierung – Begriffe und Prozesse. Festschrift für Akos Paulinyi zum 65. Geburtstag, Stuttgart 1994, S. 9–21; Jan de Vries, The Industrial Revolution and the Industrious Revolution, in: Journal of Economic History 54 (1994), S. 249–270; ders., The Industrious Revolution. Consumer Behavior and the Hausehold Economy. 1650 to the Present, Berkeley 2008; Christopher Bayly, Die Geburt der modernen Welt. Eine Globalgeschichte 1780–1914 (engl. Orig.: Oxford 2004), Frankfurt 2006, S. 68 ff.; Jürgen Osterhammel, Die Verwandlung der Welt. Eine Geschichte des 19. Jahrhunderts, München 2009, S. 908 ff.

186 Jack A. Goldstone, Efflorescence and Economic Growth in World History: Rethinking the «Rise of the West» and the Industrial Revolution, in: Journal of World History 13 (2002), S. 323–389 (bes. 367 ff.); Adam Smith, Der Wohlstand der Nationen (engl. Orig.: London 1776), Bd. 2, München 1983, S. 1 ff., 70, 465 ff.

187 Siegenthaler, Industrielle Revolution (Anm. 184), S. 147; Weber, Protestantische Ethik (Anm. 10), S. 18 ff.; Lehmann, Asketischer Protestantismus (Anm. 10), S. 529 ff.

188 Walt W. Rostow, Stadien des wirtschaftlichen Wachstums. Eine Alternative zur marxistischen Entwicklungstheorie (engl. Orig.: London 1960), Göttingen 1967[2].

189 Pollard, Großbritannien (Anm. 184), S. 126.

190 Friedrich Engels, Die Lage der arbeitenden Klasse in England. Nach eigener Anschauung und authentischen Quellen, in: MEW (Anm. 22), Bd. 2, S. 225–506.

191 Siegenthaler, Industrielle Revolution (Anm. 184), S. 151 f.

192 Werner Conze, Die Strukturgeschichte des technisch-industriellen Zeitalters als Aufgabe für Forschung und Unterricht, Köln 1957.

193 Bernecker, Spanische Geschichte (Anm. 29), S. 25 ff.; William Miller, A New History of the United States, New York 1958, S. 23 ff.; Trevelyan, Geschichte (Anm. 58), S. 498 ff.; Klein, Slave Trade (Anm. 168), S. 17 ff.; Robert B. Morris, The American Revolution Reconsidered, New York 1967, S. 43 ff.; Willi Paul Adams, Republikanische Verfassung und bürgerliche Freiheit. Die Verfassungen und politischen Ideen der amerikanischen Revolution, Darmstadt 1973, S. 196 f. Zu Roger Williams: Troeltsch, Soziallehren (Anm. 3), S. 762 ff.; Georg Jellinek, Die Erklärung der Menschen- und Bürgerrechte (1985[1]), in: Roman Schnur (Hg.), Zur Geschichte der Erklärung der Menschenrechte, Darmstadt 1964, S. 7–77 (43 f.); Ernst Fraenkel, Das amerikanische Regierungssystem. Eine politologische Analyse. Leitfaden und Quellenbuch, Köln 1962[2], Leitfaden, S. 30 ff. (31).

194 Perry Miller and Thomas H. Johnson (ed.), The Puritans. Revis. ed., Vol. 1, New York 1963, S. 195–199 (Winthrops Predigt; Zitat: 199; das Zitat aus der Bergpredigt: Matthäus 5, 14); Winthrop S. Hudson (ed.), Nationalism and Religion in America. Concepts of American Identity and Mission, New York 1970, S. 63–70 (Stiles); Knud Krakau, Exzeptionalismus – Verantwortung – Auftrag. Historische Wurzeln und politische Grenzen der demokratischen Mission Amerikas, in: Mosser (Hg.), «Gottes auserwählte Völker» (Anm. 60), S. 89–116; Asch, «An Elect Nation» (Anm. 60), ebd., S. 117 ff.; Michael Adas, From Settler Colony to Global Hegemon: Integrating the Exceptionalist Narrative of the American Experience into World History, in: AHR 106 (2001), S. 1692–1720; Ernest Lee Tuveson, Redeemer Nation. The Idea of America's Millennial Role, Chicago 1968; ders., Milennium and Utopia. A Study in the Background of the Idea of Progress, Berkeley 1949, S. 71 ff.; Ellis Sandoz, A Government of Laws. Political Theory, Religion, and the American Founding, Baton Rouge 1990, S. 83 ff.; H. Richard Niebuhr, The Kingdom of God in America, New York 1937[1]; Michael Lienesch, The Role of Political Millenialism in Early American Nationalism, in: The Western Political Quarterly, 36 (1983), S. 445–465; David S. Shields, Oracles of Empires: Poetry, Politics, and Commerce in British America

1690–1750, Chicago 1990; William A. McDougall, Promised Land, Crusader State. The American Encounter with the World since 1776, Boston 1997, S. 15 ff.; J. H. Elliot, Empires of the Atlantic World. Britain and Spain in America 1492–1830, New Haven 2006; J. C. D. Clark, The Language of Liberty 1660–1832. Political Discourse and Social Dynamics in the Anglo-American World, Cambridge 1994; Reinhold Niebuhr, The Irony of American History, New York 1952, S. 17 ff. (Johnson, Stiles: 25); Seymour Martin Lipset, American Exceptionalism. A Double-Edged Sword, New York 1996, S. 31 ff.

195 Vgl. zum deutschen Reichsmythos oben S. 46 f., zum Mythos von Moskau als dem «Dritten Rom» S. 50 f.

196 Alexis de Tocqueville, De la Démocratie en Amerique (1835, 1840[1]). Première édition historico-critique revue et augmentée par Eduardo Nolla, 2 Bde., Paris 1990, Bd. 1, S. 35 (Bd. 1 von 1835, Kap. 2). Dt. Übersetzung: Über die Demokratie in Amerika. Aus dem Französischen neu übertragen von Hans Zbinden. Mit einem Nachwort von Theodor Eschenburg, 2 Bde., Zürich 1987.

197 Tocqueville, Démocratie (Anm. 196), Bd. 1, S. 34 f. (Bd. 1 von 1835, Kap. 2).

198 Ebd., Bd. 1, S. 33 (Bd. 1 von 1835, Kap. 2).

199 Ebd., Bd. 2, S. 248 (Bd. 4 von 1840, Kap. 4).

200 Louis Hartz, The Liberal Tradition in America. An Interpretation of American Political Thought since the Revolution, New York 1955, S. 3 ff. (6; Hervorhebung im Original).

201 Adams, Verfassung (Anm. 193), S. 236.

202 Ebd., S. 191 ff., 236 ff.

203 Miller, New History (Anm. 193), S. 57 ff.; John Richard Alden, The American Revolution 1775–1783, New York 1954, S. 59 ff.; Hans-Christoph Schröder, Die Amerikanische Revolution. Eine Einführung, München 1982, S. 42 ff.; Hans R. Guggisberg, Geschichte der USA, Stuttgart 1993[3], S. 33 ff.; Udo Sautter, Geschichte der Vereinigten Staaten von Amerika, Stuttgart 1991[4], S. 64 ff. (zu den deutschen Söldnern: 83); Horst Dippel, Die Amerikanische Revolution 1763–1787, Frankfurt 1985, S. 70 ff.; Willi Paul Adams u. Angela Meurer Adams (Hg.), Die Amerikanische Revolution in Augenzeugenberichten, München 1976, S. 31 ff.; William D. Liddle, «A Patriot King, or None»: Lord Bolingbroke and the American Renunciation of George III, in: The Journal of American History 65 (1979), S. 951–970; Eliga H. Gould, The Persistence of Empire. British Political Culture in the Age of the American Revolution, Chapel Hill, N. C. 2000, S. 106 ff.

204 Thomas Paine, Common Sense, in: ders., Collected Writings, New York 1995, S. 5–59 (15). Zur Auflage: Sautter, Geschichte (Anm. 203), S. 83.

205 Paine, Common Sense (Anm. 204), S. 25 ff. (35 f., 32).

206 Adams u. Adams (Hg.), Amerikanische Revolution (Anm. 203), S. 233 ff. (Echo auf «Common Sense») 244 ff., (Erklärung Virginias vom 7. 6. 1776:

255); Fraenkel, Regierungssystem (Anm. 193), S. 26 f. (Menschenrechtserklärung von Virginia), 28–31 (Unabhängigkeitserklärung); Documents of American History. Ed. by Henry Steele Commager, New York 1948[5], S. 100–103 (Declaration of Independence), 103 f. (Virginia Declaration of Rights); Wolfgang Lautemann (Bearb.), Amerikanische und Französische Revolution. Geschichte in Quellen, München 1981, S. 94 (gestrichene Passage aus der Unabhängigkeitserklärung); Pauline Maier, American Scripture. Making the Declaration of Independence, New York 1997, S. 28 ff.; Alan Brinkley, The Unfinished Nation. A Concise History of the American People, Boston 2004[4], S. 117 ff. Zu Locke vgl. oben S. 175 ff.

207 Jellinek, Erklärung (Anm. 193), S. 39 ff. (Zitat: 53 f.; Agreement of the People: 73–75); Ernst Troeltsch, Die Bedeutung des Protestantismus für die Entstehung der modernen Welt, München 1911, S. 59 ff. (62); ders., Soziallehren (Anm. 3), S. 733 ff.; Harald Welzel, Ein Kapitel aus der Geschichte der amerikanischen Erklärung der Menschenrechte (John Wise und Samuel Pufendorf), in: Schnur (Hg.), Geschichte (Anm. 193), S. 238–266; Émile Boutmy, Die Erklärung der Menschen- und Bürgerrechte und Georg Jellinek, ebd., S. 78–112; Justus Hashagen, Zur Entstehungsgeschichte der nordamerikanischen Erklärungen der Menschenrechte (1924), ebd., S. 129–165; Otto Vossler, Studien zur Erklärung der Menschenrechte, ebd., S. 166–201; Josef Bohatec, Die Vorgeschichte der Menschen- und Bürgerrechte in der englischen Publizistik der ersten Hälfte des 17. Jahrhunderts, ebd., S. 267–331; Michael Stolleis, Georg Jellineks Beitrag zur Entwicklung der Menschen- und Bürgerrechte, in: Stanley L. Paulson u. Martin Schulte (Hg.), Georg Jellinek. Beiträge zu Leben und Werk, Tübingen 2000, S. 103–116; Reimer Hansen, Glaubensfreiheit und Toleranz im Konfessionellen Zeitalter, in: Matthias Mahlmann u. Hubert Rottleuthner (Hg.). Ein neuer Kampf der Religionen? Staat, Recht und religiöse Toleranz, Berlin 2006, S. 43–74 (zum lutherischen Ursprung des Gedankens der Glaubensfreiheit); Wolfgang Schmale, Archäologie der Grund- und Menschenrechte in der Frühen Neuzeit. Ein deutsch-französisches Paradigma, München 1997, S. 29 ff., 247 ff.; Dietrich Gerhard, Die Erweckungsbewegung und ihr Einfluß auf die Struktur des amerikanischen Kirchenwesens, in: ders., Alte und neue Welt (Anm. 64), S. 159–172; Gordon S. Wood, American Religion: The Great Retreat, in: The New York Review of Books 53 (2006), Nr. 10 (Jung 8), S. 60–63; ders., Revolutionary Characters: What Made the Founders Different, New York 2006; ders., The Radicalism of the American Revolution, New York 1991; Jon Meacham, American Gospel. God, the Founding Fathers, and the Making of a Nation, New York 2006; David L. Holmes, The Faiths of the Founding Fathers, Oxford 2006; Richard Hofstadter, Anti-Intellectualism in American Life, New York 1963; Bernard Bailyn, The Ideological Origins of the American Revolution (1967[1]), Cambridge, Mass. 1992, S. 246 ff. Zur spanischen Spätscholastik vgl. oben S. 129 ff.

208 Documents (Anm. 206), S. 111–116; Adams u. Adams (Hg.), Amerikani-

sche Revolution (Anm. 203), S. 267 ff.; Sautter, Geschichte (Anm. 203), S. 84 ff.; Brinkley, Unfinished Nation (Anm. 206), S. 130 ff.

209 Adams u. Adams (Hg.), Amerikanische Revolution (Anm. 203), S. 331; Fraenkel, Regierungssystem (Anm. 193), Leitfaden, S. 112 ff., Quellenbuch, S. 7–23 (Verfassung und Zusatzartikel 1–22); Akhil Reed Amar, The Bill of Rights: Creation and Reconstruction, New Haven 1998; ders., America's Constitution: A Biography, New York 2005.

210 Alexander Hamilton, John Jay, James Madison, The Federalist. A Commentary on the Constitution of the United States. With an Introduction by Edward Mead Earle, New York o. J. (ca. 1975), No. 9 (S. 47), No. 10 (S. 53, 62). Hier und im folgenden auf deutsch zitiert nach: Alexander Hamilton, James Madison, John Jay, Die Federalist Papers. Übersetzt, eingeleitet und mit Anmerkungen versehen von Barbara Zehnpfennig, Darmstadt 1993; Gerald Stourzh, Alexander Hamilton and the Idea of Republican Government, Stanford 1970, S. 9 ff.

211 Federalist (Anm. 210), No. 49 (S. 329), No. 63 (413). Zu Montesquieu vgl. oben S.194 ff.

212 Federalist (Anm. 210), No. 14 (S. 80).

213 Ebd., No. 49 (S. 329), No. 63 (413).

214 Ebd., No. 14 (S. 81).

215 Ebd., No. 48 (S. 322–324; Hervorhebung im Original), No. 51 (S. 337–340). Das Zitat von Thomas Jefferson in: ders., Notes on the State of Virginia. Ed. with an Introduction and Notes by William Peden, Chapel Hill 1955, S. 120.

216 Federalist (Anm. 210), Nr. 78, S. 504–506; Montesquieu, Esprit (Anm. 110), S. 152–156 (Livre XI, ch. 6); Fraenkel, Regierungssystem (Anm. 193), S. 186 ff.

217 Federalist (Anm. 210), No. 14 (S. 85), No. 85 (S. 574); David Hume, Der Ursprung der Wissenschaften und der Künste, in: ders., Politische und ökonomische Essays in 2 Bänden, Hamburg 1988, Bd. I, S. 136.

218 Charles S. Beard, An Economic Interpretation of the Constitution of the United States (1913[1]), New York 1965[4], S. 152 ff., 324 f.; ders., Mary R. Beard, William Beard, The Beards' New Basic History of the United States (1944[1]), New York 1960[2]; Morris, American Revolution (Anm. 193), S. 127 ff.; Jürgen Heideking und Vera Nünning, Einführung in die amerikanische Geschichte, München 1998, S. 18 f.

219 John Adams, A Defence of the Constitutions of Government of the United States of America against the Attack of M. Turgot in his Letter to Dr. Price, Dated 22nd March, 1778. In 3 volumes. Volume 1. Reprint of the 3rd edition Philadelphia 1797, Aalen 1979, S. I (Vorwort zur 1. Aufl.: «Grosvenor Square, January 1, 1787»); James Madison, Writings. Ed. by Jack N. Rakove, New York 1999, S. 504 f.; William Blackstone, Commentaries on the Laws of England, 4 Bde., Oxford 1765–69 (ND: New York 1966), Bd. 1, S. 150 f. Den Hinweis auf den Beleg bei Adams verdanke ich Wilfried Nippel.

220 Adams u. Adams (Hg.), Amerikanische Revolution (Anm. 203), S. 350 f. (Hamilton); Federalist (Anm. 210), No. 55 (Madison: S. 361); Wilfried Nip-

pel, Antike oder moderne Freiheit? Die Begründung der Demokratie in Athen und in der Neuzeit, Frankfurt 2008, S. 125 ff.; ders., Die Antike in der Amerikanischen und Französischen Revolution, in: Popolo e potere nel mondo antico. Atti del convegno internazionale Cividale del Friuli, 23–25 settembre 2004. A cura di Gianpaolo Urso, Pisa 2005, S. 259–269 (Adams: 261); ders., Mischverfassungstheorie (Anm. 58), S. 142 ff., 252 ff., 292 ff.; Georg Schild, Res Publica Americana. Romrezeption und Verfassungsdenken zur Zeit der Amerikanischen Revolution, in: Historische Zeitschrift 284 (2007), S. 31–58; Liddle, «A Patriot King» (Anm. 203), S. 969 (zur Republikanisierung des Ideals des «Patriot King» [Bolingbroke] im Präsidenten).

221 Adams, Verfassung (Anm. 193), S. 132 (Hervorhebung im Original), 207.

222 Beard u. a., New Basic History (Anm. 218), S. 137 ff.; Miller, New History (Anm. 193), S. 124 ff. Der Text der Präambel der Verfassung in: Hamilton u. a., Federalist (Anm. 210), S. 587 (Hervorhebung im Original).

223 Seymour Martin Lipset, The First New Nation. The United States in historical and comparative perspective, New York 1963; John F. Kennedy, A Nation of Immigrants. Introduction by Robert F. Kennedy, London 1964; Dieter Langewiesche, Nation, Nationalismus, Nationalstaat in Deutschland und Europa, München 2000, S. 55 ff.; ders. u. Georg Schmidt (Hg.), Föderative Nation. Deutschlandkonzepte von der Reformation bis zum Ersten Weltkrieg, München 2000; Nippel, Antike (Anm. 220), S. 262. Bei Vergil in Zeile 5 der Vierten Ekloge: «magnus ab integro saeclorum nascitur ordo». Michael von Albrecht übersetzt: «Die große Reihe der Äonen wird von neuem geboren». Vergil, Bucolica. Hirtengedichte. Studienausgabe Lateinisch/Deutsch. Übersetzung, Anmerkungen, interpretierender Kommentar und Nachwort von Michael von Albrecht, Stuttgart 2001, S. 36 f.

224 Nippel, Antike (Anm. 220), S. 264 (Jefferson); Brinkley, Unfinished Nation (Anm. 206), S. 161 ff.; Stourzh, Hamilton (Anm. 210), S. 180 ff.

225 Osterhammel, Sklaverei (Anm. 29), S. 55 f.; Klein, Slave Trade (Anm. 168), S. 183 ff.

226 Joseph J. Ellis, Sie schufen Amerika. Die Gründergeneration von John Adams bis George Washington (amerik. Orig.: New York 2000), München 2002, S. 324 f.

227 Ebd., S. 306; Brinkley, Unfinished Nation (Anm. 206), S. 211 ff.

228 Fraenkel, Regierungssystem (Anm. 193), Leitfaden, S. 29, 35.

229 Federalist (Anm. 210), No. 51 (S. 337); Aristoteles, Politik (Anm. 110), S. 58 (I. Buch: 1252b 15–1253a 3); Friedrich Meinecke, Die Idee der Staatsräson in der neueren Geschichte (1924[1]), München 1957, S. 160 (Seneca); Medick, Naturzustand (Anm. 76), S. 52 f. (Pufendorf). Zu Hobbes vgl. oben S. 136 ff., zu Locke S. 175 ff., zu Althusius S. 183 ff.

230 Johannes 18, 36. Zum Wort «So gebet dem Kaiser, was des Kaisers ist, und Gott, was Gottes ist» (Matthäus 22, 21) vgl. oben S. 34 f.

231 James Bryce, The American Commonwealth, 3 Bde., London 1888[1], Bd. 1, S. 306.

232 Niebuhr, Irony (Anm. 194), S. 22–24 (mit Hinweis auf Bryce).

233 Fraenkel, Regierungssystem (Anm. 193), Leitfaden, S. 180 ff.; Dippel, Revolution (Anm. 203), S. 112 ff.; Edward. S. Corwin, The «Higher Law» Background of American Constitutional Law (1928[1]), Ithaca 1988.

234 R. R. Palmer, Das Zeitalter der demokratischen Revolution. Eine vergleichende Geschichte Europas und Amerikas von 1760 bis zur Französischen Revolution (amerik. Orig.: Princeton 1959[1]), Frankfurt 1970, S. 257 ff.; Horst Dippel, Germany and the American Revolution 1770–1800. A Sociohistorical Investigation of late Eighteenth-Century Political Thinking, Wiesbaden 1978, bes. S. 131 ff.; Ernst Fraenkel, Amerika im Spiegel des deutschen politischen Denkens. Äußerungen deutscher Staatsmänner und Staatsdenker über Staat und Gesellschaft in den Vereinigten Staaten von Amerika, Köln 1959, S. 11 ff.; Elisha P. Douglass, German Itellectuals and the American Revolution, in: The William and Mary Quarterly, 3rd Ser., No. 2 (1960), S. 200–18.

235 Grewe, Epochen (Anm. 18), S. 450 ff.; Palmer, Zeitalter (Anm. 234), S. 467 ff.; Schroeder, Transformation (Anm. 71), S. 11 ff.; Peter Krüger/Paul W. Schroeder (eds.), «The Transformation of European Politics, 1763–1848»: Episode or Model in Modern History?, Münster 2002; H. M. Scott, Britain as a European Great Power in the Age of the American Revolution, in: H. T. Dickinson (ed.), Britain and the American Revolution, London 1998, S. 180–204; John Cannon, The Loss of America, ebd., S. 233–257; David Armitage, The British Conception of Empire in the Eighteenth Century, in: Franz Bosbach u. Hermann Hiery (Hg.), Imperium/Empire/Reich. Ein Konzept politischer Herrschaft im deutsch-britischen Vergleich, München 1999, S. 91–107; Eliga H. Gould und Peter S. Onuf (eds.), Empire and Nation. The American Revolution in the Atlantic World, Baltimore 2005; Gould, Persistence (Anm. 203), S. 181 ff.

# 第三章

# 革命与扩张：1789~1850年

## 1789年：旧制度终结与法国大革命开始 315

“我们在自己这个时代目睹了一个富有才智的民族进行的革命，这场革命可能成功或者失败；它可能会如此充满了不幸和暴行，以至于一个思维健全的人如果会希望第二次从事时成功地完成革命的话，就绝不会决定以这样的代价来进行这场试验。——依我说，这场革命的确如愿以偿地在所有旁观者（他们自己并没有卷入这场戏）的心灵中获得了一种同情，这种同情几乎接近于狂热……因为人类历史上的这样一种现象不再被遗忘，这是由于它揭示了人的本性中向着更善的一种禀赋和一种能力，这类东西不是任何政治家从事物迄今为止的进程中推敲出来的……”[①]

当伊曼努尔·康德1789年在其《学科之争》（*Der Streit der Fakultäten*）中写下上述句子时，法国大革命在德意志已经没有太多持同情态度的朋友了。康德属于少数反对鄙视它并仍旧捍卫1789年思想的人。这位柯尼斯堡的哲学家从未想到过要为雅各宾党人的恐怖行为辩护；但他在自己所批判的暴政中，并不能看到去否定那种“理想化”——为自由、平等、博爱而战斗——的理由。这种“理想化”仍旧有权得到人们的参与热情。因为1789年的事件证明，“人类至少在禀赋中有一种 316
道德品性，这种道德品性不仅使人期望向着更善的进步，而且就人类的能力目前所及而言，其本身就是这样一种进步了”。[1]

大约在康德之后30年，另一位德国哲学家格奥尔格·威廉·弗里德里希·黑格尔在其柏林的历史哲学讲座中称法国大革命为“壮丽的日出”。“所有具备思维能力的存在都参与了对新纪元的庆贺。当时有一种崇高的情感充满人心，精神的激情

---

① 伊曼努尔·康德：《学科之争》，载李秋零主编《康德著作全集》（第七卷），北京：中国人民大学出版社，2008，第82、85页。

震撼着整个世界，就好像神圣的东西与世界的和解刚刚来临。”

1830/1831年前后，在去世之前不久，黑格尔用上述词语让他的听众们意识到，1789年7月14日的大事件——群情激愤的巴黎民众冲击巴黎巴士底监狱——让他及其（在图宾根大学新教神学院就读的）同窗好友荷尔德林与谢林感受到了什么。“所以现在就有一个与公理相一致的宪法建立起来，从此一切法律都要以它为基础。自从太阳悬挂在苍穹，并且其他行星围绕它运转以来，从未见到过人依靠他的头脑，也就是用思想来塑造现实。阿那克萨哥拉斯（Anaxagoras）第一个说，*νοῦς*（nūs：精神、思想、理智——作者注）统治世界；直到现在人类才认识到，思想应该统治精神的现实。”[2]

让康德和黑格尔热情澎湃的是经过启蒙洗礼的欧洲的热情。法国国王的古老国家监狱是旧制度的象征，巴士底狱被捣毁对热爱自由的朋友们意味着一切专制压迫与思想禁锢——无论它们还存在于什么地方——终结的开始。当国民议会在著名的8月4日夜间的会议中决定取消封建制度，其中包括税收特权、农民对地主的人身依附、领主审判权、贵族的渔猎权以及教会什一税时，人民对法国革命的热情更为高涨。8月4日的
317 决议通过一周后，8月11日公布了相应法令，它是这样开始的：“国民议会完全废除封建制度。”

虽然这还不意味着所有封建权力的终结：只有富有的农民才能从物权负担和封建领主对土地的占有权中解放出来，因为他们有钱向地主支付赎金。1789年7月下旬——“大恐慌”（Grande Peur）时期——发生在农村的骚动，具有集体“恐慌”的性质，所以仅仅暂时平息下去。当1790年3月国民议会通过一项法案，使拍卖领主剩余权利成为可能时，因为只有资产阶级能够从中获益，新的抗议又出现了。尽管如此，1789年8月4日的决议仍旧是一项意义深远的历史性创举：与数百

年来贵族与教会的特权决裂是一种信号，全欧洲都接收到了这一信号。[3]

废除封建制度三周后，国民议会于 1789 年 8 月 26 日又做出了一项具有世界史意义的决议：它通过了《人权和公民权宣言》。显而易见，这是以美国为榜样。最早提议在制定宪法前先通过《人权和公民权宣言》的那位国民议会议员不是别人，正是站在美利坚合众国一边参加过美国独立战争的拉法耶特侯爵。他受到美国各州，特别是弗吉尼亚州基本人权的启迪，并在起草法国自己的人权宣言草案时得到了托马斯·杰斐逊的积极帮助，后者在 1785~1789 年任美利坚合众国驻法国大使。

除了明显的一致之处外，美国与法国的人权宣言亦有区别。1789 年 8 月的文本对公民在法律面前平等的强调比《弗吉尼亚权利宣言》和合众国各州的基本权利条款更为鲜明。此外法国国民议会的宣言还更为注重精确性和普遍适用性。第一条开宗明义，指出在权利方面，人们生来是而且始终是自由平
等的，除了依据公共利益而出现的社会差别外，其他社会差 318
别，一概不能成立。天赋与不可侵犯的人权包括：自由、安全和反抗压迫的权利（第二条）。根据第六条，法律是公共意志的表达。不论是保护还是惩罚，法律必须对所有人一样。“所有公民在法律面前平等，并根据其能力，同样有权获得所有公共荣誉、职位和雇佣；除德行和才能上的差别外不得有其他差别。”

至于对自由和财产的保障，法国的《人权和公民权宣言》就整体而言与北美的人权宣言高度一致。值得注意的是，文本中缺少结社和集会自由，而言论和宗教自由受到的限制是，以不干扰法律所规定的公共秩序为前提（第十条）。《人权和公民权宣言》中还没有提到给予犹太人平等的公民待遇，1791 年 9 月 27 日，国民议会补加了这条解放性法案。法国殖民地

的奴隶们需要等待更长时间，才能从革命的母国得到人权与公民权：这发生于 1794 年 2 月 4 日，即 1791 年 8 月海地反对白人统治者的大规模奴隶起义爆发两年半之后，国民公会（Nationalkonvent）才通过相关决议。

孟德斯鸠的影响首先体现在第十六条中："凡个人权利无切实保障和分权未确立的社会，就没有宪法。"遵循卢梭的"社会契约"，国民议会宣布法律是公共意志的表达。引人注目的是：《宣言》不说民权，而是说国民权。"所有主权原则之要义皆在于国家（主权的代表只能是国家）。任何公共机构和个人所行使的权力，都必须明确来自国家。"（第三条）

319 虽然在人权宣言文本中没有写明，多数代表视国民议会为国民的权威喉舌，国民议会的建立要感谢 1789 年 6 月 17 日第三等级代表们的一项决议。高于国民议会的权威仅剩"上帝"。当着他的面并在他的庇护下，国民议会——按照序文所述——确认并宣布人权与公民权利：这是一种受开明自然神论影响的表述方式，开明的基督徒在其中也能认出自己。[4]

按照卢梭的精神，《人权和公民权宣言》假设，公共意志的主权载体是一种同质的集体主体。国民被视为这种主体。一种明确表述的结社自由会破坏统一性画面，"众意"会损害"公共意志"。与盎格鲁—撒克逊的政治思维和北美的宪法完全不同，这里国民与个人直接且令人意外地处于对立位置。

国民议会中的多数显然认为自己扮演着卢梭所说的"立法者"的角色，体现着公共启蒙，而且比老百姓更了解什么最符合他们的切身利益。这样以"整体"为出发点自然违背了孟德斯鸠的贡献——主张权力分立。《人权和公民权宣言》并未明确阐明，具体来看，国王与国民议会的关系该如何确立。《宣言》暂时所公布的也只是一些原则。为了保障个人权利得以强制执行，需要司法独立，司法部门面对立法和行政部门的地位只能由宪法调控。

当国民议会公布其伟大《宣言》时，在最重要的政治问题上，即国王与国民议会的权力分配上，意见分歧已十分明显。借助1789年8月26日发表的《宣言》第三条，代表们虽然“原则上”剥夺了君主的权力并把它移交给国民，但远非国民议会的全体成员从中都得出了以下结论——从此国王只能执行立法机构 320
作为国民喉舌所做出的决定。“君主派”或“主张帝制者”，以让-约瑟夫·穆尼耶（Jean-Joseph Mounier）律师为首，坚持国王有不受限制的否决权，可以抵制国民议会做出的一切决定。“君主派”的对立面，以西哀士神父为首的“爱国者”坚决反对国王拥有绝对否决权。

拉法耶特试图居中调停，但毫无结果。相反，取得成果的是议会代表约瑟夫·巴纳夫（Joseph Barnave），这位杰出的演说家于9月3日提出一项折中建议：国王应在两届议会任期内，也就是四年，有暂时否决权[①]。“君主派”表示同意后，9月11日国民议会表决同意给予国王暂时否决权。前一天代表们以压倒多数否决了两院制。

使9月11日的折中方案得以实现的人中还包括雅克·内克尔。7月11日他被解职，以及随后一位大贵族出身者被任命为财政大臣，正是三天后攻占巴士底狱的起因。7月16日路易十六世再次委任内克尔为财政大臣，9月后者支持“爱国者”最迫切的要求，即国王终该以官方声明的方式认可8月4日和11日的决定，也就是废除封建制度。而路易十六世正是非常抵触这项要求。经国民议会多次敦促，9月21日他宣布同意公布该法令。然而，他又以缺乏实施细则为由拒绝发表官方声明，导致这些法令无法生效。

① 即可延迟法令实施。

如同在 7 月中旬，国王的阻挠再次让巴黎民众行动起来。10 月 5 日，首都数千人，领头的是那些传奇的卖鱼妇，前往国王的凡尔赛宫，国民议会正在那里开会。他们想直截了当地让国王知道，他的人民希望他做什么：给人民面包和服从国民议会的决议。

321 革命行动取得了圆满成功。国王现在不得不同意国民议会通过的法令生效，其中包括《人权和公民权宣言》。第二天，即 10 月 6 日，在示威者冲进王宫而且双方都出现伤亡后，国王同意了最具争议的要求：他和玛丽·安托瓦内特王后以及太子一起前往巴黎。国民议会也把开会地点改到首都。1789 年 10 月 6 日标志着一个决定性的转折点：路易十六世的投降意味着法国专制主义的最终失败。住在巴黎的杜伊勒里宫（Tuilerien），国王不断处于首都民众的压力之下。无论他是否愿意承认，从此他不再是一个自由的人了。

法国历史学家弗朗索瓦·福雷（François Furet）和丹尼斯·里歇（Denis Richet）曾谈到 1789 年的三次革命：议员革命、城市民众革命和农村革命。这些革命中的每一次都有自己的“法则”，但它们不是各自独立的革命，而是革命的组成部分，彼此相辅相成。城乡群众的运动为第三等级的代表提供了战斗精神和支持，有了这些，他们才能做出革命决议：从 6 月国民议会的制宪会议到 1789 年 8 月法令的公布。反过来，代表们的决议又鼓励了城市小资产阶级和农民们，让他们除了那时已经得到的，进一步提出更多要求。宣布与旧制度决裂是一回事，坚定不移地做到这一点是另一回事。不仅国王，国民议会从凡尔赛宫搬到巴黎后也感受到更多压力。它必须比以往更努力地证明，它也为“老百姓”代言。[5]

## 极端化（一）：从君主立宪到共和 322

通过决定一院制和国王拥有暂时否决权，国民议会在1789年9月已经成为制宪议会（Konstituante）。接下来，它总是身兼二职：一方面是宪法制定者，另一方面是立法机构。当它1789年11月2日做出对教会财产实行国有化的决定时，它进行的是一项革命性立法。通过出售被没收的教会财产，债台高筑、濒临破产的国家希望整顿和治理财政。教会财产被用来作为所谓指券（Assignaten）的抵押品：有息国债不用现金，而是应该用地产来偿还。由于所希望的成果未能出现，1790年8月国民议会把指券转变为一种无息支付手段，也就是纸币，它和受征用的土地的价值绑定在一起。通过一项7月9日颁布的法令，对新的“国家财产”进行无债务出售，指券持有人享受一定优先购买权。短时间内这些措施使得经济在1790年夏天得到强劲复苏，中期来看它们引起了1791年春天开始的一场通货膨胀，长期来看它们促成了财产关系的大规模重组，从中受益的首先是城市资产阶级。

对天主教教会而言，没收其财产意味着断了教会的财路，让它无法完成传统的任务，而且也支付不起神父们的薪俸。由国家来支付教会人员的薪俸是教会得到的唯一补偿。1790年7月12日国民议会通过了另一项不利于教会的决议:《教士公民组织法》。它要求神职人员通过选举大会被选入新创建的行政单位：教区神父在地区一级、主教在省一级参选。从此教宗对法国不再拥有任何裁判权，新当选的主教们只需通知教宗自己的当选。

当国王经过与庇护六世的商议，还迟迟不肯在《教士公民 323
组织法》上签字时，国民议会于1790在11月27日打出了第二拳：它要求所有官员，包括神父向（甚至还没有通过的）宪法及《教士公民组织法》宣誓效忠，拒绝宣誓的神父将被新的神父所取代。路易十六世虽然不情愿，却还是在法令上签了字，但此时他已决定不再忍受来自国民议会的进一步羞辱，计划必要时逃离巴黎。

对于革命的法国的挑战，1791年春天庇护六世公开谴责了《教士公民组织法》以及革命的原则。正如恩斯特·舒林（Ernst Schulin）所注意到的，“‘外交政治中’最早向革命宣战的”是教宗。天主教教会首脑的强硬态度给许多不愿向新政权低头的神职人员撑了腰。一半以上的神父拒绝宣誓效忠政府，133位主教中除了4位，其他的均未宣誓效忠。

属于高级神职人员中的少数派的有夏尔·莫里斯·塔列朗（Charles Maurice Talleyrand），他是欧坦（Autun）的主教和国民议会的议员。1789年10月10日，为了清偿国债，他作为著名的神职人员第一个要求没收教会财产。1790年7月14日是攻占巴士底狱一周年纪念日，塔列朗与200位神父在巴黎战神广场主持了全国结盟节大会的弥撒，他们圣衣上的腰带饰有蓝白红三种颜色，那是象征革命的三色旗的颜色。他宣誓效忠国民、法律和国王。他效忠《教士公民组织法》，受到了来自教宗的最严厉的宗教制裁：塔列朗被逐出教会。法国社会和下层教士一样遭到分裂：保守的区域如旺代（Vendée）和布列塔尼，拒绝宣誓效忠的“老神父”得到信徒的广泛支持；其他地区，特别是在法国南部，新的国家教会和其仆人——“宣过誓的神父”毫无异议地被接受。

在国民议会中，就剥夺（其实是排除）天主教会的权力展
324 开了激烈的辩论，但多数人的意见是明确的：1789年11月2日对于教会财产国有化的表决，568位代表投了赞成票，346位代表投了反对票。1789年12月22日在对宪法的一个关键性问题——选举权投票表决时，差别则不这么明显：国民议会

以 453 票赞成、443 票反对的结果决定出台资格性选举权。享有选举权的公民应至少年满 25 岁，每年直接纳税额应至少相当于 3 个工作日的薪酬或为 2~6 里弗尔（Livres）。拥有选举权意味着他们有选举选举人的权利，而选举人每年纳税额应至少相当于 10 个工作日的薪酬或为 7~10 里弗尔。议员必须拥有土地并至少纳税 50 里弗尔。根据这些规定，2500 万法国人中有 430 万人拥有选举权；有人估计这占了 25 岁以上男性法国公民的三分之二。选举人数目则达到 5 万。

对富裕公民的优待是刻意而为的，这引起了部分媒体、较为极端的代表和支持他们的首都各种俱乐部的激烈反对。资格性选举权与《人权和公民权宣言》中所许诺的平等之间的矛盾是显而易见的，正是这一点成为批评者在政治宣传活动中的主要论点，国民议会的决议并没有终止这样的论争。

1789/1790 年之交，温和派和极端派之间的政治两极化就已初见端倪，这将决定革命的进一步进程。其中一位反对资格性选举权的代言人是名叫马克西米连·德·罗伯斯庇尔的国民议会代表，他是来自阿拉斯（Arras）的律师和雅各宾俱乐部的主导力量之一，该俱乐部的名字源自他们聚会的地点，即巴黎从前一家名为圣雅克的多明我会修道院。1791 年 4 月，罗伯斯庇尔让人印制了一本赞成普选权的小册子，其中他把正义的、以公共福利为己任的普通老百姓和只对其私人利益感兴趣的有钱人进行了对比。这本小册子反响巨大，也为其作者在群众中不断增长的受欢迎程度奠定了基础。[6]

国民议会所做出的决定中，至今对法国具有深远影响 325
的包括领土和全国行政区域的重组。1790 年 1 月 83 个新省（Departements）代替了旧省（Provinzen），它们往往得名于河流和山脉，其首府分别位于新行政单元的中心，下设专区和县。行政区划完全按照了旧制度的传统，制宪议会希望借此抵消本位主义。与专制主义不同的是，国民议会的代表们追求的不是中央集权，而是去中心化：各省应该自治，其富裕的市民在资格性选举权基础上选出一个名誉理事会，再由后者选出受薪管理委员会。通过直接选举选出主管部门的城镇，其社会门槛较低。

去中心化自然只不过是个意图而已：与英国人和美国人不同，法国人在自治这件事上没有任何经验。此外还有革命的朋友和敌人之间的矛盾、首都与各地区之间的紧张关系，以及来自外部保守欧洲不断增加的巨大压力。1792 年法国就已经回归中央集权之路，从而返回了这个国家 17 世纪上半叶在黎塞留时期就已经选择了的发展方向。法国大革命开始 11 年后，代替国王之行省行政长官的是省长，他们是巴黎任命的管理各省的领导人。亚历克西·德·托克维尔用以下判断总结了缺乏历史观的重组和历史连续性之间值得注意的联系：“集权并没有在革命中消亡，因为它本身就是这场革命的开始与标志……集权在通过革命组建的社会中如此理所当然地找到了自己的位置，以致让人能够把它轻易地当作革命的结果之一。”[7]

按照专制主义的逻辑，但也不违背卢梭的公共意志理论，国民议会在 1791 年上半年颁布了两项法令：3 月 2 日通过了《阿拉德法》(Loi d’Allarde)，取缔了所有商会、公会和行会；6 月 14 日又通过了《勒沙普里安法》(Loi Le Chapelier)，
326 禁止工人结社与罢工。前者一直实行到 1864 年，后者甚至直至 1884 年仍然有效。为“特别意愿”发声被制宪议会认为是非法的，因为这与它所理解并以法律形式所表达的共同利益是不相容的。对工匠师父、学徒和工人的以上要求，自然对贵族也不会网开一面，其实此时贵族在形式上已经不复存在了：1790 年 6 月国民议会取消了世袭贵族以及一切贵族头衔。第三等级作为普通等级的要求再次得到明确强调。

革命的法国与旧制度之间最明显的联系仍然是国王。1791年9月3日由国民议会通过的宪法称主权是“统一的、不可分的、不可转移的和不可取消的”，然后它——像《人权和公民权利宣言》中所表述的——继而宣布：“主权属于国民；任何一部分人民或任何个人皆不得擅自行使之。一切权力只能来自国民，国民只得通过代表行使其权力。”

法国的宪政被强调为“代议制”，“其代表就是立法议会和国王”。宪法为政府形式使用的是“君主制”这个概念。国王的人身是神圣不可侵犯的，其唯一的尊称就是“法国人的国王”。他不是凌驾于法律之上的，因为依据宪法，“在法国，没有比法律的权力更高的权力；国王只能根据法律来治理国家，并且只有根据法律才可以要求服从”。

国王在其登位或成年时必须宣誓：“忠于国家和忠于法律，要用其所承担的一切权力来支持国民制宪议会于1789年、1790年和1791年所制定的宪法并下令施行法律。”若拒绝宣誓，应被视为放弃王位。最高行政权只委托给国王。正如1789年9月11日制宪议会所决定的，他在两届立法议会期内对国民议会通过的法令拥有暂时否决权。宪法在“法律的公 327
布”一节明确阐明，国民议会是从双重合法性来源导出君主职位的，具体王冠佩戴者“上承天佑和国家宪法的规定而为法兰西人的国王”。[8]

君主制下两种权力的合法化之间的矛盾，正如事态发展所显示的，是一种绝对矛盾：它的解决只能是国王战胜国民议会或是反之。波旁王朝的路易十六世不是第二个奥兰治的威廉三世，后者在1688年至1689年作为一项革命计划——光荣革命的目标——的实施者登上英国王位。路易则是要被消灭的旧制度的代表。1789年若是出现改朝换代，比如让国民议会议员、奥尔良公爵路易·菲利普二世（Herzog Louis Philippe II.

von Orléan）登基——他并非毫无缘由地被人称作“平等的菲利普”——也许还能促成一种真正的、受到国王认可的从专制向立宪君主制的过渡。但是，1789 年的法国没有人准备和愿意从一个世纪前的英格兰经验中得出正确的结论。所以国王与国民议会最终发生冲突只是时间早晚的问题。

托克维尔认为，他能够在法国大革命期间所确定的目标和思想史范例中找到一种变化：“开始时人们只谈论如何才能让权力更均衡，各阶级之间的关系更好控制；不久人们所追寻、追求和追捧的就仅剩下纯粹民主的思想了。起初人们援引和解释孟德斯鸠，最后则言必称卢梭，他成为革命繁荣期的唯一导师，而且还会一直保持这一地位……”[9]

证明托克维尔言之有理的首先是，制宪议会明确表明赞同三权分立。但若说多数代表真正理解了孟德斯鸠的理念，则有些牵强。当议会代表们试图通过民选法官来保障司法独立
328 时，他们还可以说是在秉承“法的精神”；但国民制宪议会想调控立法与行政机构间关系的做法，恐怕很难得到孟德斯鸠的首肯。

国王握在手中的大权与国民议会所要求的唯一“制宪权”，即作为国民喉舌的自我定位，形成了无法解除的矛盾。在立法和行政机构间既没有居中调停的主管机关，在立法方面也没有制衡国民议会的力量，如上议院。即使是君主的暂时否决权也不能被解读为体现了孟德斯鸠权力彼此制衡的基本思想。相反，它更是导致冲突升级的因素：一旦国王使用暂时否决权，国民议会必须通过一次或二次重新选举来“唤起民众”，动员选民起来反对君主。

在国民制宪议会的辩论中当然不乏要求对国民议会的权力进行更多制衡的声音。如前所述，不少代表主张给予国王绝对否决权，其中包括米拉波伯爵奥诺雷·加百列·德·里克

蒂，1790 年 6 月贵族头衔被取消后他仅叫里克蒂，并于 1791 年 4 月 2 日去世。但鉴于路易十六世的个性，这种建议只会导致立法和行政权的相互对垒，由于这种情况是不可接受的，最终只能引起内战。也有能言善辩者主张以英国为榜样建立两院体系，如让－约瑟夫·穆尼耶，他坚决站在米拉波一边认为国王应该拥有绝对否决权。当其所有努力失败后，他于 1790 年春流亡瑞士。但在第三等级宣布自己为普通等级，并将第一和第二等级（僧侣和贵族）中同情革命的代表吸收进去后，若是再成立上议院，那它只能是反革命的，或至少会被当作反革命的。

因此，1789 年客观上不存在创立两院体系的可能性。捍卫一院制的西哀士神父和哲学家让·马利·安托万·孔多塞（Jean Marie Antoine Condorcet）同时坚决反对国王拥 329
有绝对否决权，是有其道理的。因此，在影响国民制宪议会代表方面，卢梭的精神从一开始就比孟德斯鸠的精神有更好的前景。罗伯特·R. 帕尔默（Robert R. Palmer）于 1955 年出于充足的历史原因，把美国和法国大革命概括为“民主革命”与“西方文明的革命”，而且像雅克·戈德肖（Jacques Godechot）一样谈及“大西洋革命”。他正确评价道：“在法国进行美国式立宪的先决条件不存在……法国人在法国大革命进程中从未能圆满地解决行政机关与人民代表机构之间的关系。至于他们以后能否解决此问题，仍旧是个疑问……一个温和的革命当然更值得期许，但它不在可行范围内。”[10]

1791 年 9 月 14 日，当路易十六世宣誓效忠 11 天前通过的欧洲第一部代议制宪法时，从表面上看波旁王朝的立宪化已经完成，实际上王权的基础早就岌岌可危了。6 月 20 日国王携家人从巴黎出逃，几天后，他们在哈布斯堡皇朝统治的比利时边境附近——阿戈讷地区的瓦雷讷（Varennes in den

Argonnen）被认出，并被带回国都。

逃亡失败的后果乍看上去是相互矛盾的：一方面政治俱乐部和民众组织中的极端派找到理由，想废除君主制，成立共和国；另一方面国王的逃亡和被迫返回让国民制宪议会中的温和派受到鞭策，更要尽全力创建一种国家体制，使它成为阻止进一步极端化的堡垒——立宪君主制。在一定意义上，最后时刻宪法再次被修订：只有在接下来的三届立法会议都认可的情况下，宪法修正案才应该开始生效。

由拉法耶特指挥的国民警卫队按照国民议会的命令，于 7 月 17 日以武力驱散战神广场的反君主制集会，当时约有 50 名游行示威者死于非命。由于这场冲突，议会代表们和城市民众
330 间的隔阂更深。用恩斯特·舒林的话来说："拉法耶特和国民制宪议会之间的团结是用后者与民众社会的破裂换取的。" 8 月 27 日奥地利皇帝利奥波德二世和普鲁士国王腓特烈·威廉二世，在萨克森的皮尔尼茨（Pillnitz）当着国王的流亡兄弟们的面，表示站在法国国王路易十六世一边，要求法国对国王一家的安全负责，并且表示准备进行干预，即便只是以泛泛和非具约束性的方式。这对法国非但没有起到安定作用，反而让社会的两极分化更为尖锐。

雅各宾俱乐部此时已处于分裂过程中：以巴纳夫为首的温和派在前斐扬修道院（Kloster der Feuillants）创建了一个新俱乐部，并用此地名命名了该俱乐部；罗伯斯庇尔则上升为极端派的代言人。站在雅各宾派左翼一边的是科德利埃俱乐部（Club des Cordeliers）。该名称来自他们聚会的场所，这里曾是方济各会（科德利埃会）的修道院。[①] 其核心人物有乔治·丹东（Georges Danton）、卡米尔·德穆兰（Camille

① 在法文中，方济各会因其成员常在腰间系有"圣索"（Cord，即 Cingulum），也被称为"科德利埃会"（Cordeliers）。——编者注

Desmoulins）和让 – 保尔 · 马拉（Jean-Paul Marat）。正如同样激进的工匠和小商人聚会的社交圈和民众组织，在马拉的《人民之友》（*Ami du peuple*）和德穆兰的《法兰西与布拉班特革命报》（*Les révolutions de France et du Brabant*）的支持下，他们宣传的国家形式是民主共和国，其中拥有话语权的不再是资产阶级，而是普通老百姓。在战神广场的战斗之后，虽然一度出现了资产阶级的镇压阶段——丹东暂时去了英国，《人民之友》直到 1792 年才被迫停刊——但时间不为那些认为宪法生效后革命就结束了的人工作，而是为那些想要继续革命的人工作。

随着宪法的通过国民制宪议会的工作就结束了。1791 年 10 月 1 日，其继承者“国民立法议会”（Legislative，即新的国民议会）召开首次会议。由于资格性选举权，议会在国王出逃瓦雷讷前就已被选出。因为国民制宪议会决定，其成员既不允许参选国民立法议会，也不许出任大臣职位，所以议会代表 331
人选没有任何连续性。从整体上看，国民立法议会比国民制宪议会要“左”，但它并不“极端”。“右翼”的斐扬俱乐部的议员人数比雅各宾派多一倍，但 745 位议员中的大多数认为自己是自由的中间派。

即使是 1791 年夏天分裂以后，雅各宾派内部仍旧观点不一。在罗伯斯庇尔的敦促下，各省许多温和的雅各宾党人返回俱乐部，雅克 · 皮埃尔 · 布里索（Jacques Pierre Brissot）的追随者成为雅各宾派中最具影响力的群体之一。这些“布里索派”——后来根据许多议员的籍贯也称“吉伦特派”（Girondisten）——要更为“资产阶级化”一些，也就是说他们对富人不像罗伯斯庇尔或更为极端的科德利埃派那么仇视。

因为自从 1791 年 10 月起，雅各宾俱乐部在法国各地，也包括巴黎公开举行会议，那里的辩论对于舆论的形成越来越重要。不像制宪议会和立法议会，雅各宾党人的辩论和决议都是公开进行的。看台上的观众不是中立的观察者，相反他们大多是赞成雅各宾派观点的，他们习惯大声发表自己的意见。这很快就对投票行为产生了影响，尤其是在那些不属于任何党派的中立派议员中。

1791 年秋，最具争议的问题就是该不该与欧洲列强开战，这些列强组成反对法国大革命的联盟。真正的“主战派”不是罗伯斯庇尔周围的极端雅各宾党人，而是布里索身边的温和的吉伦特派。虽然罗伯斯庇尔在 1791 年 11 月也曾一度相信过能打赢一场革命战争，但几个星期后，12 月 12 日，他对诉诸武力的前景产生了巨大怀疑，以至于他成为坚定的战争反对者，或者更确切地说，反对此时开战。使他的态度发生转变的一个主要原因是王室的立场。路易十六世赞成与奥地利开战，因为这对巩固其地位有利：若是这场战争打赢，他可以希冀自己声望的提高，从而削弱反对君主制者的力量；在失败的情况下，
332 他仍然可能拯救自己的王位和全面复辟。

罗伯斯庇尔并非毫无缘由地怀疑两种势力的联手：一方面是留在国内的革命反对者与许多移居国外的贵族合作，他们目标明确，想把法国卷入战争；另一方面是老欧洲的反革命势力。鉴于法国没有军事准备，他认为革命完全有可能遭到镇压。

布里索对罗伯斯庇尔的警告只有蔑视，认为那是后者对革命的背叛。他主张开战，因为他想让国民同仇敌忾，揭露王权并推动革命，同时阻止国内社会局面的极端化。他的这些想法在雅各宾派中也获得了普遍认同。1792 年 1 月初，在雅各宾俱乐部罗伯斯庇尔和布里索之间展开了一场辩论，结果明显对后者有利。在国民立法议会中（与布里索不同，罗伯斯庇尔作为曾经的国民制宪议会成员不属于立法议会），吉伦特派反正

已经比罗伯斯庇尔这类更为极端的雅各宾派地位更为稳固。

3月中旬，国王罢免了反战的斐扬俱乐部派的大臣们，任命了吉伦特派的政府，包括特别好战的外交大臣迪穆里埃（Dumouriez）。这些人的最早行动之一就是向奥地利发出最后通牒，要求他们裁减哈布斯堡皇朝在尼德兰的军事力量。4月20日，国民立法议会接受国王建议向奥地利宣战。只有7位议员投了反对票。由于奥地利和普鲁士在1792年2月7日结为防务联盟，议员们知道，现在法国至少要打赢两个欧洲强权国家。事实上，普鲁士宣布参战的消息在7月6日就传到了巴黎。

第一次反法同盟战争开始时，法国正遭遇一场严重的经济危机。1792年头三个月在巴黎和全国各地不断发生严重骚乱，起因是食品供应匮乏和价格普遍上涨。当2月移民财产——像以前的教会 333
财产一样——被没收为国家财产时，此举虽然得到普遍欢呼，但从中能获得物质利益的暂时只有富裕的市民和农民们。4月20日的宣战像吉伦特派所希冀的那样，掀起一波爱国热。进军斯特拉斯堡的先头部队的上尉克洛德·约瑟夫·鲁日·德·李尔（Claude Joseph Rouget de Lisle）在4月底写出了那首莱茵军战歌，数月后，当共和国的队伍在1792年7月从马赛（Marseille）向巴黎进军时，这首歌被一遍遍传唱，后来被称为《马赛进行曲》而闻名并广泛流传："前进，祖国儿女，快奋起……"[11]

这几周中汹涌爆发的民族感情有别于传统的爱国主义精神。为自己的国家自豪完全不是什么新的和未知的情感，在诸侯国这种骄傲经常与对诸侯及其家人的好感有关。爱国者包括所有在乎公共利益，注重教化、繁荣、文化与语言以及拥有历史感的人。这主要是受过教育的阶层，他们以这样的方式表达自己对祖国的热爱。这与宗教并不形成竞争，而是与它相辅相成，尤其是当邦君与他的臣民信仰相同时。即使是在信仰不同的情况下，邦君也可以把服从权威视同遵守基督徒的戒律，以帮助形成国家内部的凝聚力。

在1792年的法国，民族成为一种偶像崇拜的对象。它代表着人类的理想——自由、平等、博爱，它释放了一种历史信号：让世界脱离暴政。所有人都属于民族，不仅仅是富人和受过教育的人，而且也包括普通老百姓。因此民族也能够要求每个“公民”献出一切，甚至生命。民族被宣布为最高财富，没有任何其他“财富”可以取代它的位置。与民族的关联是一种纯世俗的东西，正因为如此它本身带有一种新的、此世宗教的色彩。民族想为革命后的人们扮演启蒙运动胜利前教会的角
334 色：具有约束性的，赋予意义和正当性的权威。这是一种全新的民族主义，它产生于法国大革命时期。[12]

法国的民族主义刚形成就受到第一次考验。革命军与奥地利军队间的最初交战就显示了，新生的法国对战争是多么缺乏准备。由于移民，许多军官职位都处于空缺状态，或由资质不够的人补了缺；此外国家财政也是千疮百孔。进军布鲁塞尔，以引发哈布斯堡皇朝统治的尼德兰起来革命，此尝试以惨败告终。法国将军们，其中包括拉法耶特，然后就停止了战斗，他们打算率领自己的部队去攻打极端共和派。

革命的朋友们则称这一举动为“背叛”。许多人认为反革命威胁就来源于王室，尤其是王后，那个“奥地利女人”——玛丽·安托瓦内特，玛丽亚·特蕾莎女皇的女儿。1792年6月20日，网球厅宣誓三周年之际，在首都极端“街区”的鼓动下武装起来的巴黎人，也就是那些传奇的“无套裤汉”（Sansculottes，“不穿套裤的人”），对杜伊勒里宫发起了进攻。一周之前罢免了吉伦特派大臣，并任用了斐扬俱乐部派大臣的路易十六世，做出了异常机智的反应：他给自己戴上红色

的自由帽，为人民的福祉祝酒。虽然他没有做任何承诺，但他的姿态让人安心，示威者们撤了回去。

如果说冲击杜伊勒里宫的目的应该是推翻帝制的话（许多迹象证实了这一点），那它未能成功。但是，事态并未停留在巴黎街区和它们所带领的郊区无套裤汉的进军。巴黎小资产阶级反抗未遂后，联盟者——全国各地武装起来的革命友人揭竿而起，其中有前面提到过的来自马赛的著名队伍。让联盟者们万众一心的是，他们看到革命的祖国受到了来自内部和外部的最大威胁。

截至6月底，在危机的影响下，本是雅各宾俱乐部内不同政治派别领袖的罗伯斯庇尔和布里索也会面决定采取共同行 335
动：呼吁民族团结。7月11日，国民立法议会根据布里索的请求宣布“祖国处于危急中”。这不外乎意味着国家进入紧急状态，国王的行政权被取消。立法议会亲自接手了行政权力：一个革命性的举动。国民议会在革命中进行了一场革命，或是说引导了第二次革命。1791年9月3日通过的宪法从现在起成了一纸空文。

对以罗伯斯庇尔为首的激进派雅各宾党人来说，至少从现在起努力方向是清楚的：推翻君主制，成立共和国，解散国民立法议会，在普选的基础上选出一个革命的人民代表机构，用新的革命宪法取代1791年9月3日通过的宪法。如果说还需要外界推力，来帮助激进派胜利实施自己的策略，那么7月25日的书面宣言就成了这一推力，该宣言由一位移民执笔，即联军最高指挥官不伦瑞克—吕讷堡公爵卡尔·威廉·斐迪南（Herzog Karl Wilhelm Ferdinand von Braunschweig-Lüneburg）。联军表明自己是国王和王室的保护力量，它宣布一旦杜伊勒里宫被攻破，或是国王和他的家人哪怕遭受了一丁点侮辱，将进行“前所未有的、令人永远难忘的复仇”。宣言明确宣布，那时巴黎将被完全摧毁，“罪犯”会被处决。

如果说呼吁民族团结者的意图是推翻法国帝制，并让路易十六世和他最近的亲属陷入极端危险的境地，那么联军发布这样一份宣言的确帮了他们大忙。不伦瑞克公爵的宣言起了反效果，巴黎各区现在要求立法议会发出最后通牒废黜国王。由于直到 8 月 9 日立法议会都没有根据民意采取行动，第二天，在罗伯斯庇尔和他的政治朋友的精心策划下，发生了两个月内第二次对杜伊勒里宫的冲击。

与 6 月 20 日的结局不同，这次革命者赢得了全线胜利。
336 国王先是与他的家人来到国民议会所在地寻求保护。此后开始了一场可怕的屠杀：国王的瑞士卫队向人群开枪，杀死约 100 名起义者，包括来自各省的联盟代表；受伤的示威者达 270 人。激进派的复仇是可怕的：600 名卫士中的大部分人在投降后被杀害。接下来强攻宫殿的场面残忍至极，目击者的报道首先在法国境外引发了不知所措的惊愕。

8 月 10 日国民议会暂停国王的王权，国王一家被关押在新的国家监狱——圣殿监狱（Temple）。第二天，以丹东为司法部长的临时政府开始工作。此后立即开始在男性公民普选的基础上选举国民公会的筹备事项。国民立法议会不再拥有政治意义并于 9 月 20 日被解散。同日发生了瓦尔密（Valmy）炮击，从此开始了革命力量向莱茵区的挺进。让这场军事上可以说是微不足道的战役闻名天下的是歌德的一句话［他曾陪同其恩公萨克森－魏玛公爵卡尔·奥古斯特（Herzog Carl August von Sachsen-Weimar）参与“法国的政治运动”[①]］：“从这里并从今天起开始了世界历史的一个新纪元，而你们可以说，你们亲眼看见了它的诞生。”第二天，1792 年 9 月 21 日，国民

① 《法国的政治运动》（*Kampagne in Frankreich*）系歌德发表于 1822 年的自传体散文作品，记录了其参加普奥联军对法作战的经历。

公会首次开会并决定取消王权。法国通过此项决定转变为一个共和国。

在此革命性举动之前，还发生了一件比攻打杜伊勒里宫更残酷的事情：九月大屠杀。这不是巴黎暴民自发的越轨行动，而是有组织的大规模恐怖事件，进行煽风点火的是《人民演说家之报》（*Orateur du peuple*）和马拉的《人民之友》报的记者们。领头实施屠杀的是来自郊区的杂货商与手工匠人，受害者是首都各监狱中关押的1100~1400名囚犯，其中包括许多拒绝效忠宣誓的神父，但大多数是普通罪犯，他们的罪行中能跟反革命挂上钩的充其量就是在监狱中伪造指券。应该让革命 337
的敌人陷入害怕与惊恐——除此之外从1792年9月2日至6日的血腥日子中人们无法找出别的意义。这场杀戮在欧洲和美国引发的回响是一致的：这场革命显然不惜做出一切，来玷污自己的理想。

福雷和里歇谈及1792年夏季，尤其是8月10日攻打杜伊勒里宫事件，称其为革命的脱轨（dérapage）。这指的是：社会上更为落后的、非资产阶级的、倾向于采取过激政治行为的阶层牺牲进步的、资产阶级的、理性力量的事层出不穷，而议员代表们本来是为了后者的利益而革命的。1792年发生了这样一种力量位移，但这种现象无法通过以下确证来解释：当时革命迷失了自己的方向。人们不必为1792年6月和9月之间的事件寻找必然性，但温和派势力的削弱和激进派势力的增强肯定有其一定的内在逻辑。

鉴于随后发生的事情，路易十六世在1791年6月出逃瓦雷讷后就遭废黜无疑要“好过”一年后被废。但是攻占巴士底狱两年后，法国还没有做好准备告别帝制，在这种情况下很可能出现欧洲保守大国进行干预，对此法国在政治上和军事上都没有做好应对干预的准备，这样一场干预原本会使革命成果遭受重创，幸免的可能微乎其微。吉伦特派轻率地挑起了第一次反法同盟战争，奥地利和普鲁士当时并没有任何紧迫理由开战。1791年底和1792年初，罗伯斯庇尔几乎是唯一一个警告不要进行战争的人。但战争打响后，国王和一些将军的两面派行为日益明显，爱国舆情的左转就是理所当然了，与此相连的是重心的位移，其方向是从社会较高阶层和中级阶层向社会下层移动。

法国新的民族意识不仅没有被1792年的军事失利所削弱，甚至通过这些失利还得到了增强。与君主制的决裂已是势在必行，但1792年9月21日国民公会决定向新的国家形式过渡时，
338 共和国的政治和社会内容尚不确定。唯一可以肯定的是，对于开始于1792年夏天的第二次革命而言，选举出国民公会还远远不意味着革命的目标已经达到。[13]

## 不同的反响：革命在德英两国被接受的情况

1789年7月和8月发生在巴黎的事件在法国境外引发了欢欣鼓舞，但这种鼓舞在许多心怀仁慈的观察家那里只持续了很短时间。当路易十六世于凡尔赛宫，以及10月5~6日被带往巴黎的路上受到羞辱后，最初的批评声音开始出现。在德意志，诗人克里斯托夫·马丁·维兰德（Christoph Martin Wieland），一位既感觉敏锐又有影响力的出版人，也是革命的早期同情者，斥责对国王权力的剥夺，因为这与恰当的三权分立的制衡思想不相容。

他提出了一个在他看来只有时间能给出真正答案的问题："如果有朝一日上帝和更好的本性（Deus et melior natura）最终占据优势，从这场骚乱中产生新的秩序，迅速而彻底地治愈民主的恶魔给这个醉心自由的民族留下的数不胜数的伤口，那么，我们可以把这看作对这么多罪恶的补偿吗？"

七个月后，即1790年5月，维兰德只能得出以下结论：在德意志越来越多的人认为，法国国民议会"提出的无理要求太过分，其行事方法是不公平与暴君式的，用民主专制代替贵族和君主专制，一方面用操之过急和不明智的法令，另一方面通过党派意识（充满党争精神——作者注）去煽动人民，让民众在迷醉自由的状态下做出最令人发指的狂放行为……"

当制宪议会在1790年6月废除世袭贵族及其所有头衔与特权时，维兰德提出了公开抗议。虽然他仍称"把一个伟大民族从向最难以忍受的、贵族统治的君主政体铁腕独裁的蜕变中解放出来"，是"所有行为中最值得荣耀的"；但他绝不会认为以下行为有何荣耀，即"不是（以英国宪政为榜样）通过充分保障人民的权利建立起权力真正受到限制的君主制，而是建立起一种巨大的、异常复杂的、无助和不安全的民主……"在作者眼里，这种尝试已然应该受到谴责，因为他坚信，在法国也曾有另一条路可走："毫无疑问，应该与贵族以及王室和神职人员携手进行那些势在必行的改革，这是共同利益所要求的。"[14]

自 1772 年起，维兰德住在魏玛的公爵府当门客，与他有同样想法的还有许多当年德意志的思想精英代表。其中之一是约翰·戈特弗里德·赫尔德（Johann Gottfried Herder），他是 1776 年受歌德邀请来到魏玛的。1789 年他曾是法国革命起义的热情辩护士，仅仅三年之后，他认为没有什么"比愤懑和疯狂的民众以及由疯狂的民众实行的统治"更令人厌恶的了。"鉴于它正处于可怕的一团糟状态中，前途未卜"，法国通过其革命得到了什么？从这样一场"造成了种种不人道、欺诈、混乱场面，或许会让几代人不知何谓仁爱秉性"的革命中，人们如何能希冀更好的教育？"这种令人头晕目眩的自由精神，以及似乎由此生发的血腥战争会对各民族和统治者，特别是对人文、科学和艺术机构产生什么作用？"德意志人除了从法国的经验中学习外，没有别的出路。"我们可以像站在安全的海岸上看着一艘公海上的船正在下沉那样看待法国大革命，若是我们的邪恶精神没有违背我们的意愿把我们也卷到海中的话。"[15]

赫尔德和维兰德肯定是说出了这个"诗人和思想家的国度"中大多数有教养者的心里话，但不是所有人都这么想。有很少的德意志媒体人不仅欢迎议会代表们在 1789 年夏天的革
340 命举动，而且对雅各宾派亦表现了一定的理解。但即使在（这么称呼他们是否合理尚值得怀疑）"德意志雅各宾派"中，多数人也明确拒绝效仿革命的法国。探险家和作家约翰·格奥尔格·福斯特（Johann Georg Forster）1792 年在被法国占领的美因茨成为自由与平等之友协会（Klub deutscher Freiheitsfreunde）的会员，1793 年他指出，德意志"以其自然、道德和政治条件"正走在一条"缓慢、逐步完善和成熟"的路上。它应通过"其

邻国的失误和痛苦变得聪明起来，别人必须自下而上用暴力骤然夺取的自由，它也许可以自上而下地逐渐获得”。激进作家格奥尔格·弗里德里希·雷布曼（Georg Friedrich Rebmann）1796 年宣称，他从未严肃地“思考过一场法国模式的德意志革命。在新教国家中这是完全不可能的，而在我们的天主教国家中同样也几乎不可能”。

在德意志不必进行一场政治革命，因为有过宗教改革：这是新教启蒙运动后期的共同信条，从维兰德到“德意志雅各宾派”都这么认为。根据这种解释，路德发起的宗教革新是一种普遍的自由承诺，这种自由是渐进获得的。如此看来，德意志在历史发展道路上已比法国走得更远。它“可以”进行政治改革，因为此前已经进行了宗教改革。而按照后期启蒙运动者的观点，它又“必须”走这条路，如果它不想遭受与法国相同的命运。因为一场革命在德意志并非完全没有可能发生。“它将会并且必会发生，”雷布曼在 1796 年警告说，“如果人们不用改革来避免革命的话。”[16]

康德的想法基本上也没有什么两样。在其 1795 年出版的《永久和平论》（*Zum ewigen Frieden*）一书中，他把专制定义为原则上“国家霸道地执行它自己制定的法律”的政体。因此专制主义就是“公共意志被统治者当作其个人意志来处理”。这位柯尼斯堡的哲学家提出的与专制主义相对的政体是共和主义：在这种政府类型中，行政权与立法权是分开的。对康德而言，这样的共和主义是完全可以与君主制政体兼容的，但是不能与人民掌权的直接民主相容，即“没有代议制的民主”是一 341
种最坏的组织形式，因此它必然形成专制。

当康德在《永久和平论》以及两年后，即于 1797 年在《道德形而上学》（*Metaphysik der Sitten*）的“法权论”（Rechtslehre）中明确要求一种“人民代表制”时，他迈出了超越开明专制的决定性一步。这同样体现在他赞成制宪上，“在法律本身进行统治的地方，无须依赖任何特殊的人”。因为康德坚持法律改革和不顾一切地想要避免暴力革命，他的要求和其他德意志晚期启蒙运动者一样，是提给现存的开明专制国家的。[17]

如果可以选择或者以法国方式、或者以英国方式来克服专制主义，德意志的开明思想精英肯定会像维兰德一样，优先考虑选择第二种可能性。英国出版人和政治家埃德蒙·伯克（Edmund Burke）的著作《对法国大革命的反思》（*Reflections on the Revolution in France*）在德意志获得巨大成功，也为这种猜测提供了证明。伯克 1729 年出生在都柏林，父亲是一位信奉英国国教的律师，母亲是信仰天主教的爱尔兰人。自 1765 年起，他在下议院担任辉格党议员。1770 年代他是北美移民者权利的雄辩代言人，坚定反对英国官方的政策。其有关法国大革命的著作撰写和发表于 1790 年，一个杰出的德文译本出版于 1793 年，译者为康德的学生弗里德里希·根茨（Friedrich Gentz）。

伯克以英国历史的标准来衡量法国的最新发展，从而做出了毁灭性的评价。他的书迅速成为一篇欧洲保守派的宣言，而他本人在探讨了法国大革命后也渐渐从辉格党人转变成托利党人：1791 年，伯克与其多年的政治上的朋友们反目，其中为首的是查尔斯·福克斯（Charles Fox）——议会中自由派的领导人，他曾称捣毁巴士底狱是世界历史中最伟大的事件。伯克最终与反对党议员中的多数一起转入政府阵营，在那里他不断说服首
342 相小威廉·皮特向革命的法国开战。[18]

倘若在英国没有出现一个新成立的“革命协会”（Revolutionsgesellschaft）和一位名叫理查德·普赖斯博士（Dr. Richard Price）的标新立异的神学家，想要让他们的同胞赞同

1789 年之革命理念的话，伯克大概不会撰写《对法国大革命的反思》一书。伯克认为，英国只能向法国学习，应该如何不做这种事，而法国则有十足的理由把英国的政治代议制、自由与分权的经验铭记于心。在人们敢于思索彻底推翻一种政治制度前，该国家行政机构必然已极为堕落和腐败。“如果出现了这种怨声载道的状况，那么疾病的症状就会给自己开出相应的药物，明白易懂，就像自然界为令人绝望的痛苦备有毒药一样，得给危机四伏的国家灌下这最后的、充满危险的苦药。”

一场革命是“思维与善行的最后庇护所”：这对英国和法国同样适用。在英国一切均可继承，不管是王冠还是帝国贵族头衔；但下议院和人民亦有世袭的特权、权利与自由，它们世代相传，可以追溯到 1215 年的《大宪章》。“这个体系是深思熟虑的结果，或者更确切地说，它是对那些人的幸运奖赏，这些人漫步在自然之路上，在这条路上智慧无须过分绞尽脑汁，而且智慧要高于一切反思。”

按照伯克的观点，老特权在法国虽然被打破，但并没永远消失。旧的等级有些优势，这些优势本来是可以继承下来的。路易十六世不是暴君，而是一个温和与合法的君主；法国贵族不该受到处罚。伯克认为，英国的稳步改革之路也适合法国人。“然而他们更喜欢如此行事，就好像他们从未经历过公民契约社会，而是一切都要在他们那里重新开始似的。”

出现这种把法国带到深渊边缘的混乱，原因是缺乏实践训
练。国民议会的成员充其量只是些理论家，但大多是来自各省 343
的律师，“一群挑动别人打官司的律师，或是在边远村镇的鸡毛蒜皮纠纷中的挑头闹事者”。他们是宣传平等的使徒，无所事事，倒行逆施，把所有权力都交到最底层民众的手中。“在法国，政府不在财产所有者手中。因此，消灭财产就成为不可避免的，理性的自由也就消失了。”

伯克根本不想听什么自然的天赋人权。公民社会的基础是契约，这些契约必须构成任何国家宪法的原则、形式和界限。真正的人权因此不是自然权利可以解释的，而是通过契约规定而获得的权利。“人不能同时享受独处与社交状态的权利……公民社会人的权利不可能是别的，而只能是他的真正好处，这通常要经过费力的利弊权衡，有时甚至是两害相权取其轻。”因此，对热情洋溢的宣扬自由的话伯克毫不买账。“我毫不隐讳地承认：我一向痛恨喋喋不休地谈论反抗与革命，我无法容忍，有人试图把给国家的最后一剂猛药变成它每日的面包……这些人满脑子充斥的都是其人权理论，以致他们完全忘记了人的天性。”

这位保守作者的信条以最大浓缩方式表达就是：“我必须一直忍受人性的缺陷，直到它成为罪行……我不理解，为什么任何人都会变得如此疯狂，把祖国看成一张允许他在上面随心所欲地涂鸦的白纸。一个爱国者和一个真正的政治家一定试图在国家所能提供给他的现有基础上仅仅进行恰到好处的变动。倾向于维护现状和善于改善，这两个元素的结合在我眼中构成
344 一位伟大的政治家的品质。”[19]

鉴于法国人根本不想听这些见解，这个国家的前途堪忧。根据伯克的评估，没收教会财产只是完全取消基督教的一个准备性步骤。（英格兰国王亨利八世在两个半世纪之前就已经没收了天主教教会的财产，对此这位英国国教的坚定捍卫者根本没提。）伯克认为，危险还会来自最高法庭，一种制宪议会所追求的国家法院。“如果不以极为谨慎的态度试图让此法庭远离那种精神，即到目前为止在打击所有政治犯程序中占了上风的做法，那它将联手（国民议会下属的——作者注）调查委员会扑灭法国尚存的最后的自由火花，并导致人类史上最可怕的暴政。”

王权被剥夺后，另一个危险来自政治化了的军队。一个成功的军官未来只能通过选举和驭民艺术来保障士兵们的服从。他的举止得像一个候选人，而不是一个指挥官。“在政府的一部分软弱无力，所有其他部分动摇不定的状况下，一段时间内这支军队的军官们只能满足于零星的叛乱和兵变，直到一位普遍受到爱戴的将军懂得如何俘获士兵的心，并拥有真正的军事天才，他将会吸引所有人的目光。所有军队会心悦诚服地忠诚于他，在这种事态下不可能期待士兵们会有其他类型的服从。但从这一刻起，因为发生了这样的事，这个真正指挥军队的人也就成为所有其他人的大师：他必须成为国王的主宰（虽然这说明不了什么），立法议会的主宰，整个共和国的主宰。”

国民议会高度依赖军队。正因为这种由理论家组成的议会并非实际上的国家的代议制代表机构，它需要武装部队，以便 345
在市民和农民起来反对立法机构的权威时能够有效反击。“国王最后的避难所永远是最初的国民议会。只要加薪和自己是一切纠纷的裁判这种虚荣对军队仍旧起作用，这类军事援助就会一直持续。但转眼之间枪口就会掉转，背信弃义地打伤使用它的手。”[20]

伯克的论战檄文，其文学形式是一封写给一位法国朋友的长信，其中含有敏锐的预测、睿智的观察与明显的判断失误。仔细阅读过他的《对法国大革命的反思》的人，无论是对公共安全委员会时期雅各宾党人的恐怖统治，还是对政治将军拿破仑·波拿巴的崛起直至他担任第一执政都不会感到惊奇。让人性屈从于教条理论的尝试是注定要失败的，拒绝所有先前的政治智慧只能导致恐怖政权的诞生。

英国所走的，对已经取得的东西仍旧不断完善的路，让该国的政治局势为多数开明国家羡慕。但伯克的祖国作为岛国有着优越的地理位置，对此这位国王、上议院和下议院特权的雄辩捍卫者并未提及。与其他欧陆国家不同，一个强大的、依靠军队和官吏的“专制”国家在英格兰不可能长久存在。与英国议会相反，法国议会不是争自由的开路先锋，而是成了早就该进行的改革的敌人。法国贵族和英国贵族相比，十分不愿意学习，法国国王任何时候都不会愿意去扮演“君临国会”的角色。

因此法国，不像伯克所设想的，不能走英国那条路，尽管英国那条路也并非总是和平的。在没有契约所承认的自由权的地方，自由也不可能有机地继续发展，而是只有通过反抗现存
346 机构才能获得。援引历史在此帮不上什么忙，关键是要让天赋人权得到承认。

伯克得到的最尖锐的回应来自一位同乡——托马斯·潘恩，他于 1774 年前往北美，因 1776 年初出版的《常识》一书成为出版界宣传独立宣言精神最重要的先驱人物，1787 年回到英国。1791 年 2 月，伯克的《反思》发表三个月后，潘恩出版了《人的权利》（*Rights of Man*）第一部分（第二部分于次年问世）。“我为活人争权利……相反，伯克先生则为死人争权力，即支配活人与自由之权利。”天才雄辩家潘恩用这种言简意赅的对照突出了他与伯克争辩的核心，并把伯克为英国政体的辩解上升到有关政治秩序的基本问题的争论高度。与此相应，其主要论点毫无疑问为：一部宪法诞生于政府组成之前，政府仅仅是宪法的产物。“一个国家的宪法不是政府的作品，而是人民的作品，是人民任命了一个政府。”[21]

根据潘恩的观点，与英国情况不同，在 1791 年的法国人民是主权的载体。国王只担任一个职务，议会不是因国王特许而存在，而是人民选出的。在英国人们虽然常常提到宪法，却没有宪法。“英国议会从国民议会那里学到了谈论宪法的习惯，却没有接受其内容。”按照潘恩的看法，不是英国，而是当今的法国有资格称自己拥有选举制和代议制政府。“政府不就是

管理一个国家的事务的吗？政府不是，根据其属性也不能够是某个特殊的人或某个特殊的家庭的财产，而是属于整个社会的，也是社会在出资供养政府。即使它被非法地通过武力和阴谋变成可继承的财产，这种篡夺也仍然改变不了物权。”

接下来的句子令人忆起美国1776年7月4日的《独立宣言》。“依照法律，主权作为一种权利只能属于国民，而不属 347
于任何个人。国民在任何时候都拥有一种固有、不容侵犯的权利：废除任何它发现为不合格的政府形式，引进一种符合其益处、倾向和福祉的政府……每一个公民都是主权的一分子，因此不能屈从于个人；他只能服从法律。”

潘恩继续论述说，此前的革命——此处暗指的是1688年的光荣革命——更换的几乎仅仅是当权者，或改变的不过是区域性状态。“但我们今天在世界上看到的法国和美国革命，它们重建的是事物的自然秩序，它们组建的是原则系统，该系统具有普遍性，就像真理与人类存在，道德与政治幸福和自然富足密切相连……君主主权在其自然和原始的地方——国民身上得到恢复。如果整个欧洲都能做到这一点，战争的起因将被根除。”[22]

潘恩是在重复他于1776年在《常识》一书中所持的观点，此观点康德在其1795年出版的《永久和平论》中也提到了：一旦所有国家都是共和国，也就是采取代议制统治形式，它们将不再会彼此开战。“为什么共和国不会匆忙卷入战争呢？仅因为其政府性质不允许追求有违国家利益的其他利益……在旧的政府形式中战争就是政体……在人类的开明阶段不难理解，世袭政府已面临没落，以民权和代议制政府为广泛基础的革命正在欧洲如火如荼地开展。因此一种智慧之举则是：未雨绸缪，让革命理智、协调地进行，而不是把问题留给暴力大动荡去解决。”

按照其思路，潘恩接下来设计了一种文明构想，这种文明已几乎不再需要政府。“政府仅仅还在极少数情况下提供帮助，这些情况社会和文明难以应对……文明越完美，就越不需要政
348 府，因为它更加会安排自己的事情，实行自治……所有伟大的社会法规都是自然法。”

当作者把他的这些思考归纳成以下论点时，他援引的是美国的经验：“政府不外乎一个根据社会原则行事的全国性协会……旧体制的政府妄自扩大自己的权力以谋私，新体制的政府使用转交给它的权力为社会谋求普遍福祉。”

对他自己提出的问题——何谓宪法，潘恩在其论战檄文的第二部分中给出了一个尖锐的答案：“一部宪法不是一种政府行为，而是人民的行为，人民组建了政府，没有宪法的政府是非法权力。”由此可见，一国国民有立宪的权利。“所有可继承的管理人民的政府，对人民来说不啻是一种奴役，代议制政府则意味着自由……人权是各代人的权利并且不能被任何人垄断……因此，革命的目的是改变政府的道德状况；随着这种改变减少公共税收的负担，使文明得以享受丰裕，现在它被剥夺了这种享受。”[23]

对潘恩有关人权的论文的反响，要比对伯克的《对法国大革命的反思》还要强烈。英文版问世不久，就有了美国版本以及其他译本，包括法文和德文译本。该书的成功证明了天赋和不可剥夺的人权观念，尤其是政治自治权和与之相关的代议制宪法，具有说服力和吸引力。伯克对政治自由的历史推导以英国的经验为基础，但并不具有普遍适用性。然而潘恩方式的片面性也毫不逊色于其保守的同乡。这位激进的英国人认为权力的滥用只会发生在君主制和贵族制国家中（在那里甚至是实质
349 上必要的）；他明确拒绝混合政体，因为在这样的体系中没有人会承担责任，一切都通过贿赂来控制。因此与美国宪法之父

们的见解相比，潘恩的观点要落后一大截，前者既对人性有清醒的认识，又能从历史经验中借鉴英国的“制衡”原则，使其为己所用。

不仅君主制政府，就是革命政府也会蔑视和侵犯公民的自由，这一点潘恩后来将有亲身经历。1792 年他离开了自己的祖国，其有关人权的作品受到压制，他本人会因叛国罪遭逮捕，所以流亡法国。在获得法国国籍后，他在加来海峡省（Departement Pas-de-Calais）当选国民公会议员。他加入吉伦特派，赞成审判路易十六世，但反对处死他。1793 年雅各宾派恐怖统治开始后，他在写完《革命时代》一书的第一卷后不久被逮捕，由于美国驻法公使詹姆斯·门罗（James Monroe）的干预，1794 年 11 月又被释放。

在接下来的日子里，潘恩致力于《理性时代》一书的撰写，他在其中彻底质疑了信仰圣经的基督教，公开宣布自己信仰一种自然神论的共和制宗教。1802 年，他接受托马斯·杰斐逊（他于一年前当选美国总统，并且是法国大革命的热情辩护者）的邀请回到美国。1796 年 10 月，他在乔治·华盛顿宣布退隐之际对美国第一任总统所进行的人身攻击，以及他那激进的、被认为是无神论的宗教批判都令他此时在美国不仅成为一个有争议的人物，而且遭到了普遍排斥。约翰·亚当斯（法国大革命的尖锐批评者）那样的“联邦党人”，早就恨透了他；曾经的朋友们也弃他而去。1806 年 6 月 8 日，贫困和孤立的潘恩在其位于新罗谢尔（New Rochelle）的农庄去世，享年 72 岁。其保守派对手埃德蒙·伯克比他多活了 12 年。[24]

1792 年 9 月 21 日第一次召开的国民公会共有 754 名代表参加，他们是通过男性公民的平等普选选出的议员。此外，还有来自殖民地的 28 名成员。其中多数人的立场要比立法会议偏左，但人们还不能称他们“激进”。构成右翼的是 100~150 名以布里索为首的温和的雅各宾党人，根据他们之中一部分人的籍贯他们后来被统称为吉伦特派。几乎同样强大的是激进的山岳党（Bergpartei）中的雅各宾派，其核心人物是罗伯斯庇尔、丹东和马拉。他们被称为山岳党是因为他们的代表都坐在公会阶梯会场的较高处。山岳党人都是坚定的中央集权赞同者，而吉伦特派则希望有强大的各省与弱势的首都：这是“两派”之间的首要区别。剩下的绝大多数国会议员，其立场摇摆于吉伦特派和山岳派之间，这样他们就得到了带有蔑视意味的绰号“沼泽派”（Sumpf）。在公会开会的头几个月，他们更倾向于温和派，这让吉伦特派获得执政机会。

国民公会的一项主要任务是制定一部新的宪法。1793 年 6 月 24 日，当这部宪法通过时，已是山岳派在掌权。宪法确认了国民公会 1792 年 9 月 25 日的决定，即法兰西共和国是“一个不可分割的整体”；该宪法还把公民权利进一步扩展为公民有工作和受教育的权利；它宣告了主权在民的原则并坚持明确规定行政权力要服从立法机构的意志。虽然法国人通过全民投票以压倒性多数通过了该宪法，尽管国民公会在 1793 年 8 月 10 日（强攻杜伊勒里宫一周年）也正式公布了该宪法，但因持续不断的战争，《共和元年宪法》（Verfassung des Jahres I）
351 从未生效。由于此前 1791 年 9 月 3 日的《宪法》仅仅在 10 个月之后，即 1792 年 7 月 11 日（第一次攻打杜伊勒里宫的第二天）实际上就被立法议会废除了，国家继续处于无宪法状态。

国民公会决定的就是法令：通过建立临时政府，国民公会想保障自己的继续存在。

国民公会早期最关心的问题莫过于国王的命运，在此问题上议员们的意见不统一。对路易十六世的起诉开始于 1792 年 12 月 11 日，三个星期前在杜伊勒里宫的一个秘密橱柜中发现了法国国王与敌对势力进行秘密谈判的档案，这些材料让路易以祖国叛徒的形象出现。雅各宾党人，更不用说巴黎的无套裤汉们，从一开始就想置国王于死地。大多数吉伦特派想挽救他的性命，这些人后来在罗伯斯庇尔的推动下被从雅各宾党人名单中除名。1793 年 1 月 15 日，国民公会以压倒性票数通过了判定国王有罪的申请。第二天进行记名投票决定给予国王何种处罚：721 名议员中 387 票赞成死刑，334 票反对。那些要求执行死刑的人当中，有 26 人主要是出于外交政策的原因建议缓期执行。结果 1 月 16 日有 361 位议员投票赞成立即执行死刑，而 360 位则反对这种做法。

当 1 月 19 日再次专门对死缓进行投票时，380 票对 310 票的多数反对这种解决办法。1793 年 1 月 21 日上午 11 时左右，路易十六世在后来的协和广场登上断头台被斩首。刽子手举起国王的头展示给大众，众人报以欢呼，法兰西与共和国万岁的呼喊此起彼伏。

路易十六世被斩首后，法国和欧洲君主制国家间的对立完全再无缓和的余地了。1793 年 1 月 21 日的事件发生得恰逢其时，那时候革命军队已经取得了一系列军事胜利：1792 年 9 月，他们不仅在瓦尔密，而且在萨伏依告捷；10 月底他们占领了美因茨，11 月初在热马普（Jemappes）胜利后又征服了比 352
利时。1792 年 10 月起，普鲁士几乎不再参加对革命的法国的围剿，它把精力完全集中在对波兰的第二次瓜分上。1793 年 1 月 23 日，路易十六世被执行死刑两天后，在圣彼得堡签署的一项俄国—普鲁士条约为这次瓜分奠定了基础。美国历史学家克雷恩·布林顿（Crane Brinton）认为正是这个协议在 1792 年秋挽救了法国：“训练有素的普鲁士军队曾经长驱直入托伦和波兹南，它们在其他情况下早就进入巴黎了。”

作为对普鲁士消极态度的某种平衡，参战的有英国、荷兰、西班牙、撒丁王国、那不勒斯、葡萄牙，还有德意志民族神圣罗马帝国，后者更是象征性的：这是路易十六世被执行死刑的一个直接后果，至于大不列颠，它的参战至少同样可被视为对法国革命军占领斯海尔德河河口（Scheldemündung）安特卫普（Antwerpen）港的回击。英国现在公开对抗法国（哪怕起初只是通过给奥地利和普鲁士补贴，在海上封锁法国以及在加勒比地区挑起武装冲突），这主要是首相小威廉·皮特运作的结果。执政的托利党想防止革命蔓延的风险：托马斯·潘恩的《人的权利》在岛国，尤其是在工匠和工人中引起强烈反响。一些协会如“伦敦通讯协会”（London Corresponding Society）和“促进宪法信息协会”（Society for Promoting Constitutional Information），把这篇共和制战斗檄文中的思想为己所用，受到政府充满猜忌的注视，并最终被取缔。

1794 年下议院甚至废除了 1679 年的《人身保护令》，起因是对通讯协会创始人鞋匠托马斯·哈代（Thomas Hardy）以及他的一些政治朋友的叛国罪审判。接下来还有其他镇压法令：1799~1801 年的结社法。根据此法组织工会要受到惩罚，数年之内自由讨论成为不可能之事，致使对英国政府进行改革的努力长期被搁置。1798 年一次受到法国支持的信仰天主教
353 的爱尔兰人的起义，遭到英国政府的血腥镇压，阿尔斯特信仰新教的保皇党站在政府一边，这让英国政治上不宽容的中上层阶级受到额外的鼓舞。镇压的政策自然也有一个镇压者始料不及的副作用：它让早期的产业工人开始产生属于同一整体的意识并

形成共同利益。

法国立刻感受到英国参战的后果：由于英国的海上封锁，粮食进口以及整个外贸变得异常困难，面包价格上涨，1793年2月在巴黎，饥饿导致人们哄抢食品店。针对欧洲的反革命大联盟，国民公会于2月24日决定招募30万新兵。这项措施首先在那些农村地区，即受到革职的旧神父们还得到农民们大力支持的地方，尤其是法国西部的旺代地区，遭到激烈反抗。对招募法令的反抗很快就演变成反对革命的叛乱，并要求复辟帝制。战斗双方使用的手段都非常残酷，叛军在时间上先下手为强。除了对外作战，1793年3月起又增加了内战。对于内战，一方希望、另一方惧怕的是，它早晚会蔓延到整个法国。

1793年3月18日，旺代叛乱开始一星期后，奥地利人在内尔温登（Neerwinden）重挫法军北军，后者不得不撤离整个比利时。败军之将，即前陆军大臣迪穆里埃（他是布里索的亲密朋友）随后试图率领他的部队向巴黎移动，军队要在那里结束国民公会的统治并恢复帝制。当士兵们拒绝这么做时，迪穆里埃倒戈投降奥地利人。这是个背叛事件，雅各宾派立即要布里索和吉伦特派对此负责。雅各宾俱乐部主席马拉更进一步呼吁法国人，起来反对“反革命”。

对此，布里索的追随者们提出申请，国民公会应该取消马 354
拉的议员豁免权，把他交给3月组建的革命法庭进行审判。该申请虽然以多数票通过，但法庭宣判马拉无罪释放。此判决意味着吉伦特派的失败，此后该派再也未能东山再起。1793年4月6日组建了“公共安全委员会”（Comité du Salut public），任命丹东担任为期三个月的主席。该委员会的主要任务是追究所有参与迪穆里埃背叛事件者的责任。5月29日，巴黎较激进的街区起来反对吉伦特派。国民公会仍然拒绝满足无套裤汉们的最重要要求——逮捕吉伦特派核心人物。三天后，6月2日，事态有了进一步发展：议会多数派向武装起来的无套裤汉们投降，同意逮捕29位吉伦特派议员，其中包括布里索。

历史学家亚尔培·马迪厄（Albert Mathiez）——他是社会主义和雅各宾派（尤其是罗伯斯庇尔）的同情者——评价1793年6月2日的事件为一场新的革命：第三次革命，如果人们把1789年夏天发生的事情作为第一场革命，把1792年8月10日对国王的逮捕作为第二场革命来理解的话。马迪厄认为，随着吉伦特派的倒台和山岳派的掌权，为资产阶级服务的一种阶级统治也终结了。“因此，6月2日不仅仅是一场政治革命。无套裤汉们打败的不光是一个政党，而且在一定程度上是一个阶级……6月2日革命的发起人引入的阶级政策与迄今为止的合法性框架难以融合。议会制的功能遭到颠覆，专政的时代即将来临。”

吉伦特派对外发动了一场战争，他们不懂得如何强有力地去进行这场战争。它拿教会开刀，却无法依靠自己的力量去对付信徒们的反抗，这种反抗是其反教权措施引起的。它赞成市场自由，但事实证明它无能力应对竞争所引起的社会后果，对群众抗议食品价格上涨亦束手无策。1793年4月11日，当国民公会不顾吉伦特派的强烈反对为指券强令限价，并在三周后
355 的5月4日，为粮食和面粉规定了所谓的“最高价格”时，温和派的影响力显然已在不断下降。该派29位国会议员被逮捕则意味着吉伦特派的衰亡。

山岳派得以掌权，无套裤汉们起了决定性作用。但无套裤汉们不是山岳派，他们可以有效地施加压力并对事件的进程产生决定性影响，但他们没有能力自己进行管理。山岳派是强大的，只因他们身后有巴黎小市民群众的支持。这些群众，像1792年9月大屠杀已经显示的，倾向于血腥暴力行为。为了防止此类事件的再次发生，坚定的雅各宾党人自己动手实行恐

怖统治。用丹东的话说："让我们来做恶人，那样人民就不用担负恶名。这是仁爱的信条。"

但巴黎不是法国。5 月 29 日，追随吉伦特派的"联邦主义者"就已经在里昂起事。29 位吉伦特派国民公会议员被捕后，在法国南部的马赛、尼姆（Nîmes）、波尔多、图卢兹，7 月开始也包括土伦（Toulon），发生了反对雅各宾派的暴乱；在旺代，忠于国王的农民与共和党势力之间的内战仍在进行。7 月 13 日，攻占巴士底狱四周年纪念日前夜，马拉在他的浴缸中被夏绿蒂·科黛·德·阿尔蒙特（Charlotte Corday d'Armond）刺死。这个年轻女子来自诺曼底，是作家高乃依的曾孙女，她行刺是为了报复雅各宾派所犯下的罪行，为此她上了断头台。画家雅克 – 路易·大卫（Jacques-Louis David）为死去的马拉画了一幅油画，这幅大革命时期最著名的画作之一把他塑造成一位为自由、平等、博爱而战的殉道者。

除了国内的血腥动乱外，同盟国还给予了法国革命军沉重打击。7 月 23 日美因茨的法国驻军投降，8 月 27 日英军占领土伦。在萨伏依撒丁岛的军队、比利牛斯山脉以北的西班牙军队都在前进途中。1793 年夏天法国的形势如此严峻，革命事业顶多通过非常手段才能得到拯救。正是从这种洞察力出发，国民公会在 8 月 23 日决定进行"全民动员"：征召所有年龄为 18~25 岁的单身男性青年入伍，并调动国家的一切物质资源 356
参战。革命的法国在这一天宣布的，正是历史上的第一次"全面战争"[①]。

9 月 4 日，巴黎再次经历饥饿骚乱。第二天无套裤汉们以最后通牒的方式要求国民公会认真地对革命的敌人采取恐怖手段，抓捕"嫌疑犯"，整肃公共安全委员会和一般安全委员会，

① 又译"总体战"。

保证只有可靠的革命者才能在其中担任职务。国民公会听从了这一告诫，于9月17日颁布了嫌疑犯法令。所有在行为、关系和言论上有迹象表明他们是暴君或吉伦特派之党羽，因而也是自由的敌人者，皆被视为嫌疑犯；此外所有贵族，只要他们无法证明自己一向站在革命一边，就被归为嫌疑犯；另外还有所有返回法国的移民。嫌疑犯法令公布后，这些人都应立即被逮捕。

1793年9月腥风血雨的恐怖统治开始了。这种统治将永远与“铁面无私”的马克西米连·德·罗伯斯庇尔的名字联系在一起，他是7月27日才被补选进公共安全委员会的，取代了7月10日退出的丹东。这位来自阿拉斯的律师是卢梭的追随者，1778年卢梭去世前不久他还前去拜访。是《社会契约论》的作者让罗伯斯庇尔理解了公共意志和公共利益，这些无法从人的意见中导出，只能从理性的原则推断。唯一合乎逻辑的结论是：罗伯斯庇尔认为他知道这些原则并采取了相应的行动。

公共安全委员会的专政，起初是对极端挑战的一种迫于无奈的回应：温和派的失败让革命陷入最大危险，革命者是不可能放弃革命的。但独裁统治建立之后，它就发展出自己的逻辑：恐怖统治独立了；它不再只是为了达到有限目的，即防止革命失败的一种手段，它本身变成了目的。恐怖统治不断寻找它继续合法存在的新理由。最终在恐怖统治面前没有人是安全的，连罗伯斯庇尔和他的追随者们亦不例外。圣茹斯特（Saint-Just）和乔治·库东（Georges Couthon）均被揭露为革命的敌人并被送上了断头台。恐怖统治所制造的恐惧帮助
357 了罗伯斯庇尔一段时间。当他的大多数同伴都感觉到这种恐惧时，它对罗伯斯庇尔也开始变得危险起来。

1793年10月，先是前王后玛丽·安托瓦内特，然后是吉

伦特派领袖，首当其冲的是布里索，纷纷成为公共安全委员会恐怖统治象征——断头台——的牺牲品。11月奥尔良公爵“平等的菲利普”步其后尘，然后是著名的政界与知识界沙龙创始人和中心人物玛侬·罗兰·德拉普拉捷（Manon Roland de la Platière），以及格勒诺布尔（Grenoble）在国民制宪议会的代表安托万·巴纳夫；1794年3月极左报纸《杜薛斯涅神父报》（*Père Duchesne*）出版人雅克·勒内·埃贝尔（Jacques René Hébert）及其在科德利埃俱乐部的追随者，随后在4月，乔治·丹东（公共安全委员会第一任主席）和他的13位追随者，其中包括卡米尔·德穆兰均未能幸免。丹东被指责面对革命的敌人怀有不可饶恕的顾惜。“革命像撒顿（Saturn）[①]一样吞食了自己的儿女”，1793年10月31日吉伦特派的皮埃尔-维克蒂尼安·韦尼奥（Pierre-Victurnien Vergniaud）在被行刑前曾如是说。这句话用在任何人身上都不如用在丹东身上那么准确。

著名政治家们只构成了革命法庭牺牲品中的极少数。雅各宾派在反叛他们的城市实行了极为血腥的报复：在马赛和波尔多有数百人，在里昂有近两千人被执行死刑。由于在断头台上行刑太花费时间，一些地方如里昂采用了“fusillades”和“mitraillades”手段，即枪炮齐鸣。在南特，国民公会专员让-巴普蒂斯特·卡里耶（Jean-Baptiste Carrier）下令把许多人赶入卢瓦尔河，即实施所谓溺刑，其中约1800人（多数是反叛地区的神父们）毙命河中。

在旺代，国民公会按照1793年8月1日的决议实行了焦土政策，正如历史学家雷纳尔多·塞谢（Reynald Secher）所表述的，那是一场“法国国内的种族灭绝”：森林被砍伐，耕

① 罗马神话中的农业之神。

地被收割，粮食被拿走，不够革命的城镇和村庄被付于一炬。
358 1794 年初，所有的森林、树篱、村镇和农庄受到系统焚烧，所有持枪者，很多地方也连手无寸铁的男子、妇女和儿童都被射杀。1793 年底，弗朗索瓦－约瑟夫·韦斯特曼（François-Joseph Westermann）将军就已经断言旺代不复存在："我们的自由之剑刺杀了他们以及他们的妻子和孩子。"几个月后，这位将军和他的朋友丹东一起被送上了断头台。然而事实上旺代的战斗很久以后，即到了 1795/1796 年冬季才暂时停止。

死于非命的旺代省居民的人数远远超过 10 万，有些估计认为死亡 25 万人。1793 年 3 月至 1794 年 8 月，整个法国被处决者人数不夸张地说约有 2 万，其中只有少数人是贵族和神职人员，而绝大多数人来自第三等级，包括农民和工人。这反映了一个事实：大部分贵族和有产阶级已移居他处。神职人员的情况亦不例外：1792/1793 年法国主教中的五分之四和祭司中的三分之一，合计 25000~30000 人被迫流亡国外。在恐怖统治的最后七周中被送上断头台的超过 2500 人，这是 1794 年 6 月 10 日通过的《大恐怖法》（*Grande Terreur*）的结果。该极端法令生效时，几乎已经不能说存在着什么内忧外患了。

形势如此，公共安全委员会可以将其视为自己的功绩。1793 年 8 月底普罗旺斯地区艾克斯（Aix-en-Provence）和马赛，10 月 9 日里昂，以及 12 月 19 日土伦先后被国民公会军征服，12 月 12 日，叛乱分子的军队在旺代省的勒芒（Le Mans）被击败。1793 年秋季，外部敌人亦被挫败：9 月英国在敦刻尔克附近吃了败仗；1793 年 10 月 16 日（玛丽·安托瓦内特被斩首的日子），革命军在瓦蒂尼（Wattignies），1794 年 6 月 26 日在弗勒吕斯（Fleurus）大胜奥地利人。后一战役的胜利是决定性的：它让革命的法国夺回了比利时并全面击退反法同盟军。

如果说多数法国人在此期间感到自己属于一个命运共同
体，那不是或主要不是由于恐怖统治的威逼。盟军的威胁是一 359
种现实，只有少数人希望反革命势力取胜。国民公会的很多措施让它在农民和城市下层民众中获得了一定爱戴：富有的市民必须认购强制国债，移民们被没收的田产被分割出售，最后一些 1789 年尚未废除的封建特权被无条件取缔；1793 年 9 月 22 日对食品及消费品设定了“最高价格”限制。1794 年 2 月在圣茹斯特建议下通过了《风月法令》（Ventôse-Dekrete），该法令允许国民公会没收有罪的“犯罪嫌疑人”的财产，并将它们分配给穷人。

这类具有“社会主义”色彩的措施自然几乎没能得到贯彻：即使在雅各宾派内部对这种严重侵犯私有财产的做法也存在很多疑虑，许多迹象表明，这种保留态度和恐惧是导致罗伯斯庇尔、圣茹斯特及其最亲密盟友们倒台的原因之一。《风月法令》符合埃贝尔身边科德利埃俱乐部成员的要求。埃贝尔和“埃贝尔派”（Hébertisten）被送上断头台后，“街区群众”想施加压力却缺乏具有行动能力的领袖。

国民公会的社会影响是不容置疑的：贫困农民现在也能获得小块被没收的土地，这些地早先属于移民们。小块土地拥有者给法国的农业经济打上了烙印，因为这些人仍旧占有酬就业人口中的大多数，整个法国社会直到 20 世纪都受其影响。其后果是自相矛盾的：战胜和打碎封建大地主土地占有方式的革命成果，反过来又成为保持前工业结构和前工业心态的保证，即起了保守作用。

雅各宾党人的社会政策还突出表现于其在象征政治（symbolische Politik）领域小心翼翼策划的活动：1793 年 10 月 5 日国民公会引入一种共和历。新纪元开始于法兰西共和国宣布成立的那天：1792 年 9 月 22 日被追溯为元年的葡月

360 1 日。新的月份名称顺应“自然”，与季节密切相关。葡月是收获葡萄的日子，接下来的雾月是雾多的季节。风月是冬季的月份，大部分日子落在 3 月，而热月在夏季，有三分之二的日子落在 8 月。革命历法的 12 个月各有 30 天，每个月分成 3 旬，每旬 10 天；取消了富有基督教色彩的礼拜天，尽管这个决定很不受欢迎也很少被遵守。所缺的五天（闰年时六天）被作为“无套裤汉日”置于果月之后，也就是从前 9 月的第三个星期。

与以往历史的决裂有很高的象征性：革命的法国告诉整个世界，法国生活在另外一个时代，有别于那些允许君主、神职人员和贵族压迫自己的民族。共和历同时在宗教政策方面也是一种刻意挑衅：耶稣的诞生曾为欧洲的其余部分以及世界上受欧洲影响的地区开创了新纪元，而雅各宾党人把法国从君主制到共和制的转变宣布为比耶稣的诞生还要深刻的历史转折点。

雅各宾派内部就对待基督教的正确态度长期无法取得一致。他们之中有像埃贝尔这样的激进无神论者，他们拒绝任何一种宗教；也有丹东那样的主张宗教宽容的人，以及皮埃尔-加斯帕德·肖梅特（Pierre-Gaspard Chaumette）一类的决定反对基督教，崇尚一种新的理性宗教的人。后一类人果断参加了巴黎市于 1793 年 11 月 10 日举办的那次理性节，该节日先是在巴黎圣母院揭开序幕，后转到国民公会接着庆祝：一位年轻漂亮的女演员，头上戴雅各宾派小红帽，扮演理性女神。在肖梅特提议下，国民公会当天决定，把巴黎的前主教堂改为理性神庙。

作为坚定的自然神论者，罗伯斯庇尔既强烈反对有目的的去基督教化，更坚决反对无神论。对他来说重要的是，贯彻卢梭所推崇的“公民宗教”。无论人们私下信仰什么宗教，对“正直”的人而言关键的是有一种对大家都有约束力的至上崇
361 拜。他坚信，只有通过这样一种公民宗教，爱自由、爱共和

国和爱祖国才能在民族的灵魂中永久扎根。1794年5月7日，共和二年花月18日，罗伯斯庇尔向公共安全委员会提交了一项法令草案[①]，这项草案立即获得通过。法令中说，法国人民承认上帝的存在和灵魂的不朽。“它认识到，对最高主宰的最好崇拜即是完成人类应尽的责任。”

在罗伯斯庇尔倡议下，共和二年牧月20日（旧历1794年6月8日——圣灵降临节）为向最高主宰表示敬意在杜伊勒里宫花园举办了庆祝活动。庆典交由画家雅克-路易·大卫安排。所有的阳台都挂着共和国的蓝白红三色旗。罗伯斯庇尔发表了类似布道的讲话，从大卫手中接过一个火炬，用它点燃了一个象征着无神论的纸板人；然后从其灰烬中显现出智慧的象征物（令人尴尬的是，熏得有些黑）。罗伯斯庇尔再次简短讲话后，群众队伍穿过城市来到战神广场。专门为这一天所作的一首赞美诗式的颂歌是以这样的合唱结尾的：“在我们放下胜利之剑前，我们发誓要消灭犯罪和暴政。”

共和二年雨月19日，即1794年2月7日，罗伯斯庇尔曾向国民公会详细解释过其基本原则。革命的目的是“和平地享受自由和平等，其相关法律不是刻在石头和大理石上，而是铭刻在众人心中，甚至包括忘记了这些法律的奴隶的心中，以及否认这些法律的暴君的心中”。革命造就的秩序被罗伯斯庇尔称为民主；他将民主描述为一个国家，“其中人民作为主权者在它亲自制定的法律监督下做一切它有权做的事，并通过其代表做一切它自己无法直接去做的事”。民主的人民政府的基本原则被他指定为“公共道德，它在希腊和罗马创造了许多奇迹，它还将继续创造令人更惊奇的奇迹。这种道德不外乎对祖国及其法律的热爱”。

---

① 即《关于最高主宰崇拜和国家节日法令草案》。

362 但罗伯斯庇尔并未仅仅满足于这类定义和告白。因为他认为革命仍旧受到威胁，于是提出了以下口号："用理智对待人民，用恐怖对待敌人……没有道德，恐怖是毁灭性的，而没有恐怖，道德则束手无策。恐怖不外乎一种快速、严厉和无情的法庭，即道德的扩展……用恐怖去击败自由的敌人，你们是对的，因为你们是共和国的缔造者。革命政府是反抗暴政的自由的专制。"

谁是自由的朋友和敌人：这虽然不是由罗伯斯庇尔一个人说了算，但他比公共安全委员会任何其他成员都更有话语权。1793 年夏到 1794 年春，"自由的专制" 变得日益贪婪，而这绝不是内忧外患的结果。当罗伯斯庇尔在 1794 年 2 月 7 日就道德与恐怖做其基本原则演讲时，对革命的自我主张已几乎不存在疑问了。到 1794 年夏季反法同盟军被驱逐出法国时，形势进一步明朗化。

共和二年牧月 22 日（1794 年 6 月 10 日），为最高主宰举办庆祝活动后两天，起初持抗拒态度的国民公会通过了更严酷的恐怖法令，从而开始了"大恐怖" 阶段。该法令废除了所有法律保障，过去公共安全委员会只有在国民公会同意后才能逮捕其成员，此后这成为完全由公共安全委员会，也就是行政机构独自做主的事。

罗伯斯庇尔只与他的亲密盟友库东商议过这项法令，而没有事先征求其他公共安全委员会成员的意见，这引起了强烈抗议。然而，最后这道恐怖扩展令让他跨越了底线：由于他没有点名，而是笼统地提及国民公会中值得怀疑的革命的敌人，于是人人自危，这产生了后果。国民公会委员约瑟夫·富歇（Joseph Fouché）和让 - 兰伯特·塔利安（Jean-Lambert Tallien），革命军创始人拉扎尔·卡诺（Lazare Carnot），此外还有里昂大规模处决的主要责任人让 - 马利·科洛·德布瓦（Jean-Marie

Collot d’Herbois），以及瓦尔省在国民公会的议员、1793 年
任国民公会在土伦的专员的保罗·巴拉斯（Paul Barras），在
倒罗伯斯庇尔的行动中都是关键人物。参加密谋的还包括“沼 363
泽派”议员中的领军人物，该派在国民公会中仍占多数。

共和二年热月 9 日（1794 年 7 月 27 日），罗伯斯庇尔在国民公会的演讲被一片喊声打断，他被骂作“暴君”，最终国民公会一致决定逮捕他和忠实于他的人，包括库东和圣茹斯特。巴黎公社的部队已无法解救这些“爱国者”。国民公会将他们革出社会，这意味着可以不对他们进行审判和判决，而是直接处决。罗伯斯庇尔在第二次被国民公会部队逮捕之前不久自杀未遂。共和二年热月 10 日（1794 年 7 月 28 日），他和库东、圣茹斯特以及 19 位追随者在万众欢呼声中被押上断头台斩首。1794 年 7 月罗伯斯庇尔背后已经没有无套裤汉们的广泛支持了。[25]

恐怖统治的终止并不标志着法国大革命的结束，更不用说是革命时代的结束，但肯定是革命乌托邦阶段的结束。1793/1794 年，圣茹斯特写下了他对革命国家之“制度”的设想，其中他激进地要求儿童教育国有化，严格限制肉类消费，指出所有成年人都有义务提供一份自己朋友们的名单。如果他能够执行这个方案，法国将会成为历史上的第一个“极权”国家：这是一种制度，它决心全面占有一个人并创造一种新人。热月政变是对这类项目的拒绝。若是从这类项目 1793/1794 年在法国的失败就得出结论，说它们今后也不会卷土重来，那这种结论就太草率了。

1793 年初秋法国大革命进入独裁阶段，这是当时法国的内忧外患使然。靠温和派的手段不足以应对各种危机和拯救 1789 年革命的果实。但 1793 年夏天上台的激进派不满足于用独裁手段来捍卫和发展已经取得的成果。其核心小组动用恐怖手段，目的是实现一个乌托邦。

364 这场实验导致的血流成河的场面至今仍代表着法国大革命的景象。欧洲其他国家的大多数同时代人对 1789 年的革命起初都持欢迎态度，但最迟从 1793/1794 年的经验中均得出了以下结论：不能再重复这样的革命了。法国从 1789 年至 1794 年的发展，证实了温和派观察者们的信念：对各民族而言，自上而下的改革要比他们尝试自我解放的效果更好。18 世纪最后十年，在整个欧洲那种声音越来越多，即认为恐怖的深层原因是精神运动，也就是形形色色的革命者都曾援引或仍在援引的那场运动：启蒙。

然而并非整个启蒙运动，而只是其中的某个流派与恐怖统治有一定因果关系。罗伯斯庇尔试图将卢梭的很多构想付于实践。如果公共利益不是不同利益妥协的结果，而是最高立法者凭借居高临下的洞察力所决定的，那么它也将规定人民必须合乎理性地去向往什么。卢梭遗产的特点是其对待历史的非历史性做法。当国民公会中的男人——吉伦特派与雅各宾派一样——把自己视为再生的罗马人并自比为格拉古（Gracchen）家族的两位保民官，即喀提林（Catilina）阴谋追随者的控告者小加图（Cato），或是谋杀恺撒的凶手布鲁特斯时，他们故意忽视了一个事实：法兰西共和国不想成为罗马共和国——一个奴隶社会。

我们在温和与激进派革命者那里同样找得到的进步观也是非历史性的。哲学家和数学家孔多塞作为国民公会中的吉伦特派成员于 1794 年 3 月被捕入狱，两天后在狱中自杀（或是因筋疲力尽而亡，但这个可能性不太大）。他在最后于 1794 年出版的有关人类心灵进步之发展的书中，还认为基督教该对罗马和整个古代科学与哲学的沉沦负责。根据孔多塞的观点，基
365 督教是敌视科学与自由的，西方自数次十字军东征以后，一切进步都必须与这个宗教激烈抗争才能获得。

基督教在自由的历史中做出了什么贡献，这位启蒙运动者是视而不见的。卢梭和孔多塞都意识不到中世纪的政教分离中蕴含着多少促进自由的力量。孔多塞不是局外人。法国大革命的宗教政策——在国家的优先权方面——与法国国王的国家教会政策“高卢主义”明显一脉相承。因此这也非常适用于确证托克维尔的观点，即革命在一些关键领域中继续了专制的工作。从国民制宪议会，经国民立法议会到国民公会，宗教政策都致力于不仅对作为机构的教会，而且对公民的信仰进行国有化。罗伯斯庇尔的“公民宗教”其实是这一发展趋势的一种比较温和的表现形式。从这样一种宗教的去个人化中是不可能生发出自由意识的进步的。

法国的革命者很难意识到，他们自己受了基督教传统多大影响。当他们在共和国的各种节日中模仿教会仪式时，他们以为这是表达从基督教中解放出来的手段。当他们成为男女公民生活的看守人时，他们继承的正是此前教会扮演的角色。但只有很少数人能够弄明白，自由、平等、博爱的价值观有很长的基督教前史。如此看来，反对传统的宗教也是在反对法国大革命被忘却的源头。

这也是为什么 1793/1794 年的恐怖不能用来反驳 1789 年的理念。不可剥夺的人权和公民权利，包括人民的政治自决权利，自 1776 年美国人和 13 年之后法国人提出这些权利以后，它们就不再能从这个世界被铲除。大西洋两岸的革命例子提供了学习榜样。美利坚合众国只有一个必须战胜的外部敌人——殖民的母国，从这一点来看其革命任务稍微容易一些。对于革 366
命的法国人来说，他们要在内忧和外患中战胜对手。美国人鉴于其英国渊源拥有分权的经验——“制衡”和代议制民主，这是法国人不具备的。谁如果不仅要赢得自由，而且想长期保有它，遵循盎格鲁—撒克逊观念和法国启蒙运动思想家孟德斯鸠的见解会是不错的选择，而后者吸收了前者的理念。

法国大革命在其受到最大威胁时产生了一种凝聚力，人们可以猜测到，这种凝聚力将会被模仿。法国人认为，他们的民族主义与欧洲其他民族的利益是兼容的，他们视自己为人类解放的开路先锋。顺理成章，谁令人信服地声明拥护法国大革命的价值观，原则上就可以成为法国人。谁想成为法国人，自然必须掌握法语——人权的语言。这不光是对外国人的要求，而且也是国民公会1794年初对那些母语不是法语，而是布列塔尼语、巴斯克语、意大利语或德语的省份中的公民的要求。

革命的法国通过把与民族的关系提到高于其他关系的地位，而成为现代民族主义的开路先锋。古老的权威——教会和君权神授的统治者的凝聚力在欧洲大部分地区都被启蒙运动动摇了，所以其他地方也需要一种具有新形式的凝聚力。问题是，法国境外的民族主义也崇尚人权和公民权利，还是仅仅注重纯粹的民族价值，如自己的语言和文化？

1789年后的第一个十年没人知道，其他国家是会像法国那样与基督教彻底决裂，还是会追求一种民族感与传统宗教的衔接。唯一可以肯定的是，法国已经经历的1789~1794年的大动荡还远远没有结束，它们对整个欧洲构成一个重要的转折
367 点：旧大陆处于一个深刻的精神、社会和政治动荡的时代，其结局尚难预料。[26]

## 举步维艰的稳定化：热月政变与督政府

相较于革命的第一个五年，第二个五年（热月党执政时期）的进程没有那么戏剧性，但还谈不上真正的稳定或是恢复正常。随着罗伯斯庇尔的倒台，恐怖作为体系虽然结束了，但恐怖本身并没有终结。此后仍有区域性内战如布列塔尼的“朱安党人”（Chouans）的暴动及反雅各宾派和无套裤汉们的“白色恐怖”。1794 年 11 月，国民公会下令关闭了雅各宾俱乐部。12 月吉伦特派返回国民公会。同月南特“溺刑”的主要责任人卡里耶被送上了断头台，对食品规定最高价格的强制管理法令被废除。

1795 年，法国经历了数次政变尝试：4 月和 5 月先后爆发无套裤汉们的芽月和牧月起义，10 月最终发生资产阶级、贵族和保王党人的葡月暴动。所有起义都被迅速镇压下去，秋季的镇压最为血腥：受国民公会委托，出生于科西嘉岛、时年 26 岁的将军拿破仑·波拿巴（1793 年 12 月在攻打土伦的战役中曾有出色的表现）于 1795 年 10 月 5 日用大炮射杀了位于杜伊勒里宫的武装叛乱者。不久之后，这位葡月的胜者被任命为巴黎卫戍司令。波拿巴知道如何利用这个位置进一步飞黄腾达。

热月党人执政的第二年颁布了对天主教会的宽容法令，取消了革命法庭并通过了新宪法，以取代 1793 年 8 月 10 日公布却从未生效的宪法。共和三年果月 5 日（旧历 1795 年 8 月 22 日）的宪法是一份彻头彻尾的民事文献：它包含一个法制国家保护措施的目录，其中严格禁止有追溯力的法律，并像此 368
前 1791 年的宪法一样再次引进资格性选举权。与四年前不同的是，人民代表不是直接选出的，而是由选民代表大会间接选出的，代表大会则由基层选民选出。立法机构由上下两院组成，下院称五百人院（Conseil des Cinq-Cents），有权提出立法倡议，上院称元老院（Conseil des Anciens），负责批准或驳回五百人院的决议。与立法机构相对应的执行机构是一个由五个人组成的督政府（Direktorium）。根据五百人院的提名，元老院从一份 50 人的名单中选出 5 名督政官组成该督政府。督政府下设协助其工作的各部部长，这些部长的职务随时可以被解除。

这种委员会制政体似乎在遵循孟德斯鸠的一句格言，即权力只能通过权力来制约（Le pouvoir arrête le pouvoir）。然而，共和三年的分权考虑不周。正如克雷恩·布林顿所指出的，“它把执行权和立法权彻底分开，以致督政府和两院之间持续处于不可避免的竞争状态，几乎根本谈不上有效合作”。其后果是一种制度化的长期危机，这种危机成为暴力解决冲突的温床。

委员会体制遇到的第一个重大挑战来自极左翼：团结在弗朗索瓦·诺埃尔·“格拉古”·巴贝夫（François Noël “Gracchus” Babeuf）身边的、传奇的“为平等而密谋者”。巴贝夫追求彻底消灭生产资料的私有制，建立一种共产主义社会。巴贝夫的近期目标——推翻督政府和恢复 1793 年制定的宪法，并不完全是乌托邦：1796 年 2 月废除指券后物价再次飞涨，导致大范围的社会不满。根据巴贝夫的信念，推翻现存秩序不能靠人民来完成，而是只能由少数决心采取革命行动的人来推动。这个打算已无法成功，因为督政府通过警方安排的线人已经对密谋了如指掌。

369 1796 年 5 月 10 日巴贝夫和他的亲信们被捕，接下来 9 月雅各宾党人和巴贝夫主义者曾发动起义，但迅速被镇压。1797 年 2 月最高法院开庭审判，历时三个月的审判于 1797 年 5 月 26 日结束。巴贝夫和他的同谋达尔泰（Darthé）被判处死刑，其他受指控的七人被驱逐出境，其中包括前公共安全委员会负责科西嘉岛的专员菲利普·米歇尔·博纳罗蒂（Philippe Michele Buonarroti）。另外56名遭指控者被释放。判决公布后，巴贝夫和达尔泰曾试图相互用匕首了结性命，但没有成功。翌日——1797年5月27日，他们被送上位于旺多姆（Vendôme）广场的断头台。

“为平等而密谋”，由于缺少来自社会层面的支持，仅仅是法国革命历史上的一个小插曲。但巴贝夫的共产主义社会和由革命先锋进行专政的思想却继续产生着影响。这首先要归功于博纳罗蒂1828年在布鲁塞尔出版的《巴贝夫所主张的为平等而密谋》一书。它令人回忆起西尔万·马雷夏尔（Sylvain Maréchal）于1796年5月撰写的《平等派宣言》。马雷夏尔是密谋派的主要成员，他在该书中写下了一句意义深远的话：“法国大革命只是一场更大、更庄严的革命的先行者，那场革命将会是最后一次革命。”马雷夏尔的论点启发了19世纪和20世纪初的许多革命思想家——从领导武装起义的法国革命家和理论家奥古斯特·布朗基（Auguste Blanqui），到德国哲学家和科学社会主义创始人卡尔·马克思，再到被称作“列宁”的俄国布尔什维克领导人弗拉基米尔·伊里奇·乌里扬诺夫。

当督政府中温和的共和派不得不采取行动对付右翼的阴谋时，来自左翼的威胁已不复存在，自1797年春季大选后右翼在两院获得了强有力的支持。参与密谋的有保王党人如夏尔·皮什格鲁（Charles Pichegru）将军，当时他已经在领取英国首相皮特和波旁王朝的薪酬；另外还有立场向右转了的共和党人 370
像卡诺和巴托洛迈（Barthélemy），二者均为督政府成员。以军队为后盾，1797年9月4日大多数督政官强行发动了果月政变，对上下两院实施了清洗：49个省份的选举被宣布为无效，172名议员被撤销议席，65人被驱逐到圭亚那（Guayana）——

所谓“不流血的断头台”，很多议员“自愿”放弃了其议席。接下来对反对派报刊、回流移民和天主教教会采取了严厉措施：1800位神父被驱逐到圭亚那，所有的贵族被宣布为外国人。

这次果月政变是督政府时期三次政变中的第一次。第二次发生在共和六年的花月（1798年2月15日）：由于新近的议会选举中许多雅各宾党人获胜，督政府责成一个委员会撤销了一百多位议员的职位，其中五十多位议员被得票少于他们的候选人取代。

第三次政变出现在共和七年牧月30日（1799年6月18日），这次是上下两院起来反对督政府的独裁统治，这种统治是果月政变导致的。新的督政府成员包括曾经的西哀士神父和三位雅各宾党人，其中有热月9日事件的主要角色之一保罗·巴拉斯。牧月政府采取了以下第一批措施：仅强制富人购买公债，并通过一项法令，让当局可以逮捕移民贵族的亲属以及一切可疑分子做人质并关押他们。对新的恐怖统治的恐惧十分普遍，而且情有可原。这让温和派力量更加努力赢得一种核心要素——军队的支持，因为人们知道该核心要素也已厌烦了不间断的内政危机。

革命的法国在督政府时期所取得的最有轰动效应的成就都要感谢它的军队：1794年秋天占领了莱茵兰（Rheinland），1795年1月征服了荷兰。此后不久，普鲁士从第一次反法同盟战争中退出，以便能够将其力量集中于即将发生的对波兰的
371 瓜分上。在《巴塞尔和约》其正是伊曼努尔·康德写作《永久和平论》的起因）中，普鲁士在1795年4月5日事实上放弃了其在莱茵河左岸的财产；作为回报，法国同意北部德意志的中立化，这样北部德意志就处于普鲁士的领导下。此外，如果法国成功地在与神圣罗马帝国的和平条约中得到对莱茵河左岸

占有权的确认，莱茵河右岸的霍亨索伦国家还应该得到补偿。三个月后，1795 年 7 月 23 日，同样在巴塞尔缔结了法国与西班牙的和平条约。法国从它所占领的西班牙部分撤军，为此它获得了圣多明各（Santo Domingo），即法国海地岛上属于西班牙的部分。

《巴塞尔和约》让法国既能从德意志南部，也能从意大利北部攻击奥地利。1796 年，哈布斯堡皇朝的军队曾短时间把法国人赶出了德意志南部。同年拿破仑·波拿巴在阿尔卑斯山以南地区赢得了一系列辉煌战果，迫使撒丁国王和教宗庇护六世，以及奥地利（第二年）先后与法国签订了和平条约，属于法国战利品的有尼斯（Nizza）和萨伏依。在 1797 年 10 月签订的《坎波福尔米奥和约》中，奥地利同意把莱茵河左岸割让给法国，使它从而实现了拥有一条“自然边界”的要求；此外维也纳还放弃了对比利时和伦巴第的主权，为此它得到威尼斯作为补偿。法国在意大利征服的大部分地区组成了奇萨尔皮纳（Cisalpinische Republik）① 和利古里亚共和国（Ligurische Republik）。1798 年初，罗马被占领后创建了罗马［或蒂贝里纳（Tiberinischen）］共和国，入侵瑞士后则成立了赫尔维蒂共和国（Helvetische Republik）：它们均是法国的受保护国，像法国直接吞并的国家一样，使欧洲的平衡发生了有利于新的革命超级大国的改变。

《坎波福尔米奥和约》意味着第一次反法同盟战争的结束。但英国和法国之间的战争仍在继续。鉴于英国的海上优势，波拿巴（1797 年 10 月任对英作战部队总指挥）认为在英吉利海峡的另一侧登陆风险太大。他觉得另一种选择似乎胜算更大，并说服了督政府：远征名义上属于奥斯曼帝国的埃及。巴黎的 372

① 又译为阿尔卑斯山南共和国。

考虑十分明确：如果法国控制了通往印度的陆路，那大英帝国的崩溃就为时不远了。拿破仑将军确实在金字塔战役中给统治埃及的马穆鲁克（Mamelucken）的军队以重创，1798 年底他率领部队进入开罗。短短数日后在上将纳尔逊指挥下，英国海军在阿布基尔（Aboukir）摧毁法国舰队。波拿巴的部队从而被切断了与家乡的联系，从长远来看更重要的是：英国奠定了其在地中海的主导地位。

阿布基尔战役后，在皮特的纵横捭阖下形成了第二次反法同盟，参与的国家有英国、俄国、奥地利、西班牙、葡萄牙、那不勒斯和土耳其。1799 年 3 月起，欧洲再次处于战争状态。奥地利人和俄国人在德意志南部、瑞士和意大利给法国人以沉重打击；由法国组建的共和国，其中包括 1799 年 1 月才宣告成立的那不勒斯或帕特诺珀共和国（Parthenopëische Republik）崩溃。然而 9 月局面发生了逆转：革命军再次打败盟国军队，其中 1799 年 9 月 27 日在苏黎世的胜利起了决定性作用。一个月后，沙皇保罗一世（Paul I.）对奥地利人在意大利的擅自行动极为恼火，他宣布退出同盟并命令他的部队撤回俄国。

此时拿破仑·波拿巴已经离开了埃及和自己的军队，开始返回法国。1799 年 10 月 9 日他抵达弗雷瑞斯（Fréjus）。当他一个星期后来到巴黎时，完全可以肯定自己是受欢迎的：所到之处他受到人们的热烈欢呼和英雄礼遇。对那些反雅各宾党人的政治家如督政府成员埃马纽埃尔·约瑟夫·西哀士和从流亡地美国返回的夏尔·莫里斯·德·塔列朗来说，他们早就认为需要改朝换代了，波拿巴来得正是时候。因为他有军队做后盾，这位广受爱戴的将军就好像是命运安排的，让他来取代危机重重的督政府体系。政变要想成功，那只能由他来领导：很快波拿巴本人对时局也这么看了。

作为政变理由，西哀士的同谋者们断言雅各宾党人即将图 373
谋推翻现政权。督政府应该由三位临时执政，即波拿巴、西哀士和罗杰·迪科（Roger Ducos）取代，议会要把开会地点改到巴黎郊外的圣克卢（Saint-Cloud）。共和八年雾月十八日（1799 年 11 月 9 日），一切就绪。五位督政官中的三位同意解散督政府，两位反对这么做的督政官遭到软禁。起初上下两院也同意解散督政府，但第二天看到集结到圣克卢的军队后又起了疑心。拿破仑·波拿巴在五百人院所作的一个非常笨拙、具有挑衅性且有些地方令人迷惘的演讲更增强了许多议员的怀疑。一阵骚动爆发了，许多与会者高呼："打倒独裁者！打倒暴君！"将军被人推来搡去，最后濒临休克，被他的追随者带出了大厅。

若不是五百人院议长——拿破仑的弟弟吕西安·波拿巴（Lucien Bonaparte）当机立断中断了会议，11 月 10 日的政变大概就失败了。休会让五百人院议长有机会让部队来清场。同谋者们本想避免的军队介入并没有导致流血事件。在吕西安·波拿巴的斡旋下，同谋者们此后获得了表面上的合法性：不仅元老院，受到惊吓的五百人院也同意成立临时政府，两院会议推迟到 1800 年 2 月 20 日举行。拿破仑·波拿巴为自己要求第一执政的地位，西哀士和罗杰·迪科对此都没有提出反对意见。

此前部队也干预过国内的权力之争，但雾月十八日的情况完全不同。军权不再像镇压 1795 年的葡月起义时那样作为公民政府的统治工具出现，它由拿破仑·波拿巴出面直接接管了政权。与这位来自科西嘉的军官结盟的政治家代表着资产阶 374
级的法国，它想在充分的法律保障下享受革命的果实。属于这些果实的有以前的贵族或教会地产，这些地产在革命的最初几年转变为国有资产，在热月党人执政期内发生通货膨胀时被富裕的资产阶级购买了。保护这类财产不受无财产的社会下层侵犯，对当时第三等级中的有钱人来说比直接行使政治权力更重要。

把安全看得高于一切的社会，是恐怖统治和热月政变的结果。由于委员会体制及其选举舞弊和频繁政变未能有效地满足这方面的需要，军方必须挺身而出。由于军方的领头人是一位受欢迎的将军，身上拥有赢家的强大气场，早年甚至加入过雅各宾派，新秩序预计能够获得社会的广泛支持，这是短命的督政府无法得到的。1799 年 11 月发生的事情完全验证了埃德蒙·伯克在《对法国大革命的反思》一书中的预测：从革命的权力之争中胜出的将是军队，领导它的是一位有政治头脑的军事统帅，他不仅指挥军队，而且还懂得制定法律和治理国家。[27]

## 从第一执政到皇帝：拿破仑·波拿巴

雾月十八日开辟了一个新纪元：拿破仑时代。它持续了几乎 16 年，直到拿破仑 1815 年最后下台，拿破仑时代对欧洲的改变在激烈程度上超过了宗教改革以来的任何事件。拿破仑·波拿巴 1769 年 8 月 15 日出生于阿雅克肖（Ajaccio），原名拿破仑·布宛纳巴（Napoleon Buonaparte）；这种意大利拼写法直到 1796 年与约瑟芬·德博阿尔内（Joséphine de Beauharnais）结婚后才放弃，改用不那么带有异国情调的“Bonaparte”（波拿巴）。他出生时，热那亚把科西嘉割让给法国的条约签订仅一年多，科西嘉独立运动的决定性失败刚刚过去短短三个月。

他的父亲是一名律师，1769 年从站在科西嘉一边改为支持法国。拿破仑 9 岁时被送到欧坦（Autun）去上初中。1779 年他开始在法国上军事学校，先在布里埃纳（Brienne），后在巴黎。革命爆发时他是陆军少尉，根据他自己的评价那时他与其说是个法国人，不如说仍旧是个科西嘉人。1793 年他与科西嘉独立运动闹翻，加入雅各宾派。在对土伦的围攻过程中，已经成为上尉的拿破仑受国民公会委托指挥炮兵。



拿破仑属于那些历史人物，人们完全有理由可以声称，若没有他们世界历史的轨迹会完全不同。为了能够给他生活的时代打上烙印，那个时代先必须在他身上进行浓缩。从革命中诞生的新法国渴望得到世界的认可。拿破仑是这种愿望的体现。作为年轻的军官他需要得到承认，因为在恐怖时期，从科西嘉独立运动的一名支持者转变为激进的爱国者，这完全不是理所当然的事。1797 年拥有了政治权力后，他也需要得到承认。雾月十八日时没有任何迹象表明，像他这样雄心勃勃的人会长时间满足于在三头同盟中当同侪之首。同样不可能的是，想让全欧洲铭记自己的他会满足于一辈子当第一执政。

1813 年 6 月 26 日，当他彗星般的政治生涯已经快接近尾声时，拿破仑在德累斯顿的一次聚会中向奥地利大权在握的政治家梅特涅侯爵透露，为什么他无休止地追求法国的扩张和自己的权力：缺乏合法性的意识。“您的统治者们，”这位新贵告诉老强国的代表，“诞生在宝座上，他们可以二十次被打败，却能够一再返回他们的皇宫；但我这个命运的宠儿不行。哪一天我停下来，不再强大，从而人们不再怕我，我的统治就结束了。”[28]

拿破仑·波拿巴成为临时政府的真正负责人还不到五周，
376 他就于 1799 年 12 月 13 日让两院委员会为他量身定制了一部宪法，根据这部宪法只有他可以扮演宪法允许的独裁者的角色。当选第一执政官、任期十年的拿破仑·波拿巴（宪法特别提到他的名字）是唯一有立法倡议权者，他任命部长、外交使节、高级官员和大多数法官。其他两位执政官［已经不再是西哀士和罗杰·迪科，而是让·雅克·冈巴塞雷斯（Jean Jacques Cambacérès）和夏尔·弗朗索瓦·勒布伦）Charles François Lebrun）］只负责咨询。立法权在两院：先由法案评议委员会讨论第一执政官的提案，再由立法机构批准。

议员由一个“护法元老院”（Sénat conservateur）从候选人名单中选出，这些名单则是在普选基础上经层层筛选以间接方式拟定的（其中除了妇女，只有破产人员和拿小时工资的勤杂人员没有选举权）。元老院本身是一种知名人士大会，其中四分之三由第一执政官任命，四分之一由其成员增选。一个国务委员会帮助第一执政准备法律和法规，执法由部长们负责。公民权利受到限制，仅剩下请愿权、财产受保护权以及防止任意逮捕和夜间入户搜查的权利。

1799 年 12 月 25 日《宪法》公布，尽管当时全民公决还根本没有结束。1800年2月初内政部长吕西安·波拿巴宣布的公决结果是按照其兄——第一执政的旨意大大凑零为整后的数字。根据该数字500万选民中有300万投了赞成票，投反对票的仅有1562人，值得注意的是弃权票数非常高。多数法国人接受了既成事实，从而允许了剥夺人民在政治方面的行为能力，这一点没有疑问。1799/1800年还谈不上对拿破仑·波拿巴的热烈支持。

要想在法国人中获得合法性，波拿巴必须有政绩，这方面法国无须等太久。第一执政进行了由中央控制的严谨的行政改 377
革，整肃了财政，稳定了面包的价格，这令他在社会下层中声望陡增。为了民族和解，他在1799年12月底就下令对旺代起义者施行宽宏大量的大赦。1802年4月大多数移民也获得了大赦，只要他们宣誓效忠共和国。用这个办法，波拿巴让许多贵族和神职人员重返法国。

同月（1802年4月）生效的与教宗签署的协定也是为了达成国内的妥协：教会放弃对归还教会财产的要求，国家保证给神职人员发放合适的薪水。第一执政任命主教，但其就职典礼由教宗主持。主教们要宣誓不进行反对政府的活动，并要向政府报告教会所了解到的反政府行为。教会以外的政治反对派也不允许存在。1800年初就有五分之四的巴黎报纸遭禁，幸存的报纸则受到严格的审查。第一执政通过其警务部长富歇——1793年10月里昂大规模屠杀事件的主要责任人——之无所不在的间谍网对保王党人和雅各宾派进行监视。积极的反抗视情节严重程度，分别予以监禁、驱逐或上断头台的惩罚。

对法国人的自我意识而言，重新赢得的国内安宁是重要的。同样重要的还有在与反法同盟军的作战中所取得的军事胜利。1800年法国军队在一系列战役中击败了奥地利人，其中6月14日的马伦哥（Marengo）战役由拿破仑亲自指挥。此后哈布斯堡帝国不得不于 1801 年 2 月签署了《吕内维尔和约》。
该和约主要确认了两个强权国家于 1797 年 10 月在《坎波福尔
米奥和约》中达成的协议：弗朗茨二世皇帝也以神圣罗马帝国
的名义放弃对莱茵河左岸的领土要求，此外还放弃对比利时和
伦巴第的主权并承认荷兰（巴达维亚）共和国、赫尔维蒂共和
国、奇萨尔皮纳共和国和利古里亚共和国。1802 年 3 月经过
378 艰辛的谈判后与英国缔结了《亚眠和约》。英国人放弃了战时
从法国人手中得到的加勒比岛；埃及应归还给奥斯曼帝国，马
耳他则还给圣约翰骑士团。

这样第二次反法同盟战争就在开战四年后结束了。第一执政应该能够感到骄傲与满意，他实现了旧制度的政治家和国王们——如黎塞留和路易十四世——就已经憧憬与追逐过的目标：让莱茵河成为法国的“自然”疆界并在欧洲大陆取得毋庸置疑的霸主地位。只是在海上还存在着一个更强的对手——英国，对此拿破仑·波拿巴无法忍受。“他身上的恶魔令他无法容忍其他与之平分秋色的强权。”约翰内斯·维尔姆斯（Johannes Willms）在其 2005 年出版的拿破仑传记中写道，“因此《亚眠和约》与此前的《吕内维尔和约》一样，不过是一份停火协定，是他在发动最终能让他赢得那个‘世界帝国’之战前的最后一次喘息，创建这样一个帝国的念头一直在左右着他的奋斗。”

上述两项和约的成就对内政大有裨益。1802 年 5 月拿破仑·波拿巴不顾元老院、法院和立法机关的反对，创建了荣誉军团制度，他此举有意借鉴了君主制的贵族传统。能够得到这一荣誉的首先是军官们，这是共和国的最高勋位，获此称号者可视自己为民族精英。同月，波拿巴决定让法国人进行公投，来表示他们是否同意他任终身执政。在 40% 参加投票的有投票权者中有 350 万人赞成，反对的仅有 8000 多人。

1802年8月3日宣布他为终身执政，第二天又补充了一项元老院决议，明确了颁布新宪法的意图。新宪法计划：在新创建的［县（canton）、区（arrondissement）、省（departenent）各级］选举人团中只有富有的公民能当选，而且是终身制。从此，这些名流就代表了法国社会。一无所有的社会下层失去了任何有效的参政机会。

民权的原则，除了公投以外，几乎丧失殆尽。新宪法极 379
大地限制了法庭与立法机关的权力，同时拓展了第一执政的权限。今后他是唯一一个可以任命元老院成员的人，通过元老院决议他可以修改宪法。1802年8月4日元老院决议中最重要的决定之一是：第一执政有权向元老院指定一位公民为自己的接班人。此条款虽未预告会出现波拿巴家族内的类似君主制的继承顺序，但为此开了方便之门。元老院的缔造者——第一执政拿破仑·波拿巴显然毫无疑问地背离了法国大革命的国家法思想。

相反，第一执政的最重要的立法意图——《民法典》（Code Civil），亦称《拿破仑法典》（Code Napoléon），仍旧恪守了1789年的精神。这部1804年颁布的法典规定了法律面前人人平等、保护私有财产、缔约自由以及政教分离。该法典的语言及思维之清晰，堪称世纪之作，哪怕是考虑到其中有一些不能称为进步的内容，如在经济法、家庭法和离婚法方面对妇女的不利规定。

《民法典》不仅打造了法国的民法，而且对拿破仑时代被法国占领以及向法国看齐之地区的民法亦产生了深远的影响，有些影响甚至延续至今。一直到他生命的最后几年，拿破仑都为自己作为法律改革者的功绩感到自豪。然而，与其名字联系在一起的还有一桩法律政策方面的大退步：1802年，新民法生效的两年前，鉴于海地奴隶起义频繁，他废除了1794年2

月国民公会取消奴隶制的决议，从而给人权事业以沉重打击。

外交政策方面，第一执政利用第二次反法同盟战争的结束扩大他在德意志的影响。这方面的一种方法就是《吕纳维尔和约》
380 中的相应规定，即在莱茵河左岸生活或拥有财产的世袭诸侯将在法国协助下从莱茵河右岸得到对所失领土的补偿。与沙皇亚历山大一世（Alexander I.）——在其父保罗一世被谋杀后于 1801 年 3 月登基——联手，拿破仑·波拿巴寻求对神圣罗马帝国进行法国意义上的重组。为此巴黎和圣彼得堡特别注重加强中等邦国如巴伐利亚、符腾堡和巴登的实力，以达到削弱两个大国奥地利和普鲁士的目的。实现此目的的手段有“世俗化”和“剥夺帝国直辖地位”：世俗化即解散帝国议会中的教会政治体，剥夺帝国直辖地位意味着废除帝国城市或帝国骑士领地的直辖地位。

德意志中等邦国从这种再分配中只会得到好处，所以它们想尽一切办法向拿破仑·波拿巴和他的外交部长塔列朗提出各自的诉求；而斯图加特和卡尔斯鲁厄的宫廷则利用自己与沙皇的近亲关系获益。其结果是 1803 年 2 月 25 日的《全帝国专使会总决议》（Reichsdeputationshauptschluss），由议会和皇帝批准后生效。几乎所有的主教领地均被废除，从而为教会财产的世俗化打下了法律基础。51 个帝国直辖市中的 45 个被剥夺了直辖地位，只有汉堡、不来梅、吕贝克、美因河畔的法兰克福、纽伦堡和奥格斯堡的直辖地位未变。一共有 112 个帝国政治体不复存在。其结果是中等邦国的疆土猛增，但也包括普鲁士的领土，这是法国和俄国不想看到的。在 1795 年的《巴塞尔和约》中普鲁士放弃对莱茵河左岸的领土要求，无意中使神圣罗马帝国的疆土发生了变化。

自 1648 年的《威斯特伐利亚和约》以来，外国势力对神圣罗马帝国内部的状况还从没有像 1803 年的《全帝国专使会总决议》产生过这么大影响。它从根本上改变了德意志土地上的内部权力关系。输家和赢家分别是天主教和新教的帝国政治体。科隆和特里尔的总主教不再是选帝侯。新的选帝侯领地符腾堡、巴登、黑森－卡塞尔和萨尔茨堡中的前三家信仰新教，只有萨尔茨 381
堡信奉天主教。其结果是，现在帝国议会的第一院中（整个帝国议会亦然）新教占了上风。奥地利的地位受到削弱，帝国和皇帝的威信降到了最低点。与统一的民族国家如法国相比，四分五裂的德意志诸侯国仍像是中世纪的遗留物。但是由于第一执政——德意志中等邦国的新保护者的强势政治干预，德意志的面貌变得比以前更为清晰。

当拿破仑·波拿巴竭尽全力让皇帝和德意志神圣罗马帝国贬值之后，他想在法国搞帝制，自己做皇帝。很久以来他都追求让自己的统治获得更高的合法性。在一个大多数国家仍旧是君主制的世界中，“第一执政”的头衔没有他拿破仑·波拿巴向往的那么光鲜。经历过1789年革命以来的一切，再想做回国王已经不可能了。但当皇帝则完全是另一回事：皇帝这一尘世的最高头衔在10世纪奥托大帝时代就被德意志人占据了。但最迟自三十年战争以来，“皇帝”这个名号后面实际上已经没有实权了，“帝国”也一样。如果他——拿破仑·波拿巴自己变成法国人的皇帝，在他看来这不过是通过战斗为自己和自己的国家赢来的当之无愧的名分。今后他将把对法国的统治权保留在自己家族内，最好是传给一个亲生儿子，不过他的妻子约瑟芬还没有给他生出继承人，他也可能过继一个侄子。

1802年8月4日元老院决议允许第一执政向元老院推荐自己的继任者，这不过是让拿破仑·波拿巴离自己的目标又靠近了一大步。直到差不多两年后，他才认为转变到波拿巴家族世袭帝制的条件成熟了。1804年4月30日，他让一位前雅各宾党人在法案评议委员会提出申请，宣布现任第一执政拿破仑·波拿巴为法国人的皇帝，并同时决定皇帝头衔由其家族

382 继承。申请以压倒多数（仅卡诺投了反对票）获得通过，5月4日元老院就同样内容做出决议。提案通过三个星期后，拿破仑于1804年5月18日被宣布为世袭皇帝，6月元老院的决议和一份详细的继承规则经公投通过：近40%的人参加了投票，其中约350万法国人投了赞成票，只有2569票反对。

随着帝制以符合宪法的方式被引入，法国转变为法兰西帝国。皇帝置身于宫廷之中，其中心由他和他最近的亲属构成。波拿巴家族现在继卡佩、安茹和波旁王朝之后，组成法国的第四个王朝。拿破仑允许他的两个兄弟自称为“法国亲王”（Prince Français），他还授予其亲戚与亲信华丽称号如“帝国大法官”（Archichancelier de l'Empire）、“大选帝侯”（Grand Electeur）或“礼仪总监”（Grand Maitre de Cérémonies），他任命功勋卓著的军队首领为“荣誉元帅”（Ehrenmarschälle）。1804年8月14日元老院做出决议，允许法国公民把皇帝馈赠的财产与世袭头衔传给自己的后代。

这不过是恢复了旧的“长子继承制”，从而成为产生新贵族——“皇家贵族”（noblesse impériale）的社会基础。四年后，新贵族通过1808年3月1日元老院的决议获得了自己的等级制度，即贵族顺序条例，所有封建制中的旧头衔，即骑士、男爵、伯爵和侯爵全部得到恢复。返回君主制因此顺理成章地意味着古老的封建秩序元素的复活。但“皇家贵族”并不等同于“封建主义”的死灰复燃：新崛起的贵族仍是1789年形成的公民社会的一部分。

称帝的一个伴随现象是拿破仑自己上演的对查理大帝的偶像崇拜。其高潮为皇帝在欢呼的当地居民簇拥下，对加洛林帝国首都亚琛的一次拜访，这发生在1804年9月。这种强调与加洛林王朝渊源的做法，不难让人看到拿破仑称霸欧洲的雄心。当然，他在自我导演的这场戏中也不可能走得太远。查理

大帝时代还没有法国人、德意志人或意大利人；其帝国不是民 383
族的，而尽管并非无所不包的，它还是比后来的德意志民族神圣罗马帝国更为广博。民族的框架对拿破仑来说已经过窄，但经法国人（仅仅由他们）公投获得合法性的皇帝不想，也不能放弃其帝国的民族特性。于是，1806年夏他还不想满足古老神圣罗马帝国最后一位大书记官长（Kurerzkanzler），即前任美因茨和现任雷根斯堡总主教卡尔·特奥多尔·冯·达尔贝格（Karl Theodor von Dalberg）的心愿，把神圣罗马帝国的皇冠戴到自己头上。如果他这样做了，那他就不完全是从前那个他最想当的“法国人的皇帝”了。

拿破仑的帝国因此一直被设想为一个由法国领导的大帝国。比起直接统治，它更应间接统治欧洲。若能战胜英国，不言而喻就有机会继承大英帝国从印度到西印度群岛的遗产，并着手征服奥斯曼帝国。一旦地中海成为拿破仑帝国的内海（mare nostrum）[①]，这个帝国便可以自视为复活了的罗马帝国。经征服建立的大帝国是一个没有疆界的工程，法国统治的欧洲仅仅是继续征服的出发点。拿破仑的愿景若是能够实现，称其大帝国为新型的“世界一统君主国”就不算是夸张。

拿破仑对帝国的形式与疆界的想象可谓相当含糊，相反，他对自己称帝登基的设想却极为具体。正如公元800年查理大帝加冕时一样，教宗在1004年后的这次典礼上也要扮演一个重要角色。然而，对拿破仑来说不言而喻的是，这一次皇帝不会前往教宗的驻地罗马，相反罗马的教宗必须莅临皇帝所在地巴黎。而且教宗应只负责为皇帝傅油和祝福，拿破仑想自己把皇冠戴到头上，然后再由他为约瑟芬加冕。在经过一番短暂犹豫后，庇护七世愿意扮演分配给他的角色。在教宗的坚持

---

① 拉丁文，原意为“我们的海”。

下，他成功地让此前只与约瑟芬缔结了民事婚姻的拿破仑在教
384 堂补办了婚礼。1804 年 12 月 2 日，皇帝加冕仪式在巴黎圣母院按照拿破仑的计划进行，场面极其奢华，所有宪政机关无一缺席。

在场者中许多人曾为 1792 年 9 月废除君主制而欢呼，也有不少人在 4 个月后就是否处决路易十六世投了赞成票。他们之中没有一个人反对拿破仑称帝，相反，他们感到自己似乎在一定程度上一起受到了加冕。1804 年 12 月 2 日的登基典礼使新情况合法化，从而也让他们在 1789 年以来的 15 年间，特别是自雾月十八后的 5 年间所获得的个人财产同样取得了合法性。1804 年 12 月，能马上令人回忆起革命的几乎就只剩下 1793 年的革命历书了，直到第二年，拿破仑才下令从 1806 年 1 月 1 日取消共和历，恢复传统的基督纪元历法。如今坚决要求 1789 年所允诺的自由是极其危险的。除了一些限制，在法律面前人们是平等的，若是不反对皇帝，也能享受法律保障。作为对所缺乏的东西的补偿，帝国提供“荣耀”和一定程度的资产阶级繁荣。

老欧洲对合法性的看法仍旧与革命后的法国不同。与法国有外交关系的国家的君主，对新皇帝给予了他理应得到的礼仪上的尊重。但他至少在那些实力派君主眼中只是个篡位者，是革命的产物和旧秩序的敌人。拿破仑向他们证实了他就是这样的人：1804 年 3 月，在称帝前仅仅数周，他让人枪决了波旁王族成员当甘公爵（Duc d’Enghien），即在违反国际法的情况下将其从流亡地巴登的埃滕海姆（Ettenheim）绑架走，并在万塞讷（Vincennes）经草草审讯后将其枪毙。没有任何证据能够证明，这位亲王如所指控的那样想取拿破仑的性命。这桩政治谋杀在整个欧洲激起了公愤，特别是在那些同情波旁王朝的人中。这桩血案是沙皇亚历山大一世放弃先前对法国的中立立场，转

而接近英国的一个重要理由。

倘若拿破仑曾经希冀，在神圣罗马帝国寿终正寝后，他能 385
成为西方唯一一位皇帝，那他就打错了算盘。1804年10月10日，神圣罗马帝国皇帝弗朗茨二世宣布建立奥地利帝国。这有悖于帝国宪法，在此意义上这是一种革命举动，迈出这一步是因为他清醒地意识到，老帝国在《全帝国专使会总决议》后气数将尽。哈布斯堡皇朝的统治者现在得竭尽全力，让自己的皇家头衔不要随着神圣罗马帝国的灭亡而作废，而两年后事实将证明这种未雨绸缪是正确的。

法国的领头人给自己拟定的官方称呼是："拿破仑——上帝恩典与共和国宪法支持的法国人的皇帝"。宗教术语作为表达方式是不可或缺的，这样他才能在国际上与其他君主"平起平坐"，在国内才会得到基督徒的认可。援引共和国宪法是为了继续保持合法的外表。这甚至成了一种自相矛盾的断言，就好像转型为君主制的法国仍旧是个共和国似的。"法国人的皇帝"之头衔指的是拿破仑所接受的授权是民主的，其实更应该说是伪民主的，这是他通过1804年6月的公投为自己争取到的。

帝国的创建是一场自上而下的革命，因此它既是一场反革命，也是一场继续革命。年轻的卡尔·马克思在1845年曾如此评价拿破仑："他用不断的战争来代替不断的革命，从而完成了恐怖主义。"① 一针见血：新帝国在国内遇到的麻烦只能通过对外的军事成就来掩饰。这些成就帮助拿破仑，让法兰西帝国成为一个大帝国的核心。这位皇帝这么做时并没有什么长期规划和建立在对利弊权衡基础上的蓝图。他从一开始就遵守的唯一法则是：以不断升级自己的权力为目的。[29]

---

① 马克思，恩格斯：《神圣家族，或对批判的批判所做的批判》，载《马克思恩格斯全集》（第二卷），北京：人民出版社，1957，第157页。

## 大帝国与老帝国的终结

1802 年 3 月法国与大不列颠缔结的《亚眠和约》并未维
386 持多久。1802 年 9 月拿破仑用吞并皮埃蒙特来挑衅英国，年初他已经让人宣布自己为意大利共和国（即前奇萨尔皮纳共和国）总统；意大利共和国后来转型为意大利王国，1805 年春拿破仑在米兰大教堂为自己加冕。同样具有挑衅意味的还有：对 1795 年归属法国、发生暴力动乱的圣多明各进行殖民远征，强令巴达维亚共和国制定新宪法以及让瑞士转变为法国的卫星国。但最挑衅英国底线的是拿破仑推行的违反英国利益的贸易保护主义政策：他采取高关税，以保护法国工业免于与英国竞争。

英国的对策是决定暂时不把马耳他归还给圣约翰骑士团，这违反了《亚眠和约》，伦敦方面的理由是：和平的条件必须与维持现状相联系。1803 年 3 月 13 日，拿破仑在整个外交使团面前谴责英方违约；两个月后伦敦召回其驻法外交人员；1803 年 5 月 23 日英国对法国宣战。从一开始就没有任何迹象表明，英国会永远容忍法国称霸欧洲大陆；同样明白无误的是，拿破仑不会满足于在亚眠所得到的，也不会承认英国的海上霸权。1803 年春英国结束了停火状态，这对拿破仑来说意味着釜底抽薪。

战争初始，法国于 1803 年 6 月占领了汉诺威，1714 年起这里因共主邦联属于英格兰，英方则征服了法国大部分的殖民地。在被切断了与母国供给联系的海地西部，1803 年底黑人独立运动如火如荼，这是受 1789 年大革命激励而始于 1791 年的第一次奴隶革命迟到的胜利。1803 年初，法国远征军的崩溃就已毫无疑问。失去其最富有的殖民地海地的最大部分，意
387 味着法国建立一个跨大西洋帝国的梦想终结了。拿破仑对此的反应充满恐慌，他把路易斯安那出售给了美国。年轻的美国通过“购买路易斯安那”赢得了密西西比河右岸辽阔的领土，让

其国土一路向西延伸到太平洋沿岸。

拿破仑暂时放弃了登陆英国的计划，因为他意识到法国海军的力量完全无法胜任这种行动。当拿破仑成功施压迫使西班牙参战后，入侵英国的机会似乎变大。曼努埃尔·德·戈多伊（Manuel de Godoy）——西班牙王后玛丽亚·路易莎（Maria Louisa）的情人——执政时西班牙在1796年的《圣伊尔德丰索条约》（Friede von San Ildefonso）中曾与法国定下攻守同盟，1801年西班牙出兵战胜英国同盟者葡萄牙。1803年参战的界线即七年前戈多伊为西班牙确立的边界。

英国同样也能在自己身边聚集盟友：1805年4月它与俄国就结盟进行接触，其所宣称的目的是，将法国的疆界限制到1792年的状况，即第一次反法同盟战争前的疆界。此后不久，奥地利、瑞典和那不勒斯加入联盟。拿破仑的对策是与巴伐利亚秘密结盟，符腾堡和巴登为了自保亦加入该同盟，法国执意争取的普鲁士坚持自己的中立。英法战争两年后发展为第三次反法同盟战争。

这次战争中的唯一一次海战发生在特拉法尔加（Trafalgar）：在这个西班牙濒临大西洋海岸的海角，英国海军上将纳尔逊（Nelson）取得了对法国和西班牙联合舰队的决定性胜利，他自己也在同一天殉职。1805年12月2日，在加冕为皇帝一周年之际，拿破仑获得了陆地上最重要的胜利：在摩拉维亚的奥斯特利茨（Austerlitz）附近进行的三皇会战中，他重创沙皇亚历山大一世和皇帝弗朗茨二世率领的俄奥联军。这场胜利保住了拿破仑的政治生命：在奥斯特利茨战役前几天，法兰西银行的崩溃似乎已迫在眉睫。若是皇帝打输了这
场战役，金融灾难将不可避免，作为其后果拿破仑肯定就得下 388
台。12月2日传来的胜利消息拯救了法兰西国家银行及法兰西帝国。奥斯特利茨战役之胜利正是先对内政产生了影响，接

着才带来对外关系方面的效应，而后者很快就得以显现。

1805 年 12 月 26 日，三皇会战后大约三个星期，法国和奥地利在普莱斯堡（Preßburg），即如今的布拉迪斯拉发（Bratislawa）缔结和约。哈布斯堡皇朝不得不将威尼托大区割让给意大利王国；巴伐利亚从奥地利得到特伦托、蒂罗尔（Tirol）和福拉尔贝格（Vorarlberg）等地，并获准把帝国自由城市奥格斯堡划归己有。巴伐利亚和符腾堡成为王国，巴登则变为大公国。符腾堡和巴登也能够扩大自己的版图：它们接收了此前的奥地利西部领土和帝国骑士领地。作为补偿奥地利得到萨尔茨堡。第三次反法同盟战争就此结束，法国与俄国和英国之间的战争仍在继续。

"拿破仑对欧洲的统治随着奥斯特利茨战役开始了。"约翰内斯·维尔姆斯用这句话总结了 1805 年 12 月 2 日战役的意义。在摩拉维亚的胜利创造了建立那个大帝国（Grand Empire）的先决条件，拿破仑的意志是当中所有政治力量的源头。属于这个帝国的除了法兰西帝国还有新成立的各君主国，其首脑都是皇帝的近亲：担任那不勒斯和荷兰国王的是他的兄弟约瑟夫和路易，其妹夫缪拉（Murat）则统治新创建的贝尔格大公国（Großherzogtum Berg）。

大帝国的另一部分由 16 个"第三方德意志"（Drittes Deutschland）邦国[①]组成，包括战争的赢家巴伐利亚、符腾堡和巴登，它们于 1806 年 7 月 12 日宣布独立，脱离神圣罗马帝国并与法国建立攻守同盟。这标志着古老神圣罗马帝国的终结。8 月 1 日，莱茵邦联[②]国家（Rheinbundstaaten）在雷根斯堡的帝国国会声明集体退出神圣罗马帝国。五天后，迫于拿破仑的最后通牒，弗朗茨二世于 1806 年 8 月 6 日宣布退位，

① 即普鲁士和奥地利之外的其他德意志邦国。

② 又译莱茵联盟。

并解除了所有帝国政治体的义务。作为奥地利帝国的皇帝他现在是弗朗茨一世。

德意志民族神圣罗马帝国的解体并未激起愤慨的呐喊。虽 389
然仍有帝国的爱国者为这个富有传统的结构的可耻结局感到悲伤，但他们只占极少数。大多数德意志人对 1806 年 8 月 6 日的事件无动于衷。长期以来帝国结构仅是帝国自身的一个影子而已。《威斯特伐利亚和约》后，帝国结构对缓和各教派的矛盾以及调解较小的帝国政治体间的争端起了一定作用。实权其实掌握在幅员辽阔的大国手上，其中两个最大的国家奥地利和普鲁士之间的矛盾让神圣罗马帝国在 18 世纪越来越徒有其名：成为过去时代的遗物，一种不合时宜之物。要想从头到脚进行一番改革则缺乏最重要的条件：当权者改变现状的意志。

此外在老帝国存在的最后几年中，普鲁士以及奥地利总是毫无顾忌地为了自己的利益一再牺牲帝国的整体利益。普鲁士在与法国单独媾和的《巴塞尔和约》中放弃莱茵河左岸的德意志领土，两年后奥地利于 1797 年 10 月认可了这一做法。1805 年 12 月 15 日，奥斯特利茨战役两周后，普鲁士与拿破仑签署同盟条约，通过放弃安斯巴赫（Ansbach）、纳沙泰尔（Neuchâtel）和克莱沃（Kleve）处于莱茵河右岸部分，要求拿破仑确认普鲁士军队对所吞并的汉诺威的主权。这违反了帝国法和国际法，英国以对普鲁士宣战作为回应。奥地利 1804 年 10 月宣布成立奥地利帝国，以及 1806 年 8 月 6 日宣布神圣罗马帝国解体也一再违反了帝国法律：帝国解体需要帝国议会的同意，不能由皇帝独自裁决。“第三方德意志邦国”对帝国也持敌对态度：莱茵联盟国家通过组建邦联，作为拿破仑的受保护国给了老帝国最后的致命一击。

老帝国自然不可能踪迹全无地消失。如果从奥托大帝在

390 962 年加冕算起，那么它已经存在了 844 年。它在中世纪全盛时期以及其后数百年的衰微期，特别是三十年战争后，给人留下的记忆都是栩栩如生的。作为基督教教会的保护势力，这个中世纪帝国传递的信息是一种超民族的、欧洲的甚至是普世的，这种理念以世俗形式继续发挥着作用，即德意志人肩负着一种特殊的世界公民的使命。1796 年，在这个古老帝国灭亡前十年，歌德和席勒曾在《格言诗》（*Xenien*）中提出警告：

> 德意志人，你们想把自己结成一个民族国家的希望落空了；
>
> 还是培养自己——你们可以做到——成为更自由的人吧！①

五年后，1801 年席勒在《德意志之伟大》（*Deutsche Größe*）片断中写道："德意志人的伟岸"从来都不体现在公侯身上。"在政治之外，德意志人创建了自身的价值，即使帝国覆灭，德意志人的尊严也将继续完整无损。这是一种道德上的伟大，它体现在一个民族的文化与性格中，并独立存在于政治命运之外……政治帝国风雨飘摇，精神帝国则日益坚固和完善。"

即使那种古老的传奇，比如认为德意志民族的帝国是第四个和最后一个世界帝国，只要这个帝国还存在，敌基督就无法统治世界，也并未因 1806 年神圣罗马帝国的灭亡而彻底销声匿迹。只要事关制服"恶"，人们就会想起这个念头，从而想建造新的德意志帝国。1806 年虽然还不能够谈论帝国神话，但是编织这类神话的材料已经存在，只要情况允许或看

① 译文转引自刘学强《柏林墙倒了》，载《柏林墙倒了》，深圳：海天出版社，1994，第 4 页。

上去有这个必要。与生活在魏玛的古典作家不同，还在拿破仑处于其权力的巅峰时就有不少德意志人希望建立起一种新型的德意志人的统一，它应比古老帝国所能保障的合并更为有效。

一些同时代人恰恰寄希望于莱茵联盟，认为它既然鼎力推动了帝国的解体，就应该承上启下，至少帮助“第三方德意志 391
邦国”——很多人视它们为真正的德意志国家——创建起一种保护伞式的机构。事实上，拿破仑委任的莱茵邦联负责人——神圣罗马帝国最后一位大书记官长——卡尔·特奥多尔·冯·达尔贝格愿意为莱茵邦联创建共同的、有行动力的机构，拿破仑也认为这是可取的。但恰恰是那些最大的邦联成员，如巴伐利亚和符腾堡，拒绝任何哪怕能让人稍微联想起那个已经覆灭的帝国的东西。强大的邦联权力将再次限制它们新赢得的行动空间，因此从莱茵邦联中未能发展出一个莱茵河地区的联邦制国家。

莱茵邦联国家的内部发展可用现代化推力这一概念做出最佳概括。作为《全帝国专使会总决议》和《普莱斯堡和约》带来的结果，莱茵邦联中较大的成员都扩大了疆界，新划入的地区的居民与原有居民的宗教信仰不同：新加入巴伐利亚的是信奉新教的地区，在符腾堡则是信奉天主教的地区；在两个教派混杂的巴登，由于原属奥地利的布赖斯高（Breisgau）的并入，天主教徒开始明显占多数。新老国土的真正融合需要很大努力，该过程引发了一场追赶开明专制风格的自上而下的革命：以 18 世纪后期的普鲁士和奥地利为榜样，和那里一样这种革命是由有改革意识的官僚机构推行的。《拿破仑法典》在其中发挥了重要作用，法国人的皇帝为其《法典》的实施施加了很大压力。然而阻力如此强烈，最后除了在巴登，《法典》在其他地方只有部分内容被接受。这种矛盾的结果有着更为深层的原因，对此历史学家伊丽莎白·费伦巴赫（Elisabeth Fehrenbach）揭示道：它是“一种革命律法与革命前的法律和社会秩序的对战”。

比莱茵邦联的社会变迁更为深远的是莱茵河左岸被法国兼并的地区。《拿破仑法典》在这些地方得到不折不扣的贯彻，一直使用到 1900 年 1 月 1 日《德国民法典》（Bürgerliches Gesetzbuch）生效。法国的新区域接受了法国的行政机构设
392 置，包括省份的划分、诉讼程序和法院体制。革命创新中包括犹太人的公民平等待遇。在莱茵河左岸施行的举措，也适用于由波拿巴的家族成员统治的那些德意志区域：其妹夫缪拉治下的贝尔格大公国，和 1807 年击败普鲁士后创建的威斯特法伦（Westfalen）王国——首府为卡塞尔，皇帝最小的弟弟杰罗姆（Jérôme）在那里统治。

贝尔格和威斯特法伦王国是拿破仑直接统治德意志的两个“样板国家”。但恰恰在这里，两种相互矛盾的目标带来了无法解决的冲突：拿破仑的社会政治目标与他为长期巩固其统治所采取的措施不相容。如果想赢得市民和农民们的支持，拿破仑家族就必须遵照法国模式摧毁封建结构。他们这样做了，然而从中受益的不是当地居民，而是其他人。这位法国人的皇帝需要这些被剥夺的土地，以犒赏其能征善战的将领以及为“皇家新贵”奠定物质基础。由于对他而言，第二个目标要比第一个目标重要许多，拿破仑就令那些以为他会将 1789 年的原始理念——肃清了雅各宾党人的恐怖后的进步——在整个欧洲推广的人失望了。

但即使拿破仑以坚定不移的政治和社会改革者面貌出现，在许多德意志人眼里他仍旧无法去掉外国统治者的污点。1806 年纽伦堡书商约翰·菲利普·帕尔姆（Johann Philipp Palm）印刷并散发了一本反对这位法国人皇帝的匿名小册子

《德意志正在蒙受奇耻大辱》(*Deutschland in seiner tiefsten Erniedrigung*)，他不得不为自己的爱国行为付出昂贵的代价。根据拿破仑的命令帕尔姆被法国军事法庭判处死刑，并于1806年8月26日在因河畔的布劳瑙（Braunau am Inn）遭枪决。德意志民族主义有了自己第一位殉道者。[30]

## 393 从失败中学习：普鲁士改革

比帕尔姆被枪决更令爱国的德意志人感到震惊的是1806年的另一起事件：普鲁士的崩溃。经过长时间犹豫后普鲁士在8月决定进行战争动员。此前有关于法英秘密谈判的报道，拿破仑曾提出把汉诺威归还给伦敦方面。作为来自柏林的回应，普鲁士和俄国秘密结盟。经过交换最后通牒，国王腓特烈·威廉三世（Friedrich Wilhelm III.）于10月9日对法国宣战。五天后，拿破仑在耶拿和奥尔施泰特（Auerstedt）会战中令普鲁士军队遭到毁灭性打击。仅仅两个星期后，1806年10月27日这位皇帝在部分柏林居民的友好欢迎下进入该城。腓特烈·威廉三世和其深受人民爱戴的王后路易丝（Luise）已于此前逃往柯尼斯堡。

在接下来的几个星期，普鲁士要塞接二连三投降，只剩下但泽、格鲁琼兹（Graudenz）和不久后成为传奇的科尔贝格（Kolberg）。法国军队经华沙挺进1795年第三次瓜分波兰时普鲁士所得到的区域，在南西里西亚普鲁士人起初能够阻止莱茵邦联的队伍。法国人在拿破仑的率领下与普鲁士军团于1807年2月在普鲁士-埃劳（Preußisch-Eylau）进行的一场战役未分胜负。直到拿破仑1807年6月14日在东普鲁士的弗里德兰（Friedland）给俄国人以重创后，普鲁士、俄国与法国之间的战争，即第四次反法同盟战争才最终结束。

7月7日在提尔西特（Tilsit）不仅缔结了法俄之间的和约，而且这两个大国还彼此结盟。俄国可以对当时属于瑞典的芬兰随心所欲，两年后，1809年9月俄国对瑞典速战速胜之后，芬兰作为大公国在沙皇帝国内获得自治地位。俄国甚至得到了到那时为止普鲁士从波兰瓜分到的比亚韦斯托克
394 （Bialystok）周边地区。由1773年第二次和1795年第三次

瓜分波兰时普鲁士分到的地盘组成了华沙公国（Herzogtum Warschau），它与萨克森构成共主邦联。波兰人大失所望，他们曾视拿破仑为自己国家的解放者，成千上万的波兰人曾与他一起抗击普鲁士人和俄国人。

第四次反法同盟战争的大输家是普鲁士。腓特烈大帝时代建立起的军队声望扫地，国家成为一片废墟。1807年7月9日普鲁士在提尔西特不得不把易北河以西的全部领土拱手让给新成立的威斯特法伦王国，此外汉诺威、不伦瑞克（Braunschweig）和黑森选侯国（Kurhessen）亦被划归该王国。但泽成为受法国保护的自由城市。自1772年第一次瓜分波兰起就属于普鲁士的内策河（Netze）[①]流域以及普鲁士在接下来的两次瓜分波兰中所得的战利品被划给华沙公国。这时的普鲁士已不再是强权国家，作为一个国家它在1806/1807年战争后能够继续存在，全有赖于其一直以来的盟友亚历山大一世的鼎力相助。

失败对40年前在腓特烈大帝治下才上升为欧洲列强的普鲁士是一场灾难。然而这种军事和政治崩溃的经历显然是必不可少的，舍此无法释放兼具才智与气魄的改革普鲁士的力量。1806年后着手进行内部改革、拥有道德良心的大部分都是外来者：卡尔·冯·祖·施泰因帝国男爵（Reichsfreiherr Karl vom und zum Stein），1807~1808年任首相，出身于拿骚一个帝国骑士家族；政治上影响力更大、长期任首相的卡尔·奥古斯特·冯·哈登贝格（Karl August von Hardenberg）是汉诺威人；在普鲁士－埃劳之战中脱颖而出的军事改革家格哈德·沙恩霍斯特（Gerhard Scharnhorst）来自下萨克森一个农民和军人家庭；科尔贝格的保卫者陆军元帅奈特哈特·冯·格奈

① 即波兰语的诺泰奇河（Noteć）。

泽瑙（Neidhardt von Gneisenau）出生于萨克森的席尔道（Schildau）。来自普鲁士的另外两位军事改革者分别是：出生在马格德堡（Magdeburg）的卡尔·冯·克劳塞维茨（Carl von Clausewitz）将军，他的（未完成）著作《战争论》（*Vom Kriege*）使其成为世界著名的战争理论家；1814~1819 年担任陆军大臣的赫尔曼·冯·博延（Hermann von Boyen）是东普鲁士本地人。

395 普鲁士大臣卡尔·奥古斯特·冯·施特林泽（Karl August von Struensee）是 1772 年被处以绞刑的丹麦大臣约翰·弗里德里希·施特林泽的哥哥，他曾于 1799 年对一位来访的法国人预言道："你们自下而上进行的革命，在普鲁士会慢慢地自上而下地完成……用不了几年普鲁士将不会再有特权阶级。"

施泰因和哈登贝格的改革不亚于一场自上而下的革命。他们办的第一件大事是 1807 年 10 月 7 日颁布的《十月敕令》（Oktoberedikt），该敕令宣布从 1810 年 11 月 11 日起废除农民对地主的人身依附关系。"农奴解放"影响深远，但它并没有导致容克特权的消失，而是巩固了骑士庄园主的地位。由于农民可以通过割让土地来减免各类徭役，其后果是大地主们的土地反而扩大了。通过顽强的抵抗，容克地主们得以保留一些对他们来说最重要的特权：世袭管辖权维持到 1848 年革命，免地税维持到 1861 年，地主拥有警力权维持到 1872 年，家长制的庄园内雇佣规章维持到 1918/1919 年的革命，以及庄园区作为行政单位维持至 1927 年。农业资本主义的取胜和大地主庄园对社会的开放都是无法阻挡的：随着地产的自由买卖，从此富有的资产阶级也可以购置庄园。但这最终也没有削弱，而是增强了易北河以东大地主庄园的地位。

《十月敕令》虽然在法律意义上解放了农民，但首先那些

以变卖土地或交赎金来免除各类徭役的小农仍旧是庄园联盟的
成员；其次他们之中最贫困的佃农没有自己的运输工具，所以
也无法完成运输徭役，只好继续为地主干活和交租。与法国的
情况不同，从普鲁士的农业工人和缺地的农民中没有产生独立
自主拥有小块土地的农民，但是至少他们中的大多数变成了马
克思所说的“产业后备军”，即巨大的劳动力储备力量，没有
他们德国的工业革命难以出现。这样“农奴解放”就有了一种 396
自相矛盾的结果：一方面它促成了社会的现代化，当然它与
1807 年改革者们所追求的目标不同；另一方面 1807 年 10 月
9 日的敕令与 1811 年 9 月 14 日的监管法令一起导致前现代权
力精英——普鲁士容克地主阶级的地位被保存下来，尽管改革
者的初衷是想剥夺他们的特权。

“农奴解放”之后不久，又继续进行了一系列重要改革：1808 年颁布城市条例，引进社区自治，有一定财产和受过教育的公民有权参政；1811 年实行经营工商业的自由，废除旧的行业公会条例；1812 年给予犹太人平等待遇，他们虽然还不能担任军事和非军事的国家职务，但获得了基本公民权；1814 年在战争中实行了普遍兵役制，这是普鲁士军队在人员、心智和组织方面大刀阔斧改革的点睛之笔。

政府被划分为五个经典职能部门：外交、内政、财政、司法和战争事务。教育体制得到全面改革。“自我发展而不是刻板训练”——正是根据此座右铭，1767 年出生于波茨坦的威廉·冯·洪堡（Wilhelm von Humboldt）作为普鲁士内政部文化与教育司主管，对从小学到大学的教育体制进行了改革。新人文主义精神走进了中学与大学校园，学习古代拉丁语和希腊语、研究古代成为高等教育的重点任务，死记硬背的现象在中学和大学都不该继续存在。洪堡的杰作是 1810 年创建了柏林大学。由于盛行于这所大学中的自由精神，以及该校聘任的

杰出学者，短短几年后这所新建的大学就成为德意志最好的大学。

让普鲁士拥有国民议会的目标未能实现。改革者当时设想的并不是由普选产生的人民代表，而是一个咨询机构，从受过教育和有财产的阶层中间接选举出来的代言人可在此机构中发
397 表意见。然而尽管这样一种机构的政治分量肯定微乎其微，此意图仍旧遇到巨大阻力：先是以来自马维茨（Marwitz）的弗里德里希·奥古斯特·路德维希（Friedrich August Ludwig）为首的保守贵族派，然后是开明的官吏们起来反对。在1811年和1812年召开的两次名流会议上，正是赞成改革的官吏们得出结论，各等级代表非但不会促进改革，反而会阻碍它。腓特烈·威廉三世在1810年10月27日的财政法令中承诺的立宪从而未能兑现。

把普鲁士的改革称作“自上而下的革命”因此可以说显得有些夸张。如果人们把这段时间实现的工业化生产方式的突破算作改革的间接成果的话——一些现象支持这种看法——那么“自上而下的革命”也不全是妄言。无论怎么说，1807年后普鲁士完成了一个更新过程，其成就远远超过了开明专制的政绩。德意志南部的巴伐利亚、符腾堡和巴登虽然大大早于霍亨索伦君主国就有了各自的宪法，但普鲁士所经历的由国家进行的社会现代化是普鲁士在1820年后担当起德意志经济上的领军角色的主要原因。犹太人得到的解放只有在莱茵河左岸地区和威斯特法伦王国比普鲁士更为彻底，大多数德意志邦国直到1860年代才给予犹太人平等的公民待遇。1811年普鲁士就实现了经营工商业的自由，奥地利在1859年才做到这一点，其他德意志邦国更晚（1860年代）。在自由贸易方面霍亨索伦国家也走在了前面：除了巴登，没有别的德意志邦国像普鲁士这样，在实行经营工商业自由之外，既早又坚定地贯彻了贸易自由。

多一些社会参与，就会少一些社会变革，1812 年后普鲁士锐意改革的官吏们对此深信不疑，他们开始视自己为唯一真正不偏不倚的等级。一位来自斯图加特，自 1818 年起在柏林大学任教的志愿普鲁士人，在其法哲学著作中为这一长期得到实践的自我认识提供了理论根据。国家作为“伦理理念的最终实现”：在黑格尔的这一判断中，所有那些作为高官服务于普鲁士国家并代表它的人都能找到自己的位置。[31]

黑格尔被视作近代普鲁士—德意志国家意识形态的创始人，可谓当之无愧。但德意志民族主义最重要的创立者却是另一位德意志唯心主义哲学家：柏林大学的首任校长约翰·戈特利布·费希特（Johann Gottlieb Fichte）。他于1763年出生在萨克森上劳西茨（Oberlausitz）的拉梅瑙（Rammenau），其父是一名纺织工，他和黑格尔一样也不是普鲁士人。1793年他首先匿名发表了为法国大革命辩护的文章，因此引起轰动；不久后他因发表关于上帝就是道德的世界秩序的论文被批评为无神论者，并因此失去了在萨克森－魏玛耶拿大学的教授席位。

1800年，费希特以《封闭的贸易国》（*Der geschlossene Handelsstaat*）为题出版了一本献给普鲁士大臣施特林泽的著作。书中恳请建立一个基于公共财产并处处实施行会高压政策、对外封闭的国家；为了保障其经济独立，可以通过战争方式向自己的“天然疆界”拓展，或是必须以这类屏障为界。在1806年写就的《当今时代的基本特征》（*Grundzügen des gegenwärtigen Zeitalters*）中，费希特赞成组建共和制的理智国家，在这种国家中一方面公民享有一切他所能享受到的自由，另一方面每位公民都全心全意地听命于这个国家。[32]

但在政治上引起轰动效应的是费希特1807/1808年冬天在柏林发表的“对德意志民族的演讲”（Reden an die deutsche Nation），1808年这些演讲结集出版。《对德意志民族的演讲》是德意志民族主义——一种现代的民族主义的宣言，其特征是系统地把宗教关系重新解释为民族忠诚，即对其世俗化。费希特宣布德意志人为具有最高道德的民族，赋予他们一种历史使命，这种使命不是别的，而是在精神上统治世界：“重塑人类……把其从尘世和沉迷感官享乐的生物变成纯粹与高尚的精英。”[33]

这位哲学家是如此解释德意志人的使命的：他们是“原 399
始存在的民族”，与欧洲西部和南部被罗马人征服的各民族不同，面对罗马人对世界的统治，他们成功地保住了自己和自己的“原始语言”。这体现了“德意志民族最近一项伟大的世界壮举，在一定意义上来说是已经完成了的壮举”。费希特让那些“在为宗教与信仰自由而进行的圣战中”牺牲的祖先对如今活着的德意志人呐喊：“我们流血，是为了自由精神能够发展成一种独立的存在。这种精神要想获得意义与理由，就靠你们把自由精神贯彻到它本该进行的世界统治中去。”[34]

对宗教之战的回忆有一个现实的背景：费希特在宗教改革中看到与当前的类比，并视路德为自己的榜样。正如路德曾为反对罗马天主教在精神上对世界的统治而战，费希特反对的是拿破仑开始创建的世界帝国。从基督教信仰到爱国，从宗教共同体到民族的距离仅仅是一小步。正如上帝可以要求奉献生命，民族国家亦然。不像托马斯·阿普特在1761年《论为国捐躯》（*Vom Tode für das Vaterland*）一书中的祖国指的是普鲁士，此处有权要求最大牺牲的是德意志民族。费希特援引上帝，但他为德意志民族要求的是一位完全此岸的上帝：这位上帝与雅各宾党人的“最高主宰”不无相似之处。

费希特一再表明自己的共和主张，包括在《对德意志民族的演讲》中。他从未停止将德意志共和国作为目标。在去世的前一年——1813年，在思考谁能成为“德意志的统一之君”时，他想到了普鲁士国王［直接促使费希特写下《1813年春一篇政论文草稿》（*Entwurf zu einer politischen Schrift im Frühlinge 1813*）的是1813年3月17日腓特烈·威廉的《致吾民书》（*Aufruf an Mein Volk*），他在其中宣布了要与拿破仑决一死战］。“统治者的首要责任是进行热爱自由的教育，暴力传承根本行不通。依靠暴力怎么能从现状达到自由？哪怕是任何一位王侯想要自由，贵族们肯定不想。（他们太狭隘，无法忘我融入德意志性。）因此需要一位拥有德意志性的统一
400 之君。谁是这位统一之君：我们的国王当之无愧。他去世后则由参议院负责，现在就可以着手准备。”[35]

至于腓特烈·威廉三世是否有能力和意愿担此重任，根据其笔记费希特也没把握。“现有的邦主没有人能缔造德意志人，他们培养出的是奥地利人、普鲁士人等。难道必须等待新君出现，像波拿巴那样的？”（最后一个问题太离经叛道，以致费希特过后自己又否定了它。）[36] 首先与奥地利的比较，支持了现任或未来的普鲁士国王将领导德意志走向统一的论点。一位有家族利益的德意志皇帝会利用德意志力量为其个人目的服务。奥地利有这种家族利益，普鲁士没有。“它实际上是个德意志国家；作为皇帝完全不想去征服，也不愿不公正，前提条件是：在未来的和平条约中把本属于他的，同时又因基督教新教信仰而联系在一起的省份归还给他。迄今为止的历史精神使普鲁士不得不向前迈进，构建帝国。舍此它无法继续存在，而是只能灭亡。”[37]

普鲁士不仅是个新教掌权的国家，而且在德意志新教中享有霸权。如果不是这样，费希特也不会想到让普鲁士国王来扮演“统一之君”的角色。“引领其时代和民族的那个人应该成为统一之君，”在其 1813 年完成的《国家学说》（*Exkurse zur Staatslehre*）中他写道，德意志命中注定是一个理性之国，这样的国家必须用新教方式来管理，“理智用于基督教不外乎就是新教，因此现代的哲学家和学者必须是新教徒。新教徒是真正的基督教徒，因为他们身上体现着普遍有效性和一般性。”1813 年费希特在《草稿》一书中曾要求确立所有人都该信仰的国教，同时保障良心自由，也就是保留私人的特殊宗

教。在《国家学说》中对此存疑的是：国教只能是卢梭意义上的公民宗教，哪怕是带有很浓新教色彩的，无论非新教徒的良心对此会怎么说。[38]

费希特的民族主义完全是补偿性的，他的德意志无所不能 401
的愿景来自德意志软弱无力的经验。对来自拿破仑的羞辱，他的回应是民族的骄傲之情，他想通过引进国家公民宗教去克服教派分裂。其民族主义的目标是国民解放，而且它多半仅仅是一种反应：对法国大革命思想的认同越来越让位给一种愿望，即一劳永逸地消灭法国人的外来统治。

约翰·戈特利布·费希特在政治领域并非独行者。他在统一和自由方面的意见和要求主要受到了另外两位德意志民族主义奠基人的呼应："体操之父"弗里德里希·路德维希·雅恩（Friedrich Ludwig Jahn），其父是勃兰登堡维滕贝格的一个新教牧师；以及新教神学家和作家恩斯特·莫里茨·阿恩特（Ernst Moritz Arndt），他出生在吕根岛（Rügen）上的一个农民家庭，那里和整个西波美拉尼亚（Vorpommern）地区一样直到1815年都属于瑞典。雅恩和费希特都认为普鲁士是唯一能够统一和领导德意志的国家，体操之父和那位哲学家同样把拯救人类的任务交给了德意志。在其1810年出版的《德意志人的民族性》（*Deutsches Volkstum*）中他用下面的话概括了这一使命："难以学习，更难于执行的是世界拯救者的神圣任务，但那是一种道德的亢奋，一种人之神性，以救世主的身份来保佑尘世，为各民族植入成为人的种子。"

德意志在世界上所应扮演的角色好比"赫尔曼"（Hermann）之于德意志人，此人是切鲁西部族（Cherusker）首领阿米尼乌斯（Arminius），于公元9年在条顿堡森林（Teutoburger Wald）打败了罗马人的军队，雅恩称其为"民族的救星"。雅恩为人们推荐的其他榜样是奥托大帝的父亲萨克森国王亨利一世（919~936 年在位），路德，还有“旷世君主腓特烈大帝”，尽管后者只创建了一个国家，而不是一个民族，因而对后者的推荐在某种程度上是有所保留的。一个没有民族的国家仅仅是一件“没有灵魂的艺术品”，反之，一个没有国家的民族则仅仅是“没有躯体的、风一样的影子，就像在世界上到处流浪的吉卜赛人或犹太人”。

402 然而，德意志的未来对任何国家的依赖都不如对腓特烈的普鲁士大。因为与多民族帝国奥地利不同（雅恩认为奥地利的使命涵盖东南欧的整个多瑙河流域直至黑海），普鲁士是德意志的。在普鲁士国家，体操之父发现了一种“对完美的追求”，所以他希望“在普鲁士和通过普鲁士，古老而值得尊敬的德意志帝国能获得与时俱进的复兴，在此帝国中一个伟大的民族将会在人类世界史中走上崇高的不朽之路”。

雅恩坚信，一个统一的德意志需要一部言之有理、通俗易懂的宪法，以及一个在别处被称为“议会”（Parlament）的“议事团体”（Sprechgemeinde）。建议将“议会”译成“议事团体”，这表明雅恩所关注的主要问题之一是：维护母语。从对自己民族性的敬重到蔑视其他民族的民族性只有一小步，这尤其体现在雅恩痛恨一切与法国有关的事物上。法语迷惑了德意志男人，勾引了德意志青年，损害了德意志女人的名誉。因此体操之父提出告诫：“德意志人，以男人的崇高思想再次感受你们生动的语言的宝贵价值，永远不要让它枯竭，挖掘这古老的源泉，别去理睬卢泰西亚那潭静止的死水！”卢泰西亚（Lutetia）是巴黎的古称，作者认为他的读者们都知道这个名字。[39]

超越雅恩对德意志性的神圣化和对法国人的妖魔化并非易事，但恩斯特·莫里茨·阿恩特证明这还是可以做到的。1807 年德意志民族主义的第三位奠基人把他那具有伪宗教特征的爱国热情以非常经典的形式表达出来：“成为一个民族，万众一

心，手握沾满鲜血的复仇之剑迅速集中在一起，这是我们这个
时代的宗教；通过这一信仰你们必须和睦与坚强，通过这一信
仰战胜魔鬼与地狱……最高的宗教是为人类神圣的事业去获胜
和献身，在各种暴政的压迫下人类正充满恶习与耻辱地沉沦；
最高的宗教是爱祖国胜过爱领主、王侯、父母、妻儿；最高的
宗教是给子孙后代留下一个诚实的名声、一个自由的国家和一
种骄傲的精神；最高的宗教是父辈用最宝贵和最自由的鲜血赢 403
得的东西，要用最宝贵的鲜血去捍卫。把耶稣也曾宣讲过的救
赎世界的圣十字，以及这永恒的宗教社区和荣耀作为你们的旗
帜，复仇和获得解放后在绿橡树下的祖国祭坛为保佑你们的神
献上喜悦的牺牲。”

阿恩特所提到的行护佑和惩罚神职的主已不再是超越于各民族的神，而是“古老和值得敬重的德意志之神”，1810年作者在《祈祷》（*Gebet*）一诗中首次提到他。1813年，反抗拿破仑的解放战争已经打响，他创作了《写给德意志战士和军人的教义问答》（*Katechismus für den deutschen Kriegs-und Wehrmann*）。通篇充满对敌基督神话的暗喻，通过模仿路德翻译约翰《启示录》时的用语，他用一种古老的语言呼吁参加战斗者：“一个怪物降生了，一个嗜血的怪胎出现了，他的名字叫拿破仑·波拿巴，一个该受诅咒的名字……民众们，行动起来！诛戮他，因为他受到我的诅咒，消灭他，因为他是践踏自由与正义者……你们要同仇敌忾，要知道你们有一个古老、忠诚的神，你们有一个祖国——古老、忠诚的德意志。”

阿恩特毫不费力地把战争信息与基督教的仁爱结合在一起。1813年他在《论民族仇恨》（*Über Volkshaß*）一文中写道：一个真正有爱的人必须至死痛恨邪恶。上帝希望有这种仇恨，是的，他命令要有这种恨。对法国人的仇恨不仅限于最近20年的过节，而是源自300年来他们对德意志人的所作所为。“我对法国

人的仇恨不仅限于这场战争，我想恨得更长，永远去恨……这种恨的熊熊烈火作为德意志民族的宗教永不熄灭，它在众人心中作为神圣的幻想永存，它让我们永远保持自己的忠诚、诚实和勇敢。未来德意志将会像英国一样成为法国的克星。”[40]

出于民族仇恨要求划清语言界限：“区分民族的真正界限是语言……住在一起，说同一种语言的人，他们天生就是该在
404 一起的。”因此阿恩特于 1813 年在其受到广泛阅读的《莱茵河，德意志的河，但并非其疆界》（*Der Rhein, Deutschlands Strom, aber nicht Deutschlands Grenze*）传单中要求归还阿尔萨斯和说德语的洛林。在解放战争开始前他并没有要求德意志的民族统一，1813 年以后他这么做了。1813~1815 年，他多次表达了（起初还比较隐晦）希望霍亨索伦王朝统一德意志的愿望。正如普鲁士迄今在东部对德意志的保护，今后它在西部反抗法国也该这么做。德意志需要一位“领袖和统一者”。“这种伟大和崇高的精神，在德意志没有人能望其项背，我在此要提到它的名字：它叫普鲁士。”奥地利不幸与许多异族混居在一起，它甚至难以驾驭他们。“相反，普鲁士深深扎根在德意志，它拥有德意志的一切优点和进取精神；今后它将与德意志共存共亡。”[41]

阿恩特与费希特和雅恩一样，是德意志诸侯的尖锐批评者，尤其是对其中的中小诸侯。对早期的民族主义者而言，他们和乡绅贵族一样都是造成德意志分裂的原因，并从这种状态中受益；受过教育的资产阶级在思想上已经克服了这种分裂状态。把资产阶级与民族画等号，在很大程度上也说明了为什么法国大革命对德意志民族主义者产生了吸引力，尽管有“恐怖统治”和拿破仑的存在。

1808 年时阿恩特还公开赞同这场大革命的理想，称它为原始基督教和宗教改革后的“基督教的第三个伟大时代”。

1813 年他为民主辩护，说它与暴民统治截然不同。但具体而言，他所要求的不外乎三个等级（贵族、农民和市民）的“提建议和参政权”，他想把执政权留给王侯。与法兰西 1791 年宪法所保障的，以及英国和美国早已实现的相比，他提出的目标不高，谈不上革命性，而是带有旧等级制色彩。

无论阿恩特和费希特如何赞美法国大革命，1789 年的法国对他们来说并非值得效仿的榜样。这主要是由于两国之间存 405
在着一个根本区别：法国在发生革命时已经是一个民族国家，德意志不是。因此德意志民族无法从政治上或作为国家，而只能从文化和历史来定义自己。自 1789 年起，赞同新法兰西的人均可成为法国人，也就是说通过主观意志。由于缺乏国家框架，早期的德意志民族主义者只能援引先于政治意愿而存在的客观变量，如民族、语言和文化。阿恩特根本不想询问生活在阿尔萨斯和洛林的人是否愿意成为德意志人，这些人说德语并曾属于德意志民族神圣罗马帝国，对他来说这就足够了。

种族纯洁的想法对阿恩特来说亦不陌生。“犹太人与这个世界、这些邦国格格不入，”他于 1814 年写道，“所以我不想让他们在德意志过度繁衍。我不希望如此的原因也在于，他们完全是一个陌生的民族，而我期望保持日耳曼部族的纯洁，不受陌生人种的影响。”虽然他较为缓和地要求对出生在德意志的犹太人“按照我们人性的福音戒律当作德意志同胞”来对待，并对他们作为德意志人提供保护，但他毫不掩饰自己的期待：这些德意志犹太人不久将皈依基督教。另外他已明确表示，“绝对”反对接纳外来的犹太人，这些人对“我们民族”意味着一场“灾难和瘟疫”。此外，德意志所受到的来自东部——具体地说就是波兰——“犹太人大洪水”的威胁要远远超过其他国家。[42]

费希特论证犹太人传统上的另类性不是从种族，而是从宗教出发，但是他的结论在激进性方面还远远超过了阿恩特。在其1793年出版的论述法国大革命的著作中，他称犹太教是一种“强大的、具有敌对精神的国家，它几乎处处与欧洲所有其他国家处于敌对状态”，即是个“国中之国”。费希特认为令犹太人无法达到“爱正义、人类与真理”的无法克服的障碍在于：其双重道德标准和对蔑视人类的神的信仰。虽然犹太人也
406 须有人权，“尽管他们并不该得到与我们完全一样的人权……但说到给他们公民权，我看唯一可行的莫过于某夜把他们的脑袋全砍掉，换上没有犹太人想法的别的脑袋。为了不被他们祸害，我再次认为唯一可行的办法是占领他们的应许之地，把他们全部送到那里去”。[43]

早期德意志民族主义者要求个人在方方面面服从民族利益，并模仿基督教的信仰内容和仪式，这令人忆起法国大革命时期的民族主义。但是，费希特、雅恩和阿恩特均避免与一般的基督教，特别是新教决裂。他们全然视自己为宗教改革的遗嘱执行人，尽管他们的民族主义带有政治宗教的所有特质，他们却不想用这种民族主义去代替传统的宗教，而是要使之适应新福音。德意志民族主义的创始人之所以要这么做，是因为他们是普鲁士人或选择当普鲁士人。普鲁士是德意志新教势力的大本营，他们认为只有当经过改革的普鲁士引领民族解放运动，德国的统一才能实现。早期德意志民族主义并不刻意要向旧的普鲁士的爱国主义宣战，相反，它试图对其发扬光大。

综上所述，早期德意志民族主义具有矛盾性。它是“时髦的”，因为它追求的是对德意志和欧洲政治局面的彻底重组。为了实现此目标，它必须与代表旧秩序的普鲁士结盟，因此与法国民族主义相比它又是落后的。它强调自己接近1789年的原初想法，但其反动的排犹反法观念又与大革命的精神大相径庭。它信誓旦旦地要求自由，但在决定谁是德意志人、谁不是德意志人

时，却无视人们的抉择自由。它依据理智，同时却激进地拒绝启蒙。它认为自己肩负着拯救人类的使命，然而能提供给人类的却不外乎让人类屈服于德意志人对世界的精神统治。

德意志民族主义者们的革命性因素尤其明显，如果人 407
们将他们与政治浪漫派的代表如诺瓦利斯（Novalis）、弗里德里希·施莱格尔（Friedrich Schlegel）和亚当·米勒（Adam Müller）进行比较。双方的共同点在于神化德意志的本质并沉湎于其辉煌的过去，但二者的差异显著。政治浪漫派赞美贵族的美德、等级制的优点并感到自己与中世纪的宗教普世主义息息相关，米勒和施莱格尔甚至因此改信了天主教；早期的民族主义者们是具有战斗精神的“文化新教徒”（Kulturprotestanten，此概念比威廉二世时代的意义更为宽泛）。政治浪漫派没有想到让普鲁士成为奥地利的对立面或设想为霍亨索伦王朝打造一顶新皇冠，早期的民族主义者们则毫无顾忌地公开自己的这类愿景。

费希特、雅恩和阿恩特憧憬的德意志国家尚不存在。他们表述的问题在旧帝国寿终正寝之前并未显现，或至少还没有作为“德意志问题”被感觉到。它包括彼此相连的三个子问题：统一和自由的关系，未来德国的边界走向和德国在欧洲的地位。让德国同时成为一个民族国家和宪政国家，这三位德意志民族主义的开山鼻祖认为这是普鲁士的德意志使命。承认普鲁士的领导角色并不意味着早期德意志民族主义者想把奥地利从德意志民族国家中排除出去，即1848/1849年革命时期提出的所谓“小德意志”方案（Kleindeutsche Lösung）。只有在雅恩那里能够听到些许这样的弦外之音，他分配给奥地利的特殊使命是在东南欧。相反，阿恩特在《什么是德意志祖国？》（*Was ist des Deutschen Vaterland?*）的诗歌中要求“凡是说德语的地方”都属于德国，另一处则更是明确指出祖国的疆界

“从北海到喀尔巴阡山脉，从波罗的海到阿尔卑斯山和魏克瑟尔河（Weichsel）①”。这样一个德国会打破哈布斯堡帝国的疆界，它给欧洲地图带来的戏剧性变化不会少于拿破仑所带来的。

费希特、雅恩和阿恩特的爱国口号的主要受众是受过教育
408 的市民和年轻人，其中多数是还没有毕业的大学生。他们主要分布在信仰新教的德意志北部，在信仰天主教或多种信仰并存的西部和南部，这类人的数量要少得多，在这片地区拿破仑说不定会比普鲁士获得更大同情。亲普鲁士的民族主义者在奥地利更无法指望得到追随者。总而言之，1810 年前后确信德意志文化民族必须进一步发展成国家民族（Staatsnation）、建立一个德意志民族国家的人在德意志人中只占极少数。

倘若早期德意志民族主义者对历史和当下的解释都仅仅是臆造的话，他们甚至无法争取到这些少数人来支持自己。他们的成功基于对现有传统的传承和改变：从 1500 年前后的人文主义者和 18 世纪克洛普施托克（Klopstock）等诗人那里，他们接受了有关日耳曼人为反抗腐败的罗马帝国所进行的自由之战的光荣回忆；从基督教文献到启蒙运动，他们继承了路德的传统——他被定格为精神上的解放者，引领德意志摆脱了罗马外族统治；从 18 世纪末期的文学爱国主义者那里他们学会了致力于德语的纯洁化，即不让德语受外国，具体来说就是法国的影响。但更重要的是，在神学或伪神学为一种德意志使命所进行的辩护方面，他们进行的世俗化十分彻底，以至最终能够做到，用德意志对世界进行精神统治和救赎人类的权利去取代古老帝国的宗教普世主义。经由这种重熔，1806~1815 年形成了一种较为新颖的东西：德意志民族主义。[44]

① 即波兰维斯瓦河（Wisła）。

### 大不列颠、美利坚合众国与大陆封锁

当被击败的普鲁士通过改革革新自己时，英国——自1801年1月1日正式名称为大不列颠及爱尔兰联合王国——仍在继续与拿破仑作战。英国当时不是一个自由的国家，早在1794年下议院就已废止《人身保护令》。根据皮特政府的观点，随后如果记者们在他们的文章中损害了国家的利益，就会被法院判处数年的监禁；这方面最著名的例子是周报《政治纪事报》（*Political Register*）的出版人威廉·科贝特（William Cobbett），他曾因报道英国民兵败于德意志雇佣兵而入狱。 409

在实际上处于紧急状态的那些年，改革难以为继。下议院虽然在1802年通过了工厂法，把童工的最长工作时间限制在12小时以内；但由于没有监管措施，该法形同虚设。工业革命最严重的伴随现象——对童工的残酷剥削一如既往地继续存在。

另一项有成效，并且在历史上值得一提的改革法案是1807年3月下议院禁止奴隶贸易。该法案自1808年1月1日起生效，是贵格会发起的反对奴隶制运动的成果。此运动在英国自1788年起由福音神学家威廉·威尔伯福斯（William Wilberforce）领导，他是保守的国会议员和皮特的密友。废奴主义者是最早的一批院外活动家，他们通过持之以恒的公共宣传活动成功地改变了公众意见，并最终说服了议会。令其道德论据影响倍增的还有他们的清醒认识：奴隶的劳动从长远看要比自由人的劳动更加昂贵。这一点亚当·斯密在1776年的《国富论》中就已阐明，但直到现在，四分之一世纪后，才开始逐渐付诸实践。

由于在同一时间美国也废除了奴隶贸易，1807年确实标志着这种不人道的贸易形式开始式微。当然仅此而已，因为两

个强权国家，西班牙和葡萄牙，仍在继续进行奴隶贸易。奴隶制本身在英国及其殖民地直到 1833 年才被废止。

皮特对其朋友威尔伯福斯的努力表示同情，但并未给予有力支持，因为其他的政治目标对他来说更为重要。皮特逝世于
410 1806 年 1 月，未能亲历 1807 年 3 月此法案的通过。他去世后，先是一个“贤能内阁”得到组建，托利党格伦维尔勋爵（Lord Grenville）任首相，辉格党领袖查尔斯·福克斯（Charles Fox）担任外交大臣一直到 1806 年 9 月去世。格伦维尔在废除奴隶贸易的决议通过不久后下台，因为他无法为在军队内给天主教徒平等待遇获得多数支持，而且乔治三世希望有一个纯粹保守的内阁。在王室雄厚的资金支持下，保守党从 1807 年的大选中明显胜出。因此毫无疑问，反对拿破仑的战争将会坚决进行，无论为此在国内政治方面会付出什么代价；传统的自由亦将继续受到压制。

自 1806 年 11 月 21 日起，这场战争主要是一场经济战。这一天，拿破仑在柏林宣布实行“大陆封锁”，要彻底切断英国与欧陆之间的贸易往来（其后果是大规模走私）。英国的对策是外交大臣乔治·坎宁（George Canning）在 1807 年 1 月和 3 月以“枢密院令”（Orders in Council）形式颁布的反封锁措施，此措施直到 1812 年才被取消。反封锁措施包括：任何驶往欧洲大陆或法国殖民地（如西印度群岛）的船只将被宣布为英国的捕获品。这项措施对美国特别不利，尤其是法国人会没收任何允许英国人进行搜查或是驶往英国港口的船只。此外还有让美国人感到特别羞辱的来自伦敦的指示：检查所有的美国船只上是否有皇家海军的逃兵。

对此，美国的反应是：总统杰斐逊于 1807 年 12 月促成国会通过全面禁止对外贸易的禁令。其后果对美国的经济是灾难性的，以致四个月后不得不撤销此禁令。新的禁令仅仅禁止与

英国、法国和其海外领地进行贸易。在杰斐逊的继任者、美国第四任总统詹姆斯·麦迪逊任期内，年轻的共和国和曾经的母国的关系急剧恶化，以致美国终于在1812年6月1日对英国 411
宣战。这场战争把美国推向灾难的边缘：对加拿大的入侵彻底失败，1814年8月英国人占领首都华盛顿并烧毁了白宫。由于欧战造成的压力，英国人也未能取得更大胜利。1814年12月“第二次独立战争”以缔结《根特和约》而结束，以前的状态得到恢复。

在欧洲大陆，大陆封锁的后果不尽相同，这一点在德国表现得最为明显。英国市场的关闭对港口城市和出口经济部门的打击最大，这包括易北河以东的粮食种植业；而其他行业由于经济战的保护效益和英国竞争的消失反而获益匪浅，如羊毛和棉纺织行业，机械制造业以及那些为不再能够获得的殖民地产品提供替代品的部门，如用甜菜而不是甘蔗制造的糖，或是用化学方法生产的而不是来自海外的染料。

在法国，大陆封锁一方面让棉纺织行业人为地繁荣起来，另一方面所有依赖对外贸易的经济部门则萧条下去。在严重的经济危机中，大帝国在1810~1812年所经历的严重经济危机虽然不仅仅是大陆封锁造成的，却在很大程度上是它所引起的后果。全面的经济战争也给1806年宣布实行这一政策的国家带来了严重损害。然而尽管如此，即便存在着各种保护主义的扭曲，从长远来看大陆封锁在法国持续促进了向工业化生产的转型（而在德意志程度更深）。

在拿破仑法国的世敌英国，大陆封锁引起英镑汇率暴跌、物价飞涨，令社会苦难无限扩大。1811/1812年许多郡县发生饥荒和纵火事件，被称作卢德分子（Ludditen）的人开始毁坏工厂及工业设备，这些人短时间内受到“小人物”的热烈欢迎。随后下议院规定对犯破坏机器罪者处以死刑，在暴力抗议 412

最激烈的约克郡18名卢德分子被执行死刑，这取得了所希冀的效果：行刑威慑力十足，国内的形势得以稳定，哪怕是暂时和不牢固的。此外1813年初英国经济开始恢复，就是在卢德主义盛行的日子，英国的状况也谈不上是“革命的”：叛乱的手工工匠和工人对“伦理经济”充满着前工业化时代与家长式的设想，他们赞同一种公正的经济秩序；站在他们对立面的是另一部分下层阶级，这些人随时准备参加力挺国王和教会的示威游行；一个庞大的中产阶级则寄希望于和平变化，其标志是日益繁荣，他们希望结束战争和紧急状态。

外交方面的发展尤其给予人们希望：英国在1811/1812年早已不像缔结《提尔西特条约》时那么孤立，那时它在欧洲强权国家中没有任何盟友。这种局面的改变还是拜拿破仑所赐：1808年初这位皇帝决定，把波旁家族赶下马德里的王位，让西班牙臣服于他的统治。以“后见之明”来看，似乎正是这个决定让大帝国开始式微。它暗藏着英国一个独特的机会：与西班牙人民携手反对巴黎的篡位者。如果在比利牛斯山脉以南能成功抵制拿破仑的话，那么人们可以预期，其他欧洲国家也会以西班牙为榜样揭竿而起。[45]

## 拿破仑走向穷途末路：从西班牙“游击战”到对俄战争

对葡萄牙的战争先于对西班牙的战争。伊比利亚半岛君主国中较小的葡萄牙与英国结盟，因此拒绝参加大陆封锁。基于1801年和1805年的条约，拿破仑在1807年10月让西班牙政府与法国一起占领和瓜分葡萄牙。由于葡萄牙军方几乎没有进行抵抗，拿破仑的打算即刻成功实现。

大约在同一时间，西班牙国王卡洛斯四世（Karl IV.）与王储斐迪南（Ferdinand）之间的冲突升级。王储的正式头衔为阿斯图里亚斯亲王，他得到了所有想推翻首相戈多伊——王后的情人——统治的人的支持。国王指责斐迪南叛国并于1807年10月底逮捕了他。当1808年3月谣传遭人痛恨的戈多伊想绑架王储时，在阿兰胡埃斯（Aranjuez）的西班牙夏宫出现了非公开的军事政变和当地的人民起义。受胁迫的君主逊位给他的儿子，但不久又反悔了。拿破仑趁乱于1808年5月在巴约讷（Bayonne）强迫父子二人宣布放弃王位。他任命其兄约瑟夫为西班牙新国王，此前其兄是那不勒斯国王。



西班牙波旁王朝的倒台先是在马德里，然后在各省引发了一场民族起义。一个5月9日组建的地方政权从阿斯图里亚斯的奥维耶多（Oviedo）领导着“游击战”，即载入史册的“小规模战争”。起义很快蔓延到全国，天主教会号召信徒们起来反抗来自巴黎的敌基督及其西班牙帮凶——“亲法派”（afrancesados）。武装起义者与入侵者之间你死我活的游击战的残酷性超过了一切人们所习惯的常规战争。戈雅（Goya）的画作以现实主义手法展现了各种令人震惊的恐怖场景，其中有的来自游击战争，有的来自后来波旁王朝复辟的时期，该时期开始于1814年3月前王储和当时的斐迪南七世（Ferdinand VII.）国王的回归。

1808 年 12 月在拿破仑的领导下法国人夺回了马德里。但国王约瑟夫政府的影响力从未扩展到整个西班牙，而是仅局限于法国军队能够控制的区域。该政府的统治基于强迫执行（部分由拿破仑本人亲自设计的）《巴约讷宪法》，它名义上把西班牙变成了一个君主立宪制国家。一些改革，如建立学校，对宗
414 教和军事机构的财产进行国有化和废除长子继承制（即只有长子能够继承父亲的农庄），让新体制得到了一小部分人——“亲法派”的同情；而大多数西班牙人理所当然地视约瑟夫·波拿巴的政权为缺乏任何正当性的异族统治。

直到 1812 年，法国人在军事上一直占着上风，此后情况发生了改变。为此立下汗马功劳的是阿瑟·韦尔斯利（Arthur Wellesley）将军［后来的威灵顿公爵（Herzog von Wellington）］领导的英国军队，他们与起义军并肩对抗法国皇帝的军队，并于 1809 年 2 月在塔拉韦拉（Talavera）取得了首次大捷。1811 年英国人成功解放了葡萄牙，这同样是与那里的广大民族运动共同努力的结果。当法国人也占领了西班牙军政府短期所在地塞维利亚（Sevilla）后，军政府于 1810 年 1 月解散。摄政委员会作为其继任者，在受到英国舰队保护的大西洋沿岸加的斯（Cádiz）组建。1810 年 6 月该委员会下令召开“议会”（Cortes），让这一古老的城市代议机构的名称重放光彩。议员们从非占领区选出，占领区和海外领地则派代表出席。

1812 年 3 月 19 日议会通过的宪法是一部君主立宪制国家的宪法。其第 3 条规定“主权根据其本质在民”，因此人民拥有制宪权。国王握有行政权，他可以像法国 1791 年宪法规定的那样对议会通过的决议行使暂时否决权。议会由间接选举产生，基层的教区议会选举奉行平等的普选原则。举行各层选举时，从教区议会选举（juntas electorales de parroquia）到地区和各省议会选举均要举办圣灵弥撒和隆重的感恩赞。天主

教是国教，禁止举行其他宗教的活动。宪法没有详尽的基本权利部分；根据第 4 条仅规定，“凭借明智和公正的法律给予和保护公民自由、财产和所有个人的其他合法权益”。根据第 18 415
条，仅有西班牙人享有公民权，即“其父母来自两半球的西班牙领土并在其中某地居住”。对那些完全或部分为非洲血统，也就是阿拉伯裔者，第 22 条规定，“通过其德行和功绩”可以获得西班牙公民身份。

1812 年的宪法是现代和古代元素的杂糅。自由党人未能阻止天主教的特权化和对其他宗教的禁止，但在其他方面他们比保守党实现了更多诉求。《加的斯宪法》（Constitución de Cádiz）是短命的：1814 年 5 月 4 日国王斐迪南七世下诏废除了宪法和议会所通过的一切其他决议。没有来得及逃跑的忠于宪法的议员们全部被捕，他们能够活命完全有赖于威灵顿公爵的干预。正是对“自由党人”的这种迫害，让“自由”这一概念在整个欧洲实现了突破，并赋予它血腥的政治含意。在西班牙，很长一段时间里人们对 1812 年宪法的回忆截然相反。保守派认为它标志着误入危险歧途的开始，自由派力量——包括军方——则视其为进步的象征：为个人的一定权利而战，限制君主的权力，并明文规定了人民参政权。[46]

在伊比利亚半岛进行的战争给中欧带来了影响，这是法国皇帝始料未及的，他也同样没想到西班牙人的抵抗会如此顽强。奥地利感觉受到鼓舞，要恢复争夺霸主地位的斗争。在重臣约翰·菲利普·冯·施塔迪翁（Johann Philipp von Stadion）伯爵领导下，哈布斯堡皇朝在 1806 年后进行了改革，规模虽然远远比不上普鲁士的改革，但在军事领域仍然颇有建树：通过重组国防军，奥地利为其正规军增加了类似民兵的元素，这看起来在反对拿破仑的人民战争中是不可或缺的。

维也纳自然不能真的寄希望于其他强国的支持。1808 年

416 10月在埃尔福特（Erfurt）会晤中，拿破仑和沙皇亚历山大再次公开宣布了彼此的共识，普鲁士国王腓特烈·威廉三世认为时机尚未成熟，还不能重新以武力对抗法国。尽管如此，奥地利人在1809年4月9日不宣而战，进攻法兰西帝国在德意志土地上最重要的盟友巴伐利亚。5月拿破仑在阿斯彭（Aspern）首次失利，但两个月后他成功地在瓦格拉姆（Wagram）附近打败卡尔大公。奥地利人无力继续作战，于10月14日缔结《申布伦和约》（Friede von Schönbrunn）[①]。奥地利的西加利西亚划归华沙公国，东加利西亚的一小部分割让给俄国，萨尔茨堡和西北的因河地区（Innviertel）归了巴伐利亚，伊斯特拉半岛，包括的里雅斯特（Triest）和克雷恩（Krain）割让给拿破仑，后者把这些地方归并到伊利里亚大区（Illyrischen Provinzen）。奥地利仍然是一个强国，但已不再是头等强国。

维也纳指望的人民起义并未出现。只有在蒂罗尔（《普莱斯堡和约》后划归巴伐利亚），大部分居民在客栈主人安德烈亚斯·霍费尔［Andreas Hofer，来自梅拉诺（Meran）附近的帕斯艾亚（Passeier）］带领下，奋起反抗新主人。信仰天主教的蒂罗尔农民的起义在一些方面类似西班牙人的解放斗争：两种情况下，都是要捍卫传统秩序，反对外来统治，后者必然带来人们不习惯的革新。蒂罗尔的起义延续到战后，但于1809年秋季遭到镇压。霍费尔在多次打败巴伐利亚人、法国人及其盟友后，在蒂罗尔自立为王，因遭到出卖被法国人逮捕，根据拿破仑的命令于1810年2月20日在曼图亚被枪毙。蒂罗尔被分割：大部分继续归属巴伐利亚，其他部分划给伊利里亚和意大利王国。

奥地利虽然被打败，但它有一样拿破仑尽管战绩辉煌却

① 又称《维也纳条约》。

没有的东西：基于古老传统的合法性。皇帝的野心是也要获得这种合法性。1809 年他的一项计划成熟了：与没为他生过孩子的约瑟芬·博阿尔内离婚，娶欧洲一位强大王室的女成员为妻。1809 年 12 月他与约瑟芬离婚，先向俄罗斯帝国提亲 417
未能成功。不久拿破仑将目光转向了奥地利皇帝 18 岁的女儿玛丽·路易丝（Marie Luise），这一次他如愿以偿。哈布斯堡皇朝过去就从聪明的婚姻政策中得到过许多好处，弗朗茨一世深信他女儿与拿破仑联姻对奥地利将会十分有利。1810 年 4 月 1 日他们办理了民事结婚手续，第二天在教堂举行了结婚仪式。1811 年 3 月 20 日玛丽·路易丝完成了婚姻任务，为拿破仑生下一个儿子，起名弗朗索瓦·夏尔·约瑟夫（François Charles Joseph），并获得“罗马王”的称号。

拿破仑能授予他儿子这个头衔，仅仅是因为他在 1809 年 5 月吞并了教宗国：因为这一暴行，教宗庇护七世把皇帝逐出教会，后者则让人逮捕了教宗并把他押往利古里亚海岸的萨沃纳（Savona）。前一年，拿破仑已经封自己的妹夫缪拉为那不勒斯国王，并将托斯卡纳、帕尔马（Parma）和皮亚琴察（Piacenza）纳入法兰西帝国版图。1810 年法国还要兼并其他国家，目的只有一个——让大陆封锁坚不可摧。7 月拿破仑强迫他的弟弟路易放弃荷兰王位，以便吞并荷兰。12 月，很大一部分北德意志领土被兼并，包括明斯特市，奥尔登堡公国与汉萨同盟城市不来梅、汉堡和吕贝克，拿破仑从而控制了德意志北海沿岸，获得了前往波罗的海的直接通道。1810~1811 年，皇帝处在其权力的巅峰：法国的版图从来没有如此辽阔，如此大面积的欧洲也从未这样直接或间接地处于一个人的统治之下。

对拿破仑的统治构成威胁的是西班牙，起义者和英国人给了皇帝的军队以重创；1812 年夏英国人在萨拉曼卡击败法

国陆军并于不久后收复了马德里。在北欧拿破仑于1807年10月赢得丹麦作为盟友。这是丹麦做出的一种反应，因为那年9
418 月，为了迫使斯堪的纳维亚的这个王国交出其舰队，从而阻止其受拿破仑委托对波罗的海进行封锁，英国人轰击了哥本哈根。（这已经是几年之内对丹麦首都的第二次轰炸：1801年4月英国就曾轰击过哥本哈根和丹麦舰队，以便英国船只能自由通过海峡。）瑞典奉行的是一种完全不同的政策。在法国元帅让·巴蒂斯特·贝尔纳多特（Jean Baptiste Bernadotte）影响下［1810年8月他被国会选举为王储，从而成为国王卡尔十三世（Karl XIII., 1809~1818年在位）的继任者］，瑞典亲近俄国和英国，与拿破仑的所有期待背道而驰。

当法国与俄国之间的关系明显恶化后，法兰西帝国对这种发展趋势更不能掉以轻心。沙皇亚历山大对《申布伦和约》中涉及加利西亚划分的条款极为不满，俄国仅得到塔诺波尔（Tarnopol）[①] 周围的一小块地方，而大得多的一片领土落入华沙公国囊中，以至令人无法不怀疑，拿破仑的长期目标是恢复波兰。此外拿破仑吞并奥登堡公国（Herzogtum Oldenburg）也激怒了沙皇，因为那里的领主与沙皇是姻亲。

还有给俄国经济造成最大损失的大陆封锁，这是最致命的。1810年底亚历山大下令急剧改变贸易政策：船上装有英国货物的船只，只要在中立国旗帜下航行就可停靠俄国港口。同时对法国奢侈品征收高额进口关税。1811年沙皇开始没收和销毁没有上税的法国货物，这是对拿破仑以其人之道还治其人之身。俄国和法国彼此在打一场经济战，最迟从1811年起，这两个大国在外交和军事方面也开始进行备战。

1812年4月俄国与瑞典缔结盟约。其中一个原因是，拿

---

① 即捷尔诺波尔（Ternopol）。

破仑占领了瑞典的西波美拉尼亚，对贝尔纳多特和瑞典构成公开挑衅。鉴于瑞典仅仅在三年前由于打输了沙皇帝国挑起的一场战争，不得不把芬兰割让给东边的强权国家这一事实，圣 419
彼得堡与斯德哥尔摩之间的协议仍可算是一个惊人的转变。在随后的一个月里，沙皇与奥斯曼帝国讲和，结束了一场历时近六年的极其昂贵的巴尔干战争，它让俄国得到了比萨拉比亚（Bessarabien）。

法国方面的备战措施包括：3 月初批准一项条约，其中普鲁士承诺允许拿破仑的军队自由通过其疆土，可获得两万后勤辅助人员并拥有征用权。5 月，军事集结基本完成：在与俄国接壤的地带陈兵逾 40 万，全部来自拿破仑统领的大军和其欧洲盟友的部队。1812 年 6 月 22 日，拿破仑从位于维尔科维茨基（Wilkowiczki）的皇帝大本营宣布，由于俄国和英国合谋破坏和约，他被迫诉诸武力。两天后，他的军队从三座浮桥越过涅曼河（Njemen，德语称梅梅尔河），对俄战争开始。

因为大部分对手的部队已撤往后方，拿破仑最初几乎没有遇到任何抵抗。在被摧毁的斯摩棱斯克（Smolensk）与俄国后卫部队发生了战斗。第一场大战役于 9 月 7 日在博罗季诺（Borodino）打响，它是前往莫斯科途中的最后一个重要地点。库图佐夫（Kutusov）元帅的部队和拿破仑大军互相厮杀，彼此造成的损失如此惨重，以至于后者的最终胜利堪称得不偿失。一个星期后，拿破仑于 9 月 14 日进驻几乎空无一人的莫斯科；第二天这座城市按照莫斯科总督的命令被焚烧。皇帝在克里姆林宫逗留五周，一直等待着亚历山大一世求和。当此希望落空后，拿破仑下令撤退。

撤退始自 10 月 19 日，它给大军带来的灾难是前所未有的。拿破仑发现他在扮演令自己陌生的角色——被围追堵截。从虔信的老百姓那里他未能得到丝毫支持，因为他们视他为敌

基督；俄方的攻击非常像西班牙的游击队；饥寒交迫夺去了数
420 十万人的性命。11月底，拿破仑的军队渡过结冰的别列津纳（Beresina）河时遭到俄军的猛烈炮火袭击。他的后卫部队破坏了临时桥梁，这意味着对成千上万仍在东岸的皇帝士兵宣判了死刑。12月中旬大军中苟延残喘的残部抵达梅梅尔河。皇帝赶在部队之前去往巴黎，他于12月18日到19日之夜抵达那里：一个被打败的人，已经开始为其挫败寻找原因并掩盖其严重程度，即否认失败。[47]

## 从陶罗根到厄尔巴：拿破仑首次下台

征战俄国的可耻结局对所有不满拿破仑统治的国家都是一种鼓励。首先开始行动的是普鲁士的约克将军（General von Yorck）。在克劳塞维茨的极力建议下，他于1812年12月30日——在国王不知情和没有授权的情况下——与俄国迪比奇将军（Diebitch）签署了《陶罗根协议》（Konvention von Tauroggen）。该协议规定让约克指挥的一个军团暂时保持中立，从而解除了因普鲁士与法国间的协定而强加给这支队伍的援助法国的义务。此前沙皇曾承诺，俄国将把战争继续下去，以达到恢复普鲁士和解放欧洲的目的。国王腓特烈·威廉三世仍需要三周，才敢带头与法国决裂。1813年1月22日，国王从被法国占领的柏林前往布雷斯劳（Breslau）。从那里他于2月3日呼吁组建志愿者猎兵营，六天后下令取消所有（有限适用的）征兵豁免条例，并最终于2月12日安排进行全民总动员。

这期间普鲁士与俄国之间的结盟谈判有了新进展。两个大国达成共识，沙皇帝国应得到直至1807年属于普鲁士的波兰地区，而普鲁士作为补偿获得德意志北部领土，特别强调不包括汉诺威。在此基础上，2月27日普鲁士首相哈登贝格在布雷斯劳签署了同盟条约，次日库图佐夫元帅在俄军位于卡利什的大本营签字。 421

两周多后，沙皇亚历山大于3月15日进军布雷斯劳。紧接着普鲁士对法国宣战。3月17日，国王腓特烈·威廉以通俗的语言发表《告吾民书！》（*Aufruf an Mein Volk!*），他在其中说，个人的牺牲无法抵偿神圣的家园，“我们必须为她去争、去赢，如果我们不想停止做普鲁士人和德意志人的话”。正是这种对普鲁士和德意志荣誉的呼吁，促使费希特写下了

《1813 年春一篇政论文草稿》。又过了一周，库图佐夫于 3 月 25 日公布了由卡尔·尼古拉斯·冯·雷迪格（Karl Nikolas von Rehdiger，施泰因男爵的一位下属）执笔的《卡利什公告》（*Proklamation von Kalisch*）。该公告答应让“德意志诸侯和人民”回归自由和独立，“重建一个令人尊敬的帝国”，甚至许愿给重生的德意志一部宪法。该宪法应该是“从德意志人与生俱来的原始精神中产生的”杰作，“全体普鲁士人的皇帝”会答应出手保护它。

费希特、雅恩和阿恩特为“1813 年精神”做了前期准备工作。但是，与德意志民族主义相比，普鲁士的爱国主义在德意志北部和“普通老百姓”当中更深入人心。与传说中不同，踊跃自愿参加自由军团的主要不是大学生，而首先是青年农民和手工业者。在由 17 岁至 40 岁符合服兵役条件者构成的后备军中情况更是如此。正规军、志愿者猎兵和后备军人“在上帝保佑下为国王和祖国”而战：这是腓特烈·威廉三世亲自拟定的口号。他和 1810 年去世的路易丝王后代表着祖国，此外还有大选帝侯腓特烈大帝，而不是“切鲁西部落的赫尔曼”或女性象征角色“日耳曼妮娅”，后二者那时刚开始上升为德意志民族统一的标志形象。

就连普鲁士国家的改革派领军人物也不是费希特、雅恩和阿恩特意义上的德意志民族主义者。在其 1807~1815 年写就的有关德意
422 志未来的著述中，施泰因男爵的立场更接近政治浪漫派那古色古香的爱国主义，而不是“时髦”的德意志民族主义者们的爱国主义。他从未打算让奥地利在普鲁士治下屈居第二位；相反，他希望这两个德意志强国间能和睦相处，从而抑制其他德意志诸侯的影响。“奥地利和普鲁士之间牢不可破、连绵不断的共识与友谊”作为德意志“国家联盟”的基石，主权诸侯间的自由和平等关系：这正是威廉·冯·洪堡在 1813 年《德意志宪法备忘录》（*Denkschrift zur*

*deutschen Verfassung*）中所关注的问题。哈登贝格在1806年认为奥地利、普鲁士和巴伐利亚组成的德意志联盟是值得追求的，一个德意志民族国家并不属于普鲁士改革者的追逐目标。

解放战争的最初战役发生在1813年4月和5月。拿破仑又组建了一支新的大军，并率领这支军队取得了一些胜利，其中包括在大格尔申（Großgörschen）和包岑（Bautzen）的胜仗。1813年春季奥地利还没有加入战争。克莱门斯·文策尔·梅特涅侯爵（自1809年起任外交大臣）一直试图尽可能长时间地扮演老实的中间人角色。在他看来，1812年以来俄国对奥地利和欧洲构成的威胁要超过法国。但正因为如此，奥地利不能与俄罗斯帝国闹翻。

1813年6月24日，梅特涅说服普鲁士和俄国签订了《赖兴巴赫条约》（Konvention von Reichenbach），向拿破仑发出最后通牒：要求他把华沙公国割让给俄国；恢复普鲁士；把伊利里亚，即达尔马提亚地区归还给奥地利；承认汉萨同盟城市和北德意志部分地区的独立。若拿破仑拒绝这些要求，奥地利将出兵15万加入反法同盟军。由于法国皇帝不出所料地拒绝了所有要求，哈布斯堡君主国于8月12日参战。三个星期前，瑞典在7月22日与普鲁士缔结了军事联盟，并同意派3万人加入反对拿破仑的战斗。

反法同盟扩大后，普鲁士元帅布吕歇尔（Blücher）于8
月底在大格尔申和卡茨巴赫（Katzbach）河畔再传捷报。奥地 423
利人不太成功：8月26/27日由施瓦岑贝格（Schwarzenberg）指挥的波希米亚军队在德累斯顿附近被拿破仑打败。此后盟军最终占了上风。10月8日，拿破仑遭受一项政治上的重大失败：在（全部按照梅特涅的意思拟定的）《里德条约》（Vertrag von Ried）中，巴伐利亚宣布退出莱茵邦联，并允诺派出56000人加入盟军一方参战。对其放弃蒂罗尔，条约答应予以别的补偿。大约一周后，历时四天的莱比锡战役打响，10 月 19 日盟军打败拿破仑。一些萨克森和符腾堡的军队在战役中倒戈，让人得以看清莱茵邦联的内部状态。1813 年 10 月 30/31 日它正式解体。

直到莱比锡战役失败后，拿破仑才为西班牙的冒险（也是他五年多前走下坡路的开始）画下了句号。英国人在维多利亚（Vitoria）、圣塞巴斯蒂安（San Sebastian）和潘普洛纳（Pamplona）获得胜利后，法国皇帝只好承认事实。1813 年 12 月，他在一项秘密条约中确立被拘留在法国的斐迪南七世，前阿斯图里亚斯亲王，为西班牙国王。此前的国王约瑟夫·波拿巴还需要几个星期，直到 1814 年 1 月他才接受了失去王位的现实。随着斐迪南的回归，1814 年 3 月西班牙波旁王朝复辟的时期开始了。

在西南欧洲旧的权力关系得到恢复时，在北欧则产生了新的态势。1814 年 1 月丹麦王国，拿破仑的前盟友，因《基尔和约》（Friede von Kiel）不得不将挪威割让给瑞典，过去的四十多年中它曾与挪威组成共主邦联，瑞典得到挪威是作为它失去芬兰的补偿。曾属于挪威的法罗群岛（Färöer）、冰岛和格陵兰岛（Grönland）则留给丹麦。

新的瑞典—挪威共主邦联在经过十个月的延迟后才形成。1814 年 2 月，此前的丹麦总督克里斯蒂安·弗雷德里克（Christian Friedrich）王储被推举为挪威国王，宣布选举制
424 宪会议。1814 年 5 月 19 日他宣誓效忠两天前通过的宪法，根据宪法挪威成为君主立宪制国家。由于盟军不承认新的王国和瑞典最终诉诸武力，克里斯蒂安·弗雷德里克于 1814 年 11 月初退位。挪威议会选出瑞典国王卡尔十三世为新任挪威国王。两国的共主邦联一直延续到 1905 年 6 月经公投才解体，国际法在外交和军事方面赋予国王的一些权力使它具有政合国的某些特征。在盟军的敦促下，1814 年 5 月通过的挪威宪法得以

保留。按照当时的标准，1814 年 11 月 4 日的修订版也是一份相当先进的文献，美中不足的是：路德宗被保留为国教，耶稣会和修道院不被容忍，而且“犹太人仍旧不许踏入王国”。

伊比利亚半岛和斯堪的纳维亚的事件笼罩在战争最后阶段的阴影中，这是盟军对拿破仑法国进行的战争，盟军中现在也包括原莱茵邦联国家。1813 年 12 月底奥地利和普鲁士军队从巴塞尔和科布伦茨（Koblenz）跨过莱茵河，向巴黎的挺进要比预期的更为困难，一共用了三个月。和平条约的政治准备工作也困难重重：英国外交大臣卡斯尔雷（Castlereagh）像梅特涅一样，为了新的欧洲均势愿意尽量小心翼翼地对待法国，而沙皇亚历山大则认为推翻拿破仑是当务之急。奥地利、俄国、普鲁士和英国于 1814 年 3 月 9 日在《肖蒙条约》（Vertrag von Chaumont）中达成一致的内容完全符合伦敦的初衷：战争应该全力继续下去，法国的边界要恢复到革命前的状态，那种状态曾一直维持到 1792 年。

盟军赢得了最终的胜利：3 月 30 日巴黎投降，3 月 31 日沙皇亚历山大和国王腓特烈·威廉率领他们的部队进入巴黎。1814 年 4 月 2 日，此前一直无条件服从拿破仑的宪政机关参议院决定废黜皇帝，同时宣布波拿巴家族的皇位继承权无效。 425
两天后，马尔蒙（Marmont）元帅于 4 月 4 日带领 12000 人的精英军团投降盟军。

最后一直在敌军后翼作战的拿破仑，直到 4 月 6 日（经过与忠于他的元帅们的长时间磋商后）才决定接受盟军无条件退位的要求。盟军允许他保留皇帝称号并拥有离托斯卡纳海岸不远的厄尔巴岛（Elba）的统治权。5 月 3 日，根据同盟国之间的协议今后应该成为法国首脑的路易十八世，曾经的普罗旺斯伯爵路易·斯坦尼斯瓦夫·沙维尔（Louis Stanislas Xavier Comte de Provence）抵达巴黎。他是被处决的路易十六世的弟弟（出生于 1755 年），1792 年起他成为忠于王室的流亡者们的领袖。[ 官方承认的“路易十七世”是路易十六世的儿子路易·夏尔（Louis Charles），1795 年他 10 岁时因监禁病死在监狱。]

为了让法国人与波旁王朝和解，1814 年 5 月 30 日的《巴黎和约》（Pariser Friedensvertrag）条款堪称温和：法兰西帝国不仅保留了 1792 年的版图，也就是说包括整个洛林和阿尔萨斯，此外它还获得了普法尔茨的兰道（Landau）以及萨尔布吕肯（Saarbrücken）和萨尔路易（Saarlouis）周边地区。在维也纳召开的会议应该在更广泛的意义上就欧洲的和平秩序进行协商并做出相关决定。在一些重要问题上，《巴黎和约》已经先于维也纳会议做出了决定：奥地利为自己赢得了威尼托和伦巴第大区，比利时与荷兰应在奥兰治王室统治下合并成一个王国，德意志则将成立一个由独立邦国组成的邦联。[48]

## 《宪章》与“百日王朝”：拿破仑最终倒台

法国无须害怕随着波旁王朝的复辟会出现一场社会动乱。1813 年 2 月 1 日，路易十八世就已郑重宣布，他将不会质疑 1789 年后产生的财产关系。大革命以来土地占有者的数量增加了两倍，而且最大和价值最高的土地集中在大资产阶级和大 426
地主手中：1820 年代，十分之九的人口只拥有四分之一的土地，而 1% 的土地所有者却占有超过 30% 的土地。在有产阶层（即商人和企业主）中，法兰西大帝国在 1814 年前的最后几年中越来越失去了其依靠作用。自从这个“泱泱大国”从拿破仑的征战中无法获得额外的“荣耀”后，也就没有什么能让公众对经济危机和国家财政的糟糕状态视而不见了。中产阶级异常清醒，他们不会试图再次推翻新的政治秩序。

然而，路易十八世若想得到法国人的支持，自然必须做一些拿破仑以他自己的方式已经做过的事：他必须秉承传统。对于拿破仑来说这意味着继承 1789 年以前的传统，创建“帝国贵族”就是这样一种尝试。对路易十八世而言，关键在于与刚刚结束的过去划清界限，减少革命与拿破仑时代的严酷。保证革命后的财产关系不受质疑仅仅是向此方向迈出的第一步。同样重要的是一部宪法，它将保障一些革命成果，如个人权利、权力分立和当选代表参与立法，并以此显示它优于帝国的实际宪政。

1814 年 6 月 4 日，路易十八世签署的《宪章》（Charte constitutionelle）是一种历史性的妥协尝试。君主再次仅仅是上帝恩典的国王，人民或国家主权不再被提及。国王手中握有行政权和立法倡议权。他任命大臣、官员和法官，他指挥军队，宣战并缔结和约、同盟与贸易协定。两院参与立法工作：上议院（Chambre des Pairs）由国王任命，下议院（Chambre des Députés）议员任期五年，他们根据资格性选举原则选出

427 （其后果是，到 1830 年整个法国的“选举人”数目从来没有超过 10 万人）。两院可以请求国王，就它们所指定的议题提出立法动议。它们有权以叛国或贪污罪名起诉大臣，审判权归上议院。

宪法保障了法国人的某些“国家法”，如法律面前人人平等，保障个人自由、免遭任意迫害或逮捕、宗教自由（同时规定罗马天主教为国教）、法律框架下的言论自由、财产（包括革命时期的国家财产）不可侵犯。古老的贵族重新获得其贵族头衔，新贵族的头衔亦得到保留。荣誉军团勋章继续存在。各种古老的特权、“封建主义”和等级制没有恢复。“本届政府重组前”，禁止进行“民意调查和表态”。法庭和公民均被责成“还是忘却”。

健忘与大赦的承诺是为了安抚大部分有理由害怕波旁王朝复辟的人：革命和帝国的积极分子。与《人权和公民权宣言》以及《1791 年宪法》为法国个人带来的个人权利相比，《宪章》提供的保障要少；但它却比《帝国宪法》自由。与 1791 年、1793 年和 1795 年宪法中的立法权相比，下议院的权力相对小得多。然而，下议院并非完全没有影响力：它不是各等级的代表，但是一个代表大会，由那些鉴于其纳税贡献而拥有投票权的人选出。国王提出的法律草案只有获得两院同意才能生效。如果下议院不同意，会导致宪法冲突。这种可能性是宪政体制的致命弱点，对这种体制而言，1814 年的《宪章》在几十年中一直是“原始宪法”，而且其影响远远超出法国本土。

428 波旁王朝复辟还不满一年，就完全出乎意料地遭到一位对手——拿破仑的挑战；巴黎与维也纳的和平会议还在继续召开，与会者更是没料到这一挑战。3 月 1 日，皇帝率领一千名左右的官兵离开厄尔巴岛在戛纳（Cannes）附近登陆。当时他错误地认为维也纳会议已经结束。在前往巴黎的途中他没有遇到任何抵抗，那些向他欢呼的人中有许多雅各宾党人的追随者，他们要求取消教会和处决波旁王族人员。这迟早会导致内战，拿破仑当然想避免战争。在里昂他了解到和平会议仍未结束，1815 年 3 月 13 日拿破仑颁布了他的第一批法令，其中包括召集各省选举团前往巴黎，在那里对《帝国宪法》进行必要的修订。

拿破仑现在想以自由、锐意改革和热爱和平的姿态出现在法国人面前。他知道，波旁王朝在城市下层阶级和多数地区的农民中并不受欢迎，而且也没有争取到资产阶级的支持。皇帝在军队中仍然深受爱戴：3 月 18 日，内伊（Ney）元帅的兵团非但没有在欧塞尔（Auxerre）阻击他，反而阵前倒戈就说明了这一点。当路易十八世听到此消息后，他决定带领随从人员离开首都，前往法国北部的里尔（Lille）。因此，拿破仑得以在 3 月 20 日重返巴黎，并立即开始组建新政府。他再次任命富歇担任警务大臣，富歇在前一年曾投靠波旁王朝，现在他不相信皇帝会成功。

拿破仑面临的最大问题是盟军的态度。3 月 13 日，盟军在维也纳会议上将拿破仑定义为歹徒。12 天后，前一年 3 月 9 日签署的《肖蒙条约》得到续签，这无异于一纸宣战书。宣战对法国中产阶级中的反对者、虔诚的天主教徒、保皇党人和旺代省的农民均产生了影响。为了强调自己重新开始的意愿，拿破仑把在里昂承诺的修宪任务交给了其最尖锐的批评者之一：邦雅曼·贡斯当（Benjamin Constant）。他曾经是斯 429
达尔夫人（著名的《德意志论》一书之作者）的朋友，1814 年以《征服的精神和僭主政治》（*De l'esprit de conquête et de l'usurpation*）为标题出版了抨击拿破仑的小册子，从舆论上支持波旁王朝。现在，他负责起草《帝国宪法补充条款》（Acte additionel aux Constitutions de l'Empire），后来自然只能——在获得参政院（Conseil d'État）批准后——以和缓的形式发表在官方《公报》（*Moniteur*）上。

自由精神在补充条款中没有太多体现。两院的权力多于 1814 年之前，但没有超过《宪章》。公民的权利有相应扩大：包括宗教、言论和新闻自由以及请愿权。1815 年 6 月 1 日，补充条款经聚集在一起的选举团在巴黎的战神广场通过。公众的反应不一致并令拿破仑失望：自由党认为补充条款提供的自由太少了，波拿巴分子觉得给予的自由太多了，雅各宾派的追随者则抱怨缺乏民主。公投结果 150 万票赞成，5000 票反对。值得注意的是有权参与投票的法国人的低投票率。

6 月中旬，盟军准备就绪，可以给拿破仑的挑战以军事回应。他们选择的决战地在比利时。6 月 18 日，先是威灵顿指挥下的英军，然后是布吕歇尔率领的普鲁士军队在滑铁卢向皇帝的军队开战。当近卫军开始退却时，这场战役——拿破仑指挥的最后一场战役——的结局已经毫无悬念了。6 月 21 日清晨拿破仑再次返回巴黎。6 月 22 日，他离开首都前往马尔梅松城堡（Schloss Malmaison），那是 1814 年去世的约瑟芬住过的宫殿。7 月 3 日，富歇作为事实上的政府首脑执行了巴黎投降的程序。

四天后，盟军第二次进驻巴黎，路易十八世也随着他们在 7 月 8 日抵达巴黎。拿破仑于 7 月 15 日在罗什福尔（Rochefort）登上一艘英国船，7 月底这艘船被命令返回英国。8 月 5 日，曾
430 经的皇帝开始了他最后一次旅程，目的地是南大西洋的圣赫勒拿岛（Insel St. Helena）。在那里，拿破仑在有生之年致力于撰写自己的神话，这些神话将永世流传。1821 年 5 月 5 日拿破仑去世，享年 51 岁，根据官方记录他死于胃癌。

法国为“百日王朝”的冒险付出的代价是 1815 年 11 月的第二个《巴黎和约》，其条款与 1814 年 5 月的第一个《巴黎和约》相比更苛刻一些：萨尔布吕肯和萨尔路易划归普鲁士，兰道先是给了奥地利，后来给了巴伐利亚，曾留给法国的萨伏

依部分被分配给撒丁王国。在法国东北部，盟军部队还要驻守五年，而费用由战败国负担。此外，法国还必须支付 7 亿法郎的战争赔款，并交出帝国时代法国从其他国家掠夺到巴黎的艺术珍品。

在拿破仑统治的末期，这位在长达 16 年的时间里让整个欧洲为他着迷的人再次展现了自己的强大意志力。在路德之后，没有哪个人像他一样带来过如此多的改变。他结束了法国革命，并同时将革命成果扩展到欧洲。他是革命的产物，又是革命所预示的自由之压迫者。他先是使人们钦佩他与他的国家，接下来又令人对他的国家和他本人深恶痛绝。拿破仑法国的民族主义具有传染性。然而，无论什么地方的其他民族感到自己受到了大帝国的骚扰和羞辱，他们的爱国情怀都与反对法国人的统治交织在一起。可供模仿的民族主义有助于摆脱外国统治，而且这种民族主义会战胜异族统治，它为拿破仑之后的那个世纪打上的烙印还要超过那位科西嘉改革者的遗产——《拿破仑法典》。

坚信自己的意志力，这既是拿破仑胜利的原因，也是他失败的原因。他从不考量那些会妨碍他实现其深远计划的因素，若是他考虑到这些因素，那他就不会在 1809 年出征西班牙，
在 1812 年远征俄国，以及在 1815 年从厄尔巴岛返回法国。然 431
而所有这些行动都有其内在逻辑性：只要拿破仑没有被最后打败，他都不会停止攫取更多的权力。

这就是他在雾月十八日政变时所遵循的法则，但欧洲不可能永久屈服于这一法则。因为它不想依赖于某个个人的意志，它在为那个时刻做准备，届时联合起来的力量能够阻止皇帝称霸世界的欲望。当拿破仑 1812 年底战败不得不从俄国撤军时，他促成了这一时刻的到来。此后发生的事所遵循的逻辑要比他的意志更强，那就是欧洲不想放弃的多样性之精神，因为它正是欧洲的本质。[49]

### 保守主义者、自由主义者、社会主义者：革命后的思想界

1850年，一位德意志黑格尔派国家政治学家洛伦兹·冯·施泰因（Lorenz von Stein）进行了一次引人注目的尝试：高度概括地对欧洲从法国大革命到拿破仑下台这段时间的发展予以总结。在其三卷本《法国社会运动史》（*Geschichte der sozialen Bewegung in Frankreich*）第一卷中，施泰因把1789年至1814年分为两个阶段。第一阶段终止于1802年的法英《亚眠和约》，即第二次反法同盟战争的结束，这段时间对欧洲来说意味着让革命性的异物法国“简单出局”。“随着拿破仑的登场，第一阶段的争斗结束了。法国的运动战胜了来自机体其余部位的攻击，新法国成为公认的权力……《亚眠和约》所促成的事情的局面承认一个封建欧洲和一个公民法国，后者与欧洲其他国家有着根本区别，这样一来欧洲的和平就建立在一个绝对矛盾的基础上……因此，战争状态并没有因那个和约而消除，真正的问题没有解决。战斗必须重新开始，但现在它有了新特点：法国人开始不再（像迄今那样）消极等待，而是积极介入国家机制；从前的动荡元素，现在成为欧洲国家的构建元素。”[50]



施泰因把1802年至1814年划为第二阶段，此阶段拿破仑治下的法国追求的是“让自己国家的政治与社会存在”达到与欧洲“其他部分的趋同”，具体方式是通过秉承传统如建立帝国和引入帝国贵族。为了战胜拿破仑，其对手古老欧洲必须向新的社会元素开放自己。在1813年2月28日的《卡利什公告》中，俄国元帅库图佐夫向德意志人承诺了一种国家宪法；而1814年6月的《宪章》更是体现了一种努力——整合封建与公民力量。[51]

《宪章》将拿破仑治下的国民经济社会（这种社会其实是

违背社会意志产生的）变成了一个公民社会。“路易十八世的复辟是与欧洲的和解，《宪章》则是与法国人民的讲和……《宪章》……正式承认欧洲本身脱离了封建社会的土壤，准备进入公民社会时代。此前靠法国以武力维持的东西，现在通过欧洲的外交成为自愿与自然的状态；路易十八世的《宪章》标志着欧洲宪政时代的开始。”[52]

从表面上看，随着《宪章》的制定，欧洲的社会和政治关系再次产生一定的相似性。但法国以外的地方封建社会并未被消灭，而只是遭到了破坏，即使在法国，等级制与公民制两种秩序之间的较量也还远远没有结束。因此，1814 年后仍在进行着“两种体系争夺统治权的生死存亡之战”。《宪章》仅仅标志着一个新阶段的开始，施泰因让此第三阶段结束于 1830 年的七月革命。[53]

施泰因偏好将历史的走向归因于重要的普遍规律，这样他
就夸大了某些被他强调的事件，实际上拿破仑的“帝国贵族” 433
在欧洲的意义没有他认为的那么重要，而《卡利什公告》也仅仅是一纸空文。尽管如此，施泰因清楚地认识到，若没有对 1789 年思想的让步，盟军也不可能战胜拿破仑，所以简单倒退回革命前的状态是行不通的。1814/1815 年后，新旧两种秩序的关系已不再展现在法国与欧洲之间的征战中，而是体现在西欧所有国家中保守与进步势力的较量中。

对施泰因而言，拿破仑的统治与法国大革命之间的内在联系简直是不容忽视的。有一种更大的内在联系他却没有提及：1815 年不仅广义的法国大革命时代结束了，而且四十年前在北美开始的大西洋革命时代也结束了（并且在那里美国经过 1812 年至 1814 年的“第二次独立战争”才结束了自我确认的过程）。与施泰因不同，利奥波德·冯·兰克于 1854 年（《法国社会运动史》出版四年之后）在其讲座“论近代史分期”

（Über die Epochen der neueren Geschichte）中——此为他当着巴伐利亚国王马克西米利安二世（Maximilians II.）的面所做的演讲——用下面的话强调了北美独立战争的世界史意义：“北美人通过背离在英国通行的立宪原则创建了一个共和国，这个共和国以每个个人的法律关系为基础，一种新的权力从而进入世界。当这类思想找到适合它们的代表后，它们就奏效了。所以，与此相关一种共和倾向就来到这个罗马—日耳曼世界中。对君主们来说，这完全是拜乔治三世大臣们的倒行逆施所赐。”

在接下来与国王马克西米利安的谈话中，这位历史学家解释了他为什么如此评价北美的独立战争：“与从前的革命相比，这是一次更大规模的革命；它是对原则的彻底颠覆。从前讲君权神授，一切以君主制原则为中心排列。现在的理念是权力必须来自下面。其中的区别就在等级之间：欧洲古老的贵族等级
434 类似王权，它们在一定程度上基于继承权；只有后来出现的新等级才应该从人群中脱颖而出……这两种原则彼此对立就像两个世界，新大陆正是从这两者之间的冲突中产生的。起初这没有发生在欧洲，现在这种原则的对立出现在欧洲。”[54]

借此，兰克清晰地剖析了两场大西洋革命在历史上的内在联系，在划分新旧关系的原则之事上他给美国革命以首创权：国家政权的合法性不靠世袭的特权，而是来自“民众”和“每个人的个人权利”。法国大革命的意义并未因此贬值，但是它被置于一个更大的发展过程中，早于 1789 年十四年，该过程始自 1775 年 4 月的美国独立战争，此后它波及旧大陆和新大陆的大部分地区。

在从 1775 年至 1815 年的四十年，亦即莱因哈特·科塞勒克所称的“马鞍期”中，西方的政治想象力和政治语言发生了前所未有的改变。[55]兰克指出，“等级”（Stand）的概念发生了意义上的转变，从出身的阶层变为在国家机构中的等级代

表就是一个突出的例子。此外“民族”的概念亦有较旧和较新的对应关系：这里是历史形成的文化与语言共同体，那里是一个政治上的意志共同体。类似情况还有民主观念的变迁。1789年之前，此词主要用于直接意义上的大众或暴民统治；美国革命则比法国革命更令人信服地显示，民主和代议制政府是完全可以并存的。但对民主的旧解读仍旧起着作用：1815年后，它被用于防御一切想要建立人民主权国家的努力。

与上述概念的变化同时出现的是新概念的形成，特别是那些以“ismus”“ism”或“isme”（主义）结尾的词。“民族主义”最早大约于1774年出现在约翰·戈特弗里德·赫尔德笔下，而且是贬义的：“……人们称之为偏见！群氓行为！狭隘民族主义”。数年后的1798年，我们发现“民族主义”一词被神父巴吕埃尔（Barruel）引用，出处是光照派创始人亚当·威 435
索（Adam Weishaupt）。18世纪末，“宽容”和“自由思想”的意思大概等同于热爱自由，直言不讳，自由思想；拿破仑在1799年雾月十八日政变的第二天，称自己的政策为“自由主义思想”（idées libérales）；作为标识派别，如前所述，“自由主义的”一词直到1812年在围绕西班牙议会宪法的斗争中出现。1819年梅特涅要求限制“极端自由主义”；1820年代初，当路易十八世的侄子、保皇党贝里公爵（Herzogs von Berry）被拿破仑的追随者暗杀后，梅特涅写信给弗里德里希·冯·根茨：“自由主义走着自己的路，衍生无数凶手。”1820年代，“自由主义”在欧洲到处成为一种口号。

大约在同一时间，像“自由主义的”这个词一样，“保守”这个概念也开始被政治化。热尔曼娜·德·斯达尔（Germaine de Staël），内克尔的女儿、贡斯当的女友，不久后成为拿破仑的激烈反对者，于1798年要求成立一个“保守派军团”（Corps conservateur），以结束革命并保留革命所带来的值得保留的东西。拿破仑·波拿巴在1799年11月10日公开自己“自由主义思想”的同一次讲话中，提到了“保守思想”的必要性；1799年的宪法创立了护法元老院，由它来挑选两院成员。“保守”作为政治流派的名称是1815年之后才流行起来的。1818年，弗朗索瓦·勒内·德·夏多布里昂子爵（François René Viscomte de Chateaubriand），1802年出版的著名《基督教真谛》（*Génie du Christianisme*）一书的作者，创办了保皇党人的杂志《保守者》（*Le Conservateur*），该杂志只发行了两年。自1830年起，英国托利党开始自称“保守派”。此后不久这个术语传入德意志。1840年前后，偶尔也出现名词“Konservatismus”或“Konservativismus”（保守主义）。

概念的变化亦发生在政治光谱的另一端。“社会主义的”在18世纪国家学学者——如格劳秀斯和普芬道夫——的用语中强调的是人对群居的追求。作为对一种新的、合作关系的社会秩序的追求，这个词最早见于1820年代的英国。在旧制度的法国，“共
436 产主义者”是农村集体所有权的捍卫者。在18世纪最后十年中，尼古拉斯·埃德米·雷蒂夫·德·拉布勒托纳（Nicolas Edmé Restif de la Bretonne）就已经用“共产主义”这个术语来标识一种他所倡导的、未来集体组织起来的社会秩序。现代意义上的“所有财产的社会化”（socialisation de toute propriété）和“共同工作和享受”（communauté de travaux et de jouissances），这一概念1842年首次出现在泰奥菲尔·托雷（Théophile Thoré）在一本辞书中所写的有关巴贝夫主义的文章，即1796年聚集在巴贝夫身边的“为平等而密谋者”。对共产主义的讨论就开始于那时的法国，不久后就传播到整个欧洲。[56]

许多影响了1815年后时代的思想源自革命时期，有些还要更古老：来自反启蒙运动时期，它几乎与启蒙运动本身一

样历史悠久。后者首先关系到天主教的权利。1796 年和 1797 年出版了两本得到广泛阅读的挑战启蒙与革命的书籍：昂布鲁瓦兹·德·博纳尔德（Ambroise de Bonald）的《公民社会之政治与宗教权力理论》（*Théorie du pouvoir politique et religieux dans la société civile*）和约瑟夫·德·迈斯特（Joseph de Maistre）的《论法国》（*Considérations sur la France*）。两位作者都是贵族移民；他们都视天主教教会为最坚固的堡垒，以供抵抗来自革命的野蛮思想。他们一致得出以下结论：按照神权理论创建的绝对君主专制是唯一合理并符合人之天性的适当统治形式。

并非所有天主教思想家和政治家都持上述极端立场。夏多布里昂站在《宪章》一边并捍卫君主立宪制，认为它是公民自由的庇护者，这样他的立场就相当接近埃德蒙·伯克。布列塔尼的神父菲里希泰·拉梅内（Félicité Lamenais），原本是迈斯特和博纳尔德的坚定追随者，后来甚至变为赞成天主教会接近自由主义和民主。他如此坚定不移，以至于 1834 年与教宗和天主教会决裂。此前，罗马教宗格里高利十六世（Gregor XVI.）曾两次发表针对他的檄文：第一次是 1832 年的通谕《惊奇你们》（Mirari vos），其中对所谓的自由主义异端邪说从整体上进行了抨击，虽未点名，但对拉梅内的批评格外尖锐；1834 年在通谕《给我们特别的（喜乐）》（Singulari nos）
中，天主教教会的最高首脑公开谴责拉梅内和他的书《一个信 437
徒的话》（Paroles d’un croyant）。

许多天主教的正统派都是政治浪漫主义的代表，也有不少政治浪漫主义者是天主教徒，或像亚当·米勒和弗里德里希·施莱格尔那样从新教改信天主教。[1799 年 28 岁英年早逝的诺瓦利斯，原名弗里德里希·冯·哈登贝格，虽然在 1794 年写出了赞美天主教中世纪的随笔《基督教或欧洲》（*Die*

*Christenheit oder Europa*），却没有这么做。］政治浪漫主义者赞美中世纪和君主制；他们受赫尔德启发，弘扬“民族精神”，发掘并保护自己国家的语言、文化和历史。他们中的大多数人认为启蒙运动是一条歧途，有些人认为宗教改革也是错误的，正是它们导致了革命时期的恐怖，因此必须离开这种歧途。

然而并非所有保守的人都是政治浪漫主义者。1816 年瑞士法学家卡尔·路德维希·冯·哈勒（Karl Ludwig von Haller）出版了其六卷本《国家学说的复辟》（*Restauration der Staatswissenschaften*）第一卷。这位伯尔尼贵族爽直地为“世袭国家”（Patrimonialstaat）辩护，这种国家的权力既不应被强大的自治城市，更不应被 1814 年《宪章》规定的代议制所损害。这种国家全能性学说与政治浪漫派的想法没有什么共同之处。

反之，并不是所有的政治浪漫派都保守。比如弗里德里希·施莱尔马赫（Friedrich Schleiermacher），他从 1809 年起在柏林担任归正宗三一教堂牧师，自 1810 年起担任新成立的柏林大学神学教授。1800 年前后他属于柏林早期浪漫派圈子，其领军人物有路德维希·蒂克（Ludwig Tieck）、海因里希·冯·克莱斯特（Heinrich von Kleist）、弗里德里希·施莱格尔、威廉和亚历山大·冯·洪堡（Alexander von Humboldt）兄弟。这一时期他还鼎力支持犹太人的解放运动，并在几年后作为威廉·冯·洪堡的助手成为普鲁士教育改革家中的杰出一员。他将普鲁士和德意志的爱国热情结合在一起。这种爱国主义带有宗教彩色，但不是费希特、雅恩和阿恩特意义上的政治宗教。作为热爱自由者施莱尔马赫不反对启蒙运动，在当时的政治谱系中他更应该被算作自由主义者而不是保守派。[57]

438 威廉·冯·洪堡——短时间做过施莱尔马赫的上司——

的政治立场是明确的：其1791年写就，60年后才发表的《有关界定国家作用的畅想》(*Ideen zu einem Versuch, die Grenzen der Wirksamkeit des Staates zu bestimmen*)是自由主义的前卫经典之作。“国家放弃对公民福祉的关心，除了保障公民的权利不受彼此和外敌的侵犯，它不得为了任何其他目的而限制他们的自由。”这是文章中一句关键的话。除了关乎安全，国家不应干涉任何事情；人越是自主，他越能进行自我教育。“自由提升力量，而比较强大总是带来一种自由度……为了确保公民的安全，国家仅仅必须禁止或限制那些没有他人同意或违背他们的意愿侵犯他人自由与财产，以及可能产生这类后果的行为。……因为国家不允许追求保护公民安全以外的其他目的，所以它也不能限制其他行为，除非这些行为违背这一终极目的。”

洪堡想给专制国家划出界线。他要求的自由是公民的自由，没有任何压迫和家长制作风的自由，而不是人民给自己一个政府的自由。相比于英国人长期以来，以及北美人和法国人自革命以来所享有的权利，洪堡在1791年的“畅想”可谓温和，是个很德意志的方案。法国先是在雅各宾派掌权时，然后又在拿破仑治下尝过强制的滋味后，那里也出现了一种类似于洪堡的对自由的理解。贡斯当1814年的著作《征服的精神和僭主政治》要讨论的不是民主，而是如何克服专制。作者所理解的专制是：“一个政府，其中唯一的法则是统治者的意愿。”这种制度是专制统治，它在所有能令人幸福的事情上对人进行迫害。专制意味着强行一致，在这方面拿破仑不过是继承了罗 439
伯斯庇尔的衣钵，后者亦被贡斯当称作暴君：“值得注意的是，强行一致在革命中比任何时候都更容易被接受，尽管革命是以人权和自由的名义进行的。”

贡斯当所代表的后革命自由主义，致力于寻找预防各种形式的暴政的方法：无论是篡位者的还是大众的。对主权的限制，他于1815年在《政治原则》（*Principes politiques*）一书中写道，是通过个人的独立性和个体的存在（l'indépendence et l'existence individuelle）实现的。“卢梭误解了这一真相，他的错误让‘社会契约’（人们往往援引它的有利于自由之处）成为种种专制的最可怕的辅助工具。”人民的主权也不是无限的，其限制在于正义和个人的权利。“全体人民的意志也无法把不公正的事变成公正的。”

因此应该以英国为榜样，用一个权力互相制约的平衡系统来防止权力集中。由于1814年的《宪章》考虑到这一点，贡斯当以《宪章》为基础。当他1815年应拿破仑请求起草《帝国宪法补充条款》时，他认为这是在为自由服务。1815年起，他试图建立一种系统，其中政府不仅对国会负有刑事责任，而且负有政治责任，国王只是起平衡作用的“中立权力”（pouvoir neutre），他应该保障各种权力间的平衡。

贡斯当不像孟德斯鸠那样打算三分权力，即立法、行政和司法权力，而是把权力分成五部分：两个立法机构，即由民选议员组成的国民议会——体现着舆论代议权（opinion）的原则，和由世袭贵族组成的参议会（assemblée héréditaire）——体现的是长期代议权（durée）原则；然后是手中握有行政权力的大臣；司法权；以及君临一切的王权（pouvoir royal）。后者“同时构成更高和调解性权威，它不是要打破平衡，相反是为了保持平衡”。

一个这样的君主立宪制所遵循的准则，与英国的议会君主制几乎没有什么不同了。这样一种未来超出了像洪堡这样的普鲁士改革者的想象力。但即使在法国，前往自由君主制道路上的障碍也远远超过了贡斯当在1815年后最初几年的预料。

自由党人是具有影响力的少数人的代言人，这些少数人因其财产和受教育程度鹤立鸡群。凡是议会选举采取资格性选举的地方，选举自由党的选民主要来自中产阶级和贵族圈子。选举保守党的人也来自同样背景。高标准的选举资格对这两派均有好处，因为它防止极端主义者依靠来自底层的选票进入议会。最迟到底层通过抗议或骚乱的方式引人注意时，有选举特权的人会意识到他们的存在。但是，一些同时代人无需这种契机，才去反思工业无产阶级的扩大给资产阶级社会带来的挑战。这些人中包括后来被概括为“早期社会主义者”的作者们。

人们通常认为第一位早期社会主义者是“格拉古”·巴贝夫，1797 年被行刑的“平等会”领袖，他把消灭私有制和实现全面的财产共有上升为纲领。相比之下比较温和的当推 1760 年出生的克劳德·亨利·德·鲁弗鲁瓦·圣西门伯爵（Claude Henri de Rouvroy Comtede Saint-Simon），他在美国独立战争中曾与拉法耶特并肩作战。波旁王朝复辟后，他著书立说反对社会中“不从事生产劳动”的阶级，他将贵族、高级神职人员、法官和官员归入此类。与这些依然占统治地位的寄生阶级相对的是“从事生产劳动”的阶级，被他归入此类的有学者、艺术家、银行家、商人、农民，以及所有这些人的雇员。圣西门认为解决社会问题的办法在于：从事生产劳动的阶级推翻不从事生产
劳动的阶级的统治，并通过慷慨的政府公益事业的项目委托创 441
造额外的工作机会。应当以这种方式，为一个新的、工业和科学的社会奠定基础，这个社会将取代旧的、封建和神学的社会。

让人觉得几乎同样乌托邦的，是另一位早期社会主义者的计划：比圣西门年轻 12 岁的夏尔·傅立叶（Charles Fourier），希望把社会划分为“法郎吉”（Phalangen）[①]，每个法郎吉约由 1800 个人组成，他们的社会背景和性格应该各不

① 音译，意思是具有共同目标的集体。

相同。共同的劳动契约按照业绩、天赋和带来的资本而给每个人分配不同的任务。为了有利于自由恋爱和共同教育儿童，法郎吉取消了婚姻，傅立叶想以此方式实现男女平等。令人不愉快的工作由青年人去完成，他们被组织在专门小组中。新社会应该结束产业资本对工人的剥削和工人的贫困化。虽然他的设计令人觉得“极权的”，但傅立叶认为法郎吉是自愿自下而上地成长起来的，它们应该以一种松散的联邦，即一种新型国家的形式彼此联合起来。

与圣西门和傅立叶不同，出生于 1771 年的罗伯特·欧文（Robert Owen）拥有产业工作的实践经验：18 岁时他已经以纺织机生产商身份独立工作了。他把自己领导的新拉马克工厂办成了一家社会样板企业。他为工人保护法而奋斗，尤其主张消除童工和限制工作时间，但成果很有限。1825 年他进行了一项尝试，在美国印第安纳州创建了新和谐移民区——一个共产主义公社，其中的生产资料属于所有人，劳动报酬也没有差别，大家得到一样的食品、服装并接受相同的教育，移民区的领导由居住者全体会议共同承担。几年后实验失败，因为参与的工人太少。即使是欧文创办的伦敦工作交易所（目的是取消中介机构和企业家利润）也失败了。留存下来的只有他所支持的消费合作社和工会：它们被证明是逐步改善工人阶级状况的合适手段。

442 早期社会主义者不限于圣西门、傅立叶和欧文。1839 年艾蒂安·卡贝（Etienne Cabet）在《伊加利亚旅行记》（*Reise durch Ikarien*）一书中描绘了互惠的共产主义社会蓝图，它完全出于自由的联想。次年，皮埃尔－约瑟夫·蒲鲁东（Pierre-Joseph Proudhon）对自己提出的问题“什么是财产？”给出了那个著名的答案：“财产就是盗窃（La propriété, c'est le vol）。”事实上，蒲鲁东并非想彻底消除生产资料的所有权，而只是想把其所有权分给大量的小生产者。他反对人统治人，因此也反对国家的统治，他提出的对策是联邦制原则，在民族与跨民族层面于自治集团基础上组成自由联邦。蒲鲁东是个愿意放弃暴力的无政府主义者，其立场在部分早期产业工人中获得赞同。

1839 年，即卡贝写下《伊加利亚旅行记》的同一年，奥古斯特·布朗基组织的诸多起义中的一次暴动失败了。对于巴贝夫的这位无缘谋面的弟子，1830 年代的大部分时间都在监狱中度过的布朗基来说，暴力是阶级斗争的最后手段，而且少数坚定分子的武装起义是推翻资产阶级统治唯一有望成功的手段。在法国工人阶级队伍中，革命的布朗基的追随者要远远少于其劲敌改革派代表路易·布朗（Louis Blanc）。后者最主要的近期目标是普选权。该权利应该为无产阶级（此概念出现于 1830 年代）开创一种可能性，让他们以民主方式构建一个新的社会主义社会。这方面的最早尝试是国立工场（ateliers sociaux 或 nationaux）：由国家设立并资助的合作社性企业，它们应逐渐取代资本主义经济制度。如果说奥古斯特·布朗基是布尔什维克的先锋，那么人们就可以把路易·布朗称作第一位社会民主主义者。1840 年前后，奋斗目标各异的战斗就已打响，它们将为 19 和 20 世纪的国际工人运动打上鲜明的烙印并最终导致其分裂。[58]

## 443 回归均势：维也纳会议

1814年10月召开、1815年6月结束的维也纳会议，其任务是为欧洲的战后秩序设定基本原则。欧洲协调的轴心由五大强国构成：英国、俄国、奥地利、普鲁士和法国。法国事实上能在“欧洲协调”会议上被平等对待，在很大程度上要归功于夏尔·莫里斯·塔列朗的纵横捭阖，他曾担任欧坦的主教，从1799年到1807年8月被解雇前任拿破仑的外交大臣。作为波旁王朝复辟的先锋，1814年他再次在短时间内出任外交大臣一职。在维也纳会议上，除了沙皇亚历山大一世、奥地利外交大臣梅特涅侯爵、英国外交大臣卡斯尔雷和普鲁士首相哈登贝格外，他是最有影响力的行动者。

要想达到欧洲均势就不能对法国穷寇猛追，这是梅特涅和卡斯尔雷的共识。面对一个国家，即拿破仑时代的法国的称霸企图，对策就是重返革命前的“均势”。因此通过前反法同盟国的力量支持和巩固波旁王朝在巴黎的复辟，变得尤为重要。因为只有一个在古老君主制意义上“合法”的法国，才能在欧洲列强的群英会上扮演为它设计的结构性角色。

在均势的基本原则方面达成共识，当然还不意味着各强权国家在政治上也取得了最终的一致。1814年11月，会议在波兰问题上就已陷入严重危机。俄国希望吞并整个拿破仑所创建的华沙公国，即波兰的大部分，作为补偿把萨克森给普鲁士，这块地方是所有德意志地界上支持法国皇帝时间最长的。对于这桩交易国王腓特烈·威廉三世打算同意，尽管哈登贝格反
444 对。奥地利、英国和法国认为这为俄国称霸欧洲打下了基础，1815年1月3日以上三个国家秘密结盟，以便防患于未然。正是这类有关强权国家间产生严重分歧的报道，促使拿破仑在1815年3月离开其流放地厄尔巴岛前往法国。

然而此时维也纳会议已经达成了妥协：华沙公国的较大部分作为“波兰王国”，即所谓的“波兰会议王国”（Kongreßpolen），与俄国组成共主邦联；奥地利得到加利西亚，但不包括克拉科夫，后者在三个强权国家[①]的共管下变成了一个共和国[②]；普鲁士则获得了西普鲁士，包括但泽与托伦，此外还有波兹南周围大块说波兰语的地区，即未来的“波森大公国”（Großherzogtum Posen），萨克森仍然保留了其王国地位，只是原来属于它的北部和东部地区划归普鲁士，包括哈雷、维滕贝格、包岑和格尔利茨（Görlitz）。作为补偿，在英国的游说下霍亨索伦国家收获了摩泽尔、莱茵与鲁尔河畔一大片经济高度发达的地区，包括特里尔、亚琛、科布伦茨、科隆、埃森（Essen）和明斯特。

1815 年 5 月，基于一项普鲁士、英国、丹麦间的协议，另一块地盘也归属普鲁士：西波美拉尼亚，包括吕根岛与格赖夫斯瓦尔德（Greifswald）。前一年丹麦—挪威共主邦联解体时，瑞典曾把这块地区作为补偿割让给丹麦。丹麦国王因此以共主方式成为劳恩堡公爵（Herzog von Lauenburg），而普鲁士则将东弗里西亚、北部明斯特兰（Münsterland）、希尔德斯海姆（Hildesheim）和戈斯拉尔（Goslar）交给了得到复活的汉诺威王国，后者与英国组成共主邦联。

在维也纳会议上，奥地利终于放弃了恢复哈布斯堡皇朝对奥属尼德兰统治权的要求：比利时与荷兰组成尼德兰联合王国（Königreich der Vereinigten Niederlande），这帮助英国面对法国取得了一块欧陆缓冲地带。作为对奥地利撤出莱茵地带的补偿，它重新获得了萨尔茨堡、蒂罗尔和特伦蒂诺（Trentino），这令其可以扩大在意大利和达尔马提亚海岸的霸

---

① 俄、奥、普三国。

② 又称克拉科夫自由市，是一个城邦共和国，1846 年被奥地利吞并。

主地位：伦巴第和威尼托以及伊斯特拉半岛和达尔马提亚成为哈布斯堡帝国的一部分，摩德纳公国（Herzogtum Modena）
445 和托斯卡纳大公国（Großherzogtum Toskana）成为奥地利宫廷中由次子继承的地盘，即受哈布斯堡家族成员的统治，其国家结构与维也纳建立起依附关系。帕尔马分配给了曾经的法国皇后玛丽·路易丝，她是弗朗茨二世皇帝的女儿，她去世后（1847 年）这块地方应归还给当地的波旁王朝。教宗国得到恢复，波旁王朝对意大利南部的统治也得以恢复，并在那不勒斯组建起两西西里王国。萨伏依王朝重新获得撒丁岛和皮埃蒙特；此外它还得到了利古里亚，包括热那亚和尼斯。在"永久中立性"和现有边界受到国际承认的条件下，瑞士再次获得独立。

拿破仑长期以来的对手英国，显而易见满足于领土的小小扩张：它得到了其 1796~1807 年占领的六座岛屿，即马耳他、黑尔戈兰（Helgoland）、锡兰[①]、毛里求斯、特立尼达（Trinidad）和多巴哥（Tobago），以及 1806 年被其征服的南非开普殖民地（Kapland）。1815 年 11 月，英国宣布希腊西海岸前的爱奥尼亚群岛为自己的受保护国。英国在葡萄牙建立了一种军事独裁统治，由指挥葡萄牙军队的英国将军贝雷斯福德（Beresford）领导。该国王室已在 1807 年法国和西班牙入侵前逃往巴西；直到 1821 年，一场革命推翻军事独裁统治后国王约翰六世（Johann VI.）才返回里斯本。但这丝毫没有改变葡萄牙与英国的紧密关系。

除了俄国外，英国确实是维也纳会议的主要赢家。欧洲大陆的新"均势"允许大不列颠在欧洲以外的地方目标明确地扩大自己的影响，依靠其舰队和工业优势，19 世纪它上升为世

① 后更名为斯里兰卡。

界领先的强国。有关拿破仑时代的终结，路德维希·迪西奥的判断针对英国的成分要超过针对另一个强权国家俄国："比以往任何时候都清楚的是，老欧陆国家能够保持其自由的国家政体，代价是其霸权落入他人之手。"

欧洲领土的重组带有区域专制者讨价还价的所有特征。各地居民的意愿不算数，被考虑到的只有较强势国家的利益。
1815 年的秩序是"合法"的，因为新的统治者也源自古代的 446
王朝。亚历山大一世曾试图以"神圣同盟"（Heilige Allianz）的形式从宗教上提高维也纳会议协议的含金量：由他设计、经梅特涅大幅修改过的相关宣言，于 1815 年 9 月 26 日在巴黎首先由俄国沙皇亚历山大一世、奥地利皇帝弗朗茨一世和普鲁士国王腓特烈·威廉三世签署。接下来欧洲所有国家（除奥斯曼帝国、教宗国和英国）均先后签字。英国的威尔士亲王，后来的国王乔治四世（他从 1811 年起代精神失常的乔治三世主政，成为摄政王）仅以个人身份和作为汉诺威国王加入了该同盟。承诺遵守基督教戒律——正义、博爱与和善，这不过是一纸空文。最初签字的三个国家及其子民发誓结成"一个基督教国家共同体"同样是说说而已。

比"神圣同盟"更重要的首先当数四国同盟（Quadrupel-allianz），它是俄国、奥地利、普鲁士和英国于1815年11月20日结成的多国同盟，其缘由是第二次《巴黎和约》的签署，其主要目的是面对各种革命性威胁能保持现状。1818 年在亚琛召开的一次会议上，法国再次被正式接纳进大国圈子，形成所谓的五国同盟（Pentarchie）。但即使这一欲建立一种集体霸权的同盟，也无法长期协调签约国之间的利益纠纷。不久援引"神圣同盟"基本原则的就只剩下东部的强国俄国、奥地利和普鲁士了，而它们也只是——于某个具体情况下——在对局势的判断观点一致时才能做到这一点。

根据1814年5月第一次《巴黎和约》的规定，欧洲的一部分，即前德意志民族神圣罗马帝国的领土，于1815年6月8日达成准宪法式特别约定：《德意志邦联约法》（Deutsche Bundesakte）。第二天《邦联约法》被收入最终的会议档案，从而成为一项国际法条约。《邦联约法》在国家法层面构成德意志邦联成员之间的协议。除了自由城市，所有成员都是德意
447 志的主权王侯，其中包括奥地利皇帝和普鲁士国王，但仅限于其各自从前属于古老的神圣罗马帝国的领地。丹麦国王同时担任荷尔施泰因与劳恩堡公爵，荷兰联合王国国王为卢森堡大公。由于汉诺威王国也是德意志邦联的成员，只要汉诺威和英国的共主邦联存在，大不列颠和爱尔兰的国王就也是德意志邦联的成员。

以古老的神圣罗马帝国的边界为界形成的结果是：哈布斯堡领地中的波希米亚和摩拉维亚，特伦托周围的“韦尔什蒂罗尔”（Welschtirol）①，此外还有的里雅斯特和克雷恩（也就是帝国那些说捷克语、意大利语或斯洛文尼亚语的区域）虽然属于邦联，但不包括加利西亚、匈牙利和伦巴第—威尼托。普鲁士的情况相同：不仅新的波森大公国在邦联领土之外，而且东普鲁士和西普鲁士也被排除在外，因为它们从来不是神圣罗马帝国的组成部分。石勒苏益格根据旧条约仍与荷尔施泰因联系紧密，但它系丹麦封地，从未属于神圣罗马帝国，故不是德意志邦联的成员。

《邦联约法》对成员国内政的影响微乎其微。其中第13条虽然规定“在所有邦联国家均要制定国家宪法”，但各个国家是制定旧的特权制宪法还是新的代议制宪法，则留给它们自己决定。同样毫无约束力的是《邦联约法》中有关犹太人解放的

---

① 萨洛尔诺（Salurner）隘口以南、南蒂罗尔意大利部分的旧称，原属奥地利，后归意大利。

第 16 条："邦联会议将展开咨询，如何尽量以一致方式在德意志邦联国家中改善公开犹太教信仰者的公民地位，尤其是如何在各邦联国家中确保这些人在承担公民一切义务的情况下得以享受公民的权利；但在这些得到贯彻前，公开犹太教信仰者将获得各个邦联国家已经赋予他们的权利。"

至于《邦联约法》敢于提到犹太人权利问题和保障他们现有的权利，这要归功于两位普鲁士人——哈登贝格和洪堡。另外一条有人权和公民权色彩，比犹太人问题更为大胆的条款是 448
第 18 条，其中提到：邦联会议将在第一次会议上研究"制定统一的有关新闻自由的条例，以确保作家和出版商有反盗版的权利"。

《邦联约法》是个框架，其内容方面的填充留给未来的协议。它没有创造一个联邦制国家，而是促成了一个国家邦联。其成员国都是主权国家，彼此承担一些义务。成立德意志邦联是为了取代德意志民族神圣罗马帝国，1815 年重建神圣罗马帝国并不是一个有待认真讨论的话题。《邦联约法》所能保障的统一程度，远远低于爱国力量所曾希望的。约瑟夫·格雷斯（Joseph Görres）——一位曾经的美因茨"雅各宾分子"，后来成为反对拿破仑的最得力的新闻工作者之一——在 1815 年 4 月用激烈的言辞表述了普遍的失望情绪。在其出版的《莱茵水星报》（*Rheinischer Merkur*）中他把德意志的战后秩序描述为"可怜，不成形，畸形，毫无章法……多头像个印度的偶像，没有力量，没有统一和内在联系"，"未来数百年的笑柄"，"所有周边国家的玩物"。

但与阿尔卑斯山以南的邻国相比，德意志人的情况还不算很糟。他们毕竟还有德意志邦联作为机构性纽带，支离破碎的意大利连这种纽带都没有。梅特涅曾多次断言：意大利仅仅是一个单纯的"地理概念"，这同样适用于"德意志"，尽管程度上比意大利要轻。这种差异不是奥地利首相造成的。他一心想要建立一个联邦制的，由奥地利左右的意大利同盟，类似于德意志邦联，但由于皮埃蒙特—撒丁王国和教宗国的反对，未能如愿以偿。

德意志和意大利的领土重组带来的长期影响是：由于普鲁士上升为莱茵河畔的强国，在东西普鲁士之间却没有陆桥连接，它迟早会尝试去消除这种空间隔绝。如果尝试成功，普鲁
449 士就是德意志的主导力量，更何况它新获得的鲁尔地区烟煤储量丰富：这是一个重要的先决条件，让霍亨索伦国家在 1830 年以后的工业化过程中，在德意志邦联中能够占有经济上的领先地位。

在莱茵河与鲁尔河畔构建一座普鲁士堡垒，这是历史的讽刺，它并不与到那时为止柏林的政策定位相符。它源自英国的愿望：阻止法国重新向莱茵河边境挺进并在欧陆称霸。至于伦敦追求均势的努力能够引发一场运动，首先在德意志争取普鲁士的霸权，然后在欧洲力争德国的霸权——这是 1814/1815 年的政治行动者们始料未及的。

奥地利虽然在邦联议会上拥有主席席位，但自从它必须撤出西南德意志和比利时起，面对对手普鲁士的力量优势就今非昔比了。在亚平宁半岛赢回在中欧所失去的东西，对奥地利而言是不可能的。因为不像在德意志，哈布斯堡君主国在意大利的区域性霸权被视为外族统治。出生在科西嘉的拿破仑，通过创建意大利王国唤醒了意大利人对民族统一的渴望。所以在意大利人们对他的回忆要比在德意志友好很多。奥地利无须害怕一种拿破仑神话在德意志生根发芽，而这在意大利却很有可能发生。

维也纳会议的工作为复辟时代奠定了基础：事出有因，这一直是历史学中的主流观点。然而，至少在一点上人们必须承认这些和平缔造者也为自由做出了贡献。在英国的推动下，

1815 年 2 月 8 日会议庄严宣布反对奴隶贸易。法国起初试图为禁令的最终实施争取尽可能长的宽限期，然而拿破仑在“百日王朝”期间立即下令在法国及其殖民地取消了奴隶贸易，路易十八世不得不确认了此禁令。

维也纳会议主要强国的公告暂时并未阻止殖民国家进行奴 450
隶贸易。但此决议的道德效果显著。在英国的压力下，反对此决议的葡萄牙已于 1815 年 1 月决定结束赤道以北的奴隶贸易。两年后西班牙采取了相同步骤，并承诺到 1820 年彻底废除奴隶贸易，但它后来没有信守这一承诺。1842 年英国迫使葡萄牙正式废除了奴隶贸易（但非法贩卖奴隶仍未能彻底根绝）。为了结束奴隶贸易，1850 年英国对巴西进行海上封锁，并动用了武力。西班牙与其殖民地古巴之间的奴隶贸易持续时间最长；在英国和美国的高压下，直到 1886 年才通过有效的西班牙法律禁止了奴隶贸易。根据可信的估算，从 1500 年到 1860 年代一共有 1180 万人被迫从非洲来到美洲。由于运载奴隶的船只条件恶劣与超载，其中 10% 到 20% 的人丧命途中，未能到达大西洋彼岸。

废除奴隶贸易并不意味着取消奴隶制。英国直到 1833 年才在其殖民地取消奴隶制，其他欧洲列强迈出这一步还要更晚：法国和丹麦在 1848 年，荷兰在 1863 年。两年后，美国南北战争以北部各州的胜利结束，美国奴隶制也随之终结。在大部分西班牙的前殖民地，奴隶制在 19 世纪上半叶独立战争取得胜利后被废除；在原葡萄牙殖民地巴西它直到 1888 年才被取消，巴西是数百年从所有西半球国家进口奴隶最多的国家。在黑奴的家乡非洲，19 世纪奴隶制和奴隶贸易甚至还在进一步扩展：这种发展，在 1870 年后被几个欧洲大国，特别是英国和法国，用来为其殖民政策的人道性进行辩护。[59]

## 451 压迫与变化：1815 年后的大国

1814/1815 年两次重新恢复的波旁王朝在法国的统治被称为复辟时期，复辟的目的在其支持者中争议极大。对法国最右翼者——极端保皇党人，简称“极保分子”——来说，是要迅速告别 1789 年的革命状态，恢复革命前的正常状态。根据保皇党移民约瑟夫·德·迈斯特在 1797 年出版的《论法国》一书中令人安心的保证，这种复辟没有任何异常色彩：“恢复君主制，被人们称作反革命，不是一场方向相反的革命，而是革命的对立面。”

相反，从塔列朗到贡斯当这些温和派力量知道，旧制度意义上的“老一套”已经无法恢复了。如果帝制的复辟不想早晚引起一场新的革命，它必须考虑与研究 1789 年革命的主要思想。他们坚信，致力于长期稳定的政策必须确保个人权利、新闻自由、法官的独立性和考虑公众的意见。1814 年的《宪章》更符合自由党而不是极保分子的设想。

1815 年 8 月的两院选举中保皇党取得明显优势，这得益于有利于大地主的门槛很高的资格选举。他们的胜利导致了对各省省长和副省长的广泛清洗，对“百日政变”中追随拿破仑的军队领导进行了审判和处决，其中包括内伊元帅。保皇党还在法国南部开展了大屠杀。极保分子中的多数在“无双议会”（Chambre introuvable）——这是路易十八世的叫法——中一言九鼎，以至夏多布里昂这样的保皇党也要求过渡到政治上的大臣负责制，也就是议会君主制。

452 在 1816 年 9 月和 10 月的新一轮选举中，“宪章派”获得胜利，他们是得到黎塞留公爵政府以及部分自由党支持的温和派候选人。1818 年 10 月，黎塞留成功地在亚琛召开的欧洲协调第一次会议上达到目的，法国不用再支付最后一笔战争赔款，而且占领军全部从法国撤军，这样法国正式恢复了其大国地位。在 1819 年 10 月的进一步部分选举中（根据 1814 年的《宪章》每年有五分之一的议员要重新选举），首次有深受贡斯当思想影响的左翼自由派人士当选，包括已经 62 岁的拉法耶特。

在德卡兹（Decazes）伯爵影响下——1818 年 12 月他先担任内政和警察大臣，一年后出任首相——政府的立场从 1818 年底开始接近自由派。政府的主要支持者是所谓的“空论家们”（Doktrinäre），即围绕在弗朗索瓦·基佐（François Guizot）和皮埃尔·保罗·罗耶–科拉尔（Pierre Paul Royer-Collard）身边的自由派，他们宣传一种介于主权在民和主权在王之间的第三条路：他们认为，所有的权力均源自宪法——《宪章》，只有理性才是至高无上的。德卡兹最重要的举措完全是本着“空论家们”的意思设计的：一系列宽松的新闻法，大范围任免省长和副省长，为行政改革做准备，这种改革应让有投票权的人口能够监督各省和城镇的财务。

在德卡兹政府的领导下，复辟了的波旁王朝本来还会更加自由主义化，如果阿图瓦伯爵［路易十八世的弟弟，后来的国王查理十世（Karls X.），极端保皇派］的二儿子贝里公爵没有在 1820 年 2 月 14 日被一个波拿巴派制鞍匠谋杀的话。极保分子认为是德卡兹的自由主义政策导致了此次血案。国王不得不罢免德卡兹，黎塞留公爵再次出任首相。新政府再次引进书报审查制度，资格性选举权的条件大规模变严：缴税最多的选
民通过“双重投票法”（Loi du double vote）获得第二票，这 453
让他们可以选举 420 名议员中的 72 位议员。

反对波旁王朝统治以“烧炭党”（Carboneria）的形式表现出来，这是一个在缪拉统治的那不勒斯王国由密谋者组建的秘密组织，很快就在整个意大利和其他国家，尤其是法国蔓延

起来。1820 年至 1822 年的几次区域性政变尝试和军事叛乱被算在这些亲波拿巴的“烧炭党人”账上，其中包括发生在索米尔（Saumur）、拉罗谢尔（La Rochelle）和阿尔萨斯科尔马（Colmar）的事件。对暴力颠覆的恐惧，在很大程度上导致了极保分子在 1820 年选举中的胜出，温和的黎塞留于 1821 年 12 月被极端保皇的约瑟夫·德·维莱尔（Joseph de Villèle）伯爵取代。后者担任首相六年，直到 1828 年 1 月。波旁王朝统治的自由主义阶段已成往事。

维莱尔内阁对付反对党的方法是：严格进行新闻审查，限制学术自由，操控选举，贿赂国会议员和增强上议院保守派议员的力量[①]。1823 年这届政府受到了一定程度的欢迎，主要是外交大臣夏多布里昂在“神圣同盟”的支持下成功地武装干预西班牙政局，帮助了斐迪南七世。这位波旁王朝的国王自 1821 年起先是暗地里，后来公开反对自由派力量，后者是 1820 年经过军事政变掌权的。以法国军队的迅速获胜为契机，维莱尔内阁在 1823 年 12 月解散了议会。1824 年 2 月和 3 月举行的新一轮选举中，极保分子大获全胜。只有 19 位自由主义者，其中包括邦雅曼·贡斯当与银行家卡西米尔·佩里埃（Casimir Périer），进入所谓的失而复得的议会（Chambre retrouvée）。

1824 年 6 月新议会通过了一项法案，取消《宪章》中有关每年有五分之一的代表要重新选举的规定。代替部分轮换的是整个议会的选举，议会任期为七年。1824 年 9 月 16 日路易
454 十八世去世，随着其弟极保分子查理十世的统治，开始了真正的反动时代。[60]

在德意志，从防御到进攻性复辟的转变发生得比法国还

① 具体做法是通过君主任命上议院的大部分新议员。

要快。在此起了推动作用的力量，是那些在反拿破仑战争中追求过自由和统一的德意志，从而对维也纳会议的结果大失所望者。大学生们特别义愤填膺，他们中的许多人都曾自愿加入志愿军，抗击过法国皇帝。黑红金三色旗就是志愿军中最著名的吕佐夫（Lützow）少将指挥的军团率先使用的，这三种颜色的旗帜是体操之父雅恩推荐给 1815 年 6 月新成立的“耶拿大学生社团”（Jenenser Burschenschaft）做标识的。大学生社团迅速遍布德意志，从一开始它们就追求民族，即整个德意志的统一，其中大多数人也拥有民主思想。正是在这一点上它有别于旧的同乡会，后者仅为区域性大学生联谊会。

大学生社团组织的第一个大型集会是 1817 年 10 月 18 日的瓦尔特堡节（Wartburgfest），目的是庆祝马丁·路德宗教改革三百周年和莱比锡战役获胜四周年。正式庆典活动没有发生任何意外。晚上在场的很多体操协会成员制造了一起轰动事件。他们烧毁了所谓的“非德意志”书籍，包括《拿破仑法典》和一些招人恨的专制主义象征，如黑森州的军人发辫、普鲁士乌兰骑兵装束和奥地利下士棒。这里明显表达的是雅恩的弟子们对犹太人和法国人的仇恨，不管他们是体操协会的会员还是“大学生社团”的成员。为了确保德意志的特性，他们坚决与一切在他们眼中“非德意志”的东西划清界限。

保守势力很震惊。但直到两年后，经过两次政治暗杀，政府才开始回击。1819 年 3 月 23 日耶拿大学生社团成员卡尔·路德维希·桑德（Karl Ludwig Sand），一名 1815 年的志愿者，在曼海姆谋杀了德国喜剧作家和俄国国务顾问奥古斯特·冯·科策比（August von Kotzebue）[①]。桑德是秘密社团——“吉森黑”（Schwarzen）或“绝对者”（Unbedingten）成员，该组

① 自 1817 年起任俄国驻德意志总领事。

织的核心人物是先在吉森后到耶拿当编外讲师的卡尔·福伦
455 （Karl Follen）。1820 年 5 月 20 日桑德被处决。曼海姆血案三个月后，另一位大学生社团成员于 1819 年 8 月 1 日企图谋杀拿骚国务委员卡尔·冯·伊贝尔（Karl von Ibell），但尝试失败。科策比和伊贝尔都是极为反动的，所以他们也遭到大学生社团成员的深深痛恨。

梅特涅深信，接连不断的袭击背后有着盘根错节的阴谋：教授们不法操纵，学生们成为他们的自愿追随者。普鲁士国王同意这一评估，并允许奥地利首相查看普鲁士公权机构最秘密的案卷。1819 年 8 月 1 日，奥地利和普鲁士在《特普利茨草约》（Teplitzer Punktation）中达成一致，对媒体、各大学和各邦议会进行监视。他们援引《邦联约法》第 2 条，根据该条德意志邦联的目的除了谋求外部安全，还有保障内部安全。此外，该法第 13 条规定德意志各邦应制定邦宪法，这一条应被限制性地解释为召集旧的特权制议会，而不是新的代议制议会。历史和理论上的论据由梅特涅最亲密的顾问弗里德里希·冯·根茨提供，为此他撰写了《论特权制与代议制宪法之差异》（*Über den Unterschied zwischen den landständischen und Repräsentativverfassungen*）。

《特普利茨草约》签订五天后《卡尔斯巴德决议》（Karlsbader Beschlüsse）出台。1819 年 8 月 6 日，十位由奥地利首相挑选出的德意志各邦国代表在这座波希米亚的温泉城市聚会，通过了臭名昭著的《卡尔斯巴德决议》，1819 年 9 月 20 日邦联会议批准了该决议。这为以下措施奠定了法律基础：解聘不受欢迎的教授，禁止大学生社团组织，对报纸、杂志和 20 印张以下的小册子进行审查。为了查究“蛊惑人心的革命活动”，在美因茨成立了“中央调查委员会”。随后立即开始了对“煽动者的追捕”，普鲁士在这方面特别坚决。受害者包括德意志民族主义的两位鼻祖：雅恩，从 1819~1825 年他都是在狱中度过的；阿恩特失去了在波恩的教授席位，直到 1840 年普鲁士腓特烈·威廉四世登基后其教席才得到恢复。

在特普利茨和卡尔斯巴德达成的决议对德意志宪法政治的
发展意味着一种休止。两个最大的邦国奥地利和普鲁士，决定反 456
对任何形式的宪法。对霍亨索伦国家而言，这意味着食言。1815 年 5 月 22 日，国王腓特烈·威廉三世曾向其臣民承诺一部宪法。但与 1810 年 10 月首次公布这类消息后一样，怀旧的贵族圈子和高级官员这次仍旧反对要求制宪和召开国民议会的呼声，前者是不愿失去自己的特权，后者则不想在普鲁士的经济现代化过程中顾及代表各等级与各地区利益的反对意见。

1819 年 8 月，普鲁士国王在特普利茨，在首相哈登贝格不在场和违背其意愿的情况下，决定在普鲁士不引进普遍的人民代表机构，只组建由各省代表机构代表组成的全国委员会。哈登贝格做了妥协，并于 1819 年 12 月安排解除了威廉·冯·洪堡的城市和地区事务大臣一职，原因是他激烈抗议特普利茨的公告和《卡尔斯巴德决议》。出于同样的原因，陆军大臣赫尔曼·冯·博延也必须从内阁辞职。

1820 年初，哈登贝格虽然再次在一项有关国债规定的条例中说服国王承诺，现有的国债未经帝国各等级代表，也就是整个普鲁士议会的协商同意，不得增加，然而此承诺并未得到信守。哈登贝格 1822 年 11 月死于热那亚，实际上被革了职。次年颁布了各省议会组织法，其中贵族和大地主与城市资产阶级相比占据优势。普鲁士人仍旧无福享有全国代议机构与成文宪法。

根据历史学家弗里德里希·迈内克的评判，1815~1823 年就普鲁士全国代议机构所展开的争斗，是“国家共同体”和“专制与军国主义原则”间较量的第一阶段，较量的结果对

资产阶级来说与第二阶段（1848~1849 年革命）和第三阶段
457 （1862~1866 年的普鲁士宪法冲突）一样不利。虽然普鲁士的国土还没能从梅梅尔到萨尔布吕肯连成一片，但自 1815 年起，它用持续不断、自上而下的管理机构的改革促进了经济发展和内部统一：维也纳会议之后的几十年中，它上升为欧洲大陆工业领先的国家。但有意识地放弃让其公民参与政治，却使普鲁士同时在其他方面显得落后，不仅面对奥地利，而且跟德意志南部国家相比亦然。

德意志南部国家在 1818~1820 年先后制定了宪法，除符腾堡王国外，宪法都是由国王强制颁布的。它们或多或少以法国《宪章》为蓝本，属于代议制政体类型。1818 年，巴伐利亚和巴登成为君主立宪制国家，经过长期捍卫“美好的老法规”后，1819 年 9 月 25 日符腾堡国王与议会就宪法达成共识，次年黑森－达姆施塔特（Hessen-Darmstadt）[①] 也拥有了宪法。相比之下，一些规模较小的中部德意志国家的宪法更偏向于封建等级制类型，其中包括 1816 年的萨克森－魏玛大公国 [②] 宪法。

1820 年 5 月 15 日的《维也纳决议案》（*Wiener Schlußakte*）自通过后就成为除 1815 年《德意志邦联约法》外最重要的邦联根本法，然而它是一份矛盾的文件。一方面它强调邦联的特性是：“德意志主权王侯和自由市组成的国际法联盟，目的是保持联盟内各国的独立和保障德意志的内外安全。”另一方面，它又宣称德意志邦联不可解除，在邦联安全受到威胁的特殊情况下，邦联有权制裁其违抗命令的成员国。

---

① 黑森－达姆施塔特是德国历史上的一个伯爵领地，从 1806 年开始黑森－达姆施塔特被提升为黑森大公国。

② 1815 年正式成为德意志邦联的成员国，全称为萨克森－魏玛－艾森纳赫大公国。

《维也纳决议案》要求所有国家以君主制为原则，根据该原则整个国家的权力必须保留在国家元首手中，通过等级宪法只允许各等级参与行使某些法权。如果宪法保障议会协商可以公开进行，各国政府必须确保各个国家或德意志邦联整体的安宁不受损害。邦联议会监督这些规定的遵守情况，这样王侯们 458
的主权就受到了束缚。在有疑问的情况下一个国家能不能挑战邦联，说到底还是个实力问题。邦联制裁一个较大的成员国是无法想象的，而对付一个较小的成员国则完全不在话下。

1821 年 4 月 9 日通过的《邦联战争法》(*Bundeskriegsverfassung*)的一些规定似乎是为了预防两个最大国家占尽优势，但这不过是看似如此。其中第 8 条规定："根据权利和义务平等的原则，即使是一个邦联国家表面上强于其他国家的情况亦应避免。"此外根据第 5 条，一个为自己组建了一个或多个军团的邦联国家，不允许将其他邦联国家的兵员份额与自己的合并在一起。

事实上，这样一来，两个大国与其他国家之间的军事力量失衡反而变得更为严重。奥地利、普鲁士均可各派出三个军团参加邦联的武装部队，这样二者兵力几乎占到邦联军力的三分之二。作为欧洲列强它们的很大一部分领土在德意志邦联之外，它们在那里还拥有更多兵力。具体到普鲁士，其领土的四分之三毕竟在邦联区域内，这意味着除了上述参加邦联武装部队的三个军团，它还有六个军团的兵力。根据解放战争的经验，可以预见的是，德意志北部的主导力量普鲁士在紧急情况下会调动其所有的部队，包括不属于邦联的军队来保卫德意志。德意志邦联中的中小成员国对此深信不疑，所以它们自己也不努力去组建自己的军事力量。

"第三方德意志邦国"中比较重要的国家反正不会让两个"大国"给自己定规矩。梅特涅曾试图让邦联的中小国家承诺建立旧的封建等级制代表机构，但没有成功：南德意志各国拒绝了这一要求；它们的宪政制度被《卡尔斯巴德决议》损害了，但没有遭到彻底扼杀。在拥有最自由宪法的巴登，政治自
459 由主义能够顶住来自维也纳和柏林的压力。在经济上巴登当然没有普鲁士那么自由。像其他南德意志各国一样，这个大公国害怕引进经营工商业的自由和臣民迁徙自由，主要是怕手工匠人、其他小商人和农民们反对。出于同样的原因，巴登在1815 年后也没有解放犹太人。

所以，普鲁士的独裁式现代化比巴登相对宽松的现代化带来了更大的经济自由。这也体现在与经营自由相对应的贸易自由上，普鲁士从 1818 年的海关法开始实行贸易自由政策。霍亨索伦国家借此促进了竞争，从而鼓励了业绩最好的企业。因此普鲁士的工业化速度要大大超过南德意志国家，后者像当时的法国一样，试图保护本土商家不受外国，尤其是英国同行的竞争。奥地利在政治领域可能比普鲁士还要反动，因而与南德意志宪政国家相比极为突出。在经济和经济政策方面，这个邦联中最大的国家却有别于另一个德意志强国，以其高保护性关税以及坚持行会限制而更接近南德意志中等大小的国家。1815年后，奥地利帝国越来越被普鲁士甩在了后面，由于它无法通过政治上的先进性来平衡，也就不能给自由派的“第三方德意志邦国”带来任何希望。

由于奥地利和普鲁士在维也纳会议之后所追求的目标均不是德意志的统一，所以复辟时期的民族观念就缺乏清晰的国家轮廓。在卡尔斯巴德会议后的十年间，发誓要实现德意志统一的人，设想的几乎并非一个德意志民族国家，更不是在普鲁士领导下的国家。具有民族思想的人，他们的目标更为谦虚：他们希望德意志人巩固自己属于一个民族的意识，哪怕这片土地上诸侯林立。而与民族意识息息相关的自由思想更无法在普鲁

士找到，顶多能在南部德意志邦国中觅得。这些国家虽然也是复辟体系的载体，但它们仍旧保留着宪制。

然而宪制在德意志和法国却有着实质性区别。在邦雅曼·贡 460
斯当的影响下，法国自由主义很快就学会了将 1814 年《宪章》所规定的政府权力与议会的严格分离仅视为一个过渡阶段，最终的议会体系中要完全实行内阁责任制。贡斯当在德意志也拥有很多读者，但这里的人们对他的理解与其法国读者不同。早期的德意志自由党人认为政府和议会的二元体制要永久保持，而且这是必要的。在德意志自称为自由主义者，意味着他拥护人权和公民权，特别是言论、新闻和结社自由，并认为只有议会有权批准税收和通过法律。与法国复辟时期的自由主义相比，这个纲领相当温和。[61]

欧洲大陆的自由党人从议会制的发源地所能学到的东西要比从复辟时代早期的法国少很多：在英国，政治自由在 1815 年后的最初几年受到了前所未有的威胁。这种发展与反对拿破仑战争的结束密不可分。大陆封锁的终结让英国陷入严重的经济危机：国家作为重要军事物资（包括部队所需的弹药、服装和食品）的买家，基本上不复存在；恢复进口国外谷物后，价格虚高的英国谷物被迫跌价；许多债台高筑的佃户只好宣告自己的农场破产。然而，在上议院和下议院拥有话语权的“地主”代表们知道如何自救。1815 年 3 月，他们通过了高额谷物关税，为英国农业面对来自欧洲和海外的竞争提供了人为保护。

《谷物法》（Corn Laws）造成面包价格大幅上涨，这引起剧烈的社会动荡。1816 年英国经历了新一波捣毁机器和其他“卢德分子”的暴力行为。激进的改革者威廉·科贝特以此为由，在其受到广泛阅读的《政治纪事报》中号召工人们过渡到
理性的抗议形式。激进主义日益增加的反响也源自杰里米·边沁 461

（Jeremy Bentham）的影响，他提出了“最大多数的最大幸福”学说。这位哲学上功利主义的创始人在其 1809 年撰写但 1817 年才发表的《议会改革问答》（*Parliamentary Reform Catechism*）中要求每年进行议会选举和主张一种接近普选的权利，这种政治纲领为新生的民主运动提供了重要启迪。向同一方向努力，却比边沁更为坚定不移的是约翰·卡特赖特（John Cartwright）少校，几十年来他致力于让工人们明白为“公共舆论”而斗争的重要性。

鉴于巨大的社会困境，争取无产阶级社会下层参与政治改革被证明是极其困难的。饥饿造成的骚乱，以及抢劫商店和袭击公共建筑在 1816~1817 年冬仍旧继续发生，作为对策，外交大臣利物浦勋爵（Lord Liverpool）和卡斯尔雷勋爵领导的保守党政府在下议院对公民自由进行了严格限制，通过了所谓的《报警法》，其中最严厉的是有限期地取消了 1679 年通过的《人身保护令》。

1817 年 3 月爆发了“织毯工示威游行”（blanquettiers），曼彻斯特及其周边地区的数千名工人和工匠，首先是织布工和织袜工参与其中，以表示对这类强制性措施的愤怒。组织者来自激进的类似工会的协会，如“汉普登俱乐部”（Hampden Clubs）和“政治联盟”（Political Unions）。游行的目的是集中抗议社会苦难和工人在伦敦政府中毫无影响力的状况；有一些发起人大概也希望引起 1789 年那种革命。但只有几百名示威者到达了英国的首都。警察和军方在曼彻斯特城门前的圣彼得广场提前遣散了示威群众。

1819 年 8 月，大约有 8 万名工人在相同的地点集会，大多是织布工，他们想就下议院的改革提出建议。地方当局调动
462 了驻扎在曼彻斯特的正规军和一支志愿队伍，它们的任务是在众目睽睽之下逮捕集会领导人和撕毁示威者的旗帜。士兵们为

了支援治安维持会的人，使用了军刀和步枪。整个行动变成了一场大屠杀：十五人死亡，数百人受伤。

类比拿破仑在滑铁卢的最后一战，曼彻斯特的大屠杀马上被讥称为“彼得卢”（Peterloo），但它还不是镇压的高峰。1819 年 11 月通过了《六法》（Six laws），其中包括五年内禁止一切未经批准的政治集会，另一项法案则限制了新闻自由。第二年示威游行浪潮的消退不仅是因为国家的强硬态度，也因为经济明显复苏。此外还有循道宗[①]基督教复兴运动的影响。虽然很多反对现代机械和资本主义剥削的激进工匠和工人深受其影响，定调子的却来自另一个不同的方向：那些人劝人服从当权者，寄希望于另一个世界，在那里才能最终脱离尘世的苦难。

1820 年 1 月，随着乔治三世的去世，“摄政”时期结束，他自 1811 年起已患有无法治愈的精神病。他的儿子，乔治四世（1820~1830 年在位）国王继位，此前他已摄政九年。他先是保留了过去高度保守的政府，这令广大群众对他更为愤恨，虽然此前他就因为挥霍无度而名声不佳。直到 1822 年夏天外交大臣和下议院多数党领袖卡斯尔雷勋爵自杀后，英国的政治——哪怕不是党派意义上的自由主义——也终于出现了自由主义的转向：接替卡斯尔雷两项职务的是乔治·坎宁，1807~1809 年他已经出任过外交大臣。

作为社会新晋者的坎宁，在保守党大贵族中一直是个局外人。在利物浦内阁中新的内务大臣罗伯特·皮尔（Robert Peel）是其盟友，他的这位盟友立即着手对大部分仍旧停留在中世纪状态的刑法进行彻底改革。皮尔把大量不那么严重的不良行为——过去这些行为均要被判处死刑——作为轻罪相应量 463

① 即卫斯理宗。

刑。其结果是，陪审团从此不必将造假者和盗贼无罪释放，只为在刽子手那里救他们一命。

坎宁在欧洲自由主义者中间迅速获得很高威望，这主要归功于其外交政策。他拒绝“神圣同盟”（俄国、奥地利和普鲁士，有时也包括法国）大国所推行的反革命干预政策；支持拉丁美洲西班牙和葡萄牙殖民地的独立斗争，这基于对大不列颠政治和经济利益的冷静评估。从在伊顿公学当学生时起，坎宁就是古希腊的崇拜者，因此他对 1821 年开始的希腊独立战争抱有很大同情。作为均势政治家，他既不愿看到奥斯曼帝国太弱，也不愿看到希腊东正教的“天生”保护者俄罗斯帝国过强，因此他尽量寻找希腊人和土耳其人之间的平衡点。

坎宁和皮尔一样，都不是坚定不移的改革者。两人都不是选举权改革的开路先锋，在另外两个密切相关的问题上，即天主教的解放和爱尔兰在联合王国中的地位，外交和内务大臣都不属于革新力量。根据 1673 年的宗教考查法，天主教徒和不信奉英国国教者均不允许担任国家和市政部门的公职。受此影响的人在英国约有 25 万，其中包括士绅和大贵族成员，在爱尔兰则涉及约 500 万原住人口。

当 18 世纪中叶最严重的迫害结束后，爱尔兰天主教徒在 1778 年被授予购买土地的权利。从 1793 年起根据一项相对民主的选举法，他们可以在都柏林选举爱尔兰议会的议员，1782 年该议会从宗主国英国下议院获得立法自主权。即使在 1801
464 年两国合并后，爱尔兰天主教徒仍保留选举权，合并是英国对 1798 年被血腥镇压下去的爱尔兰叛乱的对策。拥有选举权现在意味着可以参加伦敦下议院的选举，因为 1801 年以后爱尔兰议会不复存在。但天主教徒在下议院没有被选举权。如此看来，爱尔兰天主教徒在选举权方面的待遇比英国天主教徒稍好一些。

爱尔兰天主教的政治领袖是都柏林律师丹尼尔·奥康奈尔（Daniel O'Connell），他是一位伟大的演说家并积极要求“撤销”英国与爱尔兰之间的合并。1823年他创办了天主教协会（Catholic Association），在神职人员的大力推动下，它迅速发展为会员众多的群众组织。1825年利物浦政府一纸禁令并未收到任何效果，只是导致它更改了名称和章程。在伦敦，奥康奈尔成功地获得了辉格党和托利党的支持，它们在政治上平等对待天主教徒方面很开放。1825年一项相应的提案得到下议院多数人的支持，坎宁投了赞成票，皮尔投了反对票；但上议院却否决了它。国王与上议院一样强烈反对解放天主教徒。

天主教徒还必须等上一段时间才能得到法律上的平等待遇，不信奉国教者也一样，奥康奈尔很富有策略性地把后者的事也当作自己的事来办。1828年，极端保守的威灵顿作为滑铁卢战役的胜利者出任首相，新教徒中的不信奉英国国教者率先在政治上取得了突破。当时下议院一项取消对不信奉英国国教者歧视的法案获得压倒多数票。英格兰和苏格兰圣公会两位总主教均宣布同意平等对待不信奉英国国教者后，上议院也同意了。

此后不久，下议院重新提出解放天主教徒提案，这次皮尔投了赞成票。在上议院做出决定前，奥康奈尔让人在爱尔兰克莱尔郡（Grafschaft Clare）把自己补选进下议院。因为他知道，在目前的法律状况下他将不可能走马上任。1828年4月13日，提案在第三次宣读征求意见时得到上议院同意，然后
一直反对该法案的国王也不情愿地签了字。奥康奈尔必须再次 465
让人把自己选入下议院，这发生在1830年。从法律上讲，天主教徒和不信奉英国国教者现在与圣公会教徒平起平坐了。但在政治和社会现实中，导致非圣公会教徒遭受歧视的偏见还将

继续存在很长时间。

1820年代取得突破的还有激进运动中的社会改革者：在一场艰苦卓绝的新闻鼓动活动以及众多请愿的影响下，1824/1825年下议院取消了1799年的皮特结社法（Combination Act），该法案禁止成立工会以及集体协商工资和工时。这为成立合法“工会”奠定了基础，如果与雇主的谈判未能达成一致意见，工会也能够使用罢工手段。在技术含量高的专业工人中，首先是首都的印刷行业里，成立工会的想法引起最强烈的反响，在英格兰中部和苏格兰受剥削最严重的贫苦矿工中起初没有什么人对工会感兴趣。要想说服工人相信一个永久组织的必要性，早期的工会领导还需要很长一段时间。[62]

与英国不同，另一个超级大国俄国几乎没受到法国革命动荡的影响。亚历山大一世在1801年3月其父——沙皇保罗一世被谋杀后，经由一群参与了谋杀的贵族拥戴登基时，他被视为具有宪政思想的君王。但他为俄罗斯核心帝国所做的宪法思考，不过是构想一种更有效的中央集权管理体制与对俄国现有法律进行修改。废除专制统治对亚历山大来说从未被纳入考虑。当其锐意改革的御前顾问米哈伊尔·斯佩兰斯基（Michail Speranskij）模仿西方模式，如《拿破仑法典》，为建设一个立宪法制国家制定计划时，富有影响力的贵族圈子和东正教会认为他走得太远，他们说服沙皇解雇了这位革新者。1812年斯佩兰斯基遭到流放，1814年他从流放地返回自己位于诺夫哥罗德的农庄。他重返圣彼得堡，在政治权力中心拥有
466 一席之地，是在他1819~1821年于西伯利亚总督任上证明了自己的能力后。

亚历山大允许帝国西部边陲地区拥有一定自主权。芬兰自1809年起成为受俄国保护的自治大公国，同年3月在波尔沃（Porvoo）召开的议会上以契约形式保障了该国历来的权力：

这是一种特权，为此芬兰各等级宣誓效忠新主人——兼任芬兰大公的沙皇。在波罗的海各省份爱沙尼亚、利沃兰（Livland）和库尔兰保留了骑士等级（德意志贵族上层的等级代表）及其特权。以 1816 年的爱沙尼亚为榜样，农奴于 1817 年在库尔兰，两年后在利沃兰得到解放。然而他们没有得到任何土地。他们只能限时租赁土地，为此他们需要贷款，这让他们重新陷入对地主的依赖，因为后者通过骑士等级控制着省里的信贷业。

亚历山大的最大让步是对波兰王国做出的。根据新的、1815 年 11 月由沙皇宣誓过的宪法，所有拥有选举权的波兰人——几乎无一例外全是贵族——可通过间接选举程序选出国家议会代表机构色姆，它拥有立法权，但不具备提案权。个人自由、财产权利和言论自由得到保障。所有公职必须由波兰人担任，因此沙皇以国王身份任命一位波兰人做其华沙总督。波兰王国甚至有自己的军队，当然其最高指挥官是个俄国人：亚历山大的弟弟康斯坦丁大公（Großfürst Konstantin）。

与其西化的同欧洲接壤的部分相比，俄国本土在 1815 年后继续生活在另一个世界和另一个时代。不像在欧洲西部，在俄国不存在面对国家拥有一定独立性的社会。地主贵族享有巨大特权，包括免税权，斯佩兰斯基只在很短时间内能够取消其免税权。但贵族并不分享国家权力。此等级的一些社团组织受 467
委托组织当地政府，以这种方式它们又受到国家行政指令的约束。大多数农民或者是农奴、或者是有人身自由的农民，他们虽然租赁领地上的土地，却不能购买。1810 年起又出现了农民士兵居住的屯垦点，为了减轻国家资金负担，到 1820 年代这些屯垦点安置了大约三分之一的戍边部队。城市居民是没有地方自治权的子民，他们不是西方意义上的“公民”。

哪怕亚历山大一世认为农奴制是可恶的，他也不能认真考虑取消它。对社会秩序进行这样的干预会让国家伤筋动骨，反过来通过国家体制的这种根本改变又会彻底质疑俄国的社会状态。无论沙皇在某些时候对宪政传统或立宪努力表现出多少同情，他仍然是其所代表的专制体制的囚徒。正是出于这个原因，1815年后他成为欧洲列强最可靠的盟友，这些列强决心血腥镇压革命运动，无论它们发生在哪里。

相比较而言，在斯佩兰斯基拥有影响力的时期，亚历山大在教育改革领域的努力卓有成效：除了三所已有的大学——莫斯科的俄语大学，维尔诺的波兰语大学和利沃兰多尔帕特（Dorpat），即如今爱沙尼亚的塔尔图（Tartu）的德语大学——又新建了六所，其中包括哈尔科夫（Charkow）、喀山（Kazan）和圣彼得堡大学。这些大学以西欧大学为榜样，享有相当程度的自主权。它们还负责监督文理中学，在亚历山大一世治下新成立了40所文理中学。大学和文理中学的费用由1803年设立的民智启蒙部承担。相反，小学、县立和教区学校应该由地方税收和教会资金来资助，其后果就是这些对广大群众来说最重要的教育分支被忽略。根据斯佩兰斯基的设想，高级中学和大学的改造会为国家培养合格的公务员，他们凭考
468 核成绩脱颖而出，而不是像以前那样凭其贵族血统。此设想遭到贵族的顽强反对，在一些地方被贵族成功取缔。

维也纳会议后亚历山大的政策日益反动与高压。1818年发布了全面禁止讨论政治和社会问题的禁令，特别是有关宪法和废除农奴制的问题。诗人亚历山大·普希金（Alexander Puschkin）就属于这类全面和严格的审查制度的受害者。1820年，他因为几首激进反对国家绝对权力和农奴制的诗被放逐到高加索地区，直到1827年他才能够重回圣彼得堡。

1825年12月1日，沙皇亚历山大一世在其48岁生日不久前暴毙。他的逝世引发了“十二月党人起义”（Dekabristenaufstand，十二月在俄语中为dekabr）。此前几

年中，那些在 1813~1815 年的战争中接触了西方思想的年轻军官组织起许多秘密社团。他们的目标是按照 1789 年的精神对俄国进行彻底革新，其中圣彼得堡的温和派首先要建立立宪君主制、各省自治、保障自由权利和废除农奴制，而激进势力则想在俄国南部建立共和国，非俄罗斯民族在此共和制中要遵从俄罗斯的意志；只有波兰应得到有条件的独立。

当十二月党人于 12 月行动时，秘密警察已经获悉他们的密谋。通过占领圣彼得堡元老院广场，他们想阻止各公共权力机构按照安排向亚历山大的继任者——其弟尼古拉一世（Nikolaus I.）宣誓，并强行召开制宪会议。参加起义的有 30 名军官和约 3000 名士兵，几小时之内起义就被镇压下去。几天后在乌克兰切尔尼戈夫（Tschernikow）起义的同谋者遭到同样命运。一共有 121 名十二月党人遭到起诉，其中五人被处以死刑，一百多人被流放到西伯利亚。

统治达三十年的新沙皇，不像亚历山大那样偶尔会有崇尚自由的冲动。审查制度在尼古拉一世治下达到荒唐的程度：不
仅活着的作者要受到审查，就连古代经典作家如柏拉图亦不能 469
幸免。在国家严密监督下的教育体制必须承诺，以“正统、专制和民族自我意识”的价值观为纲，坚决反对西方思想。

农奴的处境在尼古拉一世治下毫无改变，因为沙皇在任何情况下都想避免与地主们发生冲突。缺乏土地改革对俄国工业化产生了不利影响。早期的制造商们依靠地主租借给他们劳动力，自由的雇佣劳动只有那些当时拥有人身自由的农民才有可能做。1800 年前后，俄国在生铁产量方面曾处于世界领先地位，随后的几十年则被英国超越。技术上俄国也跟不上西方的步伐。俄罗斯帝国一味开疆拓土和穷兵黩武，看上去虽然强大，但由于其在社会、经济和政治等领域的落后，尼古拉一世治下的俄国给开明的西方留下的印象比以往任何时期都要异样与吓人。[63]

## 地中海地区的革命：西班牙、葡萄牙、意大利、希腊

1820 年代初，一波革命浪潮震颤了欧洲地中海地区。肇始者为西班牙：从法国流亡归来的波旁王朝国王斐迪南七世于 1814 年 3 月进行全面复辟，启动清洗拿破仑时期合作者的程序，驱逐了其他“afrancesados”，即“亲法派”，取消了营业自由，查禁许多报纸，关闭众多大学和剧院，重新引进宗教裁判所。1814 年 5 月，1812 年《加的斯宪法》和议会通过的所有法律就已被宣布作废，自由派宪法之友被投入监狱或遭流放。

470 国家财政的问题，没有哪个斐迪南手下的短命内阁能够解决。拉丁美洲殖民地从 1810 年开始向宗主国闹独立，1814 年独立运动仍在继续，其直接后果是国家从殖民地贸易上的收入大幅下降，间接后果则是税收下滑，原因是一些经济部门的不景气，如加泰罗尼亚的纺织业和卡斯蒂利亚的农业，产品的销售在很大程度上依赖西班牙的海外殖民地。

广大民众曾热烈欢迎斐迪南归来。但随着他采取铁腕复辟手段，军界立刻开始形成反对他的力量，特别是 1814 年从法国战俘营归来的成千上万的军官。在独立战争年代，非贵族出身者也有机会成为军官，现在军官们反对国王的意图——把军官的职业生涯与贵族血统再度联系到一起。不满意的也包括前游击队领导人，他们中的一些人在 1814 年已经当上了将军。年长的职业军官不愿接纳前游击队领导人进入常备军。因此，1814~1820 年发生的多次军官哗变（pronunciamentos）就不是什么偶然事件了，前游击队在其中发挥了重要作用。

1820 年初，在加的斯及其周边地区发生的军事哗变取得了成功：他们达到目的，让被废除的 1812 年宪法重新生效并选举了新议会。拉斐尔·德里埃哥（Rafael de Riego）上校让自己成为士兵们的代言人，他撰写了一份声明：这些士兵在

加的斯即将乘船被送往拉丁美洲，去镇压那里西班牙殖民地的独立运动，他们拒绝进行这场战斗。虽然这次也没有爆发所希冀的人民运动，但许多驻扎在西班牙北部的军队加入了发生在自由加的斯的起义，没有强大的军队准备为新专制政权战斗。因此，斐迪南七世不得不妥协，他于 1820 年 3 月 7 日许诺承认
1812 年宪法并在今后遵守它。第二天，他当着一个革命委员会 471
以及马德里临时市议会的面，宣誓效忠《加的斯宪法》。

1820 年声明之后是为期三年的立宪插曲。在新选出的议会中自由党人占绝大多数，但他们内部意见完全无法统一：依靠受过教育和富裕的资产阶级，适可而止的“温和派”想根据现状修改 1812 年宪法；他们的对立面是极端的“激进派”，其最重要的支持者是大城市中的小资产阶级，他们坚持不加改动地保留议会通过的宪法。站在“激进派”一边的有马德里许多政治俱乐部，特别是与意大利秘密组织烧炭党有密切联系的“自治公社”(Comuneros)。大多数自由党人，无论是温和派还是激进派，都是活跃的共济会成员，这一共同点却丝毫没有减弱双方的争斗。因为在共济会内部同样有温和与激进两派间的区别。

自由党人内部的分裂总是令议会的工作处于瘫痪状态，并给忠于国王的“保王党”机会，使得他们再次在西班牙建立以斐迪南七世为首的专制统治。自 1821 年起，国王与“神圣同盟”的强权国家保持着秘密联系，他呼吁这些国家干预西班牙事务。1822 年秋，在欧洲五强——所谓“五国同盟”——的维罗纳会议（最后一次这类会议）上，俄国、奥地利、普鲁士和法国不顾英国外交大臣坎宁的反对，宣布进行干预以支持合法的斐迪南七世。实施由法国负责，1823 年 4 月法国军队越过比利牛斯山脉，一路上几乎没有遇到武装抵抗；与拿破仑军队 1808 年进军西班牙时不同，这次居民们完全持消极观望态度。1823 年 10 月 1 日，斐迪南被从加的斯自由党人手中解救出来。

国王现在可以做他想做的事了：复辟专制体制。在其明确要求下，直到 1828 年法国在西班牙还留有很强的兵力。

472 1823~1833 年（从法国干预到斐迪南逝世）在西班牙被称作不祥的十年（década ominosa）。开始是 1820 年的反叛军官成群地被绞死（其中包括德里埃哥），以及对知名和不太知名的自由党人进行政治清洗。然而，与 1820 年后的自由党人一样，1823 年后的保王党人也分裂为两派：其中温和派满足于剥夺自由党人的权力，而更为激进的、被称为“纯保王派”（realistas puros）或“使徒派”（apostolicos）的这一派，却想一劳永逸地消灭自由主义。国王虽然十分迎合激进派，但顾及法国的感受，对自由派的斗争却要力争有一定节制。这包括，斐迪南拒绝再次引进宗教裁判所。

极端保王党人被国王的妥协政策激怒，以至他们于 1826 年年末要求更换统治者，让斐迪南更为保守的弟弟卡洛斯取代他。这项建议遭到了后者的拒绝。第二年，加泰罗尼亚山区虔信天主教的穷苦农民开始起义，他们虽然得到“使徒派”和神职人员的支持，却被军方血腥镇压下去。这些“心怀不满”的农民的目标是开倒车：全面恢复王权和政教合一。1827 年这些目标未能实现，1833 年 9 月斐迪南去世后，在三次“卡洛斯”战争中的第一次战争中它们被再次提出，教会和专制的西班牙企图在这些战争中制服世俗和自由的西班牙。

1820~1823 年，葡萄牙的发展显示了它与西班牙的发展有一定相似之处。受到加的斯声明的鼓励，1820 年 8 月一些具有自由主义思想的军官在波尔图采取革命行动，在大城市政治俱乐部、共济会分会和富有的资产阶级支持下，他们要求军队的最高指挥官和事实上的独裁者——英国将军贝雷斯福德辞职。次年，当议会正在制定一部西班牙式的宪法时，国王若奥六世从其流亡地巴西返回。1807 年底当他的国家被西班牙和

法国占领后，他在英国人帮助下前往巴西。1821 年 10 月，他 473
宣誓效忠新宪法。

宪法通过数日前，1822 年 9 月 7 日，巴西宣布脱离葡萄牙独立。10 月，由国王任命的摄政王（若奥的长子）佩德罗一世（Pedro I.）被宣告为巴西皇帝。次年，西班牙再次成为葡萄牙的榜样，这次是在与 1820 年相反的方向上：伊比利亚两国中较大的那个恢复了君主专制，这是一个信号，即让自由党人的对手在里斯本采取同样步骤。领导反叛的是国王的小儿子米格尔（Miguel）。若奥六世逃上一艘英国军舰，后来又恢复了统治，但一场专制与宪政力量间较量的内战已无法避免。

1826 年若奥六世去世后，巴西皇帝佩德罗放弃葡萄牙王位，以便其刚刚 7 岁的女儿玛丽亚·达格洛丽亚（Maria II. da Gloria）[①] 能够继承王位。他任命其弟米格尔为摄政王，这很快就被证明是个致命错误。米格尔将巴西独立宣布为犯了叛逆罪，并以此否认其兄的继承权。

接着佩德罗于 1826 年 4 月从巴西颁布了一部新宪法，它比 1822 年的宪法少了些宽容，比前一部基本法赋予国王更多权力。专制势力根本不买这部宪法的账，1828 年 7 月他们通过自己控制的议会宣布米格尔为国王。这位国王建立的政权进行了一系列残酷镇压，包括处决自由派革命者。1831 年 4 月佩德罗一世为了自己的儿子佩德罗二世，放弃了巴西皇位，他决定亲自为自己的女儿摄政。返回欧洲后，他领导制宪力量在英国军队支持下于 1834 年打败了米格尔。后者不得不离开这个国家；此时 15 岁的玛丽亚二世·达格洛丽亚被宣布为葡萄牙的新女王。

盟军战胜拿破仑后，不仅是西班牙，而且意大利的波旁王

---

① 即后来的玛丽亚二世。

474 朝也得以复辟：两西西里王国——它由那不勒斯和西西里王国组成——以前由西班牙波旁王朝统治，自 1734 年起两国结成共主邦联。1814 年 4 月路易十八世第一次返回巴黎后，缪拉通过谨慎疏远他的内兄拿破仑得以继续坐在 1806 年建立的那不勒斯王国的宝座上（西西里仍然受波旁王朝统治）。西西里和奥地利于 1815 年后联手推翻缪拉，原因是他在“百日政变”期间又站到拿破仑一边，并将统一意大利纳入自己的计划。新国王（也曾是老国王）斐迪南一世（Ferdinand I.）出自波旁王室，自 1805 年起只作为西西里的统治者，他让人按紧急状态法枪决了缪拉，此后一直与奥地利的梅特涅保持密切关系。

斐迪南一世的复辟政策不像其侄子——西班牙国王斐迪南七世那么严谨。缪拉任命的许多官员得以留任，拿破仑时期的许多法律仍旧有效。做过一段时间警务大臣的卡诺萨亲王（Fürst Canosa）却是反对革命的新专制派的典型代表，在短暂的任期内他对反对派的镇压空前绝后，以至于引起了他不愿看到的后果：波旁王朝统治的反对者，包括有财产和受过教育的人、贵族和军官，纷纷加入上文多次提到的秘密组织烧炭党，他们致力于建立一个自由与统一的意大利。

所有以自由事业为己任者，都对西班牙 1820 年 1 月大变动的消息欢欣鼓舞。同年 7 月烧炭党人在高级军官支持下开始反对波旁政权。那不勒斯的革命进程与其西班牙榜样相似：国王斐迪南屈服于革命压力，许诺制定西班牙 1812 年类型的宪法，并任命一个由缪拉追随者组成的新政府部门。

“神圣同盟”对此迅速做出反应。1820 年 11 月，保守的东部列强俄国、奥地利和普鲁士在一次欧洲五强摩拉维亚特罗保（Troppau）[①] 会议（所谓权威评议会）上，达成以下基本共识：

① 位于捷克摩拉维亚 - 西里西亚州奥帕瓦河畔的一座城市，历史上是捷克西里西亚的首都。捷克语称奥帕瓦（Opava）。

1815 年加入“神圣同盟”的国家，一旦其合法秩序被颠覆，必 475
要时要进行武力干预。在接下来的莱巴赫（Laibach）——如今斯洛文尼亚首都卢布尔雅那（Ljubljana）——会议上，奥地利不顾英国和法国的反对，让俄国和普鲁士在 1821 年 2 月委托自己去镇压那不勒斯革命。1821 年 3 月的干预很快取得成功，因为那不勒斯的自由党人不仅没有在西西里得到什么支持，而且在巴勒莫（Palermo）甚至要对付一场由某行会领导的带有分裂主义和一些无政府主义色彩的人民革命。

同月，当两西西里王国的秩序恢复到革命前时，意大利的另一部分皮埃蒙特爆发了革命。皮埃蒙特—撒丁王国在国王维托里奥·埃马努埃莱一世（Viktor Emanuel I.）治下经历了特别粗暴的复辟过程。属于都灵政府成员的有欧洲反革命思想家的领军人物之一约瑟夫·德·迈斯特，从 1818 年到其去世的 1821 年他一直主管司法部门。知识分子批评家们纷纷首选米兰作为逃亡地，那里的书报审查不是太严格；其他人则加入了烧炭党，这些年该秘密组织蔓延到整个意大利。

以那不勒斯为榜样的皮埃蒙特革命，起初在 1821 年 3 月取得了成功：国王维托里奥·埃马努埃莱一世逊位给其弟卡洛·腓力切（Karl Felix），后者当时正在国外旅行。替他摄政的是萨伏依－卡里尼亚诺的爱国王子卡洛·阿尔贝托（Karl Albert），他是王位第一继承人，并立即同意制定一部加的斯式宪法。新国王回到都灵后向奥地利求援，都灵革命政府在完全错误估计自己实际力量的情况下已经对奥地利宣战。在莱巴赫会议仍在进行时，哈布斯堡帝国就接受委托于 1821 年 4 月在皮埃蒙特也恢复了革命前的秩序。与那不勒斯情况相仿，在皮埃蒙特也仅有少数革命者被审讯、判处和执行死刑。大多数人能够逃往国外，在那里他们遇到许多同胞，这些人此前就出于政治原因从意大利移居国外。

476 那不勒斯和皮埃蒙特革命遭到镇压后，1821~1824 年在奥地利的伦巴第—威尼托（Lombardo-Venetien）王国进行了政治审判。这些审判针对真实或想象出来的革命推动者，如“Italici puri”（纯意大利）运动创始人弗雷德里科·康法罗里瑞（Frederico Confalonieri）伯爵、乔治·帕拉维奇诺（Giorgio Pallavicino）侯爵与诗人西尔维奥·佩利科（Silvio Pellico）。40 名反对派成员被判刑，他们大多数来自米兰；其中被判死刑的 19 人后被改判监禁。想得到奥地利皇帝的赦免，这些主要被指控者还得等待多年，直到 1832/1833 年。

即使在教宗国——1815 年后除了原本的彼得遗产外还包括中部意大利的大部分北部地区，含翁布里亚（Umbrien）、马尔凯（Marken）和罗马涅（Romagna）——倒行逆施也在加剧。在利奥十二世（Leo XII.）治下——他在 1823 年接替去世的庇护七世任教宗——教宗国展开了与自由主义思潮的殊死斗争，甚至连梅特涅都被迫出面建议网开一面。1824 年后，在意大利能与追求国家统一的“复兴运动”挂上钩的已经所剩无几。但是，意大利统一和自由的思想不可能永远被压制。爱国后备军会担当起让它们继续存在的重任：他们是众多生活在西欧各国的意大利移民。

1820 年代地中海区域发生的革命解放战争，除了事实上受英国保护的葡萄牙外，只有一场取得了长期成功，并且也是在外界大力帮助下：希腊解放战争。希腊人并非巴尔干国家中率先在 19 世纪反抗奥斯曼帝国统治的。1804~1817 年塞尔维亚人为自己的国家争取自治，最终高门（Hohe Pforte）——伊斯坦布尔苏丹政府承认了王公米洛什·奥布雷诺维奇（Miloš Obrenovic）的统治。对希腊人来说更重要的事实是，大约在同一时间出生在阿尔巴尼亚的苏丹总督——约阿尼纳的阿里帕夏（Ali Pascha von Janina），在很大程度上脱离了奥斯曼帝国的宗主保护，事实上赢得了对阿尔巴尼亚大部分地区、伊庇鲁斯（Epirus）和色萨利（Thessalien）的统治权。

希腊人的民族意识在1820年之前首先存在于生活在国外的希腊人中，如爱琴海和大陆沿海城市那些富裕和远游过的商 477
人。希腊社会中这相对较小的部分非常熟悉西方的政治思想财富、启蒙运动理念和法国大革命思想。革命计划主要由秘密组织——1814年成立于俄国的“互助会”（Philikí hetaireía）策划。相反，大部分农村和小城镇的人即使在奥斯曼帝国统治末期，在精神方面所能接触到的也仅仅是东正教和大多由教会所管理的学校；因此当地教士的影响力很大。伯罗奔尼撒半岛的日常生活中除了教士、农民、小商贩和牧羊人外，还有山贼——靠抢劫和谋杀为生的武装土匪。最有名的土匪头子是塞奥多罗斯·科洛科特罗尼斯（Theodor Kolokotrones），他在独立战争时期不仅反抗土耳其人，而且作为好战对手与任何不顺从他的政府抗争。

独立战争爆发前，1821年春先是发生了对生活在希腊的土耳其人的大屠杀，在奥斯曼帝国要塞外生活的土耳其人只有少数得以幸免。东正教的神职人员不仅没有试图阻止这种与穆斯林邻居的野蛮斗争，反而经常刺激信徒去厮杀。土耳其人则以牙还牙，对居住在奥斯曼帝国中心地带的希腊人展开了大屠杀。君士坦丁堡牧首、东正教徒的精神领袖格列高利（Gregorios）因涉嫌参与起义被绞死，许多希腊血统的大主教、主教和高级官员遭遇同样命运。离土耳其大陆不远的希俄斯岛（Chios）1822年被彻底摧毁：数千名居民被杀害，无数人被贩卖为奴。

希腊大陆的大屠杀发生后不久，亚历山大·伊普西兰蒂（Alexander Ypsilanti）侯爵，一位希腊裔的俄国将军于1821年春尝试在摩尔达维亚和瓦拉几亚公国发动反对奥斯曼帝国的起

义。由于准备不足，发生在普鲁特（Pruth）河畔雅西（Jassy）的
478 起义很快被镇压下去。伊普西兰蒂本人逃往哈布斯堡帝国，他在那里被关押了六年。他发动的起义却成为希腊人进行全面独立战争的信号。“互助会”推举亚历山大的弟弟德米特里·伊普西兰蒂（Demetrius Ypsilanti）为他们的政治领袖，他也曾在沙皇军队担任军官。1821 年 6 月从意大利抵达希腊后，他组建了临时政府，依靠生活在国外的希腊人的捐款，他还准备创建希腊军队。当然他从当地居民那里起初得到的积极帮助很少。因此与科洛科特罗尼斯的合作就变得更为重要——人们向后者透露了海外希腊人的密谋。

1821 年夏秋两季，一些土耳其在希腊的重要要塞被攻陷：纳瓦里诺（Navarino）、莫奈姆瓦夏（Monemvasia）和特里波利（Tripolitsa）。1822 年 1 月 1 日在伯罗奔尼撒半岛东部埃皮达鲁斯（Epidauros）召开的国民大会宣布希腊独立，并通过了临时宪法。独立创建了一个共和国，虽然没有使用这一概念。这个共和国是建立在立法、行政和司法三权分立基础上的。占主导地位的宗教是“东方正教会”，但容忍其他宗教信仰及其仪式和习俗。凡信仰基督的该国居民，包括来自外国的移民，均被视为希腊人。宪法保障法律面前人人平等并为所有希腊人的财产、名誉和安全提供保护。1822 年 3 月 29 日修订通过的《埃皮达鲁斯法》（Gesetz von Epidaurus）中才包括了言论和新闻自由权利，但此自由是有一定前提条件的：不允许攻击基督教、触犯公共羞耻感和侮辱他人。这些限制也被短命的 1827 年 5 月 1 日宪法保留，这部宪法比 1822 年宪法为希腊人提供了更多的政治权利。

希腊人解放斗争的消息令欧洲欢欣鼓舞，这种反应一时间几乎打破了民族、宗教和政治信仰之间的界限。希腊人是基督
479 徒，所以信仰基督教的欧洲应该支持他们反对信仰伊斯兰教的土耳其人；他们是古希腊遗产的继承人，所以所有古希腊的崇

拜者都应该站在他们一边；他们反对的是倒退和专制的奥斯曼帝国，所以一切热爱自由的朋友必须与希腊人并肩作战。这就是公共舆论从希腊奋争中得出的结论。还不止于此：这场战争第一次催生了一种类似欧洲公共舆论的东西，统治者在做政治决断时不得不考虑这种权力因素。

“亲希腊者”（philhellenes）——希腊人的朋友在整个欧洲甚至直到北美洲以各种委员会的形式支持希腊人的斗争，支持的领域涉及思想、新闻、财政，个别情况下也包括直接的军事援助。这种运动在德意志特别强烈：为希腊要求自由和统一的人大多都知道，如果公开为自己的国家提出这种愿望，那所冒的风险会大得多。亲希腊协会密度最高的地方在德意志西南地区：巴登、符腾堡、黑森－达姆施塔特和莱茵河左岸的普法尔茨。这些地区后来成为德意志早期自由主义的大本营完全不是巧合：西南德意志的亲希腊协会是自由党的雏形，在一定程度上它们弥补了有效的议会反对派的缺失。但是，并非所有德意志亲希腊者都是自由党人：在巴登、符腾堡、黑森和巴伐利亚王国普法尔茨地区以外，这类协会的绝大多数可能具有人道主义或基督教色彩，但不是狭义上的政治组织。

大不列颠的亲希腊运动亦是波澜壮阔，大部分资金是从那里捐赠给希腊爱国者的，伸出援手的还有法国、意大利、瑞士、波兰、荷兰联合王国和美利坚合众国。第一批志愿者已于1821年从这些国家抵达希腊，其中德意志士兵占大多数。根据一项新近估算，亲希腊者或希腊侨民共招募了1100~1200名志愿者，其中也不乏自愿前往的。在有名有姓的940名志 480
愿者中342名来自德意志，超过三分之一。此外有来自法国的196人，意大利137人，英国99人，瑞士35人，波兰30人，荷兰和比利时各17人，美国16人。外国志愿者中共有313人——正好是三分之一——死在希腊，他们不光死于战场，也有不少死于疾病。其中一位死者是拜伦勋爵，伟大的苏格兰浪漫主义诗人。1823 年夏天正当希腊国内党争激烈的时刻他来到希腊，目的是帮助爱国者获胜。1824 年 4 月 29 日他在迈索隆吉翁（Missolunghi）死于疟疾。

在战争开始的第一年欧洲志愿者就参加了攻打土耳其要塞纳瓦里诺、莫奈姆瓦夏和特里波利的战斗。但绝大多数战士来自山贼行列，其中有 3000 人由科洛科特罗尼斯率领。土耳其人无论男女老少，只要落到他们手中，一律被毫不留情地斩尽杀绝。土耳其人的财产转眼就变成了土匪及其头领的战利品。许多欧洲志愿者被这种战争吓坏了，他们尝试尽快返回自己的家园。一些如愿以偿者发表了他们的战争经历，但没有什么效果：亲希腊者宁愿将现代希腊人视为荷马、索福克勒斯和柏拉图的后代，而不愿把他们看成贫穷、落后、被土匪蹂躏，并且因东正教和异族统治已与西方影响渐行渐远了的山民。

强权国家中，俄国旗帜鲜明地站在希腊人一方。奥斯曼帝国与沙皇帝国间历来的战略对立以及俄国人与希腊人的共同东正教信仰几乎让俄国没有第二种选择。在亚历山大一世治下，俄国并未进行有利于希腊人的积极干预。奥地利害怕俄国在巴尔干地区的扩张甚于土耳其人战胜希腊人，因此它不介入这一冲突。英国保持中立，以促成“均势”。法国虽然与高门历来
481 有着良好关系，但碍于舆论一致支持希腊，也不想公开表态支持奥斯曼帝国。普鲁士官方则不感兴趣。因此希腊起义者任何时候都不用害怕神圣同盟会出兵干预，就像它对付西班牙、那不勒斯和皮埃蒙特革命那样。

在这种情况下对土耳其人极为重要的是，穆罕默德·阿里帕夏（Mehmet Ali Pascha），出身阿尔巴尼亚的奥斯曼驻埃及总督，像他的同胞约阿尼纳的阿里帕夏一样已经基本脱离土耳其的宗主保护了，能对伊斯坦布尔提供军事救援。[苏丹马

哈茂德二世（Mahmud II.）为此付出的代价是，承认穆罕默德·阿里对埃及的政治和领土主权。］此前土耳其人仅仅在希腊北部获得过成功，由于穆罕默德·阿里的继子易卜拉欣帕夏（Ibrahim Pascha）率领的埃及远征军的支持，他们在伯罗奔尼撒半岛也击退了起义的希腊人。希腊人的内讧也帮了他们的忙，有时，尤其是1823年和1824年，希腊处于无政府甚至是内战状态。1826年4月，科林斯湾北侧长期遭围困的迈索隆吉翁被攻陷，8月雅典失守。只有雅典卫城直到1827年6月仍在希腊人和亲希腊志愿者手中。

此时欧洲强权国家的高层政治发生了显著变化。1825年12月登基的沙皇尼古拉一世明确表示，他不会接受起义的希腊人失败的结局（他暗地里是鄙视他们的）。1826年4月，俄国和英国在圣彼得堡签署议定书，准备共同致力于调解希腊和土耳其的工作。这不外乎让希腊自治，但保持奥斯曼帝国的宗主权。这么一来神圣同盟就名存实亡了。没有征询奥地利和普鲁士的意见，俄国就与英国达成了协议。此后回归到非正式的、保守的东部三强国同盟就几乎难以想象了。

雅典卫城陷落几周后，英国外交大臣乔治·坎宁去世前，继《圣彼得堡议定书》（Petersburger Protokoll）之后1827
年又签订了《伦敦条约》（Vertrag von London）：俄国、英 482
国和法国达成协议，必要时用它们的舰队隔开在希腊交战的双方，不接受土耳其和埃及军队进一步增兵，如果奥斯曼帝国继续拒绝调停，将在必要时对其采用武力。这样三个条约签署国就相互防止了任何一方采取单方面行动。英国主要是为了防范一个过强的沙皇帝国会损害其在地中海东部的利益，而俄国则想不受其他欧洲强权国家干扰，通过扩大其在摩尔达维亚和瓦拉几亚公国的影响来保障其在黑海的地位。

使希腊独立战争发生转折的是1827年10月20日的纳瓦

里诺（Navarino）海战，英、法、俄三国的联合舰队在伯罗奔尼撒半岛的西海岸于几小时之内就歼灭了土耳其和埃及舰队。三国到这时一直没有对奥斯曼帝国宣战，指挥官们接到的指示都是笼统和矛盾的。盟军最高统帅——英国海军上将科德林顿（Codrington）支持希腊，土耳其舰队开一炮，足以让联合舰队万炮齐发。全欧洲的亲希腊者都为这场胜仗欢呼，它为希腊的独立铺平了道路。

陆地上的战斗又持续了两年。法国投身于伯罗奔尼撒半岛的解放；俄国军队向安纳托利亚（Anatolien）东部和巴尔干地区挺进，直至亚得里亚堡（Adrianopel），即土耳其埃迪尔内（Edirne）。奥斯曼帝国已无力进攻。在 1829 年 9 月的《亚得里亚堡和约》（Vertrag von Adrianopel）中，土耳其承认了塞尔维亚、摩尔达维亚和瓦拉几亚公国的自主权。后两个公国在法律上是受土耳其保护的半主权国家，但实际上已经变成了俄国的受保护国。沙皇帝国稳固了其在高加索地区和黑海东海岸的基地以及对多瑙河航船的控制，此外它还获得了免费通行达达尼尔海峡的权利。

483 1830 年 2 月的《伦敦议定书》（Londoner Protokoll）才让希腊独立获得国际法意义上的承认。俄国、英国和法国在土耳其认可的这份议定书中敲定希腊为独立的世袭君主制国家。边界的划定不能令希腊人满意：色萨利（直到 1881 年）属于奥斯曼帝国，爱奥尼亚群岛（直到 1863 年）为英国的受保护国。引进世袭君主制意味着准共和国希腊的日子屈指可数了。1827 年（第四届）希腊国民大会选举爱奥尼斯·卡波季斯第亚斯伯爵（Johannes Graf Kapodistrias）担任为期 7 年的希腊摄政王。他出生在科孚岛（Korfu），1809~1827 年曾担任俄国外交大臣，为沙皇处理外交事务。四年后其专制的、但在任何时候都颇有争议的统治突然结束：1831 年 10 月 9 日，卡波季斯第亚斯被一位遭逮捕的叛军领袖的下属刺杀。

次年，国民大会在经过希腊内战后选举维特尔斯巴赫家族未成年的王子奥托（Otto）为希腊国王，他是巴伐利亚国王路德维希一世（Ludwigs I.）的儿子。直到1863年1月在军事政变中遭废黜之前，他一直是这个新国家的元首。在他治下的三十年中，该国逐渐从历时九年的独立战争的蹂躏中恢复过来，完全被摧毁的首都雅典得到了重建。1843年，希腊人在公投基础上得到一部新宪法，引进了责任内阁制。借此希腊成为第一个拥有“西方”政府形式的东正教国家，采纳了君主立宪制。现在其宪法甚至比地中海西部国家的宪法还要西化。当然，社会不可能像一国的基本法那样说变就变。它将如何吸收西方的政治理念，这在19世纪中期仍然是一个没有答案的问题。[64]

1820年代初欧洲的两场革命——西班牙和葡萄牙的革命与大西洋彼岸的革命运动紧密相连：与居民主要来自英国的北美不同，伊比利亚半岛这两个国家在拉丁美洲的殖民地没有来自母国的自由传统，即必要时也会反对殖民列强而捍卫自己的权利。对宗主国的普遍不满有两个主要原因：殖民地官员的腐败，以及相较于（纯）西班牙或葡萄牙殖民精英，对克里奥尔人（Kreolen）存在的歧视——这些人自从征服者时代起主要是白人精英、很少一部分是印第安或（巴西）黑人的后代。19世纪初，在拉丁美洲并没有波澜壮阔的独立运动。是拿破仑时代以来西班牙和葡萄牙发生的剧变推动了这一运动。

1808年法国大面积占领西班牙后，后者在拉丁美洲的统治就开始动摇，1810年初塞维利亚保王党军政府解体后则进一步瓦解。后来加的斯的反拿破仑势力对英国的支持如此依赖，以至于根本无法长期捍卫西班牙在与自己的殖民地进行贸易时的垄断权。向自由贸易的转型奠定了拉丁美洲新依赖的基础：经济上依赖英国，很快也依赖美利坚合众国。

英国对巴西与宗主国的分手也发挥了重要作用：拿破仑战争结束后葡萄牙比以往任何时候都更像是英国的半殖民地。违背伦敦的意愿对巴西的独立运动进行暴力镇压根本是不可想象的。反过来拉丁美洲的事件对西班牙和葡萄牙的内部发展则产生很大影响，在前面论述伊比利亚两国革命时已经提到这一点。

485 在西班牙殖民地独立斗争的第一阶段，反对西班牙官吏和军官以及保王的克里奥尔人的最初只有部分上层克里奥尔精英。为了获胜，双方都必须寻求盟友。在下层白人和混血儿中，双方均获得了一些成功。当地土著则都是谋求独立的先驱，黑人奴隶和黑白混血儿亦不例外。来自非洲的奴隶在西属美洲只占少数，除了古巴种植甘蔗的岛屿外——这里直到1898年仍是西班牙的殖民地。根据亚历山大·冯·洪堡的可靠估计，说西班牙语的美洲人口在1800年前后达到1690万。其中750万（45%）印第安人，530万（32%）梅斯提佐人（Mestizen）①，330万（19%）欧洲和美洲血统的“西班牙人”和77.6万（4%）黑人。拉丁美洲的土著有固定住所并且必须进贡；游牧的原住民在西班牙和葡萄牙人征服这里后就被消灭了，就像北美大草原的印第安人被那里的白人剿灭一样。

西属美洲在拉丁美洲争取独立前夜由四个总督区构成，即新西班牙（Neu-Spanien，墨西哥和其余中美洲地区），新格拉纳达（Neu-Granada，今天的哥伦比亚和厄瓜多尔），秘鲁和拉普拉塔（Río de la Plata）。广泛享受行政自治的有四个都督区：古巴、危地马拉、委内瑞拉和智利。各地独立斗争的初始条件完全不同，这主要是由不同的地理位置、居民构成、经济和社会结构以及当地殖民统治的特点造成的。在新格拉纳达和智利，新的革命官员遇到的反抗相对较弱，在委内瑞拉、秘鲁和拉普拉塔地区旧势力的抵抗则很强。

在委内瑞拉，革命是从种植园主的起义开始的，1811年一个由他们组成的政务委员会在加拉加斯（Caracas）宣布成立共和国并脱离西班牙独立。首都加拉加斯1812年落入保王党手中，次年又被西蒙·玻利瓦尔（Simón Bolívar）率领的共和党军队夺回，尽管他占领的时间也不长。玻利瓦尔是一位富有的克里奥尔贵族的儿子。上层克里奥尔白人最危险的敌人 486
被证明是保王派的“大草原居民”，他们是生活在低地的牧民，在托马斯·博沃（Tomas Boves）领导下他们用游击战争反抗种植园主的统治。在他们1814年占领加拉加斯前，玻利瓦尔

① 主要指欧洲人与美洲印第安人的混血后裔。

和他的士兵带着大部分平民得以从那里逃离。次年，在马德里复辟的波旁王朝派兵前往南美，主要在委内瑞拉和新格拉纳达开始围剿已经起了内讧的共和党人。1815 年结束时，革命者只有在革命最早爆发的地方，即 1810 年 5 月克里奥尔军官通过军事政变上台，且英国经济和政治影响力最强的地方还大权在握：拉普拉塔总督区首府布宜诺斯艾利斯周边地区。

旧秩序的复辟没有成功。如果说在拉丁美洲独立斗争的第一阶段革命党人一直在内讧，那么在第二阶段开始后保王党力量也起了内耗。其中一个分裂来自克里奥尔和西班牙军官。后者中许多人开始把来自遥远宗主国的军队看作外国统治的代表，而共和党人则是自己的同胞。因此革命事业还没有满盘皆输。此外其支持者也得到了来自大不列颠和美利坚合众国的财政援助。相反，西班牙的军事介入范围狭窄，一方面是由于本国的经济和金融危机，另一方面是因为崇尚自由的军官们消极抵抗殖民战争。

在争取独立斗争的第二阶段开始时，1816 年一个各省代表大会宣布成立拉普拉塔联合省（die Vereinigten Provinzen des Río de la Plata），拥有话语权的是布宜诺斯艾利斯的克里奥尔精英。在他们的支持下，1817 年何塞·德·圣马丁（José de San Martín）将军（一个西班牙殖民官员和一个布宜诺斯艾利斯克里奥尔女子的儿子，在西班牙受训成为军官）率领一支革命队伍进军智利，并于 1818 年 1 月 1 日宣布智利独立。

487 在南美洲北部，独立斗争的第二阶段开始于 1816 年底，志愿者军团在西蒙·玻利瓦尔率领下进入委内瑞拉沿海地区。1814 年加拉加斯陷落后，玻利瓦尔经新格拉纳达和牙买加前往海地，1791 年那里曾发生大规模奴隶起义。在那里总统亚历山大·佩蒂翁（Alexandre Pétion）承诺给予玻利瓦尔军事援助，条件是他在所有被征服的地区废除奴隶制。到达委内瑞拉后，被人称作“解放者”的玻利瓦尔安排解放了那些在他的军队中当兵的黑人的家庭。共和派势力一再遭受沉重反击，玻利瓦尔不得不暂时退避到圭亚那。为了组织能有力打击西班牙部队的强大军队，这位解放者在世纪交替时再次前往欧洲，于1804~1807年通过中介在旧大陆招募志愿者。这些志愿者多是英国人、爱尔兰人和德意志人。

1819年2月，玻利瓦尔让人在安哥斯度拉（Angostura）——后来的玻利瓦尔城（Ciudad Bolívar）——选举自己为具有独裁权力的总统。半年后，他在博亚卡（Boyacá）击败了西班牙人，并于此后不久合并新格拉纳达与委内瑞拉，主持建立了大哥伦比亚共和国（Zentralrepublik Groß-Kolumbien）。随后他进军秘鲁，其首都利马已被拉美独立的另一位大英雄何塞·德·圣马丁解放。1821年秘鲁宣布独立，1825年上秘鲁亦宣告独立，它原属拉普拉塔总督区，现在为纪念解放者改称玻利维亚（Bolivien）。当时太平洋还是玻利维亚的西部疆界，在1879~1884年智利与玻利维亚和秘鲁进行的“硝石战争”（Salpeter Krieg）中，玻利维亚把沿海省份阿塔卡马（Atacama）输给了智利。

邻国巴拉圭（Paraguay）也曾是拉普拉塔总督区的组成部分，不过它早在1811年就已宣布独立。在独裁者总统何塞·德·弗朗西亚（José de Francia）治下，它从1814年到1840年几乎是个与世隔绝的国家：这在拉美国家中是个特例。历史上该国就曾拥有特殊地位，从17世纪初至1767/1768年巴拉圭曾建有“耶稣会集合化传教村”（Jesuitenstaat）①，这可以算是遥远历史上的一种可比性。由于一场历时五年

① 17和18世纪耶稣会在南美洲为当地的土著人创建的一种居民村落，目的是传教、征税和更有效地管理他们，隔绝于西班牙统治之外，犹如“国中之国”。

（1865~1870 年）与巴西、阿根廷和乌拉圭所进行的血腥战争，
488 巴拉圭丧失了大部分领土和六分之五的人口。

在中美洲，1810 年神父米格尔·伊达尔戈－科斯蒂利亚（Miguel Hidalgo y Costilla）就在这里的土著和梅斯提佐人支持下领导过一场很快被镇压下去的起义。共和派势力利用西班牙 1820 年 1 月加的斯的成功军事哗变，于同年宣告墨西哥独立。起义领袖阿古斯汀·伊图尔维德（Agustín Itúrbide）将军 1822 年以“皇帝阿古斯汀一世”（Kaiser Agustín I.）身份接掌了国家权力，但第二年即被军队中的共和势力推翻。墨西哥共和国在反对西班牙军队的斗争中证明了自己，打退了斐迪南七世 1823 年复辟专制统治后派往中美洲的部队。从前属于危地马拉总督区的地区在推翻伊图尔维德后宣布独立，并成立了中美洲联邦共和国（Zentralamerikanischen Konföderation）[①]，1838 年重新解体，变为五个独立的国家：危地马拉、萨尔瓦多、洪都拉斯、尼加拉瓜和哥斯达黎加。

在本来的墨西哥内部，党争在新的共和国体制下继续进行。保守制宪会议的固定核心力量是源自苏格兰的共济会分会（受英国特使的庇护），以及一个纽约分会的分支（受美国领事的保护）。一定程度的稳定直到 1833 年后，在总统安东尼奥·洛佩斯·德·桑塔·安纳（Antonio Lopez de Santa Anna）治下才出现，他就是那位十年前呼吁推翻了短命帝国的将军。

相比之下，巴西的独立过程可谓和谐。在拉丁美洲，除了加勒比地区，没有哪个地方黑人人口的比例如此之高：1817 年，自由民和奴隶加在一起，该比例几乎达到三分之二；仅奴隶就占了大约人口的一半。在独立前的最后岁月，宗主国葡萄牙在南美殖民地的代表人物是国王：在英国积极参与下，若

---

① 又译中美联合省、中美洲联合省、中美洲联邦。

奥六世在 1807 年底法国和西班牙军队入侵后带领廷臣前往巴 489
西，直到 1821 年接受自由派军官邀请才返回家乡。此前他把巴西的摄政权传给了其子佩德罗一世。后者在日益增强的独立运动压力下召开国民议会，并于 1822 年 9 月 7 日在伊比兰加（Ypiranga）宣布巴西独立。1825 年葡萄牙在英国压力下承认了巴西独立。

作为君主立宪制国家（直到 1889 年革命），巴西与前西班牙殖民地相比在更大程度上保持了跟欧洲的友好关系，前西班牙殖民地则毫无例外地成立了独立的共和国。当拉普拉塔河东岸的西班牙移民区［1817 年被葡萄牙人征服的西斯普拉提纳省（Cisplatinische Provinz）］起来反抗巴西统治时，巴西于 1825 年陷入与其最大的讲西班牙语的邻国阿根廷（“阿根廷共和国”或“阿根廷联邦”1832 年之后才得到使用）的战争，战争持续了三年。通过英国居中调停，1828 年的《蒙得维的亚和约》(Friede von Montevideo）在巴西和阿根廷之间设立了一个自主的缓冲国：独立的乌拉圭共和国。

对拉丁美洲的前西班牙殖民地而言，独立宣言并不意味着任何一个国家的内部稳定。西蒙·玻利瓦尔，大哥伦比亚总统，1825/1826 年上秘鲁的独裁者和 1824~1827 年的秘鲁总统，试图让整个讲西班牙语的拉丁美洲结成联盟，但 1826 年为此目的在巴拿马召开的泛美大会以失败告终。玻利瓦尔败给了部分地区的民族主义和军事领袖们的个人野心，当然也包括他自己的局限性。他不是一个“自由派”领袖，而是崇尚专制和中央集权体制。这大概是受他的老师西蒙·罗德里格斯（Simón Rodriguez）的影响，这位老师是让 - 雅克·卢梭的入室弟子和崇拜者。“解放者”视自己为公共意志的体现者和最高立法者，所以他对代议制理念没有太大兴趣。

在秘鲁和大哥伦比亚，1826 年起玻利瓦尔的独裁权力

490 扩张受到越来越大的阻力。在加拉加斯，一位黑白混血的将军何塞·安东尼奥·派斯（José Antonio Páez）起义反对位于波哥大（Bogotá）的所谓大哥伦比亚独裁政府；那里的副总统弗朗西斯科·德保拉·桑坦德尔（Francisco de Paula Santander），一个赞同强大立法机构的“自由派”，挺身反对“解放者”，随即被后者解除了职务。当在奥卡尼亚（Ocaña）召开的国民议会通过了一份桑坦德尔意义上的宪法草案后，玻利瓦尔在 1828 年 8 月建立了独裁政权。一个月后，他惊险地逃脱了一次政敌对他的暗杀；但主张委内瑞拉脱离大哥伦比亚的运动和军方的哗变企图仍是有增无减。“解放者”因此越来越坚信，解放了的拉丁美洲的无政府主义力量无法遏制，他于 1830 年 4 月辞去了所有职务。5 月委内瑞拉宣布独立，厄瓜多尔接着在 1830 年底也宣布独立。剩下的地区再次称自己为新格拉纳达；经由 1863 年宪法这些地区组建了哥伦比亚合众国（die Vereinigten Staaten von Kolumbien）。退出政坛的玻利瓦尔回到哥伦比亚省，1830 年 12 月 17 日 47 岁的他在圣玛尔塔（Santa Marta）死于结核病。

摆脱殖民统治的其他南美国家的政治发展也充满了冲突。新成立的国家间的边界纠纷一再导致战争。1823 年后，智利的保守派和自由派之间的党争异常激烈，1829 年爆发了公开的内战，1830 年保守党上台。此后出现了较长时间的专制性稳定，仅在 1851 年和 1859 年因短期内战有过中断。在阿根廷，无政府状态导致 1828 年布宜诺斯艾利斯省武装部队总司令胡安·曼努埃尔·德·罗萨斯（Juan Manuel de Rosas）实施独裁统治，这位保守的联邦主义者一直统治到 1852 年。乌拉圭 1838 年爆发了长期内战，一方是代表骑马牧民和大地主利益的“白党”（Blancos），另一方是代表高乔人（Gauchos）利益的“红党”（Colorados）。1842 年起秘鲁陷入一场内战，1845

年建立独裁统治。厄瓜多尔自1830年起经历了近二十年的军事独裁统治。“考迪罗主义”（caudillismo），即军事独裁统治也决定着玻利维亚的政治。在拉丁美洲获得解放的共和国中，没有一 491
个国家发展出与代议制民主相近的政治制度。

美利坚合众国的开国元勋们对他们在赢得独立之后所想建立的政治秩序拥有高度一致的共同愿景：按照英格兰的自由传统，它应当是一个分权、正义和自决的体制。在那些挣脱了西班牙和葡萄牙的殖民统治、获得解放的拉丁美洲国家，不存在可比的共识：种植园主和大庄园主追求的目标与下层白人、当地土著或梅斯提佐人、来自非洲的奴隶或黑白混血的代言人追求的目标截然不同。有争议的各派间的和解要比他们之间诉诸武力或用准军事力量来解决罕见得多。北美的政治共识反映了一个以白人为主、拥有欧洲特点的社会的相对同质性。年轻的拉美国家在政治方面的不同见解是殖民地社会种族和社会分裂的表现，大多数这类社会只能通过国家强制高压才能勉强凑合在一起。

在拉丁美洲，克里奥尔大地主在独立后几乎到处保持着他们在社会中拥有最大影响力的地位。这也同样适用于那些除了克里奥尔大地主，还有独立的、往往是建立在土地共同基础上的土著农业的地方。大地主控制着维持现存社会秩序的民兵组织。在殖民势力的代表被免职后，大地主的政治权重更胜过以前。但他们必须接受这样的事实，即其他重要的城市精英如矿主也要求一定份额的合理权力。

在西班牙语美洲，军方的首要内政任务是：防止广大非特权的印第安下层起义。与许多下层神职人员不同，天主教在这方面通常是保守的领导班子的可靠支柱。此外拉丁美洲还缺乏一个广泛拥有自我意识的中产阶级，他们视自己为共同体的承 492
载者，并试图塑造这一共同体。拉丁美洲属于西半球，但所谓的“西方政治文化”，对西班牙和葡萄牙的前殖民地而言一直是一个遥远而陌生的世界。

北美和南美大陆都有奴隶制的殖民遗产。在大多数西班牙语美洲共和国奴隶制到 19 世纪中期才被取消：在秘鲁于 1854 年，在阿根廷于 1860 年，在巴拉圭于 1870 年。西班牙殖民地波多黎各和古巴迫于英国和美国的高压分别于 1873 年和 1880 年迈出了这一步。巴西帝国在 1888 年废除了奴隶制。美利坚合众国在经历了血腥的内战后，才于 1865 年在全国禁止了奴隶制。奴隶的解放并不意味着他们和他们的后裔此时与白人在社会上完全平等了。许多世纪以来对人权的极端剥夺给依靠奴隶劳动的社会所造成的影响一直持续至今。[65]

### 大国美国：从门罗到杰克逊

在 1815 年后的 19 世纪，倘若欧洲列强把西班牙和葡萄牙的事当作自己的事来看待，也许拉丁美洲摆脱欧洲殖民统治获得解放就没那么迅速。沙皇亚历山大一世希望能步调一致地共同对付中美洲和南美洲的革命，法国的维莱尔政府曾想让波旁王朝的人代替此前西班牙的殖民统治者。英国的态度截然不同，它视拉丁美洲为其工业产品的重要销售市场，因此其政策在很大程度上要以这一利益为出发点。

外交大臣乔治·坎宁是下议院中来自工业和港口城市利物浦的议员，他是最坚定的不干预政策的代表。他当然知道，这种不干预是另一种形式的干预，即间接帮助了独立斗士们。为了防止欧洲大陆列强干预大西洋彼岸的事态，他甚至想与一个国家结盟，这个国家在不到半个世纪前才刚刚摆脱了英国的统治，并在 1812~1814 年再次对曾经的母国开战：它就是美利坚合众国。美国一方则对开启拉美贸易市场极为感兴趣，仅出于这个原因它对反殖民主义力量表示同情。1822 年，华盛顿就承认了大哥伦比亚、智利、秘鲁、拉普拉塔联合省和墨西哥，并允诺在新国家与西班牙发生冲突时美国将保持中立。

然而，两个盎格鲁—撒克逊国家之间并未能结盟。美国国务卿约翰·昆西·亚当斯（John Quincy Adams），美利坚合众国第二任总统的儿子，强烈并有效地警告不要与前殖民国家签署任何条约。因此坎宁只能代表自己的政府，在 1822 年 10 月 12 日通过法国驻伦敦公使波利尼亚克亲王（Fürst von Polignac）知会维莱尔政府，英国不会容忍欧洲干预拉丁美洲事态。在坎宁要求下，波利尼亚克以备忘录形式把这一立场通知了法国政府，这对波旁王朝在南美取代西班牙的计划起到了釜底抽薪的作用。同时，对沙皇亚历山大来说，他希望欧洲列强以武装干涉的方式支持西班牙的设想成为泡影：在他看来，英国的参与是在南大西洋彼岸成功进行干预的必要前提。

与英国不同，美国选择的路径是让其最高代表发表公开声明，让全世界知道美国拒绝欧洲对拉丁美洲事务的任何干涉：1823 年 12 月 2 日总统詹姆斯·门罗向国会提交了用其名字命名的《门罗宣言》（Monroe-Doktrin）。宣言明确拒绝欧洲列强在美洲的任何进一步殖民行动，美国视欧洲列强的每一“将其体系扩展到此半球任何地方”的企图为“将威胁我们的和平
494 与安全”。美国对现有的欧洲列强的任何殖民地没有进行过干预，今后也不会这么做。“但对任何强权为了压迫和以任何方式决定其命运，而对那些已经宣布独立并保持独立的政府的干涉（我们经过慎重考虑并且出于公正原则已经承认了它们的独立），我们都认为是对美利坚合众国不友好的行为。”

在接下来的段落中门罗阐述得更加具体。他称这为不可能：同盟者们将其政治体制拓展到两个大陆（北美和南美——作者注）的任何部分，“而不损害我们的和平与幸福；更没有任何人能相信，我们的南方兄弟们（our southern brethren），若是让他们自己来抉择，他们会自愿容忍这种行为。因此，同样不可能的是，我们以任何形式的冷漠来对待这种干预。如果我们考量西班牙和这些新政府的相对力量和资源，以及它们之间的地理距离，那么显而易见的是：西班牙永远无法征服它们。美利坚合众国的诚实政策依旧是，让各方自己解决纠纷，它希望其他大国也能这样做。”

继乔治·华盛顿、约翰·亚当斯、托马斯·杰斐逊和詹姆斯·麦迪逊后，门罗是美国第五任和“共和党人”第三任总统（不可忘记的是：昔日的“共和党人”正是今天“民主党人”的先行者，而从前的“联邦党人”则是后来“共和党人”的鼻祖）。1796 年 9 月 17 日，第一任总统联邦党人乔治·华盛顿

在其八年任期的最后一天曾警告年轻的美国不要卷入起因与合众国的利益毫不相干的欧洲纠纷。由于其“分离和遥远的位 495
置”，美国人应该奉行一种与旧大陆列强不同的路线。“如果我们在高效政府的领导下继续保持一个统一的民族，那么用不了多长时间，我们就能与外部骚扰所构成的主要危险相抗争……我们为什么应该放弃这种得天独厚的位置所带来的好处呢？我们为什么要离开自己的土地前往国外呢？我们为什么要以把自己的命运与欧洲任何部分捆绑在一起的方式，将自己的和平与繁荣织进欧洲那张由野心、对抗、利益、情绪和率性构成的网呢？对我们来说，正确的原则是：不要与任何外国长期结盟……与所有国家和睦相处及自由交往需要通过政治、人性和利益来实现。”

门罗 1823 年所言并不意味着与传统的决裂，这种传统是华盛顿在四分之一世纪前促成的。美国现在有一个“高效政府”，它决心与任何来自外部的威胁抗争。门罗主义新的地方是它把整个大陆纳入美国的利益范围。美国认为自己有权保护其国界以南新独立的国家。由于美国和西班牙前殖民地的政治制度拥有外在相似性，这种要求显得顺理成章。显而易见的是，拉丁美洲脱离欧洲殖民统治所带来的经济利益也不容小觑：这些新国家作为美国工业产品的销售市场对其很有吸引力，同时它们还可成为原料供应商，而美国的资本在这些区域投资则可获得可观盈利。

由于英国怀有同样的期待，从一开始两个盎格鲁—撒克逊国家之间就出现了竞争。只要欧洲列强蔑视经拓展的、由门罗所定义的美国“国家利益”，美国和欧洲之间就受到纠纷乃至军事冲突的威胁。但美国利益范围的泛美延伸却包含着一个对其所要保护的国家没有明说的威胁，门罗主义之父们自己可能 496
都没有意识到这种威胁：一旦拉美国家选择一条违背美国利益

的政治道路，如果他们甚至与欧洲国家联合起来反对美利坚合众国，那么美国就绝不会容忍，而是进行武装干涉。

公开声明支持拉美各民族的自决权和美国的统治要求是密不可分的。美利坚合众国自建国以来就是一个潜在的大国，随着门罗主义它第一次作为事实上的大国亮相。1823 年以来所出现的这个“无形帝国”还不仅仅是个大国，它还宣布了一个禁止欧洲列强干涉的泛美大区的存在。这意味着最极端地挑战欧洲统治世界的权力，也为美国崛起成世界强国奠定了基础。

门罗在卸任讲话中的允诺，即尊重现有殖民地或其他对欧洲的依赖形式，并不意味着削弱美国在西半球的领导地位。1814 年《根特和约》确认了英国对加拿大的统治权，但这并不排除对此前尚未有白人定居之地区的争议：俄勒冈（Oregon）就是一个长期引起争议的地区，它从落基山脉（Rocky Mountains）延伸到太平洋沿岸，要比如今美国同名的州大很多，1846 年这块地方被分给美国和加拿大。

美利坚合众国准备妥协也表现在对俄国的态度上，《门罗宣言》中总统那段反对欧洲列强在美洲土地上任何进一步殖民行为的话，其实是说给俄国听的。1741 年，一位服务于俄国的丹麦海军军官维图斯·白令（Vitus Bering）发现了阿拉斯加南部海岸和阿留申群岛（Aleuten）。自那时起，俄罗斯帝国就拥有美洲大陆最西北部这片辽阔地区的领土权。1799 年沙皇保罗一世同意建立俄美公司（Russisch-Amerikanische
497 Kompagnie），这家公司得到从北纬 55 度到白令海峡和阿留申群岛为期 20 年的贸易垄断权，该公司还可以获得那些尚未被其他列强占领的领土。

俄国向南扩张的结果是 1811 年在旧金山加州北海岸上创建罗斯堡（Fort Ross），这很快促使美国和英国行动起来。当亚历山大一世 1821 年将俄美公司的贸易特权延伸至北纬 51 度时，来自伦敦和华盛顿的抗议如此强烈，以至于沙皇策略性地进行了妥协。在其卸任讲话中门罗总统提到两个盎格鲁—撒克逊强国正在与俄国进行一系列谈判。其结果是沙皇帝国 1824 年和 1825 年与英国和美国签订条约，其中规定阿拉斯加的南部边界为北纬 54 度 40 分。此后俄美公司的经济影响大幅下跌，1861 年沙皇亚历山大二世没有延长它的贸易特许权。1867 年俄国以仅仅 720 万美元的价格将阿拉斯加连同阿留申群岛出售给美国。

欧洲各国政府没有公开评论门罗主义，但在私下对它进行了尖锐批评。在一封 1824 年 1 月写给俄国外交大臣内斯尔罗德伯爵（Graf Nesselrode）的信中，梅特涅称美国总统的宣言是“一种新的反叛行为，虽然挑衅程度小一些，但和第一次反叛同样大胆和危险”（指 1776 年的《独立宣言》）。美利坚合众国以明白无误的方式宣布，“不仅用权力对抗权力，更准确地说，是用祭坛对抗祭坛”。它对欧洲最值得尊敬的机构和其最伟大统治者的原则只会谴责和蔑视。“通过允许进行无端攻击，通过到处促进革命……他们赋予叛乱的使徒新的力量，重振每个同谋者的勇气。如果这种恶劣主义洪水和有害例子会在整个美洲蔓延，那么我们的宗教和政治体制，我们各国政府的道德力量和保证欧洲不会彻底解体的那种保守体系将会面临什么？”

在圣彼得堡，人们对门罗主义的评价与维也纳没有不同。 498
对美国的新学说，沙皇亚历山大对俄国驻华盛顿公使表达了最深的蔑视，但他建议这位外交官以沉默来对待该宣言。鉴于正在进行的有关俄属美洲南部边界的谈判，沙皇及其政府不愿恶化与美国的关系。梅特涅和法国外交大臣夏多布里昂希望，由于美国共和党的宣传英国现在会再次接近欧陆的保守势力。此番希望却是一厢情愿。虽然坎宁有关两个盎格鲁—撒克逊强国联手的设想未能实现，但在拉美摆脱西班牙和葡萄牙统治之事上英国和美国的观点仍旧高度一致，因为此事符合它们的经济和政治利益。1823 年的英美共识虽然还不足以说明两国的“特殊关系”，但其立场的接近首次让产生这样一种关系看起来成为可能。

1823 年 12 月以前，美国政府对是否应该与曾经的母国更为紧密地合作，甚至是签署条约存在不同意见：财政部长威廉·H. 克劳福德（William H. Crawford）和战争部长约翰·C. 卡尔霍恩（John C. Calhoun）以及门罗咨询过的前总统杰斐逊和麦迪逊均支持这么做，国务卿约翰·昆西·亚当斯如前所述持反对立场。但当总统决定采用国务卿的方案后，公众普遍赞同 1823 年 12 月 2 日《门罗宣言》中的明确立场。第二年 11 月举行了美国总统大选。得票最多的是受大众欢迎的共和党人安德鲁·杰克逊，他首先在西部各州获得了有力支持。但是他并未获得压倒多数，因此众议院必须对总统进行抉择。在第一轮投票中从联邦党人转变为共和党人的约翰·昆西·亚当斯当选，在此前选举人团投票时他的票数位居第二。

499 亚当斯是位来自马萨诸塞州的学养深厚的贵族知识分子，出任总统前曾担任国务卿和美国驻柏林、圣彼得堡及伦敦的使节。作为总统他不懂得为竞选连任赢得民心。他四年任期内最重要的业绩是 1828 年国会通过决议废除了对工业产品的保护性关税，这项措施令美国农场主，尤其是南方的种植园主对亚当斯极为恼火。而安德鲁·杰克逊恰恰受到此庞大群体的热烈支持，他在 1828 年的总统选举中迎战亚当斯并获胜。

杰克逊，前国会议员和田纳西州最高法院的法官，1769 年出生于北卡罗来纳州一个爱尔兰移民家庭。1814 年作为田纳西州民兵上校在马蹄湾（Horseshoe Bend）打败克里克族印第安人（Creek-Indianer），1815 年 1 月《根特和约》签订两周后（美国当时还不知道此事）在新奥尔良战胜英军；1817/1818 年，他因在佛罗里达成功击败西班牙人而名声大噪。在其平民生活中这位“老山胡桃”（他在大胜克里克族后获得此绰号）是田纳西州的农场主和商人。他旗帜鲜明地表示自己不反对奴隶制，而且不是印第安人的朋友：1830 年，美国国会通过《印第安人迁移法案》（Indian Removal Act），该法案授权杰克逊及其继任者，对印第安部落进行围禁和强令其迁出世代居住的地方。

从 1828 年 11 月帮助他获得压倒性胜利的各种力量联盟中，杰克逊塑造了一个新的政党，最初此党自称为“民主共和党”（Democratic Republicans）。该党 1836 年起非正式、1844 年起正式更名为“民主党”（Democratic Party）。它坚决反对到那时为止的共和党，杰克逊和他的追随者断言，此党已非杰斐逊缔造的政党，而是采纳了联邦党人的政策。杰克逊的政治对手们被迫重新进行改组，起初他们自称为“国家共和党”（National Republicans），1832 年起按照英国模式称“辉格党”。又过了二十多年，1854 年由辉格党的最强流派和来自美国东部背叛了“杰克逊派”的群体，即反对奴隶制者，组成 500
了新的共和党，他们至今仍自豪地自称为“老大党”（Grand Old Party）。

“老山胡桃”习惯摆出一副非知识分子甚至是反知识分子的姿态。他以东海岸富有的、资产阶级上层之对手和“平民”代表的身份出现，这些“平民”是一般的美国白人，他们通常生活在农村和中小城市，是农场主或私营企业家。但这并不阻碍杰克逊 1832 年签署国会通过的一项保护工业利益的新保护性关税法，因为他可以用其收益偿还政府的高额债务。此项新法再次引发强烈抗议，尤其是南方棉花种植者的抗议。

在南卡罗来纳州愤怒如此之大，以至于立法机构不得不召开一个州非常会议，宣称不符合美国宪法的 1828 年和 1832 年海关法无效，倘若国会对此采取武力措施，南卡罗来纳州将退出联邦。海关法的反对者（领军人物是前战争部长和当时的副总统卡尔霍恩）援引的是“宣布无效原则”（Nullifikationsprinzip），首次使用此原则的是 1799 年时的肯塔基州立法机构，遭到当时的总统詹姆斯·麦迪逊的坚决拒绝。此项有争议的原则认为，个别州可以退出合众国，如果后者违背宪法的话。

杰克逊总统的反应格外强硬。他威胁性地派了多艘舰船，包括一艘战舰，前往查尔斯顿（Charleston）海湾并发表了一篇措辞激烈的宣言，反对宣布无效原则和南卡罗来纳州据此得出的结论。冲突以妥协而告终，或者更确切地说，以表面上的妥协而告终。在杰克逊敦促下，国会于 1833 年通过一项法案，根据该法案工业产品的保护性关税到 1842 年将逐步下降到 1816 年的适度税率。此后南卡罗来纳州再次召集会议接受了新的关税规定，但仍坚持宣布无效原则，并同样示威性地否决了一项联邦法案（尽管不了了之），根据该法案，在与南卡罗来纳州冲突继续的情况下，国会将授予总统特别权
501 力。总而言之，反叛州比联邦对所取得的实质性成果更满意。后者，至少暂时，否定了宣布无效原则，因此也感到自己是赢家。

安德鲁·杰克逊此时在总统位置上已经成功地证明了自己的能力。1832 年 11 月他能够连任首先得益于他对第二合众国银行的整肃，这家银行成立于 1816 年，拥有为期 20 年的经营特许状。总统指责这家银行的商业行为不公，偏袒富人。当国会 1832 年决定给该行新的经营许可时，总统行使了否决权并把这一决断当作竞选的主要纲领。他连任后用撤出政府结存余

额的办法整垮了这家银行，这些资金此后都被存入各州银行，各州银行则用新资本大方地为炒地产者贷款。其后果是一场严重的金融危机和1837年的经济低迷，这一年又是举行总统大选的年份。尽管经济形势恶化，杰克逊支持的民主党候选人马丁·范布伦（Martin Van Buren）获胜，这主要是由于反对党辉格党的内部分歧。

在范布伦任期内，1838/1839年进行了美国历史上由国家组织的规模最大的对印第安人的强制性迁徙："泪之旅"（Trail of Tears）——切罗基人从佐治亚、田纳西、北卡罗来纳州和阿拉巴马迁往俄克拉荷马（Oklahoma），进入"五个文明的印第安部落"[克里克人（Creeks）、切罗基人（Cherokees）、乔克托人（Choctaws）、奇克索人（Chickasaws）和塞米诺人（Seminolen）]的领地。美国国会曾插手对印第安人的强制迁徙：1836年总统杰克逊在其任期内批准了以一票多数通过的一份条约，一小部分切罗基人在这份条约中同意搬迁。根据保守的估计，此次西迁的15000名切罗基人中至少有4000人死亡。

"杰克逊民主"时代给这个国家带来的民主化增速，是以牺牲东海岸具有欧洲传统的精英利益为代价的。东海岸的知名人士从此不能再像过去那样随意操纵政治进程了，而是得尽早把美国民众纳入决策过程。个别州扩大了选举权范围，但或 502
多或少仍保留了进一步的限制。从此总统候选人不再由参议员和众议院代表组成的"预选会议"提名，而是由党的支持者在"党代会"上提名，竞选活动在全国范围内用挖空心思的心理宣传手段进行，首先竞选口号就要简单上口。下级法院的法官自1830年代起可以通过民选担任公职，这是对在美国被称作"草根民主"（grassroot democracy）的一种贡献。管理岗位最重要的职位早就被分配给获胜党的积极支持者们；这时看重的并非他们的专业资格，或至少主要不看这一点。这种“政党分肥制”（spoils system）①让欧洲观察家深感诧异，它与旧大陆一向流行的公务员制度截然不同。[66]

① 又译分赃制、党人任用制或受惠制，即竞选获胜的政党将行政职位分配给本党主要骨干和支持者的做法。

## 托克维尔在美国：平等的时代

那是安德鲁·杰克逊的美国，亚历克西·德·托克维尔在1830年和1831年见识了这个国家，并在其著名的四卷本《论美国的民主》中描述了该国。令其印象深刻同时又震惊［带着“一种宗教恐怖”（une sorte de terreur religieuse）］的，是不可阻挡的社会关系之日益平等的发展——一种革命，这种革命已经发生数百年了，但它在欧洲仍然没有像在美利坚合众国这么彻底。“人民对美国政界的统治就犹如上帝统治着宇宙。它是所有事物的始末，一切都源它而起，一切都以它为本。”

对于托克维尔来说同时代的美国是一面镜子，欧洲可以在其中识别出自己的政治前途。美国的民权原则也成为旧大陆种种努力的目标。民权导致这位法国观察家所称的“多数人为所欲为”（l’omnipotence de la majorité），接下来很容易就发展为“多数人暴政”（la tyrannie de la majorité）。多数人控 503
制着公共舆论，后者则越来越主宰世界。“无论人们在平等的时代置身什么样的政治法律条件下，可以预见的是，相信普遍意见将会成为一种宗教，而其先知就是多数人。”

在合众国，自由的精神是强大的，同样强大的还有对平等的热爱。但如果过分强调平等，则会损害自由。“在合众国多数人承担了这项任务，为每个个人提供许多现成的意见，从而解除了他们形成自己意见的义务。因此在哲理、道德或政治问题上存在大量理论，每个人都带着对公众的信任而不加考察地予以接受。如果仔细审视人们会发现，甚至那里的宗教治理在很大程度上都不是以天启的教条为准，而是以普遍的意见为准。”[67]

正是这种可能导致压迫和奴役，即导致多数人之暴政的对趋同的偏爱，让欧洲自由主义者托克维尔得出那个具有挑衅性的结论：在美国没有精神自由。在他看来只有一种手段能对付平等会造成的损害：政治自由。美国的开国元勋们采取了预防措施，以阻止向暴政和独裁方向发展：大国的联邦结构，司法独立，立法权与行政权分离。此外还有城镇和县的“自治”，传统的对法律的敬畏，新闻自由，大量的志愿协会，基督教与确信美国自由的爱国信仰之间的紧密相连，最后还有不断的向西拓展，托克维尔认为这促进了自由意志，并有助于克服精神上的狭隘性如利己主义。

与一个半世纪前《联邦党人文集》的作者一样，托克维尔也更担心立法机关的权力滥用超过行政权力的拥有者——总
504 统。“两个威胁民主存在的大危险是：立法机关完全服从选民的意愿并将其他所有政府部门的权力集中到立法机关。各州的立法者促进了这些危险的发展。联邦的立法者则采取了一切措施，将这些威胁尽量减少。”

这种差异让《论美国的民主》一书的作者觉得更为严重，因为他认为联邦的权力会变弱，而各州的权力则会增强。不久前合众国与南卡罗来纳州冲突的结果被他用来为自己的观点做证据，尽管从长远来看其评估并不正确。托克维尔既没有预期合众国会解体，也没有预料美国会发生南北各州间的内战，而他预见到的则是另一种可怕的内战，即发生在南方黑人和白人之间的种族战争。奴隶制的废除对他来说只是个时间问题，但他认为这种废除并不意味着真正意义上的奴隶解放，更谈不上黑人与白人的平等。“如果人们拒绝给南方的黑人自由，最后他们会强行为自己争得这一自由；一旦人们给予他们这种自由，用不了多久他们就会滥用它。”

且不说是玩世不恭，同样宿命的是托克维尔对北美印第安人命运的预言。他们将会被向西挺进的欧洲文化背景的人赶出自己世代居住的栖息地，欧洲人一旦在太平洋沿岸定居，北美的印第安种族将不复存在。黑人处于奴隶制的最边缘，印第安

人则位于离自由最远的地方。这两类人都生活在美国人民中，但并不属于它。因此按照这位来自法国的旅人的观点，这两类人在很长时间内都无法与白人抗衡。

至于印第安人，托克维尔强调了对他们的消灭之表面合
法性。他们先是签署了同意割让自己领地的契约，之后当他们
不能再在那里生活时，人们兄弟般地牵着他们的手引领他们离
开那里，好让他们死在其父辈没有居住过的土地上。这位作者
比较了西班牙和北美的印第安人政策，其结论相当具有讽刺 505
性：“西班牙人未能做到，空前残酷地灭绝印第安人，因为这
会给他们带来不可磨灭的耻辱；他们甚至不能阻止印第安人与
自己一起行使共同权利。美利坚合众国的美国人则轻而易举地
解决了这个棘手问题：他们平静、合法、人性而不流血（原文
如此！）地驱逐了印第安人，而在世人眼中没有违背伟大的原
则之一——道德。人们不可能以更尊重人道法则的方式消灭人
了。”[68]

1830年代初的美国给托克维尔留下了一个矛盾的画面。在其著作前两卷问世时这位年轻的作家才30岁，他钦佩宪法之父们的政治远见和公民们对共和自由的热爱。他同时看到，由多数人的意见来决定对错对思想自由意味着什么危险。“我们同时代人总是处于两种敌对偏好的影响下：他们希望被引导，但又渴望自由。他们无法抑制这两种对立倾向中的任何一种，他们努力同时满足二者。他们设想一个统一、监护和无所不能的权力，但它是由公民选举产生的。他们想要把集中与民权连接在一起，这能让他们自己安心。这个想法，即他们自己选择了由谁来进行监护，安慰了他们被监护的现状。”

如果这是真的，欧洲尚要经历美国在杰克逊时代就经历过的事情，那就可以从美国的经验中学习。向更大程度的平等发展是无法阻挡的，想恢复一种贵族社会是毫无希望和错误的。

重要的是："得让自由从民主的社会中产生，上帝注定要让我们生活在这样的社会中。"由于平等给人们带来的某些倾向会高度危害自由，欧洲的立法者须臾不可忘记这些危险，而且要尽可能地防患于未然。人类平等给人之独立带来的危险并不是
506 完全不可克服的。"我们这个时代的各个国家无法阻止平等在它们中间的出现；但它们可以决定，这种平等是导致奴役还是自由，教养还是野蛮，富足还是贫穷。"[69]

在 1835 年出版的《论美国的民主》第二卷的最后几页上，托克维尔扮演着先知的角色。他说不久的将来，美国会进一步向西拓展，从而陷入与墨西哥的冲突，当时加利福尼亚，以及后来的内华达（Nevada）、犹他（Utah）、科罗拉多（Colorado）、亚利桑那（Arizona）、新墨西哥（New Mexico）和得克萨斯（Texas）等美国州还都属于墨西哥。1820 年代初盎格鲁美洲移民就开始拥入得克萨斯。1835 年，即托克维尔著作前两卷出版的当年，那里发生了大规模北美移居者反对墨西哥政府的起事。次年，盎格鲁美国人击败了由墨西哥总统桑塔·安纳将军指挥的军队。在经过短暂的独立后，得克萨斯于 1845 年作为第 28 个州被吸收进合众国，这导致了第二年与墨西哥的战争。这场战争于 1848 年 2 月结束，缔结了《瓜达卢佩－伊达尔戈和约》（Friede von Guadalupe Hidalgo），墨西哥不得不将格兰德河（Rio Grande）以北的整个区域（从得克萨斯到加利福尼亚）割让给美国。

1830 年代中期，托克维尔就丝毫不怀疑美国对先前属于墨西哥的领土的征服会继续下去。在他看来，这种发展有其自身的内在逻辑性。在新大陆，说英语的人种与欧洲所有其他种族相比占有巨大优势。"它在文明、工业和权力方面远远领先于其他种族。只要它面对贫瘠或人烟稀少的大片土地，只要它在挺进过程中没有遇到人口稠密、难以通过的地区，人们就会

看到它无休止地继续拓展。契约规定的界线无法阻止它，相反它会从四面八方突破这些虚构的防御工事。”

更为大胆的预言是，只有两个国家拥有成为世界强国的先决条件：美利坚合众国和俄国。“如今地球上有两个伟大的民族，它们的起点不同，但似乎有同样的目标：俄国人和盎格鲁 507
美国人。二者都韬光养晦（dans l’obscurité），就在人们的注意力集中在其他地方时，它们突然成为民族之林中的佼佼者，世界几乎同时获悉了它们的形成和强大。”

正当所有其他民族都受到自然疆界的限制，从而以维持现状为己任时，这两个大国却在进行拓展。下面的论述表明，托克维尔不仅认为美国，而且也认为俄国在向西挺进。“美国人反抗的是自然界为其设下的障碍，俄国人的对手是人。一个在对沙漠和野蛮宣战，另一个要对付的是拥有所有武器的文明。所以美国人的征服靠的是农民手中的犁，而俄国人的征服则靠战士手中的剑。在追求目标时前者依靠的是各不相同的个人兴趣，它让个人的力量与理智发挥作用，而不是指挥每个个人；后者则在一定程度上将社会的力量集中在一个人身上。一个的主要动力是自由，另一个的是奴役。它们的出发点不同，路径也各异；然而似乎是神意（la Providence）的秘密计划让它们都得到了使命，有朝一日手中掌握世界一半的命运。”[70]

托克维尔1835年所预料的是第二次世界大战后的格局。此前欧洲的大国一再表明，它们不仅要维护既得利益，而且要扩大自己的统治和势力范围。1945年后，美国和俄国也无法瓜分整个世界，还有“第三世界”。尽管如此，这位法国思想家对他所处时代诸迹象的深刻剖析仍令人叹为观止。这不仅体现在他对世界政治的预测上，而且也表现在其前瞻性地对欧洲社会政治发展的分析：把欧洲社会与美国联系在一起的是共同的文化纽带，即西方的传统。

当托克维尔1830年与他的朋友古斯塔夫·德博蒙前往美国时，他刚刚经历了一场新的法国革命：1830年的七月革命。其序曲开始于1829年8月，当时国王查理十世站在了极端保王党最右翼一边，任命前驻伦敦公使波利尼亚克亲王朱尔·奥古斯特（Jules Auguste）为内阁首相。波利尼亚克取代了马蒂尼亚克子爵让·巴蒂斯特（Jean Baptiste Vicomte de Martignac），后者从1829年初开始试图在议会赢得大多数。1827年11月，新改选的国民议会中差不多有180人支持政府，他们的对立面是180位自由派人士和75名追随夏多布里昂的右翼反对派议员，这些人现在成了新闻自由的捍卫者。波利尼亚克丝毫不顾及力量多寡的状况，完全按君主的意思行事。

属于反对派的有各种不同的政治力量。1829年夏季创办的两份报纸《各省论坛报》（*La Tribune des départements*）和《年轻法国》（*La jeune France*）是赞成共和的左派喉舌，由夏多布里昂的追随者和这位前外交大臣创建的新闻自由之友协会是右翼社团。立场位于二者中间的是自由派，他们创办的报纸有《地球报》（*Le Globe*）、《国民报》（*Le National*）和《时报》（*Le Temps*）。自由派发言人记者阿尔芒·卡雷尔（Armand Carrel）、奥古斯特·米奈（Auguste Mignet）和阿道夫·梯也尔（Adolphe Thiers）赞成君主制政府形式，但认为一场以英国1688年光荣革命为楷模的改朝换代在所难免。他们选中的接替查理十世的候选人是奥尔良公爵路易·菲利普（Louis Philippe），他是1793年被送上断头台的“平等的菲利普”之子。自由派认为英国的政治体制也值得效仿。在他们呼吁设立的议会制度中，政府必须与国民议会中的多数派沟通，取得他们的信任是施政的基础，而国王应该置身于

政治争议之外。“国王在位，但不统治”（Le roi règne et ne
gouverne pas）这一著名教条是阿道夫·梯也尔于 1830 年 2
月 4 日在其参与出版的《国民报》中首次使用的，但其最初产 509
生于波兰 16 世纪末的众议院，其拉丁语原文为：“Rex regnat,
sed non gubernat.”

1830 年 3 月 18 日国王和议会之间爆发了公开冲突。由于君主发表了不明智的讲话，221 位国民议会代表的回应是一份由议长罗耶－科拉尔宣读的正式声明，其中称政府和议会之间目前没有 1814 年《宪章》在政治方面所倡导的合作。查理十世对这种不信任动议的反应是：在 5 月 16 日解散了国民议会并安排了新一届议会的选举。

同时，波利尼亚克政府还试图展示自己在对外政治方面的实力。在指出阿尔及尔的迪伊（Dei）[①] 虐待法国商人和侮辱法国领事后，政府派出 453 艘舰船前往北非，远征军人数达 37000 人。这次惩罚行动的公开目标是：消除迪伊对臣民的奴役并终止海盗肆虐，这个（在名义上受奥斯曼帝国庇护的）“巴巴里国家”（Barbareskenstaat）[②] 几个世纪来以海盗行径搅得地中海区域鸡犬不宁。至少表面上看这次行动是成功的。1830 年 7 月 4 日法国军队登陆三周后，阿尔及尔落入法国人手中；第二天迪伊宣布投降。此后不久提泰里（Titteri）和奥兰（Oran）的迪伊也相继投降；但很长时间法国还无法控制腹地区域。作为转移国内政治视线而开始的这场战争，后来发展成一场长期而血腥的殖民战争。

波利尼亚克政府远征马格里布的真正目标未能达到：法国选民对此军事冒险不以为然。在 7 月 3 日进行的第二轮决定性

---

① 奥斯曼帝国在阿尔及利亚省和的黎波里省代理统治者的头衔。

② 16 至 19 世纪的欧洲人对马格里布（Maghreb）的称呼，即北非的中西部沿海地区，相当于今天的摩洛哥、阿尔及利亚、突尼斯和利比亚。

选举中，反对派以获得 274 个议席胜出，而不是此前的 221 个席位。国民议会中只有 143 位议员站在波利尼亚克政府一边。

查理十世本来只能根据新多数的意见通过重新组阁来防止斗争公开化。但他恰恰拒绝这么做，他的理由是其兄路易十六
510 世在 1789 年革命爆发后灾难性让步的后果。针对选举的结果他在 1830 年 7 月 26 日签发了四项敕令：第一项重新引进书报审查制度；第二项解散新的国民议会，该议会到此时还根本没有开过会；第三项对选举权做了不利于（主要是自由派）商人的改变，即营业税不再计入计算选举资格的条件；第四项确定了新的选举日期。查理十世这么做是根据《宪章》第 14 条，为了确保法律的执行和国家的安全，国王有权颁布必要命令与条例。事实上敕令中有两项不啻一场政变：梯也尔立即指出，新闻自由和选举权问题只能通过立法来决定，而不是通过命令与条例。

7 月 26 日，在国王敕令宣布的同一天，巴黎警方负责人签署了一项通告，禁止刊登未经内政部审查批准的报刊文章。《国民报》、《时报》和《地球报》无视该禁令，第二天怒火中烧地抗议压制新闻自由。这种勇敢的行为成为革命的灯塔，7 月 27 日也成为七月革命“三荣耀日”（Trois glorieuses）的第一天载入史册。王宫附近建起了第一批路障，政府宣布首都进入紧急状态；巴黎驻军的最高指挥权被移交给拉古萨公爵（Herzog von Ragusa）——前拿破仑元帅奥古斯特·德·马尔蒙，1814 年 4 月 4 日他的临阵倒戈直接导致了皇帝的退位，此后在许多法国人眼中他就是背叛的化身。这时越来越多的学生、工人、退伍军人和 1827 年被解散的国民自卫军成员（Garde nationale）会聚到一起，他们冲击了几座武器库，建起更多的路障并占领了市政厅和巴黎圣母院。

巴黎驻军由 12500 名士兵组成，他们中的许多人在最初的

交锋中就已经逃跑。7月29日卢浮宫陷落，马尔蒙率领的部队曾退守到那里，现在落入起义军之手。已经损失惨重的政府军作鸟兽散。旧秩序就这样被推翻，一个由自由派领军人物组 511
成的委员会，包括卡西米尔·佩里埃（Casimir Périer）和雅克·拉菲特（Jacques Lafitte），宣布自己为临时政府，他们任命62岁的拉法耶特为国民自卫军指挥官，1789年他已经担任过此职。

起义者的共同目标是推翻查理十世的统治。如果革命继续下去，估计会宣布成立共和国。获胜了的工人队伍与武装起来的学生和知识分子可能会欢呼废除君主制。梯也尔周围的温和派却不遗余力地想阻止革命像1789年那样继续进行下去，他们因此马上让奥尔良公爵登基。路易·菲利普在1793年转而支持奥地利人并流亡前，曾作为将军在革命军队中战斗过，并为1792年11月的热马普大捷出过力。梯也尔想到这些，希望共和派能以这种方式与其候选人和解并保留君主制。

路易·菲利普乐于扮演分配给他的角色。7月31日，他身穿国民自卫军的制服出现在巴黎市政厅，佩戴着蓝白红饰带的拉法耶特在那里夸张地拥抱了他。周围人群中发出的掌声可以被理解为同意这种王朝易主。第二天，8月1日，拉菲特和佩里埃的委员会把治理权交到路易·菲利普手中，后者开始挑选未来的大臣并召集国民议会于8月3日开会。查理十世逃往朗布依埃（Rambouillet），并把王位禅让给其孙波尔多公爵，但这和任命奥尔良公爵为摄政王一样毫无结果。后者已经决定自己登基并从人民代表手中接受王位。

8月3日，上下两院集会修订了1814年《宪章》，包括禁止书报审查，重新引进三色旗和删除被查理十世滥用的《宪章》第14条。8月7日两院通过新宪法，宣布王位空缺并由路易·菲利普补缺，称他为“上帝的恩典和民族意志选出的 512

法国人的国王”。新君立即宣誓效忠宪法并任命内阁，其中包括弗朗索瓦·基佐、卡西米尔·佩里埃和德·布罗伊公爵（Herzog de Broglie）。查理十世经曼特农（Maintenon）和瑟堡（Cherbourg）前往英国，1836年他以79岁高龄谢世于哈布斯堡的格尔茨（Görz），即如今伊松佐河（Isonzo）[①]畔的戈里齐亚（Gorizia）。

在许多方面七月革命都是一场浪漫的革命，就像画家欧仁·德拉克洛瓦（Eugène Delacroix）在其著名画作《自由引导人民》中所展示的。它由记者和律师们领导，这些人虽然享受他们迅速赢得的成功，但没有明确地设想如何实现他们所渴望的从君主制到共和国的过渡，以及该如何塑造新的国家体制。支持他们的有同样热爱自由的大学生、退伍军人、“小人物”，特别是工人，这些工人中的很多人来自外省，他们到巴黎是想在首都的大建筑项目中赚钱。推翻波旁王权的共同目标之所以能够很快实现，是因为反动的波利尼亚克政府几乎让整个社会都起来反对自己。到最后都忠于查理十世的少数贵族、僧侣、军官和官吏，他们在各自群组中亦是少数。

七月革命的赢家并不是那些为胜利进行了战斗的人。历史学家-让·蒂拉尔（Jean Tulard）谈到一个“奥尔良阴谋”，该阴谋煽动了共和派、大学生、退伍军人以及巴黎贫困市区的工人。“新国王的权力既不是来自血统，也不是来自民权。七月王朝的产生仅仅靠一些像梯也尔、拉菲特和卡西米尔·佩里埃等人的阴谋诡计，虽然他们援引国家利益，实际上他们只为自己的私利而工作。这次改朝换代与一次东方风格的宫廷政变的唯一区别仅仅是人民的介入。七月革命确实埋葬了法国的君主制原则。”

① 即斯洛文尼亚语中的索查河（Soča）。

大资产阶级在七月王朝中获得了权力。他们的利益，尤
其是那些银行家、大地主和经营矿业的企业家的利益，决定着 513
政策的内容，起决定作用的不再是贵族和天主教会，因为后两股势力在 1830 年后在很大程度上失去了其影响力。选举权在 1831 年得到拓展：纳税达 200 法郎即可获得选举权，达到 500 法朗则可拥有被选举权。有选举权者的人数从 1829 年的 94600 人上升至 167000 人（1846 年该数字达到 248000 人）。大多数手工匠人因选举资格限制仍旧没有选举权，工人则更无此权。“平民国王”遵守宪法，他任命的大臣们知道自己的职位取决于议会代表的信任。七月王朝根据法律虽然还是立宪君主制，但事实上已经是议会君主制了。

1830 年代法国非极端社会的“中庸环境”（juste milieu）中，人们尊奉的是一句据说出于基佐的座右铭：“致富！”（Enrichissez-vous!）要想做到这一点当然得有最基本的财产。有选举权的人只占人口的一小部分，他们享受着“国家法律层面”（pays légal）提供的权利，可以通过投票表达自己的政治意愿。此外还有生活在“国家现实层面”（pays réel）的绝大多数人，宪法没有为他们的意愿表达留出空间。

1830 年 7 月站在巴黎街垒中战斗过的无产阶级，是“国家现实层面”中不断增长的部分。该阶级有充分理由对七月革命的结局不满。对富人政权的愤怒在七月王朝统治时期一再爆发：先是 1831 年 11 月发生在里昂的大规模丝织工人起义，起因是巴黎政府（佩里埃内阁）否决了里昂省长与当地部分企业间的协议，反对提高最低工资标准。当警察和国民自卫军无法控制局面后，佩里埃内阁动用军队镇压了起义。省长遭到解职，国民自卫军被解散，因为其中有些人倒戈参加了起义。国家机器再次证明它到底是什么：它是 1830 年 7 月上台的那个阶级手中的工具。[71]

“随着七月革命我们踏上了一块全新的土地。”洛伦兹·冯·施
514 泰因在其 1850 年出版的三卷本《法国社会运动史》的第二卷中是这么开篇的。按照这位黑格尔信徒的观点，七月革命作为事件让工业社会最终占据统治地位；故此 1830 年标志着 1789 年“第一场革命的真正结束”，同时它也是“真正的社会运动的起点”。根据施泰因的说法，在奥尔良七月王朝统治下，资产阶级作为统治阶级攫取了国家权力，迫使被压迫的无产阶级进行暴力反抗。“社会分裂成两大阵营，对人际关系的不同理解形成了两种互相对立的体系，这进一步发展成两大运动，它们并不相容，等待着能够公开较量的时刻。”

七月革命的同时代人还不清楚，社会问题会怎样继续发展。然而可以预见的是：工业化的进程如果以其在欧洲大陆的规模进行下去，无产者的人数和工人阶级的困境将进一步扩大，正如人们在工业革命的发源地英国所能观察到的。当施泰因 1850 年勾画未来工业社会的前景时，他已经能回顾七月王朝在 1848 年革命中的倒台。但这位德意志保守派学者的预测与法国自由派托克维尔 1835 年的预言相比，在大胆和尖锐方面毫不逊色。如果说对后者而言，美国就是新时代的范式的话，那么前者则把法国视为欧洲发展的“胚胎”。施泰因从“法兰西民族的生活与其余日耳曼民族生活的同质性”出发，所以他能够把法国视为范例，可以从中学习，但总而言之不是当作榜样，而是作为反面教材。[72]

有产者与无产者资本的社会两极分化，就像在法国七月王朝所出现的那样，按照施泰因的信念是可以避免或至少可以缓解的，如果国家出面保护和帮助社会上被统治的群体，在被压迫者反抗压迫者的斗争中成为前者的盟友。要做到这一点国
515 家必须独立，信守自己的理念，超然于一切社会利益，施泰因认为这只有在王国条件下才能做到。只有“进行社会改革的王

权”才能让一个国家免遭社会革命和专制的双重危险。一个进行社会改革的王权会让坐在君主宝座上的人认同自由思想，这会让君主制获得一种新的、亲民合法性：“真正最强大、最持久和最受人爱戴的王权是进行社会改革的王权……凡是没有高尚勇气进行社会改革的王权，今后只能成为影子或专制王权。”

施泰因所描绘的君主制国家的蓝图是黑格尔意义上的国家作为伦理理念的实际状态。他毫无悬念地让人知道，他认为哪个王权更有意志与力量进行社会改革：它是普鲁士。他写作《法国社会运动史》的初衷就是提供给霍亨索伦国家以资借鉴。至于这个国家是否信服施泰因的结论并进行改革，1850 年时还无人知晓。[73]

## 后续革命：1830年代的欧洲

1830年法国革命对欧洲的影响不如1789年法国大革命的那么强，但也不容小觑。一方面七月革命将欧洲分割为自由的西部和保守的东部两大阵营：前者包括大不列颠和法国，属于后者的则是1815年的神圣同盟国家——俄国、奥地利和普鲁士。另一方面七月革命引起了一系列后续革命。首先接过革命接力棒的是比利时，1830年夏末和秋天那里因为对1815年的"重新统一"普遍不满而爆发了革命。那次统一是尼德兰北方联省共和国和前哈布斯堡皇朝（先是其西班牙分支，后是其奥地利分支）治下的南尼德兰的合并，合并后第一任尼德兰联合王国的国王是奥兰治家族的威廉一世（Wilhelm I.）。

为了能谈论1815年威廉一世治下的统一，人们先得回溯16世纪尼德兰进行独立斗争前的时期。尼德兰联合王国的南部是工业高度发达的瓦隆地区（Wallonien），北部各省的工业化进程起步要晚得多。北部居民主要信仰基督教新教，即改革宗；南部包括佛兰德信仰天主教。天主教的主教们，无论是佛拉芒人还是说法语的瓦隆人，对信仰新教的国王和其大臣都很忠诚。然而在中产阶级和知识分子中，却有不少人在拉梅内的影响下极力促进天主教与自由主义之间的接近。而自由派人士则有意不公开反对神职人员，以便建立起比利时的统一战线，共同反对日趋专制的国王。所以语言问题也没有被刻意突出，虽然受到忽视的法语也让瓦隆人与位于海牙的政府越来越离心离德。



1830年巴黎的七月革命起了指路明灯的作用：反对威廉一世的反对派突然决定进行一场要求比利时独立的革命。最初的暴动于8月底发生在布鲁塞尔；9月出现了激烈的巷战，法国军官在巷战中掌握着起义的领导权；10月5日组织了临时政府；11 月 18 日国民议会决定比利时独立；12 月在法国干预下安特卫普被从尼德兰人手中夺了过来。

英国、俄国、奥地利、普鲁士和法国五个强国，即 1815 年维也纳会议的条约签字国，于 1830 年 12 月底在伦敦开会，促成停火。1831 年 1 月 20 日，比利时的独立原则上得到承认，条件是它以瑞士为范例保持永久中立。同时也同意比利时应该成为一个君主立宪制国家。下面将会提到的相应宪法由国民议会于 1831 年 2 月 7 日通过。经过与列强的协商，1831 年 6 月 4 日萨克森 – 科堡 – 哥达（Sachsen-Coburg-Gotha）王子利奥波德（Prinz Leopold，英国已故的王位女继承人[①]的鳏夫）被国民议会推举为比利时国王，不久后他就宣誓效忠宪法。

比利时革命给维也纳会议的决定以沉重的第一击。它能 517
够从尼德兰联合王国中独立出来，仅仅因为西部的两个自由派强国在这个问题上意见一致，而东部的三个保守的强权国家各执己见。法国不希望在北方有一个强大的邻国，并对讲法语的瓦隆人怀有极大好感，因此它从一开始就支持比利时离开荷兰王国；英国新首相格雷勋爵（Lord Grey）是辉格党人，他认为英吉利海峡的另一边若是有一个中立的、对他怀有好感的新王国存在，那将最符合英国的利益，所以他想阻止比利时与法国走得太近。威廉一世利益与现状的最强捍卫者是沙皇尼古拉一世，他主张公开干预。但若与法国和英国发生政治或军事对抗，俄国便需要盟友，这正是他所缺少的。普鲁士从未想要为荷兰而投入一场战争。奥地利首相梅特涅虽然因为维也纳体系的瓦解而忧心忡忡，但鉴于普鲁士的拒绝态度不会考虑武装干预，因为这将意味着神圣同盟的结束。

国王威廉很长时间不接受失去比利时的现实，1831 年

① 即威尔士夏洛特公主（Charlotte Augusta，1796~1817 年），英国王位第二顺位继承人，21 岁分娩时死于难产。

夏季他甚至企图以武力夺回这块地盘，但由于法国军队的再次干预而失败。1831 年 11 月，五大强国达成“24 条”（24 Artikel）共识，最终敲定了比利时王国的存在条件。卢森堡应一分为二，讲法语的地区归属比利时，非瓦隆地区（继续与尼德兰构成共主邦联）作为大公国留在德意志邦联内。林堡（Limburg）也计划被分割：一部分归比利时，另一部分（也与尼德兰构成共主邦联）作为公国加入德意志邦联。由于荷兰拒绝该方案，而俄国在威廉一世不同意的情况下不愿签字，“24 条”最初处于悬而未决的状态。直到威廉最终放弃反对，该条约才于 1839 年 2 月生效。同时沙皇尼古拉也承认了利奥波德一世为比利时国王。

518 与此同时，比利时在努力发展为欧洲的模范自由主义国家。1831 年 2 月的宪法包含一整套自由权利，包括彻底的宗教信仰自由和严格的政教分离。民权原则反映在第 25 条中，根据该条一切权力只能来自国民。立法权由国王和两院（众议院和参议院）共同行使，三方均有立法动议权。按照宪法规定，国王拥有行政权。他任免内阁大臣，国王的所有命令须有他们的会签方可生效。大臣须“负责”，众议院有向最高法院对他们提起公诉之权。

宪法中没有明确规定大臣行使职责需要得到议员的信任，但实际上政府的做法是以此为准绳的。选举权由专门的选举法来调节，而获得选举权的门槛是很高的。到 19 世纪末，拥有选举权的公民不超过人口的 2%。入选参议院仍是最富有者的权利。比利时是个统一的国家，虽然佛拉芒和瓦隆人之间在语言和文化方面存在差异。起初这促进了国家的形成，但长远来看佛拉芒人的不满逐渐增加，他们感到自己被经济强大和拥有政治话语权的瓦隆人欺骗了。自由主义者和天主教徒尽量尝试保持建国初期的和谐，到 1840 年代为止他们也基本上做到了这一点。

在整个 19 世纪，欧洲没有一个国家的资产阶级像比利时的资产阶级这样拥有这么大权力。没有任何地方的君权这么羸弱，同时也没有任何地方的个人自由受到这么安全的保障。但这种自由主义的缺陷也是无法掩饰的：广大人口被排除在政治权力以外；不断扩大的工业无产阶级只能用社会抗议来表达自己的诉求，而不是通过议会中由他们所选出的代表。“国家法律层面”和“国家现实层面”的差距在比利时并不比法国七月 519
王朝的小。[74]

在比利时革命的极大鼓舞下，1830/1831 年爆发了波兰起义，这是法国七月革命后的第二场后续革命。波兰起义开始于 1830 年 11 月 29 日，其主要力量是 1815 年建立的波兰王国军队中的年轻军官。引发起义的动机是人们害怕俄国计划（已经开始动员）调用波兰军队去恢复比利时的旧秩序。起义者并没有一个清晰的方案，一些拒绝起事的军官在 11 月 29 日遭到杀害。对政治感兴趣的人，特别是首都的贵族和市民支持了他们。但广大农村人口则采取了旁观态度，这主要得归咎于有地产的贵族自己：因为他们不想看到农奴们获得解放，所以他们放弃号召农奴参加独立之战。

很快一个临时政府就接管了革命的领导权，该政府是由一个扩大的管理委员会任命的，而这个委员会又是由沙皇组建的议会制波兰王国任命的政府组织。革命政府的领导人是亚当·耶日·恰尔托雷斯基（Adam Jerzy Czartoryski）和历史学家约阿希姆·莱莱韦尔（Joachim Lelewel），前者是管理委员会主席，后者是左派代表。在他们的影响下，1831 年 1 月 25 日众议院通过决议，废黜了罗曼诺夫皇朝对波兰的统治，即终止了沙皇对波兰的宗主权。在随后俄国和波兰之间的战争中双方互有胜负。1831 年 5 月底起义者在奥斯特罗文卡（Ostrołęka）

被沙皇军队击败。1831 年 9 月 6 日和 7 日在华沙附近的战役决定了最后胜负，数量上远远占优的俄国人获得了胜利，其最直接的后果是波兰首都的投降。

波兰军队大部和革命政府及众议院多数成员逃脱了俄国现在开始进行的报复，他们纷纷逃往普鲁士或奥地利所瓜分到的
520 原波兰领土，再从那里经过德意志前往西欧。许多留在波兰王国的起义领导人被判处死刑，但后来改判为强制劳动。普通士兵则得以享受大赦，但此后得去沙皇帝国的其他部分服役。移民们的财产被没收并部分地转让给了俄国军官。波兰议会制王国很大程度上失去了其相对独立性。众议院和军队遭到解散，华沙大学被关闭。1839 年以来，负责波兰教育的已不再是华沙的管理委员会，而是位于圣彼得堡的俄国政府。

在普鲁士和奥地利所瓜分到的区域内虽有对起义的同情表示，但没有积极支持。情况在 1815 年设立的克拉科夫自由市则完全不同，它由俄国、普鲁士和奥地利三国控制。1830/1831 年冬季波兰军队逃入此地，导致第二年这里被占领数周之久。众议院作为民族团结的喉舌，其权利在 1833 年遭到严格限制，1841 年起没有再召开过会议。

在世界上代表波兰发声的是 1831 年后的“大移民”。估计波兰移民数字高达 9000 人，他们在起义后背井离乡，最初去了法国，法国政府在舆论的压力下为成千上万的移民提供了旅费。难民中最有名的是作曲家弗里德里克·肖邦，诗人亚当·密茨凯维奇（Adam Mickiewicz，经常被引用的称波兰为“各民族中的基督”说法就出自他），以及起义的两位领导人亚当·耶日·恰尔托雷斯基和约阿希姆·莱莱韦尔（在流亡中前者属保守派，后者是民主派的代言人）。

还在前往德意志的路上，这些被打败的反叛者就感觉到他们的英雄行为尽管未能达到目的，但在热爱自由的朋友们

那里是多么受欢迎。波兰人的座右铭“为了你们和我们的自由”获得称赞，人们对起义者的支持是理所当然的，正是他们的起义让俄国干预比利时的计划泡了汤。1830 年代发生在欧洲和北美的“波兰热”在一定程度上取代了 1820 年代的亲希腊运动。在德意志，“波兰协会”的大本营扎在当初希腊之友 521
们发展得最好的地方——西南部——并非偶然。斯图加特、卡尔斯鲁厄和达姆施塔特的政府容忍为波兰伤病员和前往法国途中的政治难民募捐。这种宽容不仅仅是出于人道，而且也有财政方面的考虑：在难民的事情上，自愿捐款减轻了国库负担。相反，在奥地利、普鲁士和汉诺威，波兰协会因其自由和民主的倾向遭到镇压。在奥地利和普鲁士的干预下，1832 年夏天波兰协会在整个德意志邦联遭到解散。但对这个被瓜分的邻国的同情却是打压不下去的，1830 年代和 1840 年代这种同情成为一种纽带，把所有为欧洲各民族权利而战的人团结在一起。[75]

法国七月革命在德意志也引起了强烈反响。它就像是这片土地上 1819 年卡尔斯巴德禁令的解咒符。许多城市发生了政治和社会动荡，其中包括汉堡、科隆、埃尔伯费尔德（Elberfeld）、亚琛、慕尼黑、柏林和维也纳。在两个以落后著称的中型邦国中，对现状的抗议在 1830 年转变为公开的革命：不伦瑞克和萨克森。前者的公爵和后者的国王不得不分别将自己的摄政权禅让给自己家族的另一名成员。黑森选侯国和汉诺威也发生了动荡，政府被更换。以上四个国家均采用了代议制政府形式，黑森选侯国从此开始了历时多年的宪法冲突。七月革命后西南德意志开始进入议会自由时代，而该自由贯彻最彻底的地方当数巴登大公国，那里自 1831 年春起自由派就在议会掌握了话语权。

随着法国 1830 年七月革命，德意志进入了三月革命前时期（die Zeit des Vormärz），当然该词是 1848 年三月革命后才被使用的。如果人们想用一个简洁的短语来概括这两次革命之间那 18 年的自由纲领的话，就应该是“自由与统一”。为
522 了争取自由，1831 年 12 月巴登自由主义者起来反抗《卡尔斯巴德决议》所规定的审查制度，要求政府颁布进步的新闻法；由于该法违反邦联的相关法律，在几个月后于 1832 年 7 月经邦联会议要求被大公宣布为无效。

新闻法之父——弗赖堡国家法教师特奥多尔·韦尔克（Theodor Welcker）与使用广泛的《国家法辞典》（*Staats-lexikon*）出版人卡尔·冯·罗特克（Carl von Rotteck）一起，于 1831 年 10 月在巴登大公国代表制议会上提出一项要求德意志统一的议案。在该议案中，自由派议员以德意志人民和德意志自由主义的名义要求政府致力于组建民族国家的代议制代表机构：为了实现这一目标，即让“德意志邦联循序渐进地发展成最有利于促进德意志民族统一和德意志国家公民自由的力量”，除邦联议会外应选举“众议院”。

罗特克和韦尔克是温和的自由主义者。比他们左的有民主主义者，比如两位政治新闻工作者——来自巴登拉尔（Lahr）的菲利普·雅各布·西本普法伊费尔（Philipp Jacob Siebenpfeiffer）和来自法兰克霍夫（fränkischer Hof）的约翰·格奥尔格·奥古斯特·维尔特（Johann Georg August Wirth）。他们于 1832 年 1 月在普法尔茨地区的茨魏布吕肯（pfälzische Zweibrücken）创立了德意志新闻与祖国协会（Deutscher Preß- und Vaterlandsverein）。与狭义的自由主义者不同，民主主义者不想通过与王侯的沟通以及对邦联行政体制的改革来实现自由与统一，而是想通过人民运动。

他们选中巴伐利亚普法尔茨（bayerische Pfalz）作为这场人民运动的策源地是经过深思熟虑的。在西南德意志，这

里的邦国地方主义比别处要弱，这主要是因为普法尔茨人与1815 年再次上台的维特尔斯巴赫统治家族还没有建立起什么情感联系，他们还强烈沉浸在对“法国人统治时期”公民自由的追忆中。当巴伐利亚国王路德维希一世 1831 年 12 月解散了一年前才选出、具有高度自信的议会时，来自莱茵河左岸普法尔茨的抗议比任何其他地方都要强烈。类似于志同道合者的党派联盟的新闻协会创立后迅速向普法尔茨以外地区扩展，它成为愤怒所结出的组织方面的第一个果实。第二个果实则是德意志爱自由与祖国者有史以来的最大集会——由西本普 523
法伊费尔、维尔特和其他人于 1832 年 5 月底召集的汉巴赫节（Hambacher Fest）。

参加在汉巴赫城堡废墟举行的“所有德意志人节日”的有两到三万人，他们中有大学生、工匠和葡萄酒农，主要来自西南德意志，特别是普法尔茨本地。他们中的许多人挥舞黑红金三色旗，这三种颜色在 1813 年首次由所有志愿军团中最著名的吕佐夫少将的军团使用，1815 年后大学生社团在体操之父雅恩的建议下接着使用了这些颜色，现在 1832 年它们最终成为德意志统一和自由运动的象征。在汉巴赫演讲中人们发誓与波兰、法国和其他所有热爱自由的人民缔结友谊。西本普法伊费尔希望，“德意志女子”不再是“统治她们的男人的恪尽职守的婢女”，而是成为“自由公民的自由同志”。维尔特（他是演讲者中唯一认为获得自由的德意志应该重新收回阿尔萨斯和洛林的）呼吁进行“合法革命”，但并未定义何为合法革命。西本普法伊费尔提议立即组建受托人委员会，这个委员会面对邦联议会起着临时国民政府的作用，此提议 5 月 28 日在诺伊斯塔特（Neustadt）召开的一个小型集会上未能获得多数人同意。对自己能力的怀疑显然要比进行德意志革命的意愿更强。

对一些温和的自由主义者来说，汉巴赫节的口号太过激进：

这是 1832 年后民主主义者与狭义自由主义者开始分道扬镳的一个重要原因。和所有其他官吏一样被卡尔斯鲁厄政府禁止参加汉巴赫节的罗特克认为，对统一的追求严重威胁了自由。在巴登的自由派人士 1832 年 6 月于巴登韦勒（Badenweiler）举行的一次庆祝活动上，他明确阐述了自己对各种价值的排序："我想要的统一是离不开自由的，宁愿要没有统一的自由，也不要没有自由的统一。我不想要普鲁士羽翼下或是奥地利鹰徽下的统一，我不想要比现在的邦联议会组织得更完美的强大权力，而且我也不
524 想要一个一般的德意志共和国的形式，因为要组建一个这种共和国的途径是恐怖的，并且其成功或成果看上去具有高度不确定性……所以我不想追求外在形式突出的德意志统一。历史证明，一个国家联盟比一个未经分割的大帝国更适合维护自由。"

德意志邦联的各国政府从汉巴赫受到的惊吓要远远超过温和自由派。1832 年 6 月底（汉巴赫节四周后）在奥地利和普鲁士要求下，邦联议会对《卡尔斯巴德决议》做出了更加严格的解释，即所谓的"六条"（Sechs Artikel）。1832 年 4 月，当大学生社团起事冲击法兰克福警备队失败后，邦联议会派出邦联军队进驻了法兰克福。接下来的广泛调查、法院起诉和判决都比对待汉巴赫节的一些主要参加者严格得多。梅特涅相信法兰克福和汉巴赫事件的背后都有"欧洲普遍求变派"（allgemeine Umwälzungspartei Europas）的插手。这段时间它确实正在形成过程中，不过在德意志 1832/1833 年它还没有开展活动。[76]

比利牛斯山脉另一侧对七月革命也做出了反应。不仅是国王斐迪南七世和保王党，而且温和自由派人士也在担心革命爆发，因此双方立场出现一定程度的接近：在国王在位的最后几年，有话语权的是开明官僚。1833 年 9 月斐迪南去世之时，继承权问题仍没有澄清。王后玛丽亚·克里斯蒂娜（Maria

Cristina）为其三岁的女儿伊莎贝拉（Isabella）摄政，流亡葡萄牙的斐迪南之弟卡洛斯质疑此举的合法性，自封国王。斐迪南的遗孀绝对不是自由派，但为了对付极端保王党的“卡洛斯派”，她只能与温和的自由主义者结盟，现在这些“温和派”转变为“克里斯蒂娜派”。支持卡洛斯派的是大城市的贫困手工匠人和巴斯克、纳瓦拉及加泰罗尼亚部分地区的小佃农，此外还有农村的神职人员和骑士团成员。卡洛斯派挑起一场血腥的内战，这场战争历时六年，双方都使用了极为残酷的手段。

在马德里进行统治的自由派人士先是属于温和型的。1834 525
年一份类似宪法的文件——《王家规约》（Estatuto Real）为西班牙人提供了召集议会的权利，除众议院外还设立了一个参议院为上院，并规定议员和检察官选举的条件。但激进的自由主义者们对此让步并不满足，他们要求恢复《加的斯宪法》，某些地方的军事实权者已经自行重新推行了该宪法。在经过几次对卡洛斯派的胜利后，激动的民众开始冲击寺院并谋杀僧侣。在坚定自由派首相胡安·阿尔瓦雷斯·门迪萨瓦尔（Juan Alvarez Mendizábal，一位犹太商人的儿子）领导下，寺院财产被征用并逐渐被拍卖：一种土地改革，其受益人主要是富有的中产阶级。

1836 年，王家卫队成员通过政变重新令《加的斯宪法》生效。制宪议会对其进行修订，1837 年 6 月 18 日的修订版宪法保留了《王家规约》中的两院制，加强了王室的权力。1839 年 8 月 31 日（第一次）卡洛斯战争以签订《贝尔加拉协议》（Abkommen von Vergara）而告终。那是一种妥协：卡洛斯流亡法国，他的军官们可以保持其原有军衔加入王家军队；各省的特殊权利（Fueros）应按照卡洛斯的要求予以保留。经过再次政变后，王太后玛丽亚·克里斯蒂娜于 1840 年放弃摄政，把摄政权交给战胜了卡洛斯分子的将军巴尔多梅罗·埃斯帕特罗（Baldomero Espartero），后者的政治立场接近进步党。三年后，温和派在拉蒙·马利阿·纳尔瓦埃斯（Ramón María Narváez）将军率领下发动政变，宣布斐迪南 13 岁的女儿已成年，为伊莎贝拉二世（Isabella II.），此后直至 1868 年她一直是西班牙女王。通过军事政变温和与激进自由派轮流掌权，这也是 19 世纪西班牙政治的基本格局。[77]

七月革命过去半年左右，在意大利才出现对旧秩序的反抗。反抗始自老大学城博洛尼亚；其迅速成功起到了榜样作
526 用，随后不久，教宗国（即罗马涅）的其他部分，马尔凯和翁布里亚，以及帕尔马和摩德纳公国纷纷起来仿效。各地革命起义的积极参与者都是具有自由和爱国思想的公民与贵族，社会下层则置身事外。

在博洛尼亚组成的“中意大利联合省”（Vereinigte Provinzen von Mittelitalien）政府的纲领是自由和民族化的，它宣告教宗对世俗世界的统治结束。高度保守的格里高利十六世向奥地利的梅特涅求救，后者也毫不犹豫地提供了帮助。相反，起义者们徒然地寄希望于外国援助：唯一有可能出兵的大国是路易·菲利普治下的法国，它却没有丝毫兴趣站到意大利革命派一边。哈布斯堡皇朝的干预很快见效，反叛者投降。当 1831 年夏天奥地利军队撤军后，起义再次爆发，维也纳再次进行军事干预。为了不落在奥地利人后面，现在法国军队也占领了安科纳（Ancona）并且一直驻扎到奥地利军队从教宗国撤退，即到 1839 年。

法国利用新赢得的堡垒，敦促教廷对被击败的自由派采取适度温和的态度，并着手进行早就该提上日程的政治改革。事实上，1831 年教宗国的革命者不像摩德纳公国的那么咄咄逼人，1815 年以来摩德纳公国再次由哈布斯堡—埃斯特家族掌权：这里不光有死刑，而且也被强制执行。在与自由主义进

行“意识形态”斗争方面，教宗格里高利十六世不愿在气势上输给任何人。他的最初两个通谕（1832 年的通谕《惊奇你们》和 1834 年的《给我们特别的（喜乐）》）就是为了达到这个目的，它们同时也是为了阻止拉梅内让天主教与自由主义合作的尝试。鉴于这种势不两立的划界，另一种在二者间牵线搭桥的尝试起初看来不会更有成效——聚集在曾经的天主教神父和后来的哲学家与政论家文森佐·焦贝蒂（Vincenzo Gioberti）身边的“新教宗派”努力想通过强调教廷在中世纪时曾反对霍亨斯陶芬王朝，让教宗成为意大利民族运动的盟友。

1833~1845 年，焦贝蒂处于流亡中，他的大部分时间是 527
在比利时度过的。对欧洲公众而言，不久另一位意大利移民就变得更为有名：出生在热那亚的朱塞佩·马志尼（Giuseppe Mazzini）。1828/1829 年 23 岁的他就已经参加了烧炭党。离开意大利不久后，他于 1831 年在马赛创建了秘密社团“青年意大利”（Giovine Italia）。作为该组织的领导者，他公开呼吁萨伏依王朝的卡洛·阿尔贝托——皮埃蒙特—撒丁国王，以拿破仑继承人的身份领导民族运动，不要指望法国七月王朝的帮助，主动进攻奥地利。若是都灵的这位国王听从了这一呼吁，他就必须高举马志尼意义上的“自由，荣誉，独立”大旗，千方百计在（古代的）第一罗马和（基督教的）第二罗马之后打造“第三罗马”：意大利民族的罗马。

由于卡洛·阿尔贝托不出所料地拒绝了这些建议，马志尼只得自己行动：他试图依靠留在国内的志同道合者的帮助组织革命。不同于烧炭党的是，“青年意大利”公开谈论其目标——意大利的解放和统一。意大利必须根据自己的实力，在没有外援的情况下独立实现此目标。从这种信念出发，马志尼在“给青年意大利兄弟们的总指示”中所描绘的意大利版图十分辽阔：它北起“高耸的阿尔卑斯山”，南到地中海，西起滨海阿尔卑斯山脉（今法国境内）的瓦尔地区（Var），东到的里雅斯特，除了陆地还应包括意大利的岛屿——科西嘉。

马志尼把“民族”定义为“全体意大利人，他们根据一项契约团结在一起，生活在相同的法律下……青年意大利寻求的统一不是专制，而是所有人的和谐与友爱”。旗帜应该是红白绿三色旗，一边写着“自由、平等、博爱”，另一边写着“统一、独立”。作为实现目的的手段，他直言不讳地指出：“教育和造反”。马志尼区分两个不同的发展阶段，低级阶段的暴动和高级阶段的革命，因此首先要唤起民众进行起义。

528 说到做到。在被法国驱逐后，他从日内瓦领导青年意大利总理事会，1833 年夏马志尼试图在皮埃蒙特组织起义，但起义在爆发前就被当地警方扼杀在萌芽状态；被判处死刑的密谋者中有 12 名遭到强制执行。在那不勒斯计划的另一次起义也失败了，但这并未能阻止马志尼联合波兰和德意志移民准备在皮埃蒙特的萨伏依再次起事。这一次的行动被瑞士警方阻止。只有热那亚发生了起义，但很快就被镇压下去。起义领导人之一是来自尼斯的朱塞佩·加里波第（Giuseppe Garibaldi），他在 1859 年后的意大利独立战斗中变得举世闻名。他被判处死刑，但得以成功逃脱，经法国前往南美，1848 年革命爆发后他从那里返回意大利。

由于意大利的大变动条件显然尚未成熟，马志尼接下来准备掀起欧洲范围的革命。1834 年他和波兰以及德国移民一起在瑞士创建了“青年欧罗巴”（Giovine Europa）。在新的秘密组织中来自波兰的约阿希姆·莱莱韦尔也发挥了重要作用，他在伯尔尼创办了作为“青年欧罗巴”分支机构的“青年波兰”（Junges Polen）。同年（1834 年）德国移民——其中大部分为学者和工匠——在瑞士创立“青年德意志”（Junges Deutschland）。不久后，其他两个作为分支机构的民族性组织也相继成立：青年法国（Junge Frankreich）和青年瑞士（Junge Schweiz）。

四年前一群作家，其中包括卡尔·古茨科（Karl Gutzkow）、海因里希·海涅（Heinrich Heine）和路德维希·伯尔内（Ludwig Börne），已经成立过一个同名组织。他们和新创建的秘密组织一样激烈批判发生在德意志的镇压，不同之处是他们不准备进行革命。1834 年后，从黑森林（Schwarzwald）到奥登林山（Odenwald）出现的秘密组织构成一个松散的网络，但这些小组对现有秩序并未形成严重威胁。德意志邦联的各国政府认为它们的活动就构成充足理由，因此在 1834/1835 年的（秘密）《六十条》（Sechzig Artikel）中加大了对它们的监控和迫害力度。“青年德意志”作家的著作遭到查禁，禁令 529
一直持续到 1842 年。

“青年欧罗巴”就好像是民族主义者的国际组织。这样一个组织在实际政治层面起的作用不大，却促成了这些人产生志同道合的感觉，他们都有这样的意愿——要实现各民族的自由与自决。在马志尼的浪漫民族主义中能够看到赫尔德民族精神（Volksgeist）思想的影子；这位意大利革命者觉得法国 1789 年大革命的个人人权的理念太苍白无力，所以他无法为之欢欣鼓舞。马志尼想用一种义务理论不仅补充，甚至还要代替这些权利。每个个人的义务要让全体人民获悉。“革命由人民进行，革命离不开人民。”1831 年他在给青年意大利的一封通函中如此写道。“第三罗马”的思想则来自对意大利民族的浪漫美化，同样浪漫的还有相信觉醒的各民族间的和谐与兄弟情谊——“各民族之春”最初是路德维希·伯尔内于 1818 年提到的。

马志尼的人民概念是一个理想的宏大概念，优先于所有的物质利益并排在这些利益之上。由于社会问题总会导致分裂，所以无论是缺少土地的农民还是工业无产阶级提出的社会问题，这位青年意大利的创始人大都置若罔闻。马志尼的民族主义不仅仅是充满宗教动机，他直接就把它变成了宗教。1831 年反革命的受害者成为其新信仰的主要证人。“这些血中浸淫着整整一个宗教，”1831 年他在《青年意大利宣言》（*Manifest des Jungen Italien*）中写道，“没有任何力量能够扼杀自由的种子，因为它是在强者的血中浸泡发芽的。今天我们的宗教还是殉道的宗教，明天它将成为胜利的宗教……一个声音在向我们呼叫：人类的宗教是爱……被出卖者最后的呼声出现在我们和各民族之间，迄今这些民族一直在出卖、忽视或背叛我们。宽恕是胜利的美德。”

马志尼并没有忘记人类，而是将它分为不同民族。他深信只有通过它们才能实现博爱，而为了实现博爱各民族广大群众
530 必须进行革命。“上帝与你们同在。把革命变为一种宗教，变为一种普遍理念，这种理念让人们在共同的命运并在殉道的过程中结成兄弟：这是宗教的两个永恒的元素。先布道，然后奉献自己……进步过去、现在和将来都是上帝的律法，世俗与宗教的暴君都无法阻止它……上帝和人民，这是未来的纲领。”

对 1789 年的个人主义和世界主义的排斥反应在马志尼这里，是与他拒绝承认法国在革命运动中的领导地位相辅相成的。此立场在 1831 年就已导致他与曾经的同路人博纳罗蒂（Buonarroti）以及烧炭党的决裂。他反对任何一种物质主义和阶级斗争，这让他无法与形形色色的社会主义者结盟。马志尼只看到了统治者之间有矛盾，但看不到各民族间的矛盾。这是他的一个错误，这一点他要在 1848 年革命爆发后才能认识到。为了这场革命他煽风点火逾 20 年，先是在意大利，后是在法国和瑞士，1836 年再次遭到驱逐后则是在流亡地英国。[78]

## 改革，而不是革命：1830~1847 年的英国

法国爆发七月革命时，英国正在进行新一轮下议院选举，当时这样的选举过程要花几周时间。伦敦的报纸对波利尼亚克政府打压新闻自由进行了严厉谴责，公众相应地对巴黎人的迅速获胜欢欣鼓舞。法国自由主义的胜利在英国帮助了一个项目的支持者，这个项目成为整个竞选活动的焦点：让更广泛的人口获得选举权，从而彻底更新议会制度。

选举改革背后的推动力量是 1829 年底成立的“保护公权力伯明翰政治联盟”（Birmingham Political Union for the Protection of Public Rights）。其创始人银行家托马斯·阿特伍德（Thomas Attwood）属于“激进派”，这些人想让中产阶级和工人阶级结盟，在选举权问题上他们也暂时达到了目 531
的。过去的选举体系中乡村与城市相比更占据优势，这个体系包含了一些多少可以说是徒有其名的、几乎荒无人烟的“腐败选区”（rotten boroughs）；地方要人由此可以利用金钱和权力左右选举，把他们中意的候选人（往往是近亲）送进下议院。1830 年夏天选举中的这类舞弊勾当远远不如以往成功：凡是改革者有机会让受欢迎的竞选人参加竞选的地方，这些人都有很大机会获胜。

新下议院中赞成推行新的、更加公平的选举权的人因而比以前多。他们的第一个大成果就是撤换了保守的威灵顿内阁，该内阁拒绝在选举权问题上做出任何让步，1830 年 11 月上台的内阁是辉格党人格雷勋爵领导的。1831 年 3 月的改革法案主要是由格雷勋爵的一位年轻助手罗素勋爵（Lord Russell）起草的，该法案将议会任期从 7 年缩短到 5 年，消除了“腐败选区”，并帮助全国较大城市（包括伦敦）和较大的郡在下议院获得更多代表席位。在城市选区业主、承租人和住户（后两

类人只要每年缴纳 10 英镑租金）均有选举权；在乡村有选举权的业主的圈子稍有扩大。改革者们感到高兴，但因保守党的竭力反对，1831 年 3 月 22 日下议院对法案进行二读时的结果却几乎势均力敌：302 票赞成改革法案，301 票反对。

因害怕在关键的三读失败，格雷决定重新进行选举。1831 年 5 月辉格党人获得了所期待的明确胜利。但法案能否生效还远远不是板上钉钉的事。9 月 21 日下议院虽然以绝对多数通过了法案，但 1831 年 10 月 8 日上议院以 199 票对 158 票否决了它。国内的愤慨如此巨大，以至于许多地方出现了暴力事件，10 月底布里斯托（Bristol）甚至发生了冲击并焚烧市政厅和多所监狱的现象。许多观察家认为英国已处于革命的前夜。下议院在这时
532 已经明确表达了对格雷政府的信任，其后果是：尽管在上议院遭到失败，内阁仍继续存在并坚持对选举权的改革。

当上议院在 1832 年 5 月 8 日决定推迟审议政府提出的一个新的、稍微温和一些的提案时，内阁只能通过任命新的、与政府观点一致的上议院议员才能得救。因为 1830 年起坐在宝座上的威廉四世（Wilhelm IV.）国王拒绝这么做，格雷于是辞职。然后这位君主委托超级保守的前任首相威灵顿公爵组阁。这样威廉就激化了矛盾，在众多公开集会上立即有人大声呼吁抗税，人们到处谈论着修建路障和人民起义。虽然阿特伍德激进派和他的盟友弗朗西斯·普莱斯（Francis Place）仅是威胁说要发动革命，目的是最终促成选举改革，但暴力革命离 1688 年以后的英国从来没有像 1832 年 5 月这么近。

革命没有发生，一方面是由于有影响力的保守党人如罗伯特·皮尔拒绝执行违背民意的政策，另一方面普莱斯成功地呼吁人们从银行大批提现。由此引起的金融危机让威灵顿放弃组阁委托。5 月 18 日威廉四世只得迈出不可避免的一步：他宣布同意任命新的上议院议员来帮助改革法案通过。这一消息足

以促使上议院改变强硬态度：1832 年 6 月 4 日，在三读时法案以 106 票对 22 票获得批准。三天后，它在国王同意后生效。

改革根本不意味着实现全国平等普选。它将选民人数从大约 50 万提高到 80 万，这样仍然只有小部分成年男性人口能够影响下议院的选举。（1830 年前后在英格兰、威尔士和苏格兰约生活着 1650 万人。）从改革中受益的是中产阶级，而不是工人阶级。然而下议院的构成几乎反映不出选举权的扩大：这里 533
仍旧是小贵族说了算。尽管如此，改革法案仍形成一个明显的转折点。它证明政治精英有能力让传统旧体制逐步适应当前的挑战，从而使暴力革命失去土壤。改革防止革命：从 1832 年的选举法来看，这一点是毫无疑问的。

选举改革者的成功还远远不意味着革命大变动的危险被彻底化解了。1830 年代英国经济的增长暂时放缓；铁路建设虽然开始于 1825 年前后，但至少还要等十多年，这种新运输工具才会上升为工业革命新阶段的关键因素。1830 年代和 1840 年代的社会主要特征是大众贫困，这种现象虽然不是由更为贫困的爱尔兰移民造成的，却因他们的大量拥入变得更加严重。他们会为比付给英国无产者更低的工资而出卖自己的劳动力，作为劳动力市场上的竞争对手他们受到英国无产者的惧怕和广泛憎恨。本已苦不堪言的工资水平和生活条件在英国各大工业城市中由于爱尔兰移民而更加恶化。

不断加剧的社会贫困让一直以来负责救济穷人的城镇力有不逮。1832 年选举改革后不久，为了弄清贫困的原因成立了一个王家委员会，通过调查此委员会得出的结论是：用公款扶助健康工人是万恶之源。因此专家们建议，只应通过把能够工作的穷人送入公共济贫院的方式来帮助他们，在那里他们要进行艰苦的劳动，得到的报酬是最简单的食物。委员会的提议被写入法律并于 1834 年生效。新《济贫法》所遵循的原则用历史学家和政论家伯恩哈德·古特曼（Bernhard Guttmann）的话来说就是："要让人们明白，由纳税人供养的靠救济度日者的命运比自食其力的最穷的工人还差。走投无路的人现在也不
534 应该饿死，但还是要用铁腕推动他做出决定，尽快自由地去碰碰自己的运气。"

1830 年代的英国，还谈不上国家为工人提供保障。1833 年毕竟对童工（除丝绸厂外）进行了一定限制：至少 9 岁才允许他们工作，如果年龄不超过 13 岁，每天工作不得超过 9 小时，每周不得超过 48 小时。14~18 岁的年轻人每天工作上限 12 小时，每周最多 69 小时。为保护儿童，也包括妇女的权益，1842 年《矿业法》和 1844 年《工厂法》分别做出相应规定；直到 1847 年的法案才为年轻人和妇女，实际上也包括成年男子，规定了每天工作 10 小时的上限。由于议会和政府一直态度消极，工人们被迫依靠自己的力量。他们认识到只有团结起来才有力量，1832~1837 年成立了许多工会组织，1834 年创建的全国产业工会大联盟（Grand National Consolidated Trades' Union）为其伞状组织。由于工会面对雇主、政府和议会的联手难以达到自己的目标，年轻的工人运动在 1830 年代后半期开始政治化。伦敦的工人协会和伯明翰的政治联盟已计划对选举法和政治体制进行大刀阔斧的改革。其经典表达出现在 1838 年 5 月的《人民宪章》（Peoples' Charter）中，《人民宪章》要求给予 21 岁以上的男性公民以普遍、平等、直接和秘密的选举权，消除对被动选举权的一切社会限制，设立同样大小的选区，每年选举下议院并削减议员们的津贴。

"宪章派"（Chartisten）——这场新运动是这么自称的——第一次全国集会于 1839 年 2 月在伦敦举行。当下议院在 1839 年夏天拒绝了宪章派的第一次大型群众请愿活动时，《人民宪章》的追随者义愤填膺。许多大城市出现了严重骚乱；这种社

会动乱在接下来的几年里持续发生，最终在 1842 年的总罢工中达到高潮，这令中上层阶级对革命的恐惧大增。宪章派最有 535
力的支持者是传统的手工业工人和家庭手工劳动者；引人注目的是广泛流传的浪漫设想，即解散大型企业，让企业重新回归农村，使工人像农民那样自给自足。宪章派不可能取得决定性胜利，其最终失败的一个主要原因是他们不懂得让自己变成真正产业工人的喉舌。

比宪章派更吸引英国公众的是几乎同时发生的另一种运动：自由贸易者掀起的运动。决定性的推动来自 1838 年秋季的曼彻斯特商会，该商会要求立即取消 1815 年实行的谷物税，赞成完全免除关税。不久后在其他城市也成立了自由贸易协会，1839 年春它们合并为反谷物法联盟（Anti-Corn-Law League）。其领军人物是来自苏塞克斯（Sussex）见多识广的商人和政治评论家理查德·科布登（Richard Cobden）与兰开夏郡罗奇代尔（Rochdale in Lancashire）的贵格会成员约翰·布赖特（John Bright），后者是一位制造商的儿子。

让下议院取消谷物关税的一次尝试此时已经失败：由士绅把持的下议院以压倒多数否决了主张自由贸易者的提案，辉格党和托利党之间的区别并没导致他们对此意见相左。谷物关税的主要受益者是乡村贵族，相反几乎所有其他人口都深受其害：出口企业家，因为只要他们的国家系统阻挠农产品进口，他们就无法理直气壮地反对其他国家设立的工业关税；消费者，因为他们要向英国关税壁垒支付更高的面粉和面包价格。

重要食品价格上涨对无产阶级下层的影响最大，自 1836 年经济普遍不景气以来这种现象比以往任何时候都严重。面包价格的下降可能会缓解社会贫困，这是自由贸易运动的发起者和支持者从一开始就深切盼望的事。从他们的视角看，推翻 536
《谷物法》提供了中产阶级和工人阶级权宜联合的新机会，这种联盟以前出现过，但只是暂时的，即在为选举改革而奋斗的时候。

1841 年进行了英国大选，保守党获胜。罗伯特·皮尔组阁，他是 1837 年登基（自 1714 年起与汉诺威的共主邦联从此结束，因为那里只承认男性继承人）的维多利亚女王长期统治期间的第一位保守党首相。改革者皮尔深信，必须平衡农业和工业利益。他与辉格党之间存在的最尖锐分歧是爱尔兰问题和圣公会地位问题：自由主义者们削弱了爱尔兰高教会派的势力，这符合当地天主教徒一直以来的要求，但无法长期符合英国统治的需要。托利党人是高教会派的忠实盟友，因此他们为一直存在的对天主教徒和不信国教者的歧视进行辩护，但他们也反对向爱尔兰的所有让步。

1840 年代前半期爱尔兰对英国统治的反抗又趋于激烈，整体经济形势的恶化是重要原因。对接连不断的暴力浪潮，皮尔政府的对策是 1843 年向那里派遣了由 3.5 万名士兵组成的军队。爱尔兰民族运动的领袖丹尼尔·奥康奈尔因赞成激进派的脱英要求遭到逮捕，1844 年作为暴乱首领被判处有期徒刑一年；由于上议院负责法律问题的议员们的裁决，他不久又恢复了自由。次年爱尔兰遭受了一场毁灭性的马铃薯疫病袭击，这导致持续有大批爱尔兰人移民美国。只有撤销谷物关税，让面包变得便宜，社会苦难才能缓解。如果政府拒绝采取这一步骤，它就得估计到最坏的可能：爱尔兰发生民族起义，主张自由贸易者与宪章派结成政治联盟，英国爆发革命。

1845 年 11 月，以罗素勋爵为首的辉格党在伦敦首先赞同
537 取消谷物关税。皮尔首相这时也得出了同样的结论，但他知道自己党内的多数人反对这样做：作为“地主贵族”的代表托利党充其量只能同意暂时停收谷物关税。1845 年 12 月 5 日皮尔向女王递交了辞呈，并推荐罗素接替他的职务。由于自由党领

袖尝试组阁失败，12 月 20 日皮尔再次出任首相一职。

1846 年 1 月下议院的新一轮议会会议一开始，首相与其党派中的大多数之间就发生了分歧。最激烈反对皮尔的是议员和作家本杰明·迪斯雷利（Benjamin Disraeli）。此人是一个来自意大利北部的犹太移民的孙子，改信了英国国教。属于首相最亲密盟友的有负责殖民地事务的国务秘书威廉·格莱斯顿（William Gladstone），他和迪斯雷利一样将来在政治舞台上还要大显身手：这两位竞争对手在 1868 年后将会多次担任首相，格莱斯顿作为自由党首领，迪斯雷利作为保守党领袖。

1846 年初，下议院的保守派中有三分之二支持迪斯雷利的立场，三分之一赞同皮尔和格莱斯顿的观点。这也没能帮助首相达到其目的，在废除谷物关税的同时引进一项托利党乐于实行的措施：为防止爱尔兰发生骚乱，明令禁止那些不安全之郡的居民在天黑后离开居所。1846 年 5 月 16 日凌晨，下议院在三读时以 98 票的多数票通过法律，预定在三年内完全取消谷物关税。绝大多数保守党人投了反对票。

失败的一方——大多数托利党人在乔治·本廷克（George Bentinck）勋爵率领下采取了报复手段，他们在爱尔兰法问题上改变了立场：和自由党人一起反对政府的提案。6 月 25 日，上议院对取消谷物关税之法进行了三读，在威灵顿公爵积极参与下，上议院批准了该法律。几个小时后，下议院对爱尔兰法案进行了三读。反对这一草案的也包括在讲话中称赞皮尔 538
为劳动人民所做贡献的理查德·科布登，这位主张自由贸易者自 1841 年起在下议院中代表曼彻斯特附近的工业选区斯托克波特（Stockport）。6 月 26 日凌晨在关键性投票时，政府以 219 票对 292 票成为少数。同一天皮尔辞职，他建议女王任命罗素为他的继任者，维多利亚也这么做了。在下议院皮尔承诺支持新首相，如果后者坚持自由贸易。

取消谷物关税在19世纪的英国是历史中的重大转折。随着过渡到自由贸易，大不列颠遵循了亚当·斯密70年前的洞见：能在别处便宜买到的东西，就不要去生产，这对各国都有好处。工业革命的发源地从取消谷物关税中获得了最大利益，谷物关税有利于一个阶级牺牲社会其他部分，而不利于经济力量的自由发展。

1846年夏天，英国内政开始了社会革新的时代，阶级对立逐步缓和。以约翰·罗素勋爵为首相和以巴麦尊子爵亨利·约翰·坦普尔（Henry John Temple Viscount of Palmerston）为外交大臣的自由党政府，确信能够得到议会中皮尔的追随者（其中包括格莱斯顿）的支持。保守党仍然是“土地贵族”保护主义者的卫道士，但他们在迪斯雷利的影响下，也开始关注城市贫民的疾苦。废除谷物关税虽然无法阻止爱尔兰在1846年后仍旧有几十万饥民死于由马铃薯病害引发的饥荒，但面包价格下跌依然显著改善了社会下层的处境。上面提到过的一项法案同样起到了这种作用，即1847年6月8日下议院通过的10小时工作制法案。

欧洲1848年革命几乎没有触及大不列颠，这与1846年关税政策的转变也有关：1832年的议会改革14年后，政治领
539 导层再次证明，它有能力通过及时的变革来防止自己被暴力推翻。但让19世纪英国历史的走向保持非革命的，还不仅仅是精英们的学习能力。大不列颠有一些东西是其他任何一个欧洲强权国家所不具备的：一个全球性帝国。帝国花费了中产阶级太多的想象力和能量，若是没有帝国，他们可能会把更多的注意力集中在内政及其改变上。帝国不仅给英国带来了经济利益，而且也帮助它在社会心理学方面克服国内危机，而不必等到这种危机像在欧陆那样爆发为革命。[79]

## 普鲁士的变化：关税同盟和王位更迭

1846 年英国实行的政策，在普鲁士近三十年来已是惯常做法：自由贸易。随着 1818 年《海关法》的推行，霍亨索伦家族统治的普鲁士国家走上了经济现代化之路，这要求企业家们拥有更多的勇气和别出心裁的点子，而不是像在法国和奥地利那些高关税壁垒的国家中靠政策就可以高枕无忧。这种冒险行为成效卓著：短短几年内普鲁士就发展成德意志邦联中的工业领导力量。

柏林经济政策决策者的宏伟目标是将北部和南部德意志邦国合并为一个统一的关境，在此关境内不再征收内部关税。1834 年 1 月 1 日，其主要目标已经实现：新成立的德意志关税同盟（Deutscher Zollverein）覆盖 18 个邦国，领土面积达 425000 平方公里，人口超过 2500 万，其中 1500 万生活在普鲁士。非奥地利的德意志邦国多数都加入了此“盟中盟”，普鲁士在此狭小的关税同盟中占据主导地位，成员国中包括巴伐利亚、符腾堡、萨克森、黑森 - 达姆施塔特和图林根。该关税同盟有效期初签为 8 年。在此期间有其他邦国加入，包括巴登、黑森 - 拿骚、法兰克福自由市和不伦瑞克。此后汉诺威和其他北方德意志邦国一起于 1854 年加入，这些邦国在 1834~1837 年曾加入汉诺威创办的竞争性组织“税务同盟” 540
（Steuerverein）。1868 年大公爵领地梅克伦堡 - 什未林和梅克伦堡 - 斯特雷利茨亦加入关税同盟。汉萨同盟城市汉堡和不来梅在 1871 年帝国创立后很久，即 1888 年才放弃其关税独立政策。

哈布斯堡君主国没有参加关税同盟，这是有充分理由的。此多民族帝国的领土处于不同的发展阶段：既有工业发达的波希米亚，也有农业落后的加利西亚。因此维也纳政府无法遵循适度自由贸易的方针，这是以普鲁士和德意志关税同盟的利益为导向的。奥地利所采取的关税保护政策符合弗里德里希·李斯特（Friedrich List）的“育成关税”（Erziehungszölle）学说。这位来自符腾堡的国民经济学家的思想凝练于 1841 年其未完成的杰作《政治经济学的国民体系》（*Das nationale System der politischen Ökonomie*）中，他建议处于工业化早期发展阶段的国家收取这种关税。李斯特本人自然是关税同盟热情洋溢的宣传者，他最希望能将关税同盟拓展到包括哈布斯堡帝国在内的整个中欧：此愿景远远领先于时代，但 1848 年后恰恰将在奥地利找到强有力的支持者。

组建关税同盟虽然让普鲁士在经济上成为非奥地利德意志邦国的领头人，但这还不意味着将奥地利排除在外的“小德意志”民族国家的方案抉择已经做出。1834 年已经明朗化的是：工业资产阶级的利益，特别是莱茵兰和威斯特伐利亚地区的，现在比以往任何时候都更与普鲁士的命运紧密相连。普鲁士代表着民族市场的扩展，因而意味着销售机会的增多。莱茵兰地区自由党企业家政治代言人从而有强大的物质动机，赞同德意志进一步统一。在当时工业化几乎没有出现的南部德意志邦国，自由派则很少有这类动机。

德意志关税同盟成立 6 年后，普鲁士经历了 1797 年以来的首次王位更迭。1840 年 6 月 7 日，腓特烈·威廉三世在其
541 80 寿辰前两个月去世，其 44 岁的长子继位，称腓特烈·威廉四世（Friedrich Wilhelm IV.）。新君继位唤起的厚望远远超越了普鲁士的疆界。这位腓特烈·威廉四世虽然算不上自由主义者，但与其父相比却是个民族主义者，宽容而且同情改革。这种评价并非捕风捉影。这位国王即位后不久就恢复了恩斯特·莫里茨·阿恩特在波恩大学的教授席位，此前他在《卡尔斯巴德决议》通过后遭解职。接着国王又为“追捕煽动

者”运动的另一位受害者——体操之父雅恩平了反。至少同样引起很大轰动的事是：腓特烈·威廉聘任了“哥廷根七君子”（Göttinger Sieben）中的三位到柏林科学院工作，此前他们被解除教职是因为公开抗议汉诺威新任国王恩斯特·奥古斯特（Ernst August）废除1837年颁布的宪法。这三位学者是历史学家弗里德里希·克里斯托夫·达尔曼（Friedrich Christoph Dahlmann）与雅各布·格林和威廉·格林兄弟，后两位是著名的德意志民间童话搜集者和出版人。

但同时代人的过高期望很快就成为泡影。腓特烈·威廉四世根本不想给其子民一部成文宪法，更不用说是像1831年比利时那么自由的宪法了。他的自由概念不是立宪式的，而是旧的等级制的。因此当东普鲁士要求代议制政体时，他明确地予以拒绝。“我感到自己的权力完全是神授的，在上帝帮助下我会一直拥有这种感觉。”1840年12月26日他在给东普鲁士和西普鲁士的最高行政长官、坚定的自由派人士西奥多·冯·舍恩（Theodor von Schön）的一封信中这样写道，“我毫不羡慕地把光彩和诡计留给所谓的立宪诸侯，他们通过一纸空文①在人民那里成了一种虚构，一种抽象的概念。严父般的统治应是德意志诸侯的治国之道……”[80]

① 指宪法。

## 542 东方和莱茵河：1840年的双重危机

普鲁士王位更迭是让1840年在德国史书中占据一席之地的一件事，另一件令其名垂史册的事则是莱茵河危机。这次危机的起源在近东，其历史可上溯到1830年。当时法国开始征服阿尔及利亚，这发展成一场长期的、血腥的殖民战争。在北非新赢得但还不稳固的堡垒使得巴黎乐于寻找一个盟友，这位盟友能够帮助法国在马格里布进行扩张。它找到了埃及的副总督穆罕默德·阿里，此人一直想摆脱半主权国家的状态，建立由他控制的完全独立的国家，如果他最终不是有更大野心——继承君士坦丁堡苏丹遗产的话。

就在法国成为穆罕默德·阿里的政治靠山时，其他大国，尤其是羽翼大国（Flügelmächte）[①]，却不愿接受奥斯曼帝国持续受到削弱：俄国在1833年（土耳其在希腊独立战争中战败4年后），通过为期8年的《温卡尔－伊斯凯莱西互助条约》（Beistandspakt von Hunkjar Skelessi）取得了一种土耳其保护国的地位，其中包括对外国军舰封锁达达尼尔海峡；而英国认为穆罕默德·阿里的侵略性政策威胁了其在地中海东部的地位并阻碍其前往印度。1839年春，土耳其试图夺回叙利亚（6年前穆罕默德·阿里通过胜利远征把这块地方从高门手中据为己有），但被副总督的儿子易卜拉欣打得落花流水，苏丹的舰队反水到了穆罕默德·阿里一边。

为了防止奥斯曼帝国的崩溃并保持大国间的均势，英国外交大臣巴麦尊勋爵现在更加注重与一直以来的对手俄国以及两个中欧大国奥地利和普鲁士的密切合作。这些外交努力的
543 结果是1840年7月签订的和平解决近东事件的《伦敦条约》

① 指能为其他国家提供保护的大国。

（Londoner Vertrag），在此条约中四个大国将维持奥斯曼帝国的存在宣布为其最高任务。穆罕默德·阿里只应世袭对埃及的统治权和阿卡的帕夏管辖权。普鲁士声明在发生战争时保持中立。法国不仅没有参与这场交易，而且按照沙皇尼古拉和巴麦尊勋爵的意愿，《伦敦条约》实际上就是针对它的。

法国公众义愤填膺，他们觉得其他大国的故意羞辱不啻为一种外交上的滑铁卢。人们拿《伦敦条约》和 1814 年的《肖蒙条约》作比较，因为后者取消了法国以莱茵河作为"自然"疆界的权利。复仇的呼吁也意味着修正：推翻拿破仑时代结束时强加给法国的和平秩序。这与政府近期于 5 月 12 日宣称要将拿破仑的遗骨从圣赫勒拿岛迁往巴黎（此庄严仪式于 1840 年 12 月 15 日举行）完全吻合。英国人在此象征性问题上向法国新自由派首相阿道夫·梯也尔的坚持做了让步，后者也是 1840 年外交危机的挑动者：凭借其对穆罕默德·阿里的公然支持，他要推行一种国威政策，同时也是为了用这种方式转移人们对国内不断加剧的社会动荡的注意力。

1840 年夏季和初秋一场大战似乎爆发在即，法国在这场战争中会在欧洲和近东对抗其他大国。法国呼吁让莱茵河成为德法边界，梯也尔政府强化军备和对巴黎的加固更是显示其决心已定；对此德意志的反响是，许多爱国歌曲涌现了，如马克斯·施内肯布格尔（Max Schneckenburger）的《莱茵河卫士》（*Wacht am Rhein*）和尼古拉斯·贝克尔（Nikolaus Becker）同样受大众欢迎的《莱茵之歌》（*Rheinlied*）——巴伐利亚和普鲁士国王都拿出奖品奖励了此歌。此外，海因里希·霍夫曼·冯·法勒斯雷本（Heinrich Hoffmann von Fallersleben）1841 年写于黑尔戈兰岛的《德意志之歌》（*Das Deutschlandlied*）仍属于前一年的爱国激情的余音。

一瞬间王公和百姓在 1840 年似乎在一件事上达成了共识， 544

即反击看似会来临的来自西部邻居的进攻。德意志民族主义在莱茵河危机期间首次赢得了广大民众的支持，他们遍布德意志各地，包括奥地利，并且不分政治阵营。与 1832 年汉巴赫节后不同，现在几乎没有人认为自由比统一重要。（仍旧这么认为的卡尔·罗特克于 1840 年 11 月去世。）

1840 年起人们坚信，德意志若想在欧洲和世界上证明自己，它首先需要民族团结和国家主权。“统一，积极的而不是神秘主义的统一是几乎各派代言人的明确战斗呐喊。”1843 年初海因里希·冯·加格恩（Heinrich von Gagern）写道，他是黑森－达姆施塔特自由派首领，后成为在法兰克福圣保罗教堂召开的德意志国民议会议长，“个别主义已经根本没有呼声了。这是一个巨大的进步，但它仍然是一个准备性的进步。”

法德战争——从一开始就不可避免地会成为一场世界大战——并没有在 1840 年爆发。该年初秋英国舰队开始在其奥地利和土耳其盟友的支持下在叙利亚海岸发动进攻，穆罕默德·阿里的盟友出人意料地没有进行有力抵抗。此后国王路易·菲利普决定解除令他讨厌的梯也尔的职务，并于 10 月 20 日付诸行动。新内阁名义上受前拿破仑元帅苏尔特（Soult）领导，外交大臣和掌握实权的是历史学家和自由派“教条主义者”弗朗索瓦·基佐。他马上将与其他大国达成谅解提上外交日程。

11 月初英国人和奥地利人占领了阿卡，从而让穆罕默德·阿里的失败成为定局。他必须向苏丹臣服，作为附庸仅保住其对埃及的世袭统治权。1841 年 7 月五个大国（包括法国）在伦敦达成新的《海峡公约》（Meerengenkonvention），此公约取代了俄国和土耳其之间的《温卡尔－伊斯凯莱西互助条约》，在和平时期禁止非土耳其船只通过博斯普鲁斯海峡和达达尼尔海峡。

545 东方危机的结局首先是大不列颠在政治上的伟大成就。输家除了穆罕默德·阿里还有法国的七月王朝，其声誉一落千丈。俄国在反对埃及篡位者的斗争中只扮演了一个配角，1841 年它不得不将土耳其保护国的角色交给由英国领导的五强。但即使在德国也有输家：那些在 1840 年主张自由比统一重要的自由派。[81]

## 饥饿的1840年代：马克思主义的出现

1840年代工业生产取得了巨大飞跃。新时代最明显的标志是一种交通工具，与马车时代相比，它缩小了距离并开始改变人们的生活节奏：铁路。1840年欧洲铁路网里程已达2900公里，1850年此数字增长到23500公里，在接下来的两个十年它又分别翻了一番。

尤其是在早期，英国资本扮演了与英国“专门技术”（know how）同样重要的角色。国家是最大的项目委托方，但为了能制造轨道、枕木、机车和车厢，它需要生产这些材料的企业家和工人，还需要为此提供贷款的银行。1840年代，铁路建设和与其相关的冶铁和铁加工工业发展成工业化的“发动机”。换句话说，火车头成为欧洲工业革命的“火车头”。

工业生产模式获得成功带来的结果是：传统手工业和“原行业”，如家庭手工方式运作的织布行业被排挤。工业化摧毁了旧的工作岗位，同时也创造了新的就业机会；它接纳了许多靠种地无法为生者，它雇用他们的条件被具有批判精神的同时代人指责为残酷和剥削。社会贫困如此巨大，以至1840年代以“饥饿的40年代”被记入史册。但工业化初期的贫困化不是工业化的产物，而实质上是一种工业化前的现象。旧的社会释放出许多它不再能养活的人口，而工业尚不能养活他们。与后来的标准相比，当时的工资极低，而且还有继续降低的危险。但从长远来看，实际工资并不是下降的，而是不断增加的。



最大程度的贫困化发生在1845~1847年。这时几乎全欧洲都出现了因粮荒而引起的骚乱，其最主要原因是农作物连年歉收，一场发源于爱尔兰的马铃薯疫病蔓延到其他国家导致重要食品普遍涨价。（马铃薯16世纪由西班牙人从南美洲引进，从拿破仑战争时期起成为欧洲的主要食物。）此外还有生产过剩导致的“周期性”危机，它源于英国，在那里也发生了最大影响：在修建铁路上的大规模炒作导致银行崩溃、工厂倒闭和许多小企业的破产。

对农业和工商业危机后果的社会抗议几乎从来就不是有组织的，更非蓄谋已久。当时欧洲还没有工会和工人政党；当人们在手工匠人和熟练工协会讨论社会问题与社会主义或共产主义的理论时，这也暂时不会对新兴的广大工业无产者产生什么影响。但有一点可以从失败了的 1844 年反对社会贫困的西里西亚织工起义中学到：如果工人们想唤起公众对他们困境的关注，他们必须团结一致、共同行动。[82]

对社会问题的反思早在“饥饿的 40 年代”前就开始了。1840 年后，有产者与无产者之间的鸿沟如此之深，以至于社会上大多数人有了危机意识，对现有社会关系的批判变得激进了。在德国作为最有影响力的批判喉舌的，是由黑格尔左派阿诺德·卢格（Arnold Ruge）创刊于 1838 年的杂志《哈雷年鉴》（*Hallische Jahrbücher*）。就在 1838 年卢格还把“新教” 547
或“改革原则”宣布为“普鲁士原则”，认为此原则让革命成为多余的，甚至是不可能的。三年后，卢格因普鲁士的书报审查不得不逃往萨克森王国，他在那里将杂志更名为《德意志年鉴》（*Deutsche Jahrbücher*）继续出版。1843 年初，他在论文《自由主义的自我批评》（*Selbstkritik des Liberalismus*）中要求“把自由主义消融在民主化中”，这对萨克森政府而言也不可容忍了：政府查禁了该杂志。卢格离开德意志前往巴黎，在他之前许多德意志人、其他民主党人与激进分子都在那里找到了避难所。

同年出于类似原因，另外一位更为激进的青年黑格尔派也来到巴黎：卡尔·马克思。马克思 1818 出生于特里尔一个改信了新教的犹太律师家庭。他是哲学博士，1842/1843年曾短暂担任激进的《莱茵报》编辑，1843年春报纸遭普鲁士政府取缔。1843年11月起马克思生活在巴黎，他在那里与阿诺德·卢格一起出版了《德法年鉴》(*Deutsch-französische Jahrbücher*)，不久后两人就闹翻了。在这唯一出版了的1~2期合刊号中，马克思于1844年2月公开与黑格尔哲学决裂。但《〈黑格尔法哲学批判〉导言》一文不仅仅是与德意志唯心主义集大成者的清算，马克思在这篇文章中也预言了所有革命中最激进的革命：无产阶级革命，它只能是一场德意志革命。

正是德意志状况的“过时”，让马克思进行了这一大胆的预测和同样大胆的对比，即与法国1789年革命前夕的状况相比。“即使我否定了1843年的德国状况，但按法国的年代来说，我也不会是处在1789年，更不会是处在现代的焦点了。”[①] 根据马克思的观点，德意志的落后真是太极端，所以只有一场激进的革命可以克服它。“彻底的德国不从根本上开始进行革命，就不可能完成革命。德国人的解放就是人的解放。这个解放的头脑是哲学，它的心脏是无产阶级。”[②] 哲学的角色
548 是通过德意志的历史预先确定的。“德国的革命的过去就是理论性的，这就是宗教改革。正像当时的革命是从僧侣的头脑开始一样，现在的革命则从哲学家的头脑开始。”[③] 那位想扮演路德角色并同时超越他的哲学家不是别人，正是卡尔·马克思。

马克思在1843/1844年之交起草的对历史和未来的解读，读起来倒像是中世纪“治权转移”(translatio imperii)学说的现代版，变换一下就是“革命转移”(translatio revolutionis)。

---

① 马克思：《黑格尔法哲学批判导言》，载《马克思恩格斯全集》(第一卷)，北京：人民出版社，1956，第454页。

② 同上书，第467页。

③ 同上书，第461页。

就像根据基督教解读方式，罗马帝国是在公元 800 年从希腊人手上传给法兰克人或德意志人的，即从东向西的转移，现在革命的走向是从西向东，从法国人到德意志人，而革命的性质发生了改变。法国 1789 年进行的是经典的资产阶级革命。如果“高卢雄鸡”再次发出嘹亮的啼叫，是因为社会这时已经继续向前发展了，这次它预报的是另一场革命：无产阶级革命。它可能会开始于法国，但其决定性战役只能在一个国家进行：德意志。由于这里的状况过于落后，“资产阶级革命只能是无产阶级革命的直接序幕”。马克思和他的朋友恩格斯虽然在 1847/1848 年的《共产党宣言》中才这么表述，但他们只是在重复《德法年鉴》那篇文章的要点。

马克思并非从 1789 年资产阶级革命推断出未来无产阶级革命的第一人。1828 年，菲利普·米歇尔·博纳罗蒂（1796 年巴贝夫“平等会”成员之一）在其论密谋的著作中通过引用（由西尔万·马雷夏尔撰写的）《平等派宣言》里的话，称法国 1789 年革命不过是“另一场更大规模、更严肃的革命”的预演，而那将是最后一次革命。马克思熟悉博纳罗蒂的著作，完全有可能是这句话给了他启发，他的使命可能和必须是什么：对历史上最后一次最伟大的革命进行科学论证。资产阶级和无产阶级革命之间的类比论证了后者的历史合法性，这无论如何 549
成了马克思和恩格斯思想中的阿基米德支点，从此以后这种认知兴趣引导他们奠定了“科学社会主义”的基础。

无论是在马雷夏尔的原始版本中，还是在马克思经过润色的表述中，从资产阶级革命得出无产阶级革命的结论都是极具争议的。在 1789 年的法国，一个无用的统治阶级——封建贵族被一个上升的阶级——“第三等级”剥夺了权力，后者已经至少拥有相对权利，能证明自己，它在这场纠纷中代表着全体非特权社会，在各方面都有能力进行统治。而无产阶级面对资产阶级能否在某个时候拥有类似地位，这是有疑问的。

同样值得怀疑的是第二个结论，即从德意志的宗教改革到德意志的无产阶级革命。自费希特以来还没有哪位德意志作家像马克思这样在路德那里寻找自我认同。他以革命知识分子的名义为自己要求领导角色，虽然革命知识分子并未委托他进行领导。与早期德意志民族主义者一样，“科学社会主义”创始人希望作为先锋受到社会进步部分的承认：前者在民族范围，后者在国际范围。这一宏伟目标需要第三个结论：从德意志到世界其余地方。费希特曾经想过的，马克思为其得出了合乎逻辑的结论。德意志人作为通过其革命救赎了人类的民族，完全按照卢梭的意思，将会成为解放了的新人，不会再背离其本质：谁想为世界要求这种命运，他必须比其他任何人更了解世界精神（Weltgeist）。

马克思预言的时代是他希望不久就会来临的时代。在三月革命前的德意志，他和恩格斯寄予厚望的工业无产阶级还太弱，无法成为马克思意义上的革命主体。对于大多数工厂工人而言，社会苦难让他们对已有现状更加被动接受而不是积极反
550 抗。有力量进行抗议的工人和熟练工是少数，其中许多人是在国外，特别是在法国、英国、比利时和瑞士，接触到早期社会主义思想。一些人感到被出生在马格德堡的裁缝帮工威廉·魏特林（Wilhelm Weitling）的空想—宗教式共产主义所吸引，另一些人后来在 1848 年则受到主张社会改革的“工人兄弟会”（Arbeiterverbrüderung）的影响，该组织由印刷帮工斯蒂芬·博恩（Stephan Born）创建，他也是最早使用“社会—民主”概念的人之一。相反，1847 年创立于伦敦的“共产主义者同盟”（Bund der Kommunisten，这是马克思和他的朋友，巴门地方制造商的儿子和商人弗里德里希·恩格斯对那里德意志工人协会进行彻底改建的结果）吸引的人不多，而且在 1848 年革命

中也没有发挥显著作用。

1848 年 2 月马克思与恩格斯合作发表了《共产党宣言》（*Manifest der Kommunistischen Partei*），共产主义者同盟这份成立宣言产生的长期和全球性影响非同小可。想彻底改变现有社会条件并最终消除它的人，在此能找到进行革命实践所必需的理论武装。为了赢得稳固的位置，去克服无产阶级的悲惨存在，并为一个没有任何压迫的自由、无阶级的社会未来而奋斗，人们在此能够找到必要的历史知识。至于资产阶级社会改革家和早期社会主义者描绘的新社会蓝图，均被揭露为封建反动的、资产阶级的、小资产阶级的或乌托邦的。马克思和恩格斯充其量承认，圣西门、傅立叶或欧文等人为工人的启蒙提供了材料。但此前并不存在对社会主义以及其完美形式共产主义的科学论证，这只有他们才能胜任：这是马克思和恩格斯给自己定下的高要求。

在《共产党宣言》中人们可以读到：全部迄今为止的社会历史都是阶级斗争的历史；现代国家政权不过是管理整个资产阶级事务的一个委员会；每一个时代的统治思想始终只是统治阶级的思想；资产阶级消灭了封建主义的统治，使农村屈服于城市的统治，它在历史上扮演了最革命、改变世界最彻底的角 551
色，但它无法对付当前日益严重的经济危机；资本不是一种个人力量，而是一种社会力量，无产阶级是当今社会的唯一革命阶级；中间等级日益沦为无产阶级，因此社会分裂为相互敌对的两大阵营（即资产阶级和无产阶级）的进程不可阻挡；工业的进步没有改善雇佣劳动者的生存状况，而是进一步恶化了该状况；共产党人不是同其他工人政党相对立的特殊政党，而是最坚决的、始终起推动作用的、受理论见解领导的那部分工人阶级；共产党人的最近目标应该是“使无产阶级形成为阶级，推翻资产阶级的统治，由无产阶级夺取政权”[①]；消灭私有制是终止阶级统治的必要前提；工人没有祖国，各民族之间的敌对关系在无产阶级这里已经不复存在；赢得民主只是第一步，共产党人要实现的最终目标是“一个以各个人自由发展为一切人自由发展的条件的联合体”。[②]

《共产党宣言》的结束语是：“共产党人认为隐瞒自己的观点和意图是可鄙的事情。他们公开宣布：他们的目的，只有用暴力推翻全部现存的社会制度才能达到。让那些统治阶级在共产主义革命面前颤抖吧。无产者在这个革命中失去的只是自己颈上的锁链。而他们所能获得的却是整个世界。全世界无产者，联合起来！”[③]

当年响应这一号召的工人只占少数，但用来震撼资产阶级社会的相当部分人它已经足够响亮。革命消息的传播在无产阶级中需要假以时日，在资产阶级中它却以更快的速度流传，而且在出乎马克思和恩格斯预期的另一种意义上，即警告人们不要进行过激的政治变革，因为这太容易为那个阶级铺平通向权
552 力的道路，也就是马克思在《共产党宣言》所称的资产阶级的“掘墓人”——无产阶级。[83]

① 马克思、恩格斯《共产党宣言》，载《马克思恩格斯全集》（第四卷），北京：人民出版社，1958，第 479 页。

② 同上书，第 491 页。

③ 同上书，第 504 页。

## 处于 1848 年革命前夜的欧洲

1846 年波兰爱国者进行的革命既不是一场资产阶级革命，也不是一场无产阶级革命，而是一场民族革命。1830/1831 年的自由斗争失败 15 年后，按照流亡国外的“民主协会”和他们留在国内的志同道合者的意志，整个波兰再次起来抵抗瓜分波兰的三个强权国家。起义本该开始于普鲁士的波森，但由于出了叛徒，起义的军事领袖路德维克·梅罗斯瓦夫斯基（Ludwik Mierosławski）被捕，起义于 1846 年 2 月 12 日失败。在俄属波兰，密谋一直难于展开。只有在奥地利的加利西亚和克拉科夫共和国看上去还有起事的可能，但爱国者直到 2 月 20 日才决定起事，即在奥地利军队进驻城里两天后。

起义者组织混乱，起事几乎还未开始就遇到了一场灾难：受到奥地利官吏的鼓励——如果说不是煽动的话——加利西亚西部讲波兰语的农民起来反对地主贵族，后者是自由运动的重要成员。发生在农村的血腥起义使得克拉科夫的革命无法成功，那里的奥地利人采取的是防守态势。2 月 26 日，奥地利人和农民联手在克拉科夫附近给武装起来的爱国者以致命打击。接下来俄国和普鲁士的军队占领了克拉科夫，尽管两个西方列强提出了抗议，曾经的共和国还是被并入奥地利的加利西亚王国。留下的是双重不信任：一方面国内的爱国者不信任流亡爱国者，另一方面贵族和资产阶级精英不信任农民，后者和瓜分波兰的强权联手对付波兰同胞——贵族地主。

第二年，在欧洲的另一个国家，革新与守旧力量之间的斗争采取了与波兰完全不同的方式，这个国家就是瑞士。1847/1848 年的政治动荡的起因可以追溯到七月革命发生的那一年。受到法国政权更迭的启发，邦联议事会［Tagsatzung，旧瑞士宣誓同盟（Eidgenossenschaft）的全体代表议事机构］

通过 1830 年 12 月 27 日的决议给予各州修宪的自由，只要修改后的宪法不违背 1815 年 8 月 7 日的邦联条约。此后有 11 个州（既有信奉新教也有信奉天主教的）在民权基础上引进了代议制民主体系。

在接下来的一段时期，许多州（部分以暴力形式）发生了自由派和激进派为一方，保守的天主教徒和有些地方的新教徒为另一方的激烈冲突。自由派在邦联议事会中占多数。1846 年初夏，七个信仰天主教的州卢塞恩（Luzern）、乌里（Uri）、施维茨（Schwyz）、翁特瓦尔登（Unterwalden）、楚格（Zug）、弗莱堡（Freiburg）和瓦莱（Wallis）结成一个“独立联盟”（Sonderbund）[①]，一致反对大部分信仰基督教新教的各州中反圣职者的自由派。他们还质疑宣誓同盟是否有权插手其成员的内部事务。1847 年日内瓦和圣加仑两州加入自由派一方，这样在 10 月 24 日召开的邦联议事会上就以明显多数形成进行武力干涉的决议，以达到解散独立联盟的目的。

这场战争持续了三个半星期，共约 100 人死亡，400 人负伤；1847 年 11 月 29 日独立联盟投降。联邦议会立即组织一个由自由派和激进派组成的委员会，负责起草新的联邦宪法。该草案准备将现有的邦联改组为一个具有行动能力的中央集权的联邦国家。五大强国中的四个，即俄国、奥地利、普鲁士和法国强烈反对这一改革措施，但无论是邦联议事会还是瑞士人民都不买他们的账。1848 年 9 月 12 日，新宪法经公投以压倒多数获得通过。

独立联盟战争的政治结果是建立起现代瑞士，中产阶级取代贵族获得话语权，各州的主权受到瑞士宣誓同盟人民主权的
554 限制并从而最终被后者取代。联邦议会取代了邦联议事会，它

① 也译作“宗德班德”，即分离主义者联盟，目的是阻止建立更中央集权化的政府，保持各州割据局面。

由两院组成：代表各州的联邦院和代表全体居民的国民院。所有年满20岁的男性瑞士人都拥有选举权。行政机关是以联邦总统为首的七人瑞士联邦委员会。在批准宪法时尚无法预见的事在一年后成为历史事实：除了丹麦和荷兰，瑞士是欧洲国家中唯一一个自由力量在1848年革命的宪法斗争中获胜的国家。

1847年阿尔卑斯山以南也发生了显著变化。皮埃蒙特—撒丁国王卡洛·阿尔贝托认识到，他在自己国家和整个意大利的声望只有通过对自由派爱国者的让步才能提高。他放宽书报审查，1847年10月用相对进步的大臣取代了保守的大臣，并具体推动温和自由派如切萨雷·巴尔博（Cesare Balbo）伯爵的政治诉求。巴尔博伯爵于同一年与卡米罗·加富尔（Camillo di Cavour）伯爵——后任意大利王国首相——一起创办了一份名为《复兴报》（*Il Risorgimento*）的报纸，而“复兴”这个词则纲领性地影响了整个欧洲。

令人惊讶的变化同时亦发生在教宗国。1846年当选的教宗是庇护九世（Pius IX.），本名为乔瓦尼·马利亚·马斯塔伊－费雷提（Giovanni Maria Conte Mastai-Feretti）。虽然按照其前任格里高利十六世的惯例，他上任伊始就在通谕《为多人》（Qui pluribus）中严厉谴责自由主义和理性主义（而且首次加上了共产主义），同时却乐于进行势在必行的改革，其中除了早该进行的教会内部行政重组，还包括为罗马制定的市政法规和政治大赦。

教宗的行为鼓励了托斯卡纳大公利奥波德二世，他也开始启动理解统一与自由运动的政策。这些状况，特别是教宗国的情况让梅特涅很担心，他尤其怕改革的努力会传导到奥地利治下的伦巴第—威尼托。援引1820年《维也纳决议案》（Wiener 555
Schlußakte）中的一项条款，这位维也纳的首相于1847年7月17日命令奥地利军队占领了费拉拉（Ferrara）市。教宗迅速提出抗议令他在意大利人中更受欢迎，卡洛·阿尔贝托国王从而承诺，倘若奥地利进行进一步干涉，他将从撒丁岛和皮埃蒙特地区向庇护九世提供军事援助。

比北部和中部意大利的情况更具戏剧性的是西西里岛的状况。1848 年 1 月，那里自由派和民主派的广泛联盟，在城乡部分贵族和工人的支持下，起来反对波旁王朝对两西西里王国的统治。当时的统治者很快就失去了对该岛大部分地区的控制。2 月建立了由温和自由主义者和民主主义者组成的临时政府，其中包括后者的代表——年轻的弗朗切斯科·克里斯皮（Francesco Crispi），他曾在 1887~1891 年以及 1893~1896 年任意大利首相。1848 年 2 月法国七月王朝被推翻时，革命在西西里已经开始：此事件通常被人们认为是揭开了 1848 年革命的序幕。

在两西西里王国的首都那不勒斯，由于重兵把守没有发生激烈的革命行动。对于西西里岛的事件和王国内其他地方不断增长的反对派势力，国王斐迪南二世（Ferdinand II.）采取的对策是在 1848 年 2 月公布了宪法，此宪法在很多方面类似法国 1830 年 8 月的《宪章》，但留给君主的权力要比法国七月王朝的大。[84]

大约在同一时间，与意大利一样，旧秩序在普鲁士也陷入危机。1847 年 2 月国王腓特烈·威廉四世召集“联合省议会”（Vereinigter Landtag）前往柏林开会。大会由一个贵族院和三个其他院，即一个采邑庄园主院、一个其他乡绅地主院和一个特别高素质的城市地主院组成，它们分别源自 1823 年起存在的各省议会。联合省议会本该拥有批准税收和同意政府发行公债的权力，但不具有定期召开的“周期性”。这种大会不可以自行召开，只有国王有权召集开会。在 1847 年 4 月 11 日的
556 开幕致辞中，腓特烈·威廉首先阐明他仍旧不愿做的事：给普

鲁士一部宪法。他解释道，他永远都不会承认，“在天上的我主和这个国家之间会有一纸宪法挤进来充当第二神意”。

国王和他的大臣们召开这次大会只是为了钱：各省议会的代表们应该借给普鲁士国家 2500 万塔勒贷款，用于修建计划中的通往柯尼斯堡的东部铁路。莱茵兰和威斯特伐伦的产业界和东普鲁士的大地主对这条铁路线有同样大的兴趣。联合省议会的议员们也深知此项目是势在必行的，但他们对普鲁士的宪法化和议会化更感兴趣。他们对国王想出的这种不健全的议会制感到不满，因此联合省议会理所当然地拒绝批准所要求的贷款。

如此，普鲁士由开明官吏进行的“自上而下”的改革就面临结束。要想让现代化继续下去，霍亨索伦国家必须给经济上强大、政治上自觉的社会成员让渡更大限度的参与权。向普鲁士国家提出权力问题，当然就连社会上自由派的代表们也没想到。拒绝贷款是一种示威，却不是呼吁进行革命。

另一个德意志强权国家奥地利和普鲁士一样没有宪法。这种消极的共性面对的却是十分显著的区别：哈布斯堡君主国的官僚体制效率较低，书报审查更加严格，特务网比霍亨索伦国家的更广。奥地利的工业化刚刚起步；维也纳政府在 1840 年代离整顿公共财政的目标比以前更远；不断增长的债务令奥地利越来越依赖银行，具体地说是依赖犹太财阀罗斯柴尔德家族的银行。为整个国家制定一部自由宪法，首都的自由主义中产
阶级愿意，王室和政府却不愿意。说德语的奥地利人无论政治 557
立场如何，都觉得自己是德意志人，因此是一个共同的、更大的民族的一部分，同时他们又感到自己是哈布斯堡多民族帝国中的主导民族。

在很大程度上独立的匈牙利，其国王是奥地利皇帝，马扎尔人面对非马扎尔少数民族扮演着领导角色，这些少数民族

包括克罗地亚人、罗马尼亚人、斯洛伐克人、德意志人和塞尔维亚人。1846年，斯拉夫民族中首先起来反抗哈布斯堡皇朝统治的是波兰人，尽管毫无结果。1840年代生活在波希米亚的捷克人也开始强烈意识到自己的民族特性：这一过程如上所述，在意大利开始得要早得多。

奥地利首相总是按照一句座右铭行事："将它扼杀在萌芽状态中"（Wehret den Anfängen）。梅特涅对非德意志和非马扎尔民族的民族愿望的对策，与他在德意志邦联中所采取的政策如出一辙：除了镇压还是镇压。"梅特涅体系"渐渐导致奥地利和其他德意志邦国的精神隔阂。政治上，奥地利与一切可能在普鲁士，特别是在"中立第三方德意志邦国"导致敌对的东西相隔绝；在经济方面，奥地利的态度则体现为对修建交通道路缺乏兴趣：维也纳政府并不看重连接奥地利和其他德意志邦联地区的铁路线，第一条连接奥地利与普鲁士的铁路经艰苦谈判才在1849年开通。这样的奥地利在需要抉择时会赞成德意志统一，放弃继续维持自家的整个帝国，这在三月革命前的最后岁月里只有那些做白日梦者才会相信。

在南德意志各宪制邦国，1840年代后半期温和自由派与民主派之间的裂痕增大。后者认为一部宪法不过是自主民意的一种体现，前者则希望它成为人民和诸侯间的协议。两大阵营分道扬镳最明显的是在巴登：1847年9月，曼海姆律师弗里德里希·黑克尔（Friedrich Hecker）和古斯塔夫·冯·司徒卢威（Gustav von Struve）身边主张所谓"一统江山"的人
558 相聚于奥芬堡（Offenburg），他们要讨论拿出一个什么样的基本纲领，以便能够与追求"半壁江山"的温和自由派划清界限。奥芬堡纲领虽然没有像某些最重要的行为人所憧憬的那样公开要求建立德意志共和国，但除了经典的基本权利外，他们首先要求新闻自由，在普选基础上选举德意志议会，建立一种

民兵式军事组织和征收累进所得税——它将有助于平衡“资本与劳动之间的失衡关系”。

来自巴登、符腾堡、黑森-达姆施塔特和黑森选侯国的主张“半壁江山”者不久后于1847年10月在黑彭海姆（Heppenheim）聚会，具有讽刺意味的是，他们住的地方偏巧叫做“半月客栈”（Gasthof zum halben Mond）。他们对“一统江山”派的答复不是一个纲领，而是一份纪要。他们主张，应把扩大德意志关税同盟这项任务交给一个代表性机构，即一种类似议会的组织。虽然哈布斯堡帝国不能作为一个整体，但其属于德意志邦联的部分可以加入关税同盟，从而参与德意志民族统一方案的设计。在内政要求方面两派观点大体一致，在社会领域温和派赞成“公平分配公共负担，以减轻中下阶层和工人们的压力”。

几个月后，德意志最北部地区也陷入激烈骚乱，很快蔓延到全国。1848年1月20日，丹麦国王克里斯蒂安八世去世。由于王位继承人没有子嗣，一年半前根据丹麦继承法，他于1846年7月8日以“公开信”方式公布了丹麦和石勒苏益格的继承顺序。与荷尔斯泰因不同，在丹麦女性亦可继承王位。因此国王的声明意味着，将石勒苏益格并入丹麦王国，并与荷尔斯泰因分离。这在石勒苏益格、荷尔斯泰因以及德意志其他地方引发了强烈不满。克里斯蒂安的继任者，弗雷德里克七世（Friedrich VII.）继位仅一周，就于1848年1月28日在一份诏书中提出了适用于整个国家，也包括石勒苏益格在内的宪法基本要点。2月初一个委员会要据此拟出宪法草案。

在政治和新闻方面极为活跃的主张民族自由的人对此并 559
不满足。他们要求立即宣布整个石勒苏益格为丹麦王国的组成部分，将边境向南拓展到艾德（Eider）河［“艾德丹麦人”（Eiderdänen）的概念即源于此］。3月20日，在哥本哈根“卡西诺剧场”（Casino）的一次集会做出了决议，以最后通牒的形式敦促国王吞并石勒苏益格。作为理由，集会主办方没有进行更好的调查就断言，石勒苏益格—荷尔斯泰因派于 3 月 18 日在伦茨堡（Rendsburg）聚会决定与丹麦彻底决裂，此为反抗的信号。实际上这些人在那里仅仅决定派代表团向国王陈诉石勒苏益格—荷尔斯泰因的要求。民族自由主义者们的领袖却希望在石勒苏益格—荷尔斯泰因的代表抵达哥本哈根前就行动，并造成既成事实。

“卡西诺”集会的第二天，即 3 月 21 日，一大群人前往克里斯蒂安堡宫（Schloß Christiansborg），目的是向国王递交请愿书。此时国王才意识到事态的严重性。为了阻止一场革命，弗雷德里克七世现在完全站在了丹麦民族运动一边。3 月 21 日当天，他解散了旧政府，代之以一届新政府，其中有民族自由派首领律师奥尔拉·莱曼（Orla Lehmann）。内阁重组恰好意味着丹麦君主专制的终结和王权与民族主义的联盟。

吞并石勒苏益格的要求不符合历史上的相关权益规定。1460 年的《里伯条约》（Vertrag von Ripen）规定，石勒苏益格和荷尔斯泰因应永远不可分割地唇齿相依。生活在这两个公国的德意志人，尤其是在荷尔斯泰因的（与石勒苏益格不同，荷尔斯泰因属于德意志邦联并且全部属于德语区），立即对违反旧规定的行为提出强烈抗议。特别有效的是伦茨堡的省议会在 2 月 17 日明确拒绝了丹麦全国宪法。和 1846 年一样，在整个德意志，自由主义者和民主主义者均站在石勒苏益格—
560 荷尔斯泰因一边，他们要求德意志邦联和各邦国政府拒绝丹麦的吞并要求。

国王弗雷德里克七世不为来自石勒苏益格—荷尔斯泰因以及德意志的反对所动摇。1848 年 3 月 24 日，根据新政府前一日的决定，他下令将整个石勒苏益格并入丹麦王国版图。同一天，在德意志一方的基尔就组建了石勒苏益格—荷尔斯泰因临时政府。从那时起，空气中就弥漫着战争的味道，当时革命的浪潮也席卷了德意志，其最初的征兆是 1848 年 1 月发生在巴勒莫的推翻政府之举。[85]

## 七月王朝的终结

1840 年东方与莱茵河危机的结局在法国令人产生了一种沦为二流国家的感觉，这严重损害了七月王朝的声誉。在这种情况下，最可行的做法莫过于用在世界其他地区赢得声望的成功来抵消 1840 年在外交上的败笔。法国毫不费力就在 1842 年让塔希提岛（Tahiti）成为自己的受保护国，它是南太平洋群岛中最大的岛屿。在北非掌控局面要困难得多，法国认为那里的阿拉伯叛军首领阿卜杜·卡迪尔（Abd el-Kader）形成了对自己的挑战。1832 年起后者控制着摩洛哥，并在阿尔及利亚给了法国人一些沉重打击。1843 年 5 月路易·菲利普的儿子奥玛勒公爵（Herzog von Aumale）成功地攻下了斯马拉（Smala）——叛乱分子的帐篷行宫，次年 8 月比若（Bugeaud）元帅（自 1840 年起担任阿尔及利亚总督）在伊斯利河（Isly）干涸的河床上打败摩洛哥人。但血腥的游击战仍在继续。直到 1847 年 12 月底阿卜杜·卡迪尔才不得不向拉莫里谢尔（Lamoricière）将军手下装备精良的法国军队投降。此后又过了二十多年，阿尔及利亚才屈服于法国的军事统治。

1840 年前法国征服的只有狭窄的沿海地带，包括港口城市阿尔及尔和奥兰（Oran）。1834 年在巴黎经政府授意屠杀
561 过叛逆的共和党人的总督比若，面对当地居民的持久抵抗，认为必须把整个国家置于法国的控制之下。他的策略是采取焦土政策，换句话说就是全面战争。像对待半个世纪前发生在旺代的反对革命的暴动一样，一座座村庄被烧焦，庄稼和种子遭毁灭，牲口被没收或宰杀。惩罚行动总是以“Razzia”（搜捕，这是个阿拉伯词，1840 年后进入西方各种语言）开始：可疑的群体，包括妇女和儿童，被法国军队包围并关在一起，不再有逃跑的机会。比若下令将格外顽固的叛乱团伙关进

洞穴熏死。他们的妻子和儿女被赶进白雪皑皑的阿特拉斯山脉（Atlasgebirge），在那里他们大批地死于饥饿、干渴和冰冻。

最坚定不移地为法国殖民战争进行辩护的人中包括亚历克西·德·托克维尔，他于1839年作为温和自由派当选为众议院议员，两年后入选法兰西学术院。经过首次在阿尔及利亚为期数周的旅行，他于1841年10月把自己的亲眼所见和所得出的结论写入一部书稿（此书在他去世后才出版）。对法国来说，放弃阿尔及利亚意味着向世界表明自己在稳步走向没落，这是托克维尔《有关阿尔及利亚的思考》（*Gedanken über Algerien*）一文的出发点。他坚信，法国人在经历过1840年的屈辱后，现在比以往任何时候都无法接受从阿尔及利亚撤军的政策，他们必须始终如一地继续进行征服。因此托克维尔反驳了那些可敬的人，他们认为“烧毁庄稼，抢劫谷仓，最终甚至逮捕手无寸铁的妇女和儿童，这是不好的。我认为，这是任何一个想与阿拉伯人进行战争的民族不幸必须（nécessités fâcheuses）要做的……在何种程度上，烧毁庄稼地、逮捕妇女和儿童，就比轰炸围城中的无辜居民或在公海上截获敌方的商船更为可耻呢？”

托克维尔对在阿尔及利亚尽职责的军官给予军事上的尊 562
重，同时他们也令他畏惧。因为这些人在非洲养成的思维和行为习惯，按照他的意见，在其他地方尤其是在自由国家是危险的。一个在非洲待过的军官在那里会变得“强硬、暴力、专制和形成粗犷的管理风格”。男人在非洲变成男子汉，他们过度受到公众的关注，“因为他们是萎靡不振氛围中的行动者，在热爱战争却无缘亲身参与的人民中享有善战的名声。我怕搞不好有一天，他们利用在国外经常突然获得的影响力来左右公共舆论，干涉我们的内部事务。上帝保佑我们，永远不必体验法国被非洲军团的军官领导”。

这种清醒的见解并未妨碍托克维尔将非洲军队在阿尔及利亚的军事胜利看作未来法国之伟大的保证。在阿尔及利亚要证明“我们能够向非洲移民”。因此，被征服的阿尔及尔周边地区土地要由法国移民耕种，以求法国殖民统治的持续稳固。土地应从阿拉伯人手中购买，可以通过双方协商，必要时亦可使用武力。那种想让新的信仰基督教的居民和当地半定居的穆斯林居民融合的念头，只是“一种没在那里生活过的人的想入非非。在非洲可以而且必须有两种截然不同的立法，因为那里存在着两个严格隔离的社会。就欧洲人而言，绝对没有什么可以阻止我们采取一种态度，即把他们当成单独生活在那里的人，因为所有为他们制定的规则必须始终只适用于他们”。

乍一看，《有关阿尔及利亚的思考》违背了《论美国的民主》一书中对自由的慷慨激昂的赞许，后一本书的第二部分出版于 1840 年。但自由派托克维尔在其成名作中就已然把欧洲移民对北美印第安人的逐步排挤甚至是灭绝，以明显的平静态度（几乎当作自然法则的实施）进行了描述。在他看来，美国
563 白人在文化上优越于当地土著人以及从非洲引进的黑人奴隶，就类似于法国人优越于马格里布的阿拉伯人。出于这种主观想象的文化优势，他认为征服和殖民是合理的。

此外，托克维尔在美国的旅行让他有机会了解一个宏伟愿景之鼓舞人心的作用。对美国来说，这个愿景是对一个人烟稀少的广阔区域［从阿巴拉契亚山脉（Appalachen）到太平洋］进行开发和渗透。对法国而言，托克维尔和他的一些同时代人认为，阿尔及利亚是通往非洲的大门。借助一个共同的伟大民族目标，把法国的内部碎裂状况在迄今过于狭窄的边界以外的地方予以克服：北美洲人在美洲大陆、英国人在印度相当成功地做到的事情，法国人在地中海的另一边同样必须能够做到。这至少是托克维尔在 1840 年代所希冀的。

然而越来越令他担心的是法国政策在阿尔及利亚的实践：军事征服之外的持续殖民行动乏善可陈。与浪漫诗人和自由派议员阿尔方斯·德·拉马丁（Alphonse de Lamartine）不同，即使在众议院 1846 年 6 月就阿尔及利亚问题进行的大辩论中，托克维尔也没有谴责法国士兵令人发指的残忍，他们按照比若总督的命令对阿拉伯平民实行惨绝人寰的灭绝行为；他的立场仅限于拒绝对当地居民进行大规模驱逐与灭绝。1846 年秋他作为众议院四人代表团成员再次前往阿尔及利亚，这一次的旅行令他清醒过来。作为主管委员会的报告人，托克维尔在 1847 年春天对军政府提出了尖锐批评，其中包括发现军队既无视公民自由，也不尊重所有权。

这番评语当然没有把当地穆斯林包括在内，而是仅针对法国移民。托克维尔承认当地人（indigènes）也享有一定符合自己传统的权利，包括暂时允许他们蓄奴。“非洲的伊斯兰 564
社会并非不文明，它只是落后和不完善……我们让他们变得比与我们相遇之前更悲惨、冲动、愚昧和野蛮……私有财产、工业、定居，这些并不违背穆罕默德创立的宗教……伊斯兰信仰并非完全摒弃理智，这种信仰常常为一定的科学和艺术的生长创造了空间。为什么我们不应该让他们在我们的统治下蓬勃发展？我们不要强迫当地人上我们的学校，而是应该帮助他们恢复自己的学校，增加教师人数，培训法律学者和经师，这样的人才无论是对伊斯兰社会还是对我们的社会来说都是不可或缺的。”

托克维尔的这番话是为开明的殖民统治所进行的辩护，为了双方的最大利益，这种殖民统治是由发展水平较高的势力对半文明的土著进行的。后者也不是没有权利，但他们的权利是另一种权利，而且比欧洲人权利少。殖民国家欠当地人一个好政府，以帮助他们从不完善状态进步到更高的文明层次。借此托克维尔虽然反对那种认为人类种族不平等不可消除的看法，就像几年后其临时秘书约瑟夫·阿瑟·戈比诺伯爵（Joseph Arthur Comte de Gobineau）所代表的观点，但还远远谈不上对他 1841 年的立场进行了根本性修正。一种殖民地的两个阶级社会，类似一百年后南非发展出的“种族隔离”制度：这就是托克维尔为阿尔及利亚未来所能设想的全部了。

在向众议院提交的报告中托克维尔呼吁法国人，在阿尔及利亚不要拿对美洲的征服做例子。这样的事在如今 19 世纪要比三个世纪前更加不可原谅。因为今天的法国人，按他的说法，不像西班牙征服者那么狂热，而且比后者更好地了解“在
565 全世界广为传播的法国大革命之开明见解和原则”。然而不可剥夺的人权观念，1776 年和 1789 年革命的伟大成果，这些都与为法国在阿尔及利亚的殖民统治辩护不相容。即使托克维尔后来意识到这一点，他也没有进一步发声：1847 年后他再没有涉及阿尔及利亚这一话题。[86]

托克维尔撰写的委员会报告并非没有任何后果：这篇报告导致比若总督——他本想通过不断创建新的军屯地把对阿尔及利亚的征服永远继续下去——被国王路易·菲利普解职了。托克维尔认为在北非推行的成功殖民政策会对内政产生积极的影响，然而这种影响在 1847 年 12 月 23 日阿卜杜·卡迪尔投降后也没有出现。当时的状况也几乎不可能出现其他局面，因为法国那时正处于深刻的危机中。

这场危机如果不是已经开始于 1845 年的马铃薯疫病的话，那么至迟开始于 1846 年的欧洲庄稼歉收。自英国开始的国际信贷危机，特别是因铁路建设的过度投机引起的后果，更让局面雪上加霜。法国的工业由于历来受高关税保护，远远不如普鲁士的工业有活力和反应快，所以由于信贷紧缩和销售下降必须大批解雇劳动力和降低工资。由此导致社会危机，特别是煤

炭开采、钢铁工业、金属、棉花和丝绸业中心受影响最明显。资本主义激进批评家的鼓动得到的听众比以往任何时候都多，工人、手工业者、小资产阶级和知识分子开始发现他们在政治上的共同诉求。并不需要太多的想象力，1847年底人们就能想象普遍的动荡会发展为革命。

在1846年夏天的选举中——名义上在苏尔特元帅领导下，事实上是基佐说了算——政府取得了一次辉煌的胜利：其追随者获得291个议席。奥迪隆·巴罗（Odilon Barrot）领导的奥尔良左派得到约100个议席，忠于波旁王朝的正统主义者占有16个议席，以阿道夫·梯也尔为中心的左派和以亚历山大· 566
赖德律-洛兰（Alexandre Ledru-Rollin）为首的极端资产阶级左翼得到十几个议席。像托克维尔和拉马丁这种独立自由派则不属于上述任何派别。

1847年9月基佐正式出任首相。此时，“中庸环境”的批评者已经开始在政治宴会上坚决反对极为有利于富人的资格性选举权，这种选举方法让“国家法律层面”和“国家现实层面”间出现了一道深深的鸿沟。对普选权的要求迅速成为四分五裂的反对党中左翼的共同诉求。他们最善辩的代言人是资产阶级激进分子赖德律-洛兰和社会主义者路易·布朗。

1847年下半年在整个法国共举行了约70场“宴会”（banquet），在这些宴会上人们要求对选举法进行改革。1848年初此运动开始波及首都。计划于1月19日举行的宴会，第12区的国民自卫军本想参加，却被警察局长禁止。此后经过向众议院宣读请愿书，宴会被推迟到2月22日，这并未阻止在场的大学生们继续举行要求改革选举制度的示威游行。基佐政府和众议院多数坚决回绝了巴黎的请愿活动，从而让动乱升级。

托克维尔清楚地感觉到1848年初七月王朝处于多么危险的境地。1月27日他在众议院发言，他哀悼团结友爱精神的衰落，抱怨以耸人听闻的腐败丑闻形式出现的公共道德之沦丧，他警告不要让危机进一步升级。他说，工人们虽然目前在政治上保持平静，但他们已经意识到自身的社会利益。一旦每天在工人圈内发表的意见在广大群众中传播，它们迟早会导致最可怕的革命。1789 年革命的深刻根源在于，当时的统治阶级由于其冷漠、自私与恶习，无法和不配继续统治下去。“诸位难道没有感觉到……欧洲大地再次在震颤吗？诸位没有嗅到——我该怎么说呢，空气中已经弥漫着革命风暴的气味？……我深
567 深坚信，公共道德沦丧，此公共道德之坍塌在短时间内，也许就在不久的将来必然会引发一场新的革命……改变政府的执政精神吧，我再次向诸位强调，目前这种精神将把诸位带进深渊。”

还不到四周，2 月 22 日星期二——原定 1 月 19 日的宴会应改在这一天举行——接近中午时先是大学生们在先贤祠组成示威游行队伍，很快大批工人也加入其中。在与市政卫队（Garde municipal）发生第一波冲突之后，武器店被洗劫一空，并建立起路障。次日，很多国民自卫军的成员倒戈加入示威者一方。国王随后在下午解除了基佐的职务，但此举只暂时缓和了众人的激动情绪。当傍晚来自郊区圣安东尼（Saint-Antoine）的游行队伍在外交部所在的卡普辛街（Rue des Capucines）公开表示对基佐的蔑视时，军队开了枪。他们打死 52 人，74 人受伤。听到大屠杀的消息后，首都的工人和老百姓发动了起义。用历史学家让·蒂拉尔的话说：“没有计划，没有组织，但骚乱还是变成了革命。”

基佐的继任者阿道夫·梯也尔有关改革和重新选举的公告来得太晚。七月王朝在路易·菲利普统治初期，曾在 1832 年和 1834 年两次以武力镇压了共和党人的起义；但 1848 年 2 月最后一周发生在巴黎的动乱却与上两次不同：它不是少数人

的政变，而是一场人民起义。国王为了避免君主制被推翻只有一个可供选择的办法：逊位，由其年幼的孙子巴黎伯爵（其父奥尔良公爵于 1842 年在一次意外事故中去世）继位。路易·菲利普在 2 月 24 日逊位后即流亡英国，并于 1850 年 8 月客死他乡。

但君主制已是病入膏肓。当众议院 2 月 24 日还在辩论谁该成为路易·菲利普的继任者时，武装起义者冲进会议室，要求宣布成立共和国。赖德律－洛兰在拉马丁支持下，呼吁组成一个临时政府，此政府应遵从人民的意愿，而不是众议院的意 568
愿，并立即选举国民议会。在闯入的示威者的鼓掌欢呼中，任命了一个由七人组成的临时政府，赖德律－洛兰和拉马丁均在其中。巴黎人民对此临时政府的确认稍后在首都的市政厅进行。

临时政府的组成是以《民族报》(*National*）的一份提名建议为依据的。更左的报纸《改革报》(*La Réforme*）也提出一份名单，并于 2 月 24 日傍晚要求让他们提出的三位候选人，包括主张由国家出面“安排工作”的能言善辩的路易·布朗进入临时政府。他们进入政府的方式是被任命为革命内阁的“秘书”。临时政府首先宣布认同共和国政体，但愿意把国家政体改变的最终决定权留给人民。

2 月 28 日，新的革命行政机构采取的第一批措施包括宣布公民有工作的权利，并建立国立工场，它们将负责向失业工人提供公共应急性劳动机会，由路易·布朗领导的一个位于卢森堡宫（Palais du Luxembourg）的委员会协调。3 月 4 日开始引入普遍和平等的选举权。选举有立法权的国民议会本该在 4 月 9 日进行，激进派要求大幅推迟此项选举的日期，临时政府对此做出的让步仅仅是同意将日期推迟两周。

1848 年春的活跃分子们发现自己完全置身于 1789 年革命

的传统中：当温和派试图继承吉伦特派的政治遗产时，激进派则立志以山岳派为榜样。关于这段时间，托克维尔几年后在其回忆录中写道："所有人的设想都是由粗糙的颜色涂成的，也就是拉马丁在他关于吉伦特派的著作中所用的颜色。第一次革命时期的男性主角都还活在所有人的灵魂中，他们的行动和他们的话语如今还在所有人的记忆中。我在这一天（1848 年 2 月 24 日——作者注）所经历的一切，都清晰地印着这种回忆的标志。我总觉得，人们更在意的是扮演法国大革命，而不是将它继续下去。"

569 两次革命的前史与开端确实有某些相似之处：普遍存在的危机感，统治者的日益孤立，知识分子至关重要的角色。但二者差异同样明显。1789 年革命也是一场法国农村的革命；1848 年 2 月，推翻旧政权的是首都，仅仅是首都。1848 年春发生在经济特别落后的比利牛斯山脉、阿尔卑斯山、中央高原和阿尔萨斯（这里与邻近的巴登类似，发生了反犹暴乱）行政区的农民骚动不过是区域性事件。另一个区别是由 1789 年法国革命的后果导致的，这类经验让绝大多数人在 1848 年不想再经历新的 1793 年——这一次将是以无产阶级名义实行的恐怖专政，就像社会主义者和共产主义者中最极端的奥古斯特·布朗基所憧憬的。大多数人希冀的是消除七月王朝的弊端，而不是建立一个新的社会。

正因为如此，把这场革命与 1830 年的七月革命相比就要比拿它与 1789 年的"大"革命相比更靠谱。1830 年和 1848 年的革命都是政权的更迭，加上社会权力的转移，但不是像 1789 年那样用新秩序取代旧秩序。在这两场"后续革命"中，执政者的失败都首先是由巴黎工人的行动造成的。马克思在其 1850 年撰写的《1848 年至 1850 年的法兰西阶级斗争》（*Die Klassenkämpfe in Frankreich von 1848 bis 1850*）一文中是如此表述的："正如在七月事变中工人争得了资产阶级君主国一样，在二月事变中工人又争得了资产阶级共和国。正如七月君主国不得不宣布自己为设置有共和机构的君主国一样，二月共和国也不得不宣布自己为设置有社会机构的共和国。巴黎的无产阶级把这个让步也争到手了。"①

最重要的"社会机构"是路易·布朗领导的设立在卢森堡宫的工人委员会。该机构不光在空间上与赖德律-洛兰领导的临时政府有距离，它推行的也是不同的政策。因此，法国从君主制过渡到共和制后，立即处于二元政治状态下。这种状态本身蕴含着潜在冲突，权力问题悬而未决，所以不可能持久。570
"资产阶级"和"无产阶级"的利益早晚会发生冲突。这种阶级对立，从一开始就给法国1848年革命打上了烙印。[87]

① 马克思：《1848年至1850年的法兰西阶级斗争》，载《马克思恩格斯全集》（第七卷），人民出版社，1959，第19页。

## 德意志三月革命

与一个月前巴勒莫推翻政府之举不同，1848 年 2 月七月王朝被推翻是一个具有欧洲意义的事件。它立即影响到莱茵河以东和阿尔卑斯山以南地区，引起了一系列后续革命，它们一起构成一场打破国界的革命——莱因哈特·科塞勒克所正确概括的第一次和最后一次“伟大的欧洲革命”。

1848/1849 年的欧洲革命并没有蔓延到整个欧洲。除了俄国的受保护国摩尔达维亚和瓦拉几亚，它对东南欧没有影响；在英国、瑞典和挪威只发生了微弱的直接影响。俄国与这场革命的接触仅限于，其于革命在中欧东部被镇压时起了极为主动的作用。革命地区包括法国、德意志、普鲁士波森大公国、哈布斯堡君主国、意大利，此外革命也以相对和缓的形式发生在尼德兰与丹麦，这两个国家获得了自由宪法。瑞士的革命实际上在一年前就以独立联盟战争的形式进行了。

1848/1849 年革命的一个共同特点是追求自由宪法。此外德意志和意大利还有国家统一的目标。自由与统一，同时成为宪制和民族国家，这是一个比 1789 年革命更加雄心勃勃的纲领。法国当年已是一个民族国家——尽管它是一个前现代的专制国家——当时的革命是要把国家置于一个全新的社会基础之上，让它变成一个资产阶级的法制与宪制国家。仿佛这一自己
571 选择的“统一与自由”的任务本身对自由主义者和民主主义者来说还不够重似的，他们还必须面对其他阶层的诉求，这些阶层根本不想知道有教养和有财产的中产阶级的参政要求：一方面是农民，另一方面是工人。因此，不仅存在一种，而是至少存在两种社会问题，它们都是革命亟待解决的问题。

历史的比较让科塞勒克对 1848 年欧洲革命的地点定位具有说服力。1789 年法国大革命的前史是法国的；对于 1848 年

的革命而言发生在巴黎的二月事件顶多能作为导火索，但不是原因。虽然各国的前史各不相同，但追求资产阶级和民族解放的愿望却是具有连通性的标志。1789 年的革命引起了具有革命效果的一系列战争，1848 年之后则只有战争导致的革命了。然而 1848 年的革命都带有自发的性质，这些革命在欧洲所具有的内在联系所有参与者都知道。用科塞勒克的话来说："欧洲虽然不是行动的主体，但它是相关主体，没有它的存在就无法理解那些单个过程。公路、铁路和电报在 1848 年之前就创建起相互关联的通信网络，该网络把那些单独的反抗像通过连通管一样连接在一起。"

一场新的法国革命后不久就会出现德意志革命，马克思在 1844 年初就已经预言过："一切内在条件一旦成熟，德国的复活日就会由高卢雄鸡的高鸣来宣布。"[①] 四年后时机已经成熟：2 月 27 日革命的星火迸过了莱茵河。这一天巴登的自由主义者和民主主义者在曼海姆集会，并向位于卡尔斯鲁厄的政府递交了请愿书。他们在其中要求新闻自由、陪审法庭、在所有德意志邦国中建立代议制政府和组建德意志议会。第二天，黑森-达姆施塔特大公国议会议员海因里希·冯·加格恩提请召开国民代表大会，并——比较隐晦地——要求"任命邦联首脑"。政
治自由和民族统一是同一枚勋章的两面，也是不久后在整个德 572
意志提出的"三月要求"（Märzforderungen）的组成部分。

德意志三月革命前的温和自由派从前就不曾是革命者，1848 年春他们也是不情愿地成为革命者，而且保持着他们觉得应有的谨慎态度。他们站到了一场运动的前列，如果缺乏受过教育和有财产的公民的适度影响，这场运动很容易被激进势力所左右。后者在 3 月 1 日就已经粉墨登场：在递交曼海姆请

① 马克思：《黑格尔法哲学批判导言》，载《马克思恩格斯全集》（第一卷），北京：人民出版社，1956，第 467 页。

愿书时一群持枪者闯入巴登众议院的会议室。几天后，在博登湖和奥登林山之间农民开始大规模起义，一方面反对领主及其管理人员，另一方面也针对放高利贷的犹太人。许多地方犹太人的房屋被摧毁，里面的居民被赶走。

少数族群受迫害的起因是巴登众议院的一项决议，该决议终于给予犹太人政治和法律上的平等待遇。许多村镇起而抗议，因为它们不认为能够筹集到足够的资金，用于对许多贫困的犹太人进行现在所规定的照顾。传统的排犹和对旧的封建与新的财政负担的排斥混合成爆炸性力量。革命给予农村的社会抗议一种推力，而这种抗议又以革命的形式表达出来，其目标却是完全违背革命本身的进步、自由和解放精神的。

1848 年 3 月几乎在整个德意志，旧内阁都被新的、所谓的“三月内阁”所取代，著名的自由派在其中成为领导力量。王位更迭只出现在慕尼黑，那里的国王路德维希一世因与爱尔兰舞者萝拉·蒙特斯（Lola Montez）的绯闻而威严扫地，在发生严重骚乱后不得不让位给他的儿子马克西米利安二世。然而德意志革命的命运必须在两个大国——奥地利和普鲁士之间来决定。1848 年 3 月这两个国家的政府也进行了重组。在维也纳，大学生们联合工人和市民制造的压力如此之大，以至于斐迪南一世皇帝最亲密的顾问们［首推奥地利大公路德维希（Erzherzog Ludwig）］，最后包括意志薄弱的皇帝本人，做出
573 了一项戏剧性的决定：3 月 13 日梅特涅被迫辞职，他立即出逃流亡英国。

梅特涅比其他任何人都更能体现复辟时期的压迫政策，其政府倒台后，接手政权的是在“梅特涅体系”内走上仕途的大臣们，他们与前首相相比勉强可算是“自由派”。1848 年 4 月 25 日，奥地利通过斐迪南一世“钦定”得到一部全国宪法，它是以 1831 年的比利时宪法为榜样制定的，乍一看显得颇“自

由”。但哈布斯堡帝国的第一部国家基本法是由皇帝强令颁布的，没有经过与自由派资产阶级代表的任何协商，因此在进步势力的眼中缺乏政治合法性。

5月中旬，大学生和无产阶级中的左翼以武力反对君主和其近臣的专制行为，从而让宫廷的态度有了表面上的转变：皇帝同意选举奥地利帝国国会，选举应该在平等的普选基础上进行，修改宪法之事留待由此产生的议会解决。实际上斐迪南的心腹顾问们只是想以此争取时间。在决心很快就以武力对抗革命的情况下，皇帝和他的家人经萨尔茨堡逃往因斯布鲁克，以便从那里组织抵抗发生革命的首都。

在维也纳，自从战斗打响后就形成了一种不稳定状态，确切地说是出现了双重统治：以弗朗茨·皮勒斯多夫（Franz Pillersdorf）为首的弱势政府的对手是由激进分子把持的安全委员会（Sicherheitsausschuß）。在愿意和解的约翰大公（Erzherzog Johann）——他是其侄子斐迪南皇帝不在期间的特命全权代表——的斡旋下，6月中旬局面出现了一定缓和。他根据安全委员会的要求改组了政府。7月22日，不久前被选出的国会开会，除了匈牙利和伦巴第—威尼托王国，哈布斯堡君主国的所有组成部分均有代表出席。与几乎一致支持政府的斯拉夫族议员相比，德意志人的代表占少数；甚至在维也纳 574
（他们唯一的真正大本营），激进分子面对温和派也未能占上风。这种多数关系让政府在政治的核心问题上能够做出对行政机构有利的决定：国会同意皇帝有反对立法机构决议的绝对否决权。

1848年3月发生在奥地利的事对普鲁士产生了直接影响。柏林最初的骚乱发生在3月14日，当第二天梅特涅下台的消息传到普鲁士首都时，人们普遍兴奋的情绪更为升级。国王腓特烈·威廉四世试图通过3月18日颁布的两项诏令达到平息骚乱的目的：一是取消书报审查，二是承诺推动重组邦联政体，包括创建国家代表机制，并宣布在此过程中将普鲁士转型为法治国家。

当 3 月 18 日下午成千上万的柏林人前往王宫广场时，虽然不是所有人，但大多数人是想向国王致敬，感谢他宣布进行势在必行的改革。但这些人一见到广场上规模庞大的军队，气氛马上发生了变化。人们呼喊让部队撤走；士兵们奉命清场，这时开了两枪。人群认为遭到了国王的出卖，作为回应他们建起路障。

起义者与军方之间的战斗持续到 3 月 19 日清晨。完全没有战斗意愿的国王大为震惊，他在致“亲爱的柏林人”的文告中承诺，只要街垒被拆除，部队将撤离几乎所有街道和广场。实际上军队撤退得比腓特烈·威廉宣布的还要彻底。当国王在 3 月 19 日下午脱帽向 200 多名死者（这些尸体是街垒战士们抬进王宫院子的）鞠躬致哀时，起义者更觉得自己是胜者。3 月 20 日任命了一届新政府，尽管它是短命的。第二天国王被
575 王子们、大臣和几位将领簇拥着，骑马穿过柏林市区。他和他的陪同们当时佩戴着黑红金三色臂章，这是德意志统一运动的标志性颜色。当着柏林大学学生们的面，腓特烈·威廉四世表达了如下意愿：带领德意志诸侯和全体人民获得国家统一。晚上他发表了《致吾民和德意志民族书》（Aufruf an mein Volk und an die deutsche Nation），其中最关键的一句话是：“普鲁士从此将融解于德意志之中。”

对保守的军官和容克地主——如来自阿尔特马克申豪森（Schönhausen in der Altmark）的年轻的奥托·冯·俾斯麦（Otto von Bismarck）——来说，国王 3 月 19~21 日的所作所为都是在令人作呕地迎合革命，因而是对普鲁士精神的背叛。温和自由派对腓特烈·威廉四世的言论给予了一定同情，但认为宣告普鲁士将融解于德意志之中没有必要，甚至是危险的。坚定的左派对普鲁士在统一后的德国中应该扮演什么角色，存

在意见分歧，他们不相信君主的心灵真的发生了变化。在普鲁士之外的地方，这种对统一的承诺引起的反响全部是负面的。3月18日发生的事情严重损害了腓特烈·威廉的声誉，这也使得新的三月内阁和支持该政府的自由派都不愿把德国统一的重任委托给这位统治者。

然而尽管如此还是得指望普鲁士。与哈布斯堡君主国一样，1848年3月普鲁士并未彻底崩溃。自由派早期的成功让他们中的许多人误以为在与旧势力的较量中已经赢了。3月29日，“三月内阁”（Märzministerium）在柏林组成，其中的莱茵自由派包括内阁首相卢多尔夫·坎普豪森（Ludolf Camphausen）和财政大臣大卫·汉泽曼（David Hansemann）。但是，普鲁士贵族、官吏和军事国家的基础没有遭到致命打击，农民继续保持沉默。对现有状况的不满足以导致情绪以革命的方式爆发，但愿与过去彻底决裂的人只占少数。温和自由派知道，他们需要霍亨索伦国家来统一德意志并在抵御外敌时提供保护，他们如果想阻止激进分子攫取权力的话，也许也需要它的力量。自由派的目 576
标因此只能是：让普鲁士王国完全为自己，从而也是为德意志的事业服务。

柏林三月内阁组阁两天后，1848年3月31日，所谓的“预备议会”（Vorparlament）在美因河畔的法兰克福召集，500多名知名的自由主义者和民主主义者出席会议——其中自然只有两个奥地利人——这些人在德意志民族神圣罗马帝国皇帝曾经加冕的城市一连四天讨论德意志的政治前途。如果按照以弗里德里希·黑克尔和古斯塔夫·冯·司徒卢威为首的左翼少数派的意愿，预备议会应该立刻做出决议，任命一个革命性的执行机构并以美利坚合众国为榜样把德意志变成一个联邦制共和国。追随海因里希·冯·加格恩的多数派知道要防止他们这么做。大多数人不希望革命继续下去，而是尽量在君主制的基础上完成循序渐进的和平演变。权力的中心应该是一个德意志议会，它作为拥有主权的人民的代表机构，应由成年德意志男子通过平等的普选法直接选出。

在预备议会上取得一致意见的是，将石勒苏益格、东普鲁士和西普鲁士吸收进德意志邦联，它们应派议员进入德意志议会。相反，暂时议而未决的是波森大公国应否加入，那里居住的多为波兰人。在德意志国民议会（deutschen Nationalversammlung）召开前，一个由预备议会任命的五十人委员会（Fünfzigerausschuß）应与邦联会议合作，该委员会中现在由三月内阁的代表们说了算。这两个机构的合作堪称和谐。邦联会议一般就预备议会提交给它的提案做出决议，然后上报五十人委员会。

黑克尔和司徒卢威未入选五十人委员会，这被证明后果严重。从此，革命运动的最左翼认为反革命势力在挺进，他们谴责温和自由派，尤其是在激进派大本营巴登执政的自由派背叛了革命。4月13日，黑克尔开始行动：他带着约50名追随者
577 在康斯坦茨游行，其高潮为德意志共和国宣布成立。几天之内游行队伍就超过了千人。这场未遂政变发生在同一时期出现排犹骚乱的地区——巴登南部，一个还几乎没有工业化，以家庭手工业和小农经济为主的地区——并非偶然，经济的落后让这里成为各类政治激进主义的温床。

五十人委员会有充分理由认为黑克尔的政变是对国民议会选举的破坏，选举原定5月初进行。温和民主派的调解尝试未能奏效，不久巴登和邦联部队被调来对付起义者。从4月20日坎登（Kandern）交战开始，军方多次给起义军以沉重打击，黑克尔逃往瑞士。4月27日在莱茵河畔的多森海姆（Dossenheim），诗人格奥尔格·赫尔韦格（Georg Herwegh）在法国领土上组建的“德意志军团”（Deutsche

Legion）被打败，至此巴登起义于 1848 年 4 月以失败告终。

激进左派的目标——成立德意志共和国，因黑克尔的行动遭到严重干扰，这种冒险行为的政治影响是致命的。中产阶级倾向于认为政治上的进步只能通过与旧势力的和平对话来争取，坚决拒绝采取激进手段。极左派分子行使了反抗的自然权利；他们平常也喜欢援引理性的永恒诫命，把自己看作人民（即“小人物”）唯一的真正代表。相反，温和自由派是有产和受过教育的中产阶级的代表，他们按照历史发展和民族个性的范畴思考问题。他们绝不相信靠自己意志的力量就可以移山。

尽管自由主义者和民主主义者派系繁多，观点各异，但在一件事情上他们无论左翼、右翼都众志成城，那就是一致对外。1848 年春丹麦就成为他们共同的敌人。3 月 24 日它宣告要吞并石勒苏益格，此举违背了国际法。同一天临时政府在 578
基尔成立，立即要求德意志邦联吸收石勒苏益格。石勒苏益格北部主要不是讲德语，而是讲丹麦语的事实当时并未得到考虑。同样在 3 月 24 日，前往柏林的储君荷尔斯泰因 – 宗德堡 – 奥古斯腾堡的克里斯蒂安·奥古斯特（Christian August von Holstein-Sonderburg-Augustenburg）请求普鲁士三月内阁对石勒苏益格和荷尔斯泰因两公国提供军事保护，根据“父系”血缘继承原则他有权享有此两处的公爵称号。他达到了目的：国王腓特烈·威廉四世听从新任外交大臣海因里希·亚历山大·冯·阿尼姆 – 祖考夫（Heinrich Alexander von Arnim-Suckow）的提议，决定对奥古斯特施以援手。

4 月 10 日，普鲁士军队越过艾德河，当时丹麦部队已经从北边经克尼格绍（Königsau）侵入石勒苏益格。4 月 12 日，法兰克福的邦联会议决定赶走在石勒苏益格的丹麦军队，必要时动用邦联军队。邦联并未正式吸收石勒苏益格（这一点与预备议会不同，后者已在 3 月 31 日走出了这步棋），但邦联明确承认了基尔的临时政府。

不久，石勒苏益格—荷尔斯泰因危机就上升为国际事件。5 月 3 日，邦联军队在普鲁士将军冯·弗兰格尔（von Wrangel）的指挥下越过丹麦本土边境，向日德兰半岛（Jütland）挺进。德意志爱国者对事态的发展感到满意。1815 年维也纳会议决议案的签署国俄国和大不列颠却认为其战略利益在波罗的海和北海受到了威胁。他们明确表示，不会接受石勒苏益格被德意志吞并。外交政策的冲突显而易见，这种冲突也涉及普鲁士与德意志的关系，因此会很容易转变为德意志内部的冲突。

邦联会议在 4 月 12 日不愿吸收石勒苏益格进入邦联，但前一天它对另一块地区却采取了不同的做法：根据预备议会的相应请求，它接纳东普鲁士和西普鲁士加入德意志邦联，从而
579 使普鲁士成为最大的德意志邦国。由于属下省份的居民（除了西普鲁士部分地区）认同自己是德意志人，或是信仰新教的马祖里亚人（Masuren），以及同样信仰新教的立陶宛梅梅尔领地的居民（他们说波兰方言或立陶宛语）认同自己是普鲁士人，对邦联地区的这种拓展几乎没有异议。

相反，最具争议的从一开始就是对波森问题的抉择。预备议会在 1848 年 3 月 31 日还把对波兰的瓜分称作“可耻的不公正”，认为参与恢复波兰是“德意志民族的神圣职责”。但会议决议中并未言及要将边界恢复到 1772 年第一次瓜分波兰之前的状态。不清楚的还有，波森大公国的西部是否也应参加德意志国民议会的选举。根据普鲁士的申请，邦联会议在 4 月 22 日吸收了这一地区德意志居民占多数的部分进入邦联，5 月 2 日又接纳了波森市和沙姆特（Samter）。[①] 在接下来的几个月里，出于战略上的考虑，德意志国民议会又把边界线向东推移

① 即波兰城镇沙莫图维（Szamotuły）。

了两次，进入了纯粹讲波兰语的地区。这种尝试，即违背意愿地把普鲁士国王讲波兰语之臣民变成德意志民族国家之公民的做法，遭到激烈抵抗，下面马上会进一步论及此问题。波兰人认为德意志人的做法说白了就是对其领土的一次重新瓜分，而且也是对不久前预备议会对波兰人的郑重承诺的全盘否认。

奥地利皇帝的说捷克语的臣民则避免了同样的命运。邦联议会4月7日通过的选举法既然适用于德意志邦联整个区域，自然也包括他们。然而，当五十人委员会邀请著名历史学家弗朗齐歇克·帕拉茨基（František Palacký）前往法兰克福出席其咨询会议时，他拒绝了邀请。帕拉茨基称自己是“斯拉夫血统的波希米亚人”，不想当德意志人，至少不觉得自己是德意志人。他明确且刻意情绪化地宣告了自己对奥地利帝国的认同，这个帝国有责任抵抗来自俄国的新的、这次以斯拉夫世界帝国身份出现的威胁。“的确，要不是奥地利帝国早已存在， 580
人们真当为了欧洲与人类的利益尽快地创建这样一个国家。”但奥地利唯有在不再错误判断和否认其存在的伦理基础的前提下，亦即恪守“所有联合在其权杖下的民族和教派完全平等、享受同等待遇的原则”时，才能成为欧洲的“盾牌和圣地，抵挡来自亚洲的各种元素”。

无论帕拉茨基的同胞是像他一样认同哈布斯堡帝国，还是已开始考虑建立捷克人自己的国家，在一件事上他们的态度是一致的：拒绝参与德意志的统一。所以参加德意志国民议会选举的只有那些纯粹讲德语的地区和民族混居的布拉格；波希米亚和摩拉维亚多数由捷克人聚居的部分没有参与。克恩滕、克雷恩和施泰尔马克（Steiermark）几个斯洛文尼亚选区的情况也相同。除了的里雅斯特和“韦尔什蒂罗尔”（Welschtirol）外，奥地利只有说德语的地区派出议员前往法兰克福。1848年5月18日召开的议会想成为一个“德意志”国民议会，它也如愿以偿了。[88]

## 中欧东部的革命与反革命

1848 年中欧革命刚开始，就遭到了来自东部的抵抗。在普鲁士属波森大公国，国王腓特烈·威廉四世叫停了自由派外交大臣海因里希·亚历山大·冯·阿尼姆－祖考夫对波兰的友好政策：4 月初他集结军队，以便解散三月内阁所认可了的、以“先斩后奏”方式建立起来的波兰武装组织。国王的秘密肢解政策的目的是避免践行政府所承诺的波森“国家重组”，因为这迟早会导致与俄国的战争。相反，阿尼姆显然与许多自由主义者一样，估计俄国可能（而且概率颇高）会在波兰进行干
581 预：3 月 26 日沙皇亲自执笔撰写的《告俄国人民书》为这种想法提供了比当时俄国实际上较为保守的政策更充分的依据。普鲁士的外交大臣甚至于 3 月底在巴黎和伦敦询问，在普鲁士与俄国因恢复波兰之事发生战争时能否得到这两个国家的支持，答复是否定的。

这种拒绝以及国王的立场，让普鲁士政府在波兰问题上的态度强硬起来。波森新成立的波兰民族委员会——在其中掌握话语权的是返回的移民和 1846 年起义被赦免和从监狱中获释的人，如路德维克·梅罗斯瓦夫斯基和卡罗尔·李贝尔特（Karol Libelt）——最初还表示愿意妥协：同意按普鲁士要求大幅裁减波兰作战部队（从 30000 人减到 3000 人），并且原则上至少同意将波森主要说德语和波兰语的地区分割开。但是，当 4 月 26 日一项内阁令将波森市排除在“国家重组”之外并划归普鲁士（从而归了德意志）后，民族委员会在抗议中解散。作战部队反对解除他们的武装并发出了起义信号，大批波兰农民参与其中。普鲁士军队用了不到两周的时间镇压了起义。5 月 9 日，波兰爱国者投降。此后在分割波森省问题上，普鲁士在波兰方面就找不到伙伴了。

奥地利在其所瓜分到的地盘上对波兰解放运动的镇压要比普鲁士更残酷。1848 年 4 月 25 日，针对加利西亚总督弗朗茨·冯·施塔迪翁伯爵（Franz Graf von Stadion）的强制措施（包括禁止移民返回），克拉科夫民众攻占了政府大楼并设置了路障。奥地利军事指挥官让其部队——在他们于街战中失利后——撤出了市中心，第二天安排了对克拉科夫的大规模轰击。这导致起义军投降。

与两年前一样，加利西亚的农民没有参加这次起义。他们的友好态度是施塔迪翁在 4 月 22 日通过全面废除“徭役”（即他们本该向贵族地主交付的苛捐杂税和力役、杂役）换取的。落款日期为 4 月 17 日的斐迪南皇帝的土地改革诏令被贯彻到 582
整个帝国，从而得到认可，但被证明是一件得不偿失的礼物：农民没有得到额外的土地，许多农庄小得无法带来收益，多数贵族地主缺乏更新设备所必需的资金。加利西亚因此仍旧是一个经济落后的地区，此后大批波兰人和犹太人移民到美国。短期内取消徭役对帝国却意味着一种成功：它令加利西亚的农民，无论他们说波兰语还是鲁塞尼亚语（ruthenisch，即乌克兰语），和 1846 年一样再次成为波兰瓜分国的非正式同盟者。农民和波兰贵族之间的鸿沟继续存在。

克拉科夫起义失败大约五周后，1848 年 6 月 2 日“斯拉夫大会”（Slawenkongreß）在布拉格召开。开这样一个会议的最初建议来自克罗地亚，那里属于哈布斯堡君主国的匈牙利部分，自 1847 年起克罗地亚试图反抗当局追求的“马扎尔化”，也就是用匈牙利语作为行政和教学语言。认为斯拉夫人有共同的文化和语言，实际上是一个民族，只是说着不同的方言，这种想法出现得更早：1826 年，一位信仰路德新教，受约翰·戈特弗里德·赫尔德《人类历史哲学的概念》（*Ideen zur Philosophie der Geschichte der Menschheit*）一书影响的年轻斯洛伐克古典语文学家——约瑟夫·沙发利克（Josef Šafarík）发表了一部著作，书名典型地叫做《所有方言的斯拉夫语言文学史》（*Geschichte der slawischen Sprache und Literatur nach allen Mundarten*）。

与这种包罗万象的文化“泛斯拉夫主义”不同，在 1848 革命年，斯拉夫团结运动各政治流派的特点在于刻意将俄国排除在外。流传最广的（特别是影响巨大的以帕拉茨基为代表的）是“奥匈帝国斯拉夫主义”（Austroslawismus），该主义追求斯拉夫民族在奥匈帝国君主制下的自由联盟，并明确与仇视自由的沙皇俄国划清界限。赞成西部和南部斯拉夫民族亲如手足的波兰人也强调与俄国的区别。但他们的目标与捷克人、
583 斯洛伐克人、斯洛文尼亚人和克罗地亚人的不同，即不是追求以斯拉夫人为主导的哈布斯堡君主国，而是把波兰的版图恢复到 1772 年第一次被瓜分前的样子。这样做必然意味着将乌克兰人置于从属地位，因此在后者的代言人那里遭到越来越多的反对。

俄国人不能作为代表参加布拉格的斯拉夫大会，但作为“客人”却是受欢迎的：除了一位东正教神父，革命者和无政府主义者米哈伊尔·巴枯宁（Michail Bakunin）也应邀出席。这次会议从一开始就充满了很大的意见分歧，尤其是在波兰人和奥地利的斯拉夫人代表之间更是剑拔弩张。联结“奥地利斯拉夫人”的纽带正是他们与追求民族国家的马扎尔人及德意志人的不同之处；仍旧希望斯拉夫人、马扎尔人和德意志人能够联手对付俄罗斯帝国的波兰人，孤独地做着一厢情愿的梦。因此斯拉夫大会被德意志和马扎尔的公共舆论几乎一致地评论为倒退力量的敌意示威。尽管如此，在语言沟通有问题时与会代表往往使用“通用语”德语，就算它不像人们常常认为的那样是会议正式使用的语言，但决议和请愿书也都使用了它。

聚会的第四天——6月5日，南部斯拉夫人的代表们通知说，他们必须迅速踏上归程，因为马扎尔人和（匈牙利）伏伊伏丁那（Wojwodina）的塞尔维亚人之间爆发了冲突。时间紧迫，经过激烈辩论后大会通过了《致欧洲各民族宣言》（Manifest an die europäischen Völker）。其中说，斯拉夫人不追求征服和统治，只追求自己和其他所有人的自由；他们拒绝全部阶级特权，要求无条件的法律面前人人平等，以及权利和义务的均衡。与人的自然权利同样神圣的是民族，亦即民族的所有精神需求和利益之总和。宣言谴责德意志人和马扎尔人对斯拉夫人的压迫，尤其是对波兰的瓜分。至于奥地利，宣言要求把君主制帝国改造成一个各民族平等的联盟。结尾处是向全欧洲发出的呼吁："我们虽然最年轻，但并不比别人弱，我们重新登上 584
欧洲的政治舞台，立即申请为协商所有国际问题召开欧洲各民族代表大会；因为我们深信，自由的各国人民要比受雇佣的外交官更容易互相理解。"

宣言之后是协商向维也纳皇帝递交的请愿书的草稿。在奥地利帝国另一半中生活的斯拉夫人的代表在其中保证，他们希望"以饱经考验的实力和忠诚"为奥地利国家的重生做出贡献。请愿书中的具体要求有：摩拉维亚和"波兰与鲁塞尼亚族群的加利西亚人"应与波希米亚享有同等权利，即后者经皇帝4月8日的诏书已经获得的那些权利；斯洛文尼人亚联合起来组建自己的王国以及承认斯洛文尼亚语为学校、行政和司法语言。同时波希米亚、摩拉维亚和斯洛文尼亚反对"任何形式的与德意志的合并，这会损害奥地利君主国的主权，从而令上述各民族依附于一个外国的、有立法权的议会"。请愿书签署人的目的并不像反对斯拉夫大会者所声称的那样，是要建立一个斯拉夫国家，而是要求斯拉夫人、德意志人和马扎尔人的平等。"我们在皇帝—国王（kaiserlich-königlich）您的御座前请求陛下，将神圣的诫命——仁爱与兄弟般的平等也应用到斯拉夫人身上，我们虽然深受伤害、严重遭人误解，却对世代统治我们的皇室忠贞不贰。”

请愿书并未最后定稿，而且也不知道斐迪南一世到底是否读过它。1848 年 6 月 12 日圣灵降临节那天，布拉格发生了骚乱，这让斯拉夫大会突然中止。起义者主要是那些感觉自己被忽视了的群体，尤其是工人和大学生。引发血腥巷战的直接起因显然是奥地利军事指挥官阿尔弗雷德·温迪施格雷茨侯爵（Alfred Fürst Windischgrätz）有针对性的挑衅。其深层原因却是日益增加的社会和民族矛盾。布拉格是波希米亚的工业中心：下层劳动者绝大多数是说捷克语的居民，而贵族和有钱的
585 资产阶级大多是讲德语的，犹太商人也是如此。社会动机很难与民族动机分离；在讲捷克语的大学生和年轻学者中，他们积极参加战斗的主要原因是与德意志人的差异。

斯拉夫大会的多数与会者在布拉格战斗发生后均成功地逃离那里。有一个人完全有意留在了波希米亚的首都——米哈伊尔·巴枯宁，他认为持续六天的起义既策划不周，又缺乏纪律，但他从一开始就参与其中，最后还担起了领导责任。6 月 17 日，温迪施格雷茨迫使起义者投降。巴枯宁在最后时刻成功从布拉格逃脱，他先去了布雷斯劳。德国左翼，尤其是马克思和恩格斯对起义表示了同情；温迪施格雷茨用以恢复“秩序”的残酷手段在维也纳民主派中引起恐慌，他们害怕在奥地利首都也会发生类似事件。但也有许多拥有自由和民族意识的德意志人［如莱比锡杂志《边界信差》（*Die Grenzboten*）］欢呼奥地利军队战胜主观臆想的捷克“恐怖分子”。1848 年 6 月 17 日，反革命在布拉格取得巨大成功，对此自由民族主义者视而不见，假使他们不是乐见此局面的话。

然而 1848 年初夏中欧的革命事业尚未满盘皆输。在匈牙

利，自3月18日起一届以包贾尼·拉约什伯爵（Graf Lájos Batthyány）为首的大体由自由派组成的改革派政府上台，其中包括任财政大臣的前反对党领袖科苏特·拉约什（Lájos Kossuth），他就是那位3月3日在普莱斯堡匈牙利议会上通过一番在全欧洲受到重视的慷慨陈词引起变革的政治家。4月11日，斐迪南皇帝以匈牙利国王身份批准了31条《四月法令》（Aprilgesetze），国家体制借此过渡为立宪君主制。今后国王或（在其缺席时有权全权代表他的）内阁做出的决定，需要主管大臣的会签。国会下院——众议院由资格性选举产生，约7%的成年男性人口获得选举权。

《四月法令》对许多事情没有做出裁定，这就为与维也纳 586
的皇室和政府发生各种冲突埋下了隐患，这类冲突包括外交、财政、国债和军事诸领域，它们曾构成1690年成立的奥匈政合国的核心内容。农民获得了人身自由，但能成为他们所经营的农庄之所有者的人不足一半。包贾尼政府不想给予犹太人正式的解放，以防止发生反犹暴动，他们深信一旦那么做一定会引起排犹骚动。少数民族，如克罗地亚人、塞尔维亚人、斯洛伐克人、德意志人和罗马尼亚人未能获得法律保障。其中的克罗地亚人在维也纳政府3月任命的省长（Banus）约瑟夫·耶勒契奇（Josef Jellačić，忠于哈布斯堡皇朝的军官，同时又是一位激情燃烧的克罗地亚民族主义者）领导下，强烈要求对奥地利帝国按照语言和民族重组，届时克罗地亚会脱离匈牙利国家联盟。科苏特认为，匈牙利的非马扎尔人就像是法国的布列塔尼人、大不列颠的威尔士人或德意志西普鲁士的卡舒比人（Kaschuben）：他们想保持特殊习俗和在日常生活中使用自己的语言；在政治上他们应该服从更高的民族国家的领导，具体到匈牙利就是服从马扎尔人的领导。

匈牙利政府想解除耶勒契奇职务的企图落空了，因为克罗地亚省议会对此毫不买账，而维也纳保守的陆军大臣拉图尔（Latour）则坚定不移地支持这位省长。克罗地亚并不是 1848 年初夏匈牙利唯一一个区域性危机策源地。5 月 10 日，斯洛伐克召开的一次大会要求进行国民议会选举和斯洛伐克自治。5 月 13 日，伏伊伏丁那的塞尔维亚人在其宗教领袖东正教都主教约瑟夫·拉哈契奇（Josef Rajačić）的带领下，在哈布斯堡君主国内宣布独立。6 月那里发生武装冲突，一方是省里的起义者、来自塞尔维亚自治区的志愿者和哈布斯堡君主国边防警察，另一方是哈布斯堡君主国军队和新成立的匈牙利地方防卫军——“汉维特”（honvéd）。受克罗地亚人、斯洛伐克人和
587 塞尔维亚人的启发，1848 年 5 月 15~17 日在东正教都主教安德烈·萨古纳（Andrei Şaguna）的领导下，匈牙利的罗马尼亚人民族委员会要求锡本布尔根自治。

尽管非马扎尔的少数民族问题没有得到解决，1848 年 6 月还是选出了匈牙利议会，议会于 7 月 5 日召开首次会议。其中绝大多数代表是包贾尼政府的支持者，贵族议员人数之多引人注目。议院首批重大决策中包括授权贷款招募 20 万士兵，科苏特提出的相应理由是匈牙利处于几乎完全孤立无援的境地。他对局势的判断是现实的：与维也纳宫廷的关系继续恶化；俄国估计会支持匈牙利的斯拉夫人，军事干预很可能发生；英国和法国不愿卷入中欧东部国家的纠纷。法兰克福的德意志国民议会虽然对匈牙利抱有很大同情，但佩斯（Pest）派出的谈判代表团从圣保罗教堂德意志国民议会得到的许诺仅仅是其（8 月 3 日公布的）声明：在奥地利和匈牙利发生战争的情况下，不会支持维也纳的皇帝。

8 月底首相包贾尼和司法大臣迪克（Deák）前往维也纳，与韦森贝格（Wessenberg）的新政府通过直接谈判确定匈牙利和奥地利之间具有约束性的关系。结果是负面的：8 月 31

日维也纳宣布《四月法令》与1713年哈布斯堡家族有关继承规则的国事诏书相矛盾。9月4日，耶勒契奇再次被正式任命为克罗地亚省长，此后他率领约50000人组成的军队跨过了匈牙利原来的边界。9月21日，在科苏特授意下，议会在佩斯任命了一个六人委员会，10月初该委员会更名为国防委员会。四天后，维也纳的皇帝和国王重新任命了匈牙利的最高军事统帅——弗朗茨·兰贝格伯爵（Graf Franz Lamberg），当他走过从布达（Buda）通往佩斯的桥时，被暴民抓住杀害了。9月29日，匈牙利军队在帕科兹德（Pákozd）——位于布达和佩斯双城的西面——给耶勒契奇的队伍以重创。

维也纳用10月3日的政令予以回应，解散了匈牙利议会，588
国家即刻交给国王的专员耶勒契奇实行军事统治。五天后，议会宣布该政令非法并任命了以科苏特为首的国防委员会，负责行使行政权力。匈牙利仅仅名义上还是个君主立宪制国家，实际上它已变成议会专政的国家。革命在战争中突变：它演变为匈牙利的民族独立战争。

匈牙利并非欧洲1848年革命在东南方向最远的发生地，堪当此称号的有两个地区，它们表面上是奥斯曼帝国的附庸，实际上自1829年俄土《亚得里亚堡和约》起沙皇俄国才是其真正宗主国：信仰基督教的摩尔达维亚和瓦拉几亚公国。当地居民使用的语言与匈牙利国王（他同时是奥地利皇帝）生活在锡本布尔根的多数臣民一样：罗马尼亚语。1830年代起，摩尔达维亚和瓦拉几亚的年轻罗马尼亚人——大多出身于小贵族家庭——前往西欧留学，首选地点是巴黎。以此方式他们接触到西方自由、民主和民族主义的思想，尤其是波兰流亡者的思想进入多瑙河和普鲁特河（Pruth）之间的这片土地。与法国的联系让有教养的罗马尼亚人更加意识到其语言，即罗曼语的“西方渊源”。罗马尼亚大学生和知识分子参加了巴黎二月革命。他们中的一些人，包括尼古拉·巴尔切斯库（Nicolae Bălçescu）和亚历山德鲁·G. 戈莱斯库（Alexander G. Golescu），在 1848 年 3 月 20 日于法国首都的一次聚会上决定返回自己的家乡发动一场革命。

革命的念头在摩尔达维亚和瓦拉几亚公国首先正中农民们的下怀，他们要为采邑贵族波雅尔服沉重的徭役，自己只能经营小块土地来满足自己的需要。不满现状的还有商人和工匠，与波雅尔不同，根据 1831 年和 1832 年宗主国俄国制定的《组织法》，他们无权向两公国的立法机构选送自己的代
589 表。这两个王朝中摩尔达维亚的米哈伊尔·斯图尔扎（Mihail Sturdza）更为反动。在俄国领事的大力支持下，他成功地平息了向他递交了一系列请愿书的革命运动。4 月 10 日，在首都雅西 300 名反对派人士被捕，一些领导人逃往国外。这是欧洲反革命势力的首次胜利。

在瓦拉几亚，革命力量得到的最有力支持来自西部的奥尔特尼亚（Oltenien）和首都布加勒斯特。3 月，这里的一个类似共济会的兄弟会（Fraţja）的成员就组建了秘密革命委员会。到达瓦拉几亚后不久，来自巴黎的两位特使巴尔切斯库和戈莱斯库就在 4 月 4 日被吸收进该组织新成立的执行委员会。对革命有益的是，许多民兵战士，甚至是军官都参加了革命运动。6 月 21 日，在奥尔特尼亚的小镇伊茨拉斯（Izlas），在一位东正教神父的参与下，该组织全体大会决定并宣告，给农民分土地，将进行自由和公正的选举，并要求摩尔达维亚和瓦拉几亚拥有“内部主权”——由于俄国指手画脚，该主权一直受到严重侵犯。同时该声明还简要描绘了大罗马尼亚民族的基本轮廓，说罗马尼亚语的锡本布尔根居民也被算在其内。此呼吁的一个重要对象是奥斯曼帝国，作者们明确承认其宗主国地位。

当一直在改革与镇压之间举棋不定的瓦拉几亚公爵格奥尔

基·比贝斯库（Gheorghe Bibescu）第二天让人逮捕执行委员会的几位代表时，民兵们拒不从命。布加勒斯特的商人和工匠，以及周边农民也跃跃欲试。在一系列抗议活动的压力下以及前一天一次未遂暗杀后，公爵在6月23日签署了《伊茨拉斯呼吁书》并任命了临时政府，其成员均为革命委员会的人。俄国总领事指责比贝斯库渎职，他于6月25至26日夜间逃往锡本布尔根的喀琅施塔特（Kronstadt）。

临时政府建立伊始就面临巨大的内外压力。其国内的顽强 590
对手是保守的大地主和部分东正教神职人员。在俄国军队7月7日进入摩尔达维亚公国并占领雅西后，富有的波雅尔感到有人撑腰，试图推翻临时政府。但他们的尝试失败了，因为布加勒斯特下层社会支持新政府。俄国人最初并不想在瓦拉几亚进行直接干预，而是把恢复旧秩序的事留给奥斯曼帝国。在土耳其积极行动之前，临时政府在7月21日组建了一个联合委员会，准备调解农民与波雅尔之间的利益纠纷，从而解决土地问题。此外还准备了选举，选举应根据接近平等的选举法于8月21~30日进行。但选举并未举行，由于来自土耳其的威胁，选举于8月16日被取消。

7月31日，土耳其军队已经越过多瑙河并占领了久尔久市（Giurgiu）。军队进驻的直接后果是布加勒斯特政府的更迭。代替临时政府的“公爵摄政”由革命委员会中的温和派成员组成。它与土耳其人就承认《伊茨拉斯宣言》进行了谈判并通过取消选举达成基本共识。然而苏丹阿卜杜勒-迈吉德一世拒绝了其受委托人帕夏苏莱曼（Pascha Suleiman）协商出的妥协结果。人们惧怕俄国介入，为阻止此局面，他命令必要时用武力恢复平静与秩序。

9月27日，土耳其军队在福阿德·艾芬迪（Fuad Efendi）率领下占领了布加勒斯特。两天后，一支俄国军队跨过了摩尔达维亚和瓦拉几亚之间的边界线。在英国总领事的斡旋下，福阿德·艾芬迪事先让罗马尼亚革命领导人逃向锡本布尔根。尼古拉·巴尔切斯库从而有机会在第二年再次发挥政治作用：当俄国开始干预匈牙利后，他在 1849 年夏天作为中间人在锡本布尔根的罗马尼亚起义领袖阿夫拉姆·扬库（Avram Jancu）和科苏特之间进行调停。

591 瓦拉几亚革命在三个月后最终失败，但它并非毫无影响。民族和民主思想已深入到农民之中，西方的宪制观念在城市人口中得到广泛传播。最紧迫的社会问题——极其不平等的土地分配在革命期间未能得到解决，其解决被推迟。即使没有土耳其和俄国的干涉，城市革命者的能力和创造的意志也有所不逮。进步的宪法激情和农村的社会落后状况的反差在短暂的革命之夏后继续存在。即使在 1858 年摩尔达维亚和瓦拉几亚公国在克里米亚战争后通过列强间的协议合并为罗马尼亚王国后，甚至在 1878 年罗马尼亚在又一次俄土战争后终于获得独立后，这个问题仍深深地烙印在这个位于普鲁特河和多瑙河之间的国家上。[89]

## 意大利革命

比匈牙利还要早，意大利的革命就变成了一场战争。维也纳的大变动毫无疑问地也影响到阿尔卑斯山以南地区，首当其冲的是奥地利直接统治下的伦巴第—威尼托。3 月 17 日威尼斯发生了丹尼尔·马宁（Daniele Manin）和尼科洛·托马塞奥（Niccolò Tommaseo）领导的反抗哈布斯堡皇朝的起义；六天后那里成立了临时政府，重新恢复了 1797 年起不复存在的独立共和国。米兰的公开起义爆发于 3 月 18 日。五天后，当奥地利军队无法在街垒巷战中获胜时，他们在年老的伦巴第-威尼托总督——最高指挥官陆军元帅拉德茨基伯爵（Graf Radetzky）率领下退回了埃施（Etsch）和明乔河（Mincio）畔的要塞。

1848 年 3 月 23 日，米兰革命胜利一天后，皮埃蒙特—撒丁国王卡洛·阿尔贝托响应加富尔“意大利统一运动”的号召，以一个戏剧性行动加入进来：他对奥地利宣战，并命令其军事准备不足的部队跨越泰辛河（Tessin）[①]，该河是与伦巴第 592
的界河。这位君主在一封向伦巴第—威尼托居民的呼吁书中宣布，在上帝的神奇帮助下，意大利能够解放自己（L'Italia farà da sé）。

寡不敌众的奥地利人起初只得撤退到明乔。但 5 月从帝国其他地方赶过来的队伍与拉德茨基的军队会合后，就已经夺回了一些地方。这时另一方来自那不勒斯和意大利其他地方的军队——其中包括托斯卡纳大公国的队伍——也赶来援助皮埃蒙特人。在政治方面，卡洛·阿尔贝托的行动当然从一开始就有其局限性，因为米兰的共和派既不相信他也不相信马志尼。4

① 意大利语名为提契诺河（Ticino）。

月“青年意大利”的领导人从英国流亡地返回伦巴第首府，以便从那里支持意大利的独立斗争。马志尼也希望意大利成为共和国，但与米兰以卡洛·卡塔内奥（Carlo Cattaneo）为首的联邦党人不同，他赞成单一制国家。此刻他认为让意大利从奥地利的统治下解放出来比什么都重要，所以他暂时站在皮埃蒙特—撒丁国王一边。

在新首相都灵人切萨雷·巴尔博敦促下，这位君主尝试以民主的方式使所追求的与伦巴第—威尼托王国以及帕尔马和摩德纳公国的合并合法化，即通过公投来决定未来与意大利北部王国的合并。5 月公投带来了所期望的多数赞成结果，却造成了与马志尼的决裂，后者担心皮埃蒙特会继续强大，令君主制的国家形式成为定局，5 月底后他在自己创办的报纸《意大利民众报》（*L'Italia del Popolo*）上再次公开表态赞成建立意大利共和国。在意大利北部进行的公投实际上具有一场自上而下的君主制革命的所有特点：它让吞并看上去犹如民意的实施。参与投票者的赞成票是卡洛·阿尔贝托的一次胜利。但马志尼和大多数民族运动者的转向却意味着国王的政策遭到了重创。

教宗的行为不无相似之处。庇护九世在 4 月 29 日就表示，他不会与哈布斯堡帝国这样一个天主教大国开战。这话对
593 卡洛·阿尔贝托而言不啻当头一棒，因为后者在 3 月 23 日的宣言中还专门为这位教宗感谢了上帝，想以此争取让庇护成为盟友。以前一直以民族主义者姿态出现的罗马教宗的反水，包括其明确拒绝自由主义的国家理念，不仅令皮埃蒙特—撒丁国王失望，也让以文森佐·焦贝蒂为首的“新归尔甫派”格外难堪，这些人一向高举民族运动与教宗结盟的大旗。对卡洛·阿尔贝托同样危险的还有那不勒斯的反革命势力。5 月 15 日，斐

迪南二世[①]的队伍在居民中神职人员的配合下镇压了叛乱的农民，这些农民与部分国民警卫队人员一起在国王和新选出的议会之间的权力之争中站在了人民代表一边。此后老一届政府下台，议会被解散。“革命四分五裂。”历史学家西莫内塔·索尔达尼（Simonetta Soldani）对米兰、罗马和那不勒斯的事件入木三分地评论说。

1848 年初夏起，在意大利北部战场，皮埃蒙特的处境也进一步恶化。6 月 11 日拉德茨基通过占领维琴察再次将威尼托的大部分地区置于哈布斯堡皇朝掌控之下。7 月 25~27 日进行了库斯托扎（Custozza）战役，奥地利人获胜；8 月 6 日他们夺回了米兰，皮埃蒙特的军队那时已撤离该地。三天后，卡洛·阿尔贝托被迫同意停战。不久后，1848 年春从拉美流亡返回参加伦巴第反对奥地利人斗争的加里波第，也不得不放弃由其志愿者把守的瓦雷泽（Varese）。在帕尔马和摩德纳，被驱逐的公爵们重新登上统治宝座。只有在威尼斯，这个于 7 月 4 日勉强决定与皮埃蒙特合并的共和国，革命力量能够继续掌权。

“国王的战争已经结束，人民的战争开始了。”这是马志尼从停火中得出的结论。然而 1848 年夏一场人民起义还无从谈起。战争加深了温和派和激进派之间的鸿沟；双方间的不信任比以往任何时候都严重。马志尼所代表的激进民主主义者是
少数。温和派，其中包括都灵和佛罗伦萨的政府，在战斗结束 594
后寄希望于两个西方大国的外交调解。巴黎和伦敦也愿意这么做，开出的条件自然是维也纳和都灵都无法接受的：按照在此情况下说话有分量的巴麦尊勋爵的意愿，伦巴第应归皮埃蒙特，威尼托则继续留给哈布斯堡帝国。年轻的法兰西共和国对意大利人的民族统一要求虽然比英国怀有更多的同情，但不想

① 即两西西里国王。

在没有英国支持的情况下实施干预，甚或在皮埃蒙特和奥地利之间单独进行斡旋。

意大利内部有关加强团结的讨论也同样毫无结果。一种想法是应由意大利各邦国的议会出面组织、由教宗领导一个制宪会议，为意大利联盟进行准备工作；与此展开竞争的是另一个激进得多的建议，即直接选举国民议会，在紧急情况下该国民议会能领导马志尼意义上的人民战争。10 月底，焦贝蒂于都灵召集的一次会议还显示了，皮埃蒙特想在民族层面扮演领导角色的要求在意大利其余部分遇到了相当大的阻力。相对富有、部分已经完成工业化的北方与贫穷的、封建大地主经济为主的南方之间经济和社会的巨大差距是重要的原因。

在这段时间，意大利的部分地区已经处在一个新的革命阶段。10 月 12 日，托斯卡纳大公国由吉诺·卡波尼（Gino Capponi）组阁的自由派政府被推翻，取代它的是朱塞佩·蒙泰尼里（Giuseppe Montanelli）领导的民主派内阁。更为戏剧性的是在罗马发生的权力更迭。11 月 15 日，佩莱格里诺·罗西伯爵（Graf Pellegrino Rossi）被谋杀，教宗曾在 9 月把政府事务交给他打理。两周后，庇护九世逃往那不勒斯的加埃塔（Gaeta），1849 年 1 月底托斯卡纳大公利奥波德二世也将前往那里。罗马的新临时政府宣布在 1 月选举制宪会议；尽管教宗威胁要将所有与会者革出教会，临时政府还是以令人印象
595 深刻的方式确认会议将会举行。皮埃蒙特—撒丁王国的向左转更为缓和。12 月焦贝蒂接管了政府，此时他已加入了民主派。在 1849 年底的欧洲权力关系框架下看，焦贝蒂所追求的目标——准备与奥地利重新开战，几乎是不自量力。他要让意大利得到自由派和民主派多年来一直在追求，但 1848 年没能得到的东西：统一与自由。[90]

## 秩序先于自由：至 1849 年春的法兰西第二共和国

1848 年 4 月 23 日，法国进行制宪国民议会的选举。临时政府原定于 4 月 9 日举行此选举，由于激进派的抗议推迟了两周。凡年满 21 岁并拥有法国国籍者均有选举权，参选率达到 84%。选举中胜出的是温和派共和党人，他们获得了总共 900 个议席中的约 500 个。从前的君主主义者与正统主义者以及奥尔良派加在一起，得到约 200 个议席。自称为“山岳派”的民主左派占有 80 个议席。绝大多数议员来自中产阶级，其中约一半人从事自由职业。只有 18 位议员——根据他们自己提供的信息——是工人，其中 6 人是工长。

选举结束四天后，临时政府于 1848 年 4 月 27 日宣布废除法国殖民地的奴隶制。5 月 5 日，制宪大会选举一个五人委员会行使行政权力；5 月 11 日，任命了新政府的部长，他们全部是温和派。然而极端左派领导人不愿接受选举结果和承认新的权力关系。5 月 15 日，社会主义者在路易·布朗、奥古斯特·布朗基、弗朗索瓦·拉斯帕伊（François Raspail）和绰号“阿尔伯特”的工人马丁·亚历山大（Martin Alexandre）带领下，示威游行声援波兰的解放运动。其实这只是一个借口，其真实目的是冲散新当选的国民议会，代表们当时正在波旁宫开会。在示威者们（多数为国立工场的工人）冲进那里后，一个 596
领头者“以人民的名义”宣布国民议会被解散，政府被废黜。接着游行队伍前往巴黎市政厅，路易·布朗领导的新政府将在那里得到“人民”的批准。

准备不足的政变企图并未获得群众的支持，甚至没有得到广大参加游行的工人的支持，这些人参加示威仅仅是真诚地想要帮助波兰。借助国民自卫军的帮助，占多数的温和派代表得以迅速恢复秩序。暴动的大部分主要责任人被逮捕并交付法庭审判，卢森堡宫的工人委员会（安排失业工人参与公共工程）负责人路易·布朗得以逃脱。5 月 16 日，卢森堡宫的委员会被解散，第二天路易－欧仁·卡芬雅克（Louis-Eugène Cavaignac）被任命为陆军部长，在镇压阿尔及利亚人起义的战斗中他就以强硬著称。

国立工场的命运可想而知：国民议会认为这种昂贵的尝试，即让失业者参加公共应急工作，是社会主义社会秩序的预演，必须立即停止。尤其是自从 2 月底国立工场开办以来，各省失业者大量拥向巴黎，以便在那里从事由国家支付工资（每天 1 法郎）的工作。5 月在国立工场劳动的工人突破了魔幻数字 10 万。5 月 15 日的示威抗议者几乎无一例外地来自这类国立工场，在温和派看来这是另一个必须迅速采取行动的理由。国民议会的一个专门委员会在 6 月达成一致意见，在三天之内关闭国立工场，恢复从前由地方济贫机构负责安排这些人的做法。国立工场的年轻人应该去服兵役，超过 25 岁的男性则要去治理法国西南部的大片沼泽地。

6 月 21 日，该委员会就相应措施为行政部门撰写了一道
597 法令。这引起了失去领导的巴黎无产阶级的愤慨。6 月 23 日午间爆发了为期四天的起义，它以“六月战役”（Junischlacht）之名载入史册。参加战斗的不仅仅是国立工场的工人们，还有铁路员工和中小企业的雇员、小商人、熟练工以及许多女工和男性工人们的妻子。起义者数量估计总共达到 4 万至 5 万人。

托克维尔在他的回忆录中把这次起义称为一种奴隶起义。“它将打着社会主义理论烙印的二月革命引向极端高潮，甚或，它从前者脱胎而出，就像孩子离开母腹。它是工人们残酷和盲目但极具威力的尝试，试图把自己从困境中解放出来。人们告诉他们这种困境是非法压迫，他们要用暴力打通人们向他们许诺的通往幻想的幸福之路。”托克维尔毫无疑问地阐明，他认

为哪种社会主义理论最错误与危险：蒲鲁东的学说，其最极端的句子是“财产就是盗窃”。

自 6 月 25 日起，领导镇压起义工作的是国民议会的特命全权代表、陆军部长卡芬雅克，他是一个坚定的共和党人。他的镇压手段与此前在法国殖民战争中对付阿尔及利亚人的一样残酷。受他调遣的队伍除了部分正规军外，还有“资产阶级”的国民自卫军和由年轻的失业工人组成的别动队。当此前控制过巴黎大部分地区的起义工人于 6 月 26 日不得不投降时，起义者的伤亡人数达到 4000，死亡的士兵为 1600 人，其中包括 6 名将领。大约有 1500 人被按紧急状态法处决，遭到逮捕的远远超过 11000 人，被判驱逐到阿尔及利亚的超过 4000 人。国民自卫军中那些拒绝与工人作战的队伍被解除武装。6 月 28 日，卡芬雅克向国民议会交回了赋予他的特命全权。同一天，国民议会选择这位战胜了无产阶级的赢者出任新创立的部长会议主席一职。6 月 25 日宣布的全法国的紧急状态在 7 月 7 日被无限期延长。

1848 年 6 月为期四天的内战改变了法兰西第二共和国的 598
面貌。1848 年 2 月 26 日成立时，它曾是资产阶级和工人阶级间政治合作的结果。但这并未让这两个阶级之间的对立从世界上消失。临时政府和卢森堡委员会之间的责任分工不可能持久，因为资产阶级政治家和社会主义者对正确的社会秩序的设想是不可调和的。4 月 21 日的投票结果反映了大多数法国人的意志。5 月 15 日的政变缺乏广大居民的支持。6 月底起义的主力军是首都的无产阶级。在很大程度上仍是农村人口占多数的法国，信奉社会主义的工人只是少数。

至于他们敢于起来反抗绝大多数并向以私有制为基础的社会宣战，这让大多数法国人感到恐惧。对巴黎起义的镇压符合大多数人的意愿。在 1848 年 5 月和 6 月的极左行动后法国开始向右转。

然而不仅在法国，在整个欧洲，巴黎事件都被当作一场新的、社会主义或共产主义的革命降临前的闪电。六月起义的被镇压标志着欧洲 1848 年革命的一个历史转折点。各国的温和派力量达成了共识，即面对“红色”的推翻旧秩序的行动，迄今的社会秩序无论如何都值得捍卫，即使革命的进程对这种秩序的改变要比再次成为共和国的法国还要小得多。

当资产阶级和无产阶级之间的权力问题至少暂时解决后，国民议会就能够专注于新宪法的制定工作。1848 年 11 月 4 日，经过深入讨论，新宪法“在上帝面前并以法国人民的名义”获得批准。法兰西共和国在宪法中承认自由、平等和独立的原
599 则，并称实现这些的基础是家庭生活、所有权和公共秩序。它赋予法国人全面的基本权利，包括废除对政治犯的死刑（至于全面废除死刑，如作为议员的维克多·雨果所要求的那样，多数人无法接受）。阿尔及利亚和法国殖民地被宣布为法国领土。

立法权归于唯一的议院——国民议会，它在普选的基础上由男性公民选出，任期三年。宪法将行政权委托给一位公民，他获得共和国总统的头衔，并由人民，即“法国各省和阿尔及利亚的所有选民”选出，任期四年，不得直接连任。总统有任命和罢免部长的绝对权力。宪法并没有说这些部长需要国民议会的信任。因此制宪会议选择的不是一种议会制民主，而是一种类似于君主立宪制的二元体系，区别是：最高执行长官不是国王，而是一位像在美利坚合众国那样由人民选出的总统。

国家元首的权力虽大，但毕竟其授权是以民主方式进行的，这使他作为执行机构能代表民意，并对议会进行约束，此议会的权力要比美国国会的两院小很多。因此，法兰西第二共和国的宪法从一开始就潜藏着发生宪政冲突的可能性，而且这种可能性恐怕非常大。人们害怕红色危险会让制宪大会在国家

的新基本法中嵌入掩饰成民主的专制作为撒手锏，或至少是害怕为总统留下如此解释宪法的余地。

然而，1848年11月4日的宪法不仅是针对六月战役的回应，也是对失败的立宪君主制的回答。历史学家皮埃尔·罗桑瓦隆（Pierre Rosanvallon）认为这种失败的原因“深深扎根于法国政治文化中的反自由主义”，他在旧制度下就已经看 600
到这种倾向：当时革命者更多地是想把绝对主义民主化，而不是把君主制自由化。绝对王权最终是要消灭一切中间势力，它总是导致新形式的权力集中：从公共安全委员会，到督政府和帝国，再到七月王朝的大资产阶级议会统治。其中王权很少像1814年的《宪章》所规定的那样，可以起到邦雅曼·贡斯当意义上的“中立作用”。

之所以发生了各种政权更迭，王权却还能保持连续性，是因为缺乏有效的权力制衡传统，包括以区域自治的形式达成的“制衡”，名副其实的两院制，以及立法和行政部门之间的平衡关系。法国人杀死了一位君王路易十六世，但他们仍旧崇拜伟大的君王如路易十四世。他们偷偷在脑子里想的是——罗桑瓦隆如是说——一种“共和君主制”（monarchie républicaine）。11月4日的宪法就是这种愿望的一种表达。这部宪法把共和国的总统变成了一位共和君主：现在是一个职位在寻找其任职人。

对于未来总统，大多数议员大概属意卡芬雅克将军——现任部长会议主席。这位六月战役的赢家确实参加了总统竞选，最高公职的选举定于1848年12月10日举行。他的竞争对手是资产阶级共和派拉马丁、左派民主党人赖德律-洛兰、社会主义者拉斯帕伊、尚加尔涅（Changarnier）将军，以及路易-拿破仑·波拿巴，他于1808年4月20日出生于巴黎，其父是拿破仑的弟弟荷兰国王路易·波拿巴，其母是皇帝的继女奥坦丝·博阿尔内（Hortense

Beauharnais）。

1815年后，路易－拿破仑·波拿巴是在瑞士和德国的流亡中度过青少年时期的。1831年他在教宗国参加了烧炭党人反对教宗统治的起义，后于1836年在斯特拉斯堡以及1840年在布洛涅（Boulogne）进行了两次反对七月王朝的蹩脚的
601 未遂政变。布洛涅行动失败后，他被判处终身监禁，但1846年他从皮卡第的哈姆（Ham）要塞逃往伦敦。他曾在那里逗留过数年，并于1839年发表过其纲领性著作《拿破仑思想》（*Idées napoléoniennes*）。他在该书中试图把和平、自由和平衡阶级对立当作其皇伯的真正遗产，把自己描绘成这份遗产的执行人。关押在哈姆期间，他还于1844年写过另一篇文章，题目是《论消灭贫困》（*Extinction du Paupérisme*），他呼吁，应该首先通过把闲置土地分配给工人组建的农业合作社的方式来解决社会问题。

二月革命使路易－拿破仑能够返回法国。在6月初的选举中他初次被选入国民议会，但他还在伦敦时就放弃接受此议席。在第二轮选举中他重新在多个选区参选，这是选举法所允许的，他在这些选区也均赢得了胜利。这一次他接受了议席，他决定代表约讷（Yonne）省选区。此后，人们不能再小觑波拿巴家族这位王位觊觎者的政治生涯了，1846年7月其父老路易－拿破仑去世后他就对皇位虎视眈眈了。

皇帝的侄子是一个充满矛盾和令人难以捉摸的人物：他是冒险家和花花公子，赌徒和冒险者，既无演说口才，也不是一个军队指挥官，因为其未遂政变的历史遭人质疑与嘲笑，但同时他又拥有让人无法忽视的政治智慧，天生善于从错误和失败中学习。1848年终于登上政治大舞台时，他就像一位技艺精湛的演奏大师一样，八面玲珑地应对着种种大相径庭的期盼，而许多法国人的这些期盼是与他及其姓氏的神话联系在一

起的。他拉拢农民，他们得到小块地产的过程离不开拿破仑的帮助；他高举保护宗教和家庭的大旗，以便得到天主教徒的青睐；他赞成为工人提供足够的养老金，并反对政治迫害，以此博得无产者的好感，在后者眼中自1848年6月起卡芬雅克体
现的就是资产阶级专政；他承诺保卫财产、减税和维护社会秩 602
序，广大资产阶级和小资产阶级因此愿意投他的票。

路易-拿破仑若是在1848年秋就公开宣布要恢复帝制的话，许多选民凭这一点就不会投他的票。这位王子明智地决定，在选举前只谈论肯定会得到大家同意的事情。他在其11月30日的声明中说：倘若大选获胜，他愿以自己的名誉担保，竭尽全力，“在我的任期结束时，移交给继任者的会是一个国家权力稳固、自由完好无损和繁荣昌盛的国家”。

事实证明路易-拿破仑的策略没有错。1848年12月10日他成为大选的明显赢家。他得到750万选票中的540万，也就是72%。远远落在其后的分别是卡芬雅克（140万票）、赖德律-洛兰（37万票）、拉斯帕伊（37000票）、拉马丁（18000票）和尚加尔涅（4700票）。只有在四个以十分保皇著称的省，即瓦尔（Var）、罗讷河口（Bouches-du-Rhône）、莫尔比昂（Morbihan）和菲尼斯泰尔（Finistère），路易-拿破仑未能赢得多数。相反，他大获成功的省份克勒兹（Creuse）、伊泽尔（Isère）、上维埃纳（Haute-Vienne）和德龙（Drôme）则明显“偏左”。总而言之，他最坚固的堡垒位于法国农业化程度最高的地区。对其选民互相矛盾的政治动机，书写过波拿巴主义历史并在1980年出版这部著作的弗雷德里克·布吕什（Frédéric Bluche）用一句话进行了概括：“路易-拿破仑·波拿巴是大多数热爱秩序和大多数因不满而制造麻烦者的候选人与获胜者。”

从数量上讲，路易-拿破仑最有力的支持者是农民，他们

拥有土地要感谢法国大革命和为其财产提供法律保护的《拿破仑民法典》。之所以出现 12 月 10 日的投票结果，原因之一是农民对第二共和国引进高额附加地税的愤怒，该税种于 1848 年 3 月起开始征收。马克思在其著作《1848 年至 1850 年的法兰西阶级斗争》中称 1848 年 12 月 10 日为“农民暴动日”，是农民“政变”。“拿破仑是充分表现了 1789 年新形成的农民阶级的利益和幻想的唯一人物……拿破仑在农民眼中不是一
603 个人物，而是一个纲领。他们举着旗帜，奏着音乐走到投票箱跟前去，高呼：‘Plus d’impôts, à bas les riches, à bas la république, vive l’Empereur!’——‘打倒捐税，打倒富人，打倒共和国，皇帝万岁！’。隐藏在皇帝背后的是一个农民战争。由他们投票推翻的共和国是一个富人共和国。”①

大部分投票支持路易 - 拿破仑的工人有不同的动机。他们首先希望阻止卡芬雅克当总统，波拿巴家族的候选人做出的社会承诺则给了他们一个额外的理由，去帮助他战胜六月战役的赢家。小资产阶级把票投给路易 - 拿破仑表明，他们与农民类似，拒绝大资产阶级的统治，同时也意味着对帝国“荣耀”的敬意。这主要是伟人姓氏的魅力，这使王子得以获得利益互相冲突的不同集团的支持。

在竞选中得到官方撑腰的只有卡芬雅克，而不是路易 - 拿破仑。因而平民把票投给后者就更值得注意了。借此路易 - 拿破仑成为欧洲第一位由人民直接选出的国家元首，是的，如果考虑到美国的总统是由选举团选出的，那么路易 - 拿破仑甚至应该说是世界上首位民选国家元首。选举权和在几个候选人之间进行选择的自由虽然能保障民主的选举，却无法阻止选民选择一位其目标完全与民主背道而驰的候选人。

---

① 马克思：《1848 年至 1850 年的法兰西阶级斗争》，载《马克思恩格斯全集》（第七卷），北京：人民出版社，1959，第 50 页。

路易 - 拿破仑追求的是一种独裁，但因为它应该是现代的，所以它一再需要人民的欢呼。因此 1848 年 12 月 10 日诞生了一种新的政权类型，它很快被同时代人称作“帝政主义”（Cäsarismus）和“波拿巴主义”。它们描述的是一种自上而下地继续进行资产阶级革命的尝试，以防止它突变为无产阶级革命。11 月 4 日的宪法使这样一种发展成为可能，令 12 月 10 日的投票结果无法避免。面临着内战重启的风险，多数法国人把行政权托付给这样一位候选人，他最懂得以超越阶级和政党的姿态去扮演公共利益代言人的角色。

上任伊始，新当选的总统不得不依靠的力量是那些对他保 604
留最少，并且想与他合作的人。因此，他召集的君主主义者政府由“奥尔良派”的奥迪隆·巴罗为首。由于他本人对法国所知甚少（他在法国国内逗留时间最长的地方是 1840~1846 年待过的哈姆要塞），而且他身边的小圈子亦无法平衡这种缺失，路易 - 拿破仑更加要依赖经验丰富的政治家的专业知识。他对巴罗政府的依赖程度到了这样一种地步，同时代的人用“囚禁部”（ministère de la captivité）来形容。不过，在国民议会中温和派共和党人占多数，因此政府必须估计到投票表决时会失败。1849 年 1 月底就出现了这种情况。在总统的支持下巴罗政府依然存在，它让军队包围了波旁宫。在政变威胁下，国民议会做了总统和政府所希望的，根据宪法也只有它自己才能做的事：它决定解散议会。新选举定在 1849 年 5 月 13 日举行。

尚在选举之前，总统和政府就开始参与有利于教宗庇护九世的对教宗国的军事干预，这在国内成为饱受争议的事。革命把教宗赶出了罗马，自 1848 年 11 月起他就流亡加埃塔。1849 年 2 月 8 日罗马共和国宣告成立后，教宗请求所有天主教大国帮助他恢复其在人世的统治。路易 - 拿破仑本人曾于 1831 年同烧炭党人并肩与教宗国作战，他现在一改初衷，并不仅仅是因为不想把意大利中部的地盘给奥地利独占；这也关系到总统的法国内政，即天主教会对其政权的支持。加里波第率领的罗马共和国志愿军于 4 月 30 日打败了法国将军乌迪诺（Oudinot）指挥的远征军，这让总统随后在 5 月初派遣更多的部队前往意大利，它们将令形势发生有利于法国和教宗的改变。

在这一国外政治背景下，5 月 13 日举行了立法机构的选举。
605 明显的赢家是支持政府的所谓“秩序党”（Ordnungspartei）势力。他们获得总共 750 个席位中的 450 个，而温和派共和党的席位从 500 个下降到 75 个。相反，民主左派——这主要得益于一部分农民的情绪变化——显然收益颇丰：“山岳派”重返议院的议员不是 80 人，而是 210 人。这种票数的增加让赖德律 - 洛兰这类政治家觉得他们的势力足够强大，一个月后他们敢于在议会与政府派角力。

6 月初，法国军队在乌迪诺将军率领下对罗马共和国的进攻提供了摊牌的机会。路易 - 拿破仑在其 6 月 7 日的财政预算提案发言中为干预进行了明显辩护，左派谴责干预违宪。（宪法确实禁止任何征服战和对任何民族自由所进行的攻击。）公开抨击的后果是请求弹劾总统。在国民议会不出所料地拒绝了这一请求后，赖德律 - 洛兰于 6 月 11 日要求法国人在必要时要手握武器保卫共和国。这些言辞激烈，然而它们其实只是听上去要比其本意更革命，山岳派其实并未进行任何推翻政府的准备工作。

6 月 13 日，民主左派的支持者聚集起来示威游行，大多是巴黎的小资产阶级，他们的目的地是总统官邸爱丽舍宫（Elyseepalast）。在里沃利街（Rue de Rivoli）正规军开枪射击，此后山岳派开始建立路障。短短几小时后军队掌控了局面。赖德律 - 洛兰和他的一些政治盟友逃跑到英国，其他左翼国会议员被押送法庭并遭到判决。失去领军人物后，山岳派此后不再对政府阵营构成威胁。

共和国于1849年6月13日进入一个几乎为期一年的阶段，马克思称其为“联合保皇党人的立法独裁”。路易-拿破仑当选半年后，议会多数派的权力地位确实至少不逊色于总统。但波拿巴主义的逻辑要求一种独立的行政权，1849年夏的法国 606
还远远没有达到这种状态。[91]

## 统一与自由均成泡影：1848/1849年的德意志革命

1848年5月18日在德意志革命的进程中是一个重要的日子：这一天在以前的教堂——美因河畔法兰克福圣保罗教堂，经自由普选产生的德意志国民议会开幕。其中最著名的当选者中有德意志民族主义的两位鼻祖：体操之父雅恩和波恩大学名誉退休教授恩斯特·莫里茨·阿恩特。议员中还有诗人路德维希·乌兰德（Ludwig Uhland），他曾是图宾根大学日耳曼学教授；以及1837年的"哥廷根七君子"中的四位教授，即历史学家克里斯托夫·弗里德里希·达尔曼、格奥尔格·戈特弗里德·格维努斯（Georg Gottfried Gervinus）、语言学和文学学者雅各布·格林及国家法学家威廉·爱德华·阿尔布雷希特。

第一次全德意志人民代表机构虽然不像往往评价的那样是一个"教授议会"，但肯定堪称高学养中产阶级的一次聚会。在接受议席的585名议员中有550名受过高等教育，其中大学教授49人，法官和检察官共157人，律师66人。110位议员来自经济界，工人在大会中没有代表。内部分裂的左派是少数，但比保守的右翼强大。占绝大多数的是不同立场的温和自由主义者。

议员们认为自己的首要任务是起草一部宪法，具体而言就是列出一份基本权利的清单。鉴于经历过德意志邦联以及邦联成员国所采取的镇压政策，这么做是可以理解的，但同时又是危险的。因为在圣保罗教堂开会的议会首先必须解决紧迫的权力问题：所追求的德意志民族国家与哈布斯堡多民族帝国以及另一个德意志大国普鲁士王国的关系。5月22日，德意志国民议会开幕四天后，普鲁士召开了自己的国民议会，它显然比法兰克福议会要左。自己的国家对普鲁士民主党人来说要比一个未来的德意志民族国家重要：这就是他们为什么完全专注于选举柏林的人民代表机构，而忽略了法兰克福国民议会的选举。

很久以后，1848 年 6 月 28 日德意志国民议会才做出那件“大胆的事”，即国民议会主席海因里希·冯·加格恩四天前所谈及的：它决定成立临时中央权力来代替邦联议会。6 月 29 日，奥地利大公约翰当选帝国①临时国家元首：这一抉择进一步强调了国民议会想让奥地利加入德意志民族国家的意愿，而普鲁士国王腓特烈·威廉四世则认为这是一种公开侮辱。7 月 15 日，来自奥登瓦尔德的贵族卡尔·冯·莱宁根（Karl von Leiningen）侯爵被任命为帝国首相。

中央权力并不拥有实际权力和政治权威。军事上和经济上，它完全依赖于德意志邦联成员国，尤其是普鲁士的良好意图。1848 年夏天在调解石勒苏益格—荷尔斯泰因冲突时这一点以戏剧性方式暴露无遗。迫于俄国和英国（两个维也纳会议条约签字国）的压力，普鲁士于 8 月 26 日在瑞典的马尔默（Malmö）与丹麦签署了《停火协议》。根据该协议，丹麦和邦联军队应从石勒苏益格和荷尔斯泰因撤军，基尔的临时政府要由一个经丹麦国王和普鲁士国王任命的混合政府替代，新成立的政府应该受（形式上仍然存在的）德意志邦联的信托。

停火在德意志引发了全国性愤慨，圣保罗教堂的议员也不例外。当帝国内阁宣布，尽管有种种抗议，但它除了接受《停火协议》外别无选择，国民议会行使了否决权。以 238 票对 608
221 票的微弱多数，议员们于 9 月 5 日通过了右翼自由“赌场派”（Fraktion “Casino”）② 历史学家克里斯托夫·弗里德里希·达尔曼的一项提案，停止落实停火措施，继续进行邦联

① 此为德意志国民议会想创建的帝国，因时机不成熟最终成为泡影。

② 法兰克福议会 1848 年 6 月 25 日起存在的一个中间偏右派别，其名称来自该派通常聚会的地点。

军队对丹麦的战争。其直接的结果是莱宁根内阁的下台。9月5日议会多数议员支持组建继任内阁，但此事被证明是行不通的，因为一致同意达尔曼提案的左派无法就共同的施政方案与温和自由派达成共识。但是，即使反对停火者建立起一个联合政府，他们也无法强迫普鲁士继续这场战争。在经过激烈辩论后，9月16日国民议会做出了让步，以257票对236票决定不再阻挠停火。新任帝国首相是前内政大臣，奥地利人安东·冯·施梅林（Anton von Schmerling）。

国民议会的自我纠正从多数人的角度看是不可避免的。如果它不取消9月5日的决定，德意志各邦国政府就得被迫与其决裂。因为按照国民议会的要求去做，将意味着一场欧洲战争，无论是普鲁士还是其他德意志邦国政府都不愿卷入这样一场战争。收回原来之决议的代价颇高，民族义愤现在针对的是德意志国民议会。9月17日在法兰克福发生了暴动，两名投票赞成马尔默协议的保守党议员——费利克斯·里希诺夫斯基（Felix Lichnowsky）侯爵和汉斯·冯·奥尔斯瓦尔德（Hans von Auerswald）将军——被暴徒杀害。犯罪团伙的首领举着一面红旗，这令人担忧：大部分公众害怕在德意志无产阶级也会尝试推翻现有政权。

红旗也出现在9月21日开始的第二次巴登起义中，即黑克尔的战友，来自巴塞尔的古斯塔夫·冯·司徒卢威跨过莱茵河并在罗拉赫（Lörrach）宣布成立德意志共和国之时。其中一位积极参与者就是德国社会民主党后来的领导人：威廉·李
609 卜克内西（Wilhelm Liebknecht）。四天后起义结束，巴登的部队在施陶芬（Staufen）击败了起义者。同一天，9月25日，新的革命浪潮也席卷了从流亡中返回的卡尔·马克思自6月1日起编辑《新莱茵报》（*Neue Rheinische Zeitung*）的那座城市，那里共产主义者同盟的追随者比德意志任何地方的都要

多。由于担心普鲁士军队将开进这座大教堂之城，人们在科隆建起了路障，那里整夜红旗飘扬。但因为没有任何士兵出现，第二天防守者就撤离了。秩序恢复后宣布了戒严令，《新莱茵报》短暂遭到查禁。

科隆自然与法兰克福一样，鲜有成为红色革命心脏的机会：1848 年大多数德意志工人希望在现有秩序内进行社会改革，而不是马克思意义上的激进大变革。大多数人最想要的，体现在 1848 年 8 月 23 日至 9 月 3 日在柏林召开的工人代表大会（这次大会是由斯蒂芬·博恩的追随者们组织的）以及此后成立的“工人兄弟会”提出的要求中。斯蒂芬的追随者提倡成立工会形式的工人自救组织，并上书国民议会请求帝国宪法承认这种工人组织。

1848 年初秋德意志还谈不上出现了持续向左转的局面。相反，若是把视线投向 9 月 17 日的法兰克福谋杀案后，甚至从巴黎六月战役起，我们就必须说就出现了向右转的端倪：由于恐惧无政府状态，人们更加倾向坚守传统秩序。一个标志性事件是 7 月在美因河畔法兰克福召开的普通手工业和商业代表大会（Allgemeine Handwerker-und Gewerbekongreß），这次大会公开反对共和国，反对贸易自由，反对社会主义和共产主义，要求资产阶级与君主制同舟共济并恢复行会体系。至于这次大会是否代表全德意志的手工业界，值得怀疑。但是许多独立的工匠师傅对革命最初的欢迎态度，在 1848 年夏已经所 610
剩无几了。法兰克福的各种决议表达了大多数自立的中产阶层的感受：这种事态对保守势力要比对自由派来得更是时候。

在农村，对激进抗议的阻拦还要更早出现。1848 年春德意志西南起来反对地主的农民们，在这一年接下来的时间里不再有进一步的政治举动；直到 1849 年 5 月，巴登和普法尔茨一些地方的农民［在下文还要详细讨论的“帝国宪法运动”

（Reichsverfassungskampagne）框架下］再次起来与当局对抗。易北河以东的普鲁士是农场领主制的大本营，作为施泰因-哈登贝格改革时代“农民解放的远程效果”，革命初期的农民和雇工的社会抗议不像西部庄园制地区的那么激进，但也并非毫无成果：一些让步如取消世袭审判权促进了与骑士领地所有者的和解。直到 1848 年 9 月，在奥地利，改革也起到了防止农民起义的作用。除了萨克森和西里西亚，1848 年秋天几乎没有任何地方的农民显示出革命性。

易北河以东低地地区的保守领导层在 1848 年很快就学会了，为了对付资产阶级革命他们必须做什么：他们需要一个有效的组织和可靠的盟友。1848 年 7 月，“保护全民财产和促进富足协会”（Verein zum Schutze des Eigentums und zur Förderung des Wohlstands aller Klassen des Volkes）成立，稍后在其第一次全体会议，即 1848 年 8 月 18 日和 19 日召开的所谓“容克议会”（Junkerparlament）上，才名副其实地更名为“保护地产利益协会”（Verein zur Wahrung der Interessen des Grundbesitzes），它立即成为普鲁士保守党的温床。普鲁士新教在革命时期再次证明自己是骑士领地所有者、军队和君主制的忠实盟友：在腓特烈·威廉三世国王的号召下，1817 年路德宗和归正宗合并为老普鲁士联盟教会（Kirche der Altpreußischen Union），老路德教会没有与加尔文派合并，新的虔诚觉醒运动的一些主要大本营设在波美拉尼亚农庄中。

611 但是，即使在普鲁士以外的地区新教教会仍然保持着其 1848 年以前的立场：它是宝座和正统的支柱。它坚决反对任何形式的革命、自由主义、民主和社会主义，这当然有不利的一面：反现代的信条深化了那道鸿沟，很久以来它就让信徒中开明和积极参与政治活动的成员与教会离心离德。

天主教的情况基本上大同小异，它毫无疑问根本拒绝革命。在三月革命前，其反对自由的时代精神特别显著地表现在 1844 年教会在特里尔组织的群众朝拜“圣袍”活动中：这是一种示威性反启蒙行为，它让许多自由派教会信徒加入了对立组织“德意志天主教徒”（Deutschkatholizismus）。在革命时期，天主教官方教会的举动要比新教务实：为了有效保护天主教徒的利益创建的“庇护协会”（Piusvereine）迅速遍布整个德意志，1848 年秋已有会员近 10 万人。他们向德意志国民议会递交请愿书，要求彻底的政教分离以及维护和扶助天主教学校。

这不是宣布要革命，而是试图利用革命为德意志天主教徒拓展政治回旋空间。天主教徒的防御行动与以下事实密切相关，即普鲁士是一个新教国家和德意志自由主义是一场打上了新教烙印的运动。腓特烈·威廉三世统治的最后几年中，在普鲁士就宗教通婚家庭中孩子的教育发生了激烈冲突：天主教教会坚持要对孩子进行天主教教育，而根据普鲁士法律孩子基本上要按照父亲所信仰的宗教接受教育。当腓特烈·威廉四世在很大程度上——尽管引起自由派极大不满——对教会的要求进行了妥协之后，不难理解天主教徒为了自己的利益要与普鲁士国家维持良好关系，而且不要过分挑战自由主义者。自由主义在德意志信仰新教的地区得到的支持要比在信仰天主教地区的强大很多，倾向自由事业的新教徒在很大程度上已经与其教会 612
的政治理念划清了界限。因此不存在相当于“庇护协会”的福音派组织：任何这方面的尝试都会因德意志新教内部的政治多元主义而失败。

1848 年 9 月对德意志革命意味着一个转折点。由于国民议会撤回了其对马尔默停火协议的否决，它在公众中很丢面子。随后议会外的左翼发起的暴动让坚定的议会内左翼十分孤立。其中最左的议会党团——以曾经的青年黑格尔派成员阿诺德·卢格和动物学家卡尔·福格特（Karl Vogt）为首的“雷山派”（Fraktion “Donnersberg”）——受到的影响要比聚集在莱比锡书商罗伯特·布卢姆（Robert Blum）身边的较温和的左派“德意志之家”（Deutsches Haus）[①] 更大。温和自由派不得不认识到，他们联合左派反对停火导致了惨败。源于此经验，自由主义中的温和中间派开始右转，从而参与了一种当时在德意志社会中全面发生的进程。

德意志国民议会越是明显向右转，它与普鲁士国民议会之间的区别越明显，后者中的左翼更强势。在约翰·雅各比（Johann Jacoby，一位来自东普鲁士的民主党人）和贝内迪克特·瓦尔德克（Benedikt Waldeck，一位来自威斯特伐利亚的民主党人）的领导下，柏林议会中的左翼在7月就已经反对选举一个无须对德意志国民议会负责的帝国临时元首，此外这也隐含着未来哈布斯堡皇朝皇位继承会有风险。正是出于这一原因，当柏林政府此后不久拒绝让普鲁士军队按照帝国陆军大臣的安排向帝国临时元首致敬时，普鲁士国民议会的抗议十分微弱。

当九月屠杀发生后，中央权力采取措施以保障议员们不被侮辱，在这种情况下法兰克福及其周边地区的结社和集会自由受到了限制，这让普鲁士左翼有理由谴责帝国内阁重拾德意
613 志邦联的镇压政策。10月24日，瓦尔德克在普鲁士国民议会中要求，中央权力颁布的与各国有关的法令在各国经人民代表机构批准后方可生效。一项规程申请仅差一票未获通过，该申请要求将瓦尔德克的提案宣布为“紧急”等级，若能获得该等级，不用事先经咨询委员会协商即可进行投票表决。

---

① “雷山派”和“德意志之家”的名称来自派别成员经常碰头的地方。

普鲁士左翼恰恰在 1848 年 10 月对德意志国民议会和中央权力充满敌意，还有另外一个新原因：法兰克福的政府和议会几乎没有采取什么措施来抵抗奥地利的反革命进军。9 月 19 日是奥地利革命的历史转折点：7 月被选出的帝国议会在来自捷克的多数保守议员的唆使下，于这一天拒绝聆听一个匈牙利代表团的陈述。议会从而站在了决定支持克罗地亚人反对匈牙利革命的政府一边。维也纳的极端主义者和驻扎在首都的部队再次以新的起义来回应：这是 1848 年 3 月和 5 月后的第三次起义。战斗开始于一起流血事件：10 月 6 日，民愤极大的陆军大臣拉图尔伯爵被起义者抓获、虐待并最终吊死在一根路灯柱上。其他多数大臣在首相韦森贝格带领下于最后一刻成功逃脱，避免了被捕的下场。

当首都落入极端主义者之手后，皇帝斐迪南带领宫廷侍从逃往波希米亚的奥尔米茨（Olmütz）[①]。自 10 月 11 日起，阿尔弗雷德·温迪施格雷茨侯爵在咨询其连襟费利克斯·施瓦岑贝格侯爵（Fürst Felix Schwarzenberg）后，从波希米亚准备与革命的维也纳一决雌雄。德意志中央权力虽然试图在革命与反革命两派间进行调解，但其使者在温迪施格雷茨和韦森贝格那里均吃了闭门羹。同一时间，国民议会的左派代表，其中包括罗伯特·布卢姆，前往维也纳支持起义者。他们是自行前往的，此前国民议会的多数拒绝宣布声援维也纳的革命。10 月 614
26 日，温迪施格雷茨——现已是所有奥地利军队（只要它们不在意大利受拉德茨基的指挥或是受克罗地亚省长耶勒契奇的调遣）的总指挥——率领的政府军开始向帝国首都发起进攻。10 月 31 日，维也纳的起义被镇压。参加了街战的布卢姆被迅速判处死刑，11 月 9 日按紧急状态法被枪决。

---

① 即捷克的奥洛穆茨（Olomouc）。

处决布卢姆显然违反了议员享有豁免权的规定，作为德意志国民议会议员他享有这种权利。虽然国民议会在 11 月 16 日正式对这一违法行为提出了抗议，帝国临时元首约翰大公让两位帝国专员转交给奥尔米茨的议会决议却毫无结果，因为国民议会和中央权力手中没有实权。奥地利政府——11 月 21 日施瓦岑贝格成为政府首脑——想与法兰克福一刀两断。其目的不外乎在哈布斯堡帝国和奥地利以外的德意志恢复革命前的秩序。它肯定能得到大多数斯拉夫民族的支持，尤其是捷克人、克罗地亚人和斯洛文尼亚人。根据 10 月 22 日的皇帝诏书，奥地利议会自 11 月 22 日起在摩拉维亚的克罗梅日什（Kremsier）召开，上述那些民族的议员掌握着话语权。

对德国左翼而言，捷克人、克罗地亚人和斯洛文尼亚人的行为是对革命的背叛。这种普遍存在的愤怒没有人比弗里德里希·恩格斯表达得更为激烈。1849 年 1 月，他在《新莱茵报》上谈到南部斯拉夫民族时称他们为“小民族”、“残存的民族”和“民族残余”，它们代表着反革命。他还警示道：“在即将来临的世界大战中，不仅那些反动阶级和王朝，而且那许多反动民族也要完全从地球上消失。这也将是一种进步 。”[1] 一个月后恩格斯向“出卖革命的斯拉夫民族”（一个判决，只有波兰人被排除在外，塞尔维亚人偶尔也能享此殊荣）宣布了一场“歼灭战，实行无情的恐怖主义——而这样做不是为了德国的利益，而是为了革命的利益”。

615 在恩格斯之前马克思就已经谈到过“世界大战”。在为《新莱茵报》撰写的新年社论中他得出以下结论：革命只有采取欧洲战争，甚至是世界大战的形式时才会胜利。这样一场战争始自法国资产阶级被推翻，然后是英国，经过英国最终必

---

① 恩格斯：《匈牙利的斗争》，载《马克思恩格斯全集》（第六卷），北京：人民出版社，1961，第 207 页。

须波及全球。“法国工人阶级的革命起义，世界大战，这就是1849 年的前景。”①

当马克思发出其号召时，中欧的反革命不仅在奥地利，而且在普鲁士取得了胜利。在霍亨索伦国家，与在哈布斯堡皇朝类似，向反革命的转向 9 月已成定局。在这方面起了推动作用的是 6 月组建的以原东普鲁士省长鲁道夫·冯·奥尔斯瓦尔德（Rudolf von Auerswald）为首的政府的倒台，这发生在 9 月 8 日的普鲁士国民议会上。此前的冲突关乎一项没有得到执行的 8 月 8 日的议会法案，该法案规定政府必须全力反对军官们的反革命行动。腓特烈·威廉四世随后决定，与革命斗法，并在 9 月 11 日将其意图写入一份精心制作的战斗计划。为了顾及政治势力间的关系和公众意见，他暂时必须仅限于组建一个以政治立场适中的将军恩斯特·冯·普菲尔（Ernst von Pfuel）为首的官吏内阁，他同时兼任陆军大臣，是海因里希·冯·克莱斯特儿时的朋友。国王甚至无法阻止新政府——有别于上一届政府——把国民议会的决议以公告形式昭告天下打击军界的反动活动。

不久普鲁士内部的权力斗争进一步激化。10 月 12 日，普鲁士国民议会在讨论宪法草案时决定，从国王称号中删除“君权神授”一词。如果说议会此举以前所未有的方式挑衅了国王，那么第二天另一项决定则让极左派义愤填膺：有关治安维持的法规以一定方式对春季出现的民兵进行了国有化，以避免激进分子利用他们。其后果是 10 月 16 日柏林出现了街垒战， 616
虽然治安维护人员很快控制了局面，但国王要求新首相宣布紧急状态，后者不愿意这样做。10 月 28 日普菲尔辞职。

三天后柏林再次发生骚乱，这次是国民议会的一项决议引

① 马克思：《革命运动》，载《马克思恩格斯全集》（第六卷），北京：人民出版社，1961，第 175 页。

发的，它否定了瓦尔德克要求普鲁士出面支持维也纳革命者的提案。11月1日公布了国王委任的接替普菲尔的人选：保守的腓特烈·威廉·冯·勃兰登堡伯爵（Graf Friedrich Wilhelm von Brandenburg）。普鲁士国民议会第二天就宣布不信任他。但此举对国王毫无影响，无论是对议员代表要求腓特烈·威廉组建一个得民心的内阁的呼声，还是对那位来自柯尼斯堡的犹太医生约翰·雅各比向他呼喊的那句名言——“国王们不愿听真相，那是他们的不幸”，国王同样无动于衷。自从国民议会决议取消君权神授后，腓特烈·威廉四世就决心把9月11日的计划付于行动。他终于走上了那条以保守将军利奥波德·冯·格拉赫（Leopold von Gerlach）及其弟恩斯特·路德维希（Ernst Ludwig）——马格德堡上诉法院院长——为首的“阴谋集团”一直敦促他该走的路。

1848年11月9日，罗伯特·布卢姆在维也纳被行刑的同一天，国王下令国民议会迁往哈弗尔河（Havel）畔的勃兰登堡，并休会到11月27日。77位保守派议员和新首相一起离开会议厅后，议会抗议腓特烈·威廉这种类似政变的做法，并在柏林剧院继续开会，直到冯·弗兰格尔将军指挥的部队强行驱散了会议。接下来的会议遭到同样命运，被驱散之前大多数议员决定抗税。帝国内阁和德意志国民议会议长海因里希·冯·加格恩试图在国王和普鲁士议会之间进行调解，但没有成功。

617 12月5日，国王解散了普鲁士国民议会并——不顾其保守派顾问的劝阻——颁布了一部宪法，在很大程度上采纳了国民议会宪法委员会提交的所谓《瓦尔德克宪章》（Charte Waldeck）草案，甚至在众议院的选举方面保留了男性公民的平等普选权。与议会的宪法草案最主要的区别是，国王对两院——参议院和众议院——通过的法律保有绝对否决权（《瓦尔德克宪章》仅赋予君主暂时否决权）。第二天，12月6日，勃兰登堡政府宣布 1849 年 1 月进行两院选举。新议会的首要任务是对这部由国王推出的宪法进行修改。

借助带有某些“自上而下的革命”特点的政变，腓特烈·威廉四世为普鲁士的三月革命暂时画上了句号。古老的国家权力战胜了革命中产生的新权力，赢得颇轻松。因为大部分城乡人口认为王权的巩固是反对政治和社会激进主义的良药，几乎没有人听从抗税的革命呼吁。大多数温和的自由主义者几乎松了一口气。莱茵河地区的企业家古斯塔夫·冯·梅菲森（Gustav von Mevissen）在法兰克福国民议会中属于“赌场派”，他在 12 月 8 日的一封信中公开影射加格恩 6 月 24 日所谈及的“王者的大胆举措”[①]。他认为当下有影响力和勇敢的男人已经必须在“新创建的法律基础上与起威胁作用的无政府状态进行斗争”。历史学家达尔曼——他是梅菲森一派的——12 月 15 日在德意志国民议会的一次演讲中谈到普鲁士国王的做法时，发明了“采取拯救行动的权利”之说法。他进一步要求：针对议会做出的决议，未来的德意志宪法也必须为国家元首留有绝对否决权，而不是仅仅授予他暂时否决权。

尽管普鲁士宪法是强加的，但自 1848 年 12 月 5 日起霍
亨索伦国家至少是一个宪政国家：无论德意志国民议会中的温 618
和自由派是否公开这么说，他们均是这么看待此事的。他们同时期待着，法兰克福国民议会和柏林议会的关系在 1849 年 1 月普鲁士大选后能有所改善。在另一个德意志强权国家，哈布斯堡皇朝的多民族国家统一凭借反革命行为也得以实现：这种结构明显有悖于德意志国民议会建立一个德意志民族国家的打算。如果说 11 月还有人怀疑施瓦岑贝格侯爵的权位能否坐稳的话，12 月这种疑虑就烟消云散了。在首相的大力施压下，

① 指国民议会决定成立临时中央权力来代替邦联议会。——编者注。

1848 年 12 月 2 日治国无方的皇帝斐迪南逊位给其 18 岁的侄子弗朗茨·约瑟夫（Franz Joseph）。年轻的统治者应给哈布斯堡皇朝多民族帝国带来一种新的面貌，很难说这将是一种对德意志友善的态度。

在奥地利反革命势力取胜前几天，1848 年 10 月 27 日，德意志国民议会提出了所谓“大德意志”方案（“großdeutsche” Lösung）——创建包括奥地利在内的德意志民族国家。全体会议以压倒性多数通过宪法委员会的宪法基本条款草案。根据其第 1 条，名称毫无争议的“德意志帝国”（das Deutsche Reich）由目前的德意志邦联的领土范围构成。石勒苏益格公国的关系和波森大公国的边界走向留待“最终规定”解决。其第 2 条规定，任何德意志帝国的组成部分不得与其他非德意志国家合并。其第 3 条规定，倘若一个德意志国家与一个非德意志国家有共同的国家首脑，两国之间的关系只能是共主邦联的性质，即非国家法意义上的关系，而只是王朝的性质。

德意志国民议会中的大多数议员在 10 月底投票原则上赞成大德意志解决方案，但作为代价要求解散哈布斯堡君主国。90 位议员在投票时拒绝第 3 条规定带来的后果。一些发言者建议，应建立一个不包括奥地利的德意志联邦国家，而这个国
619 家应该与整个哈布斯堡帝国结成邦联。这种理念（一个紧密联邦和一个宽泛邦联）最著名的倡导者是德意志国民议会议长海因里希·冯·加格恩。“小德意志”方案（“Kleindeutsche” Lösung）的理由是：1848 年秋起已很难想象能够以其他方式组建德意志民族国家。在圣保罗大教堂 10 月的辩论中，得出这一结论的不仅仅有来自非奥地利的德意志邦国的自由主义者如加格恩和威斯特伐利亚省议员格奥尔格·冯·芬克（Georg von Vincke），而且包括保守派的维也纳律师欧根·冯·米尔费尔德（Eugen von Mühlfeld），后者主要是想保存奥地利整

个国家的形态。

加格恩特别强调要保存哈布斯堡多民族帝国。他在 1848 年 10 月 26 日表示，一旦统一后的德意志国家与奥地利一道行使使命，即“沿着多瑙河直到黑海推广德意志文化、语言和习俗”，现在前往西方、前往美国的德意志移民就将转向这一区域。德意志民族的天职是作为一个“伟大的主宰世界的民族”，“我们要把那些多瑙河沿岸既不想独立也没权利独立的民族，像卫星一样吸附在我们的行星系统上”。实行小德意志方案绝不意味着要向民族自谦的理念致敬。德意志必须与奥地利一起统治中欧和东南欧，这对加格恩和他的政治盟友是不言而喻的，就像是对 1846 年去世的经济学家弗里德里希·李斯特和他的符腾堡老乡自由撰稿人与政治家保罗·普菲策尔（Paul Pfizer）一样，后两人在三月革命前就是类似想法的代言人。

“小德意志”方案的典型拥护者是新教徒，他们属于温和自由派，或比较少见地属于适度保守党，他们有财产并受过良好教育，对普鲁士怀有一定程度的同情与信任，这类人在美因河以北要大大多于在南部德意志。赞同“大德意志”方案的来自非常不同的派别。民主党人和许多自由主义者不想对他们使用的“德意志民族”之概念做适应王朝利益的调整，他们放弃奥地利仅仅是由于它与其他民族有一个共同的统治者。如何在反革命于奥地利取胜后，还能构建一个大德意志民族国家，这 620
一点当然不清楚。对天主教徒而言，很难认同必须生活在普鲁士和新教徒占主导地位的小德意志民族国家的想法。一些人十分害怕脱离奥地利，并且愿意保留住天主教的哈布斯堡帝国，以至于德意志民族统一的目标在他们眼中变得不那么重要了。

宪法草案第 1 条中规定的德意志邦联疆界包括了一些地区，那里不属于或只有很小一部分属于德语区，即波希米亚和摩拉维亚，克恩滕的部分地区，施泰尔马克和克雷恩以及“韦尔什蒂罗尔”。至于生活在那里的捷克人、斯洛文尼亚人和意大利人不是德意志人，或不想成为德意志人，这并不妨碍国民议会中的大多数人坚持自己的立场：历史上与德意志人有牵连的地方，就该继续属于德意志。1848 年 5 月 31 日的一份声明仅给予“非德意志部落民生发展”的权利，即其在教会生活、教育、文学、内部行政和司法方面使用的语言享有平等权。的里雅斯特在战略和经济上的地位尤其重要，它应该成为德意志通往地中海的门户：6 月 20 日德意志国民议会威胁皮埃蒙特、伦巴第和威尼托的武装部队，进攻的里雅斯特将被视为对德意志宣战。

国民议会与其他民族的权利在德意志邦联境外的地方亦有冲突。这包括讲丹麦语的北石勒苏益格人和生活在普鲁士的波兰人。经过数天的辩论后，多数议员在 1848 年 7 月 27 日表示，根据邦联议会此前 4 月 24 日和 5 月 2 日的两个决议，对波森大公国进行如下切割：不仅讲德语的部分，而且也有一些主要讲波兰语的地区，包括波森市划归德意志。来自东普鲁士，在柏林当选的议员威廉·约尔丹（Wilhelm Jordan）是民主党人，1848 年夏他改换门庭成为左翼中间派，7 月 24 日他
621 在演讲中替瓜分波兰辩护，认为这在历史上是不可避免的，为此他公然赞同“丛林法则”和“健康的民族利己主义”。只有极左派站在波兰人一边，他们否认波森省隶属于德意志邦联并要求那里选出的国民议会议员退出国民议会。他们的发言人阿诺德·卢格一如既往，要求对欧洲反动势力的主将俄罗斯帝国开战，他断言这将是“最后一战，反对战争的战争，反对野蛮的战争，野蛮就是战争”。

1848 年 10 月底，构建一个紧密联邦和一个宽泛邦联的想法，也就是奥地利以外的德意志邦国统一结成联邦制国家，然后这个国家与整个奥地利再结成邦联，还很少有人赞同，以致

加格恩再次撤回了相关提案。一个月后形势发生了变化：11 月 27 日，施瓦岑贝格在克罗梅日什召开的奥地利国会上明确拒绝了德意志国民议会 10 月 27 日的决议。他称奥地利的继续存在是德意志和欧洲的需要，只有当焕发了青春的奥地利和焕发了青春的德意志具有了新的固定形式后，才能决定它们相互间在国家层面的关系。在那之前奥地利会忠实地履行自己作为德意志邦联成员的义务。

对大德意志方案的拒绝让德意志国民议会只能清醒地考虑小德意志方案。施瓦岑贝格的讲话葬送了来自奥地利的内阁首相施梅林的职位，12 月 15 日施梅林辞职。加格恩接替他成为首相，而接任德意志国民议会议长的是来自柯尼斯堡的爱德华·西姆森（Eduard Simson），他是受过洗礼的犹太人，和加格恩一样是右翼自由主义“赌场派”成员。新任帝国内阁首相马上尝试把其设想的紧密联邦和宽泛邦联付诸实施，但施瓦岑贝格对此毫不买账。

针对大、小德意志方案，奥地利首相提出自己的方案：非
奥地利的德意志邦国和整个哈布斯堡君主国联合。一个由奥 622
地利占主导地位的，从北海和波罗的海至加利西亚和达尔马提亚的邦联，会让德意志民族国家的梦想永无实现的可能，所以这个方案在圣保罗教堂遭到愤怒反对。来自格赖夫斯瓦尔德（Greifswald）的国会议员格奥尔格·贝泽勒（Georg Beseler），一个土生土长的石勒苏益格—荷尔斯泰因人，1849 年 1 月 13 日说，“在欧洲统治着 7000 万人口的中央王国”是一个“政治怪物”，“若是我们不接受这个中央王国，欧洲则不会同意，德意志也不会满意”。帝国财政大臣赫尔曼·冯·贝克拉特（Hermann von Beckerath）——和贝泽勒议员一样属于右翼自由主义的“赌场派”——1849 年 1 月 12 日从施瓦岑贝格的态度中得出结论：“等待奥地利是德意志统一的死穴。”

自1849年初，首先是来自石勒苏益格—荷尔斯泰因的议员鼎力支持小德意志方案，也是从这时候起小德意志方案在国民议会中才获得相对微弱的多数票。大多数赞成大德意志方案的人，其政治立场四分五裂，仍旧不愿意与奥地利分道扬镳。但同意小德意志方案者的阵营亦有分歧：赞同选举皇帝者的对立面是主张霍亨索伦王朝的世袭帝制者。因此加格恩毫无把握，通过立宪政治方面的让步能赢得温和左派对自己纲领的赞同，创立一个在普鲁士世袭皇帝治下的小德意志民族国家。

帮助加格恩走出困境的是施瓦岑贝格，尽管这非后者所愿。在他的怂恿下，皇帝弗朗茨·约瑟夫在1849年3月7日解散了克罗梅日什的帝国议会，并签署了一部宪法，确定了整个哈布斯堡帝国包括其匈牙利部分的统一。两天后，奥地利内阁首相以最后通牒形式要求将整个哈布斯堡国家接纳进拟重新创立的德意志国家联盟，组建管理委员会形式的德意志中央权力，奥地利和普鲁士在其中应占据领导地位，以及建立由成员国议会代表组成的邦务院（Staatenhaus）。按照施瓦岑贝格的心愿，奥地利的议员在邦务院应该占多数席位。

奥地利最后通牒的直接后果是赞成大德意志方案者阵营
623 的分裂。其中一位迄今为止的代言人，来自巴登的卡尔·特奥多尔·韦尔克加入了小德意志方案派并赞同世袭帝制。这给了其他人一个信号来效仿他。此后不久，加格恩和他的一些政治盟友成功地赢得了以布雷斯劳议员海因里希·西蒙（Heinrich Simon）为首的温和民主派，进行了如下妥协：自由派满足了民主派的要求，未来的国家元首仅仅拥有暂时否决权以及进行民主的普选；为此民主党人于3月27日在全体会议上投票赞成一个缓和版的文本，该文本是宪法委员会对帝国宪法基本条文的建议。据此，德意志国家与非德意志国家有着共同的国家元首，但二者应该具有分开的宪法、政府和管理。维也纳不会同意这些条款，这从一开始就毫无疑问。德意志国民议会的决议因此实际上是一种秘而不宣的表态，即要建立一个没有奥地利的德意志民族国家。

1849 年 3 月 27 日的抉择做出之前曾进行激烈辩论。不同派别的国会议员们警告说，一旦与奥地利闹翻，则有发生内战的危险。来自斯图加特的温和民主党人议员莫里茨·冯·莫尔（Moritz von Mohl）甚至认为可能爆发一场新的三十年战争，这将是一场“德意志北方与南方之间，基督新教和天主教之间，执政的民族与其他民族间的斗争”。极左派虽然不想进行这样一场战争，但他们想进行另一场战争。其代言人卡尔·福格特赞成整个德意志帝国和整个奥地利的联盟，3 月 17 日他认为时机已到，可以联合波兰与匈牙利进行一场东部和西部之间一决雌雄的战斗。“先生们，这种西方文化抵制东方野蛮的神圣战争，诸位不可让哈布斯堡皇朝和霍亨索伦王朝的内斗转移了视线……不，先生们，诸位必须坚定不移地进行这场战争，它应该是一场不同民族之战。”

德意志国民议会对进行“圣战”的呼吁和发生内战的警告
都无动于衷。3 月 27 日，全体会议以微弱多数同意将国家元 624
首的头衔委任给一位执政的德意志邦君，而且其帝王之尊可以世袭。第二天普鲁士国王腓特烈·威廉四世当选为“德意志人的皇帝”。在场的 538 位议员中有 290 位投了赞成票，248 位弃权。同一天，议长西姆森宣布《德意志帝国宪法》[①]正式定稿并生效。

1849 年 3 月 28 日的宪法许诺德意志人一种立宪和议会混合的君主制。由皇帝任命帝国大臣，其治理命令至少须由一位大臣联署，这位大臣因此要承担责任。这里指的是法律上的责

① Verfassung des deutschen Reiches，也称作《保罗教堂宪法》（Paulskirchenverfassung）、《法兰克福帝国宪法》（Frankfurter Reichsverfassung）。

任，而不是议会问责。行使暂时否决权的是帝国政府。一项未经帝国政府批准的国会决议生效的先决条件是，连续三届国民议会任期以不变的方式做出这样的决议。国会决议只能在两院（邦务院和国民议院）达成共识的情况下才能形成。邦务院的代表一半由各邦政府代表组成，一半来自各邦人民代表机构。国民议院的成员任期三年，1849年3月27日通过的选举法对选举权进行了规定：引进了平等、秘密和直接的普选，年满25岁并完全拥有民事权利的男性德意志人均有（选举和被选举的）权利。皇帝有权解散国民议院，他拥有在国际法层面代表帝国和各邦国的权力。他有权同外国势力宣战与媾和、缔约与结盟。

整个德意志军队归帝国政权支配。帝国军队由各邦队伍组成，各邦有权任命自己的指挥官和军官。关于军队的立法权和组织权由帝国行使，它监督有关规定在各个邦的执行情况。只
625 有领海权完全掌握在帝国手中。一个德意志邦在安全方面受到另一个邦的干涉与损害时，帝国有权为维护内部安全与秩序采取必要措施。如果某德意志邦的宪法遭到单方面取消或更改，帝国同样有权进行干涉。

宪法保障了德意志人全面的基本权利，包括人身自由不受侵犯，法律面前人人平等，以及充分的信仰与司法自由。享受民事和公民权利不以宗教信仰为前提，亦不受其限制。如果这部宪法生效，任何歧视犹太人的理由都将站不住脚。

德意志邦联的“宪法”[①]和1849年《帝国宪法》的区别，在基本权利和中央权力与各邦国之间的关系方面是显著的。德意志国民议会设计的帝国，有别于1815年的诸侯邦联，是一个法制和联邦制国家。在对外实力地位方面，这部《帝国宪

① 指《德意志邦联约法》。——编者注

法》若能生效也意味着与过去的决裂：德意志邦联对外没有攻击能力，德意志帝国按照国民议会的设想应该成为一个强国，为实现其目标它也可以使用军事手段。

在立法和行政部门之间的权力分配方面，《帝国宪法》带有危险妥协的所有特性。若是按照温和自由主义者的心愿，皇帝行使的中央权力不仅应该拥有暂时否决权，而且应该享有绝对否决权。他们中的多数人认为只有这样才能保证德意志的对外实力地位，避免出现政治和社会激进主义的危险。但即使皇帝仅仅拥有温和民主派所坚持的暂时否决权，他的地位也强大得足以极大限制甚至质疑（宪法中没有明确宣告的）主权在民原则。

由国民议会选举皇帝体现了主权在民的理念，这种程序与有关君主制之合法性的保守认知不一致。相反，君主无须负个人责任和皇帝职位可以世袭，则有违一切权力来自人民的思 626
想。1849 年《帝国宪法》在民主方面的最大成就是平等的普选权，民主派成功地坚持了这一点。更愿意实行资格性选举的自由派之所以做了让步，仅仅是因为他们希望通过世袭帝制能够和行政部门的权限达到一定程度的平衡，同时因为如果他们不让步，《帝国宪法》就根本无法出台。

3 月 28 日后，宪法的生效取决于一个人：普鲁士国王。当由爱德华·西姆森率领的德意志国民议会代表团于 1849 年 4 月 3 日与腓特烈·威廉四世在柏林会晤，目的是向他提供皇冠时，后者早已做出决定。这位君权神授的国王不愿接受人民的安排做皇帝。法兰克福决议令腓特烈·威廉不安的不仅仅是国家元首只拥有暂时否决权——此规定看来迟早会过渡到议会体制——让他无法释怀的是新皇冠的民主光环，国王私下称其为“假想的箍，由烂泥和陶土制成”，因为它沾染着“革命的妖气”。

腓特烈·威廉的态度，如果人们从他的想法出发，其实是合乎逻辑的。倘若他接受了这顶皇冠，那么普鲁士国王与其同行——维也纳和圣彼得堡的皇帝以及欧洲其他首都的君主——就有了隔阂。腓特烈·威廉的特立独行将被奥地利视作不友好举动。一旦与普鲁士开战，哈布斯堡帝国便有望得到沙皇帝国的积极支持。虽然如此，腓特烈·威廉 4 月 3 日的拒绝还只是未公开的、暂时性的。4 月 27 日，他解散了 1 月选出的众议院，在此之前众议院（和上议院一起）宣布了接受《帝国宪法》。第二天，4 月 28 日，国王最终正式拒绝皇帝尊号。与此同时他也拒绝了《帝国宪法》，此时已有 28 个邦国政府承认了这部宪法，较大的中等强国巴伐利亚、符腾堡、汉诺威和萨克森当然还没有这么做。

627 德意志国民议会对来自普鲁士的拒绝无计可施。1849 年 5 月 10 日加格恩的帝国内阁最终集体辞职。在接下来的几个星期中，普鲁士、萨克森、汉诺威和巴登，像之前奥地利在 4 月 5 日所做的那样——但这是不合法的——召回了他们在德意志国民议会的议员。5 月 20~26 日，大部分温和自由派议员辞去自己的议席。作为理由，以加格恩为首的 65 人称，放弃实施《帝国宪法》与已经开始的内战之蔓延相比，要两害相权取其轻。大约 100 名国会议员，大多为左翼，组成了一个残缺议会，并于 5 月 30 日迁往斯图加特。6 月 18 日此议会被符腾堡军方遣散。

65 位自由派国会议员在其 5 月 20 日的声明中提到的内战就是所谓的“帝国宪法运动”。它包括在莱茵兰和威斯特伐利亚的兵变；5 月 9 日在德累斯顿发生的激烈巷战，参加者中有俄国无政府主义者米哈伊尔·巴枯宁和德国作曲家理查德·瓦格纳（Richard Wagner）；发生在普法尔茨的反对巴伐利亚统治的共和党人起义；以及第三次巴登起义。“五月革命”（Mairevolution）拥有最广泛社会基础的地方是巴登大公国，那里的一些农民也参加了战斗。积极参与者包括弗里德里希·恩格斯、波恩的艺术史学家戈特弗里德·金克尔（Gottfried Kinkel）和他的学生卡尔·舒尔茨（Carl Schurz），后者后来在美国的军界和政界均成为名人。在巴登，甚至正规部队都支持起义者。在卡尔斯鲁厄成立了革命政府；利奥波德大公经阿尔萨斯逃往美因茨，在那里请求普鲁士提供军事援助。该请求被接受：普鲁士军队，在仍旧存在的中央权力的军队支持下，像在萨克森和普法尔茨一样以格外强硬的手段恢复了巴登的秩序。直到 7 月 23 日拉施塔特要塞投降，第三次巴登起义才最终被镇压下去。在德意志西南部指挥普鲁士
军队的是国王腓特烈·威廉的弟弟——“霰弹亲王”威廉，22 628
年后他在凡尔赛宫加冕成为德意志皇帝。

参加帝国宪法运动者的初衷各不相同。对腓特烈·威廉四世之抉择的愤怒与共和党人拒绝世袭帝制是两码事。在巴登反对新引进的义务兵役制和对新兵进行的不寻常的训练起了重要作用。有些人参加战斗，是因为他们想抗议现存的普遍统治关系，或是格外反对社会贫困。从军事上看，根据 1849 年春天的状况，起义没有成功的可能。政治形势也不利：自由派中产阶级对普鲁士国王的态度的确非常失望，但他们不愿因此与激进派联手反对现存国家。帝国宪法运动追求国家目标，然而它却没有必不可少的全国性组织来实现这些目标。试图通过人民起义来拯救德意志革命，在这种情况下只能是黄粱美梦。[92]

### 意大利和匈牙利革命遭镇压

意大利和匈牙利革命被镇压的过程要比在德意志长。1849年3月12日皮埃蒙特—撒丁国王再次与奥地利开战。但仅仅10天之后，拉德茨基就在诺瓦拉（Novara）给皮埃蒙特部队以毁灭性重创。卡洛·阿尔贝托国王把这场战争完全当作自己的责任，他退位并流亡。其长子，新国王维托里奥·埃马努埃莱二世（Viktor Emanuel II.）于3月26日签署了停战协定。1849年8月6日在米兰签订的和约虽然让王国背上了沉重的战争赔款包袱，皮埃蒙特—撒丁的疆界却保持了战前的状态。作为对和约的补充，皇帝弗朗茨·约瑟夫许诺对站在皮埃蒙特一方作战的大多数起义军实行特赦。维也纳的温和政策是出于清醒的权衡：人们期待维托里奥·埃马努埃莱会比其父更为谨慎地执政。年轻的国王在5月就为人们的这种估计提供了证据，当时他不顾议院中左翼多数的反对，任命了以阿泽利奥（Azeglio）侯爵为首的温和派内阁，此内阁后来谈判促成了和平条约。

在意大利中部和南部，1849年春代表旧秩序的势力也全面复辟。在托斯卡纳，以前温和自由派曾取代了激进派，奥地利军队让大公爵利奥波德二世重返宝座。同一时期，险些陷入一片混乱的西西里岛，被波旁王朝的斐迪南二世重新夺回，他是在那不勒斯执政的两西西里国王。在庇护九世的请求下，除了奥地利，法国、西班牙和那不勒斯也出兵干预教宗国，以帮助教宗恢复其在尘世的统治。6月中旬，法国开始炮轰罗马。2月8日宣布成立的罗马共和国约1900名士兵和志愿者在加里波第领导下，与乌迪诺将军率领的法国远征军对垒，后者的队伍此时已经增加到35000人。7月3日，罗马被征服者占领。就在同一天的几个小时前，7月1日通过的宪法刚刚在坎皮多利奥（Campidoglio）山丘上被庄严宣布。大多数重要共和党人逃往皮埃蒙特。他们中的一些人只是在那里短暂停留：3月5日来到罗马的马志尼再次返回伦敦，加里波第则转道前往美国。

罗马陷落七周后，8月22日，其他一些在革命时期出现的意大利共和国在被长期围困后也不得不投降。威尼斯在造反者撤离城市五天后被奥地利军队占领。这是意大利革命的最后一次失败，但不是意大利为自由和统一而战的终结。此后这场战斗必须在1848/1849年的经验框架中被审视，这改变了它的性质：民族运动与教宗之间结盟的新教宗派梦想结束了，皮埃
蒙特—撒丁王国自身的力量没有强大到把意大利统一为一个民 630
族国家，共和党阵营鲜有机会赢得全国的支持。

此后皮埃蒙特—撒丁王国的前途就全部取决于结盟和巩固联盟。向外它要争取与那些有兴趣削弱哈布斯堡帝国势力的国家合作。对内它一方面要与复兴运动的温和派势力结盟并要试图阻止激进民主派的轻举妄动；另一方面，在以大地主为主的、经济欠发达的“意大利南部”，要让人们接受工业发达的北方的领导，这样才有可能形成现代的意大利民族。相应的见解必须在民族运动中发扬光大。为自己提出的双重任务——同时实现意大利的统一和自由，被证明是自由和民主力量自视过高。一旦民族运动明白了它为什么失败，它就可以希望在下一次尝试时能够摆脱哈布斯堡皇朝的统治和结束山河破碎的现状。意大利过去的局面不会继续维持，对此1849年夏各派爱国者坚信不疑。他们有理由心怀希冀：与两西西里王国和托斯卡纳大公国不同，皮埃蒙特—撒丁王国在1849年后仍是宪制国家。

与意大利北部情况不同，奥地利的力量不足以在匈牙利镇压革命。1848年年底至1849年年初，在短时间内马扎尔人

的独立运动看上去似乎已经要结束。12 月 30 日匈牙利人在佩斯和布达附近失利，此后首都被放弃，主要政府机构和议会暂时迁往更东边的德布勒森（Debrecen）。但在由 3000 名波兰和斯洛伐克志愿者组成的军团以及两名波兰将军约瑟夫·贝姆（Józef Bem）和亨利克·邓宾斯基（Henryk Dembinski）的支持下，匈牙利人在 1849 年春再次发起进攻，4 月夺回佩斯，5 月 21 日占领布达。

国防委员会主席科苏特·拉约什利用所取得的军事胜利，
631 走了一步在政治上产生深远影响的棋，一直以来激进派就敦促他这么做：他说服德布勒森的国民议会在 1849 年 4 月 14 日做出匈牙利完全独立的决议，从而给奥地利 3 月 4 日颁布的《强加的宪法》[①]——在这部宪法中匈牙利在历史上所获得的独立性几乎丧失殆尽——以恰当回应。4 月 19 日独立宣言发表，作为与哈布斯堡皇朝彻底决裂的理由，宣言历数了该王朝对匈牙利的所有不公正待遇。在 4 月 14 日同一次国民议会上，科苏特全票当选总统，从而成为国家元首。

科苏特所希望的、独立宣言能够带来的外交效果并未出现：西方列强英国和法国不承认匈牙利，当沙皇尼古拉一世 5 月 9 日许诺帮助奥地利镇压匈牙利革命时，没有发生国际抗议。俄国的干预并不是独立宣言引起的后果，早在 4 月 14 日之前干预就已被敲定。2 月沙皇帝国就已在锡本布尔根为奥地利人提供军事援助，俄奥联军后来在 3 月 11 日被贝姆将军的队伍在赫尔曼施塔特（Hermannstadt）打败。

从那时起，沙皇就坚持进行大规模综合干预，但奥地利必须正式公开向他提出请求。5 月 1 日弗朗茨·约瑟夫皇帝根据尼古拉沙皇的愿望公开向他请求，“在反对无政府状态的战斗

① Oktroyierte Märzverfassung，也称作《三月宪法》。——编者注

中”提供武装援助。6月17日，俄国军队在伊凡·帕斯克维奇（Iwan Paskewitsch）侯爵的率领下越过匈牙利边境。俄国军队一共有约20万人和600门大炮。加上奥地利人与耶勒契奇指挥的克罗地亚人和塞尔维亚人，盟军共有至少36万人和至少1200门大炮。匈牙利人有超过17万名士兵和500门野战炮。

匈牙利领导人试图发动人民起义，以一场“圣战”来对付俄国的干预，包括号召农民坚壁清野，但这些号召无人理睬。科苏特对欧洲和美国的呼吁也没有得到回应。法国国民议会在 632
左派的推动下虽然在7月12日表示了对热爱自由的匈牙利的同情，但此决议并未影响政府的行动。1849年6月到10月的外长是亚历克西·德·托克维尔。罗素勋爵领导下的英国政府视匈牙利为哈布斯堡帝国的一部分，并认为这是欧洲均势的保证；外交大臣巴麦尊勋爵甚至通过外交渠道敦促俄国人尽快采取行动（和奥地利在胜利后要大度）。相反，美国总统扎卡里·泰勒（Zachary Taylor）准备满足科苏特的愿望（后者曾在5月6日致信前者），承认匈牙利。一位华盛顿的特使应该弄清匈牙利是否真的独立了，但他却未能到达维也纳以外的地方。只有丹尼尔·马宁（Daniele Manin）领导下的威尼斯共和国视自己为马扎尔人的盟友。但1849年6月3日签订的《共同防御联盟》（Schutz und Trutzbündnis）自然只是一纸空文：匈牙利武装部队被亚得里亚海阻断，威尼斯已被奥地利人围困。

7月匈牙利国民议会通过给予锡本布尔根的罗马尼亚人和其他非匈牙利民族广泛权利——条件是他们不要求自治——以及解放犹太人法案，来赢得他们参加争取自由的战斗。但为了取得所期待的效果，这些让步来得太晚了。1849年夏匈牙利的军事状况如此糟糕，以至于科苏特和军队指挥官格尔盖伊·阿尔图尔（Artúr Görgey）将军竟相与俄国人展开了秘密谈判，科苏特甚至愿意把圣伊什特万王冠[①]呈献给罗曼诺夫皇朝。贝姆在特兰西瓦尼亚和锡本布尔根被俄国人击败；8月9日在他领导下的匈牙利人于蒂米什瓦拉（Temesvar）遭到毁灭性惨败，对手是尤利乌斯·冯·海瑙（Julius von Haynau）将军率领的奥地利军队。两天后认为继续抵抗已经毫无意义的格尔盖伊在几位部长的支持下强迫科苏特辞职，同时让即将离任的总统把他的一切权力移交给自己。

633 格尔盖伊的投降最初只是局部投降，于1849年8月13日发生在维拉古什（Világos）。向俄国人投降，匈牙利人希望俄国人对待他们会比奥地利人好一些。俄方确实为匈牙利士兵说情，让奥地利人赦免他们，但没有成功。在维拉古什投降后的日子里，在格尔盖伊的要求下其他大多数匈牙利指挥官也放下了武器。贝姆拒绝投降并带领部分队伍逃往奥斯曼帝国。前往那里的还有科苏特及其追随者，他是装扮成一名波兰伯爵的跟班逃脱的，并从此不屈不挠地指控格尔盖伊叛国。在9月27日谈判出有利的条件后，匈牙利最后一座要塞科默恩（Komorn）放弃了抵抗奥地利人的战斗。1848/1849年匈奥双方阵亡士兵的数字估计为各5万。俄国统计的阵亡数字是543人，受伤人数为1670，另有1100人死于霍乱。

战争之后，报复到来。海瑙将军率领的奥地利军队决心一劳永逸地打消匈牙利人对独立的热爱。军事法庭宣布了严厉的处罚：无数人被判处死刑，许多人遭终身或多年监禁，还有人必须在刑罚营服苦役。据报道，共有120人被执行死刑，此外还有一些人是被非正规部队按紧急状态法处决的。奥地利军事法庭指控匈牙利前首相包贾尼伯爵，说他用自己的行为纵容了1848年9月对皇帝任命的匈牙利最高指挥官兰贝格伯爵的

① 匈牙利国王王冠。

谋杀，一个月后奥地利陆军大臣拉图尔被害他也难逃干系。包贾尼被判处死刑，尽管法官们曾建议减刑为终身监禁，在施瓦岑贝格和海瑙的坚持下，他在自杀未遂后于 1849 年 10 月 6 日被处决。他最后的话是用三种语言向奥地利猎兵行刑队发出的命令：“前进，猎兵们，祖国万岁！”（Allez, Jäger, éljen ahaza!）

匈牙利的自由斗争给予哈布斯堡帝国的打击比意大利人的
更深。维也纳认为拥有匈牙利是奥地利作为大国的立国之本，
所以马扎尔人对独立的追求被认为是叛逆。放弃伦巴第和威尼 634
托大区奥地利仍可生存，但它不能放弃匈牙利。这就解释了为
什么奥地利人对匈牙利人要比对意大利人下手更狠。马扎尔人
的失败不仅意味着中欧革命走到了尽头，1849 年 10 月 3 日科
默恩要塞的投降，还标志着 1848 年 1 月开始于巴勒莫和一个
月后发生在巴黎的欧洲自由运动的最后一座堡垒陷落了。[93]

## 非革命的演变：北欧与西北欧

1848/1849 年的欧洲革命对那些没有企图发生政变的国家亦产生了影响。1848 年 3 月底马德里出现了大学生骚乱，但很快被王家军队镇压下去。其他一些地方的共和政变尝试——有些还有军官参与——也遭遇了相同的命运。受欧洲革命影响的还有 1849 年春西班牙民主党的成立，其纲领与拉蒙·马利阿·纳尔瓦埃斯将军的“温和派”政府以及保守派自由主义者明显不同，它以美利坚合众国为榜样，赞同民权原则。

在 1830 年时完全以革命面貌出现的比利时，法国二月革命的先例足以让执政的自由党向民主党人做出一系列让步。其中最重要的是降低 1848 年 3 月已经决定的选举资格门槛，规定了全国统一的最低标准。这虽然还远远不等于实行平等的普选，但让少数有选举权的选民的百分比上升了 70%。

在其北方邻国荷兰，改革派在 1848 年 10 月法国、德意志和意大利革命事件的鼓舞下，成功地对 1815 年 8 月 24 日通
635 过的十分保守的基本法进行了修订，这使得人们可以谈论一部新的、自由的宪法。此后通行的原则包括直接选举众议院，法律上的大臣责任制；代表各等级的议会两院如今有权对国王的提案进行修订，任命调查委员会并每年通过有关国家预算的法案。无论是荷兰还是比利时，1848 年都没有要爆发革命的迹象。政治体制的调整使这种风险更加渺茫。

若不是新国王弗雷德里克七世满足了“艾德丹麦人”之国家自由党的最主要要求——将石勒苏益格并入丹麦君主国的版图，丹麦很可能在 1848 年春要经历一场革命。随后与普鲁士的战争让全民族众志成城，内部的矛盾失去了其重要性。直到 1848 年 8 月《马尔默停战协议》后，国内的政治力量才转而致力于（国王也希望的）制宪工作。在 10 月制宪大会的选举

中农民候选人尤其成功，他们曾经反对国王拥有任命制宪议会四分之一成员的权力。1849 年 5 月 25 日，宪法获得通过，6 月 5 日弗雷德里克七世签署了宪法。基本法把王国变为大臣责任制的立宪君主国，它实行两院制并保障公民的基本权利。所有年满 30 岁的品行端正的男性公民，只要他自立门户，都拥有选举权。

就在制宪大会制定宪法时，石勒苏益格—荷尔斯泰因危机再次白热化。1849 年 3 月 26 日丹麦宣布《马尔默停战协议》作废；4 月 3 日战端重启，普鲁士和法兰克福中央权力站在了石勒苏益格—荷尔斯泰因一方。普鲁士的军事胜利（7 月其军队已抵达日德兰半岛），让英国、俄国和法国向柏林大力施压，和前一年一样普鲁士再次妥协。1849 年 7 月 10 日丹麦和普鲁士第二次签订停战协定，中断的和谈得以继续。丹麦不仅可以 636
确信能得到俄国和英国的特别关照，它还有其他斯堪的纳维亚国家的同情，最重要的是，在紧急情况下它能获得这些国家的军事援助：早在 1848 年 3 月，瑞典和挪威共主邦联国王奥斯卡一世（Oskar I.）就与丹麦结盟，并向菲英岛（Fünen）派出 6000 名士兵。

1848/1849 年的欧洲革命对瑞典和挪威的影响则是微乎其微的。1848 年 3 月斯德哥尔摩工人暴动，警察和军队进行了血腥镇压，约 30 名参与者丧生。在自由派强烈要求下，4 月 10 日国王罢免了先前的保守党大臣，只有一人留任，取代他们的是政治上进步的人士。新政府在起草一份议会改革方案，其内容包括等级制的国会转型为两院制议会，以及极大限制成年男子的选举权。表决应在 1850 年的下届国会进行。坚定的自由党人感到失望，但舆论对“红色”革命充满恐惧，以致公众对修订 1809 年的“统治形式”兴趣不大。

在 1850 年的国会上只有市民等级同意改革法案，小贵族、贵族和农民以及国王都拒绝改革。瑞典必须等到 1866 年，奥斯卡的儿子卡尔十五世（Karl XV.）才以“国会秩序”的形式让国家拥有了一部宪法，实行两院制，扩大选举权，但与财产及纳税状况挂钩。瑞典成为一个君主立宪制国家，在当时的欧洲与众不同的是，农民在议会中掌握着话语权。

挪威的自由和民主力量密切关注着 1848 年 3 月和 4 月发生在斯德哥尔摩的事件，以及此前的巴黎二月革命。3 月在克里斯蒂安尼亚（Christiania），此前和此后的奥斯陆，发生亲政府的大学生示威集会和工匠及店主们的反示威集会，斗争的
637 焦点是被取消的星期天工作是否该恢复。国王任命的郡督随后威胁要动用军队，从而迅速平定了骚乱。4 月 19 日政府改组，两位新大臣拥有自由派和农民反对派的信任，当然这两派追求的目标不同：农民主要关心的是乡镇民主和对中央权力影响力的限制，资产阶级自由派则要求实行议会制。首都居民的情绪此时已经非常反对革命，以致挪威议会中的温和多数派放弃了敦促国王进行大刀阔斧改革的企图。

可以算作 1848 年革命影响的还有马库斯·默勒·特拉内（Marcus Møller Thrane）领导的挪威工人运动，它要求平等普选和取消进口关税，但 1850 年代初在国家高压政策下又销声匿迹了。另一个结果是，1851 年议会根据自由派改革者一直以来的要求，决定删除挪威 1814 年基本法第二条中有关禁止犹太人“进入王国”的规定。但实践中对犹太人的歧视并未因此获得多少改变：挪威在很长一段时间内仍旧是一个几乎没有犹太人的国家。

和两个最大的斯堪的纳维亚国家一样，英国也没有出现对现存秩序的革命冲击。1848 年春，统治者并不确定，是否能够成功地让英国免受革命浪潮的影响。伦敦政府尤其害怕北大西洋两岸的爱尔兰人闹事。在 1815~1845 年的三十年中，有

150万遭受饥荒的爱尔兰人背井离乡，其中90万移民北美，剩下的主要去了英国。在美国的爱尔兰人中有很多人不仅憧憬着家乡发生共和式起义，而且直接就在准备这种起义。有关活动的中心是纽约，19世纪中叶爱尔兰人在那里的居民中占了四分之一。在大西洋两岸活动的“青年爱尔兰”（Young Ireland）组织的纽约分支自巴黎二月革命起开始募集捐款购买武器，并组织由民兵和参加过对墨西哥作战的老兵组成的“爱尔兰旅”（Irish Brigade），以积极参与爱尔兰摆脱英国统治 638
的解放运动。

留在国内的爱尔兰民族主义者大多不那么好战。虽然激进的“爱尔兰联盟”（Irish Confederation）在1848年开始挑衅伦敦和都柏林政府，导致它们进行更严厉的镇压，因为这看上去是一个合适的来动员群众反对英国的手段，但1848年7月底在蒂珀雷里（Tipperary）郡巴连加里（Ballingary）与警察发生的流血冲突并不是联盟的起义计划的组成部分，而是一个偶发的局部事件。1848年在贫穷的爱尔兰谈不上革命的局势。

在英格兰本土，当局的注意力也首先放在爱尔兰移民身上。仅在利物浦，1840年代末就生活着9~10万爱尔兰人。因此伦敦方面猜测，一旦“爱尔兰旅”越过大西洋，会首先在这个港口城市积极活动。另一个长期受到关注的对象是爱尔兰联盟与宪章派的联手，大陆革命给了后者新的动力。在爱尔兰宪章派领袖费格斯·奥康纳（Feargus O’Connor）的推动下，这两派于1848年3月17日圣帕特里克节在曼彻斯特自由贸易大厅确实宣布了合并。但尽管言辞激烈，宪章派仍旧一如既往地重视以非暴力方式达到目标，以致这两派间的差异依然可见。

1848年4月10日，在一次宪章派组织的群众游行活动中，共有约15万人前往伦敦肯宁顿公地（Kennington Common）

参加，几乎都是工人。奥康纳通过一场伟大的演讲成功阻止了冲突和暴乱。肯宁顿公地的聚会是集会自由的一次强大演示，但也仅此而已。提请众议院对宪章派的要求进行公投的计划未能实现，因为签字人数远远少于宪章派所称，此外还有不少签名是杜撰和伪造的，并且充满猥亵之词。

639 在市民公众的眼中，肯宁顿公地的示威被同一时间的另一场以自由、法律和秩序为主题的集会抢了风头，该集会由当局组织，受到警察的谨慎保护。参与者约有 85000 人，这些人曾表示如有必要，愿意以辅警身份维护现存秩序。其中的工人多数是被雇主要求必须参加的，所以他们随后明确坚持要求罗素政府全额赔偿所损失的工资。外交大臣巴麦尊骄傲地称 1848 年 4 月 10 日为“和平与秩序的滑铁卢”①。事实上，中产阶层的英格兰那一天给了宪章运动一个打击，此后它再也没能从中恢复过来。肯宁顿公地聚会成为宪章运动的最后一次大型集会。

宪章运动的弱点是，它争取到的只是部分工人，而且多是手工工匠，而不是现代产业工人，并且它未能通过争取中产阶级来弥补这种不足。奥康纳领导下的大多数宪章派基于 1848 年的经验教训实现了务实的转变，他们在议会制基础上稳扎稳打，优先开展工会工作。相反，宪章派的短期同盟者——爱尔兰激进分子仍然不愿放弃暴力的街头抗议。爱尔兰联盟的遗产在 1850 年代由秘密政治结社“芬尼亚兄弟会”（Fenier）继承，他们在爱尔兰、北美和大不列颠致力于创建一个独立的爱尔兰共和国，并明确认为暴力是一种政治手段。不那么激进的是 1850 年建立的爱尔兰租佃者权利联盟（Irish Tenant Right League），这是小农户的运动，他们要求低租金、法律上有保障的租赁合同和“地方自治”，即尽可能的爱尔兰自治。这两个组织做出的贡献是，让

① 因英方为滑铁卢战役的获胜方，此处的滑铁卢为褒义。

爱尔兰问题在欧洲和美国公众中不被遗忘，并且成为英国政治议程中不可回避的议题。

在英格兰，工人运动的逐步工会化让工人运动和资产阶级激进分子之间的政治合作变得容易了。在两个重要问题上，这 640
两大阵营的立场虽然不一致，但有类似性：声援欧洲被压迫的自由运动和致力于选举权的民主改革。1848 年的要求不能被遗忘，许多来到英国的移民革命者在为此努力，其中包括科苏特、马志尼，以及路易·布朗、马克思和恩格斯。扩大下议院投票权的斗争此后成为英国国内政治的主题，它是以和平方式逐渐演进的，其过程包括大不列颠 1832 年的议会改革，1846 年废除《谷物法》和 1847 年颁布《十小时工作日法案》。因为有此传统，而且证明切实可行，英国属于 1848 年没有被革命浪潮席卷的国家。对于大多数英国人而言，他们因此更加坚信：在历史给他们指出的道路上继续前行，是正确的。[94]

### 行政权的独立：法国走向第二帝国

在两个欧洲大陆国家，1848 年革命直接对后来的历史走向产生了影响，这种影响持续到 1850 年代初：它们是法兰西和德意志。1849 年 6 月 13 日对游行示威进行镇压后，在法国出现了一个激烈打压反对党活动的时期：新闻和集会自由受到限制，对罢工的禁止（1791 年起存在《勒沙佩利耶法》）在 1849 年 11 月底变本加厉。10 月 31 日，总统路易 - 拿破仑解散了以奥迪隆·巴罗为首的“秩序党”政府——自 1849 年 6 月起托克维尔在其中担任外交部长——任命了一个新的，由他直接领导的政府班子，其成员中不再有“秩序党”的人。政府更迭的背景是“罗马问题”：法国在春季出兵罗马后，通过在当地驻军保证了教宗的世俗权力；路易 - 拿破仑不赞成庇护九世粗暴的反自由主义政策，他指责巴罗政府对此未采取任何措施。

641 此后议会使尽浑身解数，目的是在公共领域显得比总统“更反动”：1850 年 3 月国民议会通过三项法案，一是把大学置于一个政教合一的委员会的监督下，二是增强了对中小学教师的监视，三是允许创建教会的小学和中学。对法兰西共和国更大的挑衅是：1850 年 5 月 31 日废除了平等的普选，此后只允许三年内有固定居所的纳税人参选，这样短工、漫游的学徒和很多仆人就失去了选举权，选民人数从而减少了三分之一。

新的选举法只有经总统签署才能生效。路易 - 拿破仑做了议会多数期望他做的事，但他这么做的意图是，日后再强迫国民议会就范，同意恢复平等普选权，并最终将国民议会踢出局。根据宪法规定，共和国总统任期结束于 1852 年 5 月，没有直接连任的可能。所以路易 - 拿破仑必须创造有利于修宪的条件。通过巡视各省——其中包括里昂和阿尔萨斯——以及在当地知名人士面前演讲，他巩固了通过1848年12月10日的选举所赢得的支持。波拿巴分子在臭名昭著的“十二月十日协会”（Gesellschaft des 10. Dezember）——其新创建的私人军队的支持下，收集请愿书的签名，此请愿书请求国民议会修宪，以便总统能够连任。1851年7月19日相关提案在国民议会虽然获得微弱多数票，但正统王朝派和左翼共和党人的反对令其未能得到所需要的四分之三多数票。

路易－拿破仑从此唯一能够采取的手段就是在军队的支持下发动政变了。此前多年他一直向军队积极示好。为了让人民群众站到他这边，总统于1851年11月4日在国民议会要求取消1850年5月31日通过的选举法，恢复普选。议会以 642
355∶348的微弱多数拒绝了这一请求，这无形中给了路易－拿破仑一张王牌：现在他可以名正言顺地把自己想连任的愿望与民众要求民主选举权的呼声联系在一起。

政变发生在1851年12月2日，即拿破仑加冕和奥斯特利茨战役的周年纪念日。它始自一份在全国范围内张贴的公告：总统在其中宣布解散国民议会（根据1848年宪法此举即构成叛国罪）；他再次引进平等的普选权，并宣布将公布新宪法，此宪法应通过全民公决批准。许多左派代言人和秩序党著名代表（其中包括卡芬雅克和尚加尔涅将军）被逮捕，不久后托克维尔、巴罗和前教育部长法卢（Falloux，1850年3月法案的倡议者）在站出来反对政变后亦遭逮捕。出乎总统的预料，人们普遍反对他的做法，不光在巴黎那些12月3日和4日出现街战和路障、主要居住着手工匠人和无产阶级的街区如此，而且外省的小资产阶级和农民们亦然。到12月4日军队镇压了大城市（其中包括图卢兹和马赛）的动乱尝试，到12月10日较小城镇的骚乱也被平息。被捕者人数上万，他们不得不长达数月地等待审判。

1851 年 12 月 21 日和 22 日，路易 - 拿破仑通过公投使自己的政变合法化。年满 21 岁的法国男子被号召去投票，通过他们的赞成票路易 - 拿破仑将获得权威，公布 12 月 2 日宣布要推出的宪法草案。750 万人听从了号召，64 万票反对，150 万人弃权。从此路易 - 拿破仑可以自称是“700 万人选出的”。其自 1851 年 12 月使用的“王子总统”头衔已经暗示了总统的下一个目标：恢复帝制。

643 1851 年 12 月 2 日的政变在很多方面是在模仿拿破仑·波拿巴在共和八年的雾月十八日（1799 年 11 月 9 日）政变，通过那次政变拿破仑成为第一执政。52 年前的政变没有流血，相同的是那一次宪法秩序也是被一个篡位者以暴力强行打破的。这次军队也扮演了重要角色，而且这两次政变后都进行了全民公决，就这样为暴力行为披上了一件民主合法性的外衣。

与其伯父不同，这位王子总统自然没再把新宪法交付表决。在序文中提到，法国人民通过 1851 年 12 月 20 日和 21 日的表决已经把此权力的执行委托给总统了。根据 1852 年 1 月 14 日的宪法，总统事实上是唯一的统治者。他独自享有立法动议权和赦免权，司法判决权以他的名义行使。经普选选出的立法机构只能对法案进行咨询与通过，但不能通过修改来补充。一个由枢机主教、元帅和和海军上将组成并由国家元首任命的参议院，有权反对那些限制公民自由或危害国家领土防卫的法律；它被允许在发生争议时对宪法进行解释或补充，以及规范殖民地和阿尔及利亚的宪法。立法提案与行政法规可以经一个由总统任命和领导的专门机构提出。各党派的势力，特别是左派的权势应该被打破，其方法是国民议会的议员不再允许通过候选人名单选出，而是通过多数选举法，这对地方和区域知名人士有利。由于各省只分配到几个议席，与大城市的选票相比，农村和小城镇的选票更具特权。1852 年 2 月 29 日国民议会的选举中反对党候选人只有8位（5位正统王朝派，3位共和党人）成功进入议会。他们全部自愿放弃了议席。

马克思在1852年初撰写的《路易·波拿巴的雾月十八日》 644
（*Der achtzehnte Brumaire des Louis Bonaparte*）一书中，试图从社会学角度解释1851年12月2日的政变。1850年5月31日取消平等普选权因此是“资产阶级的政变”。但资产阶级对秩序的需要借此还远远未能得到满足。工业资产阶级厌倦了秩序党在议会的吵吵闹闹，金融贵族已经转向波拿巴主义。因此，按照马克思的说法，资产阶级接近了一种认识，即他们要想得到自己的社会权力，就得放弃通过议会直接行使其政治权力，而是要让一种强有力的行政权来保护自己。

波拿巴对议会的胜利，用马克思的话说，是“行政权力对立法权力的胜利，不用词句掩饰的力量对词句的力量的胜利”。[①] 路易－拿破仑的国家权力自然不是空中楼阁；正如马克思充分概括所言，波拿巴代表的是法国人数最多的阶级——小农。（事实上，1849年5月国民议会选举时共和国总统从农民那里得到的支持已经比1848年12月总统大选时弱得多了。）路易－拿破仑在12月2日剥夺了资产阶级的政治权利，在马克思看来这是农民暴动的完成——1848年12月10日的总统选举曾被他描绘成农民暴动。然而路易－拿破仑的农民选民无法决定其政策的内容。“波拿巴作为一种已经成为独立力量的行政权力，自命为负有保障‘资产阶级秩序’的使命。但是这个资产阶级秩序的力量是中等阶级。所以他就自命为中等阶级的代表人物，并颁布了相应的法令。可是另一方面，他之所以能够有点作为，只是因为他摧毁了并且每天都在重新摧毁这个中等阶级的政治力量。所以他又自命为中等阶级的政治力量和

① 马克思：《路易·波拿巴的雾月十八日》，载《马克思恩格斯全集》（第八卷），北京：人民出版社，1961，第214页。

著作力量的敌人。可是，既然他保护中等阶级的物质力量，因而也就不免要使这个阶级的政治力量重新出现。因此必须保护原因并在结果出现的地方把结果消灭掉。”①

645 在《共产党宣言》中马克思还假设，现代国家权力“只不过是管理整个资产者阶级共同事务的委员会罢了”。②在《路易·波拿巴的雾月十八日》中他以路易－拿破仑为例分析行政权独立的现象，这不再是从资产阶级的阶级利益可以推导出的，而是具有高度自治性。国家独立性的先决条件在法国是现代社会两大阶级——资产阶级和无产阶级之间的不明确的权力关系。恩格斯在 1852 年初比马克思更为绝妙地表述了这种事态：“这些阶级当中没有一个阶级有足够的力量去发动一次可望取得胜利的新的战斗。阶级之间存在着分裂这件事本身，暂时帮助了拿破仑实现他的计划。他解散了资产阶级议会，摧毁了资产阶级的政治力量；无产阶级难道不应该为此而高兴吗？……路易－拿破仑所以能取得政权，是因为最近四年来法国社会各个阶级之间进行的公开的战争，使这些阶级精疲力竭，削弱了每个阶级的战斗力；而他所以能取得政权的另一个原因是，在上述这种情况下，这些阶级之间的斗争只能通过和平的和合法的方式进行（至少暂时是如此）……”③

路易－拿破仑的统治虽然没能消灭阶级斗争，但它暂时阻止了其“血腥爆发，这种爆发是这个或那个阶级为了夺取政权，或者捍卫政权时不时所进行的努力”。“强有力的政府”，如果按照恩格斯的说法，首先甚至对互相竞争的阶级有利。被

---

① 马克思：《路易·波拿巴的雾月十八日》，载《马克思恩格斯全集》（第八卷），北京：人民出版社，1961，第 224 页。

② 马克思，恩格斯：《共产党宣言》，载《马克思恩格斯全集》（第四卷），北京：人民出版社，1958，第 468 页。

③ 恩格斯：《去年十二月法国无产者相对消极的真正原因》，载《马克思恩格斯全集》（第八卷），北京：人民出版社，1961，第 251~252 页。

迫和平解决彼此的矛盾，像英国长期以来惯常的那样，让资产阶级和无产阶级都能为“新的、决定性战役”积聚力量。“这种情况多少可以说明法国人普遍顺从现在的政府这样一个无容争辩的事实。究竟要到什么时候，工人阶级和资本家阶级都能重新积蓄起足够的力量和具有充分的自信，能够出来公开为自己要求对法国的专政呢？这当然谁也无法断定。”①

路易－拿破仑这个家伙，按照马克思和恩格斯的观点在理论上本是不该出现的。他的统治使《共产党宣言》的基本假 646
设在难以预测的时间内不成立了：国家不是统治阶级手中的工具，而是独立的权力；阶级斗争只能以受到法律限制的、和平的、不再是暴力的形式进行；什么时候将会出现所希望的无产阶级革命，这比任何时候都更加不确定。民主没有帮助工人阶级取得胜利，而是先帮助资产阶级，然后帮一个篡位者取得了胜利，后者先倚仗军队的支持，事后通过成功地呼吁人民再次合法取消议会制度。这就是法国 1848~1851 年发展。至于法国的例子能否在欧洲得到效仿，“波拿巴式”统治会不会在欧洲蔓延，1852 年初这仍然是一个难以回答的问题。

这段时间可预见的是王子总统会变成皇帝。路易－拿破仑将其官邸从爱丽舍宫迁往杜伊勒里宫，让人们称他为“殿下”（Son Altesse Impériale）。邮票和钱币上出现了他的形象，公共建筑上的题词“自由，平等，博爱”消失了。1852 年 8 月 15 日巴黎隆重纪念了拿破仑的诞辰，他若活着将是 83 岁，《民法典》再次被命名为《拿破仑法典》。在各省和巴黎巡视时，总统越来越频繁地听到“皇帝万岁！”的呼声。

1852 年深秋，路易－拿破仑认为时机已经成熟，可以迈出宣告第二帝国成立的最后一步了，对此他曾一再犹豫。11 月

① 恩格斯：《去年十二月法国无产者相对消极的真正原因》，载《马克思恩格斯全集》（第八卷），北京：人民出版社，1961，第 252 页。

7 日，参议院决议恢复皇帝称号。路易－拿破仑·波拿巴成为法国人的皇帝；王位将传给其直系、婚生的男性后代，如没有直系男性后代则传给其养子。（路易－拿破仑当时还没有结婚。）1852 年 11 月 27 日，780 万法国人共同同意建立第二帝国，253000 票反对，200 多万人弃权。12 月 25 日的另一个参议院决议对 1852 年 1 月 14 日的宪法根据新的条件进行了修订。

647 第二共和国的历史因此正式结束。正如拿破仑一世的帝国从 1789 年革命中出现一样，1848 年巴黎二月革命最终导致路易－拿破仑——第一位皇帝的侄子——创建了第二帝国。它将存在近 18 年，比第一帝国（10 年）和第二共和国（路易－拿破仑于 1851 年 12 月 2 日发动政变推翻它时，它存在不到 4 年）的寿命长很多。[95]

## 从埃尔福特到奥尔米茨：普鲁士联盟政策的失败

1848/1849 年革命后的德意志历史续篇，是普鲁士尝试在其领导下，统一非奥地利部分的德意志国家，而对于自由主义的宪政方面的要求，则只接受其中那些能与普鲁士君主国兼容的。1849 年 4 月 3 日，就在国王腓特烈·威廉四世接见德意志国民议会代表团的同一天，外交大臣海因里希·弗里德里希·冯·阿尼姆–海因里希斯多夫（Heinrich Friedrich von Arnim-Heinrichsdorff）伯爵就知会德意志各邦国政府，普鲁士国王愿意领导一个德意志联邦国家，其成员国应是自愿加入的。5 月普鲁士政府再次提起海因里希·冯·加格恩有关紧密联邦和宽泛邦联的设想，但立即遭到奥地利首相施瓦岑贝格侯爵的严词拒绝。维也纳政权的核心人物对普鲁士这步棋的目的一清二楚：它企图对奥地利的宏图大略——创建一个由其领导的中欧大国——予以釜底抽薪。

相反，萨克森和汉诺威赞成普鲁士的建议。5 月 26 日，这三个王国的代表在柏林签署了《三王同盟》（Dreikönigsbündnis）条约，该条约借鉴了由腓特烈·威廉的一位朋友和顾问、前圣保罗教堂国民议会的议员、普鲁士将军约瑟夫·马利亚·冯·拉多维茨（Joseph Maria von Radowitz）起草的《联盟宪法》（Unionsverfassung）草案。此宪法草案在重要的两点上与 1849 年 3 月 28 日的《帝国宪法》不同：帝国的首脑对帝国议会的决议拥有绝对否决权，以及帝国议会的众议院不 648
是由平等的普选选出，而是按照对有产者有利的三级选举制产生，后一种选举方式是同月通过国王的“特批”（Octroi），也就是以政变的方式，在普鲁士引进的。萨克森和汉诺威参加计划中的联盟是有条件的，即其他德意志邦国，除了奥地利，也必须加入联盟。

普鲁士想搞的德意志“联盟”在德意志各政治派别中引起的反响是不同的：民主左派拒绝任何参与，昔日主张“世袭帝制”者1849年6月底在哥达会晤后同意参与。接下来的几个月大多数德意志邦国加入了《三王同盟》，然而巴伐利亚和符腾堡拒绝加入。10月中旬当普鲁士让联盟“管理委员会”做出决定，于1850年1月举行众议院选举时，在施瓦岑贝格的强大压力下萨克森和汉诺威也退出了联盟。尽管奥地利激烈反对，帝国议会还是在预定的时间被选举出来。1850年3月它在埃尔福特举行了制宪会议，并在4月通过了联盟宪法的修正版。没有巴伐利亚、符腾堡、萨克森和汉诺威的参与——这四国于1850年2月27日签署了它们之间的《四王同盟》（Vierkönigsbündnis）条约——联盟不过仅仅剩下一个躯干而已：这个结果对支持普鲁士政策的自由派和霍亨索伦国家本身都是令人失望的，因此普鲁士明智地不再提作为联盟国家元首的“皇帝”头衔。

1850年5月初在柏林召开的诸侯会议（Fürstenkongreß）上，26个成员国中只有12个愿意毫无保留地承认埃尔福特《联盟宪法》。会议以妥协告终：联盟应暂时存续至1850年7月15日，但先不组建联盟政府。对普鲁士的联盟政策，奥地利的回应是5月10日在法兰克福召开了一次（从未正式解散
649 的）德意志邦联全体成员国会议，目的是恢复德意志邦联。普鲁士和其他联盟国家参加了会议，但拒绝了重新召开邦联会议以及施瓦岑贝格的再次尝试——整个哈布斯堡帝国加入德意志邦联。其结果是，1850年9月2日在法兰克福召开了以奥地利为首的残缺不全的邦联会议，普鲁士领导的联盟国家暂时无限期地保持其邦联成员国的身份。大约在同一时间，普鲁士成功地阻挠了奥地利的另一个打算。在1850年7~10月于卡塞尔（Kassel）召开的德意志关税同盟大会上，柏林击败了维也

纳贸易大臣布鲁克（Bruck）的计划，即哈布斯堡帝国和关税同盟联合组建中欧关税联盟，从而为施瓦岑贝格的政治中欧愿景奠定物质基础的计划。自然没有一个与会国家可以期待奥地利对这一失败会善罢甘休。

此外，普鲁士和奥地利在欧洲层面的关系在1850年夏季和秋季也进一步恶化。在俄国的压力下，普鲁士在7月2日的《柏林和约》中承认丹麦有权提请德意志邦联就石勒苏益格—荷尔斯泰因的和平出面干预，倘若干预没有发生或是干预无效，丹麦可自行采取必要行动。两天后，列强俄国、英国和法国在第一次《伦敦议定书》中就丹麦国家的完整性申明，维持丹麦现状，包括丹麦国王任石勒苏益格和荷尔斯泰因公爵的权利。此外，三个列强国家还支持无子女的弗雷德里克七世对继承顺序进行合理安排，以保证丹麦整个国家的完整性，以及荷尔斯泰因与德意志邦联的特殊关系不受影响。奥地利也参与了议定书的签署，但普鲁士和（1849年3月由前德意志中央权力任命的）基尔临时政府均被排除在外。

战火重燃后，战争以石勒苏益格—荷尔斯泰因部队7月25日在伊茨特（Idstedt）的败北而暂时告终，残余的邦联会议开始准备进行丹麦所提请的对（现在仅限于荷尔斯泰因）地方统治者的干预。在1850年9月26日出任普鲁士外交大臣的拉多维茨催促下，国王腓特烈·威廉四世随后宣布残余的邦联 650
会议的决议全部无效。10月25日邦联会议做出这一决议——普鲁士国王此前特别对此提出过警告，因为该决议缺乏任何法律依据——决定对荷尔斯泰因的地方统治者采取干预措施。

几乎在同一时间，另一场两个德意志强国所卷入的冲突开始白热化：黑森－卡塞尔选帝侯和邦议会中享有特权等级的代表之间发生了宪法纠纷。选帝侯弗里德里希·威廉（Friedrich Wilhelm）的政府不顾自由主义反对派的抗议在1850年5月宣布退出普鲁士领导的联盟。9月初选帝侯解散了议会，违宪地颁布了《紧急税务条例》（Steuernotverordnung）并宣布全国处于战争状态。由于军队、司法和管理部门支持提出抗议的在邦议会中享有特权等级的代表，选帝侯和政府求助于邦联会议。然后残余的邦联会议根据奥地利的相关申请，于9月21日做出决议，驳回黑森－卡塞尔邦议会中享有特权等级之代表的抗税权，要求选帝侯采取一切可以采取的手段恢复其权威。相反，普鲁士站在享有特权等级之代表一边，它指出退出联盟是违约行为，因此选侯国黑森仍是联盟成员。由于选帝侯在国内无法控制局面，邦联会议于10月16日决定派出邦联军队，十天后邦联部队开进选侯国黑森。围绕选侯国黑森和荷尔斯泰因的冲突就这样在1850年10月改变了性质，普鲁士和奥地利的军事对峙看上去几乎不可避免了。

事实上，在邦联军队和普鲁士军队都开进选侯国黑森后，11月8日在富尔达（Fulda）附近的布龙采尔（Bronnzell），巴伐利亚和普鲁士军队曾短暂交火，由于双方军官的干预，很快就停火了。腓特烈·威廉四世的让步阻止了战争的升级，他是迫于内部（来自老普鲁士保守势力）和外部（来自沙皇尼古拉一世）的压力做出让
651 步的。1850年11月29日，普鲁士外交大臣奥托·冯·曼陀菲尔（Otto von Manteuffel）和奥地利首相施瓦岑贝格侯爵签署了《奥尔米茨条约》（Olmützer Punktation）。两个德意志强国达成共识，经过所有德意志邦国政府共同协商友好解决黑森与荷尔斯泰因问题。在这两个问题上，相应条约的预先规定都极大地满足了奥地利的愿望。对德意志邦联的改革应该立即在德累斯顿的大臣会议（Ministerkonferenzen）上进行谈判。奥地利未能按照施瓦岑贝格的心愿让整个哈布斯堡帝国加入德意志邦联，普鲁士则没有达到确立在改革后的邦联会议两个大国平等的原则。在一个秘密补充协议中，普鲁士保证立即将其军队恢复到

和平时期的水平：这种单方面裁军让霍亨索伦国家难以接受的程度超过了条约中的所有其他条款。

在北德意志，尤其是在普鲁士自由派圈内，不久人们就谈到“奥尔米茨之耻”。1850 年 12 月 3 日当外交大臣冯·曼陀菲尔的政府宣言公布后，众议院就条约进行辩论时，尽量想避免与奥地利和俄国闹翻的保守党因此处境艰难。那天普鲁士政策最雄辩的捍卫者——当时 35 岁的地主奥托·冯·俾斯麦脱颖而出。这位保守派议员解释说，“一个大国唯一健全的基础”就是“国家利己主义，而不是浪漫主义”。普鲁士若是拒绝奥地利的要求，虽然会受大众欢迎，但没有令人信服的开战理由。“无论是在内阁还是在议会，政治家很容易根据流行风向吹响战争的号角，同时在自家的壁炉旁取暖，或是在议会的论坛上慷慨陈词，却让火枪手在雪地上流血，无论其体系是否斩获胜利与荣耀。没有比这更轻而易举的事了，但在这段时间，政治家若不为战争寻找即使在战后也仍然站得住脚的理由，那么后面他还将面临麻烦。”

俾斯麦最不愿看到的就是普鲁士听命于哈布斯堡皇朝。然
而，如果霍亨索伦国家要想斗得过奥地利，那初始条件要比 652
1850 年底更为有利才行。若想对付俄国、奥地利以及南部和中部德意志邦国的联合部队，普鲁士按照自己政府的估计毫无胜算。但众议院的大多数在 1850 年 12 月 3 日还没有被俾斯麦的论点说服。

第二天，众议院在结束向国王上书的辩论前就被政府下令休会了。当 1 月 4 日它再次举行会议时，选侯国黑森的司法机构——卡塞尔最高上诉法院在邦联军队的压力下已经放弃反对选侯国政府了，权力之争的结果是行政权的胜出。1 月 6 日，基尔的地方统治者在邦联最后通牒式压力下，决定停止一切针对丹麦的敌对行动，将其部队撤回艾德河此岸，并解散

所选出的国民议会。鉴于既定事实，两天后普鲁士众议院以 146：142 的微弱多数同意了不再讨论请愿书草案，而是将接受《奥尔米茨条约》默默提上议事日程。

1850 年 12 月 8 日至 1851 年 5 月 15 日，在德累斯顿的大臣会议上讨论了德意志邦联的未来，结果是放弃任何改革，恢复其先前状态。普鲁士回归邦联会议，没有取得与奥地利平起平坐的地位。在一项 1851 年 5 月 16 日签订的《秘密联盟协议》（Geheimer Allianzvertrag）中，普奥双方保证在对方遭到第三方侵犯时互相支援。1851 年 8 月 23 日邦联会议通过了所谓的《邦联响应决议》（Bundesreaktionsbeschluß），该决议责成德意志各邦国审查其宪法是否符合邦联法规，也就是要去民主化，从而废除了 1849 年 3 月 28 日《帝国宪法》中的基本权利部分（这部分在一些邦国中已经通过法律途径正式生效，也就是还有效）。1854 年的邦联法规对新闻和结社自由进行了大规模限制。受普鲁士政府委托参与制定上述决议的代表自 1851 年 7 月 15 日起为奥托·冯·俾斯麦。

653 选侯国黑森的冲突结束于一部由德意志邦联起草，经选帝侯弗里德里希·威廉于 1852 年 4 月 15 日签署的宪法，与之前 1831 年的宪法相比其自由程度打了不少折扣。同时平等的普选被有利于有产者的选举法代替。荷尔斯泰因地方政府自行解散后，1851 年 2 月 2 日邦联专员任命了一个民事管理当局。一年后，经过与奥地利和普鲁士协商，弗雷德里克七世国王于 1852 年 2 月 18 日再次作为荷尔斯泰因公爵接过了对那里的统治权。

不久之后，奥古斯腾堡的克里斯蒂安·奥古斯特公爵（Herzog Christian August von Augustenburg）在收到一笔钱之后放弃了对丹麦王位的任何继承权，他曾积极支持石勒苏益格—荷尔斯泰因人的斗争。此举让 1852 年 5 月 8 日的第二次《伦敦议定书》（London Protocol）成为可能，签署这项国际协议的有奥地利、普鲁士、英国、俄国、法国、瑞典和丹麦。它再次保证丹麦领土的完整，规定了一旦缺乏男性继承人，丹麦、石勒苏益格和荷尔斯泰因的继承顺序，即目前执政的石勒苏益格—荷尔斯泰因－宗德堡－格吕克斯堡家族的戈特尔皮施分支（gottorpische Linie des Hauses Schleswig-Holstein-Sonderburg-Glücksburg），也就是宗德堡－格吕克斯堡的克里斯蒂安王子（Prinz Christian von Sonderburg-Glücksburg）拥有继承权。至于如果将来某位丹麦国王收回弗雷德里克七世有关不吞并石勒苏益格的保证，此规则是否仍旧适用，那就只有天知道了。同样有争议的还有，奥古斯腾堡的克里斯蒂安·奥古斯特公爵放弃的继承权是否对其成年后代具有约束力。因此与表面相反，1852 年春石勒苏益格—荷尔斯泰因纠纷的最终和平解决还无从谈起。

1848/1849 年革命的最后余波是德意志舰队的不复存在，在很多同时代人眼中这是一件极为可耻的事。它是中央权力借助各邦国的赞助创建的。当德意志邦联和对外贸特别感兴趣的德意志各邦国均无法对新一轮款项分摊达成共识时，邦联会议于 1851 年 12 月 31 日决定解散舰队。普鲁士收购了其中的两艘船，其他的船只被一个邦联委员会销往国外，剩下的于 1852 年 12 月 1 日在不来梅港拍卖。这是一个具有象征性的事
件：许多市民视舰队为德意志赢得世界威望的保证，这种期望 654
的下场没有比 1852 年底遭到拍卖更糟糕的了。[96]

## 回顾革命（一）：德意志

就德意志的主要革命目标而言，它失败了：这在回顾时无可否认。革命之雄心勃勃的计划——让德意志同时成为一个民族国家和宪政国家，让自由党和民主党不堪重负。但他们当时不可能降低要求：对统一和自由的呼吁中凝聚着神圣罗马帝国灭亡后近四十年的经验教训。德意志国民议会首次在较长时期内将来自德意志各地的自由党和民主党人会集在一起，让他们能够通过共同的议会就创建一个自由的德意志共同体的基础条件进行沟通。其结果是1849年3月28日的《帝国宪法》，虽然它未能生效，但此后一直成为从旧势力那里争权利的一个标杆。

当德意志国民议会1848年5月18日在法兰克福圣保罗教堂会聚一堂时，“德意志”在政治上的概念尚不清晰。当时几乎所有人都认为，说德语的奥地利属于德意志是不言而喻的。直到1848年底、1849年初，大多数议员和公众才认识到，哈布斯堡帝国不能分割为德意志部分与非德意志部分，因此无法实现包括奥地利在内的德意志统一。1848年春，或许不与奥地利和俄国开战还有望实现“小德意志”解决方案，但一个不含奥地利的德意志在当时是无法想象的。一年后，当非奥地利的德意志人终于准备至少暂时满足于小德意志解决方案时，它
655 在外交上已经不可能实现了。以此为目的的政策本来会意味着一场与奥地利甚至是极有可能与俄国的战争。肩负统一重任的普鲁士有充足的理由不准备进行这样一场战争。

没有普鲁士，对外就无法有效地代表德意志的国家利益：这在1848年夏天争夺石勒苏益格的普丹战争中展现得很清楚。这也是为什么温和自由派从未打算彻底质疑普鲁士这个士兵之国。出于民族理由需要它，所以它也继续存在着。仅因为它在革命中基本上毫发无损，所以1848年秋普鲁士国王敢于举起

反革命大旗。

1848/1849年的德意志问题并不仅仅是“小德意志或大德意志”的抉择问题。1813年，恩斯特·莫里茨·阿恩特在回答自己提出的问题“什么是德意志祖国”时，他给出的答案是：“凡是说德语的地方”都属于德国。倘若德意志国民议会始终不渝地按照到那时为止在德意志流行的观念，用语言、文化这类所谓“客观”标准来定义民族的话，那么把阿尔萨斯和洛林的一部分视为德意志领土，像阿恩特35年前所做的那样就是合乎逻辑的。德意志国民议会足够现实，它没有这样做。没有用语言去定义民族国家，自然也是因为它不愿放弃那些虽然不讲德语，但长期以来一直与德意志紧密相连的地区。

1848年6月5日，阿恩特本人就波希米亚和摩拉维亚问题在国民议会上提出以下原则：“那些一千年来就属于我们，已经成为我们的组成部分的地方，今后也必须继续属于我们。”出于同样的原因，圣保罗教堂中的代表们理所当然地认为“韦尔什蒂罗尔”，即特伦托周围讲意大利语的区域，位于德意志邦联境内，也必须属于未来的德意志帝国。石勒苏益格虽然不是德意志邦联的组成部分，但因为它历史上一直与荷尔斯泰因联系在一起，尽管那里有很多居民说丹麦语，也应该整个被接纳进德意志民族国家。

德意志人只有在位于东普鲁士的、同化了其他民族的地区，才认可法国（或西方）的原则，即民族从属性取决于个人意愿，也就是建立在一种主观政治抉择基础上。最令人震惊的 656
是自由民族主义者在波森问题上反对自决原则：为了把说波兰语的地区划入德意志民族国家，为此提出的理由主要不是历史性的，而是策略性的。革命开始时德意志人对波兰争取民族独立的斗争还普遍怀有同情。但几个月后，（由议会代表威廉·约尔丹在1848年7月有关波兰的辩论中提出的）“健康的民族利己主义”观点就占了上风，原来的同情被贬为浪漫狂热的感伤表现。数十年来从道德和政治上对长期以来违背自己的意愿遭瓜分和被压迫的波兰进行支持，这在议会多数派那里从此成为往事。

在德意志只有极左派信守着如下理念：三月革命前时期[1]与波兰的友好关系，所有热爱自由之国家的团结，以及“各民族之春”的梦想。但是，极左派要求进行最大的欧洲解放战争，反对反动霸权俄国，这导致他们在政治上被孤立。尽管沙皇俄国确实像国际左派所说，是反动和反革命的，但1848年其他欧洲列强没有一个真正愿意与俄国开战。（自由主义的普鲁士外交大臣海因里希·亚历山大·冯·阿尼姆－祖考夫考虑过这种可能性，但遭到本国国王的反对，不得不于1848年6月20日辞职。）一场反对俄国的欧洲人民的革命战争，这只是一个幻想。如果在普鲁士参与下爆发了这种战争，中欧的反革命势力可能会取得广泛和血腥的胜利，就像他们在1848年和1850年秋所做的那样。因此温和自由派完全有迫切的理由，像保守派一样去反对激进左派的各类乌托邦设想。

保守势力在1848/1849年的德意志之所以如此成功，首先是因为只有少数人愿意与过去彻底决裂。坚定左派意义上的革
657 命会带来无法估量的后果，绝大多数人认为由来已久的现状要比不可知的未来——德意志共和国、社会革命、内战，甚至如马克思和恩格斯所说的世界大战——更好忍受。不单受过教育和富裕的资产阶级，就连绝大多数小资产阶级、农民和工人也这么想。不想革命的温和自由主义大幅右转，就像左派变得极端一样。反过来，由于怀疑温和派无条件地屈服于旧势力，左派变得更为激进。这就是1848/1849年革命的德意志（而且不仅

① 三月革命前时期指的是1815~1848年。

仅是德意志）的矛盾所在。

此外，不仅仅是自由派在向保守派靠拢，也存在着保守派向自由派的靠近。国家法学者弗里德里希·尤里乌斯·施塔尔（Friedrich Julius Stahl），其父母为犹太人，本人改信路德宗，是腓特烈·威廉四世的亲信并以捍卫“基督教国家”而闻名。1849 年初，他在《为一个保守党拟定的草案》（*Entwurf für eine conservative Partei*）中宣布“法律秩序不可侵犯”，因为目前这种秩序是一种“栅栏”，用于“反对人民专制，就像迄今反对诸侯专制一样”。如此看来，法治国家是对“不断革命”的回答，宪法是对抗民主的堡垒。革命后以施塔尔和恩斯特·路德维希·冯·格拉赫为首的普鲁士保守党人不放弃“君主原则”，根据该原则国家的最高权力是国王的权力。他们只是在新的条件下对其进行了必要限制。

1848 年 12 月 5 日的普鲁士宪法是一部强加的宪法；它是政府协同 1849/1850 年国会两院彻底修订过的，而且完全贯彻了君权思想。国王再次成为“君权神授的统治者”；政府要得到国王，而不是议会的信任；军队、官吏和外交不受人民代表的控制；虽然君主的命令需要得到会签，但指挥权完全不在此列，以致一定的专制主义被塞进了普鲁士的宪政，许多 658
评论家从而称其为“假宪政”。在公众的眼中对宪法最大的更改是：1849 年 5 月 30 日国王批准用三级选举制代替平等的普选制。三级选举制源自 1845 年莱茵地区乡镇法（Rheinische Gemeindeordnung），完全符合其“发明者”——温和自由派的利益。出于对新政的抗议，民主党宣布不再参加众议院的选举。1849 年 7 月的议会选举上，这项决定得到实施。

当 1850 年 2 月 5 日宪法修订工作通过在《法律汇编》中公布修订版宪法而正式完成时，霍亨索伦国家仍旧是一个立宪君主制类型的国家。奥地利情况不同，那里通过皇帝 1851 年

12月31日的一纸诏书，1849年3月4日所批准的宪法被废除，奥地利再次成为专制帝国；而普鲁士此后仍旧是一个宪法国家。是故，自1848年起在南部和中部德意志邦国与普鲁士之间出现了一种共性，这是在复辟时期和三月革命前不曾有过的：这是一种革命的结果，其影响很久以后才显现出来，即在1866年和1870/1871年战争之后，那时从包括奥地利在内的古老文化民族中开始形成以普鲁士为首的小德意志国家民族。

革命未能解决有待其解决的基本问题，但它澄清了这些问题并产生了深远的影响。1848/1849年的经验才帮助自由主义者认识到，德意志问题首先是一种权力问题，它与奥地利和普鲁士之间的历史二元性密切相关。1853年（先是匿名）在斯图加特出版了一本题为《权力政治的原则：以德意志国家现状为例》（*Grundsätze der Realpolitik. Angewendet auf die staatlichen Zustände Deutschlands*）的书，其作者是自由派的政治评论家奥古斯特·路德维希·冯·罗豪（August Ludwig von Rochau），他是出生在沃尔芬比特尔（Wolfenbüttel）的法学家和曾经的学生社团成员。1833年他参与了对法兰克福卫戍大本营的强攻，被判终身监禁后逃往法国，1848年返回德意志。至于是罗豪创造了“权力政治”
659 （Realpolitik）[①] 这个只出现在标题中而未出现在正文中的术语，还是他仅仅使用了这一概念，不得而知；但“权力政治”因这本书在国内外作为政治术语迅速流行起来。

“统治即行使权力，而只有拥有统治权的人才能行使权力。这种权力与统治的直接关联是所有政治的基本真理，也是整个历史的关键。”在这两句话中罗豪概括了德意志自由主义的自我批评。从革命失败中产生一种责任，即要克服混乱不清的局

① 又译为“现实政治”。

面，而这是致使主要革命目标——德意志统一运动失败的原因。根据罗豪的观点，自由主义者对奥地利的国家利益和德意志的民族利益之间的矛盾充满幻想，他们误解了奥地利与普鲁士政策之间矛盾的内在必然性：“为了生存，普鲁士必须发展，奥地利不能让普鲁士发展，为的是自己不沉沦。这就是事情的真相，这塑造了两国交互关系的根本特性。”

罗豪不愿放弃对“大德意志”方案的追求。但是“小德意志”方案对自由派权力政治家而言是实现上述目标的必经之路。普鲁士的利益与德意志民族的兼容，奥地利的利益则不然。此外，霍亨索伦国家是一个宪政国家，德意志宪政尽管有种种缺点，但它仍然是一个“德意志的政治学校”。坚持宪政和发展宪政总要好过民主党甚或社会主义者的激进口号，后者到头来事与愿违地助长了反动。罗豪不想与三月革命前的自由主义旧理想告别。但用理想主义的手段无法实现理想，只能用权力的手段，这正是《权力政治的原则》一书的作者试图传递给德意志自由主义者并让他们信服的信息。他确实没有花太多力气，就让自由主义者和其他读者得出了以下结论：即使没有理想目标也可实施权力政治，然后这种政治就难以与纯粹的强权政治相区分了。

对德意志历史来说，1848/1849 年意味着一场深刻的转 660
折。自由主义者和民主主义者无法靠自己的力量实现统一和自由，这给德意志人的政治意识打上了烙印：它继续保持唯命是从、唯唯诺诺的非常态。然而雄心勃勃的双重目标当年未能实现，也并非完全是不幸的。因为倘若坚定的革命者开始实现其计划，引发了解放欧洲的大战，其结果对旧大陆可能意味着一场灾难。[97]

## 回顾革命（二）：欧洲

上述德意志革命的情况，也适用于整个欧洲的 1848 年革命：其失败如当头棒喝，而且后果严重。如果尖刻一些，人们似乎可以断定说，这场革命的成功只出现在它不曾发生的地方。荷兰在 1848 年秋实际上获得了一部新宪法，此前并未发生暴力动荡。在丹麦第一部宪法是 1849 年 6 月通过的，国王在 1848 年 3 月迅速站在了民族自由运动的先锋位置上，这样本来可能出现的由民众愤怒导致的革命就没有爆发。当然，在斯堪的纳维亚最南端的王国也绝对使用了暴力，即在争夺石勒苏益格的战争中——这场战争让全国团结一致，但在打仗的地区也显示出许多内战特征。

我们认为德意志革命失败的主要原因是自由主义者和民主主义者为自己提出了过高的双重任务——同时实现民族统一和建立宪政国家。意大利的情况与此相同，但两场革命也有着显著差异：德意志不同于意大利，不需要进行一场摆脱外族统治的战争。1848 年夏，皮埃蒙特—撒丁在反抗奥地利的战争中失败，哈布斯堡皇朝继续统治着意大利北部，这导致了所有创
661 建全意大利议会的计划都未能实现。因此 1848/1849 年，意大利没能在国家层面上积累议会决策的经验。德意志自从法兰克福国民议会选举开始就获得了这样的机会。对一个民族性公共领域的形成来说，没有什么比圣保罗教堂的辩论更重要的了。由于报业繁荣，全国各地的广大读者对这些辩论都能有所了解。相对于意大利而言，在发展成现代国家民族的路上，1848/1849 年对德意志是一个更深刻的转折点。

当德意志和意大利追求建立主权的民族国家时，哈布斯堡皇朝的多数斯拉夫民族则在寻找自己在这个多民族帝国内的适当位置。这样他们就成为一股反对力量，其政治计划威胁着奥

匈帝国的整体凝聚力，他们是：参与创建德意志民族国家的奥地利德意志人，想建立自己的统一与独立国家的波兰人，以及不愿意再屈服于维也纳皇帝之霸权的匈牙利人。

在中欧东部，1848 年没有哪个地方创建民族国家的困难像在哈布斯堡帝国的半壁江山匈牙利这么显而易见。对法国所代表的西方民族国家来说，“不可分割的统一民族”（nation une et indivisible）是其基本理念，其意愿由多数人的抉择来表达。在中欧东部和东南欧国家，民族混居的情况不是例外，而是常态。如果这里最强势的民族用多数裁定规则来达到自己的目的，那无异于对其他民族的政治强奸。

在哈布斯堡帝国“莱塔河另岸”部分，马扎尔人占居民人口的一半不到。随着匈牙利宣布独立，其主体民族号召各民族共同抵抗，而这些民族则认为他们的利益在哈布斯堡皇朝皇帝治下的多民族国家比在马扎尔人统治的国家中更有保障。匈牙利对民族的理解在以下方面与西方有共同之处，即它强调的不是一种共生的文化、语言和种族，而是政治和国家法层面的共同性，也就是历史形成的圣伊什特万王冠下的整体性。但匈牙 662
利的国家民族主义与西方有意识的主观决定原则是不相容的：克罗地亚人、斯洛文尼亚人、斯洛伐克人、塞尔维亚人、德意志人和罗马尼亚人并没有被问及他们是否愿意当匈牙利人。“一个不可分割的民族”之理念变成了虚构，如果把它应用于独立的匈牙利的话。匈牙利革命失败不光由于俄国的介入，也是由于这种内在矛盾。随着这一失败，在中欧东部首次建立西方意义上的均质化民族国家（das homogene Nationalstaat）的尝试也夭折了。

大多数斯拉夫民族对哈布斯堡皇朝的忠诚与一个社会问题的解决（或更恰当地说是部分解决）有很大关系：1848 年 4 月 17 日皇帝下旨取消封建负担——徭役。“农民的解放”并不意味着他们得到了额外可供经营的土地。尽管如此，该法令来得正是时候：它阻止了农村人口的革命化，他们在哈布斯堡帝国各地都构成人数上遥遥领先的社会群体。1848 年前后，民族口号对农民还几乎没有什么影响力。民族意识并非偶然在有些地方——特别是波希米亚——流传最广，那里已形成一个强大的中产阶级，工业化也已开始，大多数斯拉夫人与奥地利皇帝休戚与共的关系从而没有必要继续存在。工业发展会质疑这种关系，伤害斯拉夫民族自尊的不明智政策也能瓦解这种关系。1848/1849 年是哈布斯堡帝国的落后最终救了它，这令取消1851 年 12 月 31 日的钦定宪法显得合乎逻辑：维也纳的领导显然认为，回归专制最能保障奥地利的未来。

另一个社会问题，即无产阶级的问题，1848 年在哈布斯堡帝国不如在工业更发达的德意志与法国那么重要，在后两个国家，社会主义和共产主义思想在工人中比在欧洲任何其他地方都更为深入人心。只有在法国，革命具有资产阶级和无产阶级间的阶级斗争特性，但在巴黎却还谈不上工人与手工业匠人之间的明显分界。

663 1848 年 2 月，法国资产阶级左翼还相信，通过建立国立工场可以避免革命的出现。结果适得其反：同样昂贵和非生产性的实验导致了越来越多的各省失业人员拥向首都，这使得期望通过一场无产阶级革命拯救一切的阵营实力大增。根据形势，解散国立工场在所难免，但 1848 年 6 月这样做就意味着挑起内战。

在法兰西第二共和国的历史中，以巴黎无产阶级遭到血腥镇压而结束的六月战役是一个转折点。社会的裂缝变成一道鸿沟。跨越这道鸿沟的最大许诺来自路易 - 拿破仑，这位共和国总统一职最具政治天赋的竞选人在 1848 年春向法国人提出了这种承诺，这对他成功当选起了很大作用。这样，行政权就开始走向独立，四年后，此过程以建立第二帝国暂时结束。不算哈布斯堡君主国和两西西里王国，19 世纪 50 年代初沙皇俄国以西没有任何国家的政治自由像资产阶级革命发源地的状况这么糟。

卡尔·马克思把法国的发展作为缘由，从根本上对革命失败的原因及其后果进行了反思。其思考所得就是上文引用过的《1848 年至 1850 年的法兰西阶级斗争》一书。1850 年，马克思在伦敦出版了该书，他是先后被驱逐出普鲁士和法国后，于 1849 年夏末来到伦敦的。马克思认为革命年代最重要的教训是，无产阶级只有通过对阶级敌人的系统专制，才能稳固掌握所获得的权力。他重申了自己的观点，用以下句子概括了“革命社会主义”的定位：“这种社会主义（即共产主义）就是宣布不间断的革命，就是实现无产阶级的阶级专政，把这种专政作为必经的过渡阶段，以求达到根本消灭阶级差别，消灭一切 664
产生这些差别的生产关系，消灭一切和这些生产关系相适应的社会关系，改变一切由这些社会关系产生出来的观念。”①

在此马克思并未提及 1793 年雅各宾“恐怖统治”的先例，这是他一直不会忘记的。1847 年他曾写道，当年“恐怖统治……只是通过自己的猛烈锤击，象施法术一样把全部封建遗迹从法国地面上一扫而光。这样的事情是懦怯的资产阶级在几十年中也办不到的。因此，人民的流血牺牲只是给资产阶级扫清了道路”。②

1848 年 11 月初当反革命在维也纳获胜后，马克思在《新莱茵报》中表达了他的希望，“反革命的残忍血腥”将会让各

① 马克思：《致“新德意志报”编辑的声明》，载《马克思恩格斯全集》（第七卷），北京：人民出版社，1959，第 378~379 页。

② 马克思：《道德化的批评和批评化的道德》，载《马克思恩格斯全集》（第四卷），北京：人民出版社，1958，第 332 页。

国人民相信，只有“革命的恐怖主义”才是唯一的手段，“缩短、减少和限制旧社会的凶猛的垂死挣扎和新社会诞生的流血痛苦，这个方法就是实行革命的恐怖”。[①]“无产阶级专政”作为无产阶级的统治，并非马克思从1848年革命中所得出结论中的偶然因素。1852年3月5日，他在写给朋友约瑟夫·魏德迈（Joseph Weydemeyer）的信中称，“阶级斗争必然要导致无产阶级专政”[②]，甚至说这是其理论的核心内容。

马克思之自由派同时代人认为其关于“资产阶级”和“无产阶级”革命的结论完全没有说服力。1853年奥古斯特·路德维希·冯·罗豪在《权力政治的原则》一书中指出“第三等级”和“第四等级”之间的本质区别。他写道：“谈论第四等级将取代中产阶级，就像中产阶级曾上升到贵族地位那样，是毫无意义的。此历史进程和彼预言间缺乏任何内在联系。中产阶级能够夺了贵族的权，不是因为他们人多势众——在数量上受虐待的农民要大大超过中产阶级，而农民却无法自救——而是因为他们在精神、道德修养和富裕程度上都超过了贵族。正是这些特质，给予他们要求和为自己创造更多政治权力的合法
665 性。相反，所谓的第四等级之特点就是缺乏以上特质，无论这些愚昧、野蛮和贫困的人获得多少同情，他们在扮演统治的政治角色方面只可以说是一窍不通。若是让所谓的第四等级去掉那些消极属性，比如通过教育，那他们就会与迄今的中产阶级相融合，此后他们只可能与上层贵族发生对立。”

按照罗豪的信念，社会问题是不能像马克思所断言的，经由无产阶级革命和随后的无产阶级专政来解决的，而只能通过社会

---

① 马克思：《反革命在维也纳的胜利》，载《马克思恩格斯全集》（第五卷），北京：人民出版社，1958，第543页。

② 马克思：《马克思致约·魏德迈（1852年3月5日）》，载《马克思恩格斯全集》（第二十八卷），北京：人民出版社，1973，第509页。

改革的政策去解决。作为改革的载体，不久前（1850 年）保守的国家政治学家洛伦兹·冯·施泰因在其《法国社会运动史》第三卷中只能想象“王权下的社会改革”，即一个在君主制基础上运作的国家，它足够强大，能够“自主违背统治阶级的意志和自然倾向，主张提升底层和迄今为止屈服于社会与国家之阶级的地位，并在此意义上行使所委托给它的最高国家权力”。

对自由主义的罗豪而言，这不是替代社会革命的另一种选择。相反，他只看重能带来自救的帮助，包括“尽可能大范围内的联合精神”，也就是工会运动。“‘你自救，上帝就会帮助你’，这是人民群众口口相传的最明智的说法之一。相反，不自救的人，上帝和国家也无法帮助他。‘自我帮助’是北美企业精神和北美劳动力的座右铭，此魔力公式在大洋的另一侧于两代人的时间内，就创建起一流的经济强国和整个人类历史中从未有过的普遍繁荣。”

法国革命 60 年后，美国独立战争 75 年后，欧洲仍旧处于 1776 年和 1789 年思想的魔力下。那些年的革命遗产不像法国公共建筑物上的“自由，平等，博爱”标语在 1852 年那么容易被清除掉。1848 年的所有革命都是一种尝试，即创建一种 666
基于 18 世纪末两场革命原则之上的政治秩序，并进一步发展它。对马克思和恩格斯身边的极左派来说，法国大革命的激进阶段——雅各宾“恐怖统治”时期是当代和未来最可借鉴的。从罗豪这样的温和自由派观点出发，美国革命的结果至少在社会秩序问题上提供了美利坚合众国这个范例。从保守派的立场出发，1848 年仅仅再次证明 1789 年革命后以更为血腥的方式显示的事实：从各民族的自我解放中不可能有什么好的东西涌现。（只有对美国革命存在一定的认同，因为它捍卫的是古老的权利。）替代革命的另一种可能性是改革，它由国家，或更具体地说由王权实施：至少温和保守派是这么看的，例如出生在石勒苏益格—荷尔斯泰因的埃克尔恩弗尔德（Eckernförde）、自愿成为普鲁士人的洛伦兹·冯·施泰因。[98]

代表更为激进的保守主义的是西班牙思想家、政治家和外交家多诺索·科特斯（Donoso Cortés），他曾在巴黎经历了二月革命，自 1848 年 11 月起在柏林担任了不到一年的西班牙大使。1849 年 1 月 4 日他在一次议会演讲中称革命是富有和自由的各族人民的疾病，在多数人的热烈掌声中他赞同独裁，认为这是对上述疾病的一种合法与必要的回应。“关键是要在自下而上和自上而下的独裁间做出选择；我会选择自上而下的，因为它来自比较纯洁与平和的地带。最终的选择是在匕首的独裁和军刀的独裁间做出抉择；我选择军刀的独裁，因为它更高尚。”

多诺索·科特斯的政治哲学是天主教反启蒙和反革命的，它继承的是博纳尔德和德·迈斯特的传统。根据他们的观点世界上所有的邪恶都是在宗教衰落基础上产生的，这种衰落可以上溯到君士坦丁时代，也就是古典时代晚期；继而出现了马丁
667 ·路德的宗教改革——“一桩重大的政治和社会以及宗教丑闻，各族人民以这一行为追求理智与道德上的解放”。“宗教温度计”的降温意味着“政治温度计”的升温，随之而来的是众所周知的革命后果。这也包括社会主义的出现和由它所引发的对社会问题的高估。“如果人们想制止社会主义，”科特斯 1850 年 1 月 30 在议会中说，“就必须求助于那种宗教，那种让富人学会基督教仁爱和让穷人学会忍耐的宗教：它教穷人服从，教富人富于同情心。”

对多诺索·科特斯而言，自巴黎二月革命以来“在欧洲就不再有坚固和安全的东西了”。西班牙在欧洲仍是拥有最大反对力量的国家，“犹如撒哈拉大沙漠中的绿洲”。西班牙以外的地方自由几乎已处处被扼杀，一切迹象都指向一种人类从未经历过的全面崩溃。所有的道路，甚至是相反的道路，都把欧

洲引向绝路。在革命导致社会破坏和常备军解散之后，当社会主义令爱国情绪丧失殆尽时，需要斯拉夫民族的联合，以便俄国能够掌控欧洲。

即使是君主制和保守的英国都不够强大，无法消灭在世界范围内传播的那些具有瓦解力的思想。首先英国不是天主教国家，能对付革命和社会主义的极端手段只能是天主教，因为其学说与社会主义水火不容。这时教会和军队成为欧洲文明的唯一代表，因为只有它们完好无缺地保留了权威和服从的理念。科特斯没有公开说，但他传递的信息是明确的：如果欧洲想长期保护自己免遭革命和社会主义下场，以及想不被俄国征服，它就得彻底反思自己，再次皈依天主教。

科特斯的讲话在多数国会议员那里收获的掌声清楚表明，他是代表大部分人信奉天主教的西班牙发声的。他的话是集中向所有各派发出的挑战：新教、启蒙运动、自由主义、民主主义和社会主义。他的发言对那些像他自己一样代表着与天主教 668
类似的反革命力量的人具有说服力，对那些认同西方思想主流的西班牙人则不然。西班牙几乎没有参与 1848 年的欧洲革命；按照多诺索·科特斯的心愿，在欧洲反革命阵营中它应该发挥主导作用。但即使在欧洲的保守派中，也没有多少人像这位能言善辩的西班牙右派代言人这般反对自由的时代精神。奥地利首相施瓦岑贝格侯爵的所作所为肯定最符合科特斯对坚定不移推行反革命政策的设想。至于这位天主教“教宗集权主义者”对社会问题所发表的见解，与早期工业时代的现实相去甚远，以致他作为社会主义的批评者和马克思的政治对立面，无望取得广泛影响。多诺索·科特斯的理念是西班牙在 19 世纪中叶落后的表现。这同时也是一种尝试，即强化这个对比利牛斯山脉以北的现代欧洲持顽固抵抗态度的国家。

1850 年 1 月，科特斯在演讲中谈到欧洲局势时也分析了前一年夏天的国际危机，当时出现了在西方两个强权国家和俄国之间爆发战争的危险：沙皇俄国要求土耳其交出匈牙利和波兰自由战士，包括科苏特、邓宾斯基和贝姆，这些人在匈牙利革命失败后逃入奥斯曼帝国。高门援引国际法拒绝了俄国的要求，英国和法国（后者不那么坚决）支持了苏丹的态度。英国政府甚至——为了强调形势的严峻性——向达达尼尔海峡派出了军舰。伦敦此举虽然有违 1841 年国际海峡公约，但沙皇面对西方列强的压力不再坚持己见。科特斯正确指出，战争没有爆发，不是因为俄国不希望它爆发，而是不能希望它爆发。

1849 年夏英国和法国联手对付俄国，并非出于什么意识
669 形态原因。其原因是这两个大国的利益，它们都需要把奥斯曼帝国作为欧洲平衡的砝码予以保留，为此它们要阻挠俄国向地中海东部拓展的欲望。俄国则害怕为了这场微不足道和不受欢迎的战争被完全孤立。如此看来，这场危机的各参与大国在 1849 年都前卫地实施了“现实政治 / 权力政治”，至少英国和法国在整个革命年代都是这么做的。

在整个 1848/1849 年革命时期，“自由的”西方列强都未曾尝试支持其他国家的自由运动，同样也没有把干预德意志和意大利争取民族统一提上议事日程。西方列强采取积极行动仅发生在德意志和丹麦争夺石勒苏益格战争时，它们觉得自己作为 1815 年维也纳会议决议签字国的权利和义务，以及其在北海和波罗的海的利益受到了影响。1848 年 3 月 4 日，当法国外长拉马丁在一份宣言中声明，1815 年与战败国法国签订的条约作为事实，仅仅还适用于人们必须就其修订进行沟通，这在其他大国的首都被视为挑衅。但无论英国外交大臣巴麦尊勋爵多么敌视革命，他还是严格拒绝了向欧洲东部强权国家妥协，没有对革命的法国采取任何行动。

事实上，法兰西第二共和国的外交政策与被推翻的七月

王朝几乎没有区别。在维也纳和柏林，革命对两国双边关系的影响也是微乎其微。欧洲的强权国家没有一个在 1848 年采取了革命的外交政策。反革命霸权国家俄国，只有在奥地利和普鲁士的反革命势力取胜后才认真准备介入中欧事务。乍一看，革命似乎没有从根本上改变国际体系。五大强权国家在 1848/1849 年并未闹翻。尽管如此，革命时代标志着按意识形态划分阵营的结束。路易－拿破仑治下的法国比巴麦尊勋爵领导的英国更缺少“自由”；君主立宪的普鲁士更不像施瓦岑贝格领导的奥地利那么“保守”，更不用与尼古拉一世统治的俄 670
国相比了。复辟时代早期的“欧洲协调”与其后的西部和东部势力集团的对立都已成为历史。尽管当时还不存在“现实政治 / 权力政治”这一术语，但它以适当的方式标志的正是那种精神，即 1848 年以及其后大国在国际舞台上的行为准则。

如此行事的并非只有各国的领导人。大多数民族运动在 1848 年也告别了事后回顾看上去过于理想化和浪漫的梦想。三月革命前“各民族之春”的梦想破灭了。当意大利和德意志追求成为民族国家时，曾经自由的国际主义迅速被坚持所谓的国家利益所取代：无论是马志尼宣布布伦纳（Brenner）隘口为意大利边界，还是法兰克福国民议会坚持的里雅斯特属于德意志，革命年代自由民族间的团结一致都已经所剩无几。激进左派在坚持“革命”民族间合作方面是个例外。这种团结一致的负面作用是宣传要与被划分为“反革命”的各民族展开残酷斗争。保持“国际主义”姿态的最终只剩下波兰人，要想实现改变被瓜分现状的民族愿望，他们需要国际援助。1848/1849 年，他们离自己的目标像 1830/1831 年和 1846 年一样遥远。这样波兰问题就像爱尔兰问题那样悬而未决。当然后者只是英国的内政问题，前者则是“大政治”中的一个问题。

作为 1848/1849 年革命的结果，在欧洲有了三个新的宪政国家，即皮埃蒙特—撒丁、普鲁士和丹麦，但没有涌现新的民族国家。在中欧东部，撇开波兰的特殊情况，民族国家的理念未获成功，这主要是由于哈布斯堡多民族帝国在其治下的斯拉夫民族那里仍旧拥有强大的支持。奥地利这个因素也在很大程度上解释了，德意志和意大利人建立一个民族国家的尝试为什么会失败。在这两个例子中都有准备在新的国家统一中承担领导责任的候选人：它们是普鲁士王国和皮埃蒙特—撒丁王国。它们会做出相应举措是不难预料的：民族统一问题在德意志和
671 意大利均未得到解决，鉴于1848/1849年的经验可以猜测，对这两个国家的自由派力量而言，在需要进行取舍时，它们各自所能实现的民族统一程度甚至会比实现其自由主义宪政国家的设想更重要。

与现存国家合作，如果它们愿意合作的话，自由派对此也有其他考虑。温和派坚信，激进派毫无节制的要求给了对手行动的理由，从而才使反革命有了取胜的可能。使用温和自由派从未尝试过的暴力对抗政策，在1848年春虽然推翻了一些措手不及的反动政府，但接下来的较量显示了，各地的起义民众在街垒战中根本不是国家权力的对手，后者使用其强权手段是轻车熟路的。

得出这种结论的不止温和自由主义者。近半个世纪后，弗里德里希·恩格斯于1895年（在其为马克思《法兰西阶级斗争》一书所撰的新版序言中）提出以下论点："旧式的起义，在1848年以前到处都起过决定作用的筑垒的巷战"[①]，现在它已经过时，因为技术的发展，军队可以比过去更容易地镇压起义，社会分裂为资产阶级和无产阶级两个阶级，也令"人民"的联合行动成为不可能。

---

① 恩格斯：《"法兰西阶级斗争"导言》，载《马克思恩格斯全集》（第二十二卷），北京：人民出版社，1965，第603页。

这是无产阶级“现实政治/权利政治”的表达，恩格斯在回顾历史时也提到了马克思和他自己在1848年做出的一些错误判断。当时的工业和社会发展还远远没有达到他们二人所假定的程度。19世纪末阶级关系已更为清晰，工人阶级通过民主与合法的渠道取得政权的机会在许多国家比1848年时增加了许多。此外，执政者从革命中也吸取了教训，为了巩固自己的权力，他们满足了1848年提出的一些要求，从长远来看这也必定会让无产阶级从中获益。“1848年革命的掘墓人，竟成了它的遗嘱执行者”①，作为这种政策 672
的例子，恩格斯提到拿破仑三世和俾斯麦。审视了1848~1871年这段时间的发展后，他得出如下结论：“自下而上进行革命的时期暂告结束了；跟着来的是自上而下进行革命的时期。”②

1848年革命并非发生在欧洲的最后一场革命，但它是第一场和最后一场“欧洲革命”。为了支持其判断——1848年革命是最后一场欧洲革命，莱因哈特·科塞勒克指出，新世纪欧洲爆发的所有内战和革命都局限于某些个别国家。“没有哪次革命突破现有边界，或是突破在革命变革过程中被重新划定的边界。所有后续的骚乱、暴动或革命都发生在民族国家层面，说到底是国家民主层面。更重要的是，所有此后爆发的内战和革命，从政治角度看，都是此前国家间战争的二级后果。”必须补充的是，具体来讲它们是已经打输或正在打输的国家间战争的二级后果。

唯一一场欧洲革命的失败产生了深远影响。1848年对以后时代的塑造如此强烈，以至于在欧洲历史上19世纪下半叶或20世纪所发生的任何一个重大事件，都很难不与这场革命有着至少是间接的关系。正因为如此，1848年在欧洲近代历史上就成了一个关键年份，甚至是最关键的一年。[99]

---

① 恩格斯：《“法兰西阶级斗争”导言》，载《马克思恩格斯全集》（第二十二卷），北京：人民出版社，1965，第599页。

② 同上。

## 移动的边界：国际比较中的美国向西扩张

在北大西洋的另一边，旧大陆争取自由的运动在美利坚合众国引发了普遍同情。在巴黎，美国特使理查德·拉什（Richard Rush）在1848年2月就自行决定承认了新的革命政府，很快国务卿詹姆斯·布坎南（James Buchanan）和总统詹姆斯·K. 波尔克（James K. Polk）的追加批准就到了。德意
673 志革命的消息尤其在德裔美国人中引起热烈反响。美国是超级大国中唯一正式承认临时中央权力的，并与其保有外交关系。通过出售蒸汽船“美国号”帝国护卫舰，美国甚至支持德意志舰队的建设。

当美国观察家们意识到，德意志不是要建立一个共和国，而是一个以皇帝为首的帝国时，普遍的热情自然就降温了。革命失败后，美国成为除英国外欧洲革命领袖最重要的避难所，在那里能够逃脱当局的追捕。在巴登，后来也包括普鲁士和奥地利，不太有名的革命斗争参与者可以选择是蹲监狱还是移民美国。但只有少数人选择了移民。

在成功出逃美国的德意志民主党和共和党人中，最著名的当数弗里德里希·黑克尔、古斯塔夫·冯·司徒卢威和卡尔·舒尔茨。司徒卢威1863年获特赦后返回德意志，黑克尔和舒尔茨在美国南北战争中为北方而战：黑克尔为上校，舒尔茨最后升任将军。1869年舒尔茨被密苏里州推选为参议员，1877年出任美国内政部长，任内曾为印第安人融入美国社会做出努力。没有任何一位欧洲革命者受到像拉约什·科苏特那样热烈的欢呼，他从1851年12月至1852年6月在美国各地旅游，所到之处其支持被压迫人民——尤其是匈牙利人民——争取自由的言论都受到热情称赞。

让1848年在美国历史中拥有里程碑意义的，不是遥远的

欧洲革命，而是美国在与墨西哥进行了两年战争后于1848年2月2日与后者签订的《瓜达卢佩–伊达尔戈和约》。墨西哥承认了美国拥有三年前兼并的得克萨斯，以及以格兰德河为界河，放弃了当时被称作“新墨西哥”的大片领土——这块从加利福尼亚圣地亚哥向北延伸的地方事实上是自治的，部分已经有美国人移居。两年前，美国与英国就友好地解决了长期有争议的、加州以北的俄勒冈的边界走向：今后这里的北纬49度 674
也标志着美国和英属北美之间的国界。美国国土从大西洋延伸到太平洋，《瓜达卢佩–伊达尔戈和约》让美国连绵不断的大陆版图确定了轮廓。美国获得其新西部边界恰恰是在西方在欧洲遭遇其古老的东部边界这一年，这条东部边界是位于历史上的西方与东正教欧洲之间的界线，它继续隔绝着西方政治思想的推进。

《瓜达卢佩–伊达尔戈和约》并非唯一让1848年载入美国史册的事件。条约签订十天前——1月24日，一个名叫约翰·萨特（John Sutter）的工头在萨克拉门托（Sacramento）附近的一家锯木厂厂区内发现了黄金。这种发现无法长期保密，几十万人随后赶往加利福尼亚州。前去淘金的不仅有美国白人，还有被解放的奴隶、墨西哥人、南美人，甚至有不少中国人。只有少数人找到了他们想要找的东西，但很多人留了下来。在加州，成群结队拥入的（几乎全是男性）淘金者导致劳动力短缺，这又引发了进一步的移民。仅仅在旧金山，居民人数就从1848年初的大约1000人上升到1856年的50000人。加州的印第安人属于淘金热的受害者：他们中的大多数人被警察抓住，然后被送去强制劳动，在规定时间内被迫淘金，即实际上暂时沦为奴隶。

人口的快速增长让加州在1850年就以平等州身份被吸收进联邦：这种地位，美国西部其他地区很久以后才获得［第一个获得的是俄勒冈（1859 年），最后是新墨西哥和亚利桑那（1912 年）]。加州属于禁止蓄奴的自由州，因为这个原因在允许其建州前还经历了长时间的内政纠纷。1849 年蓄奴州和自由州数量持平，即各有 15 个州。对等原则是 1820 年《密苏里妥协案》首次达成的共识：当时蓄奴的密苏里和自由的缅因
675 （此前属马萨诸塞州）被同时吸收进联邦，并规定除密苏里州外，禁止新州南部边界以北地区蓄奴。此后加入联邦的各州中爱荷华和威斯康星是自由州，阿肯色和得克萨斯是蓄奴州。南部各州直到 1850 年 9 月才同意吸收加州进联邦，前提是北方做出了相应让步，同意按照“主权在民”的基本原则让其他脱离了墨西哥的地区自由选择是允许还是禁止蓄奴，以及通过了更严格的追捕逃跑奴隶的法律。

加利福尼亚建州的纠纷能够经调解获得解决得益于美国最高职位的变动。1848 年 11 月当选的总统扎卡里·泰勒将军（辉格党的候选人）直到 1850 年 7 月 9 日突然死亡前，一直坚持要同时吸收自由的得克萨斯和蓄奴的新墨西哥进入联邦。他的继任者、前副总统米勒德·菲尔莫尔（Millard Fillmore）不再反对伊利诺伊州民主党参议员斯蒂芬·道格拉斯（Stephen Douglas）提出的妥协建议，从而帮助联邦走出了一个严重威胁其存在的危机。

保持还是废除奴隶制的冲突，并未因 1850 年困难重重的妥协而消除，而是仅仅延迟了其激化。1848 年举行总统大选时，两个最大的竞争党派——安德鲁·杰克逊总统创立的民主党和其保守的竞争对手辉格党，曾尝试在竞选过程中避开这一有争议的话题。南方种植园主在民主党中影响之大，使得该党 1844 年在其纲领中删除了 1776 年《独立宣言》所宣称的不可剥夺的人权。对此，北部和西部的废奴主义者奋起反抗。由他们创立于 1848 年的“自由之土党”（Free Soil Party）的竞选

口号是“自由土地，自由言论，自由劳动和自由人”，尤其是在西部的农夫中他们赢得了众多追随者。其总统候选人，前总统马丁·范布伦虽然未能赢得大选，他所得到的大约10%的选票份额却足够帮助扎卡里·泰勒险胜来自密歇根州的民主党候选人——参议员刘易斯·卡斯（Lewis Cass）。

南方曾希望通过对墨西哥的战争提升自己在联邦中的政 676
治影响力。实际上在经过1846~1848年的领土扩张后，北方比南方拥有更多的领土，而1850年9月加州被吸收进联邦后，北方比南方拥有更多的参议员和众议员席位。北方各州做出的最大让步都没有取得满意效果。针对所谓逃亡奴隶的新法令在北部和西部引起众怒，其作用适得其反：废奴主义者在大庭广众之下帮助逃亡奴隶，通过“地下铁路”（Underground railroad）① 帮助他们前往自由州或是安全进入没有奴隶的加拿大。

同时代人对联邦解体和发生内战的危险完全心知肚明。1849年12月8日，来自南卡罗来纳州的参议员约翰·考德威尔·卡尔霍恩在一封信中警告说，一旦奴隶制被废除，会出现一场“血腥大屠杀”。几天后，1849年12月13日民主党议员罗伯特·图姆斯（Robert Toombs）在众议院宣布，如果北方通过一项法案把南方从共同赢得的领土加利福尼亚和墨西哥排挤出去，并在哥伦比亚特区，也就是首都华盛顿禁止蓄奴的话，那么他就主张“不统一”（disunion），解散联邦。

不到三年，1852年出版了一本书，很快这本书在全世界就拥有了数以百万计的读者：《汤姆叔叔的小屋》（*Uncle Tom's Cabin*）。作者哈里特·比彻·斯托（Harriet Beecher Stowe）想用其对不公正的奴隶制的激情控诉唤起南方的重新思考从而

① 19世纪美国秘密结社组织，其目的是帮助非洲裔奴隶逃往自由州和加拿大。

自愿放弃对美国黑人的奴役。其效果却是人们始料未及的：联邦中南北之间的裂痕甚至变得更深。显而易见，1850年那种妥协式和解已经难以为继了。

正如我们已经看到的，奴隶制的问题与另一个1850年代吸引全国注意力的问题密不可分：对联邦在1846~1848年短短几年中新赢得的广阔领土进行开发和移民。1845年夏《民主评论》(*Democratic Review*)杂志上发表了一篇有关吞
677 并得克萨斯的文章，其中首次出现的一个术语“昭昭天命”(Manifest Destiny)不久就成为一个政治口号。其匿名作者是爱尔兰后裔，即《民主评论》杂志来自纽约的创办人约翰·奥沙利文(John O’Sullivan)。他声称美国明显的使命就是：“在整个大陆扩张，天命把这块大陆留给我们，让我们年复一年在此数以百万计地自由繁衍。”

在占领俄勒冈、新墨西哥和加利福尼亚时，就是打着“昭昭天命”的旗号。1850年后，当南方看上西班牙属古巴(想在那里成立两个新的蓄奴州)时，这个口号也出现了。但扩张首先是向西的，铁路的建设让这种扩张如虎添翼。1850年时连芝加哥都尚未连接到铁路网络。7年后，就有12条铁路线穿越密西西比河，其中9条是以芝加哥为起点的。1869年开通了第一条太平洋铁路线：从内布拉斯加州的奥马哈(Omaha)经落基山脉到旧金山。

向西扩疆拓土是美国历史的一个基本特征。许多美国公民都熟悉英国哲学家和神学家乔治·贝克莱(George Berkeley)——他1728~1731年曾在北美生活——的《论美洲的艺术和学术培育前景》(*On the Prospect of Planting Arts and Learning in America*)一诗的开头：“帝国的路线取道西方……”1850年前后“西进运动”进入一个新阶段。美国的外部疆界被划定，加州加入联邦三年后，国家的西南领土通过“加兹登购

地”（Gadsden Purchase）进一步扩大：1853年美国特使詹姆斯·加兹登（James Gadsden）受总统富兰克林·皮尔斯（Franklin Pierce）委托，以1000万美元的价格从墨西哥人手中买下了一块地，这就是后来亚利桑那州和新墨西哥州的南部地区。新购置的土地对购买运作者显得格外重要，因为它非常适合修建计划中横贯大陆之铁路网络的南线——南太平洋铁路，1881年起这条铁路连接了加州南部圣地亚哥和得克萨斯州西部的厄尔巴索（El Paso）。1867年，感谢多年担任国务卿的威廉·亨利·苏厄德（William Henry Seward）的外交技巧，联邦的疆界再次大幅延伸：美国用720万美元从俄国购得阿拉斯加。

“去西部，年轻人！”这是霍勒斯·格里利（Horace 678
Greeley，《纽约论坛报》创始人，工会、妇女解放、反蓄奴和“自由土地”运动的支持者）1850年的呼吁，它是对自由美国之生活方式的经典表述。多年前，格里利就号召纽约的穷人“到西部”去碰运气，数千人也这么做了。但从欧洲拥向美国的移民数量更为巨大，尤其是来自德意志和爱尔兰的，他们当中的许多人，特别是德意志人继续向中西部迁移。1839~1844年，移民人数每年大概有8万人；1821~1924年共有5500万欧洲人背井离乡，目的是在大西洋另一边找到一个新家园，其中的五分之三，即3300万人定居美利坚合众国。新大陆的国家以这种方式吸收了欧洲增长人口的40%，仅仅美国就吸纳了其中的24%。

对来自人口稠密的东部的美国人以及欧洲人来说，中西部最具吸引力的就是它的辽阔无边。这里的土地更便宜，牧场面积更大，农场间的距离对农夫或想成为农夫的人来说相隔更远。紧随猎人和陷阱捕兽者而来的第一批人是农夫。随着家庭农场的分布和拓展，对其他行业的需求也在增加：人们需要机械师、工匠、商人、医生、律师、法官、教师、牧师、银行家、记者和政治家。很长时间内农业是中西部最重要，但绝不是唯一的行业：谁若是在农场找不到活干，那他在迅速发展起来的城市的工业企业中会有好的机遇，获得一份工作。

另一种可能性就是继续向西迁徙，经过密苏里州西部的荒凉"大平原"——也有"美国大沙漠"之称，前往落基山脉东侧的科罗拉多州，那里1858年发现了黄金，随后兴起了高收益的采矿业；前往怀俄明州（Wyoming），那块地方1869年首次引进妇女选举权；前往铜和银矿藏丰富的内华达州；或是直接前往最西边濒临太平洋的俄勒冈州或加州。"大平原"是19世纪六七十
679 年代以来辽阔西部最后被移居的部分，最先前往那里的是养牛者，随后而来的是养羊和进行耕种的农场主，他们的落户常常遭到雇佣"枪手"的武力阻止。在这片一望无际的大草原发生了与印第安各部落最血腥、最旷日持久的战斗。这些土著不愿放弃他们的猎场和牧地，当白人水牛捕猎者开始摧毁其生存基础时，他们奋起反抗。他们不同意按照华盛顿国会的决定被关在保留地，在那里他们顶多能苟延残喘。对印第安人的压制与广泛灭绝带有种族灭绝的许多特征：它虽然不是按照上面的命令所进行的系统灭绝，却是一项政策，据此原住民的生存需要被无情地置于白人、水牛捕猎者、移居者和铁路公司的利益之下。

1893年，当印第安人的战斗已经停止后，历史学家弗雷德里克·杰克逊·特纳（Frederick Jackson Turner）在芝加哥美国历史协会年会上做了有关边疆在美国历史上的重要性的演讲，该理论迅速走红。特纳指出，美国边界与欧洲边界不同：欧洲的稳固边界分隔的是人口稠密的区域；相反，美国的"边疆"是一条移动的边界。它的走向沿着"自由之地的边缘"（the hither edge of free land）。它是野蛮与文明的交界点。"扩张所到之处的边境，总是不断重复着每块被触及的西部土

地的进化过程。”

根据特纳的观点，既有的自由土地[①]地带不断被新的自由土地地带所取代，美国定居点的西移解释了美国的发展及其性质。“首先是大西洋海岸边境。它在一种非常现实的意义上是欧洲的边界。随着边界的向西推移，它变得越来越美国化……通过这种方式，边界的移动意味着与欧洲渐行渐远，意味着美 680
国标准下的‘独立性’在不断发展壮大。”因此，不是大西洋海岸，而是“大西部”（the great West）提供了审视美国民族历史的正确视角。

按照特纳的说法，边疆是“最快和最有效地实现美国化的地方”。美国的社会生活总是从这里重新开始。在这里，美国总是不断重新接触原始社会的简单生存条件。“不断的重生，美国生活的流动性”以及每个人的自我主张精神，美国人突出的个人主义，都是发源于此。这里形成了一种强烈的民族感情，它与各个地区的特殊意识——“地域主义”格格不入。这里发展出对参政权利的要求，它让美国变得比原来更民主。边界的前移导致了人口的高流动性，从而让固守狭隘的“地方主义”失去了市场。西部移动的边界对美利坚合众国的改变就像地中海对古希腊的改变：“边疆”打破了旧习惯的势力，使新体验成为可能并一再要求建立新的设施和开辟新的活动领域。

特纳也许有点为时过早地认为，大规模向西迁徙即将结束。但他坚信边疆对美国的意义仍未穷尽：“谁若断言，美国的生活完全失去了其进攻性，那他就是一位仓促下结论的预言家。运动是占主导地位的事实，既然人们无法相信有这种经历的民族会停止行动，那么美国的活力自会找到另一个领域来施展拳脚。”

① 指白人眼中的印第安人的土地。

特纳的“边疆理论”引起很多反对的声音。批评者指出，
西部亦已发展出强大的地域主义，也就是说人们不应高估移动
681 边界的国家整合作用。他们强调，各个边境的生活与其说是打
上个人主义烙印，不如说是以团结一致为标志。特纳的观点受
到最广泛讨论的是：“自由土地”的存在让美国的社会结构保
持“流动”。事实上，很少有东部的工人前往西部，到那里去
作为自主农夫耕地或畜牧。仅仅是缺乏资金就阻止了这类社会
地位的提升。特纳本人自然没有更为精确地描述他对“流动
性”的各种设想，而且他也没有说过“边疆”是那种美国社会
的“安全阀”（safety-valve），后者在对其论点的讨论中扮演
着重要角色。

对“边疆理论”的学术异议指出了其局限性，但没有驳倒它。长期开放的边界对美国的经济、社会、政治文化以及人们的心理都产生了持续影响。自从安德鲁·杰克逊总统执政起，来自西部的“草根民主”理念征服了美利坚合众国；它从扩大人民参政权意义上改变了选举法和政治机构。从西部兴起了自由教会、循道宗或福音派运动，这些宗派在较老的定居点也拥有了追随者。西部的日益繁荣表现在东部工业企业获得的订单越来越多，这令工人的实际工资得以增加。“边疆”确实为化解“社会问题”，或用卡尔·马克思的术语——缓解阶级对立做出了贡献。

“大西部”为民族想象力插上了翅膀，增强了对美国拥有无限可能性、其历史使命和“昭昭天命”的信念。长期持续的向西扩张是与美洲殖民时代的宗教使命感紧密相连的，即坚信日耳曼，具体地说就是盎格鲁—撒克逊种族的文化优势。西部和“边疆”成为一个美国神话。它基于一种美利坚合众国初创时期就有的乐观自信，美国需要这种自信来克服未来的种种严重内外危机。

通过征服人烟稀少的地区和向无人居住的地区殖民而令边界向前移动，这种现象在历史上比比皆是。在多数情况下，这 682
类扩张进程是世俗或宗教统治者决定的，如中世纪的德意志东向移民运动。俄国征服西伯利亚历时数百年，只要第一批皮货商和商人继续向东挺进，专制国家就会接手对这片辽阔地区的开发。法国对魁北克征服的结果是许多法国农民向那里移民，但这些人并未继续挺进，而是让边界保持静止不变。早期对拉丁美洲的征服打上了国家、教会和封建的烙印。与北美“边疆”最具可比性的是南美19世纪末期的阿根廷，欧洲移民从1880年起开始向巴塔哥尼亚（Patagonien）移居，而且以同样残酷的方式消灭了那里的土著民族。然而在阿根廷购买土地的是大地主，而不是像在美国那样是个别移民或移民家庭。

尽管如此，通过自由迁徙者占领土地不是美国的特殊情况。在南非，自18世纪最后25年开始，1652年从荷兰移居那里的布尔人（Buren）从荷兰开普殖民地继续向内地推进，并在那里落户。但除了布尔人的迁徙，还有另一支人数更多的迁移队伍，那就是班图（Bantus）各部落比如祖鲁人（Zulus）的迁徙，布尔人一直在与这个部落打仗，但未能彻底地击败他们。此外并没有能够被布尔人同化的其他白种人移民。1806年英国吞并开普殖民地，30年后——起因是1833年英国在其殖民地废除奴隶制——14000个布尔人出走，即所谓的“大迁徙”，他们前往毗邻的北部和东部地区。布尔定居者先是在那里成立了纳塔尔（Natal）共和国，在伦敦将其宣布为英国殖民地后，他们又组建了奥兰治（Oranje）和德兰士瓦（Transvaal）共和国。英国人于1852年和1854年先后承认了德兰士瓦和奥兰治自由邦的独立。他们认可的东西正是他们原则上拒绝的：由布尔人实施的对非白种人居民的系统歧视。

在澳大利亚，白种人的殖民是由财力雄厚的“牧羊场主”

683 （Squatters）开始的。他们的先锋是约翰·麦克阿瑟（John MacArthur）上尉，他是第一块和长时间里唯一一块流放地的军官，因而属于英国政府事实上允许的垄断出口澳大利亚货物的人。澳大利亚出口的主要商品是羊毛，根据德裔美国历史学家迪特里希·格哈德（Dietrich Gerhard）的判断，是羊毛把一个囚犯流放地变成了一块殖民地：1830年代起英国的移民政策持续给予这种发展以支持。

1850年，新南威尔士州（New South Wales）、维多利亚州（Victoria）、塔斯马尼亚州（Tasmania）和南澳大利亚州（South Australia）几块殖民地几乎获得无限的自主权，以及一部议会宪法。次年，黄金的发现引起第二波移民大潮；和美国一样这导致了对澳大利亚原住民（在当地被称作Aborigines）的广泛打压与迫害。由于大多数新移民没有找到黄金，或没有足够的资金进行地下开采，他们就寻找在农业或工业领域的就业机会。澳大利亚的沙漠证明自己与“美洲大沙漠”不同，永久无法居住。澳大利亚的“边疆”在变动，但它对社会的整体影响却比美国的小得多。新兴的澳大利亚民主机构，其政党和工会均受到母国的强烈影响，其母国本身由于1832年的改革法案已进入政治和社会变革的一个新阶段。

新西兰的情况类似，那里很久以后成为白种人定居的第五个洲。第一批移民是捕鲸者和海豹捕猎者，1814年起圣公会和不久之后卫理公会传教士也纷纷前往该地。1838年前后已有约2000个欧洲裔人生活在那里的南北两岛上，其中许多人是来自澳大利亚的流放囚犯。1840年这两个岛屿被大不列颠吞并。对于南岛，伦敦援引了［1768年詹姆斯·库克（James Cook）］对它的发现权，而北岛的主权是英国通过与土著毛利人（Maoris）酋长达成的一份协议得到转让的。在同一份协议［《怀唐伊条约》（Abkommen von Waitangi）］中英国王室

还获得了对毛利人准备出让的土地的优先购买权。直到吞并之
后，“牧羊场主”的大规模移民才开始。早在 1852 年，新西 684
兰就拥有了一部宪法，该宪法保障了白人移民者的高度民主共决权。

不像在北美、南非和澳大利亚，新西兰的殖民国家最初致力于按照加强了的福音运动之要求，人道地对待当地原住民。然而，这种打算坚持的时长只是毛利人愿意出售土地给白种人的那段时间。当那里的定居者和愿意移民的人数增加后，这种意愿即随之减弱。1860 年在北岛开始了为期五年的与部分毛利人的战争，这些毛利人听从一位国王的领导，他们的对手是殖民军队、定居者民兵、志愿者以及与白人结盟的毛利人。起义者一方的死亡人数估计是 2000 人，白人和其当地盟友的死亡人数估计为 1000 人。

1865 年的正式和平条约标志着毛利人的起义失败，此后又进行了多年的小规模战争。毛利人不再出卖土地，取而代之的是没收土地所有者的土地，受到此举影响的不仅仅是曾经的起义者。大不列颠从此把新移民区的防御交给了殖民者。通过与毛利人的战斗，新西兰的“边疆”与 1860 年之前相比更加类似北美的情况。虽然毛利人的命运并不像澳大利亚原住民那么可怕——直到 1830 年代末后者在许多白人眼里都是完全可以随意被“血腥猎杀”的——但比美国和加拿大幸存的印第安人也好不到哪儿去。凡是被白人殖民者大面积占据的地方，总是伴随着对原住民的权利剥夺、驱逐、精神打击，如果没有进行灭绝，也令其人数大幅减少。

与澳大利亚和新西兰类似，加拿大亦从英国 1830 年代的改革政策中获益。1840 年，由于英属北美总督德拉姆勋爵（Lord Durham）的一份详细报告，主要说法语、信仰天主教的下加拿大和主要说英语、信仰基督教新教的上加拿大

经由一项英国法案——《加拿大联盟法案》（Canada Union
685 Act）合并为加拿大省，受一个政府领导，自1848年起该政府就依赖于众议院的信任。这是伦敦对1837年发生在魁北克（Quebec）和安大略（Ontario）之动乱的回应。1867年形成了加拿大自治领，包括魁北克省、安大略省、新斯科舍（Nova Scotia）省和新不伦瑞克（New Brunswick）省；至1873年马尼托巴（Manitoba）省、不列颠哥伦比亚（British Columbia）省和（在圣劳伦斯河上的）爱德华王子岛（Prince Edward Island）省加入其中。根据1867年宪法法令，加拿大是一个联邦制国家。然而各省均派有代表的参议院，其成员不是选举产生，而是由总理提名、经英国王室的代表总督任命的终身议员。与英国不同的是，政教按美国模式严格分开，各宗教团体地位平等，而且公立学校不受教会影响。

安大略的殖民化要比魁北克开始的晚得多，1830年以后得益于英国和美国投资的航道和铁路建设殖民化才迅速加强。与美国一样，自由定居者在“边疆”地带拥有话语权，和美国相同也是从边境兴起了自由教会，特别是循道宗意义上的宗教运动。1850年前后安大略的殖民化基本完成。哈德逊湾（Hudson Bay）周围的大陆遍布着向亚北极区冻原过渡的沼泽、湖泊和森林地带，它们阻止了加拿大移民点的继续北移。直到19世纪末，加拿大西部大草原地区由于兴建了（由国家参与融资，于1885年完成的）太平洋铁路才得到开发，此后才有来自欧洲和美国的移民在此定居。

与印第安部落的战争也发生在加拿大“边疆”。1873年创建的西北骑警让国家在加拿大西部比美国“旧西部”（Wild West）更具存在感。这些“骑警”的任务与其说是针对印第安人，不如说是保护加拿大政府为原住民划出的保留地。当然，印第安人在那里也被强迫适应周围环境中打着欧洲印记的语言

和文化［两个“第一民族”中的另一个——加拿大北方高原的 686
因纽特人（Inuit）的命运也是如此］，国家或国家资助的教会学校负责实现这一点。

尽管与其他国家存在着种种类似之处，美国的“边疆”在许多方面均有其历史独特性：没有任何其他地方的扩张和殖民像这里这样是整个社会的工作，世界上没有任何其他国家的全民族生活如此强烈和持久地受到“边疆”现实与神话的塑造，没有任何其他情况下空间拓展与政治自由扩大之间的内在联系像在美利坚合众国这么清晰。

19世纪中叶，许多欧洲国家的人都经历了失败的革命，这些革命都是为了争取更多的自由。当欧洲1848年革命爆发时，美国刚刚结束与墨西哥的战争并通过和约赢得了辽阔的疆土。北大西洋此岸是失败的革命和由此引发的资产阶级在政治上的自我怀疑，北大西洋彼岸是不断扩张和与此相应的民族自信。老西方和新西方在完全不同的条件下跨入19世纪下半叶。[100]

# 注 释

1 Immanuel Kant, Der Streit der Fakultäten, in: Kant's gesammelte Schriften (Akademie-Ausgabe), Berlin 1900 ff., Bd. VII, S. 1–114 (85 f., 88; Hervorhebungen im Original). Das grammatikalisch falsche «sie», das im Original auf «ein wohldenkender Mensch» folgt, habe ich aus Gründen der Verständlichkeit weggelassen.

2 Georg Wilhelm Friedrich Hegel, Vorlesungen über die Philosophie der Geschichte (Sämtliche Werke, 3. Aufl., Bd. 11), ND Stuttgart 1919, S. 557 f.

3 Jacques Godechot, Les Institutions de la France sous la Révolution et l'Empire, Paris 1951[1], S. 188 ff.; François Furet u. Denis Richet, Die Französische Revolution (frz. Orig.: Paris 1965), Frankfurt 1987[2], S. 84 ff. (Zitat aus dem Dekret vom 11. 8. 1789: 112); Michel Vovelle, Die Französische Revolution – Soziale Bewegung und Umbruch der Mentalitäten (ital. Orig.: Rom 1979), München 1982, S. 88 ff.

4 Alphonse Aulard et Boris Mirkine-Guetzévitch, Les Déclarations des droits de l'homme. Textes constitutionels concernant les droits de l'homme et les garanties des libertés individuelles dans tous les pays, Paris 1929 (ND: Aalen 1977), S. 15–18; deutsche Übersetzung nach: Amerikanische und Französische Revolution. Bearb. v. Wolfgang Lautemann, München 1981, S. 199–201; Godechot, Institutions (Anm. 3), S. 27 ff.; Émile Boutmy, Die Erklärung der Menschen- und Bürgerrechte und Georg Jellinek (1902), in: Roman Schnur (Hg.), Zur Geschichte der Erklärung der Menschenrechte, Darmstadt 1964, S. 78–112; Jean Rivero, Les libertés publiques. Vol. 1: Les droits de l'homme, Paris 1974[1], S. 43 ff.; Jörg-Detlef Kühne, Die französische Menschen- und Bürgerrechtserklärung im Rechtsvergleich mit den Vereinigten Staaten und Deutschland, in: Jahrbuch des Öffentlichen Rechts der Gegenwart, NF, 339 (1990), S. 1–53; Hasso Hofmann, Zur Herkunft der Menschenrechtserklärungen, in: Juristische Schulung. Zeitschrift für Studium und Ausbildung 28 (1988), S. 841–848; Martin Kriele, Zur Geschichte der Grund- und Menschenrechte, in: Norbert Achterberg (Hg.), Öffentliches Recht und Politik. Festschrift für Hans Ulrich Scupin zum 70. Geburtstag, Berlin 1973, S. 187–211.

5 Furet/Richet, Französische Revolution (Anm. 3), S. 84 ff.; Crane Brinton, Europa im Zeitalter der Französischen Revolution (amerik. Orig.: New York 1934), Wien 1948[2], S. 81 ff.; Albert Soboul, Die Große Französische Revolution. Ein Abriß ihrer Geschichte (1789–1799) (frz. Orig.: Paris 1962[1]), Frankfurt 1973, S. 130 ff.; Ernst Schulin, Die Französische Revolution, München 1988, S. 53 ff.

6 Schulin, Revolution (Anm. 5), S. 92 ff. (Daten zum Wahlrecht: 95, Zitat: 105); Brinton, Europa (Anm. 5), S. 81 ff.; Godechot, Institutions (Anm. 3), S. 43 ff.; Elisabeth Botsch, Eigentum in der Französischen Revolution. Ge-

sellschaftliche Konflikte und Wandel des sozialen Bewußtseins, München 1992, S. 54 ff.; Robert R. Palmer, Das Zeitalter der demokratischen Revolution. Eine vergleichende Geschichte Europas und Amerikas von 1760 bis zur Französischen Revolution (amerik. Orig.: Princeton 1959[1]), Frankfurt 1970, S. 519 ff. (zur Zahl der Wahlberechtigten: 532).

7 Alexis de Tocqueville, L'Ancien Régime et la Révolution, in: ders., Œuvres complètes, Bd. II, Paris 1952, S. 129; deutsch nach: ders., Das Zeitalter der Gleichheit. Eine Auswahl aus dem Gesamtwerk. Hg. v. Siegfried Landshut, Stuttgart 1954, S. 165.

8 Les constitutions de la France depuis 1789. Présentation par Jacques Godechot, Paris 1995[2], S. 35–67; deutsche Übersetzung nach: Amerikanische und Französische Revolution (Anm. 4), S. 218–240.

9 Alexis de Tocqueville, Mélanges. Fragments historiques et notes sur l'Ancien Régime, la révolution et l'empire. Voyages entièrement inédits, in: ders., Œuvres complètes, Vol. VIII, Paris 1865, S. 122; Norman Hampson, Will and Circumstance. Montesquieu, Rousseau and the French Revolution, London 1983, S. 55 ff.; Eberhard Schmitt, Einführung in die Geschichte der Französischen Revolution, München 1980[2], S. 36 ff. (zum Vergleich zwischen 1688/89 in England und 1789 in Frankreich).

10 Robert R. Palmer, The Age of the Democratic Revolution. A Political History of Europe and America, 1760–1800, Princeton 1964[2], S. 574; ders., Zeitalter (Anm. 6), S. 529–531; Jacques Godechot/R. R. Palmer, Le problème de l'Atlantique du XVIIIème au XXème siècle, in: Relazioni Internazionale di Scienze Storiche. Vol. 4: Storia contemporanea, Florenz 1955, S. 173–239; Jacques Godechot, France and the Atlantic Revolution of the Eighteenth-Century, 1770–1799, New York 1965, S. 1–63; Bernard Bailyn, Atlantic History. Concept and Contours, Cambridge, Mass. 2005, S. 57 ff. (zur amerikanischen Rezeption der europäischen Aufklärung); Jürgen Osterhammel, Die Verwandlung der Welt. Eine Geschichte des 19. Jahrhunderts, München 2009, S. 747 ff.; Schmitt, Einführung (Anm. 9), S. 50 ff.

11 Schulin, Französische Revolution (Anm. 5), S. 106 ff. (Zitat: 108); Brinton, Europa (Anm. 5), S. 113 ff.; Furet/Richet, Französische Revolution (Anm. 3), S. 160 ff.; Gilbert Ziebura, Frankreich von der Großen Revolution bis zum Sturz Napoleons III. 1789–1870, in: Walter Bußmann (Hg.), Europa von der Französischen Revolution zu den nationalstaatlichen Bewegungen des 19. Jahrhunderts (Handbuch der europäischen Geschichte, hg. v. Theodor Schieder, Bd. 5), Stuttgart 1981, S. 187–318 (bes. 192 ff.).

12 Heinrich August Winkler, Der Nationalismus und seine Funktionen, in: ders. (Hg.), Nationalismus, Königstein 1978[1], S. 5–46; Carlton J. H. Hayes, Nationalism: A Religion, New York 1960; Eric J. Hobsbawm, Nationen und Nationalismus. Mythos und Realität seit 1780 (engl. Orig.: Cambridge 1990), Frankfurt 1991; ders. u. Terence Ranger (eds.), The Invention of Tradition, Cambridge 1983; Benedict Anderson, Die Erfindung der Nation

(engl. Orig.: London 1983), Frankfurt 1988; Anthony D. Smith, The Nation: Invented, Imagined, Reconstructed?, in: Millennium. Journal of International Studies 20 (1991), S. 353–368.

13 Amerikanische und Französische Revolution (Anm. 4), S. 296–298 (Dekret «Das Vaterland ist in Gefahr»), 304–306 (Manifest des Herzogs von Braunschweig); Soboul, Revolution (Anm. 5), S. 212 ff.; Vovelle, Revolution (Anm. 3), S. 93 ff.; Furet/Richet, Französische Revolution (Anm. 3), S. 160 ff.; François Furet, 1789 – Vom Ereignis zum Gegenstand der Geschichtswissenschaft (frz. Orig.: Paris 1978), Frankfurt 1980, S. 8 ff., 97 ff.; Palmer, Zeitalter (Anm. 6), S. 122 ff.; Schulin, Französische Revolution (Anm. 5), S. 117; Albert Mathiez, La révolution française, Vol. 1: La chute de la Royauté, Paris 1951[2], S. 200 ff. Das Goethe-Zitat: Johann Wolfgang von Goethe, Werke, Bd. 14: Autobiographische Schriften der frühen Zwanzigerjahre, Weimarer Ausgabe, München 1986, S. 385.

14 Christoph Martin Wieland, Kosmopolitische Adresse an die Französische Nationalversammlung, von Eleutherius Philoceltes [Oktober 1789], in: ders., Sämtliche Werke, Bd. 31, Leipzig 1857, S. 30–58 (58); ders., Unparteiische Betrachtungen über die Staatsrevolution in Frankreich [Mai 1790], ebd., S. 69–101 (73); ders., Zufällige Gedanken über die Abschaffung des Erbadels in Frankreich [Juli 1790], ebd., S. 102–125 (123 f.); Rudolf Vierhaus, «Sie und nicht wir». Deutsche Urteile über den Ausbruch der Französischen Revolution, in: ders., Deutschland im 18. Jahrhundert. Politische Verfassung, soziales Gefüge, geistige Bewegungen, Göttingen 1987, S. 202–215.

15 Johann Gottfried Herder, Briefe die Fortschritte der Humanität betreffend [1792], in: ders., Werke in zehn Bänden, Bd. 7, Berlin 1991, S. 774 (13. Brief), 779 (16. Brief), 780 (17. Brief; Hervorhebungen im Original).

16 Georg Forster, Darstellung der Revolution in Mainz [1793], in: ders., Werke. Sämtliche Schriften, Tagebücher, Briefe. Bd. 10: Revolutionsschriften 1792/93, Berlin 1990, S. 505–591 (556); Volker Mehnert, Protestantismus und radikale Spätaufklärung. Die Beurteilung Luthers und der Reformation durch aufgeklärte deutsche Schriftsteller zur Zeit der Französischen Revolution, München 1982, S. 52 f. (Forster), 55, 117 (Rebmann); Walter Grab, Norddeutsche Jakobiner. Demokratische Bestrebungen zur Zeit der ersten französischen Republik, Hamburg 1967; Heinrich Scheel, Süddeutsche Jakobiner. Klassenkämpfe und republikanische Bestrebungen zur Zeit der Französischen Revolution, Berlin 1962.

17 Immanuel Kant, Zum ewigen Frieden, in: ders., Schriften (Anm. 1), Bd. 8, S. 341–381 (351 ff., 378); ders., Die Metaphysik der Sitten, Rechtslehre, ebd., Bd. 6, S. 338–342 (§§ 51 u. 52; Hervorhebung im Original); Karl Vorländer, Kants Stellung zur französischen Revolution, in: Philosophische Abhandlungen. Festschrift für Hermann Cohen, Berlin 1912, S. 242–269; Peter Burg, Kant und die Französische Revolution, Berlin 1974; Leonard Krieger, The German Idea of Freedom. History of a Political Tradition, Bos-

ton 1957, S. 86 ff.

18 Edmund Burke, Reflections on the Revolution in France (1790). Introduction by A. J. Grieve, M. A., London 1964. Deutsche Ausgabe: Betrachtungen über die Französische Revolution. Aus dem Englischen übertragen von Friedrich Gentz. Gedanken über die französischen Angelegenheiten. Aus dem Englischen übertragen von Rosa Schnabel. Hg. v. Ulrich Frank-Planitz, Zürich 1987; Stanley Ayling, Edmund Burke. His Life and Opinions, London 1988, S. 203 ff.; Frieda Braune, Edmund Burke in Deutschland. Ein Beitrag zur Geschichte des historisch-politischen Denkens, Heidelberg 1917; J. G. A. Pocock, Edmund Burke and the Redifinition of Enthusiasm: The Context as Counter-Revolution, in: The French Revolution and the Creation of Modern Political Culture. Vol. 3: François Furet/Mona Ozouf (eds.), The Transformation of Political Culture 1789–1848, Oxford 1989, S. 19–44; Philippe Raynaud, Burke et les Allemands, ebd., S. 59–78; Michael Wagner, England und die französische Gegenrevolution 1789–1802, München 1994, S. 34 ff. Zu Fox: Brinton, Europa (Anm. 5), S. 133.

19 Burke, Betrachtungen (Anm. 18), S. 81, 85–89, 100, 113, 118, 132, 136–138, 141, 265, 274, 295. Die englischen Zitate in: ders., Reflections (Anm. 18), S. 29, 140, 153.

20 Burke, Betrachtungen (Anm. 18), S. 281, 370, 379 f., 390.

21 Thomas Paine, Rights of Man, in: ders., Collected Writings, New York 1995, S. 431–661; hier zitiert nach: Thomas Paine, Die Rechte des Menschen. Hg., übersetzt u. eingeleitet v. Wolfgang Mönke, Berlin 1962, S. 130; Gregory Claeys, Thomas Paine. Social and Political Thought, London 1989, S. 63 ff.

22 Paine, Rechte (Anm. 21), S. 159, 184, 230, 243–245.

23 Ebd., S. 245 f., 267–271, 274, 290, 305, 310, 317, 322 (engl. Zitate: Paine, Rights [Anm. 21], S. 556, 572); Kant, Zum ewigen Frieden (Anm.17), S. 351 ff. Zu Paines «Common Sense» vgl. oben S. 274 f.

24 Joseph J. Ellis, Sie schufen Amerika. Die Gründergeneration von John Adams bis George Washington (amerik. Orig.: New York 2000), München 2002, S. 174 f., 232, 282.

25 Constitutions (Anm. 8), S. 69–92; Soboul, Revolution (Anm. 5), S. 238 ff.; Mathiez, Révolution (Anm. 13), Bd. 2: La Gironde et la Montagne, Paris 1951[2], S. 123 ff.; Vovelle, Revolution (Anm. 3), S. 129 ff., 190 ff. (Zitat: 222); Schulin, Französische Revolution (Anm. 5), S. 191 ff. (Zitate Danton: 207, Vergniaud: 213, Westermann: 215, Opferzahlen: 216 f.); Furet/Richet, Revolution (Anm. 3), S. 324 ff.; Brinton, Europa (Anm. 5), S. 174 ff. (179); Mark Philp (ed.), The French Revolution and British Popular Politics, Cambridge 1991[1]; Edward Royle, Revolutionary Britannia? Reflections on the Threat of Revolution in Britain 1789–1848, Manchester 2000, S. 13 ff.; Michael Burleigh, Earthly Powers. Religion and Politics in Europe from the French Revolution to the Great War, London 2005, S. 67 ff. (zur Emigration des Klerus: 95, zur Vendée und zu Nantes: 96–102); Reynald Secher, Le génocide franco-français. La Vendée-Vengé, Paris 1986, S. 99 ff.; Donald

Sutherland, The Vendée: Unique or Emblematic, in: French Revolution (Anm. 18), Vol. 4: Keith Michael Baker (ed.), The Terror, Oxford 1994, S. 99–114; George Macaulay Trevelyan, Geschichte Englands, Bd. 2: Von 1603 bis 1918 (engl. Orig.: London 1934), S. 633 ff.; Edward P. Thompson, Die Entstehung der englischen Arbeiterklasse (engl. Orig.: London 1963), 2 Bde., Frankfurt 1987, Bd. 1, S. 92 ff. (zur Rezeption der «Rights of Man», des «Age of Reason» und der anderen Schriften von Thomas Paine bei englischen Arbeitern und Handwerkern); Andreas Wirsching, Parlament und Volkes Stimme. Unterhaus und Öffentlichkeit im England des frühen 19. Jahrhunderts, Göttingen 1990, S. 23 ff. – Die Reden von Robespierre vom 7.2. und 7.5.1794 in: Maximilien de Robespierre, Œuvres complètes, Bd. 10, Paris 1967, S. 369–372, 442–465, auszugsweise auch in: Amerikanische und Französische Revolution (Anm. 4), S. 391–399.

26 Condorcet, Esquisse d'un tableau historique des progrès de l'esprit humain suivi de Fragment sur l'Atlantide, Paris 1988, S. 157 ff.; Burleigh, Earthly Powers (Anm. 25), S. 83 ff. (Römerkult), 124 ff. (nachrevolutionäre Aufklärungskritik); Soboul, Revolution (Anm. 5), S. 555 f. (zur Sprachpolitik); Michel de Certeau, Dominique Julia, Jacques Revel, Une politique de la langue. La Révolution française et les patois. L'enquête de Grégoire, Paris 1975. Zur «Atlantischen Revolution»: Godechot, France (Anm. 10), S. 1 ff.; Godechot/Palmer, Problème (Anm. 10), S. 173 ff.

27 Constitutions (Anm. 8), S. 93–141; Godechot, Institutions (Anm. 3), S. 457–468; Brinton, Europa (Anm. 5), S. 337 ff. (340); Soboul, Revolution (Anm. 5), S. 452 ff. (Fructidor-Staatsstreich: 472 ff.); Schulin, Französische Revolution (Anm. 5), S. 234 ff.; Lorenz von Stein, Geschichte der sozialen Bewegung in Frankreich von 1789 bis auf unsere Tage. In drei Bänden. Bd. 1: Der Begriff der Gesellschaft und die soziale Geschichte der Französischen Revolution bis zum Jahre 1830 (1850[1]), München 1921 (ND: Darmstadt 1959), S. 320 ff.; Buonarroti, Conspiration pour l'égalité dite Babeuf, 2 Bde., Paris 1957, Bd. 2, S. 94–98 (Manifeste des Égaux; Zitat: 95); William H. Sewell, jr., Beyond 1793: Babeuf, Louis Blanc and the Genealogy of «Social Revolution», in: Furet/Ozouf (eds.), Transformation (Anm. 18), S. 509–526; D. M. G. Sutherland, France 1789–1815. Revolution and Counterrevolution, London 1985, S. 248 ff.; Johannes Willms, Napoleon. Eine Biographie, München 2005 ff., S. 185 ff. Zu Montesquieu vgl. oben S. 194 ff.; zur dritten Teilung Polens: 173 f.; zu Burke: 341 ff.

28 Willms, Napoleon (Anm. 27), S. 11 ff. (das Zitat aus Metternichs nachgelassenen Papieren [Bd. I, S. 151]: 589); Volker Ullrich, Napoleon. Eine Biographie, Reinbek 2004, S. 51 ff.; Jean Tulard, Napoleon oder der Mythos des Retters. Eine Biographie (frz. Orig.: Paris 1977), Tübingen 1978, S. 129 ff.; ders., Frankreich im Zeitalter der Revolutionen 1789–1851 (Geschichte Frankreichs, Bd. 4; frz. Orig.: Paris 1985), Stuttgart 1989, S. 159 ff.; Georges Lefebvre, Napoleon (frz. Orig.: Paris 1935), Stuttgart 2003, S. 55 ff.; Roger Dufraisse, Napoleon. Revolutionär und Monarch (frz. Orig.: Paris

1987), München 1994, S. 41 ff.; Willy Andreas, Das Problem der Diktatur in der Geschichte Napoleon Bonapartes, in: Heinz-Otto Sieburg (Hg.), Napoleon und Europa, Köln 1971, S. 75–90.

29 Willms, Napoleon (Anm. 27), S. 284 ff. (Zitat: 304); Max Braubach, Von der Französischen Revolution bis zum Wiener Kongreß, in: Bruno Gebhardt. Handbuch der deutschen Geschichte, 9. Aufl., hg. v. Herbert Grundmann, Bd. 3: Von der Französischen Revolution bis zum Ersten Weltkrieg. Bearb. v. Karl Erich Born u. a., Stuttgart 1970, S. 2–98 (29 ff.); Godechot, Institutions (Anm. 3), S. 700 f.; Tulard, Napoleon (Anm. 28), S. 364 ff.; Stein, Geschichte (Anm. 27), Bd. 1, S. 435 ff. (zum napoleonischen Adel); Ludwig Dehio, Gleichgewicht oder Hegemonie. Betrachtungen über ein Problem der neueren Staatengeschichte, Krefeld 1948[1], S. 134 ff.; Pierre Muret, Zur Außenpolitik Napoleons (1913), in: Sieburg (Hg.), Napoleon (Anm. 28), S. 112–156 (zu den zeitgenössischen Visionen vom «Empire» und seinen Grenzen); Constitutions (Anm. 8), S. 143–207 (Verfassungen von 1789, 1802 und 1804). Das Zitat von Marx in: Friedrich Engels u. Karl Marx, Die heilige Familie oder Kritik der kritischen Kritik. Gegen Bruno Bauer und Konsorten, in: Karl Marx/Friedrich Engels, Werke (MEW), Berlin 1959 ff., Bd. 2, S. 7–223 (130 f.).

30 Willms, Napoleon (Anm. 29), S. 434 ff. (434); Hans-Christof Kraus, Das Ende des alten Deutschland. Krise und Auflösung des Heiligen Römischen Reiches Deutscher Nation 1806, Berlin 2006; Wolfgang Burgdorf, Ein Weltbild verliert seine Welt. Der Untergang des Alten Reiches und die Generation 1806, München 2006; Elisabeth Fehrenbach, Traditionelle Gesellschaft und revolutionäres Recht. Die Einführung des Code Napoléon in den Rheinbundstaaten, Göttingen 1974 (Zitat: S. 12); Helmut Berding, Napoleonische Herrschafts- und Gesellschaftspolitik im Königreich Westfalen 1807–1813, Göttingen 1973; Takeshi Gonza, Reichsauflösung, Rheinbundreformen und das Problem der Staatssouveränität. Die Entstehung der Hegelschen Souveränitätslehre und ihr geschichtlicher Hintergrund, in: Hegel-Studien 41 (2006), S. 113–147; Helmut Neuhauss, Das Reich als Mythos in der neueren Geschichte, in: Helmut Altrichter, Klaus Herbers, Helmut Neuhauss (Hg.), Mythen in der Geschichte, Freiburg 2004, S. 293–320; Ernst Rudolf Huber, Deutsche Verfassungsgeschichte seit 1789, 8 Bde., Band I: Reform und Restauration 1789 bis 1830, Stuttgart 1990[2], S. 68 ff.; Heinrich August Winkler, Der lange Weg nach Westen. Bd. 1: Deutsche Geschichte von Ende des Alten Reiches bis zum Untergang der Weimarer Republik, München 2005[6], S. 51 ff. – Das Zitat aus den Xenien in: Goethe, Werke (Anm. 13), Bd. 5, S. 218; das Zitat aus «Deutsche Größe» in: Schillers Werke. Nationalausgabe, 2. Bd., Teil 1, Weimar 1983, S. 431–437. Zum mittelalterlichen Reichsmythos vgl. oben S. 46 f.

31 Winkler, Weg (Anm. 30), Bd. 1, S. 54 ff.; Braubach, Revolution (Anm. 29), S. 46 ff.; Jörg Echternkamp, Der Aufstieg des deutschen Nationalismus

(1770–1840), Frankfurt 1998, S. 163 ff.; Friedrich Meinecke, Das Zeitalter der deutschen Erhebung (1795–1815) [1906[1]], Göttingen 1957[6] (Zitat Struensee: 46); Hans-Ulrich Wehler, Deutsche Gesellschaftsgeschichte, Bd. 1: Vom Feudalismus des Alten Reiches bis zur Defensiven Modernisierung der Reformära 1700–1815, München 1987[1], S. 397 ff.; Thomas Nipperdey, Deutsche Geschichte 1800–1866. Bürgerwelt und starker Staat, München 1983, S. 331 ff.; James J. Sheehan, Der Ausklang des Alten Reiches. Deutschland seit dem Ende des Siebenjährigen Krieges bis zur gescheiterten Revolution 1763 bis 1850 (engl. Orig.: Oxford 1994), Frankfurt 1994, S. 230 ff.; Matthew Levinger, Enlightened Nationalism. The Transformation of Prussian Political Culture 1806–1848, Oxford 2000, S. 41 ff.; Christopher Clark, Preußen. Aufstieg und Niedergang 1600–1947 (engl. Orig.: London 2006), München 2007, S. 333 ff.; Reinhart Koselleck, Preußen zwischen Reform und Revolution. Allgemeines Landrecht, Verwaltung und soziale Bewegung von 1791 bis 1848, Stuttgart 1967, S. 163 ff.; Hanna Schissler, Preußische Agrargesellschaft im Wandel. Wirtschaftliche, gesellschaftliche und politische Transformationsprozesse von 1763 bis 1847, Göttingen 1978; Christof Dipper, Die Bauernbefreiung in Deutschland 1790–1850, Stuttgart 1980. – Das Zitat von Hegel in: ders., Grundlinien der Philosophie des Rechts oder Naturrecht und Staatswissenschaft im Grundrisse, in: ders., Werke (Anm. 2), Bd. 7, Stuttgart 1952, S. 241.

32 Johann Gottlieb Fichte, Beitrag zur Berichtigung der Urtheile des Publicums über die französische Revolution, in: Fichtes Werke, 8 Bde., Berlin 1845/46, ND Berlin 1971, Bd. 6, S. 39–288; ders., Der geschlossene Handelsstaat, ebd., Bd. 3, S. 387–513; ders., Grundzüge des gegenwärtigen Zeitalters, ebd., Bd. 7, S. 3–256 (bes. 152 ff.).

33 Ders., Reden an die deutsche Nation, ebd., Bd. 7, S. 259–499 (456).

34 Ebd., S. 344, 496. Zur «Ursprache»: 328 ff., zum «Urvolk»: 359 ff.

35 Ders., Aus dem Entwurfe zu einer politischen Schrift im Frühlinge 1813, ebd., S. 546–573 (565; Hervorhebung im Original). Zu Abbt vgl. oben S. 239 f.

36 Fichte, Entwurf (Anm. 35), S. 568. Zum «Aufruf an Mein Volk» siehe unten S. 421.

37 Fichte, Entwurf (Anm. 35), S. 554 (Hervorhebung im Original).

38 Ders., Exkurse zur Staatslehre, ebd. S. 574–613 (576; Hervorhebungen im Original); ders., Entwurf (Anm. 35), S. 554 ff.; Friedrich Meinecke, Weltbürgertum und Nationalstaat. Studien zur Genesis des deutschen Nationalstaates (1907[1]), Sämtliche Werke, Bd. 5, München 1969, S. 84 ff.; J. L. Talmon, Political Messianism. The Romantic Phase, London 1960, S. 177 ff.; Winkler, Weg (Anm. 30), Bd. 1, S. 57 ff.

39 Friedrich Ludwig Jahn, Deutsches Volkstum. Unveränderte Neuauflage, Leipzig 1817, S. XII–XV (Preußen und Österreich), 14 f. («Friedrich der Einzige»), 18 f. (Deutschland als Heiland der Erde), 157 (deutsche und fran-

zösische Sprache), 218 («Sprechgemeinde»), 303 («Volksheiland Hermann»; Hervorhebungen jeweils im Original).

40 Ernst Moritz Arndt, Geist der Zeit [1806–1817], Leipzig o. J., I. Teil [1808], S. 85; ders., Gebet, in: Arndts Werke, Berlin o. J. [1912], I. Teil, S. 74; ders., Katechismus für den deutschen Kriegs- und Wehrmann [1813], 10. Teil, S. 131–162 (143 f., 147); ders., Über Volkshaß und den Gebrauch einer fremden Sprache, ebd., S. 171–186 (176), in: Ernst Moritz Arndt's Schriften für und an seine lieben Deutschen. Zum ersten Mal gesammelt und durch Neues vermehrt, Leipzig 1845, S. 353–373 (S. 358, 361, 367 f.; Hervorhebungen jeweils im Original).

41 Ders., Der Rhein, Teutschlands Strom, aber nicht Teutschlands Grenze, in: ders., Werke (Anm. 40), 11. Teil, S. 37–82 (43); ders., Bemerkungen über Teutschlands Lage im November 1814, in: ders., Blick aus der Zeit auf die Zeit, «Germanien» o. J. [1814], S. 1–79; ders., Über Preußens Rheinische Mark und über Bundesfestungen (1815), in: ders., Werke (Anm. 36), 11. Teil, S. 143–199 (Zitat über Österreich und Preußen: 190).

42 Ders., Geist der Zeit, in: ders., Werke, (Anm. 40), 2. Teil [1809], S. 134 f.; 3. Teil [1813], S. 156; ders., Über künftige ständische Verfassungen in Teutschland, in: ders., Werke (Anm. 40), 11. Teil, S. 83–130 (106, 121); ders., Noch etwas über die Juden, in: ders., Blick (Anm. 41), S. 180–201 (188, 191).

43 Fichte, Beitrag (Anm. 32), S. 149 f.; Jacob Katz, Vom Vorurteil zur Vernichtung. Der Antisemitismus 1700–1933 (amerik. Orig.: Cambridge/Mass. 1989, S. 61; Stefi Jersch-Wenzel, Rechtslage und Emanzipation, in: Deutsch-jüdische Geschichte in der Neuzeit. 4 Bde., Bd. 2: Emanzipation und Akkulturation 1780–1871, München 1996, S. 15–56 (26 ff.).

44 Otto W. Johnston, Der deutsche Nationalmythos. Ursprung und politisches Programm (amerik. Orig.: New York 1989), Stuttgart 1990; Helmuth Plessner, Die verspätete Nation. Über die politische Verführbarkeit bürgerlichen Geistes (1. Aufl. unter dem Titel: Das Schicksal deutschen Geistes im Ausgang seiner bürgerlichen Epoche, Zürich 1935), Stuttgart 1959, S. 47 ff.; Michael Jeismann, Das Vaterland der Feinde. Studien zum nationalen Feindbegriff und Selbstverständnis in Deutschland und Frankreich 1792–1918, Stuttgart 1992, S. 27 ff.; Babara Beßlich, Der deutsche Napoleon-Mythos. Literatur und Erinnerung 1800–1945, Darmstadt 2007, S. 61 ff.; Winkler, Weg (Anm. 30), Bd. 1, S. 61 ff. – Die Zitate von Ernst Moritz Arndt in: ders., Was ist des Deutschen Vaterland? [1813], in: ders., Werke (Anm. 40), 1. Teil, S. 126 f.; Geist der Zeit (Anm. 40), Teil III [1813], D. 177.

45 Bernhard Guttmann, England im Zeitalter der bürgerlichen Reform, Stuttgart $1949^2$, S. 104 ff. (zu den Ludditen in York: 105 f.); Tulard, Napoleon (Anm. 28), S. 231 ff.; Trevelyan, Geschichte (Anm. 25), Bd. 2, S. 656 ff.; Thompson, Entstehung (Anm. 25), Bd. 2, S. 531 ff. (zur «moral economy» der englischen Unterschicht und zum Luddismus); Royle, Revolutionary Britannia (Anm. 25), S. 35 ff.; Jochen Meissner, Ulrich Mücke, Klaus Weber, Schwarzes Amerika. Eine Geschichte der Sklaverei, München 2008; Herbert

S. Klein, The Atlantic Slave Trade, Cambridge 1999, S. 183 ff.; James A. Rawley, The Transatlantic Slave Trade. A History, N. Y. 1981; James Walvin, Black Ivory: A History of British Slavery, London 1992; Hans-Jürgen Puhle (Hg.), Sklaverei in der modernen Geschichte. Geschichte und Gesellschaft 16 (1990), Heft 2; Albert Wirz, Sklaverei und kapitalistisches Weltsystem, Frankfurt 1984; William Miller, A New History of the United States, New York 1958, S. 146 ff.; Wilhelm Treue, Gesellschaft, Wirtschaft und Technik Deutschlands im 19. Jahrhundert, in: Gebhardt, Handbuch (Anm. 29), Bd. 3, S. 377–541; François Crouzet, Wars, Blockade, and Economic Change in Europe, 1792–1815, in: Journal of Economic History 24 (1964), S. 567–588. Zu Adam Smith siehe oben S. 256 f.

46 Walther L. Bernecker, Spanische Geschichte. Von der Reconquista bis heute, Darmstadt 2002, S. 111 ff.; Andreas Timmermann, Die «Gemäßigte Monarchie» in der Verfassung von Cadiz (1812) und das frühe liberale Verfassungsdenken in Spanien, Münster 2007; Richard Konetzke, Die iberischen Staaten von der Französischen Revolution bis 1874, in: Bußmann (Hg.), Europa (Anm. 11), S. 886–929 (894 ff.); Jörn Leonhard, Liberalismus. Zur historischen Semantik eines europäischen Deutungsmusters, München 2001, S. 234 ff.; Dieter Gosewinkel u. Johannes Masing (Hg.), Die Verfassungen in Europa 1789–1949. Wissenschaftliche Textedition unter Einschluß sämtlicher Änderungen und Ergänzungen sowie mit Dokumenten aus der englischen und amerikanischen Verfassungsgeschichte, München 2006, S. 503–544 (Constitution der Cortes vom 19. 3. 1812).

47 Willms, Napoleon (Anm. 27), S. 536 ff.; Tulard, Napoleon (Anm. 28), S. 436 ff.; ders., Frankreich (Anm. 28), S. 269 ff. Das Kaiserliche Kriegsmanifest u. a. in: Gertrude und Paul Aretz, Napoleon I. Mein Leben und Werk, Basel 1936, S. 383 f.

48 Ute Planert, Der Mythos vom Befreiungskrieg, Paderborn 2007; Gerhard Graf, Gottesbild und Politik. Eine Studie zur Frömmigkeit in Preußen während der Befreiungskriege 1813–1815, Göttingen 1993; Arlie J. Hoover, The Gospel of Nationalism. German Patriotic Preaching from Napoleon to Versailles, Stuttgart 1986, S. 6 ff.; Jerry Dawson, Friedrich Schleiermacher. The Evolution of a Nationalist, Austin/Texas 1966; Braubach, Von der Französischen Revolution (Anm. 29), S. 79 ff.; Clark, Preußen (Anm. 31), S. 400 ff.; Winkler, Weg (Anm. 30), Bd. 1, S. 68 f. (zu den Zielen von Stein, Hardenberg und Humboldt); Meinecke, Weltbürgertum (Anm. 38), S. 142 ff.; Heinrich Triepel, Die Hegemonie. Ein Buch von führenden Staaten (1938[1]), Neudruck Aalen 1974, S. 276 ff. (zum rechtlichen Charakter der schwedisch-norwegischen Union). – Die Proklamation von Kalisch in: Corpus Juris Confoederationis Germanicae oder Staatsakten für Geschichte und öffentliches Recht des Deutschen Bunds, hg. v. Philipp Anton Guido Meyer, Teil 1: Staatsverträge, 3. Aufl., Frankfurt 1858, S. 146 f.; der Aufruf an Mein Volk: ebd., S. 147–149. Das Zitat von Wilhelm von Humboldt in: Siegfried A. Kaehler (Hg.), Wilhelm von Hum-

boldt. Eine Auswahl aus seinen politischen Schriften, Berlin 1922, S. 88–103 (92 f.).

49 Constitutions (Anm. 8), S. 209–224 (Charte), 225–240 (Acte additionel), auf deutsch zitiert nach der zeitgenössischen Übersetzung in: Gosewinkel/Masing (Hg.), Verfassungen (Anm. 46), S. 281–287; Benjamin Constant, De l' Esprit de conquête et de l'usurpation dans leurs rapports avec la civilisation Européenne, in: ders., Œuvres, Texte présenté et annoté par Alfred Roulin, Paris 1957, S. 951–1062, deutsch: ders., Über die Gewalt. Vom Geist der Eroberung und der Anmaßung der Macht, Stuttgart 1948; Pierre Rosanvallon, La monarchie impossible. Les Chartes de 1814 et 1830, Paris 1994, S. 29 ff.; Martin Kirsch, Monarch und Parlament im 19. Jahrhundert. Der monarchische Konstitutionalismus als europäischer Verfassungstyp im Vergleich, Göttingen 1999, S. 299 ff.; Ziebura, Frankreich (Anm. 11), S. 252 ff. (zur Bodenverteilung: 253); Heinz-Gerhard Haupt, Nationalismus und Demokratie. Zur Geschichte der Bourgeoisie im Frankreich der Restauration, Frankfurt 1974; Willms, Napoleon (Anm. 27), S. 612 ff.; ders., St. Helena. Kleine Insel, großer Wahn, Hamburg 2007; Tulard, Napoleon (Anm. 28), S. 481 ff.; ders., Frankreich (Anm. 28), S. 289 ff.

50 Stein, Geschichte (Anm. 27), Bd. 1, S. 427–430 (Hervorhebung im Original).

51 Ebd., S. 435–480.

52 Ebd., S. 481 f.

53 Ebd., S. 484.

54 Leopold von Ranke, Über die Epochen der Neueren Geschichte, in: ders., Aus Werk und Nachlaß, hg. von Walther Peter Fuchs u. Theodor Schieder, Bd. II: Über die Epochen der Neueren Geschichte. Historisch-kritische Ausgabe, München 1971, S. 415–418 (zitiert nach dem Stenogramm). Zur Atlantischen Revolution u. a. Godechot, France (Anm. 10), S. 1 ff.; Palmer, Zeitalter (Anm. 6), S. 529 ff. sowie oben S. 329.

55 Reinhart Koselleck, Einleitung, in: Geschichtliche Grundbegriffe. Historisches Lexikon zur politisch-sozialen Sprache in Deutschland. Hg. von Otto Brunner, Werner Conze, Reinhart Koselleck, Stuttgart 1972 ff., Bd. 1, S. XII–XXVII.

56 Aira Kemiläinen, Nationalism. Problems Concerning The Word, The Concept and Classification, Jyväskylä 1964, S. 49 (Herder, Weishaupt, Barruel); G. de Bertier de Sauvigny, Liberalism, Nationalism, Socialism: The Birth of Three Words, in: The Review of Politics 32 (1970), S. 147–166; Leonhard, Liberalismus (Anm. 46), S. 127 ff.; Rudolf Vierhaus, Liberalismus, in: Geschichtliche Grundbegriffe (Anm. 55), Bd. 3, S. 741–785 (zu Napoleon: 749 f.; zu Metternich: 757 f.); ders., Konservativ, Konservativismus, ebd., S. 531–565 (Mme. de Staël, Napoleon: 537 f.); Wolfgang Schieder, Sozialismus, ebd., Bd. 3, S. 455–529 (468 ff.: Restif; 471 f.: Thoré); Christian Meier u. a., Demokratie, ebd., Bd. 1, S. 821–899 (bes. 839 ff.).

57 Burleigh, Earthly Powers (Anm. 25), S. 124 ff.; Talmon, Messianism

(Anm. 38), S. 35 ff.; Massimo Boffa, La Contre-Révolution, Joseph de Maistre, in: Furet/Ozouf (eds.), Transformation (Anm. 18), S. 291–308; Keith Michael Baker, Bonald, 1796–1801: Contre-Révolution et politique du possible, ebd., S. 309–322; Hans Maier, Revolution und Kirche. Zur Frühgeschichte der christlichen Demokratie, Freiburg 1975[4], S. 170 ff.; Walter Bußmann, Europa von der Französischen Revolution zu den nationalstaatlichen Bewegungen des 19. Jahrhunderts, in: ders. (Hg.), Europa (Anm. 11), S. 1–186 (92 ff.); Carl Schmitt, Politische Romantik, Berlin 1925[1]; Kurt Nowak, Schleiermacher und die Frühromantik. Eine literaturgeschichtliche Studie zum romantischen Religionsverständnis und Menschenbild des 18. Jahrhunderts, Weimar 1986; ders., Schleiermacher. Leben, Werk und Wirkung, Göttingen 2001, S. 79 ff., 187 ff., 512 ff.

58 Wilhelm von Humboldt, Ideen zu einem Versuch, die Grenzen der Wirksamkeit des Staats zu bestimmen, in: ders., Werke in 5 Bänden, Stuttgart 1960, Bd. 1, S. 90, 143, 156, 178; Constant, Gewalt (Anm. 49), S. 99, 122, 39 (in der Reihenfolge der Zitate); ders.: Principes de politique [1815], in: ders., Œuvres (Anm. 49), S. 1065–1215 (bes. 1069 ff., 1129 ff.; Zitate 1071, 1076; zum konstitutionellen Monarchen als «pouvoir neutre»: 1079 f.); Lothar Gall, Benjamin Constant. Seine politische Ideenwelt und der deutsche Vormärz, Wiesbaden 1963; Der Frühsozialismus. Ausgewählte Quellentexte. Hg. u. eingeleitet v. Thilo Ramm, Stuttgart 1956; ders. (Hg.), Die großen Sozialisten, Bd. 1, Stuttgart 1955; Walter Euchner, Ideengeschichte des Sozialismus in Deutschland, Teil I, in: Helga Grebing (Hg.), Geschichte der sozialen Ideen in Deutschland. Sozialismus – Katholische Soziallehre – Protestantische Sozialethik, Essen 2000, S. 15–350 (21 ff.); Bußmann, Europa (Anm. 57), S. 67 ff., 107 ff.; Ziebura, Frankreich (Anm. 11), S. 265 ff., 279 ff.; René Rémond, Les droites en France, Paris 1982, S. 46 ff. Das Zitat von Pierre Joseph Proudhon in: ders., Qu'est-ce que la propriété? Ou Recherches sur le principe du droit et du gouvernement, Paris 1848, S. 2.

59 Henry A. Kissinger, A World Restored. Metternich, Castlereagh and the Problems of Peace 1812–1822, Boston (1954[1]) 1973, S. 144 ff.; Karl Griewank, Der Wiener Kongreß und die Neuordnung Europas 1814/1815, Leipzig 1942, S. 21 ff.; Dehio, Gleichgewicht (Anm. 29), S. 149 ff. (Zitat: 153); Reinhart Koselleck, Die Restauration und ihre Ereigniszusammenhänge 1815–1830, in: Das Zeitalter der europäischen Revolution 1780–1848 (Fischer Weltgeschichte, Bd. 26), Frankfurt 1969[1], S. 199–319 (199 ff.); Triepel, Hegemonie (Anm. 48), S. 218 ff. (zur «Kollektivhegemonie» der Pentarchie); Eric Hobsbawm, The Age of Revolution 1789–1848, New York 1962[1]. S. 126 ff.; Bußmann, Europa (Anm. 57), S. 38 ff.; Sheehan, Ausklang (Anm. 31), S. 359 ff.; Heinrich Ritter von Srbik, Metternich. Der Staatsmann und der Mensch, 2 Bde. (1925[1]), Darmstadt 1957, Bd. 1, S. 182 ff. (das Zitat Metternichs über Italien: Bd. 2, S. 134); Golo Mann, Friedrich von Gentz, Geschichte eines europäischen Staatsmannes, Zürich 1947, S. 263 ff.; Klein, At-

lantic Slave Trade (Anm. 45), S. 186 ff.; David Eltis, Trans-Atlantic Trade, in: Seymour Drescher/Stanley L. Engerman (eds.), A Historical Guide to World Slavery, New York 1998, S. 370–375 (die Zahlen: 374); Paul E. Lovejoy, Transformations of Slavery. A History of Slavery in Africa, Cambridge 1983. Das Manifest über die Heilige Allianz u. a. in: Hagen Schulze u. Ina Ulrike Paul (Hg.), Europäische Geschichte. Quellen und Materialien, München 1994, S. 351 f.; Die Deutsche Bundesakte, in: Ernst Rudolf Huber (Hg.), Dokumente zur deutschen Verfassungsgeschichte. Bd. 1: Deutsche Verfassungsdokumente 1803–1850, Stuttgart 1978[3], S. 84–90. Das Zitat von Görres in: Wiedererneuerung des Vertrags von Chaumont, in: Rheinischer Merkur, Nr. 225, 19. 4. 1815. Facsimile-Nachdruck in: Joseph von Görres, Gesammelte Schriften, Bde. 9–11, Köln 1918.

60 Joseph de Maistre, Considérations sur la France, in: Œuvres complètes. Nouvelle édition, Vol. 1, Lyon 1884 (ND: Hildesheim 1984), S. 1–157 (157); Tulard, Frankreich (Anm. 28), S. 315 ff.; Ziebura, Frankreich (Anm. 11), S. 250 ff.; Haupt, Nationalismus (Anm. 49), S. 141 ff.

61 Friedrich Meinecke, 1848. Eine Säkularbetrachtung, Berlin 1948, S. 9; Huber (Hg.), Dokumente (Anm. 59), Bd. 1, S. 91–100 (Wiener Schlußakte; Zitat: 91), 100–105 (Karlsbader Beschlüsse, Zitat: 104), 119–121 (Grundzüge der Kriegsverfassung des Deutschen Bundes, Zitat: 120); ders., Verfassungsgeschichte (Anm. 30), Bd. 1, S. 609 ff.; Winkler, Weg (Anm. 30), Bd. 1, S. 70 ff.; Werner Conze, Das Spannungsfeld von Staat und Gesellschaft im Vormärz, in: ders. (Hg.), Staat und Gesellschaft im deutschen Vormärz 1815–1848, Stuttgart 1962, S. 207–269; Heinrich Lutz, Zwischen Habsburg und Preußen. Deutschland 1815–1866, Berlin 1985, S. 87 ff.; Heinrich von Treitschke, Deutsche Geschichte im Neunzehnten Jahrhundert. 2. Theil: Bis zu den Karlsbader Beschlüssen, Leipzig 1897[5], S. 491 ff.; Srbik, Metternich (Anm. 59), Bd. 1, S. 576 ff.; Mann, Gentz (Anm. 59), S. 333 ff.; Gall, Constant (Anm. 58), S. 255 ff.

62 Wolfgang J. Mommsen, Großbritannien vom Ancien Régime zur bürgerlichen Industriegesellschaft 1770–1867, in: Bußmann (Hg.), Europa (Anm. 11), S. 319–403 (347 ff.); Guttmann, England (Anm. 45), S. 197 ff. (Zitat der Katholiken in England und Irland: 301); Trevelyan, Geschichte (Anm. 25), Bd. 2, S. 681 ff.; Wendy Hende, Canning, Oxford 1989[2], S. 321 ff.; Henry Pelling, A History of British Trade Unionism, Houndsmills 1992[5], S. 7 ff.; Thompson, Entstehung (Anm. 25), Bd. 2, S. 694.

63 Osmo Jussila, Seppo Hentilä, Jukka Nevakivi, Politische Geschichte Finnlands seit 1809. Vom Großfürstentum zur Europäischen Union, Berlin 1999, S. 21 ff.; Gert von Pistohlkors, Die Ostseeprovinzen unter russischer Herrschaft (1710/95–1914), in: ders. (Hg.), Deutsche Geschichte im Osten Europas. Baltische Länder, Berlin 1994, S. 266–450 (313 ff.); Klaus Zernack, Polen und Rußland. Zwei Wege in der europäischen Geschichte, Berlin 1994, S. 315 ff.; Gotthold Rhode, Polen und die polnische Frage von den Teilungen bis zur Gründung des Deutschen Reiches, in: Bußmann (Hg.),

Europa (Anm. 11), S. 677–745 (696 ff.); Erwin Oberländer, Rußland von Paul I. bis zum Krimkrieg 1796–1855, ebd., S. 616–676 (618 ff.; Zitat zum Erziehungswesen: 651); Bernhard Friedmann u. Hans-Jobst Krautheim, Reformen und europäische Politik unter Alexander I., in: Klaus Zernack (Hg.), Handbuch der Geschichte Rußlands, Bd. 2: 1613–1856. Vom Randstaat zur Hegemonialmacht, 1. Halbband, Stuttgart 2001, S. 951–993; dies., Wiener Kongress – Heilige Allianz – Restauration, ebd., S. 994–1020; Hans Lemberg, Die Dekabristen, ebd., S. 1021–1056; Hans-Jobst Krautheim u. Lothar Kölm, Das konservative Prinzip: Die Herrschaft Nikolaus I. (1825–1855), ebd., S. 1057–1091.

64 Bernecker, Spanische Geschichte (Anm. 46), S. 114 ff.; Konetzke, Iberische Staaten (Anm. 46), S. 898 ff., 925 ff.; Rudolf Lill, Italien im Zeitalter des Risorgimento, in: Bußmann (Hg.), Europa (Anm. 11), S. 827–885 (828 ff.); ders., Geschichte Italiens vom 16. Jahrhundert bis zu den Anfängen des Faschismus, Darmstadt 1980, S. 91 ff.; Stuart Woolf, A History of Italy 1700–1860. The Social Constraints of Political Change, London 1979, S. 227 ff.; R. John Rath, The *Carbonari*. The Origins, Initiations Rites, and Aims, in: American Historical Review 69 (1964), S. 353–370; Matthias Benrath, Das Osmanische Reich und Südosteuropa, ebd., S. 987–1022 (993 ff.); Oberländer, Rußland (Anm. 63), S. 665 ff.; William St. Clair, That Greece Might Still Be Free. The Philhellenes in the War of Independence, London 1972 (die statistischen Daten: 355 f.); Christoph Hauser, Anfänge bürgerlicher Organisation. Philhellenismus und Frühliberalismus in Südwestdeutschland, Göttingen 1990; Regine Quack-Eustathiades, Der deutsche Philhellenismus während des griechischen Freiheitskampfes 1821–1827, München 1984; Günther Heydemann, Philhellenismus in Deutschland und Großbritannien, in: Adolf M. Birke u. Günther Heydemann (Hg.), Die Herausforderung des europäischen Staatensystems. Nationale Ideologie und staatliches Interesse zwischen Restauration und Imperialismus, Göttingen 1989, S. 31–60; Irmgard Wilharm, Die Anfänge des griechischen Nationalstaates 1833–1843, München 1973; Hans-Jobst Krautheim u. Lothar Kölm, Großmachtpolitik und Expansion des Imperialismus in der Nikolaitischen Ära, in: Zernack (Hg.), Handbuch (Anm. 63), S. 1100–1144. Die griechischen Verfassungsgesetze von 1822 bis 1844 in: Gosewinkel/Masing (Hg.), Verfassungen (Anm. 46), S. 1005–1054.

65 Tulio Halperin Donghi, Geschichte Lateinamerikas von der Unabhängigkeit bis zur Gegenwart (ital. Orig.: 1967), Frankfurt 1991, S. 19 ff.; Handbuch der Geschichte Lateinamerikas. Hg. v. Walther L. Bernecker u. a., Bd. 2: Lateinamerika von 1760 bis 1900, Stuttgart 1992 (die statistischen Daten: 30, 53, 56, 58); Gerhard Masur, Simon Bolívar und die Befreiung Südamerikas, Konstanz 1949[1]; Mario Hernandez Sanchez-Barba, Simón Bolívar. Una pasión política, Barcelona 2004; John Lynch, Simón Bolívar. A Life, New Haven 2006; ders., The Spanish American Revolutions 1806–1826, New York 1986[2].

66 Dexter Perkins, Hands off. A History of the Monroe Doctrine, Boston 1941[1], S. 3 ff. (Zitat aus dem Brief Metternichs an Nesselrode: 56 f.; der Text der Monroe-Doktrin: 391–392); Ernest R. May, The Making of the Monroe Doctrine, Cambridge, Mass. 1975; Gretchen Murphy, Hemispheric Imaginings. The Monroe Doctrine and Narratives of U.S. Empire, Durham 2005, bes. S. 145 ff.; William A. McDougall, Promised Land, Crusader State. The American Encounter with the World since 1776, Boston 1997, S. 57 ff.; Miller, New History (Anm. 45), S. 177 ff.; The Beards' New Basic History of the United States (1944[1]), Garden City 1960, S. 236 ff.; Alan Brinkley, The Unfinished Nation. A Concise History of the American People, Boston 2004[4], S. 222 ff.; Arthur M. Schlesinger, jr., The Age of Jackson, Boston 1945; Sean Wilentz, The Rise of American Democracy: Jefferson to Lincoln, New York 2005; Edward Plessen, Jacksonian Democracy. Society, Personality, and Politics, Urbana 1985[3]; Richard E. Ellis, The Union at Risk. Jacksonian Democracy, States, Rights, and the Nullification Crisis, New York 1987, S. 87 ff.; William W. Freehling, Prelude to Civil War. The Nullification Controversy in South Carolina, 1816–1836, New York 1965[1], S. 89 ff.; Anthony F. C. Wallace, The Long, Bitter Trail. Andrew Jackson and the Indians, New York 1993, S. 50 ff.; Francis Paul Prucha, The Great Father. The United States Government and the American Indians, Lincoln 1984, Vol. I, S. 183 ff. Zu Russisch-Amerika: Oberländer, Rußland (Anm. 63), S. 674 ff. Das Zitat aus Washingtons Abschiedsrede: Documents of American History. Ed. by Henry Steele Commager, New York 1948[5], Vol. I, S. 169–175; deutsch u. a. in: Amerikanische und Französische Revolution (Anm. 4), S. 115 f.

67 Alexis de Tocqueville, De la Démocratie en Amérique (1835, 1840[1]). Première édition historico-critique revue et augmentée par Eduardo Nolla, 2 Bde., Paris 1990. In der Reihenfolge der Zitate: Bd. 1, S. 8 (I, 1, Introduction), 48 (I, 1, Kap. 4), 192–194 (I, 2, Kap. 7), Bd. 2, 22–24 (II, 1, Kap. 2). Dt. Übersetzung: Über die Demokratie in Amerika. Aus dem Französischen neu übertragen von Hans Zbinden. Mit einem Nachwort von Theodor Eschenburg, 2 Bde., Zürich 1987. Ich zitiere z. T. nach der deutschen Fassung von Siegfried Landshut in: Tocqueville, Zeitalter (Anm. 7), S. 3–118. Zu Tocqueville u. a.: Larry Siedentop, Tocqueville, Oxford 1994.

68 In der Reihenfolge der Zitate: Tocqueville, Démocratie (Anm. 67), Bd. 1, S. 196–201 (I, 2, Kap. 7), 119 (I, 2, Kap. 8), 278, 261 (I, 2, Kap. 10).

69 Ebd., Bd. 2, S. 268 (II, 4, Kap. 6), 282 (II, 4, Kap. 8).

70 Ebd., S. 311–314 (I, 2, Conclusion).

71 Tulard, Frankreich (Anm. 28), S. 333 ff. (Zitate: 348, 350); Rosanvallon, Monarchie (Anm. 49), S. 93 ff.; Ziebura, Frankreich (Anm. 11), S. 250 ff. (Wahlrechtsreform: 272); Haupt, Nationalismus (Anm. 49), S. 141 ff.; zur Formel «Le roi règne et ne gouverne pas»: Dietrich Hilger u. a., Herrschaft, in: Geschichtliche Grundbegriffe (Anm. 55), Bd. 3, S. 1–102 (91); Volker Sellin, Regierung, Regime, Obrigkeit, ebd., Bd. 5, S. 361–421 (369).

72 Stein, Geschichte (Anm. 27), Bd. 2: Die industrielle Gesellschaft, der Sozialismus und der Kommunismus Frankreichs von 1830 bis 1848, S. 1, 6 f., 10 f.

73 Ders., Geschichte, Bd. 1 (Anm. 27), S. 147 («Embryo»-These); Geschichte (Anm. 27), Bd. 3: Das Königtum, die Republik und die Souveränität der französischen Gesellschaft seit der Februarrevolution 1848, S. 36 ff. (40 f.). Zu Hegels Staatsidee vgl. oben S. 397.

74 Heinz Gollwitzer, Ideologische Blockbildung als Bestandteil internationaler Politik im 19. Jahrhundert, in: ders., Weltpolitik und deutsche Geschichte. Gesammelte Studien, Göttingen 2008, S. 27–52; Srbik, Metternich (Anm. 59), Bd. 1, S. 657 ff.; Franz Petri, Belgien, Niederlande, Luxemburg von der Französischen Zeit bis zum Beginn der Deutschen Einigung 1794–1865, in: Bußmann (Hg.), Europa (Anm. 11), S. 930–967 (940 ff.). Die belgische Verfassung von 1831 in: Gosewinkel/Masing (Hg.), Verfassungen (Anm. 46), S. 1307–1322.

75 Rhode, Polen (Anm. 63), S. 696 ff. (Zahl der Emigranten: 705); Norman Davies, Im Herzen Europas. Geschichte Polens (engl. Orig.: Oxford 1984[1]), München 2000, S. 152 ff.; Stefan Kieniewicz, Die Polenbegeisterung in Westeuropa, in: Birke/Heydemann (Hg.), Herausforderung (Anm. 64), S. 61–75; Peter Ehlen (Hg.), Der polnische Freiheitskampf 1830/31 und die liberale deutsche Polenfreundschaft, München 1982; Eberhard Kolb, Polenbild und Polenfreundschaft der deutschen Frühliberalen. Zu Motivation und Funktion außenpolitischer Parteinahme im Vormärz, in: Saeculum 26 (1975) S. 111–127; Hans Henning Hahn, Die Organisation der polnischen «Großen Emigration» 1831–1847, in: Theodor Schieder u. Otto Dann (Hg.), Nationale Bewegung und soziale Organisation, Bd. 1: Vergleichende Studien zur nationalen Vereinsbewegung des 19. Jahrhunderts in Europa, München 1978, S. 131–279; Die deutsch-polnischen Beziehungen 1831–1848: Vormärz und Völkerfrühling. XI. deutsch-polnische Schulbuchkonferenz der Historiker vom 16.-21. Mai 1978 in Deidesheim (Rheinland-Pfalz), Braunschweig 1979; Polenvereine 1831–1832, in: Lexikon zur Parteiengeschichte. Die bürgerlichen und kleinbürgerlichen Parteien und Verbände in Deutschland (1789–1945), 4 Bde., hg. v. Dieter Fricke u. a., Bd. 3, Leipzig 1985, S. 576–582. Zu Mickiewicz: Burleigh, Earthly Powers (Anm. 25), S. 172 ff.; J. L. Talmon, Political Messianism. The Romantic Phase, London 1960, S. 256 ff.

76 Huber, Verfassungsgeschichte (Anm. 30), Bd. 2: Der Kampf um Einheit und Freiheit 1830 bis 1850, Stuttgart 1988[3], S. 133 ff.; Wehler, Gesellschaftsgeschichte (Anm. 31), Bd. 2: Von der Reformära bis zur industriellen und politischen «Deutschen Doppelrevolution» 1815–1845/49, München 1987, S. 345 ff. (das Zitat von Metternich: 367); Winkler, Weg (Anm. 30), Bd. 1, S. 80 ff.; Lothar Gall, Gründung und politische Entwicklung des Großherzogtums bis 1848, in: Josef Becker u. a., Badische Geschichte vom Großherzogtum bis zur Gegenwart, Stuttgart 1979, S. 11–36 (Motion Welcker: 32); Manfred Meyer, Freiheit und Macht. Studien zum Nationalismus süddeut-

scher, insbesondere badischer Liberaler 1830–1848, Frankfurt 1994, S. 102 ff., 170 ff. (Zitat Rotteck: 149). Die Zitate von Wirth und Siebenpfeiffer in: J. G. A. Wirth, Das Nationalfest der Deutschen zu Hambach, 1. Heft, Neustadt 1832 (ND: Vaduz 1977), S. 38 f., 46.

77 Konetzke, Iberische Staaten (Anm. 46), S. 907 ff.; Bernecker, Spanische Geschichte (Anm. 46), S. 117 ff.; H. V. Livermoore, A New History of Portugal, Cambridge 1966, S. 268 ff. Das Estatuto Real und die Verfassung von 1837 in: Gosewinkel/Masing (Hg.), Verfassungen (Anm. 46), S. 545–557.

78 Lill, Geschichte (Anm. 64), S. 107 ff.; ders., Italien (Anm. 64), S. 838 ff.; Woolf, History (Anm. 64), S. 293 ff.; Rosario Romeo, Mazzinis Programm und sein revolutionärer Einfluß in Europa, in: Birke/Heydemann (Hg.), Herausforderung (Anm. 64), S. 15–30; Denis Mack Smith, Mazzini, New Haven 1994, S. 1 ff.; ders., The Making of Italy 1796–1866, Basingstoke 1992[3], S. 37 ff.; Franco Valsecchi, L'Italia del Risorgimento e l'Europa delle Nazionalita. L'unificazione italiana nella politica europea, Varese 1978, S. 1 ff.; Krystyna von Henneberg und Albert Russell Asconi, Introduction: Nationalism and the Uses of Risorgimento Culture, in: dies. (eds.), Making and Remaking Italy. The Cultivation of National Identity around the Risorgimento, Oxford 2001, S. 1–26; Silvana Patriarca, National Identity or National Character? New Vocabularies and Old Paradigms, ebd., S. 299–319; Talmon, Messianism (Anm. 75), S. 256 ff. Von Mazzini selbst: Erinnerungen aus dem Leben Mazzinis (1861), in: Giuseppe Mazzini, Politische Schriften. Ins Deutsche übertragen u. eingeleitet von Siegfried Flesch, Bd. I, Leipzig 1911 [nur Bd. I erschienen], S. 5–43 (zum «dritten Rom»: 29 f.), An Carl Albert von Savoyen, ebd., S. 54–78; Allgemeine Unterweisung für die Verbrüderten des Jungen Italien, ebd., S. 101–111 (103, 105, 107 ff.), Rundschreiben der Verbindung des Jungen Italien, S. 120–124 (121), Manifest des Jungen Italien, ebd., S. 125–132 (130 f.), Einige Ursachen, welche die Entwicklung der Freiheit in Italien bis jetzt verhinderten, ebd., S. 181–248 (209, 217, 223). Zur Begriffsgeschichte vom «Völkerfrühling»: Gotthold Rhode, «Vormärz» und «Völkerfrühling» in Ostmitteleuropa – Triebkräfte und Probleme, in: Beziehungen (Anm. 75), S. 22–36 (23 f.).

79 Guttmann, England (Anm. 45), S. 378 ff. (Zitat: 444); Mommsen, Großbritannien (Anm. 62), S. 352 ff.; Thompson, Entstehung (Anm. 25), S. 912 ff.; Pelling, History (Anm. 62), S. 24 ff.; Michael Brock, The Great Reform Act, London 1973, S. 15 ff.; James Epstein and Dorothy Thompson (eds.), The Chartist Experience: Studies in Working-Class Radicalism and Culture, 1830–1860, London 1982; Peter Wende, Das britische Empire. Geschichte eines Weltreichs, München 2008, S. 123 ff.; Friedrich Engels, Die Lage der arbeitenden Klasse in England [1845], in: MEW (Anm. 29), Bd. 2, S. 225–506 (zum Fabrikgesetz von 1833: 393); Elie Halévy, The Triumph of Reform 1830–1841, London 1961; J. R. M. Butler, The Passing of the Great Reform Bill, London 1964[2]. Zur Bevölkerungszahl: Raum und Bevölkerung in der Weltgeschichte (Bevölkerungs-Ploetz), 2 Bde., Bd. 2, Teil III: Bevölke-

rung und Raum in Neuerer und Neuester Zeit, bearb. v. Wolfgang Köllmann, Würzburg 1956, S. 145. Zu Adam Smith siehe oben S. 256 f.

80 Wolfram Fischer, Der Deutsche Zollverein. Fallstudie einer Zollunion, in: ders., Wirtschaft und Gesellschaft im Zeitalter der Industrialisierung, Göttingen 1972, S. 110–128; Hans-Werner Hahn, Geschichte des Deutschen Zollvereins, Göttingen 1984; David E. Barclay, Anarchie und guter Wille. Friedrich Wilhelm IV. und die preußische Monarchie, Berlin 1995, S. 85 ff.; Walter Bußmann, Zwischen Preußen und Deutschland. Friedrich Wilhelm IV. Eine Biographie, Berlin 1990, S. 101 ff.; Frank-Lothar Kroll, Friedrich Wilhelm IV. und das Staatsdenken der deutschen Romantik, Berlin 1990. Das Zitat in: Treitschke, Geschichte (Anm. 61), 5. Theil: Bis zur Märzrevolution, Leipzig 1899[4], S. 57 f.

81 Ebd., S. 61 ff.; Srbik, Metternich (Anm. 59), Bd. 2, S. 64 ff.; Tulard, Frankreich (Anm. 28), S. 367 ff.; Winkler, Weg (Anm. 30), Bd. 1, S. 86 ff. Das Zitat von Gagern in: Deutscher Liberalismus im Vormärz. Heinrich von Gagern, Briefe und Reden 1815–1848. Bearb. v. Paul Wentzcke u. Wolfgang Klötzer, Göttingen 1959, S. 263 (Brief an Friedrich von Gagern vom 4. 1. 1843).

82 Bußmann, Europa (Anm. 57), S. 128 ff. (Zahlen zum Eisenbahnbau: 131); Wehler, Gesellschaftsgeschichte, Bd. 2 (Anm. 76), S. 589 ff.; Werner Conze, Vom «Pöbel» zum «Proletariat», in: Vierteljahrschrift für Sozial- und Wirtschaftsgeschichte 41 (1954), S. 333–364; Wolfram Fischer, Soziale Unterschichten im Zeitalter der Frühindustrialisierung, in: ders., Wirtschaft (Anm. 80), S. 242–257; Jürgen Kocka, Arbeiterverhältnisse und Arbeiterexistenzen. Grundlagen der Klassenbildung im 19. Jahrhundert, Bonn 1990, S. 221 ff.

83 Arnold Ruge, Preußen und die Reaction. Zur Geschichte unserer Zeit, Leipzig 1838, S. 69 ff.; ders., Selbstkritik des Liberalismus, in: ders., Gesammelte Schriften, 13. Theil, Mannheim 1846, S. 76–116; Karl Marx, Zur Kritik der Hegelschen Rechtsphilosophie. Einleitung, in: MEW (Anm. 29), Bd. 1, S. 378–391 (die Zitate: 379, 385, 391); ders., Manifest der Kommunistischen Partei, ebd., Bd. 4, S. 459–493 (Zitate: 474, 482, 493 [Hervorhebung im Original]); ders., Die moralisierende Kritik und die kritisierende Moral. Beitrag zur Deutschen Kulturgeschichte. Gegen Karl Heinzen von Karl Marx [1847], ebd., S. 331–360 (zu Buonarroti: 341); Heinrich August Winkler, Zum Verhältnis von bürgerlicher und proletarischer Revolution bei Marx und Engels, in: ders., Revolution, Staat, Faschismus. Zur Revision des Historischen Materialismus, Göttingen 1978, S. 8–34; ders., Die unwiederholbare Revolution. Über einen Fehlschluß von Marx und seine Folgen, in: ders., Streitfragen der deutschen Geschichte. Essays zum 19. und 20. Jahrhundert, München 1997, S. 9–30; ders., Weg (Anm. 30), Bd. 1, S. 92 ff.; Wolfgang Schieder, Anfänge der deutschen Arbeiterbewegung. Die Auslandsvereine im Jahrzehnt nach der Julirevolution von 1830, Stuttgart 1963; Frolinde Balser, Sozial-Demokratie 1848/1863. Die erste deutsche Arbeiterorganisation «Allgemeine Deutsche Arbeiterverbrüderung» nach der

Revolution, 2 Bde., Stuttgart 1966[2]. Zu Buonarroti siehe oben S. 369.

84 Rhode, Polen (Anm. 63), S. 710 ff.; Arnon Gill, Die polnische Revolution 1846. Zwischen nationalem Befreiungskampf des Landadels und antifeudaler Bauernerhebung, München, Wien 1974; Hans Henning Hahn, Die polnische Nation in den Revolutionen von 1846–49, in: Dieter Dowe, Heinz-Gerhard Haupt, Dieter Langewiesche (Hg.), Europa 1848. Revolution und Reform, Bonn 1998, S. 231–252; Erich Gruner, Die Schweizerische Eidgenossenschaft von der Französischen Revolution bis zur Reform der Verfassung, in: Bußmann (Hg.), Europa (Anm. 11), S. 968–986 (976 ff.); Thomas Christian Müller, Die Schweiz 1847–49. Das vorläufige, erfolgreiche Ende der «demokratischen Revolution»?, in: Dowe u. a. (Hg.), Europa (Anm. 84), S. 283–326; Simonetta Soldani, Annäherung an Europa im Namen der Nation. Die italienische Revolution 1846–1849, ebd., S. 125–166; Lill, Italien (Anm. 64), S. 848 ff.; ders., Geschichte (Anm. 64), S. 124 ff.; Woolf, History (Anm. 64), S. 346 ff.; Valsecchi, Italia (Anm. 78), S. 125 ff.; Srbik, Metternich (Anm. 59), Bd. 2, S. 128 ff. Die Verfassung der Schweizerischen Eidgenossenschaft vom 12. 9. 1848 in: Gosewinkel/Masing (Hg.), Verfassungen (Anm. 46), S. 440–456; das «Statuto Albertino» vom 4. 3. 1848, ebd., S. 1375–1382.

85 Huber, Verfassungsgeschichte, Bd. 2 (Anm. 76), S. 448 ff. (448–451: die Zitate aus den Erklärungen von Offenburg und Heppenheim, 495: Zitat Friedrich Wilhelms IV.); Treitschke, Geschichte, 5. Theil (Anm. 80), S. 564 ff.; Wehler, Gesellschaftsgeschichte, Bd. 2 (Anm. 76), S. 677 ff.; Nipperdey, Geschichte (Anm. 31), S. 337 ff., 399 ff.; Winkler, Weg (Anm. 30), Bd. 1, S. 95 ff.; Peter J. Katzenstein, Disjoined Partners. Austria and Germany since 1815, Berkeley 1976, S. 35 ff.; Veit Valentin, Geschichte der deutschen Revolution 1848–1849, 2 Bde., Bd. 1: Bis zum Zusammentritt des Frankfurter Parlaments (1931[1]), Köln 1970, S. 161 ff.; Steen Bo Frandsen, 1848 in Dänemark. Die Durchsetzung der Demokratie und das Zerbrechen des Gesamtstaats, in: Dowe u. a. (Hg.), Europa (Anm. 84), S. 389–420.

86 Alexis de Tocqueville, Travail sur l'Algérie (octobre 1841), in: ders., Œuvres, Volume 1, Paris 1991[1], S. 689–759 (Zitate: 704 f., 713, 721, 752 [Hervorhebungen im Original], hier meist nach der deutschen Übersetzung in: ders., Kleine politische Schriften. Hg. v. Harald Bluhm, Berlin 2006, S. 109–162); ders., Rapport fait par M. de Tocqueville sur le projet de la loi relatif aux crédits extraordinaires demandés pour l'Algérie, ebd., S. 797–873 (Zitate: 813, 815, 818, 820; Hervorhebung im Original); Melvin Richter, Tocqueville on Algeria, in: Review of Politics 25 (1963), S. 362–398 (zu Bugeaud und seiner Kriegführung: 369 ff., zur Parlamentsdebatte vom Juni 1846: 389 ff., zu Gobineau: 385 ff.); Cheryl B. Welch, Colonial Violence and the Rhetoric of Evasion. Tocqueville on Algeria, in: Political Theory 31 (2003), S. 235–264; Matthias Bolender, Demokratie und Imperium. Tocqueville in Amerika und Algerien, in: Berliner Journal für Soziologie, Heft 4

(2005), S. 523–540; Yves Lacoste, André Nouschi, André Prenant, L'Algérie. Passé et Présent. Le cadre et les étapes de la constitution de l'Algérie actuelle, Paris 1960.

87 Pierre Lévêque, Die revolutionäre Krise von 1848–1851 in Frankreich. Ursprünge und Ablauf, in: Dowe u. a. (Hg.), Europa (Anm. 86), S. 84–124; Jacques Godechot, Les Révolutions de 1848, Paris 1971, S. 171 ff.; Tulard, Frankreich (Anm. 28), S. 431 ff. (Zitat u. Opferzahlen: 439); Ziebura, Frankreich (Anm. 11), S. 275 ff. (zu den Wahlen von 1846: 277 f.); Roger Price, The Second French Republic. A Social History, London 1972, S. 5 ff.; Peter Amann, The Changing Outlines of 1848, in: American Historical Review 68 (1963), S. 938–953. Die Kammerrede Tocquevilles vom 27. 1. 1848 in: ders., Œuvres, (Anm. 86),Vol. 1, S. 1125–1138 (Zitate: 1130, 1137 f.; deutsch nach: Tocqueville, Schriften [Anm. 86], S. 179–189); das Zitat aus den Memoiren: ders., Souvenirs, in: ders., Œuvres (Anm. 86), Vol. 3, Paris 2004, S. 727–984 (768 f.; deutsch nach Tulard, Frankreich [Anm. 28], S. 443); das Zitat von Karl Marx in: ders., Die Klassenkämpfe in Frankreich 1848 bis 1850, in: MEW (Anm. 29), Bd. 7, S. 9–107 (18; Hervorhebungen im Original).

88 Reinhart Koselleck, Wie europäisch war die Revolution von 1848/49?, in: ders., Europäische Umrisse deutscher Geschichte. Zwei Essays, Heidelberg 1999, S. 9–36 (Zitate: 16 f.); Marx, Kritik (Anm. 83), S. 391; Srbik, Metternich (Anm. 59), Bd. 2, S. 247 ff.; Winkler, Weg (Anm. 30), Bd. 1, S. 100 ff. (Gagern: 100, Friedrich Wilhelm IV.: 103, Polenbeschluß des Vorparlaments: 106); Wolfgang J. Mommsen, 1848. Die ungewollte Revolution. Die revolutionären Bewegungen in Europa 1830–1849, Frankfurt 1998; Wolfram Siemann, Die deutsche Revolution von 1848/49, Frankfurt 1985, S. 146 ff.; ders., 1848/49 in Deutschland und Europa. Ereignis – Bewältigung – Erinnerung, Paderborn 2006[2]; Rüdiger Hachtmann, Epochenschwelle zur Moderne. Einführung in die Revolution von 1848/49, Tübingen 2002; Dowe u. a. (Hg.), Europa (Anm. 84); Heiner Timmermann (Hg.), 1848. Revolution in Europa. Verlauf, politische Programme, Folgen und Wirkungen, Berlin 1998; Horst Stuke u. Wilfried Forstmann (Hg.), Die europäischen Revolutionen von 1848, Königstein 1979; Wolfgang Hardtwig (Hg.), Revolution in Deutschland und Europa 1848/49, Göttingen 1998; Peter N. Stearns, The Revolutions of 1848, London 1974; Jonathan Sperber, The European Revolutions of 1848–1851, Cambridge 1994; Hans Rothfels, Das erste Scheitern des Nationalstaates in Ost-Mittel-Europa 1848/49, in: ders., Zeitgeschichtliche Betrachtungen, Göttingen 1959, S. 40–53; ders., 1848 – One Hundred Years After, in: The Journal of Modern History 20 (1948), S. 291–319. Das Zitat von Palacky in: Schulze/Paul (Hg.), Geschichte (Anm. 59), S. 1157–1160.

89 Ludmila Thomas, Russische Reaktionen auf die Revolution von 1848 in Europa, in: Hardtwig (Hg.), Revolution (Anm. 88), S. 240–259 (zum Manifest

schichte (Anm. 59), S. 1157–1160.

89 Ludmila Thomas, Russische Reaktionen auf die Revolution von 1848 in Europa, in: Hardtwig (Hg.), Revolution (Anm. 88), S. 240–259 (zum Manifest des Zaren: 245 f.); Rhode, Polen (Anm. 63), S. 719 ff.; Hans-Henning Hahn, Polen im Horizont preußischer und deutscher Politik im 19. Jahrhundert, in: Jahrbuch für die Geschichte Mittel- und Ostdeutschlands 35 (1986), S. 1–19 (3 ff.); ders., Nation (Anm. 84), S. 238 ff.; Siegfried Baske, Die deutsch-polnischen Beziehungen im Großherzogtum Posen 1831–1848, in: Beziehungen (Anm. 75), S. 37–50; Lech Trzeciakowski, Die deutsch-polnischen Beziehungen im Großherzogtum Posen in den Jahren 1846–1848, ebd., S. 51–67; Christian Pletzing, Vom Völkerfrühling zum nationalen Konflikt. Deutscher und polnischer Nationalismus in Ost- und Westpreußen 1830–1871, Wiesbaden 2003, S. 167 ff.; Holm Sundhaussen, Der Einfluß der Herderschen Ideen auf die Nationalbildung bei den Völkern der Habsburgermonarchie, München 1973, S. 112 ff.; Miroslav Hroch, Die Vorkämpfer der nationalen Bewegung bei den kleinen Völkern Europas. Eine vergleichende Analyse zur gesellschaftlichen Schichtung der patriotischen Gruppen, Prag 1968; Ivan T. Berend, History Derailed. Central and Eastern Europe in the Long Nineteenth Century, Berkeley 2003, S. 41 ff.; Jiří Kořalka, Tschechen im Habsburgerreich und in Europa 1815–1914. Sozialgeschichtliche Zusammenhänge der neuzeitlichen Nationsbildung und der Nationalitätenfrage in den böhmischen Ländern, Wien 1991, S. 23 ff.; ders., Revolutionen in der Habsburgermonarchie, in: Dowe u. a. (Hg.), Europa (Anm. 84), S. 197–230; Lothar Maier, Die Revolution von 1848 in der Moldau und in der Walachei, ebd., S. 253–282 (Proklamation von Izlas: 268 f.); Wolfgang Höpken, Die Agrarfrage in der Revolution in Südosteuropa, ebd., S. 587–626; Lawrence D. Orton, The Prague Slav Congress of 1848, New York 1970, S. 1 ff. (Manifest: 88 f.; «Grenzboten»: 108); Reinhard Wittram, Die Nationalitätenkämpfe in Europa und die Erschütterung des europäischen Staatensystems (1848–1917), Stuttgart 1954[2], S. 13 (Zitat aus dem Manifest); László Kontler, Millennium in Central Europe. A History of Hungary, Budapest 1999, S. 246 ff.; István Deák, Die rechtmäßige Revolution. Lajos Kossuth und die Ungarn 1848–1849 (ungar. Orig.: Budapest 1983), Wien 1989, S. 65 ff. Das Manifest des Slawenkongresses: Manifesto of the First Slavonic Congress to the Nations of Europe. June 12th 1848, in: Slavonic and East European Review 26 (1947/48), S. 309–313; die Adresse des Kongresses an den österreichischen Kaiser in: Das Nationalitätenproblem in Österreich 1848–1918. Ausgewählt u. eingeleitet von Hartmut Lehmann und Silke Lehmann, Göttingen 1973, S. 15–19. Die ungarischen Aprilgesetze in: Gosewinkel/Masing (Hg.), Verfassungen (Anm. 46), S. 1412–1455. Das Manifest von Zar Nikolaus I. in: Theodor Schiemann, Geschichte Rußlands unter Kaiser Nikolaus I., Bd. IV: Kaiser Nikolaus auf dem Höhepunkt seiner Macht bis zum Zusammenbruch im Krimkriege 1854–1855, Berlin 1919, S. 142 f.

90 Lill, Geschichte (Anm. 64), S. 853 ff.; Woolf, History (Anm. 64), S. 363 ff.; Smith, Mazzini (Anm. 78), S. 145 ff. (Mazzini: 393); Valsecchi, Italia (Anm. 78), S. 95 ff.; Soldani, Annäherung (Anm. 84), S. 142 ff. (Zitat: 148). Der Aufruf Karl Alberts vom 23. 3. 1848 u. a. in: Giorgio Candeloro, Storia dell'Italia moderna, Bd. 3: La Rivoluzione nazionale 1846–1849, Mailand 1960, S. 180 f.; zu Mazzinis «L'Italia farà da sé»: Ai giovani. Ricordi di Giuseppe Mazzini, in: ders., Scritti politici, Turin 1987, S. 614.

91 Tocqueville, Souvenirs (Anm. 87), S. 842 f. (deutsch: Erinnerungen [Anm. 87], S. 203 f.); Rosanvallon, Monarchie (Anm. 49), S. 179 f.; Marx, Klassenkämpfe (Anm. 87), S. 17 ff. (Zitate: 44, 69); Tulard, Frankreich (Anm. 28), S. 444 ff. (Wahldaten 23. 4. 1848: 450; Arbeiter in den Ateliers nationaux: 452, Zahlen zur Junischlacht: 454 f., Präsidentenwahl vom 10. 12. 1848: 458, Wahlen vom 13. 5. 1849: 459); Lévêque, Krise (Anm. 87), S. 96 ff. (Zahlen zur Junischlacht: 98 f.); Ziebura, Frankreich (Anm. 11), S. 285 ff.; Godechot, Révolutions (Anm. 87), S. 252 ff.; Frederic A. de Luna, The French Republic under Cavaignac 1848, Princeton, N. J. 1969, S. 128 ff.; Charles Tilly u. Lynn H. Lees, The People of June 1848, in: Roger Price (ed.), Revolution and Reaction. 1848 and the Second French Republic, London 1975, S. 170–209; Roger Price, Napoleon III. and the Second Empire, London 1997, S. 12 ff.; ders., History (Anm. 87), S. 187 ff.; ders., «Der heilige Kampf gegen die Anarchie». Die Entwicklung der Gegenrevolution, in: Dowe u. a. (Hg.), Europa (Anm. 84), S. 43–81 (Zahlen zur Junischlacht: 61); Christof Dipper, Revolutionäre Bewegungen auf dem Lande: Deutschland, Frankreich, Italien, ebd., S. 555–585 (566 ff.); Amann, Outlines (Anm. 87), S. 948 ff.; Johannes Willms, Napoleon III. Frankreichs letzter Kaiser, München 2008, S. 39 ff. (Zitat vom 30. 11. 1848: 79); Adrien Dansette, Louis-Napoléon à la conquête du pouvoir, Paris 1961, bes. S. 231 ff.; Louis Girard, Napoléon III., Paris 1986, S. 9 ff. («ministère de la captivité»: S. 101 ff.); Frédéric Bluche, Le bonapartisme. Aux origines de la droite autoritaire (1800–1850), Paris 1980, S. 205 ff. (Präsidentenwahl vom 10. 12. 1848: 264 ff., Zitat: 270). Die Verfassung vom 4. 11. 1848 in: Gosewinkel/Masing (Hg.), Verfassungen (Anm. 46), S. 301–314.

92 Huber, Verfassungsgeschichte (Anm. 76), Bd. 2, S. 587 ff. (zur preußischen Verfassungskrise: 737 ff., Auseinandersetzungen um die Reichsverfassung: 814 ff.); Winkler, Weg (Anm. 30), Bd. 1, S. 107 ff. (hier die Zitate aus der deutschen Nationalversammlung); Theodor Schieder, Vom Deutschen Bund zum Deutschen Reich, in: Gebhardt (Hg.), Handbuch (Anm. 29), S. 99–223, bes. S. 140 ff. (Zusammensetzung der Paulskirche: 145); Valentin, Geschichte (Anm. 85), Bd. 2, S. 1 ff.; Dieter Langewiesche, Revolution in Deutschland. Verfassungsstaat – Nationalstaat – Gesellschaftsreform, in: Dowe u. a. (Hg.), Europa (Anm. 84), S. 167–196; Dipper, Bewegungen (Anm. 91), S. 556 ff.; Hermann-Josef Scheidgen, Der deutsche Katholizismus in der Revolution von 1848/49. Episkopat – Klerus – Laienvereine,

Köln 2008; Günter Wollstein, Das «Großdeutschland» der Paulskirche. Nationale Ziele in der bürgerlichen Revolution 1848/49, Düsseldorf 1977, S. 266 ff.; Siemann, Revolution (Anm. 88), S. 192 ff.; Barclay, Anarchie (Anm. 80), S. 272 ff. Die Reichsverfassung vom 28. 3. 1849 in: Gosewinkel/Masing (Hg.), Verfassungen (Anm. 46), S. 760–782; die österreichische Reichsverfassung vom 4. 3. 1849, ebd., S. 1471–1483. Die Zitate von Marx und Engels: Karl Marx, Die revolutionäre Bewegung, in: MEW (Anm. 29), Bd. 6, S. 148–150 (150; Hervorhebung im Original); Friedrich Engels, Der magyarische Kampf, ebd., S. 165–176 (172, 176); Der demokratische Panslawismus, ebd., S. 271–286 (286). Die Zitate von Friedrich Wilhelm IV. zur Kaiserkrone in: Leopold von Ranke, Aus dem Briefwechsel Friedrich Wilhelms IV. mit Bunsen, Leipzig 1873, S. 233 f. (Brief an den preußischen Gesandten in London, Christian Karl Josias von Bunsen, 13. 12. 1848).

93 Lill, Geschichte (Anm. 64), S. 855 ff.; ders., Italien (Anm. 64), S. 138 ff., Woolf, History (Anm. 64), S. 403 ff.; Candeloro, Storia (Anm. 90), Bd. 3, S. 373 ff.; Smith, Mazzini (Anm. 78), S. 162 ff.; Deák, Revolution (Anm. 89), S. 188 ff. (Zitat Kaiser Franz Joseph, 1. 5. 1849: 244, Truppenstärken: 256 f., Opferzahlen: 276, Strafen: 280, Butthyány, 6. 10. 1849: 281); Kontler, Millennium (Anm. 89), S. 254 ff.

94 Konetzke, Iberische Staaten (Anm. 46), S. 912 ff.; Frandsen, 1848 (Anm. 85), S. 389–420; Martin Gerhardt, Norwegische Geschichte, 2. Aufl., neu bearb. v. Walther Hubatsch, Bonn 1963, S. 211 ff.; Horst Lademacher, Niederlande und Belgien. Bemerkungen zu den Ursachen revolutionärer Abstinenz, in: Dowe u. a. (Hg.), Europa (Anm. 84), S. 351–388; Göran B. Nilsson, Schweden 1848 und danach – Unterwegs zu einem «Mittelweg», ebd., S. 437–452; Anne-Lise Seip, Die Revolution von 1848 in Norwegen, ebd., S. 421–436; John Belchem, Das Waterloo von Frieden und Ordnung. Das Vereinigte Königreich und die Revolutionen von 1848, ebd., S. 327–350 (Iren in Liverpool: 333, Zitat Palmerston: 340); John Saville, 1848. The British State and the Chartist Movement, Cambridge 1987, S. 102 ff.; Gareth Stedman Jones, Sprache und Politik des Chartismus, in: ders., Klassen, Politik und Sprache. Für eine theorieorientierte Sozialgeschichte. Hg. u. eingel. v. Peter Schöttler (engl. Orig.: Cambridge 1983), Münster 1988, S. 133–230; Margot C. Finn, After Chartism. Class and nation in English radical politics, 1848–1874, Cambridge 1993, S. 60 ff.; Miles Taylor, The Decline of British Radicalism, 1847–1860, Oxford 1995; R. V. Comerford, The Fenians in Context. Irish Politics and Society 1848–82, Dublin 1985, S. 11 ff.; Michael Burleigh, Blood and Rage. A Cultural History of Terrorism, London 2009[2], S. 1 ff.; Michael Maurer, Kleine Geschichte Irlands, Stuttgart 1998, S. 219 ff. (Zahlen zur Auswanderung: 226, 231); Herbert Reiter, Politisches Asyl im 19. Jahrhundert. Die deutschen politischen Flüchtlinge des Vormärz und der Revolution von 1848/49 in Europa und den USA, Berlin 1992, S. 258 ff. Die Verfassungen der Niederlande in der Fassung vom 14. 10. 1848 in: Gosewinkel/Masing (Hg.),

Verfassungen (Anm. 46), S. 899–922, Dänemarks vom 5. 6. 1849: ebd., S. 1653–1663 und Schwedens vom 22. 6. 1866: ebd. S. 684–698.

95 Karl Marx, Der achtzehnte Brumaire des Louis Bonaparte, in: MEW (Anm. 29), Bd. 8, S. 111–207 (157, 196, 198, 204); ders., Manifest (Anm. 83), S. 464; Friedrich Engels, Die wirklichen Ursachen der verhältnismäßigen Inaktivität der französischen Proletarier im vergangenen Dezember, in: MEW (Anm. 29), Bd. 8, S. 221–231 (226 ff.); Girard, Napoléon III. (Anm. 91), S. 145 ff.; Willms, Napoleon III. (Anm. 91), S. 91 ff.; Ziebura, Frankreich (Anm. 11), S. 293 ff.; Vincent Wright, The ‹Coup d'état› of December 1851: Repression and the Limits to Repression, in: Price (ed.), Revolution (Anm. 91), S. 303–333; Maximilien Rubel, Karl Marx devant le bonapartisme, Paris 1960; Heinrich August Winkler, Primat der Ökonomie? Zur Rolle der Staatsgewalt bei Marx und Engels, in: ders., Revolution (Anm. 83), S. 35–64; Wolfgang Wippermann, Die Bonapartismustheorie von Marx und Engels, Stuttgart 1983. – Die Verfassung vom 14. 1. 1852 in: Gosewinkel/Masing (Hg.), Verfassungen (Anm. 46), S. 315–324, die Senatsbeschlüsse vom 7. 11. und 25. 12. 1852: ebd., S. 325–328.

96 Huber, Verfassungsgeschichte (Anm. 76), Bd. 2, S. 885 f. (Unionspolitik); ders., Deutsche Verfassungsgeschichte seit 1789, Bd. 3: Bismarck und das Reich, Stuttgart 1988[3], S. 138; Helmut Böhme, Deutschlands Weg zur Großmacht. Studien zum Verhältnis von Wirtschaft und Staat während der Reichsgründungszeit 1848–1881, Köln 1966, S. 19 ff.; Jürgen Müller, Deutscher Bund und deutsche Nation 1848–1866, Göttingen 2005, S. 53 ff.; Winkler, Weg (Anm. 30), Bd. 1, S. 124 ff.; Konrad Canis, Vom Staatsstreich zur Unionspolitik. Die Interdependenz von innerer, deutscher und äußerer Politik der preußischen Regierung am Ende der Revolution 1848/49, in: Walter Schmidt (Hg.), Demokratie, Liberalismus und Konterrevolution. Studien zur deutschen Revolution von 1848/49, Bonn 1998, S. 431–484; Gunther Mai (Hg.), Die Erfurter Union und das Erfurter Unionsparlament 1850, Köln 2000. Bismarcks Rede in der preußischen Zweiten Kammer vom 3. 12. 1850: Fürst Otto von Bismarck, Die gesammelten Werke (Friedrichsruher Ausgabe), Berlin 1924 ff., Bd. 10, S. 103 ff.

97 Wilhelm Füßl, Professor in der Politik: Friedrich Julius Stahl (1802–1861). Das monarchische Prinzip und seine Umsetzung in die parlamentarische Praxis, Göttingen 1988, S. 183 ff. (Zitate von 1849); August Ludwig von Rochau [auf dem Titel der Neuausgabe fälschlich: Ludwig August von Rochau], Grundsätze der Realpolitik. Angewendet auf die staatlichen Zustände Deutschlands [1853[1]]. Hg. u. eingeleitet von Hans-Ulrich Wehler, Frankfurt 1972, S. 25 f., 127, 169; Winkler, Weg (Anm. 30), Bd. 1, S. 68, 118 (Arndt), 119 (Jordan).

98 Rothfels, Scheitern (Anm. 88), S. 40 ff.; Mommsen, 1848 (Anm. 88), S. 300 ff.; Marx, Klassenkämpfe (Anm. 87), S. 9 ff. (89 f.); ders., Moralisierende Kritik (Anm. 83), S. 339; ders., Sieg der Konterrevolution in Wien, in: MEW (Anm. 29), Bd. 5, S. 455–457 (457; Hervorhebungen im Original);

ders., Brief an Joseph Weydemeyer vom 5. 3. 1852, ebd., Bd. 28, S. 503–509 (508); Rochau, Grundsätze (Anm. 97), S. 150, 184; Stein, Königtum (Anm. 73), S. 38; Donoso Cortés, Drei Reden. Über die Diktatur. Über Europa. Über die Lage Spaniens, Zürich 1948, S. 40 f., 49, 59 f., 64, 73. Zum Amerikabild der Liberalen und Demokraten: Günter Moltmann, Atlantische Blockpolitik im 19. Jahrhundert. Die Vereinigten Staaten und der deutsche Liberalismus während der Revolution von 1848/49, Düsseldorf 1973, S. 34 ff. Zur konservativen Sicht der Amerikanischen Revolution siehe u. a. Friedrich von Gentz, Der Ursprung und die Grundsätze der Amerikanischen Revolution, verglichen mit dem Ursprunge und den Grundsätzen der Französischen, in: Historisches Journal 2, Bonn 1800, S. 101 ff.; auszugsweise in: Ernst Fraenkel (Hg.), Amerika im Spiegel des deutschen politischen Denkens. Äußerungen deutscher Staatsmänner und Staatsdenker über Staat und Gesellschaft in den Vereinigten Staaten von Amerika, Köln 1959, S. 79–81. Zu Lorenz von Steins Lehre vom «Königtum der sozialen Reform» siehe oben S. 513 ff.

99 Cortés, Drei Reden (Anm. 98), S. 71; Friedrich Engels, Einleitung zu «Die Klassenkämpfe in Frankreich 1848 bis 1850» von Karl Marx [1895], in: MEW (Anm. 29), Bd. 7, S. 511–520 (517, 520); Stearns, Revolutions (Anm. 88), S. 223 ff.; Koselleck, Wie europäisch (Anm. 88), S. 23 f. Zu Mazzinis Eintreten für die Brennergrenze u. a.: Lill, Italien (Anm. 64), S. 857. Zur Meerengenkonvention von 1841 siehe oben S. 544.

100 Moltmann, Blockpolitik (Anm. 99), S. 10 ff.; Reiter, Asyl (Anm. 94), S. 143 ff.; Miller, New History (Anm. 45), S. 192 ff. (Expansion des Eisenbahnnetzes: 201, Greeley, Immigration 1839–1844: 174 f.); Brinkley, Unfinished Nation (Anm. 66), S. 331 ff.; Richard White, «It's Your Misfortune and None of My Own»: A New History of the American West, Norman, Okla. 1991; Sean Wilentz, Society, Politics, and the Market Revolution, 1815–1848, in: Eric Foner (ed.), The New American History, Philadelphia 1990, S. 51–72; David M. Pletcher, The Diplomacy of Annexation. Texas, Oregon, and the Mexican War, Columbia, Mo. 1973, S. 31 ff.; Robert W. Johannsen, To the Halls of Montezuma. The Mexican War in the American Imagination, New York 1985, S. 7 ff.; Malcolm J. Rohrbough, Days of Gold: The California Gold Rush and the American Nation, Berkeley 1997; Norbert Finzsch, Die Goldgräber Kaliforniens, Arbeitsbedingungen, Lebensstandard und politisches System um die Mitte des 19. Jahrhunderts, Göttingen 1982; David M. Potter, The Impending Crisis 1848–1861. Completed and edited by Don E. Fehrenbacher, New York 1976, S. 63 ff. (Zitate von Calhoun und Toombs: 93 f.); McDougall, Land (Anm. 66), S. 76 ff.; Anders Stephanson, Manifest Destiny. American Expansionism and the Empire of Right, New York 1995, S. 1995, S. XI, 42 (Sullivan, 1845); Bruce Vandervort, Indian Wars of Mexico, Canada and the United States, 1812–1900, New York 2006; Richard Maxwell Brown, No Duty to Retreat. Violence and Values in American History and Society, New York 1991; Frede-

rick Jackson Turner, «The Significance of the Frontier in American History» and Other Essays. With Commentary by John Mack Fragher, New York 1994, S. 31–60 (31–34, 59 f.); Ray Allen Billington, Westward Expansion. A History of the American Frontier, New York 1949; Margaret Walsh, The American West. Visions and Revisions, Cambridge 2005; Walker D. Wyman and Clifton B. Kroeber (eds.), The Frontier in Perspective, Madison 1957; Richard Hofstadter u. Seymour Martin Lipset (eds.), Turner and the Sociology of the Frontier, New York 1968; Dietrich Gerhard, Neusiedlung und institutionelles Erbe. Zum Problem von Turners «Frontier», in: ders., Alte und neue Welt in vergleichender Geschichtsbetrachtung, Göttingen 1962, S. 108–140 (119); Walter Prescott Webb, The Great Frontier, London 1953; Alistair Hennessy, The Frontier in Latin American History, Cambridge 2000; Keith Sinclair, A History of New Zealand, Harmondsworth 1959, S. 29 ff. (Zahlen zu den Siedlern und den Kriegsopfern: 44, 142); Peter J. Coleman, The New Zealand Frontier and the Turner Thesis, in: Pacific Historical Review 27 (1958), S. 221–237; Udo Sautter, Geschichte Kanadas, München 2000, S. 41 ff.; Osterhammel, Verwandlung (Anm. 10), S. 465 ff.; Charles S. Maier, Among Empires. American Ascendancy and its Predecessors, Cambridge, Mass. 2006, S. 78 ff. – Das Zitat von George Berkeley nach: Howald L. Hurwitz, An Encyclopedic Dictionary of American History, New York 1970[2], S. 708. Die Daten zur Immigration nach: Jürgen Heideking/Vera Nünning, Einführung in die amerikanische Geschichte, München 1998, S. 122 f. Zur Vorgeschichte des Krieges mit Mexiko siehe oben S. 506.

# GESCHICHTE DES WESTENS

索·恩
历史图书馆

008

Heinrich August Winkler
Geschichte des Westens: Von den Anfängen in der Antike bis zum 20. Jahrhundert

The translation of this work was supported by a grant from the Goethe-Institut which is funded by the German Ministry of Foreign Affairs.

封面图片：《自由引导人民》（欧仁·德拉克罗瓦，现藏于卢浮宫）；《攻占巴士底狱》（创作者不详，现藏于法国历史博物馆）。

Heinrich August Winkler

从古代源头到 20 世纪　　下

Von den Anfängen in der Antike bis zum 20. Jahrhundert

# 西方通史

[德] 海因里希·奥古斯特·温克勒　/著　　丁娜　/译

社会科学文献出版社
SOCIAL SCIENCES ACADEMIC PRESS (CHINA)

索·恩
THORN BIRD
忘掉地平线
Beyond
the horizon

# 目　录

## 上

## 第二章 老西方和新西方：从维滕贝格到华盛顿 / 105



## 第三章 革命与扩张：1789~1850年 / 331

## 下

# 第四章

# 民族国家和帝国：1850~1914

## 唯物主义对垒唯心主义：19世纪中叶的精神转折 687

一份自由的柏林报纸《国家日报》（*National-Zeitung*），在1856年展望前景时可以说是道出了当时许多思想进步或有进步倾向的欧洲市民之心声。“怀着对缺乏理想目的之不满，以及对所追求之理想失败后的无望，人民把智能和物质力量集中在谋生上，当前是种见证，证明如果智力和体力劳动向一个共同目标努力的话，各族人民所凝聚的力量能够创造什么。唯心主义（理想主义）为之无望努力过的东西，唯物主义在短短几个月内就成功实现了：整个生活条件的转变，社会共同生活之有机体中权力关系与重点的位移，几乎所有人都学会了思索和观照，一种从来未被认识到的能量得到调动，人们看上去好像愿意不停地去运用他们的神经、肌肉和肌腱。”

对唯物主义的赞誉尤其出于物质原因：1850~1856年是北大西洋两岸经济快速增长的时期。工业制造业和采矿业、铁路、电报信息传输和轮船、股份制企业、银行和股票市场，各行各业欣欣向荣。由于在加利福尼亚州、墨西哥和澳大利亚山脉中发现了丰富的金银矿藏，1850年后全球规模的货币流 688
通量急剧上升。所以，若是说19世纪中叶出现了“全球化进程”，那绝非夸张。遵循资本主义的经济规律，在景气之后，1857~1859年发生了周期性的世界经济大萧条。然而，即使在这几年，经济和社会转型仍然在原有规模上继续进行。1859年起经济开始复苏，1860年代后半期出现了新的“繁荣”。

在科学上为唯物主义进行申辩的不少，其中有达姆施塔特的医生路德维希·毕希纳［Ludwig Büchner，他是诗人格奥尔格·毕希纳（Georg Büchner）的弟弟］1855年出版的著作《力与物质》（*Kraft und Stoff*）。另一个后唯心主义和反唯心主义的思想流派是以法国哲学家、社会学创始人之一奥古斯特·

孔德（Auguste Comte）为代表的实证主义，1851~1854年他出版了《实证政治体系》（*Système de politique positive*），对此进行了系统阐述。这部四卷本著作把人类的认知历史描述为一个以进步为目的的过程，此过程要经历三个阶段：神学或虚构阶段之后是形而上学或抽象阶段，最终取代前两个阶段的是现代实证或科学阶段。孔德《体系》一书最后一卷出版五年后，即1859年，查尔斯·达尔文（Charles Darwin）发表了其主要著作《物种起源》（*Die Entstehung der Arten*），在其中这位英国博物学家描述了生物的进化以及物竞天择。第二年英国哲学家赫伯特·斯宾塞（Herbert Spencer）开始出版其代表作《合成哲学系统》（*Systems der synthetischen Philosophie*），在此书中进化思想同样成为科学解释世界的核心论点。

然而，在政治上最有影响力的则是另一种不同类型的对唯心主义的批评，即卡尔·马克思1859年在其《〈政治经济学批判〉导言》中所概括的内容。此书是为其1867年出版的《资本论》第一卷所进行的初步研究。里面的关键句子是："人们在自己生活的社会生产中发生一定的、必然的、不以他们的意志为转移的关系，即同他们的物质生产力的一定发展阶段相适
689 合的生产关系。这些生产关系的总和构成社会的经济结构，即有法律的和政治的上层建筑竖立其上并有一定的社会意识形式与之相适应的现实基础。物质生活的生产方式制约着整个社会生活、政治生活和精神生活的过程。不是人们的意识决定人们的存在，相反，是人们的社会存在决定人们的意识。社会的物质生产力发展到一定阶段，便同它们一直在其中活动的现存生产关系或财产关系（这只是生产关系的法律用语）发生矛盾。于是这些关系便由生产力的发展形式变成生产力的桎梏。那时社会革命的时代就到来了。随着经济基础的变更，全部庞大的

上层建筑也或慢或快地发生变革。”①

经济基础和上层建筑理论是马克思所理解的历史唯物主义的基本原理。根据对历史的解读，作者确定无疑地解释了当时的阶级社会，并至少暗示了未来的无阶级社会：“无论哪一个社会形态，在它们所能容纳的全部生产力发挥出来以前，是决不会灭亡的；而新的更高的生产关系，在它存在的物质条件在旧社会的胎胞里成熟以前，是决不会出现的。所以人类始终只提出自己能够解决的任务，因为只要仔细考察就可以发现，任务本身，只有在解决它的物质条件已经存在或者至少正在形成的时候，才会产生。大体说来，亚细亚的、古代的、封建的和现代资产阶级的生产方式可以被看作是社会经济形态演进的几个时代。资产阶级的生产关系是社会生产过程的最后一个对抗形式，这里所说的对抗，不是指个人的对抗，而是指从个人的社会生活条件中生长出来的对抗；但是，在资产阶级社会的胎胞里发展的生产力，同时又创造着解决这种对抗的物质条件。因此，人类社会的史前时期就以这种社会形态而告终。”② 690

1848年，马克思和恩格斯希望资产阶级革命能够转变为无产阶级革命，结果未能如愿。当1857年全球经济危机爆发后，恩格斯很高兴：“危机将像海水浴一样对我的身体有好处，我现在已经感觉到这一点了。1848年我们曾说过，现在我们的时代来了，并且从一定意义上讲确实是来了，而这一次它完全地来了，现在是生死的问题了。”③

然而，资本主义经济制度度过这场危机后变得更加强大。对

① 马克思：《〈政治经济学批判〉序言》，载《马克思恩格斯全集》第十三卷，北京：人民出版社，1962，第8~9页。

② 马克思：《〈政治经济学批判〉序言》，载《马克思恩格斯全集》第十三卷，北京：人民出版社，1962，第9页。

③ 恩格斯：《恩格斯致马克思（1857年11月16日）》，载《马克思恩格斯全集》第二十九卷，北京：人民出版社，1972，第203~204页。

唯心主义的厌恶仍在继续，但这没有让革命的社会主义者，而是令自由主义者与保守主义者从中受益，从奥古斯特·路德维希·冯·罗豪 1853 年的论文标题来看，他们把“现实政治”作为其行动的准则。在保守派与自由派和民主派之中，当然都有坚守其各自不同变种的唯心主义和政治信念的人。所有来自唯物主义者的，从哲学与革命层面对宗教展开的批判，都无法消除教会的社会支柱作用。各大教派和其他信仰团体的政治作用还远远没有失效。形形色色的唯物主义者、实证主义者和进化论的支持者遇到了对手，后者决心抵抗世俗的时代精神。[1]

## 西方与东方：克里米亚战争及其后果

1854 年 3 月爆发了一场战争，这场战争在五年前曾险些发生：西方与东方国家之间的战争。1849 年夏天，俄国迫于英国和法国的压力，最终没有向土耳其提出最后通牒式要求，让其交出匈牙利革命被镇压后逃往奥斯曼帝国的匈牙利和波兰的流亡者。1853 年 5 月，土耳其再次面对来自圣彼得堡的最后通牒式要求。尼古拉一世想让奥斯曼帝国承认其作为苏丹之所有基督徒臣民保护人的地位，这会为他创造干涉土耳其内政 691
的机会。高门再次拒绝向俄国的建议低头，作为对其立场的支持，西方两个强权大国——英国和法国派遣其地中海舰队驶入达达尼尔海峡进行军事示威。

沙皇俄国对此并不买账，并于 1853 年 7 月初占领多瑙河流域摩尔达维亚和瓦拉几亚公国，这两个国家名义上仍是土耳其的附庸国：此举让欧洲的公众舆论反对俄国。其他大国尝试在圣彼得堡和伊斯坦布尔之间进行调解，但没有成功。1853 年 7 月 31 日的《维也纳照会》（*Wiener Note*）也遭遇了同样命运。其中所包含的建议（即土耳其应该确认此前有利于奥斯曼帝国基督徒臣民的契约承诺，尤其是维持巴勒斯坦的宗教现状，也就是说在事先没有与法国和俄国进行沟通的情况下不得改变天主教和东正教在圣地伯利恒和耶路撒冷的合法权益）虽然得到沙皇俄国的认可，但高门迫于伊斯兰教领导人的抗议和越来越高的圣战（Dschihad）呼声拒绝了此照会。1853 年 10 月 4 日，土耳其向俄国宣战。

跟 1840 年一样，“东方问题”再次成为欧洲政治的焦点。在沙皇宫廷，人们坚信奥斯曼帝国的崩溃以及欧洲列强对它的瓜分指日可待。在英国产生了意见分歧。联合内阁首脑——保守的首相阿伯丁勋爵（Lord Aberdeen）愿意与沙皇俄国修好，因此不准备对俄国掣肘。相反，时任内政大臣、自由派巴麦尊勋爵认为，一旦土耳其收缩到小亚细亚，俄国完全控制了黑海、马尔马拉海（Marmarameer）及其海峡，大不列颠在地中海东部——从长远来看还包括对印度——的主权以及英帝国的世界地位都会陷入危险。此外还有奥斯曼帝国作为英国工
692 业品销售市场的重要性，因此长期担任过外交大臣的他竭尽全力使国内的公众舆论同意与俄国开战是不可避免的，并且让人们认同其最重要的战争目标：保护奥斯曼帝国并令其具有生存能力。

1853 年 10 月，当拿破仑三世开始让其国家准备与俄国开战时，其动机与 1852 年 10 月 9 日他信誓旦旦地允诺和平时已截然不同。当年的“王子总统”在波尔多曾说过一句多次被引用的话：“帝国即和平。”对当了皇帝的他而言，重中之重是要联手英国让法国走出外交上受孤立的境地——正是在他的统治之下法国陷入了这种处境——此外要尽可能逼迫俄国恢复波兰的独立国地位，至少要最终打破 1815 年维也纳会议形成的政治格局。另外他还希望天主教会能成为自己更紧密的合作伙伴，为此他要与沙皇争夺巴勒斯坦圣地保护者的地位。

让两个西方强权国家最终决定以武力而不是以和平方式解决争端的重要推动力，是 1853 年 11 月 30 日土耳其舰队在锡诺普（Sinope）被歼灭。1854 年 3 月 12 日英国和法国与苏丹签署一项同盟条约，最后通牒之后西方列强于 3 月 26 日向俄国宣战。克里米亚战争开始了。之所以称这场战争为克里米亚战争，是因为克里米亚半岛是这场战争的主战场。军事上的决定性事件是对固若金汤的港口城市塞瓦斯托波尔（Sewastopol）几乎长达一年的围攻，1855 年 9 月同盟国联军（自 1855 年 1 月起也包括来自皮埃蒙特—撒丁王国的军队）攻克该城。

奥地利为了维护自己在巴尔干地区的利益，有时看上去似乎要站在西方列强一边。布奥尔（Buol）伯爵——他是1852年4月去世的施瓦岑贝格的继任者——1854年12月2日与英国和法国签署的一份反俄盟约，似乎表明了这种倾向。但鉴于奥地利在1854年4月与普鲁士缔结的攻守同盟，维也纳不愿独自迈出这决定性的一步。赞成普鲁士参与反俄战争 693
的是柏林的一个温和派保守阵营，即自由保守主义的周刊党（Wochenblattpartei），该党得到了王储威廉亲王的支持；而高度保守的秘密顾问团则希望与俄国联手；持第三种立场，即主张严格恪守中立的有普鲁士首相冯·曼陀菲尔和奥托·冯·俾斯麦，自1851年7月起后者是普鲁士驻法兰克福德意志邦联的代表。

在俄国按照奥地利和普鲁士的要求，于1854年8月撤离多瑙河公国后（此后这里根据一份1854年9月与土耳其签署的协约由奥地利占领），国王腓特烈·威廉四世最终也选择了第三种立场。其态度的转变也是因为奥地利在1854年12月2日与英法两国签订反俄盟约之前并未征询普鲁士的意见。1855年2月俾斯麦在邦联议会让奥地利遭受了一次外交惨败：邦联议会没有按照维也纳的要求进行战争动员，而是根据普鲁士的提案准备抵抗来自任何方向的危险，这意味着宣布武装中立。这首先确保了两个德意志强权国家不参与克里米亚战争。

按照持续时间和参战士兵的人数来衡量，克里米亚战争是近代和现代历史中损失最大的战争之一。德国历史学家温弗里德·鲍姆加特（Winfried Baumgart）给出的死亡总数是24万人，这还不包括大约50万人的“自然”死亡数字。死于疾病、饥饿和寒冷的士兵人数超过在战斗中牺牲者数目数倍。美国历史学家罗伯特·B. 埃杰顿（Robert B. Edgerton）称克里米亚战争为“糟糕的军事指挥、官僚误事和医疗护理欠缺的一个典型例子”。这种严苛的评判（至少就最后一点而言），当然也会得到弗洛伦斯·南丁格尔（Florence Nightingale）的认同，这位英国护士在克里米亚战地医院希望为伤员提供快速和有效的救助，并通过其不懈的努力成为现代战地护理的一位先驱。

694 克里米亚战争首先是一场经典的内阁战争：各国政府出兵参战，其理由虽然与最高国家利益有关，但并非直接为了保卫祖国。更为重要的是意识形态战争，欧洲的自由主义者及与他们观点相近的各种报纸积极参与其中，因为在遥远的克里米亚进行的这场战争看上去关系到西方的自由和东方的压迫之间的世俗较量。倘若普鲁士和奥地利也参加了这场战争的话，它将扩大为一场欧洲大战，而且很可能会带有1848年左派所敦促的某些战争特质，即反对反革命独裁霸权的解放战争。事实上欧洲仅仅是因为以下原因才成为这场战争的战场：英国军舰轰炸了赫尔辛基的门户汉科（Hangö）港和芬兰城堡斯韦堡（Sveaborg，芬兰语：Suomilinnen），烧毁了波的尼亚湾（Bottnischer Meerbusen）附近的一些沿海地带，并支持一支法国舰队炮击和占领博马松德（Bomarsund）海上要塞，该要塞位于（沙俄治下芬兰大公国的）奥兰群岛（Aaland-Inseln）。

斯堪的纳维亚和普鲁士新闻界对同盟国联军在波罗的海的行为做出了极具批判性的评论，但这对大不列颠公众舆论的影响要比来自克里米亚的诸多战地报道小得多，这类报道向报纸读者公开描述塞瓦斯托波尔阵地战中士兵们遭的罪，让他们了解补给和伤员护理方面的严重不足之处。相反，法国的书报审查制度让政府得以阻止它不愿见到的有关前线之负面新闻的传播。克里米亚战争作为第一次“媒体战”是一件非常现代的事件。具有现代性的还有英法联军大量使用的火炮和不久前所发明的长距离步枪。正是这种技术现代化方面的优势在很大程度上帮助西方列强抵消了其漫长海上交通线所带来的劣势。反过来，俄国方面虽然距离战场更近但获益并不多，因为俄罗斯帝国的铁路网远远不能满足迅速运输战局所需要的军队和军用物资去前线的要求。美国工程师的帮助（这是美利坚合众国对俄国所提供的援助的一部分，为的是阻止英国更强大）来得太晚 695
了，以致此缺陷未能及时得到弥补。

按照1855~1858年英国首相巴麦尊勋爵的心愿，战争还应持续更长时间，直到喀琅施塔得和圣彼得堡被征服，并且应该比1855年年底的实际情况更持久地削弱俄国的实力。然而，当俄国人在塞瓦斯托波尔沦陷数周后于1855年11月28日征服了位于小亚细亚东北部的要塞城市卡尔斯（Kars）时，拿破仑三世则倾向于尽快缔结和约。为结束战争起了决定性推动作用的是维也纳。1855年12月28日，哈布斯堡帝国政府向俄国发出最后通牒，要求其无条件接受一系列和平条件，其中最重要的一点是黑海的中立化。1856年1月16日，沙皇亚历山大二世（1855年2月去世的尼古拉一世的儿子和继任者）在经过与枢密院协商后，毫无保留地接受了这些条件。他若不这样做，不仅会与奥地利断绝外交关系，而且哈布斯堡帝国极有可能会介入这场战争，德意志邦联和普鲁士也可能参战。由于俄国在军事上几乎无法承受联军阵营如此扩大，此外它也濒临金融崩溃，所以根本无法拒绝此最后通牒。

1856年2月25日，和谈在巴黎开始。选择巴黎作为这次和谈的地点，是对法国政府的一种致敬，上一年9月8日其军队攻克了马拉科夫－库尔干（Malakow-Kurgan），迫使俄国人放弃了塞瓦斯托波尔，这也是法国皇帝的个人胜利。1856年3月30日，《巴黎和约》（*Friede von Paris*）签署。俄国把多瑙河三角洲连带南比萨拉比亚（Bessarabien）的一小部分割让给摩尔达维亚公国，从而失去了对多瑙河航道的控制，这条航道被宣布为自由航道。同时圣彼得堡还放弃了多瑙河公国摩尔达维亚和瓦拉几亚之保护者的角色，这两国的地位以后再做安排。奥斯曼帝国的基督徒的庇护者角色由所有欧洲列强接手，土耳其方面保证基
696 督徒和穆斯林的平等权利。最令俄国痛苦的是有关黑海的规定。它被中立化：不允许俄国和土耳其在那里拥有海军舰队，也不得部署军事设施。博斯普鲁斯海峡和达达尼尔海峡仍然禁止所有国家的军舰驶入。西方列强在拆毁港口建筑和防御工事后把塞瓦斯托波尔还给俄国，俄国则将卡尔斯还给奥斯曼帝国。俄罗斯帝国还承诺不在奥兰群岛修筑防御工事。

俄国明显是克里米亚战争的输家，但仍维持着其无可争议的大国地位。这也是因为，沙皇帝国在战争的辅战场东西伯利亚堪察加半岛（Halbinsel Kamtschatka）面对英法海军力量的进攻表现出色。克里米亚战争结束后，俄国立即开始扩大其在高加索的统治，然后在1880年代又征服了中亚。获胜的超级大国英国也不得不接受一个事实，即历史形成的“熊”与“鲸鱼”之争仍会继续存在。英国与俄国的竞争重点只是进一步东移，从奥斯曼帝国转向波斯、阿富汗和中国。

另一个战胜国法国未能恢复一个独立的波兰，从而部分重绘了欧洲的地图。不过拿破仑三世的威信在巴黎和谈时达到了巅峰：克里米亚战争的结局让皇帝感觉自己现在成了欧洲的仲裁者。皮埃蒙特—撒丁王国参战是希望在法国和英国的支持下实现在其领导下的意大利统一。1856年该国首相卡米洛·迪·加富尔伯爵遭遇了极大的失望：当他首次在巴黎和会的聚光灯前走进欧洲公众的视线时，他发现这一目标仍旧和过去一样遥远。然而，都灵可以希冀至少法国会站在自己一边，如果将来有机会将亚平宁半岛从哈布斯堡皇朝手中解放出来的话。另一战胜国土耳其虽然在西方列强帮助下才度过危机，但1856年获救后它与欧洲各列强的关系比以往任何时候都更加

紧密。

克里米亚战争的结局对两个没有积极参与的大国也有重大 697
的意义。1856年后奥地利必须为其亲西方政策付出代价：此后俄国不再视其为盟友，而是当作敌对的大国，并采取相应态度来对待。普鲁士从中受益，其一开始显得有些软弱的中立立场事后看起来却恰恰是清楚和正确的：1856年后，霍亨索伦国家成为唯一一个沙皇帝国与之保持着最友好关系的大国。奥地利的弱化也让其他人受益。自从维也纳不能肯定会得到俄国的支持后，它对1848/1849年最顽强地反抗哈布斯堡皇朝统治的两个民族——生活在伦巴第—威尼托的意大利人和多民族帝国匈牙利部分的马扎尔人——态度和缓了许多。

1856年的《巴黎和约》令1815年维也纳会议确立的和平秩序成为历史，与维也纳体系一起寿终正寝的还有神圣同盟留下的习惯：三个保守的欧洲东部强国俄国、奥地利和普鲁士偶尔会协同行动。克里米亚战争对欧洲国家体制的革新程度要超过1848/1849年的事件对欧洲社会的改变。1853~1856年的战争影响了历史的进一步发展。倘若1855年皮埃蒙特—撒丁没有成为西方列强的盟友，加富尔大概就无法在1859年与法国结盟从而成功赢得统一意大利的战争。奥地利和俄国之间的隔阂是维也纳在克里米亚战争中所推行的政策的结果，这帮助俾斯麦在1866年和1871年通过两场战争（先是针对奥地利，然后针对法国）以普鲁士方案解决了德意志问题。

吸取失败的经验，俄国将向外扩张的方向转向远东，在国内于1861年废除了农奴制，从而为社会的现代化提供了推动力。“沙皇改革者”亚历山大二世坚信不推行现代化帝国无法作为超级大国生存。土耳其对自己的未来做出了类似判断，
这使其加大了内部改革的力度。苏丹马哈茂德二世［“坦志麦 698
特”（Tanzimat）改革运动的创始人］于1839/1840年引进了

一系列措施：保障所有臣民的生命、荣誉和财产安全，设立公开审判制度，实施西方模式的刑法。1856 年 2 月，马哈茂德之子阿卜杜勒 – 迈吉德一世接着颁布了《哈特 – 艾 · 于马云》（*Hatthümayan*）法令，给予基督徒和犹太人与穆斯林同等的公民权。此后允许犹太人和基督徒在“米利特”（Millet）——非穆斯林宗教社区——内建立自己的学校，当然要受到国家的监督。此外酷刑被废除，造币体制得到改革，允许成立银行。因此克里米亚战争以不同的方式导致了两个非西方国家——俄国和土耳其社会一定程度的西方化。

《巴黎和约》后欧洲的“东方问题”仍未得到解决。这一方面是由于奥斯曼帝国的持续衰弱；另一方面是因为在巴尔干问题上伊斯坦布尔和圣彼得堡之间，以及圣彼得堡和维也纳之间仍旧存在利益冲突。然而，“东方问题”并非人们从一开始就怀疑 1856 年的国际秩序能否像 1815 年的体系那样维持 40 年之久的唯一原因。克里米亚战争的真正赢家拿破仑三世，受到其军队旗帜之荣誉的鼓舞，想继续以军事胜利来稳固自己的统治。这是一种危险的打算，但波拿巴家族的第二位皇帝比第一位更富赌徒色彩，因此他抵挡不住诱惑，把刚刚赢得的东西再拿去赌掉。维多利亚时代英国的政治家是不会冒这种险的。1856 年后，为了能将注意力主要集中在帝国的巩固和扩张上，大不列颠对欧洲大陆的关注大为减弱。其外交政策的重新定位亦有欧洲以外的原因：首先是亚洲的发展，克里米亚战争结束后不久，那里的发展就吸引了伦敦政府的全部注意力。[2]

1853年6月初，当欧洲正在关注俄国和土耳其关于基督徒在奥斯曼帝国之地位的冲突激化时，卡尔·马克思在流亡伦敦期间写了一篇文章，该文于同月月底以《不列颠在印度的统治》(*Die britische Herrschaft in Indien*)为题发表在《纽约每日论坛报》(*New-York Daily Tribune*)上。许多段落读起来首先让人觉得是对大不列颠殖民帝国的控诉，其税务官和士兵们无情地摧毁了印度的乡村社区和家庭企业、手织机、纺车和手耕农业。

但随后文章的语调发生了变化。按照马克思的观点，大不列颠以其残忍的干预引发了一场亚洲有史以来最大的、唯一的社会革命。“从纯粹的人的感情上来说，亲眼看到这无数勤劳的宗法制的和平的社会组织崩溃、瓦解、被投入苦海，亲眼看到它们的成员既丧失自己的古老形式的文明又丧失祖传的谋生手段，是会感到悲伤的；但是我们不应该忘记：这些田园风味的农村公社不管初看起来怎样无害于人，却始终是东方专制制度的牢固基础……我们不应该忘记那种不开化的人的利己性，他们把自己的全部注意力集中在一块小得可怜的土地上，静静地看着整个帝国的崩溃、各种难以形容的残暴行为和大城市居民的被屠杀，就像观看自然现象那样无动于衷……我们不应该忘记：这种失掉尊严的、停滞的、苟安的生活，这种消极的生活方式，在另一方面反而产生了野性的、盲目的、放纵的破坏力量，甚至使惨杀在印度斯坦成了宗教仪式。”①

英国殖民者受自私动机的引导，这对马克思而言是毋庸置疑的。“的确，英国在印度斯坦造成社会革命完全是被极卑鄙

① 马克思：《不列颠在印度的统治》，载《马克思恩格斯全集》第九卷，北京：人民出版社，1961，第148~149页。

700 的利益驱使的，在谋取这些利益的方式上也很愚钝。但是问题不在这里。问题在于，如果亚洲的社会状况没有一个根本的革命，人类能不能完成自己的使命。如果不能，那么，英国不管是干出了多大的罪行，它在造成这个革命的时候毕竟是充当了历史的不自觉的工具。”①

当马克思描绘不列颠殖民管治的双面性肖像时，印度次大陆约三分之二受英国东印度公司的统治，三分之一由印度王公统治，这些王公承认英国的宗主权。英国受益于这样一个事实，即这个信仰伊斯兰教、原本由蒙古人创建的莫卧儿帝国在18世纪变成了一个松散的国家邦联，它已无法采取足够的措施保障社会治安：英国人是第一个能够在广阔区域内运作有效的管理体制，建立广泛统一的基本纳税制度和有效的司法管辖体系的统治者。

在威廉·本廷克勋爵（Lord William Bentinck，1828~1835年任总督）治下，英语作为行政用语被引进，高等教育英化，印度教中普遍的“自焚殉夫”[sati（娑提）]被禁止。1843~1849年是强化不列颠统治的时期：印度河上游的锡克教徒被镇压，信德（Sindh）和旁遮普（Pandschab）遭吞并。殖民统治者致力于加强道路和灌溉系统的建设，以及扩大邮政和电报业务。1855年英国人修通了第一条铁路，很快铁路网就初具规模，它成为后来印度工业化的又一个重要先决条件。1856年达尔豪斯（Dalhousie）总督下令吞并奥德（Oudh）的印度行政长官管理的地盘，英国人指责那里管理不善。1857年成立了加尔各答、孟买和马德拉斯（Madras）三所大学。

18世纪，负责管理印度的东印度公司对干预当地传统还比较克制。19世纪中叶，英国殖民政府确信印度文化中几乎没

① 马克思：《不列颠在印度的统治》，载《马克思恩格斯全集》第九卷，北京：人民出版社，1961，第149页。

有什么是值得保留的。目标是全盘西化，只有一个国家能够完
成这一历史赋予的使命：大不列颠。对英国印度政策的设计师 701
们，如詹姆斯·穆勒（James Mill，效益主义[①]者杰里米·边
沁的学生和伦敦印度事务部的高级官员）而言，西化首先是教
育人们自食其力，并且要适应现代劳动分工社会的要求。换句
话说就是要对阻碍实现此目标的所有印度传统斩草除根，但并
非要系统地让印度教徒和伊斯兰教徒皈依基督教。基督教传教
士（其中很多来自苏格兰长老会）的活动虽然受欢迎，但不是
英国官方印度政策的组成部分。

母国从扩张其殖民统治中所获得的好处首先是经济上的：印度提供鸦片（这被销往中国换取茶叶）、盐、靛蓝和原棉。印度充当了英国工业产品，特别是机织布的销售市场，这种布逐步取代了来自孟加拉的手织布。1850 年前后，英国的国民总收入中来自印度的占大约 5%，这部分收入足够支付联合王国每年的国债利息。然而印度带来的还不仅仅是经济利益，它提供的无法估价的好处是：大不列颠作为海上强国的地位，甚至是工业化时代的独一无二的世界强国地位——1851 年英国在第一届世博会伦敦水晶宫中自豪地展示了这些成就。

印度的加快西化得到了当地人的支持，尤其是印度教徒，但印度教徒和穆斯林中也有许多人担心英国人会带来过度异化，这些人中包括在英属印度陆军中服役的大约 25 万人。1857 年 5 月，一件事突然让人明白此间英国军官和印度雇佣兵之间的裂痕已经有多深。军队里谣言四起，说新子弹夹的纸板质防护套（使用前必须用牙齿撕咬开）涂抹过牛油和猪油混合润滑剂：这种工艺无疑严重违背了印度教徒和穆斯林对食品纯洁度的要求。谣言还说，英国人是故意引进这一革新的，为

① 旧译功利主义。

的是让印度士兵摒弃自己的宗教并强迫他们皈依基督教。

702 德里附近的密拉特（Meerut）的一位英国上校对谣言十分震惊，他决定从其部队（第19孟加拉步兵团）中挑选90名士兵来公开辟谣。演讲结束后，他命令士兵们分发子弹。除五名士兵外，其他人一律拒绝执行命令。其后果是军事法庭审理此案，拒绝执行命令者被判长期监禁。全团只好眼睁睁地看着那些被判刑的人被戴上镣铐带走。

第二天爆发了起义，在大英帝国的历史上被称为“印度兵变”（Indian Mutiny）。哗变令英国人措手不及：起义的印度教徒和穆斯林冲进被定罪的士兵们所在的监狱，释放了他们。此后他们在野蛮的复仇情绪驱使下开始滥杀无辜，遇难者有英国军官和平民，也包括妇女和儿童。随后他们前往德里，在那里他们宣布本人勉强为之的最后一位莫卧儿皇帝——年老无力的巴哈杜尔沙（Bahadur Shah）为“印度斯坦皇帝”。40多名英国妇女被他们追得满街跑，遭强奸并被杀害。在德里之后不久，勒克瑙（Lucknow）和坎普尔（Kanpur）也落入起义的印度教徒和穆斯林手中，现在他们似乎就要让整个北印度陷入动乱。只有在英国成功地派遣非正规的锡克族队伍投入战斗后，局势才发生了变化。1857年9月、12月，1858年3月，德里、坎普尔和勒克瑙先后被夺回。持续时间最长的战斗发生在更南边的瓜廖尔（Gwalior），1858年6月该城投降。此后出现了集体处决，一些起义者被活活烧死，另一些被绑在大炮炮口炸成碎片。

许多参加起义的印度士兵来自起义开始不久前被英国人吞并的奥德。在那里以及印度北部的其他地区，起义得到老封建主和农民的有力支持，前者反对英国人的税收法，后者感到自己受到土地投机者的挤压。相反，几年前被英属印度陆军击败的旁遮普锡克教徒没有参加起义，尼泊尔好战的廓尔喀

人（Gurkhas）也仍旧忠于英国。采取同样态度的还有本土的 703
王公，他们承认英国的宗主权。反对起义的还有新的受过教育的中产阶级，他们致力于进一步西化，并且认为这恰恰是印度摆脱外国统治的先决条件。如果从这种希冀出发，“印度兵变”就完全是一种倒退的大胆妄为，它没有为建立一个现代化的、独立的印度国家做出任何贡献。

对美国独立战争后第二次重组的大英帝国史上最严重的危机，英国做出紧急反应——实施政策调整。1813 年失去垄断权的东印度公司，自 1833 年起不得不完全将自己的职能限制在管理上，要对印度的反叛情绪负责。1858 年，在创立 258 年后，它被撤销。此后印度直接受英国王室的统治；总督为副王；伦敦内阁中增设一位新的印度事务大臣，他和其他大臣一样须对下议院负责。1861 年一个新的印度事务咨询机构——帝国立法会（Imperial Legislative Council）应运而生，其中有几位由副王任命的印度籍成员。1876 年维多利亚女王接受了“印度女皇”（Empress of India）称号。1858 年后，基督教传教工作大幅度减少。大不列颠现在开始以宽容为座右铭，印度教徒和穆斯林应该按他们自己的方式获得幸福，因此禁止在公立学校开设圣经课程。

那个时代最主要的自由主义思想家之一约翰·斯图尔特·密尔（John Stuart Mill）①——他是詹姆斯·密尔（James Mill）的儿子以及托克维尔和孔德的笔友——一直关注着印度事态的发展，因为他从 1823 年起在伦敦受雇于东印度公司。1858 年，他因来自母国的批评为这家公司辩护，这既是出于职务需要也是基于信念。他警告说，不要产生那种错觉，即认为一位在伦敦对议会负责的大臣能比东印

① 又译约翰·斯图亚特·穆勒。

度公司做出更好、更适合印度情况的抉择。只有在当地才能获得的专业知识，必须继续受到英国国内决策者的重视：根据他的意见，政府在东印度公司解散三年后委任了为副王提供咨询的立法机构。

704 密尔的另一个提醒在印度士兵哗变后的最初几年更是有一种预防性特征：在英国发展起来的代议制民主，适合欧洲与美国的先进社会，以及英国在加拿大、澳大利亚和新西兰的打着欧洲烙印的殖民地，但不适合印度和中国这样的东方社会，那里在早期出现了高度发达的文明，现在却囿于僵化传统，对个人主义和言论自由的价值缺乏敏锐的感觉。

在其1861年出版的《论代议制政府》（*Considerations on Representative Government*）一书中，密尔从上述发现中得出影响深远的结论："在本地的专制政治下，好的专制君主是一个罕见的和稍纵即逝的偶然现象，但当该地人民受到一个更文明的国家统治时，该国应当能够继续不断地提供这种好的专制君主。统治国家应当能为其臣民做接连不断的专制君主所能做的一切事情，这样提供的专制君主由于具有不可抗拒的力量就能避免野蛮的专制政治所带来的不稳定性，并应通过其才能获知先进国家通过经验知道的一切。这就是自由的人民对野蛮的或半野蛮的人民的理想统治。"

英国把自己从来没有经历过的绝对君主制作为一种手段，以便把落后的殖民地社会提高到西方文明的水准：在此历史使命中密尔看到大英帝国统治的理由。不同于托克维尔就法国对阿尔及利亚的统治所进行的观照，密尔认为殖民地人民原则上能够向人们所期待的，也是被认为是必要的方向发展，从长远来看能够摆脱对殖民统治的依赖。一种开明的殖民统治的理想暂且似乎还难以实现，但对这种理想的接近却是完全可能的。如果做不到这一点的话，按照密尔的见解，"统治者就犯有对

一个国家所能负有的最崇高的道德委托失职的罪行。如果统治者甚至不以这种理想为目标，他们就是自私的篡位者，就是在 705
犯和世世代代以来其野心和贪婪视人类大众的命运为儿戏的人同等的罪”。

因此，对印度来说，要实行这样一种准则，即“英国人民要对印度这样的国家尽到责任，不应试图进行直接统治，而应让它得到好的统治者”。但密尔在 1861 年前后并没有把握，英国是否会遵循这一准则。而事情的发展的确走向了反面：在印度兵变前英国对印度的直接和间接统治并存，经过 1857/1858 年的起义，这种情况并没有消除。特别是在对英国经济不那么重要的地区，继续存在着大约 40 个大的和 500 个小的“土邦”（princely states），这些本地小朝廷在英国监督下进行“统治”。然而，在随后的一段时间里，殖民政权显得比以前更像“国家”：英国的统治或其宗主权的行使不再间接地通过贸易公司，而是直接通过其政府和由政府任命的副王来行使。

原则上讲，直接殖民统治违背了自由贸易精神，英国在 1846 年通过废除《谷物法》已加入自由贸易行列。如果坚定不移地坚持经济自由主义，那么殖民地与国家间的自由竞争是不相容的；从长远来看，这损害了殖民统治众所周知的自身利益。当大不列颠在国界以外以非正式的统治代替正式统治时，它遵循的就是这种认识。让欧洲或海外的另一个国家在经济和政治上依附于自己，要比直接接管和牢固掌握那里的政权更划算。在葡萄牙、阿根廷和巴西这种考量得到了最好证明。

至于“非正式帝国”（Informal Empire）[①] 的统治形式是否总是优于正式帝国，这并不完全取决于母国。如有其他势

① 又译“无形帝国”。

力进入被英国视为自己的势力范围之区域，这可以成为从非正式转入正式统治的原因。类似的变化也可能发生在如印度起义的情况下，大都市不得不以武力恢复周边叛乱地区的和
706 平。如果严格忠于经济自由主义的原则，那么国家权力只能用于保障自由的对外贸易。维多利亚治下的英国没有遵循这条原则。“如有可能就实行贸易加非正式统治，如有必要则实行贸易加直接统治”，这是两位英国经济史家约翰·加拉格尔（John Gallagher）和罗纳德·罗宾逊（Ronald Robinson）在其1953年发表的著名论文《自由贸易帝国主义》（*The Imperialism of Free Trade*）中对19世纪下半叶英国各届政府的立场所做的总结。[3]

对英国而言，1850年代印度并非其在亚洲的唯一战场。另一个战场是中国，1856~1860年英国和法国与中国进行了所谓的“第二次鸦片战争”。第一次鸦片战争发生在1839~1842年间，起因是中国禁止鸦片进口，因为越来越多的中国农民已经抽上了大烟。对中国出口鸦片是英国东印度公司的一项重要财源，赚来的钱主要用于从中国进口茶叶到英国并销往世界各地。大不列颠打着捍卫自由贸易的大旗所进行的这场战争之结果是《南京条约》的签署，1842年被击败的中华帝国在条约中把两年前英国人已经占领的香港割让给联合王国，同时英国还获得了在华五口通商的贸易特权。

《南京条约》是欧洲列强强加于中国的一系列“不平等条约”中的第一份。西方人所施加的屈辱导致清王朝的声誉陡降，并推动了太平天国运动，对基督教思想的武断解释在这场运动中发挥了重要作用。太平军或“太平天国”的拥护者（其中有许多农民）宣传对土地彻底进行再分配并共同经营使用，以及平等对待女性。1851年爆发的这场反对清王朝的起义历时15年，约2000万人丧生。

英国历史学家克里斯托弗·A.贝利（Christopher A. Bayly）称太平天国起义为一次拥有世界史意义的事件，就对东亚的后果而言其扣人心弦的程度并不亚于美国南北战争之于 707
西半球。1856~1860 年，英国和法国利用中国的内战发动了上文提到的“第二次鸦片战争”。1858 年的不平等《天津条约》让中国承诺：允许欧洲列强在北京设立公使馆，外国人享受领事裁判权，进一步打开通商口岸，以及允许基督徒自由从事传教工作。由于中国方面没有批准此条约，英法联军于 1860 年侵入北京，法国军队洗劫并烧毁了圆明园。在此惩罚性行动之后中国才同意接受《天津条约》。

俄国也没按兵不动。1858~1860 年之间它占领了阿穆尔河[①]左岸和沿岸地区，并迫使中国同意沙皇俄国攫取这片领土。1860 年符拉迪沃斯托克[②]（“征服东方！”）成立，借此俄国终于成为太平洋区域的一个超级大国。当中国动乱蔓延到越南，法国以基督徒在该国富有的南部交趾支那（Cochinchina）[③]受迫害为借口，对那里进行武装干涉，并在 1862 年强迫越南把这块地方割让给法国。直到一群欧洲冒险家在英国上校查尔斯·戈登（Charles Gordon，后成为戈登帕夏）率领下为忠于皇帝的部队提供援助，太平天国起义最终才在 1860~1866 年被剿灭。

两次鸦片战争、太平天国运动和 1855~1873 年的西北回民暴乱持续削弱了中国的中央集权政府。面对不断增长的欧洲列强之影响，中华帝国的回应是从技术上对其陆军和海军进行现代化，设立商业航运公司和促进煤炭开采。然而，清王朝握有统治权的高官害怕系统的工业化和随之而来的中国社会秩序的革新，

① 即中国的黑龙江。

② 即原中国的海参崴。

③ 越南语称南圻（Nam Kỳ）。

708 唯恐这会降低自己的权威。抵抗西方各种成就的决定性因素，与其说像人们常说的那样是中华帝国本身体制上的保守主义和国家理念的儒家思想，不如说是传统的上层阶级之权力利益。

鉴于英国、俄国和法国之间为扩大在东亚的影响力所展开的竞赛，美利坚合众国也不愿再置身事外。由于日本人虐待了遭遇海难的美国水兵，菲尔莫尔总统借机于1853年和1854年两次派遣海军准将马休·C.佩里（Matthew C. Perry）率一支小舰队前往东京湾，以强迫日本开放多个港口与美国进行贸易。只有在受到攻击时才可使用武力。这项任务完成得十分成功：日本于1854年在《神奈川条约》（*Vertrag von Kanagawa*）中向美国开放两个港口作为补给站，并允许设立一个美国领事馆。1858年日本和美国签署了一个普通的贸易协定，此后不久又分别与英国、俄国和荷兰缔结了相应协定（后者是西方国家中唯一与日本拥有古老的经济与科学合作传统的国家），接下来则与大多数其他欧洲国家签订了贸易协定。由于这些协定不是基于互惠原则，所以它们和与中国签署的那些“不平等”条约有相似之处。

这种单边贸易开放的决定是幕府将军做出的，即来自德川家族的掌握政治决策权者，此家族于1603年以一种世袭封地的形式从天皇手中获得此职位。德川幕府在政策上的改弦易辙，即改变全面封锁西方及其宗教基督教的做法，引发了强烈的排外运动。这也是在接下来的十年里德川家族的统治走到尽头的主要原因。

在1867年登基的明治天皇［Meji-Tenno，名睦仁（Mutsohito）］治下，在部分上层阶级的积极支持下，第二年开始了一场被称为明治维新的自上而下的革命。在此过程中日本先是成为一个专制君主制国家，1889年后演变为一个君主立宪制国家。幕府和武士（17世纪以来最高的军事将领、官吏

和神职人员均出自这个圈子）的特权被取消，首都从京都迁往 709
东京，军队以及司法和行政管理在很大程度上是以普鲁士为榜样组建的。此外还引进了西方的技术，进行了资本主义方式的工业化，并组建了强大的舰队。由于其自主实施的现代化，如饥似渴进行学习的日本与保守的中国形成鲜明对照，它不仅保护了自己的主权不受侵犯，而且在短短几十年间就成为亚洲的第一个，并且在很长时间内也是亚洲唯一的强权国家。日本领土扩张最早的受害者是朝鲜，1871 年美国在尤利西斯·格兰特（Ulysses Grant）总统治下曾试图用武力强迫它与美国建立贸易关系，但没有成功。17 世纪中国曾是其宗主国，1910 年它被日本吞并。

19 世纪下半叶初，“白种人”强权国家在亚洲进行权力扩张的动机是完全不同的。英国和美国毫无疑问是商业利益使然；对法兰西第二帝国来说则是追求国家声望；俄国在远东地区扩张其西伯利亚版图的主要目的是为在克里米亚战争的失败雪耻，并证明自己是地跨欧亚的超级大国。获得阿穆尔地区后，让沙皇帝国在 1867 年把位于更东部的阿拉斯加与阿留申群岛一起出售给美国人时不那么感到痛心疾首。然而，1850 年以后俄国扩张的主推力开始转向中亚。亚洲能够逃脱被欧洲列强瓜分下场的其他地区，都是一些长期以来已经被欧洲国家占有的地盘：荷属东印度（Niederländisch-Indien），即印度尼西亚群岛自 17 世纪初；西班牙属菲律宾群岛部分自 16 世纪下半叶起，并自 1648 年起有了国际法约束力。

“帝国主义时代”这一概念通常指 1880 年之后的时代，当时“瓜分非洲”已进入白热化，这种看法理由充分。1850~1880 年间只有个别强权国家追求扩大自己在本大陆以外
的影响力；那时还没有为确保海外销售市场和资本市场以及划 710
分世界各地尚未被白人统治的部分的一般竞争，无论是以殖民

地的形式还是以势力范围的形式。在这条路上捷足先登的是工业革命的发源地——大不列颠。19 世纪中叶英国在其政策中就独创了很多东西，30 年后所有觉得自己在经济和军事上足够强大的国家对这种突出特点都纷纷仿而效之。[4]

## 从反动时期到“新时代”：普鲁士的政权更迭

欧洲大国中只有两个没有在亚洲舞台上亮相：奥地利和普鲁士。除克里米亚战争外，在“反动时期”（1848/1849 年革命后的第一个十年）两个中欧大国首要关注的是内部和贸易政策问题。哈布斯堡帝国在施瓦岑贝格及 1852 年 4 月后其继任者卡尔·费迪南德·冯·布奥尔－绍恩施泰因伯爵治下，经历了一种倒退，回到打着约瑟夫二世时代烙印的新专制主义：维也纳致力于完善一种官僚主义的集中制，包括在多民族帝国内推行德语作为“通用的”行政语言，德语的这种特权地位对斯拉夫人和马扎尔人同样具有挑衅性。相反，打破约瑟夫二世传统的是 1855 年 8 月的国教协议，它保障了罗马天主教在整个帝国的种种特权：主教们在其教区内拥有完全司法管辖权，教会还得到授权监督天主教学校和负责宗教课程。

在普鲁士，反动政策以一种新封建和官僚主义的变体出现于首相奥托·冯·曼陀菲尔执政的 1850~1858 年这八年间。属于第一类的包括恢复 1848 年已取消的庄园警察；再次允许产业受益权，即财产不可分割、不能转让地只能由男性继承人继承；重新召开各县、省议会，并保障贵族得到其中的多数席位；最后是根据贵族的意愿对上议院进行相应改革。属于第二 711
类的则有扩展警察监控体系，引进政治和新闻问责程序的特殊规定，以及按照 1854 年德意志邦联的法律规定对新闻和结社权进行限制。其他邦联成员国对这些指令的遵守情况宽严不等：汉诺威最严，巴登最松。

与施瓦岑贝格执政的最后几年一样，奥地利在布奥尔－绍恩施泰因担任外相时期以关税同盟的形式全力打造中欧大经济区，如果能实现这种关税同盟，它将成为施瓦岑贝格引进的中欧政策的经济基础。出于相同的意图，奥地利商贸大臣卡尔·

路德维希·冯·布鲁克于1849/1850年写下了相关备忘录。实际上，布鲁克的计划相当于让哈布斯堡帝国与德意志关税同盟携手，后者的协约应在1851年至1853年间续约。但是，普鲁士并不想放弃自己此时在非奥地利的德意志地区所取得的经济政策方面的领导地位，以及按照布鲁克计划的逻辑从自由贸易转向关税保护体系。霍亨索伦国家向中等强国施压，不仅让德意志关税同盟协约续约12年，同时从1854年1月1日起还吸收汉诺威和成立于1834年的“税务协会”的其他成员加入同盟，即不伦瑞克、奥尔登堡和绍姆堡–利珀（Schaumburg-Lippe）。维也纳不得不满足于1853年2月所签订的普奥贸易协定，把进一步的计划推迟到1860年。柏林以此成功地在贸易政策方面打了一场翻身仗，洗刷了1850年奥地利强加给它的“奥洛穆茨耻辱”，当时它阻挠了普鲁士的联盟政策。

1857年秋，国王腓特烈·威廉四世患有严重精神疾病的迹象日益明显。10月23日，没有子嗣的君主委托王位继承人威廉亲王代司其职三个月，并指示他继续按照迄今为止的政策
712 领导政府。根据曼陀菲尔政府的意见，这种临时代理最能保障普鲁士的政策不发生变化，因此在国王的健康状况没有改善的情况下，1858年这种为期三个月的代理又延长了三次。司法大臣和威廉亲王担心这样继续下去会违反宪法，这终于让内阁放弃了反对由储君正式摄政。王后伊丽莎白于1858年10月7日说动国王向其弟提出摄政请求。10月9日，其弟根据请求在同一天按照普鲁士宪法第56条，召集两院共同开会讨论摄政的必要性。10月25日两院做出决定，次日摄政王在两院前宣誓效忠1850年1月31日的普鲁士宪法。

尽管对曼陀菲尔政府的强硬保守主义怀有最大程度的保留意见，作为国王代理的威廉亲王对其政策几乎没有什么干预。但作为摄政王，他立即改变了方针政策：他组建了自由派保

守主义的内阁，名义上让霍亨索伦－锡格马林根的卡尔·安东侯爵（Fürst Karl Anton von Hohenzollern-Sigmaringen）挂名，实际上由温和自由派鲁道夫·冯·奥斯瓦尔德领导，此人在1848年6至9月就曾负责过一届普鲁士政府的工作。新政府的大多数成员属于自由保守的“周刊党”或接近其立场；两位大臣（他们是唯一在曼陀菲尔内阁已经占据此位的）属于温和保守派，一位则是“老牌自由主义者”。利奥波德、路德维希·冯·格拉赫兄弟以及弗里德里希·尤里乌斯·施塔尔身边的极端保守的“阴谋集团”——他们从1850年代初就徒劳地劝说国王进行政变并颁布一部新宪法——在霍亨索伦—奥斯瓦尔德政府中不再获得支持。至少对普鲁士而言，1858年秋的内阁重组意味着“反动时期”的结束。

摄政王11月8日在内阁的讲话不只引起了普鲁士自由主义者的关注。威廉亲王反对为了政治目的而滥用宗教；他承诺实施新的教育政策，理由是普鲁士的高等教育机构必须处于精 713
神才智的领军地位；并宣布将推行寻求与其他大国达成良好理解的外交政策，但不会屈服于外国影响。他要求普鲁士必须在德意志进行“道德征服”（moralische Eroberungen）——这后来成了一句格言——这种征服要通过“本邦的明智立法，提升所有道德元素和采取统一措施”，如关税同盟就是这样一种措施，但它还需要改革。“世界必须知道，普鲁士准备在任何地方保护权利”：这成为另一个经常被引用的句子。自然还有军队改革，摄政王是如此描述这个对他而言特别重要的计划的：军队必须实施一些改革，这样普鲁士在与其他大国发生政治冲突时才能获得更多的话语权。

公众对摄政王讲话的反应完全是友好的，不仅是在普鲁士，而且在德意志南部，那里人们最没有料到的就是1849年的“霰弹亲王”会有如此进步的意图。普鲁士进入了“新时代”的说法很快就不胫而走。霍亨索伦国家有投票权的公民在1858年11月就得到机会，通过到众议院投票对柏林方针政策的改变表达自己的意见。自从1849年5月引入三级选举制以来，现在第一次有许多民主党人再次参加投票。坚定的左派出于谨慎还没有提出自己的候选人，他们现在仅仅满足于承认修订后的宪法之法律基础，并宣告如果新政府认真对待国家宪法和以法律方式本着自由精神继续完善它，他们会支持这个政府。

选举的明显获胜者是不同派别的温和自由主义者。他们意识到摄政王和他所任命的政府各部之岌岌可危的处境，所以不想以太过决绝的行为让内阁陷入尴尬。“就是别逼得太紧！”这是当时众议院最强的“芬克议会党团”——该名称是按照其
714 主席格奥尔格·冯·芬克男爵的名字命名的，他在法兰克福国民议会中曾属于最右倾的“米拉尼咖啡馆”（Café Milani）[①]议会党团——的座右铭。

选举之后对一些政府机构的重要职位进行了调整，几位迄今为止的政府主要成员被“周刊党”的支持者替换下来。这也涉及普鲁士派驻邦联会议的代表，得到该职位的是一位温和的自由派外交官卡尔·冯·乌泽多姆（Karl von Usedom）。其前任奥托·冯·俾斯麦被改派到圣彼得堡做冷处理，在沙皇宫廷他离普鲁士国家权力中心确实比在法兰克福时远，但在等级制中驻圣彼得堡大使的地位又很高。经过1859年1月底一番与摄政王的详谈，俾斯麦完全能够希望威廉在形势紧迫的情况下会任命他担任更有影响力的政治职位。[5]

① 此为该议会党团聚会的地点。

## 一个民族国家的诞生：意大利统一

1850 年后，不仅德意志邦联成员国，而且意大利的部分地区也经历了一段反动时期。在哈布斯堡皇朝统治的伦巴第—威尼托王国，那里多次发生马志尼追随者们的起义（如 1851 年在曼图亚，两年后在米兰），直到 1856 年都处于戒严状态。奥地利军队在 1850 年代也驻扎在帕尔马和摩德纳公国、托斯卡纳大公国和教宗国的北部。革命前的秩序以极其显著和恐怖的形式在波旁两西西里王朝斐迪南二世的统治下得到恢复：那不勒斯在欧洲自由主义者中被认为是西方最落后的政体，其反动性不输沙皇帝国，后者长期以来觉得自己与两西西里王国休戚与共。

但与此同时，还有另一个宽松的意大利：皮埃蒙特—撒丁王国。1849 年在维克托·伊曼纽尔二世治下它成为亚平宁半岛其他地方自由派力量最重要的避难所。自 1852 年 11 月起首相是卡米洛·迪·加富尔伯爵，他是新创建的多数党领袖，该 715
党由自由党和温和民主党“联姻”（Connubio）而成。随着加富尔的任命，国王实际上把立宪君主制改变为议会君主制。当新政府首脑 1853 年以奥地利人在伦巴第—威尼托王国所推行的更为严苛的反动政策为由，断绝了与维也纳的外交关系时，这获得了几乎来自所有左派的掌声。次年，加里波第被允许从美国流亡地返回皮埃蒙特。参加克里米亚战争尚未让这个意大利北部王国能够在西方列强或至少法国的支持下结束奥地利在意大利北部的统治。但对都灵来说 1856 年的巴黎和会仍然有重大意义：加富尔帮助皮埃蒙特获得国际名望，这是成为一个大国的第一步。他能够希望，其到目前为止对拿破仑三世的支持在政治上将会得到回报——以共同对付奥地利的方式。

在第二帝国的最初几年，拿破仑三世巩固了自己在国内的政治地位。通过加紧用公债融资扩建铁路网，法国的工业化有了长足进步；经由省长豪斯曼男爵（Baron de Haussmann）大刀阔斧的改建，巴黎拥有了越来越多的帝国大都市特征；1855 年第二届世界博览会在巴黎举行，这为第二帝国提供了可喜的机会，展示自己现代化经济强国的面貌和法国人的皇帝作为社会革新者的形象。但是，如果拿破仑三世满足于为仍旧以农业为主的法国指出未来进入工业社会的道路，那他就不是波拿巴家族的人了。其军队在克里米亚战争中为军旗所赢得的军事荣誉，在他看来证明了一点，即成功使用武力对自己的威信最有用。只是出于这一原因，意大利追求独立正中其下怀。奥地利在克里米亚战争期间在外交上受到孤立。如果拿破仑三世秉承其皇伯的传统，帮助意大利摆脱外国统治，那根据形势
716 他就很有希望为法国作为超级大国的历史再增添辉煌的一章。

意大利人不想再推迟实现其民族统一的愿望，这一点在 1857 年 7 月已经毫无疑问：曾多年在奥地利遭拘禁的乔治·帕拉维奇诺身边的自由派爱国者，成立了一个促进意大利解放和统一的协会——民族协会（Società Nazionale）。该组织是由不同政治派别的社会名流共同组建的，与马志尼及其追随者不同的是，这些人准备从宣传上支持加富尔的政策，包括其与拿破仑三世密切合作的打算。如有必要，他们也会向这位皮埃蒙特—撒丁王国的首相施加舆论压力。双向协调工作由民族协会秘书、从西西里移民来的历史学家朱塞佩·拉法里纳（Giuseppe La Farina）负责，他早就与加富尔保持着密切联系。

对拿破仑三世是否真的愿意为意大利的统一事业出力，许多爱国人士当然是有怀疑的。一些人甚至谴责法国人的皇帝出卖了自己在克里米亚战争中曾经的盟友。费利切·奥尔西尼（Felice Orsini），一个来自罗马涅的马志尼曾经的追随者

也这么认为。1858 年 1 月 14 日，他在巴黎歌剧院对拿破仑三世进行了炸弹袭击，皇帝本人没有受伤。这次未遂暗杀的后果是法国通过了更严厉的反对共和党人的立法，但并未导致都灵和民族协会最初所担心的法国和皮埃蒙特之间紧密关系的破裂。相反，通过这次事件拿破仑坚信，意大利问题的解决不能再拖了。所以他让人在法庭上宣读了被俘刺客给他的一封信，这个刺客在信中恳请皇帝帮助意大利获得解放，此信还被刊登在官方报纸《箴言报》（*Moniteur*）上。接下来就是决定性的一步：7 月 21/22 日拿破仑三世极为秘密地会见了加富尔（没有经过巴黎和都灵的政府间的事先通告），地点在普隆比埃（Plombières）的佛日温泉（Vogesenbad），他们就意大利事态的进一步进展做了协商。

法国人的皇帝能够向皮埃蒙特—撒丁首相提出的建议，离
意大利爱国者的期望相去甚远。拿破仑三世并不愿意看到一 717
个新的主权民族国家的建立，而是想创造一个松散的、名义上以教宗为首的意大利国家联盟，皮埃蒙特在其中只能扮演同侪之首的角色。皇帝向这个意大利北部王国承诺，倘若它与奥地利开战，将为它提供军事援助，都灵挑起这场战争的方式应该让奥地利在欧洲公众的眼中看上去是罪魁祸首。伦巴第—威尼托王国、帕尔马和摩德纳公国以及属于教宗国的罗马涅应该与皮埃蒙特合并。另一个王国应包括托斯卡纳、马尔凯和翁布里亚，教宗国应限于罗马和拉齐奥（Latium）。那不勒斯可考虑作为第三个王国，没有定下来的是两西西里王国到底留在西班牙波旁家族手中，还是转交给拿破仑一世的妹夫缪拉的后人。作为其参与对抗奥地利之战争的回报，法国希望得到尼斯和萨伏依。

尽管拿破仑三世准备让皮埃蒙特—撒丁王国做出牺牲，加富尔还是宣布准备接受这些建议。放弃尼斯（加里波第的出生

地）周围讲意大利语的地区，要比让都灵王朝割让其发源地——讲法语的萨伏依更难令人接受。爱国者的抗议是容易预料到的。然而加富尔仍旧觉得拿破仑的要价不算太高。这位首相显然是假设战胜奥地利后会出现一个势头，最终让皮埃蒙特领导下的意大利统一成为顺理成章的事。由于南北经济发展之间的明显差距，很多因素都表明对创建意大利民族国家的事不要操之过急。首先最关键的是，皮埃蒙特—撒丁王国国土的大幅拓展事实上会让它在意大利占据优势，这将大大避免过分依赖法国的风险。

为了这一更高目标，加富尔在普隆比埃甚至允诺皇帝，将建议国王同意皇帝提出的最难满足的愿望——萨伏依和波拿巴王朝间的联姻。拿破仑想让其素有“好色之徒”名声的
718 堂弟约瑟夫·查尔斯·保罗·波拿巴（Joseph Charles Paul Bonaparte，绰号“Plon-Plon 王子”[①]）娶比他年轻 20 岁，年仅 15 岁的维克托·伊曼纽尔二世之女玛丽－克洛蒂尔德（Marie-Clothilde）公主为妻，日后好让他坐上这个新的意大利中部王国的宝座。国王很难满足此要求，但为了更高的国家利益，他终于还是在首相的敦促下做出了让步。

普隆比埃秘密会晤大约五个月后，即 1858 年 12 月，法兰西第二帝国和皮埃蒙特—撒丁王国签署了一项秘密条约。除了在 7 月会晤时已经谈妥的条件，该条约还增加了一个条款，即与奥地利开战的费用由都灵方面承担。当皮埃蒙特扩军备战，民族协会为意大利统一四处活动，加富尔得到加里波第支持的允诺时，拿破仑三世却犹豫起来。1859 年 3 月英国提议在一次欧洲会议上讨论意大利问题，令加富尔气愤的是皇帝对此居然表示同意。战争最终的爆发是由于奥地利在 4 月 23 日向皮埃蒙特—撒丁王国发出最后通牒，要求它在三天之内开始裁军

① 本是其母对他的昵称，后被沿用为绰号，含有嘲讽意味。

和解散志愿部队。这样哈布斯堡皇朝终于提供了都灵和巴黎所热切期待的共同宣战的理由。宣战发生于 1859 年 5 月 3 日，当时奥地利军队已侵入皮埃蒙特，宣战书中也宣布了盟友们的战争目标：意大利“直到亚得里亚海”都应得到解放。

决定性的战役以盟军的胜利而告终：6 月 4 日在诺瓦拉省的马真塔（Magenta in der Provinz Novara）附近以及 6 月 24 日在曼图亚省索尔费里诺和圣马蒂诺（Solferinound San Martino in der Provinz Mantua）附近。两次战役中的后者是意大利争取独立漫长战斗史中最血腥的：5000 人死亡，25000 人受伤。许多人死亡仅仅是因为护理人员和医生严重不足。正是目睹索尔费里诺这场血战的经历让年轻的日内瓦商人亨利・杜南（Henri Dunant）于 1864 年创建了国际红十字会，并促使缔结了改善野战部队伤病员命运的第一个《日内瓦公约》。

就在交战国军队在伦巴第鏖战时，意大利中部的起义者 719
打响了反对各个多少有些反动的政权的战斗，6 月他们推翻了很多反动政权。取代它们的是由加富尔追随者成立的各地临时政府，如佛罗伦萨的贝蒂诺・迪里卡索利男爵（Bettino Barone di Ricasoli）政府和博洛尼亚的路易吉・卡洛・法里尼（Luigi Carlo Farini）政府。他们执政后的首次行动就是宣布加入皮埃蒙特—撒丁王国。在进行索尔费里诺和圣马蒂诺会战时，曼图亚、佩斯基耶拉（Peschiera）、维罗纳和莱尼亚诺（Legnano）的四个互成犄角之势的强大的奥地利堡垒还没有被攻克；同时英国和俄国敦促拿破仑三世与奥地利进行和平谈判。此前一直有意采取克制态度的普鲁士，经沙皇帝国和英国的同意在 7 月甚至准备进行武装干预。通过这种对已被削弱的奥地利迟来的支持，普鲁士相信会加强自己在德意志邦联的地位。

然而并没轮到普鲁士出兵。拿破仑三世对发生在意大利中部的革命运动深感不安，因为这意味着其让意大利成立一个松散联盟的计划会落空。主要是出于这个原因，在事先没有与其皮埃蒙特盟友进行任何协商的情况下，他向奥地利皇帝弗朗茨·约瑟夫提出了和平谈判的建议。这一出乎意料的行动导致7月8日的停火和7月11日维拉弗兰卡（Villafranca）的初步和约。其中规定奥地利将伦巴第交割给法国，再由法国交给皮埃蒙特。威尼托以及北意大利的堡垒带仍属奥地利。在托斯卡纳和摩德纳应恢复哈布斯堡皇朝的统治，教宗国要全面恢复。两位皇帝表示支持建立以教宗为名誉总统的意大利联盟以及在教宗国进行合乎时代的改革。国王维克托·伊曼纽尔被迫同意妥协，加富尔为抗议违反《普隆比埃协定》（*Vereinbarungen von Plombières*）辞去首相职务。法国与奥地利之间的最终和约于1859年11月10日在苏黎世签署，并有两份与皮埃蒙特的协定作为补充条约。

在维拉弗兰卡商定、在苏黎世签署的和约确认的许多条
720 款始终不过是一纸空文。伦巴第虽然交到皮埃蒙特手中，但意大利中部的革命无法逆转。这一方面是由于起义者从加富尔政府那里得到武器，另一方面是因为奥地利坚持恢复以前状态的立场并未得到其他各国的支持。英国支持托斯卡纳和以前教宗领地中的自由党，经过一番犹豫之后拿破仑三世站在了英国一边。他的算盘打得很精：既然威尼托继续归属奥地利，他是没有机会煽动皮埃蒙特割让尼斯和萨伏依的。他能得到这些地方的唯一前提是，他容忍意大利中部的大部分地区并入皮埃蒙特的版图。

1860年1月重新担任首相的加富尔勉强同意了这桩交易。1860年3月，他与拿破仑三世签署了一项秘密条约。其中皮埃蒙特—撒丁王国保证向法兰西割让尼斯和萨伏依。拿破仑三世则宣布同意在罗马涅、托斯卡纳以及帕尔马和摩德纳举行

公民投票，然后正如预料的那样，大多数人同意与皮埃蒙特合并。在疆土扩大了的王国之最初议会选举中（这是在 1860 年 3 月合并后马上进行的），民族协会和 1859 年创建的自由联盟（Unione liberale）这两个亲加富尔的党派是明显的赢家。新议会必须立即同意割让尼斯和萨伏依给法国，这遭到了加里波第和其他左翼代言人以及保守派反对党的一致激烈反对。在这两个地区于 1860 年 4 月对此进行了公民投票并取得了预期结果，这将为统治者的变换披上民主合法的外衣。在尼斯比在萨伏依需要动用更多的法国军事力量，在萨伏依长期以来一直广泛存在亲法倾向。

皮埃蒙特—法国—奥地利战争结束九个月后，皮埃蒙特—
撒丁王国的疆土比维拉弗兰卡临时和约所设想的大了很多。它
涵盖了整个意大利北部（除威尼托）和中部（除马尔凯、翁布 721
里亚和拉齐奥）。皮埃蒙特的扩张是两场革命相结合的产物：
一场以加富尔为代表的自上而下的革命，与一场表现为反对原
政权的区域性起义的自下而上的革命。起中介作用的是民族协
会，1860 年 3 月的公民投票也是由该协会组织的。随后的大
选标志着一个短暂阶段的结束，在那段时间里皮埃蒙特的国王
暂停了议会制，在中部意大利一些区域性“独裁者”如里卡索
利和法里尼曾说一不二。

1860 年春，意大利民族运动距其目标——建立一个自由的民族国家接近了一大截，但离实现还差得很远。在此过渡阶段，坚定的共和党人朱塞佩·加里波第成为那些一心想迅速完成统一大业者的领袖。在西西里起义者的请求下，他于 1860 年 5 月 6 日率领一支志愿军从热那亚出发，从海路前往南方。富有神话色彩的“千人远征”就是这样开始的，它令意大利的统一战争进入一个新阶段。与中部意大利不同，这次的驱动力不是身居幕后的加富尔。加里波第主张的正是首相害怕和想阻

止的：一场失控的自下而上的民族革命，它不理会国家利益问题，而是唤起普通老百姓之看起来健康的本能。反倒是国王维克托·伊曼纽尔二世对加里波第的做法怀着一定的同情——仅仅是他对割让尼斯和萨伏依最激烈的反抗，就引起国王的同情，因为这位君主的内心对此也仍旧耿耿于怀。

到达西西里岛后，加里波第宣布自己为该岛的独裁者，然而他声称是以国王维克多·伊曼纽尔的名义在行动。支持他反对那不勒斯波旁政权的志愿者人数迅速增长，5月底巴勒莫被他们占领。但是仅仅靠志愿者是无法推翻旧政权的，为了强行征兵，加里波第和由他任命的临时政府首脑弗朗西斯科·克里斯皮（一位1848年革命中西西里民主党人的领袖）不得不对起义的农民和雇工采取极为强硬的手段：这个政策让革命者
722 成了大地主的盟友。加富尔要求加里波第立即让两西西里加入皮埃蒙特—撒丁王国，遭到了拒绝。8月18日穿越墨西拿（Messina）海峡后，加里波第继续其远征并于9月7日在人民的欢呼中进入那不勒斯。一年前接替其已故的父亲斐迪南二世登基的国王弗朗切斯科二世（Francesco Ⅱ.），已经在远征军到达前跟随自己的部队前往加埃塔，不战而放弃了两西西里王国的首都。

人们猜到，加里波第是不会满足于战胜那不勒斯波旁王朝之统治的，而他下一个进攻目标将会是教宗国。只有当他占领罗马后，他才能转向自己的真正目标：建立一个在他领导下的意大利共和国。和去年一样临时从英国流放地返回、9月17日起在那不勒斯停留的朱塞佩·马志尼也敦促他向这个方向努力。加富尔则竭尽全力防止这样的事发生。他已经阻止马志尼的追随者阿戈斯蒂诺·贝尔塔尼（Agostino Bertani）入侵教宗的世俗领地。8月底加富尔决心抢在加里波第前让皮埃蒙特军队开进教宗国。他与拿破仑三世讲好，皮埃蒙特只吞并翁

布里亚和马尔凯，而不是真正的彼得遗产——罗马和拉齐奥。

1860 年 9 月旬，中皮埃蒙特开始入侵教宗国。在安科纳（Ancona）省卡斯泰尔菲达尔多（Castelfidardo）附近战胜罗马教宗的军队后，分别在马尔凯和翁布里亚成立了临时政府。接着皮埃蒙特军队在最高统帅国王的指挥下越过两西西里王国边界，10 月初加里波第在那里的沃尔图诺（Volturno）河畔重创了数量上占优势的弗朗切斯科二世的军队。两西西里国王带着一部分军队退守加埃塔，最后直到 1861 年 2 月才投降。

借着在教宗国的成功，维克多·伊曼纽尔要求加里波第现在把他的独裁权力移交给自己这个合法国王。共和派领袖服从
了。1860 年 10 月 25 日，国王和民族英雄在泰亚诺（Teano） 723
进行了那一传奇性会晤，“权力移交”正式完成。11 月 7 日，加里波第又一次来到那不勒斯，这次是陪伴着国王。接下来的几年，加里波第还多次以惊心动魄的方式介入意大利的政治，但始终无果。两次征服教宗国剩余部分的尝试，都很快被镇压下去：1862 年被意大利军队，1867 年被法国军队。1882 年 6 月 2 日，加里波第在自己选择的国内流放地——撒丁岛北部的卡普雷拉（Caprera）岛去世，享年 74 岁。

1860 年 10 月 21 日至 11 月 5 日间的公民投票赞同翁布里亚、马尔凯、那不勒斯和两西西里与皮埃蒙特—撒丁王国合并，当然能参加投票的都是来自上流社会的人。1861 年 2 月在都灵选出了第一届意大利议会，它是以极为有利于有产者的资格性选举方式选出的，每一百名成年男子中只有两人有选举权。意大利新王国的宪法是 1848 年 3 月 4 日皮埃蒙特—撒丁王国基本法的修订版，其政治体制是议会君主制。1860 年 3 月 14 日维克多·伊曼纽尔二世接受了议会批准的“意大利国王”的称号，外加半传统、半现代的补充“经上帝的恩典和人民的意愿”。不到两个星期之后，议会于 3 月 27 日宣布罗马

为意大利未来的首都。为意大利的统一做出最多贡献，而且最后还战胜了深受爱戴的加里波第的那个人却无法继续对其国家的进一步发展施加影响：1861 年 6 月 6 日，在他 51 岁生日的两个月前，意大利王国第一任首相卡米洛·迪·加富尔伯爵突然意外去世。

在他生命的最后几个月中，加富尔还试图（虽未成功）按照自己的座右铭“自由国家中的自由教会”（libera chiesa in libero stato）与天主教会达成和解。教宗庇护九世自然对与一个刚刚掠走其很大一部分领土的国家和解毫无兴趣，而任何让国家与教会接近的企图在左派那里都遭到怀疑与抗议。与左派和许多自由派人士不同，加富尔不想通过迅速吞并威尼托和
724 罗马的政策来激怒拿破仑三世。加富尔创建的自由党“传统右派”（Destra Storica）一直执政到 1876 年。但是，没有一位在这些年担任过首相一职的战友能够像他一样，拥有类似高度的政治现实精神和个人权威。

意大利民族国家的创建者是基于以下假设行动的：尽管意大利人有种种语言和文化差异，但很长时间以来就存在着意大利民族这种认同。1861 年以后显示出，北方和南方之间的鸿沟要比乐观主义者所能想象的深得多。在北方，由于加富尔的自由经济政策已发展出现代工业，而在南方仍然是大庄园占主导地位，大量农村贫困小农户和农场雇工没有自己的土地。根据 1861 年全意大利人口普查统计，文盲占人口的 78%，而南方的文盲率又远远高于北方：在皮埃蒙特和前哈布斯堡皇朝领地，有一半居民能够阅读和书写；相反，在曾经的两西西里王国和撒丁岛，只有 10~15% 的人具备这类能力。

意大利王国创建的最初几年，意大利南方的经济和社会落后表现在“土匪”的血腥起义中，他们作为游击队员与现代国家展开了所有形式的残酷斗争，最后借助军队才被镇压下去。

加富尔的继任者里卡索利根据法国模式建立的高度中央集权的国家，被证明并非消除区域差异的合适手段。单一制国家使统治者与被统治者之间的矛盾加剧，资格性选举法已经为此埋下伏笔：98% 的意大利人没有通过投票来表达自己政治意愿的渠道。

意大利王国的首都最初设在都灵——遥远的北方，这不是蔑视南方的表示，而是象征性地突出一个事实：意大利的统一
尚未完成。法国的否决阻止了罗马成为首都，但它认为决定都 725
灵为临时首都是一个需要纠正的错误，并坚持这一观点。在内政上极具争议的 1864 年《九月条约》（*Septemberkonvention*）中，意大利王国承诺将首都迁往佛罗伦萨，并保证教宗国的继续存在。为此法国答应在两年内从罗马撤军——自 1849 年起法国军队就驻扎在那里。

1865 年从都灵迁都佛罗伦萨（五年后从佛罗伦萨迁都罗马）没能缓和北方与南方之间的对立。年轻的民族国家暂且不过就是一个框架，民族形成的过程在其中得以完成。但现在有了这个民族国家，这不仅被大多数意大利人认为是一种历史性的进步，而且让所有追求令民族之民主原则战胜合法性之君主原则的人备受鼓舞。意大利人基本实现了其 1848 年革命的双重目标：统一和自由。德国人则依旧未能做到。出于这个原因，亚平宁半岛的事态发展在欧洲任何部分都没有像在德意志邦联各国中受到如此多的关注。[6]

## 改弦易辙：1859~1862年的德意志列强

普鲁士和德意志邦联该如何对待发生在北意大利的战争，这个问题导致在德意志形成新的政治阵营。主张小德意志方案的自由主义者的结论相对一致，其中有历史学家约翰·古斯塔夫·德罗伊森、海因里希·冯·西贝尔（Heinrich von Sybel）和格奥尔格·魏茨（Georg Waitz）。他们主张普鲁士支持奥地利，条件是维也纳承认霍亨索伦国家在德意志非奥地利部分的军事领导权。相反，无条件支持和坚决反对普鲁士与奥地利并肩进行军事干预者则形形色色。力主普奥结成军事同盟的有老牌保守分子利奥波德和路德维希·冯·格拉赫，拥护大德意志方案的民主党人贝内迪克特·瓦尔德克，社会主义者马克思和恩格斯，敌视哈布斯堡皇朝的奥古斯特·路德维希·冯·罗豪和前德意志国民议会议长海因里希·冯·加格恩，后者当时已从赞成小德意志方案转变立场变为赞同大德意志方案。社会主义者费迪南·拉萨尔（Ferdinand Lassalle），“48年”民主党人阿诺德·卢格和路德维希·班贝格尔（Ludwig Bamberger），自由派政治评论家康斯坦丁·罗斯勒（Konstantin Rößler）以及普鲁士驻沙皇宫廷的大使奥托·冯·俾斯麦则主张改弦易辙反对奥地利，必要时与法国结成实际联盟。



在一封1859年5月5日写给摄政王的侍卫长——古斯塔夫·冯·阿尔文斯莱本（Gustav von Alvensleben）的密信中，俾斯麦陈述了自己认为正确的政策：普鲁士应该让“奥地利与法国鹬蚌相争之战激烈进行，然后我们就带着全部军队向南开拔，背包里装上界桩，把它们或者埋在博登湖畔，或者埋到新教信仰明显终止的地方”。被普鲁士“据为己有”的德意志人接下来会——俾斯麦如是说——乐于“为我们”而战，“特别是如果摄政王能够做个顺水人情，把普鲁士王国更名为德意志王国的话”。

费迪南·拉萨尔 1825 年出生在布雷斯劳一个犹太商人家中，受费希特的影响超过受黑格尔的，1848 年起追随马克思，曾因煽动民众抗拒政府官员获罪，刑满释放后作为自由政治评论家活跃。在其小册子《意大利战争和普鲁士的任务：一个民主的声音》(*Der italienische Krieg und die Aufgabe Preußens. Eine Stimme aus der Demokratie*) 中，他提出了完全类似的观点。他认为，奥地利体现了“反动原则”，而拿破仑三世毕竟不得不靠民主原则来实行领导，例如普选。普鲁士现在虽然无法按照腓特烈大帝的风格去征服奥地利的德意志各州并宣布成立德意志帝国，但它却可以在自己的旗帜上光荣宣称：“拿破仑按照民族原则在南方重绘欧洲地图；好的，那我们在北方也这么做。拿破仑解放意大利，好，我们拿过石勒苏益格－荷尔斯泰因！”

卡尔·马克思和弗里德里希·恩格斯的立场则截然相反。他们认为，没有哪个政权像拿破仑三世那样妨碍革命。所以革命的利益就是要打倒或至少削弱法国人的皇帝。因此恩格斯 727
在其发表于 1859 年 4 月的小册子《波河与莱茵河》(*Po und Rhein*) 中呼吁，损害敌人，对此不必进行道德反思，去考虑“这是否合乎永恒的正义或者民族原则。那时大家都只顾维护自己的私利”。①什么时候德意志真正统一了，它就还有机会去放弃“所有意大利的废物”。②

德意志大国普鲁士在 1859 年战争期间所做的，或者更该说是没做的，令所有政治阵营都感到失望。当柏林开始以“武

① 恩格斯：《波河与莱茵河》，载《马克思恩格斯全集》第十三卷，北京：人民出版社，1962，第 250 页。

② 同上书，第 299 页。

装干涉”相威胁时，为时已晚。对中欧的传统大国奥地利而言，失去伦巴第意味着一次沉重的失败。尽管1859年时没人知道，哈布斯堡帝国对威尼托的统治还能维持多久，但认为这种占有是牢靠的，那就过于自信了。克里米亚战争结束三年后，1815年和约奠定的秩序大厦中又一块石头滚落了，毫无疑问是以对奥地利不利的方式滚落的。

此外，维也纳的统治者还必须估计到，意大利的例子会被仿效。为了遏制这样的发展趋势，奥地利在1860年第二次尝试将自己改变为宪制国家。《十月文告》（*Oktoberdiplom*）让德意志和非德意志国王领地的贵族阶层成为一种联邦制帝国秩序的承载者，但这在匈牙利以及德意志－奥地利的自由主义者中引发了尖锐的矛盾。

其结果是曾经的帝国首相、新任国务秘书安东·冯·施梅林负责起草一部新的国家基本法。1861年2月26日，皇帝下令在帝国议会成立一个负责整个君主国的立法机构。这样匈牙利就失去了部分管辖权，因为一个“小范围的帝国议会”将针对仅与内莱塔尼亚，也就是帝国的非匈牙利部分有关的事务进行咨询与裁决。由于匈牙利、捷克、波兰和克罗地亚人出于对此系统的抗议，没有派代表参加帝国议会，议会成了主要以德意志人为主的残缺议会，它无法对多民族帝国起到凝聚作用。

728 维也纳的宪法实验（10月之后还出台了两个基本法），在非奥地利的德意志国家受到人们饶有兴趣的关注。1859年奥地利失败之最重要的后果却是这类宪法实验无法抵消的：大多数德意志人不再指望奥地利能够保护他们免遭法国的侵犯，而是寄希望于霍亨索伦国家，尽管后者在战争中的政策遭到种种批评。即使是此前赞同大德意志方案的民主党人在1859年秋天也认清了主张小德意志方案的自由主义者早已认清的形势。自由派与民主派的靠近在组织上的表现是1859年

9 月在美因河畔法兰克福所成立的德意志民族协会（Deutscher Nationalverein），其榜样是 1857 年成立的意大利民族协会。该协会的主要发起人是自由派的汉诺威人——律师鲁道夫·冯·本尼西森（Rudolf von Bennigsen），以及民主派一方的地区法官和德意志合作社运动创始人赫尔曼·舒尔茨－德里奇（Hermann Schulze-Delitzsch），1848 年普鲁士国民议会上他属于中间偏左阵营成员。

对于德意志问题的解决方案，民族协会的中坚力量只能想象一个由普鲁士自由派领导的联邦制国家。虽然奥地利的德意志部分可以加入，但这一承诺主要是为了打消南德意志对将奥地利排除在外的顾虑，以及削弱他们对普鲁士领导的反感。民族协会的成立释放出的最重要信号是自由派与民主派的合作：双方都愿意暂且不顾彼此在选举权问题上的分歧，共同致力于创建一个自由的民族国家。在这方面意大利也是他们的榜样：加富尔能够成功，仅仅是因为此前他让自由派与温和民主派携手结成行动共同体。

与意大利民族协会一样，在德意志民族协会中掌握话语权的也是中产阶级，更具体地说是受过教育的中产阶级。但是，这个拥有超过 25000 名会员的组织并不只是一个纯粹的名人协会。它与工人教育、体操、军人和射击协会紧密合作。1860~1863 年它积极参与了科堡、哥达、柏林、法兰克福和
莱比锡等地的体操与射击协会的活动。民族协会因成立时间 729
太晚，没赶上 1859 年 11 月弗里德里希·席勒百岁诞辰的庆祝活动。所以它更加积极地参与 1862 年 5 月约翰·戈特利布·费希特百岁诞辰的各种庆典活动以及 1863 年春天的“帝国宪法宣传”框架下的各类活动。民族协会为重建 1852 年被拍卖掉的德意志舰队募捐，并将（至 1862 年春）筹集到的钱转交普鲁士海军部。由罗豪主编的民族协会的《周报》

（*Wochenschrift*）在非奥地利的德意志成为自由派和民主派交换政治思想的平台。在某种程度上，德意志民族协会是一种党派替代品，或者换一种说法，是对尚未能建立的整个德意志范围内政党的一种预演。

具体到各个邦国，这方面的情况则不太一样。要想让自由派与民主派按照德意志民族协会的榜样携起手来，在各邦国需要政治推动力。在普鲁士这一推动力叫做军队改革。普鲁士军队的上一次重大改革是由沙恩霍斯特在1814年进行的。在此期间人口已经从1100万增加到1800万，但军队的兵力未变，仍与1817年腓特烈·威廉三世规定的兵力相同：每年18万适龄服役者中只有4万人应征入伍。摄政王威廉亲王想改变这种局面，他认为军队改革比所有其他政治目标都重要，要给予绝对优先权。

军队改革不仅仅只是提高新兵数量。至少同样重要的是计划中对后备军人和正规军的重新部署：最近三个年份新征募的后备军人要纳入预备队，从而编入正规军；而这意味着对普鲁士军队体制中"民事"元素的削弱。另一项措施也无可避免地起着"反民事"作用：重新恢复三年服役期。单纯从军事角度看，1848年以来实行的两年服役期足够了。对威廉亲王、陆军大臣冯·罗恩（von Roon）和将领们而言，这种延长服役期的措施有政治原因：把新兵教育成全民皆兵的普鲁士国家的承载者，必要时也可放心地调动他们对付内部敌人。

730 民主党人和许多年轻的自由派认为摄政王和政府的行为不外乎是对有进步思想的中产阶层的终极挑战。自由派团体中最强大的芬克议会党团仍然坚持"就是别逼得太紧！"的座右铭，他们与老派自由主义者、保守党和天主教派党团一起，在1860年1月和1861年春作为"权宜之计"（Provisorium）同意政府着手军队改革，从而形成既成事实。在这两次"权宜之计"之间国王的宝座易了主：1861 年 1 月 18 日，在腓特烈·威廉四世去世约两周后，原来的摄政王在科尼斯堡加冕为普鲁士国王威廉一世。此后他以比从前更大的力度推进军事体制的改革。

议会虽然无权过问军队改革中的军事组织事宜，却可以裁决其预算法方面的问题。通过批准“权宜之计”，自由主义的议会代表自愿放弃了一个最重要的杠杆，如果他们反对中产阶级和让国民经济不堪重负的军事体制改革的态度是认真的，那他们就必须使用这个杠杆。由于芬克议会党团对此逻辑置若罔闻，1860 年秋天开始出现抗议。1861 年 2 月，十一位年轻的议会代表——其中大部分来自东普鲁士和西普鲁士（因此被芬克嘲笑称“年轻的立陶宛人”[ Junglithauer ]）——脱离了议会党团并在不久后成立了一个“议会协会”（parlamentarischer Verein）。没过多久，两位补选进来的议员也加入了这个协会，他们是著名的民主党人本尼迪克特·瓦尔德克和赫尔曼·舒尔茨 - 德里奇。如此，普鲁士自由派和民主派也开始合作，这导致 1859 年 9 月德意志民族协会的成立。

1861 年 6 月 6 日，在第二次“权宜之计”通过后不久，“坚定的自由主义者”又迈出了新的一步：他们于柏林成立了德意志进步党（Deutsche Fortschrittspartei）——这可谓德意志第一个政党，如果人们把“政党”理解为一群志同道合者长期以固定的组织形式联合在一起的话。进步党提出了一个经过推敲的纲领，在该纲领中他们宣告要“严格和坚定不移地去实 731
现一个符合宪法的法治国家”，并同意两年服役期和保留后备军人模式，在普鲁士领导下实现德意志的稳固统一，以及要求建立共同的德意志人民代表机构。与民族协会一样（进步党视自己为民族协会在普鲁士的“执行机关”），这个新党派求同存异：民主派可以继续为普遍的平等，自由派为资格性选举权而奋斗，这一点在所商定的党纲中开宗明义，阐述得很明确。

这也是十分必要的，因为1861年12月要进行议会选举。德意志进步党在这次选举中获得109个议席，作为最强大的政党胜出。保守派遭受惨败，而老派自由主义者和从他们中分离出去的左翼中间派反而获得很好的结果。各种自由派党团合在一起占了大多数。

“坚定的自由主义者”选举获胜的一个直接结果是：进步党还在同一财政年度就提出加强预算专款专用的申请。通过这种方式，政府无法再像过去那样挪用其他预算去支付军队改革的额外费用。虽然老派自由主义的财政大臣冯·帕托夫（von Patow）谈到了不信任动议，1861年3月6日该申请仍旧以明显多数通过。五天后，威廉一世国王解散了议会。3月14日他解散了新时代开始时任命的内阁，下一届内阁中的大臣全部是保守派。

议会的重新选举于1862年5月6日举行。保守党、天主教党团和老派自由主义者统统失利。进步党又增加了40个议席，他们与左翼中间派一起稳稳占据大多数。自由派党团一共得到五分之四的席位。最后一次以两年服役期为基础的妥协尝试，由进步党议员卡尔·特韦斯滕（Karl Twesten）和左翼中间派的海因里希·冯·西贝尔于9月中旬提出，这似乎为内阁甚至陆军大臣罗恩提供了一个走出危机的合理方案。但威廉一世国王坚决拒绝任何有违三年服役期的方案，有时他甚至
732 想过退位。让他打消这个念头的人是冯·罗恩打电报从休假地比亚里茨（Biarritz）召唤回柏林的奥托·冯·俾斯麦，1862年5月起他是普鲁士驻巴黎的大使。经过在王宫和巴伯斯贝格（Babelsberg）公园的长时间谈话，1862年9月22日俾斯麦成功让国王确信，与议会的冲突要坚持不懈地打个你输我赢，这样才能继续国王的统治，阻止议会的统治。在同一天，威廉一世让俾斯麦临时负责内阁的领导工作。

为了证明自己的立场合法，面对议会与公众，俾斯麦以所谓的“缺口理论”进行辩护：如果出现宪法中没有预料的情况，上下两院中的一个通过拒绝必要的预算资金而打破了三个立法权（即国王、上院和下院）的平衡，那么按照君主制原则，由国王任命的政府有责任在没有预算法的情况下进行治理，直到两院追认这一过程中的支出为合法。事实上没有议会批准的预算而执政是违反普鲁士宪法的。在超越法律规定的国家紧急状态下只有对维持国家职能必不可少的支出是合理的，但不包括进行政府所希望的军队改革之开销。9月23日众议院最终拒绝批准为此所要求的资金。

随着俾斯麦被任命，陆军改革方面的冲突明确升级为宪法冲突。在1862~1866年那四年中，普鲁士是在没有议会批准预算的情况下执政的，这样宪法在一个核心区域就被架空了：这种状态连“假宪政”都算不上。俾斯麦的目标是回答权力问题，这是议会通过要求立即实现专款专用向行政当局提出的。9月30日他当着众议院预算委员会的面解释，什么是按照他的信念普鲁士王国的国家利益所需要的：“德意志看重的不是普鲁士的自由主义，而是它的权力；巴伐利亚、符腾堡、巴登可以宽容自由主义，但这并不意味着它们可以扮演普鲁 733
士的角色……维也纳协议所规定的普鲁士疆界不利于国家的健康生存；当代的重大问题不是通过演说与多数人的决议所能解决的——这是1848~1849年的重大失误——而是要用铁和血。”

新首相的话在普鲁士内外引起轩然大波。愤慨之大，令俾斯麦费了很大力气才让又开始摇摆不定的君主再次相信他提出的解决冲突的办法是正确的。最让威廉印象深刻的是，他的首相提醒他：普鲁士国王不要成为法国路易十六世那样性格柔弱的君主，而是要以英格兰查理一世的高尚形象为榜样，后者为自己的权力而抗争，并用自己的血捍卫了王者的尊严。此后威廉坚定不移地站在其内阁首相一边。

1862 年 10 月 3 日，众议院通过了没有明确标出军事预算的一般预算；10 月 11 日，参议院站在政府一边批准了未经削减的预算。两天后国王让议会结束开会，国王和内阁的违宪行为甚至没有引发革命。进步党中唯一提出“抗税”口号的是柯尼斯堡的民主党人约翰·雅各比，然而他的呼吁却没有得到响应。坚定的自由派方面甚至没有呼吁举行示威游行。议员们的担心显而易见：群众或者不听从他们，或者听从了，但局面很快会失去控制。然后可能发生的事情，是自由派和民主派不惜一切代价想避免的：一场新的“1848 年革命”。[7]

## 改革与扩张：亚历山大二世治下的俄国

就在普鲁士军队改革方面的冲突尖锐化的同时，俄国似乎开始了一场划时代的改革。1855 年即位的亚历山大二世从克 734
里米亚战争的失败中得出结论，俄罗斯帝国必须进行根本性革新，以便在经济和技术方面赶上西方列强，这种差距是导致战争结局的决定性因素。这不光是亚历山大一个人的洞见。俄罗斯知识分子中的“西化派”（Westler）早就认为，如果不认同西方的法治国家、三权分立和个人自由等观念，俄罗斯在与欧洲其他民族国家的竞争中就必然处于劣势。“西化派”的对手“斯拉夫派”（Slawophilen）——实际上更确切地说是“亲俄分子”（Russophile）——从不把理性主义的、背离真正信仰的西方当作榜样。但他们也拒绝专制制度和农奴制，他们称这些为“非俄罗斯性的”，指责其始作俑者彼得大帝是第一个“西化派”。相反，在他们看来具有积极意义的是集体精神，它体现在村社“米尔”[mir 或“Obšcina”（村社）] 精神中。

事实上，16 世纪引进“米尔”是出于财政需要，每隔一段时间要对土地重新进行分配。当亚历山大二世于 1861 年 2 月 19 日宣布进行其执政 26 年以来的最大改革——废除农奴制（涉及 2150 万依附于贵族的农民）时，“米尔”仍得到保留。当然还谈不上立即和彻底的解放。农民最终获得“自由”，根据土壤的质量需要两到二十年。对贵族交出的土地，国家给予购买价 80% 的补偿；农民必须在 49 年内将这笔款项分期偿还给国家。农民得到的土地质量普遍差。而且这些土地不像普鲁士 1807 年解放农奴时那样，转为农民的私有财产，而是作为村社的集体财产。

因此，废除农奴制后没有出现自由农民，而是进一步发展了强制性合作，伴有有限的自治。“米尔”为农民的税款承担法律责任，过去庄园主的警察权现在由“米尔”行使。农民只有在立即缴清地款或满足于“打发叫花子般的土地份额”（Bettelanteil）①的情况下，才被允许离开他们的社区。1863
735 年，大约200万在罗曼诺夫家族大公爵领地上劳作的农民获得解放，1866年又有1900万直属国家的农民得到自由，这两批人都得到了比依附于贵族的农民明显要好得多的条件。最糟糕的是庄园主手下那些没有土地的仆人，他们往往只能进城去当出卖劳动力的无产阶级。

对这种俄国式的农奴解放，“斯拉夫派”比“西化派”要更满意。但即使在后者中，也有一些人因为1848年革命的失败，在追求革新的道路上开始注意与俄罗斯传统相结合。其中之一是亚历山大·赫尔岑（Alexander Herzen），他自1852年流亡伦敦。短时间内他称赞农奴解放，甚至认为“米尔”构成俄国农业社会主义的核心：这种想法立即被“民粹派”（Narodniki）或“人民之友”（19世纪最后40年的革命鼓动者，大部分是大学生）所接受，就连卡尔·马克思也有所保留地采纳了这种观点。虽然用西方标准来衡量，废除农奴制做得并非尽善尽美，但它提高了俄国的社会流动性，促进了1850年代开始的工业化。1861年的法令是对沙皇帝国现代化的贡献，同时它也是追求同一目标的一系列后续改革的前奏。

其中最重要的革新是引进自治和司法部门的改造。1864年1月1日颁布的一项法令，创建了县与省一级自治机构，即所谓的地方自治或地区议会。县议会的选举模式对贵族有利，但面对农民与城市居民，贵族并不会自动成为多数。县议会选举省议会，省议会中的贵族优势更为明显。国家的督察一直存在，它可以否决地方自治议会的决定。1864年，县和省议会

① 即所应分得土地的四分之一。

并未在整个俄罗斯帝国实行，而是仅出现在那些被视为可靠的省份：高加索和西伯利亚首先被排除在改革之外。尽管如此，这项法令仍旧是走向自治的一个重要步骤，特别是在教育、卫 736
生和交通等领域。六年后，城市在 1870 年按照普鲁士的范例获得自治。国家的独裁和中央集权特征虽未通过自治法消除，但明显地得到削弱。

1864 年 11 月 20 日，关于司法改革的法律向法律制度的腐败进行了宣战，到那时为止的秘密、书面和官僚办案程序为腐败大开方便之门。自 1865 年起，首先在十个中心省份，后来在所有省份进行了公开与口头协商；同时从法律上确保了司法独立、法官不可撤职以及法律面前人人平等等基本原则。负责对不太重要的纠纷进行调解的调解员，由县议会选举产生，任期三年。1864 年的改革导致出现了现代的律师群体；独立的法官和新创建的有陪审团的法庭随后证明了其价值，这也表现在对极具争议性的政治案件的审理过程中，其中就有对出自“民粹主义者”行列的暗杀者的审判。

高等学校也从“解放者沙皇”和其顾问们的改革意志中受益。1863 年，大学和教授们重新获得自治权与学术自由，亚历山大的父亲尼古拉一世曾剥夺了这些权利。1865 年取消了对报纸、杂志和较大篇幅之科学著作的预审（总体而言简短出版物被认为更危险，因为它们易于阅读）。改革也包括军事体制的改革，1874 年这方面的改革因陆军大臣米柳京（Miljutin）力排众议而得到贯彻。引进普遍兵役制的同时服役期从 25 年减少到 6 年，而且获取学历资格可缩短服役期。此外还废除了体罚并减少了“军事训练”（Drill）的程度。总之，亚历山大二世诸项改革的目的是要大力推动现代化和提高透明度（公开性）——这是一个“西化派”和“斯拉夫派”都使用的口号。120 年后，在短暂的戈尔巴乔夫时代，它再次被奉为圭臬。对一场“自上而下”的

737 改革而言，其设限是典型的：权力中心将一切它认为会从根本上影响权力稳定的东西牢牢控制在自己手中。

在波兰，亚历山大二世也想谱写新篇章，那里自从意大利独立战争以来一再出现反对俄国统治的爱国游行。但1862年开始实行的扩大波兰自治的政策并未带来安宁。1863年1月爆发了新的波兰起义，“红党”或“民主党”策划了这场起义，导致其爆发的是政府首脑亚历山大·维洛普斯基（Alexander Wielopolski）伯爵安排征召10000名青年男子入伍，这些人被怀疑同情策划起义者。起义持续了15个月，并迅速成为欧洲列强“大政治”的主题。拿破仑三世和其外长亚历山大·科伦那－瓦莱斯基伯爵（Alexandre Graf Colonna-Walewski）——后者是拿破仑一世与波兰伯爵夫人玛丽亚·瓦勒夫斯卡（Maria Walewska）的非婚生儿子——鼓励起义者，法国、英国和奥地利于1863年4月要求俄国按照维也纳会议决议恢复波兰王国。相反，俾斯麦以普鲁士的名义全力支持沙皇帝国：1863年2月签订的《阿尔文斯莱本公约》（*Konvention Alvensleben*）允许俄国越境在普鲁士领土上追捕波兰起义者。

尽管有来自自由主义者、资产阶级激进派和西欧社会主义者——从维克多·雨果、马志尼到马克思——的广泛舆论支持，起义的波兰人仍旧无法给予俄国人任何决定性打击，甚至当起义于1863年5月扩大到加利西亚和白俄罗斯之后仍然如此。1864年4月，最后的战斗以长久以来可预见的波兰自由战士的失败而告终。起义的直接后果是俄属波兰——现在常被称“维斯瓦河区域”（Weichselgebiet）——最后剩余的一些自治权被取消。西方的坐视不救和绝大多数农民拒绝参加起义令许多波兰人心灰意懒。其他人则从1863/1864年的事件中得出结论，如果有朝一日波兰还能获得民族独立的话，那波兰的内部一致，具体地说获得农民的支持比什么都重要。

俄国在亚历山大二世治下的乌克兰政策也是以压迫为标志
的：1863 年禁止在科学与宗教出版物中使用乌克兰语，1876 738
年起则禁止在一切出版物中以及在戏院使用该语言。1840 年前后开始的俄罗斯化，在几十年中扩展到高加索地区的 53 个民族和 14 个部落。1863 年开始了对中亚的征服，俄国从而侵入古老的伊斯兰文化区；1865 年占领塔什干（Taschkent），两年后征服撒马尔罕（Samarkand）。两个汗国——布哈拉（Buchara）和希瓦（Chiwa）保持着独立亲王国的地位，但俄国对其拥有宗主权。中亚首先因为其广袤面积内所种植的棉花而具有重要经济地位。政治方面，俄国的新中亚堡垒增强了其面对英属印度的地位。新征服的地区靠铁路与帝国的其余部分连接到一起，其大都市不得不接受许多完全是俄罗斯风格的市区，但伊斯兰特征却没有任何改变。中亚既未基督教化，那里的居民也没有被强迫使用俄语。

扩张和修建铁路，改革和镇压，这些都是为了一个共同的目的：俄国应该证明自己是一个强国，从而扭转 1856 年战败造成的负面形象。在财政上，国家因克里米亚战争的结果正处于严重的危机之中；因修建铁路的费用和补偿贵族在农奴制废除后的损失，财政状况继续恶化。1860~1870 年间，铁路里程增长了六倍（从 1600 公里到 11200 公里）；到 1880 年数字再次翻番；1910 年达到 77000 公里。铁路的修建几乎完全是国家行为；主要资金来自德意志，和在其他国家一样，铁路发展成工业化的主导产业，其作用在煤炭开采和机械制造业格外引人注目。为了减少国债，1850 年代末对银行和信贷业进行了大刀阔斧的改革：私人银行打破了国家对贷款的垄断，国家仅仅为国内外的资本投资进行担保。但公共债务仍继续上涨，同时对国外资本的依赖也在增加。在亚历山大二世治下的俄国不存在自主的经济振兴。

739 自1866年起，“解放者沙皇”的改革热情显著降温。一个大学生的未遂暗杀导致教育政策的反动转折，而这种政策变化反过来又进一步促使大学生和知识分子极端化。“民粹派”在几年前试图向农民灌输革命思想却没有成果，现在他们开始转而鼓动城市无产阶级。1870年代“民粹主义者”开始越来越多地实施恐怖行动。他们这样做的时候援引的是尼古拉·车尔尼雪夫斯基（Nikolai Tschernyschewski）——1863年他在小说《怎么办？》（*Was tun?*）中描绘的愿景是一个没有贵族的共产主义社会——或是对暴力的虚无主义赞美，就像谢尔盖·涅恰耶夫（Sergej Netschajew）所宣传的。“虚无主义”（Nihilismus）这一术语就出自俄国的那个年代：伊万·谢尔盖耶维奇·屠格涅夫（Iwan Sergejewitsch Turgenjew）在其1862年的小说《父与子》（*Väter und Söhne*）中提出了这一概念，塑造了虚无主义者医生和自然科学家巴扎罗夫（Basarow）这个角色，他是坚定不移的唯物主义者和反理想主义者。

与激进左派的思想展开竞争的是位于政治光谱另一侧的泛斯拉夫运动，该运动1867年在莫斯科召开了一次大型斯拉夫人代表大会，两年后生物学家尼古拉·丹尼列夫斯基（Nikolai Danilevsky）的书《俄罗斯与欧洲》（*Rußland und Europa*）则为这一运动奠定了意识形态基础。如果按照丹尼列夫斯基及其追随者的意愿，俄国应该在与旧的、腐朽的欧洲的对抗中担负起领导斯拉夫人民，也包括信仰东正教的罗马尼亚人和希腊人的责任，并在此过程中成为新的民族国家，甚至是大帝国。

属于俄罗斯之世界历史任务代言人的还有诗人费奥多尔·米哈伊洛维奇·陀思妥耶夫斯基（Fjodor Michailowitsch Dostojewski），1849年他作为一个空想社会主义圈子的成员先是被判处死刑，后从轻改判流放西伯利亚四年。他于1877

年写道，每一个伟大的民族，必须相信只有它独自担负着拯救世界的任务，从而受到召唤要领导所有其他民族。“只有拥有这样一种信仰的民族才有权利过上更好的生活。”当时人们还不知道，这种种完全不同的追求方向都会得到什么样的未来。唯一可以肯定的是，在19世纪最后三分之一时间段内没有任何一个欧洲国家像俄国这样内部撕裂。亚历山大二世的改革在
某些领域让俄罗斯实现了现代化，但是它在此过程中几乎没有 740
变得“更西化”。[8]

## 脱离联邦：美国内战

1861 年不仅是普鲁士王位易主、俄国废除农奴制和意大利王国宣告成立之年，它也是美国内战的第一年。美国内战直接起因可追溯到 1854 年的《堪萨斯—内布拉斯加法案》（Kansas-Nebraska Act），此法案终止了 1820 年的《密苏里妥协案》，根据后者，除了新的密苏里州本身之外，其南部边界以北禁止蓄奴。这种妥协背后的“哲学”是：维持自由州和蓄奴州在数量上的平衡，加利福尼亚被吸收进联邦时，美国在 1850 年最后一次尊重了这种理念。但在从墨西哥得到的其他领土上则奉行“主权在民”的原则，由其自由决定是允许还是禁止奴隶制。

《堪萨斯—内布拉斯加法案》是来自伊利诺伊州的民主党参议员斯蒂芬·A. 道格拉斯提出的，他还要求修建一条通过内布拉斯加境内横贯大陆的铁路线。修了这条铁路，内布拉斯加被吸收进联邦就只是时间早晚的问题。内布拉斯加位于密苏里妥协划线以北，也就是说它会是一个自由州，正是因为这个原因，南方各州对北部大西洋和太平洋之间的铁路项目有很大保留意见。为了克服这种阻力，道格拉斯建议，在内布拉斯加根据“主权在民”的原则来行事。由于这种让步仍旧无法让南方各州满意，道格拉斯在其法律草案中添加了一个条款，正式废止《密苏里妥协案》。此外还将广阔的内布拉斯加地区划分为两块新领土：北部的内布拉斯加和南部的堪萨斯。这样可预料的可能性就是，这两块领土中的一块，即更南边的那块，会发展为一个蓄奴州。国会通过了
741 此法案的修订版，南方各州代表态度一致，北方各州的民主党人部分投票赞成，部分反对。经富兰克林·皮尔斯总统签字后，该法案于 1854 年 5 月生效。

《内布拉斯加法案》在美国的政党制度中引起一场革命。

1830 年代从反对总统安德鲁·杰克逊的在野党中成长起来的辉格党发生了分裂，他们分别反对或赞成奴隶制，并于 1855 年作为政党从政治舞台上消失。南方各州的辉格党加入了民主党，而北方各州反对道格拉斯法案者则与志同道合的民主党人一起组织了一个新的，最初完全局限于北方的政党——共和党。1854 年 11 月的国会补选中，共和党与反天主教之“一无所知党”（Know-Nothing Party）中的废奴主义者一起赢得了足够数量的席位，从而上升为众议院中的主导力量。

1854 年，在新出现的堪萨斯领土上支持和反对蓄奴者之间的冲突戏剧性地白热化。1855 年春，在第一次选举立法机构时，数千名密苏里州的公民携带武器前来投票，他们这么做的目的是让立法机构中赞成奴隶制的人能够成为多数。愤怒的废奴主义者随后选举了一个自己的制宪会议和政府，并在国会申请批准堪萨斯为自由州。然而皮尔斯总统完全站在赞同奴隶制一方，这导致反对奴隶制的一方开始走极端。

这些人中的一个就是来自康涅狄格州的狂热分子约翰·布朗（John Brown），他是 1855 年跟随儿子们来到堪萨斯的，并立即开始为把那里变成自由州而战斗。1856 年 5 月，一群人在他的领导下——作为对赞成奴隶制者暴行的复仇——在波特瓦特米溪湾（Pottawatomie Creek）进行了一场大屠杀：五个赞同奴隶制的定居者被残酷杀害。由此开始了血腥的区域内战（“血溅堪萨斯”），直到 1861 年 1 月全民公投决定堪萨斯以自由州进入联邦后才结束。约翰·布朗没有等到这一天：在弗吉尼亚的哈珀斯·费里（Harpers Ferry）尝试组织一次普通的奴隶起义失败后，他被指控犯有叛国罪并判处死刑，1859 742
年 12 月 2 日他被绞死。

美国走向内战的最重要阶段包括 1857 年 3 月 6 日最高法院的一项判决：斯科特诉桑福德案（Scott versus Sanford）。

德雷德·斯科特（Dred Scott）是一个密苏里州的奴隶，他曾跟随主人到过自由州伊利诺伊和自由准州威斯康星。主人死后他被其遗孀带回密苏里州，他起诉要求获得自由，因为在自由地区逗留过，他有很好的理由要求自由。官司一直打到最高法院。首席大法官罗杰·托尼（Roger Taney）与其大多数同事一起否决斯科特有权求助于最高法院，因为他不是公民，而是财产。根据1791年的宪法第五修正案，事先未经正当法律程序（without due process of law）不可剥夺一位公民的财产。在“判决附带意见”（obiter dictum）中最高法院否认国会有权在任何准州禁止奴隶制，从而将1820年的《密苏里妥协案》追溯性宣布为从一开始就违宪。此判决也间接质疑了“主权在民”的原则，即各州立法机构有权决定禁止或允许奴隶制。

对德雷德·斯科特的判决让南方白人拍手称快，却引起北方的严重不满。新成立的共和党试图把抗议为己所用，他们许诺一旦在1860年的总统大选中获胜，将任命新的法官让反对奴隶制者在最高法院成为多数。但在1858年的中期选举中，关于对斯科特的判决的争论已经发挥了重要作用。1860年8月、9月和10月在伊利诺伊州许多地方展开的公开辩论中，它也成为竞选两个参议院席位之一的两位候选人——现任的民主党人斯蒂芬·道格拉斯和他的共和党挑战者亚伯拉罕·林肯（Abraham Lincoln）律师的焦点话题。林肯1809年出生在肯塔基州一个贫苦家庭，1847~1849年为美国众议院议员，这次
743 参议院竞选他失败了。但与道格拉斯（“主权在民”的捍卫者和《密苏里州妥协案》的破坏者）所展开的唇枪舌剑的竞选辩论让他被广大公众熟知，成为1860年总统大选共和党最有希望的一位提名候选人。

1858年6月16日，林肯在斯普林菲尔德（Springfield）召开的伊利诺伊州共和党代表大会上极为坚定地道出了自己的政治

信条。他引用耶稣的话“分裂之屋不能长久”，并补充说：“我相信这个政府不能永远保持半奴隶半自由的状态。我不希望联邦解散，我不希望这间房子垮塌；但我希望结束它的分裂状态。美国要么完全这样，要么完全那样。要么是奴隶制的反对者成功地制止奴隶制进一步扩张，在公众意识中竖立起奴隶制必定最终灭亡的信念；要么是奴隶制的支持者推动它继续发展，直到它在新的和旧的、南方和北方所有各州都取得同样合法的地位。”

1860 年 10 月 15 日，林肯在奥尔顿（Alton）与道格拉斯展开的第七次也是最后一次辩论中表示，奴隶制是一种“道德、社会和政治罪恶”。但无论是他还是共和党都没有要求在整个联邦禁止奴隶制。1858 年前后，林肯还没有想到要给予伊利诺伊州和其他自由州的黑人选举权，从而让他们完全享有公民权利。鉴于黑人和白人之间的天然不平等，他也排除了未来他们之间的完全平权和平等。他的目的是防御性的：奴隶制的罪恶不该进一步蔓延，自由人在自由土地上的自由劳动不能因为创建新的蓄奴州受到阻碍。林肯希望保持联邦的统一，但他并不愿意为维持北方与南方的和平而不惜付出任何代价。道德主义和宿命论、忠于原则和务实在林肯身上是难以彼此分离的：这些都是他要坚持的。作为政治家，他的崛起大概首先要得益于一种普遍的印象，即尽管他身上有这些矛盾的东西，他 744
还是比其政治对手更好地体现了美国精神。

在 1860 年的总统竞选中，共和党推出的候选人是林肯，他们的纲领不仅（以十分适度的措辞）表达了废奴主义者的意愿，而且也代表了工业界设置高保护性关税的利益，并且照顾了比较贫穷的移民定居者希望得到廉价土地的愿望。在所有竞选者中林肯表现得最出色，但在有效票数中只获得相对多数，即 39.8%。斯蒂芬·道格拉斯——民主党在北部各州的候选人——得到 29.5% 的选票，南方民主党人约翰·C. 布雷肯里奇

（John C. Breckinridge）获得 18.1% 的选票，在奴隶制问题上立场“中立”的前辉格党人约翰·贝尔（John Bell）获得 12.6% 的选票。在选举人团选举中，林肯由于拥有强大北方后盾赢得绝对多数。因此，这位政治家当选为美国第 16 任总统，南方各州认为没有第二个政治家像他那样体现着废除与取消奴隶制的意愿了。

第一个站出来应对这种挑战的南方州是南卡罗来纳：1860 年 12 月 20 日，一个特别会议决定退出联邦。接着密西西比、佛罗里达、亚拉巴马、佐治亚、路易斯安那和得克萨斯各州纷纷效仿。1861 年 2 月，这七个当时已经脱离联邦的州的代表在亚拉巴马州首府蒙哥马利（Montgomery）聚会，宣布成立一个新国家——美利坚联盟国（Confederate States of America）。联邦财产被扣押，在查尔斯顿（Charleston）港对南卡罗来纳州一座岛屿上的萨姆特堡（Fort Sumter）联邦要塞实行了封锁。这一切发生在詹姆斯·布坎南（James Buchanan）总统任期的最后几周，他是来自宾夕法尼亚州的民主党人，不顾一切地想避免对南方动用武力。

1861 年 3 月 4 日林肯上任。他通知南卡罗来纳州，他向萨姆特堡派遣了提供给养的船只，部队和弹药只有当遭到抵抗时才会投入使用。联盟国政府随后下令攻占萨姆特堡，联邦军队拒绝交出要塞。在经历了为期三天的轰炸后，联邦军队最后不得不于 1861 年 4 月 14 日屈服于联盟国军队的强大攻势。南北战争打
745 响了。在双方敌意于 4 月 12 日正式爆发为武装冲突后的头五个星期，四个其他南部州弗吉尼亚、阿肯色、田纳西和北卡罗来纳加入了联盟国。另外四个蓄奴州马里兰、特拉华、肯塔基和密苏里，只是迫于来自华盛顿的强大压力才没有采取同样的行动。

对内战是否可以避免的问题，人们一直争论不休。事实上，两个如此不同的社会（就像北部与南部各州）能够在八年

半的时间内在一个国家框架中和平共处，这本身就几乎是个奇迹了。美国向西部的扩张一方面掩盖了一个自由的公民社会与一个蓄奴社会之间的紧张关系；另一方面恰恰是这种带有内在必然性的扩张导致了那场有关新地区政治前途的争论，这种争论给 1850 年代后半期打上了烙印，并再也无法通过表面的妥协让局面继续维持下去。

当南方的种植园主自认为自己属于所谓优越的白色人种，让那些他们认为是劣等人种的黑人作为奴隶为自己工作时，他们感到这完全符合神圣与自然的秩序。那种认为奴隶劳动比自由雇佣劳动生产效率低的观点，受到近代经济史学家如罗伯特·W. 福格尔（Robert W. Fogel）的否认。但他们强调，南方种植园主代表的是资本主义一种高度发达的形式。对于他们的自我评价来说，他们拥有很多奴隶所带来的社会声望，与其经营成果同样重要。南方的社会对荣誉有着古老的贵族式观念，这与工业发达得多的平均主义的北方的荣誉观念截然不同。1860 年脱离联邦也是为了捍卫这种荣誉：南方的白种人上层阶级不想让北方来规定一种“生活方式”，这种“生活方式”有悖于自己的文化规范。

北方反奴隶制运动的动机是多种多样的。两次失败的奴隶起义（1822 年在南卡罗来纳州和 1831 年在弗吉尼亚州）可能起到了推动作用，使得 1830 年代以来越来越多的基督教新教徒按照耶稣基督的福音赞成立即释放所有奴隶：这一事实让天主 746
教神职人员和大多数天主教徒示威性地站到美国南部的黑奴制度（peculiar institution）一边。此外，对奴隶制丑闻的抗拒也从世俗来源汲取力量：如果独立宣言指出所有的人生而自由，那么不管杰斐逊、华盛顿和其他开国元勋当时想的是什么，这也适用于黑人。一些自传性书籍，如逃到纽约的奴隶弗雷德里克·道格拉斯（Frederick Douglass）1845 年出版的自传和哈里特·比彻·斯托 1852 年的小说《汤姆叔叔的小屋》，激发了人们对这种公然违背 1776 年理念之现状的持续道德愤怒。

但北方看重的不只是理想，也关乎利益。如果在新赢得的西部允许奴工，那工业和农业雇佣劳动者的机会就会减少。能够自由选择雇主以及在适当情况下迫使他们提高工资，只有自由的工人才有这种机会。在自由的雇佣劳动者和奴隶劳动展开竞争的地方，前者的工资总因后者的存在而贬值。仅仅出于这一原因，北方的工人就必须关注废除奴隶制的事。南方靠出口农产品为生，具体地说是棉花（“金字棉”），因此它深信自由贸易的好处。相反，北方的实业家想抵抗来自欧洲，特别是来自英国的进口产品，因此它要求高保护性关税，而南方直到 1861 年一直设法阻止这种做法。这种贸易政策方面的对立对南北不断升级的紧张关系也起着作用。

在人口方面，联盟国远远落后于联邦。1861 年在北方的 23 个州大约生活着 2200 万人，而南部的 11 个州约有 900 万人，其中至少有 350 万是黑人奴隶。北方最初只能投入 12000 人的联邦军队对抗南方。双方都必须调动民兵和志愿者，由于
747 这些力量不足，又引进了义务兵役制：联盟国 1862 年 4 月起实行，联邦 1863 年 3 月起实施。联盟国一方一直到最后参战的几乎全是白人，联邦一方则有 186000 名黑人士兵。北方拥有更多的物质资源：它有最多的黄金和占比达 85% 的工业生产份额，其工业得益于各类军事订单，而南方则陷入了严重的经济和金融危机。这一方面是海上封锁造成的，美利坚合众国用这种办法让南方的棉花出口几乎彻底陷于瘫痪；另一方面也是白人工人应征入伍的结果。

美国南北战争有时被称作第一场“总体战”，这一概念尤其适用于战争的最后一年。当时威廉·特库姆塞·谢尔曼（William Tecumseh Sherman）将军在林肯同意后，在其传

奇性的“向大海进军”行动过程中，从追赶撤退的联盟国军队转而开始烧毁田地和破坏种植园与村庄，不再区分战斗部队和平民百姓。双方都拥有现代武器，如远程步枪、机关枪和铁甲船，但联邦一方比联盟国一方在数量上占据优势。“现代化”还体现在用铁路运输军队和战壕战上。美国南北战争比克里米亚战争在更大程度上显示出一些特征，这些特征让人们把它更与 20 世纪的两次世界大战联系在一起，而不是与拿破仑时期的战争联系起来。

联盟国打仗的目的是维护自己的社会秩序和国家独立，独立应成为这种秩序的保障。联邦的战争目的是让脱离联邦的各州再回到联邦的怀抱，在战争进程中又出现了另一个目标：消除导致分裂的社会原因，即奴隶制。1861 年 3 月 11 日联盟国通过宪法明确保障奴隶制的继续存在，并声明各州拥有主权，这是对美利坚合众国 1787 年宪法的最重要偏离。3 月 21 日，联盟国副总统亚历山大·斯蒂芬斯（Alexander Stephens）在佐治亚州萨凡纳（Savannah）的一次讲话中骄傲地宣称，“黑人与白人不平等是伟大的真理”，以及“奴隶制，即服从于优 748
越的种族，是自然和正常的状态”。这种“真理”是联盟国的“基石”（cornerstone），联盟国是世界历史上第一个建立在这种“伟大的物理学、哲学和道德真理”之上的国家。

对南方给予奴隶制的法律保护和意识形态辩护，联邦的回应是 1862 年 9 月 22 日的《解放奴隶宣言》，该宣言将于 1863 年 1 月 1 日生效，其发布者是作为联邦军队总指挥的亚伯拉罕·林肯。一个月前，林肯在写给出版商霍勒斯·格里利的一封信中就承认，如果他不解放一个奴隶就可以拯救联邦的话，他会这么做；如果他只能解放其中一些奴隶的话，他也会这么做。林肯 9 月 22 日的宣告是由五天前的一场血战引起的，那场战斗发生在马里兰州夏普斯堡（Sharpsburg）附近的安蒂特姆（Antietam）小河畔，属于南北战争中最血腥的战役之一，联邦军获得险胜。这次军事成功鼓舞了总统，让他期望联邦军赢得战争，通过亮明战争的更高道德目标——废除奴隶制，能够动员新的力量加入战斗。

1863 年 1 月 1 日的宣言起初只是对那些生活在已被联邦军占领了的地区和来到这些地区的奴隶有帮助。但是，拓展后的战争目的意味着对联邦军获胜后的一种承诺，这种胜利在 1863 年 7 月 4 日，美利坚合众国独立宣言的第 87 周年纪念日，就已显现出来：这一天合众国军队在乔治·米德（George Meade）将军率领下，在宾夕法尼亚州南部的葛底斯堡（Gettysburg）附近战胜了罗伯特·E. 李将军的南军，此前他们曾给北军一系列重创。四个半月后，林肯总统于 1863 年 11 月 19 日在葛底斯堡战士墓地揭幕式演讲中说出了令美国几代人念念不忘的话。他要求在场者“庄严决定，不让这些死者白白牺牲；我们要使共和国在上帝保佑下得到自
749 由的新生，要使这个民有、民治、民享的政府永世长存”。

战争期间的联邦以及联盟国内各有一个“大后方”。在南方谁若是同情对方，就会成为私刑对象。在北方最大的城市纽约，1862 年 7 月因男青年应征入伍发生了严重骚乱，参与者主要是贫穷的天主教爱尔兰移民。很多黑人被杀，他们的住所遭到焚烧；总共有一百多人死于非命。共和党政府希望得到那些从 1862 年 5 月的宅地法中获益者对战事的支持。该法令满足了“自由土地”运动的一个老要求，让身无分文的定居者和移民能够以极其优惠的条件获得土地。那些无力支付微薄价格者，可通过五年的土地耕种、建造一个可居住的住所并支付登记费而获得土地所有权。如果没有内战，此法令在国会无法获得多数票：直到南方的众议员和参议员离开后，此法令才得以通过。

1862 年还无法预料不法商家会滥用此法令，即使在 1864

年新一轮总统选举即将开始时也没有这方面的迹象。为了确保胜利，共和党人派出的总统和副总统竞选人是林肯和来自田纳西州的“同意开战的民主党人”——前参议员安德鲁·约翰逊（Andrew Johnson）。谢尔曼将军于1864年9月占领了佐治亚州首府亚特兰大，这增加了林肯的政治实力，11月他以55%的票数赢得大选。选举人团中的212票投给了他，厌战的民主党候选人乔治·麦克莱伦（George McClellan）将军只得到21票。进行了选举的各州中，除了1861年留在联邦的各州外，还包括一个新成立的州：西弗吉尼亚。当弗吉尼亚州1861年4月加入联盟国后，阿勒格尼山西侧地区6月从该州分离出来。

若是欧洲列强向南方伸出援手的话，也许南方在军事上不
会败北。起初这看上去并非不可能：除了新英格兰地区，英国 750
和法国是南方各州棉花的主要买家；这两个国家都视美利坚合众国为世界政治舞台上的竞争对手。但如果英国按兵不动，拿破仑三世也不愿出头。巴麦尊勋爵主政的伦敦政府不敢挑战自己国内强大的反奴隶制运动，自从林肯宣布要解放奴隶后，该运动就为支持联邦而造势。甚至美国南北战争的欧洲受害者也支持北方：50万名纺织工人因棉花进口的瘫痪而失去了他们的工作岗位（得到新工作的机会直到埃及和印度棉花种植园的棉花在战争期间取代“金字棉”后才出现）。

倘若联盟国在内战战场上的表现更出色一些，或许伦敦和巴黎在援助联盟国问题上也不会那么疑虑重重。由于南方的胜利从来都不是指日可待的事，欧洲这两个强国就没有在外交上承认联盟国，更不用说进行军事干预了。英国、法国和西班牙利用美国南北战争对墨西哥进行武装干涉。墨西哥的反教权总统贝尼托·胡亚雷斯（Benito Juarez）是一位印第安血统的政治家，自1861年一场血腥的内战后实行独裁。他中止了

向墨西哥的欧洲债权人偿还债务，上述三国介入的目的是强迫他履行其国际义务。在墨西哥政府同意延期偿付后，英国和西班牙于1862年4月撤军。拿破仑三世却铤而走险：他的军队留在该国，1863年征服普埃布拉（Puebla），接着向墨西哥首都进军。法国人在那儿主持召开了一个国民议会，这个由神职君主主义者把持的议会宣布成立墨西哥帝国，傀儡皇帝的人选是奥地利大公马克西米利安（Erzherzog Maximilian von Österreich），他是弗朗茨·约瑟夫皇帝的弟弟。

拿破仑三世的意图不言自明，他想通过一个依赖法国的墨
751 西哥阻挡美国在中美洲的影响（同时让哈布斯堡皇朝痛快同意把威尼托割让给意大利）。然而，马克西米利安几乎没有得到任何民众的支持。美利坚合众国在赢得南北战争之后，援引门罗主义强迫法国于1866年从墨西哥撤军。次年，主要依靠美国的大力支持，曾被逼到国土最北边的共和党人胡亚雷斯战胜了君主主义者。皇帝马克西米利安于1867年6月19日根据胡亚雷斯的命令被枪杀。接着共和国得以恢复，胡亚雷斯再次当选总统。在墨西哥的灾难性失败对拿破仑三世意味着严重的名誉损失，这也是1860年代后半期其统治衰落的原因之一。

1865年4月3日，联邦军列队进入弗吉尼亚州首府里士满（Richmond），这标志着美国内战的胜负已成定局。此前李将军声明他将无法继续保卫里士满，联盟国总统杰弗逊·戴维斯（Jefferson Davis）及其内阁出逃，黑人奴隶起义，他们的暴力把该城夷为平地。这一时期李将军向西南方向撤退，在菲利普·亨利·谢里登（Philipp Henry Sheridan）将军率领的联邦军的奋勇围追堵截下，他于1865年4月9日在弗吉尼亚州的阿波马托克斯（Appomattox）向林肯任命的美国武装力量最高统帅尤利西斯·格兰特将军投降。4月26日，南军在两卡罗来纳州的指挥官约瑟夫·E.约翰斯顿（Joseph E.

Johnston）将军向北军将领谢尔曼投降。为期四年的南北战争结束。

美国南北战争一共阵亡 618000 名士兵，其中北军 360000 名，南军 258000 名。这相当于（未分开的）美国人口的 2%，这甚至比美国在第一次和第二次世界大战中遭受的损失还要高很多（1916~1918 年为 0.11%，1941~1945 年为 0.24%）。德国历史学家威利·保罗·亚当斯总结了历史上的争论，称
1861~1865 年的战争为“一种内战［Civil War，叛乱战争 752
（War of the Rebellion）］和国家统一战争的混合体”。在“经典”内战中非正规起义军与政府的正规军作战。联盟国绝对不认为自己是非正规的，而是各州的联盟，它们行使了脱离联邦的权利。从联邦的角度看不存在这种权利，所以南方 11 个州的脱离行动就构成叛乱行为并使南北战争成为一场内战。

在战争期间，南部联盟开始把自己从一个法理社会变成一个国家；如此看来，这场战争是国家间的战争。联邦一方关心的是维持国家统一，要一劳永逸地堵死分裂的可能。从这个角度看，这场战争是关乎国家统一的战争，这也意味着：如果联邦对外想以统一国家的姿态出现的话，就必须创造一定程度的社会同质性。

最迟从联邦一方把解放奴隶作为其战争目标时起，它在道义上就压倒了对手。奴隶制与美利坚合众国开国元勋们的价值观格格不入，尽管他们中许多人自己就是奴隶主，而且并未把奴隶当作独立宣言中所指的人看待。然而承诺不可转让的人权有其自身的规范逻辑，这种逻辑超出了 1776 年人权宣言制定者的历史视野。那些没有得到人权的人亦可引用人权概念，他们在白人中有同盟者，后者对美利坚合众国的创始承诺是认真对待的，他们不想让这种承诺蜕化为一个创始谎言。

不这样做，当然不仅仅是一个道德问题。如果美利坚合众

国想在世界政治中发挥作用，它就无法维持“半奴隶半自由”的状态。双方必须统一并令人信服地捍卫自由的理想，这正是美国的吸引力和声望的基石。倘若1865年这种信念未能获胜，美利坚合众国绝不可能拥有它后来所拥有的权力。从效果上看这场内战是“第二次美国革命”，正如历史学家查尔斯·比尔德和玛丽·比尔德（Charles und Mary Beard）1927年所命
753 名的。正因为这场战争以联邦战胜脱离它的联盟国而告终，而且联邦自从1865年3月4日林肯的第二次就职演讲起就是牢不可破的，美国在20世纪才能上升为北大西洋两岸的西方领导力量，并为西方发展出一种意识做出了决定性贡献，这种意识是西方历史上的共性，它让西方尽管有种种分隔性因素却仍旧拥有一种统一性。

联邦没有解体最要感谢的人，却无缘亲眼看到内战的最终结束，亲历南军最后一支队伍1865年4月26日的投降。4月14日，属于南方一个狂热的阴谋组织的演员约翰·威尔克斯·布斯（John Wilkes Booth）在华盛顿一家剧院近距离向亚伯拉罕·林肯开枪，因伤势过重，林肯于第二天一早去世。这次暗杀表明，胜利的北方在曾经的联盟国一方引起的仇恨有多深。胜利时刻的谋杀让第16任总统成为一位殉道者，他在为统一和自由的战斗中牺牲。林肯代表着统一与自由：当然，他在意识到没有黑人的自由就无法恢复统一时，才开始坚定地为黑人的自由而战斗。尽管他被迫地使用了一些战术花招，尽管他的思想和行动有很多矛盾的地方，但林肯是一个极其正直和忠于信念的人。他是美国19世纪所产生的最伟大的政治家。

对于战后时期，林肯已经制定了和解与迅速重建南方各州的政策，并在北军占领的各州开始实施这些政策，这引起了激进的共和党人的极大不满。他的继任者，前副总统安德鲁·约翰逊，是个出生在北卡罗来纳州的南方人。他站出来为北方和

南方白人之间的相互理解与妥协而奔走，其做法是不惜牺牲黑人奴隶的利益，这最终导致了总统和共和党多数派在国会两院的严重冲突，最后国会在 1868 年对他提出弹劾议案。他没有遭到罢免仅仅是因为在参议院差一票没有达到所需要的三分之二多数。

林肯在战时宣布的奴隶解放，到战争结束时对他们中的 754
大多数人来说不过是一张废纸。为了创建可靠的法律依据，国会决定对宪法第 13 条进行修正，它于 1865 年 12 月 18 日生效，规定在宪法有效范围内禁止蓄奴。作为自由的公民，曾经的奴隶可以为自己合法选择姓氏，他们最常选择的姓氏是华盛顿、杰弗逊和杰克逊。为了保护黑人，联邦军队驻守在南方，国会创建的“自由民局”（Freedmen’s Bureau）为数以百万计的前奴隶提供食物，并在各种“自由民协会”（Freedmen’s Associations）和教会团体的协助下创建学校，由来自北方的志愿者授课。黑人业余传道者成立了教区，他们在其中担任牧师。自发地与以前的主人隔离是黑人自我解放的标志，这对大部分白人来说发生的正是时候，后来这种隔离被白人政治家发展成一种体系。

内战结束后并未进行名副其实的土地改革。被解放的奴隶如果没有迁移到城市去的话，1865 年之后他们主要当“佃农”，租种白人种植园主的小块土地。也没有对南方各州的军官展开叛国罪诉讼；如果联盟国的官员向总统请求赦免，他们很容易如愿以偿。约翰逊总统承认的“重建”的成员国议会于 1865 年和 1866 年通过了所谓的《黑人法令》（*Black Codes*），允许逮捕失业的流浪黑人并把他们介绍给白人雇主。有些法律竟然禁止黑人从事农业或家庭佣人以外的职业。国会中共和党多数派对这种挑衅的回应是：一方面拒绝被选进众议院的前联盟国官员行使其职责，另一方面提出保护民事权利和延长（最初仅限于一年）自由民局的法案。当约翰逊总统行使搁置否决权时，他遭到三分之二多数票的否决。

755 南部各州对奴隶解放的抵制，导致国会中的共和党多数在1866年6月对宪法第14条重新进行了修正。它保证向美国的所有公民提供权利保障，任何一州不得通过限制这些权利的法律。谁违背对美国宪法的誓言参加了暴动或叛乱，就不得参与国家或各州的竞选活动，或担任文职、军职及司法官员。此外不允许各州偿还因支援反对合众国的作乱或反叛而产生的债务。

当除田纳西州外，所有前联盟国各州以及特拉华州和肯塔基州都拒绝批准宪法修正案，并以这种方式阻止该修正案生效时，国会多数以批准修正案为完全接纳南方各州进入联邦的先决条件。直到1868年7月，宪法修正案才得到所需的大多数州的批准；直到1870年所有南方各州才重新在参议院和众议院获得全部代表权利。同样在1870年宪法再次得到补充，这次是为了预防对美国黑人选举权的系统性架空。宪法第15条修正案禁止联邦和各州根据公民的种族、肤色或曾经的奴隶身份剥夺或限制其选举权。当时的美国总统是内战最后阶段联邦军队的最高指挥官——尤利西斯·格兰特将军，他是1868年11月作为共和党候选人当选总统的。

全国外表统一的恢复还远远不意味着恢复了内在的统一。1865年后，南方的统治阶层对奴隶制并未显示出悔意；相反，它发展出对“败局命定”的迷信，其中包括对“内战前南方”一般生活的浪漫美化，特别是“主人”与“奴隶”的关
756 系。来自北方的生意人，即所谓的“拎毯制手提包的投机家”（carpet-baggers），为了扩大影响和增加财富，让人把自己选进南方的立法议会和政府，或者选进国会当议员，这增强了南

方人对富有的“北方佬”（Yankee）[①] 的仇恨。反抗无处不在的北方及其所代表的秩序的急先锋的是内战后期成立的三 K 党（Ku Klux Klan），它在黑暗的夜里搞了无数次恐怖行动，甚至私刑谋杀黑人。1875 年的民权法案禁止日常生活中，也包括在饭馆和娱乐场所的种族歧视，此禁令让三 K 党自 1870 年代中期起从人们的视野中消失了几十年。1915 年它又死灰复燃，其扩大了的打击对象包括黑人、犹太人、天主教徒和国际主义者。

1877 年，总统尤利西斯·格兰特的八年任期——其间腐败盛行——结束，同时“重建”时代也一同告终。他的继任者，共和党人拉瑟福德·B. 海斯（Rutherford B. Hayes）虽然获得的选票明显不足，但他借助南方各州民主党人的帮助仍旧当上了总统。在其治下联邦军队撤离了前联盟国地区，在还没有撤军的地方南方各州政府也完全落入当地白人手中。对黑人的社会和政治歧视在接下来的时间里再次公然进行。在最高法院 1883 年宣布 1875 年的民权法案违宪后，南方各州通过了所谓的《吉姆·克劳法》（*Jim-Crow-Gesetze*），为学校、公共交通、餐饮和娱乐场所的种族隔离提供了法律基础。同时重新对黑人的选举权实行限制，阻碍他们进行选举。“北方赢了战争，却失去了和平，如果人们把赢得和平理解为给获得自由的奴隶法律上的平等，让他们以平等公民的身份参加选举和进行有益于他们的土地改革的话。”威利·保罗·亚当斯以此评判一针见血地总结了内战后 30 年的发展状况。

大多数昔日的奴隶没有对剥夺公民权进行直接政治反抗。在布克·T. 华盛顿（Booker T. Washington）—— 一位奴隶出身的教育家——的影响下，许多人没有立即反抗，而是在黑人学校 757

① 又可接音译译作“洋基”，南北战争期间特指北方人，后延伸为指代全体美国人。

和学院加强自身教育，以便凭借自己的力量提高社会地位。少数不满足于此的人，在读取了哈佛大学博士学位的黑人历史学教授威廉·E.B. 杜波依斯（William E. B. Du Bois）的领导下，和白人民权活动家一起于 1909 年成立了美国全国有色人种协进会（National Association for the Advancement of Colored People），从此为黑人求平等的斗争指出了方向。

南方社会在内战结束后仍旧与北方社会有着根本的区别，但它已不再是那个“内战前的南方”。自营农民的数量减少，佃农的数量增加。总体而言，农业与新兴的工业——首推纺织和烟草业，在亚拉巴马州也包括铁路和后来的钢铁业——相比失去了其重要性。从 1880 年到 1890 年铁路网覆盖面翻番。在工业化的过程中底层白人的数量在增长，而相当一部分黑人移居北方。1865 年所获得的成果之一——流动性，“新南方”已无法再从以前的奴隶手中收回了。1865~1870 年宪法修正案中所宣告的各种肤色的美国人之平等权利仍是一个未兑现的承诺，但当黑人和白人民权活动家们在新世纪之初将“平等权利”写上自己的旗帜时，它是可以援引的一种承诺。[9]

## 自上而下的革命：德意志二元性的终结

美国的南北战争在欧洲备受关注，保守派一般支持南方，自由派和左派则站在联邦一方。工人们最同情奴隶解放：参加伦敦圣詹姆斯大厅群众集会者大多来自他们的行列，1863 年 3 月他们在那里向林肯总统表明其团结互助的立场，要求废除奴隶制，从而正面反对首相巴麦尊的亲南方政策。1864 年 9 月 28 日在伦敦成立了国际工人协会（Internationale Arbeiter-Assoziation），即第一国际，它是欧洲和美国工人政党和工会 758
的松散联盟。卡尔·马克思当选为其临时中央委员会的德意志通讯理事。他除了起草成立宣言和协会暂行章程外，还执笔了协会祝贺林肯再次当选的贺信。信中说，欧洲的工人认为，“由工人阶级忠诚的儿子阿伯拉罕·林肯来领导自己国家进行解放被奴役种族和改造社会制度的史无先例的战斗，是即将到来的时代的先声”。①

对马克思来说，第一国际也是与另一个工人组织——费迪南·拉萨尔 1863 年 5 月在莱比锡成立的全德意志工人联合会（Allgemeiner Deutscher Arbeiterverein，ADAV）进行论争的工具。拉萨尔代表的路线是马克思和恩格斯不赞成的：作为该联合会会长他主要鼓动工人争取平等的普选权，和在国家帮助下创建工人生产合作社。他甚至背着两位在伦敦和曼彻斯特的社会主义者移民，暗中与普鲁士首相奥托·冯·俾斯麦谈判，后者非常乐于看到拉萨尔以其有关竞选权的口号让在这个问题上存在意见分歧的自由进步党陷入尴尬境地。

相反，马克思和恩格斯仍然坚持通过无产阶级革命来实现工人阶级的自我解放，而无产阶级革命只有通过国际组织的

① 马克思：《致美国总统阿伯拉罕·林肯》，载《马克思恩格斯全集》第十六卷，北京：人民出版社，1964，第 21 页。

工人运动才能取得成功。对他们来说，正如马克思在《国际工人协会成立宣言》（*Inauguraladresse der Internationalen Arbeiter-Assoziation*）中所表达的，夺取政治权力“已成为工人阶级的伟大使命”①，而且如在《国际工人协会临时章程》（*Provisorische Statuten der IAA*）中所述，工人阶级在经济上的解放是“一切政治运动都应该作为手段服从于它的伟大目标”。②在相信国家的拉萨尔及其追随者的行为中，马克思和恩格斯首先看到的是：偏离正道，至少从长远看这必将给国际无产阶级事业带来危害。

拉萨尔未能经历国际工人协会的成立：1864 年 8 月 31 日
759 他死于一次决斗给他带来的致命伤。德意志工人运动在未来的许多年里仍然处于分裂状态：全德意志工人联合会中亲普鲁士并赞成小德意志方案的拉萨尔派，自 1867 年起由约翰·巴普蒂斯特·冯·施魏策尔（Johann Baptist von Schweitzer）领导；其对立面是赞成大德意志方案、与资产阶级民主派协作的流派，这一派于 1863 年 6 月在法兰克福联合组建德意志工人协会（Verband deutscher Arbeitervereine）。其积极分子中有来自科隆的车工奥古斯特·倍倍尔（August Bebel），他是莱比锡工人教育协会（Leipziger Arbeiterbildungsverein）的领导者。正是对这第二个流派，马克思和恩格斯通过威廉·李卜克内西——1848 年 9 月第二次巴登起义的参与者——的介绍，在 1860 年代的后半期逐步增加了影响。

以全德意志工人联合会的方式出现的、独立的德意志工人运动对资产阶级自由主义意味着一种严峻的挑战。像 1789 年

---

① 马克思：《国际工人协会成立宣言》，载《马克思恩格斯全集》第十六卷，北京：人民出版社，1964，第 13 页。

② 马克思：《国际工人协会章程和条例》，载《马克思恩格斯全集》第十六卷，北京：人民出版社，1964，第 599 页。

时法国的“第三等级”一样，自由派资产阶级仍旧把自己视为“普通等级”，工人应该通过接受更多的教育融入这个等级。德意志进步党左翼民主派感到全德意志工人联合会的出现极为危险：它让他们代表普通民众的权利受到根本性质疑，并通过呼吁国家援助的方式发起了进一步挑衅，即挑战赫尔曼·舒尔茨－德里奇所倡导之自救的自由原则。无论是狭义自由派还是民主派，当拉萨尔 1862 年春天在柏林的一次演讲中指责自由主义者——他们不敢明言宪法问题“从根本上说不是法律问题，而是权力问题”——时，他都击中了进步党这两翼的软肋。这正是自由主义反对派在普鲁士宪法冲突中反对俾斯麦的特点：他们用法律手段捍卫权利，在报纸和议会中批评政府，并拒绝政府的预算和其他法律提案，但他们不号召起来反抗背离了宪法之法律依据的国家权力。

让自由派资产阶级采取守势的还有许多其他因素：失败的革命还令人记忆犹新，对“红色”危险的恐惧在此期间并未减少，在乡下容克地主阶级依然对农民和雇工施加强大的政治影 760
响。三级选举制让自由主义显得似乎比它自身更强；如果普鲁士实行的是平等的普选，那保守派，也许是一个工人党在许多地方都会令自由派候选人陷入困境。进步党指责普鲁士军事国家让资产阶级无法更自由地发展。军队的改革令军队更强，资产阶级更弱：这是自由主义反对政府相关要求的最重要原因。

与此同时，自由党人多次指出德意志军事负担的不公正分布。按照 1821 年的邦联战争法，为了避免“一个邦联成员国对另一个哪怕是表面上的霸权”，没有任何一个成员国被允许以超过三个军团的兵力加入邦联军队。由于普鲁士的很大一部分领土，即东普鲁士和西普鲁士以及波森不属于德意志邦联，霍亨索伦国家有权拥有更多的军队，而它也确实这么做了：它有九个军团的武装力量。其他德意志邦国可以指望普鲁士在受到外部威胁的情况下派出其全部兵力，因此这些邦国自己相应地没有花更多精力在军备上。

进步党，特别是其右翼，随后提出对德意志军事负担进行再分配的要求，以减轻普鲁士的压力。普鲁士的高军费开支将会带来的后果是：“让富裕的生活缩水和受到限制，从而让人民可支配的力量下降。”所以，创建一支德意志军队，从物质上保障德意志的统一是最重要的目标：前法兰克福国民议会民主党人威廉·勒韦－卡尔贝（Wilhelm Löwe-Calbe）——1863年以来他是普鲁士议会中进步党议员——在1861年的《德国年鉴》中如此表述。

如果德意志统一是最重要的目标，那么当政府做出进步党认为符合国家利益的事时，自由党反对派对俾斯麦“冲突内
761 阁”的反对必然会陷入困境。在俾斯麦任期之初，自由党与政府只在一个领域达成了一致：贸易政策。1862年3月普鲁士与法国签订了一项自由的显著降低了关税税率的贸易协定。由于拿破仑三世于两年前在《科布登条约》（*Cobden-Vertrag*）中大幅降低了对英国的海关关税，普法条约意味着一种方向性选择：赞同西欧的自由贸易经济政策，反对奥地利在中欧设立以保护性关税为特点的关税同盟。这样一来，1853年商定的、由于普鲁士反对而推迟的关于德意志关税同盟与奥地利海关税率的协调性谈判就被阻止。关税同盟的各成员国必须随之做出以下抉择：自由贸易还是关税保护，普鲁士还是奥地利，西方还是东方。

在1862年9月出任首相后，俾斯麦继续激化了与奥地利的海关冲突，并迫使巴伐利亚、符腾堡、黑森－达姆施塔特和拿骚等推行关税保护主义的政府转入守势。在德意志民族协会、（成立于1858年的）德意志经济学家大会（Kongreß deutscher Volkswirte）和萨克森与巴登政府的支持下，他坚

持要求关税同盟接受普法贸易协定。这需要普鲁士在1863年12月先解除关税同盟合约，半年后再缔结普鲁士-萨克森有关关税同盟续约的条约，以阻止实行关税保护主义的中等强国的反对。1864年10月，到此时为止的关税同盟成员国同意续签合约，为期12年。1865年关税同盟与奥地利缔结了一项贸易协定。在经济政策领域争夺德意志领导权的斗争分出了胜负：普鲁士是赢家，奥地利是输家。

普鲁士的实业家以压倒性多数支持俾斯麦的贸易政策。政府与企业主之间的关系因此格外友好，这令资产阶级的政治代表——自由派不得不担心：他们反对首相无预算因而违宪之政 762
权的斗争得不到经济界领军力量的坚定支持。在宪法冲突结束后，自由派的《普鲁士年鉴》(*Preußische Jahrbücher*)得出一个清醒的结论："国民经济从未在原则上与俾斯麦发生过对立，就像实用政治和国家法学说那样，因为国民经济的稳固完全要感谢最近几十年国家在最重要贸易政策方面的进步：普法贸易协定的缔结和关税同盟在自由税率基础上的续签。"

在很大程度上仍旧是农业国的奥地利在与工业发达的普鲁士的贸易冲突中从一开始就处于更弱势的地位。1863年底维也纳方面说，它没有兴趣让与柏林的争端升级。这种克制缘于外交政策方面：入春以来围绕石勒苏益格—荷尔斯泰因出现了新的冲突，因此这需要两个德意志大国更为密切的合作。1863年3月30日，丹麦国王弗雷德里克七世在一份诏书中质疑1852年5月第二次伦敦协议中的一项条款的约束力：它涉及承认石勒苏益格和荷尔斯泰因两公国的特殊地位，并构成丹麦奥古斯腾堡的克里斯蒂安·奥古斯特公爵放弃丹麦及其附属地区继承权的补偿条件。

1863年7月9日，德意志邦联议会要求丹麦废除上述诏书，在遭到丹麦拒绝后它于10月1日决定向荷尔斯泰因发动邦联内部讨伐，即对丹麦国王作为荷尔斯泰因公爵和德意志邦联成员的讨伐。哥本哈根的回答是另一次挑战：1863年11月13日政府——一个由艾德丹麦人民族主义政党组成的内阁，向国会提出一部新的国家基本法，决定吞并石勒苏益格。两天后弗雷德里克七世去世。其继任者宗德堡-格吕克斯堡的克里斯蒂安王子作为克里斯蒂安九世（Christian IX.）登基。11月18日他就已经签署了新的全国宪法。这样他就在根据第二次伦敦协议这份国际条约的继承顺序条款继任王位的同时，让同一协议失去了存在基础。

763 就在同一天，奥古斯滕堡的克里斯蒂安·奥古斯特公爵宣布将自己的继承权转让给其长子——王储弗雷德里克，后者已于1852年达到法定年龄并且当时和后来都没有接受其父对继承权的放弃。当后者不久后宣布自己作为弗雷德里克八世公爵（Herzog Friedrich VIII.）开始统治时，德意志一片欢腾，从赞成小德意志方案的民族协会的追随者到1862年10月成立的拥护大德意志方案的改革协会都赞不绝口。来自整个德意志的约500名议员12月在法兰克福会聚一堂，他们宣布奥古斯滕堡人的事情为德意志民族运动，并成立了由36位受信任者组成的委员会，由他们负责协调如今到处涌现的石勒苏益格—荷尔斯泰因协会的活动，主要是为支援奥古斯滕堡人组织集会与募捐。

站在奥古斯滕堡弗雷德里克一边的还有大多数中等强国，然而不包括普鲁士和奥地利。这两个大国要求恢复到伦敦协议所规定的状态，即恢复国际法之合法性，也就是不支持奥古斯滕堡的继承权要求，并让其他大国的介入至少成为不可能。这样事情就定了下来：1863年12月7日，德意志邦联议会以微弱多数通过了维也纳和柏林的提案，决定对荷尔斯泰因发动邦联内部讨伐。

在邦联军队进入荷尔斯泰因之后，奥地利和普鲁士于1864年1月16日向丹麦发出最后通牒，要求其收回全国宪法，如不照办将用石勒苏益格作为抵押。当哥本哈根拒绝此要求后，战争开始。1864年4月18日，普鲁士军队在石勒苏益格北部攻克了迪伯尔战壕（Düppeler Schanzen），给丹麦以重创。一个星期后，在伦敦召开了一次欧洲会议，会议提出的妥协建议没有得到普遍同意：无论是丹麦与两个公国间的单纯的共主邦联，还是按照民族原则对石勒苏益格进行分割的主意均未被采纳。当会议于6月25日结束时，1852年的《伦敦协议》彻底丧失了其政治意义。

第二天，一项5月商定的停火协议到期。普鲁士和奥 764
地利马上又重新开始进攻，征服了整个日德兰半岛和阿尔斯（Alsen）岛[①]，从而迫使丹麦要求停战与讲和。1864年8月1日实现了初步和平，10月30日在维也纳签署了最终和约。在和约中丹麦国王放弃他对石勒苏益格、荷尔斯泰因和劳恩堡的所有权利，这些地方分别落入奥地利皇帝和普鲁士国王手中。此外他还保证，承认这两个大国对易北河公国（Elbherzogtümer）[②]未来的决定。

《维也纳和约》（*Wiener Friede*）没有提到奥古斯腾堡的权利。在萨克森的敦促下，奥地利和普鲁士虽然在伦敦会议上为奥古斯腾堡的权利使劲，但在与普鲁士首相商谈后这位王位觊觎者了解到，俾斯麦顶多会把奥古斯腾堡治下的石勒苏益格—荷尔斯泰因当作普鲁士的受保护国，而且前提条件是把全部军事权力交给普鲁士，包括在基尔修建普鲁士的海军基地，在伦茨堡修筑邦联要塞以及联手建造基尔运河。由于弗雷德里克不准备随随便便地答应这些建议，俾斯麦认为奥古斯腾堡这桩事就

① 此处按其丹麦语名称 Als 翻译。

② 17~19 世纪常将石勒苏益格、荷尔斯泰因和劳恩堡并称为易北河公国。

算暂时了结了。《维也纳和约》对石勒苏益格—荷尔斯泰因在国家法意义上的未来没有定论。它创造了一种普奥对这一地区共管的局面，根据形势这种局面只能是临时的。

对于普鲁士自由主义者而言，有关石勒苏益格—荷尔斯泰因未来的争议是一种较量。最初几乎整个进步党，特别是赫尔曼·舒尔茨-德里奇周围的民主派坚决支持奥古斯腾堡人；只有赞成大普鲁士的民主主义者贝内迪克特·瓦尔德克身边的一小部分人认为由普鲁士吞并这些公国要胜过创建新的中等强国。但普鲁士的胜利让右翼的思想产生了变化：石勒苏益格—荷尔斯泰因现在首次提供了机会，减轻普鲁士的军事压力，并且在德意志统一的道路上迈出重要一步。自由派的柏林《国家日报》——“右派”的喉舌——1864 年 8 月 11 日言简意赅地表明了这一立场：“我们的国家是一座兵营，而石勒苏益格—
765 荷尔斯泰因则是一个和平农庄，这太排斥我们了，是享受和折磨的不公平分配。”

从这个角度看，不仅在军事上，而且把石勒苏益格—荷尔斯泰因完全并入普鲁士的版图也是对德意志统一的一种贡献。此外，如果民族统一真能缓和普鲁士的军事超负荷并能加强资产阶级的力量，那么 1864 年 8 月 12 日《国家日报》之结论也是站得住脚的：“在赢得必要的德意志权力方面的任何进步……同时也是自由生活的进步。”在这样的前提条件下，就不能再坚持此前“不给这个内阁一文钱”的口号了。相反，对一个保守的或者是像俾斯麦这样的“反动”政府也得支持，如果他们做的事是自由派长期以来所要求的。而民主派即使在击败丹麦后，也完全看不到向“引起纠纷的内阁”让步的理由。其喉舌——亲近舒尔茨-德里奇圈子的柏林《人民报》（*Volkszeitung*）8 月 16 日用以下的话反驳《国家日报》对优先权的新提法：“德意志的统一只能通过德意志的自由来实现。”

石勒苏益格—荷尔斯泰因的问题并没有通过《维也纳和约》得到解决，而只是进入了一个新的阶段。两个德意志列强的共管关系被证明非常容易引起冲突，以致1865年春双方的战争就已一触即发。中等强国和德意志民族运动继续要求由奥古斯腾堡家族统治石勒苏益格—荷尔斯泰因，而俾斯麦除了前述条件又向王储提出了新要求：弗雷德里克应同意将全部军事管辖权交给普鲁士，在经济和交通运输方面与霍亨索伦国家并轨，并割让计划中基尔运河的入海口地区给普鲁士。奥地利对这种挑战的回答是：1865年4月9日它在邦联议会同意了中等强国的提案，该提案要求两个德意志列强让奥古斯腾堡家族行使自己的权利。

当威廉国王在陆军大臣冯·罗恩和总参谋长冯·毛奇（von Moltke）的支持下，随后准备吞并石勒苏益格—荷尔斯泰因时，战争看上去一触即发。7月21日，普鲁士向维也纳发出最后通牒。但最终双方主张妥协的力量占了上风，当时俾斯 766
麦也属于妥协派。通过7月底到8月中在巴德–加施泰因（Bad Gastein）举行的旷日持久的谈判，他与奥地利就几个公国的分工管理达成了共识：荷尔斯泰因归奥地利，石勒苏益格归普鲁士。基尔将成为德意志邦联的港口，但普鲁士接手港口的管理和警察系统，并可以修筑防御工事和建立一个海军基地。

与《维也纳和约》一样，1865年8月14日签订的《加施泰因公约》（*Gasteiner Konvention*，俾斯麦因此事被授予伯爵爵位）也是临时的。但普鲁士首相认为与奥地利开战的时机仍未成熟。有一些证据表明，他在战胜丹麦后曾准备满足于普鲁士在美因河以北的德意志区域的霸主地位。以在意大利北部获得适当补偿为前提，奥地利可能会同意这样的“大普鲁士”方案，但它无法接受德意志民族运动。仅出于这一原因，

1864/1865 年讨论最多的“二元制”理解尝试根本就从未有过能够长期取得令人满意之效果的机会。

加施泰因谈判的结果加深了普鲁士自由主义阵营内的裂缝。从 1863 年 10 月的选举中强大起来的进步党，分裂为两个日益为敌的派别：一方是无条件的反对派追随者，他们强调自由优先于统一，并坚持站在奥古斯斯腾堡人一边；另一方是愿意有条件地与俾斯麦合作的少数派，他们愿意先争统一，再争自由，也不愿看到石勒苏益格—荷尔斯泰因成为新的中等强国。1865 年 10 月 1 日在法兰克福举行的德意志代表大会上，支持奥古斯斯腾堡派占多数，只有少数来自普鲁士的左翼代表参加了大会。右翼进步党有两位著名议员，法学家卡尔·特韦斯滕和历史学家特奥多尔·蒙森（Theodor Mommsen），以措辞激烈的公开信方式向大会议长递交了拒绝出席的通知。同一时
767 期，德意志民族协会也发生了类似分裂：多数人拒绝任何与反对议会和宪法的俾斯麦之间的合作，站在普鲁士一边的少数派限于北部和中部德意志的小国和中等国家。

对俾斯麦政策的愤怒给德意志其他地区的民主力量以推动力。民主运动的“领导地区”是符腾堡，那里以卡尔·迈耶（Karl Mayer）和路德维希·普福（Ludwig Pfau）为首的人民党（Volkspartei）得到了工匠和农民强有力的支持。从 1864/1865 年起，民主主义者也开始在整个德意志层面建立组织：在来自巴登的艺术史学家路德维希·埃卡特（Ludwig Eckardt）和拥有广大读者的有关唯物主义的《力与物质》一书的作者路德维希·毕希纳的推动下，1865 年 9 月在达姆施塔特成立了民主人民党（Demokratische Volkspartei）。这一新创建的党既拒绝以普鲁士为首的德意志，也拒绝以奥地利为首的德意志，而是主张创建由所有德意志民族及其分支和邦国组成的联邦，当然也包括讲德语的奥地利。

民主人民党从一开始就想得到正在兴起的工人运动的支持：在拉萨尔创立的、赞成小德意志方案的全德意志工人联合会那里没有取得成果，却在以《新法兰克福报》（*Neue Frankfurter Zeitung*）出版人利奥波德·松内曼（Leopold Sonnemann）为首的、赞同大德意志方案的德意志工人协会和莱比锡工人教育协会主席奥古斯特·倍倍尔那里卓有成效。若是按照这位符腾堡人的意愿，民主人民党应该更果断地宣布赞成联邦制。虽然如此他们仍旧参与了新联邦的组建工作，但该党并未能发展成一个强有力的、新的全德意志政党组织。

民主人民党的创立没有引发普遍的向左转。相反，在普鲁士、奥地利以外的“第三方德意志国家”，有向另一个方向发展的迹象。这些发展来自巴登大公国，那里自 1861/1862 年起由自由主义者执政。1862 年（比萨克森晚一年、与符腾堡同年）巴登引进了营业自由政策。同时学校摆脱了教会的影响，这引起了长期的激烈冲突并出现了由神职人员领导的人民运动。巴登不仅在自由贸易方面与普鲁士步调一致，由于其在上莱茵与法国边境隔河相望的突出位置，为了自身安全它也需要与霍亨索伦国家密切合作。

自由巴登之亲普鲁士态度让它在中等强国中获得了一种特 768
殊地位。萨克森虽然也推行自由贸易政策，但在外交上它更追随奥地利。巴伐利亚和符腾堡亦是如此。在与哈布斯堡皇朝开战的情况下，普鲁士必须要估计到大多数德意志邦联成员国会反对它。1866 年初当石勒苏益格—荷尔斯泰因危机进入新阶段时，两个超级大国的起点位置就是如此。

《加施泰因公约》所规定的对公国的分管方式，很快就被证明容易引起冲突。普鲁士为了前往由它管理的石勒苏益格，必须经过奥地利管辖的荷尔斯泰因。奥地利在基尔的总督似乎不在乎与普鲁士维持良好的合作关系，总之他给人留下的印象是他同情奥古斯腾堡家族的宣传鼓动。事情的转折点是1866年1月23日在阿尔托纳（Altona）举行的示威，参与者要求召开石勒苏益格—荷尔斯泰因各阶层代表会议。俾斯麦在维也纳提出了强烈抗议，此后奥地利政府禁止普鲁士对荷尔斯泰因的行政管理进行任何干扰。两个大国之间的合作从而告终。

此后柏林和维也纳分别开始备战并进行相关的军事和外交准备。俾斯麦可以指望俄国不会从背后袭击普鲁士。自从克里米亚战争以来，沙皇俄国与霍亨索伦国家的关系要好于它与哈布斯堡帝国的；因波兰1863年起义而签订的《阿尔文斯莱本公约》更是让圣彼得堡和柏林之间的关系堪称密切。俾斯麦亦可以放心，波拿巴主义的法国是不会支持奥地利的，只要后者占据着威尼托。1866年4月8日普鲁士与意大利王国——后者想把威尼托从哈布斯堡皇朝的统治下解放出来——签订了为期三个月的攻守同盟。这与奥地利1866年6月12日与法国签订的秘密条约一样，都是违反邦联法的。维也纳在条约中得到法国的
769 中立承诺，如果它与普鲁士开战的话。对于这种承诺奥地利不得不付出高昂的代价：如果它在德意志战场获胜的话，它同意放弃威尼托；若是在意大利获胜，则维持现有局面不变。此外奥地利还同意把普鲁士的莱茵省转变为一个表面上独立，实际上依赖于法国的国家。

为了争取公众舆论同意其反奥地利的政策，俾斯麦令人于4月9日在德意志邦联议会提出了一项有关邦联改革的看似革命性的动议，即在平等的普选基础上选举德意志议会。6月10日普鲁士再次提出此提案，现在是以更完善的形式。此提案不可能被接受，因为三天前普鲁士违反邦联法派兵进入荷尔斯泰因。对此公国的占领是对奥地利挑战的回答：6月1日基尔总督得到指示，召开各等级代表大会。同时维也纳请求邦联议会决定公国的未来，因为与普鲁士达成谅解的努力失败了。

在普鲁士军队进军荷尔斯泰因一周后，邦联议会不得不于6月14日对一项奥地利的提案做出裁决——奥地利6月9日的提案反对普鲁士这一行动：邦联议会可以决定动员邦联军队，只要这项动议不是由普鲁士提出的。普鲁士宣布此提案违反邦联宪法并且没有参加表决。中等强国中除了一个例外，全部投了赞成票。巴登先是弃权，后在舆论压力下站在了奥地利一方。投反对票，从而支持普鲁士的，只有几个德意志北部小国，包括不伦瑞克、梅克伦堡－什未林和梅克伦堡－施特雷利茨。随后普鲁士宣布邦联契约作废。

由于两个大国在4月就已经开始战争动员，战争在军事上已无需过多的准备。6月14日，普鲁士向德累斯顿、汉诺威和萨克森政府发出最后通牒；两天后普鲁士军队进军萨克森、汉诺威和黑森选侯国。6月20日和21日，意大利与普鲁士先后向奥地利宣战，同日普鲁士军队越过边界向波希米亚进军。

胜负是三个星期后在波希米亚东部的克尼格雷茨 770
（Königgrätz）分出的，普鲁士在那里给了奥地利人以致命性打击。积极参与战争的哈布斯堡帝国的盟友则在一些小规模遭遇战中被打败。（巴登在最后时刻避免了参战。）在意大利，奥地利人是成功的：在库斯托扎（Custozza）——拉德茨基曾在1849年3月在此打败过皮埃蒙特—撒丁王国的军队——奥地利人这次于6月24日同样告捷，7月20日他们在亚得里亚海岛利萨（Adriainsel Lissa）附近的海战再次获胜。弗朗茨·约瑟夫皇帝自然在克尼格雷茨战役之前就向法国提出割让威尼托，并请拿破仑三世出面在意大利进行调解：这步棋让奥地利获得了几乎所有“普鲁士、奥地利以外的第三方德意志邦国”的一致同情，以致这些国家开始打消与普鲁士一起共同抵抗法国侵犯的念头。

拿破仑三世于7月5日（克尼格雷茨战役两天后）接受

了调停请求，但把调解范围扩大到普鲁士。俾斯麦深信，此时与法国开战对普鲁士来说力不从心，因此不得不接受拿破仑三世伸出的橄榄枝。鉴于这位法国皇帝准备接受普鲁士在美因河以北的势力增长，包括形成由普鲁士领导的北德意志邦联（Norddeutsche Union），普鲁士首相向他保证南德意志诸国的独立并同意这些国家结成自己的邦联，此外还承诺奥地利的完整性（不包括威尼托）以及在部分讲丹麦语、部分讲德语的石勒苏益格进行公民投票（最后一项没有兑现，直到 1920 年按照凡尔赛和约才确实进行了公投，其结果是北石勒苏益格成为丹麦的一部分）。俾斯麦坚决拒绝了割让莱茵河左岸领土。相反，他提请拿破仑三世的特使，即贝内代蒂（Benedetti）大使注意卢森堡——它与荷兰是共主邦联——以及比利时，也就是说法国无法向这个方向拓展而不与英国陷入冲突。

7 月 14 日拿破仑三世批准了与普鲁士协商的结果。一周后，实现了普鲁士和奥地利间为期五天的停火。7 月
771 26 日，在尼科尔斯堡（Nikolsburg）签署了《临时和约》（*Präliminarfriede*），其中已经包括了最终和约的所有主要内容。在 8 月 23 日签订的《布拉格和约》（*Prager Friede*）中，哈布斯堡帝国同意解散德意志邦联并重构没有奥地利的德意志国家。维也纳事先认可了计划中的北德意志邦联，它起初有 15 个成员国，在梅克伦堡 - 什未林和梅克伦堡 - 施特雷利茨加入后有 17 个成员国；它还承认了计划中但未实现的南德意志邦联国家，此邦联应拥有独立的国际地位，但允许与北德意志邦联建立密切关系。《和约》第五条给予北石勒苏益格居民与丹麦合并的权利，前提是他们在自由公投中表达此愿望。

俾斯麦费了很大力气，才让威廉一世国王相信握手言和是必需的，而且主动放弃进军维也纳。首相的考虑是：在奥地利在德意志地区与意大利北部的势力同时受损后，与普鲁士相比

它已经沦为二流强国，此时不该继续羞辱它，而是要保留将来仍把这个帝国当作盟友来争取的机会。采取这种政策，普鲁士能够踏踏实实地在美因河以北扩大自己的势力：它吞并了汉诺威、黑森选侯国和法兰克福自由市，后者在战争中曾站在奥地利一边；同样在与拿破仑三世协商后它还兼并了石勒苏益格－荷尔斯泰因。在法国皇帝的要求下，萨克森保持了独立王国的地位，而且领土没有被削减。它与黑森－达姆施塔特一样是北德意志邦联的成员，不过后者加入邦联的只是其领土中位于美因河以北的区域。普鲁士与南德意志各邦国缔结了《和平条约》（*Friedensverträge*）与秘密《防卫抵抗同盟》（*Schutz- und Trutzbündnisse*）。因此，缔约方在战时要服从普鲁士的军事指挥，而且必须以普鲁士为榜样调整自己的军队编制。

1866年的德意志战争，与美国1861~1865年的南北战争不同，它不是一场内战。在美国，联邦的成员国脱离了联邦，反叛联邦权力，从而让自己的权力成为非法的。在德意志，战争是在主权国家之间进行的，作战的是正规军，而不是志愿军或街垒斗士。在波希米亚战场上厮杀的普鲁士人和奥地利人各 772
自为他们的国家与统治者而战。他们之中只有少数人意识到这是一场反对自己德意志兄弟的战争。

尽管如此，在“普鲁士、奥地利以外的第三方德意志邦国”的公众舆论中仍广泛存在一种感觉：这场战争是兄弟相残。它也确实是这样一场战争，如果人们坚持一个共同的、高于国家的，并且包括奥地利讲德语地区的德意志文化民族之理念的话。不光赞同大德意志方案的人，就是大多数赞同小德意志方案的人也坚持这一点。在中小德意志邦国有这种德意志民族认同的人远远多于普鲁士。普鲁士不仅是一个德意志国家，而且是一个欧洲强国。对于几个世纪以来从德意志发展壮大起来的大国奥地利而言，这种民族认同的程度往往比普鲁士还要高。

对这场“自相残杀的战争”提出相反论点的是普鲁士自由派，他们认为这是最后一次德意志宗教战争。战争打响几天后，1866年6月30日自由派柏林《国家日报》写道：“虽然我们这里掌舵的政府对人民谈不上友好，但与奥地利人相比，普鲁士仍旧代表着德意志的人民自由，就像三十年战争中死板的路德派和加尔文派代表并拯救了精神自由一样……”克尼格雷茨战役之后，《新教教会报》（*Protestantische Kirchenzeitung*）——一份亲自由派德意志新教协会（Deutscher Protestantenverein）的报纸——认为，此战“最终结束了三十年战争”。通过普鲁士的胜利，“越山主义（Ultramontanism，来自‘ultra montes’，即‘到山的另一边’，作者注）在德意志的土地上才被一劳永逸地战胜；因为不光是奥地利的权力和趋向被驱逐出德意志地盘，而且教宗与他在欧洲的最后世俗支持亦元气大伤”。

事实上1866年的战争并非宗教战争。宗教在很大程度上被意识形态化了，这在新教和自由派一方还要胜过在天主教和保守派一方。普鲁士的自由派，与《国家日报》或《新教教会报》一样，呼吁一种特定的生活态度，这种态度既是普鲁士
773 立国之本，同时又不限于普鲁士。新教的生活态度包含着一种特定的德意志理念，它与另一种同样特定的德意志理念格格不入：后一种理念按天主教、古老帝国及其继承者奥地利的规范行事。

很长时间以来，哈布斯堡多民族帝国就不像霍亨索伦国家那么“德意志”。当1865年7月成为维也纳政府首脑的贝尔克雷迪伯爵（Graf Belcredi）在两个月后停止执行1861年的《二月特许令》（*Februarpatent*）时，其前任施梅林发起的短暂“德意志”和自由的插曲即告结束。接下来是寻求与匈牙

利的妥协协议，其结果是最终在1867年12月21日，即克尼格雷茨灾难发生一年后，成立了“皇室和王家”的二元制奥匈帝国。通过“代表团法”（Delegationsgesetz）匈牙利被分离出整个国家，它获得了自己的议会和自己的政府机构，与奥地利组成海关和贸易联盟，协议每十年经重新谈判后续签。属于奥匈二元君主制帝国共同事务的有外交政策、军事（德语为军队中的指挥用语）和财政。在新的共主邦联和政合国中从此存在两个民族国家。1868年匈牙利通过了表面上宽松的民族法，实际上却急剧推行马扎尔化。1867年12月奥地利拥有了一部新宪法，它终于让“内莱塔尼亚”（Cisleithanien）成为一个君主立宪制国家。众议院，帝国议院的下院，根据四级选举法选出。“内莱塔尼亚”和“外莱塔尼亚”（Transleithanien）是中央集权，而非联邦制的国家结构：这是后来双元帝国产生一系列危机并解体的一个重要原因。

奥地利对待普鲁士与它对待匈牙利不同，从来没有认真尝试妥协。维也纳拒绝给另一个德意志大国平等的权利，直到德意联邦解体。这也体现在奥地利提出的邦联改革提案上，1863年8月它在法兰克福德意志各邦君主会议上提出改革建议，此建议在威廉一世国王示威性缺席的情况下得到会议通过：无论是在邦联议会主席和执行委员会的人选上，还是在普鲁士的否 774
决权或议会代表的直接选择、邦联议员召开会议方面，普鲁士都没有获得与奥地利平起平坐的地位。

奥地利对普鲁士的政策属于1866年战争的历史先决条件和直接起因。1863~1866年“主战派”不仅存在于柏林，同样存在于维也纳。双方都有人在怂恿，用剑来割断德意志二元论的难解之结。希望改变现状的普鲁士，在这方面明显要比“仅仅”想维持现有权力的奥地利态度坚决。

1866年的状况与1848年并无二致：一个大德意志民族国

家会打破哈布斯堡君主政体的框架，所以包括奥地利在内的方案行不通。德意志邦联的改革不可能造就德意志民族国家：所有这方面的建议都无法满足德意志民族运动追求自由中的统一之愿望。统一只有在普鲁士的领导下才能实现：这是1866年普奥战争的最重要结论。没有统一的自由在中等强国中可以实现，但放弃统一对这些国家中的自由派来说，无论出于精神还是物质原因都是不可想象的。如果人们仍然希望实现统一和自由，就要在实现这一目标的方式上与普鲁士达成共识。

大多数巴登自由派在1866年之前就已经认识到这一点。战争结束后，符腾堡和巴伐利亚的许多自由派公开赞成小德意志方案。1866年8月，他们在符腾堡成立了德意志党（Deutsche Partei）并立即与那些继续赞同大德意志方案的民主主义者陷入冲突。在巴伐利亚他们的主要对手也是一部分“越山主义者”。针对他们的强烈反对，自由派进步党要求对德意志关税同盟进行政治构建，并且巴伐利亚应尽快加入北德意志邦联。自1866年12月底成为巴伐利亚政治决策者的克洛德维希·霍恩洛厄－希灵斯菲斯特亲王（Fürst Chlodwig von Hohenlohe-Schillingsfürst）与自由派进步党的观点基本一致：他认为战争澄清了早就该厘清的关系，这虽然对王朝不利，却对民族利益有益。

775 奥地利退出德意志，这在从前德意志邦联的其他成员国中引起的反响是充满矛盾的。《国家日报》为普鲁士自由派右翼发声。它于1866年7月25写道，此举才会让“中世纪和封建主义被我们这个民族完全彻底地克服与消灭……我们与哈布斯堡皇朝分道扬镳，它已经无法摆脱德意志神圣罗马帝国的观念与要求，与它分离我们才能成为一个独立的民族，有可能建立一个德意志民族国家。我们可以在德意志化方面比我们的祖先所能做到的更上层楼”。

许多天主教徒，尤其是在南德意志，可能更认同埃德蒙·约尔格（Edmund Jörg）的观点。自1852年起他任《天主教德国历史政治论丛》（*Historisch-politischen Blätter für das katholische Deutschland*）杂志编辑，1869年后是巴伐利亚爱国党（Bayerische Patriotenpartei）的领导人之一。在他看来，德意志邦联的崩溃对德意志民族来说意味着“对其政治基础和所习惯的生活条件的破坏……这是一千多年来从未出现过的。新的肯定是战胜了老的；但被击败的老的不是从1815年起才开始有的，而是可以上溯到查理大帝。帝国的理念陨落和被埋葬了；如果德意志民族有朝一日还能统一在一个帝国中的话，那将不再是一个千年帝国，而是一个只有300历史的帝国”。但新的事实约尔格也无法视而不见。他坚信，天主教的德意志不能与法国组成政治共同体，而只能跟那个自己还可以自称德意志的强国：普鲁士。

反对小德意志方案的，除了许多南德意志天主教徒，还有大多数民主党人和工人运动中的不支持全德意志工人联合会的人。1866年8月，工人领袖奥古斯特·倍倍尔和威廉·李卜克内西在萨克森成立了一个新的民主党［后来被称作萨克森人民党（Sächsische Volkspartei）］。该党要求以民主形式统一德意志，拒绝世袭帝国、普鲁士领导下的小德意志方案和普鲁士兼并，同样反对奥地利领导下的大德意志方案。马克思和恩格斯以前的想法与倍倍尔和李卜克内西一样，不过他们是“现 776
实政治家”，懂得承认普奥战争的结果已是事实，所以他们建议其德意志追随者，以新基础为起点，努力建立无产阶级的全国性组织。

在恩格斯看来，俾斯麦1866年4月的“诡计”，即在平等普选的条件下对邦联进行改革，证明他是拿破仑三世的好学生。这同时还表明，波拿巴主义是资产阶级的“真正宗教”。恩格斯在1866年4月13日写给马克思的一封信中解释道，资产阶级没有能耐自己直接进行统治，在没有一个英国那样的寡头政治为了得到优厚报酬而替资产阶级管理国家和社会的地方，“波拿巴式的半专政就成了正常的形式；这种专政维护资产阶级的巨大的物质利益，甚至达到违反资产阶级的意志的程度，但是，它不让资产阶级亲自参加统治。另一方面，这种专政本身又不得不违反自己的意志把资产阶级的这些物质利益宣布为自己的利益。俾斯麦先生现在就这样接受了民族联盟的纲领”。①

几乎相隔20年后，恩格斯甚至相信俾斯麦1866年的政策可以说具有革命性质。1884年11月18日，他在致奥古斯特·倍倍尔的信中写道：“1866年是一次真正的革命。普鲁士之所以能建立德意志普鲁士帝国，只是由于它以暴力击溃了德意志联邦和进行了内战，就如同它过去之所以取得某些成就，只是由于它在同外国结成的同盟（1740年、1756年、1795年）中进行出卖和反对德意志帝国的战争一样。……它取得了胜利，推翻了三个‘天赐’王位，兼并了他们的领土以及过去的一个自由市法兰克福。如果这不是革命的行为，那我就不知道革命这个词根本是什么意思了。”②

“革命”或“自上而下的革命”是1866年许多同时代人形容俾斯麦政策时所使用的概念：保守派大多义愤填膺，自由派则持赞同态度。但是在宪法冲突过程中，当拿破仑三世警告俾斯麦会引起革命时，他回答说：“在普鲁士只有国王们才进行革命。”1866年8月11日，他在一封给埃德温·冯·曼陀菲尔（Edwin von Manteuffel）将军的电报中称：“如果要革命，
777 那我们宁愿自己来革命，而不是遭受革命。”俾斯麦自觉使用

① 恩格斯：《恩格斯致马克思（1866年4月13日）》，载《马克思恩格斯全集》第三十一卷，北京：人民出版社，1972，第209页。

② 恩格斯：《致奥·倍倍尔（1884年11月18日）》，载《马克思恩格斯全集》第三十六卷，北京：人民出版社，1975，第238~239页。

一些看似波拿巴主义的手段，如引进平等普选权，或是1866年夏设想过、后来没有实行的在匈牙利和波希米亚煽动民族运动。但俾斯麦并不是“波拿巴主义者”。他是个彻头彻尾的勃兰登堡容克和霍亨索伦家族的忠实仆人，根本无法成为一个赌徒和像拿破仑三世那样借助公投来统治的领袖。

瑞士历史学家雅各布·布克哈特称1866年“伟大的德意志革命”是“顶级的转危为安的”革命。“如果没有这场革命，迄今根基雄厚的政治体制仍然会在普鲁士存在，但它会由于内部的宪法状况和消极力量受到限制与惊吓；现在民族问题的重要性远远超过了宪法问题。危机被推给了奥地利，它失去了在意大利的最后地位，其多族裔的特性与一切同质国家，尤其是普鲁士相比，正在陷入一种越来越危险的处境。”

1866年的普奥战争的确引起了德意志政治关系的大变动。借助武力确立的普鲁士霸权标志着哈布斯堡和霍亨索伦家族之间二元性的终结，自1740年腓特烈大帝执政起这种二元性就一直塑造着德意志的历史。自上而下的革命同时也是普鲁士对1848年革命的回答，那次革命在其争取统一和自由的主要目标方面失败了。由于排除了大德意志方案并解决了实行小德意志方案的主要障碍，1866年的战争让德意志人向统一迈进了一大步。但自由的命运仍旧前途未卜。

普鲁士自由派四年来一直与俾斯麦的违宪政策斗争，战争的结果让他们不得不审视自己的政策。1866年7月3日，克尼格雷茨战役的当天，进步党在普鲁士国家选举中大败：他们的议席数从143下降到83。进步党和左翼中间派加在一起，“坚定自由派”仅仅还拥有上次1863年10月选举中所获议席数的五分之三：148，而不 778
是247。保守派明显是赢家：他们获得136个议席，而不是从前的53个。选民们减弱了对议会法制派的支持，转而支持那些以真正的普鲁士爱国者面目出现的力量。

由于老普鲁士的军事胜利和自由主义反对派的政治失败，俾斯麦能够在和缓的局势下向其国内的政治对手提出自己的和解条件。这位首相早就意识到，如果不与工业和受过教育的中产阶级以及由他们推动的自由派民族运动达成谅解，老普鲁士——霍亨索伦、容克和军官的普鲁士就无法生存。重要的是，老普鲁士在追求妥协的过程中要能够保障自己的核心利益。根据此洞见，他在1862年10月就已经宣布，他将在适当的时候请求众议院事后批准政府在没有预算的日子里的支出。现在他履行自己的承诺。1866年8月5日，威廉一世国王在议会开幕式演讲中表示，他希望国会议员们现在给政府以“追认”，把此前认为是违宪的政府行为事后宣布为合法。政府于8月14日提交了相应的法案草案。

俾斯麦向议员们提出的建议是强人所难：追认法是一种追溯授权法，它在通过的瞬间就失去进一步效力。法案与认错告罪无关，也没有承诺以后不再在没有议会批准的预算情况下执政。正是由于这个原因，民主派和进步党中所有的“左翼”拒绝了该法案草案。右翼和民族派议员的态度则不同：他们认为历史已经给俾斯麦政府以追认，所以众议院最好也这么做。1866年9月3日该法案以230票对75票获得通过。投反对票的是进步党中的
779 多数议员、左翼中间派的部分议员和天主教派别的部分议员，投赞成票的是保守派议员和“坚定自由派”中的少数议员。

进步党内部在9月3日投票时的分化迅速导致其右翼在组织上的独立。1866年10月24日，24名对追认法投了赞成票的进步党和左翼中间派议员，包括法律工作者卡尔·特韦斯滕和爱德华·拉斯克（Eduard Lasker），发表了一份声明。他们允诺支持政府的德意志政策，但在内政方面将会采取警惕和忠诚的反对派立场，因为在该领域迄今没有出现类似的改变。他们于11月中旬合并成了“民族党议会党团”（Fraktion der nationalen Partei），即 1867 年 2 月创立的民族自由党（Nationalliberale Partei）的雏形。

对于民族自由党人而言不言而喻的是：更多的内政自由只能通过与俾斯麦合作，并在争取德意志统一的进步之路上才能获得。“难道统一本身不是一种自由吗？”1866 年 12 月一位曾经参加过普法尔茨帝国宪法运动的人——路德维希·班贝格尔在黑森－达姆施塔特大公国的议会竞选宣言中提出了这一问题。这在当时仅仅还是个反问句。俾斯麦虽然可以被看作是宪法冲突中的赢家，但根据民族自由党人的观点，这还远远不意味着批准追认法就是失败甚至是自由派的投降——至少如果人们利用这个机会，与普鲁士首相一起为统一和自由的事业做点儿什么的话。从 1866 年秋季起，俾斯麦对自由派右翼来说就不再是旧体系的代表，而是民族“现实政治”领域的老师，是德意志的加富尔。人们可以期待他，为了普鲁士的最佳利益在德意志的统一路上继续前行，就像皮埃蒙特—撒丁王国首相与自由派联手实现了意大利的统一那样。

意大利王国在 1866 年同样也迈出了实现国家统一的重要
一步。然而经令人印象深刻的公民投票所证实的威尼托的归 780
属，既不是意大利军队的军事胜利，也不是其舰队在第三次独立战争中的战绩使然，而是由于普鲁士战胜了奥地利以及拿破仑三世的调停。在库斯托扎和利萨的失败让军界、政界和公共舆论倍感压力，让意大利国土的大增本该带来的喜悦大打折扣。再加上，俾斯麦和拿破仑三世都没提特伦托——德意志人管它叫“韦尔什蒂罗尔”——归还之事。库斯托扎战役之后志愿部队在加里波第领导下进驻了那里，1866 年 7 月停战协议签订后他们又不得不撤了出来。

此后许多意大利人更为关注那些意大利王国以前从未能拥有过的地区：不仅是受到法国皇帝特殊保护的罗马教宗国，而且还有仍旧属于哈布斯堡帝国的特伦托、的里雅斯特和伊斯特里亚（Istrien），甚至包括讲德语的南蒂罗尔，若是拥有了后者，有重要战略意义的布伦纳隘口就会属于意大利。这是那时开始形成的“民族统一主义”的纲领，上述地方都是“未赎回的领土”。然而，这只是当时很少一部分人的政治愿景。但是，1866 年失败的创伤让意大利民族主义在随后的几十年迅猛发展，它与国家创始人卡米洛·迪·加富尔伯爵的冷静理性已毫无共同之处。

1866 年历史学家帕斯夸莱·维拉里（Pasquale Villari）写道：“这场战争使我们失去很多幻想，首先它让我们不再坚定地相信自己……战争结束了，带着对意大利的损害和耻辱……我们看到德意志人起步虽晚，但立即如闪电般呼啸而过，我们看到意大利人却慢如龟行……战争对各民族人民是大灾难，但更大的灾难是不光彩的和平……我们将得到威尼托，但得不到特伦托和的里雅斯特。我们永远丧失了荣誉……不是曼图亚或维罗纳的四边形城堡阻碍了我们的前进之路，而是 1700 万文盲和 500 万牧羊人组成的四边形城堡。”[10]

## 波拿巴主义陷入危机：1866~1870年的法兰西第二帝国 781

在短时期看上去，1866年为德意志和意大利带来改变的主要工作似乎是拿破仑三世完成的。他在1866年7月进行的调解在法国被当作巨大成功来庆祝。但若冷静思考则找不到什么理由这么做。克尼格雷茨——或者按法国人所称萨多瓦（Sadowa）——标志着法国迄今均势政治的严重失败。奥地利被削弱的程度远远超过巴黎的希望，普鲁士则实力大增，它试图领导整个德意志实行统一，这普遍被认为只是时间早晚的事。

由于拿破仑三世不愿承认权力的转移对法国不利，他竭力创造外交上的成功，以消除第二帝国在国际上威望下降的普遍印象。当1866年秋天法国军队撤出墨西哥时，赢得国际“荣耀”就显得更为迫切，因为公共舆论同样把这看作法国及其元首的沉重失败。皇帝关注的主要是卢森堡大公国，它属于德意志关税同盟，同时与荷兰王国组成共主邦联。从德意志邦联的时代起，那里就有一个普鲁士驻军的邦联要塞：一个时代错误，因为自1866年8月23日《布拉格和约》签订起德意志邦联已经不复存在。为了给法国面子，俾斯麦已经在他1866年6月10日的邦联改革计划中安排将卢森堡大公国排除出将来的邦联地盘，而且今后也不试图让其加入北德意志邦联。

1867年3月底，就在俾斯麦宣布与南德意志各邦国签订攻守同盟并从而在法国引起很大不安后不久，荷兰国王威廉三世（Wilhelm III.）公开宣布，如果普鲁士政府同意，他准备在收取补偿金后把卢森堡割让给法国。德意志公共舆论一片 782
愤慨，特别是正在召开北德意志制宪会议的德意志民族自由党人。然而在德意志南部反普鲁士的怨恨情绪仍然很强，以致慕尼黑和斯图加特的政府无法同意俾斯麦机密转达的意见：一旦因卢森堡爆发普法战争，两邦国将根据 1866 年的同盟条约参战。

相反，对俾斯麦有利的消息是：威廉三世国王于 4 月 5 日宣布，他将不会签署割让卢森堡给法国的协议。普鲁士首相在此时想竭尽全力避免与法国开战，他不久后即通知英国，同意就卢森堡问题召开国际会议。稍后法国也发表了相应声明。1867 年 5 月在伦敦举行的国际会议的结果意味着危机的结束：欧洲五强、荷兰、比利时和意大利共同担保卢森堡大公国的独立性和中立性。

至此，法国收购卢森堡的尝试最终失败。拿破仑三世的唯一安慰是，普鲁士因《伦敦协议》（*Londoner Verträge*）必须从大公国撤军。新的来自俾斯麦的羞辱发生在一个月后——墨西哥冒险的可怕结局：1867 年 6 月 19 日贝尼托·胡亚雷斯下令枪毙了马克西米利安皇帝。共和党反对派感到他们的预言以残酷的方式得到证实：干涉中美洲国家的内政是一个错误，甚至是皇帝迄今最重大的外交政策失误。

第二帝国最后一次军事胜利，可以算作 1866/1867 年外交政策失利的小小补偿，但对此同时又极有争议：1867 年 11 月 3 日法国军队在罗马附近的门塔纳（Mentana）打败了加里波第的志愿军，后者闯进了教宗国，准备为意大利夺取罗马。1866 年底拿破仑三世根据 1864 年 9 月与意大利王国签订的一
783 份公约从罗马撤出了法国驻军，在加里波第的行动后又派驻了少量部队。一场较大的法国与意大利的冲突在 1867 年秋天再次得以避免：在加里波第志愿军之后进入教宗国的意大利王国正规军，由于法国干预快速撤出。然而在罗马的干预对国内政治是否有用，是值得怀疑的：就算天主教徒会赞成这种做法，反教会势力却对拿破仑三世为教宗再次卖力义愤填膺。

两年后，1869 年 11 月，一个既雄心勃勃又追求声望的项

目圆满竣工，它的修建可以追溯到 1850 年代：苏伊士运河隆重通航。苏伊士运河公司的大部分股份自 1858 年起掌握在法国人手中；该公司的总裁和该项目的实际发起者——工程师费迪南·德·莱赛普（Ferdinand de Lesseps）是法国人，1854 年他从埃及总督那里获得建设和运营该运河的许可证。英国充满怀疑地关注着法国人的这项伟业，但又不想因这个项目与法国发生严重冲突，因为对英国而言 1860 年 1 月签订的英法自由贸易协定，即所谓的《科布登条约》太重要了。这条运河本身尤其符合英国的利益：经由地中海和红海间的航运通往印度的海路大大缩短，以前去印度必须绕过非洲。

是《科布登条约》才让苏伊士运河的完工成为可能，它代表着第二帝国的现代化政策。与传统的关税保护体系的决裂迫使法国工业面临严峻的竞争压力，并帮助它壮大起来。大量政府合同让工业企业就业人数不断增加，尤其是在铁路建设方面：铁路网从 1851 年的 3552 公里增长到 1870 年的 17500 公里。银行，如由埃米尔和艾萨克·佩雷尔（Émile und Isaac Pereire）兄弟于 1852 年成立的动产信用公司与国家密切合作，以债券方式提供必要的资金。支撑工业化的不仅是较大的企业，也包括许多小公司。这尤其体现在建筑行业，它们是 1850 年代和 1860 年代初“经济繁荣”的最大受益者。但在其他更为传统的行业，家族型企业也占了上风：1851 年 100 个 784
企业家雇用 127 名工人，1866 年该数字为 144 名工人。此外，1870 年前后法国以手工业为主的企业生产了 70% 的工业产品。1866 年 420 万从业人员中有 290 万是手工业和工业工人，130 万人为个体经营者。

自从拿破仑三世在哈姆监狱中写下了那篇消灭贫困的文章后，他的兴趣就在工人身上。其大部分社会政策项目失败或没有取得预期的效果，也包括“互济会”（Sociétés de Secours mutuel）：建立在互助原则上的医疗保险，通过捐款资助，但本质上依赖于工人的保费。有更大意义的是1864年5月对罢工禁令的有条件解除，相关禁令自1791年的《勒沙普里安法》以来存在。工人们利用新赢得的自由建立联合工会，为要求提高工资和缩减工时而罢工。

在罢工禁令解除之前，1864年2月有60名塞纳省工人发表宣言，呼吁工人阶级社会解放和政治行动自由。1864年9月国际工人协会成立的显著成果是，马克思的思想，首先是工人阶级夺取政权的理念，现在也在法国得到广泛传播，从而让蒲鲁东的影响和他鼓吹的非暴力无政府主义开始失去市场。第二帝国的经济繁荣让各阶级的物质生活得到诸多改善，但是资产阶级比无产阶级获得了程度高得多的改善，所以后者正式强烈要求对社会权力进行重新分配。1864年5月通过的法案提供了逐渐接近这一目标的可能性，而且让社会主义者更容易在资产阶级激进派所领导的反对波拿巴体系的反对派（部分在议会内、部分在议会外）中凝聚成一股独立的力量。

对罢工的解禁是拿破仑三世谨慎自由化的一部分，他是1859/1860年决定这么做的，因为他认为这将为其政权赢得
785 更广泛的支持。1860年11月第一次改革给了立法机关以下权力：在议会开幕式上的御前演说后进行一般性辩论；但代表政府的不是负责具体事务的大臣，而是三位国务大臣。[①] 因为实践证明这种做法行不通，1863年大选后只任命了一位国务大臣：有声望和能言善辩的欧仁·鲁埃（Eugène Rouher）。他凭此成为第二帝国时期的重要政治人物。

1863年的选举是自1852年以来的第三次，也是1861年新闻审查有了实质性放松后的第一次选举。投给反对派候选人

① 即不管部大臣。

的票数与 1857 年的选举相比几乎增加了两倍：该数字从 66.5 万增长到 195 万（而在有选举权的人数略有下降和弃权明显较少的情况下，“政府”候选人得到的选票分别为 550 万和 530 万）。选举结果让皇帝改组了内阁，让著名的“波拿巴主义者”——内政大臣让－日尔贝尔·维克托·费林·德·佩尔西尼（Jean-Gilbert Victor Fialin de Persigny）退休（同时授予他公爵称号）。作为温和共和党反对派非正式领袖的历史学家阿道夫·梯也尔脱颖而出，他在路易·菲利普统治时期曾两次出任首相。从那时起他一直是皇帝最尖锐的批评者之一，尤其是对其外交政策。

1860 年代拿破仑三世最有力的支持者仍然是农民，他们仍旧是社会中最大的群体。1856 年人口的 53.1% 以农业为生，1866 年该比例为 51.5%。这十年中尽管工业化有了长足进展，但生活在居民人数不起过 2000 人的社区的法国人的比例并没有急剧下降，仅从 72.7% 下降到 69.5%。共和党反对拿破仑三世主要是一种城市现象，其中坚力量是工人和小资产阶级，但也有越来越多的资产阶级参与其中。当政府在 1865/1866 年间通过教育改革阻止教会对教育施加影响，并在议会开幕式的御前演说后给立法机关和参议院质询权时，它首先考虑的是后者。倘若第二帝国和天主教会的关系，在皮埃蒙特—撒丁王国（经拿破仑三世同意）于 1860 年 9 月吞并了教宗国的大部分领 786
土后，不是已经强烈降温的话，学校体系的改革大概根本不会发生。

1860 年代后半期皇帝一心想进行军事改革，其核心是引进普遍的义务兵役制（而不是像以前那样通过抽签来决定），加强预备役力量——哪怕以削弱常备军为代价，以及建立“国民别动队”。在军队、中产阶级和农民的一致抗议下，1868 年 1 月在立法过程结束时只有建立别动队的方案得以保留下来。

然而别动队最终也成为泡影：议员们不批准所需预算，国务大臣鲁埃只好放弃继续强行推进此项目。

比军队改革失败让皇帝更为颜面扫地的是1868年动产信用公司的崩溃：由于这家与国家密切合作的银行是法国经济现代化最重要的支柱之一，大家普遍认为其可悲结局是一个政治事件，这从整体上损害了第二帝国的声望。类似情况还有媒体关于巴黎城改融资的新闻报道，据说有小金库和非法借贷。负责该项目的是塞纳省省长奥斯曼男爵，他是皇帝的亲信。由于议会的调查不了了之，拿破仑三世继续支持他，奥斯曼继续留任。

随着1866~1868年一连串内政外交政策上的失误，皇帝的批评者与对手的数量在增长。1869年5月和6月的选举中，反对派赢得的选票与1863年相比增加了140万，而“政府”候选人则丢失了87万张选票（登记选民人数为1040万，比1863年的数字增加了48万）。在立法机构中反对派势力的加强很难在第一时间反映出来：他们得到40个席位，只增加了8个，但不像以前那么四分五裂。在亲政府阵营中也出现了变化，而且是对保守的“波拿巴主义”不利的变化：埃米尔·奥
787 利维耶（Émile Ollivier），曾经的共和党人，在政府1864年的自由化过程中转变为支持政府的自由主义者，他聚集了116名代表以请愿书形式要求引进议会负责制政府。

1869年7月拿破仑三世任命的内阁由保守党大臣组成，但这只是一种过渡方案。9月8日参议院的决定准备显著加强立法机关的立法权：除了皇帝，今后立法机关也有立法倡议权；立法机关被允许对各部委的预算分别投票；大臣们将来可以旁听参议院或立法机关的会议。他们依附于皇帝，但同时却是“负有责任的”，并可能被参议院弹劾。今后因国际条约所引起的海关或邮政费率变动只能通过相关法令生效。

1869 年 10 月，皇帝与奥利维耶谈判组建新的具有宽松特征的政府。11 月 29 日这位君主在一个立法机构的特别会议上说：“法国希望自由，但要有秩序。我负责保证秩序；但我的先生们，请帮助我维护自由。”随后 136 位代表签署了一份请愿书，要求成立议会负责制政府；共和党人承诺支持该提案。皇帝的回应是解散过渡内阁，委托奥利维耶组建一届新政府（拿破仑保留任命陆军和海军大臣的权力）。

由于皇帝想继续主持内阁会议，所以没有设首相一职。奥利维耶的正式官称仅仅是国务副首相和“掌玺大臣”（Garde des Sceaux）。1 月 2 日举行首次内阁会议。大臣们达成共识，在外交政策方面从普鲁士在中欧称霸这个“既成事实”出发。皇帝被恳请，今后不要再以私人身份与法国驻其他国家首都的大使馆通信。被奥利维耶称为“自由帝国”的时期就这么开始了。

在奥利维耶政府采取的第一批措施中确实有几个可以堪称“自由”：罢免省长奥斯曼，取消立法机关选举中的“官方 788
候选人”，废除了费利切·奥尔西尼试图暗杀拿破仑三世后于 1858 年通过的国家安全法例，扩大了新闻自由。另一方面，解雇自由派教育大臣维克托·迪吕伊（Victor Duruy）更应被看作是愿意与天主教教会妥协的信号；派兵镇压勒克勒佐（Le Creusot）欧仁·施奈德（重工业铁工厂委员会主席并同时担任立法机构负责人）的炼铁厂的罢工工人，则是对社会主义者和极端分子的一种警告；计划对关税立法之影响展开调研，可以被理解为背离自由贸易的端倪。

1870 年 4 月 20 日，参议院通过了必要的宪法修正案，其核心内容符合 1869 年 9 月 8 日的决议，是对大臣“责任”之具体内容的回答，而同时与决议一样也是一种回避。在皇帝的催促下并违背部分大臣的意志，4 月 20 日的《参议院决议》

（*Sénatus-consulte*）被交与法国人民来裁决。批评者认为公民复决违反议会政府的原则，拿破仑三世这么做是为了通过"呼吁民众"来巩固自己的权力，让议会和政府知道它们不能为所欲为。

1870 年 5 月 8 日举行了自 1852 年 11 月以来的第一次全民公决。由法国人来决定，他们是否认可 1860 年以来生效的皇帝之自由主义宪政改革和参议院 4 月 20 日的《决议》。公投结果是波拿巴主义的最后一次胜利：740 万票赞成，160 万票反对。共和党领袖莱昂·甘必大（Léon Gambetta）在评论公投结果时说："这是一次山体滑坡，皇帝比以往任何时候都更强大。"

事实上，如果反对派获胜引发国家危机，国家可能会陷入政治混乱，导致军政府上台。目前无法实现更多的政治自由，而反对自由化改革又难有充分的理由。因此，1870 年 5 月 8 日人们仍然可能投赞成票，即便他们希望有更为激进的变化出现，甚至希望恢复共和国。

789 早在 6 月就显示出"自由帝国"的基础薄弱。奥利维耶政府缺乏可靠的议会多数支持；为了不依赖共和党左翼，它必须依靠主张独裁的右翼，这些人则又受到欧仁妮（Eugénie）皇后的支持。如果内阁失败，1869 年 7 月被罢黜的鲁埃有很好的机会清算自由派的改革试验。仅仅为了避免这种情况，奥利维耶想不惜一切代价继续掌权。如此看来，公民投票也没能减轻他的压力。这不仅对他、对"自由帝国"，而且对拿破仑三世和波拿巴主义的政治体制都是一场得不偿失的胜利。[11]

## 以改革来适应：1860 年代的英国

1860 年代大不列颠的改革也关乎内政改革，确切地说是一种投票权的改革。1832 年的选举法——第一改革法案，消除了一些特别明显的弊端，使有选举权的人数从大约 50 万上升到 80 多万。但新选举法依然保留了对有选举权之男性要有一定收入的限制，此外郡县和小城镇相对于大城市，英格兰和威尔士相对于苏格兰、爱尔兰仍然享有特权。1850 年代，自由派和保守派都试图对此现状进行一些谨慎的改革。1864/1865 年同时创建了两个组织，它们均要求把选举权扩展到最广泛的阶层：先是全国改革联盟（die National Reform Union）作为反谷物法同盟的后续组织，后是比较激进的改革同盟（Reform League），工会也参与其中，以及约翰·斯图尔特·密尔，他在弗罗伦斯·南丁格尔的支持下为妇女争取选举权。

1855~1865 年这十年中，巴麦尊勋爵几乎连续不断地担任着自由派内阁的首脑，人们无法指望这段时间选举法能有什么实质性改变。历史学家沃尔夫冈·J. 蒙森（Wolfgang J. Mommsen）将巴麦尊的时代称作“一种贵族统治的秋老虎”。其统治晚期的标志是外交政策方面的失败：美国内战时巴麦尊 790
站在南方一边，普丹战争他又同情丹麦，但这两次他都未能按照自己的心愿左右局势。此时英国内政已越来越多地由一个人来定夺，他不是“土地贵族”出身，而是来自中产阶层：曾经的托利党人威廉·格莱斯顿，1859 年加入自由派阵营，在巴麦尊的第二届内阁中任财政大臣。人们可以期待，一旦议会多数赞成，他在选举权问题上敢为天下先。

1865 年 10 月 18 日，在自由党下议院选举获胜一个季度后和其 81 岁生日两天前，巴麦尊去世。继任首相职位的是前外交大臣罗素勋爵。格莱斯顿仍任财政大臣，但同时成为“众议院领袖”，也就是自由党在下议院的领导者，从而变成执政党有话语权的政治家。1866 年 3 月，在格莱斯顿的活动下内阁向下议院提出一项法案草案，规定今后成年男性只要在城镇中每年至少纳税 7 英镑（而不是之前的 10 英镑），在郡乡中 14 英镑（而不是之前的 50 英镑）就将获得选举权。如果此法律生效，每四个成年男性中就有一人拥有选举权。此前每五个人中才有一人有选举权。

然而提案一直是一纸空文，因为不仅保守党，而且以罗伯特·洛（Robert Lowe）和埃尔科勋爵（Lord Elcho）为首的自由党部分议员也怕计划中的选举权革新会阻碍自己当选。约翰·布赖特——理查德·科布登在反谷物法同盟中的长期伙伴，争取平等普选权的开路先锋和自由党下议院议会党团中的一名激进分子——把这 40 多位“持异议者”比喻为，当先知撒母耳将牧羊人之子大卫膏为以色列王时，为了逃避扫罗国王的迫害躲进亚杜兰洞后聚集在他身旁的男人。《旧约·撒母耳记上》第 22 章第 2 节中称他们为“受窘迫的、欠债的、心里苦恼的”①。与保守党人一起，这些从此被叫作“亚杜兰分子”（Adullamiten）②的自由党反对派于 4 月 12 日强迫政府暂停辩
791 论，直到政府就有争议的选区重划提交相关法案。这发生在 5 月 7 日，其后果是害怕因小选区合并而失去在下议院席位的自由党人数持续增长。1866 年 6 月 18 日，政府遭受了致命打击：下议院以 315：304 票的多数接受了保守的修正提案，通过在城市行政区以租金代替纳税的方式，再次提高了获得选举权的社会门槛。6 月 26 日，罗素勋爵向维多利亚女王递交内阁辞呈。

继任者并没有如许多人所预期的，是由保守党和亚杜兰分子组成的联合政府，而是一个纯粹的保守内阁——德比勋爵

① 《圣经》，和合本，第 275 页。

② 又译阿达拉姆集团。

（Lord Derby）挂帅，本杰明·迪斯雷利任财政大臣。迪斯雷利在几天前曾于幕后纵横捭阖，成为罗素政府下台的主要推手。然而，由于搞分裂的自由党人既不愿在他的领导下，也不愿在德比勋爵领导下参政，或是与保守党合并成一个党，组建一个保守的少数派政府就成了走出危机之唯一可行的方式。新内阁刚上台，遇到的第一个挑战是来自议会之外的：1866 年 7 月底爆发持续数日的骚乱，成千上万愤怒的工人和其他“小人物”在伦敦的海德公园示威，要求获得平等的选举权。

长期以来，人们以为迪斯雷利是在骚乱后才认识到选举改革的必要性的。事实上，这位保守党实际上的领导人在“海德公园骚乱”之前，大概是 7 月 21 日，就决定为新选举法铺平道路。与后来一种普遍流传的观点相反，迪斯雷利的意图也不是通过慷慨地扩大投票权来为保守党赢得工人们的支持，从而让自己以第一位“托利党中的民主人士”的身份出现。迪斯雷利的首要目的是面对自由的城市选区保护保守的乡村选区，并通过给予税率等级较高的选民附加选票的方式来抵消选民人数的增加。显得“民主”的只有“按户”选举权原则，但保守党又对其进行了以下限制：按照 1867 年 2 月 11 日的提案规定，只有那些亲自缴纳济贫税，而不是由房东代收的（这种代收程 792
序被称作“compounding”）男户主将获得投票权。1867 年 5 月 17 日，即改革同盟在海德公园再次进行大规模示威 11 天后，迪斯雷利同意了自由党议员格罗夫纳·霍金森（Grosvenor Hodgkinson）提出的取消“代收”提议，这一限制才不复存在。此前保守党就已经放弃了多票选举权的想法，因为实践证明它缺乏可行性。

在 1867 年 8 月 15 日法案生效之前，还有一系列其他建议遭到拒绝：比如格莱斯顿的提案——以最低纳税 5 英镑为获得选举权的前提条件，1867 年 4 月 13 日下议院通过势均力敌的表决以21票的微弱多数否决了改革提案。短时间担任自由党国会议员的约翰·斯图尔特·密尔申请引入妇女选举权的提案，以196票对73票遭到否决。迪斯雷利的策略从一开始就是深化自由党内部的分化并持续削弱格莱斯顿在党内的领导权。他达到了第一个目的，却未能达到第二个。“他在1867年所做到的，”其传记作者罗伯特·布莱克（Robert Blake）写道，“足以让他以天才政治家、无与伦比的即兴演说家和技艺娴熟的议员身份被载入史册，然而却不是具有远见卓识的政治家、托利党民主人士或是其政党的教育者。”

选区的重组法案（Redistribution Act）草案，德比政府在正式通过选举权改革法案——《人民代表法令》（*Representation of the People Act*）之前就提出了，它降低了小市镇的议会权重，并增加了各大城市的代表人数，但并未取消农村地区的特权。选举法改革本身（它只适用于英格兰和威尔士，但通过相应的适用于苏格兰和爱尔兰的法律得到了补充），将联合王国有选举权的人数从约136万提高到约248万，或者说增长了82.5%。现在许多城市工人也拥有了选举权，但几乎不包括农业工人。被排除在选举权之外的还有居无定所的“社会渣滓”——
793 城市贫民，以及年纳税额不到10英镑的农村人口。1867年的选举权改革使大不列颠比以前更民主。但当上一次选举权改革35年之后，为了适应不断发展的工业化进程带来的社会变化再次调整自己的政治制度时，这个议会民主的发源地离平等的普选权还有相当一段距离。

即使是明智的观察者在当时也不愿正视势不可当的民主发展趋势，就在1867年，国民经济学家、政论作家瓦尔特·白芝浩（Walter Bagehot）在其名著《英国宪政》（*The English Constitution*）中对此有过清晰描述。在书中，他把英国归入“崇尚恭敬的国家”之列，其中众多不那么明智的人愿意让少数更明智的人来管理他们。在这样的国家里，大多数人为了有益于精英而放弃了自己的权利并同意服从任何精英所信任的人。“在一个崇尚恭敬的共同体中，最底层的阶级缺乏才智，它更适合内阁政府统治而不是成为任何形式的民主国家，因为后者要求更加自觉的政治追求……一些人过的是劳力的生活，没接受过完整的教育，从事单调的工作，从小用手多而使用判断力少，另一些人过的是劳心的生活，享受闲暇和古老的文化，见多识广，判断力得到不断的磨炼而持续提高，两者相较，前者不可能像后者那样产生许多活跃的思想和合用的才智。一个国家有懂得恭敬的穷人，一个国家没有，前者也许不如后者幸福，但它比后者更适合最好的政体。”

一个人民大众无知的恭敬社会，按照白芝浩的观点，处于不稳定的平衡状态。如果在这种社会中让无知的群众掌权，那人们同样也可以彻底与恭敬说再见。“其煽动者会向他们（无知的群众，作者注）灌输，其报纸会一再讲述，现在朝代的统治——人民的统治，比被推翻的王朝——贵族的统治好……没 794
有人会告诉他们，被他们废黜的有教养的少数的统治比他们自己的统治好，或更明智。民主制度永远不会交出它一度所拥有的，除非在发生了一次可怕的灾难之后。因为如果它这么做，就无异于承认自己的劣势，这是它从来不能确信的，除非出现了几乎无法忍受的不幸。”

比白芝浩早六年，激进自由党人约翰·斯图尔特·密尔在其 1861 年发表的《论代议制政府》中指出“集体平庸”的发展趋势，这是代议制政府和现代文明在所难免的，而每一次选举权的扩大都会加剧这种趋势，“因为这些措施的目的就是把国家权力越来越多地交到那些受教育程度远远低于社会理想标准的阶级手中”。然而“从长远看没有任何选举权”能够“令人满意，如果它把任何个人或阶级草率地排除在外，不向所有应享有选举权者提供该权利”。密尔只想将文盲和根本没有纳税，甚至没有间接纳税的人排除在外。为了加强受过教育的少数人的道德影响力——这些人是唯一能够对民主多数人的社会需要进行补充和校正的——密尔呼吁为自由职业者和受过大学教育的人设立多票选举权。对于女性他也持保留态度，他同意让她们获得普选权，但只是一种分级选举权。

密尔确信，防备群众专政的措施已经体现在代议制原则自身中，他称赞英国人民在这方面极具天赋。“因为……在一个比小城镇大的共同体中，不可能每个人都亲自参政，所以代议制政府就顺理成章地成为完美政体的理想类型……一种代议制政体意味着，人民作为整体，或至少在相当大程度上，由定期选出的代表行使在任何宪政制度中都必不可少的最高监督权。这种至高无上的权力必须完整地掌握在人民手中，它必须能够
795 随意监督政府的每个行为。代表大会的真正任务不是自己决定政府事务，而是要保证让最合适的人来裁决。”一个代议制政府必须时刻意识到，它不仅仅代表着人民的多数，而且同样代表着全体人民。“合理代表少数人的利益是民主的本质要求。如果它得不到满足，那就不是真正的民主，而只能是对民主的歪曲。”

在多数人面前捍卫少数人：这是密尔的自由主义情怀，无论是 1859 年（那一年他的长期通信好友托克维尔去世）他发表著名论文《论自由》时，还是在 1867 年作为选举权改革者，他都坚定不移地坚持这一点。光预防当局的暴政是不够的，他在书中写道。“还必须有对流行观点与主流感受之暴政的预防，要防止一种社会倾向，即对其他人偏离自己的想法和做法的行为给予民事处罚……”文明社会中，对任何成员可违背其意志行使的合法权力只能有一个唯一目的——防止对他人造成伤害。这些政治格言的背后是一种洞察，“人类不可能不犯错，他们

的真理多半只是些半真理，一种统一的意见是不可取的，除非它是经过对多种互相矛盾的意见进行了最全面、最自由的比较后得出的。意见分歧不是坏事，而是好事，只要人类还未能在比今天更高的水准上认识到真理的方方面面”。

白芝浩拒绝民主（他眼前浮现的尤其是美利坚合众国式的民主），密尔却和托克维尔相似，得出以下结论：社会发展的结果是民主。因为如此，就要消除这种国家形式中的潜在危险。除了受过高等教育的男女享有附加投票权外，他认为预防底层占优势的适宜手段是构建一个远离大众阶级利益和偏见的下议院。按照 1860 年代大不列颠的社会状况来考量，提出这 796
样的建议说明了对政治的理解是完全落后的。但密尔指出直接民主属于幻想范畴并让多数人不要越轨时，他是脚踏实地的。正是盎格鲁—撒克逊国家搞“代议制政府”的经验，让密尔和其他坚定的自由党人认识到，1867 年的选举权改革不外乎是传统政体的进一步发展，以逐步适应工业化带来的社会变革。

尽管迪斯雷利和他自己党内的一些政治家让格莱斯顿在选举权问题上遭受了失败，但他对事情的看法与密尔基本相同。大众——借助国家在 1867 年的改革——迈向民主方向的步伐对作为自由党领袖的他有利，而不是对保守党的迪斯雷利有利，后者在 1868 年德比勋爵辞职后接任了首相一职。1868 年的下议院选举中自由党以超过 100 个席位击败了保守党胜出，帮助格莱斯顿党取得这次胜利的主要是刚刚获得选举权的新选民。

作为首相格莱斯顿立即着手解决悬而未决的爱尔兰问题，秘密组织芬尼兄弟会为解救俘虏而进行的两次血腥行动让这个问题再次提上议事日程。1869 年下议院通过了政府提交的一项爱尔兰圣公会的非国有化法案（政教分离），此前是强迫爱尔兰的天主教徒为国教买单的。随后，1870 年颁布了《爱尔兰土地法案》（*Irish Land Act*），该法案让地主们无法再像以前那样，不给任何补偿就将佃户从他们经营的土地上驱逐，但前者对后者在其他方面的剥削则没有很大改变。直到1881年格莱斯顿政府通过的另一个土地法案，才令爱尔兰佃农成为自由的土地所有者，保护他们免遭高利贷的盘剥。

威廉·格莱斯顿第一次执政期的改革并不仅限于爱尔兰。
797 1870年教育法生效，引进了义务教育并建立了许多新的非教会学校。（此前只有约一半适龄儿童能够在学校接受基础教育，学校大多由圣公会创立并得到国家资助。）1872年《大学测试法》（*University Test Act*）要求牛津大学和剑桥大学在授予学位时不得考虑应考学生的宗教信仰，从而为平等对待不信奉英国国教者、天主教徒和犹太人做出了重要贡献。1872年，在选举中引进了无记名投票法，这在英格兰的影响肯定要比在爱尔兰小，此后爱尔兰的地主无法再对佃农进行政治控制。随后在1873年又制定了《司法制度（改造）法》（*Judikaturgesetz*），对习惯法、衡平法、不成文的公平法各体系进行了比较，并创立了最高法院作为最高审判机关。

在军队方面，格莱斯顿政府也大刀阔斧地进行了迫在眉睫的改革。1871年由陆军大臣爱德华·卡德威尔（Edward Cardwell）提交的军队改革方案是一种亡羊补牢式的措施，旨在克服英国军队在克里米亚战争中暴露出来的弱点：买官位的做法被取消，这让穷人也有了升迁的机会；雇佣兵服役期被缩短，后备军力量得到加强。但仍旧没有引进义务兵役制和设立总参谋部；军队的领导仍然与王室密切相关，这属于王室的特权，维多利亚女王与其先人一样不放权，自由党人对此也予以尊重。当1874年下议院选举后，迪斯雷利的保守党再次上台时，他们也没有想要叫停格莱斯顿政府的改革。相反，他们试图呈现给公众的形象是：该党同样对外追求大不列颠世界权力的扩张，对内继续推进联合王国的内政改革。[12]

## 从北德意志邦联到帝国的创建：1867~1871年的德意志



在大不列颠改革选举权的同一年，在德意志进行了北德意志邦联的议会选举，选举方式要比英国的更为民主：使用的是1849年3月27日德意志邦联议会在圣保罗教堂通过的平等普选法，年满25岁的男子拥有直接选举权。俾斯麦已在1866年4月9日的邦联改革提案中向德意志邦联各成员国和德意志公众通告了该决定，他没有猜错，此举将会产生深远影响：一旦霍亨索伦国家将当时最先进的选举权纳入自己的纲领，那他在一定程度上就从左侧超越了自由派。即使是南德意志的民主派也难以再像以往那样全面拒绝由普鲁士来领导德意志。此外俾斯麦还坚信，君主制在老百姓中比在受过教育的有产阶层中更有市场：从这一评估出发，他从不认为普鲁士三级选举权是什么法宝。

1867年2月12日，北德意志邦联制宪议会选举在所有17个成员国举行，这些是1866年8月组成北德意志邦联的成员国。取得最大胜利的是新成立的民族自由党，它赢得了一共297个席位中的80个，而左翼自由派的进步党只获得19个。第二强大的议会党团是拥有59名议员的保守派，第三强大的是拥有39名议员的自由保守派，他们是1866年7月底从普鲁士保守党中分裂出来的。这个新分离出来的党派于1871年之后在全国范围自称德意志帝国党（Deutsche Reichspartei），他们都是些俾斯麦政策的无条件支持者，其中除了高级官员、外交官和学者外，也有莱茵地区的工业家和西里西亚的富豪，后者大多既是大地主又是重工业企业家。27名议员属于老自由派[①]，18名议员来自邦联立宪联合会（Bundesstaatlich-

① 即以普鲁士政治家格奥尔格·冯·芬克为领导的资产阶级温和自由派。

799 konstitutionelle Vereinigung），它是由天主教议员、石勒苏益格—荷尔斯泰因奥古斯腾堡派和“韦尔夫家族派”（Welfen）联合组成的，后者是1866年被废黜的汉诺威王朝的追随者。一位工人领袖也首次进入德意志议会：奥古斯特·倍倍尔。他以萨克森人民党候选人身份当选。

北德意志邦联制宪议会的首要任务是通过北德意志邦联宪法。1867年2月24日议会在柏林首次召开会议时，代表们面前已经放着一份普鲁士提出的草案，它是根据俾斯麦的主导思想设计的并与其他成员国进行了协调。该草案准备成立一个联邦制国家，其主席由普鲁士国王出任。其执行机构为邦联参议院，由各成员国政府所指定的全权大使组成。虽然北德意志邦联六分之五的人口生活在普鲁士，此霸权国家却只拥有邦联参议院43票中的17票。然而，此法定人数足以阻止修改宪法所需的三分之二多数局面的出现。邦联参议院集行政和立法机构于一身，未经其同意任何法律都无效。唯一的大臣是由邦联主席任命的邦联总理，该职位最初仅作为邦联参议院的执行机构设立。宪法草案中没有包括基本权利，因为俾斯麦认为那样做不符合北德意志邦联的联邦制特性。

邦联总理的地位比普鲁士拟定的宪法草案中所设想的强大了很多，这是民族自由党人的功劳，他们与自由保守党人、老派自由主义者和一些无党派的“我行我素者”构成了多数。若是按照民族自由党领袖——来自汉诺威的法律工作者和德意志民族协会创始人之一鲁道夫·冯·本尼西森的心愿，宪法本该创造一个友好的、议会负责制的邦联事务主管部门。虽然本尼西森未能如愿以偿，但他以一项提案做到了让邦联总理成为唯一一位向议会负责的大臣。这并不意味着引进了议会体系，甚至不意味着形成
800 了可追究法律责任的大臣责任制。邦联总理面对国家议会仅承担政治责任，他必须在议会演讲并回答议员们的质询。但用宪

法史学家恩斯特·鲁道夫·胡贝尔（Ernst Rudolf Huber）的话来说，这样的设计结构之后果是：邦联执行权转移到邦联总理手上，邦联参议院变成了“一个仅起协助和监控作用的执行机构”。

邦联主席在国际法意义上代表邦联并决定战争与和平。然而民族自由党及其盟友成功地使国际条约的生效须经国家议会的批准，军事方面由邦联立法部门负责。议会多数并未能让军事领域无限制的预算法得到认可，它只能阻止俾斯麦所追求的、实际上是“永恒”的永久性解决方案：和平时期常备武装力量被定为 1867 年人口的 1%，每个士兵的年度总费用是 225 塔勒，每 10 年进行一次调整。国家议会的决定是一系列妥协：俾斯麦所要求的和平时期常备武装力量被批准为四年，到 1871 年 12 月 31 日。1867 年做出的规定从 1872 年起适用，直到即将制定的邦联法律生效。政府虽然只被允许按照预算法案开支军费，但立法者必须在制定军事预算时从法定的军事机构立场出发来考量。

延期解决权力问题符合追认法的逻辑，1866 年俾斯麦就是借此结束普鲁士的宪法冲突的。通过北德意志邦联宪法，行政机构为自己争取的权力要远远大于 1849 年圣保罗教堂宪法所承认的行政机构的权力。由于普鲁士国王在行使军事指挥权时无须主管大臣的会签，1867 年的宪政实践中的专制主义特色就很抢眼。大多数代表仍旧认为这部宪法有了很大进步：1867 年 4 月 16 日，制宪国家议会以 230 票对 53 票通过了修改后的宪法。反对票主要来自天主教徒，萨克森和“韦尔夫派”，即汉诺威地方主义者以及来自波兰的议员们。奥古斯 801
特·倍倍尔也投了反对票。7 月 1 日宪法生效。两个星期后，1867 年 7 月 14 日，威廉一世国王以邦联主席身份任命普鲁士的首相奥托·冯·俾斯麦伯爵为北德意志邦联总理。

北德意志邦联是一个宪制国家邦联，但宪制和联邦的范围仅仅局限在旧普鲁士王国 1866 年取得内外成就的区域内。北德意志邦联宪法的主要特征——它基本上是 1871 年德意志帝国宪法的雏形——是矛盾：民主的选举方式和非议会制政府之间的矛盾。平等普选权的引进，制宪北德议会又为其增加了无记名投票的原则，意味着民主化的陡增，这与大不列颠民主化的渐进发展形成鲜明对照。英国在 1867 年已是长期实行议会制统治的国家，普鲁士不过在近 20 年里才形成一个君主立宪制国家，没有对议会负责的政府。根据英国的情况很容易预测，1867 年选举权改革后还会有进一步改革出现。至于一旦政府在经过民主选举的合法议会中得不到多数支持时，普鲁士—德意志体系会有什么结局的问题，答案只有一个：这种情况会引发新的宪法冲突。因此，1867 年宪法的基础是国家法学者卡尔·施米特意义上的拖延式妥协方案：真正有争议的问题没有定论。

北德意志邦联宪法通过后，随后立即于 1867 年 7 月 7 日缔结了新的关税同盟协议。它规定设立关税邦联参议院（Zollbundesrat）和关税议会（Zollparlament），这样德意志关税同盟就被赋予了类似于邦联国家的特性。协议于 1868 年 1 月 1 日生效，关税议会的选举在 2 月和 3 月举行。寄希望于此举会提振民族统一理念者大失所望。民族自由党在美因河以南只在黑森－达姆施塔特和巴登获得成功。在巴伐利亚，获胜
802 的是天主教保守派爱国党，在符腾堡则是赞同联邦制的民主党人。南德意志的 85 名议员中有 50 人属于各种流派的地方关税保护主义者，只有 26 人来自拥护自由贸易的小德意志方案阵营。在许多南德意志人的意识中，自 1866 年以来美因河这道线似乎得到了巩固：正是主要基于这点，俾斯麦没有在 1867 年春认真考虑利用卢森堡危机发动一场反对法国的统一战争。

但是，坚决反对俾斯麦政策的不仅仅是南德意志势力。1869 年 8 月在爱森纳赫，由萨克森人民党领袖奥古斯特·倍倍尔和威廉·李卜克内西与以维廉·布拉克（Wilhelm Bracke）为核心的部分拉萨尔派共同成立了德意志社会民主工党（Sozialdemokratische Arbeiterpartei Deutschlands）。次年，此新组建的政党采取了国际工人协会巴塞尔代表大会决定的立场。在该决定中马克思和恩格斯的追随者要求立即对土地进行社会化，这是一个根本性的改变，甚至是对现存社会秩序的颠覆。由此小资产阶级民主与无产阶级民主的分道扬镳最终完成：这个过程将对德意志政党制度的进一步发展产生持久影响。

然而，民主力量的任何一翼都无法影响北德意志邦联的政策。1867 年 8 月第一次“正式”国会选举让民族自由党、进步党和保守党变得更强大。接下来的三年中大多数法案均带有自由色彩：如 1867 年的自由迁徙法，1868 年的统一度量衡法，1869 年各教派在民法与公民法方面一律平等的法律——此法完成了对犹太人的解放。同年还颁布了工商业管理条例，进一步扩大了市场和行业自由。但在保守党的强烈要求下，没有给予农业工人与其他工人一样的结社自由。然而 1870 年的刑法对自由党人来说几乎不能算是成功，因为与他们的要求相反，死刑仍旧被保留。除了这个例外，自由党人能够对与改革派政府 803
机构合作的结果感到满意：1867~1870 年的“部门自由主义”（Ressortliberalismus）远远超出了此前的活动领域——贸易政策。

同一时间里在南德意志也出现了一些自由派革新。在巴伐利亚，霍恩洛厄－希灵斯菲斯特政府于 1868 年实现了经营工商业之自由，次年又实施了地方自治条例（Gemeindeordnung）。由于天主教会的强烈反对，一项反圣职者的教育法未能获得通过。1869年11月，保守的巴伐利亚爱国党在那里的议会中获得绝对多数；1870年初他们在上下两院对政府投了不信任票，政府任命了由此前驻维也纳公使布雷（Bray）伯爵领导的新内阁，他负责与议会多数派达成谅解。在符腾堡，民主党和大德意志方案拥护者是1868年7月当地议会选举的赢家，这让此间由冯·瓦恩比勒（von Varnbüler）首相领导的亲普鲁士政府采取了谨慎的策略。只有在巴登，自由党仍掌握多数并执政。在卡尔·马蒂（Karl Mathy）首相的领导下——他1868年2月去世后则是尤里乌斯·约利（Julius Jolly）——卡尔斯鲁厄政府力争让大公国尽快加入北德意志邦联：鉴于议会多数的状况和国内的氛围，这种政策对慕尼黑和斯图加特的内阁是不可想象的。

对北德意志邦联的民族自由党人来说，巴登就是美因河以南一片地方主义黑暗中的一线民族希望之光。坚定的小德意志方案拥护者甚至逐渐开始怀疑，面对巴伐利亚和符腾堡的竭力反对，俾斯麦是不是不再认真地准备完成德意志统一的大业。1870年2月24日，在三读北德意志邦联和巴登之间的管辖协议之际，议员爱德华·拉斯克向北德议会提出一项申请，以前所未有的程度公开表示了民族自由党的失望和焦急：北德议会应向巴登不懈追求民族统一的行动表达感谢，并对大公国力争“尽快加入现有邦联”的做法明确表达自己的支持。

804 “拉斯克申请”完全不是俾斯麦所希望看到的。单独吸收巴登加入北德意志邦联，在他看来只会增强巴伐利亚和符腾堡的地方主义，削弱南德意志的民族力量。此外，这位邦联总理知道，拿破仑三世不会接受北德意志邦联越过美因河扩展自己的势力。若想获得战争的胜利，一个高度团结的德意志是必不可少的前提，1870年初俾斯麦有充分理由认为此前提条件尚未成熟。但如果有一个机缘让美因河南北两边的德意志人都认为与西边的大国打一仗是必要和正义的，局势能够迅速发生有利于普鲁士的变化。1870 年 2 月俾斯麦大概已经猜到，这种局面马上就会出现。

导致巴黎和柏林之间发生严重外交危机并最终导致 1870/1871 年普法战争的事件的前史始于 1868 年 9 月在西班牙开始的一场革命，它一半是传统的“军事政变”，一半是有工人踊跃参加的民众起义。起义的胜利导致被废黜的伊莎贝拉二世女王于 9 月 30 日携家眷流亡法国。在寻找一位新国王的过程中，首相普里姆（Prim）将军想到一个主意是，把空置的王冠交给天主教的霍亨索伦 - 锡格马林根家族的利奥波德王子（Prinz Leopold von Hohenzollern-Sigmaringen）。1870 年 2 月，普鲁士国王威廉一世作为霍亨索伦家族的首领收到了相应的询问函。

西班牙王位候选人的最积极支持者从一开始就是俾斯麦。对于该计划的外交政策风险，这位有经验的政治家不可能不知道：法国一定觉得霍亨索伦家族的包围与 16 和 17 世纪查理五世皇帝时期以来的哈布斯堡皇朝的包围一样具有威胁性。一旦利奥波德真的准备应马德里的召唤去登基，那战争就一触即发了。

西班牙首相这一提议中所蕴藏的机遇是显而易见的：巴
黎若强烈抗议霍亨索伦王子坐上西班牙国王的宝座，可能会在 805
德意志点燃民族运动的烈火。德意志爱国主义既能打压巴伐利亚和符腾堡的地方主义，也能用来对付北德意志邦联中的议会派。1867 年通过的临时军事预算规定 1871 年到期。民族自由党不愿再同意新的临时军事预算规定，他们坚持军事预算要按年度得到批准。如果与法国打一场受欢迎的战争，就可以预计民族自由党会再次站在俾斯麦一边，不会要求更多的议会权利。很多因素都表明，随着巴黎阻挠德意志统一的失败，反对俾斯麦政策的地方主义和议会阻力将被同时消解。

1892年7月30日，俾斯麦被解职两年后，在面对耶拿大学代表团的一次演讲中，他坦言与法国开战是“必要的”，“不打败法国，我们永远不可能在欧洲中部建立一个德意志帝国，也无法让它拥有今天的实力”。从这一评估出发，邦联总理不可能对卡尔·安东·冯·霍亨索伦－锡格马林根亲王和他的儿子利奥波德于4月20日拒绝西班牙提议的事善罢甘休。相反他使出浑身解数，说服这位王子改变态度。6月19日，利奥波德交出了所需要的声明，但前提条件是威廉国王作为霍亨索伦家族的首领同意这么做。两天后，普鲁士国王在其首相的敦促下，改变了此前的反对态度，同意锡格马林根成为西班牙王位候选人。7月2日，普里姆将军不再采取保密态度，向法国大使通告了事态的进展。“西班牙炸弹”爆炸了。

来自巴黎的反应并未姗姗来迟。1870年7月6日，外交大臣安托万·德格拉蒙特公爵（Antoine Duc de Gramont）在议院宣布，他的政府不相信“外国势力通过让他们的王子坐上查理五世的宝座，就能破坏当今欧洲列强之均势，获得好处，并借此损害法兰西的利益和荣誉。我们希望，这种可能性
806 不会成为现实；我们寄希望于德意志人民的智慧和西班牙人民的友谊。若是事与愿违，我们将会在诸位和国民的大力支持下，毫不犹豫、毫不示弱地履行我们的职责”。

在1870年5月被任命为外交大臣前，格拉蒙特公爵曾在维也纳任法国驻奥地利大使8个月，在那里他赢得了独裁、酷似教士和坚决反普鲁士的波拿巴分子之名声。他在议院的演讲不仅听起来充满火药味，事实上也确实如此。无论是霍亨索伦－锡格马林根的安东亲王，还是普鲁士威廉一世国王都不愿冒与法国开战的风险。在威廉的敦促下，7月12日安东亲王宣布，其缺席的儿子放弃当西班牙王位候选人。国王和亲王这么

做，都没有与俾斯麦商量。久病尚未痊愈的俾斯麦在 7 月 12 日当天从其位于波美拉尼亚的骑士庄园瓦尔岑（Varzin）① 返回柏林，并立即召开了“作战会议”，与会者有陆军大臣冯·罗恩、内政大臣奥伊伦堡伯爵（Graf Eulenburg）和总参谋长冯·毛奇。

法国要求威廉书面道歉，该要求 7 月 12 日由北德意志邦联驻巴黎公使冯·维特（von Werther）转送柏林，此要求对北德意志邦联总理而言来得正是时候。出于同样意图，法国大使贝内代蒂伯爵已于 7 月 9 日和 12 日觐见了在埃姆斯（Ems）温泉疗养的威廉国王。自从格拉蒙特 7 月 6 日演讲以后，法国的威逼令德意志公众越来越恼火，甚至可以说是义愤填膺，不仅仅在北德意志邦联境内，而且在德意志南部也是如此。7 月 13 日，贝内代蒂在埃姆斯温泉林荫道上再次试图从普鲁士国王那里获得明确和永远有效的保证——王储将放弃当西班牙王位候选人。威廉口头同意了安东亲王头一天的声明，但拒绝了贝内代蒂所要求的书面声明。

冯·阿贝肯（von Abeken）参事官送达柏林的相关通报被俾斯麦通过大幅删减编辑成令法国侮辱性嘴脸跃然纸上的消息，此消息以这种方式被送往德意志各宫廷、各政府和除了法 807
国以外的其他国家与媒体。该“埃姆斯密电”——不出邦联总理所料——在德意志引起民族愤怒的呐喊。这样法国发现自己竟然在扮演它希望普鲁士扮演的角色：它有充分的理由感到受到了羞辱。局势让拿破仑三世没有别的选择，只能做俾斯麦所希冀的事：7 月 19 日法国对普鲁士宣战。

通过埃姆斯密电变得不可避免的战争是俾斯麦的战争。这位普鲁士政策的决策人需要这场战争，因为它提供了一个一

---

① 即现波兰北部的 Warcino。

次性机会，在整个德意志的支持下让法国无力再阻挡德意志的统一。尽管如此，人们不能说这场战争的责任完全该由俾斯麦或普鲁士承担。与1864年和1866年的情形一样，1870年在另一方亦有主战派：当年是在哥本哈根和维也纳，现在是在巴黎。格拉蒙特身后有欧仁妮皇后和坚定的波拿巴主义分子的支持。他以法国的名义对德意志统一说出的“不”字，只能从强权政治的角度去诠释，这与各族人民的民族自决权原则完全相悖，在其他场合拿破仑三世曾多次援引这种原则。“为萨多瓦复仇”的口号，即弥补克尼格雷茨缺陷的愿望，在法国很受欢迎。拿破仑三世在国内的地位现在已经相当脆弱，所以他根本不能对俾斯麦示弱。因此1870/1871年的战争也是拿破仑三世的战争，而且很快就成为定局的是：这也是他领导的最后一场战争。

宣战在北德意志引起群情激奋的狂潮。当7月21日北德议会对政府申请的战争贷款进行投票时，没有出现反对票。以约翰·巴普蒂斯特·冯·施魏策尔为首的拉萨尔全德意志工人联合会的三名成员（包括一名从他们的行列转入社会民主工党的议员）也为提案投了赞成票。倍倍尔和李卜克内西弃权，他们的理由是：这是一场王朝战争。埃姆斯温泉事件后，南德意志
808 的主流倾向发生了改变。卡尔斯鲁厄、慕尼黑和斯图加特的政府于7月12~15日先后承认出现了军事同盟条款中所提到的情况。巴伐利亚爱国党分裂成支持和反对战争贷款的两派。符腾堡的民主党人则态度鲜明地站在了普鲁士一边。8月初，人们在斯图加特很难看到黑红金的旗帜，更常见到的是北德意志邦联战舰和商船舰队所使用的黑白红旗帜。

在南德意志各国的议会都批准了其政府所要求的军事贷款后，7月19日，一个统一的德意志将投入对法国的战争就成为板上钉钉的事了。不用怕外国势力的干涉：沙皇亚历山大二

世继续坚持其亲普鲁士的政策，保持善意的中立并遏制奥地利的轻举妄动。英国的中立是俾斯麦的杰作，他向伦敦的《泰晤士报》提供了法国大使贝内代蒂 1866 年 8 月的协议草案，其中记录着法国吞并比利时的欲望。在军事上，1870 年 8 月德意志军队证明自己优于法国军队。最轰动的胜利是 1870 年 9 月 2 日的色当（Sedan）战役，它是普鲁士，现在也是德意志总参谋长赫尔穆特·冯·毛奇的杰作。拿破仑三世亲自下令麦克马洪（MacMahon）元帅四面被围困的军队投降。

皇帝在色当被抓获。但他向威廉一世交出的佩剑只是他的，而不是法国的。9 月 4 日示威者冲进巴黎的波旁宫——国民议会所在地，拿破仑三世的政府被推翻，欧仁妮皇后被迫出逃英国。在特罗胥（Trochu）将军领导下在巴黎市政厅成立了一个“国防政府”，朱尔·法夫尔（Jules Favre）任外交部部长，莱昂·甘必大为内政部长。该政府做的第一件事是宣布成立共和国。此时德意志军队继续挺进：9 月 18 日开始包围巴黎，9 月 23 日图勒（Toul）投降，四天后斯特拉斯堡投降。10 月 7 日，甘必大乘著名的热气球离开首都，从图尔号召法国人进行民族抵抗。10 月底梅茨要塞（Festung Metz）落入德军手中。

色当的胜利在德意志受到欢呼，甚至被拔高为世界历史的 809
转折点和神意裁判。德军在军事上的成功帮助一项扩张性战争目的——收回阿尔萨斯和洛林在公众舆论中引起强烈反响。在南德意志这种呼声比在北方出现得更早，也更强，自由党和民主党人强调的是德意志面对西部邻国的安全利益，但天主教徒也想到了在未来的德意志民族国家中有利于自己的教派权重方面的变化。

1870 年 8 月底，一位来自萨克森、自愿成为普鲁士人的民族自由党人——历史学家海因里希·冯·特赖奇克（Heinrich von Treitschke）为这两个地区的回归进行了最强烈的辩护。在由他出版的《普鲁士年鉴》中他援引恩斯特·莫里茨·阿恩特的话写道，德意志人比被法式生活教坏了的阿尔萨斯人自己更了解什么对他们是重要的。“我们想违背他们自己的意志让他们做回自己……一个民族的精神不仅仅囊括同时代的人，而且也包括先后生活过的祖先。我们违背那些生活在那里的人之被误导的意志，援引那些曾经生活在那里的人的意志……阿尔萨斯人过去学了蔑视分裂的德意志，在普鲁士强有力的手教育了他们之后，他们将学会爱我们。”

自从解放战争以来，没有哪个作者像特赖奇克这样如此清晰地剖析过德法双方对民族的不同理解：前者推崇主观臆想的族群之客观确定以及语言和出身；后者重视个人的主观意愿和对一种政治制度的选择。来自路德维希堡（Ludwigsburg）的自由派宗教学者和对历史中的耶稣进行探索的创始人——大卫·弗里德里希·施特劳斯（David Friedrich Strauß），在与其同样著名的巴黎同行——东方学家欧内斯特·勒南（Ernest Renan）的一封公开通信中得出了与特赖奇克相同的结论，尽管他比后者更强调德意志的安全。“我们德意志人”，他在1870年9月29日写道，一定“是最大的傻瓜，如果我们不再想要曾经属于我们，也是我们的安全所需要的地盘（但也仅仅是为了安全所需要）”。

810 勒南自己承认，他将普法战争看作是文明所能遇到的最大不幸。几乎一年后，1871年9月15日，他同样在一封公开信中写道：阿尔萨斯从语言和种族上看是德意志的，但它不愿成为德意志国家的组成部分，这是问题的关键所在。“我们的政策是国家法的政策；你们的是种族政策；我们相信，我们的政策更好。被过分强调的人类种族划分——且不论这种划分是基于一个错误，因为很少有哪些国家确实是由单一种族组成的——只能导致毁灭性战争，导致动物学意义上的战争……这将是被称作人类的混合物的终结，这种肥沃混合物种类繁多，全是整体不可或缺的组成元素。你们在世界上举起了人种学和考古学政治的大旗，而不是宽容政治的大旗；这种政策将带来致命后果……你们怎么能相信斯拉夫人不会照方抓药？他们总在各方面步你们的后尘。”

卡尔·马克思也做出了类似预言。只要战争是反对可恶的拿破仑三世政权的斗争，就适用他 1870 年 7 月 23 日在《国际工人协会总委员会关于普法战争的第一篇宣言》（*Ersten Adresse des Generalrats der Internationalen Arbeiter-Assoziation über den Deutsch-Französischen Krieg*）中所写的：“在德国方面，这次战争是防御性的战争。”[①] 法国在色当战役战败的直接后果——第二帝国的灭亡彻底改变了局面。两个世纪以来，法国的国家首脑否认了历史唯物主义的一个基本假设，根据这一假设现代国家权力仅仅是管理整个资产阶级共同事务的一个委员会。拿破仑三世体现了执行权力自主化后的权力：这种现象与《共产党宣言》中的前提严重冲突。波拿巴体系的倒台因此必定释放在其统治下被阻止自由发展的社会力量。现在开始的阶级斗争新阶段，迟早会让形势成熟，无产阶级会提出权力问题并通过其革命废除资产阶级的统治：历史法则将再次得到恢复。

但色当战役也是一个转折点，因为德意志的战争目的现在 811
比从前清晰了很多。早在 8 月底，马克思和恩格斯就在写给德意志社会民主工党委员会的一封信中对德意志吞并阿尔萨斯和洛林的要求做了如下评判：“1870 年的战争必然孕育着德国和俄国之间的一场战争，正如 1866 年的战争孕育着 1870 年的

① 马克思：《国际工人协会总委员会关于普法战争的第一篇宣言》，载《马克思恩格斯全集》第十七卷，北京：人民出版社，1963，第 5 页。

战争一样。”[①]9月吞并阿尔萨斯和洛林的呼声越来越高，这使战争失去了防御性质，转变为一场德意志的征服战。德意志的对手自从巴黎推翻第二帝国以后不再是篡位者的波拿巴主义政权，而是一个革命政府，它代表的是共和的和民主的法国。

由此，马克思得出了对他而言顺理成章的结论，他于1870年9月9日在《国际工人协会总委员会关于普法战争的第二篇宣言》中宣称：“防御的战争确实是以路易·波拿巴投降、色当失陷和巴黎宣告成立共和国而终结了。……正如第二帝国认为自己不能与北德意志邦联并存一样，专制的俄国也定会感觉到普鲁士领导的德意志帝国是对它的威胁。这原是旧的政治制度的规律。……沙皇能对欧洲发生极大的影响，是由于他对德国有传统的控制力。……如果军事上的侥幸、胜利后的骄横以及王朝的阴谋把德国推到宰割法国的道路上去，那末德国就只有两条路可走。它必须不顾一切成为俄国掠夺政策的公开的工具，或者是经过短暂的喘息之后重新开始准备进行另一次‘防御’战争，但不是进行那种新发明的‘局部’战争，而是进行种族战争，即反对斯拉夫种族和罗曼语种族联合势力的战争。”[②]

马克思反对即将进行的对阿尔萨斯和洛林之吞并的抗议在德意志只赢得了少数支持者。1870年9月5日，社会民主工党委员会号召德意志工人进行示威游行，反对吞并法国的这
812 些地区。由于委员会成员不享有议员豁免权，他们就被根据普鲁士1851年的戒严令逮捕并送到堡垒进行监禁。11月28日，北德议会中的四名社会民主党（“爱森纳赫派”）和三名拉

① 马克思、恩格斯：《给社会民主工党委员会的信》，载《马克思恩格斯全集》第十七卷，北京：人民出版社，1963，第283页。

② 马克思：《国际工人协会总委员会关于普法战争的第二篇宣言》，载《马克思恩格斯全集》第十七卷，北京：人民出版社，1963，第285~290页。

萨尔派议员，以及一名来自汉诺威的“韦尔夫派”议员投票反对批准进一步军事战争贷款。倍倍尔和李卜克内西提出的反对理由是，法兰西帝国被推翻后战争不再是防御战，而是一种征服战，其目标是针对法国人民和吞并法国领土。议会会议结束后，倍倍尔和李卜克内西于 1870 年 12 月 17 日以尝试和准备叛逆罪被捕，直到 1871 年 3 月底倍倍尔再次当选为议员才获释。不久后针对二人之叛逆和叛国罪诉讼被中止。1870 年 9 月抗议吞并阿尔萨斯和洛林的最著名的资产阶级民主党人，是前德意志国民议会的议员和后来的进步党国会议员——来自柯尼斯堡的约翰·雅各比，他之后被带往堡垒监禁。1872 年 4 月他加入了社会民主工党。

至于马克思的警告，德意志的征服战争会让俄国与法国联手，在 1870 年秋还看不出什么端倪。在俾斯麦的怂恿下，俄罗斯帝国趁着其在克里米亚战争的对手——拿破仑三世的下台，终止了 1856 年《巴黎和约》中限制俄国在黑海主权的条款（1871 年 3 月在伦敦召开的有关黑海的会议上认可此单方面行动）。法兰西第二帝国的灭亡对意大利王国也是千载难逢的机会：政府宣布解除 1864 年的《九月条约》（*Septemberkonvention*），意大利曾在该条约中对法国承诺，放弃任何对教宗国剩余部分的攻击。1870 年 9 月中旬政府让部队开进了教宗的领地，教宗逾千年的世俗统治就这样结束了。经 10 月 9 日的公民投票教宗国与意大利王国合并，随后首都在 1871 年夏从佛罗伦萨迁往罗马。

拿破仑三世下台后，英国在普法战争中仍旧保持中立，但 813
敦促俾斯麦与巴黎成立的新临时政府谈判。这位普鲁士政策的打造者确实在 9 月 19 日两次会晤朱尔·法夫尔。然而，从一开始协议就无法达成：北德意志邦联的总理要求兼并阿尔萨斯和洛林，对此法国外长不能接受。俾斯麦的出发点是，法国一旦战败肯定想复仇。在他看来，拥有阿尔萨斯和洛林能够在一定程度上保证避免新的德法战争。正是出于同样的原因，这位总理最终勉强答应兼并主要讲法语的梅茨地区，总参谋部出于战略原因坚持这么做。此外，吞并阿尔萨斯和洛林在内政方面也起着作用：通过增加德意志领土来向民族运动示好，这对俾斯麦来说肯定要比扩大议会权力容易得多。相反，1870 年秋人们在法国绝对不能接受对莱茵河左岸省份的放弃。那里的居民虽然说德语（或确切地说是“阿尔萨斯德语”），但他们感到自己主要是法国公民。倘若临时政府在此问题上向俾斯麦的意志屈服，它立即就会被推翻。

所以战争仍在继续：在法方是甘必大领导下的人民战争；在德方激烈争论的问题是，是否以及何时通过炮火轰击强迫巴黎投降。为了防止战争扩大，俾斯麦敦促早日让法国首都投降；毛奇和总参谋部则希望让巴黎先尝尝饥饿的滋味。1870 年 12 月 31 日，比俾斯麦期望的晚，德方的轰炸开始了。在投降条件方面与毛奇的新冲突上，俾斯麦终于在国王的支持下得到了自己想要的结果。这位总理偶尔也想到与被废黜的皇帝——自 9 月 5 日起后者被扣留在卡塞尔附近的威廉高地宫（Schloß Wilhelmshöhe）——签订和约，然而后来还是决定最好与阿道夫·梯也尔和朱尔·法夫尔身边愿意讲和的共和党人
814 取得谅解，孤立甘必大。1871 年 1 月 28 日签署了一项临时停火与交出巴黎的协议。根据此协议，三个星期内将选举国民议会，最终的和平谈判应与此合法政府进行。

当法国的战斗还在继续时，俾斯麦就与南德意志邦国谈判，将北德意志邦联转型为德意志邦联。其结果是《十一月协定》（*Novemberverträge*）。巴登和黑森－达姆施塔特没让总理为难，它们原封不动地接受了北德意志邦联宪法。相反，符腾堡，尤其是巴伐利亚通过坚持得到了所谓的“保留权利”。

因此，这两个国家保持了对自己的邮政和铁路的管理权；此外巴伐利亚还获得了和平时期的军事管辖权，并且在一个秘密条约中得到承诺，在所有的和平谈判中派遣自己的全权代表参加。总而言之，宪法的联邦元素得到加强：邦联制裁行动，有一定限制的宣战，今后都要得到邦联参议院的批准，邦联参议院保留了其名字。普鲁士以外的王国巴伐利亚、萨克森和符腾堡以其 58 票中 14 票的席位几乎获得了与普鲁士（17 票）同样的权重。根据宪法第 78 条，14 票足以阻止宪法修正案，这类修正案只在邦联参议院需要特定多数通过，在议会则无这方面限制。

对巴伐利亚的特殊规则遭到了追求统一的民族自由党人的尖锐批评。1870 年夏天在政治和组织上开始巩固的天主教议会党团认为邦联政体的联邦制因素太少，进步党和社会主义者则认为它不够民主。1870 年 12 月 9 日在北德议会就与巴伐利亚的协定进行最终投票表决时，32 张反对票来自上述三个议会党团。尽管有顾虑，民族自由党以及自由保守党和保守党人还是投了赞成票，这样协定就获得了绝大多数的同意：227 位在场代表中有 195 人投了赞成票。第二天议会接受了邦联参议院于 12 月 9 日通过的第一次宪法修正案：仍保留在《十一月协定》 815
中的概念“德意志邦联”被“德意志帝国”取代，邦联主席变成了“德意志皇帝”。

在普鲁士国王接受了“德意志皇帝”称号后，为了安慰巴伐利亚国王路德维希二世，被没收的汉诺威前国王的财产——韦尔夫基金的一部分钱流向了慕尼黑。即使在旧普鲁士，尤其是威廉一世国王，不久前一直怕德意志这个“徒有其表的皇帝”头衔会令普鲁士的辉煌王冠黯然失色。但在议会中只有 6 名在场的社会民主党人和拉萨尔派投票反对“皇帝”和“帝国”称号。除了社会主义者、坚定不移的大德意志方案拥护者、南德意志的地方主义者和老普鲁士正统主义者，上述称号满足了所有人的心理需要。中小邦国的德意志人可能会感觉到，新的实体不仅仅是一个更大的普鲁士；天主教徒会想到古老的德意志民族神圣罗马帝国；民主党人会忆起1848年的革命遗产。民族自由党中的不少人因为中世纪和大德意志的余音开始不喜欢皇帝这个称号，但他们希望霍亨索伦的君主制国家会最终克服德国的地方主义；大多数普鲁士保守派对其统治家族所赢得的权势和威望感到自豪，但不相信普鲁士真的会与德意志同化。

1870年12月10日，北德议会不顾6位社会民主党人和拉萨尔派的反对，既接受了因引进“皇帝”和“帝国”概念所产生的宪法修正案，也批准了爱德华·拉斯克的请求，即威廉一世国王通过“接受皇帝头衔应最终完成统一大业”。通过在北德意志邦联的官方公报上公告北德意志邦联和南德意志邦国间的协定，德意志帝国于1871年1月1日正式成立，但当时还不包括巴伐利亚。那里的批准过程经过激烈辩论后，于1871年1月21日才在下议院以必要的三分之二多数票通过，此后路德维希二世国王在1月30日让协定追溯性地从1871年1月1日起生效。

816 “帝国创建日”当时就已经定在1871年1月18日。正好在普鲁士第一位国王于柯尼斯堡加冕170年后，在凡尔赛宫的镜厅威廉一世被宣告为德意志皇帝。国会议员没有出席此庄严仪式，但王公贵族、王子和军队在场。其中一位参与了仪式的军官是当时23岁的保罗·冯·兴登堡（Paul von Hindenburg），62年后他作为总统于1933年1月30日任命国家社会主义德国工人党（Nationalsozialistische Deutsche Arbeiterpartei）的领袖阿道夫·希特勒为总理。

在全国，包括阿尔萨斯和洛林选出国民议会后，与法国的临时和约于1871年2月26日在凡尔赛宫签署。法国在和约中将阿尔萨斯和洛林的一部分，包括梅茨周边地区割让给德意志帝国。3 月 1 日，国民议会——尽管维克多·雨果和被割让地区的议员（包括莱昂·甘必大）提出抗议——接受了和约。1871 年 5 月 10 日正式和约在美因河畔的法兰克福签署。

1871 年 2 月 9 日，在凡尔赛宫宣布德皇登基三周后，英国下议院保守派反对党领袖本杰明·迪斯雷利努力对普法战争进行历史定位。这场战争，他解释说，不是一场普通的战争，像普鲁士与奥地利的战争，意大利或者克里米亚战争。“这场战争意味着德国革命，是比上个世纪法国大革命更重大的政治事件。我不想说，这是一个更大或同样大的社会事件……但现在发生了什么呢？权力的平衡被彻底摧毁；而且深受其害、感受这一巨大变化效果最强烈的国家莫过于英国。”

若是成立包括奥地利说德语地区在内的大德意志民族国家，那欧洲的均势还要经历比俾斯麦所实现的小德意志解决方案更激烈的变化。“俾斯麦帝国在欧洲大陆的半霸权地位”，
英国和俄国勉强还能容忍。历史学家路德维希·迪西奥 1951 817
年在回顾往事时曾如是说。对此被他们打败的法国还不情愿地助了一臂之力：德军尚未从法国撤离，首都巴黎就发生了“公社”起义，向世界展现了国家与社会彻底转型的例子。在公社的红色革命背景下，俾斯麦的“德国革命”显得不再万分可怕：新成立的德意志帝国在欧洲代表着保守秩序的维护力量。

随着 1870/1871 年的普法战争，不仅德国，而且意大利民族国家的构建至少从外部看是结束了。通过创建更大的、语言一致、具有政治行动能力的领土完整之国家来实现权势升级：这是上述两个国家的民族运动与其精英们所追寻的目标。通过建立民族国家，德国和意大利变得“更加西方化”：他们克服了领土四分五裂的状况，适应了西欧民族国家的理念——中央集权的意大利自然要比联邦制的德国更为彻底。

在其他方面，意大利王国也比德意志帝国更接近西方的榜样：在罗马，政府依赖于议会的信任；在柏林，行政机关是独立于议会的权力。在国家层面，德国的选举权是民主的，而意大利的则是非常精英化的。内部政治冲突从一开始就存在于这两个体系中，走向民主似乎只是诸多发展可能性中的一个。年轻的民族国家之外部的统一为德国与意大利所面临的任务——内部的统一，或者换句话说，国家民族的形成——提供了框架条件。[13]

## 失败之后：法兰西第三共和国的起步

对于老牌民族国家法国来说，普法战争的结局意味着一个重要的转折点：仅军事上的失败就已经是一种耻辱的经历，阿 818
尔萨斯和洛林的损失更是一个难以愈合的伤口。法国虽然能够保住欧洲大国的地位，但是在普鲁士－德国胜利后，其地位与1870/1871年之前相比已经差多了。

按照男子平等普选权于1871年2月8日选出了国民议会，其中超过400名的君主主义者占了绝对多数；共和党人约获得200个议席，波拿巴主义者20个。然而，在两大“阵营”中存在着内部分裂：君主主义者又分为正统派——波旁王朝的追随者和奥尔良派，共和党中存在着温和派与激进派。由于君主主义者根本无法形成共同立场，而且缔结和约是最迫切的任务，所以国家形式和未来宪法的问题必须往后推。因此普法战争催生的第三共和国暂时只是一种事实上的存在并保有临时替代品的性质。

接替国防政府的临时政府之首脑是一位“共和国行政首脑”（Chef du pouvoir exécutif de la Républiqu）。2月13日，国民议会在波尔多任命的这位首脑是位知名政治家，1836年和1840年他曾在路易－菲利普国王治下担任过首相和外交大臣，而且在保守的共和党人中亦享有很高的声誉：1871年2月选举中最成功的候选人——阿道夫·梯也尔。他组建的内阁有奥尔良派和三位此前政府中的温和派，其中包括外交部部长朱尔·法夫尔。面对政治上分裂的国民议会，梯也尔在所谓的《波尔多协议》（*Pacte de Bordeaux*）中承诺，和平谈判期间在党派政治中保持中立。

一场区域性法国内战将和平谈判笼罩在阴影中：巴黎公社起义。其深层原因是首都（那里的共和党人在二月选举中获得了胜利）与君主主义占优势的外省间的对立。当国民议会于2月13

日第一次开会时任命梯也尔为政府首脑，并决定会址不在巴黎而是在凡尔赛时，巴黎的共和党人把这理解为公开对君主制示好。
819 两天后，国民自卫军委派了一个中央委员会负责共和国的国防，并夺取了有落入德国人手中之危险的大炮。政府将此视为宣战并停发了国民自卫军——其成员大多是工人、手工业者、小商人和雇员——的军饷。3月18日，被调到巴黎的政府军试图夺回大炮。在这次准备欠佳的行动失败后，梯也尔不顾温和派共和党人的反对，疏散了首都的居民，从而释放了总起义的信号。

3月26日，留在巴黎的居民选举了公社委员会，其中多数人是所谓的雅各宾分子、蒲鲁东和布朗基的追随者，以及国际工人协会的成员。公社颁布的大部分法令与内战状况相关；有一些则体现了“小人物”改革社会的意志，如免除房租和商业债务，禁止面包坊工人加夜班和引进无偿的学校教育。其他有深远意义的决定有的是继承了1792/1793年“山岳派”的传统，例如没收教团财产和关闭教堂，有的符合1865年去世的蒲鲁东的理念，如要求构建联邦制的国家和社会。此外，以俱乐部形式的民众集会来监控公社委员会也源自雅各宾派和蒲鲁东主义。公社不是“共产主义的”：私有财产的私有性质没有变。即使在公社委员会里的第一国际追随者中，也几乎没有人熟悉马克思的学说。

可怕的结局出现在“流血周”（semaine sanglante）——1871年5月21~28日。在近两个月的围困后，麦克马洪元帅指挥的政府军占领了首都。作为对军方射杀俘虏的回应，公社社员杀死了64名人质，其中包括巴黎大主教。政府军在逮捕起义者后杀人如麻：临时军事法庭判处数千人死刑，他们随后被枪杀于“巴
820 黎公社社员墙”前。在“流血周”期间一共有约两万名公社社员牺牲，政府军方面约400名士兵阵亡。接下来有约1万名公社战士被送去监狱、强迫劳动、监禁或被驱逐到新喀里多尼亚

（Neukaledonien）的囚犯殖民地。93 名死刑犯中有 23 人被行刑。

梯也尔政府格外强硬的态度很大程度上可以解释为，政府认为巴黎起义削弱了它与德国人谈判时的地位。官方的国家权力对巴黎公社社员镇压得越坚决，它就越有希望在国内外受到尊重。公社从一开始就没有一致的目标：地方自治论者为首都要求更多的独立性，他们想要的东西不同于雅各宾专政的支持者，而这两拨人又与社会主义者不同，后者主要关注的是社会的变革。公社委员会甚至在巴黎都没有说一不二的权威，在外省进行革命——除了马赛和里昂的区域性起义——只能是梦中愿景。在这种情况下，推翻选举产生的梯也尔政府和把法国变成符合公社理念的共和国只能失败。

巴黎公社迅速成为欧洲左派的一个神话，这主要归功于卡尔·马克思。1871 年 4~5 月，他以国际工人协会总委员会宣言的方式写下了《法兰西内战》（*Der Bürgerkrieg in Frankreich*），并于 6 月发表。“科学社会主义”的创始人在书中将公社作为一种社会共同生活的新模式和政治秩序进行了介绍。在他看来，以下几点具有模范意义：通过将立法和行政权合并到一个“工作机构”来取消传统的三权分立；由公社选择官员和法官；乡镇管理其共同事务的地区议会强制委任和间接选举未来国会代表团的代表；合作生产以及通过国民军代替常备军。

马克思针对的更多的是公社的追求，而不是它实际达到了 821
什么目标。他描绘的是一场无产阶级起义的画面，尽管 1871 年巴黎革命中强大的小资产阶级元素是显而易见的。公社对他而言，“实质上是工人阶级的政府，是生产者阶级同占有者阶级斗争的结果，是终于发现的、可以使劳动在经济上获得解放的政治形式”。它是“工人阶级被公认为能够发挥社会首倡作用的唯一阶级的第一次革命……工人的巴黎及其公社将永远作为新社会的光辉先驱受人敬仰”。[①] 当弗里德里希·恩格斯在公社二十周年纪念日重新出版马克思的著作时，他将1891年的实验结果概括为一句话：“请看看巴黎公社吧。这就是无产阶级专政。”[②]

“无产阶级专政”这一概念马克思首次使用是在1850年的著作《法兰西阶级斗争》中。通过为马克思的著作《法兰西内战》所写引言中的最后两句话，恩格斯给列宁和俄国布尔什维克总结性地提出了关键词。他们从中还学到了恩格斯在1872年1月的一封信中所提到的公社的不足——缺乏“权威和集权”。在德国，倍倍尔是最早站在巴黎公社一边者之一。1871年5月25日在国会的演讲中，他反对吞并阿尔萨斯和洛林，他宣布“巴黎的战斗只是一场前哨战，欧洲的主要事情尚未发生”。这句话影响了资产阶级对社会主义工人运动的印象，让德国社会民主党以与事实不符的形象出现在公众视野中：一个崇尚搞暴力推翻的政党。这种判断也致使莱比锡的刑事陪审法庭于1872年3月就倍倍尔和李卜克内西叛国罪一案作出有罪判决：两位工人领袖因准备叛国被判处两年堡垒监禁。

巴黎公社起义在法国本土让工人运动倒退了许多年：1871年后仍有社会主义者，但由于数千巴黎公社社员被判决和流
822 亡，他们一直处于群龙无首的状态。社会主义政党与社会主义工会的创建比德国晚了很久，而且与1871年的巴黎革命遭到血腥镇压有关，法国的社会主义对一种阶级斗争甚至是革命的雄辩术坚持的时间比德国社会民主党更长。从长期影响出发，许多迹象都证明了一种论点，即巴黎公社不是第一次现代革命，而是最后一次旧风格的革命——其进行的条件与1789年、1830年和1848年革命相比不那么有利。

① 马克思：《法兰西内战》，载《马克思恩格斯全集》第十七卷，北京：人民出版社，1963，第361、363~384页。

② 恩格斯：《“法兰西内战”一书导言》，载《马克思恩格斯全集》第二十二卷，北京：人民出版社，1965，第229页。

法国资产阶级把镇压巴黎公社起义的功劳算在了行政首脑梯也尔头上：1871 年他被国民议会选举为共和国总统。他最主要的活动很快就变成了按照普鲁士模式重建军队，包括 1872 年引进义务兵役制（有高学历的应征者可以得到多种豁免和缩短服役期）。这段时间总统在内政方面的立场接近以甘必大为首的共和党人，他们在 1871 年夏天的一些补选中取得了胜利。对梯也尔来说，共和制是一种让法国人分裂最少的秩序（le régime qui nous divise lemoins），并能保证和平与秩序，前提是它能成为它所该成为的——保守的（la république sera conservatrice ou ne sera pas）。这种对共和制的公开拥护是对君主主义者的挑衅，就像梯也尔拒绝神职人员的建议——为了帮助教宗恢复其世俗权力采取行动，甚至不惜与意大利开战——一样。1873 年春，奥尔良派和正统派组成了执政联盟。5 月 24 日进行最后表决：国民议会以 360 票对 340 票提出对梯也尔的不信任动议。

议员们选择了麦克马洪元帅作为梯也尔的继任者，他属于信仰天主教的君主主义者。他任命奥尔良派的首脑阿尔贝·德布罗伊公爵（Herzog Albert de Broglie）为参议院副议长——政府的实际负责人。正统派和奥尔良派未能联手合作，因为波旁家族的王位请求者——查理十世的孙子尚博公爵（Herzog von Chambord）坚决要求以百合花饰的旗帜作为国旗，麦克马洪考虑到军队的情绪予以拒绝。这种符号之争后面 823
隐藏着更深层次的对立：奥尔良派希望建立像英国那样拥有强大议会的王权国家，正统派则意欲重建 1830 年七月革命前那种君主制国家。通过共同努力君主主义者终于做到了让议会在 1873 年 11 月做出让麦克马洪担任七年总统的决议：这一规定有利于日后向君主制的过渡。1874 年 5 月，德布罗伊内阁背后的执政联盟崩溃：50 名正统派议员联合波拿巴主义者和左派反对政府，导致它下台。

第三共和国在这段时间仍是临时的。然而从 1873 年 11 月起，一个由 30 名议员组成的委员会受国民议会委托开始制定一部宪法草案。经过寻找妥协的漫长过程，1875 年 2 月和 7 月作为结果达成了三个宪法法案：第一个规定了参议院的组织结构，第二个规定了国家权力的组织结构，第三个确定了国家权力间的彼此关系。300 名参议员中的 225 名任期九年，其中两个最大的省份塞纳和诺尔（Nord）各有 5 个参议员席位，六个比它们略小的省份各有 4 个参议员席位，剩余省份各有 2 个参议员席位。贝尔福（Belfort）地区［上莱茵（Haut-Rhin）省被德国吞并，在和平谈判中又被法国成功要回的那部分地区］，1848 年在阿尔及利亚形成的三个省份和四个海外殖民地马提尼克（Martinique）、瓜德罗普岛（Guadeloupe）、留尼旺（Réunion）、法属印度各有 1 个参议员席位（在阿尔及利亚只有白人有选举权，在自 1848 年起存在的“老殖民地”非白种人亦有选举权）。25 名参议员由众议院选为终身参议员，不可解职：这一规定后被 1884 的宪法修正案取消。此后仅有 225 名参议员，他们全部按相同的选举法选出。

参议院和众议院共同负责立法和执法工作。它们共同开会选举共和国总统，总统任期七年，可连选连任一次。总统与两
824 院一样拥有立法倡议权。他有权命令武装部队，宣战要事先得到两院同意。经参议院批准，他有权在法律规定的任期结束前解散众议院。他任命所有民事和军事当局的官员，包括部长。部长们就一般政策和他们各自的职位行为集体向两院负责。

特别是奥尔良派要求有一个强势的总统，他们也如愿以偿。至于发生冲突时谁说了算，总统还是国会，1875 年不完善的宪法条文对此没有明确规定。1876 年 2 月的选举中共和党在众议院获得多数后，一场权力之争似乎已在所难免了。

1877 年 5 月 16 日发生了著名的“五月十六日危机”（Seize Mai），麦克马洪铤而走险：他解散了由温和派共和党人朱尔·西蒙（Jules Simon）——法国第一位犹太总理——领导的内阁，再次任命布罗伊公爵为参议院议长，事实上的总理。共和党人接受了挑战，以反对圣职者的口号投入竞选并赢得了竞选，虽然他们的势力稍有削弱。

表面上看麦克马洪 1877 年 5 月 16 日的行动并未违宪，事实上政府更迭与解散众议院是一场以建立总统制国家为目的的政变。这种尝试的失败带来深远的影响。选民们投票赞成众议院中的共和派多数，从而否决了总统的“向人民呼吁”后，麦克马洪只能靠参议院内保守派多数的支持才得以继续留任。在共和党于 1879 年 1 月初的部分改选中也获得胜利后，总统于 1 月 30 日辞职。麦克马洪的继任者是温和派共和党人儒勒·格雷维（Jules Grévy），共和党人打赢了权力之争一役。直到第三共和国于 1940 年终结，再也没有共和国的哪位总统敢于解散众议院。在没有正式修宪的情况下，法国于 1879 年转化为议会民主制。

“公爵们的共和国”（République des ducs）——得到此 825
称谓的 1871~1877 年之仍旧由君主主义者说了算的体系——走到了尽头。“机会主义共和国”（opportunistischen Republik）时期开始了：现在不再是大资产阶级和贵族们，而是来自“新阶层”的“显要人士”——新中产阶级，特别是律师和记者说了算；迅速更迭的政府不断在中间偏左或偏右的阵营中寻求其多数。由于不信任提案没有受到任何限制，1879 年后仍旧说不上政治稳定。但“五月十六日”尝试失败后，还是出现了一定程度的平静。1870 年 10 月共和国宣布成立后约八年，第三共和国显然已经获得了政治合法性。1877~1879 年的事件导致了共和党人对共和国的重组：这正是 1877 年准政变的发起者所不愿看到的结果。[14]

## 文化之争：国家与教会的争执

倘若1870年代教权和保守势力在法国对政治没有产生一定影响的话，那么第三共和国肯定会成为国家与天主教会之间“文化之争”的早期战场，当时这种争执正在欧洲好几个国家中残酷进行。在这方面首先使用“文化之争”（Kulturkampf）这一概念的是著名医生和左派自由主义政治家鲁道夫·魏尔啸（Rudolf Virchow），他于1873年1月17日在普鲁士众议院提出此概念。然而教会与世俗权力之争的新一轮较量不是开始于柏林，而是在罗马。1870年7月18日，法国宣战的前一天，梵蒂冈主教会议在经过长达八个月的磋商后以宣布“无谬误教条”（Unfehlbarkeitsdogma）而结束，根据该教条教宗在“以宗座权威”（ex cathedra）进行教义裁决时是不会犯错的。教宗的“无谬误”相当于世俗诸侯的主权：1819年约瑟夫·德·迈斯特在《论教宗》（*Du Pape*）一书中就已经这么教导了。“当教宗国的末日即将来临时，还有什么能比从字面上理解这种学说更贴切的，”历史学家和政论家古斯塔夫·塞布特（Gustav Seibt）在其著作《罗马或死亡：对意大利首都的争夺》（*Rom oder Tod. Der Kampf um die italienische Hauptstadt*）中写道，“无谬误代替了教宗一直以来脚下的那块土地——这块土地在一定程度上系于天空中的一个钩。”



无谬误教条是教宗们一连串向启蒙、自由主义、社会主义和革命宣战的宣言之一。最后庇护九世在1864年的《何等关心》（Quanta cura）通谕中要求国家和科学研究无条件地服从天主教会的权威，并在附录《错误列表》（Syllabus errorum）中囊括了所有必须制止的错误。这些错误包括要求国家的教育主权、政教分离，以及天主教徒和非天主教徒在法律上的平等权利。

在反抗现代世界的斗争中，教会看到自己——尤其是在1860年代——遭遇了很多政治失败。意大利的政治统一伴随着教宗国的分崩离析，1861年以后只剩下罗马和拉齐奥了。1866年普奥战争中奥地利的失败被梵蒂冈视作一场灾难，此前奥地利一直是天主教在中欧的中坚力量。教廷国务卿安东内利（Antonelli）虽然立即否认他在听闻普鲁士在克尼格雷茨获胜的消息时曾惊呼“世界末日”（Casca il mondo），但实际上对该事件的评估不会有太大不同。法兰西第二帝国虽然也自诩为天主教势力，但拿破仑三世的政策绝对不能说是如教廷所愿地一向对教会友好。1867年秋季，作为对加里波第最后一次袭击教宗国的回应，法国向罗马派出的少量驻军仅仅是一种象征性的姿态。如果在普法战争中法国战败，教宗国就无法苟延残喘了：对此庇护九世和他的顾问们都没有丝毫怀疑。

在天主教内部，无谬误教条也极具争议：大多数来自德意志和奥地利的主教持反对态度，坚决反对的神学家和普通教徒
被革出教门或自动脱离天主教会。以天主教徒为主的国家，政 827
府的反应最初要比一些新教徒占多数的国家更激烈：奥地利宣布1855年与教宗签订的协定作废；巴伐利亚阻止决定的公告，方法是拒绝必要的审批；在巴伐利亚之前就因教育政策与天主教会闹翻的巴登，否认该教条的法律约束力。相反，普鲁士和北德意志邦联考虑到与法国的战争，采取了克制态度，暂时将此新教条视作教会内部的事。

国家与教会之间最尖锐的冲突发生在意大利，这是普法战争的直接后果：9月中旬意大利军队在卡多纳（Cadorna）将军的率领下进驻教宗国，根据1870年10月9日的公民投票教宗国被并入意大利王国。庇护九世下令进行了象征性的抵抗，但当意大利人于9月20日成功地在城墙的“庇亚门”（Porta Pia）打开缺口后，抵抗就终止了。教宗的对策是：1870年11

月 1 日将所有参与了侵犯圣彼得遗产的人革除教籍。

尽管如此，意大利王国仍旧做出妥协的努力：1871 年 5 月，议会通过了《保障法》（*Garantiegesetze*），意大利王国单方面对国家与教会的关系做出了规定。该法律承认教宗的神圣性、不可侵犯性和主权，并保障梵蒂冈宫和教宗夏季别墅冈多菲堡（Castelgandolfo）享有豁免权。此外，国家放弃对主教的任命权并且不要求他们宣誓效忠。教宗将得到一笔 3225000 里拉的年金，但遭到庇护九世的拒绝。他还坚持其革除教籍的决定，并通过 1874 年颁布的“不参政”（Non expedit）令加深了与意大利王国的矛盾：它禁止忠实的天主教徒参与任何选举。选举禁令直到 1905 年才被放宽，1918 年最终被废除，它以不祥的方式分裂了意大利。天主教自动放弃参选，帮助右派和左派反圣职者成为议会多数派，这种多数不符合多数居民的意志。这样一来，1874 年的命令进一步加深了国家“法律层面”与“现实层面”的鸿沟：这对年轻的意大利国家是一种沉重的历史遗留之不利因素。

828 同一时期，信奉天主教的西班牙也经历了自己的文化之争。1868 年革命后引进的完全的教育自由，1875 年迫于天主教会和保守党安东尼奥·卡诺瓦斯·德尔·卡斯蒂略（Antonio Cánovas del Castillos）政府神职人员的压力，又重新受到很多限制。在 1881~1883 年的自由时代，这类限制法令又被撤回。此后教育的自由度取决于是自由党还是保守党掌权。葡萄牙的文化之争发生在 20 世纪初，最后导致了 1911 年的政教分离，以及两年后教宗大使被驱逐。在信仰天主教的比利时，欧洲自由主义的“模范国家”，1878~1884 年的文化之争主要体现在世俗和天主教学校的优先地位之争上。其结果是 1884 年自由党大选遭到惨重失败，新的天主教政府通过了教育法，形成社区和“自由”（即天主教）学校在新基础上并存的局面。

在莱塔河以西的奥地利存在着——受到教宗尖锐批评的——1868 年《五月法令》(*Maigesetze*)，它们在“文化之争”伊始就前卫地对婚姻、学校和诸教派间关系做出了规定。《五月法令》是卡洛斯·奥尔施佩格伯爵（Graf Carlos Auersperg）领导下的自由派“公民政府”制定的。随后于 1869 年 5 月出台的《帝国国民教育法》(*Reichsvolksschulgesetz*）引进了对各教派一视同仁的八年制义务教育。1870 年夏天终止了前文提到过的与教宗签订的协定。1874 年，在阿道夫·奥尔施佩格侯爵（Fürst Adolf Auersperg）——卡洛斯的弟弟——领导下的、同样为自由派的政府还制定了体现约瑟夫主义精神的法律，用于调节天主教的外部法律地位，规定教会受俸神职财产向教会基金出资的份额和对宗教团体的法律承认。法国晚于奥地利，直到 1879 年后的“机会主义共和国”时期才开始了文化之争。对法国和德意志帝国的文化之争，下面将另行论述。

欧洲的文化之争虽然不是“梵蒂冈”引起的，但它对 1870 年后争斗之惨烈却难逃其责。参与其中的主角一方是自由主义者和与他们合作的、天主教徒占多数或混合教派国家的 829
政府，另一方是天主教教廷、天主教神职人员和忠于天主教的信徒。至于是自由派或世俗一方还是天主教一方挑起了争端，这样提问是没有意义的：1870 年前后，双方的矛盾早已是历史性的，如果自由主义者想继续要自由，民族国家想继续要主权，天主教会想继续忠于教宗的话，两个“阵营”之间的冲突是不可避免的。这种文化之争在一些国家彻底改变了政党体系：天主教组织严密的政党的出现削弱了现有的资产阶级政党，首当其冲的是自由派政党。这也在很大程度上解释了为什么 1870 年后自由主义与政府势力联手反对政治天主教。[15]

## 一个分裂的民族国家：统一后的意大利

天主教与自由主义之间的对立只是意大利的三种分裂之一，这些分裂从意大利民族国家创建起就给这个国家打上了深刻的烙印。另外两种分别是北方和南方之间以及有选举权和无选举权的意大利人之间的对立。首次公开和广泛对“意大利南方”问题进行讨论是在1870年代的后半期。从前的“南方人”，如作家西德尼·索尼诺（Sidney Sonnino）、莱奥波尔多·弗兰凯蒂（Leopoldo Franchetti）和帕斯夸莱·维拉里（Pasquale Villari）等最早指出，南方社会结构的欠发达是几百年封建剥削和粗放经营的农业造成的。20世纪，初焦斯蒂诺·福尔图纳托（Giustino Fortunato）则又进了一步：由于民族国家形成关税同盟，天然贫穷、以农业为主的南方被富庶的工业化北方在一定程度上殖民地化了。

安东尼奥·葛兰西（Antonio Gramsci），训练有素的马克思主义者和意大利共产党创始人之一，在1926年首次提出南方没有进行土地革命是复兴运动的巨大失败。以朱塞佩·加拉西（Giuseppe Galassi）和罗萨里奥·罗密欧（Rosario Romeo）为首所进行的晚近社会史研究与葛兰西的意见相左。

他们指出，恰恰是同情加里波第的小资产阶级一直坚决反对土地革命，而南方的农民则彻底拒绝新的国家。自由派精英必须全然强迫南方接受的民族国家的创立，从这个角度来看，是克服落后状态的先决条件——当然只是一个必要但尚不充分的条件。

与德国做个比较不无裨益：那里没有北方和南方的经济差异，而是西方和东方的。工业化的西部面对的是农业化的东部，西部和南部的庄园制与自耕农经济面对的是东北部的农场领主制，那里少数骑士采邑主雇用了大量农场工人。在意大利掌权的萨伏依王朝代表的是工业发达的北方；霍亨索伦家族的主要产业在易北河以东的农业区，但自 1815 年以来他们也统治着工业发达的德意志西部地区。从那时起普鲁士被迫成为西部与东部之间的平衡力量。国家疏忽落后的东部，这在统一的德国是不可想象的；在统一后的意大利，南部的落后是打着数百年异族（阿拉伯人和拜占庭人、西班牙波旁王朝）压迫的烙印的。

异族统治也是皮埃蒙特－撒丁王国无法和其他王朝结成长期盟友并参与民族国家形成的原因之一。那不勒斯的波旁王朝和中部意大利靠北的哈布斯堡皇朝在民众中从未得到过巴伐利亚的维特尔斯巴赫王朝或萨克森的韦廷王朝所获得的支持。1866 年没有被推翻的王朝，在德意志都参与了民族国家的创建和民族的形成。在意大利创建民族国家的先决条件就是剥夺所有非皮埃蒙特统治者的权力。仅仅出于这个原因，意大利就不可能建立德国那样的联邦制国家，实际上唯一的选择只能是中央集权的解决方案。

1870 年代以来北部和南部的经济剪刀差越来越大。1873 年，维也纳股市崩盘之后引发了全欧经济危机，在意大利和其他欧陆国家一样，对本国工业进行保护的呼声越来越响亮。1878 年的关税率迎合了保护主义者的愿望并令意大利北部的 831
重工业发展受益。几乎仅有农业经济的南方与北部和中部的差距越来越大，原因在于其他国家的保护性关税，自 1880 年代以来也因为从北美进口粮食，后者能够实现有赖于铁路网在美国的扩张和大西洋两岸间的航运发展。意大利南方陷入的经济衰退一直延续到今天。由于在本地找不到工作和充足的食物，无数南部意大利人前往工业化和相对繁荣的北方或移居海外，特别是去美国和阿根廷。1886~1890 年，意大利每年因移民减少的人口约 22 万。

统一战争后北方的经济发展促进了独立的意大利工人运动的产生。直到 1871 年，绝大多数产业工人都站在马志尼一边。但当他们的偶像在新的《罗马人民报》（*La Roma del Popolo*）上尖锐攻击巴黎公社和国际工人协会时，许多人像加里波第一样离开了马志尼并转向国际工人协会。在该协会内部，意大利社会主义者如安德烈亚·科斯塔（Andrea Costa）、恩里科·马勒泰斯塔（Enrico Malatesta）和卡洛·卡菲罗（Carlo Cafiero）的立场更接近无政府主义者巴枯宁派，后者在 1868 年加入国际工人协会，随后与马克思闹翻，1872 年他与自己的追随者被协会开除。与西班牙和瑞士法语地区的支部一样，国际工人协会的意大利支部也有 3 万多成员积极参加了 1873 年 9 月新创建的以巴枯宁为首的反权威主义国际：这种分裂行为也促成一个事实，即第一国际于 1876 年 7 月在费城代表大会上宣布解散。

1874 年 8 月，在前一年维也纳股市崩盘后经济危机的背景下，意大利支部在巴枯宁的参与下尝试在博洛尼亚发动起义，但惨遭失败。无政府主义思想的吸引力依然存在：只要意大利工人得不到选举权，就没有人在议会能代表他们的利益。
832 马克思和恩格斯所要求的无产阶级的严谨的全国性组织，在北部与南部间存在极大差异的情况下难以实现。相反巴枯宁所鼓吹的底层直接行动，看上去是为自己的要求增添力量的合适方式。

只要传统右派党组建政府，就无法指望选举法修正案会向着有利于广大民众的方向发展。1876 年 3 月 18 日，一场“议会革命”结束了右派占优势的局面：迄今多数派中的一部分，在讨论计划中但极具争议的铁路国有化提案时，联合左派投票反对以马尔科·明盖蒂（Marco Minghetti）为首相的政府。新内阁由一位左派政治家阿戈斯蒂诺·德普雷蒂斯（Agostino

Depretis）组建，他曾与加里波第在西西里岛并肩战斗。自从加富尔创建传统右派党起，它的大本营就在北方，左派的根据地则主要在南方。左派内阁不断更换：1876 年后的十年间，它们要么由德普雷蒂斯，要么由比他更左一些的贝尼代托·卡伊罗利（Benedetto Cairoli）领导。在左派的统治下，实现了所谓的“转型”（Trasformismo），这是一种在很多方面与法国 1879 年后“机会主义共和国”类似的“政策变化”。“转型，”用历史学家朱利亚诺·普罗卡奇（Giuliano Procacci）的话来说，“就是确保议会多数的一种实践，方法是或者通过事先与最有名的反对党协商并让他们参政；或者徇私舞弊，包括贿赂不那么有影响力的后座议员。”

属于左派立法成就的包括：1877 年的免费教育法，6 至 9 岁儿童必须接受义务教育，而不是像 1859 年通过的法律那样仅提供两年义务教育；接着是倡议取消农村人口痛恨的谷物消费税，然而直到 1884 年才最终得到贯彻；还有 1881 年最终对选举权进行的改革。当时要求实施平等普选的只有极端主义者，他们聚集在加里波第创建的民主联盟（Lega della democrazia）中。1881 年 6 月 29 日通过的法律规定，选举权要与最低程度的受教育水平和纳税额挂钩。有选举权者的数量从而翻了两番：从 50 万上升到 200 万，或者说从人口的 2% 833
升至 7%。

1882 年底的选举结果显示，改革的受益者是极左派，其中既有资产阶级极端主义者，也包括安德烈亚·科斯塔，他曾是巴枯宁的追随者，现在是意大利首位社会主义者国会议员。1882 年选举权民主化后，第一家意大利工党——Partito Operaio 成立，它拒绝任何意识形态，只要求改善工人的经济和社会状况。在经过一次由卡菲罗和马拉泰斯塔于 1878 年 4 月在佛罗伦萨组织的未遂政变，以及同年 11 月在那不勒斯对登基不久的翁贝托一世（Umberto I.）的不成功暗杀后，无政府主义突然戏剧性地失去了其声誉和吸引力。科斯塔在1879年发誓不搞暴力活动并认同了一项社会改革方案，并承诺以议会为宣传平台。

极端主义者和社会主义者势力的壮大，导致了资产阶级力量中左翼和右翼的接近，德普雷蒂斯和明盖蒂则分别为自己的阵营指出方向。在那些批判打着“转型”旗号混淆党派间的界限者中，最知名的当属1882年去世的加里波第的战友——弗朗切斯科·克里斯皮，他在1848年1月的巴勒莫革命中就起过主导作用。1887年他接任首相一职。从此开启一个时代，其突出特点是：内政方面打击激进主义和社会主义，外交上与德国密切合作。[16]

## 向帝国的敌人宣战：统一后的德国

随着德意志帝国的建立，1848 年的两个要求之一得到了满足：民族统一。通过小德意志解决方案，俾斯麦不仅确立了普鲁士在德国的外在优势地位，而且也巩固了老普鲁士领导层在内政方面的实力地位。与自由派资产阶级的对抗，像不久前 1862~1866 年的宪法冲突，在普鲁士军队于克尼格雷茨和色当 834
获胜后已几乎难以想象。1848 年的另一个要求——政治自由，相反在很大程度上还未得到兑现。民族自由党和进步党所追求的加强议会的权力，直至实现事实上的议会制度，这是俾斯麦无法让步的。如果帝国宰相要依赖国会的信任，那么联邦参议院将失去其相应影响力。无论是普鲁士还是其他各邦国都不愿接受对其权力的这种削减。

1871 年后，军费预算约占帝国总预算的五分之四，且依然是执行机构与立法机构间关系的神经痛点。1871 年，当 1867 年北德议会通过的四年预算到期时，国会同意批准新的临时预算：和平时期常备军力量被定为 401000 人，为期三年。1874 年俾斯麦要求不受时间限制地将常备军数目控制在这个水平上，即所谓永久措施。1867 年后，民族自由党是首相最亲密的盟友和实际上的帝国创建党，若是不放弃其最重要的纲领之一——彻底实现国会预算授权法，他们是不能接受这样的要求的。俾斯麦让支持他的媒体大肆渲染法国的复仇情绪和巴黎的军备政策，最终他与民族自由党领袖鲁道夫·冯·本尼西森达成妥协：七年临时军事预算，即七年期。由于到 1888 年立法周期历时三年（此后历时五年），这项规定意味着，只有每两届国会才有一次彻底行使预算权的机会。

1871 年后，民族自由党致力于让统一来促进自由。1871 年 3 月第一次议会选举中，他们以 23.3% 的份额领先于 12.2%

的保守党和不足 9% 的进步党成为最强大的政党。他们与大本营在南德的短命帝国自由党（Liberale Reichspartei）以及自由保守党（Freikonservative Partei）一起，在国会中拥有微
835 弱多数。这些议会党团提出的多数法案带有格外明显的民族自由色彩：1871~1875 年的帝国货币及硬币统一法，以及普鲁士 1872 年通过的有关辖区制度（Kreisordnung）改革的法律，该法废除了领主的警察治安权，使区行政长官职位与政府律师资格挂钩，从而为司法的新分支——行政诉讼管辖打下了基础。

后果最严重的要数民族自由党联手俾斯麦在文化斗争中出台的法律。民族自由党是天主教世俗权力从而也是政治天主教的天然对手：他们之所以如此决绝地进行这场文化斗争，是因为日益强大的天主教群众运动质疑了自由主义想代表整个社会的要求。如果 1870 年 12 月成立的天主教德国中央党（Deutsche Zentrumspartei）夺走了迄今民族自由党的选民，那处于危险之中的就不仅仅是民族自由党作为最强大政党的地位。此外人们还得估计到，有朝一日保守党和天主教徒会形成反对自由党人的多数：这样一种格局对民族自由党，也包括进步党来说不啻于一场政治灾难。

文化斗争的背后却不仅仅是政党策略方面的考虑。对信仰新教的德意志大部分地区而言，在普鲁士领导下的帝国的创建意味着新教战胜了天主教，从而也标志着宗教改革在政治上的完成。新教的文化霸权应该是对普鲁士政治霸权的补充和巩固：这是民族自由党和自由保守党在民族构建理念方面的精髓。几个世纪以来所存在的文化民族是大德意志的，根据民意它包括整个德语区。在奥地利逐渐脱离德意志后，现在从大德意志文化民族中发展出一个小德意志国家民族。民族自由党和自由保守党，也包括进步党和保守党的许多支持者想赋予它的新教轮廓，从一开始就与一种排除有关：天主教徒如果想被承

认为好的德意志人，必须可信地表达出他们对德意志民族国家 836
的忠诚要远远超过对跨国的罗马教会的忠诚。此外，他们在承认普鲁士之政治优先地位的同时，也要承认新教的文化优先地位。从自由和新教的角度看，文化斗争是民族构建之必不可少的组成部分，甚至是1871年德意志帝国民族意识的基石。

按照俾斯麦的理解，文化斗争事关德意志帝国的国家利益。1871年7月，在他的坚持下，普鲁士文化部中的“天主教处”被撤销，他怀疑天主教神职人员通过该处支持在波兹南和西普鲁士的波兰民族运动。从谴责天主教会支持波兰之事，到断言中央党与其他“帝国敌人”如韦尔夫家族派、丹麦人、阿尔萨斯和洛林人勾结，从而成为“帝国的敌人”，只是一步之遥。对一些著名的天主教徒的建议——德意志应该为恢复教宗国出力，也就是说与意大利决裂——俾斯麦极为愤慨。中央党致力于把基本权利，具体包括信仰和宗教自由写进帝国宪法，俾斯麦认为这侵犯了各邦国的文化主权。帝国宰相也乐得看到：在1871年帝国初创的几年中民族自由党将全部好斗精力集中在与天主教会的冲突上，而不是热衷于帝国的议会化。

第一个文化斗争法案是1871年12月的《布道条规》（*Kanzelparagraph*），它源自巴伐利亚的一项举措。新刑法规定禁止神职人员在布道时以妨碍公共和平的方式妄议国家事务。接着于1872年3月颁布了《普鲁士学校监督法》（*Das preußische Schulaufsichtsgesetz*），取消了教会对地方和学校的巡视权，并于7月出台了《耶稣会法》（*Das Jesuitengesetz*），禁止耶稣会在德意志帝国境内设立任何分支机构，而且该会成员的居住权受到限制。此前发生过“老天主教徒”（他们因教宗永无谬误的教条与天主教会分道扬镳）和1863年成立的好斗的自由派德意志新教协会之反耶稣会宣传活动。只有少数坚定的自由派人士如路德维希·班贝格尔和

837 爱德华·拉斯克投票反对《耶稣会法》，因为它明显违背了自由的基本原则。

接下来的斗争措施是1873年颁布的普鲁士《五月法令》（*Maigesetze*），其中最重要的内容为：国家拒绝录用没有德国文理中学毕业文凭和没有通过哲学、历史和德国文学各领域的“国家文化考试”之神职人员。同年普鲁士、1875年起在帝国全境强制实施民事婚姻法，从此结婚证明不再由教会出具，而是由新创建的户籍登记处来注册个人信息，即出生、结婚和死亡。最大限度突破法治国家原则的是1874年和1875年与文化斗争相关的法案：1874年5月国会通过了《放逐法》（*Expatriierungsgesetz*），允许各邦国政府限制神职人员逗留在特定地点，开除其国籍以及将其驱逐出帝国。同月，普鲁士一项法案授权文化大臣，对因国家干预而空置的主教管区进行代理管理。为了摧毁对手生存的物质基础，1875年4月普鲁士用《面包篮法》（*Brotkorbgesetz*）停止国家对天主教会的一切补贴。5月，普鲁士在《寺院法》（*Klostergesetz*）的基础上解散所有教团的分支机构，只要这些机构不是专门用于护理病人的。1875年6月取消普鲁士宪法中的宗教条款可被视作最后一着棋：政府和议会不情愿地承认，文化斗争的法案至少部分地与宪法相悖。

从法治国家角度看，文化斗争法案中唯一无害的是有关民事婚姻的。它符合对现代国家世界观中立的要求，消灭了不合时宜的教会特权并且今天依然适用。所有其他法案都在不同程度上带有狭隘、压制和歧视色彩。真正意义上的文化斗争主力军民族自由党认为，他们反对天主教会和政治天主教的斗争是在为历史进步的事业服务。然而，他们联合国家权力在这场斗争中所使用的手段，却动摇了自由主义的可信度。

838 文化斗争法案的效果与俾斯麦和其支持者的预期有很大不

同。1870 年代中期虽然确实有许多天主教神父住宅空置，普鲁士的主教们大多被关押、废黜或驱逐，但是，这不意味着政府与议会多数取得了成功。信徒们忠实追随受迫害的神职人员，越来越多的信徒转向天主教中央党，该党在 1874 年的国会选举中（帝国新领地阿尔萨斯和洛林的男性居民首次参加）获得的选票比 1871 年翻了一番。不过天主教政党在城市和农村下层阶级中得到的支持远远超过了在受过教育的有产阶级那里，后者在许多地方继续为自由党候选人投票。

天主教内部的社会分化因神职人员刻意维护民众的虔诚而进一步深化，对此妇女比男性更容易接受，而受过教育者则更为排斥。因此，文化斗争令天主教的反智特征更为明显，新教徒和天主教徒之间的思想差距进一步深化。即使 1880 年代出现缓和，大多数文化斗争法案被撤销，但国家和自由主义通过排斥和压迫给天主教徒造成的伤害却继续存在：称他们对民族来说不可靠和是帝国的敌人，这留下了永久的伤痕。反天主教的偏见要比 1870 年代前半期的反天主教法令坚固得多。

忠于教会的天主教徒并不是新创建的帝国中唯一遭到群体性怀疑的德国人。帝国建立后的第一个十年，德国经历了一种新型的反犹主义，与以前所表达出的对犹太人的憎恨有所不同。传统的反犹太教主要把犹太人看作“弑神者”，指责他们把基督钉上了十字架。他们拒绝改信基督教，被认为是恶意固执的一种表现。1870 年代——不仅在德国——一股从经济上反对犹太人的观念占了上风：犹太人不光“放高利贷”，而且越来越多地被严厉谴责为国际股票市场的投机者。这种宣传的起因是 1873 年 5 月 9 日维也纳证券交易所的崩盘：“大崩溃”就 839
像一场地震，震撼了整个欧洲和全世界。

股市崩溃的影响在德国格外强。法国 50 亿法郎的战争赔款刺激了经济繁荣，导致了许多股份公司、股份制银行，以及铁路、建筑和褐煤企业的创立。1873 年夏天显露出它们多为投机性的企业，建立在高度不健全的财政基础上。公司和银行的破产让平均股价大跌，1874 年底的平均股价略微超过 1872 年底行情的一半。但行情下跌的最低点直到 1878/1879 年才出现。1871 年后的经济繁荣现在看来不过是“创始人的骗局”；危机的后果是维也纳股市的崩溃，同时代人已经将其视为“大萧条”。

德裔美国历史学家汉斯·罗森贝格（Hans Rosenberg）在谈到 1873 年后的社会心理变化时，曾称“意识状态和反应方式发生了很大程度的氛围突变”，这给直到 1896 年前后新经济好转开端的那段时间打上了烙印。根据罗森堡的观点，“大萧条”实际上只是一个经济增长变缓的时期，其特点是，“一种主要忧心忡忡、悲观和倾向于不断抱怨的经济氛围；普遍的对社会的不满与动荡的升级；意识形态活跃度和攻击性增加；随着国民实际收入增长变得更加困难，出现不可避免的、经常以政治手段引发的对分配的热议”。

经济下滑的责任在欧洲被绝大多数公众算在了自由党人头上，因为他们通过“自由放任主义”政策让贸易和商业走进了死胡同。如果人们相信这种煽动的话，站在自由主义背后的是国际股市资本，它们由犹太人控制着。非常适合反犹太人的煽动画面的是：作为股市崩盘后果中最具戏剧性的破产当数“铁路之王”贝特尔·亨利·斯特鲁斯贝格（Bethel Henry Strousberg）的破产。斯特鲁斯贝格是出生于东普鲁士的犹太
840 人，年轻时皈依了基督教。其影响力不仅归功于他的财力，也归功于他与普鲁士贵族和高官们的密切关系。斯特鲁斯贝格投机失败，受害者除了其赞助人还有无数小股东。斯特鲁斯贝格不是自由派人士，他在北德议会中属于保守派。相反，一位自由派犹太人，国会议员爱德华·拉斯克，于 1872 年 2 月 7 日

在普鲁士议会揭露了“斯特鲁斯贝格体系”。犹太人的敌人并不因此就改变自己的看法：犹太教、股市资本和自由主义对他们来说日益成为一个不可分割的整体。

随着1873年的经济危机，从1859年前后自由运动兴起时开始的总体上对犹太人友好的时代结束了。无论民族自由党觉得自己如何具有民族性，对反犹者来说他们仍旧是由犹太人控制的国际股市资本的帮凶。1875年中，保守的《十字报》（*Kreuz-Zeitung*）开始发表所谓的“时代文章”：在这场政治宣传运动期间受到攻击的不仅是犹太人和一般的自由党人，也包括俾斯麦的银行家格尔森·布莱希罗德（Gerson Bleichröder）——普鲁士1866年战争时的秘密国家资金提供者，甚至还有帝国宰相本人。同一时间，天主教中央党最重要的杂志《日耳曼尼亚》（*Germania*）和《天主教德国历史政治论丛》中也出现了反犹文章。教会对这类攻击的肯定源源不断：在评估文化斗争时，美因茨主教威廉·冯·克特勒（Wilhelm von Ketteler）称其为“共济会—犹太人—自由党”针对天主教会的阴谋。

1870年代，旧的宗教反犹主义并未销声匿迹。相反，它融入“现代反犹主义”，其“现代性”仅表现在它反对的是现代化、解放了的犹太教，而且反对的方式是使用纯粹世俗的口号。“反犹主义”一词于1879年秋首次出现在作家威廉·马尔（Wilhelm Marr）的圈子里。马尔和与他志同道合的朋友把犹太人描绘成一种现代性的代理人，不同社会群体都感受到了他们的威胁。在被广泛阅读的《凉亭》（*Gartenlaube*）杂志中，政治评论家奥托·格拉高（Otto Glagau）将犹太人作为非生产型、“掠夺 841
性”资本的代表与基督徒的“创造性”资本进行了对比，并称社会问题本质上是创业者和犹太人问题。柏林初级法院顾问卡尔·维尔曼斯（Carl Wilmanns）在一篇写于1876年的文章中谴责犹太银行家是一个“金色国际”的成员，这使人们更容易怀疑他们缺乏民族可靠性，并把他们与卡尔·马克思周围同样具有犹太色彩的“红色国际”联系在一起。

至于一个犹太人受洗与否，这对“现代反犹主义”并不重要。犹太精神从这个角度看是一种不可改变的自然事实。反犹太主义的世俗化给这种敌对带来了科学和客观性特点，从而让它看起来具有“现代性”。1870年代的反犹太人运动并不是抗议帝国创立本身，而是反对一切帝国创建过程中与自由主义有关联的东西。

人们很容易在各阶层中调动起反自由主义和犹太精神的情绪，这些人都感受到不断工业化所带来的威胁：他们是农民、手工业者和小商人。但在较高的社会阶层中也能找到反犹主义的支持者和追随者。柏林的宫廷和主教教堂布道者阿道夫·施特克尔（Adolf Stoecker）1879年虽然与种族仇恨划清了界限，但其对“现代犹太教”的攻击却获得了广泛支持，他说犹太人越来越主导媒体和政治，对德国人的生活构成了很大的威胁。同年，受人敬重的历史学家海因里希·冯·特赖奇克发表在《普鲁士年鉴》上的一篇文章引起了极大的轰动，他在其中警告来自波兰的犹太移民之后果并称反犹运动“深入且强大”：“直至受教育程度最高的圈子，这类男人平常会断然拒绝任何宗教上的不宽容或是民族傲慢，如今他们却众口一词：犹太人是我们的不幸。”

特赖奇克试图避免得出他认为是错误的结论：撤销对犹太人的解放，甚至哪怕只是减少这种解放都将是“明显的错误”。而对“犹太裔公民”的要求只能是：让他们成为德国人和让他们感到自
842 己是德国人。但他的文章撕裂了一道大坝：反犹主义越来越渗透到自由中产阶级之中，在大学生中赢得广泛追随者。反犹主义的社会兴起是伴随着犹太人的社会崛起出现的：学者中反犹人数的增加与

犹太学者数量的增加呈正比。

奋起反对特赖奇克、施特克尔的观点和其他反犹言论的不仅仅是自由派犹太人。皇太子腓特烈在1879~1881年就曾对此一再表示自己的愤慨。1879年11月，自由派知名人士在柏林市长和前任国会议长马克斯·冯·福肯贝克（Max von Forckenbeck）带领下，反对种族仇恨、不容忍和狂热主义。对特赖奇克进行了最尖锐批评的是著名古代史学家特奥多尔·蒙森，他和特赖奇克一样是柏林大学教授。特赖奇克为诸如犹太人是“二等公民”等言论的出笼打下了基础，从而鼓吹了内战，蒙森写到。“这场多数人反对少数人的内战，哪怕仅仅作为一种可能性，就是一场民族灾难。”

以股市崩盘和经济危机为征兆，反犹主义不仅在德国广泛流行，而且在奥地利、匈牙利和法国，反犹者在1880年代势头很旺，同一时期反犹暴乱在俄国也日益增多。但在“现代反犹主义”方面德国扮演了急先锋角色。德国的反犹主义者接受了各种适合他们概念的论据：从查尔斯·达尔文和赫伯特·斯宾塞的生存竞争学说（物竞天择，适者生存），到约瑟夫·阿瑟·德戈比诺伯爵——托克维尔的前秘书——的人种不平等以及“雅利安”种族优越的理论。对犹太人的盲目仇恨不需要理智的理由。但“喧嚣闹剧类反犹主义”现在已不再是最危险的反犹主义形式。对于犹太人和政治文化更具威胁的是“文雅的”反犹主义，它不想用野蛮暴力来解决“犹太人问题”，而是通过政治手段，正是为此必须提供表面上科学的理由。

无论自由派的抗议想达到什么目的，犹太人的敌人对
此根本不买账。1880年底，实证主义通俗哲学家欧根·杜 843
林（Eugen Dühring）在其著作《犹太问题作为种族、道德和文化问题》（*Die Judenfrage als Rassen, Sitten und Kulturfrage*）中呼吁各民族起来反抗“犹太化的弊病”和

“犹太人的统治”。他称犹太人为“内部迦太基，现代各民族必须推翻其统治，以避免自己的道德与物质基础被其摧毁”。七年之后，受人尊敬的东方学家保罗·德·拉加德（Paul de Lagarde）——原名为保罗·安东·伯蒂歇尔（Paul Anton Bötticher）——称犹太人是“增生性害虫”，应该将其踩死。“与旋毛虫和杆菌没什么好商量的。对旋毛虫和杆菌也没法进行教育，对它们只能尽量迅速、彻底地予以消灭。”

被消灭是犹太人的最后命运：对坚定反犹主义者来说，这个结论出自他们的信念，这个世界上没有犹太人的位置，因为他们四海为家，所以他们无处是家。从这个角度看，他们要么不是一个民族，要么他们是生活在其他民族中的民族，总之是一种异物。最迟在1871年随着民族国家的建立，德国人把自己的“世界主义”抛在了脑后。相反，大多数德国人认为，犹太人不愿意或不能够这么做。

隐藏在德式“现代反犹主义”背后的是许多德国人在自己民族身份认同方面的深层不确定性。在对外征服了法国这个“宿敌”后，他们开始对内搜索“宿敌”，这个宿敌应能帮助回答这个问题：什么是德国的和什么不是德国的。反对教宗至上主义的“天主教徒”的文化斗争不是很成功；它导致了民族的分裂，而不是令它团结。“国际犹太人”更适合扮演内部敌人的角色，因为他们与所有让德国人感受到威胁的东西都有关联：国际股票资本和国际社会主义。新教徒和天主教徒，有信仰和无信仰的基督徒在这一点上是意见一致的。正因为如此，从长远来看反犹主义在德国的政治文化中比反天主教拥有更广更深的效果。

1870年代后半期自由主义处于守势，然而这不仅是，而且主
844 要不是由于反犹主义的煽动宣传。更重要的是俾斯麦侯爵（他因建国功勋被授予此爵位）自1875年以来在准备内政变革。因此，宰

相试图让最大政党民族自由党的领袖与自己的关系比以前更加密切：他提出要让鲁道夫·冯·本尼西森出任普鲁士政府的首相，同时接手帝国宰相府国务秘书一职。由于帝国宪法第 9 条规定，任何人不得同时兼任联邦参议院和帝国议会的成员，本尼西森在这种情况下必须辞去议员职务，这意味着他在政治上可能遭到被孤立和架空的结果。为了规避这种风险，本尼西森建议俾斯麦让另外两位民族自由党主要领军人物——当时的布雷斯劳市长，后来的柏林市长马克斯·冯·福肯贝克和巴伐利亚－施瓦本地主弗兰茨·申克·冯·施陶芬贝格（Franz Schenk von Stauffenberg）担任政府职务，他们二人都属于党内的左翼。帝国宰相若是同意了这一请求，那他就是向议会君主制迈进了一大步：俾斯麦是不可能容忍这种发展的。“本尼西森成为首相候选人”的事就这样搁浅了。

民族自由党在 1870 年代前半期总体来说一直是俾斯麦的忠实盟友。1875 年帝国宰相决定改弦易辙：从自由贸易转型到保护主义，从而背离经济自由主义。俾斯麦并非坚定的保护主义者，他这样做主要是财政上的权宜之计。迄今帝国的收入主要来源于各邦国的分摊款项（Matrikularbeiträge），因此帝国靠各邦国供养。保护性关税和国家垄断，如烟草和帝国间接对啤酒、烧酒和咖啡抽税，以及提高烟草税会消除或至少减轻这种依赖，让帝国财政获得更坚实的基础。但占议会多数的民族自由党原则上拒绝国家垄断和关税保护，新的帝国税他们只在一个先决条件下同意，即帝国议会对收入的一部分获得年度批准权，如同它对分摊款项的数目拥有批准权一样。

俾斯麦因此无法指望把全部民族自由党争取到自己一 845
边。“首相候选人”一事还关乎分裂一个党以及构成新的议会多数。除了民族自由党右翼，新的多数还可能包括自由保守党和保守党人，后者自 1876 年更名为“德意志保守党”（Deutschkonservative Partei）开始，转变为一个“全国性的”政党。天主教中央党也有可能成为合作伙伴：自1874年以来它是德国最大的政党，尽管不是最大的议会党团，它和保守党一样反对经济自由主义。这两个党尤其致力于限制营业自由，以便保护独立手工匠人的利益。与中央党合作在1870年代末之所以能够想象，还有一个原因：1878年2月庇护九世逝世后，推行“现实政治”的红衣主教佩西（Pecci）接替他成为教宗利奥十三世（Leo XIII.）。德意志帝国与天主教会之间化干戈为玉帛的前景前所未有的好。

至于引进保护性关税，其最坚决的议会支持者出自自由保守党和民族自由党右翼，最有力的支持来自莱茵－威斯特法伦的钢铁工业和德国南部的棉花产业。从1873年的经济危机开始，这两个行业感到受英国竞争的威胁比以往任何时候都大。因此他们在1876年2月建立第一个德国企业伞式组织——德国工业家总会（Centralverband Deutscher Industrieller）时也起了主导作用，该组织公开赞同设立保护性关税。同年（1876年），易北河以东出口粮食的骑士庄园主们组建了税收和经济改革者协会（Vereinigung der Steuer-und Wirtschaftsreformer），此时他们还没有要求终止自由贸易。但可预见的是，一旦从北美和俄国进口的廉价粮食令市场关系出现对德国东部农业经济状况不利的情况，他们将改变态度。

1878年初，俾斯麦与民族自由党的关系几乎戏剧性地恶
846 化了。帝国宰相在2月份向议会提交了提高烟草税的提案，民族自由党为他们的同意提出的代价是宰相不愿付出的：为国会和普鲁士众议院的预算法提供法律保障。当俾斯麦于2月22日又在国会宣称，增加烟草税对他来说不过是实现既定目标——烟草垄断的一步时，任何妥协都成为泡影。不久后，最后两位堪称“部门自由主义”代表的普鲁士大臣辞职，他们

是贸易大臣冯·阿亨巴赫（von Achenbach）和财政大臣冯·坎普豪森（von Camphausen）。俾斯麦与自由主义者之间的公开决裂只是一个时间问题。

当1878年春末在短时间内相继两次出现彻底改变德国政治版图的事件时，国内的局势已经处于紧张状态。5月11日，白铁工学徒马克斯·霍德尔（Max Hödel）在柏林菩提树大街向81岁的皇帝开枪，但没有命中。6月2日在离第一次犯罪现场很近的地方，威廉一世遭到国民经济学家卡尔·爱德华·诺比林（Karl Eduard Nobiling）博士枪击，受重伤。霍德尔曾是社会主义工人党［1875年5月在哥达成立，由此前独立的德意志社会民主工党和拉萨尔派（全德意志工人联合会）合并而成］成员，但因骗取党产资金被开除。无法证明诺比林与社会主义有任何关系。然而俾斯麦并不在意是否有法律上令人信服的证据证实社会民主党是暗杀的幕后推手。其决心已定：他想利用暗杀事件与社会主义，并同时与自由主义算总账。

第一次暗杀事件后，宰相就向国会提出了《社会党人法》（*Sozialistengesetz*）[①]，虽然没有明令禁止该党，但规划了禁止社会民主党组建各种协会、集会与印刷宣传品的可能性。大多数议员，包括绝大多数民族自由党议员投票反对该提案。第二次暗杀活动后俾斯麦于6月11日解散了1877年1月选出的国会。在随后的竞选活动中，亲政府的报纸《前线》（*Front*）攻
击民族自由党，指责他们因不同意《社会党人法》而成了诺比 847
林博士暗杀行为的道德同谋。保守的《十字报》甚至称社会主义是自由主义之坚定不移的进一步发展，说自由党为难以阻挡的“犹太化”推波助澜。对保守和民族本能的呼吁获得成功。

① 即《反社会党人法》。

1878年7月30日国会选举的结果是：德意志保守党和自由保守党的势力得到了加强，民族自由党、进步党和社会民主党的势力变弱，中央党维持原状。

在失去以前128个议席中的29个后，民族自由党转而开始支持俾斯麦的路线。以本尼西森为首的多数准备大体上同意《反对社会民主党进行普遍危害活动法》(*Gesetz gegen die gemeingefährlichen Bestrebungen der Sozialdemokratie*)的政府提案。以爱德华·拉斯克为首的左翼少数起初想坚持拒绝这项违反法治国原则的紧急状态法。然而，在推动了一些缓解措施并将法律时效限制在两年内之后，他们决定还是投赞成票。1878年10月18日，国会以221票赞成、149票反对的结果通过了该提案。否定票主要来自中央党、进步党和社会民主党。

《社会党人法》禁止社会民主党组建各种协会、集会与印刷宣传品，以及驱逐社会民主党的煽动者。此外，它也提供了在“受到威胁”的地区进行为期一年的“小戒严”的可能性。1878年10月18日通过的法案是一种特别法令，它针对的是某些信念，绝不是仅仅针对清晰定义的各种行为。因此它是违反自由主义所理解的法治国基本原则的。民族自由党同意《社会党人法》是德国自由主义历史中的一个转折点：“创建了帝国的党”至少部分地向俾斯麦和由他代表的国家权力缴械投降。

该法直到1890年一再得到延长，它给德国的社会民主党和他们的支持者带来了苦难和迫害。在戒严区域有900多人遭到驱逐，约1500人被判监禁，他们失去自由的时间加起来约
848 为1000年。然而，俾斯麦并未能成功地摧毁社会民主党。帝国宰相甚至不情愿地推动了工人运动文化的传播：体育协会和合唱团以及自愿的互助储蓄社取代了被禁的各类组织。另一个

意外效果是社会民主党的“议会化”：由于参与选举，在人民代表机构中对此进行鼓动和做报告不被禁止，党的领导权从政党领袖手中转移到国会的议会党团手中。

持续十二年之久的对社会主义工人党成员的迫害，产生了持久的影响。他们形成了一种生活在政治隔坨区（Ghetto）的意识，这种经历促使社会主义成为一种世俗的救赎宗教。从马克思和恩格斯的学说中，社会民主主义工人通常只接受那些有助于他们通过对幸福未来的信仰来对抗令人窒息的当下的部分。社会民主主义“人民马克思主义”在1878年后占了上风，这是一种决定论世界观，基于以下信念：历史进程之自然必然性决定了社会主义要取代资本主义。为了消灭阶级社会、阶级国家和阶级司法，实现无阶级社会，无产阶级必须进行其阶级斗争：这是目标，其他一切都得服从这一目标。

俾斯麦在1870年代末就已明白，禁令和压迫不足以有效打击社会民主党。他考虑社会政策方面的举措，以便满足工人的各种合理要求，甚至可能把社会主义运动引入理性轨道。这方面也需要与“曼彻斯特自由主义”学派的“自由放任”决裂。但首先必须通过关税和间接税持续地改善帝国的财务状况，自1878年7月选举后，这一打算得到议会多数支持的可能性比从前大了很多。

1878年秋在德国工业家总会的鼓动下，议会议员中赞成关税保护者联合成立了跨议会党团的“国民经济联合会”（Volkswirtschaftlichen Vereinigung）。所有397名议员中的204位参加了这个联合会，除了德意志保守党和自由保守党，还包括大多数中央党以及27名民族自由党成员。他们的 849
共同目标是为铁和纺织品设立关税。保守党中现在也有人支持收取高额谷物税，这正合俾斯麦的意。但1879年3月帝国宰相在联邦参议院并未能如愿以偿：铁和纺织品的关税虽然以他所期望的高度得到通过，但谷物税的税率却被显著降低。

为了替原始提案赢得多数，只剩下一个办法：将关税问题与财政改革一并解决。对这种一揽子计划感兴趣的首先是中央党，作为一个在联邦范围内运作的党，它想获得各邦国上缴的分摊款项，而且作为制宪党它想在议会中保住预算权。一项由巴伐利亚中央党议员格奥尔格·冯·弗兰肯施泰因（Georg von Franckenstein）提出的申请提供了一条出路，联邦参议院和国会的多数均认可了这种解决办法：根据“弗兰肯施泰因条款”，关税和烟草税年收入要限制在1.3亿马克之内。一切超出这一数字的收入必须转交各邦国。由于这无法满足帝国的财政需求，分摊款项继续保留。分摊款项来自此前帝国转交各邦国的资金，盈余部分由后者留存，这样后者也能从关税和增加的烟草税中得到好处。国会仍旧有权与联邦参议院一起决定每年分摊款项的额度，因此它保住了自己的预算权。

凭借对这项建议的支持，俾斯麦同时保障了通过中央党得到较高的农业税。1879年7月12日，国会通过了保护性关税和提高烟草税的法案，投票赞成的有两个保守党（德意志保守党、自由保守党）和中央党的全部议员，以及16名民族自由党议员。这次投票结束了俾斯麦与民族自由党之间历时十二载的合作。帝国宰相决定选择一种新的党派格局，这里面虽然可以有民族自由党中极右翼力量的活动空间，但绝无其左翼的地盘。16位民族自由党的关税保护主义者在投票的当天就从结
850 果中知道自己成为少数这一事实：他们离开了民族自由党。两位编辑出版《普鲁士年鉴》的议员——海因里希·冯·特赖奇克和威廉·韦伦普芬尼希（Wilhelm Wehrenpfennig）在前一天就与该党分道扬镳了。

对经济自由主义的背离在经济和社会方面也标志着一种转折。通过切断国际竞争的可能性，易北河以东的骑士庄园主

过着特权生活（为此付出代价的是消费者），而且他们继续对政治和社会施加着影响。在工业界内部，保护性关税增加的是传统的、从长远看不那么有扩张能力的产业部门的权重，这不利于新的有增长潜力的部门，如电气、化学和机械制造行业。“庄园”与“高炉”之间的联盟演变成德国政治的一个保守轴心。地主和重工业首次联手对付自由主义、民主主义和社会主义。虽然这种联盟此后常常因内部矛盾而遭到质疑，但只要共同对手让共同抵抗显得有必要，双方总是一再携手。

从自由贸易到保护性关税的转变构成了同时代人所谓的“内部建国”（innere Reichsgründung）的物质基础。经济政策的转变伴随着德意志民族主义的演变。自由贸易的反对者提出的口号是“保护本国劳工”，这样他们就同时有了民族与社会论据：德国应为了不难理解的自我利益，抵制外国廉价商品的竞争，保护国内宝贵的工作岗位。1871 年帝国创立前自称的“民族主义”者，均是反封建和反地方主义的，努力争取公民解放。1870 年代，一些远离民族统一运动，甚至打压过它的团体也开始使用民族主义修辞术：特别是普鲁士保守党人，他们挪用这类民族主义字眼，意在为自己在厌倦了内斗的农民、工匠和商人中争取到更多的选民。

“民族的”现在意味着越来越反国际的，往往也已经是反犹
主义的；它意味着反对国际银行资本和国际社会主义——按照反 851
犹主义者的观点这两件事都由犹太人操纵。这样，自由和民主之友的口号就变成了右派用来打击所有被他们认定为缺乏“民族”情怀并从而没有反抗精神的人的口号。1870 年代民族主义的变化主要体现在它对国内政策的影响、其社会功能和支持者阶层上。在其他方面，帝国成立后的头十年对德意志民族意识的历史没有产生深刻影响。对民族的准宗教式的推崇，对其完全忠诚的要求，以及与其他民族划清界限的积极性，这一切

早在 19 世纪初就由早期德意志民族主义者费希特、雅恩和阿恩特宣扬过。新的“帝国民族主义”（Reichsnationalismus）能够秉承这一传统。

民族主义在 19 世纪最后三分之一时间段的转变，正如我们将会看到的，不仅仅是出现在德国的现象。向经济保护主义转向的情况也是如此。1876~1881 年间，俄国、意大利和法国像德国一样，完成了对贸易政策的修正；美国则在 1864 年就走了这步棋。德国特色是“封建”阶级从经济民族主义中获益：保护性关税保留了一个比资产阶级更接近政治权力的贵族统治阶级。民族主义修辞术帮助他们，让一个完全自利的政策看上去似乎有益于公共利益。同时代人对德意志民族主义的演变的描述没有比 1888 年路德维希·班贝格尔的描述更为言简意赅的了：“民族大旗在普鲁士极端派和萨克森行会分子手中成了关于其昔日内涵的讽刺漫画，而这仅仅是因为被战胜的对手穿上了胜利者脱下的服装，他们按照自己的形状对服装进行了翻新、染色和修剪，以便作为民族运动的继承人骄傲地大步前行。”

与爱德华·拉斯克一样，班贝格尔属于那类为了推进统一和自由的事业，在 1866 年与俾斯麦结成联盟的自由派犹太人。
852 1880 年他们跟帝国宰相和民族自由党决裂。拉斯克率先于 3 月退出民族自由党议会党团，8 月底其他 27 名议员也宣布退出，其中包括班贝格尔、福肯贝克、蒙森和施陶芬贝格，这些人新成立一个“自由联盟”（Liberale Vereinigung）团体。（以班贝格尔的一本小册子的标题命名的）“分离派”称迈出这一步是由于帝国宰相在 1870 年代后半期的“倒行逆施”，当然也与 1880 年开始的、由本尼西森促成的 1873 年 5 月《普鲁士文化斗争法》（*Kulturkampfgesetze*）的缓和有关。民族自由党的领导似乎认可了俾斯麦的政策：为了防止保守党和教会联合形成多数，他们致力于促成自由党—保守党多数。在关税保护主义者和分离派退出后，站在本尼西森一边的仅剩 45 名议员，1878 年 7 月民族自由党当选的议员本为 99 人。帝国创立九年后，德国自由主义呈现出前所未有的争执和分裂局面。[17]

## 联盟的梦魇：俾斯麦的欧洲

在外交政策方面，1871 年后欧洲的权力结构似乎暂时得以明晰。仍然有五大强国，但在其形成的“整体”中彼此的平衡关系发生了变化。德意志帝国取代了普鲁士，其权重远远超过普鲁士或北德意志邦联；法国持续式微；英国在欧陆的影响力因德意志帝国的出现而减弱。这在较小的程度上同样适用于俄国和奥匈帝国。在 1873 年 10 月的《三皇协议》(*Drei-Kaiser-Abkommen*)中，两个东部大国与德国商定，就涉及所有共同关心的问题相互磋商。这样的契约离一个牢固的同盟还差得很远。

对欧洲而言，这在很大程度上取决于德国在实现国家统一之后是否感到“满足”以及法国是否会接受自己的失败。倘若德国没有吞并阿尔萨斯和大部分洛林地区（这让几乎所有法
853 国人认为明显不公平），后者就会容易得多。重新赢得这些失去的地区的愿望比所有其他要求都令法国人万众一心。甘必大 1872 年 9 月 22 日在尚贝里（Chambéry）的一次演讲中用一句经典的话表达了这一心愿：“让我们永远记住我们要做的事，但绝不去谈论它！”另一个目标很快就实现了：在法国提前付清战争赔款后，德国军队于 1873 年 9 月撤离了被他们占领的法国领土。

两年后，欧洲似乎又处于一场新的德法战争边缘。1875 年 3 月，法国国民议会通过了一项干部法案，旨在加强国家的军事战斗力。俾斯麦的反应异常紧张，因为法国教会方面一直在煽动夺回阿尔萨斯和洛林，而且麦克马洪元帅出任总统一职早就令他不安了。4 月 8 日，亲政府的《邮报》(*Post*)发表了一篇文章，题为《战争迫在眉睫了吗？》。那时候帝国宰相并没有想以一场预防性战争来抵御假想的危险，他只是想看看

如果德国坚持要法国撤回该法案并确实以战争相威胁，欧洲将如何反应。测试的结果对德国是不利的：英国和俄国站在受到威胁的法国一边。俾斯麦不得不意识到，他的“战争危机”游戏玩过了头。他开始在外交上退却，随后一再强调，帝国没有任何领土要求，期望保持和平。欧洲仅仅还能容忍德国1871年获得的一半霸权，任何追求全部霸权之企图必然招来一场大战的危险。

1875年同年，新一轮东方危机开始。1875年夏波斯尼亚和黑塞哥维那，1876年春罗马尼亚相继发生反对土耳其统治的起义。塞尔维亚和黑山（Montenegro）以此为契机，于1876年初夏向奥斯曼帝国宣战，到那时为止奥斯曼帝国仍旧拥有对这两个独立侯国的宗主权。在不断增强的、得到沙皇宫廷支持的泛斯拉夫主义的鼓动下，俄国志愿者赶来为战斗中的 854
塞尔维亚提供帮助。在无数次集会上，呼吁俄国控制海峡和君士坦丁堡的呼声越来越高。当土耳其非正规军屠杀了成千上万的保加利亚平民，包括妇女和儿童后，一场义愤的风波席卷了整个欧洲。在俾斯麦的鼓动下，奥匈帝国于1876年7月向俄国保证，在爆发俄土战争的情况下保持中立。如果沙皇帝国获胜并占领比萨拉比亚，奥匈帝国则有权占领波斯尼亚和黑塞哥维那。战胜土耳其之后塞尔维亚和黑山的地盘应扩大，若是战败了其领土不该减少。

在土耳其人在1876年春镇压了叛乱，并在秋天打败塞尔维亚后，俄国以最后通牒的方式要求高门召开所有列强国家的大使会议，以敦促奥斯曼帝国赋予巴尔干半岛基督徒居民自治权并进行深刻的内部改革，该会议于1876年12月在君士坦丁堡召开。苏丹阿卜杜勒·哈米德二世（Sultan Abdulhamid II.）为了摆脱巨大压力，主动在1876年12月23日颁布了一部宪法，该宪法为1877年3月土耳其议会大选奠定了基础，同时也为土耳其提供了拒绝其他势力干涉其内政的可能性。但宪法只是一个短暂的插曲。起草了宪法的权威改革者大维齐尔米德哈特帕夏（Midhat Pascha）在 1877 年 2 月就被革去政府首脑职务，第二年宪法被暂停。内部改革的进程被迅速叫停也有一个外交政策上的背景：英国虽然表面上支持其他列强的要求，但它秘密地通知土耳其人，一旦俄国发动攻击，他们可以指望得到英国的支持。这足以削弱改革的意愿。

俄国以列强联合行动的明显失败为借口，于 1877 年 4 月
855 24 日向土耳其宣战。此前沙皇帝国从罗马尼亚得到其军队可以从那里过境的许可（为此它承诺支持罗马尼亚单方面宣布独立，这后来发生在 5 月）。在持续十个月的战斗中，俄国人在巴尔干和安纳托利亚东北前线均打了胜仗。1878 年 1 月，君士坦丁堡的沦陷似乎只是时间问题。但伦敦及时让圣彼得堡知道，一旦俄国征服奥斯曼帝国首都，英国将有理由向俄国宣战。在这种情况下，沙皇亚历山大二世决定同意与土耳其展开和平谈判。在圣斯特凡诺（San Stefano，现在的伊斯坦布尔郊区）的休战和谈中，沙皇帝国要求实施大保加利亚方案，将整个马其顿并入其中，这将会把土耳其撕裂为几个领土互不相连的部分。倘若俄国提出的圣斯特凡诺和平条件不被质疑的话，那它将会在巴尔干地区称霸。

英国、法国和奥匈帝国都不同意这种结果。伦敦在 6 月与土耳其结盟，并威胁说如果俄国军队继续向南高加索推进，将进行军事干预。事态让亚历山大二世觉得非常危险，他决定同意召开国际会议。这次会议从 1878 年 6 月中旬到 7 月中旬在德意志帝国首都举行，柏林会议的主导人物是俾斯麦。由于德国不像其他大国，在巴尔干地区没有自己的直接利益，其宰相就扮演起他所希望扮演的角色："诚实的中间人"。

对会议的结果，英国首相迪斯雷利［自 1876 年起受封

比肯斯菲尔德勋爵（Lord Beaconsfield）］比俄国外交大臣戈尔恰科夫侯爵（Fürst Gortschakow）更容易接受。保加利亚和俄国不得不放弃大保加利亚的目标。保加利亚北部成为一个自主的、有义务向奥斯曼帝国进贡的公国；南部的东鲁米利亚（Ostrumelien）成为土耳其的一个省，由一位基督徒总督治理。塞尔维亚、黑山和罗马尼亚领土得到拓展并成为主权国家。希腊被允诺将得到塞萨洛尼基（Thessalonien）， 856
三年后它确实得到了这块地方。俄国从它在高加索征服的地盘中只保留了巴统（Batum）、卡尔斯（Kars）和阿尔达汉（Ardahan）。它从罗马尼亚那里又要回了比萨拉比亚南部，1856 年的《巴黎和约》把这块地方划给了摩尔达维亚公国。作为补偿，1858 年由摩尔达维亚和瓦拉几亚合并组成的罗马尼亚得到原属保加利亚的多布罗加（Dobrudscha）北部。波斯尼亚和黑塞哥维那由哈布斯堡帝国管理。根据一项与高门签署的秘密协定，英国占有了此前属于土耳其的塞浦路斯，尽管如此英国仍是奥斯曼帝国在欧洲列强中最可靠的支持者。综合考量这一切，柏林会议并未建立起能够持久的和平秩序：许多决定带有新冲突的苗头，只有很少的决定可以永久解决矛盾。

俾斯麦在柏林会议上遵从了他在一年前——1877 年 6 月 15 日在“基辛根口授记录”（Kissinger Diktat）中所表述的座右铭：他眼中的德国形象“不是任意的开疆拓土，而是一种政治上的大局，在这种大局中除了法国，所有其他强权国家都离不开我们，它们都将尽可能避免通过彼此间的联盟来对付我们”。俄国对会议结果，特别是俾斯麦在其中所起的作用非常失望与愤怒，以至于它在第二年首次示威性地表示愿意与巴黎和解：1879 年夏季，俄国总参谋部的首脑作为观察员参加了法国的军事演习。不久后，俄国军队甚至在德意志帝国边界附近集结。然而俄国与法国结盟的尝试遭到了巴黎方面的拒绝，法国外交部部长沃丁顿（Waddington）第一时间向俾斯麦通报了此事。

想用德英关系的亲近来抵消德俄之间的疏远是根本不可能的，因为伦敦不想通过与欧陆任何一个列强国家的固定协议来束缚自己。因此俾斯麦能够成功地通过谈判与奥匈帝国外交大
857 臣安德拉什伯爵（Graf Andrássy）——曾参加过 1848~1849 年的匈牙利解放战争——缔结《德奥同盟》(*Zweibund*）条约，就已经是一项重大的外交成就了。德意志帝国和奥匈帝国在 1879 年 10 月达成一致，在俄国发动攻击的情况下互相提供军事支持。该条约具有保密性质。按照帝国宰相的愿望，他更希望条约通过议会的批准而获得国家法意义上的保障。安德拉什拒绝这么做，因为他认为一个由德国领导的中欧集团不符合奥匈帝国的利益。但即使没有这种坚实加固这份条约仍旧获得了历史意义：柏林和维也纳以德奥同盟的方式恢复了一直延续至 1866 年普奥战争中德意志邦联解体的数百年的联系。此两大国成为亲密盟友，一方面给它们带来了一定程度的额外安全感，另一方面也隐含着危险：任何一方都能令对方陷入十分尴尬的境地，如果它自顾自地捍卫自己在外交政策方面的利益。

三年后，德奥同盟拓展为德国、奥匈帝国和意大利之间的《三国同盟》(*Dreibund*)，倡议来自意大利德普雷蒂斯政府。在 1882 年 5 月签订的为期五年的协议中，柏林和维也纳承诺罗马，在后者无端受到法国攻击时提供援助；反过来在德国遭受法国进攻时意大利也要伸出援手。当三国中的一国与另一个欧洲大国发生战争时，合作伙伴将善意地保持中立，若一国与多国开战，则提供军事援助。1884 年 10 月，罗马尼亚［自 1881 年以来一直是霍亨索伦 - 锡格马林根家族的卡罗尔一世亲王（Fürst Karol I.）统治下的王国］加入三国同盟，其方式是：罗马尼亚与奥匈帝国签署为期三年的秘密防御同盟，德

国在同一天加入该同盟。意大利于 1888 年 5 月走了同一步棋。

俄国和两个中欧大国间的关系此时已经得到缓和，这促使1881年6月签署了为期三年的《三皇同盟》（*Dreikaiserbündnis*）协议，其中圣彼得堡、维也纳和柏林相互善意保证，在其中一国与第四方开战的情况下，其他两国保持中立。1884 年此协议又续签了三年。第二年因保加利亚吞并东鲁米利亚——被沙皇认为是坚决不能接受的革命行动——爆发了塞尔维亚和保加 858
利亚之间的新巴尔干战争，这导致俄国和奥匈帝国之间的严重冲突。在保加利亚获胜后，维也纳未经与俄国协商就阻止塞尔维亚割让领土，圣彼得堡认为这违反了《三皇同盟》协议，协议规定在这类情况下要进行磋商。

1886 年俄奥关系进一步恶化：沙皇帝国积极参与反对巴滕贝格的亚历山大亲王（Fürst Alexander von Battenberg）的军事叛乱，1879 年以来他是保加利亚的君主。然而俄国希望通过推翻他达到的目的并未能实现。在科堡 - 科哈里的斐迪南亲王（Prinz Ferdinand von Coburg-Koháry）——1887 年 7 月作为斐迪南一世（Ferdinand I.）登基——治下，索非亚和圣彼得堡之间的关系进一步冷却。在这种情况下，《三皇同盟》在 1887 年不可能再次续签。

因此，对德国和奥匈帝国来说，与意大利续签 1887 年到期的《三国同盟》条约，将其拓展为地中海联盟就更为重要。1887 年 5 月，该条约顺利续签。新条款包括接纳西班牙入盟，承诺在任何缔约方被迫改变现状时，就有利于缔约伙伴的补偿问题达成谅解，柏林还承诺，在意大利与法国为北非地区开战时支援意大利。但条约所提的这种情况极不可能发生，因为意大利在 1887 年 2 月与英国就维持地中海、亚得里亚海、爱琴海和黑海现状达成了共识。

英国与三国同盟的接近，在一封俾斯麦写给英国首相索尔兹伯里勋爵（Lord Salisbury）的信中得到大力鼓励，因为他认为这是一种让英国与俄国保持竞争关系的手段，可以防止这两个大国联手对付德国。帝国宰相的努力没有白费：1887年11月，所谓的《地中海协定》（*Mittelmeerentente*）签署。这是奥匈帝国、意大利和英国之间的秘密联盟，各方保证保持整
859 个地中海和黑海的现状，并确保奥斯曼帝国的独立。德国是唯一一个没有参与却被告知协定内容的国家，从而成为此协定的暗中合伙人。

客观地看，地中海三国同盟的反俄主旨有悖于同年签订的另一份秘密协议：德意志帝国与俄国之间的《再保险条约》（*Rückversicherungsvertrag*），这是俾斯麦经过长期谈判于1887年6月18日与俄国大使舒瓦洛夫（Schuwalow）签署的。秉承三皇联盟的传统，签约双方保证，如果对方与第三方大国交战，己方善意保持中立。但此条款不适用于俄国无端攻击奥匈帝国或德国无端攻击法国的情况。德国认可俄国对保加利亚的影响力。在一份“最高机密”级别的附加议定书中，德国甚至向沙皇许诺，如果后者采取行动捍卫本国在黑海出海口的利益，德国将提供支援。

此条款严重违反1871年3月的《伦敦海峡公约》（*Londoner Pontusvertrag*），该公约禁止任何国家的军舰通过海峡；它也违背了《德奥同盟条约》的精神和正在拟定中的《地中海协定》的目标。为了换取法国进攻时俄国的中立，帝国宰相敢冒天下之大不韪。俾斯麦不相信，如此就可长久解决腹背受敌的危险。但这一《再保险条约》至少让法国和俄国不可能轻易联手对付德国，同时它还能阻止英国和俄国走得太近。

《再保险条约》对俾斯麦而言是一种权宜之计，自帝国成立之日起，他时刻担心“cauchemar des coalition”——敌对势力联盟的噩梦。该条约之所以成为一种岌岌可危的权宜之

计，不仅是由于其他大国的利益。俾斯麦的关税政策也破坏了
他的外交杰作。迫于易北河以东骑士庄园主们施加的巨大压
力，德国1879年的谷物税于1887年3月再次显著增加，这导
致与俄国的贸易战。虽然听上去自相矛盾，但对德国与保守大
国俄国之间的盟友关系损害最严重的，正是德国外贸政策的保 860
守转向。谷物保护性关税并不是德意志帝国在经济上挑衅俄国
的唯一领域：《再保险条约》签订不久，为了回应俄国所采取
的抵制外国（包括德国）在西部各省的房地产所有权的措施，
俾斯麦禁止了俄国有价证券的抵押贷款，这导致对大部分“俄
国有价证券”的排斥。沙皇俄国必须为自己寻找其他投资者，
并且在法国找到了。

只有德奥关系堪称持久。1878/1879年，自由改革的时代在奥匈帝国结束，与德国的时间相同；在这两个国家自由主义的败落是与长期持续的欧洲经济危机密不可分的，引起这场危机的是1873年的维也纳股市暴跌。1879年捷克人返回帝国枢密院，从而结束了1861年以来他们为抗议德国人和匈牙利人的特权而拒绝参加议会的做法。捷克人与波兰人、斯洛文尼亚人和奥地利讲德语的神职人员一起，帮助首相爱德华·冯·塔菲伯爵（Eduard Graf von Taaffe）的政府达成保守派多数，即所谓1879~1893年间的“铁环”。两个中欧强国的保守和音帮助德奥同盟获得一种坚固的内政基础。议会制英国，由于其多数派的变幻莫测，对俾斯麦来说很难揣测。这也是德英同盟从来没有超越无约束力的试探阶段的原因。[18]

## 帝国主义（一）：从迪斯雷利到格莱斯顿

在 1870 年代，英国人仅改换了一次他们的政府：在 1874 年 2 月的下议院大选中托利党战胜了自由党，选区大小的不平衡对保守党有利，而总共获得了更多选票的自由党反而处于不利地位。本杰明·迪斯雷利取代威廉·格莱斯顿出任首相。数
861 年前，这位保守党领袖已经明确提出三个他首先要实现的目标：捍卫英国的机构，特别是王室、上议院和英国教会；维护大英帝国；改善社会下层民众的生活条件。1872 年 6 月 24 日，在伦敦水晶宫的一次讲话中他指责自由党人在其统治期于上述三个领域中全部失败，尤其是在第二项任务方面。如果说“瓦解帝国”的尝试没有成功，那仅仅是因为各殖民地对母国的同情心。任何一位大臣只要贻误了这样的机会，就不算履行了其义务，即“尽一切可能重建殖民帝国，并回应那些来自远方的同情心，后者”能够成为“这个国家无比强大和无比幸福的源泉”。

巩固帝国对迪斯雷利而言是其国家的最高利益：在自由党人的领导下，英国对普法战争打破欧洲大陆的均势袖手旁观。英国无法逆转此事，但如果它想保持自己的大国地位，那它就必须在必要时主动捍卫自己在世界各地的财产和利益。迪斯雷利于 1875 年在这个方向上迈出了重要的第一步，他在罗斯柴尔德银行机构的积极支持下，通过购买以前由埃及总督伊斯梅尔（Ismail）握有的股票，让苏伊士运河公司的多数股权从法国人手中转到英国人那里。次年，即 1876 年，迪斯雷利不顾自由党人的强烈反对，默许维多利亚女王实现愿望，接受“印度女皇”（Empress of India）的称号。英国统治者在礼遇方面的这种升级不仅是为了打动印度人，也是为了威震俄国，后者正继续扩大其在中亚地区的影响力。

在发生东方危机的过程中，迪斯雷利比其外交大臣德比勋爵更加果断地追求英国的利益，甚至不怕冒与俄国开战的风险。1876 年夏，首相先是宣布关于土耳其在保加利亚进行大屠杀的新闻报道是不真实的，然后又说是夸张的。此举引起强烈抗议，862
抗议的领军人物是他的老对手威廉·格莱斯顿，后者写了名为《保加利亚恐怖事件与东方问题》（*The Bulgarian Horrors and the Question of the East*）的小册子。一些批评者竟然提到迪斯雷利——此时已受封比肯斯菲尔德伯爵——的犹太血统，认为显然是这种血统阻止他同情巴尔干的基督徒。格莱斯顿偶尔也说过类似的话。

首相不为流言所动。奥斯曼帝国的存在和完整性出于“均势”原因对他非常重要，所以他在俄土战争中于 1877 年秋派出英国舰队前往君士坦丁堡。在 1878 年的柏林会议上，他是除了俾斯麦以外的主导人物。他认为自己外交上的最大成功是拆散了德、奥、俄的三皇联盟。沙皇帝国看来至少暂时受到了孤立。

柏林会议之后，俄国和英国的竞争焦点比以前更多地转移到中亚。1870 年代沙皇帝国成功地在那里把此前独立的伊斯兰希瓦（Chiwa）汗国和布哈拉（Buchara）改变为属国。俄国因此成为阿富汗的邻居并离英属印度更近了。1838~1842 年间，英国曾试图通过占领阿富汗来巩固其在印度的统治，但遭到了英国殖民历史中最可怕的失败：约 17000 人的部队及其平民后勤人员全部被歼灭，运输队中唯一生还的成员是一名军医。1876 年英国人占领了阿富汗以南的俾路支地区（Beludschistan）。当阿富汗的埃米尔谢尔·阿里（Emir Sher Ali）于 1878 年允许在喀布尔建立俄国而不是英国公使馆时，印度总督利顿勋爵（Lord Lytton）自作主张诉诸武力。谢尔·阿里在英国人取得第二次阿富汗战争的最初胜利后，逃往 1867 年以后被俄国控制的中亚地区。1879 年 5 月，他的儿子雅库布（Yakhub）汗同意在喀布尔设立英国公使馆。

近四个月后，即 1879 年 9 月 3 日，英国公使路易斯·卡维戈纳里爵士（Sir Louis Cavignari）和他的工作人员被哗变的阿富汗士兵杀害。英国的反应是军事上成功的一场惩罚
863 行动。经过第三次阿富汗战争，兴都库什山脉（Hindukusch）穿过的这个国家成为一个与英国紧密相连的缓冲国。英国在与沙皇帝国进行的又一场较量中占了上风。海上强国英国与陆地霸权俄国之间的对抗却还远远没有结束。

与阿富汗同时，英国看到帝国在非洲南部亦受到威胁。那里的冲突有更长的历史。1867 年在金伯利（Kimberley）附近瓦尔河（Vaal）流入橘河（Oranje River）的河口发现了丰富的钻石矿藏；1871 年英国吞并了这一地区——西格里夸兰（das westliche Griqualand），将它并入开普殖民地。这对本已十分强大的布尔人 / 阿非利卡人（Afrikaander）[①] 的民族主义是一种挑战，它也让英国人与布尔人的德兰士瓦和奥兰治共和国之间的关系进一步恶化。再加上 1876 年和 1877 年的极度干旱，许多黑人部落试图为自己征服新的土地，其中包括已经由白人移民定居开垦的土地。1876 年德兰士瓦的布尔人在和巴佩迪（Bapedi）部落的斗争中遭受惨重失败，英国趁机吞并了德兰士瓦。次年爆发了祖鲁人之间的战争，他们是班图人［当时被称作“卡菲尔人”（Kaffern）］中的一个大部落，根据英国人的统计是第九次“卡菲尔战争”。它结束于 1878 年，英国殖民势力“绥靖”了该地区。

当地情况的进一步发展打上了开普殖民地新上任的省长和

---

① 南非和纳米比亚的白人种族集团之一，主要以 17~19 世纪移居南非的荷兰移民和少量法国胡格诺教徒为主，还有德国人和弗拉芒人、瓦隆人的血统在内。

高级南非专员巴特尔·弗里尔爵士（Sir Bartle Frere）的印记，他曾担任过孟买总督。伦敦的殖民地部敦促与祖鲁人进行妥协，而开普敦的省长则坚持对抗。他的目标是：将南部非洲直至原葡萄牙属地安哥拉和莫桑比克的南部边界均置于英国控制之下。他利用当时信息传输（包括电报）从欧洲到非洲往返需要的漫长时间，造成既成事实，先斩后奏。

对付祖鲁人的新战争，正如迪斯雷利的传记作者罗伯特·布莱克所正确描述的，是“弗里尔的战争”。它开始于 864
1879 年 1 月 22 日，当时在数量上处于劣势的英国人在伊散德尔瓦纳（Isandhlwana）战役中全军覆没，殖民政权只好派兵增援。在参加远征的志愿者中，有流亡英国、1873 年 1 月死于伦敦奇斯尔赫斯特（Chislehurst）的法国皇帝拿破仑三世唯一的儿子。这位帝国皇太子拿破仑于 1879 年 6 月 1 日阵亡。五周后，7 月 4 日，在纳塔尔负责指挥的将军切姆斯福德勋爵（Lord Chelmsford）击溃了祖鲁人领袖塞奇瓦约（Cetewayo）的队伍。

伊散德尔瓦纳战役和此后不久的喀布尔屠杀对英国内政产生了深远影响。格莱斯顿领导的自由党人尖锐批评——从其角度看——保守政府之不负责任的殖民政策。他们对迪斯雷利的谴责概括为一个词就是：“帝国主义”。此概念原是用来形容法兰西第二帝国拿破仑三世之政权的（与其竞争的还有“恺撒主义”和“波拿巴主义”）。在维多利亚女王接受了“印度女皇”的称号后，自由派《旁观者》（*The Spectator*）杂志于 1876 年 4 月 8 日首次将此术语用到迪斯雷利和英国身上。文章在“英帝国主义”的标题下写道，经由现任首相比任何其他当代政治家都大大加速了的危险的民主进步，为每位愿意与民众的偏见与无知联盟的政治家铺平了道路。“通过公民投票批准的专制法令，是法帝国主义所喜爱的工具。”迪斯雷利曾在其职业生涯的早期阶段就追求一种政策，一方面增加皇冠的威望，另一方面满足广大人民群众的意愿，这样双方对宪法限制都会容易忍受。这样一种政策在欧洲仍然是可行的，甚至在英国都有机会。

两年后，英国殖民地大臣卡那封勋爵（Lord Carnarvon）指出，新近流行的“帝国主义”一词不免让人疑惑。“我听说过帝国政策和帝国利益，但是帝国主义这种用法对我来说是一
865 种新造的词。”恰恰是迪斯雷利刺激自由派批评家把他与拿破仑三世比较，这既是因为其政策，也是由于其言辞。他一再强调英国与大英帝国的伟大，并呼吁人民特别是工人要爱国。当他还是反对党领袖时，在1872年4月3日在曼彻斯特的一次讲话中他称英国为“帝国主义国家”，“坚不可摧的民族精神”为这个国家感到骄傲。在已经引用过的，1872年6月24日在伦敦水晶宫的演讲中他这样表达自己的看法：“英国人，尤其是英国的工人阶级感到骄傲的是：他们属于一个大国，并愿意保持其伟大；他们为属于一个帝国而自豪，他们决心——只要他们能够做到——维护帝国；总之他们相信，英帝国与其伟大要归功于这个国家的古老制度。”

迪斯雷利早在担任首相之前就对社会问题感兴趣，1843年在其小说《西比尔；或，两个民族》（*Sybil, or, The Two Nations*）中他描述了工人阶级的苦难。他领导的政府为下层阶级做的事体现了家长式福利精神，带来了一些实际改善：尤其是1875~1878年通过的几项法令，例如有关工匠公寓之旨在阻止城市“贫民窟化”的法令，为妇女和儿童免受雇主剥削提供一定保护的工厂法，促进公众健康和私人互助储蓄社——“互助会”以及保护小佃农的法令。其中最重要的是1875年《共谋罪及财产保护法》（*Conspiracy and Protection of Property Act, 1875*）所赋予的罢工权。这种试图让工人成为帝国支柱

的做法，是从迪斯雷利的假设出发的，即对自己国家的自豪感可以帮助人们克服许多物质上的匮乏。也是出于这种原因，他把保守党描绘为“民族党”，而自由党则是帝国的破坏者。

1878 年，通过一首带有迪斯雷利外交政策印记的热门歌曲，“侵略主义”（jingoism）一词流行起来。“We don’t want to fight, yet by Jingo, if we do, we’ve got the ships, we’ve got the men, and got the money, too”（“我们不想打仗，但侵略主义者想，就算打我们也不怵，我们有船，有人，也有钱。”）：这是歌中经常被引用的几句话。侵略主义的意思大 866
致等同于法兰西第三共和国 1880 年代末的沙文主义和德国 1878/1879 年内政转折后的新“右倾”民族主义。它指的是一种激进爱国主义，穷兵黩武，对其他民族一味蔑视。侵略主义加上对帝国的崇拜，构成同时代所称的“帝国主义”的社会心理基础。

侵略主义和帝国主义在国内政治方面的作用是，它们可以暂时转移对未解决的内部问题的注意力——首先是爱尔兰问题，迪斯雷利使出浑身解数试图忽略这一问题，尽管自 1874 年以来，新成立的爱尔兰国民党（Irische Nationalpartei）有 54 位议员入选伦敦下议院，要求“地方自治”并最终终止与英格兰的联盟关系。帝国主义和侵略主义能够给予许多英国人的，是美国心理学家丹尼尔·卡茨（Daniel Katz）在对民族主义的分析中所提出的“额外心理收益”（enhanced psychic income）。然而只有成功的帝国主义政策才能取得这种效果。迪斯雷利政府在阿富汗和南非，如在喀布尔和伊散德尔瓦纳的失误和溃败很快就引起了情绪波动。这也导致在 1880 年 3 月和 4 月下议院的大选中，自由党能够像六年前的保守党一样赢得大多数席位。迪斯雷利的时代从而结束。一年后，1881 年 4 月 19 日，这位英国 19 世纪最重要的保守党首相在伦敦去世，享年 76 岁。

当时已经 70 岁的威廉·格莱斯顿于 1880 年 4 月再度出任首相一职。在竞选期间他不仅谴责了在阿富汗和南非的战争，而且承诺在自由党选举获胜的情况下会恢复祖鲁人的独立。新政府在 1880 年春征服坎大哈（Kandahar）后不久，通过撤出英国军队结束了阿富汗战争。对德兰士瓦的吞并却在继续，这致使英国人和布尔人的关系进一步恶化。直到 1880 年 8 月，首相才召回巴特尔·弗里尔爵士，他是开普殖民地的总督和南非高级专员，
867 要对战争负主要责任。然而，首相不得不搁置祖鲁人的自治和南非联邦的计划。1881 年初，德兰士瓦的布尔人起来反对英国人的统治；2 月底他们在马朱巴山（Majuba Hill）打败了纳塔尔总督乔治·科利爵士（Sir George Colley）的部队，爵士本人阵亡。在 1881 年 8 月签订的《比勒陀利亚条约》(*Konvention von Pretoria*）中，德兰士瓦再次获得独立，但在外交政策领域它受到宗主国英国的限制。三年后这一条款被取消。

保守的反对党对政府在阿富汗和南非的畏缩义愤填膺。格莱斯顿看到自己成为众矢之的，攻击之尖锐程度并不亚于他当年对迪斯雷利之外交政策的抨击：他在 1880 年以前曾谴责保守党首相轻浮追求威望和权力，而现在他必须摆脱其过度反战的政策削弱与危及了大英帝国这一指控。甚至女王也在私下表露过这种意思。格莱斯顿对此迅速做出回应：1881 年 10 月 7 日他在利兹（Leeds）宣布说，保守党玷污了“英格兰的名声”。“所以我要对诸位——我的先生们说，我们在反对帝国主义的同时是忠于帝国的。”

在国内政策方面，格莱斯顿抓紧进行保守党拖延六年没有进行的改革。爱尔兰国民党在其具有非凡人格魅力的领袖查尔斯·斯图尔特·帕内尔（Charles Stewart Parnell）领导下已获得下议院 65 个议席，比 1874 年增加了 6 个席位，此事实充

分证实了爱尔兰问题的紧迫性。1877 年以来农产品价格的下跌，让爱尔兰佃农的社会处境急剧恶化；持续出现的政治谋杀和暗杀有理由让人们将爱尔兰的局面评估为有爆炸性危险，甚至是革命性的。自由党政府忍不住要诉诸强制手段，1881 年和 1882 年先后出台了两个强制性特殊法令。几乎在第一个强制性法令出台的同时，政府向下议院提交了一项土地法草案，该法案将把爱尔兰佃农转变为自由的土地所有者，并保护他们不受高利贷的盘剥。在爱尔兰民族主义者看来这份草案是远远不够的（它于 1881 年 8 月取得法律效力）。在（因 1881 年强 868
制法被捕入狱的）议员帕内尔被释放后，1882 年 8 月爱尔兰国民党才以他们的投票帮助另一部有关土地的法案得以通过：拖欠法案。该法案允许抹去无力偿还的小佃户的租赁债务。

爱尔兰的问题凭此还远远没有得到解决。但在格莱斯顿能够顾及“地方自治”问题之前，在自由党内以曾经的伯明翰市长和现在的商务大臣约瑟夫·张伯伦（Joseph Chamberlain）以及副外交大臣查尔斯·迪尔克［Charles Dilke，1868 年出版的有关帝国的极为成功的《更大的不列颠》（*Greater Britain*）一书的作者］为首的激进派催促下，他要先启动他自己也认为势在必行的选举制度改革。激进的自由党人崇尚“一人一票”原则，即男性公民的平等普选权。以党主席哈廷顿勋爵（Lord Hartington）为首的温和自由党人或“辉格党人”（更不用说保守党人）则拒绝这一要求。哈廷顿和辉格党还拒绝把改革拓展到爱尔兰并反对重划选区。在这两方面他们都未能如愿以偿。1884/1885 年的选举改革——这是 1867 年以来的第一次改革——降低了各郡县选举权的门槛，让有选举权的总人数翻了一番；几乎有 500 万成年男子获得选举权。许多小城镇失去了自己的席位：大多数选区现在都是大小相同的、只能推选一位议员的选区；只有大学和人口超过 5 万的城市保留两个席位。大不列颠仍旧没有实现平等普选，但它已经向这个方向迈进了一大步。

在外交政策上，格莱斯顿常常不情愿地继续迪斯雷利的路线。1880 年代初大英帝国首先在一个极为重要的战略要地受到了威胁：埃及。伊斯梅尔帕夏——埃及的赫迪夫或总督，当时仍正式承认土耳其的宗主权，在 1874 年后继续穆罕默德·阿里开始实施的扩张政策，征服了苏丹南部，但在与埃塞俄比亚的基督教皇帝约翰四世（Johannes IV.）的战斗中却只能接受失败的结果。由于国家财政吃紧，伊斯梅尔在 1875 年只得将
869 其苏伊士运河的股份出售给大不列颠，1876 年埃及不得不宣告国家破产，这导致国家被置于英法的全面金融监管之下。当伊斯梅尔试图逃脱这种控制时，两个大国废黜他并让他的儿子陶菲克帕夏（Tewfik Pascha）取代了他。

1881 年，埃及军方领导、上校阿拉比帕夏（Arabi Pascha）发动政变，反对陶菲克和支持他的西方列强，同时代人，如格莱斯顿，已经视其为阿拉伯民族主义的早期代表人物。政变威胁到埃及的欧洲债权人和许多投资者的切身利益。由于奥斯曼帝国不愿在受到欧洲监管的条件下行使自己在埃及的宗主权，而法国主要担心来自德国的强烈反应，不想参与两个受影响最大的欧洲大国的武装干预，英国政府决定单独出兵：1882 年 7 月 11 日亚历山大港遭到轰炸，那里不久前曾出现反对欧洲人的血腥骚乱。此后不久开始了由沃尔斯利将军（General Wolseley）率领的军事远征。9 月埃及人的部队在特尔－艾尔－卡比尔（Tel-al-Kebir）被打败，随后开罗被占领。英国人再次让陶菲克帕夏当上赫迪夫，将埃及变成实际上受开罗总领事领导的英国的受保护国，总领事的地位类似罗马帝国行省的资深执政官。英法对埃及的财务监督被取消；经过长期艰苦谈判，1885 年 3 月取而代之的是六大欧洲列强，除了英国、

法国、俄国、德国和奥匈帝国外，还加上了意大利。

由于大不列颠对埃及的实际统治，它立即卷入了与苏丹人
的纠葛。1881 年，萨曼（Sammanija）教团的狂热苦行僧成员
穆罕默德·伊本·萨义德（Mohammed Ibn Saijid）宣布自己是
先知穆罕默德承诺的救世主（马赫迪），号召进行圣战反对埃及
人。在接下来的“马赫迪起义”中苏丹东部的很大一部分地区被
征服，并开始恢复埃及人统治时期被废除的奴隶制。格莱斯顿政 870
府根据局势认为将埃及驻军从苏丹首都喀土穆（Khartum）撤出
是不可避免的，对此依赖伦敦的开罗政府认为自己没有这等军事
能力。因此英国保护势力只得亲自在苏丹采取行动。

这项军事任务被委托给查尔斯·戈登将军，30 年前他在镇压中国的太平天国运动时扮演过重要角色。1873 年起他为伊斯梅尔总督效力，1877~1879 年他以“戈登帕夏”的身份任苏丹总督，无论是在苏丹还是在埃及他都作为反奴隶制的斗士闻名。重新启用以极端刚愎自用而著称的戈登为（现为英国和埃及的）苏丹总督是一个致命的错误。戈登无意遵守伦敦的指令，只要他认为该指令是错误的。在马赫迪号召消灭埃及人和所有他们的支持者后，戈登选择留在喀土穆并保卫该城抵御马赫迪的大军。就这样“戈登帕夏”迫使长期不情愿行动的格莱斯顿政府派出了一支军队。由沃尔斯利率领的队伍于 1885 年 1 月 25 日抵达苏丹首都附近，但他们来得太晚了。五天前喀土穆被马赫迪的队伍占领，在随后长达六个小时的屠城中戈登也成为牺牲者。

英国保守党和与其立场相近的“侵略主义”报纸呼吁进行大规模报复，并把戈登的死归咎于格莱斯顿。自由党首相曾从其崇拜者那里得到“GOM”（Grand Old Man，元老）的简称，现在被改为“MOG”（Murderer of Gordon，杀害戈登的凶手）。就连女王陛下也在通电中告诉首相，若是及时行动，

喀土穆的悲剧本来是可以避免的。保守党人在下议院提出不信任案，首相在 1885 年 2 月 27 日仅以 14 票的微弱多数得以留任。

在将来如何对待马赫迪的最终决定做出之前，英国在
871 其他地方遇到了另一个大国的挑衅：沙皇帝国想利用苏丹事件与英国在中亚一决雌雄。1885 年 3 月 30 日，在遭遇激烈的局部反抗后俄国军队占领了紧靠边境的阿富汗村庄潘吉德（Pendjeh），这在英国激起了新一波公愤。格莱斯顿看到英国在印度的地位受到威胁，在下议院申请数百万的信贷，以便能够集中帝国的全部军事力量，包括还在苏丹执行任务的部队，抵抗俄国的进犯。由于英国决定优先考虑在印度的利益，因此被认为在战略上不那么重要的苏丹被留给了马赫迪。但并未发生与俄国的武装冲突，因为圣彼得堡从潘吉德撤了军，并于 5 月初同意让一个国际仲裁委员会来处理这次事件。

非洲东北部和中亚局势的发展让格莱斯顿一时间无法专注于他认为应该解决的当务之急：继续闷烧着的爱尔兰问题。1885 年 5 月，他在更新一些强制性措施的同时公布了一项法令，允许国家购买土地并分配给贫穷的爱尔兰佃户。该法令遭到以约瑟夫·张伯伦和查尔斯·迪尔克为首的激进派反对，他们不久前提出的另一项计划（在爱尔兰的郡县引进“地方政府”）在内阁遭到了失败。1885 年 8 日至 9 日夜间，政府在有关预算的投票中遭受惨败：反对票比赞成票多 12 票。格莱斯顿随后宣布辞职。新政府的首脑是保守党领袖索尔兹伯里勋爵，但他只干了几个月就被迫下了台。

1885 年 11 月底举行了下议院选举。自由党以分裂状态投入竞选。格莱斯顿故意替爱尔兰提出“地方自治”的口号，从而宣布他支持独立的爱尔兰议会，并解散 1801 年创立的大不列颠及爱尔兰联合王国。张伯伦、迪尔克和赞成自由贸易与选

举改革的约翰·布赖特身边的激进派反对这样做：在他们看来，联合是维系帝国的基本保证。虽然他们厌恶任何形式的 872
“强制”，但他们同样厌恶给予爱尔兰人民族自决权的想法。对自由党致命的是，爱尔兰国民党领袖帕内尔出于纯战术原因号召其在英格兰、苏格兰、威尔士和阿尔斯特的追随者投票给保守党，以防止出现自由党占优势的局面，从而确保自己的党在下议院的优势地位。这种算计起了作用：在新选出的下议院中自由党占有334个议席，保守党拥有250个议席，爱尔兰民族主义者获得86个议席，后两党的议席相加比格莱斯顿的自由党多两个席位。

自由党首相再次受委托组阁，他立刻着手就“地方自治”问题进行立法，而且他根本没有为信仰新教的阿尔斯特做出任何特别规定。1886年5月31日，张伯伦领导的激进派决定投票反对该法案。6月8日，在下议院二读地方自治法案时，341名议员投票反对，只有311位议员投了赞成票。93位自由党人，几乎占了该议会党团的三分之一，投票反对政府。他们中不仅有激进派，而且还有许多老派自由主义的辉格党人。

这导致下议院的解散和新选举的举行。从1886年7月的选举中胜出的是保守党。他们得到316个议席，格莱斯顿的对手——合并在一起的自由党的激进派和辉格党，即自由统一党（die liberalen Unionisten）获得79个席位。保守党和自由统一党合在一起获得的票数比“格莱斯顿自由党人”（191票）和“帕内尔主义者”（85票）多出119票。

1886年的选举是一场反对解放爱尔兰和支持加强大英帝国的全民公决。它标志着古典自由主义在英国的终结和“保守主义民主”（Tory democracy）[①] 的突破。1886年大多数工人仍

① 又译托利民主。

旧投票给了自由党。在一部分激进派与格莱斯顿的党决裂之后，以后来的首相亚瑟·贝尔福（Arthur Balfour）和伦道夫·丘吉尔勋爵（Lord Randolph Churchill，1886年起任索尔兹伯里新内阁的财政大臣，温斯顿·丘吉尔的父亲）为首的所谓“第四方”的年轻力量在保守党内得到了发展，他们与以张伯伦和迪
873 尔克为首的自由统一党人一样坚决为工人的选举权而奋斗。迪斯雷利在试图为其保守党树立社会形象时，就已经唤起过人们对帝国的自豪感。当保守党在1890年代中期与约瑟夫·张伯伦和其朋友们拉近关系时，他们得以秉承这一历史传统。[19]

## 帝国主义（二）：瓜分非洲

从 1886 年的角度来看，大英帝国在自 1874 年以来的十二年中（自从迪斯雷利第二次任首相起）大幅度崛起。1883 年，历史学家约翰·罗伯特·西利的书《英格兰的扩张》（*The Expansion of England*）问世。在回忆 18 世纪时，书中被引用最多的一句话是，人们几乎有一种印象，“我们一不留神就征服了半个世界”。当年英国殖民地的创立确实不是通过深思熟虑的计划实现的。除了北美的早期定居型殖民地之外，贸易通常是在插上旗帜之后进行：在英国的“要求”已经厘定后，才会在那里进行商业开发。伦敦通常喜欢通过忠诚于英国人权威的当地人来进行间接统治。当英国由于 1783 年美国独立战争失去其第一帝国时，已经以这种方式奠定了其第二帝国的根基，其核心是印度，那里由东印度公司掌控。

在接下来的几十年里，帝国主要从英属印度向北、向东和中部扩张。否则，那些不适合英伦三岛移民的殖民地就会让人觉得是种负担，这种评价在 1846 年完成向自由贸易的过渡（“非正式帝国”的繁荣期开始）后变得尤为普遍。现有殖民地大致可分为三组：第一组是定居型殖民地，其居民主要来自欧洲，从纽芬兰（1855 年）和加拿大（1867 年）开始，这些殖民地成为自治领（接下来 1901 年成立了澳大利亚联邦，874
1907 年新西兰，1910 年南非联邦）；第二组是直辖殖民地，如牙买加、巴哈马（Bahamas）、直布罗陀、马耳他和新加坡（Singapur），它们由英国总督管理；第三组是英属印度，它在伦敦任命的政府的部分正式、部分非正式领导下，形成了一个内部多元化的从属帝国。

至于大不列颠自 1870 年代起推行比过去几十年更为积极的帝国政策的原因，历史学家们众说纷纭。一些人甚至否认在格莱斯顿和迪斯雷利主政时期发生了转折，而是强调“英国扩张”的连续性。事实上，不难举出大英帝国1860年代在印度以外的地方扩张或是以其他方式增加其影响力的例子。1861年，西非港口城市拉各斯（Lagos）被宣布受英国保护，次年转变为英国殖民地，这里是英国一向想取缔的一个奴隶贸易中心，进行这项贸易的是阿拉伯人，或者更多的是皈依了伊斯兰教的东非沿海地区的非洲黑人。1863年大不列颠与西非加纳的阿散蒂人（Ashanti）开战。1867年伦敦对埃塞俄比亚进行武装干涉，因为英国公使和其他英国公民被埃塞俄比亚皇帝（“王中之王”）特奥多鲁斯二世（Theodorus II.）俘获。结果皇帝自杀，1872年最强大的亲王之一约翰（Johannes）在英国人的帮助下登上皇帝宝座。

尽管如此，1860年代还谈不上系统的帝国政策。这种情况在1874年保守党在选举中获胜后发生了变化，这与1870/1871年普法战争最重要的结果，即德意志帝国的创建密切相关。1871年1月迪斯雷利在下议院就说过，从欧洲均势的角度看这场“德意志革命”的重要性要超过1789年的法国大革命。当时的保守派反对党领袖认为，英国受这件事的影响
875 比其他任何国家都要大。只有把巩固和扩张大英帝国作为英国外交政策的最高准绳，它才能保持自己的大国地位。

西利在1883年又进了一步：“如果美国和俄国还能再维系半个世纪，那么到那时一些古老的欧洲国家如法国和德国就会像侏儒一样被挤出历史舞台。英国也难逃同样的下场，如果它仍然继续以欧洲帝国，即皮特时代的大不列颠及北爱尔兰联合王国自诩。”所谓的大英帝国不是一种人为实体，甚至不是一种真正意义上的帝国。“这是伟大的英国人民的生活方式，帝国幅员辽阔，在没有蒸汽机和电力的时代这种距离威胁着要打破血液和宗教的纽带。今天距离已经被克服，当美国和俄国的

例子证明了在如此广阔的地域上实现政治统一的可能性时，更大的大不列颠（英文原文：the Greater Britain，作者注）也正在成为现实，而且活力非凡。它将成为一种强大的政治联盟，虽然不会超过美国，但是我们可以满怀信心地希望，它会远远超过那个被称为俄国的大杂烩：那里生活着斯拉夫人、德国人、土库曼人和亚美尼亚人，他们信仰希腊东正教、罗马天主教、新教、伊斯兰教和佛教。”

当 1886 年保守党的索尔兹伯里取代自由党的格莱斯顿时，帝国主义的言辞早已不再是托利党的垄断词汇。经由激进派它已进入自由党并分裂了该党。格莱斯顿是建立在自由贸易和间接统治基础上的“非正式帝国”——帝国主义的另一种“柔和”形式，如果它被普遍理解为一种旨在让别的民族在经济和政治上陷入一种广泛依赖状态的政策——的最后一位伟大维护者。但即使是格莱斯顿也在 1882 年不情愿地被迫在埃及使用武力，让这个现已高度依赖欧洲的国家成为英国的保护国，一种变相的事实上的殖民地，目的是保护英国在那里的投资——虽然这对他本人不那么重要——以及保障他的国家能够控制通过苏伊 876
士运河前往印度的最短海上航线。

对埃及的干预所产生的长期影响远远超出了非洲东北部和大英帝国的范围。很多迹象表明 1882 年堪称一个转折点。历史学家沃尔夫冈·J. 蒙森认为 1776 年开始存在的“非正式帝国”在这一年终止了，同时该年也开启了“古典帝国主义”时期，他认为这一时期在第一次世界大战的最后一年 1918 年结束。在古典帝国主义时期，与此前的时代一样，出现了两种现象并存的情况：一方面是非正式的、出于经济原因的依赖，这是国外欠发达地区对工商业发展水平更高的国家的依赖；另一方面是公开的殖民统治。然而，与“非正式帝国”时代相比，后者变得越来越重要。此外，大不列颠还遭受来自其他列强的激烈竞争，这些国家试图将自己的殖民地扩大为殖民帝国，或者重新创建殖民帝国，因此从 1880 年代开始不同的利益方发生冲突，尤其是在非洲。

而迈向全球化则是新的现象，这发生在 1880 年后争夺殖民地和其他附属领地的竞争中。历史学家于尔根·奥斯特哈默（Jürgen Osterhammel）把帝国主义定义为力量与活动的总和，它们为这类跨殖民地帝国的建立和维系作出了贡献。“帝国主义不可或缺的是帝国中心的意志和能力，即反复把自己的民族利益定义为帝国利益，并在国际体系之无政府状态中于全球范围内主张这种权利。因此，帝国主义不光包含着殖民政策，而且蕴含着‘全球政策’，对这种政策而言，殖民地不仅是达到目的本身，而且也是全球权力游戏中的筹码。”

当《旁观者》1876 年第一次把“帝国主义”这个术语用于迪斯雷利的政策时，它提到了拿破仑三世治下的法国这个“帝国主义”蓝本，这并非巧合。第二帝国的首脑在 1860 年代不仅对墨西哥进行了武装干涉，而且此前就与英国一起在中国参与镇压太平天国运动。1853 年他占领了澳大利亚以东的新喀里多尼亚（Neukaledonien）岛。1854 年长期受法国影响的
877 非洲西海岸的塞内加尔（Senegal）被宣布为殖民地，对塞内加尔腹地的远征从这里开始。

对法国来说，其在印度支那的殖民扩张影响最大。1787 年，还在旧制度下的法国就与安南（当地人称越南）的皇帝签约获得了那里的第一批基地。1858 年拿破仑三世以越南基督徒受迫害和一些传教士被杀为理由，与西班牙一起出兵南圻（Nam Kỳ，Cochinchina①）。1859 年法国军队占领西贡（Saigon），1862 年第二帝国强迫安南割让东部三个种植水稻

① 交趾支那为南圻的法语译名。

的最富庶省份。1864 年，柬埔寨王国违背曼谷（Bangkok）的意志成为法国的受保护国，此前暹罗（Siam，现在的泰国）一直是它的宗主国。在法国的殖民地扩张中商业利益起了显著作用；对拿破仑三世而言，同样重要的是个人和国家威望的提高，他希望以此来稳定其政权。

在第二帝国在 1870/1871 年的普法战争中解体后，对国家威望的追求有了新的含义：成功的殖民政策能够减轻失败的痛苦，缓解失去阿尔萨斯和洛林的不甘。北非成为扩张的重点。此时已经变成法国粮仓的阿尔及利亚，已经在 1830~1874 年间被占领，尽管它还远未被平定。自 1848 年以来，构成阿尔及利亚的三个省份由巴黎管辖。当然，有选举权的只有法国公民，1870 年起也包括生活在阿尔及利亚的 35000 名犹太人，但不包括占人口多数的穆斯林居民。阿尔及利亚被分为三个省份也未能改变一个事实：位于撒哈拉沙漠北部的该地区南部仍受一个军政府的统治。

1881 年 5 月，在完成向“机会主义共和国”的过渡后，温和派共和党人茹费理（Jules Ferry）的第一届政府与突尼斯的贝伊签署了《巴尔杜条约》（*Vertrag von Bardo*），突尼斯成为法国的受保护国。1878 年的柏林会议上，英国和德国就为巴黎今后在突尼斯的行动开了绿灯。由于北非这部分地区 878
长期以来一直是意大利移民的目标，亚平宁半岛的公共舆论对此义愤填膺。罗马对法国插手意大利感兴趣的地区的对策是：1882 年签订《德意奥三国同盟》，1887 年签署《地中海协定》。在法国也出现了激烈的反对意见，这主要来自左派，他们之所以怀疑茹费理的殖民政策，是因为该政策得到了俾斯麦的支持。后者的动机毋庸置疑：德意志帝国宰相希望法国这样就不会因失去阿尔萨斯和洛林而复仇。与贝伊签订的条约得到了批准，但茹费理在派兵镇压突尼斯起义后不久，就被国会通过不信任动议赶下了台。

1883年茹费理重新执政，他把两年前不得不中断的殖民政策又付诸行动。在俾斯麦的支持下，这位总理开始了对马达加斯加（Madagaskar）的征服，自17世纪以来法国在其东海岸有个落脚点圣玛丽（Sainte-Marie）岛，以确保通往印度的航线畅通无阻。占领行动直到1902年才完成，在法国吞并马达加斯加为殖民地六年后。同时茹费理还推动在非洲西海岸零散的旧属地向内陆扩张，直至刚果河右岸，自18世纪最后三分之一法国传教士一直在那里开展传教活动。在1884/1885年的柏林会议上，法国成功地让皮埃尔·萨沃尔尼安·德·布拉扎（Pierre Savorgnan de Brazza，来自意大利的加入法国国籍者）此前勘察过，并通过受保护条约为法国争得的区域被认可为法国领土。

1883年，即法国人开始征服马达加斯加的同年，他们在安南的一部分东京（Tonkin）[1]，不得不抵御越南人的起义。巴黎对起义进行了惩罚性远征，这让安南名义上的宗主——中国皇
879 帝行动起来。在这场持续近两年的北圻战争中，虽然总的来说是法国人取得了胜利，但在谅山（Lang-Son）的公开失败在法国引起一波反对茹费理的浪潮，与1881年突尼斯开始起义反对法国的统治时一样，为首的是激进资产阶级左翼领袖乔治·克列孟梭（Georges Clemenceau）。1885年3月30日，对法国来说十分成功的柏林会议一个月后，茹费理下台。然而，作为主管总理他还与中国签署了一份协议，其中后者放弃了对安南的宗主权。此后，印度支那中的这一部分就成为受法国人保护的地区。总体来说，印度支那成为法国海外帝国经济上最有利可图的地区。

由茹费理引进的殖民政策被其继任者继续推行，而且完全

① 即北圻（Bắc Kỳ）。

按照其意旨，即建立一个庞大的法兰西殖民帝国。1888 年吉布提（Djibouti）港和其在红海出口的周边地区被占领并宣布为法属索马里兰（Französisch-Somaliland）。（在其东南部，自 1884 年以来已有英属索马里兰。）在拿破仑三世治下，吉布提从 1860 年代初已成为法国的势力范围。在亚丁湾（Golf von Aden），面对英国在阿拉伯半岛西南角的亚丁基地，位于前往印度最短海上航线咽喉要地的吉布提拥有一定战略意义。

法国在西部和中部非洲不断增长的殖民帝国却不能说有这类战略意义。茹费理一再用来为其殖民政策辩护的商业利益，在这一地区也缺乏说服力：无论是作为法国产品的销售市场还是原料供应方，大多数新赢得的区域都没什么价值。在西非和赤道非洲获得的殖民地也无法弥补法国 1881 年因回归贸易保护主义而在其他方面丧失的销售机会。1880 年代对“黑色大陆”的殖民收购主要是政治声望的体现：法国希望在“非洲争夺战”中扮演决定性角色，它认为只有这样才能保住自己的大国地位。

抢夺非洲的竞赛始于 1880 年前后大不列颠在南非和埃及的政治、军事攻势，直接起因是这两个地方的异族民族主义的 880
高涨，在南非是布尔人的民族主义，在埃及是阿拉伯人的。从开普到开罗：来自英国的南非钻石矿主和政治家塞西尔·罗兹（Cecil Rhodes）第一个提出了英国在非洲扩张的这种设想。迈向这一将由一条从埃及到南非的连续铁路线连连起来的殖民帝国的第一步，是罗兹已经着手的对德兰士瓦省东北部贝专纳兰（Betschuanaland）的占领；1887 年它被宣布为英国的受保护国。

被罗兹选中的下一个目标是马塔贝莱（Matabele），他猜测那里有丰富的金矿（后来证明是错误的）。1889 年罗兹在伦敦财阀罗斯柴尔德家族的积极支持下创办了南非公司（South

Africa Company）。他们的雇佣兵带着在美国新发明出来的马克沁机枪，对马塔贝莱国王洛本古拉（Lobengula）的战士进行了毁灭性远征，并在英国政府的默许下于1894年占领了林波波（Limpopo）河以北地区，罗兹自己称其为罗得西亚（Rhodesien），即如今的津巴布韦和赞比亚所在地。这片被占领的区域名义上由南非公司拥有，实际上成了大英帝国的一部分。开普殖民地向那里输出移民，自1890年起塞西尔·罗兹担任开普殖民地的总理。

与罗兹在许多方面类似，出身马恩（Man）岛走私家族的一个英国冒险家乔治·戈尔迪（George Goldie）在西非扩大了英国的殖民版图。他的出发点是受保护国拉各斯，1880年代它扩张到了尼日尔河三角洲（Niger delta）。1886年戈尔迪在这里创办了皇家尼日尔公司（Royal Niger Company），与南非公司一样，凡是要显示其要求之分量的地方，他都让马克沁机枪来说话。血腥征服的结果是1914年宣布尼日利亚为殖民地。在东非运作的是东非公司（East Africa Company），该公司自1887年起向内陆推进，从而为1895年和1896年建立的受保护国英属东非（Britisch-Ostafrika）——如今的肯尼亚和乌干达——打下了基础。上述三家商业公司都以东印度公
881 司为蓝本：英国的统治始于特权社会的贸易垄断。在非洲向英国王室直接统治的过渡比在印度发生得要快很多。

1880年代末，法国是唯一能够在“争夺非洲”过程中危险地接近英国的国家。在尼日尔地区存在着摩擦，尤其是在苏丹问题上。在伦敦，人们把法国在西非和赤道非洲的进军看作——它也确实是——试图将大西洋和红海之间的尽可能广阔的陆地置于法国控制之下，即从撒哈拉向东部苏丹直至尼罗河推进，用以弥补所失去的对埃及的影响。1883年巴黎和伦敦之间的紧张关系达到了可能会发生军事冲突的程度。在这种

情况下，英国的一个新竞争对手登场了：德意志帝国。

此前俾斯麦拒绝了德意志殖民协会（Deutscher Kolonialverein）所要求的殖民政策，该协会成立于1882年，其靠山是商界，首先是重工业、各大银行和汉萨同盟城市汉堡和不来梅。1884年4月他却将西南非洲安格拉－佩克纳（Angra Pequena）海湾处的很大一块地区置于帝国保护之下，这块地方是不来梅商人阿道夫·吕德里茨（Adolf Lüderitz）收购的。受帝国宰相委托，7月多哥和喀麦隆被德国驻突尼斯总领事古斯塔夫·纳赫蒂加尔（Gustav Nachtigal）宣布为德国的受保护国。1885年2月，德属东非（如今的坦桑尼亚）被宣布受德国保护，这块领土是德属东非协会一年前以与土著首领签订保护协定的方式获得的。三个月后德意志帝国宣布对北新几内亚（Nord-Neuguinea），该地区现在被称为威廉皇帝领地（Kaiser-Wilhelm-Land），及其离岸群岛俾斯麦群岛（Bismarck-Archipel）拥有宗主权。

关于俾斯麦过渡到积极殖民政策的原因，一直众说纷纭。根据其中的一种解读，他希望通过把内部紧张局势向外转移来稳定帝国的政治和社会制度，并通过开辟新的市场来对付1873年以来“大萧条”时期频繁出现的经济衰退。对这种 882
“社会帝国主义”和“反周期”的解释有一个令人信服的反对意见：如果宰相追求的是长期战略，那很难理解为什么殖民收购在其执政期仅仅是一段短暂的插曲。很多迹象表明，殖民插曲的原因得在其他领域寻找。

没有争议的是，俾斯麦想把冲突引向对外。但是这些可能与其说是内部冲突，不如说是外交政策冲突。宰相支持法国茹费理政府的殖民政策，以便离间英国和法国，从而规避此两大国联手对付德国的风险。当他把非洲领土置于德意志帝国的保护下时，他自己也在冒使德英关系紧张的风险。但是这是一种相对较小的风险：格莱斯顿政府对德国崛起为殖民势力的反应是冷静的；下一届索尔兹伯里勋爵领导的内阁正因为与法国的殖民冲突，更在意与德国的友好关系。伦敦和柏林相互靠近的一个表现是1887年签订的英意奥《地中海三国同盟》（*Mittelmeerdreibund*），德国是暗中伙伴：这种转折，若不是英法之间存在殖民政策方面的矛盾大概是不可能出现的。

1884/1885年，俾斯麦似乎也感到与英国的关系有些紧张。这是因为他想阻止亲英派、与英国女王女儿结婚的皇太子采取一边倒的亲英政策。这位皇太子腓特烈与“分离派”有良好关系，他们是1880年从民族自由党退出的自由联盟的政治家，1884年他们与进步党合并组成了德意志自由思想党（Deutsche Freisinnige Partei），这又是一个令人对新主登基怀有顾虑的原因：俾斯麦完全无法确定，腓特烈当皇帝后他是否能继续任宰相。相反，他必须估计到有在德国组建一个自由的“格莱斯顿内阁”的可能性。所以在外交领域造成一些无法逆转的既成事实，而且还是一些在国内政治方面受欢迎的
883 事实就格外重要，这能保证在下一届帝国议会选举中政府能稳操胜券。外交部国务秘书赫伯特·冯·俾斯麦（Herbert von Bismarck）——宰相的儿子和亲密合作者——和宰相本人都发表过相关论点。

但即使俾斯麦只是暂时地、三心二意地关心过为德国创建殖民地之事，这并不意味着他不是“帝国主义分子”。从他出于外交政策的原因支持其他欧洲大国，尤其是法国进行殖民扩张时起，他就是一个帝国主义分子。此外，设立德国的受保护国完全与俾斯麦1879年完成的贸易保护主义的转向相吻合。虽然德国殖民地无论是作为原料供应市场还是作为定居点都没获得什么值得一提的意义；它们对经济也没起到任何积极作用，除了多哥（Togo）和西萨摩亚（West-Samoa，1899年起

完全由德国管辖），其他殖民地一直需要财政补贴，以致它们总体而言对帝国预算构成一种负担。但1885年终于出现了转机：德国现在是殖民大国，在世界政治中发挥着作用，正是因为这个原因，殖民地对广大不同圈子的居民，尤其是对受过教育的，具体来说对较年轻的学者产生了强大的吸引力。与英国和法国相比，俾斯麦的殖民地收购规模不大。但许多德国人认为，这只是德国未来世界政策和创建德意志海外帝国的前奏，而帝国的创建者出于充分的理由根本不想了解这一政策。

1884年12月，在德国成为非洲殖民势力那一年的年底，在柏林召开了一次国际刚果大会，或者按照盎格鲁—撒克逊史学传统至今仍被称作西非会议。美利坚合众国作为唯一非欧洲国家参与了谈判，作为代表团顾问发挥作用的有英裔美国探险家亨利·莫顿·斯坦利（Henry Morton Stanley）。斯坦利享誉世界是因为，1871年10月经过在非洲腹地八个月的搜寻，他找到了在欧洲被认为已经失踪的英国传教士和探险家戴维·利文斯通。[“我想你就是利文斯通博士？”（Dr.
Livingstone, I presume）斯坦利的这句问候语已经成为格 884
言。] 此前他曾受比利时国王利奥波德二世（Leopold II.）的委托，探索广阔的刚果盆地，当时他曾说服众多当地毫无戒心的酋长，把他们的土地和所有相关权利转让给利奥波德——纯属虚构的国际刚果协会（Association Internationale du Congo）会长，并向他提供劳动力。

柏林会议标志着德法之间在殖民政策合作方面的巅峰。在美国的支持下，这两个大国阻挠了伦敦的意图——把刚果河口周边地区划给依赖于英国的葡萄牙。大不列颠在柏林完全受到孤立，而且势力还遭到削弱，因为在埃及财政的国际监督问题上它依赖德国和法国的参与（大国间的谈判直到1885年3月才成功结束）。所以英国必须接受法国在西非的权利要求，同时也必须接受国际上对利奥波德和斯坦利创建的那个暂时尚未命名的实体的承认，1885 年 5 月，承诺永久中立的刚果自由邦（État Indépendant du Congo）从中应运而生。因此，英国失去了对中非的控制。英国唯一成功的是，在柏林会议上经俾斯麦要求，为刚果自由邦定下了自由贸易的原则。

柏林会议于 1885 年 2 月 26 日结束。同月，德国成功地通过对卡尔·彼得斯（Carl Peters）和他的德国东非公司所购地区提供皇家保护的办法，摧毁了塞西尔·罗兹在埃及和南非之间修筑从开普到开罗的铁路线的梦想。然而，在保守党首相索尔兹伯里勋爵领导下，伦敦正致力于与德国的谅解与和解。1886 年 10 月，联合王国与德意志帝国就双方在东非势力范围的划分达成了共识：坦噶尼喀（Tanganjika）包括布隆迪和卢旺达，其部分区域自 1885 年起就是德国的“受保护”地区，划归德国势力范围；肯尼亚和乌干达划归英国势力范围。

德英在东非合作的高潮是 1890 年 7 月由俾斯麦的继任
885 者——冯·卡普里维将军（General von Caprivi）签署的《黑尔戈兰－桑给巴尔条约》（*Helgoland-Sansibar-Vertrag*）。德国把此前德属东非的一部分桑给巴尔岛转让给大不列颠；联合王国则给德属西南非洲留出通往赞比西（Sambesi）河的通道，即所谓的“卡普里维地带”（Caprivi-Zipfel），并把 1814 年维也纳会议划归英国的黑尔戈兰转让给德意志帝国。法德间的殖民地联盟随着刚果会议的召开而结束，不久后开始的德英合作仅仅是短暂的。

刚果会议的一项国际法上的重大成果是禁止奴隶贸易，这是 1885 年 2 月 26 日通过的《刚果总议定书》（*Kongoakte*）规定的。与会签署国承诺，刚果盆地既不可用作奴隶贸易的市场，也不可用于其通道。在 1889/1890 年的布鲁塞尔国际反奴隶制大会上有一位喜欢被当作反奴隶贸易和奴隶制的战士的与会者，没有遵守该《议定书》：刚果自由邦的主人——比利时国王利奥波德二世。他任命一个来自桑给巴尔的臭名昭著的非洲阿拉伯奴隶和象牙商人为该地区的总督，他实际上实行着对东部刚果的统治。利奥波德创立了“公共力量”（Force Publique），一支由白人军官领导的主要由强行招募的黑人组成的雇佣军。这支公共力量以恐怖手段强迫劳动。工作内容最初是提供象牙，这需要屠杀大量大象，1890 年代起也包括采集橡胶，橡胶主要用于生产橡胶轮胎。

没有其他任何非洲殖民地的劳工像在刚果自由邦那样受到如此系统的奴役、虐待和杀害。谁若拒绝公共力量的差遣，谁交付的象牙或橡胶太少或太迟，或是没有及时向士兵们提供鱼或木薯，就会遭到“chicotte”鞭子的抽打，这种鞭子是用未经鞣制的河马皮在阳光下晒干后制成的。另一项措施是斩去右手，这往往意味着死亡，并被发布命令的军官或士官视作完成杀人任务的证据（所以一些士兵也常常砍掉尸体的手）。甚至 886
儿童也被迫工作，遭鞭挞和用锁链锁住，妇女们则遭挟持，以便迫使她们的男人去采集橡胶。强奸屡见不鲜，村庄被焚毁也是家常便饭，因为它们被当作设置橡胶种植园的障碍。任何反抗国家权力机关的行为都会招来大规模射杀。这些都不是个人的过激行为，虽然这种行为也时常发生；它们是上面安排或容忍的强迫奴隶劳动的日常形式。

结果是不难估计的：利奥波德二世的刚果自由邦在世纪之交是整个非洲最赚钱的殖民地。有关受害者的人数没有可靠的数据：估计高达数百万。据一个合理的估计，刚果自由邦的人口在 1880~1920 年之间减少了一半。此结果中包含着谋杀、饿死、累死、无家可归和疾病死亡等种种原因，但也包括出生率急剧下降。

刚果发生的事不可能长期被隐瞒。最早揭露新统治者的罪行者之一是历史学家乔治·华盛顿·威廉姆斯（George Washington Williams），这位美国黑人在1890年夏天经过刚果盆地的旅途中就以公开信的形式向利奥波德国王，不久后又在一份报告中向美国总统本杰明·哈里森（Benjamin Harrison）报道自己见到的景象。另一位早期证人是南方长老会的教士威廉·谢泼德（William Sheppard），他是来自美国的黑人传教士，自1890年起在刚果逗留，但在1899年前往内陆的旅途中才发现近期大屠杀的证据——80只被砍掉的手，他在传教杂志中发表了相关文章。

1897年或1898年，利物浦一家航运公司的雇员埃德蒙·迪恩·莫雷尔（Edmund Dene Morel）发现，从刚果运出的货物只有象牙和橡胶，运往刚果的却只有武器。他怀疑那里存在奴隶劳动，他的怀疑经过更为详细的调查得到了证实。莫雷尔组织了一次大规模的宣传活动，对刚果自由邦的状况进行了曝光。他与传教士们通信，收集证据，如有关受害者和犯罪行
887 为的照片，与爱尔兰出生的英国驻刚果总领事罗杰·凯斯门特（Roger Casement）密切合作，后者不停地向英国政府报道发生在刚果的反人类罪行并赢得了重要作家的支持，如马克·吐温（Mark Twain）、阿纳托尔·法郎士（Anatole France）和神探福尔摩斯的塑造者阿瑟·柯南·道尔爵士（Sir Arthur Conan Doyle）。

另一位作家能够用自己目睹的恐怖事实向广大读者揭露刚果殖民统治的真相：波兰人约瑟夫·特奥多尔·康拉德·纳莱克斯·科尔泽尼奥夫斯基（Józef Teodor Konrad Nalecz Korzeniowski），他在用英语写作时用的名字是约瑟夫·康拉德。为了参加汽船船长培训，1890/1891年康拉德作为年轻的大副在刚果逗留半年。他在那里目睹的暴行令他深感不安，但直到几年后的1899年，他才在《布莱克伍德杂志》

（*Blackwood's Magazine*）发表了名为《黑暗的心》（*Herz der Finsternis*）的中篇小说。这篇小说几乎没有杜撰之处，包括被称作“库尔茨先生”的贸易代理都是确有其人，他习惯把被杀死的“黑人”的脑袋插到他房屋前的栅栏桩上。“库尔茨先生”的原型是多位官员和代理，包括公共力量中的比利时上尉莱昂·罗姆（Léon Rom），根据报纸报道这样的罪行确实发生过。

利奥波德国王试图压制关于“他的”刚果的令人不快的报道，并对国内外舆论施加影响，凡有可能，就对批评者的个人名誉进行诋毁。但他未能获得持久成功。1903 年 5 月，在莫雷尔的推动下，英国下议院通过了一项决议，议员们提出要求，对“土著（刚果的，作者注）根据人道原则”进行统治。次年莫雷尔成立了“刚果改革协会”（Congo Reform Association），对比利时、英国和美国政府施加越来越大的压力，终于使得情况出现了好转。

当布鲁塞尔议会中的反对派也变得活跃后，利奥波德二世于 1904 年决定派独立的调查委员会前往刚果自由邦。该委员会进行了客观的调查，但最后只得出了一些一般性结论，而没有逐字引用他们所收集到的公共力量受害者的证词，更不用说 888
完全公布这些证词了。由于舆论批评没有丝毫减弱，来自华盛顿和伦敦的压力不断增加，国王最后不得不将刚果自由邦移交给比利时政府，1890 年他已经在得到议会慷慨贷款批准的条件下在遗嘱中把刚果自由邦遗留给比利时王国了。经过漫长的谈判，1908 年 3 月达成相关协议，比利时接手了刚果的所有债务并付给利奥波德一笔巨额清偿费。利奥波德作为刚果唯一统治者那 23 年的卷宗被他下令销毁。他于 1909 年 12 月去世，享年 71 岁。四年后，刚果改革协会在 1913 年停止了工作。

19 世纪末和 20 世纪初，殖民暴力不仅存在于刚果。大不列颠也在其东非和南非的殖民地实施了强迫劳动，虽然其方式相对不那么血腥。1894 年罗杰·凯斯门特在经过如今尼日利亚的旅途对 27 名征召士兵被绞死一事感到愤怒，他们因他们的妻子遭到鞭笞而哗变，这件事发生在毗邻的德国殖民地喀麦隆。1892 年，德国被迫处置负责德国东非事务的帝国特派员卡尔·彼得斯，因为他严重违反了“土著政策”；五年后他经惩戒诉讼程序后获释。1904~1907 年德属西南非对起义的赫雷罗族人（Herero）的迫害和屠杀是一次种族灭绝性屠杀，下面还会讨论：种族灭绝这个词不适用于利奥波德国王的刚果所出现的情况，因为公共力量的暴行并非要消灭那里的整个族群。

1885~1908 年让刚果成为西方殖民史上最恐怖的篇章的，是持久的、屡见不鲜的、用野蛮方法制造的恐怖，其目的是经济剥削，只是其主要受益者——一位立宪君主临时用来遮掩的人道主义套话越来越不成功。在刚果所发生的恐怖事件并不是个别现象，而且可能还会发生有过之无不及的事件，批评者们对此并不怀疑；他们在 20 世纪的最初十年以坚持不懈的努力，
889 杜绝了最严重的恐怖形式，尽管在刚果对“土著”的剥削和压迫仍旧存在。

在刚果自由邦出现的过程中，个人的物质贪婪发挥了决定性作用。一些同时代的批评家认为这种动机正是帝国主义最主要的特征。1902 年，英国经济学家约翰·阿特金森·霍布森（John Atkinson Hobson）凭其对布尔战争的印象写出了《帝国主义：一项研究》（*Imperialism. A Study*）一书。此书对后来的社会主义理论家，从卡尔·考茨基（Karl Kautsky）和鲁道夫·希法亭（Rudolf Hilferding）到罗莎·卢森堡（Rosa Luxemburg）和列宁，都产生了巨大影响。“我们唯一的纲领是让国家在士气和物质上得到重生”：霍布森援引利奥波德二世的话，后者试图用这句话替自己的刚果政策在内政和外交上

进行辩护，从而得出普遍结论。比利时人的这位国王的这番言论证明，人，尤其是政治家有掩盖和拔高自己的动机的能力。自欺欺人的自然后果就是欺骗民众。通过诉诸爱国情怀权欲变得高贵，帝国主义被赋予了宗教和慈善意义，例如，坎特伯雷大主教在此框架下援引耶稣的使命是前往世界各地向各民族传播福音。

对于霍布森来说，帝国主义扩张的实际原因完全不同于其辩护士所声称的。根据这位作者的观点，海外市场的征服靠的是一些小的经济集团的努力，它们很有政治影响力，在经济欠发达的地区投资对它们而言比在国内更具吸引力，霍布森认为前者的市场是可以无限拓展的。母国的消费力不足是由于工资过低，而这又造成资本过剩和生产过剩，不得不寻找国外市场作为减压阀。真正刺激帝国主义经济的是来自为数不多的殖民地与其他附属地区的“收益盈余”。

按照霍布森的观点，对于整个国民经济来说侵略性帝国主义的收益是可以忽略不计的，而由国际冲突所引起的风险却很高。帝国主义之合乎逻辑的后果是像英国和美国那样的社会军 890
事化，它们曾为自己的自由传统而自豪。新帝国主义给大都市的专制倾向以推动力：这样一种现象的意义要远远超过民主在为数不多的一些殖民地的发展。霍布森在大不列颠也看到行政权力的独立和缓慢的去议会化，他说在帝国非自由部分的暴君式实践开始威胁母国的传统自由，这就是对“帝国主义的复仇”。

霍布森认为，破坏古老的自由的意识形态来自沙文主义、社会达尔文主义和种族主义。它们把“适者生存”（survival of the fittest）的信念——为生存而斗争——从大自然应用于国际关系上，以民族的名义鼓吹使用武力的神圣权利（divine right of force）。使用这种工具的帝国主义是阶级统治的表现，在其逻辑中蕴含着国家保护主义和欧洲各民族之间的战争。更糟的是：就像英国和法国18世纪在北美和印度也曾使用当地的辅助部队来打击对方，未来欧洲列强可能会在更大范围内尝试在非洲和亚洲启用黑色和黄色人种的军队，这将代表基督教世界的帝国主义竞争。“目前帝国主义的趋势正在向这个方向发展，这可能会导致西方国家的衰败和西方文明的崩溃。”

霍布森并没有停留在预言式警告上。他设计了一种替代性国内和国际秩序的模式。他认为，要得到救赎必须实行自由贸易和社会改革；通过人民政府取代阶级统治；实现真正的民主，它必须同时被运用到政治和经济中；欧洲乃至所有文明国家应形
891 成一个和平联盟，大英帝国的自由国家的自愿联合可能是迈向这一方向的第一步。

霍布森与其社会主义“门徒”的区别仅在于，他不想废除资本主义，而是只要求废除帝国主义。他为全面改革，而不是社会主义革命辩护。他赞同这种方案（它像是后来的社会民主观念的预演），只是因为他将帝国主义视为资本主义发展的失误，而不是资本主义在某一特定发展阶段的必然结果。他甚至向帝国主义者们承认，文明国家的政府对发展水平较低的种族在政治和经济方面实行控制并非从一开始就非法。但只有这种控制不是经由个别白种人的私人公司，而是由一个民主政府来实施时，它才是合法的。

超过国内投资能力的资本资源，是英国和其他欧洲列强正式甚至非正式统治欧洲以外的世界大部分地区的先决条件。但1870~1914年的古典帝国主义不只是简单地因资本剥削利益发展起来的，也不能主要用经济事实来解释它。美国政治学家迈克尔·道尔（Michael Doyle）在其1986年出版的著作《帝国》（*Empires*）中指出，1870年是国际体系史上的转折期。“一个强大的德国与法国竞争，后者此时已从1870年的战败中恢复过来；与大不列颠竞争，后者已重新意识到来自外部的

挑战；并与意大利竞争，后者现在作为统一的国家决心在国际舞台上展示自己新发现的力量。权力的平衡现在变得‘过度拥挤’，在欧洲内部进行扩展和补偿已不再可能。因此 1870 年后，所有欧洲列强都转而在欧洲以外的全球外围区域进行殖民征服，在那里它们很容易拓展自己的领土，获得资源和军事基地，这些都有助于它们攫取权力和威望。”

在道尔看来，1870 年后形成的国际体系是 19 世纪第三个 892
国际体系。此前的第一个国际体系是 1815 年维也纳会议创建的“欧洲协调”（Konzert der Großmächte）体系，由于 1848 革命该体系在 1850 年后不复存在。第二个国际体系以“现实政治”（Realpolitik）为标准并随着 1870/1871 年的普法战争而终结。第三个国际体系的特点是德国的优势，它一直持续到 1914 年夏天第一次世界大战爆发。这一阶段的新颖之处不在于体系各组成部分的性质，而在于参与竞争的国家的数量和相对权势。不考虑德国的政治优势，此阶段的体系是多极的；英国在世界贸易中的优势虽然小于从前，但在外围仍有一个大英帝国的存在。

这至少持续到 1879 年，这一年埃及起义反抗英法对其财务进行控制，英国与俄国在阿富汗发生冲突，德国引进了保护性关税。1879 年，道尔所称的外交系统的殖民化开始：在欧洲列强政治中海外利益的影响力越来越大。“对英国人而言，这种冲动意味着保护从埃及和苏伊士运河通往印度的航道，这就要求控制尼罗河的源头和在东非的主导地位。对德国人和法国人来说，这种冲动体现在占领‘阳光下的地盘’，以赢得国威。”

因此，自 1870/1871 年以来，欧洲国家之间相对安全地竞争影响力和声望的焦点，便转向了看起来仍可利用的非欧洲世界。这种追求有着悠久的传统。这符合在古希腊找到其经典表达的“竞争原则”。人文文理中学的毕业生都知道荷马的史诗《伊利亚特》（*Ilias*）中一位英雄的那句常被引用的格言：“要永远成为世上最勇敢最杰出的人。”英国应用这一原则的目的在于，通过加强大英帝国来补偿联合王国因德意志帝国的创建而失去
893 的权势。在军事上被打败的法国只能在欧洲以外的地区——在非洲和亚洲——恢复其“荣耀”，不仅右翼政客，而且军队也敦促它这样做。

年轻的德国民族国家在瓜分世界时不想袖手旁观：俾斯麦虽然没有同感，但他通过1884/1885年在非洲和太平洋收购殖民地在一定程度上尊重了这种情感。另一个年轻的民族国家意大利有同样的想法，尤其是自从1881年隔海相望的突尼斯成为法国的受保护国之后——这一变化比以往任何时候都更让人感到是一种耻辱。1882年德普雷蒂斯政府从意大利一家船运公司手中购得红海边的港口城市阿萨布（Assab），随后在英国支持下又于1884/1885年占领了厄立特里亚（Eritrea）的马萨瓦（Massaua），1887年意大利试图入侵埃塞俄比亚时却在道加里（Dogali）附近惨遭失败。作为某种意义上的一种补偿，1889年意大利征服了非洲之角很大一块沿海地带并将其宣布为意属索马里兰（Italienisch-Somaliland）保护地。同年意大利与埃塞俄比亚新皇帝孟尼利克（Negus Menelik）缔结了《乌査里友好和贸易条约》（*Freundschafts- und Handelsvertrag von Uccialli*），罗马政府将该条约解释为埃塞俄比亚成为意大利的受保护国，但这马上遭到该国皇帝的断然否认。一年之后，这次外交上的重挫通过设立意大利厄立特里亚殖民地得到了一定程度的补偿。

年轻的殖民国家德国、意大利和比利时面对的老牌殖民势力不仅有英国和法国，而且还有荷兰、西班牙和葡萄牙。荷兰殖民地的核心是荷属东印度，即如今的印度尼西亚。西

班牙殖民帝国得以保留下来的有菲律宾、加罗林群岛（die Karolinen）、马里亚纳群岛（die Marianen）、古巴和波多黎各。为了能够在瓜分非洲的过程中分得一杯羹，1885 年西班牙开始建立西撒哈拉保护地，并尝试与英国一起阻止法国染指摩洛哥。葡萄牙殖民帝国能够保留的地盘包括东帝汶（Ost-Timor）、果阿（Goa）以及非洲的安哥拉和莫桑比克；但这两个非洲殖民地在很长一段时间仅限于沿海地带，直到 19 世纪末和 20 世纪初那里的内地才被置于葡萄牙的管辖之下。

除埃塞俄比亚外，撒哈拉以南唯一的，至少在形式上独
立的国家是利比里亚（Liberia）。1822 年在美国得到解放的 894
黑奴定居在那里，1847 年他们宣布成立独立的共和国，但直到 20 世纪他们全凭美国的强大支持才能维持权力。1890 年前后，“争夺非洲”基本上已结束，但并未完全结束。尚未被欧洲统治的还剩下撒哈拉的广大以伊斯兰教为主的地区，人口部分是阿拉伯人，部分是非洲黑人部落成员，包括位于乍得盆地（Tschadbecken）的巴吉尔米（Bagirmi）古王国，此外还有苏丹统治区摩洛哥和地中海南岸的奥斯曼属国的黎波里塔尼亚（Tripolitanien）。最有兴趣对这种状况做出有利于自己之改变的国家早已确定：法国和意大利。

在对非洲和亚洲大部分地区进行殖民时，欧洲人从来就不缺乏高尚的理由。基督教的传教使命是原因之一，毫无疑问，基督教化在许多方面都为领土征服铺平了道路，并为其提供了侧翼支援。传教士和传教士医生在殖民主义做法特别残暴的地方，如刚果，进行抵制，并带来了变化，这也是事实。此外还有基督教传教士在创办殖民地教育方面所起的先锋作用。

除了基督教的传教使命，领先的殖民大国，尤其是英国和法国，更注重其“文明开化使命”（civilizing mission 或 mission civilisatrice），即历史使命——在殖民地强制推行以

法律原则为准绳的秩序。废除奴隶贸易和奴隶制被置于自我设定之目标的首位：这种打算不仅具有道德原因，而且还因为这比其他要求更适合为积极的殖民政策赢得公共舆论。然而在殖民前的奴隶劳动和殖民的契约劳动（indentured labour）之间通常仅有程度上的区别，被英国殖民势力作为廉价劳动力卖到
895 南非和东非的印度苦力，他们与必须以最低工资在种植园或矿山劳作的非洲黑人一样没有基本权利。

在殖民地和祖国，受益于欧洲列强在海外——用鲁德亚德·吉卜林（Rudyard Kipling）的话说——承担“白人的负担”的人数要远远多于霍布森愿意承认的数目。说到欧洲人对帝国主义扩张的真正动机的自欺欺人，他的分析迄今无人能够超越。对于殖民主义和帝国主义所起到的作用，在世纪之交尚不能做出最终评判。但那时就已可以预见，欧洲人对殖民地各民族的行为将会对大都市的政策产生影响。霍布森在1902年写道：“帝国主义的最大危险在于一个民族的精神状态，它已习惯于这种（利他主义的，作者注）自我欺骗，并已丧失自我批评的能力。”在此他援引的是柏拉图的解释，即谎言是心灵无意识的自我欺骗的结果。他也可以使用亨利克·易卜生在1885年所写的剧本《野鸭》（*Die Wildente*）中提出的概念：“生活的谎言”。[20]

## 进行巩固的尝试：1880 年代的德国

1880 年代，殖民政策仅仅是德国诸多活动领域中的一个。1880 年代初的当务之急是要调解文化斗争。1878 年 2 月就任新教宗的利奥十三世出于一个原因就已经想改善与德意志帝国的关系：法国 1877 年选举后上台的政府志在政教分离、还政于俗。而俾斯麦也认识到，文化斗争无法取胜，而宗教作为后盾在反对社会民主主义方面是有用的。1880~1887 年间，国会通过了一些“缓和法”，收回了 1870 年代在文化斗争中出台的大部分措施。得以保留的法令中包括对耶稣会的禁令（1917 年取消），以及到 1953 年一直有效的布道条规和公证结婚条令。1882 年普鲁士和梵蒂冈再次 896
恢复外交关系——俾斯麦在十年前终止了这一关系。

另外一个突出的问题是建立一个社会保险体系。俾斯麦早就决心走上“社会改革王国”之路，就像洛伦兹·冯·施泰因 1850 年曾要求的和“经济历史学派”所赞同的，后者是 1870 年代初起聚集在古斯塔夫·冯·施穆勒（Gustav von Schmoller）身边的社会政策协会成员之一。帝国宰相坚信，君主国若采取积极的社会政策就会为自己创造一种额外的合法性并可以对社会民主主义造成釜底抽薪的效果。“也许我们的政策有一天会失败，”他在 1881 年 6 月对其合作者莫里茨·布施（Moritz Busch）说，“但国家社会主义势在必行。任何人只要抓住这个理念，他就会上台。”

俾斯麦原本希望完全取消工人的保险缴款，让国家补贴来取代这部分保费。但他的想法未能得到实施，这是因为来自官僚主义和议会的阻力，此外他为了削弱议会在这方面的影响力意欲组建行业自治组织的计划也未能取得成果。第一个社会保险法案是 1883 年的医疗保险法，凡没有参加自愿互助基金的工人必须在当地的医疗保险机构参保；工人须缴纳三分之二的保费，雇主负担三分之一的费用。接着在 1884 年设立了意外事故保险，其费用全部由合作性雇主机构买单。最后于 1889 年引进了养老和残疾保险，雇主、工人和国家各分担三分之一的费用。

德国社会保险根本性的创新在于它让个人对社会福利有法定权利，这取代了传统的贫穷救济制度。1880 年代的保险法案让国家和社会有义务对个人不该负责和无法避免的紧急情况进行补救。因此德国成为率先引进社会保险的国家。倘若没有 1878/1879 年的“内部建国”社会保险法案几乎不可能实施：
897 与保护性关税一样，它们是以告别“自由放任”的曼彻斯特贸易自由主义为前提的。

反对“国家社会主义”，从而反对社会保险法案的包括左派自由主义者，这些人又分属德意志进步党和自由联盟中的分离派。他们在 1881 年 10 月的国会选举中都获得了非常好的结果，加在一起得到了多于五分之一的选票，而民族自由党和自由保守党则不得不接受失去不少选票的结果，社会民主党稍微失去一些选票，中央党得以保持原有的水平，德意志保守党的选票稍有增加。在得票率从 23.1% 下降到 14.7% 后，民族自由党经过内部长时间辩论后做出了一个重大抉择：在法兰克福有影响力的市长约翰内斯・冯・米克尔（Johannes von Miquel）的敦促下，他们转而支持俾斯麦的社会政策。

1884 年 10 月的国会选举中，上述政策变换略见成效：民族自由党的选票增加了近三个百分点。最明显的输家是不久前与德意志自由思想党合并的左派自由主义者，反对前两项社会保险法案和殖民政策均未能为他们拉来选票。赢家还有社会民主党，其得票率从 6.1% 上升到 9.7%。因为易北河以东人烟稀少选区的特权，德意志保守党尽管得票略有下降，所得议席却从 50 席上升到 78 席。新一届国会在获得稳定的亲政府多数支持方面与上一届相差无几。

从1886年起，引起公众关注的一个核心问题部分带有经济和社会特性，部分带有“民族”特性：普鲁士东部农业省份的人口减少。许多居民已移居海外，许多人前往德国的“工业心脏”鲁尔区，其中德国人超过波兰人。因此，波兰人在东部地区的人口比例增加了，而德国人的比例减少了。在反对国土逐渐“波兰化”，赞成“国土日耳曼化”（Germanisierung des Bodens）政治宣传活动的影响下，普鲁士政府在1886年春向议院呈交了一份提案，准备通过在皇家移民委员会控制下 898
的基金购买波兰人的土地。4月底该法案生效。

普鲁士没有像最初设想的那样让所购买的土地变成领地，而是将其用于安置德国农民，这是在民族自由党的催促下实现的。花在定居政策上的资金相当庞大：1886~1914年约耗资10亿金马克。然而，“内部殖民”的成就却十分有限：尽管有成立于1894年的德意志东部边境地区联盟（Deutscher Ostmarkenverein）的大力支持，但到第一次世界大战时只有22000名农民，加上其家人差不多120000名德国人，在波森和西普鲁士定居。

伴随“国土日耳曼化”的是东部语言的日耳曼化。早在1876年和1877年，先是普鲁士，然后是整个帝国以立法的方式确立德语为政府和法院优先使用的官方语言。语言的日耳曼化涉及的不仅是波兰人，还包括生活在北石勒苏益格的丹麦人在和梅茨周围地区说法语的居民。但“种族之争”（Volkstumskampf）只发生在帝国的东部，在那里“日耳曼人”与“斯拉夫人”发生冲突。只有面对波兰人——而不是丹麦人与法国人——那种文化和种族上的优越感才油然而生，这令人忆起殖民者对待“原住民”的态度，并使德国人对说波兰语地区的统治具有殖民统治的特征。对波兰人的排斥在其种族动机上与反犹主义类似，因而对波兰的敌意就打破了“正常”德意志民族主义的框架。然而与犹太人不同的是，没有任何人指责波兰人企图统治德国，甚至统治世界。这种混杂着自卑感的情感只存在于反犹主义中。对犹太人的仇恨与波兰人不得不忍受的“一般”种族主义还略有不同。

阿尔萨斯人和洛林人也受到歧视，但在形式上要比波兰人所受的歧视温和许多。基于一项“选择权”，到 1873 年帝国新吞并地区的居民中约有 50000 人离开家乡前往法国。留下的阿尔萨斯人和洛林人拥有的权利比其他德国人少。最初，帝国
899 这一地区由帝国宰相直接任命的一位最高行政长官管理。1879 年阿尔萨斯和洛林获得了帝国成员国的地位，但权利受到一定限制：它被允许在联邦参议院发挥顾问作用。斯特拉斯堡的执政者受皇帝直接领导，同年他成为最高行政长官并获得在联邦参议院向本省的议员下指示的权力。直到 1911 年阿尔萨斯和洛林才有权选举人民代表机构，在那之前一个由知名人士组成的委员会代替了本地议会。与德国其他邦国的和睦关系也不容小觑：积极参与 1879 年帝国相关法律制定的是以奥古斯特·施内甘斯（August Schneegans）为首的主张“自治”的温和派国会议员，而不是数量上占多数的“抗议者”。1890 年后“抗议者”的影响力明显减小。1893 年的国会选举中，德国各党派议员和自治主义者所获得的议席甚至超过了抗议者的议席，后者部分是神职人员，部分是自由主义者。

1887 年，第二个七年临时军事预算到期——它是 1880 年获得批准的。此前一位志在“复仇”的将军布朗热（Boulanger）被任命为法国国防部部长（此事下面还会专门论述），乘此机会俾斯麦在 1887 年 1 月要求国会再次批准为期七年的临时军事预算。在申请遭到拒绝后帝国宰相找到理由大约提前九个月解散了本该任期三年的帝国议会。随后的竞选活

动完全致力于宣传法国的威胁。德意志保守党、自由保守党和民族自由党结成一个“联盟”，为新的七年临时军事预算拉票。爱国呼吁获得成功：在 1887 年 2 月新选出的国会中再次形成了自 1881 年以来的第一次亲政府多数，由三个“联盟党”组成，它们在 397 个席位中占 220 个。他们帮助通过的第一个法案就是 3 月通过的第三次七年临时军事预算。

一年后，威廉一世皇帝于 1888 年 3 月 9 日去世，享年 90 岁。他的继任者登基时已身患绝症：喉癌。腓特烈三世，无论从所受教育还是态度上看，军人气质都不亚于其父，但同时又比他父亲的思想更为自由。这有可能是受了其妻子维多利亚——英国女王之女——的影响，他对议会领导下的英国非常有好感，与德国 900
左翼自由主义者的领军人物维持着良好关系，总是清楚地表达自己拒绝反犹主义的态度，对俾斯麦则敬而远之。人们一再猜测，若是腓特烈皇帝能够执政更长一段时间，德国的历史走向将会是什么样：帝国也许会更自由、更议会化，比如在舰队政策方面与英国取得更多的谅解？同时代人中持怀疑态度者早就提出质疑，这种新政在以容克主导的普鲁士是否行得通。总之，腓特烈只当了 99 天皇帝。他于 1888 年 6 月 15 日去世，享年 56 岁。他 29 岁的儿子威廉二世（Wilhelm II.）继位。1888 年遂成为三帝之年。

威廉二世几乎在各方面都与其父不同：不崇尚自由，而是极为专制；与反犹主义领袖，如教堂和宫廷牧师阿道夫·施特克尔曾过从甚密；多才多艺，但肤浅；是个爱慕虚荣和奢华的夸夸其谈者，他想用空谈来掩盖自己的不安全感和天生的身体缺陷——残废的左臂。不难想象，他会迅速与俾斯麦发生冲突。早在 1886/1887 年，当与法国的“布朗热危机”与沙皇帝国和奥匈帝国之间在巴尔干地区的紧张关系结合在一起时，皇子站在以皇帝的总参谋长瓦德西伯爵（Graf Waldersee）为首的

“主战派”一边，力主主动与俄国和法国两线作战。在雄心勃勃的宠臣，如写诗和作曲的菲利普·冯·奥伊伦堡伯爵（Graf Philipp von Eulenburg）和帝国宰相的对手、仇恨犹太人和俄国人的瓦德西的影响下，有自负倾向的威廉在登基后决心尽快走出帝国创始人的阴影，亲自掌控局面。

年轻的皇帝和年老的宰相间不久就冲突迭起，而且是在不同的领域。1890 年初，为了抢社会民主党人的风头，威廉二
901 世想通过立法在劳动保护领域采取一些收买人心的措施，包括禁止周日工作。对此俾斯麦先是进行抵制——因为他担心产生负面政治影响——后来他决定找机会在立法过程中让这种打算落空。更严重的争执发生在 1878 年通过的为期两年半的《社会党人法》第五次延期时。民族自由党只有在删除令人愤慨的驱逐条款的前提下，才会让皇帝遂了心愿。俾斯麦拒绝这样做，而威廉二世赞同做这种让步，以便使该法作为整体得以通过。而德意志保守党又想让帝国宰相在国会表态赞成删除相应条款，才同意通过这一温和版本，此建议遭到俾斯麦的拒绝。

1890 年 1 月 25 日，德意志保守党、中央党、自由思想党、社会民主党、阿尔萨斯－洛林人、波兰人、丹麦人和韦尔夫家族派中“反对”该法延期的多数人否决了民族自由党和自由保守党中赞成延期的少数：在 169 票反对、98 票赞成的情况下，温和版《社会党人法》在三读时被否决，十二年来一直有效的该法于 1890 年 9 月 30 日失效。1890 年 1 月 25 日的表决让社会民主主义获得了道义上的胜利；1887 年的“联盟”被打破，俾斯麦的权势受到持续削弱。

1890 年 2 月底通过两轮选举选出了新一届国会：2 月 20 日举行了第一轮投票，8 天后接着进行了第二轮投票。“联盟各党”惨遭失败，失去了议会多数。选举赢家一个是社会民主党人，他们第一次成为赢得选民最多的政党，选票份额从 10.1%

上升到 19.7%，几乎翻了一番，议席数从 11 增加到 35；另一个是自由思想党人，其选票份额从 12.9% 上升到 16%，议席数从 32 增长到 66。对帝国宰相来说，他绝对不可能跟新国会一起执政。即使他争取到中央党支持自己［1890 年 3 月 12 日，在财务顾问、银行家格尔森·冯·布莱希罗德的调解下，他与该党领袖路德维希·温特霍斯特（Ludwig Windthorst）的秘密会谈显露出这种意图］，因内部分歧，尤其是民族自由党与中央党之间的分歧，一个由保守党人、民族自由党人和天主教党组成的政府多数实际上也是不可想象的。

俾斯麦决心与社会民主党——这就意味着与新的国会——争 902
个鱼死网破。在普鲁士政府 3 月 2 日的一次会议上，俾斯麦甚至考虑让普鲁士国土放弃德意志皇冠，由诸侯们解散帝国。威廉二世最初准备进行政变，但在最后关头考虑到后果退缩了。因此俾斯麦反议会的算盘落了空，宰相本身进入了一条死胡同。其政变计划突然暴露了 1866 年普鲁士宪法冲突时的妥协的暂时性特征。在议会和执行机构间的权力斗争中，政府迟早要面对以下问题：它是愿意顺从多数人民代表的意愿，还是违宪。1890 年俾斯麦准备走第二条路。

就在皇帝和宰相之间的冲突要达到高潮时，3 月 17 日俄国大使舒瓦洛夫伯爵拜见了俾斯麦，告诉他圣彼得堡的政府已授权他这位大使，就 1890 年 6 月即将到期的 1887 年的《再保险条约》续签事宜展开谈判，而且只能跟俾斯麦或是他在外交部担任国务秘书的儿子赫伯特谈判。舒瓦洛夫来得太迟了，同一天俾斯麦接到威廉二世要求他辞职的通知。3 月 18 日俾斯麦按要求辞职。1890 年 3 月 20 日，他被解除了帝国宰相、普鲁士首相和普鲁士外交大臣职务。《再保险条约》没有续约：俾斯麦之俄国政策的反对者——总参谋长瓦德西伯爵和外交部“幕后人物”参事官弗里德里希·冯·荷尔斯泰因（Friedrich von Holstein）抓住有利时机说服皇帝，对德国最好的方案是不要满足俄国的愿望。

俾斯麦的下台让德国避免了一次严峻的国家危机。帝国第一任宰相的斗争计划会导致一种或多或少隐蔽的军事独裁，因此在某些情况下也可能会引发内战。1880年代末俾斯麦在外
903 交和内政上均处于失败的边缘。通过保护性关税和禁止用俄国证券抵押贷款，他严重损害了与俄国的关系，《再保险条约》续签也不过是一种权宜之计。这就破坏了其同盟体系的基础，该体系本应有助于避免两线作战的危险。在最重要的国内政策纷争——《社会党人法》的延期问题上，宰相自己堵死了所有的妥协可能性。他的固执导致1890年2月国会选举中的惨败和不久后的被解职。

自从帝国覆灭以后，对俾斯麦外交政策的评价主要是在与其继任者的比较中做出的，看其继任者在国际关系领域中的意愿、行动和成就。在此背景下，帝国创始人的外交政策看来可谓周到、适度并具有最好意义上的政治家风度。事实上，俾斯麦在很大程度上即兴、颇为矛盾的联盟政策可以用一个术语来概括，此术语是这位帝国创始人的传记作者洛塔尔·加尔（Lothar Gall）在描述1881年后的国内政策时首创使用的：它是个“救急体系”（System der Aushilfen）。

尽管如此，俾斯麦曾是外交艺术的大师，他坚决反对炫耀权力和威望的政策，能够及时识别风险，把愿景和可实现的目标严格分开，现实评估其他大国的利益，并根据不同条件用一项行动可能性代替另一项。他认为1871年后的德国处于“富足”状态，从未有与老牌世界强国英国一争高下的野心。追求这一目标的是他的继任者，他们感到自己足够强大，可以按照“敌人多，荣耀多”的座右铭准备实行进行特定挑战的政策。

相反，几乎没有哪位历史学家会认为“铁血宰相”在内政

方面是位伟大的历史人物。他毫无顾忌地给政治对手打上“帝国敌人”标签的做法毒害了议会和公共生活，而且其影响在他下台后仍在继续。就算从来没有过《社会党人法》，社会民主党人也不会成为宰相的支持者。相反，若是没有文化斗争，中央党可能会成为温和保守的政府阵营中的一部分。

德国的议会化之所以未能完成，当然不仅仅是因为俾斯 904
麦不情愿以及普鲁士和其他各邦国都不想让帝国议会架空邦联参议院。原则上最赞成议会体制的民族自由党人想通过文化斗争长期保持他们的优势，从而防止议会权力转移形成天主教政党与保守党“联合”的局面。再加上从 1880 年代起，尤其是 1890 年后，大多数资产阶级政党害怕社会民主党一党独大，而社会民主党又不可能与资产阶级核心力量结成议会联盟，因为这违背了阶级斗争学说。1890 年前后的德国离议会制的距离可能比帝国创立时更加遥远。

尽管如此，整个民族还是凝聚在一起了。1890 年，除了俾斯麦之外，几乎没有人考虑过让这个帝国解体。反对帝国的是那些被迫属于它的人：波兰人、丹麦人和帝国内讲法语的居民。相反，多数讲德语的阿尔萨斯和洛林人此时已经找到了对帝国的认同感。除了新教徒，越来越多的数量上庞大得多的天主教徒亦然。1890 年的帝国议会选举中“抗议者”遭遇惨败。1866 年的“老德意志”败落者，除了北德一些“韦尔夫家族派”外，早就与普鲁士领导的帝国讲和了，其中大多数人在 1870/1871 年就这么做了。

与历史上的邦国、其国君和王朝的紧密关系，并未妨碍对帝国的忠诚，甚至让这种忠诚更坚定。用历史学家迪特·朗格维舍的话来说，德国在 1871 年后也是一个“联邦制国家”。帝国创建二十年后，德国人属于同一整体的感觉至少和他们各邦国特殊性的感觉一样强。这是因为他们共同经历过战争与和

平，共享不断增长的公共交通和通信网络，有共同的货币，共同的机构，如帝国政体、民选的帝国议会、帝国法院，共同的
905 政党和利益集团，还有不容忽视的学校和军队进行的爱国主义教育。当俾斯麦离开时，德意志国家民族的形成已基本完成。

俾斯麦当帝国宰相时，德国人一直分裂为两个阵营：他的崇拜者和反对者。随着他归隐汉堡东部的萨克森森林中的庄园——这是威廉一世皇帝1871年为感谢他的建国功绩馈赠给他的——他才开始作为“帝国锻造者”成为偶像。只要有机会，人们就会引用他那充满胜利豪情的话：“我们德国人在世界上除了上帝什么都不怕……”他在1888年2月6日的国会讲话中于这半句话后面还说了什么，则被人遗忘了：“……因为敬畏上帝，这种敬畏让我们热爱和维护和平。”

俾斯麦能说会写，尽管嗓音高而且细，却是一个令人印象深刻的演说家。他对被人们所称的“议会文化”有很大贡献，他始终反对国会扩张其权力，如果国会大多数议员与他的意见相左，他会毫不犹豫地解散国会。这个伟岸男子也是个记大仇的人，而且记起仇来经常鼠肚鸡肠。当爱德华·拉斯克1884年1月在访问美利坚合众国途中于纽约去世时，俾斯麦拒绝把美国众议院的一封唁电转交帝国议会。议员们要求他阐述理由，俾斯麦再次在国会攻击死去的对手，而且觉得这没有什么不妥。

对于大多数德国人而言，1890年后俾斯麦越来越成为让新的德意志帝国的梦想变成现实的英雄。大部分中产阶级不认为或不再认为那是一种缺陷——德国人被剥夺了以自选的形式对议会负责的政治自由。一位自由主义者特奥多尔·蒙森在普鲁士宪法冲突时期曾反对过俾斯麦，1866年后转而支持他，1880年后再度反对他，于自己去世的前一年即1902年1月3日曾在给国民经济学家卢约·布伦塔诺（Lujo Brentano）的

信中写道："俾斯麦打断了国家的脊梁……"这对俾斯麦先是领导普鲁士，然后领导帝国的28年来说肯定不是一个公正的评价。但从一个坚定的自由主义者的角度来看，这个评判也不无道理。[21]

## 906 机会主义的共和国：处于改革与危机间的法国

大约在德国通过1878/1879年的“内部建国”向右转的同一时间，法国的“公爵共和国”被“机会主义共和国”所取代，即向左转了。在资产阶级中坚力量的领导下，法国不仅把其海外殖民地变成了一个殖民帝国，而且它也第一次在实质上与其1870年9月4日以来的正式名称相符：一个共和国。1880年众议院完成了一个具有重要象征意义的行为，它在第三共和国宣布成立十年后从凡尔赛宫迁往巴黎。同年，议会宣布7月14日（1789年攻占巴士底监狱的日子）为国庆节，马赛曲（一支马赛共和部队在1792年7月所唱的战歌）为国歌。此外众议院还决定对巴黎公社幸存者实行大赦，大部分流亡者随后返回他们的家乡；许多人接下来参与了社会主义运动的开展。

在由不断更迭的“机会主义者”（他们有时候也这样自称）组成的政府领导下，1880年代前半期实现了新闻自由，改革了司法，在各市政部门引进了离婚程序和市长选举法（此前市长由省长任命），并通过了一项结社法，正式允许创立工会。大多数改革发生在1884年，茹费理第二届内阁时期。许多创新是在甘必大的推动下进行的，虽然他只当了短短几个月总理，即1881年11月至1882年1月。这也同样适用于1884年决定的对1875年宪法的修订。一项补充条款规定，前统治王朝的后裔不得当选共和国总统一职：这条规定旨在防范对这一职位提出要求的奥尔良巴黎伯爵，在波旁王位觊觎者尚博伯
907 爵死后，君主主义者在1883年达成共识由巴黎伯爵参选总统。最重要的改变涉及参议院：它失去了75位由众议院选出的、不可替换的终身成员，此后它仅仅由众议院和殖民地选出的任期9年的参议员组成。

然而内政改革的重点是教育政策：教育历来是左右派之间，教会与国家之间，以及1879年以来法国“文化斗争”交锋最激烈的战场。在这一领域取得最持久影响的政治家是茹费理，他是俾斯麦在殖民政策方面的“合作伙伴”，1880/1881年以及1883~1885年出任总理，并于1879~1885年间多次担任教育部部长。“机会主义者们”是奥古斯特·孔德实证主义历史哲学的信徒，他们相信进步，因此是世俗主义者，反对圣职人员。“教权主义是敌人”（Le cléricalisme, voilà l’ennemi），甘必大1877年呼吁道。作为“带头”禁止耶稣会者，茹费理本人曾提到的任务是不靠上帝和国王来组织管理人类。

从世俗主义发展出的一些普遍的准则和实际应用是：宗教是私人的事情，与国家办的学校无关，与宗教课的形式亦无关；而国家无权干涉宗教问题。孩子和其家庭的宗教信仰应该受到保护，在没课的周四教会有机会在他们自己的建筑内由他们的祭司讲授宗教课。要实施这样一种世俗教育体系，首先要在全法国引入普遍、义务和世俗的小学教育，修建新校舍，教师培训须在新的基础上进行。茹费理通过1879~1881年的教育法做到了这些：神职人员的代表被排除在监督机构教育最高审议会（Conseil Supérieurde l’Enseignement）之外，各省均创办了分别培养男女教师的师范学校。在那里执教的师资专门由圣克卢的高等师范学校培养。其毕业生，大多数是“享受奖学金的学生”（boursiers），也有机会进入综合大学学习。天主教教团成员被逐步从公立学校教学人员中清除：根 908
据1886年10月的框架法，男校教学人员的世俗化须最迟在1891年完成；在有许多修女任教的女校，这个过程需要更长时间。

1890年前后还远远谈不上世俗学校的完胜。私立学校被允许，90% 的这类学校由天主教创办并由神父领导，但即使在这里也不允许耶稣会成员或其他“未经官方批准”的教团成员授课。由于私立学校得不到任何公共资金，它们收学费，这导致“阶级效应”：富裕家庭的父母有能力送孩子上私立学校（或请家庭教师）；不那么富裕的家庭只得依赖公立学校。这种学校体制的分裂反映出社会的分裂，并进一步强化这种分裂，这种局面一直持续到第三共和国终结，虽然公立学校的重要性日益增加：1940 年前后 85% 的小学是公立学校，至少 60% 的高中也属公办。

茹费理的教育改革对巩固第三共和国的重要性怎么高估都不过分。它们帮助形成的共和国意识此前从未达到如此广度。这种意识虽然没有涵盖所有的社会阶层和所有的政治阵营，但它深入到全国各地。1870 年前后法语还是少数法国人的语言；在西南地区人们说着不同类型的土语，尤其是普罗旺斯地区讲奥克语，在布列塔尼仍广泛使用布列塔尼语，尼斯周围，特别是在科西嘉岛则说意大利方言。通过公立小学体系的扩展，同时也因为修路，标准法语渗透到最偏远的省份。“机会主义共和国”从而促进了一个过程，用美国历史学家尤金·韦伯（Eugen Weber）1976 年一本书的标题来说就是《农民变成法国人》（*Peasants into Frenchmen*）。如果说第二帝国时期仍旧以农民为主的法国开始了现代化，那么 1870~1914 年的第三共和国则是这种现代化扎扎实实进行的时期。

909 1886 年 10 月，众议院进行了新一届选举。第一轮投票后共和党严重受挫：他们只获得了 127 个席位，而共同推出波拿巴主义者为共同候选人的君主主义者得到 176 个席位。这种右转很明显是部分地由农民和市民选民促成的，他们借此抗议茹费理的“左倾”办学方针。当然，农民对农产品价格持续下降的不满也起了重要作用。左翼的变弱可能还有一个原因，即作家保罗·德鲁莱德（Paul Déroulède）于1882创立的战斗组织“爱国者同盟”（Ligue des Patriotes）的民族主义宣传。

在第二轮投票中局面发生了变化。因为与激进派就“共和党人防御”（défense republicaine）达成了选举协议，共和党人现在一共拥有383个议席，君主主义者201个议席，与1881年相比，后者的席位翻了一番。1886年1月7日，夏尔·德·肖塞斯·弗雷西内（Charles de Saulces Freycinet）第三次当选总理。在其内阁中首次有以乔治·克列孟梭为首的激进派中的温和政治家任职，此前数年中克列孟梭一直是一位无人能及的议员，频繁导致共和国政府短暂执政后垮台。在他的推荐下，乔治·布朗热将军出任国防部部长，后者在突尼斯服役期间曾批评殖民政策并赞成对德国发动复仇战争。他的入阁不久后就被证明是一个致命的错误：很快他就被称作“复仇将军”，先是引起严重的国际冲突，然后又导致同样严峻的国内政治危机，在许多方面可以和1875年后的“麦克马洪危机”相提并论。

任职后不久，布朗热就做了一件与其部长职务格格不入的事情，却让他在工人阶级中深受欢迎：内阁决定让他派军队去镇压发生在法国西南部代卡泽维尔（Decazeville）的煤矿工人起义，但他却建议其士兵站在罢工工人一边。（罢工也对社会主义运动产生影响：由于激进分子支持政府的强硬手 910
段，众议院九名先前加入了激进派议会党团的社会主义议员宣布退出。）布朗热将国庆日的阅兵式组织得让共和国总统儒勒·格雷维不得不认为是一种挑衅。国防部部长得到的最有力的支持来自保罗·德鲁莱德的爱国者同盟。为布朗热的声望大造舆论的代表们包括前巴黎公社社员亨利·德·罗什福尔

（Henri de Rochefort）、激进派议员阿尔弗雷德·纳凯（Alfred Naquet）和年轻的作家莫里斯·巴雷斯（Maurice Barrès），后者在世纪之交上升为法国激进民族主义的主要意识形态领军人物之一。一本新杂志《复仇》（*La Revanche*）1886 年 10 月用布朗热像作为封面。

1886 年 12 月，弗雷西内政府因财政问题倒台。然而，布朗热仍然留在随后勒内·戈布莱（René Coblet）的内阁中任国防部部长。在这届政府的执政期内发生了 1875 年“战争迫在眉睫”以来最严重的德法关系危机。1887 年 1 月 11 日，俾斯麦在其国会演讲中着重强调了法国袭击德国的危险，以便说服代表们必须批准新的为期七年的临时军事预算。2 月初，在阿尔萨斯和洛林举行了有 72000 名后备役人员参加的演习。在同时进行的国会竞选中所谓的战争危险成了最重要的话题。因此，新的“右翼”民族主义表现得激进和穷兵黩武。在阿尔萨斯和洛林的“联盟党选举”中，最后一次出现大批抗议者。在赢得大选后，帝国宰相做出了缓和姿态：他下令释放因间谍活动（非法）被捕的一位名叫纪尧姆·施奈贝列（Guillaume Schnaebelé）的法国海关官员。不久后巴黎的戈布莱内阁下台，表面上是因为预算问题，实际上主要是由于温和政治家们想摆脱布朗热。

在莫里斯·鲁维埃（Maurice Rouvier）的新内阁中已经没有布朗热的位置了。这位受欢迎的将军被任命为驻克莱蒙费朗（Clermont-Ferrand）第十三军团的司令。其追随者试图于 1887 年 7 月 8 日在火车站举行大型示威游行阻挠前国防部部长离职，但他们的示威只持续了数小时。克列孟梭和他的政治
911 密友们感到布朗热的行为过于具有挑衅性，现在正式与他分道扬镳了。

稍后，法国被共和国总统的女婿——副国务秘书和众议院

议员丹尼尔·威尔逊（Daniel Wilson）的丑闻所震惊。威尔逊利用职权，收钱授勋。尽管其腐败证据确凿，却被法院无罪释放。虽然格雷维总统并不知道其女婿的所作所为，1887年12月初他仍旧被迫辞职。他的继任者是萨迪·卡诺（Sadi Carnot），法国革命军创始人拉扎尔·卡诺的孙子。

威尔逊的丑闻导致了小资产阶级和工人阶级对议会制度的广泛不满，布朗热和他的支持者爱国者同盟懂得利用民意。1888年3月，布朗热因其政治活动被军队解雇，这位50岁的退役将军立即成为新的国民共和党（Parti républicain national）的领袖，这是纳凯派共和党人与“爱国者同盟”合并组成的政党。在于泽（Uzès）保皇党公爵夫人的慷慨解囊下，现在布朗热能够公开反对议会并“呼吁人民”进行公投。他用“Dissolution, Constituante, Révision”三个词来进行政治宣传，即解散众议院、选举立宪大会和修改1875年宪法。1888年4月至8月，新党为了向政府施压在补选中多次提名布朗热为候选人。除了在阿尔代什（Ardèche）一个选区外，他在其他各处均赢得选举。

1889年1月27日，布朗热在巴黎获得最大成功，他以领先82000票的成绩击败了共和党候选人。在选举获胜的晚上，一大群人齐声高呼让他前往爱丽舍宫，就像拿破仑一世在共和历八年雾月十八日（1799年11月9日）那样去夺权。布朗热出于合法性的考虑予以拒绝。他的共和党对手将这正确评估为一种迹象，即布朗热危险的高峰已经过去。前将军胜选的一个 912
实际后果是：禁止同时在多个选区竞选。同样被禁的还有爱国者同盟的保罗·德鲁莱德。

在布朗热在一次他领导的政党的党代会上发表反对雅各宾和神职人员的讲话后，他失去了许多左翼支持者。听说政府决定在参议院控告他破坏共和国安全后，他于1889年4月1日逃往布鲁塞尔，后来前往伦敦。他在缺席的情况下被判终身监禁，他的两位亲密伙伴（包括罗什福尔）亦被收监。在1889年9月和10月的议会选举中，布朗热分子获得大约40个席位，占共和党人所获席位的十分之一。一个曾经的追随者揭露前国防部部长在财务和政治方面对君主主义者的依赖，这让布朗热运动迅速瓦解。在1890年春季的地方选举中，此派在数量上已经可以忽略不计了。1891年9月30日，布朗热在布鲁塞尔在他情妇的坟墓旁开枪自杀。

很难按照传统的左—右模式来给布朗热主义归类。布朗热先是以左派共和党人的面貌出现，并获得了工人的信赖。同时他也是以德鲁莱德为首的民族主义右翼最密切的合作者。“右”也体现在其主战的军国主义方面，这成为这一时期法国民族主义的特征，以至于人们不得不将其与英国的爱国侵略主义以及1878/1879年转折后的德国右翼民族主义做比较。然而，左翼和右翼的混合是一种特殊的法国现象，正如波拿巴主义和用公投反对议会、力争强势执行力的布朗热主义宣传一样。在上述两方面，“复仇将军”的运动都像是20世纪两次世界大战间法西斯主义运动的预演。然而不同之处在于，布朗热主义与法西斯不同，它并不追求建立一党统治；所以不能说国民共和党是“极权主义”的。

913 历史学家夏尔·布洛赫（Charles Bloch）认为布朗热主义带来了三种长期影响：首先，它帮助澄清了左派与右派之间的阵线，一方面是君主主义者、神职人员、民族主义者和军国主义者，另一方面是议会制、世俗与平民共和国的支持者。其次，在法国与英国不同，议会主义从来没有受到过喜爱，经由布朗热主义的消极影响议会主义终于得到社会认可，这当然也因为教宗利奥十三世在1892年2月通过通谕《忧心谕令》（Inter sollicitudines），让温和的天主教徒在所谓的“归附”

（Ralliement）过程中有勇气承认共和国为符合宪法的国家形式。最后，布朗热主义让社会主义者从资产阶级的激进主义中解放出来，献身于开展独立的工人运动。布朗热主义只是一个插曲，但作为法国政治的催化剂其影响一直绵延到20世纪。[22]

## 突然右倾和无政府主义：克里斯皮时代的意大利

1880年代后半期，不仅德国和法国经历了突然的右倾，这种现象也发生在意大利。1887年，德普雷蒂斯政府在主要来自意大利北部的重工业部门的压力下，提高了对工农业产品的保护性关税，其社会和内政作用类似于德国1879年贸易政策的转折：从保护主义中获益的既包括钢铁工业，也包括南方的大地主，他们大规模种植小麦，因此对抵制进口美国和俄国更为廉价的粮食有着强烈兴趣。德国以庄园和高炉构成的“轴心”对意大利起着表率作用，在意大利，就像在德意志帝国一样，主要由制造业和消费者承担屏蔽国际竞争所产生的国民经济代价。然而与德国不同的是，在意大利保护性关税没有综合性国家社会政策的保驾护航，以致这里的保护性关税的阶级特征比阿尔卑斯山以北更为明显。



提高保护性关税的外交效果是与法国——意大利最重要的贸易伙伴——为期十年的关税战争。当巴黎提出修改新税率的要求后，罗马于1888年宣布终止现有的意大利法国双边贸易协定。法国消解停止进口意大利葡萄酒和丝绸所带来的损失要容易得多，相反意大利人失去法国销售市场后的痛却很难平复，因此亚平宁半岛的新经济贸易政策最终弊大于利。从1887年8月直到1891年1月，然后再次从1893年12月至1896年3月任意大利政府首脑的弗朗切斯科·克里斯皮，仍旧赋予了与法国的贸易战以积极意义：它适合三国同盟政策，借此意大利成为德国、奥匈帝国和大不列颠的合作伙伴。根据克里斯皮的评估，正是这些强权国家能够帮助意大利在地中海区域和非洲实现自己的大国梦。相反，自从法国在1881年将突尼斯设置为其受保护国以来，法国一直被视为竞争对手。

与两个中欧大国的密切关系在意大利颇有争议。对相当一部分的“统治阶级”[*politische Klasse*，此术语1896年由国家法学者加埃塔诺·莫斯卡（Gaetano Mosca）首次提出]来说，哈布斯堡帝国仍旧是意大利的“世敌”，而法国则是意大利在“收复”被奥地利占有而文化方面与意大利息息相关的特伦托和的里雅斯特的斗争中之潜在盟友。克里斯皮认为这样的领土要求十分危险，所以他在1890年解散了罗马的里雅斯特和特伦托收复失地委员会。不久后一些纪念爱国先驱偶像古格列尔莫·奥贝丹（Guglielmo Oberdan）的协会也遭到禁止：这位来自的里雅斯特的30岁的领土收复主义者于1871年12月被奥地利人判处死刑并绞死，因为他们从一个奸细那里得知，他打算在皇帝弗朗茨·约瑟夫访问的里雅斯特时行刺。然而，领土收复主义不是禁止就能消除的：克里斯皮最尖锐的批评者马泰奥·雷纳托·因布里亚尼－波埃里奥（Matteo Renato Imbriani-Poerio）不断以激动人心的言辞为意大利收复“未 915
得到解放之区域”的权利发声。

在克里斯皮的内政中几乎丝毫看不出这位曾经的西西里革命者的政治初衷了：这位政府首脑抵制议会的影响力并扩大部长会议主席的职权；他自己担任外交和内政大臣，以致其权力之大有时接近他所羡慕的榜样俾斯麦。他用强硬手段对付罢工的工业和农业工人，特别是在伦巴第；1886年禁止了四年前成立的意大利工人党（Partio operaioitaliano）。克里斯皮时代的积极成就包括通过1889年的刑法改革废除了死刑，引进市长和各省管理委员会主席的选举（此前由政府任命）。在1887年与教宗利奥十三世的和解尝试失败后，克里斯皮在与天主教的关系方面重新回归左翼自由主义者的传统反教权主义立场。这位部长会议主席让人在罗马的鲜花广场，也就是焦尔达诺·布鲁诺1600年根据教宗宗教裁判所的决定在七年监禁后被烧死的地方，表态式地为这位伟大的哲学家和自然科学家竖立了一座全身雕像。

1891 年 2 月克里斯皮不得不辞职。直接原因是他在一次议会演讲中笼统攻击了 1876 年前的右翼政府的所谓亲法国政策。此后出现了两个短命的内阁，先是保守的西西里侯爵迪鲁迪尼（Marchese di Rudinì）的内阁，然后从 1892 年 5 月起是皮埃蒙特自由党人乔瓦尼·焦利蒂（Giovanni Giolitti）的内阁。当然，后者的“伟大时期”是在世纪之交才开始的。1893 年 12 月，焦利蒂因银行危机而辞职，而银行危机又与建筑业投机活动失败和丝绸与葡萄酒出口减少密切相关。

接替焦利蒂职务的是他的前任。克里斯皮重返政坛后将内政精力主要放在反对西西里工人联盟（Fasci①）的运动上：这
916 是硫黄矿工和缺地小农（Contadini）的一场运动，这两部分人均因为与法国的关税战遭受到严重打击，并使用暴力表达了自己的抗议。西西里的暴动让统治者感到格外受威胁的地方在于，“联盟”运动在 1892 年 8 月得到了热那亚新成立的意大利工人党（Partito dei lavoratori italiani）的支持——不久后该党改名为意大利工人社会党（Partito socialista dei lavoratori italiani），最后于 1893 年 9 月在雷焦艾米利亚（Reggio Emilia）党代会上再次更名为意大利社会党（Partito socialista italiano）。资产阶级和贵族的意大利第一次面对一个无产阶级的组织，后者认为它有权代表所有意大利城乡工人的共同利益。

为了重新恢复西西里岛的秩序，克里斯皮颁布了戒严令，五万远征军将为该岛带来“安定”。“联盟”运动领袖被判处长期监禁。政府以同样严厉的方式对付托斯卡纳卡拉拉大理石采石场的罢工工人。1894 年 10 月社会党及其附属机构遭到禁

① 全称为 Fasci Siciliani dei Lavoratori。

止并被解散。自从克里斯皮再次任职后，议会只因举行短期会议而聚在一起。在1895年5月的选举中，政府也通过慷慨使用纳税人的钱，才保证了政府阵营能获得大多数选票。

克里斯皮认为仅靠国内政策上的手段是无法持久掌控社会危机的，为了稳定其日益独裁的政权，这位总理寄希望于通过获得殖民地来增加威望。1890年将埃塞俄比亚变成意大利受保护国之举未能如愿以偿，因为《乌查里条约》的阿姆哈拉语文本与意大利语文本不同，不允许进行这样的解释。1893年12月重新执政后，克里斯皮使出浑身解数想在东非突破1890年的格局。起初他这个计划看上去似乎要成功了：1895年3月1日，厄立特里亚（Eritrea）总督奥雷斯特·巴拉蒂耶里（Oreste Baratieri）进入阿杜瓦（Adua），他和克里斯皮一样在1860年曾参加过加里波第组织的传奇“千人远征”。同一天，通过行政命令埃塞俄比亚的重要省份提格雷（Tigre）被吞并。意大利一片欢腾，执政党在竞选中格外受欢迎。

稍后形势急转直下。在法国的支持下，皇帝孟尼利克让 917
大多数地方诸侯站到了自己一边。1896年3月1日，正好是巴拉蒂耶里胜利一周年，数量上占绝对优势的孟尼利克的军队在阿杜瓦给意大利人以致命一击。克里斯皮的东非殖民帝国梦成为泡影，信仰基督教的埃塞俄比亚帝国的独立得到了拯救。五天后克里斯皮向国王翁贝托一世提出辞呈，这位君主毫不迟疑地接受了这份辞呈。这位76岁总理的人气因阿杜瓦的惨败一落千丈，以致克里斯皮再次重返政坛已成为无法想象之事。

克里斯皮时代不仅仅是意大利民族国家历史上的一段插曲。克里斯皮在1896年的辞职既不意味着对社会问题的镇压性反应的结束，也不意味着“社会帝国主义”用外部冲突转移人们对内部冲突的关注度之尝试的终结。但在鲁迪尼的第二届内阁执政期，1896 年至少出现了内政和外交方面的缓和迹象：被判刑的工人领袖，包括西西里的“联盟”运动领导人获得大赦；在《亚的斯亚贝巴和约》（*Friede von Addis Abeba*）中意大利放弃了《乌查里条约》，并承认埃塞俄比亚的独立，但保留了长期以来与埃塞俄比亚密切相关的厄立特里亚；在一项与突尼斯的贸易协定中，意大利于 1896 年承认其作为法国受保护国的地位，这就为与法国之间的新贸易协定奠定了基础，1898 年新协定结束了为期十年的关税战。

然而，阶级冲突在 1896 年的压抑程度并不亚于之前。1898 年 3 月，一场决斗引发了米兰工人的暴力抗议活动，决斗中左翼政治评论家和议员费利切·卡瓦洛蒂（Felice Cavallotti）被一位保守派议员杀死。政府立即宣布这座伦巴第大城市进入戒严状态。受命镇压动乱的巴瓦·贝卡里斯（Bava Beccaris）将军动用了炮兵，无视他所造成的血流成河的局面，国王向他颁发了勋章以示嘉奖。在无数被捕者中有社会党创始人菲利波·图拉蒂（Filippo Turati），也有资产阶级激进分子和天主教政治评论家。

918 在鲁迪尼的继任者——吉罗拉莫·佩卢（Girolamo Pelloux）将军的领导下，行政权力进一步右倾。1899 年初佩卢向众议院提交了一系列法案，准备禁止公共服务部门罢工，限制新闻、集会和结社自由。这一计划受到自由党、共和党和社会主义阵线的一致反对（后者自 1897 年以来在议会中拥有 15 个议席）。佩卢随后以行政命令的方式让上述法令生效，但他无法阻止上诉法院宣布这种做法违宪。佩卢服从判决并安排 1900 年 6 月重新进行选举。通过重新选举，反对势力，特别是激进派、共和党人和社会主义者的力量得到加强。佩卢仅获得微弱多数，他从失败中得出该离开的结论并辞职。

一个月后，1900 年 7 月 29 日，翁贝托一世国王成为一个无政府主义者暗杀行为的牺牲品。此事件不仅在意大利，而且在整个欧洲引起震惊。这次袭击是一连串暗杀行动的一环：1894 年一个意大利无政府主义者谋杀了法国总统萨迪·卡诺，1898 年奥地利皇后伊丽莎白（“茜茜”）——弗朗茨·约瑟夫的妻子被杀。无政府主义是一种落后的抗议形式，它产生于落后的社会环境中，这种暴力、恐怖的形式尤其在地中海区域的罗曼语国家流行。意大利社会主义者与其姐妹党一样，早就坚决拒绝了无政府主义，但却没能彻底消灭它。国王翁贝托的被害不仅让意大利的资产阶级，而且也令无产阶级愤起反对无政府主义者，其程度对无政府主义者来说足够危险：这在道德上宣布了刺客及其幕后黑手的死刑，让无政府主义的暴力行为浪潮于世纪之交后至少在西欧逐渐退潮。

翁贝托国王被暗杀仅仅数月后，意大利的工人阶级得到了证明自己的政治成熟度的机会：当热那亚的省长在 1900 年 12 月让人关闭当地的工人行业协会——工会的自助机构时，这座意大利北部港口城市的无产阶级举行了非暴力总罢工。佩卢将军的继任者朱塞佩·萨拉科（Giuseppe Saracco）的政府起初 919
批准了省长的做法，但迫于抗议的压力后来又收回了解散命令。由于此时内阁受到来自左右双方严厉的批评，总理只好决定引咎辞职。新国王维克托·埃马努埃尔三世（Viktor Emanuel III.）任命的继任者是立宪左派自由主义领袖朱塞佩·扎纳尔代利（Giuseppe Zanardelli）。内政大臣和内阁的决定性人物是乔瓦尼·焦利蒂，他给意大利政策打上了自己的印记，直到第一次世界大战。

随着扎纳尔代利政府的上任，意大利历史揭开了一个新篇章。意大利可能变成集权政体的危险似乎暂时解除了：在广大群众的支持下，自由派力量阻止了保守派与自由派右翼势力以德国为榜样，让议会体系倒退回君主立宪体系的做法。至于当时开始的内政自由化是否也会对外交政策产生影响，在1901年前后还没有答案。克里斯皮辞职后不久出现的与法国关系的缓和，意味着有这样一种可能性。[23]

## 反动，激进主义，革命：1881~1906年的俄国

19世纪和20世纪初，在俄国发生的政治刺客袭击国家元首的事件要比意大利更为频繁。1881年3月13日，沙皇亚历山大二世在圣彼得堡被炸身亡。在最后六位沙皇中三人死于非命：在亚历山大二世之前其祖父保罗一世于1801年遇害，在他之后其孙子尼古拉二世——罗曼诺夫家族最后一位统治者于1918年遭枪杀。

1881年的谋杀不是无政府主义者搞的，而是由民粹派或人民之友进行的，自1870年代始这些人认为要想对国家和社会予以革命性改变就必须诉诸恐怖手段。1879年，一个由30名男女组成的小圈子“人民意志”（Narodnaja Wolja）宣判沙皇死刑。前两次暗杀——第一次在1879年11月，第二次在1881年2月——都失败了。亚历山大二世未能逃脱第三次袭击，那正是他经过长期犹豫，在内政大臣米哈伊尔·洛里斯－ 920
梅利科夫（Michail Loris-Melikow）伯爵的敦促下，下决心提交宪法草案的时刻，该草案将为政府设立一个由城市杜马和地方自治组织（Semstwos）选出的智囊团组成的咨询机构。草案公布的日期预定在1881年3月16日，沙皇遭谋杀的后果是该宪法从未生效。

新沙皇亚历山大三世是个彻头彻尾的军人，在政治问题上他依赖其最重要的顾问之一——康斯坦丁·彼得罗维奇·波别多诺斯采夫（Konstantin Petrowitsch Pobedonoszew）伯爵的判断。波别多诺斯采夫曾担任过这位沙皇的老师。这位法学家和正教院（最高教会当局）的总检察长是一个坚定的斯拉夫主义者，严格的正统教会政策的代表，所有自由愿望的绝对反对者。最先受到影响的是大学，它们失去了自治权，而且不得不接受国家对讲座课程的监控。因为害怕革命思想的传播，政

府短期内甚至压低了大学生和高中生的数量。学校有义务为维护俄罗斯语言和东正教信仰而努力，教学计划的目的是抵御西方思想的渗入。在极端俄罗斯民族主义路线指引下，也不断对波罗的海沿岸各省爱沙尼亚、利沃尼亚和库尔兰，以及芬兰大公国、俄属波兰和亚美尼亚实行俄罗斯化。圣彼得堡政府逐步让俄语成为在学校以及法庭和官方机构中使用的语言。

在女皇叶卡捷琳娜二世治下于俄国西部获得定居点（Rayons）的犹太人，在1881年的反动转折后处境最悲惨。亚历山大二世被暗杀后，乌克兰发生了被当局和警察有意容忍的反犹骚乱。1882年的《五月法令》（*Maigesetze*）剥夺了犹太人在定居点购买或租赁土地的权利，这样他们事实上只能生活在城市中。1887年开始对犹太大学生实行分数限制。1890年代初，大约有两万犹太人（大多是工匠）被驱逐出莫斯科和
921 圣彼得堡。歧视、压迫与迫害让越来越多的犹太人离开俄国：1880~1905年几乎有一百万人离开沙皇帝国，大多数人都想去美利坚合众国开始新生活。其他人效力于革命的社会主义圈子，或自1890年代末起投身犹太复国主义运动，下面还会论及此运动。

领导反恐怖主义斗争的是政治秘密警察——暗探局，它颇为成功。1881年一连串的暗杀行为被终止。1887年暗探局粉碎了一个准备谋杀沙皇的革命组织。光是镇压不足以让工人对革命口号具有免疫力，因此亚历山大三世政府尝试从1882年起采取社会政策措施，如引进工厂审核制，禁止12岁以下儿童工作和妇女与青少年上夜班，以及将12至15岁儿童的日常工作时间限制在八小时内。然而，雇主对国家所采取的这些措施的抵制十分强烈，以至于这些保护儿童和妇女的措施在1890年又被取消了。工人没有组织工会的权利，罢工遭禁止。

俄国的工业化在亚历山大三世治下发展更迅速。1892年以后，在充满活力的财政大臣谢尔盖·尤利耶维奇·维特

（Sergey Yulyevich Witte）的个人魅力带动下，国家发挥的作用比德国甚至英国还要大：作为工业化的推动者，国家在一定程度上弥补了缺乏广泛的城市资产阶级和大部分贵族对经济不感兴趣的问题。增长的行业是顿巴斯（Donezbecken）的硬煤开采和生铁生产，里海（Kaspisches Meer）巴库（Baku）附近的石油开采，莫斯科和圣彼得堡的机械制造和纺织业，当然还有铁路建设。总体而言，工业和运输业的工人人数在1865~1900 年间从 38 万上升到 300 万：鉴于总人口数量为1.33 亿（不算芬兰、布哈拉和希瓦），工人数量仍然不算多。

如果农民不是仍旧被束缚在村社组织“米尔”或“村社”
中，工业工人的数量可能会更多。耕地此时虽然大部分在农民 922
手中，但农业生产力仍然很低。1861 年废除农奴制后，农民必须为他们的土地支付的费用超出了大多数人的支付能力；只有少数最富有的农民——富农从尼古拉一世的农业改革中获得物质利益。1883 年还款率降低了 20%，此后还款有时完全被暂停。尽管如此，欠款仍在继续增加，到 1903 年，“米尔”要替无力偿还债务的个别成员承担责任。取消集体承担责任的义务，对村社组织虽然有帮助，但乡下的无产者仍旧束手无策：农村的贫困问题依然没有得到解决。

束缚工业化进程的是农业生产力不足和农村人口购买力低下。它们阻碍了国内市场的增长和工业投资。因此，沙皇帝国在很大程度上依赖国外流入的资本。自从俄国政府债券 1887 年被俾斯麦用“抵押贷款禁令”驱逐出德国市场，法国就乘虚而入。“由于巴黎银行对有固定利率的政府债券和铁路债券有几乎无限的吸收能力，法国很容易就接受了俄国债券。”德国历史学家迪特里希·盖尔（Dietrich Geyer）写道：“此外，通过向矿业和金属加工业直接投资，法国的巨额融资现在成为俄国工业和运输业拓展的主要债权人和股东。”在世纪之交法国大约所有国外投资的四分之一，即差不多70亿法郎，投在了俄国政府债券和俄国工业企业中。一旦沙皇帝国的财政破产，盖尔如是说，“包括小资产阶级在内的广大法国持股者阶层将深受打击，这会极大地影响巴黎政府的国内政策立场”。

法国收租资本主义（Rentenkapitalismus）与俄国国家资本主义之间的密切关系显然会带来深远的政治影响，这种发展在亚历山大三世政府初期还无法预见。新沙皇首先成功地改
923 善了与德国和奥匈帝国之间自1878年柏林大会以来一直十分紧张的关系：1881年6月的《三皇同盟》主要是外交大臣尼古拉·吉尔斯（Nikolai Giers）的一件外交杰作。然而由于保加利亚危机，1885年以后沙皇帝国与哈布斯堡皇朝之间的关系恶化了。与德国的关系因为双方提高保护性关税，特别是1887年柏林在证券交易所政策方面所采取的抗击措施，也大不如前，但这并未阻止圣彼得堡政府在俾斯麦遭解职前提出续签1887年《再保险条约》的建议。

俾斯麦的继任者卡普里维领导的政府拒绝续签建议，是非正式的俄国与法国的金融联盟发展成正式的政治和军事联盟的一个原因。另一个原因是1891年5月的德奥意《三国同盟》的续签：这似乎暗示着这三个强权国家进一步靠近英国，因此这令俄国觉得受到了威胁。圣彼得堡做出相应反应。1891年7月，法国的传奇舰队访问了喀琅施塔得，当时沙皇亚历山大三世对《马赛曲》表达了敬意。接下来俄法之间在1891年8月签订了一项政治协定，1892年8月又签署了军事协定：如果缔约国任何一方受到三国同盟之一国的进攻，而德国参与了进攻，另一方就有义务抗击德国。

该协定帮助法国摆脱了20年来受孤立的局面，并加强了俄国面对主要对手英国的实力。但它既没有给法国一个理由去进行一场收复阿尔萨斯和洛林的战争，也没有让俄国——它认

为自己在欧洲大陆的真正对手是奥匈帝国，而不是德国——在巴尔干地区能为所欲为。这就是亚历山大三世犹豫很长时间才签约的原因。另一场与德国的关税战有助于他不再瞻前顾后。1893年12月底，1894年1月初，他和卡诺总统先后签署了该军事协定。

圣彼得堡和巴黎间的协定带有防御性质。然而，通过俄法协定，德国腹背受敌的危险还是增加了：俾斯麦试图以其联盟 924
政策遏制的“联盟的噩梦”已无法避免。1880年代起，三大保守势力俄国、德国和奥匈帝国间的合作就已经不再是欧洲政治中的常数了；现在它终于成为历史。与法国结盟虽然并不意味着俄国对西方的民主观念敞开了大门，但可以预见的是，另一项西方“成就”对俄国政治的影响将超过以往任何时候：现代的、呼吁并动员群众的民族主义。

1894年11月1日，亚历山大三世死于肾病。他的儿子尼古拉二世当时26岁，像他的父亲一样也是接受波别多诺斯采夫的教育长大的，后者继续对俄国政治产生着主导性影响。专制方针的延续意味着镇压所有形式的反对派，煽动仇恨犹太人直至挑起反犹骚乱以及对帝国的非俄罗斯部分进一步俄罗斯化。在最后提到的领域中与芬兰大公国的冲突最为尖锐，1809年沙皇亚历山大一世在俄国战胜瑞典之后曾庄严许诺尊重芬兰大公国的自主权。

1899年2月，尼古拉二世在一份敕令中虽然没有完全剥夺芬兰自己的立法权，但强调了帝国法规拥有绝对优先地位。其最主要目的是消除芬兰部队在俄国军队中的特殊地位，当时正在计划实施新的兵役法（义务兵役制是1874年引进俄国的）。50万芬兰人签署抗议请愿书，但沙皇拒绝接见想向他呈交决议与签名的五百人代表团。1900年颁布了一项新的限制性语言条例，规定俄语为各当局使用的官方语言并解雇了许多

芬兰官员；1901 年强行推行新兵役法。大多数芬兰人消极抵
925 抗，少数人随后决定与外族统治进行暴力斗争。1904 年夏天，普遍令人厌恶的俄国总督鲍勃里科夫（Bobrikow）被一个芬兰官员射杀，这位官员随后自杀。这次袭击并未能改变沙皇的政策，但芬兰社会分裂为两个阵营：妥协派的追随者和倡导与俄国势不两立的坚定派。

芬兰对沙皇政权而言是个区域性问题，而 1880 年代组织起来的社会主义运动却是一个覆盖全俄国的问题。人民意志组织在 1881 年被摧毁，但此时该组织的一些以前进行个人恐怖袭击的成员已经告别这种方法并转向了马克思的理论。走这条路的人中包括维拉·查苏利奇（Vera Sassulitsch），她在 1878 年暗杀过警察局局长特列波夫（Trepow），因为后者让人鞭挞一个被囚禁的、拒绝向他行礼的大学生。特列波夫在袭击行动中受伤，女刺客却在一次引起轰动的陪审团审讯后被无罪释放。移居瑞士后，她于 1883 年在日内瓦与最优秀的俄国马克思主义理论专家格奥尔基·普列汉诺夫（Georgi Plechanow）和犹太知识分子保罗·阿克塞尔罗德（Paul Axelrod）创建了“劳动解放社”（Befreiung der Arbeit）。他们的目的是在俄国传播马克思的思想，这只能通过在流亡途中偷渡作品来实现，他们也这样做了。

1881 年，维拉·查苏利奇的观点得到了马克思的肯定，即在一定条件下俄国村社“米尔”能够成为“俄罗斯社会重生的”基础。（第二年马克思和恩格斯在《共产党宣言》俄文版序言中更进一步提出了此论点：“假如俄国革命将成为西方无产阶级革命的信号而双方互相补充的话，那末现今的俄国土地公社所有制便能成为共产主义发展的起点。”①）普列汉诺夫有

① 马克思、恩格斯：《“共产党宣言”俄文第二版序言》，载《马克思恩格斯全集》第十九卷，北京：人民出版社，1963，第 326 页。

足够的理由认为这种评估是一种幻想，他认定俄国农民是一种保守因素。作为一名马克思主义者，他的出发点是：在俄国与西方一样，首先要进行资产阶级革命，然后才能进行无产阶级革命。因此，一个社会主义政党只能是一个工人阶级的党，领导这个政党是社会主义知识分子的任务。

受到“劳动解放社”小组的启发，1880 年代中期起在俄国出 926
现了最初的马克思主义圈子。1895 年在尤里·马尔托夫［Julius Martow，原名尤里·奥西波维奇·策德鲍姆（Juli Ossipowitsch Cederbaum）］领导下，这些马克思主义圈子于圣彼得堡合并成立工人阶级解放斗争协会（Kampfbund für die Befreiungder Arbeiterklasse）。其成员中有年轻的律师弗拉基米尔·伊里奇·乌里扬诺夫，他于 1893 年定居沙皇帝国首都。乌里扬诺夫有一个可怕的经历：他的哥哥亚历山大参与了人民意志组织最后一次谋杀沙皇亚历山大三世的行动，于 1887 年被执行死刑。他通过普列汉诺夫的著作知道了马克思，并加入了圣彼得堡的一个马克思主义圈子。在前往德国和瑞士的旅行途中，他结识了出生在布拉格的德国社会民主党理论家卡尔·考茨基和普列汉诺夫。回国后，乌里扬诺夫和马尔托夫一样未能逃脱被捕的命运，从监狱释放后他不得不流亡东西伯利亚三年。1901 年他按照西伯利亚勒拿河（Lena）给自己选择了一个后来令他举世闻名的名字：列宁（Lenin）。

在他流亡的日子里，俄罗斯社会民主工党（Russische Sozialdemokratische Arbeiterpartei）于 1898 年在明斯克（Minsk）大会上秘密成立。然而该党成立不久后就迅速瓦解，因为其创始成员很快全部被捕。重建始自两年后，但不是在俄国，而是在德国慕尼黑。那里有新创办的《火星报》（*Iskra*）编辑部，在德国社会民主党的帮助下，该报纸被存放在该党机关报《前进报》（*Vorwärts*）的地窖里，然后从那里经柯尼斯堡被秘密运往俄国。在克服了普列汉诺夫初期的抵制后，1900年春天从流亡中归来、后来到了德国的列宁担任了《火星报》的领导。列宁认为他的首要任务是建立一个组织严密、地下运作的革命密谋党，此党要坚定不移地以马克思主义理论为基础，无情打击一切背离正确学说的行为。

列宁从马克思那里接受的，首先是让他认为特别适合落后的俄国的东西，首屈一指的就是“无产阶级的革命专政”的理念，然而对此他显然进行了重要的改变。马克思和恩格斯的“无产阶级专政”表达的是对工人群众之意志的理解，而工人
927 群众又构成了人口的绝大多数。对列宁而言，无产阶级的专政是“被压迫者先锋队组织成为统治阶级来镇压压迫者”。[①]虽然他在1917年的著作《国家与革命》（*Staat und Revolution*）中才如此表述，但那只是他对俄国和世界正确革命策略的长期思考结果的总结。

由少数革命精英领导工人阶级的想法对“科学社会主义”的创始人来说并不陌生。弗里德里希·恩格斯在1882年初的一封信中表示，他坚信俄国“无疑是处在革命的前夜”。三年后，他在1885年4月写给维拉·查苏利奇的一封信中推测沙皇帝国的情况时说，“这个国家正在接近它的1789年”。俄国，“这是一种例外情况，在这种情况下，很少几个人就能制造出一场革命来”。而且，“如果说布朗基主义的幻想（通过小小的密谋活动震撼整个社会）曾经有某种理由的话，那这肯定是在彼得堡”。在俄国，所有社会矛盾，“从原始公社到现代大工业和金融寡头”都被无与伦比的专制制度用强力压制着，“这种专制制度日益使那些体现了民族智慧和民族尊严的青年们忍无可忍了，——在这样的国家里，如果1789年一开始，1793

① 列宁：《国家与革命》，载《列宁选集》第三卷，北京：人民出版社，1972，第247页。

年很快就会跟着到来”。[①]

恩格斯没有对俄国的 1793 革命会持续多久妄加揣测。对他来说重要的是，落后的俄国弥补了发达的西方的缺陷，即没有出现革命的局面，并引起了国际范畴的革命。这完全是马克思“革命转移”（translatio revolutionis）思想的再现，1843/1844 年马克思在《黑格尔法哲学批判导言》中曾对当时落后的德国做出如下评价：如果法国用一场新的革命予以推动的话，那里肯定会发生革命的阶级斗争中的决战——一切革命中最极端的革命。像 40 年前的马克思一样，恩格斯想象着革命思 928
想从西向东的转移，在那里成功的机会最大，即让极端的落后转变为彻底的变革。他对沙皇帝国的情况相当熟悉，所以他知道，他的推测与俄国革命者圈子的思考和策划相去不远。

所有俄国革命家中最激进的列宁坚信，工人靠自身力量至多只能产生一种“trade-unionistisch”[②]意识，即工会意识，为了能够成为政治力量，他们需要领导。领导应该是一群知识分子和无产阶级的“职业革命家”，只有这些精英才应该成为党员。此论点是列宁在 1902 年的著作《怎么办？》中发展起来的，此书由柏林的社会民主党出版社 J.H.W.Dietz 出版（该书标题源于尼古拉·车尔尼雪夫斯基 1863 年的同名小说）。尤里·马尔托夫原则上持不同意见：他寻求建立社会民主的群众性政党，这个政党应该向所有准备战斗的工人敞开大门。大部分在流亡中重建的俄罗斯社会民主工党的重要成员，其中包括阿克塞尔罗德和列夫·布隆施泰因（Leo Bronstein），即托洛茨基，都支持他的观点。

---

① 恩格斯:《致维·伊·查苏利奇（1885 年 4 月 23 日）》，载《马克思恩格斯全集》第三十六卷，北京：人民出版社，1975，第 301~305 页。

② 在马克思主义文献中，特别是在列宁的术语中指一种工会运动，它仅限于以改革的方式维护工人的利益。

1904年夏天，先是在布鲁塞尔，然后在伦敦举行的第二次党代会上，列宁和普列汉诺夫在关于精英党或群众党的投票中未能获胜。在不太重要的问题上，即该由哪个组织在国外代表党，列宁这一派成为多数。他们在选择《火星报》编辑部和中央委员会时也能够力排众议。这几次表决后，俄罗斯社会民主工党就分裂成多数派（布尔什维克）和少数派（孟什维克）。

列宁的支持者能够令人惊讶地成为多数，首先有赖于一个事实，即立陶宛、波兰和俄罗斯犹太工人总联盟（Allgemeiner Jüdischer Arbeiterbund，简称联盟）的七名代表临时离开了大会，因为他们的请求（党的联邦建制和联盟
929 继续自治）遭到了拒绝。联盟成立于1897年。在俄罗斯社会民主工党之外，还有成立于1892年的波兰社会党（Polnische Sozialistische Partei），该党由约瑟夫·毕苏斯基（Josef Pilsudski）领导，他们的奋斗目标是在一分为三的波兰建立统一的工人组织并创建一个独立的波兰共和国。1895年从此党分裂出去的俄属波兰社会民主党（Sozialdemokratische Partei Russisch-Polens）——自1900年被称为波兰王国和立陶宛社会民主党（SozialdemokratischePartei des Königreichs Polen und Litauen）——的领导人是罗莎·卢森堡和莱奥·约基希斯（Leo Jogiches），他们力争在俄罗斯联邦制共和国框架内实现民主自治。1900年，民粹派也开始重新改组：第二年在哈尔科夫（Charkow）召开的一次秘密会议上，他们在维克多·基诺夫（Viktor Tschernow）领导下创建了社会革命党（Partei der Sozialrevolutionäre）。其最重要的目标是：对农业问题采取革命性解决方案，即无偿剥夺地主土地，在集体控制下土地由个人使用。民粹派的恐怖传统由一个党内战斗小组继承。他们多次进行暗杀活动，1902年和1904年两名内政大臣西匹亚金（Sipjagin）和普列韦（Plehwe）成为这类活动的

牺牲品。

在工业中心的工人阶级中，这些年俄罗斯社会民主工党的口号开始逐步起作用。尽管罢工被禁止，但自 1902 年以来罢工仍旧一再发生。最大的一次于 1904 年发生在巴库，布尔什维克的一位追随者首次以鼓动者和组织者的身份登场，他不久前刚刚成功地从西伯利亚流亡地逃脱：约瑟夫·维萨里奥诺维奇·朱加什维利（Josef Wissarionovich Dschugashvili），其尽人皆知的名字是斯大林。罢工者的要求不限于经济和社会领域，而且也越来越多地针对政治变革。由暗探局培养的爱国工人协会没有证明自己是政权的可靠支柱：在很多地方它们都被社会民主工党渗透了。政府随后不再支持工人协会并流放了其“创立者”——莫斯科暗探局头目祖巴托夫（Subatov）。

在世纪之交，对现状的不满远远超出了工业无产阶级和部分农民的范围。1890 年代后半期出现了地方自治运动，其中流砥柱是尼古拉一世时所创建的地方自治代表大会中被选中的代 930
表，即官员和雇员，他们形成所谓的“第三种力量”。从这些人中传出的要求民选代表机构和一部宪法的呼声越来越高。因为沙皇和其政府拒绝了这些请求，一部分主张进行地方自治运动的反对派转移到国外发展。自 1902 年始政治评论家彼得·施特鲁韦（Peter Struve）——一位前马克思主义者——在斯图加特出版《解放》（*Oswoboschdenija*）杂志，它赞成一个自由、宪政的俄国，并在那里成为 1902 年成立，起初秘密运作的“解放同盟”（Soyuz osvoboschdenija）的机关刊物。

新的同盟很快就成为反对党知识分子精英的聚集地。同盟的首要任务是创建职业协会，包括教师、律师、工程师、工厂和铁路工人协会，再将它们合并为工会联盟（Soyuz sojusow），1905 年 5 月此总联盟确实成立了。1904 年晚秋，解放同盟按照 1847/1848 年的巴黎模式组织了宴会活动。其高峰是来自全俄国的地方自治代表在圣彼得堡召开的一次大会。由于公开集会被禁止，这些人在一次不公开的会议上通过了一个自由主义要求目录。这些要求包括保障基本权利，如良心自由、言论自由；所有俄国人在法律面前一律平等，扩大自治范围，选举立宪会议，或至少让民选代表加入沙皇任命的帝国议会。尼古拉二世立刻拒绝了这些要求。但沙皇和政府必须考虑到，年轻的俄国自由主义者会再次适时发声。

由于俄国不久后因其帝国主义的远东政策陷入了一场严重危机，这样的机会很快就出现了。1891 年西伯利亚铁路开始修建：在对乌拉尔和白令海峡之间的广大地区进行渗透和殖民化的历史上，这是一个重要转折点。三年后，工业强大的日本与中国开战，主要是争夺对朝鲜的统治权，自 17 世纪以来
931 中国是后者的宗主国。战争以中国的惨败而告终。在《马关条约》中，中国不得不承认朝鲜的独立并将台湾和澎湖列岛割让给日本。中国也准备放弃辽东半岛包括旅顺和大连港，由于俄国、德国和法国出面进行外交干涉此举才被阻止。

在欧洲所有强权国家中，俄国这个亚洲新崛起的大国感受到的挑战最大：这个岛上帝国是俄国的近邻，在拉佩鲁兹海峡（La-Pérouse-Straße）[①] 最窄处，俄国的萨哈林岛 [②] 离日本北海道岛（Insel Hokkaido）只有 43 公里的距离。为了防止日本进一步扩张，沙皇帝国首先要寻求与被击败的中国达成谅解。

1896 年 6 月 3 日这种谅解得到了实现：中国的直隶总督李鸿章就可能发生的日本进攻在莫斯科签署了一项御敌互相援助条约，他是为参加尼古拉二世的加冕仪式前往俄国的。同时，中国也承诺允许西伯利亚铁路修建时通过中国满洲的领土，这样从雅布洛诺夫山脉（Jablonoi-Gebirge）的

---

① 日语名为宗谷海峡。

② 日语名为桦太岛，即库页岛。

赤塔（Tschita）到临日本海（朝鲜东海）的符拉迪沃斯托克（Wladiwostok，海参崴）的距离大大缩短。此外，六天后圣彼得堡让东京保证尊重朝鲜的独立性，此时朝鲜已经成为俄国经济扩张的目标。当中国 1898 年被迫出租不冻港旅顺和大连后，俄国准备也对日本做出让步：同年 4 月它特别承认了日本人在朝鲜的贸易和工业利益。

俄国与日本的关系于 1900 年戏剧性地恶化，起因是所有欧洲大国、美国和日本联合对中国进行的武装干涉——那里爆发了与仇外心理有关的所谓“义和团运动”（下面还会详细论述）。俄国占领了整个满洲，在那里建立了残酷的占领军政权，此举不仅引发了日本的反对，同时引发了所有大国的反对。当日本总理大臣伊藤博文 1901 年访问圣彼得堡期间提议以鸭绿江（它分隔了满洲与朝鲜）划分双方的利益范围时，俄国政府在财政大臣维特的大力影响下拒绝了此建议。此后东京转向伦 932
敦，1902 年 1 月英国和日本签订一项联盟协议，双方致力于维护中国和朝鲜的现状，从而反对俄国在东亚的种种扩张努力。沙皇帝国由于其肆无忌惮的行为在外交方面受到孤立。

迪特里希·盖尔称俄罗斯帝国主义为“靠借贷维持的帝国主义”（geborgter Imperialismus）。沙皇帝国在东亚的扩张不是靠自己的力量，而只是借助持久流入的外国——具体地说是法国——资本。对外资的依赖如此之大，以至于它几乎已经带有半殖民地的特征。俄罗斯试图在前几个世纪征服和并入帝国的亚洲领土之外再吞并其他土地，或至少要让这些地方依赖自己，这么看来这种企图带有一种补偿性质。追求越来越大的领土和在世界上更多的经济与政治影响力，本应缓和落后的俄国对更发达的西方帝国主义国家的依赖，但最终反而加强了这种依赖。至于俄国帝国主义与贸易和工业大国，首先是美国帝国主义的区别，盖尔简明扼要地总结道：“与美国不同，俄国的要求和能力相去甚远；扩张是经济疲软的表现，而不是强大力量的体现。”

日本在一定程度上对俄国的优势和劣势做出了现实的评估。从1903年8月开始，日本政府在圣彼得堡多次以照会形式——最终发出最后通牒——越来越紧迫地要求承认中国的独立和完整。而俄国则置若罔闻。日本估计，一旦修建中的西伯利亚（起初是单线）铁路竣工，俄国舰队进一步发展后，俄方就更不愿意做出各种让步了。东京从这一评估中得出的结论符合“现在，或永不！”的座右铭。1904年2月8日到9日夜，日本舰队突袭了俄国位于辽东半岛的亚瑟港（Port Arthur）[①]。
933 于是，1904/1905年日俄战争拉开了序幕，这是第一场一个欧洲大国和一个亚洲强国之间的战争。

俄方最大的障碍是前往日本的漫长海路。由于土耳其海峡仍旧不许外国军舰通过，黑海舰队无法驶出；因为英国人控制着苏伊士运河，波罗的海舰队只能绕道好望角。在后者于1905年春最终抵达战场并输掉决定性的对马海战（Seeschlacht von Tsushima）之前，日本人在为期156天的包围后已经占领了亚瑟港并打赢了历时三周的奉天消耗战。当美利坚合众国总统西奥多·罗斯福（Theodore Roosevelt）出面为这两个帝国调停时，俄国还没有认输，直到法国以暂时金融封锁向它施加巨大压力后，它才不情愿地接受了调停。

鉴于一系列不久前发生的反犹骚乱，尤其是1903年4月出现在基希讷乌（Kischinew）的血腥事件在美国引起的反俄情绪，俄国的谈判代表（1903年卸任的财政大臣）维特在美国能让舆论转向不能不说是一件了不起的成就。1905年9月5日在新罕布什尔州的朴次茅斯（Portsmouth）签订的和约，在

① 西方旧称，即旅顺港。

美国对日本的温和影响下对俄国相对有利。后者只需承认朝鲜属于日本的利益范围，并将萨哈林岛南部和辽东包括亚瑟港割让给日本。和约中的另一项撤出满洲的规定，俄方与日方均未遵守。

一个非欧洲强国打败一个欧洲大国的第一场战争尚未完全结束，俄国民众的愤怒就失去控制并迅速转变为一场革命。这是 20 世纪在欧洲因战败爆发的第一场革命，也是历史上的第二场这类革命，如果人们把 1871 年的巴黎公社算作第一场这类革命的话。1904 年底在首都开始了一场罢工，它是由“圣彼得堡俄罗斯工厂工人大会”（Versammlung russischer Fabrikarbeitervon St. Petersburg）发动的，这是监狱神父格奥尔基·阿波洛诺维奇·加邦（Georgi Apollonovich 934
Gapon）最初出于爱国意图创建的机构。罢工者在一份准备呈交给沙皇的请愿书中要求给工人决定权，给农民土地并召集立宪会议。1905 年 1 月 22 日——“血腥星期日”，一支由加邦率领的约 10 万人的游行队伍向冬宫挺进，目的是向尼古拉上交请愿书。冬宫警卫向手无寸铁的民众开枪，约有 150 人丧生，受伤的人数更多。

“血腥星期日”成为第一次俄国革命的导火索。它从圣彼得堡很快蔓延到其他城市和全国大部分地区。1 月 29 日，华沙经历了“血腥星期日”。但直到沙皇的叔叔莫斯科总督谢尔盖·亚历山德罗维奇大公（Großfürst Sergej Alexandrowitsch）于 2 月 17 日被一个社会革命者暗杀后，尼古拉二世才有些半心半意地准备让步。他于 3 月 3 日宣布，根据内政大臣布雷金（Bulygin）的建议将选举有咨询权、无决定权的杜马；4 月份颁布了一项宽容敕令，这让非东正教臣民的日子稍微好过一些。经过漫长的讨论，8 月份公布了一项等级制选举法：贵族相对于资产阶级享有特权，农民成为相对最大的选民团体，而工人和知识分子没有获得投票权。“地方自治运动”、自由主义者和左派一致愤怒地拒绝了这一法令。

1905 年春，农民发生了动乱，尤其是高加索和波罗的海国家的农民，那里未解决的土地问题与未解决的民族问题叠加在一起。在孟什维克的启迪下，高加索武装起来的农民驱逐了当局的代表并成立了革命的自治机构；在波罗的海国家，农民们拒绝纳税和服徭役，如修路；不久后拉脱维亚的农业工人开始罢工反对德国地主，后来发展成一种游击战。在这方面也能感到孟什维克社会民主党人的影响。

6 月份，动乱和街垒战发生在罗兹（Lodz）和其他波兰城
935 市，属于黑海舰队的“波将金”号（Potjomkin）战列舰被哗变的水兵占领，敖德萨举行了总罢工。9 月份，大学生们在莫斯科印刷工人罢工期间占领了高等学校并向工人们开放。10 月 7 日，莫斯科铁路工人开始罢工，在工会联盟的知识分子的积极参与下很快发展成席卷全国的总罢工。圣彼得堡所有工厂的代表们选出了“工人苏维埃”，当时的孟什维克列夫·托洛茨基在苏维埃的执行委员会中担任了领导角色。10 月份，农民骚乱进入新阶段，同时骚乱也发生在中部的黑土地区与乌克兰和伏尔加河中游地区。富有的农民也参与了反对地主的斗争，这经常与反犹骚乱同时发生。

尼古拉二世对局势的严峻性也无法再视而不见了。在维特的敦促下，他决定做出其到那时为止的最大让步：10 月 30 日公布了《十月宣言》（*Oktobermanifest*）。在这份由维特撰写的文件中俄国人得到了经典的公民自由权并被许诺将会获得一个经普选而产生的杜马。沙皇首次任命了一位大臣担任会议主席，即维特，后者成为以集体负责原则组建的内阁首脑。作为维特和几位自由派大臣的平衡力量，尼古拉二世派了一位他极为信任的人——内政大臣杜尔诺沃（Durnowo）进入内阁。波

别多诺斯采夫和其他因特别反动而声名狼藉的政客必须离职。

《十月宣言》成为 1905 年俄国革命的转折点。温和派认为，现在是时候让革命给改革让位了。激进派想继续推进革命，但在大多数城市不再能找到支持自己的劳动群众。12 月彼得堡苏维埃的 250 名代表被捕，托洛茨基被流放到西伯利亚，因为他们此前号召拒绝缴税和提取所有存款。部分工人阶级以罢工进行反抗，但罢工没有达到威胁政权的规模。

1903 年 4 月起从日内瓦开展革命工作的列宁，早在 1905 年夏天就已经向俄国的布尔什维克追随者转达了“武装起义” 936
的口号。11 月，他返回俄国。在圣彼得堡，他呼吁进行武装暴动，没有得到响应，但在莫斯科则不然，那里激进派社会革命家和布尔什维克有很多追随者。彼得堡苏维埃代表被逮捕的消息起了信号作用：12 月 20 日，由布尔什维克控制的莫斯科苏维埃号召工人进行新的总罢工。在左翼社会革命家的积极参与下，约两千名武装工人与军队抗争了九天，直到 12 月 29 日圣彼得堡的增援部队赶到，军队才控制住局面。起义失败的消息，列宁是在芬兰获悉的，他是 12 月 24 日到达那里的。事后很多布尔什维克谴责说，列宁坚持武装斗争是唯意志论者冒险主义的表现。

1906 年 3 月和 4 月举行了俄国历史上的第一次杜马选举。选举是在 12 月份颁布的选举法基础上进行的，该选举法保障的是一种普遍、间接和匿名的选举权，但不是平等的选举权。许多乡镇和农村选出了民主的选举人名单，圣彼得堡和莫斯科选出了“立宪民主党人”（Konstitutionell-Demokraten）名单，他们根据这两个词的首字母也被称作“Kadetten”[①]。各极左政党呼吁抵制选举仍旧得不到响应，这导致许多工人

① 该党俄文全称为 Конституцио́нно-демократи́ческая па́ртия（Konstituzionno-demokratitscheskaja partija），俄文与英文缩写分别为 каде ты, kadety。

因缺少社会主义候选人而把票投给了民主党人士。在第一届杜马中占主导地位的是“立宪民主党人”，他们的领军人物是自由派历史学家帕维尔·米留科夫（Paul Miljukow）和政治评论家彼得·施特鲁韦。比他们右的是保守的“十月党人”（Oktobristen）①，比他们左的是“劳动者”（Trudowiki），在这个团体中聚集了激进的国会议员。

就在杜马召开会议前几天，尼古拉二世于1906年5月6日颁布了第一部俄国宪法《国家根本法》（*Staatsgrundgesetze*）。此法赋予“臣民”《十月宣言》中所公布的基本权利，同时也使他们有了保卫皇位和祖国的“神圣义务”。立法权由沙皇和部分选举、部分任命的帝国议会以及经普选选出、任期五年的
937 杜马共同行使。② 杜马会议只能由沙皇召集和解散。有关皇室和军事费用，杜马只有有限的预算权。大臣对沙皇，而不是对杜马负责。在杜马空缺的情况下，大臣会议可根据宪法第87条用紧急法令治理国家。沙皇对所有法案拥有绝对否决权。沙皇的专制虽然不再是无限制的，但根本法也没能取消其专制。在宪法第4条中明确指出：“赋予了全俄罗斯沙皇最高统治权力。听命于他不仅是出于恐惧，而且也是出于良心的责任，这是天主本人的吩咐。”

在对俄国国内最新政治走向的一份详细分析中，马克斯·韦伯在1906年夏天已经指出外国银行在沙皇帝国的立宪过程中起了决定性作用。制宪确实也是让在日俄战争中受到削弱的俄国重新获得贷款资格的一种手段。但为外国资本担保的不是杜马，而是沙皇：巴黎政府在决定向俄国提供新贷款前，于1906年春让维特就此作出保证。无论尼古拉二世是否会在没

---

① 正式名称为十月十七日联盟（Союз 17 Октября），是俄罗斯帝国一个非革命中间派政党。

② 即国家杜马和国务会议通过，经沙皇确认生效。

有外部压力的情况下颁布宪法，他这么做是极不情愿的。国家根本法赋予沙皇的行政权力如此之大，以至于韦伯在为《社会科学与社会福利政策档案》（*Archiv für Sozialwissenschaft und Sozialpolitik*）杂志撰写的相关文章中画龙点睛地使用了《俄国向伪立宪主义的转变》（*Rußlands Übergangzum Scheinkonstitutionalismus*）的标题。《十月宣言》只是令“现存的传统意义上的‘专制’假象”消失，从而“设立了现代官僚主义的绝对中央集权统治”。

事实上，与德意志帝国相比，沙皇帝国的君主权力在宪法公布后所受到的宪制束缚要少得多。但杜马的辩论发展出自己的活力，政府对沙皇赢得了一种1905年革命之前不曾有过的影响力。这一点在1906年7月，尼古拉二世解雇他一向不信任的维特近三个月后，内政大臣彼得·阿尔卡季奇·斯托雷平（Pyotr Arkadyevich Stolypin）出任大臣会议主席（首相）时就显示了出来。

在1905年俄国革命的群众行动中，参与者有工人、农民、士 938
兵、大学生和知识分子，而圣彼得堡和莫斯科的大城市无产阶级的参与度超过任何其他群体。尽管如此，鉴于这场革命得到了广泛的社会支持，不能称之为“无产阶级革命”。支持自由反对派反对专制的分别是地主贵族和城市有产与受过教育的阶层，若是没有他们的贡献，很难设想会形成令那场改革势在必行的压力，这就是1905年革命前的情况。

如果审视权力斗争的结果，似乎有理由称这场革命为“资产阶级”革命。但这个称谓也不确切。20世纪初，在俄国还不存在广泛、成熟和自信的资产阶级，而且韦伯所提及的“现代官僚主义的中央集权统治”与美国1776年和法国1789年经典的资产阶级革命所追求或所达到的目标也是南辕北辙。鉴于参与者的广泛性与其跨阶级的特殊性，完全可以把1905年的俄国革命称为一场“人民革命”。以改革运动的目标来衡量，1906年4月宪法生效时，它并没有失败，这是与1848/1849年德意志革命的区别所在。但那些所争得的改变——尽管国家权力不情愿并认为这些变化极其危险——并未能够阻止专制改头换面继续存在。马克斯·韦伯在1905/1906年交替之际写过一篇文章《论俄国资产阶级民主之状况》（*Zur Lage der bürgerlichen Demokratie inRußland*）。当莫斯科工人起义在12月遭到镇压后，他补充了一个敏锐的注释：“只有一场不幸的欧洲战争才能彻底粉碎专制。”

1905年，革命没有在革命的发源地俄国引发最强烈的民主化进程，而是在芬兰大公国起到了这种作用。作为对发生在10月底到11月初、受到大多数人支持的工人和官员总罢工的回应，沙皇政府为芬兰颁布了与俄国《十月宣言》相应
939 的《十一月宣言》（*Novembermanifest*），其主要目标是恢复芬兰自治。事实上，尼古拉二世在1899年的《二月敕令》（*Februarpatent*）中已经宣布要这么做。这项旧敕令以及随后于1901年颁布的兵役法和其他一些法规在11月4日被取消。大公国最重要的自治机构芬兰参议院受委托提交新的在平等普选基础上的国会规章和基本权利目录草案，并给予未来的议会监督政府成员活动的合法性的权力。

在大规模示威游行的压力下，老的等级制议会在1906年春投票同意了新规章。“这次改组是当时欧洲最激进的，”芬兰历史学家奥斯莫·尤西拉（Osmo Jussila）评判道，“它一步到位，从四等级代表制直接转变为在平等普选基础上的一院制议会。妇女也获得了选举权，这在欧洲是第一次，在世界范围内是第二次（在新西兰之后）。通过这次改革代表权基础差不多扩大了十倍。”

信仰路德宗的芬兰与信仰东正教的俄国不同，它是古老西

方的一部分。俄罗斯帝国波罗的海沿岸各省份——爱沙尼亚、利沃尼亚和库尔兰的情况也是如此。但那里的德国贵族上层阶级与芬兰说瑞典语的贵族不一样，他们不愿意乖乖地放弃自己的特权并与爱沙尼亚人或拉脱维亚人结成反对沙皇专制的联盟。所以与芬兰不同，在库尔兰、利沃尼亚和爱沙尼亚没有形成争取自由、自决和民主的民族统一战线。芬兰在 1905/1906 年仍然是一个特例。[24]

## 现代先锋国家：世纪之交前后的美国

就在俄国于世纪之末准备通过扩建铁路网，将其巨大的西伯利亚东部领土与乌拉尔山脉这一侧的老帝国更好地连接在一
940 起时，美利坚合众国在南北战争结束后开始致力于开发“大西部”。1869 年，第一条从奥马哈到旧金山的太平洋铁路开通，从而让美国的东西海岸间有了一条横贯大陆的铁路线。铁路建设符合农业和工业的利益；它使“大平原”首次大规模被养牛者和农场主占领，淘金和淘银者也能迅速被输送到落基山脉。

受益者中也包括无数的猎牛者，他们开始对密西西比河以西的野牛群赶尽杀绝，从而摧毁了大草原印第安人的生存环境。华盛顿联邦政府的政策目标是把西部的部落迁移到印第安保留地，但遭到了凶猛抵抗，特别是来自苏族（Sioux）和夏延族（Cheyenne）的抵抗。在从南达科他（South Dakota）州划分给他们的保留地逃跑之后，苏族人在其酋长疯马（Crazy Horse）和坐牛（Sitting Bull）的率领下与夏延人一起在 1876 年 6 月取得了最后一次军事胜利，他们在蒙大拿（Montana）南部的小巨角河（Little Bighorn River）河畔打败了乔治·卡斯特（George Custer）将军，后者带着约 260 人的队伍想把他们驱赶回保留地。北美印第安战争的最后一役是一场大屠杀，它于 1890 年 12 月 29 日发生在南达科他州寒冷大草原上的翁迪德尼（Wounded Knee），约有 200 名骨瘦如柴的苏族人，包括男人、妇女和儿童，在一场遭到政府禁止的礼俗舞蹈中被联邦军屠杀。

三年前，联邦政府在民主党总统格罗弗·克利夫兰（Grover Cleveland）执政期内就通过土地分配法——《道斯土地占有法》（*Dawes Severalty Act*），完成了对印第安人政策的改变。自治权以及印第安人在保留地的共同土地所有权都

要被取消，印第安家庭将得到一定面积的土地（160 英亩，近 64 公顷，其他未成家的成年人分得此面积的一半），且在 25 年内不得将该土地卖给白人农场主或土地投机商。《道斯法案》的目标是把印第安人转变为定居者和自立的农民，也就是让他们放弃部落文化并与白人社会同化；25 年后所有印第安人将获得充分的公民权。

不断灭绝印第安人的行为遭到持续抗议，土地分配法也 941
是对此的一种回应。但其效果远不如该法制定者的初衷那么人道。在执行《道斯法案》时，许多孩子被强行与父母分开并送往白人主管的学校。受政府委托者在印第安保留地扶助基督教传教工作和建造教堂，希望能以这种方式克服印第安人的部落宗教。印第安人得到的土地大多土壤质量差，好一些的土地被白人定居者占有。然而即使是在印第安人能够经营好土地的地方，他们也缺乏必要的资源和技能。其结果是广泛的贫困，往往伴随着酗酒。到 1924 年，印第安人部落失去了 1887 年属于保留地的 60% 的土地。《道斯法案》通过后又过了差不多半个世纪，直到 1934 年的《印第安人重新组织法》（*Indian Reorganization Act*）才从到那时为止的同化政策的失败中吸取教训，为幸存的部落重新恢复了自治政策。

铁路网的拓展在美国与在欧洲一样，继续推动了工业化进程。南北战争结束后的最初 25 年内，美国上升为顶尖的世界工业大国：1895 年美国的工业生产量是德国的两倍，大不列颠此时已退居第三。后来人们称 1865 年至 1880 年代末为“镀金时代”（The Gilded Age），借用了马克·吐温和查尔斯·达德利·沃纳（Charles Dudley Warner）1873 年出版的一部讽刺小说的标题。

伴随着工业化出现的是浩大的一体化进程。1870 年约翰·D. 洛克菲勒（John D. Rockefeller）在俄亥俄州的克利夫兰

（Cleveland）创立了标准石油公司（Standard Oil Company）；12年后，从中产生了第一个“托拉斯”（Trust）——许多公司合并成的一家控股公司，与康采恩不同的是每个公司都失去了其独立性。又过了10年，标准石油公司已经掌控了美国石油生产的十分之九。1873年安德鲁·卡内基（Andrew Carnegie）率领一批企业家在匹兹堡（Pittsburgh）创建了一家大型钢铁厂，该厂在之后的10年里发展成卡内基钢铁公司（Carnegie
942 Steel Company）。接下来在1901年，卡内基和银行家约翰·P. 摩根（J. P. Morgan）共同创立了联邦钢铁公司（United States Steel Corporation）：这是一家拥有200多家钢铁企业的控股公司，其钢铁生产量占美国钢铁业的70%。1904年仅有六家大型铁路联合企业，它们共占有美国铁路网的三分之二，财政方面它们或者依赖摩根，或者依赖洛克菲勒。19世纪末，1%的公司控制着美国工业生产的33%。

曾有过很多尝试，想从立法上限制康采恩和托拉斯的权力，但不少都遭到法院的拒绝，具体地说是最高法院的拒绝。1887年第一个联邦监督机构，州际商务委员会（Interstate Commerce Commission）成立。法律要求铁路公司在州际铁路运输中按照“公平与理性的费率”（just and reasonable rates）收费。但没有法院这种要求是无法得到执行的，而法院（特别是在1890年代）在审判时大多会做出有利于大企业的判决。1890年，国会通过了《谢尔曼反托拉斯法》（*Sherman Antitrust Act*）。该法律宣布任何形式的托拉斯或限制贸易的约定，包括各类价格垄断行为都是非法的；但没有对何谓“贸易限制”进行界定。因此，最高法院在1895年很容易拒绝解散炼糖公司，虽然这家公司控制了95%的糖加工业，即居于垄断者的地位。

然而，有一种对竞争的限制却得到了广泛的甚至一致的赞同：高额进口关税。对抵制国外廉价商品的竞争，不仅很多企业家，而且工人也因为害怕失去工作岗位非常赞同。保护本地工业的关税已于1864年在林肯任期内实施；与欧洲一样，1873年后的全球经济危机在美国也为贸易保护主义者推波助澜；再加上许多工业家觉得，鉴于美国拥有巨大的国内市场，他们不必害怕欧洲对美国关税上涨采取报复性措施。

在两大党派中，共和党人（1861~1884年间的所有总统 943
都是共和党人）主张对贸易采取更为保护主义的态度。1888年的总统大选中，赞成削减关税的在职总统格罗弗·克利夫兰虽然在选民中得到了多数选票，但在选举人团的选举中输给了共和党候选人本杰明·哈里森——他是一名众所周知的关税保护主义者。1890年10月，国会通过了以共和党代表和后来的总统威廉·麦金莱（William McKinley）的名字命名的“麦金莱关税”（McKinley Tariff），这是美国历史上最高的海关税率。

但这个决定不是很受欢迎。在1890年的中期选举中，共和党人遭受重创，在1892年的总统选举中（其中关税问题是辩论的核心问题之一）哈里森败给了他的前任克利夫兰。新总统未能实现其大幅削减美国关税的计划。1894年新引进的威尔逊－戈尔曼关税（Wilson-Gorman Zolltarif）与克利夫兰的设想仍有很大差距。另一项法律规定——收入超过4000美元者要缴纳所得税——只施行了很短时间：1895年最高法院认为此规定违宪并予以废除。

向大型康采恩的发展引起工业企业中领导人员的重新洗牌：个体经营并自己负责的企业家越来越多地被职业经理人所取代，他们受大股东委托领导企业或企业集团；在股东的监督下职业经理人确保劳动力和员工的合理使用，以及优化销售。另一个伴随大企业发展趋势的现象是工业中心的发展。1870

年，只有14个大城市的居民超过了10万；1900年这种规模的城市达28个，1920年增长到68个。在1870~1920年间的半个世纪中，生活在人口超过2500人的地方的美国人的比例，从原来的四分之一上升到一半。

大型工业企业在全国的分布是不均匀的。与东北威斯康星州和新泽西州之间的工业区不同，西部和南部的大部分地区
944 仍旧以农业为主。然而那里的工业化也取得了进展。一些南方州，首先是得克萨斯从丰富的石油储量中获益；马里兰州的阿巴拉契亚地区和亚拉巴马州北部开采了煤矿，亚拉巴马州、阿肯色州和得克萨斯州则开采了铁矿。1890年美国的工业产值首次超过了农业产值。至于人均收入，1900年前后南方仍旧远远落后于北方：只达到全国平均水平的大约一半（51%）。

与工业一样，商业也趋向于集中。1870年代，在美国各地出现了大西洋和太平洋茶叶公司（Atlantic and Pacific Tea Company）的食品连锁店。1879年，伍尔沃斯（Woolworth）百货集团在纽约成立，最初只经营纺织品。1880年前后芝加哥建起了第一家“百货”商店，之后很快在其他大城市遍地开花。邮购业务也在同一时间出现。大型商业企业在整体上引起了一场消费革命：标准化产品依靠大量广告开拓了市场。在向大众消费过渡的过程中，小零售店和为日常需要服务的工匠如裁缝和鞋匠、面包师和屠夫对此只能干瞪眼。这些人先是在大城市被挤出了市场，后来当连锁店和百货商店蔓延到最小的地方后，他们在那里也被淘汰了。

南北战争和第一次世界大战之间的许多开创性发明和革新对工商业发展产生了决定性影响。在南北战争前的1851年，艾萨克·辛格（Isaac Singer）就为他所发明和其工厂中制造的缝纫机申请了专利：这一成就不仅在纺织业，而且在数百万户家庭引起了技术革命。1866年，赛勒斯·W.菲尔德（Cyrus

W. Field）敷设了世界上第一条横跨大西洋（从纽芬兰到爱尔兰）的海底电报电缆，从而实现了欧美两洲的电报连接。在接下来的十年中，亚历山大·格雷厄姆·贝尔（Alexander Graham Bell）研发了第一部电磁电话，查尔斯·F. 布拉什（Charles F. Brush）开发了弧光街灯，托马斯·A. 爱迪生发明了灯泡。自1900年始，美国大城市的电车和一些大城市（波士顿从1897年起，纽约从1904年起）的地铁（以伦 945
敦1860年已经着手修建的地铁为蓝本）取代了轨道马车。几年前，雷明顿公司的打字机已经开始占领市场，它还带来了一种新的职业：所有的公司、律师事务所、办公室和公权机构都非常需要的女秘书。她们迅速挤走了老式律师楼的代笔人和抄写员。

世界上第一辆汽车虽然不是在美国，而是1886年由戈特利布·戴姆勒（Gottlieb Daimler）在德国制造的，但机动车大量用作私人交通工具却是在美国开始的：1903年亨利·福特（HenryFord）在密歇根州的迪尔伯恩（Dearborn）建厂生产汽车，1913年起采用了他所发明的装配线（assembly line）。四年后，美国街头已有近500万辆轿车行驶；这是“福特主义”的最初成果：追求让高品质的工业产品以极便宜的价格进入市场，从而令销售量持续增长。飞机也不是美国人，而是许多欧洲人发明的。然而，1903年威尔伯·莱特（Wilbur Wright）和奥维尔·莱特（Orville Wright）兄弟在美国俄亥俄州制造了第一架性能良好的飞机。这在时间上足够及时，让工业化国家能够继续完善这种运输工具，在第一次世界大战中把它用于军事目的。

假如没有来自其他大陆的移民拥入，美国不可能崛起为世界领先的工业大国。1830年前后，美利坚合众国有不到3000万居民，移民对人口的增长所起的作用还不大。这一点首先在

19 世纪下半叶发生了变化。1850 年前后，几乎每十个美国人（9.5%）中就有一个出生在国外。1865~1915 年，有 2500 万人从其他国家移民美国：是内战结束前半个世纪的四倍。1880 年代，平均 43% 的人口增长来自移民：这样的高比例后来再也没有出现过。1900 年前后，近 7600 万人居住在美国；到 1920 年该数字已接近 1.06 亿。

946 19 世纪末起，移民的民族和种族构成发生了变化。直到 1890 年前后最大份额的移民是德国人、英国人、爱尔兰人和斯堪的纳维亚人。（1860~1900 年，他们平均总共占 72%，德国移民单独占 28%。）1890 年后，移民重心从欧洲的西北向欧洲东中部以及东欧和南欧转移。越来越多的意大利人、波兰人、俄国人和希腊人来到美国，他们希望在这里能拥有比在家乡更好的生活条件。一个不断增长的移民团体由来自东欧的犹太人构成（1880~1920 年间 200 万人），在决定背井离乡前往美国时，沙皇帝国经常出现的反犹骚乱和罗马尼亚与匈牙利对犹太人的歧视是最主要的原因。美国西部和西南部的移民大潮来自其他国家：这里首先是中国人、日本人和墨西哥人对人口的增长做出了贡献。

不像许多来自德国、斯堪的纳维亚和英国的移民是技术工人，这些人是非熟练工人，墨西哥人经常当农业季节工。几乎所有行业都需要没什么技术的劳动力：随着向大规模生产的转型，对熟练工人的需求减少，对非熟练工人的需求增加。一些行业，如纺织业，首选女性来看管机器，她们所得到的工资一般要比男性低得多，所以企业雇用她们更划算。在采矿业和工厂中，以及在农业方面普遍使用童工，1900 年前后据统计有 170 万童工。平均工作时间在 1900 年前后是每天 10 小时，每周 60 小时；在钢铁行业工人每天要工作 12 小时。年平均工资在 400~600 美元间浮动。

此前早就开始了争取更高工资和更好工作条件的斗争。1869 年在费城成立了劳工骑士团（Noble and Holy Order of the Knights of Labor），起初是秘密的兄弟会，1878 年起以公开协会的形式开展活动。“劳工骑士团”有意识地面向所有 947
工人，包括熟练工和非熟练工，出生在美国的和新移民来的工人，特别是妇女，无论她们在工厂工作还是当家庭主妇。“骑士团”要求禁止童工和引进八小时工作制，他们致力于用在合作社基础上建立的合作工厂取代资本主义的雇佣劳动。其领导层拒绝罢工，但他们不能阻止工会联盟（虽然大多数情况下不成功）用这种斗争手段对付铁路公司，而且不怕使用暴力。

就这样，“劳工骑士团”开始衰落。加速此过程的是一件“骑士团”绝对不该负责的事件：1886 年 5 月 4 日芝加哥的“干草市场”（Haymarket）动乱。起因是警方介入一场起初是和平的示威，参与示威的也包括无政府主义者。显然后者中有人扔了一枚炸弹，7 名警察死亡，受伤者达 67 人。在接下来的搏斗中有 4 名工人遇害，至少 50 人受伤。司法部门无法辨认出扔炸弹者；尽管如此，在干草市场案审判中有 8 名激进煽动暴力闹事者被判定有罪并被判处死刑，4 人的死刑被执行。当伊利诺伊州的德裔民主党州长彼得·阿尔特格尔特（Peter Altgeld）1893 年释放 4 名幸存的囚犯时，保守的报纸激烈攻击他，他的政治生涯因此结束。

干草市场骚乱后，雇主转而向那些加入了以激进而闻名的组织的技术工人施加巨大而有效的压力。“骑士团”的成员减少了，据称从 1886 年的 70 万下降到 1890 年的 10 万。“劳工骑士团”未能熬过世纪之交。此时更为成功的是针对不同行业工人的工会，特别是针对高素质的技术工人的工会。包罗各行业的统一工会的想法和不切实际的拒绝罢工的做法一样，未能得到接受。

948 最有实力与“劳工骑士团”竞争的组织是1881年成立的美国与加拿大有组织的行业工会与劳工联合会（Federation of Organized Trade and Labor Unions of the United States and Canada），五年后该组织更名为美国劳工联合会［American Federation of Labor，简称劳联（AFL）］，是工会行业协会的伞式组织，主要成员是技术工人。在其精力充沛的长期主席塞缪尔·龚帕斯（Samuel Gompers）领导下，劳联在美国为被概括成“面包和黄油”的新目标而奋斗：为工人争取更高的工资、更短的工作时间、更好的工作条件，以及作为成功的条件争取工会和雇主协会之间的集体谈判协议（collective bargaining）。

劳联提出的“最政治性”的要求是限制移民的人数：这种要求反映出技术工人害怕非技术工人会把工资压得更低。劳联拒绝与民主党或共和党的政治关联，同样也不屑成立一个独立的工人党；它只是支持那些视其要求为己任的不同候选人。那些顽固地与劳联为敌的企业受到抵制，或受到罢工的惩罚。龚帕斯的策略被证明比“骑士团”的更为成功。1912年，劳联的各成员协会约有200万名会员，超过美国所有有组织工人的五分之四。如果考虑到当时美国有2500万非农业工人，那么这个数字只占工业和手工业工人总数的8%。

成员人数比劳联少得多的是1905年成立的世界产业工人联盟［Industrial Workers of the World，简称世产联（IWW）］，俗称“Wobblies”。1914年它拥有10万名成员。“世产联”除代表矿工、樵夫和农业季节工外，主要代表到那时为止无组织的工业工人，包括许多第一代非技术移民。其“外国”，即欧洲色彩还体现在世产联的社会主义甚至是无政府主义要求上，如追求取消工资制度和企业的公有化。1912年，世产联组织的一场带有暴力行为的罢工在全美国引起了轰动，罢工的主体是马萨诸塞州劳伦斯（Lawrence）的纺织工人。当局的回应是最为严密的监视和跟踪，特别是在第一次世界大战期间。1925 年世产联被解散。

1880 年代，钢铁工人联合会（Amalgamated Association 949
of Iron and Steel Workers）成为美国最强大的单一工会：1891 年它拥有 24000 名钢铁工业的技术工人。1890 年前后当新的生产方式让该行业对技术工人的需求也下降后，工会的影响力亦急剧下降。在卡内基联合企业内，该组织仅在三家工厂之一的匹兹堡霍姆斯特德（Homestead）厂保住了其强势地位。为了在这里也能摆脱联合会的影响，安德鲁·卡内基和他的“得力干将”亨利·克莱·弗里克（Henry Clay Frick）多次下调了工资，对此工会被迫接受。

然而，当弗里克 1892 年断然要求再次削减工资时，联合会呼吁进行罢工。弗里克让人封锁了厂区并请臭名昭著的“平克顿分子”（Pinkertons）到现场——他们是职业破坏罢工的队伍——好让愿意劳动的工人来代替罢工工人。7 月 6 日在一场正规战斗中，3 名私人警察和 10 名工人遇害。在“平克顿分子”被迫撤离后，宾夕法尼亚州州长派整个州国民警卫队的 8000 多人保护破坏罢工者。当一名无政府主义者试图暗杀弗里克（未遂）时，最初支持罢工工人的公众舆论发生了变化。经过四个月的罢工，罢工者返回他们的工作岗位。联合会的权力被打破，到世纪之交其会员人数下降到 7000 人左右。

1894 年，在“霍姆斯特德罢工”两年后，发生了一次席卷全国大部分地区的罢工：“普尔曼罢工”（Pullman Strike）。普尔曼汽车公司在其芝加哥厂区生产卧铺车和豪华车厢；它为其员工建立了自己的城市，用企业主普尔曼的名字命名。1893 年，美国经济急剧下滑，主要原因是铁路建设中的投机行为；同时代人甚至称之为“大萧条”。普尔曼公司随后将工资降低了 25%，理由是订单量下降；然而，公司所属地产的租金并没

950 有降低。普尔曼公司的工人用罢工作为回应，他们此举赢得了一位公开的社会主义者尤金·V. 德布斯（Eugene V. Debs）的支持，他是激进的美国铁路工会（American Railway Union）的领导。数日之内，27 个州的几千名铁路工人参加了罢工，芝加哥与西海岸之间的铁路交通陷于瘫痪。

由于伊利诺伊州州长彼得·阿尔特格尔德拒绝派民兵保护雇主，公司管理层请求总统克利夫兰派遣正规部队，他们指出罢工令邮政服务陷入瘫痪。总统满足了该请求并向普尔曼厂区派出了一支 2000 人的军队。联邦法院命令工会停止罢工，德布斯和他的同事们拒绝执行这项命令，随后被捕。在联邦部队的保护下，普尔曼开始雇用新员工；在新员工还没有上岗的地方，罢工者为了保住饭碗只好返回他们的工作岗位。与霍姆斯特德一样，普尔曼罢工失败的原因也是国家动用武力支持雇主——前者动用的是个别州的武力，而后者则是联邦的军队。

在 1990 年前后的美国，最激烈的阶级斗争发生在无产阶级和资产阶级之间，政府成为统治阶级的权力工具，而一直延伸到最高法院的司法权力表现出阶级司法的特征，用马克思的术语来描述这个时期的美国是非常有道理的。但是，无论是当时还是后来，美国都没有发展出有阶级意识的无产阶级，因此，也没有形成像欧洲大陆社会主义党派那类大的马克思主义政党。这种类型的最成功的团体还得算是 1901 年创立、由铁路工会主席尤金·V. 德布斯领导的社会党（Socialist Party），它是此前 1874 年创立的美国社会劳工党（Socialist Labor Party）的“女儿”。它在来自欧洲的移民中有很多支持者，并且不断参加总统竞选。在 1912 年的大选中，以德布斯为候选人的该党赢得近 90 万张选票，相当于 6% 的比例。然而，劳
951 联仍旧不想组建自己的工人党，从而要对社会党在政治上没能成大气候负相当大的责任。

“为什么美利坚合众国没有社会主义？”（Warum gibt es in den Vereinigten Staaten keinen Sozialismus?），这是德国国民经济学家维尔纳·桑巴特（Werner Sombart）1906年出版的一部著作的书名，这个问题大概不少欧洲观察家都提出过。桑巴特是参加1904年圣路易斯世界博览会举办的国际艺术与科学大会（Congress of Arts and Science）的德国代表之一。对于为什么偏偏在资本主义的“迦南地”[①]没有出现广泛的社会主义从根本上反对现存的经济和社会制度，他指出了许多他认为有道理的原因。在美国，没有前资本主义社会的残余，具体说就是没有封建贵族，导致资本主义经济体制能够无限制地进行统治：这与旧大陆有显著差别。在美国，工人看到自己有世界其他地方所没有的升迁机会，哪怕只有少数人能真正从东部非独立的工业工人转变为大西部独立的农场主，或成功地从洗碗工上升为百万富翁。不必永远当工人的信念的作用是，他们有一种欧洲工人所没有的更为自由的意识。美国工人感到自己是一个爱国整体的组成部分，是一个伟大的民主国家的成员，在社会上是受到平等对待的公民。此外他们还有相对富裕的生活：根据桑巴特的大胆估计，美国工人的工资是德国的三倍。

上述一切令人对资本主义社会秩序相当满意：“烤牛肉和苹果派摧毁了所有的社会主义乌托邦。”然而，桑巴特并不相信，让美国到那时为止走上一条独特发展道路的条件将来也会一成不变。他虽然没有为其预测——社会主义于下一代人中在美国也会“繁荣昌盛”——提供更详细的理由，但如果考虑到他那客观上站不住脚的断言，即美国工人事实上比任何其他地方的工人受到的剥削都要严重，那么就不难推测，按照桑巴特

① 即应许之地。

952 的观点工人们迟早会意识到这种所谓的事实。

在19世纪的最后25年，对美国政治体制最尖锐的批评不是来自工人，而是来自农民：他们对共和党与民主党的双头垄断的挑战有时比后来的社会党更有效。引起社会抗议的首要原因是：1873年维也纳股市崩盘后的全球经济危机导致农产品价格下跌。当时已经形成一个农业组织网络：1867年农民们成立了全国农业保护者协会（The National Grange of the Order of Patrons of Husbandry，简称格兰其），农产品价格下跌让其会员人数猛增。在中西部各州格兰其在反对铁路公司高储运费和农产品价格低廉的运动中得到了广泛的政治支持。许多州以《格兰其法》（*Granger Laws*）的方式满足了农民的要求。然而，铁路公司以侵犯贸易自由为由提起诉讼，而法院也经常判铁路公司胜诉。

1870年代后半期比格兰其受到更广泛支持的是农民联盟（The Farmers' Alliance），这是一种类似合作社的协会，其最强大的堡垒在南方和西部。1889年它们合并为一种松散的全国性行动联盟。在“非大选年”和1890年的中期选举中，它们通过受其支持的候选人控制了多个州的议会。得到它们支持的竞选者（多为民主党人）赢得了6个州的州长席位、美国参议院的3个席位和众议院中约50个席位。1892年农民联盟又向前迈出了重要一步：它在内布拉斯加州的奥马哈成立了人民党（People's Party），通过了一项纲领并提名了自己的总统和副总统候选人。在1892年的总统选举中它们的候选人詹姆斯·B.韦弗（James B. Weaver）将军（一位南北战争中的老兵）获得了超过一百万张选票，相当于8.5%的得票率。人民党同时还赢得了6个州长席位、5个美国参议院席位和10
953 个众议院议席。此外该党还可指望得到一些民主党和共和党人的支持，这些人因其协助才得以入选参议院或众议院。

这些“民粹主义者”（人们如此称呼人民党）不想只进行纯粹的农民运动。他们不仅继承了格兰其与农民联盟的遗产，而且也秉承了创建于1876年的国家独立党（National Independent Party），即所谓“绿背党”（Greenback Party）的意愿。该党的主要关注点是通过发行纸币和放弃金本位加强货币流通：这是一种反对通货紧缩的纲领，借此他们目标明确地寻求农民和工人的支持。民粹党也这么做，他们要求缩短工时，限制移民人数，坚决反对“平克顿分子”那类罢工破坏者组织。他们并未能真正深入到工人阶级中去，但仍旧是大多数农民和小城镇抗议者的政党。

1890年代民粹主义的立场令人很难对其进行政治定位。这个新成立的党更多地赞成直接民主，如公民投票，由人民直接选举美利坚合众国的参议院（此前其成员由各州立法机关选举），将总统和副总统任期限制为一届。民粹主义者的一些要求带有社会主义或至少是社会民主色彩，如呼吁铁路和电报系统国有化，建立国家监控的邮政储蓄银行和引进累进所得税。他们的另一些要求则是保守和排外的，如禁止外国人拥有土地和“世界上的穷光蛋与刑事犯罪者”（the pauper andcriminal classes of the world）不得入境。一些民粹党议员公开发表反犹言论，另一些则与攻击犹太教的行为保持距离。几乎所有的民粹主义者都反城市和反智。

由于美国农民不同于欧洲农民，他们自己早已是资本主
义的企业家，并且从农业的不断机械化中获益，所以民粹主义
者既不笼统地攻击资本主义，也不从整体上反对工业体系。相
反，他们把火力主要对准受到政府优待的“大企业”。他们不 954
制定一种未来社会的蓝图，而是对消逝的过去恋恋不舍：一个
由农业和独立小企业造就的美国，其中经济、社会和政治还没
有由匿名的机构和少数几家大型康采恩公司统治。用历史学家

理查德·霍夫施塔特（Richard Hofstadter）的话来说：“民粹主义者的乌托邦存在于过去，而不是将来。”

民粹主义者号召进行内部改革之日，正是大规模内陆迁徙运动，即“西进运动”（westward movement），步入尾声之时。当弗雷德里克·杰克逊·特纳1893年7月在其著名演讲中阐述“边疆”（移动的边界）在美国历史上的意义时，那已经是一种回顾了。同时美国加快了从农业向现代、城市化工业社会转型的步伐。民粹主义是这种过渡的表现，这在很大程度上解释了这场五光十色的运动的矛盾特征。

民粹主义者的实际政策的核心与1870年代的“绿背党”一样，是反对通货紧缩：数量充足的白银将再次与稀缺的黄金一起用作美元的储备，而且是按照16 ∶ 1的比例——1873年之前通用的官方兑换率，即16盎司的白银等于1盎司黄金。回到“金银复本位”（Bimetallismus），包括1873年放弃的白银美元铸造，“自由银币”（free silver）的辩护者希望能借此提高农产品价格和减轻债务偿还负担。

如果不是南方和西部的代表们在动荡的民主党大会上以同样的要求获胜，并帮助这一货币改革的最雄辩的倡议者——国会议员威廉·詹宁斯·布莱恩（William Jennings Bryan）成为总统候选人的话，民粹党也会带着“自由银币”的口号进入1892年的总统竞选。民粹党随后决定放弃推举自己的候选人并支持布莱恩。尽管有这样的援助，而且第一次在全联邦范围内进行了竞选活动，民主党和民粹主义者的共同候选人还是败给了共和党候选人麦金莱。

955 民粹党再也未能从这次失败中恢复过来：它不但输掉了“自由银币”之战，而且也失去了其政治独立性。选举结束几个月后，该党开始解散。其作为一个组织的失败却矛盾地令它的一些要求更容易得到实现，即更多的直接民主：两大政党证明它们有能力学习，正如我们将看到的，它们从民粹主义的方案中吸收了那些与自己的目标相符的内容。自从在南非、澳大利亚和阿拉斯加发现了金矿，黄金价格再次下滑，民粹党关注的重点——金银复本位就逐渐失去了重要性。1896 年开始的经济繁荣更是让美国农民的危机感成了无源之水。但 19 世纪的农业抗议运动有一个长盛不衰的作用：两大政党从此对农业的重要性不敢掉以轻心，这帮助农业直至今日在所有行政管理部门的政策中享有其特殊地位。

从“绿背党”到民粹主义者，他们在抗议运动中提出的一些要求不过是道出了大多数美国人的心声。他们关于来自世界较贫穷地区，具体来说来自亚洲的无限制移民的警告尤其如此。国会迅速做出了反映。早在 1882 年，在共和党人总统切斯特·A. 阿瑟（Chester A. Arthur）治下，一项联邦法律就禁止不熟练的中国工人——苦力（Coolis）移民美国。同年，一条法律将精神病人和预计会依赖社会救济的人排除在移民许可范围外。1907/1908 年，在“黄祸”（yellow peril）恐惧高峰期，共和党人总统西奥多·罗斯福在一份所谓“君子协定”（Gentlemen’s Agreement）中强迫东京的日本政府承诺，不为想前往美国找工作的日本人提供旅游护照。

抵制东亚移民不仅仅是因为害怕廉价竞争。对中国人和日本人的歧视也符合精英阶层对白种人，更确切地说是“条顿人”，尤其是盎格鲁—撒克逊民族文化优势的信念。这类种族 956
主义与社会达尔文主义的“生存竞争”和“适者生存”信念无缝对接，这种思想流派受到达尔文的《物种起源》和赫伯特·斯宾塞的进化论理论的影响。在“世纪末”的美国，这种世界观和历史观有很多拥护者，因为它们看起来能解释和证明能干的企业家在市场占主导地位的合理性。在伟大的工业家中，约翰·D. 洛克菲勒和安德鲁·卡内基是公开的社会达尔文主义者。1883 年在耶鲁大学教授社会学的威廉·格雷厄姆·萨姆纳（*William Graham Sumner*），在其著作《社会各阶级之间究竟谁欠谁》（*What Social Classes Owe to Each Other*）中对个人主义提出了一种不再是自然法或神学，而是社会达尔文主义的最全面的论证。让社会达尔文主义思想在更广泛的圈子内受到欢迎的，是霍瑞修·爱尔杰（Horatio Alger）的小说《势必崛起》（*Bound to Rise*）和他的其他小说，书中描写的都是"靠个人奋斗成功者"的神话，他们从最底层逆袭为人上人。

优胜劣汰、适者生存之争的自然法则按照大多数——虽然不是所有——社会达尔文主义者的观点，不仅适用于国家内部的经济和社会生活，而且也制约着国与国之间的关系。在欧洲强权国家开始"争夺非洲"，瓜分世界上还没有被殖民的地盘后，美国的精英普遍认为如果美国不参与其中，将丧失其国际影响力。1890 年，历史学家和海军上将阿尔弗雷德·塞耶·马汉（Alfred Thayer Mahan），位于罗得岛纽波特的美国海军学院的第一任院长，将其在该院的讲座内容以《海权对历史的影响，1660~1783》（*The Influenceof Sea Power upon History, 1660-1783*）为名发表。这本书与其他著作一起为"马汉主义"（Mahanismus）奠定了基础，此思想流派认为一支强大的舰队是一个国家昌盛的保障。按照马汉的见解，如果美国想维护自己在南太平洋和远东，特别是那个正在崩溃的中华帝国的贸易利益，并在那里与其他列强抗衡，它就必须将太平洋变作"美国海"（mare Americanum）。

957 当然，这种观点并不是全新的。美国 1861~1869 年的国务卿威廉·亨利·苏厄德，早在南北战争的年代就已看到美国作为贸易大国的未来在太平洋区域和亚洲，所以他在 1867 年从俄国购买阿拉斯加的同一年又为美国买下了夏威夷以西 2000 公里的中途岛（Midway-Inseln）。苏厄德未能说服参议院吞并夏威夷，但他可以指望自己的愿望早晚会再次被提上议事日程。毕竟，美国第十任总统约翰·泰勒（John Tyler）在1842年推出了以他的名字命名的政策，据此，美国对夏威夷的兴趣要超过所有其他国家，所以美国的任务是维护该岛的独立和阻止其他强权国家对该岛屿施加影响。

在美国对华贸易中夏威夷一向具有重要意义。但美国对这个太平洋岛屿感兴趣还有其他原因。在19世纪最初几十年，来自美国的商人和种植者在此定居，美国传教士试图让波利尼西亚人（polynesische Bevölkerung）了解基督教。那里的传统农业越来越多地被服务于美国市场的甘蔗种植园所取代。1893年1月，种植园主们策划了一场针对夏威夷女王利留卡拉尼（Liliuokalanai）的革命，在美国海军陆战队的帮助下这位夏威夷民族主义者最终被推翻。新的、依赖美国种植园主的夏威夷共和国政府立即与华盛顿就美国吞并该岛屿展开谈判。

即将卸任的共和党总统哈里森对此事的反应是积极的，但1893年3月接替他的民主党继任者克利夫兰，为了顺应仍旧反对殖民的主流舆论拒绝吞并。五年后吞并者还是达到了目的。1896年底当选的共和党总统麦金莱并不像其民主党前任那么顾虑重重。鉴于欧洲大国在中国的捷足先登，他敦促国会批准吞并协议。1898年7月，国会迈出了这一步。两年后， 958
夏威夷成为美国领地，1959年它成为美国的第50个州。

在夏威夷被吞并二十年之前，即1878年，美利坚合众国在共和党总统拉瑟福德·B. 海斯（Rutherford B. Hayes）执政期间与距夏威夷往南不到5000公里的萨摩亚（Samoa）群岛的酋长签订协议，在图图伊拉（Tutuila）岛的帕果帕果（Pago Pago）修筑了一个美国海军基地。此举导致美国与英国和德国的关系紧张，因为这两个国家也对萨摩亚群岛感兴趣。这三个大国在1889年达成的共同保护地协议在实践中被证明是不可行的。十年后，在1899年，各参与国同意德国和美国瓜分萨摩亚群岛。作为补偿，英国得到所罗门（Salomon）群岛的一部分和汤加（Tonga）群岛。

此时，美利坚合众国已正式告别其初创期的反殖民传统。外部原因有1895年开始的古巴人反对西班牙殖民统治的起义。受马德里的委托这场起义被巴莱里亚诺·威莱·尼古拉乌（Valeriano Weyler y Nicolau）将军极为残酷地镇压下去。要对一切残暴手段最终负责的是保守的西班牙首相安东尼奥·卡诺瓦斯·德尔·卡斯蒂略，对他来说此事关系到原则与声誉，古巴的地位不容改变：它是西班牙的一个省份。

起义的第一年，独立运动的领导者何塞·马蒂（José Martí）就已经被杀：他是一位殉道者，古巴流亡者总是令美国人忆起他的事迹。流亡者有强大的盟友："极端爱国主义"的小报，其中最具影响力的是约瑟夫·普利策（Joseph Pulitzer）和威廉·兰道夫·赫斯特（William Randolph Hearst）创办的所谓"黄色刊物"（yellow press），该刊物自1895年起一直在系统地煽动反对西班牙的情绪。但即使没有这些宣传，来自古巴的消息也令美国的公共舆论警醒和愤慨：西班牙军方设立了集中营，里面成千上万的囚犯死于营养不良和饥饿。

在卡诺瓦斯于1897年8月8日被一名无政府主义者暗
959 杀后，西班牙与美国之间的关系出现了一定的缓和。卡诺瓦斯的继任者普拉克萨德斯·马特奥·萨加斯塔（Práxedes Mateo Sagasta，一位自由派政治家，多次出任首相）的政府撤了威莱的职，改善了集中营的条件，并在11月公布了一项关于古巴行政自治的法案，该法案于1898年1月1日生效。但改革进展缓慢，而且影响不大，很难给美国公众——更不用说"黄色刊物"——留下持久的印象。

1898年2月15日的一桩可怕事件的影响却截然不同：

这一天，自1月以来一直停靠在哈瓦那港的美国“缅因号”（Maine）战舰起火爆炸，260名水手——全部是海军的精兵强将——遇难。普利策的《世界报》（*World*）立即称该舰遭西班牙炸弹或鱼雷袭击。美国海军的调查法庭表述得稍微谨慎一些：“缅因号”战舰被来源不明之潜艇的导弹击中。尽管西班牙方面的描述——火灾事故由船上轮机室爆炸引起——可能更接近事实，但在美国很少有人相信。

哈瓦那事件之后，不仅赫斯特和普利策的报纸，而且大多数议员和管理部门的人，尤其是时任海军部副部长的西奥多·罗斯福坚决主张迅速以战争的方式回应西班牙。麦金莱总统想在3月之前避免公开冲突，并通过谈判让西班牙关闭了集中营，释放了“被关押者”，还宣布停止敌对行动。然而，总统做出了一次戏剧性转折：4月11日，他通知国会，为了结束在古巴的战斗他认为武装干预是不可避免的。

此举让麦金莱采取了“好战者”路线。总统的改弦易辙显然与以下事实有关：原来反对与西班牙开战的工业界这时也认为迅速诉诸武力带来的好处要超过损失。4月20日，麦金莱总统在参议院和众议院的一致支持下，向西班牙发出了最后通 960
牒，西班牙对此做出的答复是4月23日对美国宣战。4月25日，国会两院确定美国与西班牙处于战争状态。

战争开始的几个月之前，在罗斯福的敦促下总统已经同意加强美国太平洋舰队并向其指挥官乔治·杜威准将（Commodore George Dewey）发出指示，在战争状态下向西班牙驻菲律宾海军力量发起进攻。1898年5月1日杜威完成这项任务，让人消灭了停靠在马尼拉港的西班牙舰队。与古巴类似，菲律宾在1890年代后半期也发生了反抗西班牙殖民者的起义，但后者仍然占据上风。在西班牙舰队遭到毁灭之后，美国把反叛领导人埃米利奥·阿吉纳尔多（Emilio

Aguinaldo）和他的战友从其香港流亡地召回家乡。菲律宾民族主义者宣布成立共和国，给了它一个模仿美国的宪法，并与美国并肩反对西班牙人。美利坚合众国会进一步承认其独立的期待却落了空：华盛顿对这一群岛早就有了其他打算。

被国务卿约翰·海伊（John Hay）称作“精彩小战争”（splendid little war）[①]的主战场此时已不再是菲律宾，而是古巴。决定性的战役于1898年7月1日发生在圣胡安山（San Juan Hill），在那里一位积极的政治家赢得了军事盛誉：西奥多·罗斯福。他放弃了海军部长的职位，因为他更喜欢率领由狂野骑士组成的骑兵队伍去打西班牙人。1898年7月美国人在古巴圣地亚哥港摧毁了西班牙舰队，圣地亚哥的驻军随后投降。美军同时登陆波多黎各，西班牙人不久前事实上承认了其独立。8月12日美国和西班牙同意停战，西班牙承认古巴的独立，将波多黎各和马里亚纳（Marianen）群岛中最大的一个岛屿关岛（Guam）割让给美国，并同意美国占领马尼拉，但保留通过和平协议就菲律宾的未来达成共识的权利。1898年12
961 月在巴黎签订的和平条约确认了停战协议。以支付2000万美元作为条件，西班牙把菲律宾转让给了美国。

给美国带来的麻烦最少，而且在内政方面争议最小的是对波多黎各的兼并。1900年，一个文官政府取代了两年前设立的军事占领政权。1917年波多黎各被宣布为美国领地，居民获得受到限制的公民权利。波多黎各人有权选举构成议会的两院中的一院，但直到1948年总督一直由美国总统任命。将1952年创立的“波多黎各自由邦”转型为美国一个州的打算，分别在1967年、1991年和1993年的三次公民投票中遭到大多数波多黎各人的拒绝，但他们同样不愿意脱离美国完全

① 即美西战争。

独立。经济上，加勒比岛屿迅速进入完全依赖美国的状态：与在夏威夷一样，富裕的美国人在这里也创建了巨大的甘蔗种植园，这让波多黎各转变为事实上的单一作物生产地；在种植园工作的许多工人以前是个体经营的农民。

在古巴，1898 年之前就已经有大规模的美国投资涌入，一般也是以建甘蔗种植园和炼糖厂的形式。在 1898 年建立、1902 年结束的美国军政府治下，美国尽其所能地通过修路、办学校和开医院以及全面改革行政、司法和税收制度为这个岛国的“独立”做准备。然而，美国不想让古巴成为一个主权国家，通过 1901 年的《普拉特修正案》(*Platt-Amendment*)，美国国会强迫 1900 年 11 月当选的立宪会议，从而迫使未来的古巴国家承认美国的保留权利：不允许古巴缔结国际条约，它必须授予美国干预的权利，以保护国家的独立以及美国公民的生命与财产安全，以及在古巴购买或租赁煤矿及建立海军基地。其后果是反复发生反抗，这些反抗又引起美国的干预。与波多黎各一样，古巴在美国指导下也开始系统进行大庄园扩建。在经济上是一个殖民地，在政治上是美国的被保护国：在 962
美国的干预下从独立斗争中诞生的古巴，与何塞·马蒂等“自由古巴”(Cuba libre)的先驱们为之献身的古巴相去甚远。

征服菲律宾的过程是最旷日持久和残暴血腥的。古巴可能是推动美国与西班牙开战的原因，然而对美帝国主义的强硬核心人物来说统治菲律宾才是真正的战争目标：马尼拉被认为是通往东亚，特别是中国的门户；美国想在世界这个区域有一定的话语权，菲律宾既不能留在西班牙手中，也不能获得一个主权国家的地位，而是必须成为美国领土。只有在这种情况下，1898 年 7 月被吞并的夏威夷才会获得高度的战略意义：这个新获得的岛屿，按照国际法律师西奥多·S.伍尔西（Theodore S. Woolsey，一位公认的反帝国主义者）1858 年秋的表述，是“前往菲律宾的跳板”。根据前共和党国务卿约翰·W. 福斯特（John W. Foster，一位公开的帝国主义者）的观点，夏威夷的身价随着对菲律宾的争夺“倍增”。

当以埃米利奥·阿吉纳尔多为首的菲律宾反叛者意识到，西班牙的外来统治之后菲律宾将面临美国的统治时，他们决心像往年对付老殖民者那样与新殖民者展开殊死抵抗。为期三年多的游击战就这样开始了，美军126000人在阿瑟·麦克阿瑟（Arthur MacArthur）将军的指挥下对菲律宾进行了残酷征服，其血腥程度毫不逊色于西班牙将军威莱在古巴的所作所为。发现起义军的村庄统统被烧毁，集中营里的居民像牲畜一样挤在一起，被抓获的独立战士一律被枪毙，用严刑（如水刑，一种似乎要把人在水中呛死的刑讯）逼迫起义者提供情报。占领军士兵将菲律宾人视作野人，尽管其中大多数人在西班牙殖民时期已信奉天主教。他们把这场战争当作与印第安人战争的延续，并使用了他们与阿帕奇人（Apatschen）、科曼
963 奇人（Komantschen）和苏族作战时运用过的手段。在菲律宾进行的战争是19世纪最后一场殖民战争，同时也是20世纪的第一场这类战争：这种残酷的模式源于种族优越感和这样一种意识，即“非文明”民族没有权利反抗来自一个文明民族的统治要求。

1901年3月，美国人设法抓住了阿吉纳尔多。这是决定性的转折点：这位起义领导人发表了忠于新统治者的声明，并呼吁他的战友放下武器。又过了一年，较大规模的战斗才停止，直到1906年还出现过个别反抗行动，它们遭到了强力报复。据估计，被杀的菲律宾人至少有5万人，可能还要更多；阵亡的美国人有4300人。1901年，后来的美国共和党总统威廉·霍华德·塔夫脱（William Howard Taft）担任菲律宾第一任文职总督。他致力于修建医院、学校、道路和桥梁，引进

了一次土地改革并为构建菲律宾的自治奠定了基础。自 1907 年起，菲律宾人能够选举自己的人民代表机构，1916 年威尔逊总统承认其内部自治权。

南北战争之后，没有任何一次事件像在菲律宾进行的战争这样分裂美国的公共舆论。1898 年 11 月，一些官方政策的最激烈批评者成立了反帝国主义联盟（Anti-Imperialist League），他们的第一次较大规模的行动是反对签署巴黎和约的政治宣传活动。其领军人物包括前内政部长和参加过德意志“48 年革命”的卡尔·舒尔茨，实用主义哲学的创始人之一威廉·詹姆斯（William James），1896 年、1900 年和 1908 年的民主党总统候选人威廉·詹宁斯·布莱恩，但也有作为社会达尔文主义者的知名大企业家安德鲁·卡内基。该组织最雄辩的代言人布莱恩，在 1898 年 12 月用一个受林肯启发的表述总结了反帝国主义的信条：“这个国家不能在半共和国半殖民地、半自由半附庸的状态下长存。我们的政府形式，我们的传统，我们当前的利益与我们未来的福祉都禁止我们走上将征服当作 964
事业之路。”

根据反帝国主义者如布莱恩的信念，美利坚合众国要想成为世界强国并非一定要去征服菲律宾。一百多年来它已经是世界强国，正如布莱恩在 1899 年 2 月 22 日所说的那样，“对人类来说，它发挥了比地球上任何其他国家都强大的影响，而且没有使用剑或加特林机枪”（加特林机枪是美西战争中投入使用的手动型武器，作者注）。大约两周前，在经过三个月的激烈争论后，参议院于 2 月 6 号以两票的微弱多数批准签署《巴黎条约》。第一批有关在与菲律宾起义者的作战中阵亡的美国人的报告对此结果起了作用。

1898 年 10 月 18 日，反帝国主义联盟在芝加哥的一次大会上通过了一个原则声明。它是对麦金莱政府政策及其支持者的独一无二的控诉，称在菲律宾进行的战争是一场“非正义战争”（unjust war），且屠杀菲律宾人是一种不必要的骇人听闻的暴行，政府的行为违反美利坚合众国的基本原则和最高尚的理想。“我们否认，所有公民的义务——在国家处于危急关头时支持自己的政府——可用于这种情况……我们将抵制所有那些人的连任，他们在白宫和国会为了追逐非美国式的利益而背叛美国自由精神……我们与亚伯拉罕·林肯一起坚守的信条是：没有人完美得能够在未得到其他人同意的情况下统治他人。”宣言在结尾处呼吁所有忠实于美利坚合众国独立宣言和宪法的男人和女人，与反帝国主义联盟携手合作。

坚定的帝国主义者，如西奥多·罗斯福或马萨诸塞州和印第安纳州的共和党参议员亨利·卡伯特·洛奇（Henry Cabot Lodge）和阿尔伯特·J. 贝弗里奇（Albert J. Beveridge），既不为来自菲律宾的坏消息所困扰，也不因经常听到的警告——
965 美国人不能像以前的罗马帝国那样因过度扩张而毁灭自己——所动摇。对帝国主义者来说，在太平洋区域的扩张是陆地“西进运动”在海上的继续，是历史上一路向西不断开创“新边疆”之美国“昭昭天命”的继续。1900 年 1 月 9 日，一年前曾广泛游历菲律宾的贝弗里奇在参议院进行了其“首次演讲”。这次演讲成为民族主义和种族主义信条的宣言，其激烈程度在国会参议院是前所未有的。同时，它也是对芝加哥反帝国主义联盟宣言的一种回应。贝弗里奇将菲律宾人描述为在很长时间内都不会有自治能力的儿童。他贬低美国宪法称，它不过是服务于国家的工具，只有国家是唯一不朽与神圣的。他还为这种限定补充了一个结论：如果不理解撰写宪法的种族，也就无法理解宪法本身。

然后就是对美国及其历史使命的神化，当他结束其演讲时，这位印第安纳州的年轻参议员从听众席那里收获了一片欢呼声。“一千多年来上帝没有让说英语的民族和条顿民族沉湎于徒劳的自我观察和自我欣赏之中。不！他让我们成为世界的组织大师，以便为混乱的地方带去秩序。他给了我们进步的精神，让我们在世界各地克服反动力量。他让我们变成政府事务方面的专家，以便我们能接管野蛮和衰落民族的政务。从我们所有种族中他选择了美国人民做被他选中的民族，接受领导世界重生的任务。这是上帝赋予美国的使命，它对我们而言，包含着人类所能得到的所有好处、所有荣耀、所有幸福。我们是世界进步的受托人、世界正义和平的守护者。主的话是对我们说的：‘你在不多的事上有忠心；我要把许多事派你管理。’①” 966

贝弗里奇在共和党圈内的一些朋友认为这位参议员的情绪化侵略主义言论太过夸张，对“老大党”或美国的事业没有用处。1900 年 4 月 17 日，一位来自马萨诸塞州的共和党参议员乔治·弗里斯比·霍尔（George Frisbie Hoar）在参议院做了一次坚定的反帝国主义演讲，他主张给菲律宾自决权。然而，在 1900 年 11 月的总统选举（这次选举成为关于赞成或反对美帝国主义的全民投票）中，帝国主义者麦金莱击败了反帝国主义者布莱恩。共和党在职总统获得有效选票中的 51.1%，其民主党对手获得 47.7% 的选票。

不过，威廉·麦金莱的第二届总统任期只持续了不长的时间。1901 年 9 月 14 日总统死于枪伤，八天前一个来自德国的波兰血统无政府主义者向他开枪：这是第三位死于暗杀的美国总统，此前亚伯拉罕·林肯于 1865 年被杀，詹姆斯·艾伯拉姆·加菲尔德（James Abram Garfield）在任职仅仅四个月后就于 1881 年遭到暗杀。麦金莱的继任者是 42 岁的副总统西奥多·罗斯福。这位到那时为止史上最年轻的总统不出所料，在

① 《新约·马太福音》第 25 章，和合本，第 28 页。

帝国主义的果断方面远远超过了其前任。

1902 年，越来越多的有关美军在菲律宾进行大屠杀的消息在美国曝光，对此，军事法庭提起诉讼，参议院举行了听证会。虽然 1901 年阿吉纳尔多被捕后那里的战斗逐渐减弱，但相关报道并未失去其威慑作用：菲律宾群岛成为美国最后一个领土征服地，帝国主义之殖民形式以插曲的方式载入史册。如果算上夏威夷和波多黎各，美利坚合众国自 1898 年以来拥有三块较大的殖民地，但没有能够形成和过去的西班牙与葡萄牙，或是当时的英国与法国殖民帝国相比的海外殖民帝国。倘
967 若美利坚合众国将自己理解为“帝国”，那可以是基于其居民人数、财富和联邦大陆的辽阔。美国在 1898 年之前和之后更愿意选择非正式的帝国主义方式：对其他国家进行实际上的权力控制，而不是正式把它们殖民化。

基于经济利益的非正式帝国主义与正式的帝国主义不同，在美国国内政治方面几乎没有争议。只要借助武力实现美国的经济利益，大多数“反帝国主义者”也是帝国主义者。他们还认为——暂且不论一切有关进口关税税率的争议——美国对欧洲工业国家的贸易政策有别于对西半球、太平洋区域和亚洲的农业国家，这没什么可指责的：在“旧大陆”，他们以保护贸易论者的姿态出现，在其他地区他们是不折不扣的自由贸易者。

自门罗时代以来，无论是“帝国主义的”共和党人当政还是“反帝国主义的”民主党人掌权，华盛顿对南美洲的态度一直是基于这样一个原则：重要的是实际实现美国的贸易利益，而不是对美国的正式依赖。“软”手段被证明不是很有效：如由美利坚合众国发起创立的泛美联盟，1889 年共和党哈里森总统执政伊始该联盟在华盛顿召开了第一次大会。拉美国家拒绝了国务卿詹姆斯 · G. 布莱恩最重要的项目——创建一个泛美

关税同盟。通过经济、政治以及间或使用的军事压力所能达到的目的更多：1889 年美国介入海地的革命权斗，它大力支持两派中更为亲美的一派，直到此派获胜。1894 年，美国在民主党总统克利夫兰治下以类似方式干预了 1889 年新成立的、年轻的巴西合众国的内政。为了自己的外贸利益，美国帮助那里的共和体制政府挫败了君主派的政变企图。

稍后，国务卿沃尔特·格雷沙姆（Walter Gresham）成 968
功地在尼加拉瓜使美国取代了此前强大的英国势力。美国的策略与经济利益决定了这一政策。尼加拉瓜当时对美国之所以非常重要，是因为长期以来美国一直计划在大西洋和太平洋之间开通一条地峡运河。破产于 1893 年的海运公司（Maritime Canal Company）在 1887 年曾从马那瓜（Managua）政府获得相应的特许经营权。修建巴拿马运河的决定是 20 世纪初在西奥多·罗斯福总统治下才做出的。

英国与美国间的严重危机出现于 1890 年代后半期，起因是有关委内瑞拉和英属圭亚那之间的边界走向之争。加拉加斯政府请求华盛顿政府出面调停，然而伦敦多次拒绝了美国的相应解决方案。1895 年 7 月 20 日理查德·奥尔尼（Richard Olney），格罗弗·克利夫兰第二次总统任期的国务卿，照会英国首相索尔兹伯里指出：英国的领土要求是进一步的殖民化，从而践踏了门罗主义。但奥尔尼比门罗主义走得更远：他申明美国在美洲大陆实际上拥有最高权力，对其干预范围之内的臣民来说，它的命令就是法律。奥尔尼为这种立场给出的理由是：美国由于其无限的资源和独一无二的地理位置，完全可以掌控局面，所有其他强权国家都对它奈何不得。

英国政府认真对待这种赤裸裸的战争威胁。它虽然驳斥了奥尔尼的新宣言，而且坚决不承认门罗主义为国际法准则，但不久后宣布同意接受美国的建议，通过仲裁来解决与委内瑞拉的

纠纷。此后两国关系得到改善。在美西战争期间，英国是欧洲强权国家中美国唯一的外交后盾。美国的帝国主义者们——与广大
969 公众不同——反正也是亲英派，他们更喜欢谈论盎格鲁—撒克逊民族的历史共性。此时已经不再是国务卿的奥尔尼，1898 年甚至持这样一种观点："正如有以国家为单位的爱国主义，同样有以种族为单位的爱国主义。"

1890 年代已经不时出现美国—英国结盟的呼声。美国与其前宗主之间存在一种"特殊关系"的想法逐渐站住了脚，这令英国的殖民地大臣约瑟夫·张伯伦有勇气在世纪交替之际为这两个强权国家之间缔结坚固同盟的想法发声（这种一厢情愿的示好却未能得到华盛顿的回应）。强调两个民族种族上的情同手足对美国自然有其危险的一面：这对所有非英裔的美国人来说是一种挑衅。因此东海岸的亲英派精英在新世纪伊始很快就用"说英语者"这一概念替换了"盎格鲁—撒克逊"一词。

直到 19 世纪末，美洲大陆毫无疑问都处在美国的绝对影响范围内。1880 年代起，美国的兴趣范围不断扩大，它越来越关注太平洋区域，越来越帝国主义。"未来，我们的贸易将主要与亚洲进行。"1900 年 1 月 9 日贝弗里奇在其演讲中解释说，"太平洋是我们的海洋。欧洲将愈来愈多地自己生产它所需要的东西，并确保殖民地成为其消费市场。那我们要到哪里去为我们的过剩产品寻找消费者呢？地理现实回答了这个问题。中国是我们的天然买方。它离我们比英国、德国或俄国更近，这些国家是现在与未来的贸易强国。它们用不断在中国边界建立永久基地的方式接近了这个国家。菲律宾群岛为我们进入整个东方的门户提供了一个据点。"

中国在甲午战争中败给日本两年后，欧洲在中国沿海建立基地的工作于 1897 年进入了一个新阶段。为了报复两个德国天主教传教士在山东被杀，德意志帝国占领了包括青岛在内的

胶州湾，1898 年它与中国签订对这块地区为期 99 年的租借合同。不久之后其他列强也纷纷仿效：法国得到了广州湾，俄国 970
获得大连湾包括旅顺和大连，英国则入手威海卫以及香港腹地的“新界”。1899 年 4 月列强进一步把中国划分为它们的势力范围：俄国、德国和英国获得较大地盘，法国、日本和意大利得到较小地盘。光绪皇帝试图通过内部改革来稳定其帝国，并让它有能力抵抗列强，但传奇的“百日维新”在以慈禧太后为首的反动势力的镇压下失败，她下令软禁了皇帝。同一年爆发了全国性的义和团运动，其最终目标是把外国势力赶出中国，从而结束欧洲人给中国造成的持续耻辱。

欧洲人的行动对美国来说不啻为最高警报。1898 年 9 月，麦金莱总统首次在对华贸易中提出“门户开放”的政策，门户不仅要对美国，而且应该对所有列强开放。一年后，国务卿约翰·海伊于 1899 年 9 月照会所有列强，试图确定尊重中国的完整性、恢复其海关主权以及确立不歧视第三国如美国的原则。大不列颠最倾向于同意美国的立场，但海伊没能从伦敦得到一个明确同意的答复。俄国持反对态度，其他列强含糊其词。尽管如此，这位国务卿依然坚信，所有收到他照会的国家基本上同意“门户开放”政策，美利坚合众国期待这些国家会信守此原则。

至于不久后欧洲列强、日本和美国会联手对付中国，这在 1899 年底还无法预料。义和团起义是促成这种联合行动的推力。1899 年秋季，对欧洲传教士和皈依基督教的中国人的袭击不断增多。1900 年 5 月底局面失控，义和团攻击修建北京至沿海地区最重要的铁路线的欧洲人。对首都日益明显的包围令那里的外交人员感到恐慌。6 月初，英军部队未能从天津进 971
入北京。6 月 12 日义和团的队伍拥入首都，皇家军队站在他们一边。6 月 19 日德国公使克莱门斯·冯·克林德（Clemens

von Ketteler）被杀，不久后使馆区被包围。6 月 21 日清政府向外国势力宣战，义和团从而被“上面”认为是合法的。

欧洲列强、日本和美国随后商定组建国际干预部队，由德国陆军元帅瓦德西伯爵指挥。美国派出一支 2500 人的队伍参与。8 月中旬北京被英国和日本军队占领，瓦德西率领的德军是后来抵达的。中国的秩序恢复后，临时盟国之间展开了艰难的谈判。欧洲政府被迫认识到，中国绝对不是外来的势力可以控制的，但却希望能从中国获得更多的割地。美国坚持中国的领土完整，终于说服其他列强不对中国进行新的吞并，而是采取替代方案：清帝国要支付赔款 4.5 亿两白银，39 年内付清。在 1901 年 9 月 7 日在北京签订的和平条约中，中国此外还必须保证惩处罪犯并派一位皇室王子前往柏林，就德国公使被杀一事向德国皇帝威廉二世道歉。

在镇压义和团起义的过程中，第一次出现了以列强为代表的跨大西洋之西方各国间的合作，因俄国和日本的加入，联合行动得到了加强。这些列强之间的团结只持续了一段时间，它们构成了一个新的、不再仅仅是欧洲的，而是全球性的国家体系。在八国联军联手在中国行动期间，俄国就开始独自在满洲解决暴乱问题，这对日本和英国意味着一种挑衅，促使这两个国家于两年后结盟。在许多方面美国都可以把自己视为冲突的赢家：它使中国避免了比以往更大程度地成为欧洲帝国主义者
972 的猎物，并且说服了英国和德国这两个列强承认“门户开放”原则。给中国学生慷慨设立的奖学金为中美关系的积极发展做出了贡献。当中国 1905 年开始改革立法，决心以西方和日本为榜样时，美国也可以把这种发展看作是其间接干预的成功：一个意识到自己力量的中国，可以成为对抗欧洲与日本在远东扩张企图的战略伙伴。

《辛丑条约》（Boxerprotokoll）是在麦金莱总统被暗杀

后的第二天签署的。1901 年 9 月 14 日，麦金莱遇害当天，西奥多·罗斯福成为其继任者。美国第 26 任总统在其七年半的任职期间，作为合众国的领袖在国际政治领域一直遵循自己喜欢引用的警句：“说话要温和，但手里要拿着大棒。”像大多数帝国主义者一样，他将世界划分为文明和不文明的民族，与贝弗里奇一样，他最终只把盎格鲁—撒克逊人和条顿人归入第一类。拉丁美洲对他来说也属于不文明和落后的，如果他觉得符合美国的利益，他会毫无顾忌地使用“大棒”。

美西战争之后美国的军事力量大增。1899~1905 年，在伊莱休·鲁特（Elihu Root）任战争部长期间，正规军人数从 2.5 万上升到 10 万；1906 年，海军在全世界舰队中名列第二，只有英国海军超过它。军官在专门学院接受教育，各州的国民警卫队要达到统一的国家标准。1913 年，在民主党伍德罗·威尔逊（Woodrow Wilson）总统治下，美国才有了总参谋部——参谋长联席会议（Joint Chiefs of Staff）。但在共和党总统中，麦金莱和罗斯福为建立现代军事制度采取了决定性步骤：这是美国为自己设定的扮演世界霸主角色之不可或缺的先决条件。

罗斯福第一届任期内的中心任务是巴拿马运河的建设。在中美洲最窄处修建连接大西洋和太平洋之间的航线，苏伊士 973
运河的发起者费迪南·德·莱赛普已经于 1879 年在一家法国公司的帮助下尝试过了，但在 1889 年失败。1902 年美国以 4000 万美元买下了法国的运河修建权，一年前它与英国商定放弃 1850 年签署的《克莱顿—布尔沃条约》（*Clayton-Bulwer-Vertrag*），该条约规定双方在修建跨地峡运河时要共同行动。这样修建一条尼加拉瓜运河的竞争项目也结束了。然而，美国还需要巴拿马所在之哥伦比亚同意割让约 10 公里宽的运河区。为此美国愿意支付 1000 万美元和 25 万美元的年费。当哥伦比亚参议院气愤地拒绝美国的要求时，罗斯福在 1903 年秋投入大量资金组织了一场反哥伦比亚的亲美“革命”。为了维护“秩序”，他派遣一艘载有海军陆战队的战舰前往巴拿马，阻止哥伦比亚军队镇压那些被收买的反叛分子。

1903 年 11 月 3 日，巴拿马共和国宣布成立，随后立即得到了美国的承认。新的巴拿马政府（美国银行家 J. P. 摩根担任其第一任财政部部长）接受了被哥伦比亚拒绝了的条件。运河建设工程得以开始，1914 年 10 月运河投入使用。1904 年通过的巴拿马宪法不仅给予美国对运河区的充分政治和军事控制权，而且也赋予其干预权。直到 1960 年，华盛顿才承认了巴拿马名义上的主权。很少有干预行动像这次诉诸强者法则那样损害美国在拉丁美洲国家的声誉：为了大大缩短大西洋和太平洋间的海路，可谓付出了高昂且无法衡量的代价。

不那么残忍，但效果并不逊色的是门罗主义的延伸——“罗斯福推论”（Roosevelt Corollary），总统 1904 年在其一年一度的国会“国情咨文”演讲中提出并于 1905 年完善了此
974 推论。这一新学说认为，美国保留对西半球国家进行干预的权利，如果这些国家凭自己的力量不能维持国内秩序和国家主权的话。这样即可避免欧洲列强为迫使拉丁美洲国家偿还债务而对它们进行干预。（德国和英国曾在 1902/1903 年对委内瑞拉这样做过。）美国行使其新宣布的预防性干预权的第一个国家是不断遭受危机的多米尼加共和国，它是一个动荡的、经济上依赖美国联合果品公司的中美洲“香蕉共和国”。1905 年美国接管了该国的海关管理，从而确保了向美国和欧洲债权国的债务偿还。

1906 年，炸药的发明者——瑞典化学家和实业家阿尔弗雷德·诺贝尔（Alfred Nobel）设立并用他的名字命名的诺贝尔和平奖进行了第六次颁奖。1901 年首次颁奖时，获奖

的是红十字会的创始人亨利·杜南。1905 年获得该奖的是奥地利作家与和平主义者贝尔塔·冯·苏特纳（Bertha von Suttner），她在 1889 年出版了小说《放下武器！》（*Die Waffen nieder!*），她也是奥地利和平主义组织创始人。在她之后获得该奖的是西奥多·罗斯福，他得奖不是因为他在美国南部邻国的所作所为，而是因为他在 1905 年日俄战争中的调解功劳。总统是应日本人请求出面斡旋的，在新罕布什尔州朴次茅斯的和平谈判中，他不仅让交战双方达成了和解，而且还利用机会与日本签订秘密协议，为美国产品打开了日本市场。当日本稍后在其控制的地区阻挠美国商品输入时，为了让这个东亚岛国明白忆起自己的义务，罗斯福派遣 16 艘军舰——所谓的“白色舰队”进行了一次环球之旅。其中的主要停靠点是日本。

罗斯福对其他国家的强硬态度每每奏效，这让总统在美国备受爱戴。尤其是在1904年的大选年中发生的里夫事件（Riff incident）。5 月 18 日，在摩洛哥一个名叫约恩·珀迪卡里斯 975
（Ion Perdicaris）的人（据说是美国人，实际上是希腊公民），与他的英裔继子一起被里夫部落首领——山贼赖苏利（Muley Hamid El Raisuli）绑架。为了显示力量，罗斯福派出多艘已经在驶往欧洲途中的战舰前往摩洛哥。国务卿约翰·海伊给美国驻丹吉尔（Tanger）总领事发去的言简意赅的电报指示说：“要么珀迪卡里斯活，要么赖苏利死。”当这份电报在芝加哥共和党代表大会上被宣读时，代表们欢欣鼓舞。“炮舰外交”似乎起到了效果：6 月 24 日被绑架的人质获得释放。实际上这个温和结局是法国居中调解和支付赎金换来的。

在 1904 年 11 月举行的总统选举中，罗斯福稳操胜券，获得了美国总统选举史上的最好成绩：他赢得了有效选票中的 57%，比其对手民主党候选人——保守的纽约法官艾伦·B. 帕克（Alan B. Parker）多得 250 万张选票。罗斯福是一个有人格魅力的总统，他懂得争取不同的社会群体暂时支持自己。当上总统后他被认为是一个保守的急性子。在实际政治中，他多次与大企业的利益针锋相对。1902 年，由于联合矿工工会组织的长期罢工，他强迫无烟煤行业的雇主接受联邦的公正调解，并威胁否则将动用联邦军队：结果是增加了 10% 的工资，并引进每日 9 小时工作制。罗斯福提出“公平交易”，即体面的待遇，并将其作为 1904 年竞选的主要口号。

在第二届任期内总统使出浑身解数，只为把竞选中的承诺落实到行动上。1906 年，一项法令为州际商务委员会创造了机会，让它能够更多地了解铁路公司的业务。当美国公众 1906
976 年对社会主义作家厄普顿·辛克莱（Upton Sinclair）在《屠场》（*The Jungle*）一书中所揭露的芝加哥肉类加工厂的不卫生状况感到震惊时，罗斯福用联邦立法进行了补救，《纯净食品和药品法》（*Pure Food and Drug Act*）允许进行严格监控。如果总统如愿以偿，国家会对经济生活获得更多的干预权。自 1907 年起，他提议引进每日 8 小时工作制，对工业事故的受害者给予合理赔偿，收取遗产税和所得税以及对股票市场进行有效监管，但由于共和党保守派的反对以上设想未能得到实施。

与保守的共和党人的争辩还发生在我们现在所称的“环境保护政策”方面。热衷于打猎的罗斯福是总统中第一个“环境保护者”。作为环保人士他大力支持自然保护并提倡建立和维护国家公园（第一个国家公园是 1872 年建立的黄石公园）。让共和党右翼极力反对的是罗斯福推行的对大面积未开垦土地的公共管控。相反，在他根据 1902 年的《联邦土地开垦法》（*National Reclamation Act*）把新地用于建造人造湖泊、运河和灌溉系统时，他得到了保守的商业界的支持，特别是当美国西部的“自然资源保护论者”一再反对这一政策时。

在其国内政策的许多领域，罗斯福在“进步运动”（progressive movement）所理解的意义上是进步的。这场新运动出现在1890年后，在1901~1917年间经历了其辉煌阶段。对“进步主义”的有力支持来自自由职业者，如律师、医生，特别是记者和作家，他们中的一些人被罗斯福称为“扒粪记者”（muckraker）——通过揭露问题与丑闻引起公众最大的轰动。这些“进步人士”批评商界和政界各种不受控制的权力集中，从大康采恩到纽约民主党坦慕尼俱乐部（Tammany Hall）那类“政党机器”；他们坚持要求个人对社区负责，并强调社会凝聚力的重要性；他们赞成尽可能多的人参与政治决策过 977
程。他们的喉舌是广为传阅的《麦克卢尔杂志》（*McClures' Magazine*），里面刊登的是艾达·塔贝尔（Ida Tarbell）和林肯·斯蒂芬斯（Lincoln Steffens）的揭露性报道，这两位是最具影响力的“扒粪记者”。

“进步运动”是一个多方面的改革运动。在某些方面进步主义者继承了人民党的传统。像后者一样，他们要求社区和国家层面的更多直接民主，在这方面他们也相当成功：到1916年，有45个州立法规定了“初选”，即总统候选人的初选；11个州（包括加州）的选民可以罢免包括州长在内的官员，有的州还可提出立法倡议和进行公民投票；1916年，通过宪法第十七条修正案引进了直选美国参议院议员制度。在经济方面，人民党的反垄断主义在进步主义“要求解散托拉斯者”的反卡特尔运动中得到了延续。

但与人民党民粹主义者不同，“进步主义者”一般不反对城市化，也不反智；他们争取的对象主要不是农民，而是城市中产阶级。另外，“进步运动”是美国城市化的产物。1870年只有四分之一的美国人生活在人口超过2500人的城市；1920

年已有超过一半的人居住在这样规模的城市中。居民数量在十万以上的城市从1870年的14座上升到1900年的38座，1920年则达68座。以摩天大楼为天际线的百万人口大城市（第一座摩天大楼于1884年建于芝加哥，很快纽约曼哈顿就迎头赶上）在世纪之交已成为美国的象征。

在“进步主义者”积极推行的社会改革中，创造健康的生活条件和在大城市修建公园与绿地是首要目标。“安置房”（Settlement houses），如简·亚当斯（Jane Addams）于1889年在芝加哥创建的赫尔馆（Hull House），试图帮助移民家庭融入“美国人的生活方式”（American way of life）。“进步主义者”成立了促进儿童福利的社团，并阐述在较贫困的市区进行志愿社会工作（social work）之传统的理由。不是全部，但许多“进步主义者”支持禁酒主义者反对酗酒的
978 运动，在第一次世界大战后禁酒主义者的要求在国家层面得到实施。通过最佳技术效率提高生产率也属于进步主义的目标。这方面的基础是“科学管理原理”，由全球合理化运动之父与“科学管理”创始人、工程师弗雷德里克·温斯洛·泰勒（Frederick Winslow Taylor）提出。1911年他在所出版的同名著作《科学管理原理》（*Principles of Scientific Management*）中阐明：为了节省时间和金钱，必须在生产过程中确定最合理的规范动作，这只有在秒表的帮助下才能做到。

积极参加“进步运动”的还有很多职业女性，特别是从事教学工作的妇女（由于不同于欧洲，美国妇女可以不受限制地上大学，1900年前后已经有很多女学者了）。进步主义妇女的核心政治要求除了公民权和财产权方面的完全平等外还有引进妇女选举权。19世纪末只有一个国家的妇女在全国范围内拥有选举权：1893年后的新西兰。美国到1898年仅有西部四

个州（怀俄明、科罗拉多、犹他和爱达荷州）引进了妇女选举权。由于“妇女参政论者”的活动，如伊丽莎白·卡迪·斯坦顿（Elizabeth Cady Stanton），苏珊·B. 安东尼（Susan B. Anthony），嘉莉·查普曼·嘉德（Carrie Chapman Catt），安娜·霍华德·肖（Anna Howard Shaw）和艾丽斯·保尔（Alice Paul），到 1914 年又有另外七个州的妇女获得了选举权。美国妇女选举权协会（American Women Suffrage Association）成员的数目从创始年的 13000 人上升到 1917 年的 200 万人。三年后，妇女选举权在 1920 年经宪法第十九条修正案在整个联邦得到引进。但这离妇女的充分解放还差得很远。投票权对于妇女来说，只是在争取性别平等斗争中的一个阶段性目标。

参与“进步运动”的还有白人维权活动家玛丽·怀特·奥文顿（Mary White Ovington），1909 年她与黑人维权活动家威廉·E.B. 杜波依斯一起组建了全国有色人种协进会。在南北战争结束以后，1868 年宪法第十四条修正案所允诺的种族平等并未得到什么兑现，黑人在南方各州不仅因选举法和选举实践，而且也因美国最高法院的判例受到歧视：1896 年，最高法院在普莱西诉弗格森案（Plessy versus Ferguson）中确定 979
了公共交通工具中——如佛罗里达州 1887 年所引进的——种族隔离做法的合法性。以“隔离但平等”（separate but equal）为座右铭，最高法院使南方各州的《吉姆·克劳法》（*Jim Crow Laws*）合法化，该法在学校、餐馆、电影院、海滩和公园中严格执行种族分隔（后来在南非被称为“种族隔离”）。黑人也仍旧是南方各州常见的私刑的受害者：1891~1900 年间的 1559 起私刑中有 1132 起或 73% 的私刑涉及非洲裔美国人；在 1911~1920 年间，606 起私刑中有 554 起或 91% 如此。非洲裔美国人虽被允许在陆军和海军中服役，但在与西班牙的战争中他们总是受到白人上司和战友的歧视。全国有色人种协进会给自己设定的艰巨任务是：帮助美国黑人获得宪法赋予他们的权利——与美国白人公民享受同等待遇。

1909 年初，西奥多·罗斯福的第二届总统任期结束。宪法虽然没有明文禁止第三届任期，但一个不成文法却规定最多不得超过两个任期。罗斯福在 1901 年 9 月出任总统仅仅是由于其前任麦金莱被暗杀。1904 年他首次当选总统，如果 1908 年他能再次成功当选，其实那不过是他的第一次连任。罗斯福想继续当总统，但共和党的保守派不满意他有时违背“大企业”利益的行为，并把 1907 年出现的虽短暂却强烈的经济衰退归咎于其经济政策。此外罗斯福本人在 1904 年宣布，他将在 1909 年辞去总统职务。因为根据当时的情况，他不会被共和党再次提名为候选人，他不情愿地放弃了继续参选。

他的党决定的总统候选人是法学家威廉·霍华德·塔夫脱，1901~1904 年曾任美国驻菲律宾第一任总督，1904 年出任战争部长。第三次也是最后一次担任民主党总统候选人的是威廉·詹宁斯·布莱恩。选举结果是，塔夫脱领先超过一百万
980 票。不过他很快令许多信任他的“进步主义者”感到失望。保守的共和党人成功地阻挠了塔夫脱降低关税的意图。1909 年的“佩恩—奥德里奇关税”（Payne-Aldrich Tariff）基本上保留了极高的税率——平均占商品价值的 37%~40%。对总统在“进步主义者”中的声誉造成更大损害的是他与“生态环保人士”的冲突：新任内政部长理查德·A. 巴林杰（Richard A.Ballinger）把在罗斯福执政期内被划为自然保护区的大片森林和山脉提供给私人投资者。随后，最著名的环保主义者之一，亲罗斯福的国家林业局创始人和第一任局长吉福德·平肖（Gifford Pinchot）被解职。

环保政策的变化是导致罗斯福与塔夫脱闹翻的主要原因。

1910年9月，前总统在堪萨斯州的奥萨沃托米（Osawatomie）发表了一次火药味十足的演讲，其中他提出了“新国家主义”（New Nationalism），他指的是一个强大的、有能力干预经济生活的联邦政府。这样的政府应该以立法的方式通过所得税和遗产税创造更多的社会正义，采取保护劳动妇女和儿童的措施，并严格将信托置于公共监督之下。

此时罗斯福还没考虑1912年再次参加总统竞选。相反，自1911年起他先是支持国家共和党进步联盟（National Republican Progressive League）推出的候选人，“进步主义”领军人物——参议员和前威斯康星州州长罗伯特·拉福莱特（Robert La Follette）。然而，1912年2月罗斯福决定自己参与竞选。当塔夫脱在共和党芝加哥代表大会上通过明显操纵党魁在有争议的代表授权中获胜时，罗斯福与他的党决裂。他带领一部分追随者创立了一个新的党——进步党（Progressive Party），并让此党提名他为总统候选人。他说作为候选人自己感到“像公驼鹿一样强壮”，这立刻让新成立的“第三党”得到一个昵称：他们的追随者和候选人从那时起就被称作“公鹿党”。

直到1911年，共和党人并非纯粹的保守党；除了大公司和银行的利益代表外，该党不乏自由和进步的政治家。这种情 981
况随着1912年的总统选举发生了变化：“老大党”的立场从此明显偏向中间偏右。民主党的发展正好相反。在南部各州继续是保守的“州权民主党”（Dixiecrats）说了算；民主党的势力在这里坚如磐石，以至于人们几乎可以说这些州是一党制的州。在全国层面则呈现一种保守和自由或进步力量的不稳定的平衡，后者的争取对象主要是工人、农民以及来自东欧和南欧的移民。在1912年6月巴尔的摩（Baltimore）的民主党代表大会上，经过46次选举才选出了总统候选人：得到提名的是新泽西州州长和前普林斯顿大学校长——政治学教授伍德罗·威尔逊，他属于坚定的“进步主义者”。其核心选举口号是“新自由”（New Freedom），他最尖锐攻击的对象是垄断和信托。

从普选中胜出的是威尔逊，即使他只获得了相对多数。他赢得41.9%的有效选票，罗斯福27.4%，塔夫脱23.2%，社会主义者尤金·V.德布斯6.0%。在选举人团的选举中，由于共和党选举人出现分裂，威尔逊获得大多数选票。共和党人不得不意识到，他们通过突然向右的立场转变毁掉了自己获胜的机会。“公鹿党”得到的教训是：“第三党”虽然能剥夺两大党之一的胜利，但没有自己掌权的机会。

入主白宫后，威尔逊推行的政策总的来说是更令自由派失望的。他背弃所有有利于妇女获得选举权的承诺，迫于南方各州民主党人的压力，他允许联邦当局的分支机构施行种族隔离，并阻挠了多项“进步主义者”的立法请求。他执政第一年的成就包括通过了两项反对滥用经济权力的法律。托拉斯虽然没有被摧毁，但通过1914年的《克莱顿反垄断法》（*Clayton Antitrust Act*）其发挥作用的可能性受到限制。他们不得以下
982 列方式限制竞争：向不同客户索要不同价格，或与竞争对手私下立约，或向竞争对手的监事会派遣代表。同样于1914年通过的《联邦贸易法》（*Federal Trade Act*）创建了联邦贸易委员会，它可以干预不正当竞争（如通过误导性广告）。

在民主党人经历了1914年中期选举的明显失败，共和党人因为“公鹿党”选民的回归在参议院和众议院的地位得到明显改善后，威尔逊又开始努力争取“进步主义者”的同情。在1916年总统选举年开始时，他任命自由派的路易斯·布兰代斯（Louis Brandeis）为最高法院第一位犹太大法官，同年威尔逊支持一项反对童工的法规《基廷—欧文法》（Keating-

Owen Act），其中禁止各州间就未成年人所生产的商品进行贸易。然而此法未能获得最高法院的青睐：1918 年它因违宪被取消。法院的理由是，联邦有权调节各州的越境贸易，但无权干涉商品的生产。

在外交方面，只要涉及美国的“后院”中美洲，威尔逊就按照其共和党前任的足迹走。1909 年和 1912 年，塔夫脱总统基于 1904 年的“罗斯福推论”介入了尼加拉瓜（其“美元外交”的优先地区）的事务：两次都是为了保护美国公民和海关，但也是为了保护亲美的内战一方。美国人的部队到 1925 年才离开这个国家。威尔逊 1915 年出动海军陆战队干预了发生血腥暴动的海地，次年同样为了平息多米尼加共和国的动乱再次派出美国军队，美军在此驻扎到 1924 年，在海地甚至直到 1934 年。

当塔夫脱仍在执政时，美国已卷入 1910 年爆发的墨西哥内战。1911 年腐败但亲美的总统波菲里奥·迪亚兹（Porfirio Díaz）被推翻，由弗朗西斯科·马德罗（Francisco Madero）领导的锐意改革的政府上台。当 1913 年 2 月极端反动的将军维克托维亚诺·韦尔塔（Victoriano Huerta）发动政变时，已经败选但任期尚未结束的总统塔夫脱迅速准备承认新的统治者。在他还没承认之前，马德罗被杀害，杀害马德罗的人显然是受韦尔塔的指使。美国新总统威尔逊拒绝通过外交手段承认 983
这次血腥政变。然而，韦尔塔政权还是在美国商业界的帮助下掌权并建立了独裁政权。

1914 年春的一次突发事件为军事干预提供了机会：一个墨西哥军官强行逮捕了美国海军陆战队的成员。美国随后占领了港口城市韦拉克鲁斯（Veracruz）。不久后反对派势力——科阿韦拉（Coahuila）州州长贝努斯蒂亚诺·卡兰萨（Venustiano Carranza）领导下的“宪政主义者”成功推翻了韦尔塔。在威尔逊于 1915 年 10 月终于事实上承认了卡兰萨政府后，曾经得到过美国支持的农业革命家法兰西斯科·“庞丘”·维拉（Francisco «Pancho» Villa）起来反对其此前的支持者。1916 年初，他让人射杀了 16 名美国工程师，越过美国边界前往新墨西哥州，在那里他的战友抢劫了哥伦布地区并杀死 17 名美国人。威尔逊下令潘兴（Pershing）将军出兵墨西哥进行惩罚，但寻找“庞丘”·维拉毫无成果，并导致与墨西哥政府军队发生战斗。一场美国与墨西哥之间的战争似乎一触即发。但威尔逊决定妥协，撤回美国军队，并于 1917 年 3 月（连任总统四个月后）在法律上承认了卡兰萨政府。这种转折的原因是 1914 年 8 月在欧洲爆发的战争：美利坚合众国越来越受到德国在大西洋发动的海战的影响，并准备站在英法一边参战。[25]

## 跨国的现代：进步的非同时性（一）

“工业较发达的国家向工业较不发达的国家所显示的，只是后者未来的景象。”[①] 当马克思 1867 年在《资本论》第一卷序言中下此判断时，他想到的是当时的英国对欧洲大陆国家所起的示范作用。40 年后，维尔纳·桑巴特于 1906 年称美利坚 984
合众国为代表“我们未来的国家”：“1867 年马克思对英国做出的正确判断，现在我们可以用到美国身上：当我们谈论美国的现状时，说的就是你，欧洲（de te fabula narratur，讲的就是你的故事，欧洲，作者注）。至少就资本主义的发展而言是这样的。”

像桑巴特一样，许多受过教育的欧洲人在 19 世纪末、20 世纪初游访美国时都有同样的感受。美利坚合众国对他们而言就是一个现代的实验室，这个现代始于“旧大陆”，但它在那里远不如在“新大陆”那么成功。首先映入大多数观察家眼帘的是 1830 年代托克维尔所看到的，既让他着迷又令他受惊的事：对平等的敬重。尽管贫富之间的客观对立还十分明显——是的，甚至比欧洲更尖锐——但却未引起阶级分裂的意识；“普通美国人”仍旧感觉自己生活在一个自由和平等的社会。正如桑巴特的同事——明斯特国民经济学家约翰·普伦吉（Johann Plenge）1912 年所表述的：“在欧洲，中产阶级总是处于其他阶级之上或之间，其阶级意识从未能得到无拘无束的发展。在美国，中产阶级的人生观已成为普遍的民族意识。”

在欧洲，贵族在 1900 年前后仍然享有最高的社会地位，而且在一些国家（包括德国和奥匈帝国）拥有相当大的政治权力。在一代人之内就完成从底层到上层升迁的人在欧洲要比在

---

① 马克思：《资本论第一版序言》，载《马克思恩格斯全集》第二十三卷，北京：人民出版社，1972，第 8 页。

美国少得多；等级制思维至少在欧洲大陆决定着中产阶级的思维，这种思维方式也是把无产阶级与社会其他阶层分隔开来的原因之一，从而使无产阶级愿意接受阶级斗争的社会学说。在美国，严格的政教分离是传统，它可以上溯到殖民时代。正因为如此，宗教在这里保留了广泛的社会支持，在欧洲只有少数国家还有这种情况。在欧洲，属于工人阶级意味着更加远离与
985 敌视教会，美国的工人在宗教信仰方面与其他社会群体几乎没有什么不同。美国的父母与欧洲的不同，他们习惯于与孩子建立一种伙伴式关系并反对过分强调自己的权威性：这种现象尤其让德国游客感到不知所措。

拥有自由思想的欧洲人对美国人的自由交往方式印象深刻，也懂得欣赏他们对平等的热爱。在美国，无论是社会精英还是底层的芸芸众生都不相信阶级差别，法国历史学家和经济学家乔治·德阿弗内尔子爵（Vicomte Georges d'Avenel）在 1908 年写道："每个人都坚信自己与他人无异，这是一种伟大的幸福并使国家强大。"哲学家埃米尔·布特米（Émile Boutmy）——也是法国人——看到，个人如想在法国成就事业一般前途多舛，相反在美国人人都觉得命运掌握在自己手中："只需等待时机，而这个时机一定会来的。"

许多欧洲人，尤其是去美国旅游的德国人，认为"美国生活方式"的核心是赤裸裸的物质主义。"美国人想要钱，他的所想、努力和创造就是为了赚钱。"1890 年代一个叫科尔夫（Korff）的保守德国军官如是说。广为流传的是那些陈词滥调：美国单调，欧洲多样；美国无传统，欧洲，特别是德国有文化；那里办事追求速度，这里干事讲究周密。"大众化"和"大众文化"在美国比欧洲更发达，但它们在这里也站住了脚。美国的大都会与摩天大楼被视为大众时代横空出世的威慑性表现。

“纽伦堡与芝加哥有什么共同之处？”桑巴特反问道，“区别仅在于外在特征，许多人密集地生活在街区中，他们的生计离不开来自外部的供应。精神方面它们没有共同之处。因为前者是一个乡村式的有机生成结构，后者是一种按照‘理性’原则人为制造的、真正的‘城市’，其中（滕尼斯会说）已经抹去了共同体的所有痕迹，只剩下了纯粹的社会。”桑巴 986
特所提到的社会学家费迪南德·滕尼斯（Ferdinand Tönnies）在其1867年的著作《共同体与社会》（*Gemeinschaft und Gesellschaft*）中提出一种论点：随着历史的发展，较古老、自然生成之有活力的社区越来越多地被社会所取代，这种社会是充满利己主义和牟利欲望的机械人工制品，其中尤以大城市和国家为其表现形式。

国家在欧洲人的生活和思想中发挥了远比在美国重要得多的角色。按照马克斯·韦伯的经典定义，在西欧，国家是“一个政治经营机构……如果在某种程度上其管理团队成功地垄断合法使用暴力的权力，来保障各种秩序的实施”。在野蛮的美国西部，这种权力在19世纪末才开始逐步取代用拳头说话。

最晚从专制主义时代起，欧洲人就习惯了用学有专长的职业官员来遏制民事国家权力。在美国，较高的行政职位仍然要按“分赃制度”来分配，因此彼此竞争的两党中的一方上台后就会撤换对方的官员。只有在共和党总统切斯特·A.阿瑟治下才于1883年设立了公共服务委员会（Civil Service Commission），至少为基层行政职位引进了“考绩制”（merit system），择优提拔。

在欧洲，现代早期的国家已经承担了“良好治安”意义上的社会福利义务，正是这些义务一直不间断地让国家发展为现代福利国家。1891年5月，教宗利奥十三世在其通谕《新事物》（Rerum novarum）中要求国家承担保护无产者的义务，根据补充性原则，在雇佣工人的尊严和人权因雇主剥削无法以其他方式得到保障时，国家要施以援手。在美国，福利主要是自愿的社会组织和教会的事。国家很少出手解决社会弊端，一旦它
987 出手，则常常被各级法院直至最高法院划出条条框框。每个人的幸福全靠自己去创造的信念也有其局限性：那些在追求幸福时没有成功的人，得自己承担后果。

美国和欧洲大陆的哲学思想之间也存在着很深的鸿沟。1900 年前后美国盛行实用主义，其代表人物有查尔斯·桑德尔·皮尔士（Charles Sanders Peirce）、威廉·詹姆斯和约翰·杜威（John Dewey）。实用主义认为，思想要为生活服务，只有经过实践结果验证的观念才是真实的。有时候弗里德里希·尼采也被归入实用主义。但他的生活哲学与大西洋彼岸的完全不是一回事。尼采从根本上批判基督教的“奴隶道德”，谴责民主是国家衰败的形式，赞美权力意志、主人道德与超人，这些都与美国的实用主义格格不入。这也同样适用于亨利·伯格森（Henri Bergson）的“生命冲力”（élan vital）学说，即生命冲力决定个人与宇宙的创造性发展。19 世纪末欧洲的非理性人生哲学与“边干边学”（learning by doing）以及“试错法”（trial and error）等清醒的座右铭少有共同之处。

并非美国的一切都是现代的，现代的东西也不是都来自美国。可能没有任何其他新教占主导地位的国家像美国这么普遍相信“圣经默示”（Verbalinspiration），即旧约与新约全书的作者是在神的默示下写下《圣经》的：基督教的原教旨主义（就像今天所说的那样）是反对启蒙的，它主要反对的是达尔文的进化论，后者在美国精英中很有市场。然而，正如托克维尔在 1835 年就已指出的，美国人深厚的宗教信仰不仅不妨碍他们热爱政治自由，甚至还是其历史先决条件。

相反，思想自由的发展显然不是以西方民主意义上的政治自由为前提的：几个通向现代性的重大突破是在——与美国、英国和法国相比——可谓半专制的国家完成的。世纪之交，西 988
格蒙德·弗洛伊德在维也纳以精神分析的方式发现了无意识，1895年德国物理学家威廉·康拉德·伦琴（Wilhelm Conrad Röntgen）在维尔茨堡（Würzburg）发现了以他的名字命名的射线，爱因斯坦于1914~1916年间在柏林发展出一般相对论。1901~1914年间的最初一批诺贝尔物理学、化学、生理学以及医学奖的获奖者中有14位德国人，10位法国人，5位英国人，4位荷兰人,3位瑞典人和3位美国人。在第一次世界大战之前，德国被认为是科学领先的国家，其大学中的各学科均享有最高国际声誉。德国的研究型大学成为出口商品：1876年在巴尔的摩创建的约翰·霍普金斯大学（Johns Hopkins University）是第一所有意识地以德国为榜样的美国高校。

一般来说，古典现代主义的突破发生在1880~1914年间：这段时间美国和欧洲大部分地区的农业社会终于被工业社会所取代。在工业界内炼钢、化工和电工等新兴主导产业代替了旧的棉花和铁工业。能算作“现代”的有：工业和科技，大城市及其大众，（汉斯·罗森贝格所说的）“政治大众市场”的出现，经过启蒙的妇女对性别全面平等的推动，世俗化和脱教会化，对占主导地位、充满男性偏见（在英国称为“维多利亚时代”，在德国称为“威廉时代”）的虚伪道德观念的批评。文学中“现代”的是自然主义，以左拉（Zola）、陀思妥耶夫斯基和托尔斯泰的小说，以及易卜生、斯特林堡（Strindberg）和格哈特·豪普特曼（Gerhart Hauptmann）的戏剧为代表。在视觉艺术中摒弃了对历史绘画、新罗马式和新哥特式表现风格的刻意模仿，转而寻求主体性的勇气和真实性：这些艺术流派首先由法国印象派（Impressionisten）代表，然后由德国的表现主义（Expressionisten）和工艺美术运动（Arts and Crafts Movement）、青春艺术风格（Jugendstil）和新艺术（Art nouveau）运动的代表人物所代表。通常被人们与“新客观主义”（Neue Sachlichkeit）[①]这一概念联系起来的许多东西并不是第一次世界大战后才出现的，而是在1914年之前随着
989 新客观性建筑被接受而兴起的。1910年前后，在维也纳出现了阿诺德·勋伯格（Arnold Schönberg）的首批无调性音乐作品。“现代艺术”与“古典艺术”崇尚的理想之美是截然不同的；前者所表达的现实包括了丑陋，其中折射了现代人的撕裂性与工业社会的诸多矛盾。

现代技术发展所带来速度的提高，以往遥不可及的距离的缩短，噪音和计件工作，大都市的感官超负荷，以往的确定性被彻底颠覆，传统的事情不断受到质疑：这一切创造了一种令人神经紧张的氛围和治愈这种神经紧张的需求。平静只有在一定时间内和例外情况下才能获得，精神病医生和外行希望意愿疗法能够奏效。“意志就是力量”是大众心理学的流行座右铭。适用于个人的被转移给集体，尤其是转移到国家身上：在国际甚至全球竞争愈演愈烈时，胜败取决于一种意志——不甘落在他人之后，而是要去跟他们并驾齐驱，并尽量超过他们。在世界范围内得到认可是必需的，所有较大的民族国家都追求这个目标，尤其是像德国和意大利这样的后起之秀更感到需要奋起直追。经典现代主义在1880年前后的突破与巨大的全球化推力——帝国主义繁荣期的开始——携手并进绝非偶然。然而，除了民族主义和战争的表现形式外，也存在一种国际主义的与和平的表现形式，即一种新近觉醒的追求，追求破纪录和得到世界范围内的认可：法国男爵皮埃尔·德·顾拜旦（Pierre de

① 又译新即物主义。

Coubertin）于 1894 年产生了恢复古代奥运会的设想，两年后第一届现代奥运会在雅典举行。

现代的同时也是跨国的：一切力争革新与解放的运动——虽然不总是同时——都在西方所有国家蓬勃发展。妇女运动始自 1848 年在纽约州的塞内卡瀑布（Seneca Falls）小村镇召开的美国女权大会，在大会的《情感宣言》（*Declaration of Sentiments*）中称两性完全平等的权利符合自然法和 1776 年《独立宣言》的原则。40 年后，1888 年在华盛顿举行了一次 990
国际妇女大会，大会选出了第一个国际妇女协会——国际妇女理事会（International Council of Women）。1903 年，埃米琳·潘克赫斯特（Emmeline Pankhurst）与其他主张妇女参政者一起在英国建立了妇女社会政治联盟（Women's Social and Political Union），该组织举行大规模示威游行和其他引人注目的活动，如绝食、抗税、自缚和引爆炸弹（在集会上），用这些方式为其男女平权的目标而战斗。

与此相比，意识形态上分裂的德国妇女运动则格外温和。中产阶级的女权活动家对妇女选举权的态度有分歧：1865 年由路易丝·奥托－彼得斯（Louise Otto-Peters）创建的德意志女性公民协会（Allgemeiner Deutscher Frauenverein）出于策略原因放弃将妇女选举权纳入纲领，而 1876 年出版的《女人的天性与权利》（*Der Frauen Natur und Recht*）一书的作者黑德维希·多姆（Hedwig Dohm）和她的战友明娜·考尔（Minna Cauer）以及阿尼塔·奥格斯普格（Anita Augspurg）则坚决为妇女选举权而奋斗。属于坚定为妇女选举权奔走呼号之开路先锋的还有社会民主党的女政治家，后面还会专门提到她们。然而，她们明确指出，妇女的完全解放不可能发生在资本主义社会，而只能在社会主义社会实现。总体而言，新教国家的妇女运动比天主教国家的发生得更早，也更积极。这当然与公共教育、工业化和社会流动性的程度不同密切相关。

欧洲国家中率先引进妇女选举权的是1906年的芬兰，当时它还处在其宗主国俄国的统治下。到1915年丹麦和挪威（带有一定限制条件），以及冰岛和加拿大的妇女也拥有了选举权。1918年（第一次世界大战的最后一年）给予妇女选举权和被选举权的国家有奥地利、德国、俄国和英国，后者直到1928年才最终取消具有歧视性的区别对待，即男性满21岁即可参选，女性要满30岁才允许参选。如前所述，美国是1920年引进妇女选举权的。1791年奥兰普·德·古热（Olympe de Gouges）就已经撰写了《妇女和女公民权利宣言》（*Erklärung der Rechte der Frau und Bürgerin*）的法国，直到1944年才迈出了这一步。两个阿尔卑斯山国家的妇女还要为选举权等待更长时间：瑞士妇女于1971年获得这项权利，列支敦士登的妇女则直到1984年才获得这项权利。

991 明显比妇女运动更具“国际性”的是19世纪末在许多国家日益强大起来的工人运动。第一国际主要由于卡尔·马克思的追随者和俄国无政府主义者米哈伊尔·巴枯宁的追随者间的矛盾而失败，并于1876年的费城会议上正式解散。1889年7月14日（冲击巴士底狱100周年纪念日），来自20国的工党和工会代表，其中包括大多数欧洲国家以及美国和阿根廷的代表，聚会巴黎，宣告成立第二国际（Zweite Internationale）。除此之外，大会同意在1890年5月1日组织大型国际示威活动，届时所有城市的工人将为引进八小时工作制进行游行。

此建议来自美国：1888年12月圣路易斯的美国劳工联合会决定，于1889年5月1日在全国所有大城市为同样的目标组织群众集会。然而，巴黎决议最终是以完全不同的方式得到贯彻执行的：在法国和奥匈帝国的许多城市举行了总罢工，在其他许多国家这一天成为大型游行日；英国和德国的示威游行没有发生在1890年5月1日，而是在第二天星期天，这样就不耽误工作。当在布鲁塞尔的下一届大会上对提案——所有游行必须在5月1日同一天举行——进行投票时，英国人投了反对票，德国人虽然投了赞成票，却将游行活动安排在那一天的晚上。公众对工人集会的反响非常强烈，令这种示威游行迅速成为一种国际传统。

第二国际起初既无纲领，亦无组织机构，甚至连个名字都没有。直到1900年巴黎大会才决定成立一个常务委员会和带薪酬的国际秘书处，从那一年开始代表们的会议定名为“国际社会主义者大会”（Internationaler Sozialistenkongreß）。与第一国际一样，第二国际自从成立起内部就矛盾重重。其中马克思主义派势力最强；此外还有无政府主义者，他们尤其在西 992
班牙、意大利和荷兰拥有众多支持者；法国的工团主义者[①]完全将精力集中在工会斗争方面，对政治斗争不屑一顾；英国的工会组织几乎没有接触到马克思主义，它们一心专注于改革。

无政府主义者与其他潮流之间的对立被证明是不可调和的，所以从1896年的伦敦大会开始，多数派与少数派就分道扬镳了：在无政府主义者离开大会后，代表们不顾法国工团主义者的反对一致决定，将来只有“致力于把资本主义财产和生产秩序转化为社会主义财产和生产秩序，并认同参与立法和议会活动是实现这一目标的必要手段”之机构才会获得参加大会的邀请。工会组织只有承认政治和议会活动的必要性才能获准参加大会。无政府主义者被明确排除在进一步合作之外。

在［第二］国际内部，此时有一个党享有极高的声誉，因为它在选民中获得有力支持、意识形态清晰并且组织纪律严明，从而也担负着非正式的领导角色：德国社会民主党

---

① 即英语概念中的工联主义者。

（SPD）。该党是于1891年10月在埃尔福特举行的党代表大会上采用此名的，那是《社会党人法》失效后该党的第一次全国性代表大会。这次大会通过的《埃尔福特纲领》（*Erfurter Programm*）的基础部分是由卡尔·考茨基撰写的［他于1854年出生在布拉格，在维也纳大学上第一个学期时他就参加社会主义运动并担任党的理论刊物《新时代》（*Die Neue Zeit*）的编辑工作］，这份纲领比此前1875年的《哥达纲领》（*Gothaer Programm*，马克思和恩格斯的追随者与拉萨尔派合并后推出的纲领）更“马克思主义”。《埃尔福特纲领》在基础部分言简意赅地概括了马克思的学说：小企业不可避免地要被大企业挤
993 垮，生产资料将垄断在极少数大资本家和大地主手中，中产阶层将沦为无产者，资产阶级与无产阶级之间的阶级斗争将白热化。这令该纲领迅速上升为一种社会民主党的“示范性纲领”。

主要由爱德华·伯恩斯坦执笔的实践部分读起来完全不同。伯恩斯坦1850年出生在柏林，父亲是一名犹太火车司机，他本人是经过培训的银行职员。在实施《社会党人法》时期他担任先在苏黎世、后在伦敦出版的《社会民主党人报》（*Der Sozialdemokrat*）的编辑，他在英国受到乔治·萧伯纳和锡德尼与比阿特丽斯·维伯（Sidney und Beatrice Webb）夫妇等人于1883/1884年所创建的费边社（Fabian Society）的改革设想的强烈影响。德国社会民主党的当前要求显示出，它与其说是社会主义党，不如说是激进民主党。除其他要求外，社会民主党人要求各级选举和投票中普遍、平等和直接的选举权，而且“无性别差异”；直接的人民立法；“用人民武装代替常备军”；战争与和平的抉择由人民代表做出；开设世俗学校；将宗教信仰宣布为私事；废除所有法律，“只要它们在公共和私人法律关系中偏袒男性、损害女性权益”；废除死刑和确保结社权。

有一个在马克思和恩格斯的思想中发挥重要作用的概念没有出现在《埃尔福特纲领》中："无产阶级专政"。为了不给统治者提供新的"合法"借口迫害社会民主党，纲领的作者放弃了公开宣称民主共和国甚或革命为其目标。当那几年上升为德国和国际社会民主领军理论家的考茨基试图让革命不再带有起义、巷战与流血的气味对，这不仅仅是战术。他在《新时代》中称社会民主党是一个"革命的，但不是制造革命的党"。

社会民主党人所追求的社会大变革，按照考茨基的观点应该通过无产阶级夺取政治权力来实现。但与落后的俄国不同，
"现代国家"中的无产阶级因为拥有结社和新闻自由以及普选 994
权，比18世纪革命的资产阶级掌握着其他和更好的武器。考茨基将德意志帝国也算作"现代国家"，无产阶级在其中可以通过民主方式——在大选中获胜——赢得政治权力。争取议会制的政府形式从而成为无产阶级胜利的先决条件，社会革命接下来基本上可以通过进化的手段实现。从资本主义和平过渡到社会主义社会因此不再是马克思认为的那种历史例外情况，相反它成了欧洲的通例。因此，虽然考茨基断然否认，但他背离了马克思，甚至更甚：他"修正"了马克思。

相反，伯恩斯坦在1890年代末发展成公开的"修正主义者"，从而引发了德国和国际社会民主党中有关"修正主义的辩论"。弗里德里希·恩格斯逝世三年后的1898年，伯恩斯坦在《新时代》发表了名为《社会主义的问题》（*Probleme des Sozialismus*）的系列文章，同年10月，他在给社会民主党斯图加特党代会的总结信中质疑了马克思和恩格斯的基本假设。他根据大量数据，宣布"灾难论"，即资产阶级社会不可避免的崩溃，以及社会矛盾白热化、小企业垮台和中产阶层的消失等教条均已过时。"现代国家的政治体制越民主……会发生重大政治灾难的必然性和可能性越小……工人阶级夺取政治

权力，剥夺资本家财产本身不是最终目的，而只是一种达到一定目的和愿望的手段。”

第二年伯恩斯坦应考茨基的要求详细阐述了他对“科学社会主义”奠基人的批评：出版了《社会主义的前提和社会民主的任务》（*Die Voraussetzungen des Sozialismusund die Aufgaben der Sozialdemokratie*）一书。他在书中称民主同
995 时“既是手段，也是目的”：“它是社会主义斗争的手段，也是实现社会主义的形式。”社会民主党的影响力将比今天大很多，如果它有勇气“从那些实际上已经过时的辞藻中解放出来，愿意以自己的真实面貌出现：一个民主的社会主义改革党”。伯恩斯坦重复了一句话，令他的众多批评者特别愤怒：“至于人们常常提到的社会主义最终目标，对我来说无所谓，运动才是一切。”他强调，他并非要“推翻马克思主义本身”，而是要“排除其某些乌托邦主义的残余”，马克思主义至今仍未能彻底告别这些残余。他呼吁反抗黑格尔辩证法的“舒适寓所”——纯粹理性批判者康德的精神，最后他提醒不要让“对暴力革命的呼吁成为一句空话”。

伯恩斯坦的这本书也是对罗莎·卢森堡对其此前系列文章批评的回应。罗莎·卢森堡1871年出生在俄属波兰的扎莫希奇（Zamosc），在华沙长大，学生时期就曾积极参加革命的社会主义运动，大学期间在苏黎世与其他移民一起创建了“波兰王国社会民主党”（Sozialdemokratie des Königreichs Polen），是个有博士学位的女国民经济学家，1898年起定居柏林。那年9月她在社会民主党的报纸《莱比锡人民报》（*Volkszeitung Leipziger*）上发表其针对伯恩斯坦的系列文章《社会改良还是革命？》（*Sozialreform oder Revolution?*），1900年这些文章在同一标题下以小册子的形式出版。她称伯恩斯坦的修正主义为一种“社会主义堕落的理论，被资本主义

堕落的理论进行庸俗经济学的论证”；根据她的判决，伯恩斯坦的阐述是“给机会主义以理论基础的第一次，但同时也是最后一次尝试”。她认为，将改良与革命对立起来完全不辩证；马克思虽然考虑过“和平行使无产阶级专政”的可能性，但“没有用资本主义社会改良来替代专政”。

如果说伯恩斯坦是从英国改革者的视角来看德国和国际工人运动的发展，那么罗莎·卢森堡就是以有着沙皇帝国经验的革命者的眼光来看。伯恩斯坦低估了阻力的强度，这本是每个 996
要求霍亨索伦帝国进行议会化和民主化的人都要估计到的。相反，卢森堡高估了国际和德国无产阶级的革命潜力，同时她也低估了德国社会民主党通过普选，议会行动，罢工、言论和新闻自由所获得的可能性以及这些成就所带来的自我意识力量。

有关改良与革命、民主和专政这些社会民主基本原则辩论的第三位重要参与者是卡尔·考茨基。“客观上”他更接近“右派”伯恩斯坦，而不是“左派”卢森堡。但作为社会民主党的领军理论家，他必须特别注意让党保持团结，作为“中间派”，他考虑到大多数党员是不会让人攻击“马克思主义”的，尽管大多数人对马克思主义的了解仅限于读过恩格斯的论战文章《欧根·杜林先生在科学中实行的变革》（*Herrn Eugen Dührings Umwälzung der Wissenschaft*）——即1878年的《反杜林论》（*Anti-Dühring*），以及倍倍尔1879年的《妇女和社会主义》（*Die Frau und der Sozialismus*）。此外，考茨基认为马克思关于工农业出现垄断的论点仍然正确，伯恩斯坦复述的马克思主义论点存在着强烈的粗线条化。

为了能够取胜，必须坚持经典的学说和社会革命的终极目标。但在革命与起义之间必须划清严格的界限：“社会革命是一个原则性目标，起义是达到目标的手段，手段是否合理只能根据它是不是符合目的性来评判。”同样重要的是，在社会主义和自由主义之间要有一条清晰的界线。“在一个工业国，进步的民主只能是无产阶级民主……只有坚信无产阶级专政的必要性和无产阶级的政治成熟，今天才能赋予民主思想吸引力。”此外根据考茨基的观点，社会民主党人有理由抱有希望“在30年内成为最强大的政党，再过30年就能成为执政党，也许更早”。

997 考茨基支持以奥古斯特·倍倍尔为首的“党的中心”，他们必须严肃对待伯恩斯坦对正统马克思主义的攻击，因为“修正主义论战”的发起人在1902年国会补选时当选，他并非孤军作战。他的盟友包括《社会主义月刊》（*Die Sozialistischen Monatshefte*）的编辑约瑟夫·布洛赫（Joseph Bloch）、柏林律师沃尔夫冈·海涅（Wolfgang Heine）和“农业修正主义者”爱德华·达维德（Eduard David），后者致力于让社会民主党制定对农民友善的政策，并以充分的理由反驳党的官方教条——农业大企业之发展将势不可当。

然而，对修正主义的反击不仅限于理论上。伯恩斯坦论点的危险之处似乎在于，它们可能被用来为社会民主党中部分人的“改良主义”实践做论据。他们的主要代表包括自由工会总委员会（亲社会民主党工会的联盟组织）主席卡尔·莱吉恩（Carl Legien）和巴伐利亚社会民主党主席格奥尔格·福尔马尔（Georg Vollmar）。早在1891年，后者在慕尼黑饭店埃尔多拉多（Eldorado）的演讲中就第一个呼吁，“从理论到实践，从一般到具体”，谈论“未来”不要忘记“当前，下一个目标和当务之急”，即要搞现实政治。改良主义者对理论不是特别感兴趣，但他们和修正主义者一样，决心利用现存的行动余地，不受传统教条的阻碍。

在修正主义者和改良主义者的逻辑中，他们希望与“进步”的资产阶级政党合作。此前，党的领导仅允许在第二轮决选和议会中的个别投票中进行这种合作：这条界线1899年10月在汉诺威党代表大会上经倍倍尔提议获得多数人认可。但党的领导绝不允许将合作向实际的“执政联盟”方向拓展（只要“执政联盟”在德意志帝国这种非议会政府体系中能够出现）。社会民主党的大多数成员的意愿是抵制一切非社会民主的东西，他们甚至比倍倍尔走得更远：一个受到党主席支持的农业方案（党为小佃农量体裁衣设计的），1895年在布雷斯劳党代表大 998
会上遭到了拒绝。《社会党人法》造成的一个主要结果是：社会民主党人被“人以群分”，他们想待在“自己人”中间，所有其他社会阶层都被他们视作或多或少有些“反动”。这种态度也解释了为什么两次党代会——先是1899年10月的汉诺威党代会，然后是1903年9月的德累斯顿党代会——以更为尖锐的形式，对爱德华·伯恩斯坦的修正主义进攻予以坚决抵制。

德累斯顿的党代会是在德国国会大选结束三个月后举行的，社会民主党首次在国会大选中获得超过300万张选票的成绩。自1890年起社会民主党已经成为德国最强大的政党，但像1903年这样的增长（即超过90多万张选票）它却从未经历过。由于多票选举制、两轮决选和选区划分（不利于大城市，有利于乡村），社会民主党还未能成为国会中最强的议会党团，占据这一位置的是天主教中央党，该党只赢得了15.3%的选票，还不到社会民主党份额31.7%的一半。但鉴于社会民主党在国会的议席增加了27席，他们显然有权提出担任国会副主席的要求。然而德累斯顿党代会却拒绝这么做，因为国会主席团成员在礼仪上有“进宫”觐见皇帝的义务。

抵制“修正主义愿望”的决议以288票对11票获得通过，决议谴责说，那些赞成改弦易辙者企图“在这种意义上改变我们久经考验、屡试不爽的策略，也就是不再通过战胜对手，而是采取迎合现有事物秩序的政策夺得政治权力”。对此，党代会坚决表示，党不会通过改良资产阶级的社会秩序而进入社会主义的社会秩序，也就是说“要名副其实地”保持“革命性”。社会民主党拒绝对建立在资本主义生产方式基础上的政治和经济状况负责，因此不会以任何方式赞同那些适合统治阶级继续
999 执政的手段。最后德国社会民主党明确表态，他们“不能追求在资产阶级社会内分享政府的部分权力”。

党代会在陈述中援引了《考茨基决议》（*Resolution Kautsky*）的精神，该决议于1900年9月在第二国际的巴黎大会上通过。这个决议称社会主义者参加资产阶级政府是一个“危险的实验”，只有在“困境中作为临时和例外的救急方案”才可以这样做。这是第二国际对“闹得满城风雨”、颇具争议的法国社会党人“米勒兰事件”（Cas Millerand）的正式表态。1899年5月，社会党人亚历山大·米勒兰（Alexandre Millerand）加入皮埃尔·M.R.瓦尔德克－卢梭（Pierre M. R. Waldeck-Rousseau）的共和派激进内阁，从而促成一个左派政府。这是欧洲工人运动史上的第一例“内阁主义”（Ministerialismus），它与下面还要述及的第三共和国所陷入的德雷福斯事件（Dreyfus-Affäre）密切相关。除了让·饶勒斯（Jean Jaurès）、勒内·维维安尼（René Viviani）和阿里斯蒂德·白里安（Aristide Briand）外，米勒兰是独立社会主义者中最突出的代表，独立社会主义者和以保罗·布鲁斯（Paul Brousse）为首的改良派“可能主义者”（Possibilisten）一样支持他加入内阁。相反，正统的马克思主义者茹尔·盖德［Jules Guesde，法国工人党（Parti OuvrierFrançais）主席］身边的人，以及工团主义者和革命社会党（Parti Socialiste Révolutionnaire）中的布朗基派则对他的入阁义愤填膺。

《考茨基决议》是一种形式上的妥协，它更令改良者而不是

正统马克思主义者满意。1901 年秋，后者在茹尔·盖德领导下合并为法兰西社会党（Parti Socialiste de France），前者在让·饶勒斯率领下团结成立法国社会党（Parti SocialisteFrançais）。社会民主党德累斯顿决议让盖德完全有理由觉得自己的立场得到了确认，所以从那时起他就努力让第二国际坚守德累斯顿的路线。1904 年 8 月他达到了目的：在关键性投票中第二国际阿姆斯特丹大会站在了 1903 年德国社会民主党人大会决议的立场上。

以饶勒斯和埃米尔·王德威尔德（Émile Vandervelde，比利时社会主义者领袖）为首的改良派，想把对改良主义和修
正主义的谴责从决议文本中删除，尽管得到了英国、瑞典、丹 1000
麦、奥地利、瑞士、阿根廷、澳大利亚、加拿大和南非社会民主党的支持，却还是未能如愿以偿，因为投票结果是 21 ∶ 21 持平。（只有社会党国际局成员才有表决权，各国社会党不论大小各派两名代表组成该局，代表们投票时立场无须一致。）反对修正文本提案的有德国社会民主党和保加利亚、波希米亚、西班牙、匈牙利、意大利、俄国、美国和日本的社会主义政党。

尽管如此，饶勒斯并没有抵制大会发出的统一呼吁，这一呼吁针对所有分裂的社会党，没有明说，但特别是针对法国的社会党。还是在阿姆斯特丹，改良派和正统派的发言人表示愿意合并。合并发生在 1905 年 4 月的巴黎大会上。新党称自己为社会党（Parti Socialiste），但增加了进一步示范性的名称：工人国际法国支部［Section Française de l’Internationale Ouvrière（S.F.I.O.）］。“米勒兰事件”此时已经得到解决：瓦尔德克－卢梭内阁于 1902 年 5 月辞职，在后来得到饶勒斯支持的埃米尔·孔布（Émile Combes）的左翼少数派政府中没有社会主义者。

“内阁主义”只是第二国际在世纪之交争论的主题之一。引起人们至少同样程度的激情辩论的还有作为一种政治手段的罢工。争论的起因是比利时工会在1886~1893年组织的多次大规模罢工，目的是促使引进普选权。在两届第二国际的大会上，即1893年的苏黎世大会和1896年的伦敦大会，法国工会组织都徒劳地试图将“全球大罢工”，或谦虚些表述为国际框架下的“总罢工”列为全体大会的讨论题目。在法国工会中工团主义者说了算，他们对议会主义持保留或反对态度。他们受到工人的“直接行动”和“革命体操”口号的激励；1895年成立的法国劳工总联合会［Confédération Générale du Travail（C.G.T.）］在1902年与劳工议会联盟（Fédération
1001 des Bourses du Travail）合并后，成为革命工团主义的利器。通过哲学家乔治·索雷尔（Georges Sorel，先是动摇于保守主义与社会主义之间，后又在赞同布尔什维克和赞同法西斯主义倾向间举棋不定）1908年发表的《关于暴力的思考》（*Réflexions sur la violence*），这场运动得到了全面的理论依据，这本书是反对“资产阶级”议会制，从根本上反对民主的檄文，后来以贝尼托·墨索里尼为首的意大利的法西斯主义者也援引它。

在1900年9月的第二国际巴黎大会上，让·饶勒斯身边的法国改良派也赞成举行总罢工。阿里斯蒂德·白里安以他们的名义称总罢工为革命的行动方式，无产阶级以这种方式来掌控社会生产资料。他最有力的对手是卡尔·莱吉恩——德国自由工会总委员会主席。按照后者的观点，现在还没有任何地方具备成功举行总罢工的条件，即足够强大的工会群众组织；无组织的群众的大罢工可能会遭到武力镇压，那么几十年来的工作成果就会毁于一旦，资产阶级巴不得发生这种情况。法国改良派和工团主义者仅仅从葡萄牙和阿根廷的社会主义政党那里得到一致支持，对白里安和他朋友们的提案，法国、意大利和俄国的代表们部分支持，部分反对；正统马克思主义者，其中包括盖德，反对这种冒进。他们认为鼓动总罢工带有工团主义的缺陷：低估了社会主义的政治斗争。

尽管第二国际采取了拖延策略，总罢工问题仍然没有从议程上消失。在不少国家，工人阶级在争取平等的普选权斗争中不愿放弃政治大罢工这一手段。在比利时，工会虽然通过1893 年的总罢工给工人争取到进入人民代表机构的权利，但只是以对无产阶级充满歧视、对资产阶级赋予特权的形式——多票选举权。1901 年 4 月社会主义者党代会公开表态，在紧急情况下将会借助总罢工和街头骚乱以获取平等的普选权。一年后，议会有关选举改革的辩论在比利时许多城市引发工人的 1002
抗议活动，示威者与警察之间发生了血腥冲突。1902 年 4 月 19 日有消息传出，说议会拒绝了社会主义者所要求的选举改革，动乱升级。在鲁汶（Löwen）维持治安者使用了武器，六名示威者死亡，多人受伤。倘若社会主义者继续他们的行动，那就会开启内战。党不想承担这种责任，所以呼吁罢工者返回工作岗位。该呼吁得到令行禁止的呼应，社会主义政党并未从停止战斗中受到损害。

1902 年春，在瑞典也举行了敦促实施普选的总罢工，但与比利时不同的是，这不是一次自发行动，而是由社会民主党策划和组织的。5月 15 日至 17 日，整整三天全国各地的工厂都停了工。然而，国会不为所动：工人阶级大部分被排除在选举权之外的情况仍持续了七年。一年后荷兰的总罢工也失败了：两个社会民主党——荷兰社会民主党和社会民主工党号召进行罢工，抗议政府宣布的禁止铁路工人和国有企业工人罢工的法令。当政治大罢工显露出有转化为内战的苗头时，与比利时一样，罢工行动被中止。但与南部邻国不同的是，内部意见不统一的社会主义政党和工会的力量因罢工失败遭到持续削弱。

1902 年和 1903 年的经验没有让第二国际内倡导总罢工的人数增加。1904 年 8 月的阿姆斯特丹大会上，在荷兰代表的特别倡议下通过了一项决议，宣布在特殊情况下，如实施重大社会变革或抵抗对工人权利的侵犯，可以进行大规模政治罢工；但明确警告要防止对总罢工的无政府主义宣传。几周后，
1003 1904 年 9 月意大利发生了政治罢工运动并迅速发展为总罢工。起因是撒丁岛和西西里岛警察的残忍行为，他们于动乱期间在某些地方向示威人群开枪。这场自发的罢工并没有明确的政治目标。在自由派首相焦利蒂做出承诺，在未来的社会冲突中不使用武力对付工人并放弃投入军队镇压罢工者后，罢工中止。首先呼吁进行政治总罢工的阿图罗·拉布里奥拉（Arturo Labriola）感到自己是政治上的赢家，他是社会主义者中工团主义一派的领军人物。但总罢工给整个党带来的却是损害：在 1904 年 10 月由焦利蒂安排的重新选举中社会主义者以及资产阶级左派各政党均失去了很多选票。

在社会民主党有关政治罢工之利弊的辩论中 1905 年是一个转折点。在最初的俄国革命以及作为其后继革命的芬兰革命中，发展为总罢工的大规模罢工被证明能够对工人阶级的事业起到推动作用。然而所涉及的事情必须像在 1904 年的沙皇帝国，以及不久后的芬兰那样带有普遍性和符合民意。即使是德国社会民主党人这时也开始改变想法，尽管他们在一年前的第二国际阿姆斯特丹大会上十分不情愿地同意了决议中有关政治大罢工的段落。1905 年 9 月，即尚在俄国《十月宣言》和芬兰 11 月总罢工之前，社会民主党耶拿党代会以压倒性多数通过了倍倍尔的一项提案，称大规模罢工是用来对付对平等普选、直选或秘密选举或结社权的打击的最有效手段之一。1904 年不来梅党代会上，修正主义者爱德华·伯恩斯坦就发表过同样的意见。

耶拿决议也是对自由工会1905年5月底在其科隆大会上断然反对总罢工的一种回答。倍倍尔不想把政治罢工当作进攻性武器，而是作为防守性武器，但这对自由工会来说也是无法接受的。他们认为耶拿的决议是家长式的，在与社会民主党领 1004
导人的秘密对话中他们力争让社民党进行深刻的自我纠正：一场总罢工目前没有现实性，若没有得到自由工会总委员会的认可，社民党的领导不会呼吁进行政治大罢工。

秘密协定很快遭到曝光，在党的左翼中引发了愤怒的狂潮。在接下来1906年9月的曼海姆党代会上，奥古斯特·倍倍尔与卡尔·莱吉恩之间出现了一场唇枪舌剑的辩论。一份由两人共同提出的所谓《曼海姆协议》（*Mannheimer Abkommen*）确认了耶拿决议，但补充说明，该决议并不否定自由工会的科隆决议，并规定一旦认为有必要进行政治大罢工，社民党领导要与自由工会总委员会取得联系。

事实上这是工会的一次胜利，有着近170万会员的工会仍旧坚持一个原则，即他们的机构和组织权力只用于经济目的，不用于哪怕是再重要的政治目的。曼海姆大会上输了的不仅仅是以罗莎·卢森堡为首的社民党左派中的激进分子，而且还有坚定的修正主义者如爱德华·伯恩斯坦。用政治罢工来废除普鲁士的三级选举制或在帝国引进议会政府制度，在1906年党代会之后已经没有人有这种指望了。

次年8月，第二国际首次在德国斯图加特举行大会。这次会议的中心议题是：工人阶级如何有效抵制军国主义并防范一场战争。赞成和反对总罢工者再次对垒：一方是让·饶勒斯，另一方是奥古斯特·倍倍尔。饶勒斯谈到为了防范战争的危险，“将无产阶级力量团结成一支不可战胜的队伍”的必要性。倍倍尔宣布在选举权遭到剥夺的情况下将举行大罢工。但可以在社会民主党没有尽自己最大努力的情况下，就允许法国和德国的无产阶级受资本家的委托并为了后者的利益去杀戮吗？
1005 “如果我们没有尝试，我们就是卑鄙无耻的。”

倍倍尔回答说，在选举权没有被剥夺的情况下，宣传大规模罢工和暴动在德国是“不可能和没有商榷余地的”。一旦发生战争，立即有600万男人，其中包括200万社会民主党人会应征入伍。“我们到哪里去找参与大罢工的人呢？……400万家庭将陷入最大的困境，这比任何总罢工都更糟糕。想想群众的情绪吧。”由于德国依赖食品进口和工业产品出口，一场战争就会引起失业、物价飞涨和饥荒。“在这样的情况下，我们还应去玩大罢工的游戏？我们第一次号召大罢工就会遭到嘲笑。”倍倍尔的潜台词明白无误：德国社会民主党人不想给政府实施新社会党人法提供借口，他们最怕的是战争，也是一切战争中最可怕的：内战。

在倍倍尔提议下成立的、负责筹备决议的委员会下属的一个小组委员会经过深入讨论，最后提出一份折中议案，先强调了无争议的内容：“战争是资本主义的本质；只有在资本主义经济秩序被废除时，或军事技术发展所需要牺牲的人力和财力之规模以及军备竞赛引起的人民愤慨导致这个制度被消灭时，战争才会停止。”

第二国际认为，不能把“工人阶级反对军国主义的行动局限在僵硬的形式中”。但肯定该有一个普遍适用的准则：“如果战争一触即发，相关国家的工人阶级和他们的议会代表在社会党国际局的协调支持下，要采取一切他们认为最有效的措施防止战争的爆发，因阶级斗争尖锐化和总政治局势紧张程度的不同，上述有
1006 效措施也各不相同。如果战争最终还是爆发了的话，人们有责任为立即终止战争而行动，并竭尽全力利用战争所引发的经济和政治危机唤起民众，从而加快资本家阶级统治的灭亡。”

决议结尾处的这些普遍原则出自列宁、卢森堡和马尔托夫

提交的一份宣言。大会一致通过了决议。表面上看，投票结果似乎既没有赢家，也没有输家：总罢工的支持者可以坚持说，倍倍尔提出的公式“显得最有效的手段”也包括各种类型的政治大罢工；怀疑这种手段的人可以指出，他们没有承诺任何他们所拒绝的东西。事实上，1907 年 8 月的斯图加特决议并未能让第二国际在战争情况下的共同行动更具可能性。

与军国主义和战争最紧密相连的问题是殖民主义和帝国主义。绝大多数国际社会党人在原则上是反对资本主义剥削殖民地的，虽然他们不一定非要反对为文化和文明服务的殖民，因为后者有益于各非欧洲民族。对于下面还要述及的布尔战争，1899 年英国的两个社会民主组织［1881/1883 年由亨利·迈耶斯·海因德曼（Henry Mayers Hyndman）创立的社会民主联盟（Social Democratic Federation）和 1883 年由基尔·哈迪（Keir Hardie）创建的独立工党（Independent Labour Party）］都在群众集会上反对这场从他们的视角来看几乎是经典的资本主义殖民战争。反对意见来自费边社：乔治·萧伯纳认为，“一个阻碍文明的国家，无论大小，都必须消失”。按照这位独立社会主义者的观点，最好的解决方案是将南非的金矿国际化，因为金矿是战争的真正原因。但由于世界政府尚不存在，为了普遍的文明利益应该让霸权国家英国在那里行使一种类似托管的政府权力。即使爱德华·伯恩斯坦没有提到英国—布尔冲突，他于同一年在其《社会主义的前提》一书中为此提出了 1007
类似的论据。

第二国际对此前的殖民政策采取坚决反对的立场。在 1900 年 9 月巴黎大会上通过的决议中写着，资产阶级殖民政策的唯一目的就是“提高资本家阶级的利润并维持资本主义制度”；这种政策“在用武力攫取的殖民地对原住民所犯下的罪行和其残忍性罄竹难书”，所以各国的工人阶级必须反对它。

四年后，下一届阿姆斯特丹大会批准了英国代表团提出的对英国在印度的殖民统治的决议。决议不仅要求推翻一般的资本主义殖民制度，而且特别呼吁英国的工人们，“强迫其政府放弃现在的冷酷无情的殖民制度，在英国宗主权监督下建立简单易行的自治”。为了支持此提案，一位来自印度的代表——1885年创建印度国大党（Indischer Nationalkongress）并担任主席的八十高龄的达达拜·瑙罗吉（Dadhabbai Naoroji）——在大会上发言。当他走上讲坛时，代表们全体起立并以持续的掌声表示欢迎。

虽然第二国际多次在其大会上雄辩地向殖民主义宣战，但它对帝国主义的评判却意见不一。像左翼自由派约翰·阿特金森·霍布森一样，帝国主义的马克思主义理论家也认为：资本主义之海外扩张的重要原因是大都会的消费不足和生产过剩。出身维也纳犹太人家庭，自 1907 年起担任社会民主党喉舌《前进报》编辑的鲁道夫·希法亭（Rudolf Hilferding）在其 1910 年出版的著作《金融资本》（*Das Finanzkapital*）中认为帝国主义的特征是银行的统治，实际上是银行、工业与国家的一种融合，国家强大到通过海外扩张确保日益垄断的资本能获得“额外利润”。1913 年，罗莎·卢森堡在她的《资本的积累》（*Die Akkumulation des Kapitals*）一书中完全专注于资本主义的内在逻辑：不征服海外市场，工业化国家的资本
1008 主义生产就根本不可能实现；不断扩张因而是资本主义存在的条件。由于在尚未工业化的农业地区扩张的可能性变得越来越小，甚至开始枯竭，政治和社会灾难变得不可避免，通过国际工人阶级的革命来消灭资本主义制度就成为历史的必然。

与罗莎·卢森堡一样，卡尔·考茨基也认为帝国主义的特征在于，它不断试图征服和兼并更多的农业地区：此论点，列宁在他 1916 年出版的《帝国主义是资本主义的最高阶段》

（*Der Imperialismus als höchstes Stadiumdes Kapitalismus*）一书中斥为过于片面，因为金融资本帝国主义在重新瓜分世界时会把手伸向任何一个国家。在一个重要观点上，考茨基在1914年8月发表于《新时代》（大部分写于战争爆发前，后来进行了补充）的文章《帝国主义》中与卢森堡意见相左。按照他的分析，资本主义向着越来越大的灾害发展的倾向并非绝对不可避免的。各国的资本主义不一定要相互拆台，它们也可以构建国际垄断联盟，在牺牲落后农业国利益的基础上和平共处。“每个有远见的资本家今天都必须向他的同仁高呼：全世界资本家联合起来！”从纯粹的经济角度来看，“资本主义还会经历一个新的阶段，将卡特尔政策转移到对外政策上，即超级帝国主义阶段。我们对超级帝国主义自然必须像对帝国主义一样予以坚决反对，然而后者的危险在于其他方面，不是在军备竞赛和威胁世界和平方面”。

第二国际是1900年前后十年间最强的，但并非唯一的和平运动组织。1891年在罗马，1896年在布达佩斯，先后举行了首届和第二届世界和平大会，均由活跃在多个国家的国家级和平协会出面组织。公法专家们在1873年创建了国际法研究院（Institut de Droit International）和同时出现的国际法改进及编纂协会（Association for the Reform and Codification of the Law of Nations），即后来的国际法协会（International Law Association），为有效地保障和平致 1009
力于国际法的不断完善。1898年，一个甚至不是和平主义者的人——俄国沙皇尼古拉二世出人意料地提议召开一次国际会议，讨论如何避免战争和确立战争规则。其外交大臣穆拉维约夫伯爵（Graf Murawjow）在1898年8月和1899年1月致其他列强的两次照会中建议达成减少军备的协议，并把1864年《日内瓦公约》中关于陆战的法规扩大到海战上，批准自

1874 年以来的陆地战争补充条款并通过调解与仲裁来和平解决冲突。

俄国在技术和经济上的落后在其力争战争合法化和预防战争方面发挥了至关重要的作用。其他国家，主要是较小的国家，对这样一种规则感兴趣，较大的国家中则是英国和美国感兴趣。参加 1899 年荷兰第一次海牙会议的有来自欧洲、美国和亚洲的 26 个国家（其中“旧大陆”国家明显占多数）。其最重要的结果是 1899 年 7 月 29 日有关陆战法规和惯例的《海牙公约》（*Haager Konvention*），也称《海牙陆战法规》（*Haager Landkriegsordnung*）。它规定了战斗员和战俘的权利，军事谈判代表和间谍的待遇，对平民的保护，以及军事占领、投降和停战权。

特别有争议的是，谁属于“交战各方”（belligérants）。较小的国家想要尽量扩大这个圈子，直至将游击战士也包括在内。较大的强权国家却只同意使用一般公式：“在公约没有规定的情况下，居民和交战者受国际法通行原则的保护，这些原则源自文明国家适用的惯例、人道法和公众良心的要求。”同
1010 样有争议的还有军事占领权的形式，较小的国家不认可这样的形式，但它们却无法达到自己的目的。

1907 年的第二次海牙会议对《海牙陆战法规》的某些条款进行了补充，如对战争开始的规定。1899 年人们就已经达成一致，《日内瓦公约》的原则也适用于海战；但直到 1909 年海战法规才以《伦敦海战法宣言》（*Londoner Seerechtsdeklaration*）的形式出现；然而当 1914 年第一次世界大战爆发时，还没有任何一个国家批准这一宣言。有关仲裁冲突的协议也尚未成形。俄国、英国和美国在这方面想要走得更远，德国、法国和奥匈帝国则不然。费了很大力气才达到一种表面上的妥协：俄国放弃了它所期望的对属于强制性仲裁案

件的列举，德国满足于设立一个常设仲裁法庭，实际上这只是在需要时有权任命仲裁法官的一个组织框架。这个构架离常设国际仲裁法庭还差得很远。

卡尔·施米特1950年在其《地球秩序》（*Der Nomos der Erde*）[①]一书中谈到1890~1918年间欧洲公法的解体，并且谴责欧洲的国际法在19世纪末“没有任何危机感，是的，完全稀里糊涂地……丧失了其此前有关秩序的空间结构意识”，并把“不断扩大，越来越肤浅和越来越表面化的普遍化过程天真地当作是欧洲国际法的一种胜利”。其实，将国际法等同于欧洲公法在此之前很久就已成为值得怀疑的事了。自从1776年的美国独立宣言，最迟从1820年代拉美国家的独立宣言起，就存在着第二个基督教国际管辖区，即西半球；最迟自1856年结束克里米亚战争的《巴黎和约》起，伊斯兰国家奥斯曼帝国在欧洲强权的阵营中就有了一席之地。

早在1815年的维也纳会议上就出现了“文明国家”（nations civilisées）一词，先是作为“基督教大国”（toutes les puissances de lachrétienté）的同义词，后来海牙公约也 1011
使用了这个概念，出现在英国人提议通过的反对奴隶贸易的宣言中。自乔治·坎宁时代以来，英国的外交政策一直追求让自己的国家成为新的世界均势的支柱，就像它此前一直是欧洲均势的支柱那样。1885年暹罗作为第一个亚洲国家加入了成立于1878年的万国邮政联盟（Weltpostverein），一年后日本也加入其中。自从1894/1895年的甲午战争以后，日本被国际法界视为平等的成员。1899年和1907年的海牙和平会议加速了一个全球性国际法共同体的形成，但它们并非其起点。

施米特的严厉判决——第二次海牙和平会议因诸多保留

① 一译《大地的法》。

使最美好的承诺变成了徒有其表的空话——是可以质疑的。“‘pacta sunt servanda’（协定必须遵守，作者注）这句话作为法律方面的旗帜飘在一堆完全以虚无主义方式大量涌现的契约之上——它们数不胜数、互相矛盾，因公开或秘密的保留完全成为空洞无物的废纸。”海牙会议尽管有种种缺陷，但其结果是秉承胡果·格劳秀斯传统的一种尝试，限制战争，让没有这种传统的欧洲以外的国家确立起同样的目标。

《海牙陆战法规》对一国之内的内战或类似内战的暴乱没有约束力。属于后一类的有奥斯曼帝国对基督教亚美尼亚人和沙皇帝国对犹太人的大屠杀。在1878年的柏林大会上，土耳其被迫承诺在亚美尼亚人聚居的各省进行改革，但随后却没有具体行动。这种故意拖延促使部分亚美尼亚人采取激进措施。自1880年代末出现了解放组织，其中一些为亚美尼亚人争取更多的权利，另一些则要求民族自决权，直至从奥斯曼帝国及俄国的统治中解放出来。1894~1896年间，在阿卜杜勒·哈米德二世苏丹统治下一再发生对亚美尼亚人的大屠杀，约20万人成为骚乱的受害者。英国和法国以照会形式向高门提出抗
1012 议，但毫无效果；俄国对亚美尼亚人的支持是有限的，因为东正教与亚美尼亚教会之间存在竞争关系。

1892/1893年，在俄国对犹太人的迫害进入一个新阶段：成千上万的犹太人，特别是工匠被驱逐出境，他们从俄国内地（包括莫斯科）迁往帝国西部和波兰的定居点。接着又出台了一些对他们进行侮辱的卑鄙规定，如限制犹太人的商务和休闲旅游以及实际上不允许他们从事律师职业。根据历史学家海因茨-迪特里希·勒韦（Heinz-Dietrich Löwe）的观点，沙皇帝国对犹太人的敌意是一种怀旧的社会运动的表现：“俄国反犹主义发展为反动农业利益反对资本主义的武器，它越来越多地针对经商的犹太人，人们视他们为资本主义的矛头，是自

由经济和竞争社会的原型，在这种社会中贵族地主将不再有机会。”1903 年基希讷乌血腥大屠杀后，内务大臣普列韦肆无忌惮地断言，这些行动是忠于沙皇的人民对高比例的犹太人参加革命运动的抗议：这种理由以及大屠杀本身，又掀起新一波犹太人移民海外（主要是前往美利坚合众国）的浪潮。

19 世纪末和 20 世纪初的反犹骚乱不仅发生在沙皇帝国，而且也出现在西方国家。但这里更常见的是对犹太主义的口诛笔伐、文化抵制和社会排斥，这些反犹分子认为犹太人是危险的现代之首选代理人和受益者。在德国、哈布斯堡帝国和法国，自 1870 年代起，这种形态的反犹主义越来越成为“可登大雅之堂”之事。它也催生了自由派及犹太人的相反努力，如德国创建于 1890 年的抵抗反犹太主义协会（Vereins zur Abwehr des Antisemitismus）和三年后成立的犹太教信仰之德国公民中央协会（Centralverein deutscher Staatsbürger jüdischen Glaubens）。

在社会主义工人运动中活跃着许多犹太人，但马克思主义者也普遍低估了作为政治危险的反犹主义。例如在德国社会民 1013
主党的队伍中，就流传着（错误地被认为是出自倍倍尔）一句话——称反犹主义为“愚货们的社会主义”。它表达的是一种几乎荒唐的希望，一本 1890 年代初出版的党的小册子中是这么描述的：“那反犹主义者呢？……他们是社会民主党的尖兵，因为他们渗透进去的圈子里是后者尚无法进入的。通过说犹太人是所有社会苦难的根源，这种主义让其追随者思考这些原因，从而使落后的社会阶层产生了阶级意识。”

许多犹太人对反犹主义更为严阵以待。其中之一是来自布达佩斯的特奥多尔·赫茨尔（Theodor Herzl），他在 1878 年 18 岁时与家人迁居维也纳。在那里他以法学系大学生的身份加入具有德意志民族意识，即赞同大德意志方案的学生社团阿比亚（Albia），1883年他又离开了该组织，因为两年前这个组织决定不再吸收犹太人。在哈布斯堡帝国的首都完全被同化了的赫茨尔经历了反犹主义的两种变体：一种是1885年后以大德意志运动领袖格奥尔格·里特尔·冯·舍纳勒（Georg Ritter von Schönerer）为代表的学术界和学生的政治信条，另一种是小资产阶级的仇富心态。这种心态淋漓尽致地由舍纳勒的一个前追随者表达出来，他就是1891年创建的基督教社会党的（Christlichsoziale Partei）领导人卡尔·卢埃格尔博士（Dr. Karl Lueger），1897年起任维也纳市市长。

在卢埃格尔最初参选取得成功后，赫茨尔写了一部名为《新犹太人区》（*Das Neue Ghetto*）的戏，正如米夏埃尔·布伦纳（Michael Brenner）在《犹太复国主义史》（*Geschichte des Zionismus*）中所评价的，该剧是“一个被同化的犹太人对同化的批评”。自1891年起赫茨尔在巴黎为维也纳《新自由新闻》（*Neue Freie Presse*）报工作。在那里他经历了一本反犹“畅销书”——爱德华·德吕蒙（Edouard Drumont）1886年首次出版的《犹太人的法国》（*La France juive*）——所引起的巨大反响。1894年12月，他又亲历了对犹太裔上尉阿尔弗雷德·德雷福斯叛国案的宣判和随之而来的街头骚乱。1895年7月，赫茨尔返回维也纳，决心给反犹主义一个有效的回应。

答案就是1896年初问世的《犹太国：犹太人问题之一种现代解决尝试》（*Der Judenstaat.Versuch einer modernen*
1014 *Lösung der Judenfrage*）。该书开篇即对反犹主义进行了尖锐分析。“犹太人问题是存在的，否认它是愚蠢的。它是中世纪遗留下来，文明民族一心想解决却尚未能解决的问题。……各国民众中的反犹主义每天、每小时都在不可避免地增长着，因为其产生的原因继续存在，而且无法消除。远因（causa

remota，遥远的原因，作者注）是中世纪发生的我们的可同化性的消失，近因（causa proxima，最近的原因，作者注）是我们的中等智力人才生产过度，他们既无向下宣泄的渠道，亦无向上升迁的途径——没有健康的下泄和上升通道。我们向下成为一无所有的革命者，构成所有革命党的下级干部，同时我们可怕的财力正在向上增长。”

按照赫茨尔的观点，对犹太人的同化已经失败，对犹太人的敌意又无法消除。犹太人不得不承担其后果，离开欧洲，创建自己的国家——至于是在巴勒斯坦还是在阿根廷，是通过与苏丹还是布宜诺斯艾利斯政府缔结契约，作者当时尚无定论。直到 1902 年发表关于乌托邦空间的《故土新家》（*Altneuland*）一书时，赫茨尔才认定犹太国得建立在巴勒斯坦，只能在那里。至于阿拉伯人生活在巴勒斯坦的事实，作者并不认为这是反对其项目的理由；他允诺会给阿拉伯人全部的资产阶级自由和宽容，这是犹太人在欧洲学到的。出于实际原因，赫茨尔认为不能用希伯来语作为犹太国的语言，因为这种语言数百年来只用来祷告；相反，他希望在犹太国允许使用所有西方语言，而德语应该获得优先地位，它也是犹太复国主义者大会使用的语言，因为接近意第绪语，它已经成为东欧犹太人的“通用语言”。犹太人要耕种土地，兴办工业，建立一个现代、世俗和民主的国家，与当代欧美国家不同，犹太国的妇女拥有主动和被动选举权：这是赫茨尔在《故土新家》中所公布的消息。

“我们是一个民族——我们本无此意志，但有史以来就是敌人让我们成为一个民族的。”这个“犹太国”的前提引发了许多犹太人的抗议，他们认为自己是奥地利人、德国人、英国 1015
人或法国人，他们与非犹太裔同胞的差别仅在于所信仰的宗教不同。相反，从赫茨尔的视角来看，犹太宗教没有把犹太人团结在一起，而是让他们彼此分离。“赫茨尔的计划是 19 世纪解放与同化的产物，”米夏埃尔·布伦纳写道，“从根本上来说，他对这两个过程都接受，只想让它们都彻底。解放的失败是因为犹太人虽然得到了个人权利，但没有获得集体权利。后者只能通过其他民族都拥有的同样手段才能获得：一个自己的国家。另一方面他又想看到同化的成就被带入这个国家——位于东方中心的瑞士。他的方案不是回到解放之前的时代，而是把解放扩大到欧洲以外的地区，但是在欧洲意义上。”

犹太国的口号在东欧犹太人中最受欢迎，此前他们一直没有机会获得解放与同化。1897 年 8 月底在巴塞尔召开第一次犹太复国主义会议时，有来自 20 个国家的 200 多名代表参加，其中来自沙皇帝国的代表就有 65 位；另外还有在其他国家学习和工作的俄国犹太人。犹太复国主义运动在东欧的据点之一是敖德萨，那里的 14 万犹太人占人口的三分之一。他们的一位精神领袖是阿舍尔·金兹堡（Ascher Ginzburg）——以笔名阿哈德·哈阿姆（Achad Ha’am）闻名，他在一个重要观点上与赫茨尔意见相左，最后证明他的观点具有可行性。让我们再次引用布伦纳：“赫茨尔想要一个犹太人的国家，阿哈德·哈阿姆想要一个犹太精神的国家。两人都同意这不应该是一个宗教国家，但就在阿哈德·哈阿姆追求让重新复兴的希伯来文化成为新犹太社会的中心时，赫茨尔写道：‘不是希伯来国，而是一个犹太国，在那里犹太人的身份不是耻辱……’当赫茨尔想拯救犹太人时，阿哈德·哈阿姆试图拯救的是犹太精神……赫茨尔是个实用主义者，其犹太复国主义的政治努力也可以称作政治犹太复国主义，而阿哈德·哈阿姆以精神为中心的努力可用文化犹太复国主义的概念来标识。”

1016 赫茨尔可以宣称自己于 1897 年在巴塞尔建立了犹太国，但他并非第一个犹太复国主义者。早在 1862 年，曾经在短时间内是卡尔·马克思同路人的摩西·赫斯（Moses Heß）就出版了《罗马与耶路撒冷》（*Rom und Jerusalem*）一书，他在书中把犹太精神定义为一种民族认同，而非宗教。二十年后，敖德萨的医生利奥·平斯克（Leon Pinsker）于 1882 年出版了用德语写的《自我解放》（*Auto-Emancipation*）一书，他呼吁犹太人通过建立国家自我解放。第一个使用"犹太复国主义"（Zionismus）一词者是 1890 年代的维也纳作家纳坦·伯恩鲍姆（Nathan Birnbaum），这位受平斯克影响的作家是《自我防御》（*Selbstwehr*）杂志的创始人。在巴塞尔大会期间巴勒斯坦已有 19 个犹太人定居点，19 世纪初那里大约生活着 1 万犹太人，这些定居点被称作"依舒夫"（Alte Jischuw）；据估计当时巴勒斯坦人口总数为 15~30 万人。1870 年前后"老依舒夫"大约有 25000 人，其中有不少来自欧洲和阿拉伯世界。

来自东欧的第一次较大规模的移民潮始自 1881 年的俄国大屠杀和罗马尼亚对犹太人的歧视，后者原则上拒绝给予犹太人公民资格。此"第一次阿利亚运动（Erste Alija）延续到 1904 年，尽管有 1860 年成立的普世以色列人同盟（Alliance Israélite Universelle）和银行家莫里斯·德·希尔施（Maurice de Hirsch）创办的犹太殖民协会（Jewish Colonization Association）提供财务支持，它还是失败了。犹太复国主义的移民开始于 1905 年前后，它与俄国 1905 年革命后由"黑色百人团"（Schwarze Hundertschaften）[①] 组织的大屠杀密不可分。这"第二次阿利亚运动"持续到第一次世界大战开始。1904~1914 年间巴勒斯坦的犹太人口从 5 万增加到 8 万，与这段时间移民北美的 85 万东欧犹太人相比，增长

---

① 20 世纪初俄国的一个极端民族主义运动团体。

仍旧不多。

然而，对犹太人在巴勒斯坦的未来发展来说，1905~1914年是一个关键时期：在此期间大部分以色列国的精英来到这里，包括最初的总理戴维·本－古里安（David Ben-Gurion）和列维·埃什科尔（Levi Eschkol）以及总统伊扎克·本－兹维（Jitzchak Ben-Zvi）和扎勒曼·夏扎尔（Salman Schasar）。1905年后出现了第一批基布兹（Kibbuzim）社区，它们是以合作社形式组织起来的集体经营与生活的农村居住区。1909
1017 年创建了特拉维夫市，其名字意为“春山”，是那鸿·索科洛夫（Nahum Sokolov）所翻译的赫茨尔《故土新家》一书希伯来文版的书名。与1904年去世的赫茨尔的希望相反，希伯来语成为仍受土耳其宗主统治的巴勒斯坦犹太社区的语言。早期的犹太复国主义正如布伦纳所言，是“一场带有世界性背景的民族运动”：这个定义用在使用多种语言的犹太知识分子身上比用在其他群体身上更合适，这些人在1905~1914年间离开了沙皇帝国，目的是在巴勒斯坦为犹太人确保那种自由发展的可能性，不仅是俄国的，而且欧洲大部分地区的民族主义者都不愿为他们提供这一可能性。[26]

## 考验：哈布斯堡君主国内部的发展

特奥多尔·赫茨尔开始上大学、写作和从事新闻工作的维也纳，不仅是西格蒙德·弗洛伊德、胡戈·冯·霍夫曼斯塔尔（Hugo von Hofmannsthals）和古斯塔夫·克里姆特（Gustav Klimt）生活的城市。直到1890年代初，维也纳在政治上处于“铁环”期：爱德华·塔菲伯爵1879~1893年的执政期。1879年德意志自由党（Die Deutschliberalen）在帝国议会中失去了其主导地位；塔菲政府依靠的是一个卡特尔，它由德意志神职人员和保守派以及捷克人、波兰人和斯洛文尼亚人组成。不依赖于自由派让塔菲政府可以容易地引进一种在许多方面类似于俾斯麦政策的社会政策，包括意外事故和健康保险。保护工人方面，奥地利起步比德国早，在对工商业经营自由进行限制方面，哈布斯堡皇朝莱塔河以西部分通过强制性行会和手工业资格证明也走在了德意志帝国前面。农民受到了另一种社会保护主义的影响：通过对继承顺序的规定，国家加大了土地逐步被分割的难度。

然而，所追求的德意志人和斯拉夫各民族间的平衡在“铁环”时期并未实现。1880年4月为波希米亚出台的语言条例允许捷克人在说德语的区域与当局和法庭打交道时使用其母 1018
语（并要求这些部门配备相应的公务员和法官），这与两年后布拉格大学分成一个德语和一个捷克语大学一样引起德意志人的激烈抗议。另一方面，塔菲政府也未能满足民族主义青年捷克人的要求：1890年开始的妥协谈判主要因他们而失败。在德意志—斯洛文尼亚边界地区施泰尔马克南部、克恩顿和克雷恩有关语言问题的纠纷也同样发展得剑拔弩张。此外，在“韦尔什蒂罗尔”地区的德意志人与意大利人之间，的里雅斯特海滨的意大利人和斯洛文尼亚人之间，伊斯特拉和达尔马提亚的意大利人和克罗地亚人之间，加利西亚的波兰人和鲁塞尼亚人之间，以及在帝国的匈牙利部分的马扎尔人和非马扎尔民族之间，都存在民族矛盾。

在“铁环”时代，赞同大德意志方案者明显激进化了。在格奥尔格·里特尔·冯·舍纳勒的领导下，于1882年9月达成了《林茨纲领》（Linzer Programm），这是一种具有两面性的纲领：一方面它要求全面的公民自由权和社会政策的改善，如限制妇女和儿童工作，规定正常的工作时间；另一方面它具有很强烈的德意志民族主义色彩。在匈牙利夺得波斯尼亚、黑塞哥维那和达尔马提亚后，今后跟匈牙利只能建立纯粹的共主邦联关系，加利西亚包括布科维纳享有特殊地位，德语上升为国家官方语言，所有截至1866年属于德意志邦联的邦国的德意志特征要予以保留。由于最后一点也适用于波希米亚和摩拉维亚、的里雅斯特和特伦托，这个纲领是向捷克人、斯洛文尼亚人和意大利人的终极挑战。德意志自由党未能成大气候的一个原因是，舍纳勒1888年犯下暴行被捕入狱，他的政治生涯也为此中断多年：在《新维也纳日报》（*Neues Wiener Tageblatt*）抢先报道了德国皇帝威廉一世的死讯后，他与一群志同道合的朋友袭击了这家报纸的编辑部。

还在舍纳勒自毁前程之前，一些他最亲密的合作者就开
1019 始走上与他截然相反的道路。1885年当他在党的纲领中增加了一条——让犹太人从一切公共生活中消失后，他就激怒了一部分追随者。维也纳专为穷人免费看病的医生维克多·阿德勒（Victor Adler）出身富有的犹太家庭，《林茨纲领》的大部分出自他的手笔，1886年他投身社会民主党的工人运动，创办了《平等》（*Gleichheit*）周刊，对1888年底、1889年初在维也纳森林海恩菲尔德（Hainfeld）的建党工作做出了决定性贡献。此前阿德勒成功说服了捷克社会民主党人与民族主义青

年捷克人分离，并与波希米亚和摩拉维亚的德意志社会民主党合并。另外，在此期间，热衷暴力和谋杀的无政府主义者对奥地利工人运动的影响大大下降。海恩菲尔德纲领让正统马克思主义者和温和改良派之间进行了妥协，从而为“奥地利马克思主义”（Austromarxismus）的意识形态构成打下了基础。其特点之一是具体的、与哈布斯堡帝国有关的国际主义，它有时能够在社会民主基础上让不同民族的工人阶级团结在一起，即使不能让各民族完全团结起来。

不久后中间偏右派也组建了政党。1891 年曾经属于坚定“舍纳勒派”的律师卡尔·卢埃格尔创建了基督教社会党（Christlichsoziale Partei），这时他已经是公开的反犹主义者。凭着其排犹论调，这位杰出与亲民的演说家首先赢得了维也纳小资产阶级的支持，无论他们是德意志人还是斯拉夫人。反对犹太人的政治宣传运动为这个多民族大都市找到了众矢之的，让各民族与各阶层心怀不满者有了发泄对象。用美国历史学家卡尔·朔尔斯克（Carl Schorske）的话来说，犹太人构成此“多民族国家中不属于任何民族的另类”。1890 年前后他们在维也纳占总人口的 7.8%，在布达佩斯占 20%；在奥地利首都他们占大学生总数的 33%，在帝国奥地利以外的地方占大学生总数的 50%；在奥地利和匈牙利首都一半以上的医生和律师是犹太人：这些数字反映出犹太人社会地位的提高，以及他们仍旧被排除在官场与司法界之外的现实。那些亲历过卢埃 1020
格尔基于人格魅力对维也纳群众产生影响的人中，自 1908 年以来也包括一位报考美术学院而未被录取者：来自林茨，1889 年出生于因河畔布劳瑙（Braunau am Inn）的阿道夫·希特勒。

1895 年春，卢埃格尔先后当选为维也纳市副市长、市长，然而由于他在乡镇议会中只能获得相对多数的支持，他放弃了市长职位。1895 年秋基督教社会党选举明确胜利后，他在市长选举中获得绝对多数票，但由于他粗暴攻击在匈牙利执政的自由派，骂他们是“犹太马扎尔人”，弗朗茨·约瑟夫皇帝没有任命他当市长。接下来维也纳街头发生了大规模支持卢埃格尔的游行示威，乡镇议会被解散，1896 年 2 月重新选举，选举结果是基督教社会党获得更多选票，卢埃格尔在 4 月再次当选市长。在皇帝的要求下，卢埃格尔先当了一年名义上的副市长，1897 年才最终被任命为市长。“卢埃格尔时代”现在正式开始，一直持续到 1910 年 3 月他去世。其政绩堪称早期社区公共经济的范例：包括市区重建和设置园林与林带，把运输和公用事业公司转交给社区经营管理，修建公共浴室、医院和护理院。

1895~1897 年的卢埃格尔危机，主要发生在来自波兰的卡西米尔·巴德尼伯爵（Graf Kasimir Badeni）执政期间。1895 年 11 月弗朗茨·约瑟夫任命这位加利西亚总督为首相，此前塔菲的直接继任者阿尔弗雷德·冯·温迪施格雷茨侯爵（Fürst Alfred von Windischgrätz）因德意志自由党反对在当地学校政策方面给予斯洛文尼亚人的让步而失败。巴德尼政府像之前的内阁一样，努力进行选举权改革，维克多·阿德勒的社会民主党对此大力支持。不过巴德尼能够做到的，远远落后于社会民主党所要求的平等普选权：在帝国议会现有的四个院外增加
1021 了第五院，在该院选举时所有年满 24 岁的公民都有投票权。但帝国议会下院 425 名成员中只有 72 人属于第五院。

社会民主党在 1897 年 3 月的选举中首次进入帝国议会：他们获得 15 个席位。基督教社会党在各院一共得到 26 个席位，重返议会的舍纳勒的“泛德意志协会”（Alldeutschen）获得 5 个席位，温和的德意志民族派德意志人民党（Deutsche Volkspartei）得到 41 个席位，不同的德意志自由派团体共得

到 78 个席位。另外还有奥地利各德意志王国的 31 名保守派议员和一个由 35 名成员组成的基督教斯拉夫协会。在非德意志团体中势力最强的是捷克人，他们占有 60 个席位。

选举结束后不久，政府就试图进行民族和解，方式是通过语言条例（波希米亚从 1897 年 4 月 5 日起，摩拉维亚从 1897 年 4 月 22 日起）。该条例要求所有司法和行政机关都要推行双语制，全体官员和法官都要具备德语和捷克语的说写能力。在帝国议会中此政策得到少数人的支持，但德意志反对派立即施压要求取消该条例，他们受到议会外暴动和闹事的支持，即波希米亚德语区、布拉格、维也纳和格拉茨的抗议行动。甚至德意志帝国都有人发声，其中包括风烛残年的特奥多尔·蒙森，他们是应反对语言条例的泛德意志协会之请求而表态的。

巴德尼危机在 1897 年 11 月底达到顶点，由于议院议事规则发生了类似政变的改动，警察从议会大厅赶走十多位议员，动乱从而进一步加剧。维也纳市长卢埃格尔宣布，鉴于大规模群众示威活动，他已无法保障首都的平安与秩序。在格拉茨的街头抗议活动中 11 月 27 日晚有两人死亡。几个小时前皇帝弗朗茨·约瑟夫已经要求巴德尼辞职，第二天首相退位。

与巴德尼的语言政策一起失败的还有他的税收改革尝试，即对帝国两部分的税收份额进行新的平衡：政府的辞呈阻止了议会对提案的讨论。巴德尼的语言条例被接下来的第一届 1022
短命内阁缓和化，此后 1899 年的第三届内阁则撤销了该条例。于是斯拉夫议员拒绝与匈牙利实行财务平衡，此项财务平衡已经与 1900 年的预算一起根据帝国 1867 年国家基本法第 14 条的紧急法令暂行生效。直到无党派的高官埃内斯特·冯·克贝尔（Ernest von Koerber）1900 年 1 月组阁后，民族矛盾才得到一定程度的缓和，这届政府执政到 1904 年底。1902 年的预算能够通过议会途径获得批准，是因为捷克人在维也纳允诺进行经济让步的前提下放弃了作梗。对政府有利的事还包括，1901年在选举中获得了21个席位的泛德意志协会在1902年发生了分裂：一派是舍纳勒的追随者，他们在1890年代末一跃成为赞成脱离天主教会的“远离罗马”（Los-von-Rom）运动的领导者；另一派聚集在此前舍纳勒的党羽卡尔·赫尔曼·沃尔夫（Karl Hermann Wolf）周围，自称“德意志激进派”（Deutsch-Radikale）。

有两个党在此期间开始发展为真正的群众运动：基督教社会党和社会民主党。前者越来越变为保守的人民党的代表；后者——尽管无意——却有了凝聚帝国力量的形象：这种印象让卢埃格尔戏称其为“受到皇帝和国王垂青的社会民主党”。在巴德尼危机时，维克多·阿德勒的党还参与了议会中右派阻碍议案通过的行动，这让该党的非德意志追随者持续处于恼火状态。这种经验导致人们清醒认识到，社会民主党必须对民族问题做出明确表态，并且不得不认同国家联邦化。基督教社会党是个纯粹的德意志党，相反社会民主党则是一个多民族的党。作为这样的党后者在党内也亲历了哈布斯堡帝国的问题；如果他们不想分裂，就得进行一种“代理辩论”，寻找能为奥匈帝国奥地利部分指明出路、解决问题的办法。

1023 经过广泛深入的讨论，具体来说是在德意志、捷克和斯洛文尼亚社会民主党人之间进行的讨论结果是1899年9月的《布隆民族方案》（Brünner Nationalitätenprogramm）。该方案称奥地利的民族迷惘令任何政治进步和各民族的文化发展均无法实现，“按照平权平等的精神理智地对民族和语言问题做出最终规定……首先是一种文化要求，符合无产阶级的生存利益”。但只有在“一个真正民主的，在平等和直接普选的基础上建立起来，在其整体和组成部分中消除了所有封建特权的共同体中”才能解决民族与语言问题。此方案向中央集权制的官僚体系宣战，要求把奥地利转变成一个“民主的多民族联邦制国家”，创立“以民族为界限的自治体”和自治的国家联盟，其中的“各自治区属于同一个国家”：这种设想让人隐约想起一个（未能实现的）将哈布斯堡帝国改造成联邦制国家的计划——半个世纪前，在1848/1849年革命的最后阶段捷克历史学家扬·巴拉茨基（Jan Palacký）和他的战友在克罗梅日什的帝国议会上就已经做出过类似规划。

布隆民族方案中有很多不清楚的地方，比如在种族混居地带民族自治与领土自治的关系该如何处理，还有更根本的问题，如果各民族决心将其自治以革命形式进行到底——宣布独立时，社会民主党该如何反应。即使是“奥地利马克思主义者”卡尔·伦纳（Karl Renner）对属地原则（Territorialprinzip，以政治民主为基础）和属人原则（Personalprinzip，以民族民主为基础）之间区别的详细书面论述，对此也未能给出答案（除间接指出，德意志奥地利人的领导权要求是基于文化的）。布隆方案回避了许多有争议的问题，如学校、官方语言和经济政策问题，在党代会上方案文本就被不同民族群体做出了不同的解释。虽然决议提案获得一致通过，但奥地利社会民主党领 1024
袖不能就此认定，多民族国家的工人今后不会再投身到各民族的解放斗争中去。

官方政策与社会民主党的出发点有相同之处，1905年实行了“摩拉维亚妥协”：乡镇和城市可以自行决定其官方和商业语言，学校体制将根据民族状况进行相应调整，依据国家地籍册重新划分选区。1910年类似的改革发生在布科维纳。以上两个地区主要以农业为主，因此国家的地籍册具有十分重要的意义。工业化和城市化地区的情况则不同：社会流动性让人无法对选区做出类似划分，因此“摩拉维亚妥协”不能成为整个帝国的样板。

1905年秋，选举法的改革再次提上议事日程：受到俄国革命事件的启发，社会民主党人号召他们的追随者在帝国奥地利部分的较大城市进行大规模示威游行，要求实行平等、直接和秘密的普选。弗朗茨·约瑟夫皇帝和高奇男爵（Baron Gautsch，埃内斯特·冯·克贝尔的继任者）政府准备满足这一要求，年迈的君主正在致力于加强两个大的对帝国持友好态度的政党——基督教社会党和社会民主党，同时打击民族主义势力。

然而，各民族代表席位的分配引起激烈争论，导致1906年两届政府下台。资产阶级德意志各政党不仅要求考虑其在帝国奥地利部分的人口密度，即35%，而且要顾及他们较高的税收贡献——63%，最终他们获得了43%的议席。同样获得成功的还有，意大利人反对斯洛文尼亚人，以及加利西亚的波兰人与布科维纳的罗马尼亚人反对鲁塞尼亚人的争论。为了能在选举权问题上帮助社会民主党大获成功，维克多·阿德勒在与
1025 新首相马克斯·弗拉基米尔·冯·贝克（Max Wladimir von Beck）男爵谈判时表现得非常乐于妥协。1907年初他达到了目的：在下议院和上议院通过引进平等、直接和秘密的普选权提案后，1月27日弗朗茨·约瑟夫皇帝签署了该法令。四天后，由五个院组成的老的下议院解散。

1907年5月的选举按照新选举法选出了第一届帝国议会，由德意志自由派和德意志民主派合并而成的德意志民族联盟（Deutscher Nationalverband）获得90个议席（其中13人属于德意志激进分子，3人是“舍纳勒追随者”），基督教社会党得到66个席位，该党也随即与天主教人民党（Katholische Volkspartei）的30名议员合并组建了基督教社会帝国党（Christlichsoziale Reichspartei）。社会民主党一共当选87位议员，其中50个德意志人，23个捷克人，7个波兰人，5

个罗马尼亚人和2个鲁塞尼亚人。“社会民主党”这个词作为一个概念所反映的整体性其实早就名存实亡：该党在捷克迫于民族主义力量的压力在组织上已经独立，在波兰也出现了同样的情况。

在上述两种情况下，1905年的俄国革命对民族解放起了催化剂作用：沙皇帝国作为欧洲反动势力的霸权作用越小，西斯拉夫人对奥地利这把保护伞的需求越少。其后果是一波新泛斯拉夫主义。在波希米亚和摩拉维亚，捷克“国家社会主义者”在社会民主党外活跃起来，他们通过党媒对社会民主党和工会施加影响，很快就在苏台德工人中引起民族主义的反应：1904年在陶特瑙（Trautenau）成立了德意志工人党（Deutsche Arbeiterpartei），在1911年的选举中有三位议员进入帝国议会，七年后，该党于1918年5月更名为德意志国家社会主义工人党（Deutsche Nationalsozialistische Arbeiterpartei）。在波兰，社会民主党人开始在三个分管区加强彼此间的合作，其中加利西亚的党主席伊格纳齐·达申斯基（Ignazy Daszynski）和俄属波兰的约瑟夫·毕苏斯基尤为突出。同时奥地利和普鲁士占领区的社会民主党派与维也纳和 1026
柏林的社会民主党派间的关系也大为缓和。

1908年11月，当奥匈帝国因下面还会详细述及的对波斯尼亚和黑塞哥维那的吞并而成为一场国际危机的焦点时，贝克首相由于有争议的文化政策问题被基督教社会党联手皇储弗朗茨·斐迪南大公（Erzherzog Franz Ferdinand）赶下了台，继任者是理查德·冯·比纳特–施梅林男爵（Richard Freiherr von Bienerth-Schmerling）。皇太子鲁道夫1889年1月30日在狩猎行宫梅耶林（Jagdschloß Mayerling）自杀后，弗朗茨·约瑟夫皇帝之弟卡尔·路德维希大公之长子弗朗茨·斐迪南成为皇储。皇帝与斐迪南大公之间的关系很糟糕，这也是因为他们的政见不同：弗朗茨·斐迪南听从所谓的“美景宫圈子”（Belvedere-Kreis）的进言，为了克服奥匈帝国的双元制致力于建立由奥地利、匈牙利、斯拉夫组成的“三元帝国”，包括在奥匈帝国内建立一个独立的南斯拉夫国家。

当1911年的帝国议会选举中赞成大德意志方案的团体以104个席位获得巨大胜利后（其对立面基督教社会党和德意志社会民主党分别得到74及44个席位），这个项目的政治机会大为下降。1913年7月德意志人与捷克人之间的冲突如此尖锐，以至于1911年11月起执政的、以首相卡尔·史德格伯爵（Karl Graf Stürgkh）为首的政府决定，鉴于波希米亚王国议会丧失工作能力中止王国宪法。对1913年秋开始的、进展良好的德意志与捷克人之间的和解谈判，史德格只给予了半心半意的支持。当捷克大地主妨碍帝国议会正常运作时，议会于1914年3月16日休会。此后内阁靠紧急条例法继续执政。

当“铁环”时代结束后内莱塔尼亚内部经历重重危机时，在哈布斯堡皇朝整个帝国境内外莱塔尼亚的政治权重得到提升。在1867年的妥协后——1875~1890年卡尔曼·蒂萨（Tisza Kálmán）首相执政——匈牙利的贵族和大资产阶级自由派掌权的时间比奥地利的长。蒂萨下台后（起因是议会对匈
1027 牙利在二元帝国军队中的地位之激烈辩论和随后发生的警察与示威者在布达佩斯街头的冲突），各种激进民族主义和反犹派的势力在匈牙利也看涨。

早在1878年柏林大会时，自由派议员伊什托齐·哲泽（Győző Istóczy）就曾在议会中提出过犹太人在巴勒斯坦建立犹太国的假设并暗指中世纪“大规模消灭犹太人”与所谓的犹太世界统治计划有关。1882年，伊什托齐积极参加了一场政治宣传活动，因为据说（后被一主管法院所否认）犹太人杀害了一名匈牙利女孩祭神。同年9月，他在德累斯顿国际反犹

太人大会上发挥了重要作用；1883 年他与另外五名反犹议员创建了民族排犹党（Nationale Antisemitische Partei）。民族主义运动的目标是建立匈牙利民族国家。该运动的主要力量是两个党：保守的阿波尼·阿尔贝特（Albert Apponyi）伯爵领导的国家党（Nationalpartei）和科苏特·弗朗茨（Franz Kossuth）领导的独立党（Unabhängigkeitspartei），后者从流亡中返回，他是 1848 年为自由而战的英雄科苏特·拉约什的儿子，其父于 1894 年在都灵去世。

在卡尔曼·蒂萨的儿子伊什特万·蒂萨（Tisza Stephan）伯爵治下，布达佩斯与维也纳的关系紧张，蒂萨政府与克贝尔政府首脑间的争议公开化。蒂萨得到了他想要的，即皇帝和国王在军事政策方面的让步，虽然并非情愿。但这对激进的民族主义者来说显然还不够。在 1905 年 1 月的议会选举中，他们让执政的自由党遭受了惨重失败，但他们必须接受的现实是：弗朗茨·约瑟夫作为匈牙利国王没有任命独立党的领袖科苏特·弗朗茨或是另一位民族主义者，而是任命陆军元帅盖扎·冯·费耶尔瓦里（Géza von Fejérváry）为首相。

然后冲突就升级了。为了打破以贵族地主为首的老领导力量的权势，皇帝和国王接受了内政大臣克里斯托菲·约瑟夫（Josef Kristóffy）的建议，在匈牙利引进平等的普选权。由于右派议员继续对抗，弗朗茨·约瑟夫下令解散议会，并 1028
派军队清理议会大厅。1906 年 5 月的新一轮选举中，右派政党再次胜出，仅独立党一党就赢得了 60% 的席位。当右派政党宣布同意在 1892~1895 年的首相韦克勒·桑德尔（Sandor Wekerle）领导下加入联合内阁时，政府撤回了 1906 年 7 月有关实施平等普选权的法律草案。科苏特任商务大臣，阿波尼任教育大臣，1867~1871 年的首相和长期任职的外交大臣老久洛·安德拉什（Gyula Andrássy）的小儿子小久洛·安德拉什伯爵担任内政大臣。安德拉什提出的新的多票选举权草案对有产者和受教育程度高的人有利，这激怒了非马扎尔各民族和社会民主党，议会多数对此无法接受，因此予以拒绝。在1910年的选举（即匈牙利在二元君主制时代的最后一次选举）中自由派获胜，他们现在自称国家劳动党（Nationale Partei der Arbeit）。三年后伊什特万·蒂萨再次出任首相一职。

在马扎尔人的民族主义下，多民族国家匈牙利的非马扎尔人的日子不好过：除犹太人外，还有斯洛伐克人、罗马尼亚人、德意志人和塞尔维亚人。克罗地亚人在1868年（奥匈妥协方案出台一年后）与匈牙利根据宪法达成了自己的妥协方案。1849年建立的克罗地亚王国领地的广泛自治得到确认，斯拉沃尼亚（Slawonien）则由布达佩斯任命的副王或执政官治理。半个多世纪以来，从1850年至1905年，斯拉沃尼亚贾科沃（Djakovo）的主教约瑟夫·格奥尔格·施特罗斯迈尔（Josef Georg Stroßmayer）既是萨格勒布大学（Universität Zagreb），也是位于那里的南斯拉夫科学院的创始人之一。尽管他有个德文名字，却是一位克罗地亚民族主义者和天主教新泛斯拉夫主义的代表人物，在该国文化领域拥有主导地位。

1883年起，马扎尔化政策也开始向克罗地亚蔓延。布达佩斯利用塞尔维亚奥布雷诺维奇王朝（Dynastie Obrenovic）的亲奥地利政策，压制克罗地亚民族主义中的反对派——赞成大克罗地亚和反对塞尔维亚的流派。后者则在维也纳皇帝宫廷寻求暂时支持，在没有成功后就转向匈牙利激进民族主义阵营，
1029 他们在那里找到了自己要求（将多数是克罗地亚人的达尔马提亚与国王领导的匈牙利合并）的支持者。剩下的匈牙利民族主义的反对者则与克罗地亚议会中的塞尔维亚少数派代表联手，从而靠近了塞尔维亚王国，1903年奥布雷诺维奇王朝最后一位国王亚历山大一世（Alexander I.）与王后德拉加（Draga）

及其兄弟被一群军官密谋杀害。在国王彼得一世·卡拉季耶维奇（Peter I. Karadjordjevic）和首相激进党尼古拉·帕希奇（Nikola Pašic）的领导下塞尔维亚改弦易辙：反对奥地利，站到俄国和法国的立场上。1914年的阵营对垒在此已经开始埋下伏笔。[27]

## 对后发国家的诅咒：1890~1909年的威廉德国

哈布斯堡帝国最强大的盟友在19世纪最后三分之一时间段上升为欧洲工业强国：德国的工业产值超过了英国；在这一领域只有美国在世界范围内领先于德国，1895年美国的工业产值是德国的两倍。1882年德意志帝国农业经济领域的从业者及其家属占总人口的41.6%，而工业和手工业领域的相应比例则为34.8%。1895年在工业和手工业领域就业的人口就已经超过了农业领域中的：比例为38.5 ∶ 35.0。到1907年该比例已变为42.2 ∶ 28.4。贸易和运输业的份额在1882~1907年间从9.4%增长到12.8%。

俾斯麦的继任者，帝国宰相和普鲁士首相——将军格奥尔格·利奥·冯·卡普里维伯爵意识到，从农业国向工业国的发展是不可逆的，德国的未来依赖出口的增长。“我们必须出口，”他于1891年12月10日在国会宣告，“我们或者出口货物，或者出口人。随着人口不断增长，如果工业不同步增长，我们将无法继续维持生活。”在卡普里维为时不长的执政期内
1030 所缔结的一系列贸易协定——先是1891年与奥匈帝国、意大利、比利时和瑞士的协定，然后是1893/1894年与西班牙、塞尔维亚、罗马尼亚和俄国的协定——都是遵循这一判断：德国推动其工业产品的出口，采取的办法是降低关税壁垒，其中包括对易北河以东农业经济十分重要的谷物关税。

普鲁士和梅克伦堡庄园所有者的反抗很快出现了。其在组织形式上的体现是1893年成立的农业联盟（Bund der Landwirte），它很快就成为最具影响力的经济利益团体。这一行动来自大地主，但新的联盟从一开始就注重争取各阶层人士，只要他们感到受到工业化进程的威胁并反对这种发展趋势，“农民”和“中产阶级”（即工匠和零售商）是他们尤其要

争取的对象。农业联盟在农民那里非常成功：在世纪之交农民占了 20 多万会员中的十分之九。

然而，在理事机构中是大地主说了算，他们不害怕说强硬的话。例如西里西亚的总承租人阿尔弗雷德·鲁佩雷－兰泽（Alfred Ruprecht-Ransern）1892 年 12 月在呼吁建立联盟时就要求，“我们要到社会民主党人中间去，认真结成反政府的阵线……我们必须停止抱怨，而是必须呐喊，让全国都听到，我们必须呐喊，让喊声冲进议会大厅和政府大楼，我们必须呐喊，直到喊声抵达皇帝的宝座”。这种话听起来颇具“民粹主义精神”，但与美国“民粹主义运动”的不同之处是，农业联盟发出的声音并不是来自农民或农场主的抗议；农民在这个联盟中只是一个特权阶层为了自身利益所利用的工具。在此背景下历史学家汉斯·罗森贝格已经称之为“庄园主阶级的伪民主化”。

还要过一段时间，大庄园主的呼声才能被听到。但他们在宰相府的对手总是不经意间落下把柄给他们。贸易协定和一些内部改革如禁止童工和星期日工作，建立雇主和雇员平等参与的劳资关系仲裁法庭，在普鲁士引进累进所得税，这些都证明 1031
了卡普里维的革新意愿和经济社会政策“新路线”的严肃性。但这位执政的将军总是一再犯重大的战术性错误。1892 年 3 月他辞去普鲁士首相职务，以前其在普鲁士推行的学校政策惹恼了中央党和德意志自由思想党：他以对教会友好的法律草案令左翼自由派不满，他撤回该法案又让天主教徒不快。

第二年，宰相的一项有关军队的提案失败了，该提案想在增加军力的同时将服役期从三年减少到两年。卡普里维的对策是解散 1890 年 2 月选出的帝国议会。在 1893 年 6 月的新选举中，赞同提案者——1887 年的前“联盟党”，也就是德意志保守党、自由保守党和民族自由党成果不错。反对提案者，除社会民主党外，结果糟糕，其中最差的是自由思想党，军队提案导致其分裂：以党主席欧根·里希特（Eugen Richter）为首的多数对军方持批判态度，此后组成自由思想人民党（Freisinnige Volkspartei）；以路德维希·班贝格尔为首的前“分离派”少数对军方友好，此后自称为自由思想同盟（Freisinnige Vereinigung）。

新的帝国议会通过了军队提案，但帝国宰相只是暂时巩固了自己的地位。次年，卡普里维与极端保守的普鲁士首相奥伊伦堡伯爵博托（Graf Bothozu Eulenburg）之间发生了严重冲突，后者支持威廉二世皇帝所要求的新的反社会民主党非常法，此外他还支持反社会民主党人的君主政变计划，而前者则拒绝这两个打算。威廉二世解决两级柏林政府间冲突的办法是：1894 年 10 月，他解雇了帝国宰相与普鲁士首相，任命前巴伐利亚首相和当时的阿尔萨斯－洛林总督——克洛德维希·冯·霍恩洛厄－希灵斯菲斯特亲王兼任上述二人的职务。

按照皇帝的意愿，当时 75 岁的霍恩洛厄应完成政策的大幅右转：这样一种政策，这位温和自由派南德天主教徒是几乎
1032 不会自愿决定实施的，但他现在显然有义务这么做。他在反对社会民主党的斗争中未能成功。1894 年 12 月的《颠覆法草案》（*Umsturzvorlage*）拟对挑动阶级仇恨和号召侮辱君主制、宗教、婚姻、家庭和财产的人给予严厉惩罚。为了保障中央党能批准此草案，顾问委员会还建议增加一项：侮辱教会教义罪。正是这后增加的一项让民族自由党无法同意《颠覆法草案》。帝国议会在 1895 年 5 月以压倒性多数否决了该草案。

四年后，帝国领导又开始了新一轮反社会民主党人法的尝试。《监狱法提案》（*Zuchthausvorlage*）准备对强迫工人参加罢工或进行工会活动者给予更严厉的惩罚。除两个保守党

外，没有哪个议会党团投票赞成该法案，导致该法案被拒绝。但此后仍有对社会民主党追随者在法律和实际层面的歧视，如中央党也同意了的普鲁士 1898 年 6 月的《阿龙斯法》（*Lex Arons*）：其目的在于不允许社会民主党人担任大学老师。

“政治大联合”（Sammlungspolitik）也是针对社会民主党的，其发起者是普鲁士财政大臣约翰内斯·冯·米克尔，他年轻时是卡尔·马克思的战友。所有对现存国家和社会秩序持肯定态度的力量应该联合起来：自由派和保守派，企业家和地主，农民和工匠。后者所需要的保护应该由一个（受到米克尔和民族自由党支持的）对 1897 年的工商业管理条例的补充规定来满足：该规定创立了受公法管辖的手工业商会和“可选性强制公会”机构，如果在某个手工业商会中某种独立的手工匠人投票决定成立同业公会，那成为该公会成员就是强制性的要求。

更为困难的尝试是为工业和农业找到一个利益共同点。在米克尔的支持下，内政部成立了经济委员会（由来自农业和工
业组织代表组成的顾问委员会）为制定贸易政策做准备，它该 1033
为卡普里维贸易协定 1903/1904 年到期后制定新的关税税率。来自易北河以东的农业和重工业的关税保护主义者在委员会中占优势，这是米克尔的意图。然而，出口和成品行业的优势如此强大，它们于 1900 年 11 月成立了反保护主义的抵抗阵线——贸易公约协会（Handelsvertragsverein）。从海关政策的角度来看，政治大联合暂时失败：保护性关税不是能让工业与农业作为整体和平共处的共同基础。

然而在世纪之交人们就发现了有望平衡经济利益矛盾的手段：舰队政策。德国舰队的创始人海军少将阿尔弗雷德·冯·蒂尔皮茨（Alfred von Tirpitz）自 1897 年 6 月开始领导帝国海军部。他意识到，如果能够说服受过教育和财力雄厚的资产阶级组建作战舰队，那胜算是很大的。人们对 1848 年第一支由

当时的临时中央权力组建的德意志舰队于1852年被可耻拍卖的事还记忆犹新，从那时起资产阶级就普遍倾向于将德国战舰视作商船的保卫者，舰队从而也成为“资产阶级”有别于“贵族”陆军的新型武器。

当蒂尔皮茨在帝国海军部走马上任时，1873年的舰队初建计划还很低调，海军最重要的任务就是保护海上贸易和保卫德国沿海地区。长期的舰队规划也需要长期的预算拨款，这同时意味着议会预算批准法的自我限制。大规模的舰队扩张也意味着创造进攻能力，这可能不利于与海上强国英国的关系。出于这些考虑帝国议会在1896年3月拒绝了帝国海军部建造三艘额外巡洋舰的迫切请求：这是帝国宰相霍恩洛厄的政治失败，它成为帝国海军部高层人事变动的直接原因。

1034 蒂尔皮茨与威廉二世和外交部国务秘书阿道夫·马沙尔·冯·比贝尔施泰因男爵（Adolf Freiherr Marschall von Bieberstein）一样，是一个“马汉主义者”：他坚信美国海军官员和历史学家阿尔弗雷德·塞耶·马汉的学说，即只有建立海上霸权才能称霸世界（马汉《海权对历史的影响》一书的德译本1896年由《海军评论》[*Marine-Rundschau*]杂志编辑部提供）。国务秘书马沙尔于1896年3月18日帝国议会辩论中说出了一句开启德国舰队政策新篇章的话：“德国是否应推行世界政策的问题与另一个问题密不可分：德国有世界利益，还是没有。这个问题早有定论……”

推行世界政策的意思是想与英国并驾齐驱，如果没有强大的舰队这一目标是无法实现的。蒂尔皮茨所寻求的德国舰队的规模，只能是一支与英国为敌的舰队。同时德国舰队的建设也针对一个内部对手：社会民主党。1895年底，蒂尔皮茨在一封写给其上司——帝国海军上将冯·施托施将军（General von Stosch）的信中对此直言不讳。他写道，德国必须转向世界政策，“其中一个不容小觑的原因是，在新的伟大的国家任务和与之息息相关的经济利益中，存在着对受过和未受过教育的社会民主党人的强有力的缓和措施”。

为了赢得议会多数赞同其舰队提案，蒂尔皮茨首先在公众舆论中获得了坚定的支持。其最重要的工具是 1898 年 4 月创立的德意志海军协会（Deutscher Flottenverein），这是一个“压力集团”，它在专业技巧方面可以与农民联盟较量，并在英国有一个早它三年的榜样：英国海军联盟（Navy League）。除了重工业、造船厂、批发和海外贸易以及出口业出于直接利益参与该协会的活动外，政治党派从自由保守党、民族自由党到自由思想同盟，当然也包括广泛的中产阶级和小资产阶级各阶层也纷纷积极参与。1900 年，该协会已有 27 万名会员，如果算上社团成员（即那些已加入海军协会组织的成员），1908 1035
年其会员人数甚至已超过百万大关。

蒂尔皮茨的第一个舰队法（1898 年 3 月底帝国议会不顾社会民主党、自由思想人民党、民族党少数人和中央党少数人的反对通过该法）准备在六年内壮大海军实力，使其拥有 19 艘战列舰，8 艘岸防战列舰，12 艘大型和 30 艘小型巡洋舰。两年后的 1900 年 6 月，1898 年 6 月新选出的帝国议会通过了一份帝国海军部的提案，这将使海军舰队的数量实际上翻番。此方案实施后，德国战舰的实力与英国海军实力相比会达到二比三。就北海而言，这意味着旗鼓相当。因此，1898 年的舰队法构成一个深谋远虑的规划的第一阶段：从 1900 年起这一点已毫无疑问。

在权力精英中对舰队接受程度最低的是普鲁士的庄园主。德国战舰代表着现代的贸易和工业世界，易北河以东的农业对这个世界心怀恐惧。保守党自然无法断然拒绝舰队，否则他们就得与自由思想人民党和社会民主党为伍。因此保守党坚持要求补偿。作为同意1900年第二个舰队法的回报，他们要求并获得了增加谷物关税的承诺。1902年12月，霍恩洛厄的继任者——自1900年10月以来出任帝国宰相的伯恩哈德·冯·比洛（Bernhard von Bülow）以“比洛关税”（Bülow-Tarif）的形式兑现了承诺。此关税在帝国议会以大多数票获得通过并于1906年3月1日生效，它为农场主提高了小麦、黑麦和燕麦的关税。（农业联盟和德意志保守党所要求的关税比这更高，自然是不言而喻的。）通过舰队这条社会帝国主义的迂回之路——德国推行世界政策的手段，米克尔政治大联合之最重要的目标得以实现：工业和农业在海关政治方面达成谅解。米克尔本人没能体验到这个胜利：他于1901年9月去世。

就德国战舰所展开的国内政治冲突的临时结果，历史学家
1036 埃卡特·克尔（Eckart Kehr，对德国政治大联合和舰队政策之社会基础进行批判性研究的第一批作者之一）在1928年总结如下：“工业和农业达成共识，不独自统治国家，不把弱势对手排除在享用立法权之外，而是建立一个农业和工业共管的国家，矛头共同对准无产阶级。”

比洛关税通过七年前——1895年5月，当时31岁的国民经济学家马克斯·韦伯在布莱斯高弗赖堡大学的教授就职演讲中曾抱怨德国市民阶级在政治上不成熟，现在显而易见正是与“老普鲁士容克地主展开经济殊死搏斗”之时，他们却缺乏必要的权力本能。韦伯认为这种不成熟的原因是德国市民阶级的非政治本性，这是俾斯麦统治的遗产。这种遗产在韦伯所属的那一代受市民教育成长起来的德国人身上投下了长长的阴影：“在我们出生之时，历史老人送给我们的生日礼物乃是一代人所能受到的最可怕的魔咒：政治上无所建树。”按照韦伯的观点，只有一种方法能够摆脱这个魔咒，那就是通过世界政策接受政治教育，以英国和法国这样的老牌列强为榜样。“对我们

今后的发展起决定性作用的是，一项伟大的政策能否使我们更明确地重新意识到伟大政治权力问题的重要性。我们必须明白：德国的统一本该在这个民族青年的时侯进行，但我们德国民族是在年事已高的时候才完成此壮举的；如果德国的统一不是为了开始世界强权政治，反倒是为了结束世界强权政治，那么当年花这么大的代价就有些得不偿失了。”

在某种程度上，世界政策在韦伯看来似乎也是一条社会帝国主义的迂回之路，但不是米克尔意义上的政治大联合，好让市民阶级和容克地主彼此靠得更紧，而是恰恰相反：为了使市民阶级得到其所需要的活力，如果它想打破容克地主的政治权力的话。但迂回之路同时也是目标：自由派民族主义者韦伯视世界政策为那个伟大民族的使命。韦伯的德国民族主义首先来源于德国东部问题，或者更确切地说，来自俄属波兰的移民工 1037
人对易北河以东庄园之日益增长的重要性。波兰的季节工逐渐取代了德国的短工，后者不愿再忍受古老家长制的农庄雇佣关系，他们迁徙到工业化的帝国西部，特别是鲁尔地区。韦伯总结道：“那些只有牺牲日耳曼民族利益才能维持的大庄园，从民族立场出发应该让它们灭亡。”必须让它们自生自灭，不允许通过保护性关税以牺牲整体利益为代价令其苟延残喘。

1893 年马克斯·韦伯加入了两年前成立的泛德意志同盟（Alldeutscher Verband，缩写 ADV），因为他希望，在这个极端民族主义者协会中为他认为是正确的政策找到支持：关闭东部边界和建立德国农民定居点，他们的民族任务是保护德国东部免遭波兰移民淹没。由于泛德意志同盟为了顾及其大庄园主会员的利益，避免对大庄园问题进行明确表态，韦伯于 1899 年宣布退出该组织，但他仍然与该组织的民族和世界政治目标有共鸣。

泛德意志同盟是威廉时代最好战的帝国主义鼓动性协会，

1900年它有约两万会员，在人数上远远低于德意志海军协会，但在崇尚民族自由和保守的市民阶级中对舆论导向有很大的影响。它起源于殖民运动并与莱茵兰－威斯特法伦的重工业关系密切，而且支持外国的德意志人搞“德意志民族主义”，特别是奥地利的大德意志和泛德意志协会，早在1894年就提出建立由德意志人统治的中欧并要求德国完成从“霸权国家”向“世界霸权”过渡。它与外国的德国人协会（Verein für das Deutschtum）保持着密切的联系，该组织是1880年在奥地利由德国人学校协会（Deutscher Schulverein）发展而成；它同样与成立于1894年的德意志东部边疆协会（Deutscher Ostmarkenverein）有着密切关系，该组织的目的是征收波兰的土地和在东部省份建立德国农民的定居点。

德国官方的外交政策虽然一般而言落后于激进民族主义的
1038 期许，但它决不掩饰自己的世界政策野心。帝国在1890年8月将部分德属东非包括对桑给巴尔岛的宗主权转让给英国，换取1814年以来属于英国的黑戈尔兰岛，其主要动机是在北海改善德国的战略地位。在19世纪的最后几年，德国加快了海上扩张的步伐：1897年帝国租借了中国胶州湾包括青岛港，1899年它购买了西班牙在太平洋的马里亚纳群岛和加罗林群岛，1899年它还与美国分享了萨摩亚群岛。每次新收购都是一个更为巨大计划的组成部分：德国追求遍布全球的舰队基地。帝国海军部是收购的主要力量，但得到了外交部的全力支持。1897年12月6日，时任普鲁士外交大臣和外交部国务秘书的伯恩哈德·冯·比洛在帝国议会演讲中说出了那句不胫而走的名言，它后来成为威廉世界政策的座右铭：德国人不想把任何人挤进阴影，但自己也渴望“阳光下的地盘”。

1880年代俾斯麦在经济衰退时期曾暂时放弃其反对获取殖民地的立场。当时殖民地也被视为一种引领国家走出经济低迷状态的手段。威廉二世、比洛和蒂尔皮茨开始推行在全球范围内建立舰队基地是在 1995 年前后开始的繁荣时期。他们从经济实力的角度提出的要求，旨在戏剧性地改变国际上的均势。

德国政策的掌舵人在外交和海军政策方面的所作所为，与其他强权国家如英国或法国的帝国主义没有根本的区别，虽然德国向海外扩张的质量有所不同。对法国而言，殖民帝国的扩张也意味着对 1870/1871 年普法战争失败和由此带来的权力丧失的补偿。大英帝国支持英国成为海上霸权的主张。1871 年普法战争胜利后，德国已经在欧洲大陆获得了半霸权国家的地位。当它在俾斯麦被解职后决心成为海上霸权、推行世界政策
时，它不满足于大陆霸权，想从“半个”上升到“完全”霸权 1039
国家的抱负就尽人皆知了。很明显：受此影响的其他强权国家会反对这种对其世界政治权力的削弱，并会做出相应的反应。

德英关系在 1900 年秋天，欧洲大国、美国和日本联合打败中国“义和团起义”之后有好转的迹象：双方在所有中国河流与沿海地区不受阻碍进行贸易的原则上达成共识。但对 1901 年伦敦和柏林间谈起过的结盟，双方都没有真正的兴趣。秉承俾斯麦再保险政策的传统，与俄国结盟也同样行不通：1893/1894 年巴黎与圣彼得堡之间签订的军事协定持续的时间超过了小心翼翼试图重新接近俄国的霍恩洛厄政府的执政期。1902 年初英日结盟后，沙皇帝国表示有意与柏林达成协议，但柏林对此置若罔闻：威廉大街[①]认为，俄国只是想为其在远东的扩张计划肃清后顾之忧。

德国在外交政策方面的一项成功看起来首先是 1902 年 6 月续签了与奥匈帝国和意大利的《三国同盟》。但仅仅五个月后，罗马就与巴黎签署了秘密协议，其中规定双方在任何一方

① 位于柏林市中心，19 世纪中叶到 1945 年是德国政府的代名词。

受到第三方攻击的情况下必须严格恪守中立。随着意大利与法国的接近，三国同盟开始名存实亡。此后德国只能指望奥匈帝国这一个盟友了，但这个盟友也有可能使德意志帝国陷入危险境地。在帝国宰相冯·比洛“不结盟政策”（Politik der freien Hand）的标志下，德国进入一种具有威胁性的孤立状态。威廉时代德国人所设想的权力增长的表面现象具有欺骗性。俾斯麦下台十二年后，帝国比以往任何时候都更加外强中干，它变成这样只能怪自己。

1040 1900年10月，在伯恩哈德·冯·比洛初掌宰相帅印时，许多观察家都预计现在人们谈论已久的威廉二世的“亲政”终于要开始了。圆滑的职业外交家比洛1905年被封为贵族，是公认的皇帝亲信，皇帝也确实把这位此前的外交部国务秘书当作“自己的”宰相，对他的信任程度远超之前对卡普里维和霍恩洛厄。然而君主并不能一手遮天。政府、军方和帝国议会均有它们各自的利益和强大影响力，这使得皇帝“亲政”的想法难以实现，暂且不说威廉缺乏作为国家掌舵人的资质。

直到1906年底，比洛在帝国议会可以依靠两个保守议会党团——民族自由党和中央党的支持。自1881年以来，中央党一直是最强大的议会党团，虽然1890年以后社会民主党人得到的选票常常超过它。天主教党在比洛时代的施政态度首先体现在内政大臣、国务秘书波萨多夫斯基－韦纳伯爵（Graf Posadowsky-Wehner）的社会政策上：扩大意外事故和健康保险，在家庭手工业中同样禁止童工，资助修建工人公寓，这些措施让中央党的工人选民也觉得可以与右派合作。从对宰相的议会支持中，德意志保守党得到的好处不仅是借助1902年的“比洛关税”维持较高的谷物价格，通过1905年初在议会的强硬抗争，他们还阻止了易北河与汉诺威之间运河关键性中段的修建工程。这是帝国农业利益政策的最大胜利：帝国议会大多数情况下屈服于来自易北河以东庄园主的压力，他们阻止运河的修建只有一个目的，让来自大西洋彼岸美国、加拿大和阿根廷的便宜粮食的运输成本尽可能居高不下。

比洛时期，德国在外交方面日益孤立。德意志银行与法国参股的帝国奥斯曼银行（Banque Impériale Ottomane）合作投资修建巴格达铁路，德国此举构成对中东格外感兴趣的两个大国——英国和俄国的挑衅。巴格达铁路是非正式金融帝国主 1041
义的典范，巨大的投资项目承诺给控制它的人对奥斯曼帝国财政和政策的影响。建设伊始，威廉二世皇帝于 1898 年 11 月的第二次东方之旅中就在大马士革自称是地球上 3 亿穆斯林的朋友（此前他还在耶路撒冷接见了特奥多尔·赫茨尔率领的犹太复国主义者代表团）。在施工过程中英国越来越反对该项目；伦敦的这种消极态度也导致它决定 1904 年与法国签订《英法协约》（*Entente cordiale*），详见下文。

第二年，德国首次给了英国一个机会，让它支持自己的新盟友。1905 年 3 月威廉二世皇帝（在比洛和外交部“幕后人物”弗里德里希·冯·荷尔斯泰因的怂恿下，并非出于本意）抵达丹吉尔，以强调德国在经济和政治方面对摩洛哥的兴趣。这次出访的背后意图是：或者强迫长期在摩洛哥经营的法国在对德国有利的时机对德国诉诸武力，或者最好令其加入德国所努力实现的大陆联盟（Kontinentalbund）。当法国外交部长德尔卡塞（Delcassé）——反德联英的设计师——不久后辞职时，柏林的人们已经认为自己是（第一次）摩洛哥危机的赢家。

但现在英国登场了。在德国的极力要求下，1906 年 1 月在西班牙阿尔赫西拉斯（Algeciras）召开了摩洛哥国际会议，在一直持续到 4 月 7 日的会议上德意志帝国完全陷于孤立。英国、西班牙和意大利（德国的三国同盟盟友）支持法国，美国和（不久前德国开始寻求与其重修旧好的）俄国亦然。罗斯福总统通过私人信函对威廉二世施加了巨大压力并让德国进行了妥协。摩洛哥的谢里夫（Sheariffat）虽然根据德国的愿望受到国际法承认，但法国得到了更重要的让步，即按照自己的意志去开发这个地区。德国摩洛哥政策的实际制定者荷尔斯泰因
1042 离职，皇帝本人被羞辱。第二年，彼此明显靠近的伦敦和圣彼得堡于1907年8月在阿尔赫西拉斯缔结了《英俄公约》（*Die britisch-russische Konvention*），就双方在西亚和中亚的利益达成了共识。英法俄《三国协约》（*Tripelentente*）无懈可击。当英国1908年向德国提出削减两国舰队预算的建议时，皇帝下令断然拒绝。

1906年12月，比洛的多数派政府因殖民地问题的争议而瓦解，具体来说就是先后对德属西南非洲霍屯督（Hottentotten）人中赫雷罗（Herero）与纳马（Nama）部族起义的镇压，那里是唯一一处有较多德国定居者的殖民地（第一次世界大战前约有12000人）。起义的起因是白人商人的欺诈性商业行为和定居者的野蛮行径，后者尤其体现在总督特奥多尔·洛伊特魏因（Theodor Leutwein）1904年1月大规模推行的有利于德国定居者的剥夺原住民土地的计划。导火索是一名中尉扬言要谋杀赫雷罗人的首领萨穆埃尔·马赫雷罗（Samuel Maharero）。赫雷罗人的命运由卫队总指挥——洛塔尔·冯·特罗塔（Lothar von Trotha）中将1904年8月在瓦特贝格（Waterberg）组织的围剿所决定。幸存的赫雷罗人——男人、妇女和儿童被驱赶到缺水的奥马赫科（Omaheke）沙漠，大部分在那里渴死或饿死。总参谋部的一份正式文件中记载着：敌人"像一头濒死的野兽……从一处水源赶往另一处水源，直到它最终成为自己那片土地的大自然的牺牲品。无水的奥马赫科会完成德国武器所开始的行动：灭绝赫雷罗人"。

在赫雷罗人被镇压后，纳马或霍屯督人在首领亨德里克·

维特布伊（Hendrik Witbooi）率领下投入了战斗。对他们的镇压持续的时间更长，直到 1907 年 3 月底（维特布伊阵亡一年半后）德属西南非洲的战争状态才结束。特罗塔的策略是对赫雷罗起义者及其家属进行彻底的肉体消灭，这个目标虽然没能完全实现，至少在很大程度上达到了。估计起义开始时赫雷罗人口有 6 万到 8 万，1911 年人口普查时仅剩 15151 人，即 1043
最多只剩原来人口的 25%。约有两万成员的纳马部落在 1911 年只剩下不到一半人口。幸存者被驱逐到那里的边远地区并被强迫进行雇佣劳动；他们的部落土地和部落财产按照 1845 年法国在阿尔及利亚实施的隔离法予以没收，部落制度遭取缔。

特罗塔下达的歼灭命令就是种族灭绝。威廉二世皇帝对命令进行了修改：除了首领与“凶手”外，所有自愿自首的赫雷罗人可以免死。宰相比洛取消了特罗塔的所谓“锁链命令”，根据该命令投诚的赫雷罗人须带着锁链服苦役。但对许多赫雷罗人来说这些缓和已经来得太晚了，它们到来时 20 世纪的第一次种族灭绝已经全面展开了。特罗塔以前在德属东非和中国“义和团起义”期间积累了对付当地人起义的经验，他的那些做法已经不再属于打破禁忌了。这些方法与阿根廷将军和后来的总统胡利奥·阿根蒂诺·罗卡（Julio Argentino Roca）在 1879~1883 年的“沙漠战争”中消灭了大部分最大的印第安部落阿劳坎人（Araukaner）的方法或者与美国阿瑟·麦克阿瑟总指挥 1898 年后在菲律宾与起义者战斗中的所作所为，只是在其冷酷的系统性上有所不同。他和他的许多官兵当时眼前还浮现着在美国西部与印第安人作战的场面。

总督洛伊特魏因的殖民当局和特罗塔中将领导的卫队的做法，在德国引起了广泛的批评。因此帝国领导层为德属西南非洲卫队申请额外资金的提案在 1908 年 12 月遭到强烈反对。由于不仅社会民主党、韦尔夫家族派、阿尔萨斯-洛林和德属波兰反对此提案，而且在以符腾堡议员马蒂亚斯·埃尔茨贝格（Matthias Erzberger）为首的左翼影响下中央党也反对此提案，议会以微弱多数否决了该提案。

比洛的对策是解散帝国议会。在接下来的竞选中，政府，两个保守党，民族自由党和两个自由思想党以民族口号结成统
1044 一战线反对社会民主党与中央党。由于“民族主义”力量在两轮选举中互相支持，他们在1907年2月5日的所谓“霍屯督选举”（Hottentottenwahlen）的第二轮中取得了决定性胜利。新的保守自由主义“比洛派”各党得到220个席位，对殖民政策持批判态度的党派只获得177个席位。真正的输家是社会民主党，尽管所得选票数略有增加，其议员数却下降了几乎一半，从81人下降到44人。

通过1887年与“联盟党”的协议，左翼自由派达到了他们的主要战术目标：把泛政治天主教主义排挤出政府阵营。自由主义和保守主义之间的桥梁是一种“民族”的最低共识，它自觉地排斥社会民主党与中央党。但民族主义无法构成坚定改革政策的基础。即使是“比洛派”最重要的立法成就——1908年4月的《帝国结社法》（*Reichsvereingesetz*）也是一个妥协。从自由主义的角度看该法是一种成功：警察失去了解散集会和协会的权力，对政治协会的大部分限制被取消，年满18岁的妇女和青年终于有权加入政治协会和参加政治集会。但该法也包含有争议的“语言条款”，除国际会议外，公共集会必须使用德语。为主要居民是说外语的混居地区，特别是波兹南、北石勒苏益格（Nordschleswig）和阿尔萨斯-洛林规定了过渡性措施：在20年内这些地方还可以使用母语。

在“比洛派”时代还发生了威廉帝国最严重的危机：《每日电讯报》丑闻（Daily-Telegraph-Affäre）。1908年10月28日伦敦《每日电讯报》发表了一篇采访，实

际上是两次谈话的概括性报道：一次是威廉二世与英国上校爱德华·詹姆斯·斯图尔特·沃特利爵士（Sir Edward James Stuart Wortley）之间于 1907 年 7 月威廉二世访问英国时的谈话，另一次是 1908 年 9 月威廉二世与（此时已升任将军的）斯图尔特·沃特利在阿尔萨斯出席军事演习时的交谈。皇帝声称其亲英态度在自己的国家属于少数，1899 年当英国在南非进行布尔战争期 1045
间，他阻止了欧陆强权国家共同反对英国，并寄给维多利亚女王，他“尊敬的外婆”一份作战计划，英国人后来显然在很大程度上按照他的计划去做了；令英国如此不安的德国舰队其实不过是一种手段，为的是在全球范围内，特别是让中国和日本以及太平洋区域知道自己的存在。“也许英国会很高兴德国有一支舰队，如果两国在有关未来的重大辩论中能够立场一致地发声。”

威廉二世严格遵照宪法规定按程序从东普鲁士的罗民腾（Rominten）将采访文本寄给了宰相，后者正在诺德奈（Norderney）疗养。比洛对文本显然只是浏览了一下就转往外交部了，由于国务秘书和主管新闻的负责人都不在，文本最终被交给一名下属官员处理。他没有对皇帝谈话内容的适当性进行检查，仅仅从修辞方面做了一些小改动。草稿经副国务秘书又返回到宰相手中。据他自己说——自然不太可信——他没有读这份采访，就把它连同他所同意的外交部所做的修改寄还给皇帝了，后者随后公开发表了该采访记录。

在英国，人们带着娱乐的心态阅读了皇帝的爆料、假话和吹嘘。德国公众的反应则是愤怒与震惊。11 月 10 日和 11 日，帝国议会的所有党团，从社会民主党到保守党均对皇帝提出了尖锐批评。然而，帝国议会的真正轰动之处在于，为了掩饰自己的失误，比洛首次向君主发出公开警告。他坚信，这位宰相说，最近几天的经验将会让皇帝明白，“今后在私人交谈中也不能信口开河，这对统一政策的利益和维护皇冠的权威都是十分必要的。如果他认识不到这一点，我和任何我的继任者都无法对此负责”。

1046 由于用词夸张和政治上不敏感，威廉二世已经多次给德国人和全世界怀疑他的政治判断力和成熟度的机会。1900年7月27日，他在不来梅港向即将前往中国镇压“义和团起义”的德国军队发表的演讲还活灵活现地留在人们的记忆中，他说，“德意志”这个名字在中国必须如雷贯耳，“致使再也没有一个中国人敢睥视一个德意志人！……绝不宽恕，不留战俘，碰上一个杀一个！”但《每日电讯报》的采访可谓登峰造极，超越了皇帝此前对德国人所造成的一切伤害。他的声望在1908年秋一落千丈，只能通过公开做出谦恭姿态和承诺改善自己的行为来止损。在与比洛交谈后，他于1908年11月17日同意发表一项公告，称他“十分严肃地”接受了宰相的说明和解释，认识到其首要任务是：“在担负符合宪法责任的条件下，确保帝国政策的坚定性。”此外皇帝还同意宰相在帝国议会的做法并保证继续信任比洛。

1908年秋的局势让威廉无法将比洛解职。因此帝国宰相还有机会尝试长期以来所计划的帝国财政改革，却遭到失败。1909年6月24日，德意志保守党和中央党指责改革的核心内容——继承法提案不利于所有权和家庭，从而令其搁浅。这两个党这么做背后的政治企图不难揣测：中央党对比洛在“霍屯督选举”中扮演的角色耿耿于怀，德意志保守党中有一派极端保皇，其领军人物是西普鲁士庄园主埃拉尔特·冯·奥尔登堡-雅努绍（Elard von Oldenburg-Januschau），自从“《每日电讯报》丑闻”后这一派就指责宰相对皇帝不忠。

表决失败两天后比洛向威廉二世递交辞呈。皇帝想避免造成这样的印象，即他只是在完成帝国议会大多数人的意愿，从

而同意从君主立宪到议会君主制的实际过渡。所以他要求宰相 1047
留任，直到有关其他财政金融法案的议会咨询结束。比洛照做了。其余税法通过两天后，他于 1909 年 7 月 14 日被解职。自 1907 年以来领导帝国内政部的特奥巴登·冯·贝特曼·霍尔维格（Theobald von Bethmann Hollweg）被威廉二世任命为比洛的继任者，同时兼任普鲁士首相和外交大臣。

1909 年夏，德国并非像有时能读到的那样站在迈入议会制度的门槛上。推翻比洛的两个党不赞成这样的政体更迭。德意志保守党坚决拒绝议会化，中央党从不断变化的目的联盟政策中获益颇多，所以它不想依赖于正式的执政联盟。自由保守党和民族自由党也希望保留宪政。赞同议会化的是三个左翼自由派政党：自由思想人民党、自由思想同盟和主要在符腾堡活动的民主人民党，1910 年这三个党合并成立进步人民党（Fortschrittliche Volkspartei）。态度不那么明确的是最大的德意志政党——社会民主党。议会化虽然符合该党所追求的德国全面民主化的愿望，但他们拒绝与资产阶级政党联合执政，因为这么做违背无产阶级阶级斗争的学说。因此社会民主党暂时无法成为“社会自由主义”执政联盟的合作伙伴。

因此，德意志帝国的议会化缺少一个重要的先决条件：积极为实现这种政体而努力，并准备承担这种体系的帝国议会多数。然而即使存在这样的多数，参议院凭借 14 票的少数否决也能够阻止相应的修宪。因此，普鲁士的否决权足以阻挡议会化。以皇帝和国王为首的霍亨索伦王朝、军方、庄园主和政府官僚机构的态度则一清二楚：他们决心捍卫他们所拥有的权 1048
力。如果帝国议会真的提出权力问题，预计会发生最严重的内部纠纷。

如果反对普鲁士三级选举制的力量联手共同要求在帝国最大的部分引进帝国议会选举制，那预计会发生严重的冲突。最坚定地呼吁在普鲁士实行平等普选的是社会民主党人，1908年他们第三次参加普鲁士各省议会选举，并赢得23.9%的选票和1.6%的议席，即443个席位中的7个席位。支持他们的只有左翼自由派。不顾一切坚持现行选举方法的是这种方法的最大受益者德意志保守党。（1908年，他们在得票率为14%的情况下获得34%的席位。）中央党则摇摆于帝国议会选举制与对有产者有利的多票选举权之间；在民族自由党中有人支持多票选举权，但无人支持平等普选。

与三级选举制相比，帝国议会的选举法十分先进。但其一个巨大缺陷是显而易见的：只有男人有选举权。唯一一个主张给妇女无限制选举权并主张男女法律平等的政党是社会民主党。左翼自由派中的少数人，以创建民族社会联合会（Nationalsozialer Verein）的前福音派牧师弗里德里希·瑙曼（Friedrich Naumann）为首，为妇女的政治平等而奋斗。民族自由党对这种要求避之唯恐不及。中央党和保守党认为政治是妇女们最好不要涉足的领域。

妇女运动圈子内的情况也差不多。为妇女争取彻底解放的是克拉拉·蔡特金（Clara Zetkin）和路易丝·齐茨（Luise Zietz）这样的社会主义者。资产阶级妇女运动本身就是分裂的。以黑德维希·多姆、明娜·考尔和阿尼塔·奥格斯普格为首的左翼视妇女选举权为民主的诫命，而以海伦妮·朗格（Helene Lange）为代表的温和派则认为这不属于妇女的现实需要。1894年创立的政治上中立的德国妇女协会联合会（Bund deutscher Frauenvereine）虽然在1907年把主动和被动选举权纳入自己的
1049 纲领，却没有指明选举方式应该采取帝国议会选举制、普鲁士的三级选举制，还是多票选举制。与以埃米琳·潘克赫斯特为首的英国妇女参政论者为争取妇女的平等权利所做出的努力相比，德国在20世纪初的妇女运动可以说是格外温和的。[28]

## 告别“光荣孤立”：1886~1914 年的英国

被德国视作绝对竞争对手的英国，从 1880 年代后半期起连续二十年几乎一直处于保守统治下：1886 年 7 月的下议院选举之后，托利派保守党领袖索尔兹伯里侯爵罗伯特·加斯科因－塞西尔出任英国政府首脑，直到 1902 年他才最终放弃首相一职。他能担任此职依靠了自由党中背离派的支持，即反对格莱斯顿爱尔兰“地方自治”政策的“联合派”反对者，也就是老自由派辉格党人和进步激进分子的领袖哈廷顿侯爵（自 1891 年起为德文郡公爵）和约瑟夫·张伯伦。

加斯科因－塞西尔的执政期只在 1890 年代上半期中断过三年。1892 年自由党选举获胜后，在爱尔兰国民党议员的支持下，威廉·格莱斯顿第三次出任首相。但次年他再次试图给予爱尔兰“地方自治”权时，遭到上议院反对而失败，并于 1894 年 2 月辞职。他的继任者罗斯伯里勋爵（Lord Rosebery）与格莱斯顿相反，自称是帝国主义者，于 1895 年 6 月一次表决失败后辞职。组建新政府的任务，维多利亚女王交给了索尔兹伯里侯爵，他的联合政府由保守党和自由党统一派成员组成。约瑟夫·张伯伦本来可以担任财政大臣要职，但他选择了殖民地大臣，因为他希望能在这一职位上给英国的外交政策打上其绝对帝国主义的印迹。

张伯伦接管殖民地部的工作几个月后，就出现了首次机会。1895 年 11 月，他领导的部门把贝专纳兰受保护国的一部分给了开普殖民地首相塞西尔·罗兹的不列颠南非公司。罗兹 1050
和张伯伦因对布尔人共和国德兰士瓦的兴趣而走到一起，自 1894 年起这个国家自称南非共和国。由于蕴藏着大量的黄金和钻石，德兰士瓦是南非最富的部分。1886 年在威特沃特斯兰德（Witwaterstrand）发现了新的金矿，这使该地区对英国在经济上比过去更具吸引力。为了让德兰士瓦与开普殖民地合并，至少按照罗兹和张伯伦的意见，大量生活在南非共和国的英国“侨民”应该起来反抗布尔人的统治；由斯塔尔·詹姆森博士（Dr. Starr Jameson）率领的不列颠南非公司的私人军队在这种情况下会为他们提供支援。张伯伦不想要，但罗兹至少没有刻意阻止的局面出现了：1895 年 1 月 30 日詹姆森自作主张开始出击。

殖民地大臣在最后一刻还试图阻止这次行动，但没有成功。“詹姆森突袭”在还没有进行大规模战斗的情况下就失败了。这并未阻挡对南非感兴趣的德国皇帝威廉二世在与柏林外交部协商后给德兰士瓦总统保罗（昵称保罗大叔）·克鲁格（Paulus «Ohm» Krüger）发去贺电，祝贺其军队迅速获胜。在这封臭名昭著的克鲁格电报中，他特别强调的是，德兰士瓦可以保卫自己的独立，而无须呼吁友好大国的帮助。英国媒体的反应是义愤填膺。几个月后，当下议院一个跨党派的委员会（张伯伦也是成员之一）调查“詹姆森突袭”过程时，开普殖民地政府应索尔兹伯里首相的要求把来往电报交给了调查委员会，这些电报证明了殖民地大臣所起过的积极作用。此时已经60 岁的张伯伦得以留任。

以克鲁格电报的形式，大不列颠在南非与德国的野心产生了冲突。三年后，在尼罗河上游它与另外一个强权国家发生了更为激烈的冲突。自 1887 年以来，法国从塞内加尔开始扩张其在中非的殖民帝国。1898 年其攻势从尼日尔（Niger）向乍得
1051 湖（Tschadsee）挺进，同年在队长让-巴蒂斯特·马尔尚（Jean-Baptiste Marchand）率领下的一支考察队到达尼罗河上游，9 月他们在法绍达（Faschoda）[①] 遇到数量上远远超过自己的英

① 后更名科多克（Kodok）。

国军队。指挥这支队伍的是基奇纳勋爵（Lord Kitchener），他们刚刚击败了（1885 年去世的）马赫迪的追随者，正准备把整个东苏丹置于英国人的统治之下，更准确地说是英埃共管之下。马尔尚的部队在经过几个星期的与英国武装部队的持枪对峙后撤退了。1899 年 3 月，英国和法国签订《苏丹协定》（*Sudanvertrag*）划分了双方的势力范围：一方是英埃在苏丹的共管领土，另一方是法属赤道非洲；类似于 1898 年 6 月双方就英国在黄金海岸和尼日利亚北部的领地和法国殖民帝国界限所做的划分。

这样英国的旧梦——“从开普敦到开罗”的陆地走廊——就快实现了，现在只有德属东非还分隔着英国控制的非洲南北地段。1897 年，张伯伦的一个亲信阿尔弗雷德·米尔纳（Alfred Milner）在南非出任高级专员一职，次年保罗·克鲁格第四次当选德兰士瓦总统。同年（1898）英德还签订了一个协定，德意志帝国承认整个南非为英国势力范围（并与英国约定，一旦葡萄牙殖民帝国瓦解，双方就瓜分其殖民地）。米尔纳从一开始就决心以武力吞并德兰士瓦，作为挑起战争的借口，他认为英国“侨民”所缺乏的政治上的平等待遇似乎是个合适的理由。伦敦政府担心，经济强大的德兰士瓦共和国会对南非其他地区发挥越来越大的政治影响，因而同意了米尔纳的战争方案。

英国期待一场速战速决的战争，但错误地估计了形势：始于 1899 年、持续至 1902 年的布尔战争，成为英国从 1815 年打败拿破仑到第一次世界大战开始前打的一场耗时最长和最昂贵的战争。它的费用是克里米亚战争的三倍，动用的军队是其四倍。英国方面，包括来自加拿大、澳大利亚和新西兰的志愿军，阵亡的士兵达 22000 名；布尔人一方牺牲的战士和平民 1052
共达 34000 人。死亡的黑人人数估计至少有 14000 人，其中包括许多参加英方战斗的人。在战争的头几个月布尔人获得了胜利；然后局面发生了转折，在打了一系列胜仗后英国人在1900年9月得以吞并德兰士瓦和奥兰治自由邦。

但这还绝对不是战争的结束。1900年秋开始了20世纪第一场反殖民主义游击战（如果人们不打算把菲律宾人反对美国人的那场——始自1898年的——战斗称作游击战的话）。英国军队实行焦土政策；约有35000个布尔人的农场被烧毁，平民（主要是妇女和儿童）被关在集中营，28000人在那里死于瘟疫——相当于约十分之一的布尔居民人口。当英军总指挥基奇纳勋爵开始用小木屋和铁丝网把战斗的布尔人圈进越来越狭窄的空间后，他们就毫无出路了。1902年5月，在英国不再坚持对方无条件投降后，双方在一个名称具有象征意义的地方——弗里尼欣（Vereeniging）[①] 进行了和平谈判。两周后签署了和约。两个共和国德兰士瓦和奥兰治放弃独立；作为回报，英国答应很快给它们高度自治权。黑人的选举权问题被暂时搁置，英国对经济重建提供援助并进行慷慨大赦。

在军事上失败后，布尔人于政治领域赢得胜利：他们坚持在南非采取严格的种族隔离政策，英国为了英国人和布尔人的和平予以同意。双方寻求将开普殖民地、德兰士瓦、奥兰治和纳塔尔合并组成南非联邦作为大英帝国的自治领，这一计划于1910年在一个与其说是联邦式不如说是中央集权的政体基础上得以实现，其中只有白人有权选举议会。受保护国巴苏陀兰（Basutoland）[②]、贝专纳兰和斯威士兰（Swaziland）的未
1053 来仍无定论。由于希望得到平等对待和土地的重新分配而在布尔战争中支持过英国的非洲黑人认为，伦敦的态度是一种机会主义的转折，甚至是背叛，1912年成立的非洲人国民大会

---

① 南非方言，意为取得一致。

② 即莱索托王国（Kingdom of Lesotho）。

（Afrikanischer Nationalkongreß）对此进行了指责。但对英国来说，在南非所采取的立场与它在加拿大、澳大利亚和新西兰屡试不爽的模式毫无二致：将权力转交给殖民地的白人上层阶级，那里的白人阶层足够强大。

布尔战争在英国起初非常受欢迎，这得益于德国和法国对布尔人友好的媒体对英国的尖锐攻击。伦敦的执政党——自 1895 年以来越来越多地以“联合派”身份出现并被视作一个整体——利用最初高涨的民族热情，以便从中捞取政治资本。1900 年 9 月，吞并德兰士瓦和奥兰治后不久，索尔兹伯里首相解散了下议院。托利党和自由党统一派的竞选活动在张伯伦的领导下进行，他们提出的主要竞选口号是：投给自由党的每一票都是投给克鲁格的。[其实自由党对战争的意见是分裂的：在下议院议会党团中的亲布尔人阵营或以约翰·莫利（John Morley，为爱尔兰争取地方自治的先驱之一）为首的“英格兰本土主义者”（Little Englanders）为一派；以罗斯伯里勋爵为首的自由党帝国主义者和以党主席亨利·坎贝尔－班纳曼爵士（Sir Henry Campbell-Bannerman）为代表的平衡中间派是另一派。] 联合主义者的算计没有白费：根据部队军装颜色命名的“卡其选举”（Khakiwahlen），成为英帝国主义国内政策的高潮。尽管与 1895 年相比失去了 18 个席位，但执政党能够毫无疑问地继续掌权。

“卡其选举”的结果也是一个协会的成功，这个协会多年来一直致力于在国家和帝国层面对公共舆论施加影响：建立于 1895 年的海军联盟。它是德意志海军协会的榜样。其目标是：让国民清楚英国海上优势的存在意义，在英国想对抗德国海军扩军的挑衅时，为海军领导人赢得他们所需要的民众支持。1913 年海军联盟已有 126000 名会员。那时它已经和更激进的 1054
帝国海事联盟（Imperial Maritime League）竞争了五年，后

者毫不犹豫地指责海军领导层在建造新的主力舰“无畏舰”的斗争中缺乏自信。

成立于1902年的国家服务联盟（National Service League）也发展成一个民族主义激进协会，根据布尔战争的经验该协会要求引入义务兵役制。在这方面更有效的是1907年由骑兵军官罗伯特·巴登－鲍威尔（Robert Baden-Powell）创建，或更确切地说改建的童子军（Boy Scouts）运动，它致力于以貌似嬉戏的方式对年轻一代进行军事训练。所有民族主义和帝国主义的机构都可以指望上一个强大的盟友：侵略主义的大众媒体，特别是诺思克利夫勋爵（Lord Northcliffe）麾下的报业集团，首先是1896年创刊的《每日邮报》（*Daily Mail*）。

虽然布尔战争最初为侵略主义起了推波助澜的作用，但由于持续的时间过长和手段的残暴，它成为广泛反对帝国主义运动爆发的契机，甚至是1914年前整体英国国内政策的催化剂。如果暂且不算上自由党左翼，那么反帝国主义的主力军则非不断增长的英国工人运动莫属。19世纪最后十年，是工人们在组织上集中和政治上独立的时代。1889年，船舶和机械工程师工会（Gewerkschaft der Schiffs-und Maschinenbauer）、工程师联合会（Amalgamated Society of Engineers）与伦敦码头工人一起为争取更好的工作条件罢工五周，从而第一次为工会运动成功地赢得了非熟练工人。参与组织罢工的工会领导人汤姆·曼（Tom Mann）、约翰·伯恩斯（John Burns）和本·蒂利特（Ben Tillett）都是坚定的社会主义者。苏格兰矿业工会（Schottische Bergarbeitergewerkschaft）的秘书，曾经的矿工詹姆斯·凯尔·哈迪也是社会主义者，1889年他创建了英国第一个社会民主党——苏格兰工党（Schottische Arbeiterpartei），1892年获得一个下议院议席。

第二年，哈迪创建了独立工党（ILP），历史更久的社会
民主联盟和以锡德尼与比阿特丽斯·维伯夫妇为首的费边社也加
盟独立工党，社会民主联盟于 1894 年由亨利·迈耶斯·海因德
曼创立，立场接近马克思主义。1895 年，成立两年后，独立工 1055
党已有 5 万名党员。与工会相比，这个数字当然算不上什么：
1900 年，工会会员的数字已突破神奇的 200 万。

如果说独立工党有榜样的话，那就是德国社会民主党，后者在 1890 年已成为德国最强大的政党并且在此后的选举中获得的选票一次比一次多。哈迪坚信，英国工人运动要从中学习，脱离自由党并组建自己的政党。决定性的一步发生在 1900 年 2 月：在伦敦的一次会议上，社会民主组织以及许多工会和合作社通过沟通决定组建劳工代表委员会（Labour Representation Committee），以协调工人自己的议会候选人。该委员会的第一任秘书，独立工党的拉姆齐·麦克唐纳（Ramsay MacDonald）在短时间内成功完成了把委员会转型为一个政党的工作，自 1906 年起该党自称工党（Labour Party）。它首先是一个支撑它的各工会组织的联合会。这个新党放弃提出自己的纲领，它没有死守马克思主义和阶级斗争的教条，而是采取务实和改革路线，只要合乎目的随时准备与自由党合作。直到 1900 年 10 月“卡其选举”，它还未能达到在全国各地提出自己候选人的目标。该党的候选人中有两人成功地入选下议院：凯尔·哈迪和铁路工会的领导者理查德·贝尔。

致力于反帝国主义事业的主要有 H.M. 海因德曼和同样在社会民主联盟中特别活跃的哈里·奎尔奇（Harry Quelch），后者曾放过牛，打过短工。两人在 1900 年 9 月底的第二国际巴黎大会上都站出来反对布尔战争。海因德曼解释说，他“作为英国社会主义者和世界上最大的殖民帝国的成员”尤其注重

与国际无产阶级一道抗议霸权国家的殖民政策；英国对德兰士瓦的战争令“我们英国社会主义者充满悲伤与耻辱”。“为了英国的荣誉”，奎尔奇向与会代表们解释，“尽管英国资本家进
1056 行了系统的收买尝试”，但他们未能成功地让哪怕一个在组织内的英国工人，更不用说工人组织，同意宣战。“工人们没有玷污他们的荣誉。”

奎尔奇显然没有将费边社算在工人运动之内：维伯夫妇在以拉姆齐·麦克唐纳为首的左翼于 1900 年 2 月离开该组织后，在 1900 年 8 月第一次公开发声赞成对布尔人共和国采取军事行动。奎尔奇自己的团体——社会民主联盟于 1901 年退出劳工代表委员会，因为他们认为该机构缺乏明确的意识形态轮廓。这样，唯一严格的国际主义团体就从正在形成的工党中分离了出去。此后年轻的工党也旗帜鲜明地反对帝国主义和军国主义。

工人阶级的政治解放不仅令自由党不安——该党自诩为工人阶级利益的代言人——而且也让保守派恐慌，自从迪斯雷利时代以来此党一直在努力，想作为下层利益的真正受托人而得到承认。1867 年和 1884/1885 年的选举制改革是两大政党为自己争取工人的尝试，除了保守党人，自由党中的一部分，即以约瑟夫·张伯伦为首的、1886 年脱离格莱斯顿党的“激进派”，骄傲地发现帝国是个看起来合适的介质，可以为英国的爱国主义提供广泛的社会基础。张伯伦认为帝国的扩张是必要的，它为英国工业提供了足够的海外工作机会，并保障英国的工人有足够的就业机会。“卡其选举”后不久他在 1900 年 10 月底的一次伦敦鱼商的活动中，对于大不列颠没有了帝国会是什么样子的问题自问自答道：“北海中两个人口过剩的岛屿。”接下来对英国殖民地没有母国会是什么样的答案同样言简意赅：“在现在这个时间点只能是四分五裂，各个民族国家会存

在，但没有充盈的国家生活，没有凝聚力能让它们有勇气面对整个世界。”

为了能对付其对手，即德国、俄国和美国，不至于导致 1057
在世界排名上的下滑，英国需要大英帝国，如果这个帝国不想分崩离析，它就必须具有凝聚力，最好是建立一个以共同防御和伦敦的帝会委员会（Imperial Council）为首的联盟，至少要将其扩建成一个关税同盟，就像《更大的不列颠》一书的作者查尔斯·迪尔克和 1884 年创立的帝国联合协会（Imperial Federation League）所提议的。张伯伦心目中的榜样是 1834 年的德意志关税同盟，1871 年德意志帝国正是在此基础上成立的。但只要在经济上主张自由竞争的索尔兹伯里勋爵担任首相，殖民地大臣就没有机会让“帝国特惠关税”（Imperial preference）成为英国的施政项目。然而，1902 年 7 月 72 岁的索尔兹伯里将首相一职移交给此前的财政大臣阿瑟·詹姆斯·贝尔福，这位不怎么坚定的自由贸易主义者。同一个月在伦敦召开了殖民地会议，会议拒绝了张伯伦成立永久“帝国议会”的建议，从而在拒绝任何联邦式帝国联盟的同时，主张对帝国实施特惠关税。

“帝国特惠制”最坚决的反对者是新财政大臣查尔斯·汤姆森·里奇（Charles Thomson Ritchie）。他与张伯伦之间的权力斗争导致了严重的政府危机：1903 年 9 月，殖民地大臣辞职，目的是能够不受内阁纪律限制为帝国特惠关税而奋斗；里奇被解雇，由张伯伦的儿子奥斯丁（Austen）取代，经贝尔福同意他可以作为其父的代言人在政府中发挥作用。

采取自由贸易还是引进保护性关税的问题分裂了保守党以及自由统一党。后者中以德文郡公爵（曾经的哈廷顿侯爵）为首的坚定的自由贸易主义者离开了自由统一党，并从那时起在自由食品贸易联盟（Free Food League）中开展工作；有些人重返自由党。张伯伦作为1903年7月成立的关税改革联盟（Tariff Reform League）首领开始做广大群众尤其是工人的工作，他警告工人们说英国正面临愈演愈烈的去工业化问题。1903年10月7日他在格林诺克（Greenock）解释说："农
1058 业……实际上被毁了。制糖业消失了，丝绸业消失了，钢铁业受到威胁，棉花产业行将消失。"然而他的最终目标远远超出了经济范围。1903年11月4日他在伯明翰说，无论英国，这个富庶的国家，经过关税改革是否会变得更富，这对他来说并非特别重要。"我在乎的是，这个民族要不辱其伟大使命……并与我们海外的亲属一起携手……共建大英帝国……获得比史上任何一个帝国都更伟大和更持久的成功。"

实行关税保护的德国的经济增长尤其促进了英国的贸易保护主义。1850年，德国在世界贸易中的份额为8.9%，1910~1913年，德国的份额上升到13.6%；而英国同期则从25.6%下跌至15.9%。20世纪初英国不再是世界工厂，然而它仍旧是世界的金融中心和银行林立的大都市。为了改善与英国竞争中的落后处境，德国工业采用了最现代化的生产方式，并借此在许多领域超过了工业革命的发源地。英国工业凭借在帝国内外长期无限的销售机会，受到的合理化压力较低，从长远来看这恰恰是一种不利因素。1900年前后，尽管平均工资更高，德国钢铁行业的生产率和材料利用率均高于英国。世纪之交，英国的高收入行业已不再是工业界，而是（不考虑地产）贸易和银行业。

鉴于德国和英国之间不断增长的经济竞争，并不需要频频出现威廉二世皇帝的不得体行为和德国媒体的反英宣传，英国就一再呈现反德情绪。1897年《星期六评论》（*Saturday Review*）甚至套用那个著名的句子"迦太基必须毁灭！"，提
1059 出了"德国必须毁灭！"（Germaniam esse delendam）的愿

望。但人们并不能就此声称，这家报纸或其他英国大报一直奉行的是反对德国的路线。

在英国政客中，张伯伦是对德国最友好者之一。同时他也比所有其他人都更早意识到，由于对手数目的不断增加，英国已无法再继续抱着其“光荣孤立”的优越感不放。1898 年春，他尝试（虽未成功）与德国大使保罗·冯·哈兹费尔特伯爵（Graf Paul von Hatzfeldt）就英德在中国合作的可能性进行洽谈，也是为了以此为基础进一步扩大彼此的联盟。1899 年这位殖民地大臣参与了两国就萨摩亚所进行的互谅谈判。威廉二世皇帝在温莎城堡访问维多利亚女王期间，张伯伦与国务秘书冯·比洛交谈后于 1899 年 11 月 30 日在莱斯特（Leicester）的一次公开演讲中甚至满怀希望地表示，“条顿人和盎格鲁—撒克逊人种族间会结成新的三国同盟”，大西洋两岸的这一联盟基于共同的语言、共同的文学和共同的法律传统，将会对世界产生很大影响。然而这种提前宣告却是一厢情愿：1899 年 12 月 10 日，当比洛在帝国议会论证第二个海军提案时，他只字未提与英国和美国所达成的谅解。相反，他要求德国与英国之间的彻底平起平坐，包括在舰队和殖民地问题上。

一年多以后再次出现商讨德英结盟问题的机会，为秘密会谈提供可能的仍旧是威廉二世的出访。1901 年 1 月 20 日这位皇帝来到英国，与其濒死的外祖母告别。1 月 22 日维多利亚女王——以其名字命名的那个时代的象征——在经过近 64 年的统治后以 81 岁高龄在怀特岛（Isle of Wight）的奥斯本（Osborne）逝世。三天后，威廉在那里与英国新任外交大臣兰斯多恩勋爵（Lord Landsdowne）进行了长时间会晤，兰斯多恩勋爵是 1900 年 11 月从索尔兹伯里手中接任此职的。皇帝断言，未来或者属于日耳曼，或者属于斯拉夫种族；他本人威廉是欧洲的“权力平衡”者；英国应该为欧洲重新赢得法国，
1060

让后者能够与俄国和美国抗衡。英国的反应冷淡。伦敦不想按照柏林的意愿行事：它不想因与德奥意三国同盟靠近，而必须为哈布斯堡皇朝的防御效力。

张伯伦对此也持反对态度，因为德国媒体正在开展反对英国在南非发动战争的新闻战。1901 年 10 月，他称英军对布尔人的行为要比德军在 1870/1871 年的普法战争中得体得多，从而在德国引发了一场愤怒的风暴。此时他已经启动与法国大使保罗·康邦（Paul Cambon）的谈判，以便消除与巴黎在殖民政策方面的不同看法，为双方更广泛的合作达成共识。他为维多利亚女王的儿子爱德华七世（Edwards VII.）国王 1903 年 5 月出访巴黎，法国总统卢贝（Loubet）同年 7 月对伦敦的回访，以及 1904 年 4 月《英法协约》（*Entente cordiale*）的缔结铺平了道路。协议签订时张伯伦已不再是殖民地大臣。

张伯伦最重要的目标“帝国特惠制”并未能实现。1905 年 11 月，他甚至赢得全国保守协会联盟（National Union of Conservative Associations）和托利党主席支持他的关税改革方案。但他在此过程中冷落了首相贝尔福，出于对自己队伍中自由贸易主义者的顾及，后者对关税保护要求采取的是敷衍态度：“报复”（retaliation）是他的妥协方案，英国对不公平竞争有权征收较高的进口关税。1905 年 12 月 4 日贝尔福辞职。他本可以解散下议院，新一轮选举最迟 1907 年举行。但统一党内部不统一，按照当时的形势，该党没有在选举中获胜的希望。贝尔福认为风险较低的做法是：让一个自由党少数内阁上台，这个内阁因内部的争斗可能在新一轮选举时已经分崩离
1061 析。爱德华七世做了他在这种情况下必须做的，任命自由党主席亨利·坎贝尔·班纳曼爵士为首相。后者在组阁后立即解散了下议院。

新政府有三大著名的“自由党帝国主义者”：外交大臣爱德

华·格雷爵士（Sir Edward Grey）、财政大臣赫伯特·亨利·阿斯奎斯（Herbert Henry Asquith）和陆军大臣理查德·伯登（Richard Burdon）——1911 年起受封克朗的哈尔丹子爵（Viscount Haldane of Cloan）。属于对布尔人友好的“英格兰本土主义者”的有大法官罗伯特·里德爵士（Sir Robert Reid），即现在的洛伯恩勋爵（Lord Loreburn）；贸易大臣（贸易委员会主席）威尔士的大卫·劳合·乔治（David Lloyd George）和印度事务部主任约翰·莫利。一位杰出的“左翼自由党”工会领袖约翰·伯恩斯接任了地方管理委员会（Local Government Board）领导职位。殖民地代理大臣是 31 岁的温斯顿·丘吉尔，直到 1904 年他才从坚定的保守党自由贸易主义者变成了自由党人。

爱尔兰“地方自治”是自由党的一个选举口号，但也没有被特别强调。除了在自由贸易或保护性关税问题上的意见分歧，对保守党危害最大的（因而对新政府党有利的）是对工会所称的“中国苦役”之事的广泛愤慨：米尔纳勋爵在担任南非总督时，经贝尔福政府批准在德兰士瓦的金矿使用了来自中国的“苦力”，他们的工作条件确实令人想起奴隶劳动。自由党和左翼也没有忘记托利党政府在南非建立的集中营，这严重损害了英国在世界上的声誉。对这种情况坎贝尔－班纳曼早在 1901 年 5 月就称其为“野蛮方法”。工会继续谴责保守党系统地掏空罢工权：在塔夫河谷（Taff Vale）铁路公司提出的诉讼案中，上议院在终审时于 1901 年判决铁路工会必须偿还因罢工而造成的费用和损失。1905 年通过的《失业工人法案》（*Unemployed Workmen Act*）规定吸收失业者临时参与公共工程，但这些措施来得太晚，对引起有利于保守党的情绪转变发挥的作用太小。

在 1906 年 1 月的大选中，有 53 名工人候选人通过一项 1062

被称作“Lib-Lab”[①]的协议［由新的内政大臣赫伯特·格莱斯顿（Herbert Gladstone），即威廉·格莱斯顿的儿子，和劳工代表委员会的拉姆齐·麦克唐纳协商而成］进入下议院。他们中的大多数曾代表选区成功地战胜了统一党对手。自由党斩获377个议席，比所有其他各党议席总数还多84个席位。结成联盟的统一主义者，即保守党和自由统一党拥有157名议员，爱尔兰民族主义者获83个议席。

作为首要任务之一，坎贝尔－班纳曼政府视提高英国的军事安全为己任，陆军是重点。在布尔战争中，英军显示出一些弱点，陆军大臣哈尔丹想克服这些不足。他拒绝以欧陆强权国家为榜样向义务兵役制过渡，而是保留了长期服役、随时可投入使用的雇佣兵体制，但将其改组成一个由六个步兵师和一个骑兵师组成的“远征军”，这些队伍有共同的总指挥和总参谋部。作为对这支人数不多的高素质部队的补充，还为它配备了由志愿军组成的地方自卫队，这支后备力量由十四个师和十四个骑兵旅组成。

自由党政府认为海军方面的改革需求没有那么迫切。1889年，索尔兹伯里首相在《海军防御法案》（*Naval Defence Act*）中对“两强标准”（Two-power-standard）进行了正式确认，即英国舰队的数量应至少与第二和第三大海军强国的数量总和相等。在贝尔福政府时期，为了应对德国的海军军备以及海军重组，英国决定建造一种新型的战舰——无畏舰，该舰的战斗力要远远超过德国人的军舰（其后果是德国在1906年4月又通过了新的海军法）。坎贝尔－班纳曼政府认为英国在海军战斗力方面遥遥领先，因此它甚至大力削减了上一届内阁的军备方案。

---

① 即自由党与工党名称的缩写。

1907 年 4 月和 5 月在伦敦召开了殖民地大会，这是自 1887 年以来的第五次会议。德兰士瓦代表——总理路易斯·博塔（Louis Botha）第一次参加大会。会议决定拥有自治权的 1063
殖民地此后不再称殖民地，而称“自治领”。加拿大自 1867 年以来拥有该称号，1901 年成立的澳大利亚联邦是第二个自治领，1907 年新西兰成为第三个，1910 年南非联盟成为第四个自治领。所有自治领都由白人移居或统治，只有他们获得了几乎无限的独立特权，母国想以这种方式防止它们以美国为榜样单方面宣布独立。成立永久帝国议会的设想在 1907 年也遭到拒绝，至于共同防务，此后被称作帝国会议的大会没有做出实质性决议。海外与会者一致同意的只有帝国优惠制之事，但这一如既往遭到执政的自由党拒绝。

约瑟夫·张伯伦的憧憬——把帝国变成一个联邦——被证明毫无可行性。英帝国只有为其成员国提供尽可能广泛的活动空间，才能把那些与母国在政治体制上最相近的成员国继续吸引在英国王冠下。仅仅因为英国愿意将大英帝国改变为英联邦，就像 1926 年的帝国会议所决策的那样，它才能作为全球帝国继续存在。然而追求政治独立的不光是白人殖民地。在印度这个可以说是英国最大和最重要的殖民地——1909~1913 年间大不列颠从大英帝国进口总额的 26% 来自印度，自由派民族主义者在 1885 年创建了印度国民大会党，该党于 1907 年分裂为“温和派”与“极端派”。1906 年信仰伊斯兰教的印度人成立了穆斯林联盟（Muslim-Liga）。反对外国统治的斗争让英国政府扩大了 1861 年设立的立法会之权限，并于 1909 年在国王任命的立法会成员外又增补了选举产生的成员。同年，第一个印度人被吸收进印度中央政府。但为了削弱独立运动，这些改革来得太迟，而且踌躇不决。英国内部实施的自治原则产生了如此强大的吸引力，以至于它开始直接销蚀英国人对其他民族的统治权。

1064 殖民地会议召开几个月后，1907年8月底，外交大臣格雷完成了一个杰作：与老对手俄国达成一项协议。两个强权国家就波斯、阿富汗和中国的西藏地区划定了各自的势力范围。其中最困难的是对处于革命动乱中的波斯帝国的瓜分。俄国在该国北部修建了公路与铁路，英国主要想让沙皇帝国远离波斯湾。解决问题的方法是：双方相互承认北部为俄国的势力范围，南部为英国的势力范围，两部分由中性的安全地带隔开。这项协议对俄国来说，是日俄战争失败后的一个重大政治减压；英国则可在一个区域巩固自己的地位，德国通过建造巴格达铁路曾令其在那一带处于不利地位。与1904年的《英法协议》一样，同俄国的协议三年后也成为对付德国海军军备的砝码。对这两个条约所形成的三国同盟，德意志帝国没有具有同等杀伤力的对策。

1905年的政府更迭促使政治上的右派力量激进化，对它们来说保守党的领导层右得还远远不够。其中包括成立于1900年、公开反犹的英国兄弟联盟（British Brothers League，缩写BBL），该组织在1905年4月，也就是在贝尔福政府任期内，取得了一项伟大成就：通过《侨民法》（*Alien Act*），阻止东欧犹太人进一步向英国移民（1881~1905年间，有4万犹太人从俄国来到英国定居；生活在英国的犹太人总数从1880年的6万人上升到1910年的24万人）。保守党政治家在竞选期间到无产阶级聚居的伦敦东区煽动反犹情绪，从而让该党丧失的选票与全国平均水平比处于较低的范围内。选举结束后，英国兄弟联盟目标明确地攻击自由党政治家，称他们与伦敦市（亲德的）犹太银行家有联系。1913年，英国兄弟联盟的成员人数为12.6万人。

1065 1905年辞去南非总督职务后，与年轻的保守党政治家密切合作（被他戏称为其"幼儿园"），米尔纳勋爵成为极右势力的一员干将。其爱国主义的核心不是英国，而是大英帝国。米尔纳的激进帝国主义与对议会制度的激烈批判携手共进，议会制按照他的观点不利于英国的国家自主权。使用反犹的陈词滥调是其反对所谓"议会制"政治宣传活动的组成部分。然而，无论是米尔纳还是英国兄弟联盟均未能对公共舆论产生决定性的影响。英国的政治文化太自由，所以右翼或左翼的激进目标都无法成为"主流"。

患病的首相坎贝尔 – 班纳曼于 1908 年 4 月 6 日辞职，4 月 22 日去世。爱德华七世任命财政大臣赫伯特·阿斯奎斯继任首相，他原来的职位由贸易大臣大卫·劳合·乔治接替，温斯顿·丘吉尔则接任了贸易大臣一职。在阿斯奎斯政府执政期英国陷入一场严重的冲突，其起点可上溯到坎贝尔 – 班纳曼内阁时期。上议院在 1906~1907 年拒绝了几项极具自由色彩的法律，或是通过修改（amendments）令其面目全非，其中包括（对非信奉英国国教者网开一面的）教育法和土地改革法。1909 年上议院甚至拒绝了劳合·乔治提出的、下议院已经批准了的预算法，因为它大幅上调了所得税和遗产税。下议院的自由党多数的回应是，他们投票赞成阿斯奎斯提出的一份决议，指控上议院违宪。

1910 年 1 月提前进行的选举虽然为保守党带来议席的增长，但构不成绝对多数。自由党失去约 100 个席位，但仍可在工党与爱尔兰民族主义者的帮助下继续执政。1910 年 5 月 6 日爱德华七世去世时，上下两院间的权力之争尚未决出胜负。其继任者乔治五世（Georg V.）真诚地竭力在两院间调停，但没有成果。一个由自由党和保守党组成的宪法委员会的工作，在开过 21 次会的五个月后，于 1910 年 11 月 10 日被保守党叫 1066
停，因为自由党不愿放弃新的爱尔兰《自治法》。

随后进行了1910年12月的下议院第二轮选举，其结果与1月份的非常相似。以兰斯多恩勋爵为首的不屈不挠的上议院议员，所谓的“顽固分子”，决心推翻一项议会法案，该法案是阿斯奎斯政府为确保下议院的权利提出的。一旦他们和支持他们的极右媒体如《国家评论》（*National Review*）和《晨邮报》（*Morning Post*）如愿以偿，乔治五世就会通过任命上议院议员的方式让那里的多数状况发生有利于政府的改变。但是事情并未发展到这一步，因为前印度总督寇松勋爵（Lord Curzon）设法为提案争取到了多数票。1911年8月的议会法案结束了宪法冲突。从那时起所有的财政法，如果上议院不在一个月内对其进行“修订”，都将在国王的同意下生效。至于什么是财政法的问题，由下议院议长决定，上议院无权向最高法院上诉。对所有其他法案，上议院仅仅在短期内拥有延宕否决权。同时，立法周期从七年缩短到五年。下议院和英国民主打赢了1846年取消谷物法后最重要的国内政治争执之役。

1911年不仅因议会法案而载入英国史册。这一年也是埃米琳·潘克赫斯特（Emmeline Pankhurst）于1903年创建的妇女社会和政治联盟（Women's Social and Political Union）为推动妇女选举权而进行大罢工和暴力行动的一年，包括绝食和有针对性的财产损毁；在接下来的两年中由埃米琳的女儿克丽斯特贝尔·潘克赫斯特（Christabel Pankhurst）从巴黎遥控，该事件升级为纵火和爆炸案。也是在1911年，英国向福利国家发展的一条重要法律通过了：由劳合·乔治提出的《国民保险法》（*National Insurance Act*）。其第一部分以德国1883年相关法律为蓝本，创建了基于互助合作的强制性健康
1067 保险。作为补充，该法的第二部分对少数几个行业提供了失业保险，从而让英国在此领域担负起开路先锋的角色。

宪法冲突结束后，解决爱尔兰问题的新努力——不出所

料——成为国内最严重的意见分歧。1910 年下议院第二轮大选之前，自由党把“地方自治”口号摆在竞选宣传的核心地位；12 月的选举中爱尔兰民族主义者多得到两个席位，而自由党和工党则分别获得了和 1 月份同样多的席位。向阿斯奎斯政府释放的信号很明显，它必须言行一致。爱尔兰国民党本身则受到来自更年轻、更激进之力量的压力，如盖尔联盟（Gaelic League）、爱尔兰共和兄弟会（Irish Republican Brotherhood）以及 1905 年出现的新芬运动（Sinn-Fein-Bewegung）[①]。最大的问题来自阿尔斯特，即爱尔兰东北部的六个郡，自 17 世纪初以来，来自苏格兰的长老宗移居者在那里定居，使之盎格鲁化。阿尔斯特比岛上的天主教主要地区更加繁荣；亚麻业和造船业集中的贝尔法斯特（Belfast），在经济意义上此间已经超过了都柏林。

1912 年 4 月的新《自治法案》（已是第三个）在威斯敏斯特议会和未来的都柏林爱尔兰议会之间进行了明确分工：外交和国防仍然由伦敦下议院负责，那里仍有来自爱尔兰的议员，虽然数目比以前少；所有区域性问题均由爱尔兰议会和对其负责的爱尔兰政府处理。若苏格兰、威尔士和英国均能获得相应权利，联合王国就变成了一个联邦制国家。对此阿尔斯特的新教徒们起来反对，他们不愿意爱尔兰天主教徒以多数票胜过自己。出生在都柏林的新教领袖爱德华·卡森爵士（Sir Edward Carson）成功地赢得保守反对派的全力支持。4 月 9 日，《自治法案》出台两天前，卡森、自 1911 年 11 月起成为下议院保守党领袖的安德鲁·博纳·劳（Andrew Bonar Law）和上议院保守派领袖伦敦德里勋爵（Lord Londonderry）一起在贝尔法斯特组织了 8 万志愿者［所谓“橙带党员”（Orangemen）[②]］的 1068

① 意译为“我们”，主张武力促成爱尔兰完全脱离英国独立。

② 即奥兰治党员，信奉新教、反对爱尔兰民族主义和天主教，企图使新教占统治地位。

游行，这几乎是对政府的一种内战威胁，如果阿斯奎斯政府置爱尔兰新教徒的意志于不顾的话。

阿斯奎斯错过了立即禁止“橙带党员”的时机，他也没有为阿尔斯特的特殊地位提供保障，所以冲突进一步加剧了。直到1913年秋，《自治法案》两次获得下议院同意，而上议院两次拒绝批准该法案。阿斯奎斯与卡森之间的秘密谈判就像政府和议会反对派间的对话一样毫无结果。1913年11月底，博纳·劳呼吁军队，在紧急情况下要站在阿尔斯特一方；军队领导反对自治，这一点首相也知道。同一时间在爱尔兰信仰天主教的南部也出现了志愿者协会的准军事组织，随后阿斯奎斯发布了禁止向爱尔兰进口武器的禁令。政府提出的妥协方案——东北各郡中的任何一郡，只要提出要求就可以为期六年不参加自治，遭到阿尔斯特新教徒和统一党的愤怒拒绝。

1914年3月底，发生了一起史称“库拉兵变”（Meuterei von Curragh）的事件：驻扎在爱尔兰库拉的一个骑兵旅的57名来自阿尔斯特的军官，以其指挥官为首在陆军大臣约翰·西利的巨大压力下同意必要时暂时离开爱尔兰，而不是进军阿尔斯特。西利随后被解职；阿斯奎斯亲自接管了陆军大臣一职。接下来的几个月，阿尔斯特和爱尔兰其他地方均发生了进一步的严重事件：7月底在都柏林的一次枪击案中有3人丧生，38人受伤。政府最终准备让阿尔斯特无限期免于自治，但最后的决定并未做出。1914年6月28日，奥匈帝国皇储夫妇在萨拉热窝遭暗杀，国际形势骤变，英国政府只得将爱尔兰问题搁置起来。[29]

## 激进的共和国：处在反犹太主义和世俗主义之间的法国 1069

与英国和德国相比，一战前（1890~1914 年间）美好时代的法国仍然是个以农业为主的国家。1911 年，那里有 56% 的人口居住在农村；同期，在德国该数字为 35%，在英国是 20%。1872~1913 年间，以农业为生的法国人占比从 50% 下降到 42%，但仍高于工业和手工业以及在贸易和服务业的从业人员，分别为 31% 和 27%。农业作为第一产业为国民收入做出 35% 的贡献；第二产业，即工业和手工业的相应贡献为 36%；第三产业，即贸易和服务业占 29%。在第二产业中纺织业的从业人员占全部工业产业的 40%，成为主导产业。快速上升的则是法国年轻的汽车工业，它与老工业部门的不同之处在于不能通过高额保护性关税避免来自国外的竞争：1914 年，每年 45000 辆汽车的产量让法国位居全球第二，仅次于美国。法国在电影业扮演着先锋角色：1895 年电影几乎同时由两个德国人［斯科拉达诺夫斯基（Skladanowsky）兄弟］在柏林和两个法国人［卢米埃尔（Lumière）兄弟］在巴黎发明出来；1914 年前后，十分之九的电影都是在法国制作的。

法国工业化程度相对较低与法国中产阶级的储蓄行为密不可分。一般而言，如果法国人用储蓄的钱进行有利可图的投资，他们的首选是被认为特别安全的有价证券，即法国政府的债券和外国债券。1914 年法国手中的股份资本中的 450 亿法郎为国家股，还有 450 亿为外国政府债券和资本投资，法国工业股份仅占 2500 万法郎。在外国投资方面，只有英国超过
了法国。然而，英国的资本大部分投到欧洲以外的地区，即美 1070
国、南美，当然还有大英帝国疆界内，而法国资本主要投在其他欧洲国家。法国投资最多的国家是俄国。1914 年它给沙皇帝国投资了 113 亿法郎，占法国在欧洲投资总额的 41%。超过三分

之一的俄国工业投资和四分之三的俄国公债来自法国。

为法国在俄国的金融投资扫清障碍的是 1880 年代末的柏林：在俾斯麦执政期开始的德俄关税战，以及 1890 年 3 月“铁血宰相”下台后不久没有续签的《再保险条约》。法国人乐于接着走德国开辟的这条通向成功之路。在俄国高兴地接受了第一批巴黎银行提供的贷款之后，法俄进行了军备合作。最终，在又一次德国关税战后，前面提到过的巴黎和圣彼得堡于 1891 年 7 月草签的军事协定，在 1893/1894 年度之交得到两国元首的签署。

如果说在法国对投机性投资方式存在普遍怀疑的话，这与一场“轰动一时的大案”有很大关系：发生在 1890 年代初的巴拿马丑闻。1889 年 2 月，巴黎举行世界博览会那年，由苏伊士运河的发起者费迪南·德·莱赛普于 1881 年为修建该运河成立的巴拿马运河开凿公司申请破产，这家公司由他的儿子查尔斯（Charles）和建筑师古斯塔夫·埃菲尔（Gustave Eiffel，巴黎的埃菲尔铁塔就是以这位建造者的名字命名的）经营。此前数年，该公司曾在银行家雅克·德·赖纳赫（Jacques de Reinach）和金融家阿顿（Arton，亦作 Aaron）、科尼利厄斯·赫兹（Cornelius Hertz）的帮助下，贿赂了众多记者以及多位议员与部长，以便为认购大数额债券营造有利氛围，此外也存在极为严重的管理问题。1891 年在一些股东的催促下发起了司法调查。由于泄密，一些不利证据落入右翼报纸手中，如狂热反犹的爱德华·德吕蒙的《自由言论》（*La Libre Parole*）报，他利用这个机会发起了反对第三共和国政治体制的政治宣传活动。

1071 1892 年 11 月 20 日，贿赂行动的主谋银行家雅克·德·赖纳赫被发现死在他的巴黎公寓中，可能是自杀。国民议会设立了一个调查委员会；更多负面材料被公之于众；政府总理埃米尔·卢贝（Émile Loubet）不得不于1892年11月辞职，1893年3月其继任者亚历山大·里博（Alexandre Ribot）的内阁也下了台。资产阶级激进分子的领袖——议员乔治·克列孟梭轻率地从科尼利厄斯·赫兹手中为自己的报纸《正义》（*Justice*）拿了钱，激进民族主义者保罗·德鲁莱德（Paul Déroulède）在众议院指责他接受贿赂和犯有叛国罪，克列孟梭随后要求与侮辱他的人决斗；两人在决斗中均未受伤。在1893年的大选中，激进派以及社会主义者本来均获得了比以往多得多的选票，克列孟梭却失去了其议员席位。公审于同年结束，查尔斯·德·莱赛普和古斯塔夫·埃菲尔被判徒刑，但他们却无须服刑。[①]

赖纳赫和赫兹兄弟都是犹太人，对反犹分子来说这就是一个充足的理由，以巴拿马丑闻为由系统煽动人们反对犹太教的政治和经济影响。由于生活在法国的犹太人大多来自阿尔萨斯并有着德文名字，爱德华·德吕蒙［1886年出版的两卷本拙劣之作《犹太人的法国》的作者，三年后的反犹主义同盟（Ligue antisémite）的联合创始人］就很容易在犹太人和外部头号敌人——德意志帝国之间建立起内在联系。回溯起来，巴拿马丑闻在这方面只不过是一个相对无害的前奏，反犹主义者和传统主义右派为一方，共和国遗产捍卫者为另一方的真正较量体现在德雷福斯事件上。

1894年9月底，总参谋部和陆军部长奥古斯特·梅西耶将军（General Auguste Mercier）从情报处军官休伯特-约瑟夫·亨利少校（Major Hubert-Joseph Henry）——经过其直接上司让·桑德赫尔上校（Oberst Jean Sandherr）的首肯——那里得到一份所谓的“便笺”。该文件是撕毁后被亨
利拼接起来的一封信，它是五份涉及机密军事情报记录的附 1072

① 四个月后，重罪法庭再次宣判他们无罪。

信，收信人是德国武官马克斯·冯·施瓦茨考本（Max von Schwartzkoppen）。该文件被法国反间谍人员从德国大使馆武官的纸篓中截获。人们猜测写信者是在总参谋部工作的一名炮兵军官；经过笔迹鉴定怀疑转向了阿尔弗雷德·德雷福斯上尉，他出生于阿尔萨斯的一个犹太家庭，1871 年他们选择了法国。10 月 15 日德雷福斯被捕。德吕蒙的《自由言论》报从亨利那里获悉此事，该报立即给德雷福斯扣上了叛徒的帽子。领导调查德雷福斯案件的总参谋部军官迪帕蒂·德克朗上校（Oberst du Paty de Clam）于 10 月 31 日向陆军部长寄出了相关卷宗，虽然对德雷福斯给予了贬义评论，却没有下任何结论性判断。但卷宗中除了部分无关痛痒、部分被亨利做过手脚的文件外，还有一封施瓦茨考本写给其意大利同行帕尼扎尔迪（Panizzardi）的信，信中提到“ce（原文如此！作者注）canaille D.”：这个 D 可以被解释为德雷福斯名字的缩写，但不一定就是指他。（后来弄清楚该字母其实是指一个叫 Dubois 的特工。）

陆军部长梅西耶——作为共和党人他遭到民族主义右翼的猛烈攻击——在阅读过相关卷宗后要求立即判决德雷福斯。1894 年 12 月，军事法庭在雷恩（Rennes）对此案进行了不公开审理。亨利少校作为证人详细发言，但不能提供任何有效证据。于是梅西耶让人给法官——但没有给辩方——过目了带有施瓦茨考本信件的秘密卷宗。结果是一致判定被告有罪。德雷福斯于 1894 年 12 月 22 日被判无期徒刑，1895 年 1 月 5 日在巴黎军事学院操场，当着众多群情激愤者的面革除了他的军职。随后他被押往法属圭亚那沿海地区卡宴（Cayenne）附近的魔鬼岛（Teufelsinsel）服刑。

一年多之后，1896 年 3 月，总参谋部情报局新任领导乔治·皮卡尔上校（Oberst Georges Picquart）拿到了一封施瓦茨考本口授给其情妇的信。这封信是写给埃斯特哈齐少校（Major Esterhazy）的，短短几周内它就让皮卡尔正确意识到，不是德雷福斯，而是埃斯特哈齐写了那张“便笺”（他是 1073
主动写的，还是受到了更高层的指使，至今还不清楚）。虽然他和他的前任桑德赫尔与亨利上校一样，从小受着反犹教育长大，但皮卡尔却决心证明德雷福斯的清白并把真正的叛徒绳之以法。总参谋长和他的副手，布瓦代弗尔（Boisdeffre）和古斯（Gouse）两位将军都对德雷福斯的判刑起了推波助澜的作用，他们担心自己以及军队被曝光，所以他们命令皮卡尔对他的发现保持沉默。当皮卡尔拒绝这么做后，他被调往突尼斯。古斯将军接替了他的职位。亨利留任原职。1896 年 11 月 1 日后者制造了一个假证据，它以“亨利伪证”（faux Henry）载入史册：一封所谓帕尼扎尔迪的信，其中他恳求其德国同行施瓦茨考本，否认与犹太人德雷福斯的关系，就像帕尼扎尔迪本人会这么做一样。

1897 年 6 月，皮卡尔利用回国休假的机会，把德雷福斯事件的情况告诉了他的律师朋友路易·勒布卢瓦（Louis Leblois）。勒布卢瓦与参议院副议长——出生在阿尔萨斯的奥古斯特·朔伊雷尔－凯斯特纳（Auguste Scheurer-Kestner）取得了联系，后者则求助于陆军部长让－巴蒂斯特·比洛（Jean-Baptiste Billot）、总理朱尔·梅利纳（Jules Méline）和共和国总统费利克斯·福雷（Félix Faure）。出于国家利益至上原则，所有人都急切地劝他保持沉默。朔伊雷尔－凯斯特纳没有接受这个建议，而是通知了马蒂厄·德雷福斯（Mathieu Dreyfus），自 1894 年 12 月的裁决以来他就在一些人（主要是犹太裔的出版商）的支持下致力于为他的弟弟恢复名誉。根据朔伊雷尔－凯斯特纳的建议，马蒂厄·德雷福斯于 1897 年 11 月 15 日在一封写给陆军部长的公开信中指控埃斯特哈齐是“便笺”的真正作者（此时一位银行家通过笔迹对比发现其顾客埃斯特哈齐的笔迹与便笺笔迹一致）。

政府不顾这一切，拒绝重审德雷福斯案件。1897 年 12 月 7 日参议院表示不赞同其副议长的做法，并表达了对政府的信任。梅利纳总理就此简单表示：“不存在德雷福斯丑闻。”12 月 31 日，埃斯特哈齐促成的一次军事法庭调查结束：笔迹专家
1074 作证，这名军官不可能写出那张“便笺”。进行调查的少校在调查开始之前就认定，没有理由继续维持公诉。

但丑闻并未因此而结束，反而进入了一个新的、轰动公众的阶段，凡是参与了这件事的法国人分裂为两个敌对的阵营：“德雷福斯派”和“反德雷福斯派”。1898 年 1 月 13 日，克列孟梭主办的《震旦报》（*L'Aurore*）发表了一封埃米尔·左拉（Émile Zola）致共和国总统的公开信。信中这位法国最著名的作家指责迪帕蒂·德克朗中校是“这起误判恶魔般的始作俑者”；他称当时的陆军部长梅西耶是“世纪最大冤案之一的帮凶”，并指控他的（第四位）继任者比洛，因压制能证明阿尔弗雷德·德雷福斯无罪的证据犯下了反人类罪。左拉对布瓦代弗尔和古斯将军以及其他参与调查埃斯特哈齐案的军官、他们所聘用的笔迹专家和法国媒体同样进行了严厉谴责。他控告两个军事法庭——判处德雷福斯有罪和埃斯特哈齐无罪的法庭，因为第一个法庭非法地根据一份未向被告公开的文件作出判决，第二个法庭遵照命令故意宣判一个有罪者无罪，从而犯了执法犯法罪。

正如左拉所写，他知道其控诉会被视作诽谤，但他甘愿故意冒被绳之以法的风险。他称自己的行为是一种“革命性方法，用以加速真理和正义的突破”。他在公开信的结尾写道：“我只有一种激情，以人类的名义查清罪行，让饱受折磨的人拥有幸福的权利。我的激烈抗议只是从我灵魂中发出的呐喊。

若胆敢传唤我上法庭，让他们这么做吧，让审讯在光天化日下举行！我在等待！”

《我控诉》（*J'accuse*）当之无愧是知识分子干预现实政治的经典文献，左拉则是关心政治的知识分子的化身。这篇振聋发聩的文字证明它配得上这样的评价。在细节上，有些事情是有争议的，作者并未提到亨利上校的关键作用，因为在 1897 1075
年底和 1898 年初只有少数知情者了解真相。说军事法庭的法官们按照上面的指示执法犯法，是一个无法证实的断言，而且鉴于这个圈子的“团队精神”（Esprit de Corps），这种可能性也极小。但这封公开信触及丑闻的核心：以国家理性的名义故意掩饰误判，此举把军队的名誉置于最高地位，超过了对法制与正义的追求。正如对这篇文章的反响所显示的，起初只有少数法国人赞成左拉的观点，即坚定的资产阶级共和党人和社会主义者。保守的、神职的和君主派法国人感到诗人的指责是对国家荣誉的冒犯。此外，德雷福斯事件对“乡下”的触动远不及大城市；从辩论的强度来看，它是一个局限在巴黎的话题。

1898 年 2 月 7 日，对左拉的审判开始。对他的唯一指控是：他指责军事法庭“按照命令”宣判埃斯特哈齐无罪。2 月 13 日，左拉以诽谤罪被判处最高刑罚，即监禁一年和罚款 3000 法郎；共同被告《震旦报》总经理亚历山大·佩仁（Alexandre Perrenx）被判四个月监禁和同样是 3000 法郎的罚款。在此判决中“亨利伪证”被采信，认为它据说无可辩驳地证明了德雷福斯有罪。1898 年 5 月 23 日被告律师提起的上诉程序开始。7 月 18 日晚，在凡尔赛陪审法庭对他进行缺席定罪几个小时后，左拉逃往英国。同一天，亨利上校当着一位调查法官的面招供了部分事实。8 月 30 日他被捕，第二天在蒙特－瓦莱里昂（Mont-Valérien）要塞的牢房里自杀，他用剃刀割断了自己的喉咙。与此同时因为“领导无方”被军方解雇的埃斯特哈齐在同一天逃往国外，先是比利时，后逃到英国。8 月 31 日这一天，参与掩盖丑闻的布瓦代弗尔和德佩利厄（de Pellieux）两位将军递交辞呈。

1898 年 5 月的议会选举中，资产阶级和社会主义左派的
1076 力量得到了加强，但温和激进派不仅仍然是最强大的议会党团，它还推举出新任总理亨利·布里松（Henri Brisson），他和第三共和国的许多政府首脑一样，在总理位置上只干了几个月。9 月 26 日，在陆军部长沙努安（Chanoine）把（这段时期被解雇和遭逮捕的）皮卡尔上校送上军事法庭六天之后，内阁会议决定将阿尔弗雷德的妻子露西之要求重新审理德雷福斯案件的申请转交翻案法院（Kassationshof）。10 月 29 日，该法院刑事法庭决定重新调查德雷福斯案，其直接后果是布里松政府下台。在接下来的迪皮伊（Dupuy）内阁中，政治核心在 1899 年初分裂为"德雷福斯派"和"反德雷福斯派"。属于后者的多数派包括前总理费利克斯·梅利纳和现任总理查尔斯·迪皮伊，属于前者的有皮埃尔·马里·瓦尔德克－卢梭，议员雷蒙·普恩加莱（Raymond Poincaré）和路易·巴尔图（Louis Barthou）以及参议长埃米尔·卢贝——1899 年 2 月他接替已故的费利克斯·福雷当选为共和国总统。

1899 年 6 月 3 日，翻案法院推翻了对德雷福斯上尉的判决，并把案子发回雷恩军事法庭重审。1898 年 2 月成立的人权联盟（Ligue française pour la défense des droits de l'homme et du citoyen）把该裁决当作胜利庆祝，除了许多其他知识分子外，著名作家阿纳托尔·法朗士、马塞尔·普鲁斯特（Marcel Proust）、夏尔·佩吉（Charles Péguy）和莫里斯·梅特林克（Maurice Maeterlinck）以及历史学家加布里埃尔·莫诺（Gabriel Monod）和欧内斯特·拉维斯（Ernest Lavisse）均为该组织成员。而反德雷福斯派的对立组织，1898 年 12 月创

建的法兰西祖国联盟（Ligue de la patrie française）和德鲁莱德组织的爱国者联盟（Ligue des patriotes），则营造反对独立法官们的决定的气氛。判决的前一天，6月4日，卢贝总统在参加一场赛马活动时遭到一个反德雷福斯分子的人身攻击；第二天左拉从英国流亡地返回法国；6月11日社会主义者组织了一场反对激进右派分子的群众示威游行。第二天，毫不掩饰对反德雷福斯派同情的迪皮伊政府下台。

在坚定德雷福斯派的瓦尔德克－卢梭新内阁中政府首脑亲自接管了内政部的领导工作，以其为代表的“激进共和国”阶
段一直持续到1914年。外交部部长一职由精力充沛的泰奥菲 1077
尔·德尔卡塞（Théophile Delcassé）出任，他是一位公开的“复仇主义者”。财政部部长是第三共和国的关键人物之一约瑟夫·卡约（Joseph Caillaux）。曾在1871年镇压巴黎公社起义但现在被认为是共和党人的德加利费侯爵（Marquis de Galliffet）被任命为陆军部长。正是这些人的背景让以茹尔·盖德为首的四分五裂的社会主义运动中的正统马克思主义者对以下事实义愤填膺：新内阁中首次有了一位社会主义者——来自“独立社会主义者”（Socialistes indépendants）组织（当时让·饶勒斯也是该组织成员）的商务部长亚历山大·米勒兰。在6月28日的信任投票中，大约一半的社会党人为政府投了赞成票；另一半投了反对票，因为他们在德雷福斯事件中看到了资产阶级内部的争执。

两天后，在魔鬼岛被关押了四年半的德雷福斯重新回到法国。8月7日雷恩军事法庭对他的案子进行第二次审理。作为证人的几位前陆军部长——有的有将军军衔，有的没有将军军衔——都试图再次证明他有罪，他们成功了。1899年9月8日，法庭做出了一个只能被称为“荒谬”的判决：5票对2票，德雷福斯被判处有期徒刑十年，该改判得到确认。同时，法院向他提

供了从轻处罚的机会。在总理瓦尔德克－卢梭的授意下，非正式地向被告提出一项“交易”：如果他放弃上诉，将获得赦免。在其兄弟马蒂厄的催促下（此前他曾找乔治·克列孟梭和让·饶勒斯咨询过），阿尔弗雷德·德雷福斯不情愿地同意了这项交易。1899 年 9 月 19 日，卢贝总统签署了赦免申请，作为理由的是一份医生鉴定，其中强调了囚犯之恶劣的健康状况。

德雷福斯派中的一部分人对这种拙劣的妥协深感失望，因为这等于认可了军方国家理性的立场；另一部分人意识到有爆发内战的危险，因而满足于有罪判决和赦免。反德雷福斯派亦
1078 陷入类似的分裂：激进的反犹主义者对恩典的做法愤愤不平；温和的民族主义者接受这种做法，因为它使军队避免了最令人颜面扫地的曝光。

事实上该事件还远远没有结束，甚至在一道特赦令赦免了与德雷福斯案有关的所有罪行后都未结束。1903 年 4 月，饶勒斯以两次演讲（其中披露了总参谋部情报局其他伪造文件的内幕）再次启动对该案的复审程序。孔布内阁陆军部长安德烈将军（General André）组织的调查提供了不利于总参谋部的确凿证据。1903 年 11 月底，司法部部长欧内斯特·瓦莱（Ernest Vallé）受部长会议的全权委托，将相关文件转呈翻案法院。后者在 12 月 25 日取消了雷恩军事法庭的判决。1904 年 4 月 6 日，翻案法院刑事庭开始对案件的调查。经过多次受政治情况制约的延迟，1906 年 7 月 12 日该法院作出判决：它取消了 1899 年 9 月的有罪判决，并为德雷福斯彻底平反。第二天，皮卡尔上校被授予准将军衔，德雷福斯则被恢复少校军衔。三天后，德雷福斯被授予荣誉军团骑士级勋章。皮卡尔在 1906 年 10 月出任克列孟梭第一届内阁的陆军部长。

按照历史学家查尔斯·布洛赫的判断，德雷福斯事件是“第三共和国初期最重要，也是最后一次重大危机”，随着这

次危机“分娩的阵痛和巩固的时代”结束了。“议会民主的支持者获得了全胜，而共和国的国家体制直到1930年代中期没有再遭到质疑。”布洛赫把埃米尔·左拉的《我控诉》与1763年伏尔泰的《论容忍》（*Traktat über die Toleranz*）进行了比较，伏尔泰以《论容忍》一文向一桩致命的误判——对新教商人让·卡拉斯（Jean Calas）处以死刑——提出抗议。“在启蒙运动的意义上，遵循1789年和19世纪的世俗人文主义原则，左拉及其支持者是在继承法国知识分子的伟大传统……没有多少国家可以指出自己国家中的类似例子。在不同的国家——或早或迟——都会发生妨碍司法公正甚至是不公正的死刑判决，往往没有这么危险的背景，这些国家中的大多数精神代表却没能站出来帮助正义获胜。从这个意义上说，德雷福斯事件的结局是 1079
法国历史上的辉煌一页。”

整个法国政治谱系都因德雷福斯事件持续得到重塑。右翼的反犹太主义输掉了一场战役：这次丑闻的结局让法国无法像德国和奥匈帝国那样去塑造国家的政治文化。国家的广泛影响减弱了，同时它却变得更为激进。其好战性集中体现在1899年在德雷福斯事件背景下由夏尔·莫拉斯（Charles Maurras）领导的法兰西行动（Action française）上，莫拉斯同时也是《法兰西行动》（*Revue de l'Action française*）半月刊最重要的撰稿人；该半月刊1908年起改为《法兰西行动》日报。当时30岁的法国南方人莫拉斯的新闻处女作于1898年9月发表在《法兰西公报》（*Gazette de France*）上。他以亨利上校的自杀为缘由，把他伪造文件（所谓意大利武官帕尼扎尔迪写给其德国同行施瓦茨考本的信）的行为当作爱国举动来颂扬。“我们糟糕的半新教教育使我们不能正确评价这种高贵的信念。我们无法为上校准备大型葬礼，这是我们欠他这位殉道者的。我们本可以抬着他血染的军服和染血的刀走过林荫大道，展示他的棺材，让他的裹尸布作为黑旗飘扬。我们没敢这样做是我们的耻辱……他的作假将作为上校最佳战绩之一永垂史册。”

在莫拉斯看来，他既敌对基督又赞同天主教并不矛盾。他赞美多神教的古代并尊敬教宗教会的等级制。他恨德国人、新教徒、共济会和犹太人，厌恶议会制共和国和一切与1789年革命有关的事情，也包括波拿巴主义。他赞成君主制，但不是专制主义的，而是黎塞留之前的君主制。他崇尚拉丁语的遗产，认为这是法国文化的优势所在。有些东西让他与激进民族主义的另一位伟大思想家，比他年长六岁的洛林人和前布朗热主义者莫里斯·巴雷斯（Maurice Barrès）有相似之处，后者
1080 对大地和死者、鲜血和泥土怀有神秘的崇拜，想让“我”消失在国家的“我们”中，和莫拉斯一样狂热地坚决反对议会、德国人和犹太人，但与莫拉斯不同的是，他的反犹主义不是基于精神而是基于种族，革命和共和国作为法国历史的组成部分得到他的肯定，因此，他拒绝君主制的复辟。

相反，对莫拉斯而言，正如他在1900年3月所写的，世袭君主制是法国的自然政体。“若没有国王，民族主义者所想要的一切，都将先被削弱，然后不可避免地走向灭亡。没有国王，一切他们想要的改革都无法进行，会变得更糟，或者刚刚被摧毁，又会改头换面卷土重来。”保皇党和天主教党都信仰天主教，他们赞成一种强大而负责的权力如德鲁莱德的爱国者联盟，分散中央权力，赞同地方政府和各省有更多的自治权。“但他们不是在等待偶然的运气或激情的光顾，而是从合乎逻辑的必要性和事实的必然后果出发，希望恢复国家的君主制。君主主义在本质上符合民族主义的不同假设：它本身就是综合性民族主义。”

“综合性民族主义”（Integraler Nationalismus）作为流行语很快就传播到法国以外。它旨在加强对国家忠诚的要求，

以致最后每个特定兴趣看上去似乎都可能是非法的，因为最后只有民族利益才有合法性。莫拉斯的这种拟设与卢梭的公共意志非常接近，虽然他并未意识到这一点，而且鉴于他拒绝 1789 年的理念这也有违其初衷。归根结底，综合性民族主义可能会促成极权主义，事实上，有些作者已把法兰西行动宣布为欧洲法西斯主义的早期形式。其突击部队——保皇队（Camelots du Roi）的暴力、对政治对手的恐怖作战方式与两次世界大战期间的极右战斗组织确有相似之处。至于在反马克思主义、反资本主义、反议会主义和反自由主义方面，法兰西 1081
行动与后来的法西斯之间明显具有亲缘关系。

与这个组织不同，成立于 1905 年的法兰西行动联盟（Ligue d'Action française）从来未能成为一个群众组织。支持它的主要是学生和知识分子、大资产阶级和贵族。虽然它吸收了其他右翼组织，如爱国者同盟、法兰西祖国联盟和反犹主义联盟，但它太资产阶级化，以致在无产阶级中没有取得什么值得一提的成效。法西斯主义者做出平等和革命的姿态，法兰西行动则表现得精英和反动；后者的专制方式太过传统，以至于它无法形成现代伪民主式的极权主义群众运动。夏尔·莫拉斯和他的知识分子战友们，首先是亨利·沃茹瓦（Henri Vaugeois）、莫里斯·普若（Maurice Pujo）、莱昂·都德（Léon Daudet）和雅克·班维尔（Jacques Bainville），在某些方面可能是意大利法西斯主义和德国国家社会主义的开路先锋，但他们在思想上与其说接近贝尼托·墨索里尼与阿道夫·希特勒，不如说更接近反革命理论家迈斯特和博纳尔德。

由于法兰西行动赞成君主制并以议会外反对派身份出现，所以它从来没有机会让整个右翼支持自己。在议会两院中那些有社会地位的保守派仍旧占了右翼中的大多数，其中除了天主教君主主义者，还有“讲和了的天主教徒”，他们遵照教宗利奥十三世的通谕归附了第三共和国。如上所述，政治核心在1899年初发生了分裂：反德雷福斯的右翼因恐惧一场社会革命加入了保守派；左翼——坚定的共和派和德雷福斯派中的反圣职者在“进步”的标签下接近了“极端派”，即自1899年6月起参与瓦尔德克－卢梭之“进步”政府的执政联盟。

在瓦尔德克－卢梭的三年执政期内，一些此前松散的政治联盟组织转型为固定的政党。1901年春民主共和联盟（Alliance Républicaine Démocratique）诞生，总理瓦尔德克－卢梭和前任及未来的部长普恩加莱、巴尔图都属于该党最著名的政治领袖。同年，共和、激进与激进－社会主义党
1082 （Parti républicain, radical et radical-socialiste）创立：它由原本分裂的左翼——可算作是温和的“左翼极端”分子和比他们更左的“极端社会主义者”——合并组成，“社会主义者”这个术语在此与剥夺和重新分配财产没有任何关系，而仅仅是指雅各宾派传统意义上的对小人物的关照。在重组的极端派（或通常所说的极端社会主义者）的政治诉求中，占首要地位的是共和国的国防和严格的政教分离：这类要求对深受共济会影响的政党如激进党来说是近乎理所当然的。1902年当选参议员的乔治·克列孟梭毫无疑问是该党最知名的领军人物，该党在第三共和国从此也起着主导作用。

极端派合并四年后，一度分裂的社会主义者也携起了手（在有关第二国际的章节中已经提到）：1905年4月正统马克思主义者茹尔·盖德领导的法兰西社会党和以《人道报》（*L'Humanité*）创始人、出版人让·饶勒斯为首的改良派合并为社会党［工人国际法国支部（S.F.I.O.）］。合并变得容易，是因为曾极具争议的“米勒兰事件”（社会主义者加入一届资产阶级内阁）因瓦尔德克－卢梭政府的下台和1902年春季选举后孔布政府的上台已成往事。

新党最多同意选择性地与资产阶级合作，但基本上承认了第二国际于 1900 年 9 月通过的《考茨基决议》。根据该决议，按照阶级斗争的学说，社会主义者只有在极为特殊的情况下才允许参加资产阶级的政府内阁。这实际上意味着社会主义者在政治上的自我封锁：虽然他们与极端派一起常常在议会中占有多数，但至少在形式上，他们仍然是反对党。其后果是：不少雄心勃勃的社会主义者加入了资产阶级政党：亚历山大·米勒兰是第一个迈出这一步的人，阿里斯蒂德·白里安、勒内·维维安尼、皮埃尔·拉瓦尔（Pierre Laval）和许多其他人也纷纷效仿。

社会主义者是议会的极左派，而不是法国社会的极左派。 1083
与英国和德国的情况不同，比社会党更左的是工会。1902 年劳工议会联盟（Fédération Nationale des Bourses du Travail）并入七年前成立的法国劳工总联合会。在这个组织中，尤其是在《工人之声》（*La Voix Ouvrière*）杂志中，法国非常强大的无政府工团传统继续发挥着作用。与工人国际法国支部相比，法国劳工总联合会对于乔治·索雷尔 1906 年在其著作《关于暴力的思考》中所赞扬的解放性“直接形动”，即无产阶级大罢工，有着更友好的态度。

法国劳工总联合会的秘书长自 1898 年起是维克多·格里菲勒（Victor Griffuelhes），他是布朗基学说的追随者，认为浑浑噩噩的群众要由激进的少数来引导；他的副手从 1900 年起是一位公开的无政府主义者。1906 年爆发了激烈的罢工和动乱，它们是法国劳工总联合会用来回应法国北部的一次重大的矿难的，这引发了人们对革命的广泛恐惧，内政部长克列孟梭调动了大规模警力来对付；格里菲勒和其他工会领袖暂时被捕。虽然未能举行格里菲勒所希冀的总罢工，但 1906 年 10 月这位秘书长在亚眠工会大会上成功地通过了《亚眠宪章》

（*Charte von Amiens*），要求无条件废除雇佣劳动并没收资本家的财产。

法国劳工总联合会内部的改良派力量因此遭受了严重失败，把工会仅仅看作是党的执行机构的、以盖德为首的正统马克思主义者亦然。法国劳工总联合会并不代表全体产业工人，矿工工会成功地保持了独立性。比社会党工会弱得多的是基督教工会，后者主要依靠农业工人的支持，1912 年其会员不满 8000 人。同年，法国劳工总联合会拥有 70 万会员，几乎占法国 600 万工人总数的 12%。这些数字意味着，大多数工人在手工业类型的中小企业中工作，还没有受到社会主义思想的影响。

1084 1902 年 5 月新一届议会被选出时，仍然分裂的社会主义者在众议院中占有 51 个席位。大获全胜的是极端派，他们斩获 210 个席位。中间偏右势力得到 115 个席位，中间偏左势力——新成立的民主共和联盟获得 95 个席位。保守派议员 55 人，民族主义议员 60 人。瓦尔德克－卢梭在极端派选举获胜后辞职；新总理是激进的社会主义者埃米尔·孔布，他担任此职两年半，直至 1905 年 1 月。其内阁是第三共和国史上最左的，是第一个依靠“左派集团”（Bloc des gauches）支持的政府，这个“左派集团”具体而言就是民主共和联盟、激进左派和激进社会主义党，以及没有入阁的合作伙伴——饶勒斯派的社会主义者。1905 年社会主义者合并为工人国际法国支部后，来自他们的支持仅限于个别立法提案。孔布政府载入法国编年史的事迹有：它目标明确地宣布要与天主教会决裂。其中一个重要原因是，教会是除军队外反德雷福斯派的最重要支柱，但坚定的共和党人坚信，教会要比军队更容易屈服于政治的优先地位。

前任瓦尔德克－卢梭政府在 1901 年就已经规定了新建的修道院必须得到法律的承认。孔布内阁执行的相关规定更为严格，此外还关闭了大部分由僧侣创办的学校。1903 年 7 月教会的现实政治家教宗利奥十三世去世，其继任者庇护十世（Pius X）果断推行庇护九世曾实施过的保守政策。卢贝总统对意大利进行国事访问时没有尝试与天主教最高教宗会晤，这被新教宗认为是一种敌视行为。教廷就这种不友好的姿态在所有天主教政府那里提出了抗议，这导致巴黎在 1904 年 7 月与罗马教廷中断了外交关系。

这样就出现了以下问题：第三共和国是应该继续承认拿破仑 1801 年以第一执政官的身份与罗马教宗签订的政教协议，还是应该取消它。昔日的天主教神学院学生孔布于 1904 年选 1085
择了第二种做法，从而赞成政教分离。一份相应的法案却遭到了德尔卡塞外长和卢贝总统的反对：这种情况促使孔布于 1905 年 1 月递交了辞呈。其继任者民主共和联盟的莫里斯·鲁维埃的内阁意味着一种向右转，这也因为第二国际成功地禁止饶勒斯派的社会主义者向孔布内阁和所有其他后续资产阶级政府提供支持。这么一来政府多数就变得非常稀缺了。

在鲁维埃执政期内，孔布当年的政教分离提案在通过后的执行过程中有些许缓和。对此起决定性作用的是议会报告员阿里斯蒂德·白里安，这位曾经的激进社会主义者首次以赞成和解与补偿者的身份出现。其结果是 1905 年 12 月 5 日的法律。国家向神职人员发放的工资被终止，但宗教的自由实践是有保证的。该法案规定教堂和神学院属于国家或地方政府，但允许神父们加入的新创建的文化协会将免费供他们使用。在这方面发生的冲突，由国家专门委员会（一个世俗法学家占主导地位的专家委员会）裁决。

此举会遭到教会和忠实的天主教徒的强烈抵制是可预见的。为了使文化协会能对教会财产进行妥善管理，必须由国家专员对现有财产进行审查登记，恰恰是这一做法遭到信徒们的激烈抗议。按照查尔斯·布洛赫的判断，政教分离法案所引起的国内紧张局势要比德雷福斯事件的更尖锐、造成的两极分化更严重。“当时的事件实际上只在巴黎和一些大城市引起了骚动；现在在小城市和乡下也发生了冲突，绝大多数人口居住在这些地方。神父和小学老师们（一般是左派和反神职人员）之
1086 间的冲突在大多数村庄都是不可避免的。”1899 年当选的德雷福斯派总统卢贝宣布放弃连任，因为他认为严格执行该法案是不负责任的举动。为了选举总统，参议院和众议院被合并为国民议会，1906 年 1 月国民议会中的左派多数选出的卢贝的继任者是前参议院议长阿尔芒·法利埃（Armand Fallières）。

在接下来的几周里，国家与教会的冲突升级，起因是一份措辞苛刻的教宗通谕《我们很强烈》（Vehementer Nos）。这导致许多地方爆发了血腥冲突，还造成了一人死亡。1906 年 3 月 7 日鲁维埃政府因此倒台。在下一届斐迪南·萨里安（Ferdinand Sarrien）内阁中最强势的人是克列孟梭，白里安接管了教育与文化部。尽管有前面提到过的法国劳工总联合会组织的工人抗议活动，但 1906 年春的权力斗争首先关乎第三共和国和罗马教会之间的冲突。反神职人员的左翼拥有超过 400 名议员的绝对多数，工人国际法国支部的 54 名议员和 20 位独立的社会主义者如白里安和维维安尼也可归入左翼。右翼各反对派加在一起共有 180 个议席。

1906 年夏，法国的文化斗争因庇护十世的一份新的通谕再次白热化。在《严肃的任务》（Gravissime officio）通谕中教宗坚决拒绝与法国政府进行任何妥协。1906 年 12 月，梵蒂冈的最后一位代表不得不离开巴黎；一些特别好战的神职人员被驱逐出境。1906 年 10 月至 1909 年 7 月的克列孟梭内阁的执政者认识到，对教会做某些让步不会削弱，而是会加强国家的权威。在文化部长白里安的努力下，1905 年 12 月的法案

在执行过程中不再那么严苛。虽然天主教徒不像新教徒和犹太人那样，没有组建文化协会，但许多地方政府免费将教堂“出租”给神父们使用；神学院也大多得以保留。

1908 年后，法国的文化斗争表面上似乎已趋于平静。信徒与国家机构间的暴力冲突仅仅还偶有发生。由于取消了所有的国家资助，法国天主教会实质上被削弱了，但由于信徒们的 1087
自愿解囊以及来自私人的慷慨捐赠，它作为公共机构仍然屹立不倒。其对学校体系，特别是小学的影响大大减少。它因反对一切自由和左派的东西，对世俗力量构成一种挑战；由于神职人员支持反德雷福斯派，教会比以往任何时候都更成为反对第三共和国的“民族主义”反对派中的一部分。少数公开在德雷福斯事件中站在民主一方的天主教徒，由于政教分离政策完全陷入孤立，他们中的一些人又返回神职人员阵营。大部分忠于教会的天主教徒都是右派，其中不少人在 1905 年后——不顾夏尔·莫拉斯的“异教”倾向——加入了法兰西行动。

法国的文化斗争始于 25 年前，即 1880 年代初茹费理领导下的“机会主义共和国”，那时德国已经在全力以赴地调解与天主教会的冲突。有关政教分离的法案（法国文化斗争的立法结论）通过的同一年，在意大利，国家和教会之间的关系因教会放松对大选的抵制而出现缓和。“激进共和国”借助 1905 年 12 月法案采取的激进措施，不仅仅是对拿破仑反教权主义之“修订的修订”：政教分离法案结束了数百年的法国国家教会的传统——高卢主义，该主义在 1789 年以前和以后持续塑造了法国的历史。

凭借政教分离，第三共和国实现了其最重要的文化政策目标。通过取消 1801 年的政教协议，第三共和国回归到 1789 年的理念，没有哪个党派对此比极端派更满意，他们一向认为自己是雅各宾派的遗嘱执行人。战胜罗马教会是不可否认的，但

世俗的法国仍有理由提出以下问题：文化斗争的结局是不是也
1088 有惨胜的色彩？政治天主教被迫进一步向右转，“基督教民主党”的创建因此在很长一段时间内面临着不可逾越的障碍，这无论如何都不是对巩固共和国的一种贡献。

激进的反教权主义或世俗主义，在1905年被提升为一种国家理念，与之共同出现的是历史视野的狭窄化。在一个认为只有启蒙运动及其在法国大革命中的实施是进步的政治文化中，几乎没空间来思考使这两者成为可能的东西：正是原始基督教信息中的自由、颠覆，甚至是革命的内容。政教分离符合区分上帝与皇帝各自权力范围的逻辑：其中已奠定了世界世俗化和人类解放的基础。但1905年政教分离的形式对双方都意味着不可避免的损失。今天法国仍在承受这种历史对抗的后果。

就在国家与教会之间的战斗逐渐减弱之际，社会斗争急剧增加。1907年初夏，克列孟梭政府动用军队镇压法国南部起义的葡萄酒农的企图失败，因为派去的士兵加入了起义者行列。内阁对此事愿意妥协，但在另一件事上却表现出强硬态度：小学教师和邮政雇员罢工。政府的对策是出台禁止公务员罢工的禁令。1908年，巴黎地区的建筑和工业工人与政府派遣的保安力量间发生了严重冲突，造成三名工人死亡。法国劳工总联合会号召进行总罢工，却没有得到所希望的反响，但抗议变得更加激进，对抗议的镇压也更为血腥。1908年10月，克列孟梭在众议院大力攻击法国劳工总联合会，并得到全体内阁的支持：1908年1月起担任司法部部长的阿里斯蒂德·白里安（法国劳工总联合会的创始人之一，曾坚决支持作为无产阶级斗争武器的总罢工）和现任劳工与卫生保健部部长勒内·维维安尼（以前是让·饶勒斯的亲密战友）在议会中态度鲜明地站在总理一边。

1089 1909年7月，克列孟梭因不小心道破了1905年的摩洛哥危机而下台，从而结束了1902年孔布内阁开启的“左派集团”时代。（在他的建议下）其继任者是白里安，白里安仍正式以“独立社会主义者”的身份参选［第二年才积极参与了创建新政党共和社会党（Parti Republicain Socialiste），该党与其名称不符，是一个中间偏左的政党］。新内阁的政策中称得上是“社会”的只有一项为工人引进的退休金法案。新总理在选举问题上通过改弦易辙对社会主义者发起了挑战：与工人国际法国支部一样，独立社会主义者和白里安本人也表示要废除选举中的简单多数制，因为这种选举方式有利于农村和小城市，不利于大城市和产业工人，而比例代表制能更好地符合选民的意愿。但由于白里安依赖于极端派（这些人在中小城市有强大后盾，所以是维持现状的支持者），他保证一切不变。

1910年春季选举中胜出的仍旧是极端派。然而他们在议会中的势力遭到削弱，因为1910年7月众议院中第一次正式组成了议会党团：261名激进派议员中的112人（均为温和派代表）没有加入极端派新议会团体，而是构建了另一个中间偏左团体。右派和中间偏右团体的势力在议会中也变弱了，中间偏左和民主共和联盟的势力得到了加强。工人国际法国支部的力量也比以前强大，他们获得的选票首次超过了100万。

1910年秋，铁路工人的罢工震撼了法国。白里安政府下令强迫开工，让罢工半路夭折。总理在议会称罢工为“暴力犯罪行为”，社会主义者对此义愤填膺，他们提醒白里安不要忘记自己以前对总罢工的态度，也告诫劳工部长维维安尼不要忘本，这导致11月初总理辞职。在随后组成的白里安第二届内
阁中，前社会主义者维维安尼和米勒兰不再任职（后者曾任公 1090
共工程部长）。1911年2月，白里安再次被迫辞职。到第一次世界大战爆发，法国还经历了七个其他内阁，其中只有一个的执政期超过了12个月：普恩加莱的第一届政府，它从1912年

1月14日到1913年1月18日主导过这个国家的命运。

自布尔战争结束后，第三共和国的外交政策就以接近英国为标志。这个政策带有泰奥菲尔·德尔卡塞的印记，他在1898年6月至1905年6月间担任外交部部长。这位甘必大的前合作者不仅在柏林被视为德国的敌人，而且他就是德国的敌人。没有一位法国政治家甘愿接受失去阿尔萨斯和洛林的损失，但只有很少几位的政治行动像德尔卡塞这样受收复东部省份这一想法的驱使。德国通过其舰队政策刺激了法国外交部长，让后者认准了一个目标，即与英国结成反德联盟。

在实现此目标之前，德尔卡塞能够说服另一个欧洲大国接近法国：三国同盟中德国和奥匈帝国的战略伙伴——意大利。1900年年底，巴黎和罗马就各自在北非势力范围的划分签署了一项秘密协议。意大利志在必得的地域是利比亚，这块地方由于其地理位置似乎适合作为殖民补充空间。为了持续给意大利添堵，法国于1883年设立了受保护国突尼斯：它统治着从1848年起正式属于法国的阿尔及利亚，对摩洛哥亦有很大兴趣。法国承认意大利对利比亚的领土要求，意大利承认法国对摩洛哥的领土要求，没有什么比这更符合双方的利益。正是基于此双方在1900年12月达成秘密协议。

两年后，1902年11月，两个强权国家又缔结了另一个秘密条约：它们相互保证，不仅在第三方势力发起进攻的情况下（这与不久前续签的德奥意三国同盟并不矛盾），而且在由第
1091 三方势力挑衅引发战争的情况下都保持中立。这样三国同盟虽然没被取消，但大为贬值。这正符合意大利总理朱塞佩·扎纳尔代利的意图，他对哈布斯堡皇朝就像德尔卡塞对德意志帝国一样充满敌意。

以条约的方式与英国达成谅解不那么容易。法绍达对峙半年后，伦敦和巴黎虽然在1898年9月就它们在中非的势力范

围达成了共识，但这两个大国在北非的利益却难以调和，首当其冲的就是摩洛哥问题。直到英国认识到两点——一方面，其“光荣孤立”政策难以为继，另一方面，与英国最危险的对手威廉德国相互妥协只是一厢情愿——伦敦才愿意在新的基础上改善与巴黎的关系。唐宁街和外交部都希望，法国可以适度地影响其盟友俄国。亲法国王爱德华七世愿意亲自扮演亲善大使角色，1903 年 5 月他对法兰西进行了国事访问。两个月后卢贝总统就安排了回访。

1904 年初这两个大国未能阻止它们各自的盟友日本和俄国间的战争，因此它们更注重不要卷入东亚的冲突。出于同样的原因，双方认为早就该在世界各地（太平洋、加拿大西海岸、非洲和东南亚）划分出有约束力的各自的势力范围。1904 年 4 月 8 日签署的《英法协约》（*Entente cordiale*）之目的是一劳永逸地厘清此事。根据所公布的协约文本，其最重要的部分似乎是就暹罗（今天的泰国）所达成的相互理解：该王国应作为法属印度支那和缅甸（1886 年被英属印度吞并）之间的缓冲区保持中立。

然而，主要的内容却在一个绝密的补充协议中：法国承认英国对埃及的统治，这是伦敦于 1882 年违反法国的利益建立的。为此英国承诺，如果法国决定征服摩洛哥的话，不进行干涉。无论是从协约的正文还是从补充协议中，都读不出授权 1092
其在欧洲进行侵略战争的意思。但法国现在除了俄国、意大利（有条件的）又有了另一个协约伙伴，这加强了它面对德国的地位，后者在紧急情况下只能得到危机四伏的奥匈帝国的支持。英国亦然：自 1904 年 4 月起，它面对德国舰队的军备竞赛要比以前感觉更安全。

在北非，德尔卡塞 1904 年还取得了另一个成功：10 月，法国和西班牙就各自在摩洛哥的势力范围的划分达成共识。西班牙自16世纪末在那里的北海岸拥有飞地休达（Ceuta）和梅利利亚（Melilla）。与巴黎的协议商定，如果征服摩洛哥，马德里将得到几乎整个北部沿海地区；作为回报西班牙同意法国占领摩洛哥的其余部分，即主要部分。由西班牙控制摩洛哥北部，这也得到了英国的认可：伦敦想阻止法国直接落脚直布罗陀附近地区，英国方面并不反对西班牙统治这一地区。

当德国1905年3月以威廉二世对丹吉尔的闪电访问引发（第一次）摩洛哥危机时，《英法协约》在实践中也经受住了考验：英国（虽然只是在外交上，而不是出兵）站在其协约伙伴一边，这直接造成德意志帝国在1906年1月到4月召开的阿尔赫西拉斯会议上完全被孤立。德尔卡塞此时已卸任。总理鲁维埃认为其外交部部长的游戏太危险，所以他和德国大使一起合谋对付他，鲁维埃甚至向德国大使承诺解雇德尔卡塞。1905年6月6日他兑现了承诺，鲁维埃本人兼任外交部部长一职。

德尔卡塞的下台清楚地揭示了法国与德国当时的关系：前外交部部长念念不忘收复阿尔萨斯和洛林，认为与德国决一死战最终是不可避免的；相反鲁维埃不认为非得走这步棋不可，因此拒绝奥赛码头[①]老板在摩洛哥危机中那简直是“威廉式”
1093 的冒险政策。总理知道他身后有大部分法国人的支持：虽然德国人兼并阿尔萨斯和洛林仍被认为是不公正的，依旧令人心痛，但年轻一代明显不像老一辈那么渴望“复仇”，他们并非一定要与东边的邻国开战。此外人们在法国很清楚地注意到，根据1890年以来阿尔萨斯和洛林地区选民的选举行为只能得出一个结论：绝大多数人不再渴望重新回到法国的怀抱，而是追求在德意志帝国内能够获得完全平等的地位。在此背景下，德尔卡塞所推行的与德国硬碰硬的政策，并不像他所认为的那

① 法国外交部的别称，因其坐落在该码头附近。

么广受欢迎。当鲁维埃在摩洛哥危机白热化之际解雇外交部部长时，他也就并没有冒自己被剥夺权力的风险。

1905 年 9 月，鲁维埃与柏林缔结了一项秘密协议，在协议中他同意德国人就摩洛哥问题召开国际会议的要求，并重申了法国对与阿尔及利亚接壤的、谢里夫统治的独立东部拥有特殊权利。巴黎政府首脑却未接受德国的建议——加入一个反英的大陆联盟。1906 年 4 月，阿尔赫西拉斯会议结束工作时，鲁维埃已不再担任总理职务：由于国家与教会之间的冲突急剧升级，他被迫于 3 月 7 日辞职。在其继任者萨里安任期内，法国政治中的坚决亲英、反德派又占了上风。该派在政府内的著名代表有外交部部长莱昂·布尔茹瓦（Léon Bourgeois）、内政部部长克列孟梭、财政部部长普恩加莱和公共工程部部长路易·巴尔图。德国在阿尔赫西拉斯会议上受到孤立，基本上是巴黎新内阁与伦敦新自由主义政府间默契配合的结果，当时的英国首相是坎贝尔－班纳曼，外交部部长是爱德华·格雷爵士。

五年后的 1911 年 4 月，摩洛哥类似内战的动乱引发了第二次摩洛哥危机。鉴于其兄弟率领的反叛分子围困了首都非斯（Fez），摩洛哥苏丹穆莱·哈菲德（Mulay Hafid）请求法国援助，法国军队以保护那里的欧洲人为由，占领了非斯和拉 1094
巴特（Rabat）。在 1909 年 2 月的一项协议中明确承认过法国在摩洛哥利益的德国提出抗议，指出巴黎的行为有违阿尔赫西拉斯会议精神。为了加强其抗议的分量，柏林命令传奇的“黑豹”（Panther）号战舰出动：1911 年 7 月 1 日“黑豹”号开赴阿加迪尔（Agadir），这是在模仿美国 1904 年在里夫事件中的做法。威廉炮舰外交形式背后掩藏着外交部国务秘书阿尔弗雷德·冯·基德伦－韦希特尔（Alfred von Kiderlen-Wächter）的战术意图：让法国割让法属刚果，它将构成未来德国殖民帝国在中非的核心。

国际上的反应对德国是毁灭性的。英国立即站在其受到威胁的协约伙伴一边。经过与阿斯奎斯首相和外交大臣格雷协商后，7 月 21 日财政大臣劳合·乔治在伦敦市长官邸（Mansion House）的一次演讲中警告德国，英国虽然热爱和平，但不会“以耻辱为代价，对我们这样的大国来说这是无法容忍的”。这样德国人的战争威胁招致的就是英国人的相应威胁。为了证明这并非戏言，英法两国的总参谋部为可能发生的战争制定了联合行动计划，其中包括一旦开战英国军队将马上投入战斗的部署。

在这种情况下，巴黎看不出有任何理由屈服于德国人的压力，向其割让法属刚果。相反，基德伦 - 韦希特尔决定大幅削弱德国的赔偿要求。在（绕过奥赛码头）与愿意妥协的卡约总理的秘密谈判中，德国宣布同意法国将摩洛哥设立为受保护国。法国做出的相应让步则相对较小：巴黎向柏林方面保证德国在摩洛哥会获得经济上的最惠国待遇；德属喀麦隆在东部和南部经（经济上大部分毫无价值的）法属赤道非洲部分得到扩张，包括可以抵达沙里（Schari）和刚果河的通道。作为补偿
1095 法国得到了德属多哥的一小部分。1911 年 11 月 4 日双方签订《摩洛哥—刚果条约》（*Marokko-Kongo-Vertrag*）。

稍后将会进一步论述德国右翼对第二次摩洛哥危机结局的愤怒反应。在法国同样出现了激烈反对卡约妥协的民族主义抗议。条约虽然于 12 月在众议院以多数票——幸好社会主义者弃权——得到通过，然而在参议院，有关总理秘密谈判的细节被披露，这导致总理的声誉严重受损，因此，他在 1912 年 1 月 10 日众议院对其启动不信任动议后不得不辞职。

接替他的是民主共和联盟的雷蒙·普恩加莱，他同时还接任了外交部部长一职。普恩加莱在反德立场方面毫不逊色于德尔卡塞，但比他谨慎得多，后者在新内阁中与在前两届政府中

一样，负责海军部的工作。虽然普恩加莱反对卡约所执行的面对德国准备妥协的路线，但他遵守其前任商定的协议。1912年3月，德法条约获得批准。不久苏丹穆莱·哈菲德同意法国将摩洛哥设为受保护国。11月，法国根据1904年10月的协议将北部沿海地区割让给西班牙。苏丹承认摩洛哥之法国受保护国的地位，并不意味着法国控制了这个国家。1912年4月在非斯发生的犹太人和欧洲人之间的一场流血事件，导致苏丹被迫退位，取代他的是一位温顺的继任者。足足花了两年时间，内陆的叛逆部落才被镇压下去。摩洛哥的安定要比1830年后的阿尔及利亚成功得多，这主要归功于第一任法国总驻扎官和部队总指挥于贝尔·利奥泰（Hubert Lyautey）将军，只要情况允许他就使用间接统治的方法，注重建立有效的管理机构、办学校和建医院。

至于与其他大国的关系，普恩加莱的政策尤其在如下方面
与上一届政府不同：新总理努力加强与俄国的盟友关系，这一 1096
关系在极端派的统治下，也包括中间偏左政治家卡约统治下，明显降温——资产阶级和无产阶级左派视沙皇帝国为极端反动的政权，认为俄法联盟不过是权宜之计。相反，普恩加莱是个彻头彻尾的“现实政治家”，他不会给意识形态上的厌恶留下游戏空间。1912年7月，他与俄国缔结了新的军事条约，并首次签署了一项海军协定。8月他在出访圣彼得堡时明确向沙皇和俄国政府保证，法国在发生袭击的情况下将履行其各项条约义务。

对普恩加莱而言（内政上毫无异议的）与英国的结盟同样重要。1912年11月，两大国间以英国外交大臣格雷和法国大使保罗·康邦通信的方式，就一项严格保密的海军协议达成共识，预设了彼此间的分工：在战争情况下，英国舰队应在北海和英吉利海峡作战，法国负责的重点区域在地中海。大不列颠

坚持认为这不意味着援助承诺。但战争情况下的一种军事伙伴关系自 1912 年 11 月起变得比以前更有可能。如果这一年年初伦敦尝试与德国就舰队军备达成协议没有失败的话，英国也不会轻易与法国签订这一协议：陆军大臣霍尔丹在柏林的使命下面还会提到。

1913 年 1 月，雷蒙·普恩加莱辞去总理职务，但不是由于不信任动议，而是因为他作为中间派和右派的候选人当选了至少在外交礼节上更高的职位：共和国总统。当时 52 岁、来自巴勒迪克（Bar-le-Duc）的这位律师是资产阶级的“典型”代表，从一开始他就决心要比自己的前任们有更多建树，尤其要超过 1906~1913 年担任共和国总统的政治上的无党派人士阿尔芒·
1097 法利埃。自 1877 年的麦克马洪危机以来，共和国的总统们没有再充分利用职权。普恩加莱也未想到，在没有发生巨大灾难的情况下使用总统权力中最具政治爆炸性的权力——解散议会。但鉴于大多数政府在执政几个月后就下了台的事实，他想运用总统职位为稳定性、连续性和权威性提供一个避风港，以便平衡臭名远扬的薄弱内阁。加强行政机构，不惜以牺牲立法机构为代价，出于外交政策原因他在该领域作为国家元首［在其密友莫里斯·帕莱奥洛格（Maurice Paléologue）——外交部政治部主任——的帮助下］把缰绳牢牢掌握在自己手中，无论谁正在担任总理或外交部部长。因此如果说普恩加莱当选总统在第三共和国的历史中标志着一个转折点和默默的宪法变迁，那是丝毫都不夸张的。

普恩加莱总统上任后在外交方面烧的三把火包括：任命粗暴反德和坚定亲俄的泰奥菲尔·德尔卡塞为驻圣彼得堡大使，随后对伦敦、1913 年秋对马德里进行国事访问。国内政策方面最具争议的是 1913 年的《三年兵役法》（*Loi des Trois ans*）。6 月 30 日，德意志帝国议会决定按照帝国领导的要求，逐步扩军 136000 人，到 1915 年 10 月部队人数应增加到 816000 人。法国政府——巴尔图内阁的对策是：把武装力量从 480000 人增加到 650000 人。鉴于两国在人口数目方面的差距（德国当时超过 6500 万，法国不到 4000 万），这个目标实现的前提是，将 1905 年 3 月才从三年减至两年的服役期再恢复为三年（在德国，步兵的服役期从 1893 年起为两年）。

该法案极具争议：社会主义者和工会激烈反对，前不久弃中间偏左阵营加入极端派的卡约也属于最坚定的反对者。尽管如此，1913 年 7 月 19 日和 8 月 7 日众议院与参议院对《三年兵役法》分别投了赞成票。但是，卡约竭力支持的累进所 1098
得税的引进，却因为喜欢作梗的右派的强硬反对而失败。巴尔图政府在 12 月初垮台。“合乎逻辑的”继任者本该是约瑟夫·卡约，但普恩加莱绝不想任命他。取而代之的新总理是投票赞成新兵役法的激进参议员加斯东·杜梅格（Gaston Doumergue）。卡约接手了财政部。

1914 年 4 月和 5 月，议会选举在即。在普恩加莱的推动下，竞选中形成了以白里安和巴尔图为首的“左翼联盟”（Fédération de la gauche）。名实不副的是，该联盟其实是个中间派团体。左翼方面卡约领导的极端派与饶勒斯为首的社会主义者结盟。他们的反民族主义和反军国主义宣传——也针对普恩加莱——卓有成效。因为没有相关当选者所属党派的官方统计，有关席位分配的信息不尽相同。毫无疑问，激进社会主义者依然是最强的议会党团，然而选举的真正赢家是工人国际法国支部，其议席从 68 个增加到 104 个。赢得 23 个席位的白里安的左翼联盟属于输家，极端右派亦然。在新众议院中左派成为多数已是不争的事实。

6 月 9 日，勒内·维维安尼成为新总理，其内阁激进派部长们多为独立社会主义者。这样，一个“右翼”总统现在面对一个“左翼”政府：这种格局在几十年后的第五共和国被称作“共栖”（cohabitation）。维维安尼愿意继续实行三年兵役制。作为回报，普恩加莱和右翼不再反对引进累进所得税；社会主义者对此也无异议，该提案在上下两院均获得大多数票。维维安尼政府上台还不到三周，6月28日在遥远的萨拉热窝就响起了将会改变世界的枪声。五周后法国与德国交战。[30]

## 民主化与扩张：焦利蒂时代的意大利 1099

如果说法国与英国和德国相比，在20世纪初仍旧是一个农业国的话，那意大利更是如此，以其1911年不足3500万的居民来说它是最小的欧洲强权国家（俄国的欧洲部分当时有1.22亿居民，德国6500万，哈布斯堡帝国5100万，英国4100万以及法国3900万）。1911年意大利人口的55.4%仍然从事农业劳动（比1901年减少4.1个百分点），而工业从业人员达26.9%（增加2.4个百分点）。1908年，在国民个人收入中，农业和工业所占的比例分别为43.2%和26.1%；1900年相应份额还分别为51.2%和20.2%。在这么短的时间内所发生的变化证明，亚平宁半岛在20世纪初发生了迅速的结构变化：意大利在1895~1900年经历了其工业革命。

从国家的角度看，保护性关税和直接补贴促进了重工业的发展——该行业的生产成本比世界市场价格高得多——从而使其成为增长最快的行业。1890年代后半期在皮翁比诺（Piombino）和厄尔巴出现了钢铁厂，1899年乔瓦尼·阿涅利（Giovanni Agnelli）在都灵创建菲亚特汽车厂。丝绸业仍是雇员最多的行业，其出口量也大大超过钢铁业，但与后者不同它却很少能从保护性关税中获益，反而从中受到损害。化学、金属加工和机械工业等增长性部门的情况也大同小异。大多数企业还是小企业，而且工业化仍旧主要是意大利北部和中部的现象。农业的意大利南方继续遭受其结构性欠发达的痛苦并提供了大部分移民：仅仅在1905年就有50万意大利人背井离乡，他们中的大多数人去北美和南美找工作。农业作为整体
为资本积累做出了重大贡献，这才让工业化成为可能。新型的 1100
“混合银行”（Banca mista）也是如此，它们直接参与投资大型联合企业（如在钢铁行业运作的商业银行）。

从政治上看，意大利工业革命的时间（同时也是一战前的美好年代）大部分落在“焦利蒂时代”。皮埃蒙特人乔瓦尼·焦利蒂（Giovanni Giolitti）在1883年成为议会议员前曾做过公务员，1892/1893年首次担任首相；1901年2月到1903年5月他在扎纳尔代利的第一届内阁中出任内政大臣；扎纳尔代利在1903年11月去世后，他接任其首相和内政大臣职务。直到1914年，他一直是意大利政坛的核心人物；仅在1905/1906年和1910/1911年，其他自由派阵营的政治家们短暂担任过政府首脑。

焦利蒂这位自加富尔以后意大利最重要的政治家，其政治立场中间偏左。对其政策可以使用一个20世纪下半叶的概念：他尝试“向左开放”（apertura a sinistra），方法是将工人运动中的改良部分整合进意大利的政治。只有当国家在工资纠纷上不是从一开始就站在企业家一方，而是在雇员和雇主之间扮演诚实经纪人的角色时，这个目标才能实现。意大利工人的工资与欧洲其他工业发达国家相比极低，普遍存在的对无政府主义暴力的偏好与这个国家的社会苦难和工业落后密不可分。由于焦利蒂意识到这些关联，他将罢工期间使用警力的情况限制在严重违反法律的情况下，从而至少减少了执法人员使用枪支的冲突数量。此外，焦利蒂政府还通过了限制妇女和儿童工作、假期和夜间工作的法律，改善了退休金状况并设立了国家劳动局。

1101 抵制新的社会补偿政策的是实业家们，他们与焦利蒂不同，不愿领会较高的工资和更好的工作条件其实是符合企业家——尤其是波河河谷和南意大利的大地主们——不容忽视的自身利益的。1902年，在波河河谷的稻田里讨生活的短工、农业工人和半佃农们（mezzadri）的罢工行动——他们组成了类似工会的“联盟”（lighe）——被有组织的破坏罢工者团体残酷地破坏了；同年秋天，警方在阿普利亚（Apulien）和西西里岛向罢工者开枪，其后果是随后有组织的区域性犯罪网如黑手党和克莫拉（Camorra）得以继续扩大它们的权势。农民工和与他们联盟的小农的失败，导致他们之中的许多人更愿听信社会党和工会中激进分子的话，后者对逐步改善社会状况已丧失感兴趣，他们寄希望于一次总罢工的解放性效果——乔治·索雷尔1906年在其《论暴力》一书中提到的“直接行动”。在这本同样反改良和反议会的书中他把无产阶级的斗争提升为神话。

社会党党内对焦利蒂政府的态度意见不一。以党的领导菲利波·图拉蒂为首的改良派同意进行立法合作，在条件合适的情况下也准备派人入阁。激进派或称“整体主义者”（Integralisten）聚集在革命工团主义者、媒体人阿图罗·拉布里奥拉和刑法学教授恩里科·费里（Enrico Ferri）身边，他们主张坚定不移地推行反政府政策，从而代表着第二国际在1900年9月巴黎大会上所制定的路线，即《考茨基决议》。当焦利蒂1903年11月邀请图拉蒂入阁时，激进派已经足够强大，他们成功地促使党的头号领导拒绝了这一邀请。1904年4月，他们在博洛尼亚党代表大会上获得多数。

五个月后，1904年9月意大利举行首次总罢工，起因是警方多次在撒丁岛和西西里岛向示威者为所欲为地使用暴力，具体情况在论述第二国际的章节已经提到。在焦利蒂保证今后 1102
警方不再向罢工或示威的工人们开枪，并不再在这类情况下使用军队后，罢工才终止。激进分子感到自己是赢家，但在焦利蒂安排的1904年10月选举中，社会主义者遭到了回击：他们的代表人数从33个下降到27个。

1904年10月的选举还带来了另一个长期性的重要变化：教宗庇护十世放松了1874年的《不参政》（*non expedit*）诏

书规定，即禁止天主教徒参加选举。首先为了创造抗衡社会主义者的力量，教宗允许新组建的天主教选民组织——天主教选举团提出自己的候选人，他们中的一些人确实进入了议会。另一方面，神父罗莫洛·穆里（Romolo Murri）把他创建的民主民族同盟（Lega democratico-nazionale）转变为一个基督教民主党的尝试却没有成功：同盟遭到教宗禁止，穆里在1909年被逐出教会。而选举团并非一个独立的政党，它只是庇护十世授权保障教会利益的一个协会。这位反现代主义的教宗是不允许超过此界限的。

第一次总罢工两年后，以图拉蒂和莱奥尼达·比索拉蒂（Leonida Bissolati）为首的改革派至少在表面上成功地将工会置于其控制下：新成立的总劳工联合会（Confederazionegenerale del lavoro）的领导者是纯粹的改良派。但这个时期，工团运动在产业工人、农业工人和小农中找到很多追随者。1908年5至7月，意大利帕尔马附近的农业工人先后举行了罢工，历时数月，罢工由阿图罗·拉布里奥拉和阿尔切斯特·德阿姆布里斯（Alceste De Ambris）组织，前者四年前就曾呼吁进行总罢工，后者是帕尔马工会秘书长。正是这些罢工，让经哲学家贝内德托·克罗齐（Benedetto Croce）介绍而在意大利闻名的乔治·索雷尔的《论暴力》一书首次产生了实际效果。

宣传索雷尔思想的工团主义报纸中最积极的工作人员之一，是来自弗利（Forlì）的年轻党委书记贝尼托·墨索里尼，他曾在艾米利亚-罗马涅（Emilia-Romagna）当过老师。在索雷尔那里他找到了自己所寻找的东西：一种可应用于许多领
1103 域的暴力劳动生产力理论（Theorie der Produktivkraft der Gewalt）——这种理论似乎可以调和马克思的阶级斗争和尼采的超人学说，而且能迅速付诸社会实践。1908年的罢工提供

了示范演练的机会，其结果是负面的。罢工以农业工人的失败而结束，在社会党内发挥了有利于改良派的作用：1908 年 9 月在佛罗伦萨的党代表大会上，改良派赢回了四年前失去的多数。

在政治谱系的另一端，极右派在 1900~1914 年间亦发生了影响深远的变化。新浪漫派诗人加布里埃尔·邓南遮（Gabriele D'Annunzio）——男超人的颂扬者，在其《海外歌曲》（*Canzoni dòltremare*）中反对“小意大利”（Italietta），即焦利蒂时代的中庸之道。以菲利波·托马索·马里内蒂（Filippo Tommaso Marinetti）——1909 年发表的《未来主义宣言》（*Manifesto futurista*）的作者——为首的未来主义者们不仅要求告别被认为是软弱和无聊的焦利蒂时代的议会主义，而且要求与所有各种传统决裂；相反他们宣传一种动态和危险的生活，这种生活利用现代科技的一切手段，旨在建立一种新的英雄般的秩序。对于朱塞佩·普雷佐利尼（Giuseppe Prezzolini）和他 1908 年创办的《声音》（*La Voce*）杂志而言，由焦利蒂所代表的资产阶级“实证主义”是敌人，只有一种新的、战斗的唯心主义才能战胜它，后者的首要任务是：为意大利的民族觉醒服务。

“民族主义”作为一个战斗概念最早出现在 1903 年 11 月新创办的《王国》（*IlRegno*）杂志的一篇纲领性文章中。根据这篇文章民族主义是对“卑鄙社会主义”（ignobile socialismo）的回答。《王国》杂志的出版人之一是恩里科·科拉迪尼（Enrico Corradini）。1910 年 12 月 3 日，他在佛罗伦萨的维奇奥宫（Palazzo Vecchio）创立了意大利民族主义协会（Associazione Nazionalista Italiana），战前意大利民族主义者的战斗协会，存在 12 年，最后于 1923 年 3 月并入墨索里尼的国家法西斯党（Partito Nazionale Fascista）。在创始大会的邀请函中提出的重新统一的目标有：加强国家主权，扩大贸易，传播意大利文化和制定更果断的殖民政策。

1104 科拉迪尼在佛罗伦萨的演讲题目是纲领性的，令人对其内容一目了然："无产阶级：社会主义；民族无产阶级：民族主义"。无产阶级民族和资产阶级民族之间的区别是根本性的，科拉迪尼把意大利和日本归类为无产阶级民族，它们必须像无产阶级那样为自己的权利而斗争；阶级斗争被提高到国际层面，民族主义成为更高秩序中的社会主义，从某种意义上说民族主义扬弃了无产阶级社会主义。根据科拉迪尼的观点，民族主义向民族宣告了其必胜的意志，就像社会主义起初对并无自觉意识的无产阶级宣告其必胜意志一样。这种胜利自然也意味着军事胜利。"让战争开始吧！让民族主义在意大利唤醒赢得战争的意志吧！"

与泛德意志同盟一样，意大利民族主义协会特别重视海外同胞，尤其是南美洲的意大利人。套用西哀士神父那句有关第三等级的名言，科拉迪尼断言，意大利人的工作对阿根廷意味着一切，意大利人在那个国家却毫无地位可言。像莫拉斯一样，科拉迪尼借助回忆召唤古代的辉煌："我们巨大的遗产是古典时期。"与法兰西行动同样，意大利民族主义协会反对共济会、自由派和左派。但与法国民族主义者不同，科拉迪尼和他的追随者钦佩德国，因为这个国家有一支纪律严明的军队，渴望赢得国际地位的意大利在这方面也该以其为榜样。

因此，对意大利民族主义协会来说与德意志帝国的联盟是唯一自然的事情；另一方面它与奥地利的关系却存有芥蒂，因为哈布斯堡帝国仍然统治着意大利"尚未夺回的"的领土如特伦蒂诺、的里雅斯特和伊斯特里亚，这些都是"意大利应该收复的失地"。然而科拉迪尼并未像埃托雷·托洛梅伊（Ettore Tolomei）那么极端——后者是一位来自罗韦雷托（Rovereto）的高中老师，他给自己定下的终身任务是，证明几乎纯粹说德语的南蒂罗尔（Alto Adige[1]）地区的意大利特征，目的是能以这种方式论证以布伦纳山口作为边界线这一要求的合理性。

但是，收复故土主义只是新意大利民族主义的一个组成部 1105
分。同样重要——如果不是更重要的话——的还有扩大意大利在海外的影响力，尤其是在隔海相望的北非海岸。科拉迪尼在民族主义协会创始大会上解释说：“让我们假设，离我们最近的非洲是意大利人的。您认为国内的西西里问题还会是今天这样的吗？我还要问：您认为整个南部和整个意大利的情况是一样的吗？倘若非洲是在意大利而不是法国的统治下，您认为西西里和意大利南部还会是现在这种生存条件吗？但岛上的整个生活都将通过意大利统治扩展到狭窄的海洋对岸而再度逼近并适应半岛。那整个岛和半岛南部的生活将会再次热气腾腾，许多所谓的内部问题——它们仍在阳光下腐烂，而我们也会随之腐烂解体——肯定会得到解决。一旦把这些问题当作外部问题，它们将会被解决。”

在意大利民族主义协会创立九个月后，社会帝国主义的战争言辞就变成了血腥的现实。1911 年 9 月 29 日意大利向奥斯曼帝国宣战（在后者没有屈服于罗马的最后通牒后），其理由难以令人信服——不战无法有效保护意大利在利比亚的利益，利比亚是土耳其在北非的最后一块领土。意大利为此次行动事先在外交方面做好了准备：在 1900 年年底就双方在北非的势力问题与法国达成共识后，1909 年 10 月意大利又与俄国签署了一项秘密协议，就两国对巴尔干和地中海的利益取得一致意见。此外还有与法国 1902 年 11 月缔结的一项秘密的中立协议。1911 年秋，有两个外交政策方面的因素让意大利的攻势变得格外容易：青年土耳其党人（Jungtürken）1908 年 7 月

① 该地区的意大利语名称。

暴动后的最初几年，奥斯曼帝国内部虚弱；第二次摩洛哥危机直到1911年11月吸引了欧洲列强的全部注意力。小心谨慎的焦利蒂和其外交大臣迪·圣朱利亚诺侯爵（Marchese di San
1106 Giuliano）不太可能在不这么有利的条件下就冒险开战。

坚决敦促开战的首先是民族主义者，领军人物有议会领袖路易吉·费代尔佐尼（Luigi Federzoni），和银行，尤其是以总裁埃内斯托·帕切利（Ernesto Pacelli）为首的罗马银行，这家银行在利比亚有很多业务。诉诸武力还得到了大多数报纸在政治宣传方面的支持，包括《晚邮报》（*Corriere della Sera*）、《意大利日报》（*Giornale d'Italia*）、《新闻报》（*Stampa*）、《论坛报》（*Tribuna*）和最卖力的意大利民族主义协会周刊《民族理念》（*Idea Nazionale*）。议会中的资产阶级党团几乎全部赞成开战，社会主义者则激烈反对战争：贝尼托·墨索里尼和更年轻的彼得罗·南尼（Pietro Nenni）组织了一系列激动人心的抗议活动，如占领铁路轨道以阻止输送兵力。

殖民战争在工人和农民中是不受欢迎的，“战争热情”仅存在于意大利的资产阶级和知识分子中。只有这些人才相信民族主义者的论点，认为意大利需要利比亚作为定居空间，以防止人们长期移居海外。意大利南部激进的加埃塔诺·萨尔韦米尼（Gaetano Salvemini）的清醒反对意见（很快被证明是言之有理的）却被置若罔闻：利比亚是一个巨大的“沙箱”，这场战争因此是一种错误的投资。对焦利蒂政府而言，开战不是为了解决定居问题，对他们至关重要的除了银行利益外，还希望在外交上斩获威望。当法国与德国仍在争夺摩洛哥和中非时，“起步晚了”的民族国家意大利希望在利比亚造成既成事实，让数十年的“瓜分非洲”行动能以殖民地政治方面弱势之意大利的巨大成功而结束。如果政府的这步棋成功的话（看上去似乎没有不成功的道理），那么这也有利于它解决内政问题。

当意大利部队在的黎波里塔尼亚（Tripolitania）和昔兰尼加（Cyrenaika）意外遇到强大抵抗时，为了强迫敌人投降，军事行动被扩展到地中海区域东部：海军占领了土耳其罗得岛（Rhodos）和多德卡尼索斯群岛（Inseln der Dodekanes）①，后者也属于奥斯曼帝国。1912年夏，一件在整个欧洲引起紧张不安的事帮了意大利人的忙：（第一次）巴尔干战争爆发， 1107
起因是阿尔巴尼亚人反抗土耳其的统治。为了避免腹背受敌，高门决定与意大利讲和。1912年10月18日，在洛桑附近缔结的《奥奇和约》（*Friede von Ouchy*）中，伊斯坦布尔同意割让的黎波里塔尼亚和昔兰尼加，意大利则承诺从罗得岛和其他被占领的岛屿撤军，但并未兑现此诺言。与利比亚当地阿拉伯人的战斗在和约缔结后并没结束。动乱以游击战的形式在继续，迫使意大利继续在地中海另一边驻扎强大的军队。

利比亚战争的国内政治后果之一就是社会党内发生了一场严重危机。1911年春，焦利蒂经过一年的中断后再次出任首相，邀请改良派的莱奥尼达·比索拉蒂［如今是党报《前进报》（*Avanti*）的总编辑］入阁未果。接下来首相的政策与社会主义者的设想非常接近。这包括提高公立小学的公共开支，把寿险转入国有垄断机构，尤其是战前不久焦利蒂所宣布的全面选举改革，后者没有哪个党像社会主义者这么念念不忘。在这种情况下与政府宣战，一些改良主义者认为不合时宜，即使他们反对战争。正是因为这个原因，改良派议会领袖比索拉蒂和伊瓦诺埃·博诺米（Ivanoe Bonomi）违背图拉蒂的意志，为政府要求的战争债券投了赞成票。

在1912年7月雷焦艾米利亚（Reggio Emilia）的党代表大会上对持异议者进行了清算。激进派再次赢回了四年前失去

① 又译十二群岛。

的多数；博诺米和比索拉蒂被驱逐出党。取代克劳迪奥·特里夫斯（Claudio Treves）在《前进报》编辑部工作的是图拉蒂最亲密的合作者墨索里尼，后者在短时间内就将该报的发行量提高了两倍。议会中的社会主义者团体发生分裂：其 42 名成员中的 17 名加入了比索拉蒂和博诺米创办的意大利社会主义改良党（Partito Socialista riformista Italiano）。

1108 极右派对战争的结局也不满意，他们赞同彻底粉碎奥斯曼帝国，"现实政治家"焦利蒂仅仅因为国家在巴尔干的利益就无法满足这种要求。左派和右派的反对并没有危害到焦利蒂政府最重要的国内施政愿望：选举改革。1912 年 5 月 25 日众议院和 5 月 29 日参议院通过的法案几乎给意大利带来了普选权：今后所有年满 30 岁或服过兵役者均可参加众议院选举，但第二类人必须至少年满 21 岁。文盲亦有投票权，上一届卢扎蒂（Luzzatti）内阁没有想给这类人选举权。这样一来，人口总数中符合条件的选民人数就从 330 万增加到 870 万，从 9.5% 上升至 24.5%。

选举改革对意大利意味着向议会民主政体类型转变方面的突破。剩下的限制存在于与年龄有关的选举权差异，将妇女排除在选举权之外，以及事实上参议院成员仍由国王任命。但类似的限制其他议会君主制国家也有，尤其是英国。在选举权方面意大利现在几乎像德国一样民主，与德国不同的是，意大利长期以来就实行议会制度的责任制。

根据宪法，意大利王国从 1912 年起就实行"西方"民主。但宪法实际却不是这样。没有人能够预测文盲大众将会如何行使选举权。得益于焦利蒂时代各届政府的努力，意大利人中不能读写者的数字从 1901 年到 1911 年已显著下降［在西西里从 71% 降到 58%，在阿普利亚从 70% 降到 59%，在坎帕尼亚（Kampanien）从 65% 降至 54%，按全国平均计算则从人口中的 57% 降至 46% ]。不过，意大利南方仍然十分落后，很难把战前的意大利毫无保留地算作“西方”社会。

另一重困难是忠于教会的天主教徒在“上面”的命令下对选举进行了长达几十年的抵制。在定于 1913 年 10 月底的众议 1109
院选举前几个星期，应教宗庇护十世的要求，以天主教选举团主席——温琴佐·奥托里诺·真蒂洛尼（Vincenzo Ottorino Gentiloni）伯爵的名字命名的《真蒂洛尼协议》（*Patto Gentiloni*）达成。其中，这个世俗组织（教会则通过它）许诺支持自由派候选人，这些候选人相应地要把天主教会的一些要求（包括在学校和家庭政策方面）当作自己的事来推动。选前的这项秘密协议是针对天主教教会的“主要对手”——资产阶级和无产阶级左派的，在此意义上教会也发挥了其作用。在 330 个选区，1874 年的《不参政》令被取消；在 178 个选区该令被保留，这些地方在《真蒂洛尼协议》后没有做出新约定。

参加 1913 年 10 月 26 日选举的有 510 万人，即 60.4% 的符合条件的选民。选举结果从表面上看是焦利蒂政府的胜利，一共 508 名议员中的 304 名属于不同的自由派团体，因此可能被视为“支持政府的”。社会主义者获得 79 个议席，其中 52 个属于社会党，19 个属于新成立的改良党，8 位议员是独立社会主义者，包括阿尔切斯特·德阿姆布里斯和阿图罗·拉布里奥拉。资产阶级方面，“激进”或共和党左翼得到 90 个议席，这样所有左派一共拥有 169 名议员。民族主义者只获得 6 个席位。天主教选民团提出 48 个自己的候选人，其中 20 人当选；此外还有 9 位天主教保守派议员。梵蒂冈报纸《罗马观察报》（*Osservatore Romano*）满意地确认，有 228 名议员是在天主教教会的支持下当选的，另有 100 多名候选人在两轮选举中依靠天主教徒的支持战胜了颠覆派各党（partiti sovversivi）。在西西里还有来自其他方面的帮助：许多亲政府的候选人是依靠黑社会的支持获胜的，正如乔治·坎代洛罗（Giorgio Candeloro）在其《现代意大利史》（*Geschichte desmodernen Italien*）第七卷中所指出的。

然而，政府多数并不像看上去那么强大。正如历史学家朱利亚诺·普罗卡奇所述，政府缺乏内部凝聚力。“它的议员们有些是通过与天主教做交易而被选出凑在一起的，有些是年老的、不屈不挠反对神职人员的，有些是‘年轻的自由主义者’，
1110 他们作为新流派对民族主义怀有强烈同情并构成其独裁倾向的主要力量，最后还有那些习惯于忠于政府、坐在后排的议员，他们今天追随焦利蒂，明天则会追随其继任者。”

当真蒂洛尼 11 月 8 日在接受《意大利日报》采访时披露以其名字命名的协议的秘密，并将该协议鼓吹为自由方案时，左翼的反应是义愤填膺。大约 150 名议员否认他们曾向天主教徒做出过任何承诺。1913 年 11 月 27 日，拉布里奥拉在众议院发言称“焦利蒂状态”已结束。现在有一个天主教徒的、一个社会主义的和一个帝国主义的意大利。意大利在 1913 年遭受的经济危机影响了议会的选举，焦利蒂的多数派已经消失。拉布里奥拉称帝国主义是一个巨大的新事实，它根据资本主义（而且不再是以个人竞争，而是以卡特尔为特征的资本主义）的要求与民族主义融合在一起。“资本主义变得更加暴力，国家出口的不再仅仅是货物，而首先是资本，它想在其输出资本的地方得到保护……什么是帝国主义？它是资本输出国的现象，这个国家让自己的军事力量为自己的资本输出服务。”讲话的精髓是，由于帝国主义的转折焦利蒂的自由主义已失去作用。与社会主义者的合作，就像与利比亚开战前那样，已经不可逆转地俱往矣。

1914 年 2 月初，激进派在罗马召开的党代表大会上决定成

为政府的反对派。此后不久，焦利蒂政府在一项提案（民事婚礼与教堂婚礼比享有优先权）的投票中遭到失败。尽管3月初内阁在另一个重要问题——支付利比亚战争费用的法案——上再次获得多数，焦利蒂仍决定辞职。他大概设想，一旦情况需要，议会会像近年来已经两次发生过的那样，请他回来重新掌舵。1914年3月21日，焦利蒂辞职11天后，他推荐的安东 1111
尼奥·萨兰德拉（Antonio Salandra）接替了他的首相职位，这位右翼政治家属于自由主义者中的民族主义派。

新内阁必须面对的第一个挑战是1914年6月初的“红色一周”（settimana rossa），这是由马尔凯和罗马涅的骚乱引起的，社会党在墨索里尼的积极参与下以此为由呼吁工人进行无限期的总罢工，并与国家对抗。工人，甚至工会都不愿意响应号召，但萨兰德拉政府与保守的意大利一样恐惧革命的爆发，政府派出10万人恢复骚乱地区的秩序，几天之内这种努力也获得了成功。

如果说还缺乏一个证据，证明焦利蒂在过去几年中向左开放的努力已经失败，那么“红色一周”就提供了这一证据。第一次世界大战的前夜，意大利已不再像焦利蒂时代开始时那样众志成城。利比亚战争没有带来所希冀的这个国家的民族团结，选举的民主化反而让社会的分裂比以前更加明显。带有焦利蒂印记的“转型”在1911年转变为帝国主义，战争增强了保守势力。最晚从1914年6月事件开始，在可预见的未来不可能再有自由主义的改革政策已是确定无疑。[31]

## 从巴塞罗那到巴塞尔：进步的非同时性（二）

如果说与英国、德国和法国的社会相比，意大利在20世纪初还是一个比较落后的国家，那么西班牙的情况无疑就更是有过之无不及。西班牙居民人口从1875年的1650万增长到1902年的近1900万，这段时间的文盲比例从75.5%下降到66.5%。1900年前后，近70%的西班牙人以农业为生；一半人口（50.9%）居住在居民5000人以
 下的小地方。工业化基本上局限于巴斯克（Baskenland）和加泰罗尼亚（Katalonien）地区，即集中在比斯开湾（Biskaya）的生铁生产和粗钢生产行业；成品业包括木器加工、橄榄油生产和纺织品制造，它们集中在加泰罗尼亚和地中海沿岸。最大的工业中心是巴塞罗那，工业生产的40%聚集在那里。

经济的落后也体现在社会抗议的形式上。1879年由巴勃罗·伊格莱西亚斯（Pablo Iglesias）创立的西班牙社会主义工人党（Sozialistische Arbeiterpartei Spaniens）、西班牙工人社会党［Partido Socialista Obrero Español，简称工社党（PSOE）］和九年后成立的工人总同盟［Unión General de Trabajadores，简称工总（UGT）］以合法与和平方式为工人的政治解放和其经济与社会地位的改善而斗争，但只能在巴斯克地区、阿斯图里亚斯、马德里和安达卢西亚部分地区赢得较多工人的信任，在加泰罗尼亚它们只有少数成员。

改良派最激烈的竞争对手依然是无政府工团主义者和无政府主义者。前者的工作重心在工业化的加泰罗尼亚，并相信总罢工是工人们实现自己要求的万能武器；后者的追随者主要是农业工人、小农和以大规模农庄为主的安达卢西亚的工匠们。秘密组织“黑手”（La Mano Negra）类似于俄国的民粹派，想用恐怖手段来实施社会革命。该组织发动起义、实行个人暴力直至进行政治谋杀；他们寻找的牺牲品是那些被他们认为

引起贫困和苦难的始作俑者——大地主、国家权力的代表和神职人员。1910年无政府主义者和无政府工团主义者联合组建了全国工会组织——全国劳工联盟［Confederación Nacional del Trabajo，简称全劳联（CNT）］，不久它就上升为全国最大的工会组织。

在政治上，1875~1902年间西班牙处于波旁王朝“复辟”期。此前1873/1874年曾有过短暂的共和插曲：那是因为1870年由议会选出的国王阿玛迪奥一世（Amadeus I.），前奥斯塔公爵（Herzogs von Aosta），没有能力组建一个稳定的政府。第一个西班牙共和国在不稳定方面并不亚于其君主
立宪政府：1874年1月，曼努埃尔·帕维亚将军（General 1113
Manuel Pavía）发动政变并立即解散了分裂的议会；12月底，阿塞尼奥·马丁内斯·坎波斯将军（General Arsenio Martinez Campos）在萨贡托（Sagunto）拥戴阿方索十二世（Alfons XII.）国王登上王位，他是1868年被推翻并流亡法国的伊莎贝拉二世女王之子。波旁王朝的复辟是由保守政治家安东尼奥·卡诺瓦斯·德尔·卡斯蒂略着手进行准备的，他于1875年接任首相一职。新国王的第一项任务是击败“卡洛斯的拥护者”，这些人是1855年去世的王位觊觎者唐·卡洛斯·德·波旁（Don Carlos de Borbón）之子在第三次也是最后一次卡洛斯战争中的拥戴者，这场战争于1876年2月以王室的胜利而告终。阿方索十二世在1875年1月抵达首都马德里时受到居民的热烈欢迎，此后他被视为西班牙的“和平缔造者”。

1876年6月西班牙获得一部新的宪法。它在第十一条中将“天主教的，使徒所传的，罗马的宗教”定义为国教；其仪式和公共集会是唯一被允许的。根据同一条规定，在西班牙的领土上不允许任何人因其宗教信仰和拜神行为受到骚扰，只要

他怀有“对基督教道德所应有的敬畏”。此外宪法包含经典的自由权利，因此与之前1869年的宪法一脉相承。大臣责任制原则被写入宪法；在实践中被称为议会君主制：首相代表各届议会的大多数。1878年的选举法给予所有25岁以上的男性西班牙人选举权，只要他缴纳一定数额的地产税或是属于收入较高的职业群体。1890年完成了向普选的过渡，对此卡诺瓦斯曾长期抵制。但选举权的民主化起初并没改变一种事实，即地方显贵继续在候选人名单的确定和选举中掌握话语权，然后他们能够通过自己在议会和政府中的代表要求实现地方在事与人方面的愿望。

在复辟时期形成了两党制体系：保守党在卡诺瓦斯领
1114 导下，自由党由普拉克萨德斯·马特奥·萨加斯塔领军。自1881年以来二人轮流出任首相一职。卡诺瓦斯于1897年8月8日在圣塔阿圭达（Santa Agueda）温泉浴场被一个意大利无政府主义者谋杀后，保守派政治家弗朗西斯科·西尔维拉（Francisco Silvela）接手政府的领导工作。1901年选举后，萨加斯塔再次出任首相。次年这位自由党领袖去世。

19世纪末20世纪初，在欧洲没有几个国家像西班牙这样如此盛行无政府主义。1876年第一国际分裂和解体后，巴枯宁的追随者聚集在西班牙地区劳工联盟（Federación Regional Española）——它一度曾是西班牙最大的劳工组织。一系列暗杀行动都是它组织的，其中包括1878/1879年对国王阿方索十二世的两次谋杀，但国王两次均化险为夷。国王逝世于1885年11月，但不是由于受到袭击，而是死于肺结核；在其遗腹子阿方索十三世（Alfons XIII.）1902年登基前，王后玛丽亚·克里斯蒂娜（María Cristina）一直以摄政身份担任国家元首。

1880年代和1890年代，无政府主义恐怖行动的重点转移到加泰罗尼亚。1893 年 9 月 24 日，马丁内斯·坎波斯将军在巴塞罗那的一次暗杀行动中受伤。六个星期后，作为对 9 月 24 日的刺客被执行死刑的回应，一名无政府主义者在巴塞罗那里奇奥大剧院（Teatro Liceo）上演罗西尼的《威廉·退尔》（*Wilhelm Tell*）时用炸弹炸死 20 人。同样血腥的还有 1896 年 6 月 7 日在加泰罗尼亚首府对基督圣体节游行队伍的恐怖袭击：一枚炸弹造成 6 人死亡，42 人重伤。谋杀卡诺瓦斯的凶手供认的作案动机是，他想替遭到刑罚和处决的无政府主义者报仇，这些人是因为袭击基督圣体节游行队伍而被判处死刑的。

西班牙历史上一个深刻的转折点是 1898 年与美国交战的失败。较年轻的知识分子被称作“1898 年一代”，他们对复辟政权提起了道德公诉。哲学家米格尔·乌纳穆诺（Miguel Unamuno）称议会为“谎言大教堂”，他和他的志同道合者所要求的现代化会让西班牙变得更加欧化，并同时保留西班牙的伟大精神遗产。在加泰罗尼亚，自治运动方兴未艾，该运动认 1115
为战争的灾难性结局就意味着卡斯蒂利亚的分崩离析。1901 年在恩里克·普拉特·德拉里巴（Enric Prat de la Riba）的领导下，独立运动成立了加泰罗尼亚地方主义者联盟（Lliga Regionalista de Catalunya）。极右派的卡洛斯分子再次活跃，他们的主要支持来自纳瓦拉。极左派代表是共和党联盟（Unión Republicana）的亚历杭德罗·勒鲁斯（Alejandro Lerroux）：1908 年他在巴塞罗那创立了一个激进社会主义共和党（Partido Republicano Radical Socialista），该党呼吁加泰罗尼亚工人采取暴力行动和不断进行革命。他在为同样由他创立的青年共和党人组织演讲时，称这些人为“年轻的野蛮人”（jóvenes bárbaros），并以虚无无政府主义的风格号召他们：“前进！前进！地球上没有任何神圣的东西。人民是教会的奴隶，必须消灭教会。年轻人，行动吧！去战、去杀、去死！”

这可不仅仅是说说而已。1909年7月26日，巴塞罗那宣布举行总罢工，这里和加泰罗尼亚其他城市的工人纷纷响应。在其他地方宣告成立共和国。巴塞罗那筑起了街垒，武器商店被抢，供电中断，桥梁和铁路设施被炸毁。在“悲惨的一周”（semana trágica）中，暴乱的无政府主义者烧毁了寺院、教堂和教会学校，他们开枪射杀修女和修士并亵渎他们的身体。政府必须从巴伦西亚（Valencia）和其他城市额外调动部队来恢复巴塞罗那的秩序。在这类战斗中丧生的人据说超过100人。据称，挑起“悲惨的一周”之事端者是反对神职人员的改革派教育家弗朗西斯科·费雷尔·瓜迪亚（Francisco Ferrer Guardia），尽管遭到世界上许多国家的强烈抗议，他还是被判处死刑并与其他罪犯一起于1909年10月遭到处决。

无政府主义起义的直接原因是征召预备役人员，让他们前往摩洛哥北部——国王统辖的地区去镇压里夫卡比尔人（Rifkabylen）的起义，1904年与法国达成协议后这一地区就成了西班牙的势力范围。加泰罗尼亚工人视殖民战争为帝国主义的阶级战争，总罢工最重要的目的是尝试结束这场战争。该
1116 目标与推翻君主制和消灭教会一样未能实现。西班牙在1911年秋将摩洛哥北部沿海地带变为自己的受保护地后，殖民战争仍在扩大。

1909年秋，西班牙似乎马上就会出现独裁统治。1907~1909年的保守首相安东尼奥·毛拉（Antonio Maura）着手进行一场“自上而下的革命”，即以独裁的手段进行必要的改革。他在国王那里碰壁了，1909年10月21日后者不再信任他。议会制度的危机随后日益严重：1902~1907年间有十任首相，其中五人是保守派，四人是自由派；1909~1923年西班牙经历了19任不同政府首脑。1923年9月，在里夫卡比尔人

新的起义背景下，军方在巴塞罗那发动政变，米格尔·普里莫·德里维拉将军（General Miguel Primo de Rivera）上台。他建立了 20 世纪西班牙第一个独裁政权。

西边邻国葡萄牙的发展更为混乱，它在工业发展和公共教育方面比西班牙还要落后。第一次世界大战前夜的葡萄牙仍主要是个农业国，最大的社会阶级是没有土地的农业工人。58% 的葡萄牙从业人员在农业部门，25% 在工业部门，17% 在服务业工作。几乎 70% 的人口（1911 年为 550 万）是文盲。

与西班牙一样，19 世纪末葡萄牙也发展出议会两党制体系：保守的“复兴党”（Regeneradores）和自由的“进步党”（Progressistas）交替组建政府。此外还有一个强大的、受共济会支持的共和党阵营，这一派通过 1889 年成功推翻巴西的布拉甘萨（Braganza）皇帝士气大振，觉得完全可以在母国打倒同一王朝的王权。葡萄牙的恐怖主义带有重建的秘密组织烧炭党的印记，该组织拥有广泛的情报网。1901 年从保守党中分裂出一个有独裁倾向的派别，五年后自由党中又分离出一个激进派和一个革命派。反对君主制的集会日益增加；1906 年 4 月， 1117
“唐·卡洛斯”号（Don Carlos）巡洋舰的水手们哗变，这显示出军界的不满因军饷问题在增加；财政状况尤其因为非洲的葡萄牙殖民地持续不断的战斗极为吃紧；国家破产似乎为期不远了。

1907 年，卡洛斯一世（Carlos I.）国王迈出了西班牙的阿方索十三世 1909 年 10 月不敢迈出的那一步：在一次政府危机后，他鼓励已辞职的首相若昂·佛朗哥（João Franco）继续留任并以独裁的方式执政。佛朗哥听从了建议并试图通过法令强制进行改革。来自保守派和共和党人的抵制力度太大，以致他未能成功。以激进派议员阿方索·科斯塔（Alfonso Costa）为首的共和党人的一项起义计划被出卖给了警方。但

1908 年 2 月 1 日烧炭党人出手了：卡洛斯国王和王太子在乘敞篷车经过里斯本时，被秘密组织的刺客射杀。暗杀的背景一直未能得到澄清，甚至公共舆论对谋杀的辩护也被政府和警方毫无作为地接受了。

新的国王曼努埃尔二世（Manuel II.）未能成功稳定局势。共和党有系统地准备推翻君主制，他们知道海军和大部分军队（主要是年轻军官）是支持自己的。1910 年 10 月 4 日革命爆发，海军轰炸了王家城堡，部队的一些军团倒戈加入了起义者一方。因为旧政权没有进行多少抵抗就崩溃了，各省对首都发生的事件无动于衷地予以接受，10 月 5 日共和国宣布成立。但内部局势并未稳定下来。11 月葡萄牙掀起罢工浪潮，教堂和修道院遭暴力洗劫成为家常便饭。共和政府解散了所有的天主教修会，下令没收教会财产，取消宗教节日和学校的宗教教育。1911 年 4 月，除了宪法，议会还通过一项政教分离法案；
1118 1913 年教宗派出的教廷大使被驱逐。1911 年的共和国宪法以 1891 年的巴西宪法为蓝本，并部分地借鉴了法兰西第三共和国和瑞士的宪法。

共和国未能取得更大的成功。对选举权的严格限制让居民无法在议会和政府中拥有自己利益的代言人：1910~1926 年有选举权者占人口比例不到 10%。在此期间共组建了 44 届政府，选举出 7 届议会和 8 个总统；起义和政变出现过 20 次，仅在里斯本就发生了 300 次炸弹袭击事件。换句话说，葡萄牙越来越变成一个今日所称的“失败国家”，这种发展以某种内在逻辑在 1920 年代后半期变为一种专制独裁。

只有在一个问题上，吵得不可开交的各个派别意见一致：殖民帝国应该保留。葡萄牙殖民帝国能够继续存在，这不光依靠它在非洲驻扎的军事力量，也得益于德英关系的变化。1913 年 7 月，柏林和伦敦商定，一旦葡萄牙财政崩溃，双方将瓜分后者在非洲的殖民地，届时莫桑比克会成为英国的势力范围，安哥拉会成为德国的势力范围。但这份协议仅以草案的方式存在：大不列颠坚持公开发表该协议，德国则不同意。一年后此协议最终成为废纸：1914 年 7 月的危机推翻了德英在非洲的所有行动计划。

比意大利有过之而无不及的是，在西班牙和葡萄牙这两个伊比利亚半岛国家，19 世纪末和 20 世纪初保守势力形成的同盟对想实现突破的现代化进行了更为坚韧的抵抗。大地主肯定能够得到天主教教会、部分武装力量和部分民事国家机器的支持，如果他们要求拒绝进行土改并结成统一战线，反对所有想打破传统的等级秩序、建立一个平均主义社会的人。封建大庄园经济的过时特征在对现有统治关系的原始反抗方式中得到
了反映：刻意为之的愚民手段带来的报复是原始形式的恐怖行 1119
动，大部分是文盲的下层就是以此来应对上面的日常暴力的。

在地中海的天主教国家中，国家在权力垄断方面远远不及西欧、北欧和中欧那些或多或少以新教为主的国家。这里缺乏现代化进程能够成功的另一个重要前提：在工业化进程中社会和国家机构的更新。由于这个更新不足，就不存在在现有系统框架下、以演化的方式满足下层参政要求的各种可能性。仅凭引入议会制度还不足以消除暴力抗议的土壤，对无政府激进主义的偏爱是根深蒂固的。倘若天主教会和其昔日精英盟友们，没能如此成功地让比利牛斯半岛远离启蒙运动和西方的所有新思想，这种偏爱可能就不会这么强烈。

与伊比利亚国家形成鲜明对照的是斯堪的纳维亚国家。相较于英国和德国，后者也是工业化进程中的迟到者。在世纪之交大部分丹麦人、瑞典人和挪威人仍然以农业或渔业为生。由于广泛的贫困和国内缺少就业机会，瑞典和挪威失去大量人口，他们向美国和新大陆的其他地区移民。北欧国家与西班牙

和葡萄牙不同，它们没有大量文盲和暴力无政府主义的问题。路德派国教是保守的，但与普鲁士德国不同，它们不是专制统治卡特尔的组成部分：斯堪的纳维亚各王国不是军事君主制国家，而且那里的贵族地主也不是易北河以东的容克地主。

在北欧国家存在着一个自由的农民群体，与欧洲其他任何地方相比，它能够给政治的发展更深地打上自己的印记。农
1120 业，尤其是丹麦的农业接受了新时代的挑战，它从种植谷物转向以出口为导向的加工经济，在畜牧业和奶制品生产方面占据了重要地位。渔业也向类似方向发展，它和农业一样催生了自己的产业。合作性组织形式在转型方面很有帮助，但为了实现现代化还需要一个更普遍的先决条件：广泛的民众教育。这种教育的存在要归功于斯堪的纳维亚的路德教。其杰出代表人物之一是丹麦神学家和教育家尼古拉·格伦特维（Nikolai Grundtvig），他是业余大学运动的发起人，该运动1860年代和1870年代在农村起着一种“文化革命”的作用并迅速越过丹麦国境传入其他国家。

1849年通过、1866年进行过修订的《国家基本法》（*Staatsgrundgesetz*）构成丹麦政治发展的国家法框架。修改后的宪法给予年满30岁、独立门户并且不靠社会救济为生的丹麦男性公民参加议会下议院（Folketing）选举的权利。下议院只是国会两院之一。在有权参与立法的上议院（Landsting）中，27位以（接近）普选方式选出的议员只占少数。这27名成员是由纳税大户——多为大地主——选出的；另有12名是由国王任命的。

富人的特权成为各种激烈政治争执的起因。最尖锐的批评者之一是创建于1880年的丹麦社会民主党（Socialdemokratisk Forbund i Danmark），它与瑞典和挪威的姐妹党一样坚定坚持改良路线。在很长一段时间内最强大的党是成立于1870年

的左翼党（Venstre），它是农民政治家的联合组织，1872 年此党在下议院获得多数，克里斯蒂安九世国王却没有允许它入阁。国王任命的首相——地主出身的雅各布·埃斯特鲁普（Jacob Estrup）——在上下两院不能就财政法达成共识后，让国王于 1877 年和 1885 年两次颁布临时法律，即代替法律的紧急命令。虽然根据宪法这在一定条件下是可行的，但被左翼 1121
谴责为违宪行为。政府阵营与左翼之间 1890 年代初在社会政策方面意见一致：这体现在通过普遍养老金和健康保险的立法上。

从宪政到议会君主制的过渡是 1901 年 4 月选举的结果，这次选举让左翼大赢，令右派惨败。克里斯蒂安九世国王随后任命著名的哥本哈根法学教授约翰·海因里希·多因策尔（Johann Heinrich Deuntzer）为政府理事会主席。他与商界和资产阶级左翼均保持着良好的关系，他挑选多位左翼政治家，包括一个农民，加入其内阁。政府在税收和防务政策方面的一些新决策在左翼内部引起反对，并于 1905 年 5 月导致左翼党中的左派分裂出去，后者组建了新的激进左翼党。此党与社会民主党人意见一致，认为丹麦在紧急情况下没有能力自卫，所以不如部分或完全放弃军队。在多因策尔的继任者延斯·克里斯蒂安·克里斯滕森（Jens Christensen Christensen，从左翼党分离出的一个中间党的领袖）的执政期，丹麦于 1905~1908 年间通过有关失业和意外保险的法案并降低了关税。

丹麦政治的首要问题是需拟定一部新宪法，取消地主在选举方面的特权。改革的主要倡导者是社会民主党和激进左翼党，在 1910 年的选举中这两个党得到的选票都有了大幅增加，所以资产阶级左派的领袖卡尔·西奥多·萨勒（Carl Theodor Zahle）——他已经提交了新的国家基本法草案——在社会民主党的支持下得以组建激进左翼党的内阁。1915 年 6 月 5 日新宪法生效。它为妇女们带来了与男人充分平等的政治权利：所有年满 25 岁的丹麦人（无论男女），如今均拥有议会下议院的选举权和被选举权；如果他们超过 35 岁，那就拥有议会上议院的选举权和被选举权。在 72 名成员中，有 54 名由乡镇和
1122 专区间接选出，18 人经上议院增选。当时欧洲没有比这更先进的宪法了。

在瑞典，农民们也联合成政党——1867 年建立的农民党（Landmannaparti）。1889 年社会民主党［Sveriges Socialdemokratiska Arbetarparti（瑞典社会民主工人党）］成立，其主席亚尔马·布兰廷（Hjalmar Branting）1897 年首次在下议院获得一个议席。上议院的选举权根据当时的有效宪法和 1866 年的国会规章，是与地产或纳税状况绑定的。为引进平等普选权，社会民主党和 1898 年成立的工会联合会一起于 1902 年 5 月号召举行总罢工，它虽然令经济活动暂时停滞，但并未取得所希望的政治结果。

在自由主义者取得巨大成功的 1905 年选举后，国王奥斯卡二世（Oskar II.）任命自由党领袖卡尔·阿尔贝特·斯塔夫（Karl Albert Staaff）为首相，这意味着最终过渡到议会君主制。斯塔夫试图以英国为榜样进行选举权改革，未能成功。因此，他于上任不到七个月的 1906 年 5 月辞职。其继任者阿尔维德·林德曼（Arvid Lindman）是一位温和右派政治家，在其任期内起草了一个有关下议院和市议会男性平等普选权的提案，被选出的这些人再选举上议院。下一届 1909 年选出的国会最终采纳了此选举法。

普选权的引进促进了社会民主党从马克思主义转向改良主义。社会立法很快就拥有了“社会民主”的特点，这尤其体现在 1913 年通过的全民养老金法案上。由于一场严重的农业危机——起因是从北美和南美进口的廉价粮食——农业从 19 世纪

末起完成了向精加工和甜菜种植的转型。1890年后，瑞典工业经历了强劲的振兴期，除了木材加工，铁生产和机械制造业也起了很大作用。1910年前后，大约三分之一（32%）的就业人口在工业、矿业和手工业行业工作，只有不到一半（49%） 1123
的人从事农业劳动。城市居民在人口中的比例1865~1900年间从12%上升到22%。然而，政治文化的农村特征仍长期得到保持：就连“人民之家”（folkhem）这个1918年后流行的社会民主概念，追本溯源也是扎根于20世纪初的农民保守主义改革运动中。

直到1905年，瑞典与挪威通过一个联盟联系在一起，它不仅仅是个纯粹的共主邦联：1814年11月的挪威宪法把两个国家以共同的外交政策和共同的军队融为一体。挪威先于瑞典发展出了相对完善的多党制度，其中最初左翼定了基调。1872年当议会下院宣布不信任挪威政府时，国王表示他信任政府，这导致了议会下院与国王的冲突。直到1884年，国王奥斯卡二世才向挪威的议会制要求让步：他委托1882年的选举赢家、左翼党领袖约翰·斯维德鲁普（Johan Sverdrup）组阁，后者组建了一个温和左翼内阁。这样向议会君主制的过渡就完成了。在接下来的时间里，最重要的革新之一是建立民兵组织，这是挪威人意志的明确体现，他们要解除与瑞典的联盟，把国家转变为一个独立的民族国家。

1883年挪威工会联合会（Norwegischer Gewerkschaftsbund）成立，1885年社会民主协会（Sozialdemokratische Vereinigung）成立，1887年挪威工人党（Det Norske Arbeiderparti）创建。1903年该党首次有五位议员进入挪威议会：这是挪威工业化进程加快和产业工人日益增多的明显标志。此前在1892年，资产阶级和农民左翼就已经启动了对工人的保护立法，其成果是限制使用童工和引进国家意外事故保险。

1898 年实施了男子平等普选权。妇女在 1913 年获得受最低纳税额限制的选举权，1938 年则实施了普选权。

1124 分裂为温和与激进的左翼比保守党更为积极地致力于解除与瑞典的联盟。1898 年议会违背国王的意志，决定引进挪威国旗和商船旗。当斯德哥尔摩外交部准备把新设立的挪威领事馆置于其监督之下，而国王拒绝在新的挪威领事馆法草案上签字时，保守派就失去了保留这个联盟的最后机会。1906 年 6 月 7 日，挪威议会宣布解除联盟。奥斯卡二世国王提出抗议，瑞典国会要求在挪威举行新的选举或公民投票。1905 年 8 月 13 日进行了公民投票，其结果几乎是空前一致：368208 票赞成，只有 184 票反对。但是挪威人愿意继续保留君主国的国家形式：在 1905 年 11 月 12 日和 13 日进一步的公民投票中，绝大多数人选择丹麦的卡尔王子做国王。秉承中世纪挪威王室的传统，他采用了哈康七世（Haakon VII.）的称号。

与北欧国家类似，荷兰王国在 19 世纪末和 20 世纪初也完成了一种演变性发展。与斯堪的纳维亚君主国不同的是，荷兰的主要宗教不是路德宗，而是加尔文宗，同时在这个混合教派的国家还有 35% 的人口信仰天主教。这里的农业也非常成功地完成了从农业向畜牧业和加工业的转型，此外还有商业园艺。大规模的工业发展起步较晚，出现在 19 世纪下半叶前期，重点是食品、化工和机械工业。在政治上，荷兰自 1868 年起是议会君主制国家；选举权逐步得到了扩大：1883 年男性人口中有选举权者的份额从 13% 上升到 29%，1896 年后达到 49%。1917 年引进了平等的男性普选权，这首先是社会民主党人努力的结果，1922 年妇女亦获得选举权。

南部邻国比利时王国从 1831 年建国起就实行议会君主制。1919 年引进平等普选权，为此而奋斗的开路先锋在这里也是
1125 社会民主党人（同年，1848 年以来一直实行议会制的卢森堡

大公国也采取了这种选举法）。比利时的妇女在1919年自然只有选举权，30年后的1949年她们才获得被选举权（卢森堡在1919年并未进行这种区分）。与荷兰不同，天主教信徒占多数的比利时，其分裂不是因为信仰，而是因为语言：人口中大部分说荷兰语的佛拉芒人和说法语的瓦隆人之间关系紧张，起因是工业发达、烟煤储量丰富的瓦隆地区在经济和文化上都掌握着话语权。1898年佛拉芒人在该地区势力强大的基督教民主党人支持下，成功地通过一项平等法案，在争取语言平等的斗争中取得了初次胜利：此后，荷兰语和法语文本的法律具有同等效力。两种语言群体之间的持久平衡尚需等待，直到多民族的比利时的国体从中央集权制过渡到联邦制：这样一个决定直到很晚之后，通过1980年的宪法改革才得以做出。

作为欧洲最古老的共和国，联邦制国家的代表就是用四种官方语言的瑞士（在德语、法语和意大利语之外，如果把罗曼什语也算上的话）。在1870年9月法国第三共和国宣布成立之前，瑞士是旧大陆唯一的民主国家。三年后，它变得比1847/1848革命以来更加民主：1874年4月19日，瑞士通过了一部新联邦宪法，它一直沿用到1999年底，它对1848年9月的宪法进行了重要修订并于1874年5月29日生效。此后，部队的训练和武装属于联邦政府的责任，这样联邦权力就得到显著加强。在中央集权意义上，联邦在法律、经济生活和劳动保护方面也获得了新的权能。

根据1848年宪法第3条的原文照录，各州依然拥有“主权”，但此前的限制仍旧保留：“只要它们的主权没有受到联邦宪法的限制”。所以它们行使的是没有移交给联邦当局的所有权利。文化方面激进的是对“耶稣会条款”的收紧，并进一步 1126
规定，联邦对耶稣会的禁令亦可拓展到其他教派的教团，“只要其危及国家或干扰各教派间和平”。1848年宪法中对——“属于某基督教教派的”——犹太人移居瑞士的权利进行限制的条款被取消。在民主方面取得的进展包括对非紧急性质的联邦法律和普遍有约束力的联邦决议实行自愿公民公投制度：如果有 3 万有选举权的瑞士公民（年满 20 岁的男性瑞士人）或 8 个州提出要求，就必须对这些法律和决议进行公投。1891 年，又增补了人民就部分修改宪法中有关公投权的条款有倡议权。（自 1848 年起申请全面修订的权利在宪法中得到保证。）

瑞士不能也不想以其直接民主的形式成为一种模式。瑞士联邦感到其武装中立如此安全，以至于它相信几乎可以完全放弃积极的外交政策。瑞士的国家首脑是一个合议机构——联邦委员会；其主席，即联邦总统由选举产生，任期一年，不可直接连任。相较于瑞士而言，那些与外界的政治关系更为重要的国家，需要在外交政策上顾及连续性和可预测性，因此它们不能经常冒全民公投的风险。当然，瑞士也根本不缺乏政治连续性和可预测性。直到 1891 年，联邦委员会委员基本上都由自由民主党人士出任；那一年首次有一位天主教保守派政治家成为该委员会委员。20 世纪，妥协越来越成为瑞士政治的主要特征；没有迹象显示会出现政府和反对派之间的权力更迭（这对一个议会体系来说本是典型的）。公民投票因此获得了修正妥协政策的功能：主权在握的国民可以否决政府的各种决定。

修改 1848 年宪法的动议来自激进派和民主党人。1878 年，
1127 他们在联邦议会中，即直接选出的国民议会和各州推选的联邦院代表中，联合组成了“激进民主团体”。1894 年从这个团体中产生了自由民主党（Freisinnig-demokratische Partei），直到 20 世纪头 20 年该党一直是个农民党，得益于多数制选举，直到 1918 年它在瑞士的政党体系中都占据霸权地位。也是在 1894 年，天主教人民党（Katholische Volkspartei）成立，1912 年更名为瑞士保守人民党（Schweizerische Konservative

Volkspartei）。劳工运动最早的组织是创建于 1838 年的“格吕特利协会”（Grütliverein），一些工匠师傅和激进的资产阶级知识分子也加入了该组织。1873 年集工会和政党为一体的“劳工同盟”（Arbeiterbund）诞生，1880 年从中发展出工会联合总会（Allgemeiner Gewerkschaftsbund），1888 年瑞士社会民主党（Sozialdemokratische Partei der Schweiz）创立，1901 年格吕特利协会加入后者。社会民主党人的纲领听起来是马克思主义的；在赫尔曼·格罗伊利希（Herman Greulich，早期社会主义者查尔斯·傅立叶的追随者）的领导下，其实践很快就越来越具有改良色彩。人们在瑞士的社会民主党中几乎感受不到来自讲法语的汝拉州（Jura）之工人运动的无政府主义遗产了。

原本是个农业国的瑞士，在 19 世纪工业化的步伐如此之快，以至于以农业为生的人口份额持续下降：1888 年还占 38%，1910 年仅为 27%，1960 年则降为 11.2%。如斯堪的纳维亚国家一样，瑞士农业非常成功地从耕作和畜牧业转型为以出口为导向的加工业。以出口为导向和最高质量的专业化也是瑞士工业的标志，除了旅游和银行业之外，机械行业也上升为最重要的经济部门。日益富裕的生活也吸引了越来越多的来自其他国家的人：1910 年前后，瑞士的外国人占比就达到 14.7%，这无疑是所有欧洲国家中比例最高的。

然而吸引外国人前往瑞士的也不仅仅是物质享受。1914 年以前，瑞士联邦是欧洲最自由、民族主义气氛最不强烈的国家，正因为如此它成为受政治迫害者和受压迫者的首选避风港，特别受来自俄罗斯帝国的避难者欢迎。瑞士的自由氛围也 1128
是促进第二国际决定于 1912 年 11 月底在这个国家举行特别代表大会的一个原因，大会会址选在巴塞尔，那里的州政府的首脑也是一位社会民主党人。召开会议的原因是非常血腥的第一次巴尔干战争的爆发：参战的一方是阿尔巴尼亚、保加利亚、塞尔维亚和希腊，另一方是土耳其；下面会专门论述这一冲突。因此大会只有一个主题：阻止欧洲发生重大战争。

不寻常的是供23位社会主义政党代表们聚会的场所：巴塞尔大教堂。在这里召开的上一次国际会议是1431~1449年的第十七次大公会议，会议议题是打击胡斯派、基督教诸侯间的和平和宗教改革。大教堂牧区的负责人，正如改革宗牧师泰施勒（Täschler）在大会开始前几个小时的讲道中所说，一致同意把他们的教堂提供给国际社会劳工大会使用："不管每个人对社会民主的立场是什么，我们都一致对这一决定表示由衷的喜悦。如果有人试图让我们相信，战争是一件好事或一种令人悲伤的必要之事，那我们的回答就是：战争是一种应该而且可以消灭的恶行。我们崇拜公正的上帝、兄弟之爱与和平。下午将在这里举行的集会符合基督教精神，即使演讲者所使用的表达方式令我们感到陌生。因为在这个大会上宣讲的将是基督教的基本原则和观点，所以我们也充满热烈和同情地对这些人表示欢迎，其中一些人是远道而来的。"

与会址一样不寻常的是这场社会主义者集会的开幕情况。1912年11月24日是个星期天，下午大教堂广场上聚集起来自瑞士各地、巴登和阿尔萨斯的数千名工人，他们是来欢迎与会者的。先是大教堂的钟声敲了一刻钟之久，然后当代表们在红旗下走进教堂中殿时，风琴演奏者奏起了约翰·塞巴斯蒂安·巴
1129 赫（Johann Sebastian Bach）的风琴作品。演讲者们（有一位来自参战国保加利亚）站在布道台上发言，有几个人特别强调了召开此次大会的"不同寻常的地点"。瑞士社会民主党主席赫尔曼·格罗伊利希提醒大家，人们在成千上万的布道台上宣讲说，人是上帝按照自己的样子创造的，人的肉身有着神圣的起源。"那么有组织的大屠杀该是多么明显的矛盾！因此应

该在这个布道台上自由并公开地宣布，对上帝和人类犯下最可怕罪行的人，就是那个胆敢签署宣战书的人，这份宣战书将为各族人民带来谋杀和犯罪。”

来自英国的基尔·哈迪称巴塞尔大教堂为“人性的寺庙”。法国人让·饶勒斯指出，在巴塞尔，基督徒向社会主义者开放了大教堂。“我们的目标也是他们的理念和意志：维护和平。毕竟，所有仍然认真聆听主的话的基督徒和我们怀着同样的希望。他们会和我们一起反抗，不让各族人民陷入战争魔鬼的魔爪之中。”来自维也纳的维克多·阿德勒猜测，那些他不认识的、同意第二国际在大教堂召开会议的人，对他们来说基督教这个词仍然意味着“博爱，地球上的和平和对人的喜爱”。最后，来自德国的奥古斯特·倍倍尔在第二天也是最后一天的大会上感到高兴，这天的大会像开幕式一样在世俗场所——“Burgvogtei”[①]的大厅举行，他作为一个无神论者要向教会主管部门表示感谢，“昨天他们把辉煌的大教堂提供给我们使用，并用钟声欢迎我们，仿佛来的是尘世的大人物，一位主教或教宗”。不幸的是，在基督教界这种基督教宽容的标志已十分罕见。“在今天的基督教界不宽容司空见惯，特别是对于我们，我们常常被描绘成宗教、婚姻和家庭的敌人，是想颠覆一切的捣乱分子。我自然坚信，如果今天基督救世主重返人世，他看到这么多基督教牧区，这些数亿自称为基督徒的人，他们不过是徒有其名，那他不会站在他们的行列中，而是会站到我们的队伍里。”根据会议记录，这段话后爆发了雷鸣般的掌声。

国际局一致通过的《国际就当前局势的宣言》（*Manifest* 1130

① 本是巴塞尔中世纪时的一个庄园，几经改建现在叫巴塞尔人民之家（Volkshaus Basel），是集音乐厅、展厅、饭店和酒馆等多种功能于一体的综合性建筑。

*der Internationale zur gegenwärtigen Lage*）[①] 责成工人阶级和他们的议会代表面对战争即将爆发的危险，“应采取一切他们认为是最有效的手段去防止战争的爆发，这些手段随着阶级斗争的加剧和整体政治局面的尖锐化自然会发生变化。如果战争最终还是不可避免地爆发，义不容辞的任务就是：迅速终止战争和尽一切努力，利用战争所引发的经济和政治危机来唤醒民众，加速消灭资本主义的阶级统治”。

总体指导性原则之后，宣言对巴尔干战争的背景和其扩张的危险进行了阐述。对德国、法国和英国的工人们提出的要求是，敦促其政府，“让它们既不要支持奥匈帝国，也不要支持俄国，不参与巴尔干冲突，并无条件保持中立。因塞尔维亚和奥地利的海港纠纷（即维也纳拒绝塞尔维亚要求的享有进入亚得里亚海的权利，作者注）引发一场三大起主导作用的文明民族间的战争将是疯狂的罪行。德国和法国的工人不承认有任何由秘密条约带来的卷入巴尔干战争的义务……克服德国为一方、法国和英国为另一方的对立，将会消除世界和平的最大隐患，彻底动摇利用这种对立的沙皇的实力地位，令奥匈帝国无法袭击塞尔维亚，从而保证世界和平。是故第二国际首先要尽一切努力实现这一目标”。

虽然分析得头头是道，却未能对爆发战争的紧急情况提出具体建议。由于德国社会民主党人不想明确地用总罢工——就像一直以来法国社会主义者和在巴塞尔基尔·哈迪对工党所要求的那样——来抵抗战争，宣言没有明确指出这一斗争武器。
1131 《巴塞尔宣言》不过是赞同社会主义的工人之无条件和平意志的表现，仅此而已。最后发言的是东道主瑞士社会民主党主席赫尔曼·格罗伊利希，他援引了基督教信条，特别是有关死者

① 又称《巴塞尔宣言》（*Das Basler Manifest*）。

复活和未来时代的生活的话。他补充说："这是我们的希望！数以百万计的无产者，他们尚未加入我们，他们像铅一样拖住我们运动的后腿，这就是那些尚待复活的死者！"格罗伊利希的结束语获得了雷鸣般的掌声："现在我们高呼着一句口号而分别，它概括了我们整个大会的意义：guerre à la guerre，以战争回击战争。"[32]

## 镇压与前卫：1906~1914 年的俄国

第二国际在巴塞尔向其发出最尖锐终极挑战的国家是俄国。大会“极为高兴地”欢迎最近俄国工人为反抗战争威胁举行的罢工，并称赞这种行为是“一种保证，证明俄国和波兰的无产阶级已经开始从沙皇反革命对他们的打击中恢复过来”。如果沙皇主义现在再次以巴尔干地区各民族的解放者自居，这只是为了一个目的，即用这个“虚伪的借口在血腥的战争中重新获得在巴尔干的优势”。因此，俄国、芬兰和波兰城乡无产阶级的任务就在于，“揭穿这层层谎言”，反抗沙皇主义的任何军事冒险和袭击，并集中全部精力重新开展反对沙皇主义的革命解放斗争。其理由与 1848/1849 年马克思和恩格斯的立场一致：“因为沙皇主义是欧洲所有反动势力的希望，对其所统治的人民来说它也是民主最严酷的敌人，让它垮台就必须是国际全体同仁义不容辞的首要任务之一。”

1914 年前的沙皇帝国是一个极为反动的体制，认识到这一点并不需要是一个革命的社会主义者。1905/1906 年的革
1132 命并未让俄国的旧制度彻底破产，而只是将其官僚化。但这个变化深刻得足以让那场“自上而下的革命”成为可能，这场革命与 1906~1911 年的首相彼得·阿尔卡季耶维奇·斯托雷平（Pjotr Arkajewitsch Stolypin）的名字密不可分。

这位此前的内政大臣和曾经的萨拉托夫（Saratow）州州长深信，俄国只有在先形成强大的市民阶层和自信而富有的农民阶级后，才可以转型为拥有民主选举权的西方体制。其执政期开始于 1906 年 11 月，此前沙皇刚刚下令解散了同年 2 月和 3 月选出的第一届杜马，并安排于 1907 年 3 月初进行新的选举。被称作“Kadetten”的立宪民主党人是议会中最强大的派别，他们随后前往芬兰维堡（Wyborg，由于芬兰大公国的特

殊地位，俄国警方无法在此逮捕他们），并从那里呼吁人民抗税和违抗招募令。呼吁虽然未能得到响应，然而在第二届杜马中激进势力要比在第一届杜马中强大得多。现在最强大的群体是拥有 100 名代表的左翼劳动团体（die linken Trudoviki），他们与全俄农民联合会（Allrussischer Bauernbund）携手。接下来是有 92 个议席的立宪民主党人，首次参加杜马竞选的社会民主党人获得 64 个议席。仍然把恐怖视作政治武器的社会革命党（Sozialrevolutionäre）当选 34 名议员。

由于斯托雷平最重要的打算——土地法案在第二届杜马未能获得多数票，这位政府首脑于 1907 年 6 月 16 日解散了杜马，并根据 1906 年《基本法》第 87 条的紧急法令规定颁布了新的选举法，此选举法令地主受益。他们在选举团中大概占了一半名额，再由他们选举杜马成员。正如历史学家海因茨 - 迪特里希·勒韦所确证的，加权选票的方法极为不平等。“平均来说，一名代表在选举团中代表着 230 个地主，1000 位工商业者，15000 名中产阶级选民，60000 个农民和 125000 名城市工人。个别阶层被排除在选举之外，比如全体农村知识分子和农民，他们或者放弃了农业经营，或者不亲自耕种自己的土地。间接 1133
选举权和贵族地主的优势造成的一个结果是：反对派在第三届杜马选举中约赢得 41% 的选举团票数，但只能得到 29% 的杜马议席。”

斯托雷平政变的受益者是保守的“十月党人”，自 1907 年 11 月第三届杜马选举以来，他们以 160 名议员的阵容构成最强大的派别，没有他们的同意就达不到多数。拥有 53 个议席的立宪民主党人 1908 年被宣布为反国家组织，其成员不能当公务员。第二届杜马中的大多数社会民主党议员在 1907 年夏季已被指控叛国并发配到西伯利亚服苦役。

然而，急剧反左并未让斯托雷平得到右派的信任。一个有影响力的贵族团体，所谓的“贵族联合会”，像东正教教会一样拒绝首相取消农民公有制——“村社”或“米尔”——的努力，他们认为斯托雷平的野心是打破沙皇的权力。右派最稳固的支持来自帝国参议院（Reichsrat），它部分由选举产生，部分由沙皇任命。斯托雷平在杜马一般会获得多数支持，但他在帝国参议院经常失败。杜马中的右派甚至发展出一种战术游戏，他们与立宪民主党人一起把政府的提案“自由化”到一种程度，以致帝国参议院一定会否决它们。

土地改革的大宪章，斯托雷平政府最重要的打算，是1906年11月22日的政令：一道紧急法令，通过它将启动取消“村社”的措施。三年半后，1910年6月，第三届杜马确认和补充了该法令。根据1906年的政令，农户们可以申请退出村社，并将他们所耕种的土地登记为私人财产。然而，在实践中，自1910年起单一农庄被所谓的“集体农庄”所取代：分散在多个村庄的财产共同体被拆散，并以此方式实现了合理
1134 化。改革首先在那些“村社”没有发挥大作用或已经处于解体过程中的地方是成功的：俄国的西部和西北部以及南部和东南部的草原地区。在中部黑土地区域，也就是农业最落后和最贫困的地方，“村社”的解散几乎毫无进展：留在村社组织内似乎为大多数农民家庭提供了比建立单一农庄更多的安全感。

斯托雷平进行土地改革的动机是一个革新者的动机。他想让农业生产形式更合理，减少农村的人口过剩和进一步促进俄国的工业化。“通过改革克服了法律和机构方面的限制，迄今它们一直极大地阻碍着进步。”历史学家赫尔穆特·格罗斯（Hellmut Gross）判断道，“尽管从1908年起退出‘村社’的人减少了，但直到1914年集体农庄的数量却在持续增加。”斯托雷平政府和其继任者的重新安置计划克服了农业的人口过剩，事实上1906~1913年有两三百万农民移居西伯利亚或中

亚地区。更重要的是自 1908 年以来工业的迅速繁荣，首先是生铁和煤炭的生产：这种繁荣吸收了一部分农村剩余人口，从而有助于在一定程度上缓解农村的社会压力。

在土地改革过程中贵族的地产继续减少。贵族农地的大多数购买者都是农民，1914 年前后他们成立了约 1000 万个信贷、采购或生产合作社。除了村社的土地，农民还可以优惠价购买国家和王室的土地。土地改革最重要的结果无疑是出现了一个新的、富有的“斯托雷平农民”阶层，他们和“富农”一样雇用他人的劳动力。绝大多数农民——农奴（Muschiks）不在此列。只要不死守着贫穷的土地或者愿意搬迁，他们都卖掉了自己的土地并成为工人。1917 年革命爆发时，俄国农民中的大约 30% 拥有土地。

把土地改革和工业热潮结合起来看（俄国 1913 年排在奥
匈帝国之前，在世界工业生产中位居第五），完全有理由称斯 1135
托雷平时代为现代化长足进步的时代。看看民众教育的进步，也会得出同样的结论：学校数量 1905~1915 年从 10 万所增至 15 万所，军队中的文盲比例 1900~1914 年从 51% 下降到 27%。在艺术领域 20 世纪初的俄国也是个现代甚至是前卫的国家，它是以下艺术家的祖国：画家如康定斯基（Kandinsky）、雅弗林斯基（Jawlensky）和夏加尔（Chagall），作曲家如斯特拉文斯基（Strawinsky）、里姆斯基－科萨科夫（Rimski-Korsakow）和斯克里亚宾（Skrjabin），诗人如契诃夫（Tschechow）和高尔基（Gorki）。与此同时，俄国仍然是一个落后的国家。这种反差在任何地方都没有在对犹太人的态度上反映得那么吓人：1905 年《十月宣言》公布后不久，反犹骚乱就开始了，其推手是反革命恐怖集团和“黑色百人团”。这些团体的背后是极右的“俄罗斯人民联盟”（Bund des russischen Volkes），该组织与沙皇宫廷、警方和当局关系密切，它可以放心，由其策划的暴力行为不会被绳之以法，或者即便被追究刑事责任，肇事者也会得到沙皇的赦免。

一场格外血腥的反犹骚乱于1906年6月初发生在波兰的比亚韦斯托克（Bialystok），那座城市70%的居民是犹太人。至少有76人在这次骚乱中丧生。这里所爆发的暴力事件得到当地警察和士兵的支持，但遭到斯托雷平的严厉谴责。首相试图阻止大屠杀和惩罚肇事者的努力自然遇到了无法逾越的障碍，国家机器的一部分拒绝服从他。俄国警方在1905年首次公布了《锡安长老会纪要》（*Protokolle der Weisenvon Zion*），这是一份伪造的所谓秘密会议的记录，其中包括犹太人决定要征服世界的计划。沙皇尼古拉二世认为这份杜撰的文件是真的，并从而为反犹骚乱大开绿灯。斯托雷平打压排犹者的政策在杜马也没有获得什么支持。自1909年起他与新民族主义政党——民族联盟（Nationale Union）紧密合作，后者又对十月党人右翼产生了很大影响。民族主义者多数都是坚定
1136 的反犹主义者，他们认为犹太人首先是俄国工匠、商人和工业家在经济领域的竞争者。第三届杜马中没有坚定为实行一项自由、旨在消除对犹太人歧视的政策而努力的多数。

1909年斯托雷平政府着手进行一项新的改革：在俄国的西部六省设立地方自治组织局或地方议会。（在其他被认为是俄国特别忠君的地方，这种自治机构在1864年就已经建立了。）为了防止波兰人占据多数，该法案把自治机构中的地主又分为俄国人和波兰人两组。该提案在杜马获得微弱多数，议员们降低了地主当选资格的门槛，以致富农亦可参加地主等级的投票。在帝国参议院这种社会开放却遇到了巨大阻力。1911年3月，参议院以微弱多数拒绝了此提案，目的是让斯托雷平的计划失败。

为了不失去民族主义者的支持，首相决定对抗到底。他劝

说本不情愿的沙皇让杜马和帝国参议院休会三天，并利用议会的短暂休会期，根据《基本法》第 87 条的紧急法令规定，在俄国西部强制设立杜马已经通过的自治机构。不仅帝国参议院，而且杜马中的大多数也正确地视此举为违宪。斯托雷平最后一次类似政变的行动未能再得到议会的力挺，1911 年 3 月以后他比以往任何时候都更依赖尼古拉二世的支持。1911 年 9 月 18 日他死于枪伤，四天前一个在政治上难以归类的刺客（秘密警察，即暗探局的前特工）借沙皇在基辅市剧院看歌剧的机会向他开枪。

枪手杀死了一位活力非凡的政治家，大多数历史学家认为，在遭到暗杀之前他的政治生命就已经终结。斯托雷平败给了比自己强大的外部环境，他曾努力用专制的手段实现现代化，因为他没有别的手段可用。他想把俄国变成一个法治国 1137
家，为了达到自己的目的他却一再打破当时的有效法律。随着试图用紧急法令推行地方自治法案的做法，他矫枉过正了，这样他离开首相的职位就只是时间问题了。如果 1914 年没有爆发第一次世界大战，他的农业改革将会有什么样的长期效果，这已无从得知。倘若把政治自由当作衡量西方化的标准，那么俄国在斯托雷平执政的五年内没有变得比从前“更西化”。只有在外交政策方面，沙皇帝国在 1906~1911 年间更接近西方：1907 年 8 月英俄就其在亚洲势力范围所签署的协定让这两个强权国家形成一种契约关系，从内政角度看这两个国家的理念恰恰是对立的。

次年，在短时期内，俄国与奥匈帝国看上去似乎也有望达成谅解。契机是 1908 年 7 月青年土耳其党人的起义，这是由奥斯曼帝国军队中的年轻军官们发起的反对苏丹阿卜杜勒－哈米德专制政权的起义［但直到 1909 年 4 月保守势力的政变才最终推翻了他，并由其受人民爱戴的弟弟穆罕默德五世（Mohammed V.）取代他]。1908年9月中旬俄国和奥匈帝国的外交大臣——伊兹沃利斯基（Iswolsky）和埃伦塔尔（Aehrenthal）在布赫劳（Buchlau）会晤，就君士坦丁堡变革的后果交换意见。埃伦塔尔通知他的俄国同行，维也纳有意兼并波斯尼亚和黑塞哥维那，这块地方的部分居民是信仰伊斯兰教的波斯尼亚人，部分是信奉东正教的塞尔维亚人，部分是天主教克罗地亚人，哈布斯堡帝国是根据1878年柏林会议的决议占领这里的。在伊兹沃利斯基的劝阻下，维也纳放弃了吞并诺维帕扎区（Sandschak von Novi Pazar），这一地区看起来像一个楔子插在塞尔维亚和黑山之间。此外，俄国外交大臣表示同意奥地利的打算；作为回赠，埃伦塔尔同意圣彼得堡提出的向俄国军舰开放达达尼尔海峡的要求。

10月5日，波斯尼亚和黑塞哥维那被奥匈帝国吞并。伊
1138 兹沃利斯基所希望的向俄国开放达达尼尔海峡，由于与俄国结盟的西方列强英法的意见不统一而未能兑现。俄国公众舆论对奥匈帝国的做法感到愤慨；斯托雷平对外交大臣的行为不满，后者的职位逐渐不保。另一方面奥匈帝国得到德意志帝国的全力支持，后者于1908年9月30日在吞并问题上开出了一张空白支票，从而提供了威廉帝国风险政策的一个显著例子。1909年3月21日，帝国宰相比洛更进一步向圣彼得堡摊牌，他发出一份被正确理解为变相最后通牒的照会。尚未做好迎战准备的沙皇帝国让了步，和受他保护的塞尔维亚一起承认了波斯尼亚和黑塞哥维那被吞并的事实。在巴尔干政策上彻底失败的伊兹沃利斯基不得不于1910年11月辞去外交大臣一职。他出任驻巴黎大使，从那时起就致力于拓展俄法联盟，以便在下一次与位于两国间的欧洲强国较量时能有更好的底牌。接替他任外交大臣的是谢尔盖·德米特里耶维奇·萨宗诺夫（Sergei Dimitrijewitsch Sasonov），他是斯托雷平的姐夫。

对于波斯尼亚危机中的外交失利，俄国在远东得到了一定的补偿。1911 年 10 月［此时在圣彼得堡担任俄罗斯帝国大臣会议主席的是弗拉基米尔·尼古拉耶维奇·科科夫佐夫（Wladimir Nikolajewitsch Kokowzow），此前他在任财政大臣一职时政绩平平］中国发生了革命起义，它在许多方面与青年土耳其党人的革命有颇多相似之处。年轻的军官们在武昌宣告成立军政府和共和国，并占领了邻近的城市汉口和汉阳。几周之内，除了一个省外，所有省份都响应推翻清政府的号召。1911 年 12 月底，六年前创建同盟会（国民党之先驱）的领导人孙中山从流亡地日本回国，他被 16 个省议会的代表推举为共和国临时大总统。1912 年 2 月摄政王宣布其五岁的儿子——中国末代皇帝退位，满族或中国清王朝将近三百年的统治结束。3 月份，孙中山提名曾经的帝国将军袁世凯出任大总统。 1139

俄国与 1911 年宣布“独立”的外蒙古于 1912 年 10 月缔结一项协议，获得了经济方面的全面优先权。在新疆，俄国加强了外交上的派驻力量，其意图是一旦有机会就把这个新“国家”变成俄国的受保护国。彼得堡方面的行动在伦敦引发了恐慌，沙皇帝国可能尝试让西藏也依赖自己，从英国在印度的统治这一视角出发英国对此不能坐视不管。

当俄国扩大其在东亚的影响力时，欧洲正处于一触即发的巴尔干战争的威胁下。1908 年 10 月 5 日，此前对高门有朝贡义务的保加利亚大公国宣布自己是一个独立王国，1909 年 4 月土耳其和欧洲大国随后承认了保加利亚的主权。保加利亚自称为斯拉夫和东正教马其顿人的保护势力，很久以来一直扶助他们争取独立。土耳其虽然在马其顿 1902/1903 年起义后迫于俄国和奥匈帝国的压力承诺在这一地区进行全面行政改革，但并未兑现承诺。所以由保加利亚控制的独立斗争愈演愈烈，马其顿日益陷入无政府状态。

另一个危机发源地是阿尔巴尼亚人居住的四个奥斯曼帝国行政区（Wilajets）。在青年土耳其党人革命之前，多数为穆斯林的阿尔巴尼亚人就以其对苏丹的格外忠诚而著称，他们中一再涌现奥斯曼帝国军队的重要领袖和军官。政权更迭后，穆斯林和基督徒必须在同一军队编制中服役，信奉伊斯兰教的阿尔巴尼亚人从此不再享有任何特殊地位。这使他们更接近其东正教和天主教同胞：当青年土耳其党人试图让信奉伊斯兰教的阿尔巴尼亚人在语言和文化上土耳其化时，这种发展更加严
1140 重。1910 年春，在与黑山接壤的斯库台（Skutari）开始爆发起义；稍后一个革命的中央委员会要求阿尔巴尼亚人居住的四个行政区自治。起义运动很快向南方发展，1912 年 5 月当青年土耳其党人在土耳其议会获胜后，起义拓展到科索沃。

感受到马其顿和阿尔巴尼亚行政区事态的发展，在俄国驻索非亚和贝尔格莱德公使的大力支持下，保加利亚和塞尔维亚于 1912 年 3 月缔结一项秘密协议，5 月又补充了一份军事公约。在随后的几个月中，索非亚和贝尔格莱德之间的双边协定进一步发展为巴尔干四国同盟：保加利亚、塞尔维亚、黑山和希腊。该协议主要针对土耳其，塞尔维亚和黑山还准备瓜分被奥匈帝国占领的诺维帕扎地区。与奥斯曼帝国的战争应该由同盟最小的成员国黑山挑起，保加利亚将为此目的提供财政支持；自从 1908/1909 年的波斯尼亚危机以来，俄国也提供资金和武器。

对土耳其战争的动力来自保加利亚。俄罗斯帝国大臣会议主席科科夫佐夫更愿意与君士坦丁堡达成和平谅解，但如果战争不可避免的话，无论如何都要将其限制在东南欧。其他大国的立场相似，其中只有奥匈帝国对巴尔干有直接兴趣。1912 年 10 月 8 日黑山向高门宣战。另外三位同盟伙伴向土耳其发出最后通牒，后者则通过向保加利亚和塞尔维亚宣战来回应；

希腊因与保加利亚的盟约而参战。

以第一次巴尔干战争载入史册的对土耳其的联合战争，为保加利亚和塞尔维亚军队带来快速胜利。有一段时间，甚至君士坦丁堡都受到保加利亚军队的威胁，这让俄国进入最高戒备状态。然而保加利亚人的进军在离首都约 40 公里的地方停滞在固若金汤的恰塔尔贾（Tschatschalda）防线。11 月中旬，土耳其向保加利亚提出和平建议；12 月初，土耳其和保加利 1141
亚协定停火，塞尔维亚和黑山也加入停火。同月在伦敦由英国外交大臣格雷主持开始和平谈判：一方面巴尔干同盟各国与土耳其进行谈判，另一方面六个强权国家之间进行沟通。土耳其仅仅反对割让阿德里安堡和爱琴海岛屿。

在这方面的意见分歧导致谈判于 1913 年 1 月 6 日破裂。据推测，迫于强权国家的压力，土耳其政府在上述两个问题上也会做出让步；但 1 月 23 日，青年土耳其党人再次发动政变，这次是在塔拉特贝伊（Taalat Bey）和恩维尔帕夏（Enver Pasha）的领导下，巴尔干同盟国趁机把战争继续下去。结果土耳其再次失败。在 1913 年 5 月 30 日的《伦敦和约》中，它不得不割让其在埃诺斯－米迪耶（Enos-Midia）线以西的整个欧洲领土和爱琴海的岛屿。阿尔巴尼亚不在此规定之内，关于它的地位和国界六个强权国家会进一步协商。

土耳其的失败是一回事，猎物的分配是另一回事。与战争开始前相比，局势发生了如下复杂变化：阿尔巴尼亚于 1912 年 11 月 28 日已经宣布独立，罗马尼亚要求领土赔偿以补偿其中立。维也纳敦促阿尔巴尼亚建国，它想不惜一切代价避免塞尔维亚在亚得里亚海沿岸站住脚。在波斯尼亚危机中，德意志帝国宰相冯·比洛敦促奥匈帝国对塞尔维亚不能手软，与此相反，比洛的继任者贝特曼·霍尔维格的德国政策对德奥同盟伙伴起了使其温和的影响。英国对俄国也发挥了类似的作用：外交大臣格雷在伦敦和平谈判期间对中欧强国做了不少让步，以保障塞尔维亚从而也就是俄国在巴尔干的影响力不会太大。

巴尔干同盟伙伴国之间争论的主要焦点涉及马其顿。一边是保加利亚，另一边是塞尔维亚和希腊，后者害怕保加利亚的势力增长太快，而罗马尼亚觊觎着保加利亚的南多布罗加
1142 （Dobruja），土耳其亦然。1913 年 6 月 29 日，第二次巴尔干战争开始于保加利亚对塞尔维亚的进攻。在维也纳，人们非常想援助保加利亚；但干预并未出现，因为这次德国联手意大利反对这么做。

第二次巴尔干战争的失败者是保加利亚。1913 年 8 月的《布加勒斯特和约》（*Friede von Bukarest*）把马其顿领土分别分配给塞尔维亚、希腊和保加利亚，后者只得到东北的一块狭长地带。希腊则得到几乎全部伊庇鲁斯（Epirus）和克里特（Kreta）。阿尔巴尼亚获得独立，自然不包括主要居民是阿尔巴尼亚人的科索沃：它落在了塞尔维亚手中。后者得到科索沃的大部分地区，并认为这里是该国的神圣土地，这个神话的论据是阿姆泽尔菲尔德（Amselfeld）战役。1389 年 6 月 28 日土耳其军队在那里消灭了塞尔维亚人的贵族。塞尔维亚并未得到可以直接进入亚得里亚海的入口，但它获得了在阿尔巴尼亚海岸的港口停泊权。罗马尼亚从保加利亚得到南多布罗加；阿德里安堡，土耳其语称埃迪尔内，划归土耳其。

在欧洲，巴尔干各民族反抗土耳其统治的努力最初是得到同情的。但后来第一次巴尔干战争中对土耳其平民的各种残酷行为（大批土耳其平民为逃避保加利亚军队逃往君士坦丁堡）却引起震惊。在第二次巴尔干战争中，不仅阿尔巴尼亚穆斯林，而且基督徒也遭到基督徒的虐待和驱逐。这场战争的结果是：四个巴尔干同盟国和罗马尼亚不仅扩大了其领土，而且人口也有了大幅增加。希腊和塞尔维亚尤为如此，它们可以被视

作这场战争的真正赢家。

东南欧的冲突会变成一场欧洲大战的危险有时看上去非常大。1912年12月2日，第二国际在巴塞尔召开和平大会几天后，德国宰相贝特曼·霍尔维格就在一次国会演讲中严词警告俄国不要进攻奥匈帝国，因为德国在这种情况下会立即帮助其盟友。在伦敦人们认为此演讲直接激化了危机，并间接威胁了俄国的盟友法国。12月3日，陆军大臣哈尔丹勋爵为此通知德国大使利希诺夫斯基侯爵（Fürst Lichnowsky），大不列颠 1143
会视危害法国和《英法协约》的事件为开战的原因。

五天后，1912年12月8日，威廉二世皇帝召开了一次"军事会议"，与会者包括总参谋长（小）赫尔穆特·冯·毛奇（Hellmuth von Moltke），帝国海军部国务秘书蒂尔皮茨，海军参谋本部首脑冯·黑林根（von Heeringen）和海军办公厅负责人冯·米勒（von Müller）；没有受到邀请的有帝国宰相、外交部国务秘书和普鲁士陆军大臣。不仅皇帝在这一天要求立即与法国和俄国开战，毛奇也表态赞成他的意见："我认为战争是不可避免的，而且越快越好。"一周后，12月15日威廉二世在召见阿尔贝特·巴林［Albert Ballin，汉堡—美洲行包航运股份公司（Hamburg-Amerikanischen Paket-Aktiengesellschaft），缩写"哈巴格"（Hapag）总裁］时，信誓旦旦地说"种族战争……日耳曼人对抗变得趾高气扬起来的斯拉夫人的战争"是不可避免的。帝国宰相不同意这种观点。与英国外交大臣爱德华·格雷爵士一起，贝特曼·霍尔维格致力于限制和调解巴尔干冲突，以避免爆发更大规模的战争。他获得了成功，从而让柏林的"主战派"处于劣势。

由于塞尔维亚从两次巴尔干战争中均能获益（尽管所得到的好处不如它想要的那么多），其大宗主国沙皇帝国对战争结局总的来说也是满意的。让圣彼得堡感到高兴的还有，普恩加莱总统已于 1912 年 11 月向俄国保证，如果奥匈帝国进攻塞尔维亚，俄国随后陷入与奥匈帝国的战争的话，法国将全力支持俄国。

索非亚和维也纳对局势的评估完全不同。保加利亚感到被俄国出卖，从此它比以前更加依靠中欧强国。奥匈帝国感到《布加勒斯特和约》是灾难性的，因为塞尔维亚势力大增。在第一次巴尔干战争期间，奥匈帝国在 1912 年底就已决定，将其和平时期的军队人数从 38.5 万提升到 47 万，并对炮兵装备进行现代化改革。这引发了国际军备竞赛。俄国于翌年把军队人数从 120 万增加到 142 万，并计划到 1917 年将此数字提高
1144 到 180 万。与此同时沙皇帝国开始在波兰扩建铁路网，目的是对奥匈帝国和德国开战时便于运送兵力。德国的反应是 1913 年 6 月的扩军，法国的对策是 1913 年 8 月恢复三年兵役法。

俄国作为强权国家虽然成功地度过了 1912/1913 年的危机，其国内政治形势依然岌岌可危。1912 年 1 月许多反对派组织中最激进的组织——俄国社会民主工党（Sozialdemokratische Arbeiterpartei Rußlands）分裂了，而且是彻底分裂：在布拉格的一次会议上，列宁的支持者——布尔什维克在组织上与党的右翼孟什维克划清界限。在此前的几年中，这两派比以往任何时候吵得都要厉害。自 1907 年 4 月伦敦党代表大会以来成为少数的孟什维克主张参加杜马和利用一切合法手段；布尔什维克认为武装起义才是唯一的革命斗争武器，议会只是进行宣传的论坛。孟什维克赞成与资产阶级和贵族自由主义者合作，特别是激进的知识分子；布尔什维克在这一点上与社会革命党人相似，认为广大农民才是革命斗争中的主要盟友。孟什维克给予工会一定的独立性，布尔什维克认为工会仅仅是党——革命无产阶级先锋队的一个政治工具。

作为一个马克思主义者，列宁也认为俄国迫在眉睫的革命

不是无产阶级革命，而是资产阶级革命。为了让资产阶级战胜
沙皇制度的革命取得全面胜利，无产阶级必须给它打上自己的
印记，1905 年 8 月布尔什维克领袖在《社会民主党在民主革
命中的两种策略》（*Zwei Taktiken der Sozialdemokratie in
der demokratischen Revolution*）中写道。列宁借鉴了马克思
对法国大革命中的雅各宾“恐怖统治”的解释。“如果革命能取
得彻底的胜利，那时我们就能用雅各宾派的方式，或者说，用平
民的方式来消灭沙皇制度。……现代社会民主党中的雅各宾派，
即布尔什维克……想要用自己的口号，把革命共和派小资产阶
级，特别是把农民提高到完全保持着自己的阶级独特性的无产 1145
阶级所具有的彻底民主主义的水平。他们要人民即无产阶级和
农民‘用平民方式’来消灭君主制度和贵族，无情地消灭自由
的敌人，用强力镇压敌人的反抗，决不对农奴制度、亚洲式暴
政和对人肆意凌辱的万恶余孽作丝毫让步。”①

列宁的新口号是：“无产阶级和农民的革命民主专政。”这个专政是从资产阶级到社会主义革命进程的先决条件。“无产阶级应当把民主革命进行到底，这就要把农民群众联合到自己方面来，以便用强力粉碎专制制度的反抗，并麻痹资产阶级的不稳定性。无产阶级应当实现社会主义革命，这就要把居民中的半无产者群众联合到自己方面来，以便用强力摧毁资产阶级的反抗，并麻痹农民和小资产阶级的不稳定性……民主革命是资产阶级革命……但是我们马克思主义者应当知道，除了资产阶级自由和资产阶级进步的道路，没有而且也不可能有其他道路可以使无产阶级和农民得到真正的自由。我们不应当忘记，现在除了充分的政治自由，除了民主共和制，除了无产阶级和农民的革命民主专政，没有而且也不可能有其他手段可以加速

① 马克思：《社会民主党在民主革命中的两种策略》，载《列宁选集》第一卷，北京：人民出版社，1995，第 564~565 页。

社会主义的到来。”①

列宁从 1905 年革命失败中吸取了三点教训。第一个教训是，“只有革命的群众斗争，才能使工人生活和国家管理真正有所改善”。第二个教训是，“仅仅摧毁或限制沙皇政权是不够的，必须把它消灭”。第三个也是最重要的教训在于，“我们已经看到俄国人民中的各阶级是怎样行动的……当革命进入同沙皇决战，进入 1905 年十二月起义的时候，自由派就全体
1146 一致地卑鄙地背叛了人民的自由，离开了斗争……自由派受了骗。农民获得了沉痛然而有益的教训……现在［1910 年 11 月，列宁为《工人时报》(*Rabochaya Gazeta*) 撰写《革命的教训》(*Die Lehren der Revolution*) 一文时，作者注］，沙皇专制制度又重整旗鼓，农奴主又卷土重来，作威作福，工人和农民依然处处横遭暴力蹂躏，到处可以看到当局亚洲式的专横跋扈和人民惨遭凌辱。然而沉痛的教训是不会不起作用的，俄国人民已经不是 1905 年以前的人民了。无产阶级已经对他们进行了斗争训练。无产阶级将带领他们走向胜利”。②

1912 年，许多事情似乎都证明了列宁的革命乐观主义是事出有因的。独立后的布尔什维克成功地把孟什维克赶出了一系列工会组织，以及圣彼得堡和莫斯科的健康与意外保险之自治机构。而且布尔什维克通过袭击银行和邮车弄到的钱也帮了他们的忙：这种筹资方式被第二国际认为是“无政府主义的”，若非第一次世界大战的爆发令其失去行动力，估计第二国际会在 1914 年夏天把列宁的追随者清除出去。1912 年春，西伯利亚勒拿河畔的 200 名金矿工人因罢工遭枪杀，在布尔什维克

---

① 列宁：《社会民主党在民主革命中的两种策略》，载《列宁选集》第一卷，北京：人民出版社，1995，第 606~616 页。

② 列宁：《革命的教训》，载《列宁选集》第二卷，北京：人民出版社，1995，第 268~272 页。

的鼓动下仅在圣彼得堡就有超过 10 万名工人罢工。1912 年春开始的罢工开启了一场越来越激烈的罢工运动，它一直持续到 1914 年夏季。工人们不满的主要原因是他们的生活水平在下降。但人们不能称第一次世界大战前夕的俄国局势是革命的：政府的后盾——军队足以阻止极左派推翻旧制度的尝试。

1912 年 12 月，新当选的第四届杜马开会。其中右派占多数，超过一半的代表是贵族。其他事件也能让人看到这种迅速右转。1911 年起，将犹太人从定居点以外的地方驱逐出去成为系统工程。1913 年 9 月，在内政和司法部的推动下，在基辅开始对犹太人梅纳凯姆·门德尔·贝吉斯（Menachem Mendel Bejis）的仪式性谋杀进行审判，他被指控为了祭祀目 1147 的杀害了一名基督徒学生。尽管这场以假“证据”为基础的诉讼以无罪释放而告终，但这对沙皇政权在国内外的声誉却极其不利。拉斯普京案件也是如此：云游先知和奇迹治疗师［一个来自西伯利亚托博尔斯克（Tobolsk）的农民］格里戈里·拉斯普京（Grigory Rasputin）自 1907 年起对皇后亚历山德拉（Alexandra）的影响越来越大，这也体现在重要的人事决策上。对他的公开批评逐渐增加，但很长一段时间并未影响其地位。最终结束这件事的手段在激进性上无出其右：1916 年 12 月拉斯普京被大贵族成员杀害。

布尔什维克在第四届杜马中有五位议员。其中包括俄罗斯－波兰裔的能言善辩的工人罗曼·马林诺夫斯基（Roman Malinowski），他被任命为议会党团主席。当时住在加利西亚克拉科夫的列宁对他极为信任。马林诺夫斯基在杜马的革命演讲大多出自列宁的手笔。1914 年 5 月 7 日，马林诺夫斯基在杜马要求（事前没有与其议会同事和党的领导商议）左翼议员，即社会民主党人和社会革命党人，辞去议席，因为他们的出席只能提高反动派的威望。不久之后就有不少报道称，马林诺夫斯基是秘密警察局的特工并向其出卖了自己的同志。这种断言在1917年3月革命后被证明是确凿无疑的。马林诺夫斯基离开杜马是内政部下令安排的（并付给他6000卢布报酬），因为议员的两面性此时被认为太危险。1918年底马林诺夫斯基被布尔什维克的革命法庭判处死刑，一天后被枪杀。所有反对派团体中最激进的组织遭到沙皇秘密警察的渗透，这给布尔什维克带来了暂时的，而非持续的损害。[33]

## 战争作为解决危机的出路？1909~1914年的威廉德国 1148

与俄国的社会民主党人不同，德国社会民主党人的优势在于，他们能够在一个法治国家运作。只要他们在议会内外能够开展工作，就不会考虑使用非法的政治斗争手段。虽然他们在帝国仍旧受到各种歧视，但他们和亲近他们的自由工会依然行使着社会和政治权力。社会民主党是一个成员众多的群众运动，它所能失去的要比其锁链多得多。选举的胜利为他们所创造的影响力是他们不想因激进主义而毁于一旦的。虽说其纲领性宣言要推翻现存社会秩序，但它早已融入其中。1914年前的社会民主党已经不再是一个“革命”党，如果说它曾具有革命性质的话。

然而，社会民主党在很大程度上扮演着反对派角色，帝国领导层和资产阶级政党为他们提供了多次机会来证明这一点。比如1911年11月8日和9日，德国议会讨论了第二次摩洛哥危机期间国际形势的发展。帝国宰相特奥巴登·冯·贝特曼·霍尔维格尖锐回击了预防性战争的论调，这种论调在公共舆论中呼声已高。但保守党和民族自由党的发言人以一种听起来十分好战的方式强调了德国的荣誉和世界地位。

只有奥古斯特·倍倍尔提醒要警惕国家威望政治的危险。为了说明德国右派挑起国际危机的国内政治动机，这位社民党主席引用了两段新闻报道。《德国军报》（*Deutsche Armeeblatt*）在第二次摩洛哥危机时写道：“虽然战争会为一些家庭带来眼泪和痛苦，但对国内状况而言大动干戈也是个相当不错的选择。”在自由保守党的《邮报》上人们可以读到：“许多圈子的人都坚信，战争只能是件好事，它将澄清我们岌岌可危的政治形势，并让许多政治和社会状况恢复健康。”倍 1149
倍尔评论这两段话说：“人们不知道该如何对付社会民主党。

这时候一场对外战争会是转移视线的绝佳手段。”

现在各方都将继续备战，倍倍尔接着说，直到某一天其中一方会说：“宁愿一个可怕的结局，也不愿永远生活在恐怖中……然后灾难就来临了。那时欧洲将全体整装进军进行一场大战，参战的会是各民族正值花样年华的1600万至1800万男人，他们手握现代化的谋杀工具，互为敌人地进入战场厮杀。但我深信，全体整装进军之后会是大崩溃……资产阶级世界之诸神的黄昏正在到来。诸位可以确信：它正在到来！诸位今天正在破坏自己的国家与社会秩序，诸位正在为自己的国家与社会秩序敲响丧钟。”会议记录多次记载着“笑声”和“群情沸腾”以及来自右派的呼喊：“每次战争之后都会变得更好！”

倍倍尔所谴责的这种思维方式的经典表达就体现在一本书的书名中——《德国与下一场战争》（*Deutschland und der nächste Krieg*），这本书于1912年初问世，很快多次加印并立即被翻译成最重要的几种外语。作者是军事作家和前将军弗里德里希·冯·伯恩哈迪（Friedrich von Bernhardi）。通过援引查尔斯·达尔文和其弟子社会达尔文主义者，作者宣称“为生存而战”是“一切健康发展的基础”。伯恩哈迪把战争描写为精选手段，可以借此阻止劣等或堕落的种族挤压健康的种族的生存空间。但战争“不仅仅是生物上的必然性，而且也是一种道德需求，作为这种需求它是文化不可或缺的因素”。伯恩哈迪从中导出“战争的权利”和“战争的义务”。

按照作者的观点，在德国于“民族情感和政府的外交行事方法”之间出现了一道深深的鸿沟。消除这道鸿沟只能靠全面
1150 的民众教育。其目标必须是让德国为这一决定做好准备，“我们是否想发展成一个世界强国，保住自己的这种地位，让全球各地重视德国精神和德国人的生活观，而这一点如今还没有实现”。

社会民主与和平主义等运动拒绝这种观点，因此必须与之进行斗争。由于事关“世界强国或是沉沦”，“存在或毁灭”的问题，必须最终克服“政治现状的混乱”与“精神的四分五裂”。伯恩哈迪果断地拒绝了德国的议会化。“没有哪个民族像德国人这么不适合自己掌握其命运，例如纯粹议会制，甚至是共和制政体；流行的自由主义模式最不适合我们。”德国需要一个强大的政府，结束迄今为止的“和平与放弃政策”，代之以“行动的宣传”；它需要加强军队和舰队，并尽早对青年进行军事教育。

与伯恩哈迪追求同样目标的组织大量存在。除了殖民事业协会、东部边境地区联盟、泛德意志协会和海军协会，1904 年出现了由重工业和右派政党扶持的反社会民主党帝国联盟（Reichsverbandgegen die Sozialdemokratie），1909 年其成员数量超过 20 万。其反对社民党的传单无数，但成效甚微。最多是在 1907 年的“霍屯督选举”中它肯定起到了作用，让社民党选票的增加放慢了速度。

另一个民族主义和军事战斗联盟于 1912 年 1 月出现在第二次摩洛哥危机之后：德意志军人协会（Deutsche Wehrverein）。1912 年 5 月它已有 78000 名会员。它以反政府的姿态出现（因为据说以贝特曼·霍尔维格为首的帝国领导对军人太不友好）并努力争取受欢迎。但军人协会中要人太多，以至于它无法成为一个跨阶级的群众运动。这是“右派”民族主义的典型代表，从帝国创建的第一个十年起，这种民族主义在德国资产阶级和小资产阶级中不断蔓延并变得越来越激
进。1911 年前后开始的这一番战斗超过了以往：政治家、新 1151
闻记者和宣传家毫不迟疑地要求一场战争，是的，一场能摆脱内外危机的世界大战。

《神经质大国》（*Die nervöse Großmacht*）：这是历史学家兼

记者福尔克尔·乌尔里希（Volker Ullrich）1997年出版的一本书的标题，写的是德意志帝国的兴起与没落。次年，另一位德国历史学家约阿希姆·拉德考（Joachim Radkau）的书《神经质的历史时期：俾斯麦至希特勒时代的德国》（*Das Zeitalter der Nervosität. Deutschland zwischen Bismarck und Hitler*）问世。德国的危机意识，正如伯恩哈迪1912年的著作和第一次世界大战前最后几年无数的作品、文章和演讲所表达的，确实带有明显的神经质特点，而且这种神经质已经超出欧洲当时的“正常标准”。德国的不安首先来自那时已经无所不在的感觉，即时间正变得对德国和其得到世界认可的要求不利。一方面，三国协约成员国英国、法国和俄国，为了反对德意志帝国的政治权力主张一再携手合作：这种事态在德国被认为是一种“包围”。另一方面，所有反抗努力均无法阻止唯一一个反对威廉二世之世界政策的政党——社会民主党继续发展壮大。如果这种发展持续下去，帝国议会中没有多数为增加军费开支投赞成票的局面就指日可待了，而按照右派的观点，帝国要想从大国崛起为世界强国最迫切需要的正是这种多数。然而，德国必须坚持受到全世界重视的意志，否则它就没有理想的目标能够战胜左派的国际主义。

1912年年初，德国的内部危机继续白热化。1月12日举行了第一轮帝国议会选举，随后在1月20日和25日进行了二次投票。大赢家是社民党，它获得的票数从1907年的326万上升到425万，其份额则从29%增加到34.8%。令人更为印
1152 象深刻的是议席的增加：社民党的议席从43个增到110个，这主要得益于与进步人民党就二次投票达成的协议。1890年以来德国社民党已经是最强大的政党，现在它首次成为帝国议会中最强大的党团。

要想没有社民党而达到稳定的多数政府，就只能指望保守

党、民族自由党、进步党和中央党结成资产阶级党派联盟。想形成这样的局面是困难的。更难办到的是中间派与左派的联盟。要想构成这种联盟不光 42 名进步人民党议员，而且天主教中央党的 91 名议员也必须加入其中。而这三个党在世界观方面的矛盾太大，因此这类“执政联盟”暂时只能是一种幻影。帝国领导只能尝试在个案基础上实现多数：这种强迫性局面使得强有力的领导几乎不可能。

帝国议会选举后不久出版了一本书，它就像是右翼对左派胜利的一个回答。书名是《如果我是皇帝》(*Wenn ich der Kaiser wär'*)，作者自称“丹尼尔·弗里曼”(Daniel Frymann)。假名背后隐藏着美因茨律师海因里希·克拉斯(Heinrich Claß)，自 1908 年 2 月起他任泛德意志协会会长。克拉斯是威廉时代激进民族主义的一个典型代表。1904 年第一次摩洛哥危机之前，他已经宣称要进行一场征服西摩洛哥的战争。第二次摩洛哥危机期间，他更进一步要求法国割让法国东部的大部分地区。与阿尔弗雷德·胡根贝格［Alfred Hugenberg，弗里德里希·克虏伯(Friedrich Krupp)公司在埃森的董事会主席］一起，他为人民运动和反犹力量打开了泛德意志协会的大门。1912 年春天他在其著作中传递的信息不是协会的，而是他自己的。因此，选择匿名发表该书是经过深思熟虑的。

到 1914 年已经印刷五次的《如果我是皇帝》，在很多方面都与伯恩哈迪不久前出版的书有共同之处，克拉斯明确赞扬了伯恩哈迪的著作。“战争对我们神圣如起洁净作用的命运”，是核心句子之一。“我们欢迎它，就像欢迎用最猛的药治愈我们灵魂的医生。”德国既不用害怕与英国的战争，也不要害怕与俄国的战争。法国必须被摧毁，比利时和荷兰应并入帝国， 1153
它们可保留有限的自主权。“戈耳狄俄斯之结必须割断，不动武它无法解开。”

在国内政治方面，克拉斯比伯恩哈迪更为激进。他要求废除平等的普选权，而实行五级选举制，只有纳税者才有选举资格，把妇女与政治生活隔离起来，顽强反对普鲁士的民主化，坚决反对波兰人和准备发动反对社会民主党的政变，后者是“我们祖国的敌人”。最后一步当然只能在“皇帝的领导下”完成。皇帝是合意的，但不一定是唯一可以想象的实现元首思想的人：“如果今天元首出现，他将惊奇自己有多少忠于他的人，以及围绕在他身边的是些多么宝贵而忘我的男人。”

克拉斯最尖锐的攻击是针对犹太人的。他认为，根据犹太人内心深处的本质，他们的表现与德国人水火难容。犹太人是当今“盛行的唯物主义的载体和教师”，他们主导着剧院和媒体，并带来了最近的“犹太人选举”的结果。为了抵抗犹太人的威胁，作者要求禁止犹太人移民，将“本国”的犹太人排除在公共生活之外，剥夺他们的选举权和被选举权，制定针对他们的外国人法，向他们征双重税，此外禁止犹太人在军队和舰队服役，禁止他们领导剧院和银行公司以及从事律师和教师行业。最后还规定，与犹太人合作的报纸要标明这一点。

克拉斯作为煽动者具有很高的素质，但他不是“民粹主义者”。其长篇大论不是给老百姓看的，他的读者是较高层次的人，具体来说是“受过高等教育者”，他们应成为“人民的精神领袖”和“政治生活的脊梁”。他的要求是，除了“血统贵族”还必须有“功勋贵族”，这一要求与呼吁用等级选举制代
1154 替平等的普选权一样反动。即使其反犹主义，克拉斯也主要针对德国的知识阶层。他抱怨说犹太学生、医生、律师和记者所占的份额远远超过犹太人在总人口中所占的比例，他提起的这个事实非常适合引起非犹太人学生和学者的嫉妒、自卑感和被淘汰的恐惧。克拉斯闭口不谈的是，犹太人在自由职业领域的

高度集中是对其持续歧视的一种反映：犹太人仍旧被排除在公共服务业之外。

乍看之下，似乎德国的反犹主义在克拉斯的书问世时已经没有很大市场了。在 1907 年的帝国议会选举中，各反犹主义党派获得的有效票数还占 5.5%；五年后该数字下降到 2.5%，成为 1893 年以来最糟糕的结果。1890 年代后，类似党派的反犹组织在公众中引起的反响确实大大下降，但是还不能说反犹主义已经死亡。它继续存在于德意志保守党中，该党在其 1892 年《蒂沃利纲领》（*Tivoliprogramm*）里公开宣布要与“对我们民族生活的多方面挺进和起破坏作用的犹太人影响”进行斗争；它存在于农业联盟、全德贸易商受雇者联盟（Deutschnationaler Handlungsgehilfenverband，1893 年成立的商业雇员协会）、许多大学生组织和新教以及天主教教会内。此外，广为流传的受人尊敬的反犹主义作者的书籍也发挥了作用：1878 年和 1881 年保罗·德·拉加德出版的《德意志文集》（*Deutschen Schriften*）；1890 年尤利乌斯·朗本（Julius Langbehn）出版的《伦勃朗作为教育家》（*Rembrandt als Erzieher*），第二年在疯狂反犹分子特奥多尔·弗里奇（Theodor Fritsch）的启迪下，他又对此书进行了修订，增加了极端反犹太主义的要求；以及 1899 年英裔德国人休斯敦·斯图尔特·张伯伦（Houston Stewart Chamberlain）的两卷本《十九世纪的基础》（*Die Grundlagen des Neunzehnten Jahrhunderts*），威廉二世皇帝是此书的热情读者。

除了坚定的自由主义者，德国的资产阶级文化中早就充满了反犹主义。只需要一个外部的契机，对犹太人的敌意之火就能复燃。1912 年 1 月的帝国议会选举就是这样一个契机。四个月之后，在特奥多尔·弗里奇的推动下，“帝国铁锤联盟” 1155
（Reichshammerbund）成立，其最内在的核心是按照共济会结构模式组建的“日耳曼骑士团”（Germanenorden），它选择钩十字做自己的标识。这个新的组织视自己最重要的任务为：协调一切反犹活动，打入各种不同的运动和协会。受到弗里奇特别关注的组织之一是1901年成立的德国青年运动的雏形——“候鸟协会”（Wandervogel）。1912年就开始了一场旨在把犹太人排除在协会之外的政治宣传活动，“候鸟协会”中只有少数人抵制了这一建议。1914年的复活节会议上，协会领导层达成妥协：是否吸收犹太人留给各地的组织自己决定。

激进反犹主义者如弗里奇和克拉斯在德国右翼中只占少数。同样，坚定反对反犹主义者的人在市民阶层中也没有广泛的追随者。1890年成立的抵抗反犹太主义协会1897年拥有18000名会员，它是自由派政治家、新闻工作者和科学家的创意性组织，其中包括海因里希·冯·格奈斯特（Heinrich von Gneist）教授和特奥多尔·蒙森教授。1912年其会员人数没有太大增长。参加此协会的工作者多为“文化抗议者”和左翼自由主义者。与1893年创建的信仰犹太教的德国公民中央协会密切合作，他们致力于揭穿反犹的恐怖故事，如犹太人的仪式性谋杀，或第一次世界大战后伪造的《锡安长老会纪要》，其方法是启蒙和呼唤理性。

抵抗反犹太主义协会不与1897/1898年成立的德国犹太人复国主义联盟（Zionistische Vereinigung für Deutschland）合作，后者是特奥多尔·赫茨尔之追随者的组织。犹太复国主义对反犹主义的回应——在巴勒斯坦建立一个犹太国家的呼吁在东欧比在德国更受欢迎。因为无论德国的排犹分子说什么和做什么，对绝大多数德国犹太人来说德国是一个经过了启蒙的法治国家并且文化进步：是他们的祖国。

对于没有受过洗礼的德国犹太人来说，能成为其政治家

园的只有坚定反对排犹主义的政党。自由派政党，特别是左翼自由党和社会民主党就是如此。工人运动在意识形态的塑造 1156
方面在很大程度上要感谢犹太知识分子。威廉时代有组织的左翼自由主义，没有生活在柏林、汉堡、美因河畔法兰克福和布雷斯劳等大城市的富裕与受过教育的犹太市民根本无法想象。自由的媒体既仰仗犹太资产阶级的财力撑腰，也依赖犹太记者的智性生产力。无论是《法兰克福报》（*Frankfurter Zeitung*）、《柏林日报》（*Berliner Tageblatt*）还是《福斯日报》（*Vossische Zeitung*）：德意志帝国大量存在的自由派报纸都证实了犹太人的精神和金钱影响。反犹主义者知道，为什么他们对“犹太”自由主义和银行资本的“金色国际”之攻击在尖锐程度上并不亚于对“犹太”马克思主义与“红色国际”的抨击。

至于 1914 年以前反犹主义在德国是否比在法国更盛行，值得怀疑。但是，像法国在德雷福斯事件中所经历的知识界和政界对犹太人的声援，在德国没有发生过。自由主义者对威胁自由的排犹行动之抗衡在法兰西第三共和国要比在威廉帝国强大得多。

在同时代的英国也存在反犹主义，但相比于德国和法国它只是一种边缘现象。反议会制度亦然：像阿尔弗雷德·米尔纳这样的政治家——他把英国的政治制度宣布为不合格，因为它与英国的世界角色不匹配——是一个明显的局外人。伯恩哈迪和克拉斯等人的书籍在德国市民阶层中颇有市场；在大不列颠具有同样影响力的作者的这类书籍，不仅像在德国一样会在工人运动中遇到抵制，而且会遭到资产阶级自由主义最强烈的反对。威廉德国与英国或法国相比是个专制传统更强的国家。虽然其帝国议会的选举制是民主的，但与英法或斯堪的纳维亚国家相比，其政府体系和政治文化是落后的，更不用说与美利坚合众国比较了。

1157 德国状况在实现民主前的一面很少像在1913年底展现得那么清楚。11月6日一份阿尔萨斯报纸《萨维尔纳[1]广告报》（*Zaberner Anzeiger*）报道，普鲁士少尉冯·福斯特纳（von Forstner）当着所招募的新兵的面说了对当地居民粗鲁、敌视和有侮辱性的话，蔑视地称他们为傻帽。如果指挥将军冯·戴姆林（von Deimling）不是把福斯特纳仅仅关了六天禁闭，而是像行政长官威德尔伯爵（Graf Wedel）所要求的那样作为处罚将他调往其他军团，事情可能还会得到解决。由于没有这么做，局势就没有出现缓和。相反，萨维尔纳相继发生示威游行、士兵和平民的冲突以及军方实施的逮捕。

1913年11月底和12月初帝国议会讨论此事。普鲁士陆军大臣冯·法尔肯海因（von Falkenhayn）向议员们解释，无论他本人还是帝国议会都无权管控与纪律处分有关的问题，因为这类指挥权属于王权范畴。帝国宰相冯·贝特曼·霍尔维格以如此谨慎的态度与军事当局的行为划清界限，让人民代表们觉得是一种挑战。当宰相12月4日还明确强调他同意陆军大臣的意见时，他最终越过了界限。议员们以4票弃权、293票对54票的绝对多数通过了一天前进步人民党提交的一份申请：帝国议会要做出决定，帝国宰相对萨维尔纳事件的处理方式不符合议会的意见。只有两个保守的议会党团——德意志保守党和自由保守党投票反对德国国会历史上的第一个反对动议。

议员们发表的意见没有政治性后果。帝国宰相并不依赖议会的信任，贝特曼·霍尔维格在投票后也公开说明了这一点，在幕后发生了一些旨在遏制军方任意行事的事件：皇帝和国王不赞同此事的态度，事实上对驻扎在萨维尔纳两个营的惩罚性

① 此处地名按法文 Saverne 译出。

调动，和一个从未公布过的有关武器使用的公告。斯特拉斯堡
的军事和最高军事法庭像往常一样站在被指责的军官一边，反 1158
对向新闻界透露消息的士兵。

但是真正的萨维尔纳事件丑闻并不在于 1913 年 11 月的事件本身、其公众反响及其法律后果，而是这次危机所无情暴露的宪法状态：帝国议会、帝国宰相和陆军大臣在国王指挥权问题上的无能为力。在紧急情况下，普鲁士士兵国家向宪政国家展示了后者的局限性在哪里。专制主义在平民生活中被克服了，然而在军事领域它仍旧存在。为了阻止德国的议会化，从保皇派老普鲁士人的角度看这也是必要的。保守党议员埃拉尔特·冯·奥尔登堡－雅努绍对这种信念有一个既挑衅又经典的表达，1910 年 1 月 29 日（贝特曼·霍尔维格上任半年后），他公开宣称赞同“普鲁士人的古老传统”：“普鲁士国王和德意志皇帝必须随时有权对一个少尉说：您带十个人去关闭帝国议会！”

在德意志帝国遇到紧急情况时，军方或政界谁说了算，皇帝站在哪一边，这个问题不光对德国人，对其他强权国家也至关重要。1912 年初，大不列颠示范性地遭遇了帝国领导层内部尚未解决的权力问题。在阿尔贝特·巴林和英国银行家欧内斯特·卡塞尔爵士（Sir Ernest Cassel）的支持下，帝国宰相贝特曼·霍尔维格成功地令英国政府同意，就各种双边关系展开秘密的试探性会谈，包括海军和殖民地问题。阿斯奎斯首相任命陆军大臣哈尔丹勋爵为谈判代表，他在哥廷根念过书并能说流利的德语。

2 月 7 日，哈尔丹抵达的前一天，威廉二世在御前讲话中宣布了一个新的海军修正案，这在英国引起很大的不安。在柏林的谈判中，德方坚持如果它与第三国陷入战争，英国必须承
诺无条件保持中立。大不列颠无法考虑答应这一要求，否则就 1159

违背了与法国的协约。此外蒂尔皮茨的要求也无法接受：如果英国想让德国削减其舰队扩充计划——建造三艘战列舰，那么英国要同意德英海军实力比例为 2 ∶ 3（而不是英国人的标准 1 ∶ 2）。倘若伦敦同意这一点，那它就无法保住其作为大英帝国领导者的地位。相反德国出于对奥匈帝国的义务，不想满足于英国把中立承诺局限于毫无争议的防御战争。

因为哈尔丹先与帝国宰相，然后与皇帝和蒂尔皮茨分别进行了会谈，最后又再次与贝特曼·霍尔维格谈判，他毫无疑问地认识到，只有帝国宰相真正有兴趣与伦敦达成谅解，而君主和帝国海军部国务秘书的重要目的不外乎瓦解三国协约（此外威廉二世还抱有幻想，他可以为其“欧洲合众国反对美国”的提议争取到英国的支持）。哈尔丹对柏林会谈的评价相对负面。威廉二世的态度此后非常强硬和好战，以致贝特曼·霍尔维格于 1912 年 3 月 6 日递交了辞呈。“如果我们必须打仗的话，我们会打，在上帝的帮助下我们不会打输。”他写信给皇帝道，“但若是我方挑起战争，不是我们的荣誉或者我们的切身利益要求我们这样做的话，我会认为这是对德国命运的一种犯罪，哪怕我们按照人类的预见能够希望获得彻底的胜利。但这也并非定论，至少在海上不是这样。”

威廉最终还是不准备解雇帝国宰相，他在国外，特别是在英国享有相当高的威望。有一段时间他甚至倾向于同意贝特曼·霍尔维格削减海军军备的要求，但当蒂尔皮茨以辞职相威胁时他又打消了此念头。与英国的谈判仍在继续，但没有达成一致的
1160 现实前景。尽管为了安抚伦敦，贝特曼·霍尔维格仍旧留任，但柏林在这件事上的军事战略利益战胜了政治考虑，如此欧洲又向大战靠近了一步。对这种灾难一再提出警告的倍倍尔，在 1910 年秋天已经开始通过与他有私交的英国驻苏黎世总领事敦促伦敦政府，加强海军军备。1912 年起他的警告变得更加

紧迫：他认为大不列颠所加强的军事努力是保证对德意志帝国的领导层产生威慑作用的唯一手段。

战舰的增加并不是帝国领导层在 1912 年初追求的唯一军备政策目标。5 月 21 日，海军修正案通过一周后，帝国议会所有资产阶级政党投票通过了一项提案，准备增加 2.9 万人的常备军。不到一年后，由于第一次巴尔干战争，下一轮扩军备战又提上了议事日程。1913 年 3 月帝国政府要求到 1915 年 10 月逐步增兵 117000 名，15000 名下级军官和 4000 名军官，一共 136000 人。6 月帝国议会通过了此提案。在最终投票时投了反对票的社民党也间接促成了这一提案获得成功，因为社民党人此前曾投票赞成一项使扩军在财政上得以实现的法案：保守派激烈反对的资本利得税。社民党认为这是迈向他们一直要求的帝国所得税、财产税和遗产税的第一步。

1913 年加紧进行的扩军备战并不是德国令国际关系恶化所做的唯一贡献。10 月土耳其（这个第一次巴尔干战争的大输家）和德意志帝国商定，在德国人的领导下对奥斯曼帝国的军队进行彻底改革。威廉二世在接见由奥托·利曼·冯·桑德斯（Otto Liman von Sanders）中将率领的即将赴土耳其的德国军事委员会成员时，于 1913 年 12 月 9 日毫不掩饰地说：“通过领导和直接控制土耳其战争部的组织工作，将土耳其军队德国化”，并称目标之一是“支持和发展小亚细亚的土耳其军事 1161
实力，使之成为反对俄国侵略意图的平衡力量”。

利曼·冯·桑德斯不仅是奥斯曼帝国军队的监察长和所有陆军学校的指挥官，作为指挥将军他还任第一集团军司令，负责君士坦丁堡和海峡的防御工作。由于俄国继续追求统治黑海与地中海之间的通道，德国的这种做法被视为不友好行为并受到最强烈的抗议。这两个帝国之间的一场战争似乎一触即发，但又一次得以避免，因为一方面英国作为土耳其海军的保卫者和监督者不愿无条件地支持俄国，另一方面德国由于顾及与大不列颠的关系表示愿意妥协。利曼·冯·桑德斯虽然继续担任土耳其军队的监察长，还被晋升为奥斯曼帝国陆军元帅，但1914年1月中旬他放弃了对驻守在君士坦丁堡的第一集团军的指挥权。圣彼得堡认为这一让步得益于自己的坚决态度，并放弃向德国和土耳其进一步提出各种要求。

和平暂时得救了，俄罗斯帝国大臣会议主席科科夫佐夫由于财政吃紧被迫于1914年1月辞职。其继任者是伊万·洛吉诺维奇·戈列梅金（Ivan Longinovich Goremykin），早在1906年他作为斯托雷平的前任就已经担任过此职数月，自由派圈子视他为反动官僚。外交大臣仍是谢尔盖·德米特里耶维奇·萨宗诺夫，利曼·冯·桑德斯危机证实了其信念，即与中欧强国的战争在所难免。但他仍然怀疑俄国的军队是否已经强大得足以开战。

外交危机之后紧跟着出现了一场德国的媒体攻势，外交部积极参与其中。1914年3月2日，《科隆日报》（*Kölnische Zeitung*，亲重工业界的报纸）刊出以《俄罗斯和德意志》（*Rußland und Deutschland*）为标题的文章，作者是该报驻圣彼得堡的通讯记者，此文引起很大轰动，因为它被视作经半官
1162 方授意。文章称，在圣彼得堡人们现在公然说俄国正在准备与德国开战。“对俄国的官方政策而言，阻碍与德国保持毫无顾忌的良好关系的，现在是，将来仍旧是它对法国的依赖。”在最近这次危机中，俄国政治的掌舵人“在法国影响下表露出一种神经质”，这清楚地表明，正确的关系经不起任何考验。俄国仍在虚张声势。但毫无疑问，“至少官方对德俄关系的态度会完全不同，如果那里的先生们知道，他们将来不会永远得到德国方面的让步，而是会遇到把已经开始的事情进行到底的坚定意志，哪怕会引起对方的神经质和火冒三丈”。

《科隆日报》发出的警报信号得到了其他右派报纸的一致回应，甚至中央党的报纸和自由党的《柏林日报》也不例外，后者在3月9日的一篇匿名文章中甚至不想排除针对军事上日益强大的俄国打一场预防性战争的必要性。与皇帝和宰相保持着良好关系的莱比锡历史学家卡尔·兰普雷希特（Karl Lamprecht）认为种族取代了国家，德国和俄国扮演着“种族领袖”的角色，即前者领导着日耳曼人，后者领导着斯拉夫人。大部分俄国报纸，部分也是经官方授意，对德国发起了进攻，这让人觉得一场“新闻战”真正开始了。社会民主党的《前进报》以往是沙皇政权最激烈的抨击者之一，在此具体情况下它却认为德方是侵略者：“多年来人们宣称德英之间的战争不可避免，年复一年地要求加强舰队力量，现在俄国被宣布为准备进行战争的敌人。鼓吹扩军备战者不断需要幌子，以制造必要的恐惧，在这类恐惧中即使是最疯狂的要求也能得到批准。”

当与俄国的关系自利曼·冯·桑德斯危机以来急剧恶化时，1914年初夏德英关系出现改善的转机。6月5日，两个大国经过漫长的谈判达成了《巴格达铁路协议》（*Abkommen über die Bagdadbahn*）。大不列颠保证支持有争议的德国在奥斯曼帝国的行动，作为回报德国放弃修建从巴士拉（Basra） 1163
到波斯湾的铁路，明确承认英国在海湾地区的霸权。两个大国之间发生正面碰撞从而变得不太可能，前提是，德国推行的政策不会迫使英国履行其对《三国协约》盟友的义务。[34]

## 萨拉热窝及其后果：从七月危机到第一次世界大战

正如英国在外交政策上要考虑法国和俄国的利益一样，德国也要顾及奥匈帝国的利益。（三国同盟的第三位盟友意大利此时已经如此接近《三国协约》的签约国，以致柏林和维也纳都在怀疑，紧急情况下能否指望得上它的支援。）但哈布斯堡君主国被其内部危机削弱得连它自己都怀疑，它在欧洲各地，特别是在哈布斯堡王国内部是否有战胜危机的机会。能把多民族帝国在一定程度上凝聚在一起的，除了习惯的力量、军队和官僚机构，只有那个自1848年12月起成为一国之君的人：皇帝弗朗茨·约瑟夫，1913年8月18日他已年满83岁。这样一个大国作为唯一的真正盟友，冷静审视之下根本无法令德国人信心十足。

在所有的国与国之间的关系中，奥匈帝国与塞尔维亚的关系最不稳定。两次巴尔干战争的结果都削弱了哈布斯堡君主国，而塞尔维亚则变得更强。虽然维也纳于1913年10月强迫贝尔格莱德从阿尔巴尼亚撤军，但其最后通牒之所以能有成效，是因为它不仅得到了德国和意大利的同意，而且这次也得到了大不列颠的支持。一旦权利不是这么明显属于哈布斯堡君主国一方，塞尔维亚就会指望得到沙皇帝国的支持：俄国驻贝尔格莱德的公使尼古拉·哈特维希（Nikolay Hartvig）是一位坚定的泛斯拉夫主义者，他从不厌倦向塞尔维亚政策制定者表明自己的立场。



1913年8月《布加勒斯特和约》所带来的塞尔维亚的领土扩大，按照塞尔维亚民族主义者的评估，只是追求“大塞尔维亚”征途上的一种阶段性胜利。它不仅应该包括塞尔维亚人的定居点，而且还要包括克罗地亚人的定居点，后者几乎说着和前者一样的语言，虽然后者书写时用的是拉丁字母，而不是像塞尔维亚人那样使用西里尔文。实际上所有的南斯拉夫民族，包括马其顿人、黑山人和斯洛文尼亚人，都使用西里尔文。波斯尼亚和黑塞哥维那，那里的信奉伊斯兰教的波斯尼亚人在数量上超过东正教塞尔维亚人，更是比天主教克罗地亚人多得多，被大塞尔维亚民族主义的理论家视作一块没有得到收复的地盘。让这块地方尽快回归祖国的怀抱是1911年成立的秘密组织“联合或死亡”（Ujedinjenje ili smrt）——其更为人所熟知的名字是“黑手会”（Crna ruka）——和与它密切相连的大学生组织“青年波斯尼亚”（Mlada Bosna）的革命目标。

“黑手会”组织的负责人和协调大塞尔维亚革命者的军事训练的是塞尔维亚情报部门的首脑德拉古廷·迪米特里耶维奇（Dragutin Dimitrejevic），他是总参谋部的上校，与尼古拉·帕希奇首相形成鲜明对比。塞尔维亚政府成员，可能也包括俄国的秘密警察，是否或在多大程度上卷入了“黑手会”组织的恐怖活动，这是一个至今未能澄清，而且也肯定无法再澄清的问题。可以肯定的是，“黑手会”组织指挥着“青年波斯尼亚”的行动。这也包括1914年6月28日在萨拉热窝对奥地利王位继承人的暗杀，事件发生在血腥的阿姆泽尔菲尔德战役525周年纪念日，塞尔维亚民族主义者以这场战役作为其国家创始的神话。

让弗朗茨·斐迪南大公和他的妻子——被封为霍恩贝格女公爵（Herzogin von Hohenberg）的苏菲·肖特克女伯爵（Gräfin Sophie Chotek）在1914年夏天剑拔弩张的气氛中坐敞篷车驶过波斯尼亚首都，这不仅是鲁莽的，而且超级不负责任。这还不够，主管当局还把王储夫妇的行驶路线在多家报纸上公布。一路上埋伏着六个刺客，其中一人，加夫里洛·普 1165
林西普（Gavrilo Princip）有机会近距离向弗朗茨·斐迪南和他的妻子开枪。

所有攻击的线索都指向塞尔维亚肇事者，维也纳立即认为贝尔格莱德政府有责任或至少须分担部分责任。一段时间以来，奥地利有一个“主战派”，它深信塞尔维亚问题只能诉诸武力来解决（在这一点上它与贝尔格莱德的“主战派”观点完全一致）。总参谋长弗朗茨·康拉德·冯·赫岑多尔夫伯爵（Franz Graf Conrad von Hötzendorf）是这一派最有影响力的人物，该派在奥地利和匈牙利的媒体中享有广泛支持。相反，外交大臣贝希托尔德伯爵（Graf Berchtold）是和平共处方案的提倡者，按照被谋杀的王储的设想，讲德语的奥地利人、匈牙利人和斯拉夫人应在三元帝国中和睦相处。在暗杀发生后的最初几天，贝希托尔德、史德格首相和弗朗茨·约瑟夫皇帝主张谨慎行事：在向塞尔维亚提出强硬要求之前，应该等待立即展开的、有关袭击背景的调查结果。

此外要弄清德国盟友的态度，这一点显得更为重要是因为与塞尔维亚开战大概会导致与俄国的战争。奥匈帝国和德意志帝国不仅通过 1879 年的双边条约结成同盟，而且长期的共同历史、共同语言和文化也令它们密不可分。德国和奥匈帝国是两个中欧大国：如果德国想证明和提高自己对中欧的影响力，只要哈布斯堡君主国存在，它就只能与后者携手共进。康拉德也让一切取决于柏林的态度，维也纳没人想独自解决与塞尔维亚的冲突。

7 月的第一个星期，维也纳和柏林做出了与塞尔维亚开战的决定。7 月 2 日弗朗茨·约瑟夫致信威廉二世，通知后者他和奥匈帝国政府将努力“孤立塞尔维亚并削减其领土”：塞尔
1166 维亚，现在构成“泛斯拉夫政治的支点”，必须作为“巴尔干地区的政治权力因素被淘汰出局”。德国皇帝 6 月 30 日在批阅德国驻维也纳大使海因里希·冯·奇尔希基（Heinrich von Tschirschky）给帝国宰相的一份报告时，就已经在批语中写

下了“现在，或者永不！”的口号。7月6日贝希托尔德获悉威廉二世和贝特曼·霍尔维格达成的共识：德国向奥匈帝国保证了牢不可破的同盟伙伴关系，让其合作伙伴放手对付塞尔维亚，并极力主张“德方立即出兵介入反对塞尔维亚的战争是解决我们在巴尔干之难题的最激进也是最好的办法”。

告诫要从速是因为，柏林方面想利用萨拉热窝暗杀行为后在欧洲普遍出现的亲奥情绪。奥地利人在军事上的迅速胜利可能会阻止俄国援助塞尔维亚人。但如果沙皇帝国站在贝尔格莱德一边参战干预，它必须以侵略者的身份出现：只有这样，帝国领导人才有希望说服社会民主党人，协助奥匈帝国是义不容辞的。倘若冲突不能限制在局部，就可能爆发欧洲大战，届时德国和奥匈帝国就会与俄国、法国以及很有可能与英国兵戎相见。

在发生战争的情况下，英国不会站在法国一边，而是保持中立，对此帝国宰相并不真信（虽然他偶尔会发表不同看法）。不利于这种假设的不仅有1904年和1907年英国与法国和俄国签订的协议，它们都秉承了“均势”的传统。更重要的首先是柏林的一个战略抉择，在紧急情况下必须把英国视作对其安全的直接威胁：1905年，德国制定了按照当时的总参谋长阿尔弗雷德·格拉夫·冯·施利芬伯爵（Alfred Graf von Schlieffen）的名字命名的计划，即绕过从贝尔福到凡尔登堡垒林立的地带从北面进攻和打败法军，这需要通过中立的比利时。施利芬计划是军事思维对政治思维的胜利：如果德军越过比利时边界，大不列颠参战就不可避免。

贝特曼·霍尔维格不赞成德国“主战派”的观点，即德国 1167
需要这场战争来解决国内政治问题，这意味着排除社会民主党或至少能够持续削弱它。他宁可坚信社会民主主义的工人运动在战争结束后，无论其结局如何，会更为强大。贝特曼·霍尔维格更相信军方的论据，1914 年德国的胜机要比几年后大得多，到时候三国协约成员国，特别是俄国凭借扩军实力会比现在强大得多。

1914 年 7 月初，宰相还不认为大战是不可避免的：如果俄国退却，那将是中欧强国在外交和政治上的巨大成功。但沙皇帝国会服软绝不是板上钉钉的事。当帝国宰相于 7 月 6 日为其盟友开出一张空头支票并催促后者尽快出手时，他开始铤而走险。假如他采取了不同的行动他可能无法继续留任：右翼认为贝特曼·霍尔维格是个优柔寡断的人，甚至是个懦夫，无法适应时代的挑战。然而，1914 年 7 月来自皇帝和军方，特别是来自总参谋长冯·毛奇的压力如此之大，以至于即使一个更为强硬的帝国宰相也几乎很难成功地一意孤行。

在维也纳，萨拉热窝双重谋杀两周后，大家都成了“主战派”，唯一一个继续持怀疑态度者，是匈牙利首相蒂萨伯爵，他坐镇布达佩斯，对奥匈帝国的外交政策影响不大。德国的支持对那些人是决定性的帮助，他们长期以来认为与塞尔维亚开战是拯救哈布斯堡皇朝的唯一手段。维也纳若放弃攘除塞尔维亚，那它就不再是一个必须认真对待的强权国家，这个多民族帝国的分崩离析就仅仅是时间问题：奥匈帝国在七月危机中所采取的对策是基于这种判断的。

然而，维也纳并未急于向贝尔格莱德发出最后通牒，它一直等到 7 月 23 日——两位法国政要总统普恩加莱和总理维维安尼访问圣彼得堡的最后一天。18 时，巴黎代表团离开一小时
1168 后，奥地利公使向贝尔格莱德政府递交了维也纳的要求。（柏林的帝国领导层自 7 月 22 日下午起就已经知道了这些条件。）最后通牒的目的是羞辱塞尔维亚。依据奥地利对萨拉热窝暗杀的调查结果，要求塞尔维亚追踪和惩罚暗杀的幕后支持者，解散民族主义组织如“人民自卫”（Narodna Odbrana）并保证

未来政治上的良好行为。奥地利机构将参与镇压反对奥匈帝国的宣传活动，这意味着对塞尔维亚主权的严重干涉。贝尔格莱德要在 48 小时内对最后通牒做出回应。

“这是欧洲战争。”7 月 24 日俄国外交大臣萨宗诺夫用这句话评论了维也纳的照会。为了争取时间，圣彼得堡请求其他欧洲强国和奥匈帝国政府，像俄国将要做的那样延长给塞尔维亚规定的回复日期。它对塞尔维亚的建议是：面对维也纳进一步显示其顺从态度，如果奥匈帝国军队入侵，不要进行军事抵抗，而是把王国的命运交付给欧洲列强去抉择。与此同时，俄国内阁会议决定，准备发动反对奥匈帝国的部分动员，要明确的是这一步骤不针对德国。如果战争爆发，应该清楚奥匈帝国对此负有责任：在这一点上俄国领导人与法国总统普恩加莱观点一致，他在访问期间明确强调了法国对盟友的忠诚。

根据俄国的建议，7 月 25 日塞尔维亚对维也纳最后通牒的答复是极具妥协性的。贝尔格莱德宣布同意满足奥匈帝国的各项要求，只要它们不损害王国的主权。甚至不排除奥匈帝国的机构按照国际法参与镇压反奥地利的宣传活动。尽管如此，维也纳公使在收到照会后还是离开了塞尔维亚，这意味着外交关系的中断。数小时后奥匈帝国开始筹备对塞尔维亚作战的总 1169
动员工作。当英国外交大臣第二天建议四个没有直接参与的大国（即英国、德国、法国和俄国）进行调解时，柏林的反应是策略性的。外交部国务秘书戈特利布·冯·雅戈（Gottlieb von Jagow）虽然向维也纳转达了这一建议，但建议不要同意这么做。相反，建议坚持哈布斯堡帝国驻柏林大使瑟杰尼－马利希伯爵（Graf Szögyeny-Marich）在 7 月 25 日从外交大臣贝希托尔德那里收到的要求：为了防止其他大国的干涉，维也纳应该在塞尔维亚问题上造成“既成事实”。

7 月 28 日上午，前一天已经从“北国之游”返回的威廉二世阅读了塞尔维亚7月25日对最后通牒回复的文本。皇帝惊呆了：“对仅仅48小时期限内的回应来说，这是个了不起的成就。它远远超过了人们的期待！对维也纳而言，这是道德上的巨大成就；但所有战争的理由都不复存在了，而吉斯尔（Giesl，奥地利驻塞尔维亚公使，作者注）完全可以待在贝尔格莱德。因此我也永远不会下令进行总动员了！”

在一张写给国务秘书雅戈的手书中威廉二世说得更具体：奥匈帝国的愿望大体上得到满足。“塞尔维亚人的少数几点保留意见，在我看来是肯定可以通过谈判解决的。但最丢人的投降已经向全球和全城（orbi et urbi）① 宣告了，从而消除了任何开战的理由。”为了保证言行一致，奥地利应该“有个实物抵押（贝尔格莱德），以迫使承诺得到兑现”，它应该一直占领那里，直到所要求的得到满足。在此基础上他这位皇帝愿意为“奥地利的和平进行调解”。

威廉二世的意见转变与他阅读的另一份文件密切相关：德国驻伦敦大使利希诺夫斯基侯爵的一封电报。前一天大使受邀与英国外交大臣爱德华·格雷爵士会晤。其间这位外交部负责人先向德国外交官解释了自己对贝尔格莱德回应的评估：塞尔
1170 维亚对奥地利各种要求所能做出的迎合，他格雷是从来没有料到的。“显然，塞尔维亚的这种让步仅仅是迫于来自圣彼得堡的压力。”如果奥地利不认为这是和平谈判的基础，那么完全清楚的是，维也纳不过仅仅是寻找一个镇压塞尔维亚的借口。由于俄国鉴于其在巴尔干地区的影响力不会接受这种事，从而将会引发“欧洲有史以来最可怕的战争，没有人知道这样的战争会导致什么后果”。只有德国和英国能够“利用我们双方各自对其盟友的影响”，保障“欧洲的和平”，这一危险才能

① 拉丁文Urbi et Orbi是教宗在圣诞节和复活节对全罗马城和全世界的文告《致全城与全球》，此处被德皇颠倒顺序使用。

避免。

利希诺夫斯基明确提到，他是“第一次”见到格雷“不高兴”。“他说话非常严肃，似乎期待我们做一件特定的事，希望通过我们的影响力能成功地帮助调解这一纠纷……无论如何我深信，如果战争爆发，我们将不会得到英国的同情和大不列颠的支持，因为他们将把奥地利的行为视作恶意的迹象。全世界都深信，而且我从我同事的口中也听到，柏林掌握着控制局势的钥匙，如果那里真的希望和平的话，就能阻止奥地利——用E.格雷爵士的话说——推行铤而走险的政策。”

贝特曼·霍尔维格和雅戈对利希诺夫斯基的报告与皇帝的指示均无动于衷。他们二人一直都一门心思敦促迅速对塞尔维亚开战，现在如果顺应君主的意愿改变政见，显然怕自己会落下出尔反尔的口实。结果，威廉二世“驻守贝尔格莱德”的建议仅仅以歪曲了皇帝意图的方式延迟传递给维也纳。即使迅速行动，也已无法再阻止奥地利对塞尔维亚的宣战：它已经发生在7月28日上午11时。

宣战并不意味着战争已经开始。根据奥匈帝国总参谋部的信息，对塞尔维亚的军事进攻8月12日后才有可能。这段时间，正如贝特曼·霍尔维格于7月28日晚间知会德国驻维 1171
也纳大使奇尔希基的，德国将不得不应付其他各国政府的各类调停和会议建议。如果帝国领导人对此继续保持克制，在德国人民眼中，对一场世界大战负责任的丑闻最终也会落在他们身上。“然而在此基础上，一场三面作战是无法成功开启与进行的（指的是对塞尔维亚、俄国和法国的战争，作者注）。无法避免的是，无论如何都要让俄国承担起冲突可能对非直接参与国造成的影响的责任。”

威廉二世最近的倡议在帝国宰相的电报里已所剩无几。他虽然指出了“整个欧洲舆论”转而反对奥匈帝国的危险，如果后者继续坚持其“完全不妥协的态度”。但皇帝的建议——奥匈帝国应满足于临时占领贝尔格莱德，从而保障奥地利的各种要求得到实现——被贝特曼·霍尔维格刻意弱化：大使应谨慎避免留下这种印象，“好像我们想约束奥地利。实际上，我们只是在寻找一种模式，既为实现奥匈帝国所追求的目标——切断大塞尔维亚宣传的命脉——提供可能性，同时避免引发一场世界大战。如果这场战争最后仍旧不可避免，那就要尽可能改善我们进行战争的各种条件”。

当贝特曼·霍尔维格在7月28日晚间再次声称，要指责俄国挑起了这场大战时，他当然知道，几乎没有什么能够支持这种假设——针对塞尔维亚的战争还能限制在局部。但如果俄国站在塞尔维亚一边，不仅是法国，而且大不列颠也会采取与沙皇帝国同样的立场。最迟从7月27日晚开始外交部就知道，格雷认为，当奥地利和塞尔维亚的冲突变成“奥地利与俄国的冲突，从而升级为欧洲冲突”时，英国不可能坚持不干涉政策。此前德国在七月危机中所奉行政策的结果就是一种两难处境，正
1172 如德国驻英国圣詹姆士宫的大使所言：“我如何能主张冲突局部化，如果这里无人怀疑奥匈帝国所采取的行动严重威胁到俄国的利益，而如果我们不向奥地利施加压力，俄国就将被迫非情愿地介入此事？”

要想让贝特曼·霍尔维格在一定程度上修正既定方针，还需要英国外交大臣更加明确的警告。7月29日晚，格雷知会利希诺夫斯基，如果德国和法国卷入俄国与奥地利的冲突，英国政府“在某些情况下将被迫做出快速决定”。在这种情况下，英国不能长久袖手旁观，但是如果战争爆发，那将会是世界迄今所经历过的最大灾难。

帝国宰相认为现在应该向盟友发出提醒。如果奥地利拒绝任何调解，他于7月29至30日夜间致电德国大使奇尔希基称，

德国将面临“一场灾难，英国将反对我们，所有迹象表明意大利和罗马尼亚不会与我们为伍，我们将面对 2 个大国对抗 4 个大国的局面”。任何拒绝与圣彼得堡交换意见的做法都将是一个严重的错误，因为这恰恰将刺激俄国介入战争。“我们虽然准备尽自己的盟友义务，但必须拒绝被维也纳在鲁莽而不重视我们建议的情况下卷入一场世界大火。”

对维也纳的警告倒像是帝国领导层企图在历史面前为自己制造一个不在犯罪现场的证据：帝国宰相斥责的政策正是他和其同事向盟友强烈建议的。此外，贝特曼·霍尔维格也根本没有建议奥匈帝国真正改变这种政策，而只是做出姿态，以能够引起一种印象，似乎奥匈帝国正在寻求与俄国的和平谅解。但即使这样也已经为时过晚。7 月 29 日，沙皇帝国发起了反对奥匈帝国的部分作战动员，而奥匈帝国则从多瑙河左岸对贝尔格莱德附近的塞尔维亚领土进行了轰炸。有关维也纳军事行动的消息抵达圣彼得堡时，奥匈帝国的大使绍帕里伯爵（Graf 1173
Szápáry）正在与俄国外交大臣萨宗诺夫会谈并刚刚保证，其政府不打算吞并塞尔维亚领土或侵犯塞尔维亚主权。对来自贝尔格莱德的消息萨宗诺夫回应说：“您只想用谈判来争取时间，但贵国挺进并轰炸一座没有设防的城市。”

据称，贝尔格莱德遭炸的消息对加强俄国“主战派”的势力起了至关重要的作用。还在令人惊恐的消息传到萨宗诺夫和绍帕里的谈判地点前，外交大臣曾以不寻常的公开方式向大使点明了圣彼得堡的权力关系：他对绍帕里说，他想把对沙皇的建议传达给总参谋长，尼古拉·尼古拉耶维奇·亚努什科维奇将军（General Nikolai Nikolajewitsch Januschkewitsch），因为后者每天都能见到陛下，而他作为大臣即使在现在这种时刻也只能在星期二觐见时见到沙皇，然后从沙皇那里获悉军方向他报告了什么。萨宗诺夫本人也感觉受到了愚弄：奥匈帝国以针对塞尔维亚首都的军事行动对外交大臣的工作来了个釜底抽薪；他的努力——不发生重大战争而摆脱危机，显然失败了。

7月29日在巴黎也发生了将会对事件的进一步发展起重大影响的事。普恩加莱总统和维维安尼总理7月23日离开圣彼得堡后前往斯德哥尔摩，长期计划的对斯堪的纳维亚诸王国系列访问的第一站。但国际危机打乱了此计划：法国的两位最高代表取消了对克里斯蒂安尼亚（Kristiania，今奥斯陆）和哥本哈根的访问返回巴黎，他们于7月29日下午抵达巴黎。为期两周的空位期结束了，在此期间法国首都没有发出什么明显的信号。

普恩加莱和维维安尼在外交政策问题上有时观点不同。总理是左翼中间派政府的首脑，他本人是个独立的社会党人，主
1174 张以外交手段化解危机；他仅仅把在左派中非常不受欢迎的法俄联盟视作一种不可避免的再保险，以便对付德国的侵略。相反，普恩加莱一向对德国坚持强硬态度，因为根据他的信念舍此不能保障和平。因此他高度重视不让俄国怀疑法国对盟友的忠诚。为此，大使莫里斯·帕莱奥洛格在圣彼得堡积极活动，他是总统的亲信。普恩加莱的强硬路线得到总参谋长约瑟夫·霞飞（Joseph Joffre）和陆军部长阿道夫·梅西米（Adolphe Messimy）的强力支持，他们在7月底获得突破：一直坚信德国意欲挑起战端的总统，从此专心致志地防止三国协约受到离间。因此他没有明确提醒俄国要放弃所有可能激化国际危机的做法。

令中欧大国不快的还有转道伦敦来自罗马的消息：7月29日利希诺夫斯基大使报告了一份来自英国外交大臣的私人秘书威廉·泰瑞尔（William Tyrrell）爵士的通报。根据该通报，伦敦并不预期三国同盟会经受住一场世界大战的考验。意大利不打算参与一场因塞尔维亚而爆发的战争。这与人们之前在柏

林和维也纳听到的来自罗马的消息以及对意大利公众舆论的了解相符。7月30日，意大利的外交大臣迪·圣朱利亚诺侯爵（Marchese di San Giuliano）向德国大使冯·弗洛托（von Flatow）证实，意大利认为奥地利对塞尔维亚的行动是一场侵略战争，因此不觉得有义务提供盟友支持。这位德国外交官正确地猜测到，奥地利只有一个机会能够让意大利改变立场：奥匈帝国必须放弃其说意大利语的地区，即特伦蒂诺；而维也纳认为这样一种补偿根本没有商讨的余地。

7月30日，军方和政界在柏林摊牌：总参谋长冯·毛奇和普鲁士陆军大臣冯·法尔肯海因厌倦了维也纳没有成效的“外交照会”，他们敦促直接进行德国总动员。考虑到公众舆论，首先是社会民主党的反应，帝国宰相贝特曼·霍尔维格认为一定要等俄国先走这步棋，并让英国继续相信德国在起着调 1175
解和缓和局势的作用。冗长磋商的结果是一个截止日期：截至7月31日中午，应该就“威胁性战争危险”的解释做出抉择。当天下午贝特曼·霍尔维格在普鲁士内阁会议上以普鲁士首相的身份再次明确指出，他最在意的是：“必须不遗余力地让俄国成为罪魁祸首。”

大约在同一时间，圣彼得堡已做出最终决定。在以亚努什科维奇总参谋长为首的军方以及最后还有外交大臣萨宗诺夫的催促下，沙皇尼古拉二世于当地时间下午4点左右同意进行总动员。萨宗诺夫称，他赞成这么做是因为德国坚决“要让事情发展为冲突……在这种情况下别无选择，只能做必须要做的事，以便为战争做好充分准备，创造对我们最有利的局面。不怕会因我们的准备挑起战争，所以宁可小心谨慎地进行各项准备工作，而不是因为害怕为战争提供借口，毫无准备地被战争弄个措手不及”。

法国总理维维安尼在7月30日早晨还恳请俄国，不要给德国进行战争动员提供借口。帕莱奥洛格大使从萨宗诺夫那里获悉即将开始的总动员，但故意没有立即通知其政府。驻圣彼得堡大使的电报是在午夜前半小时才抵达巴黎的，电报中大使通报了总动员的首批措施，以致法国政府得到此戏剧性发展的消息只比欧洲其他政府早几个小时。

在俄国的总动员之后，几乎不再有活动空间给主张以非战争方式解决危机的倡导者。帝国宰相冯·贝特曼·霍尔维格实现了自己最重要的目标：不是德国，而是俄国作为大国第一个迈出了这一步，让战争几乎变得不可避免。这对德国工人运
1176 动的态度具有决定性意义。7月25日社民党的执行委员会还谴责维也纳给塞尔维亚的最后通牒是“奥匈帝国政府的轻率战争挑衅”。1914年7月底，在德国大部分主要城市出现反战集会，其中规模最大的于7月28日发生在柏林特雷普托公园（Treptower Park）。但与此同时，帝国宰相已经开始通过帝国议会议员阿尔伯特·聚德库姆（Albert Südekum），一位修正主义者，与社民党执行委员会进行谈判，以确认工人们能否对国家忠诚。

7月29日，聚德库姆通知宰相，如果发生战争社会民主党既未计划也不会实施任何行动。对与俄国的战争，1913年8月13日去世的倍倍尔（享年73岁）也不会采取别的态度。在1907年埃森的党代表大会上，他明确宣布自己将会“背起枪上前线”。像马克思和恩格斯一样，倍倍尔视沙皇帝国为所有文化和所有被压迫者的敌人。当1914年以前社会民主党进行反战宣传时，它反对的是反民主西方的战争，而不是反专制东方的战争。俄国总动员后，帝国领导层在一定程度上可以确定，尽管社会民主党人对德国官方政策有种种批评，但不会公然站出来反对。

在法国，政府也不必担心工人在7月底举行大规模的抗议

活动。7 月中旬在一次非常党代表大会上，工人国际法国支部还不认为有必要就预防战争的具体问题展开咨询；茹尔·盖德甚至警告不要进行总罢工，因为它恰恰会令那些社会主义运动蓬勃开展的先进国家陷入瘫痪。7 月 28 日，奥匈帝国向塞尔维亚宣战的当天，在布鲁塞尔召开的会议上第二国际已无能力号召进行反战的集体行动。与会者中最著名的让·饶勒斯在三天后，即 7 月 31 日，与其他党内朋友走访了法国外交部，以敦促维维安尼政府向俄国盟友施加更大的压力。几小时后，饶勒斯在大街上被一名狂热的民族主义者杀害：在开战宣言尚未 1177
公布之前，第一次世界大战就有了第一位牺牲者。

两个中欧大国之间于 7 月 31 日产生了紧张情绪。参谋长冯·毛奇（在了解到俄国进行了战争总动员后）一早就自作主张通知其奥地利同事康拉德，德国将进行总动员并要求奥匈帝国也立即针对俄国这么做。贝希托尔德伯爵最近几天被贝特曼·霍尔维格数次要求面对沙皇帝国做出准备达成谅解的姿态，他不由得提出一个问题：“谁在领导：毛奇还是贝特曼？”德国总参谋长确实越俎代庖了。帝国宰相想先等待来自俄国的官方确认。他在与毛奇和法尔肯海因开会时于 12 时前收到该确认。13 时下令宣布进入“受战争威胁状态”，这是战争总动员的直接前兆。在毛奇的呼吁下，奥匈帝国于 7 月 31 日进行了战争总动员。对英国大使关于德国在战时是否会尊重比利时的中立立场的询问，国务秘书冯·雅戈闪烁其词。伦敦也向法国政府提出了同样的问题并在同一天得到回答，答案是肯定的。

帝国政府 7 月 31 日最重要的行动是两份最后通牒：俄国被要求在 12 小时内停止一切针对德国和奥匈帝国的战争措施；法国应在 18 小时内回答以下问题：它是否会在德俄战争中保持中立。在一份致弗朗茨·约瑟夫皇帝的电报中威廉二世要求自己的盟友，将其主要军事力量投入对俄作战，不要因进攻塞尔维亚而分散兵力。另外，奥匈帝国应竭尽所能让三国同盟成员国意大利参战。

8月1日事态有了以下发展：在柏林，当最后通牒规定的期限结束后，德国对俄国宣战并进行了战争总动员；在巴黎，部长会议决定法国将履行其盟友义务，所以也进行了总动员；
1178 在罗马，意大利宣布中立，因为爆发的战争不是一场防御性战争，因此不存在三国同盟所规定的支援义务；而伦敦还没有最终决定英国的态度。8月2日，德国占领了中立的卢森堡，德国和土耳其之间签署盟约，德意志帝国还向比利时提出最后通牒式的过境要求。8月3日德国向法国宣战，8月4日德国军队进入比利时。英国的回应是向德国发出最后通牒，要求德国尊重比利时的中立。因德国拒绝履行这一要求，大不列颠在当地时间23时向德国宣战。两天后奥匈帝国（自8月2日起在德国的大力催促下）向俄国宣战。8月23日，迄今为止唯一的亚洲大国日本对德宣战，因为德国方面拒绝将青岛转让给这个远东帝国。

萨拉热窝事件之后的几个星期内，有一个大国几乎没有出声：美利坚合众国。7月30日，美国驻柏林大使詹姆斯·W.杰拉德（James W. Gerard）自行决定写信询问帝国宰相冯·贝特曼·霍尔维格，美国是否能为维护欧洲和平做些什么。他没有收到答复。两天前，美国驻伦敦大使沃尔特·H.佩奇（Walter H. Page）——受官方委托——向英国政府提出类似问题。格雷怀疑地问，美利坚合众国是否在维也纳、圣彼得堡和柏林也同样毛遂自荐了。8月4日和5日，伍德罗·威尔逊总统亲自行动。他向奥匈帝国、俄国、德国、英国和法国国家元首发了电报。回复皆彬彬有礼，但均空洞无物。欧洲此时对华盛顿的良好服务尚无需求。但弗朗茨·约瑟夫皇帝却不想永远排除这种可能：如果其帝国旗帜的荣誉允许，战争的目标得到实现，奥匈帝国乐于重新提起这一友好的提议。

各交战国的人民接受了既成事实。在所有国家都存在着被 1179
大肆渲染的“战争狂想”，但总体而言——如果根据德国、英国和法国的情况推断的话——它主要局限于居住在城市和具有“民族主义”思想的群众，大可将他们归入资产阶级或小资产阶级范畴，其中受过高等教育的年轻人尤为突出。工人受这种狂热的影响要小得多。他们若应征入伍，不过是在尽义务。工人政党以及与它们有关的工会组织通常认为自己的国家是受到侵犯的一方，而所谓的和真正的侵略者是反动的。德国社会民主党就这么想，对他们而言俄国是野蛮压迫的化身，而对法国社会主义者和大多数英国工党成员来说，威廉德国则是威权军国主义不折不扣的摇篮。

8 月 4 日，社民党在帝国议会、工人国际法国支部在众议院分别投票同意各自政府所要求的战争拨款。社民党人通过其党主席胡戈·哈泽（Hugo Haase）——他在议会党团中曾投票反对批准拨款申请——宣布，现在他们兑现诺言：“我们在危急关头不会置自己的祖国于不顾。”工人国际法国支部在 8 月 28 日发出呼吁：“整个国家必须奋起保卫其土地和自由。”政府首脑知道，像 1793 年和 1870 年的危急时刻一样，国家可以信任社会主义者和革命者。前一天，社会主义者马塞尔·桑巴（Marcel Sembat）和茹尔·盖德以“神圣联盟”（Union sacrée）为标志加入了维维安尼政府。德国与“神圣联盟”相应的“内部求和”（Burgfriede）暂时还不包括社会民主党人入阁。然而昔日“无祖国的工人”如今第一次成为受到追捧的政府合作伙伴，没有他们的支持政府在“大后方”很难成功地领导战争。

在奥地利，社会民主党领导也采取了“爱国主义”态度，尽管帝国议会被阻挠（7 月 25 日起还包括内莱塔尼亚各领地的议会），书报受到审查和集会自由遭到限制。相反，坚决推行 1180

反战政策的——尽管受到国家大规模镇压——是俄国的布尔什维克。他们的议会代表在1914年8月8日投票表决战争拨款提案前离开了会议大厅，并在离开前宣读了一份措辞强烈的抗议宣言。1914年11月，第二国际垮台后三个月，列宁从他的瑞士流亡地谴责西欧的特别是德国的社会民主党人“背叛社会主义事业”并用民族主义代替了社会主义。“变当前的帝国主义战争为国内战争，是唯一正确的无产阶级口号，这个口号是（巴黎）公社的经验所启示的，是巴塞尔决议（1912年）所规定的，也是在分析高度发达的资产阶级国家之间的帝国主义战争的各种条件后得出的。”①

实际上，西方各社会民主党最害怕的战争莫过于内战。正因为是“高度发达的资产阶级国家”的政党，有许多让社会民主党人及其追随者与他们的国家难舍难分的东西：有得到保障的自由权，组织方面的活动空间，同样重要的还有他们已经通过斗争而取得的社会成就。一场内战将会危害甚至毁灭这一切，而人们正寄希望于通过与资产阶级势力的临时合作取得进一步的政治和社会进步。落后的沙皇帝国的布尔什维克可能会发现，像列宁那样谈论内战和押注自己国家的战败是很容易的。对于西方，包括德国的工人政党来说，上述两样都不具备可选性：这是东西方工人运动之间的根本对立。

在其写于战争爆发前、后经过修改补充的文章《帝国主义》中，卡尔·考茨基对列宁的“帝国主义战争”论点——在后者提出其论点前——进行过不同的阐述。考茨基写道，奥地利与塞尔维亚的冲突“并非完全源自帝国主义倾向”。“在东欧民族主义仍然起着革命的推动作用，现在奥地利和塞尔维亚
1181 之间的冲突既有民族主义，亦有帝国主义的根源。奥地利试图推行

① 列宁：《战争与俄国社会民主党》，载《列宁全集》中文版第二版，第二十六卷，北京：人民出版社，1990，第18~19页。

帝国主义政策，它吞并了波斯尼亚并表示要将阿尔巴尼亚纳入其势力范围，从而激起了塞尔维亚的民族主义抵抗，它感受到了奥地利的威胁，现在它自身变成了对奥地利的存在的一种危险。”

考茨基坚信，世界战争并非起源于“帝国主义对奥地利的必要性，而是起源于由于其结构经由它所推行的帝国主义危害到了自己。只有内部团结且吞并文化水平远低于其自身的农业国家的大国才能推行帝国主义。但在这里一个民族分裂、半斯拉夫的国家想通过牺牲一个斯拉夫邻居——其文化与相邻对手的文化是平起平坐的——的利益来推行帝国主义”。

考茨基总结道，这种政策自然只会“通过帝国主义在其他大国之间所引起的矛盾与不满带来巨大后果。当前的世界大战所蕴含的所有后果还没有暴露无遗。也可能出现这种局面：帝国主义的各种倾向和军备竞赛先是尖锐化，随后出现的和平只是一个短暂的休战。仅从经济角度来看，已经没有什么能够阻止这种巨大爆发最终导致帝国主义被帝国主义者的神圣同盟所取代。战争持续的时间越长，它越耗尽所有参与者，让他们对即将来临的重复开战不寒而栗，我们越接近最后的解决方案，尽管现在这种方案还令人觉得不可能”。

两种被考茨基描述过的可能性都已成为现实：第一种对抗性的出现在一战后，第二种合作性的，或如考茨基所表述的“超帝国主义的”发生在二战后。考茨基的帝国主义概念与列宁的相比，更为细致，但还不够精确。奥匈帝国和俄国的巴尔干政策是传统的大国政策，这种政策在帝国主义繁荣期之前就已得到实施。通过对外国欠发达地区的剥削，无论是采取吞
并、变成殖民地或以其他方式让它们依赖于大都市，帝国主义 1182
的权力不断增强。德国的海军政策就是受此欲望驱使，它造成了德英之间的对立并成为引发 1914 年前军备竞赛的主要原因。因此第一次世界大战有其帝国主义的一面，但它爆发的直接

起因却是一个传统的纠纷：奥匈帝国和俄国两个大国之间的矛盾。当受俄国保护的塞尔维亚以其收复故土的政策挑衅奥匈帝国时，这种矛盾就进入了一个新的、决定性阶段。

以扶助大塞尔维亚民族主义的方式，俄国对第一次世界大战的爆发起了推波助澜的作用，这是其战争罪行。而俄国是进行战争总动员的第一个大国这一事实则不那么重要：沙皇帝国调动其部队比同盟国需要更多时间。奥地利向塞尔维亚宣战后，陷入了极为被动的局面，在此情况下总参谋部与大臣会议相比越来越占据上风。民族主义的媒体也不遗余力地煽动反对奥匈帝国的情绪。

维也纳拒绝塞尔维亚人对其最后通牒答复中的条件，是一种出于恐惧的绝望行为，怕若不对塞尔维亚杀一儆百，多民族国家将分崩离析。对国家灭亡的恐惧并非没有缘由。捷克人的民族主义运动日益强大，其领军人物是像“青年捷克”（Jungtschechen）的卡雷尔·克拉马日（Karel Kramář）和“民族社会主义者”瓦茨拉夫·克洛法郗（Václav Klofáč）这样的人物。还有那些受到沙皇帝国中泛斯拉夫协会支持的亲俄分离主义运动，参与者为加利西亚东部和布科维纳的鲁塞尼亚人。人们还担心贝尔格莱德发出的南斯拉夫宣传会在克罗地亚和斯洛文尼亚引起越来越大的反响。1914 年 7 月 10 日，语言和文化评论家卡尔·克劳斯［Karl Kraus，《火炬》（*Die Fackel*）杂志责任编辑］在追悼弗朗茨·斐迪南大公的讣告中谈到“奥地利世界末日实验站”。这一表达方式精准地描述了萨拉热窝事件后几周中维也纳政治和军事精英们的情绪。

拒绝塞尔维亚对奥地利最后通牒之回复的决定，成为七月
1183 危机走进“死胡同”的标志。维也纳绝不会违背柏林的意志做出这一决定，来自那里的所有要求都是要严惩塞尔维亚。因此这两个中欧大国要对危机的进一步升级直到战争爆发负责，二

者中更强大的德方要比奥地利负更大责任。

在七月危机中，德国政治与奥匈帝国和俄国的一样，特点是军方的影响力日益增强。德国军方背后有一个活跃的新闻“主战派”，广泛支持它的是保守派政党、民族自由党、民族主义者协会、大地主和重工业界。该派一致坚信，德国只有敢于完成从一个大国向一个世界大国的腾飞，才有未来。帝国文官政府在萨拉热窝事件后逐渐接近以前被它拒绝的激进立场时，它正处于巨大压力下。除了害怕德国会在几年之内跟不上三国协约各强国的扩军备战步伐，它还恐惧社民党看似不可阻挡的羽翼渐丰。在此背景下，“现在或者永不”的气氛开始蔓延，犹豫不决的帝国宰相贝特曼·霍尔维格也受其影响，从而导致奥匈帝国与塞尔维亚正式开战。帝国领导层知道，这场战争难以控制为局部战争。它冒这个风险，是出于对未来的恐惧，宁愿现在打这场躲不过去的大战，而不愿拖到将来。

法国和英国却都没有做好这类战争准备。以普恩加莱总统为代表的法国右派无论如何都想要保住三国协约，因为只有它才能许诺在德国进攻时提供保护。根据人们在巴黎对德国政策的评估，一旦协约国联盟崩溃，和平的日子也就屈指可数了。如果法国想要保持独立国家的地位，那它就必须履行协约规定的义务，即便这意味着战争。但还在7月31日，普恩加莱就
呼吁乔治五世国王宣布：他坚信，“英国、法国和俄国现在在 1184
外交行动方面给人留下的步调一致的印象越深刻，维护和平的可能性”才越大。如果维维安尼的中间派左翼政府能独自决定法国的对外政策，那么巴黎呼吁圣彼得堡采取克制态度的建议肯定会更坚决。这是否会对奥地利向塞尔维亚宣战后的事态发展产生重大影响，似乎没有定论。

七月危机期间英国的克制有多种原因。迅速和明确地承诺给予巴黎和圣彼得堡援助，不仅有违老传统，而且会促使三国

协约的合作伙伴实施一种对抗政策。阿斯奎斯首相和外交大臣格雷早就坚信，如果英国想成功抵制德国的挑衅，就得依靠其协约伙伴法国和俄国。但两人都必须顾及他们自己所在的自由党内的意见分歧，党内有“激进派”和“辉格党人”，“和平主义者”和“战争贩子”：有些人倾向于在存在疑问时与工党合作，另一些人在外交政策方面更接近保守党。

阿斯奎斯和格雷被迫采取“对角线政治”（Politik der Diagonale），特奥巴登·冯·贝特曼·霍尔维格曾试图用这个术语回溯性地概括其国内政策的特征。英国当时的国内状况进一步缩小了内阁的回旋余地：有关阿尔斯特的冲突在夏天继续恶化，致使爱尔兰内战的危险大为增加，三月的“库拉兵变”还记忆犹新。与柏林的帝国政府不同的是，伦敦政府既没有来自好战的军方的压力，也不用对付无处不在的政界和新闻界的“主战派”。这种种原因让英国的政策在萨拉热窝事件之后的几个星期中带有谨慎小心的策略特征。当然许多迹象表明英国舰队在进行示威性动员，外交部的第三号人物艾尔·克罗爵士（Sir Eyre Crowe）和他的直接上司副大臣亚瑟·尼科尔森爵士（Sir Arthur Nicolson）都支持这么做。倘若柏林有想听这些信息的耳朵的话，格雷的警告已经足够清晰。

在这场由德国的风险政策所引发的战争中，英国不能保持
1185 中立。根据对英国及其帝国利益的评估，克罗在7月25日以无与伦比的简洁性做了书面概括：“如果战争爆发，英国仍保持中立，必然出现以下情况：a）德国和奥地利获胜，它们粉碎法国并羞辱俄国。法国舰队消失，德国拥有海峡：那么，一个没有朋友的英国将会是什么处境？ b）法国和俄国赢了。它们将会如何对待英国？那么印度和地中海的情况又会如何呢？这场战争争的不是塞尔维亚的归属，而是关乎德国建立在欧洲的政治优势的目标，以及其他大国维护各自独立的愿望。在这场斗争中我们的

利益是与法国和俄国的利益联系在一起的。”

外交部副大臣的助理一语中的：战争的深层原因是德国在欧洲建立政治霸权和从大国崛起为世界强国的愿望。自1912年初社会民主党的选举取得巨大成功以来，帝国的内部危机明显加剧，军备竞赛制造出了一种极度恐慌，让柏林对萨拉热窝谋杀事件做出了其所做出的反应。奥匈帝国的情况大同小异。1914年3月帝国议会的解散激化了危机：皇储被谋杀发生在对多民族帝国崩溃之恐惧的上升期。在俄国，内部和外部危机也交织在一起：从春天起，沙皇帝国被强烈的罢工浪潮震动，1914年夏罢工浪潮达到一个新的高峰。对七月危机的激化负有主要责任的三个大国中，两个（奥匈帝国和俄国）应付内部危机使用的是专制手段。德国政府证明它在对付内部对手社民党时最有手腕。霍亨索伦帝国虽然还远非一个民主国家，但其政治体制此时与西方民主的距离要比哈布斯堡帝国近得多，更不用提罗曼诺夫皇朝的帝国了。

刚开始，第一次世界大战不是民主国家和专制政权之间的战争。只要英国和法国与专制的俄国结盟，它就不可能是这种 1186
性质的战争。直到1917年这场战争才有了西方内部民主和专制之间斗争的特征，此时美国已经站在英法一边，而俄国的沙皇政权也已通过二月革命被推翻。

欧洲列强并非“失足滑入”第一次世界大战的，就像1916~1922年的英国首相大卫·劳合·乔治1933年回顾历史时所认为的，或如大多数德国历史学家直到1960年代所断言的。这场大战的风险，所有当时参与其中的政治家和军事家——包括柏林和维也纳的，正是他们激化了1914年的七月危机，让这场欧洲战争最后无法避免——都心知肚明。贝特曼·霍尔维格在1917年夏天，被解除帝国宰相职务几个星期后，称这场战争是一场“预防性战争”。德国开始了这场战争，因为它“随时会砸中我们”，根据军方的意见在两年后再打就已无法再稳操胜券。然而 1914 年并没有哪个其他大国在军事上威胁到德国，所以“预防性战争”是个让人误入歧途的概念。把攻击当作假想正当防卫：这是 1914 年七月危机中在柏林得到贯彻的路线。

预测过这种发展的人当中就有弗里德里希·恩格斯。“最后，对于普鲁士德意志来说，现在除了世界战争以外已经不可能有任何别的战争了。这会是一场具有空前规模和空前剧烈的世界战争。”恩格斯在 1887 年 12 月（去世八年前）写道，“那时会有 800 万到 1000 万的士兵彼此残杀，同时把整个欧洲都吃得干干净净，比任何时候的蝗虫群还要吃得厉害。三十年战争所造成的大破坏集中在三四年里重演出来并遍及整个大陆；到处是饥荒、瘟疫，军队和人民群众因极端困苦而普遍野蛮化；我们在商业、工业和信贷方面的人造机构陷于无法收拾的混乱状态，其结局是普遍的破产；旧的国家及其世代相因的治国才略一齐崩溃，以致王冠成打地滚在街上而无人拾取；绝对无法预料，这一切将怎样了结，谁会成为斗争中的胜利者；只有一
1187 个结果是绝对没有疑问的，那就是普遍的衰竭和为工人阶级的最后胜利造成条件。”[①] 除了所希冀的无产阶级的胜利外，恩格斯的预测可谓准确得令人惊愕。

时隔 65 年后，美国历史学家和外交官乔治·F. 凯南（George F. Kennan）于 1979 年称第一次世界大战为“本世纪的始发灾难”。因这场战争而获得国家独立的民族——比如波罗的海各民族、波兰人和捷克人，他们大概不会，或者至少不会无保留地同意这种观点。然而凯南的论点还是站得住脚的，哪

① 恩格斯：《波克罕“纪念一八〇六至一八〇七年德意志极端爱国主义者”一书引言》，载《马克思恩格斯全集》第二十一卷，北京：人民出版社，1965，第 401~402 页。

怕考虑到第一次世界大战的解放效果。从1914年到1939年的路并不长，第二次世界大战之后老西方只能通过与大西洋彼岸新西方的休戚与共才能生存。从内部把它维系在一起的东西，西方直到其各种矛盾的爆发将它推向自我毁灭的边缘后才得以发现。[35]

# 注 释

1 Oscar Stillich, Die politischen Parteien in Deutschland, Bd. 2: Der Liberalismus, Leipzig 1911, S. 36 (Zitat aus der «National-Zeitung»); Hans Rosenberg, Die Weltwirtschaftskrise 1857–1859 (1934[1]), Göttingen 1974[2]; Karl Marx, Zur Kritik der Politischen Ökonomie, in: Karl Marx/Friedrich Engels, Werke (= MEW), Berlin 1959 ff., Bd. 13, S. 3–160 (8 f.); Engels' Brief an Marx vom 15. 11. 1857, ebd., Bd. 29, S. 208–212 (211 f.); Karl Löwith, Von Hegel zu Nietzsche. Der revolutionäre Bruch im Denken des neunzehnten Jahrhunderts. Marx und Kierkegaard, Stuttgart 1953; Walter M. Simon, European Positivism in the Nineteenth Century. An Essay in Intellectual History, Port Washington, N. Y. 1963; Andrew Wernick, Auguste Comte and the Religion of Humanity. The Post-Theistic Program of French Social Theory, Cambridge 2001; Wolf Lepenies, Die drei Kulturen. Soziologie zwischen Kultur und Wissenschaft, Frankfurt 2002, S. 15 ff.; Michael Burleigh, Earthly Powers – Religion and Politics in Europe from the French Revolution to the Great War, London 2005, S. 199 ff.; Jörg Fisch, Europa zwischen Wachstum und Gleichheit 1850–1914, Stuttgart 2002, S. 301 ff. Zur Geschichte der Globalisierung: Jürgen Osterhammel u. Niels P. Petersson, Geschichte der Globalisierung. Dimensionen, Prozesse, Epochen, München 2006[3], S. 60 ff. Zu Rochaus «Realpolitik» siehe oben S. 658 f.

2 Winfried Baumgart, The Crimean War 1853–1856, London 1999 (Zahlen zu den Kriegsopfern: S. 215); ders. (Hg.), Akten zur Geschichte des Krimkrieges, München 1972 ff.; ders., Der Friede von Paris 1856. Studien zum Verhältnis von Kriegführung, Politik und Friedensbewahrung, München 1972; Robert B. Edgerton, Death or Glory. The Legacy of the Crimean War, Boulder, Col. 1999 (Zitat: S. 3); Ian Fletcher and Natalia Ishchenko, The Crimean War. A Clash of Empires, Staplehurst 2004; Trevor Royle, Crimea. The Great Crimean War 1854–1856, London 2003[2]; Anselm Doering-Manteuffel, Vom Wiener Kongreß zur Pariser Konferenz. England, die deutsche Frage und das Mächtesystem 1815–1856, Göttingen 1991, S. 187 ff.; Werner E. Mosse, The Rise and Fall of the Crimean System 1855–1871. The Story of a Peace Settlement, London 1963; Paul Kennedy, The Rise and Fall of the Great Powers. Economic Change and Military Conflict from 1500 to 2000, New York 1987[1], S. 170 ff.; Siegfried A. Kaehler, Realpolitik zur Zeit des Krimkrieges. Eine Säkularbetrachtung, in: Historische Zeitschrift 174 (1952), S. 417–478; Richard Löwenthal, Internationale Konstellation und innerstaatlicher Systemwandel, ebd. 212 (1917), S. 41–58; Jörn Leonhard, Bellizismus und Nation. Kriegsdeutung und Nationsbestimmung in Europa und den Vereinigten Staaten 1750–1914, München 2008, S. 645 ff.; Johannes Willms, Napoleon III. Frankreichs letzter Kaiser, München 2008, S. 159 ff. (Zitat aus der Rede in Bordeaux vom 9. Oktober 1852: 163); Wal-

ter Bußmann, Europa von der Französischen Revolution zu den nationalstaatlichen Bewegungen des 19. Jahrhunderts, in: ders. (Hg.), Europa von der Französischen Revolution zu den nationalstaatlichen Bewegungen des 19. Jahrhunderts (Handbuch der europäischen Geschichte, hg. von Theodor Schieder, Bd. 5), Stuttgart 1981, S. 1–186 (52 ff.); Mathias Bernath, Das Osmanische Reich und Südosteuropa 1789–1878, ebd., S. 987–1022.

3 Karl Marx, Die britische Herrschaft in Indien, in: MEW (Anm. 1), Bd. 9, S. 127–133 (132 f.); John Stuart Mill, Writings on India. Ed. by John M. Robson, Martin Moir, and Zawahir Moir, London 1990, bes. S. 173 ff.; ders., Betrachtungen über die repräsentative Demokratie (engl. Orig.: London 1861), Paderborn 1971, S. 265 f., 272; William Stafford, John Stuart Mill, Houndsmill 1998; John Gallagher and Ronald Robinson, The Imperialism of Free Trade, in: Economic History Review 16 (1953), S. 1–15 (hier zit. nach der deutschen Übersetzung in: Hans-Ulrich Wehler [Hg.], Imperialismus, Köln 1970, S. 182–200 [196]); Hermann Kulke/Dieter Rothermund, Geschichte Indiens. Von der Induskultur bis heute, München 1998, S. 303 ff. (zum Anteil Indiens am britischen Volkseinkommen: 319); Dieter Rothermund, Indische Geschichte in Grundzügen, Darmstadt 1989[3], S. 64 ff.; Wolfgang Reinhard, Geschichte der europäischen Expansion, 4 Bde., Bd. 3: Die Alte Welt seit 1818, Stuttgart 1988, S. 9 ff.; T. O. Lloyd, The British Empire 1558–1983, Oxford 1984[1], S. 138 ff.; Denis Judd, Empire. The British Imperial Experience from 1765 to the Present, London 1996, S. 66 ff.; P. J. Cain and A. G. Hopkins, British Imperialism 1688–2000, Harlow 2002[2], S. 275 ff.; Martin Kitchen, The British Empire and Commonwealth, London 1994, S. 24 ff.; Niall Ferguson, Empire. How Britain Made the Modern World, London 2003, S. 146 ff.; Peter Wende, Das britische Empire. Geschichte eines Weltreichs, München 2008, S. 145 ff.; Christoph A. Bayley, Die Geburt der modernen Welt. Eine Globalgeschichte 1780–1914 (engl. Orig.: Oxford 2004), Frankfurt 2006, S. 157 ff.; Jürgen Osterhammel, Kolonialismus. Geschichte – Formen – Folgen, München 2006[5], S. 19 ff.; Thomas Bender, A Nation Among Nations. America's Place in World History, New York 2006, S. 203 ff. (zur amerikanischen Intervention in Korea). Zu Tocqueville und Algerien siehe oben S. 561 ff.

4 Bayly, Geburt (Anm. 3), S. 185 ff. (Zahlen zum Taiping-Aufstand: 186, zum Vergleich von Taiping-Aufstand und amerikanischem Bürgerkrieg: 588 f.); Reinhard, Geschichte, Bd. 3 (Anm. 3), S. 68 ff.; Helwig Schmidt-Glintzer, Kleine Geschichte Chinas, München 2008, S. 155 ff.; Jonathan D. Spence, Chinas Weg in die Moderne (amerik. Orig.: New York 1995), München 1995, S. 175 ff.; ders., God's Chinese Son. The Taiping Heavenly Kingdom of Hong Xiuquan, New York 1996; Franz Michael, The Taiping Rebellion. History and Documents, 3 vols., Seattle 1966–1971; Jürgen Osterhammel, Die Verwandlung der Welt. Eine Geschichte des 19. Jahrhunderts, München 2009, S. 783 ff.; ders., China und die Weltgesellschaft. Vom 18. Jahrhundert

bis in unsere Zeit, München 1989, S. 125 ff.; Reinhard Zöllner, Geschichte Japans. Von 1800 bis zur Gegenwart, Paderborn 2006, S. 140 ff.

5 Ernst Rudolf Huber, Deutsche Verfassungsgeschichte seit 1789, Bd. 3: Bismarck und das Reich, Stuttgart 1988[3], S. 129 ff.; Helmut Böhme, Deutschlands Weg zur Großmacht. Studien zum Verhältnis von Wirtschaft und Staat während der Reichsgründungszeit 1848–1881, Köln 1966, S. 19 ff.; Jürgen Müller, Deutscher Bund und deutsche Nation 1848–1866, Göttingen 2005, S. 146 ff.; Heinrich August Winkler, Der lange Weg nach Westen. Bd. 1: Vom Ende des «Alten Reiches» bis zum Untergang der Weimarer Republik, München 2005[6], S. 131 ff.; Lothar Gall, Bismarck. Der weiße Revolutionär, Frankfurt 1980[1], S. 127 ff. Die Ansprache des Prinzregenten vom 8. 11. 1858 in: Kaiser Wilhelms des Großen Briefe, Reden und Schriften. Ausgewählt u. erläutert von Ernst Berner. 1. Bd.: 1797–1860, Berlin 1906, S. 445–449.

6 Willms, Napoleon III. (Anm. 2), S. 171 ff.; Roger L. Williams, The World of Napoleon III. 1851–1870, New York 1965[2], S. 132 ff.; Louis Girard, Napoléon III., Paris 1986, S. 271 ff.; Lothar Gall, Europa auf dem Weg in die Moderne 1850–1890, München 1984[1], S. 39 ff.; Rudolf Lill, Italien im Zeitalter des Risorgimento, in: Bußmann (Hg.), Europa (Anm. 2), S. 829–885 (859 ff., Opferzahlen der Schlacht von Solferino und San Martino: 868, Zahlen zum Analphabetismus: 875); ders., Geschichte Italiens vom 16. Jahrhundert bis zu den Anfängen des Faschismus, Darmstadt 1980, S. 160 ff.; Stuart Woolf, A History of Italy 1700–1860. The Social Constraints of Political Change, London 1991[2], S. 407 ff.; Peter Stadler, Cavour. Italiens liberaler Reichsgründer (Historische Zeitschrift, Beihefte, Bd. 30), München 2001, S. 127 ff.; Denis Mack Smith, Italy. A Modern History, Ann Arbor 1969[2], S. 27 ff.; ders., Cavour and Garibaldi 1860. A Study in Political Conflict, Cambridge 1954; ders., Mazzini, New Haven 1994, S. 129 ff.; Derek Beales and Eugenio F. Biagini, The Risorgimento and the Unification of Italy, London 2002[3], S. 114 ff.; Renato Mori, La questione Romana 1861–1865, Florenz 1963; Arturo Carlo Jemolo, Chiesa e Stato in Italia negli ultimi cento anni, Turin 1963, S. 173 ff. Zu Cavours Formel «Libera chiesa in libero stato»: Camillo Benso Conte di Cavour, Libera Chiesa in libero Stato, hg. v. Salvatore Valitutti, Rom 1979, S. 157 ff.

7 Bismarck und der Staat. Ausgewählte Dokumente. Eingel. v. Hans Rothfels, Stuttgart o. J. [1953], S. 111–115 (Brief an Alvensleben; Zitat: 113 f.); Ferdinand Lassalle, Der italienische Krieg und die Aufgabe Preußens. Eine Stimme aus der Demokratie, in: ders., Gesamtwerke, hg. v. Erich Blum, Leipzig o. J., Bd. 2, S. 369–442 (391 f., 435–438); Friedrich Engels, Po und Rhein, in: MEW (Anm. 1), Bd. 13, S. 225–268 (227 f.); Wilhelm Mommsen (Hg.), Deutsche Parteiprogramme, München 1960, S. 132–135 (Programm der Deutschen Fortschrittspartei); Fürst Otto von Bismarck. Die gesammelten Werke (Friedrichsruher Ausgabe), Berlin 1924 ff., Bd. 15, S. 179 f. (Aus-

führungen vor der Budgetkommission, 30. 9. 1862); Huber, Verfassungsgeschichte, Bd. 3 (Anm. 5), S. 275 ff.; Winkler, Weg (Anm. 5), Bd. 1, S. 147 ff.; Andreas Biefang, Politisches Bürgertum in Deutschland 1857–1868. Nationale Organisationen und Eliten, Düsseldorf 1987, S. 17 ff.; Peter Katzenstein, Disjoined Partners. Austria and Germany since 1815, Berkeley 1976, S. 66 ff.; Heinrich Lutz, Zwischen Habsburg und Preußen. Deutschland 1815–1866, Berlin 1985, S. 403 ff. Die österreichischen Verfassungsdiplome und Grundrechtsgesetze von 1860 bis 1862 in: Dieter Gosewinkel u. Johannes Masing (Hg.), Die Verfassungen in Europa 1789–1949, München 2006, S. 1490–1502.

8 Hans-Joachim Torke, Einführung in die Geschichte Rußlands, München 1997, S. 159 ff.; Andreas Kappeler, Russische Geschichte, München 2005[4], S. 59 ff.; Hans-Heinrich Nolte, Kleine Geschichte Rußlands, Stuttgart 1998, S. 138 ff.; Dietrich Geyer, Der russische Imperialismus. Studien über den Zusammenhang von innerer und auswärtiger Politik 1860–1914, Göttingen 1977, S. 20 ff. (zu «glasnost»: 28, Zahlen zum Eisenbahnbau: 34); Georg von Rauch, Rußland vom Krimkrieg bis zur Oktoberrevolution (1856–1917), in: Theodor Schieder (Hg.), Europa im Zeitalter der Nationalstaaten und europäische Weltpolitik bis zum Ersten Weltkrieg (Handbuch [Anm. 2], Bd. 6) Stuttgart 1968, S. 309–352 (Zitat Dostojewski: 317); Geoffrey Hosking, Russia and the Russians. A History, Cambridge, Mass., S. 285 ff.; Dietrich Beyrau u. Manfred Hildermeier, Von der Leibeigenschaft zur frühindustriellen Gesellschaft (1856 bis 1890), in: Gottfried Schramm (Hg.), Von den autokratischen Reformen zum Sowjetstaat (1856–1945). Handbuch der Geschichte Rußlands, Bd. 3, 1. Halbbd., Stuttgart 1983, S. 5–201; Michael Burleigh, Blood and Rage. A Cultural History of Terrorism, London 2009[2], S. 27 ff. (zu den Nihilisten und Narodniki); Gotthold Rhode, Polen und die polnische Frage von den Teilungen bis zur Gründung des Deutschen Reiches, in: Bußmann (Hg.), Europa (Anm. 2), S. 677–745 (730 ff.); Heinz Gollwitzer, Geschichte des weltpolitischen Denkens, 2 Bde., Bd. II: Zeitalter des Imperialismus und der Weltkriege, Göttingen 1982, S. 121 ff.

9 Documents of American History. Ed. by Henry Steele Commager, New York 1943[3], S. 347–358 (Lincoln-Douglas-Debatte; Zitat vom 15. 10. 1858: 354), 376–384 (Verfassung der Konföderation); Abraham Lincoln, His Speeches and Writings. Ed. with Critical and Analystical Notes by Roy B. Basler, New York 1969, S. 372–381 (Rede in Springfield, 16. 6. 1858, Zitat: 372), 651 f. (Brief an Greeley, 22. 8. 1862), 689–691 (Proklamation der Sklavenemanzipation, 1. 1. 1862), 734 («Gettysburg Address», 19. 11. 1863); Howald L. Hurwitz, An Encyclopedic Dictionary of American History, New York 1970[2], S. 113 f. (Zahlen zu den Toten des Bürgerkriegs); Alan Brinkley, The Unfinished Nation. A Concise History of the American People, Boston 2004[4], Vol. I, S. 329 ff. (Zahlen der Toten des Bürgerkriegs in

historischem Vergleich: 380); Willi Paul Adams, Die USA vor 1900, München 2000, S. 83 ff. (Zitat Alexander Stephens: 88, Zitate Adams: 90, 94); Thomas Bender, Nation (Anm. 3), S. 116 ff.; David M. Potter, The Impending Crisis 1848–1861. Completed and ed. by Don E. Fehrenbacher, New York 1976, S. 328 ff.; William W. Freehling, The Road to Disunion, 2 vols., Vol. II: Secessionists Triumphant, 1854–1861, Oxford 2007, S. 59 ff.; Bruce Levine, Half Slave and Half Free. The Roots of the Civil War, New York 1992; Charles A. Beard/Mary R. Beard, The Rise of American Civilization, New York 1934[4], Vol. II, S. 52 ff.; James M. McPherson, Battle Cry of Freedom. The Civil War Era, Oxford 1988; ders., Abraham Lincoln and the Second American Revolution, New York 1990; Jörg Nagler, Abraham Lincoln. Amerikas großer Präsident, München 2009; Michael Hochgeschwender, Wahrheit, Einheit, Ordnung. Die Sklavenfrage und der amerikanische Katholizismus 1835–1870, Paderborn 2006; Dexter Perkins, Hands Off. A History of the Monroe Doctrine, Boston 1948, S. 107 ff.; David Herbert Donald, Lincoln, New York 1995, S. 196 ff.; Robert W. Fogel and Stanly L. Engerman, Time on the Cross. The Economics of American Negro Slavery, London 1974[1]; Robert W. Fogel u. a., Without Consent: The Rise and Fall of American Slavery 4 vols., New York 1989–1992; Eugene D. Genovese, The Political Economy of Slavery, 4 vols., Studies in the Economy and Society of the Slave South, New York 1967; ders., The Slaveholders' Dilemma: Freedom and Progress in Southern Conservative Thought, 1820–1860, Columbia, S. C. 1992; Ira Berlin, Generations of Captivity. A History of African-American Slaves, Cambridge, Mass. 2003; Peter Kolchin, Die südstaatliche Sklaverei vor dem amerikanischen Bürgerkrieg und die Historiker zur Debatte 1959–1988, in: Geschichte und Gesellschaft 16 (1990), S. 161–186; Kenneth M. Stampp, The Peculiar Institution: Slavery in the Ante-Bellum South, New York 1967[2]; Randall M. Miller u. a. (eds.), Religion and the American Civil War, Oxford 1998; Russell F. Weigley, A Great Civil War. A Military and Political History, 1861–1865, Bloomington, Ind. 2000; Alvin M. Josephy, The Civil War in the American West, New York 1991; Brian Holden Reid, Der Amerikanische Bürgerkrieg und die europäischen Einigungskriege (engl. Orig.: London 1999), Berlin 2000, S. 61 ff.; Ian Tyrrell, Transnational Nation. United States History in Global Perspective since 1789, Basingstoke 2007, S. 84 ff.; Eric Foner, Reconstruction: America's Unfinished Revolution 1863–1877, New York 1988; Leonhard, Bellizismus (Anm. 2), S. 675 ff.; Wolfgang Schivelbusch, Die Kultur der Niederlage. Der amerikanische Süden 1865, Frankreich 1871, Deutschland 1918, Berlin 2001. – Das 13., 14. und 15. Amendment zur Verfassung in: Ernst Fraenkel, Das amerikanische Regierungssystem. Eine politologische Analyse. Quellenbuch, Köln 1962[2], S. 19–21. Lincolns Bibelzitat: Matthäus 12,25.

10 Karl Marx, An Abraham Lincoln, Präsident der Vereinigten Staaten von Amerika (Ende November 1864) in: MEW (Anm. 1), Bd. 16, S. 18–20 (19);

ders., Inauguraladresse der Internationalen Arbeiter-Assoziation, ebd., S. 5–13 (12); ders., Provisorische Statuten der Internationalen Arbeiter-Assoziation, ebd., S. 14–16 (14); Julius Braunthal, Geschichte der Internationale, 2 Bde., Bd. 1, Hannover 1961, S. 99 ff.; Ferdinand Lassalle, Über Verfassungswesen, ND Darmstadt 1958, S. 56 f.; Winkler, Weg, Bd. 1 (Anm. 5), S. 155 ff. (Zitate aus der Bundeskriegsverfassung und von Löwe-Calbe: 158, Preußische Jahrbücher [1866]: 161; National-Zeitung, 11. u. 12. 8. 1864: 164 f., 30. 6. 1866: 175, 25. 7. 1866 [Hervorhebungen im Original]: 180, Protestantische Kirchenzeitung: 199, Hohenlohe-Schillingsfürst: 179 f., Edmund Jörg [1866]: 181); Huber, Verfassungsgeschichte, Bd. 3 (Anm. 5), S. 348 ff.; Böhme, Deutschlands Weg (Anm. 5), S. 91 ff.; Harald Biermann, Ideologie statt Realpolitik. Kleindeutsche Liberale und auswärtige Politik vor der Reichsgründung, Düsseldorf 2006, S. 202 ff.; Lill, Italien (Anm. 6), S. 879 ff.; Gian Enrico Rusconi, Deutschland-Italien, Italien-Deutschland. Geschichte einer schwierigen Beziehung von Bismarck bis zu Berlusconi (ital. Orig.: Turin 2003), Paderborn 2006, S. 23 ff. (Zitat von Pasquale Villari: 39 f.); Smith, Italy (Anm. 6), S. 76 ff. – Das österreichische Staatsgrundgesetz und die begleitenden Gesetze vom 21. 12. 1867 in: Gosewinkel/Masing (Hg.), Verfassungen (Anm. 7), S. 1507–1529. Die Zitate von Engels: MEW (Anm. 1), Bd. 31, S. 208 f. (Brief an Marx, 21. 4. 1866), Bd. 36, S. 240 f. (Brief an Bebel, 28. 11. 1884), von Burckhardt: Jacob Burckhardt, Über das Studium der Geschichte. Der Text der «Weltgeschichtlichen Betrachtung», hg. v. Peter Ganz, München 1982, S. 373, 378 (Hervorhebung im Original); von Bismarck: Bismarck, Werke (Anm. 7), Bd. 6, S. 120 (Telegramm an Manteuffel, 11. 8. 1866), Bd. 8, S. 459 (Zitat aus dem Gespräch mit Napoleon III., vermutlich Oktober 1864 oder 1865, von Bismarck berichtet in einem Gespräch mit dem Schriftsteller Paul Lindau und Bankdirektor Löwenfeld am 8. 12. 1882).

11 Gilbert Ziebura, Frankreich von der Großen Revolution bis zum Sturz Napoleons III. 1789–1870, in: Bußmann (Hg.), Europa (Anm. 2), S. 187–318 (301 ff.; Zahlen zur Industrialisierung und zur sozialen Struktur der Bevölkerung: 305 f.); Roger Price, Napoleon III and the Second Empire, London 1997, S. 39 ff. (Wahldaten: 45); Williams, World (Anm. 6), S. 236 ff. (Wahlen von 1869: 250, Zitat Napoleons III. vom 29. 11. 1869: 252, Plebiszit vom 8. 5. 1870 und Zitat Gambettas: 257); Willms, Napoleon III. (Anm. 2), S. 185 ff.; Louis Girard, Napoléon III, Paris 1986, S. 307 ff.; Jacques Rougerie, Le second Empire, in: Georges Duby (éd.), Histoire de la France. Les temps modernes de 1852 à nos jours, Paris 1987, S. 75–141 (Zahlen zum Eisenbahnbau: 137); René Rémond, Les Droites en France, Paris 1982, S. 99 ff. Die Senatsbeschlüsse vom 8. 9. 1869 und 21. 5. 1870 in: Gosewinkel/Masing (Hg.), Verfassungen (Anm. 7), S. 333–343.

12 Wolfgang J. Mommsen, Großbritannien vom Ancien Régime zur bürgerlichen Industriegesellschaft 1770–1867, in: Bußmann (Hg.), Europa (Anm. 2), S. 319–403 (389 ff., Zitat: 392); Paul Kluke, Großbritannien von

den Reformen Gladstones bis zum Ende des 1. Weltkrieges, in: Theodor Schieder (Hg.), Europa (Anm. 8), S. 272–308 (275 ff.); George Macaulay Trevelyan, Geschichte Englands, 2 Bde., Bd. 2: Von 1603 bis 1918 (engl. Orig.: London 1926), S. 768 ff.; Philip Magnus, Gladstone. A Biography, London 1954, S. 167 ff.; E. J. Feuchtwanger, Gladstone, Basingstoke 1975[1], S. 125 ff.; ders., Disraeli, Oxford 2000, S. 119 ff.; ders., Democracy and Empire. Britain 1865–1914, London 1985, S. 27 ff.; Robert Blake, Disraeli, London 1966[1], S. 425 ff. (Zitat: 477); ders., The Conservative Party from Peel to Major, London 1997, S. 97 ff.; F. B. Smith, The Making of the Second Reform Bill, Cambridge 1966; Maurice Cowling, 1867, Disraeli, Gladstone and Revolution: The Passing of the Second Reform Bill, Cambridge 1967, S. 50 ff. (Zahlen zur Wahlrechtsreform von 1867: 236); Hans Setzer, Wahlsystem und Parteienentwicklung in England. Wege zur Demokratisierung der Institutionen 1832 bis 1948, Frankfurt 1973, S. 52 ff. Die Zitate von Bagehot und Mill: Walter Bagehot, The English Constitution [1867[1]], London 1993, S. 246–252; Mill, Betrachtungen (Anm. 3), S. 131, 146, 76, 86, 125 (in der Reihenfolge der Zitate); ders., On Liberty [1859]. With The Subjection of Women and Chapters on Socialism, Cambridge 1989[1], S. 1–116 (8, 13, 57).

13 Huber, Verfassungsgeschichte, Bd. 3 (Anm. 5), S. 646 ff. (Zitat: 659); Ernst Engelberg, Bismarck. Urpreuße und Reichsgründer, Berlin 1985, S. 673 ff. (Antrag Lasker vom 24. 2. 1870: 707 f.); Otto Pflanze, Bismarck. Der Reichsgründer (amerik. Orig.: Princeton 1970), München 1997, S. 371 ff.; Gall, Bismarck (Anm. 5), S. 407 ff.; Winkler, Weg (Anm. 5), Bd. 1, S. 192 ff. (Antrag Lasker vom 10. 12. 1870: 210); Willms, Napoleon III. (Anm. 2), S. 245 ff.; Eberhard Kolb, Der Kriegsausbruch 1870, Göttingen 1970, S. 143 ff.; ders., Der Weg aus dem Krieg. Bismarcks Politik im Krieg und die Friedensanbahnung 1870/71, München 1989; ders. (Hg.), Europa vor dem Krieg 1870. Mächtekonstellation – Kriegsfelder – Kriegsausbruch, München 1987; Bismarcks spanische «Diversion» 1970 und der preußisch-deutsche Reichsgründungskrieg. Quellen zur Vor- und Nachgeschichte der Hohenzollernkandidatur für den Thron in Madrid 1866–1932. In 3 Bden. hg. v. Josef Becker unter Mitarbeit v. Michael Schmied, Paderborn 2003–2007; Ludwig Dehio, Deutschland und die Epoche der Weltkriege, in: ders., Deutschland und die Weltpolitik im 20. Jahrhundert, München 1955, S. 9–36 (15). – Zum «dilatorischen Formelkompromiß»: Carl Schmitt, Verfassungslehre, Berlin 1928[1], S. 31 f. Bismarcks Rede vom 30. 7. 1892: ders., Werke (Anm. 10), Bd. 13, S. 468; das Zitat von Gramont in: Hermann Oncken (Hg.), Die Rheinpolitik Kaiser Napoleons III. von 1863 bis 1870 und der Ursprung des Krieges von 1870/71. Nach den Staatsakten von Österreich, Preußen und den süddeutschen Mittelstaaten, 3 Bde., Stuttgart 1926, Bd. III, S. 396 f.; Heinrich v. Treitschke, Was fordern wir von Frankreich? in: Preußische Jahrbücher 26 (1870), S. 367–409 (371, 380, 406); Ernest Renan, Was ist eine Nation? Und andere Schriften, hg. v. Walter Euchner,

Wien 1995, S. 59 (Der deutsch-französische Krieg [September 1870]), 118 (Strauß an Renan, 29. 9. 1870), 131 f. (Renan an Strauß, 15. 9. 1871); MEW (Anm. 1), Bd. 17, S. 3–7 (5: Erste Adresse des Generalrats), 268–270 (269: Brief an den Ausschuß der Sozialdemokratischen Partei), 271–279 (271, 275 f.): Zweite Adresse an den Generalrat (Hervorhebungen jeweils im Original); das Zitat von Disraeli nach: Walter Bußmann (Hg.), Bismarck im Urteil der Zeitgenossen und der Nachwelt, Stuttgart 1956², S. 28, im engl. Orig.: Feuchtwanger, Disraeli (Anm. 12), S. 155. Die Verfassung des Norddeutschen Bundes vom 16. 4. 1867 in: Ernst Rudolf Huber (Hg.), Dokumente zur deutschen Verfassungsgeschichte, Bd. 2: Deutsche Verfassungsdokumente 1851–1900, Stuttgart 1986³, S. 272–285; die Verfassung des Deutschen Reiches vom 16. 4. 1871 in: Gosewinkel/Masing (Hg.), Verfassungen (Anm. 7), S. 783–805. Zu Marx' Staats- und Bonapartismustheorie siehe oben S. 644 ff.

14 Rudolf von Albertini, Frankreich: Die Dritte Republik bis zum Ende des 1. Weltkriegs, in: Schieder (Hg.), Europa (Anm. 8), S. 232–268 (232 ff.; Zahlen zur Kommune: 235 f.); Charlotte Tacke, Von der Zweiten Republik bis zum Ersten Weltkrieg (1848–1914), in: Ernst Hinrichs (Hg.), Kleine Geschichte Frankreichs, Stuttgart 1994, 311–359 (332 ff.); Charles Bloch, Die Dritte Französische Republik. Entwicklung und Kampf einer parlamentarischen Demokratie, Stuttgart 1972, S. 27 ff.; Jean-Marie Mayeur, Les débuts de la Troisième République 1871–1898, Paris 1973; Georges Dupeux, La IIIe République, 1871–1914, in: Duby (éd.), Histoire (Anm. 11), S. 143–178 (Zitate von Thiers: 146); Rémond, Droites (Anm. 11), S. 122 ff.; Heinz-Gerhard Haupt/Karin Hausen, Die Pariser Kommune. Erfolg und Scheitern einer Revolution, Frankfurt 1979; Eberhard Kolb, Der Pariser Commune-Aufstand und die Beendigung des deutsch-französischen Krieges, in: ders., Umbrüche deutscher Geschichte. 1866/71. 1918/19. 1929/33. Ausgewählte Aufsätze, München 1993, S. 163–188; ders., Kriegsniederlage und Revolution: Pariser Commune 1871, ebd., S. 189–206 (Zahlen zur Blutwoche: 205); Robert Tombs, The Paris Commune, London 1999; ders., The War Against Paris 1871, Cambridge 1981; J. P. T. Bury, Gambetta and the Making of the Third Republic, London 1973; Rainer Hudemann, Fraktionsbildung im französischen Parlament. Zur Entwicklung der Parteistruktur in der Dritten Republik (1871–1875), München 1979. – Die Zitate von Marx und Engels: Karl Marx, Der Bürgerkrieg in Frankreich. Adresse des Generalrats der Internationalen Abeiterassoziation, in: MEW (Anm. 1), Bd. 17, S. 313–365 (342, 344, 362; Hervorhebung im Original); Friedrich Engels, Einleitung zu «Der Bürgerkrieg in Frankreich» von Karl Marx (Ausgabe 1891), ebd., S. 615–625 (625); Engels' Brief an Carlo Terzaghi vom 6. 1. 1872: ebd., Bd. 33, S. 371–373 (372). Das Zitat von Bebel bei Winkler, Weg (Anm. 5), Bd. 1, S. 219. Die Verfassungsgesetze vom 24. 2., 25. 2. und 16. 7. 1875 in: Gosewinkel/Masing (Hg.), Verfassungen (Anm. 7), S. 340–346. Zur «Diktatur des Proletariats» bei Marx siehe oben S. 663 f.

15 Gustav Seibt, Rom oder Tod. Der Kampf um die italienische Hauptstadt, Berlin 2001, S. 111 ff. (Zitat: 177 f.); Winfried Becker, Der Kulturkampf als europäisches und deutsches Phänomen, in: Historisches Jahrbuch 101 (1981), S. 422–446; ders., Liberale Kulturkampf-Positionen und politischer Katholizismus, in: Otto Pflanze (Hg.), Innenpolitische Probleme des Bismarck-Reiches, München 1983, S. 47–72; Rudolf Lill u. Francesco Traniello (Hg.), Der Kulturkampf in Italien und den deutschsprachigen Ländern, Berlin 1993; Lill, Geschichte (Anm. 6), S. 187 ff. (Zitat Antonelli: 189); Theodor Schieder, Europa im Zeitalter der Nationalstaaten und europäische Weltpolitik bis zum 1. Weltkrieg (1870–1918), in: ders. (Hg.), Europa (Anm. 8), S. 1–196 (42 ff.); Ernst Nolte, Italien von der Begründung des Nationalstaats bis zum Ende des 1. Weltkriegs (1870–1918), ebd., S. 401–432; Richard Konetzke, Die iberischen Staaten von 1875 bis zum 1. Weltkrieg (1875–1917), ebd., S. 503–538 (514 f.); Franz Petri, Belgien, Niederlande, Luxemburg von der Krise von 1867 bis zum Ende des 1. Weltkriegs (1867–1918), ebd., S. 466–493 (476 f.); Adam Wandruszka, Österreich-Ungarn vom ungarischen Ausgleich bis zum Ende der Monarchie (1867–1918), ebd., S. 354–399 (357 ff.).

16 Stadler, Cavour (Anm. 6), S. 171 ff.; Lill, Geschichte (Anm. 6), S. 196 ff. (auch zu den Forschungskontroversen); Nolte, Italien (Anm. 15), S. 400 ff.; Volker Reinhardt, Geschichte Italiens von der Spätantike bis zur Gegenwart, München 2006[3], S. 108 ff.; Giuliano Procacci, Geschichte Italiens und der Italiener (ital. Orig.: Rom 1970), München 1983, S. 278 ff. (Zitat: 289, zur Wahlrechtsreform: 290, zur Emigration: 293); Rosario Romeo, Risorgimento e capitalismo, Bari 1959; Smith, Italy (Anm. 6), S. 101 ff.; Braunthal, Geschichte (Anm. 10), Bd. 1, S. 186 ff., 225 ff.

17 Hans Rosenberg, Große Depression und Bismarckzeit. Wirtschaftsablauf, Gesellschaft und Politik in Mitteleuropa, Berlin 1967, S. 22 ff. (Zitat: 29); Reinhard Rürup (gemeinsam mit Thomas Nipperdey), Antisemitismus – Entstehung, Funktion und Geschichte eines Begriffs, in: ders., Emanzipation und Antisemitismus. Studien zur «Judenfrage» der bürgerlichen Gesellschaft, Göttingen 1975, S. 95–114 (Zitat Glagau: 101); Fritz Stern, Kulturpessimismus als politische Gefahr. Eine Analyse nationaler Ideologie (amerik. Orig.: Berkeley 1961), Bern 1963; Winkler, Weg (Anm. 5), Bd. 1, S. 212 ff. (Zitate Ketteler, Glagau, Wilmanns: 229, Treitschke: 232, Mommsen: 233, Dühring, Lagarde: 235, Kreuzzeitung: 240, Bamberger: 245, Liberale Vereinigung: 247, Zahlen zum Sozialistengesetz: 242); Pflanze, Bismarck (Anm. 13), München 1998, S. 9 ff.; Karl Erich Born, Von der Reichsgründung bis zum 1. Weltkrieg, in: Von der Französischen Revolution bis zum Ersten Weltkrieg (Gebhardt, Handbuch der deutschen Geschichte. 9. Aufl., hg. v. Herbert Grundmann, Bd. 3), Stuttgart 1970, S. 224–375 (bes. 265 ff.); Volker Ullrich, Die nervöse Großmacht. Aufstieg und Untergang des deutschen Kaiserreichs 1871–1918, Frankfurt 1997, S. 38 ff.; Doron Avraham, In der Krise der Moderne. Der preußische Konservatismus

im Zeitalter gesellschaftlicher Veränderungen 1848–1876, Göttingen 2008, S. 263 ff.; Patrick Wagner, Bauern, Junker und Beamte. Lokale Herrschaft und Partizipation im Ostelbien des 19. Jahrhunderts, Göttingen 2005.

18 Große Politik der europäischen Mächte 1871–1914. Sammlung der diplomatischen Akten des Auswärtigen Amtes, Bd. 2: Der Berliner Kongreß und seine Vorgeschichte, Berlin 1922, S. 153 f. (Kissinger Diktat); Ronald Hyam, Britain's Imperial Century 1815–1914. A Study of Empire and Expansion, Cambridge 2000[3]; William L. Langer, European Alliances and Alignments 1871–1890 (1931[1]), New York 1950[1], S. 59 ff.; Bernath, Osmanisches Reich (Anm. 2), S. 1015 ff.; Gotthold Rhode, Die Staaten Südosteuropas (Bulgarien, Serbien, Rumänien, Montenegro, Albanien) vom Berliner Kongreß bis zum Ausgang des I. Weltkrieges (1878–1918); in Schieder (Hg.), Europa (Anm. 8), S. 547–609 (550 ff.); Wandruszka, Österreich-Ungarn (Anm. 15), S. 362 ff.; Rauch, Rußland (Anm. 8), S. 324 ff.; Klaus Hildebrand, Das vergangene Reich. Deutsche Außenpolitik von Bismarck bis Hitler 1871–1945, Stuttgart 1995, S. 13 ff. (zum «cauchemar des coalitions»: 35); Winkler, Weg (Anm. 5), Bd. 1, S. 254 ff.; Hans-Ulrich Wehler, Bismarcks späte Rußlandpolitik 1879–1890, in: ders., Krisenherde des Kaiserreichs 1871–1918. Studien zur deutschen Sozial- und Verfassungsgeschichte, Göttingen 1970, S. 163–180; Bloch, Dritte Republik (Anm. 14), S. 48 ff.; Christian Hoyer, Salisbury und Deutschland. Außenpolitisches Denken und britische Deutschlandpolitik zwischen 1856 und 1880, Husum 2008. Das Zitat von Gambetta in: Discours et plaidoyés politiques de M. Gambetta. Publiés par M. Joseph Reinach, vol. III, Deuxième partie (suite), 19 septembre 1872–18 mai 1873, Paris 1881, S. 49.

19 Selected Speeches of the Late Right Honourable the Earl of Beaconsfield. Arranged and edited with introduction and explanatory notes by T. E. Kebbel. In two volumes, Vol. II, S. 490–522 (Rede in Manchester, 3. 4. 1872, Zitat: 522), 523–535 (Rede im Londoner Kristallpalast, 24. 6. 1872, Zitate: 529, 531); Charles Wentworth Dilke, Greater Britain: A Record of Travel in English-Speaking Countries during 1866 and 1867, New York 1869; Blake, Disraeli (Anm. 12), S. 534 ff. (Zitat über Frere: 609); Feuchtwanger, Disraeli (Anm. 12), S. 167 ff. (Zitat aus dem «Spectator»: 178 f.); ders., Gladstone (Anm. 12), S. 173 ff.; Magnus, Gladstone (Anm. 12), S. 256 ff. (Zitat aus der Rede in Leeds: 287, zum Kürzel «GOM»: 322); Kluke, Großbritannien (Anm. 12), S. 275 ff.; Eugenio F. Bagini, British Democracy and Irish Nationalism 1876–1906, Cambridge 2007, S. 169 ff.; Richard Koebner/Helmut Dan Schmidt, Imperialism. The Storm and Significance of a Political Word. 1840–1960, Cambridge 1964, S. 122 (Zitat aus dem «Spectator»); Jörg Fisch, Dieter Groh, Rudolf Walter, Imperialismus, in: Geschichtliche Grundbegriffe. Historisches Lexikon zur politisch-sozialen Sprache in Deutschland. Hg. von Otto Brunner, Werner Conze, Reinhart Koselleck, Stuttgart 1972 ff., Bd. 3, S. 171–236 (bes. 179 ff.; Zitat Carnavaron und «Jingo»-Lied: 180); Wolfgang J. Mommsen, Das Britische Empire. Strukturwandel eines imperia-

listischen Herrschaftsverbandes, in: Historische Zeitschrift 233 (1981), S. 317–361; ders., Das Zeitalter des Imperialismus (Fischer Weltgeschichte, Bd. 28), Frankfurt 1969, S. 10 ff.; Lloyd, Empire (Anm. 3), S. 196 ff.; Wende, Empire (Anm. 3), S. 169 ff.; Judd, Empire (Anm. 3), S. 92 ff.; Ferguson, Empire (Anm. 3), S. 230 ff.; Cain/Hopkins, British Imperialism (Anm. 3), S. 303 ff.; Ronald Hyam, Britain's Imperial Century 1815–1914. A Study of Empire and Expansion, Cambridge 2002[3]; Langer, Alliances (Anm. 18), S. 251 ff.; Daniel Katz, Nationalism and Strategy of International Conflict Resolution, in: Herbert C. Kelman (ed.), International Behavior. A Social-Psychological Analysis, New York 1965, S. 354–370 (deutsch: Nationalismus als sozialpsychologisches Problem, in: Heinrich August Winkler [Hg.], Nationalismus, Königstein 1978, S. 67–84); Setzer, Wahlsystem (Anm. 12), S. 94 ff.

20 John Robert Seeley, Die Ausbreitung Englands. Bis zur Gegenwart fortgeführt von Michael Freund (engl. Orig.: London 1881), Frankfurt 1954 (Zitate: 16, 80 f.; das Zitat über die Entstehung des Empire im engl. Orig.: 10); Gollwitzer, Denken (Anm. 8), S. 23 ff.; Sönke Neitzel, Weltmacht oder Untergang. Die Weltreichslehre im Zeitalter des Imperialismus, Paderborn 2000; Wolfgang J. Mommsen, Der moderne Imperialismus als innergesellschaftliches Phänomen. Versuch einer universalgeschichtlichen Einordnung, in: ders. (Hg.), Der moderne Imperialismus, Stuttgart 1971, S. 14–30 (Periodisierung: 14); ders., Nationale und ökonomische Faktoren im britischen Imperialismus vor 1914, in: ders., Der europäische Imperialismus. Aufsätze und Abhandlungen, Göttingen 1979, S. 12–57 (44 ff.: Datum zum Kapitalexport); ders., Zeitalter (Anm. 19), S. 10 ff.; ders., Imperialismustheorien. Ein Überblick über die neuen Imperialismusinterpretationen, Göttingen 1977; Gregor Schöllgen, Das Zeitalter des Imperialismus, München 1986; Gustav Schmidt, Der europäische Imperialismus, München 1985; Hans-Christoph Schröder, Sozialistische Imperialismustheorien. Studien zu ihrer Geschichte, Göttingen 1973; Kennedy, Rise and Fall (Anm. 2), S. 194 ff.; Jürgen Osterhammel, Verwandlung (Anm. 4), S. 565 ff.; ders., Kolonialismus (Anm. 3), S. 19 ff. (Zitat: 27; Hervorhebungen im Original); Bloch, Dritte Republik (Anm. 14), S. 69 ff.; Gilbert Ziebura, Interne Faktoren des französischen Hochimperialismus 1871–1914, in: Mommsen (Hg.), Imperialismus (Anm. 20), S. 85–139; Albertini, Frankreich (Anm. 14), S. 241 ff.; Georg Kreis, Frankreichs republikanische Großmachtpolitik 1870–1914. Innenansicht einer Außenpolitik, Mainz 2007; Henri Brunschwig, Mythes et réalités de l'impérialisme colonial français 1877–1914, Paris 1960; Eric J. Hobsbawm, The Age of Empire 1875–1914, London 1987; D. K. Fieldhouse, Economics and Empire 1830–1914, Ithaca 1973, S. 251 ff. (Teilung Afrikas); Thomas Pakenham, The Scramble for Africa 1876–1912, London 1991; Donald Robinson and John Gallagher with Alice Denny, Africa and the Victorians. The Official Mind of Imperialism, London 1978[8]; Bernard Porter, The Absent-Minded Imperialists: Empire, Society, and Culture in Britain, Oxford 2004; Wende, Empire (Anm. 3), S. 194; Ferguson, Empire (Anm. 3), S. 223 f.; Judd, Empire (Anm. 3),

S. 117 ff.; Born, Von der Reichsgründung (Anm. 17), S. 291 ff.; Hans Ulrich Wehler, Bismarck und der Imperialismus, Köln 1969, S. 194 ff. (grundlegend für die «sozialimperialistische» Interpretation der Kolonialpolitik; zu den taktischen Überlegungen im Hinblick auf Kronprinz Friedrich: 415 f.); Helmut Böhme, Thesen zur Beurteilung der gesellschaftlichen, wirtschaftlichen und politischen Ursachen des deutschen Imperialismus, in: Mommsen (Hg.), Imperialismus (Anm. 20), S. 31–59; Paul M. Kennedy, The Rise of Anglo-German Antagonism 1860–1914, Boston 1980, bes. S. 157 ff.; Pflanze, Bismarck (Anm. 13), S. 370 ff.; Barbara Emerson, Leopold II of the Belgians. King of Colonialism, London 1979; Stig Förster, Wolfgang J. Mommsen and Ronald Robinson (eds.), Bismarck, Europe, and Africa: The Berlin Africa Conference 1884–1885 and the Onset of Partition, London 1988; Adam Hochschild, Schatten über dem Kongo. Die Geschichte eines der großen, fast vergessenen Menschheitsverbrechen (amerik. Orig.: New York 1998), Stuttgart 2006[7], S. 88 ff. (zur Begegnung Stanley-Livingstone: 46, zur Resolution des Unterhauses: 276, zu Casement über Kamerun: 281, zur Schätzung des Bevölkerungsrückgangs: 331); Joseph Conrad, Das Herz der Finsternis (1899[1]), Frankfurt 1995; Sebastian Conrad, Deutsche Kolonialgeschichte, München 2008; Michael Pesek, Koloniale Herrschaft in Deutsch-Ostafrika. Expeditionen, Militär und Verwaltung seit 1880, Frankfurt 2005; Woodruff D. Smith, The German Colonial Empire, Chapel Hill 1978; Karin Hausen, Deutsche Kolonialherrschaft in Afrika. Wirtschaftsinteressen und Kolonialverwaltung in Kamerun vor 1914, Zürich 1970, S. 162 ff.; Horst Gründer, Geschichte der deutschen Kolonien, Paderborn 1995[3]; ders., Welteroberung und Christentum. Handbuch zur Geschichte der Neuzeit, Gütersloh 1992, S. 315 ff.; Rudolf von Albertini, Europäische Kolonialherrschaft, Stuttgart 1987[3]; Jörg Fischer, Geschichte Südafrikas, München 1990, S. 164 ff.; Christoph Marx, Geschichte Afrikas. Von 1800 bis zur Gegenwart, Paderborn 2004, S. 113 ff.; William G. Hynes, The Economies of Empire: Britain, Africa and the New Imperialism 1870–95, London 1979; Wilhelm Grewe, Epochen der Völkerrechtsgeschichte, Baden-Baden 1988[2], S. 651 ff. (bes. 669 ff.); J. A. Hobson, Imperialism. A Study [1902[1]]. New Introduction by Philips Siegelman, Ann Arbor, Mich. 1965, S. 3 ff. (in der Reihenfolge der Zitate: 198 [Leopold II., Missionsauftrag], 90 [surplus income], 151 f. [nemesis of imperialism], 156 [survival of the fittest], 157 [divine right of force], 138 [Debakel-Prognose], 171 [‹popular› versus ‹class government›], 360–362 [genuine democracy], 195 [federation of European States; pax Europaea], 238 ff. [Imperial Federation], 232 [Kontrolle niederer Rassen], 211 [Wirkung des Imperialismus auf den Geisteszustand einer Nation]); Michael Doyle, Empires, Ithaca 1986, S. 141 ff. (Zitate: 146, Periodisierung des internationalen Systems: 232 ff.); Lill, Geschichte (Anm. 6), S. 215 ff. – Kiplings «The White Man's Burden» ist ein Gedicht, das der Dichter unter dem Eindruck des amerikanischen Krieges auf den Philippinen verfaßt und im Januar 1899 in «McClure's Magazine» veröffentlicht hat. Zu Homer: Ilias, 6. Gesang, Zeile 208. Zu Hobsons Hinweis auf Platon: Platon, Politeia, 382 a–c. Zur «Lebenslüge»: Henrik Ibsen, Die Wildente. Schauspiel in fünf Akten, Stuttgart 1991, S. 102. Zu Disraelis Unterhausrede vom Januar 1871 vgl. oben S. 816, zum christlichen Missionsauftrag (Matthäus 28, 19) S. 33.

21 Huber, Verfassungsgeschichte (Anm. 5), Bd. IV: Struktur und Krisen des Kaiserreichs, Stuttgart 1969[2], S. 142 ff.; Winkler, Weg (Anm. 5), Bd. 1, S. 247 ff. (Äußerung Bismarcks zu Busch: 250, Bismarcks Reichstagsrede vom 6. 2. 1888: 261, Zitat Mommsen: 264); Born, Von der Reichsgründung (Anm. 17), S. 303 ff.; Volker Berghahn, Das Kaiserreich 1871–1914. Industriegesellschaft, bürgerliche Kultur und autoritärer Staat (Gebhardt, Handbuch der deutschen Geschichte, 10. Aufl., Bd. 16), Stuttgart 2003; Wolther von Kieseritzky, Liberalismus und Sozialstaat, Liberale Politik in Deutschland zwischen Machtstaat und Arbeiterbewegung (1878–1893), Köln 2001, S. 177 ff.; Richard Blanke, Prussian Poland in the German Empire (1871–1900), New York 1981; Hans-Ulrich Wehler, Von den «Reichsfeinden» zur «Reichskristallnacht»: Polenpolitik im Deutschen Kaiserreich 1871–1918, in: ders., Krisenherde (Anm. 18), S. 181–199 (Aussiedlungszahlen: 189); Philipp Ther, Deutsche Geschichte als imperiale Geschichte. Polen, slawophone Minderheiten und das Kaiserreich als kontinentales Empire, in: Sebastian Conrad und Jürgen Osterhammel (Hg.), Das Kaiserreich transnational. Deutschland in der Welt 1871–1914, Göttingen 2004, S. 129–148; Hermann Hiery, Reichstagswahlen im Reichsland. Ein Beitrag zur Landesgeschichte von Elsaß-Lothringen und zur Wahlgeschichte des Deutschen Reiches 1871–1918, Düsseldorf 1986, S. 136 ff. (zur Zahl der «Optanten»: 65–67); Siegfried Weichlein, Nation und Region. Integrationsprozesse im Bismarckreich, Düsseldorf 2004, S. 37 ff.; Horst Groepper, Bismarcks Sturz und die Preisgabe des Rückversicherungsvertrages, bearb. u. hg. von Maria Tamina Groepper, Paderborn 2008; John C. G. Röhl, Wilhelm II. Die Jugend des Kaisers 1859–1888, München 1993, S. 21 ff., 739 ff.; ders., Wilhelm II. Der Aufbau der Persönlichen Monarchie 1888–1900, München 2001, S. 212 ff.; Christopher Clark, Wilhelm II. Die Herrschaft des letzten deutschen Kaisers (engl. Orig.: Harlow 2000), München 2008. – Zum «System der Aushilfen»: Gall, Bismarck (Anm. 5), S. 642 ff. Zum Begriff der «föderativen Nation»: Dieter Langewiesche, Nation, Nationalismus und Nationalstaat in Deutschland und Europa, München 2000, S. 55 ff. Zu Lorenz von Steins Lehre vom «Königtum der sozialen Reform» siehe oben S. 513 ff.

22 Bloch, Dritte Republik (Anm. 14), S. 55 ff. (Zahlen zum Schulsystem: 66 f., zu den Wirkungen des Boulangismus: 91 f.); Albertini, Frankreich (Anm. 14), S. 239 ff. (Zitat Ferry: 240); Dupeux, IIIe République (Anm. 14), S. 154 ff. (Zitat Gambetta: 155, boulangistische Kampagne von 1888: 163); Mayeur, Débuts (Anm. 14), S. 95 ff.; Pierre Rosanvallon, Der Staat in Frankreich von 1789 bis in die Gegenwart (frz. Orig.: Paris 1990), Münster 2000, S. 72 ff.; Eugen Weber, Peasants into Frenchmen. The Modernization of Rural France, 1870–1914, Stanford 1976, S. 67 ff.; Adrien Dansette, Le

Boulangisme 1886–1890, Paris 1938; William D. Irvine, The Boulanger Affair Reconsidered. Royalism, Boulangism, and the Radical Right in France, Oxford 1989, S. 157 ff.; Zeev Sternhell, La droite révolutionnaire. Les origines françaises du fascisme 1885–1914, Paris 1989, S. 33 ff.; Daniel Mollenhauer, Auf der Suche nach der «wahren Republik». Die französischen «radicaux» der frühen Dritten Republik (1870–1890), Bonn 1997; Allain Mitchell, The German Influence in France after 1870. The Formation of the French Republic, Chapel Hill 1979; ders., Victors and Vanquished. The German Influence on Army and Church in France after 1870, Chapel Hill 1984, S. 220 ff. (zum französischen Kulturkampf). – Zu Bismarcks Politik in der Boulanger-Krise: Pflanze, Bismarck (Anm. 13), S. 475 ff.

23 Lill, Geschichte (Anm. 8), S. 204 ff.; Nolte, Italien (Anm. 15), S. 405 ff.; Procacci, Geschichte (Anm. 16), S. 292 ff.; Smith, Italy (Anm. 6), S. 133 ff.; Rusconi, Deutschland (Anm. 10), S. 42 ff.; Giorgio Candeloro, Storia dell'Italia moderna. Vol. 7: La crisi di fine secolo e l'età giolittiana (1896–1914), Mailand 1995²; Francesco Barbagallo u. a., Storia dell'Italia. Vol. 3: Liberalismo e democrazia 1887–1914, a cura di Giovanni Sabbatucci e Vittorio Vidotto, Rom 1999²; Volker Sellin, Die Anfänge staatlicher Sozialreform im liberalen Italien, Stuttgart 1971; James Joll, The Anarchists, New York 1964, S. 117 ff.; Peter Lösche, Anarchismus, Darmstadt 1987²; Burleigh, Blood (Anm. 8), S. 67 ff. – Zum Begriff der «politischen Klasse»: Gaetano Mosca, Elementi di scienza politica, Turin 1896 (deutsch: Die herrschende Klasse, Bern 1950). Zur italienischen Ostafrikapolitik vor 1890 siehe oben S. 893 f.

24 Torke, Einführung (Anm. 8), S. 170 ff. (Zahlen zur Vertreibung und Auswanderung von Juden: 174); Rauch, Rußland (Anm. 8), S. 321 ff. (Zahlen zur Bevölkerungsstruktur: 327); Josef Kreiner (Hg.), Der Russisch-Japanische Krieg (1904/05), Göttingen 2005; Dietrich Geyer, Lenin in der russischen Sozialdemokratie. Die Arbeiterbewegung im Zarenreich als Organisationsproblem der revolutionären Intelligenz 1890–1903, Köln 1962; ders., Imperialismus (Anm. 8), S. 99 ff. (Zitate: 99, 131, 158; zur Industrieproduktion: 110, zum russischen Anteil der französischen Auslandswerte: 143); Hosking, Russia (Anm. 8), S. 320 ff.; Heinz-Dietrich Löwe, Von der Industrialisierung zur ersten Revolution. 1890 bis 1904, in: Schramm (Hg.), Von den autokratischen Reformen (Anm. 8), S. 203–337; Hellmut Gross, Heiko Haumann, Heinz-Dietrich Löwe, Gottfried Schramm, Thomas Steffens, Über die Revolution zur Modernisierung im Zeichen der eingeschränkten Autokratie (1904–1914), ebd., S. 338–474; Abraham Asher, The Revolution of 1905, 2 vols., Stanford 1988/1992; David Shub, Lenin. Eine Biographie (amerik. Orig.: Garden City, N. Y. 1948), Wiesbaden 1958³, S. 12 ff.; Bloch, Dritte Republik (Anm. 14), S. 92 ff. (zum russisch-französischen Bündnis); Braunthal, Geschichte (Anm. 10), Bd. 1, S. 237 ff.; Peter Lösche, Der Bolschewismus im Urteil der deutschen Sozialdemokratie 1903–1920, Berlin 1967, S. 23 ff.; Osmo Jussila, Seppo Hentilä, Jukka Nevakivi, Politische Geschichte Finnlands seit 1809, Berlin 1999, S. 80 ff. (Zitat: 96); Hein-

rich August Winkler, Die wiederholbare Revolution. Über einen Fehlschluß von Marx und seine Folgen, in: ders., Streitfragen der deutschen Geschichte. Essays zum 19. und 20. Jahrhundert, München 1997, S. 9–30 (zur «translatio revolutionis»: 10 f., 27 f.); Max Weber, Zur Lage der bürgerlichen Demokratie in Rußland (Februar 1906), in: ders., Gesammelte politische Schriften, Tübingen 1958$^{2}$, S. 30–65 (Zitat: 53; Hervorhebungen im Original); ders., Rußlands Übergang zum Scheinkonstitutionalis- mus (August 1906), ebd., S. 66–108 (Zitat: 75). – Die Zitate von Marx und Engels: MEW (Anm. 1), Bd. 4, S. 576 (Vorrede zur russischen Ausgabe des Kommunistischen Manifests), Bd. 19, S. 242 f. (Marx an Vera Sassulitsch, 8. 3. 1881), Bd. 35, S. 276 (Engels an Johann Philipp Becker, 10. 2. 1881), Bd. 36, S. 305–307 (Engels an Vera Sassulitsch, 23. 4. 1885; Hervorhebung im Original); Zitate von Lenin: W. I. Lenin, Staat und Revolution. Die Lehre des Marxismus vom Staat und die Aufgaben des Proletariats in der Revolution (1917), in: ders., Werke, Bd. 25, Berlin 1960, S. 393–507 (475); ders., Was tun? Brennende Fragen unserer Bewegung (1902), ebd., Bd. 5, S. 355–551 (385 f.). Vergleichend zur Rolle des Staates in der Industrialisierung: Alexander Gerschenkron, Economic Backwardness in Historical Perspective. A Book of Essays, Cambridge, Mass. 1962. Die russischen «Staatsgrundgesetze» in: Gosewinkel/Masing (Hg.), Verfassungen (Anm. 7), S. 1794–1807. Zu Marx' Revolutionserwartungen von 1843/44 siehe oben S. 547 ff.; zur «Diktatur des Proletariats» S. 663f; zu Bismarcks «Alpdruck der Koalitionen» S. 859; zum Boxeraufstand siehe unten 970 ff.; zum Zionismus unten S. 1013 ff.

25 Brinkley, Unfinished Nation (Anm. 9), S. 429 ff. (Roosevelts «bull moose»-Zitat: 589); Gary B. Nash and Richard Weiss (eds.), The Great Fear. Race in the Mind of America, New York 1970; Adams, USA (Anm. 9), S. 112 ff. (zur Lynchjustiz: 115; hier und bei Brinkley auch die wichtigsten anderen Zahlenangaben); ders., Die USA im 20. Jahrhundert, München 2000$^{2}$, S. 1 ff.; Bender, Nation (Anm. 3), S. 182 ff.; Francis Paul Prucha, The Great Father. The United States Government and the American Indian, Vol. II, Lincoln, Nebraska, 1984; The Beards' New Basic History of the United States. The Co-operative Work of Charles A. Beard, Mary R. Beard and their son William Beard, Garden City 1960$^{2}$, S. 288 ff.; William Miller, A New History of the United States, New York 1958, S. 259 ff. (Zitate Hay und Bryan: 332, 334); Walter Nugent, Crossings. The Great Transatlantic Migrations, 1870–1914, Bloomington 1992; Leonard Dinnerstein et al., Natives and Strangers: A Multicultural History of Americans, New York 1996; Kim Voss, The Making of American Exceptionalism. The Knights of Labor and Class Formation in the Nineteenth Century, Ithaca, N. Y. 1993, bes. S. 231 ff.; Tyrrell, Transnational Nation (Anm. 9), S. 118 ff.; David Montgomery, The Fall of the House of Labor, Cambridge 1987, S. 9 ff.; Werner Sombart, Warum gibt es in den Vereinigten Staaten keinen Sozialismus?,

Tübingen 1906, (Zitate: 7, 126, 142; Lohnvergleich: 93); Hans-Jürgen Puhle, Politische Agrarbewegungen in kapitalistischen Industriegesellschaften. Deutschland, USA und Frankreich im 20. Jahrhundert, Göttingen 1975, S. 142 ff.; Heinz Gollwitzer, Die Gelbe Gefahr. Geschichte eines Schlagworts. Studien zum imperialistischen Denken, Göttingen 1962; John D. Hicks, The Populist Revolt. A History of the Farmers' Alliance and the People's Party (1931[1]), Minneapolis 1955[2], S. 205 ff.; Robert H. Wiebe, The Search of Order 1877–1920, New York 1967, S. 17 ff.; T. J. Jackson Lears, No Place of Grace. Antimodernism and the Transformation of American Culture 1880–1920, New York 1981; Richard Hofstadter, The Age of Reform. From Bryan to F. D. R., New York 1955, S. 3 ff. (Zitat: 62); ders., Social Darwinism in American Thought (1944[1]), Boston 1955[2], bes. S. 51 ff. (Olney-Doktrin: 183); A. T. Mahan, The Influence of Sea Power upon History, 1660–1783, Boston 1890; David M. Pletcher, The Diplomacy of Trade and Investment. American Economic Expansion in the Hemisphere, 1865–1900, Columbia, Missouri, 1997; ders., The Diplomacy of Involvement. American Economic Expansion across the Pacific, 1784–1900, Columbia, MO, 2001; Perkins, Hands Off (Anm. 9), S. 149 ff.; William A. McDougall, Promised Land, Crusader State. The American Encounter with the World since 1776, Boston 1997, S. 101 ff.; Hans Ulrich Wehler, Der Aufstieg des amerikanischen Imperialismus. Studien zur Entwicklung des Imperium Americanum 1865–1900, Göttingen 1974, bes. S. 74 ff. (Zitate Woolsey u. Foster: 259); Gabriel Kolko, The Triumph of Conservatism. A Reinterpretation of American History, 1900–1916, London 1963; Walter Lafeber, The New Empire. An Interpretation of American Expansion 1860–1898, Ithaca, N. Y. 1963, bes. S. 197 ff.; Ernest May, American Imperialism. A Speculative Essay, New York 1968, S. 165 ff. («Olney-Doktrin»: 262); William Appleman Williams, Die Tragödie der amerikanischen Diplomatie (am. Orig.: Cleveland 1962[2]), Frankfurt 1973, S. 25 ff.; Klaus Schwabe, Weltmacht und Weltordnung. Amerikanische Außenpolitik von 1898 bis zur Gegenwart. Eine Jahrhundertgeschichte, Paderborn 2006, S. 18 ff.; Gerald F. Linderman, The Mirror of War. American Society and the Spanish-American War, Ann Arbor 1974; David F. Trask, The War with Spain in 1898, New York 1981; Michael Zeuske, Kleine Geschichte Kubas, München 2002[2], S. 138 ff.; H. W. Brands, Bound to Empire. The United States and the Philippines, New York 1992, S. 53 ff.; Stuart Creighton Miller, «Benevolent Assimilation». The American Conquest of the Philippines, 1899–1903, New Haven 1982; Russell Roth, Muddy Glory. America's «Indian Wars» in the Philippines 1899–1935, W. Hanover, Mass. 1981; William L. Langer, The Diplomacy of Imperialism, 2 vols., Vol. II: 1890–1902, New York 1935, S. 415 ff.; Lewis L. Gould, The Presidency of Theodore Roosevelt, Lawrence, KS, 1991; John Milton Cooper, The Warrior and the Priest. Woodrow Wilson and Theodore Roosevelt, Cambridge, Mass. 1983; Frederick W. Marks III, Velvet on

Iron. The Diplomacy of Theodore Roosevelt, Lincoln, NE, 1979 («big stick»-Zitat: 58); Raimund Lammersdorf, Anfänge einer Weltmacht. Theodore Roosevelt und die transatlantischen Beziehungen 1901–1908, Berlin 1992; Barbara Tuchmann, «Perdicaris Alive or Raisuli Dead», in: American Heritage X (1959), Nr. 5 (August), S. 18–21, 98–101; Paolo E. Coletta, The Presidency of Howard Taft, Lawrence, KS 1973; Walter V. Scholes and Marie V. Scholes, The Foreign Policies of the Taft Administration, Columbia, MO, 1970; Hurwitz, Dictionary (Anm. 6), S. 323 f. (Haymarket), 362 f. (jüdische Einwanderung), 535 f. (Demographische Daten); Commager, Documents (Anm. 9), S. 143–146 (People's Party Platform), 192 (Platform of the Anti-Imperialist League). Beveridges Senatsrede: Congressional Record, Senate, 56th Congress, 1st session, January 9, 1900, S. 704–712. Sein Bibelzitat: Matthäus 25,21 (Gleichnis von den anvertrauten Zentnern). Das Lincoln-Zitat in der Erklärung der Anti-Imperialist League stammt aus dessen Rede zum Kansas-Nebrasca Act vom 21. 3. 1854. Lincoln, Speeches (Anm. 9), S. 283–325 (304). Bryans Anspielung auf Lincoln bezieht sich auf dessen «House divided»-Rede vom 16. 6. 1858 in Springfield. Siehe dazu oben S. 743, zum «Manifest Destiny» S. 676 f., zu Turner S. 679 ff.

26 Karl Marx, Das Kapital. Kritik der politischen Ökonomie. Bd. 1: Der Produktionsprozeß des Kapitals (1867[1]), in: MEW (Anm. 1), Bd. 23, S. 12; Sombart, Warum (Anm. 25), S. 14, 35; Ferdinand Tönnies, Gemeinschaft und Gesellschaft. Abhandlung des Communismus und des Socialismus als empirischer Culturformen, Leipzig 1887[1] (ab 2. Aufl. mit dem Untertitel: Grundbegriffe der reinen Soziologie); Hartmut Kaelble, Europäer über Europa. Die Entstehung des europäischen Selbstverständnisses im 19. und 20. Jahrhundert, Frankfurt 2001, S. 62 ff.; Alexander Schmidt, Reisen in die Moderne. Der Amerika-Diskurs des deutschen Bürgertums vor dem Ersten Weltkrieg im europäischen Vergleich, Berlin 1997, S. 93 ff. (Zitate Plenge: 99, d'Avenel/Boutmy: 111, Korff: 156); Max Weber, Wirtschaft und Gesellschaft. Grundriß der verstehenden Soziologie. Studienausgabe, hg. v. Johannes Winckelmann, 1. Halbbd., Köln 1956, S. 16 ff. (Zitat: 39); Osterhammel/Petersson, Geschichte (Anm. 1), S. 63 ff.; Philipp Blom, Der taumelnde Kontinent. Europa 1900–1914, München 2009; Arno J. Mayer, Adelsmacht und Bürgertum. Die Krise der europäischen Gesellschaft 1848–1914 (amerik. Orig.: Princeton 1981), München 1984, S. 83 ff.; Johannes Süßmann, Die Wurzeln des Wohlfahrtsstaates – Souveränität oder Gute Policey, in: Historische Zeitschrift 285 (2004), S. 19–47; Rosenberg, Große Depression (Anm. 17), S. 118 ff. (Zitat: 123); Joachim Radkau, Das Zeitalter der Nervosität. Deutschland zwischen Bismarck und Hitler, München 1998, bes. S. 357 ff. (zur Willenstherapie); Christof Mauch u. Kiran Klaus Patel (Hg.), Wettlauf um die Moderne. Die USA und Deutschland 1890 bis heute, München 2008; James T. Kloppenberg, Uncertain Victory. Social Democracy and Progressivism in European and American Thought, 1870–1920, Oxford, 1986; Shmuel N. Eisenstadt, Die Vielfalt der Moderne, Weilerswist 2000;

Anson Rabinbach, Motor. Mensch. Kraft, Ermüdung und die Ursprünge der Moderne (amerik. Orig.: New York 1990), Wien 2001, bes. S. 277 ff.; Gisela Bock, Frauen in der europäischen Geschichte. Vom Mittelalter bis zur Gegenwart, München 2000, S. 190 ff.; Osterhammel, Verwandlung (Anm. 4), S. 1132 ff. (zur Modellfunktion der deutschen Universität); August Nitschke u. a. (Hg.), Jahrhundertwende. Der Aufbruch in die Moderne 1880–1930, 2 Bde., Reinbek 1990; Ute Planert (Hg.), Nation, Politik und Geschlecht. Frauen und Nationalismus in der Moderne, Frankfurt 2000; Braunthal, Geschichte (Anm. 10), Bd. 1, S. 201 (Zitat vom Londoner Kongreß 1896: 262, Resolution Kautsky: 279 f., Dresdner Parteitag der SPD: 283 f., Generalstreiksdebatte: 291 ff., Resolutionen zur Kolonialpolitik: 315–318, Zitate G. B. Shaw: 331, Jaurès und Bebel in Stuttgart: 342, Stuttgarter Resolution: 370–372); Winkler, Weg (Anm. 5), Bd. 1, S. 287 ff. (Zitate Vollmar: 294 [Hervorhebungen im Original] und zum Antisemitismus: 295, zur Generalstreikdebatte in der SPD: 301 ff.); Mommsen (Hg.), Parteiprogramme (Anm. 7), S. 349–354 (Erfurter Programm der SPD); Eduard Bernstein, Die Voraussetzungen des Sozialismus und die Aufgaben der Sozialdemokratie (1899$^{1}$), Stuttgart 1909 (13. Tausend), S. VI (Zuschrift), S. 1 ff. (Zitate: 124, 165, 169, 179, 183, 187; Hervorhebungen im Original); Rosa Luxemburg, Sozialreform oder Revolution?, in: dies., Politische Schriften, 3 Bde., hg. v. Ossip K. Flechtheim, Frankfurt 1966 ff., Bd. 1, S. 47–133 (90, 119, 130; Hervorhebungen im Original); dies., Die Akkumulation des Kapitals (Berlin 1913), ND Frankfurt 1969$^{3}$; Karl Kautsky, Der Weg zur Macht. Politische Betrachtungen über das Hineinwachsen in die Revolution, Berlin 1909$^{2}$, S. 44–52 (Zitate: 44–46); ders., Bernstein und das Sozialdemokratische Programm. Eine Antikritik, Stuttgart 1899 (ND: Bonn 1976$^{2}$), (Zitate: S. 183, 193; Hervorhebung im Original); ders. Der Imperialismus, in: Neue Zeit 32 (1914), Bd. II, S. 908–922 (Zitate: 920, 922); Rudolf Hilferding, Das Finanzkapital. Eine Studie über die jüngste Entwicklung des Kapitalismus (1910$^{1}$), Frankfurt 1968; W. I. Lenin, Der Imperialismus als höchstes Stadium des Kapitalismus (1916$^{1}$), in: ders., Werke (Anm. 24), Bd. 22, S. 189–309; Georges Sorel, Über die Gewalt (Réflexions sur la violence [frz. Orig.: Paris 1908]), Innsbruck 1928; Michael Freund, Georges Sorel, Der revolutionäre Konservatismus, Frankfurt 1932; Schröder, Imperialismustheorien (Anm. 20), S. 40 ff.; Mommsen, Imperialismustheorien (Anm. 20), S. 27 ff.; Schieder, Europa (Anm. 15), S. 129 ff.; Jost Dülffer, Regeln gegen den Krieg? Die Haager Friedenskonferenzen von 1899 und 1907 in der internationalen Politik, Berlin 1981, bes. S. 331 ff.; Grewe, Epochen (Anm. 20), S. 520 ff. (Zitate Wiener Kongreß u. Haager Landkriegsordnung: 520 f.); Carl Schmitt, Der Nomos der Erde im Völkerrecht des Jus Publicum Europaeum (1950$^{1}$), Berlin 1977$^{4}$, S. 200 ff. (Zitate: 206, 212); Vahakn N. Dadrian, Der armenische Genozid: Eine Interpretation, in: Huberta von Voss (Hg.), Porträt einer Hoffnung: Die Armenier, Berlin 2005, S. 44–66 (Zahlen: 44); Löwe, Von der Industrialisierung

(Anm. 24), S. 265 ff. (Zitat: 267); Jacob Katz, Vom Vorurteil bis zur Vernichtung. Der Antisemitismus 1700–1933 (amerik. Orig.: Cambridge, Mass. 1980), München 1989, S. 236 ff.; Theodor Herzl, Der Judenstaat. Versuch einer modernen Lösung der Judenfrage (1894[1]), Zürich 1988, S. 15, 34 f., 38; Hervorhebungen im Original); Michael Brenner, Geschichte des Zionismus, München 2002, S. 21 ff. (Zitate: 25, 38, 46 f., 151, Zahlen: 42 f., 52 ff.); Heiko Haumann, Geschichte der Ostjuden, München 1990, S. 92 ff. – Zur Zahl der Gewerkschaftsmitglieder in Deutschland: Lern- und Arbeitsbuch deutsche Arbeiterbewegung. Darstellung, Chroniken, Dokumente. Hg. unter Leitung von Thomas Meyer, Susanne Miller u. Joachim Rohlfes, 3 Bde., Bd. 1, Bonn 1984, S. 195. Der Text der Enzyklika «Rerum novarum» in: Texte zur katholischen Soziallehre. Die sozialen Rundschreiben der Päpste und andere kirchliche Dokumente. Hg. vom Bundesverband der Katholischen Arbeitnehmer-Bewegung Deutschlands – KAB, Bornheim 1992, S. 1–40. Sombarts latein. Zitat aus: Horaz, Satiren I, 1, 69 u. 70; zu Grotius siehe oben S. 132 f.

27 Adam Wandruszka, Österreich-Ungarn vom ungarischen Ausgleich bis zum Ende der Monarchie (1867–1918), in: Schieder (Hg.), Europa (Anm. 8), S. 354–400 (367 ff.; Wahlen von 1897: 378, von 1907 und Wahlrechtsfrage: 384 f.); Helmut Rumpler, Eine Chance für Mitteleuropa. Bürgerliche Emanzipation und Staatsverfall in der Habsburgermonarchie (Österreichische Geschichte 1804–1914. Hg. v. Herwig Wolfram), Wien 1997, S. 403 ff.; Jean Bérenger, Die Geschichte des Habsburgerreiches 1273–1918 (frz. Orig.: Paris 1990), Wien 1995 S. 694 ff.; Lothar Höbelt, Franz Joseph I. Der Kaiser und sein Reich. Eine politische Geschichte, Wien 2009; Hans Mommsen, Die Sozialdemokratie und die Nationalitätenfrage im habsburgischen Vielvölkerstaat I. [nur Bd. 1 erschienen], Wien 1963, S. 99 ff. (Zitat Lueger: 276, zu Renner: 327 ff., Brünner Nationalitätenprogramm: 335 f.); Carl E. Schorske, Wien. Geist und Gesellschaft im Fin de Siècle (amerik. Orig.: New York 1980), Frankfurt 1982, S. 111 (Zitat: 123); Brenner, Zionismus (Anm. 26), S. 24 (Zahlen über die Juden in Wien und Budapest); Peter G. J. Pulzer, The Rise of Political Anti-Semitism in Germany and Austria, 1867–1938, New York 1964; Brigitte Hamann, Hitlers Wien. Lehrjahre eines Diktators, München 1996; Ian Kershaw, Hitler 1889–1936 (engl. Orig.: London 1998), Stuttgart 1998, S. 59 ff.; László Kontler, Millenium in Central Europe. A History of Hungary, Budapest 1999, S. 279 ff.; Katz, Vorurteil (Anm. 26), S. 223 ff. (Zitat Istoczy: 234). Zu Palacký siehe oben S. 579 ff.; zum Kremsierer Reichstag S. 614, zur Bosnienkrise von 1908/09 siehe unten S. 1137 f.

28 Gerhard A. Ritter unter Mitarbeit von Merith Niehus, Wahlgeschichtliches Arbeitsbuch. Materialien zur Statistik des Kaiserreichs 1871–1918, München 1980, S. 34 ff. (Zahlen zur Erwerbstätigkeit: 34); Wolfram Fischer, Deutschland in der Weltwirtschaft des 19. Jahrhunderts, in: ders., Expansion, Integration und Globalisierung. Studien zur Geschichte der Weltwirtschaft. Göttin-

gen 1998, S. 101–122; Cornelius Torp, Die Herausforderung der Globalisierung. Wirtschaft und Politik in Deutschland 1860–1914, Göttingen 2005, S. 179 ff.; Winkler, Weg (Anm. 5), Bd. 1, S. 266 ff. (Zitat Caprivi: 267, Bund der Landwirte und Zitat, Rupprecht-Ransern: 268, Zitat Marschall: 272, Flottenverein: 273, Bülow 1897: 274, Alldeutscher Verband: 276 f., «Daily-Telegraph-Affäre», Zitate Bülow und Wilhelm II., November 1908: 299 f.); Huber, Verfassungsgeschichte, Bd. IV (Anm. 21), S. 247 ff.; Hans Rosenberg, Die Pseudodemokratisierung der Rittergutsbesitzerklasse, in: ders., Probleme der deutschen Sozialgeschichte, Frankfurt 1969, S. 7–50; Hans-Jürgen Puhle, Agrarische Interessenpolitik und preußischer Konservatismus im Wilhelminischen Reich 1893–1914. Ein Beitrag zur Analyse des Nationalismus in Deutschland am Beispiel des Bundes der Landwirte und der Deutsch-Konservativen Partei, Bonn 1975[2], S. 288 ff.; Röhl, Wilhelm II. Aufbau (Anm. 21), S. 350 ff., 113 ff.; ders., Wilhelm II. Der Weg in den Abgrund 1900–1941, München 2008, S. 83 ff. («Hunnenrede»: S. 111); Eckart Kehr, Englandhaß und Weltpolitik, in: ders., Der Primat der Innenpolitik. Gesammelte Aufsätze zur preußisch-deutschen Sozialgeschichte im 19. u. 20. Jahrhundert, Berlin 1930 (ND: 1965), bes. S. 276 ff.; Konrad Canis, Von Bismarck zur Weltpolitik. Deutsche Außenpolitik 1890–1902, Berlin 1997; Volker Berghahn, Der Tirpitz-Plan. Genesis und Verfall einer innenpolitischen Krisenstrategie unter Wilhelm II., Düsseldorf 1971; Rainer Hering, Konstruierte Nation. Der Alldeutsche Verband 1890 bis 1939, Hamburg 2003; Roger Chickering, We Men Who Feel Most German. A Cultural Study of the Pan-German League 1896–1914, London 1924; Gründer, Kolonien (Anm. 20), S. 119 ff. (Zitat aus dem Generalstabswerk: 120, Zahlen: 121); Peter Walkenhorst, Nation – Volk – Rasse. Radikaler Nationalismus im Deutschen Kaiserreich 1890–1914, Göttingen 2007; Sebastian Conrad, Globalisierung und Nation im Deutschen Kaiserreich, München 2006; ders., Kolonialgeschichte (Anm. 20), S. 29 f. (Zahl der deutschen Siedler in Deutsch-Südwestafrika), 52 f., 100 ff. (Krieg von 1904–1907); Jürgen Zimmerer und Joachim Zeller (Hg.), Völkermord in Deutsch-Südwestafrika. Der Kolonialkrieg (1904–1908) in Namibia und seine Folgen, Berlin 2003; Robert Gerwarth und Stephan Malinowski, Der Holocaust als «kolonialer Genozid»? Europäische Kolonialgewalt und nationalsozialistischer Vernichtungskrieg, in: Geschichte und Gesellschaft 33 (2007), S. 439–466 (Kritik der u. a. von Zimmer und Zöllner behaupteten Kontinuität zwischen Hererokrieg und dem Holocaust). Max Webers Antrittsvorlesung: Der Nationalstaat und die Volkswirtschaftspolitik, in: ders., Politische Schriften (Anm. 24), S. 1–25 (Zitate: 8, 10, 21, 23; Hervorhebungen im Original). Zu Mahan siehe oben S. 956, zum «Boxeraufstand» S. 970 f., zu den Suffragetten S. 990 ff. und unten S. 1049.

29 Feuchtwanger, Democracy (Anm. 12), S. 192 ff. («Khakiwahlen»: 240 f.); Blake, Conservative Party (Anm. 12), S. 159 ff.; R. C. K. Ensor, England 1870–1914 Oxford (1936[1]) 1986, S. 172 ff. (Gewerkschaftsmitglieder 1900: 298, Unterhauswahl 1906: 386); P. C. Cain, Economics and the Em-

pire: The Metropolitan Context, in: The Oxford History of the British Empire. Vol. III: The Nineteenth Century. Ed. Andrew Porter, Oxford 1999, S. 31–52 (Importe aus Indien: 44); Christopher Saunders and Iain R. Smith, Southern Africa, 1795–1910, ebd. S. 597–623 (bes. 617 ff., Daten zum Burenkrieg: 617 f.); Peter T. Marsh, Joseph Chamberlain. Entrepreneur in Politics, New Haven, 1994, S. 255 ff. (Reden in Leicester: 479, in London: 501, Greenock: 585, Birmingham: 590); Röhl, Wilhelm II. Aufbau (Anm. 21), S. 871 ff. (Krüger-Depesche); ders., Wilhelm II. Weg (Anm. 28), S. 83 ff. (Wilhelm II. in England, Januar 1901); Schieder, Europa (Anm. 15), S. 88 ff.; Arnd Bauerkämper, Die «radikale Rechte» in Großbritannien. Nationalistische, antisemitische und faschistische Bewegungen im späten 19. Jahrhundert bis 1945, Göttingen 1991, S. 23 ff. (Milner: 37 f., 75; Mitgliederzahlen BBL und Navy League: 62 f., jüdische Einwanderung: 75); Dominik Geppert, Pressekriege. Öffentlichkeit und Diplomatie in den deutsch-britischen Beziehungen (1896–1912), München 2007; Wolfgang Mock, Entstehung und Herausbildung einer «radikalen Rechten» in Großbritannien. 1900–1914, in: Theodor Schieder (Hg.), Beiträge zur britischen Geschichte im 20. Jahrhundert (Historische Zeitschrift. Beiheft 8 [Neue Folge], München 1983, S. 5–46; Hans-Christoph Schröder, Imperialismus und antidemokratisches Denken. Alfred Milners Kritik am politischen System Englands, Wiesbaden 1978; Zara S. Steiner, Britain and the Origins of the First World War, London 1977, S. 5 ff. (Zitat Campbell-Bannerman 1901: 19); Paul Kennedy and Anthony Nicholls (eds.), Nationalist and Racialist Movements in Britain and Germany Before 1914, London 1981; A. O. Day (ed.), The Edwardian Age: Conflict and Stability, London 1979; Braunthal, Geschichte (Anm. 10), Bd. 1, S. 209 ff. (Mitgliederzahl der ILP: 214, Zitat Milner: 245); Henry Pelling, The Origins of the Labour Party 1880–1900, London 1954; Mommsen, Faktoren (Anm. 20), S. 12.; Frank Bealey and Henry Pelling, Labour and Politics 1900–1906. A History of the Labour Representation Committee, London 1958; Gottfried Niedhart, Geschichte Englands im 19. und 20. Jahrhundert, München 1987, S. 117 ff. (deutsch-britischer Wirtschaftsvergleich und «Saturday Review»: 126 f.; Außenhandelszahlen: 222); Kennedy, Rise (Anm. 20), S. 223 ff.; Bernard Semmel, Imperialism and Social Reform. English Social-Imperial Thought 1895–1914, London 1960; Alan Sykes, Tariff Reform in British Politics 1903–1913, Oxford 1979. Zur Entente cordiale siehe unten S. 1091 f.

30 Bloch, Dritte Republik (Anm. 14) S. 92 ff. (Daten zu Wirtschaft u. Gesellschaft: 158–162, Zitate zur Dreyfus-Affäre: 117, 119 f., zur Trennung von Staat und Kirche: 127, Gewerkschaftszahlen: 189, Zitat Briand 1910: 291); Mayeur, Débuts (Anm. 14), S. 193 ff.; Robert Tombs, France 1814–1914, Harlow 1996, S. 455 ff.; Rémond, Droits (Anm. 11), S. 244 ff. (Zitat Méline: 245); Françoise Marcard, La France de 1870 à 1918. L'ancrage de la République, Paris 1996; Siegfried Thalheimer, Macht und Gerechtigkeit. Ein

Beitrag zur Geschichte des Falles Dreyfus, München 1958; ders. (Hg.), Die Affäre Dreyfus, München 1963, S. 7 ff. (Brief Schwartzkoppens an den italienischen Militärattaché Panizzardi: 67, Zolas «J'Accuse»: 185–193, Maurras über Henry: 235); Émile Zola, J'Accuse ...! La Vérité en marche. Présentation de Henri Guillemin, Paris 1988 (Text des offenen Briefes an Faure: S. 95 –113; Zitat: 1913); Vincent Duclert, Die Dreyfus-Affäre. Militärwahn, Republikfeindschaft, Judenhaß (frz. Orig.: Paris 1994), Berlin 1994; Gilbert Ziebura, Die Dreyfusaffäre und das Regierungssystem der Dritten Republik, in: Historische Zeitschrift 191 (1960), S. 548–561 (kritisch zu Thalheimers These von einer Verschwörung des Generalstabs unter Führung Merciers mit Esterhazy als ausführendem Organ); ders., Die deutsche Frage in der öffentlichen Meinung Frankreichs von 1911 bis 1914, Berlin 1955; Raoul Girardet, Le nationalisme français. Anthologie 1871–1914, Paris 1983, S. 341 ff. (Maurras, März 1900: 201–203); Michel Winock, Nationalisme, antisémitisme et fascime en France, Paris 1982; ders., La Belle Époque. La France de 1900 à 1914, Paris 2002; Michel Leymarie, De la Belle Époque à la Grande Guerre. Le triomphe de la République (1893–1918), Paris 1999; Dominique Lejeune, La France et la Belle Époque 1896–1914, Paris 1991 (zu den Wahlen von 1914: S. 169); Eugen Weber, France. Fin de Siècle, Cambridge, Mass. 1986; Michael Sutton, Nationalism, Positivism and Catholicism. The Politics of Charles Maurras and French Catholics 1890–1914, Cambridge, Mass. 1982; ders., The Nationalist Revival in France, 1905–1914, Berkeley 1968[2]; Zeev Sternhell, Maurice Barrès et le nationalisme français, Paris 1962; ders., Droite (Anm. 22), S. 177 ff.; Jean de Fabrègues, Charles Maurras et son Action Française, Paris 1966; Waldemar Gurian, Der integrale Nationalismus in Frankreich und die Action Française, Frankfurt 1931; Michael Curtis, Three Against the Republic: Sorel, Barrès and Maurras, Princeton 1959; Theodore Zeldin, France 1848–1945. Anxiety and Hypocrisy, Oxford 1981, S. 272 ff.; Gerd Krumeich, Aufrüstung und Innenpolitik in Frankreich vor dem Ersten Weltkrieg. Die Einführung der dreijährigen Dienstpflicht 1913–1914, Wiesbaden 1980, S. 17 ff. (zu den Wahlen von 1914: 219 ff.); Ernst Nolte, Der Faschismus in seiner Epoche. Action française. Italienischer Nationalsozialismus, München 1963, S. 61 ff.; Gudrun Gersmann u. Hubertus Kohle (Hg.), Frankreich 1871 –1914. Die Dritte Republik und die Französische Revolution, Stuttgart 1902; Ensor, England (Anm. 29), S. 434 f. (Lloyd George, 21. 7. 1911); George W. F. Hallgarten, Imperialismus vor 1914. Die soziologischen Grundlagen der Außenpolitik europäischer Großmächte vor dem Ersten Weltkrieg. 2 Bde., München 1963[2], Bd. 2, S. 232 ff.; Schmidt, Imperialismus (Anm. 20), München 1986, S. 58 ff. Zum Fall Jean Calas siehe oben S. 250, zur französisch-russischen Militärkonvention siehe oben S. 923 f., zum «Riff incident» S. 974 f., zur S.F.I.O., der Internationale und der Resolution Kautsky S. 999 ff.

31 Lill, Geschichte (Anm. 6), S. 243 ff. (demographische und ökonomische Daten: 241 ff.; Tolomei: 257, Labriola: 259); Procacci, Geschichte (Anm. 16), S. 319 ff. (ökonomische Daten: 323 f., Zitat: 339); Nolte, Italien (Anm. 15), S. 417 ff. (Auswanderung 1905: 420); ders., Faschismus (Anm. 30), S. 193 ff.; Smith, Italy (Anm. 6), S. 211 ff.; A. William Salomone, Italian Democracy in the Making. The Political Scene in the Giolittian Era 1900–1914, Philadelphia 1945; Alexander de Grand, The Hunchback's Tailor: Giovanni Giolitti and Liberal Italy from the Challenge of Mass Politics to the Rise of Fascism 1882–1922, Westport, Conn. 2001; Candeloro, Storia, vol. 7 (Anm. 23), S. 94 ff. (Wahlen vom Oktober 1913: 362 ff., Zitate «Osservatore Romano»: 363 f., Labriola: 365 f.); Giuseppe Barone, La modernizzazione italiana della crisi allo sviluppo, in: Barbagallo u. a., Storia, vol. 3 (Anm. 23), S. 249–362 (Alphabetisierung: 326 f.). – Zu Sieyès siehe oben S. 254, zu Sorel S. 1001.

32 Walther L. Bernecker, Spanische Geschichte. Von der Reconquista bis heute, Darmstadt 2002, S. 131 ff. (Analphabetismus: 132, Industrialisierung: 134 f.); ders. u. Horst Pietschmann, Geschichte Portugals. Vom Spätmittelalter bis zur Gegenwart, München 2008[2], S. 88 ff. (ökonomische Daten: 95, politische Statistik: 100); Richard Konetzke, Die iberischen Staaten von 1875 bis zum I. Weltkrieg (1875–1917), in: Schieder (Hg.), Europa (Anm. 8), S. 503–538 (Bevölkerungszahl, soziale und ökonomische Daten: 508 f., Zitate Unamuno und Lerroux: 527 f.); Hermann Kellenbenz, Die skandinavischen Staaten vom Deutsch-Dänischen Krieg bis zum Ende des I. Weltkriegs (1864–1918); ebd., S. 434 –465 (sozialökonomische Daten zu Schweden: 447, norwegische Volksabstimmung: 450); Franz Petri, Belgien, Niederlande, Luxemburg von der Krise 1867 bis zum Ende des I. Weltkriegs (1867 –1918); ebd., S. 466–493 (Wahlrechtserweiterung in den Niederlanden: 484); Peter Stadler, Die Schweiz von der Verfassungsrevision 1874 bis zum I. Weltkrieg (1874 –1919), ebd., S. 494–502 (sozialökonomische Daten: 498, 501); Michael Erbe, Belgien, Niederlande, Luxemburg. Geschichte des niederländischen Raumes, Stuttgart 1993; A. H. de Oliveira Marques, Geschichte Portugals und des portugiesischen Weltreiches (port. Orig.: Lissabon 1995), Stuttgart 2001, S. 419 ff. (sozialökonomische Daten: 423, 440, 526); David Birmingham, A Concise History of Portugal, Cambridge 1998[3], S. 127 ff.; Harm G. Schröter, Geschichte Skandinaviens, München 2007, S. 50 ff.; Bernd Henningsen, Dänemark, München 2009, S. 39 ff.; Braunthal, Geschichte (Anm. 10), Bd. 1, S. 349 ff. (Basler Kongreß der Internationale); Gosewinkel/Masing (Hg.), Verfassungen, S. 7, S. 457–483 (Schweizer Verfassung von 1874), S. 587–598 (spanische Verfassung von 1876), 1688–1711 (dänische Verfassungen von 1866 und 1915). – Die Zitate vom Basler Kongreß der Internationale: Außerordentlicher Sozialistenkongreß in Basel am 24. und 25. November 1912, Berlin 1912, S. 14 (Keir Hardie), 15 (Greulich), 17 (Adler), 19 (Jaurès), 23–27 (Manifest), 41 f. (Schluß-

wort Greulichs). Zum deutsch-britischen Vertragsentwurf über die portugiesischen Kolonien: Fritz Fischer, Krieg der Illusionen. Die deutsche Politik von 1911 bis 1914, Düsseldorf 1969, S. 448 ff. Zum Basler Konzil siehe oben S. 82.

33 Sozialistenkongreß (Anm. 32), S. 25; Gross u. a., Über die Revolution (Anm. 24), S. 378 ff. (Wahlen vom März 1907: 382, Zitat Löwe: 385, Zitat Gross: 422, Zahlen zur Agrarreform: 422 f.); Torke, Einführung (Anm. 8), S. 180 ff. (ökonomische Daten: 186); Rauch, Rußland (Anm. 8), S. 337 ff. (Grundeigentum der Bauern 1917: 339, Schulen und Alphabetisierung: 341); Geyer, Imperialismus (Anm. 8), S. 189 ff.; Karl Schlögel, Petersburg: Das Laboratorium der Moderne. 1909–1921, München 2002; Heinz-Dietrich Löwe, Antisemitismus und reaktionäre Utopie. Russischer Konservatismus im Kampf gegen den Wandel von Staat und Gesellschaft, Hamburg 1978, S. 75 ff. (Pogrom von Białystok: 101); Abraham Ascher, P. A. Stolypin. The Search for Stability in Late Imperial Russia, Stanford 2001, S. 150 ff.; Gotthard Jäschke, Das Osmanische Reich vom Berliner Kongreß bis zu seinem Ende (1878–1920/22), in: Schieder (Hg.), Europa (Anm. 8), S. 539–546); Holm Sundhaussen, Geschichte Serbiens. 19. –21. Jahrhundert, Wien 2007, S. 189 ff.; Schmidt-Glinzer, Geschichte Chinas (Anm. 4), S. 182 ff.; Steiner, Britain (Anm. 29) S. 92 f.; Rhode, Staaten (Anm. 18), S. 571 ff.; Richard C. Hall, The Balkan Wars. Prelude of the First World War, London 2000; Hildebrand, Reich (Anm. 18), S. 244 ff. (Zahlen zum Wettrüsten: 293); Winkler, Weg (Anm. 5), Bd. 1, S. 326 f. («Kriegsrat» vom 8. 12. 1912 und Gespräch Wilhelms II. mit Ballin vom 15. 12. 1912); Luigi Albertini, The Origins of the War of 1914, 3 vols., vol. 1: European Relations from the Congress of Berlin to the Eve of the Sarajevo Murder, Oxford 1952, S. 364 ff.; Shub, Lenin (Anm. 24), S. 117 ff. (Parteifinanzierung), 227 ff. (Fall Malinowsky); W. I. Lenin, Zwei Taktiken der Sozialdemokratie in der demokratischen Revolution, in: ders., Werke (Anm. 24), Bd. 9, S. 1–130 (46 f., 90, 102); ders., Die Lehren der Revolution, ebd., Bd. 16, S. 300–307 (303 f., 308; Hervorhebungen im Original). Zu Marx' Interpretation der Französischen Revolution siehe oben S. 547 ff. Zur Haltung von Marx und Engels gegenüber Rußland 1848/49 siehe S. 614 f.

34 Winkler, Weg (Anm. 5), Bd. 1, S. 282 («Tivoliprogramm»), 310 ff. (Oldenburg-Januschau, 29. 1. 1910: 310, Bebel, 9. 11. 1911: 312 f., Bernhardi: 314 f., nationale Verbände: 316 f., Claß: 317 ff.; Hervorhebung bei Bernardi im Original); Uwe Puschner, Die völkische Bewegung im wilhelminischen Reich, Darmstadt 2001; Ullrich, Großmacht (Anm. 18), S. 888; Radkau, Zeitalter (Anm. 26), S. 357 ff; David Schoenbaum, Zabern 1913. Consensus Politics in Imperial Germany, London 1982; Hans-Ulrich Wehler, Symbol des halbabsolutistischen Herrschaftssystems: Der Fall Zabern von 1913/14 als Verfassungskrise des Wilhelminischen Kaiserreichs, in: ders., Krisenherde (Anm. 21), S. 65–84; Hildebrand, Reich (Anm. 18), S. 249 ff.; Röhl, Wilhelm II., Weg (Anm. 28), S. 888 ff. (Bethmann Hollweg an Wilhelm II.,

6.3.1912: 912); Klaus Wernicke, Der Wille zur Weltgeltung. Außenpolitik und Öffentlichkeit im Kaiserreich am Vorabend des Ersten Weltkriegs, Düsseldorf 1970, S. 26 ff. (Kölnische Zeitung, 2.3.1914: 249, Zitate Lamprecht und Vorwärts, 14.3.1914: 272); Gregor Schöllgen (Hg.), Flucht in den Krieg. Die Außenpolitik des kaiserlichen Deutschland, Darmstadt 1991; Hans Günter Linke, Rußlands Weg in den Ersten Weltkrieg und seine Kriegsziele 1914–1917, in: Wolfgang Michalka (Hg.), Der Erste Weltkrieg. Wirkung, Wahrnehmung, Analyse, München 1994, S. 54–94; Helmut Walser Smith, The Continuities of German History. Nation, Religion and Race across the Long Nineteenth Century, Cambridge 2008, S. 115 ff.; Fischer, Krieg (Anm. 32), S. 117 ff. (Wilhelm II., 9.12.1913: 486 f.); Huber, Verfassungsgeschichte, Bd. 4 (Anm. 21), S. 318 ff., 515 ff.; Helmut Bley, Bebel und die Strategie der Kriegsverhütung 1904–1913. Eine Studie über Bebels Geheimkontakte mit der britischen Regierung und Edition der Dokumente, Göttingen 1975. – Zum Sozialdarwinismus: Hans-Günter Zmarzlik, Der Sozialdarwinismus in Deutschland als geschichtliches Problem, in: Vierteljahrshefte für Zeitgeschichte 11 (1963), S. 246–273; Christian Geulen, Wahlverwandte. Rassendiskurs und Nationalismus im späten 19. Jahrhundert, Hamburg 2004. Zum Verhältnis von Moderne und Nervosität siehe oben S. 989, zu Alfred Milner S. 1051, 1065.

35 Julikrise und Kriegsausbruch 1914. Eine Dokumentensammlung. Bearb. u. eingel. v. Imanuel Geiss, 2 Bde., Hannover 1963/64, Bd. I, S. 58 f. (Randbemerkungen Wilhelms II., 30.6.1914), 63–65 (Franz Joseph an Wilhelm II., 2.7.1914) 92 f. (Botschafter Szögény an Berchtold, 6.7.1914), (327, Szögény an Berchtold, 25.7.1914), 356–359 (Aufzeichnung des russischen Außenministeriums mit dem Zitat Sasonows, 24.7.1914); Bd. II, S. 105–109 (Lichnowsky an Jagow, 27.7.1914), 184 f. (Wilhelm II. an Jagow und Kommentar zur serbischen Note, 28.7.1914), 196–198 (Bethmann Hollweg an Tschirschky, 28.7.1914), 250–252 (Szápáry an Berchtold über sein Gespräch mit Sasonow, 29.7.1914), 277–280 (Lichnowsky an Jagow, 29.7.1914), 364 f. (Flatow an Jagow, 30.7.1914) 371–375 (Preußisches Staatsministerium, 30.7.1914), 377 (Vermerk von Sir Eyre Crowe, 25.7.1914), 393–395 (Aufzeichnung des russischen Außenministeriums, 30.7.1914), 439 f. (Unterredung Berchtold – Conrad, 31.7.1914), 502 f. (Poincaré an George V., 31.7.1914, Hervorhebungen jeweils im Original); Rumpler, Chance (Anm. 27), S. 566 ff.; Fritz Fischer, Griff nach der Weltmacht. Die Kriegsziele des kaiserlichen Deutschland 1914/18, Düsseldorf 1964, S. 15; ders., Krieg (Anm. 32) S. 663 ff.; Hildebrand, Reich (Anm. 18), S. 302 ff.; Stig Förster, Im Reich des Absurden. Die Ursachen des Ersten Weltkrieges, in: Bernd Wegner (Hg.), Wie Kriege entstehen. Zum Hintergrund von Staatenkonflikten, Paderborn 2000, S. ff. 211–252; Ullrich, Großmacht (Anm. 17), S. 223 ff. (zu Bethmann Hollwegs «Politik der Diagonale»: 243 ff.); Anscar Jansen, Der Weg in den Ersten Weltkrieg. Das deutsche Militär in der Julikrise 1914, Marburg

2004; Lüder Meyer-Arndt, Die Julikrise 1914. Wie Deutschland in den Ersten Weltkrieg stolperte, Wien 2006; Röhl, Wilhelm II., Weg (Anm. 28), S. 1068 ff.; Rusconi, Deutschland (Anm. 10), S. 61 ff.; Albertini, Origins (Anm. 33), Vol. III: The Epilogue of the Crisis of July 1914. The Declaration of War and of Neutrality, London 1957, S. 699 ff. (USA und Kriegsausbruch); Steiner, Britain (Anm. 29) S. 215 ff.; Adrian Gregory, The Last Great War. British Society and the First World War, Oxford 2008; Sven Oliver Müller, Die Nation als Waffe und Vorstellung. Nationalismus in Deutschland und Großbritannien im Ersten Weltkrieg, Göttingen 2002, S. 35 ff.; Jost Dülffer u. Karl Holl (Hg.), Bereit zum Krieg. Kriegsmentalität im wilhelminischen Deutschland 1890–1914, Göttingen 1986; Richard F. Hamilton/Holger H. Herwig, Decisions for War, 1914–1917, Cambridge 2004; Holger H. Herwig, The First World War. Germany and Austria-Hungary 1914 –1918, London 1997 (Auszüge aus dem Zitat von Engels, 1887: S. VI); Winkler, Weg (Anm. 5), Bd. 2, S. 329 ff. (Zitat Haase, 4. 8. 1914: 335); Jean-Jacques Becker, 1914. Comment les Français sont entrés dans la guerre, Paris 1977; Braunthal, Geschichte (Anm. 10), Bd. I, S. 354 ff. (Manifest der SPD, 25. 7. 1914: 359); Bley, Bebel (Anm. 34), S. 25 ff.; Francis L. Carsten, August Bebel und die Organisation der Massen, Berlin 1991, S. 234 ff. (Zitat von 1907: 236); Wolfgang Kruse, Krieg und nationale Integration. Eine Neuinterpretation des sozialdemokratischen Burgfriedenschlusses 1914/15, Essen 1993; Annie Kriegel/Jean-Jacques Becker, 1914. La guerre et le mouvement ouvrier français, Paris 1964, S. 63 ff. (Erklärung der S.F.I.O.vom 28. 8. 1914: 321 f.); Krumeich, Aufrüstung (Anm. 30), S. 256 ff.; Jacob Vogel, Nationen im Gleichschritt. Der Kult der «Nation in Waffen» in Deutschland und Frankreich, 1871–1914, Göttingen 1997; W. I. Lenin, Der Krieg und die russische Sozialdemokratie, in: ders., Werke (Anm. 24), Bd. 21, S. 11–21 (14, 20); Kautsky, Imperialismus (Anm. 26), S. 922; Zbyněk A. Zeman, Der Zusammenbruch des Habsburgerreiches 1914–1918 (engl. Orig.: Oxford 1961), München 1963, S. 17 ff.; Karl Kraus, Franz Ferdinand und die Talente, in: Die Fackel 16 (1914), Nr. 400–403 (10. 7.), S. 1–4 (Zitat: 2); Wolfgang Schieder (Hg.), Erster Weltkrieg. Ursachen, Entstehung und Kriegsziele, Köln 1969; Arno J. Mayer, Domestic Causes of the First World War, in: Leonard Krieger and Fritz Stern (eds.), The Responsibility of Power. Historical Essays in Honor of Hajo Holborn, New York 1967, S. 286–300; Michael R. Gordon, Domestic Conflict and the Origins of the First World War: The British and the German Cases, in: Journal of Modern History 46 (1974), S. 191–226; Wolfgang J. Mommsen, Innenpolitische Bestimmungsfaktoren der deutschen Außenpolitik vor 1914, in: ders., Der autoritäre Nationalstaat. Verfassung, Gesellschaft und Kultur im deutschen Kaiserreich, Frankfurt 1990, S. 316–354; Wolfgang Steglich, Die Friedenspolitik der Mittelmächte 1917/18, 2 Bde., Bd. 1, Wiesbaden 1964 (Bethmann Hollweg zum «Präventivkrieg»: S. 418); George F. Kennan, Bismarcks europäisches System in der

Auflösung. Die französisch-russische Annäherung 1875 bis 1890 (amerik. Orig.: The Decline of Bismarck's European Order. Franco-Russian Relations, 1875–1890, Princeton 1979 [Zitat S. 3]), Frankfurt 1981 (Zitat S. 12, Hervorhebung im Original). Zur Meuterei von Curragh siehe oben S. 1068.

# 20世纪初的西方：回顾与展望

1914年第一次世界大战爆发时，被我们称为西方文明规范的工程已有一百多年历史：1776年美国和1789年法国的人权宣言，以及人民主权、三权分立和法治已被坦承为国家秩序的基础，该秩序援引的正是这些权利。18世纪末以来西方政治发展的特色就是，围绕着接受或是拒绝大西洋两岸革命所造就的文明规范工程所展开的各种斗争。

第一次世界大战前夜，西方只有一部分国家可以或多或少地适用“代议制民主”的概念：美利坚合众国、加拿大、英国、法国、斯堪的纳维亚国家、瑞士、荷兰、比利时、卢森堡、意大利和西班牙，以及大西洋区域以外由英国人统治的澳大利亚和新西兰。折扣首先涉及选举权。1914年以前在全国范围内妇女拥有普选权的只有新西兰（自1893年起）和当时还处于俄国宗主权下的芬兰大公国（自1906年起）。而且平等的男性普选权在第一次世界大战前也还远远没有被西方所有议会制国家引进：荷兰于1917年实行，英国于1918年，比利时和卢森堡于1919年。

在德国，平等的男性普选权已经适用了更长一段时间：北德意志邦联1867年起就开始实施，在其基础上成立的德意志帝国自1871年建国起开始实施。然而，德意志帝国并不是一个代议制的民主国家：帝国政府不对帝国议会负责，而是对 1190
皇帝负责。在第一次世界大战中遭到军事失败后，德国才于1918年10月从立宪君主制过渡到议会君主制：这种情况对德国第一个民主政体魏玛共和国来说是沉重的心理负担。

在英国，议会化先于选举权的逐步民主化出现，政治的发展没有像20世纪的德国那样出现极端的决裂。与英国不同，法国在1789年“大”革命时期还没有源远流长的议会传统。因此，它在19世纪经历了多次政权更迭，并且在从第二帝国过渡到第三共和国之后，遭遇了数次严重的国内危机，直到经历了频繁更替的政府后，该国最终能够被称为一个总体上运作良好的民主国家。

如果以议会制责任政府和男性普选权作为衡量标准的话，那么，意大利和西班牙在1914年之前已经发展成了议会民主制国家。然而，在这两个国家内政治体制却被落后的社会结构及其伴随现象——大部分人口是文盲——拖了后腿。在这方面更为落后的葡萄牙，1910年推翻君主制之前和之后都实行了议会制，然而即使在宣布成立共和国之后，仍旧只有少数男性拥有选举权。在老西方的另一部分——哈布斯堡君主国，虽然1907年以后帝国议会的下议院是按照平等普选方式选出，但1914年春季起却是按照紧急法令进行统治的。如果民族矛盾令帝国议会无法正常工作，维也纳就采取这种解救办法。

在大西洋西岸的新西方，除了世界上最大的民主国家美利坚合众国，还有另一个民主体制的国家：英国的自治领加拿大。在较大的拉丁美洲共和国中，1914年以前没有一个发展
1191 出可以与美国或加拿大相提并论的稳定民主体制。更具有拉丁美洲特色的是“考迪罗主义”，即依靠军方支持的、一位政治领袖或多或少带有独裁性质的统治，以及诉诸暴力的政权更迭和内战。尽管发生过多次政变，但“最西方化”的仍是小国哥斯达黎加，那里的居民以白种人为主并且文盲率低。

因此，西方政治发展标志性的特点是其非同时性：一些国家采纳了1776年和1789年的理念，另一些国家则直到1914年才至多部分地予以接受。非同时性只是给西方历史打上烙印的两对矛盾中的一对。另一对矛盾是西方的文明规范工程和西方的政治实践。承认与生俱来和不可剥夺的人权与对其的否认相伴而行，每当人们援引它们的时候，就意味着他们的这些权利遭到了有意剥夺。

这种情况不仅见诸美国的非洲裔黑人奴隶，而且也发生于居住在被欧洲人和美国人置于其正式或非正式统治下的非白人居民身上。长久以来，政治上的人文主义始终受到一种种族界限的制约。其受益者是白种人，而且在白种人中亦有区别：紧要关头，自己的种族，尤其是盎格鲁—撒克逊人或条顿人被认为是最具有文化价值的人种。除此之外，只有男人才能从其国籍中享受公民权：性别平等虽然符合最早的人权宣言的文字表述，但不符合这些文献的创造者所赋予它们的含义。

就殖民统治而言，1914 年前后非欧洲的世界基本上为欧洲人和美国人所瓜分。那时已有明显迹象表明，白种人扩张的巅峰期已经过去。日本在 1905 年让俄罗斯沙皇帝国所遭到的失败对白人世界和非白人世界都是一个信号。在英国最大的殖民地印度，第一个亚洲强国战胜了欧洲列强之一，对追求民族独立的运动形成一种鼓励。[1] 早在九年前，埃塞俄比亚军队就
在阿杜瓦给意大利人以重创。意大利和德国一样，也是一个晚 1192
出现的民族国家和年轻的殖民列强；与此同时，它也像德意志帝国一样（尽管规模比不上德国）受其欲望的驱使——在“阳光下的地盘”建立起自己的海外殖民帝国。

然而，1914 年以前名副其实的殖民帝国只有两个：英国人和法国人的殖民帝国。虽然其他欧洲各国也占有殖民地，但没有归并为“帝国”的组成部分。通过一场反殖民主义革命而建国的美利坚合众国，虽然凭借征服菲律宾在 1898 年以后成为殖民强国，但在这个此前属于西班牙的东南亚群岛上的作战经验，致使美国此后没有再继续扩大自己的殖民地。从此以后，当美国人向自己国土以外的地方扩张实力时，他们又再度主要采用非正式统治的方式——这种方式也是英国长期以来比其欧洲竞争对手更善于运用的方法。

大都市的经济利益绝对优先于那些边缘地带，无论这些处于依赖地位的地区是法律上或事实上的殖民地，也不管它们是像在加勒比地区那样变成了农业上的单一种植地区，或者像在非洲那样必须承受对其原材料的掠夺。工业化在英属印度之外的殖民地几乎没有得到帝国主义列强的推动。对殖民地人口的学校教育大多限制在基础教育范围内；这方面一个值得注意的例外是美利坚合众国，它在菲律宾成功地通过普及教育对广大民众实行了同化。

在 19 世纪和 20 世纪初的帝国主义殖民帝国中，大英帝国是唯一一个至少短时间内制造出某种集体认同感的国家。这种集体认同感很自然地在白人占大多数的、获得自治领地位的殖民地（于 1867 年在加拿大开始）表现得最为强烈。与法国人在其殖民帝国的做法不同，英国人在大英帝国的非白人殖民地中，没有加紧推行对当地有教养的阶层进行文化同化的政策；
1193 相反，只要有可能，他们就通过把当地的精英吸收进殖民地的管理机构——未经外部的同化——来为我所用。当然，于 1909 年在印度谨慎扩大的国内改革力量的共同决定权为时过晚，从而未能削弱印度国民大会党领导的独立运动的势头。当印度民族主义者逐渐从根本上对英国的殖民实践表示质疑时，他们所援引的正是英国的“自治政府”理念。

在印度得出的结论在一定程度上可以归纳为：殖民统治起过促进现代化的作用。除了学校教育和医疗卫生外，这种现代化影响还包括交通路线的建设，反对残酷的印度古代习俗（如寡妇殉夫）、东方奴隶制和多配偶制，以及发展以西方模式为样板的行政和司法制度。借助这些，传统的凝聚力和依赖性被削弱，领主统治原则得到了推行。正如于尔根·奥斯特哈默正确指出的那样，“殖民地法律制度的部分欧洲化”隐含着一种“超出殖民主义的潜在解放力”：随着“欧洲国家概念的普遍化”，建立在军事和警察基础上的殖民地行政国家变成了“其后殖民地时代继任者的助产士”。[2]

英国在 1820 年代中期支持拉丁美洲的独立，目的是谋求一种对法国的平衡，原因是，法国受“神圣联盟”的委托对西班牙进行干预，并迫使西班牙依赖于法国。外交大臣乔治·坎宁于 1826 年 12 月 12 日在下议院的演讲中把伦敦的打算以经典的方式表达出来：他意识到，为了恢复旧大陆的平衡，他建立了一个新大陆。[3]属于英国均势政策全球化之举的，还包括当时开始的、尽管未能成功的与美国结盟的努力。70 年后，两个盎格鲁—撒克逊强权国家在 1898 年的美西战争期间走得很近，以致坎宁的目标变得唾手可得。

美国通过那场战争终于成了活跃于全球的国家。正是以这 1194
种身份它于 1900 年与欧洲强权国家和日本联手镇压了中国的义和团起义，并于 1905 年在朴次茅斯为日本和俄国进行了和平调停。战胜沙皇帝国确保日本获得了强国地位，但这个胜利的最重要的先决条件是，1868 年以来的“明治维新”让这个远东帝国成功地实现了部分西化。日本接受了所有其统治阶层觉得与其利益不相冲突的西方事物：工业技术，资本主义的经济制度，理性的科学和官僚行政结构。在政治体系方面，这个亚洲的第一个强国没有借鉴西方的民主体制，而是借鉴了俾斯麦帝国的立宪君主制：像柏林一样，根据 1889 年的宪法东京政府也不对议会负责，而是对天皇负责。[4]

20 世纪初，人们不必去日本就可研究非西方社会的部分西化现象。在欧洲也不乏这样的过程：希腊是第一个采用西方政府形式（即君主立宪制）的东正教国家，它从 1843 年的宪法开始，采用了全面的基本权利目录。紧随其后的是 1866 年的罗马尼亚、1869 年的塞尔维亚和 1871 年的保加利亚。但是，西方的政治文化在这些国家均遇到了结构性障碍，首先是作为国教的东正教。俄国也是如此，1905年革命后，它在1906年4月以基本法形式至少在外表上更靠近其西方榜样，尤其是德国的样板。第一个拥有受西方思想影响的宪法的伊斯兰国家是1876年的奥斯曼帝国，但两年后苏丹又叫停了这部宪法。1908年，青年土耳其党人的革命迫使该宪法重新生效。

尽管政治制度方面有各种不同，1914年以前存在一个最低限度的把西方各国联系在一起的文明规范标准：对“法治”
1195 的信仰，或是对德国“法治国家”概念中所概括内容的笃信。法治与立法、行政和司法权力的分立密不可分。这种权力分立是西方特有的成就。它首先在那些于中世纪已经完成了两种早期分权（神权与世俗权力，以及王侯与其他社会等级权力）的国家得到贯彻，这并非偶然。“圣职”与“帝国”或“王国”的分离是第一次分权，最终得以实现是因为耶稣在上帝和皇帝之间做了区分。东正教没有完成神权与世俗权力的分割，因此也没有参与西方从文艺复兴、宗教改革到启蒙运动的解放进程，正是上述权力分割才为这些进程提供了可能性。

西方的创举中理所当然还包括现代民族主义：这种意识形态把民族奉为确定行为举止的意义和辩解理由的最高权威，从而演绎出对其绝对忠诚的要求。民族多样性属于西方最古老的特征；但1789年法国大革命之后出现的现代民族主义却让曾维系过西方的这种多样性越来越退居次要地位。欧洲的第一个现代民族国家是革命后的法国。新的民族国家意大利和德国均在不同程度上以法国为榜样：作为大一统国家的意大利在效仿法国方面要比联邦制的德意志帝国有过之无不及。两个大国在1880年后的帝国主义繁荣期所产生的世界政治方面的赶超需求，在参与“瓜分非洲”和威廉皇帝治下的德国针对英国的大刀阔斧的海军建设中得到了体现。

德国地理学家弗里德里希·拉策尔（Friedrich Ratzel）于 1897 年创造了“生存空间”这一新词。拉策尔是美国海军军官和军事历史学家阿尔弗雷德·塞耶·马汉学说的坚定追随者，根据该学说一个国家的世界政治影响力首先取决于其海
权。三年后，拉策尔用一句话概括了其政治信条：“欧洲各民 1196
族的历史慢慢地走出欧洲，未来，欧洲以外的最强者，将在欧洲傲视群雄。”[5]

世纪交替，德国通过海外扩张谋求世界大国地位的愿望越来越多地与一种不可避免的历史冲突思想联系在一起。这种冲突甚至将是一场“日耳曼人”与“斯拉夫人”之间的种族战争，其中一方由德国挂帅，另一方由俄国统领。与此同时，一个由英国地理学家哈尔福德·J. 麦金德（Halford J. Mackinder，一个像拉策尔一样的前卫地缘政治家）提出的、以俄国作为“心脏地带”的欧亚“枢纽地带”学说备受关注。德国和中国均属于围绕着“心脏地带”的“内新月形地带”（innercrescent）。谁控制了“枢纽地区”，无论是俄国、德俄联盟和中国，还是征服中国后的日本利用中国的大量人口，都可以从对自己有利的角度改变世界局势的平衡。与此相比，像英国那样的海上霸权已经逐渐落伍，这是因为，就大空间的控制而言，铁路更为重要而不是蒸汽轮船。缘此，麦金德认为，历时 400 年的“哥伦布时代”行将结束，它将被“后哥伦布时代”所取代，此时，对欧亚心脏地带的统治决定着世界的权力关系。[6]

1907 年的《英俄条约》，不仅是对三年前《英法协约》的补充，而且形同“心脏地带”理论的实际应用。英国为了对付德国咄咄逼人的海军政策，打破了以往的“光荣孤立”传统，与两个历史上的对手结盟，从而阻止了始终有可能出现的德国与俄国之间的携手合作。然而，政治体制之间的对立（一边是

俄国，另一边是英法）如此尖锐，以至于这两个西方列强在第一次世界大战开始后，在与同盟国德国和奥匈帝国进行意识形态较量时颇感为难。谁与反动的沙皇帝国结盟，那么他若是再要谈论自由与不自由、民主与专制之间的搏斗，便很难让人信
1197 服。这个机会只有 1917 年春沙皇政权倒台，美国与英法两国并肩投入战争后才出现。

1914 年标志着西方历史上的一个深刻转折。第一次世界大战是西方内部的冲突，而且是到那时为止最尖锐的一场冲突。同时参与这场冲突的分别还有非西方大国：俄国、日本，以及自 1917 年起站在西方民主国家一边的中国和站在同盟国一边的奥斯曼帝国。从一开始就确定无疑的是：战争的结果不仅左右着世界的权力关系，而且决定着西方文明规范工程的未来。德国及其盟友的胜利意味着 1776 年和 1789 年理念的失败。反之，西方大国的胜利是否能帮助这些理念获得胜利，还是一个悬而未决的问题，原因是，没有人能预见到俄国的未来。

在历史编纂学中，人们常提到“漫长的 19 世纪”和“短暂的 20 世纪”，这已经成为共识。所谓“长”的 19 世纪通常被认为从法国 1789 年的革命，有时也包括美国 1776 年革命，到 1914 年或 1917 年；而“短”的 20 世纪，从 1914 年或 1917 年一直到 1989 年至 1991 年苏联的解体。[7]

这种分期法往往未顾及一个所谓的“界线期”（Schwellenzeit）：即 1850 年前后的那些年。与流行的观点不同，1848/1849 年的革命深深地改变了欧洲。正如莱因哈特·科塞勒克正确指出的那样，它是第一次也是最后一次“泛欧革命”。[8]当时，“老西方”再度在它旧日的东部边界戛然止步；唯一信仰东正教的非西方国家——罗马尼亚被短暂卷入了这场革命。

在 1848 年同年，美国通过《瓜达卢佩—伊达尔戈和约》获得了其濒临西太平洋的新边界。不久后，在加利福尼亚、墨西哥和澳大利亚发现了储量丰富的金银矿藏，从而极大地推动了世界范围内的工业化和同时出现的全球化。1850 年代，实证主义、唯物主义和进化论等学说开始了其胜利之旅，不久就让唯心论的时代（如果仅涉及欧洲的唯心论时代的话）在西方思想 1198
史中似乎成了明日黄花。

1850 年代发生了一些对欧洲和美国的进一步发展很重要的事件。克里米亚战争（1854~1856）彻底改变了欧洲的国家体系：它加剧了英国和俄国的矛盾对立，摧毁了由保守势力俄国、奥地利和普鲁士组成的“集团”，加强了普鲁士的地位（以削弱奥地利为代价），推动了法兰西第二帝国与撒丁尼亚－皮埃蒙特王国更为密切的合作。1850 年代末先在意大利，随后在德国，1848/1849 革命未能解决的问题（首先是统一的问题）又被提上议事日程。直到意大利和德国在 1870/1871 年普法战争期间完成其民族国家的建立之前，这些话题直接决定着欧洲的政治。通过接纳新的西部各州，美国比以往任何时候都更加严峻地面临一个问题：合众国难逃分裂成消灭了奴隶制的各州和保留奴隶制的各州的命运。1861~1865 年的内战已经显出端倪。

1850~1914 年期间，形成了一些会对 20 世纪产生深刻影响的运动和意识形态。在欧洲的工人阶级圈内，马克思主义思想广泛传播并在世纪之交后分裂成两个阵营：一派要通过“无产阶级专政”实现自己的目标，另一派将社会民主的进一步发展作为自己的纲领。伴随着其社会载体阶层的变化，民族主义经历了一次功能变化：它从新兴的资产阶级反对传统力量的武器，变成了右派与国际主义左派进行较量的工具。源自法国，并在世纪之交出现的“综合性民族主义”，常常与激进的反犹主义相结合，为法西斯主义的兴起培育了土壤。分裂的左派和法西斯运动之间的对立将给两次世界大战之间的时代打上自己的印记。相反，民族主义在殖民地却成了解放斗争的武器：虽然它在1945年以后才取得广泛的胜利，但自1918年它就已经锋芒毕露，在多处地方使欧洲的殖民大国陷入焦头烂额的境地。

1199 1945年，由德国政治主导的四分之三世纪结束，它始于1871年德意志帝国的建立。对此，当时的英国保守派反对党领袖本杰明·迪斯雷利曾在下议院说过，德意志帝国的建立是"欧洲大陆比上个世纪法国大革命更大的政治事件"，因为它彻底打破了实力的均衡。[9]第一次世界大战虽然不是德意志帝国一手造成，但在1914年的七月危机中它却起了推波助澜的作用，原因在于，它不满足于在欧洲大陆的——如1951年路德维希·迪西奥所言的——"俾斯麦帝国的半霸权地位"，而是想成就全球霸业。[10]此第一次"谋取世界霸权"［弗里茨·菲舍尔（Fritz Fischer）之语］的结果，让大多数德国的精英感到如丧考妣，以致他们在1918/1919之后无法最终接受失败的事实。[11]对修改结果和复仇雪耻的需求以最极端的方式表现在阿道夫·希特勒的纳粹政权中。1939年，他在上台六年半后发动了第二次世界大战。

大西洋革命的遗产没有在欧洲两次世界大战的第二次战争中被彻底摧毁，这种幸存仅仅是美国援助旧大陆的自由主义力量抗拒纳粹德国及其盟友的结果。然而，对欧洲的一部分地区——中东欧而言，1945年并不意味着外国统治和压迫的结束。直到1989~1991年后，体现在欧盟和北大西洋公约组织东拓的西方的再次统一才得以实现。

共产主义在欧洲和苏联的亚洲部分的消亡，并不像美国的哲学家和政论家弗朗西斯·福山（Francis Fukuyama）所认为的那样，是与自由民主的意识形态竞争的结束，从而也是“历史的终结”。[12] 西方民主、法西斯主义或纳粹主义和苏联共产主义之间的较量对 20 世纪的历史产生了深远的影响——这段历史始于本卷历史所结束的地方：1914 年。

# 注 释

1 Klaus Hildebrand, Globalisierung 1900. Alte Staatenwelt und neue Weltpolitik an der Wende vom 19. zum 20. Jahrhundert, in: Jahrbuch des Historischen Kollegs 2006, München 2007, S. 3–34; ders., «Eine neue Ära der Weltgeschichte». Der historische Ort des Russisch-Japanischen Krieges 1904/05, in: Josef Kreiner (Hg.), Der Russisch-Japanische Krieg (1904/05), Göttingen 2005, S. 27–51.

2 Jürgen Osterhammel, Kolonialismus. Geschichte, Formen, Folgen, München 2006[5], S. 67, 76.

3 Harold Temperley, The Foreign Policy of Canning 1822–1827. England, the Neo-Holy Alliance, and the New World, London 1925, S. 379.

4 Michael Geyer, Deutschland und Japan im Zeitalter der Globalisierung. Überlegungen zu einer komparativen Geschichte jenseits des Modernisierungs-Paradigmas, in: Sebastian Conrad/Jürgen Osterhammel (Hg.), Das Kaiserreich transnational. Deutschland in der Welt, 1871–1914, Göttingen 2004, S. 68–86.

5 Heinz Gollwitzer, Geschichte des weltpolitischen Denkens, 2 Bde. Bd. II: Das Zeitalter des Imperialismus und der Weltkriege, Göttingen 1982, S. 59 f. Zu Mahan siehe oben S. 956, 1034.

6 Halford J. Mackinder, The Geographical Pivot of History, in: Geographical Journal 23 (1904), S. 421–437; Mark Pollele, Raising Cartographic Consciousness. The Social and Foreign Vision of Geopolitics in the Twentieth Century, Landham, Maryland 1999, S. 10 ff.; Gollwitzer, Geschichte (Anm. 3), S. 61 f.

7 Jürgen Osterhammel, Die Verwandlung der Welt. Eine Geschichte des 19. Jahrhunderts, München 2009; David Blackbourn, The Long Nineteenth Century. A History of Germany 1780–1918, Oxford, 1998; Jürgen Kocka, Das lange 19. Jahrhundert. Arbeit, Nation und bürgerliche Gesellschaft (Gebhardt, Handbuch der deutschen Geschichte, 10. Aufl., Bd. 13), Stuttgart 2002; Franz J. Bauer, Das «lange» 19. Jahrhundert (1789–1917). Profil einer Epoche, Stuttgart 2004; Eric Hobsbawm, Das Zeitalter der Extreme. Weltgeschichte des 20. Jahrhunderts (engl. Orig.: London 1994), München 1995; Michael Geyer und Charles Bright, World History in a Global Age, in: American Historical Review 100 (1995), S. 1034–1060; Charles S. Maier, Consigning the Twentieth Century to History: Alternative Narratives of the Modern Era, ebd. 105 (2000), S. 807–831; Ulrich Herbert, Europe in High Modernity. Reflections on a Theory of the 20$^{th}$ Century, in: Journal of Modern European History 5 (2007), S. 5–20.

8 Reinhart Koselleck, Wie europäisch war die Revolution von 1848/49?, in: ders., Europäische Umrisse deutscher Geschichte. Zwei Essays, Heidelberg 1999, S. 9–36 (23).

9 Siehe oben S. 816.
10 Ebd.
11 Fritz Fischer, Griff nach der Weltmacht. Die Kriegszielpolitik des Kaiserlichen Deutschland 1914/18, Düsseldorf 1961[1].
12 Francis Fukuyama, Das Ende der Geschichte. Wo stehen wir? (amerik. Orig.: New York 1992), München 1992.

# 缩略语表

| | |
|---|---|
| ADAV | Allgemeiner Deutscher Arbeiterverein |
| ADV | Alldeutscher Verband |
| AFL | American Federation of Labor |
| BBL | British Brothers League |
| C.G.T. | Confédération Générale du Travail |
| CNT | Confederación Nacional del Trabajo |
| IAA | Internationale Arbeiter-Assoziation |
| ILP | Independent Labour Party |
| k.k. | kaiserlich-königlich |
| IWW | Industrial Workers of the World |
| MEW | Karl Marx/Friedrich Engels, Werke. Hg. v. Institut für Marxismus-Leninismus beim Zentralkomitee der Sozialistischen Einheitspartei Deutschlands, Berlin 1956 ff. |
| NAACP | National Association for the Advancement of Colored People |
| NATO | North Atlantic Treaty Organisation |
| ND | Neudruck |
| PSOE | Partido Socialista Obrero Español |
| SPD | Sozialdemokratische Partei Deutschlands |
| S.F.I.O. | Section Française de l'Internationale Ouvrière |
| St. | Sankt |
| UGT | Unión General de Trabajadores |
| USA | United States of America |

# 人名索引

（此部分页码为德文原书页码，即本书页边码。）

## 地名索引

（此部分页码为德文原书页码，即本书页边码。）

## 译后记

翻译两年、自我校正四个月，终于交稿。最想做的事就是对所有在翻译过程中给过我各种各样帮助指正的亲朋好友说一声谢谢！没有你们这本书不可能面世，我给诸位鞠躬致谢了！

《西方通史》（第一卷）是一本包罗万象的书，从古埃及、古希腊、古罗马一直到第一次世界大战爆发是其时间坐标；地域上除了欧洲、美国是叙述重点外，还涉及了亚非拉诸多国家。并非学历史出身的我，接过此翻译任务后心里一直忐忑，为了对得起读者、作者和自己，先是买了许多相关书籍恶补，接下来就是“不耻上问”，找各行各业的专家请教。

给我帮助最大的是此《西方通史》其他几卷的同译，我们建了一个微信群，供大家讨论疑难问题。拿不准的句子经常被我发到群里求教，大家也都热情地献计献策，令我获益匪浅！另一位被我麻烦最多的同行是强朝晖，她比我年轻，网上搜索技术高，每每我遇到找不到的词就去求助于她，她总是不厌其烦地给予帮助，令我心存感激！哲学上的问题则求教于大师兄陈嘉映，回国时还专门登门求教过，常有醍醐灌顶之效！他还为我润色过原书 793 页的白芝论的引言，让我立见今后译文的努力方向。生活在美国的闺蜜李中光百忙中抽时间审阅了全部与美国有关的稿子并提出了许多宝贵的修改意见，这是应该磕等身长头致谢的！与英国有关的问题则得到另一位闺蜜胡未三的点拨，鞠躬致谢。年轻的译界翘楚陆大鹏也经常被我用问题打扰，给了我很多指点，深感后生可畏并衷心致谢。白堆子外语学校的同学刘征琦、荣裕民、杨惠群、张少一、路波波、史玉玲、史宝良、郑钢和张弛帮我解决了英语、法语、心理和经济术语等方面的问题；北大同学罗竞、徐静华、郑冲、李伯杰以及同行张琳、夏必玄、郭力、刘风、王旭，还有朋友王东木、傅嘉玲、吴鹏飞、姜燕生、明路和宋晓梅亦帮我解决过各类问题，一并致谢！

第一、二两章因时代久远，网上资料相对少，特请德国汉学学者樊克对照原文进行校阅，第三、四两章因樊克先生眼疾手术，特请北大同学、康斯坦茨应用科技大学教授朱锦阳对照原文校阅，前言、后记则烦请北大同学和《西方通史》第四卷译者吴宁先生对照原文进行了校阅。对他们的辛劳在此衷心感谢！

此外还有一些德国友人不厌其烦地为我在理解方面提供了帮助，他们是：Prof. Dr. Gottfride-Karl Kindermann, Peter Tiefenthaler, Hans-Peter Huber, Dr. Clemens Treter, Henrik Bork, Frank Meinshausen（樊克）, Dr. Wolfgang Walter, Dr. Gertrud Kütemeier, Judith Reinheckel 和 Ulrich Schorr。在此深表谢意！

最后还要谢谢社会科学文献出版社索·恩品牌创建人段其刚先生，他总是及时回复我有关书稿方面的任何询问，并且不像有些出版社的编辑那般频繁催稿，而是给译者充分的信任与时间，对这本书的问世做出了特殊贡献。这些年许多德语社科好书都是段先生独具慧眼精心挑选出来的，我深深感谢段先生，希望今后继续精诚合作，为读者奉献更多的高品质读物！

丁娜

2018/4/30 慕尼黑

图书在版编目（CIP）数据

西方通史. 从古代源头到20世纪：上下 /（德）海因里希·奥古斯特·温克勒著；丁娜译. -- 北京：社会科学文献出版社，2023.9（2025.4重印）
ISBN 978-7-5228-1363-9

Ⅰ. ①西… Ⅱ. ①海… ②丁… Ⅲ. ①西方国家-历史 Ⅳ. ①K10

中国版本图书馆CIP数据核字（2022）第256474号

西方通史：从古代源头到20世纪（上下）

著　　者 / ［德］海因里希·奥古斯特·温克勒（Heinrich August Winkler）
译　　者 / 丁　娜

出 版 人 / 冀祥德
组稿编辑 / 段其刚
责任编辑 / 陈嘉瑜　阿迪拉木·艾合麦提　周方茹
责任印制 / 岳　阳

出　　版 / 社会科学文献出版社·教育分社（010）59367151
地址：北京市北三环中路甲29号院华龙大厦　邮编：100029
网址：www.ssap.com.cn
发　　行 / 社会科学文献出版社（010）59367028
印　　装 / 北京盛通印刷股份有限公司

规　　格 / 开　本：889mm×1194mm　1/32
印　张：43.125　字　数：1072千字
版　　次 / 2023年9月第1版　2025年4月第3次印刷
书　　号 / ISBN 978-7-5228-1363-9
著作权合同登记号 / 图字01-2015-4377号
定　　价 / 199.00元（上下）

读者服务电话：4008918866